客车新技术与新结构

中国公路学会客车分会
长安大学汽车学院 编著

主　编　申福林　胡选儒
副主编　裴志浩　刘晶郁　时洪功
主　审　金明新

人民交通出版社股份有限公司
China Communications Press Co.,Ltd.

内 容 提 要

本书详细介绍了现代客车的新技术与新结构。全书共分六篇二十五章,内容包括:整车、客车动力系统、客车底盘、客车安全装置、客车车身和车身附件以及客车电气、车载网络及智能终端等。这些内容较集中反映了中国和世界客车技术的发展及最新成果。

本书可供客车行业广大技术和管理人员,从事汽车工程的研究、设计、生产和管理方面的科技人员,以及客运部门的有关技术和管理人员阅读,并可作为高等院校车辆工程、汽车服务工程和交通运输等专业及职业院校、成人教育的教学参考书,同时对客车维修企业的工人和技术人员,相关专业的其他人员也有一定的参考价值。

图书在版编目(CIP)数据

客车新技术与新结构/中国公路学会客车分会,长安大学汽车学院编著. —北京:人民交通出版社股份有限公司,2016.12
ISBN 978-7-114-13336-7

Ⅰ.①客… Ⅱ.①中… ②长… Ⅲ.①客车—新技术应用 ②客车—车体结构—新技术应用 Ⅳ.①U469.1-39

中国版本图书馆 CIP 数据核字(2016)第 226010 号

书　　名:	客车新技术与新结构
著 作 者:	中国公路学会客车分会　长安大学汽车学院
责任编辑:	林宇峰
出版发行:	人民交通出版社股份有限公司
地　　址:	(100011)北京市朝阳区安定门外外馆斜街3号
网　　址:	http://www.ccpress.com.cn
销售电话:	(010)59757973
总 经 销:	人民交通出版社股份有限公司发行部
经　　销:	各地新华书店
印　　刷:	北京鑫正大印刷有限公司
开　　本:	880×1230　1/16
印　　张:	50
字　　数:	1584 千
版　　次:	2016年12月　第1版
印　　次:	2016年12月　第1次印刷
书　　号:	ISBN 978-7-114-13336-7
印　　数:	0001—3000 册
定　　价:	150.00 元

(有印刷、装订质量问题的图书由本公司负责调换)

《客车新技术与新结构》编写和审稿单位

(排名不分先后)

编 写 单 位

整车及零部件企业：

郑州宇通客车股份有限公司

中通客车控股股份有限公司

安徽安凯汽车股份有限公司

安徽江淮汽车股份有限公司

安徽江淮客车有限公司

金龙联合汽车工业(苏州)有限公司

厦门金龙联合汽车工业有限公司

厦门金龙旅行车有限公司

丹东黄海汽车有限责任公司

北汽福田汽车股份有限公司北京欧辉客车分公司

东风襄阳旅行车有限公司

东风扬子江无轨电车(武汉)有限责任公司

东风商用车技术中心

金华青年汽车制造有限公司

上海申沃客车有限公司

陕汽欧舒特汽车股份有限公司

中国公路车辆机械有限公司

泰乐玛汽车制动系统(上海)有限公司

浙江三浪工业股份有限公司

郑州奥特车辆科技有限公司

陕西法士特汽车传动集团有限责任公司

艾立逊变速箱(中国)有限公司

潍柴动力股份有限公司

上海科曼车辆部件系统股份有限公司

厦门汉纳森汽车电子有限公司
綦江齿轮传动有限公司
欧科佳(上海)汽车电子设备有限公司
广西玉柴机器股份有限公司
龙口中宇机械有限公司
北京京威汽车设备有限公司
伊顿(中国)投资有限公司
重庆良马制动器有限公司
隆中控股集团有限公司
北京生泰消防装备有限公司
南京泰晟科技实业有限公司
佛山市南海区骏达经济实业有限公司
山东通盛制冷设备有限公司(中通)
茵卡排放控制系统(江苏)有限公司
皆可博(苏州)车辆控制系统有限公司

高校及研究机构：
长安大学汽车学院
江苏大学汽车与交通工程学院
江苏省交通科学研究院股份有限公司
重庆交通大学交通运输学院
厦门理工学院
中国第一汽车集团公司无锡油泵油嘴研究所

审 稿 单 位

北京理工大学
上海交通大学
重庆车辆检测研究院　国家客车质量监督检验中心
长安大学汽车学院
北汽福田汽车股份有限公司北京欧辉客车分公司
郑州宇通客车股份有限公司
江苏省交通科学研究院股份有限公司
中国公路学会客车分会秘书处

《客车新技术与新结构》
各章主撰人、撰写人、审稿人

第一篇 整 车

第一章 总 论

主撰人：申福林　王　健　胡选儒　张德鹏
撰写人：申福林　王　健　胡选儒　张德鹏　韩锋刚　刁　薇　李兆凯
审稿人：裴志浩　吴晓光　金明新

第二章 整车形式

主撰人：余　强
撰写人：余　强　赵　轩
审稿人：裴志浩　吴晓光　金明新

第三章 新能源及燃气客车

主撰人：苏学军　王　琳
撰写人：苏学军　王　琳　章连萍　张　勇　范志先　高建平　徐一凡　王　雷　漆国平　崔　健
审稿人：秦志东　吴晓光　金明新

第二篇 客车动力系统

第四章 客车动力系统概述

主撰人：时洪功　苏学军
撰写人：时洪功　苏学军　郭圣刚　王　雷　曹新立　侯晓良　漆国平　张　勇
审稿人：秦志东　郭金刚

第五章 发 动 机

主撰人：胡林峰　郭圣刚
撰写人：胡林峰　郭圣刚　蔡珍辉　郭金刚　侯晓良　曹新立　王金波　檀荣科　王用林
审稿人：秦志东　郭金刚

第六章　新能源客车动力系统

主撰人：苏学军

撰写人：苏学军　曹邕震　雷洪钧　范志先

审稿人：秦志东　张　勇　郭金刚

第三篇　客车底盘

第七章　客车底盘概述

主撰人：田晋跃　杨　胜　李建鹏　戴　俊

撰写人：田晋跃　杨　胜　李建鹏　戴　俊　张立尧　张生海

审稿人：高　利　吴晓光　刘晶郁

第八章　离　合　器

主撰人：田晋跃

撰写人：田晋跃　于　英

审稿人：高　利　吴晓光　刘晶郁

第九章　变　速　器

主撰人：田晋跃　彭建斌

撰写人：田晋跃　彭建斌　刘　义　陈　静　宋德伟　许　亮　殷崇一　何君珂
　　　　陈小军　李建鹏

审稿人：高　利　吴晓光　刘晶郁

第十章　车　桥

主撰人：田晋跃

撰写人：田晋跃　陆　军　陈治领　周朝锋　吴传旺　彭耀润

审稿人：高　利　吴晓光　刘晶郁

第十一章　车轮和轮胎

主撰人：田晋跃　李　彬

撰写人：田晋跃　李　彬　于　慧

审稿人：高　利　吴晓光　刘晶郁

第十二章　悬架及铰接机构

主撰人：田晋跃　张密科　任卫群

撰写人：田晋跃　张密科　任卫群　黄家铭　徐　兴　吴学军　吴纪刚　戴立伟

审稿人：高　利　吴晓光　刘晶郁

第十三章 客车转向装置

主撰人：田晋跃 刘晶郁
撰写人：田晋跃 刘晶郁 任振宁
审稿人：高 利 吴晓光

第十四章 制动器及底盘集中润滑系统

主撰人：肖水波 申建立 祁俊荣
撰写人：肖水波 申建立 祁俊荣 张廷虎 梅立文 孙 阳
审稿人：高 利 吴晓光 刘晶郁

第四篇 客车安全装置

第十五章 客车主动安全装置

主撰人：陈晓冰 黄源水 杨 宁
撰写人：陈晓冰 黄源水 杨 宁 魏亚鹏 陈 静 宋德伟 马银良 周 明
　　　　田海霞 陈南平 李剑峰 祁俊荣 王 瑞
审稿人：丁良旭 张 勇 金明新

第十六章 客车被动安全装置

主撰人：吴晓光 刘晶郁
撰写人：吴晓光 刘晶郁 梁 深 雷洪钧 叶俊杰 王玉峰 姜立标 张 华
　　　　虞焕金 曾 波 黄庭亮 周焕成 杜树枢 罗德友 张廷虎 朱春庆
　　　　苏 亮 张宏伟
审稿人：丁良旭 张 勇

第五篇 客车车身和车身附件

第十七章 客车车身和车身附件概述

主撰人：申福林 张德鹏
撰写人：申福林 张德鹏 高永科 朱永胜 李兆凯
审稿人：裴志浩 秦志东 金明新

第十八章 客车车身结构

主撰人：吴晓光 朱永胜
撰写人：吴晓光 朱永胜 邝 勇 苏学军 齐晓明 古明武
审稿人：高 利 秦志东 张德鹏

第十九章 车 架

主撰人：吴晓光 梁 为 王华三

撰写人：吴晓光　梁　为　王华三　周朝锋　许志强　林银聚　高建明
审稿人：高　利　秦志东　金明新　张德鹏

第二十章　客车空调制冷装置

主撰人：吴建宁　朱广栋
撰写人：吴建宁　朱广栋　冯还红
审稿人：申福林　张德鹏

第二十一章　客车采暖、除霜及通风换气装置

主撰人：吴建宁　赵重文
撰写人：吴建宁　赵重文　檀荣科
审稿人：申福林　张德鹏

第二十二章　车身其他附件

主撰人：裴志浩　潘　磊
撰写人：裴志浩　潘　磊　高永科　陈　力　何汉桥　陈　涛　耿小修
　　　　郑烈军　董丽娜　郭振福　蒋振宇　叶焕明　上官晓磊　马衍俊
　　　　高　毅　李明涛　张跃进　李　瑞　冉瑞宏　梁　深　彭晓东
　　　　李剑峰　白玉美　苏　亮　张生海　张　华
审稿人：秦志东　金明新　张德鹏

第六篇　客车电气、车载网络及智能终端

第二十三章　客车仪表、照明、娱乐及信号装置

主撰人：张景涛　李剑峰
撰写人：张景涛　李剑峰　王洪岗　黄　磊　黄志明　刘强生　何　新
审稿人：丁良旭　张　勇　金明新

第二十四章　蓄电池、线束与接插件

主撰人：申福林　王洪岗　田韦斌
撰写人：申福林　王洪岗　田韦斌　张景涛　李剑峰　黄福华　白玉美
审稿人：丁良旭　张　勇　金明新

第二十五章　车载网络及智能终端

主撰人：陈晓冰　李建红
撰写人：陈晓冰　李建红　林素烟　黄常军　黄　磊　林贤体　刘强生　申　健
审稿人：丁良旭　张　勇

序

由中国公路学会客车分会组织,客车界100多位专家、教授和工程技术人员精心编写的《客车新技术与新结构》一书正式出版了。这既是中国客车行业的一项重要成果,也是所有参加编撰人员智慧和辛勤劳动的结晶。

改革开放30多年来,中国客车从默默无闻、技术水平低下,逐渐成长为世界客车市场上举足轻重的一支重要力量,不仅技术能力和产品品质得到了本质的提升,而且以"一通三龙"为代表的中国客车企业和品牌已经在国际市场上产生了广泛的影响,这种进步是改革开放之功,更是全体中国客车人共同努力的成就。从行业发展规律来看,如果说1998年以前属于原始积累期,1998年以后则属于快速成长和扩张期。大中型客车市场规模在1998年超过2万辆,至2015年,已超过16万辆,市场规模扩大了8倍。特别是最近两年,新能源客车异军突起,成为进一步促进客车行业市场扩张和技术进步的新动力。客车市场规模的高速扩张,对行业发展的影响主要体现在3个方面:

一是得到资本青睐。最近10多年,社会资本大量进入客车行业,为客车行业的发展提供了源源不断的推动力量。长期以来,资本一直是制约行业发展的主要因素,过去,客车企业多以小本经营为主,即使是一些规模较大的企业,也常常因为流动资金不足而煞费苦心。随着新能源客车越来越热,资本对客车行业的关注程度显著提高,社会资本满怀信心地进入客车行业,为客车行业带来了一股强劲的新风,对客车行业的发展和进步具有显著的推动作用。

二是引导技术进步。市场扩张与技术创新是相辅相成的,市场需求是技术创新的源泉,技术保障是市场扩张的基础。有市场规模,才能够有效地吸引国外先进技术进入中国;有市场需求,才能够引导客车企业的技术创新。自主创新和技术引进是推动客车技术与产品升级的两大引擎。分析客车技术的发展轨迹,客车行业发展的基础是自主创新,而获得加速度的动力则来自于技术引进。中国的汽车工业落后于欧、美、日、韩,因此"以技术换市场"成了汽车行业被大众所诟病的话题,但是,在客车领域却是值得骄傲的,既引进了技术,又没有被换走市场,这本身就是一个了不起的成就。更重要的是,通过技术引进和吸收,逐步缩小了中国客车与欧、美、日、韩的技术差距。在新能源客车技术的发展方面,甚至有全面超越、引导潮流的趋势。

三是推动政策调控。现阶段,国家政策对客车行业技术进步和市场发展的调控幅度越来越大,基本可以归纳为4大类:

(1)营运客车和公共汽车等级评定。营运客车和公共汽车等级评定工作,是推进客车技术进步、优化客车结构的重要手段,也是实现道路客运和城市公交更安全、更经济、更舒适的重要保障。

(2)公交优先。国家有关部门出台了很多公交优先政策,目前正在向纵深发展,公交都市的建设,得到了各级政府的积极响应。

(3)车联网及客车智能化。2011年,交通运输部、公安部、国家安全生产监督管理总局、工业和信息化部联合印发了"关于加强道路运输车辆动态监管工作的通知",要求"两客一危"车辆安装使用具有行驶记录功能的卫星定位装置,第一次把客车的车联网技术提高到政策的高度。

（4）节能减排。节约能源和降低排放是一个问题的两个方面，国务院发布的《节能减排"十二五"规划》，对有关领域、行业的节能减排提出了明确的任务和要求，侧重于重点行业和重点领域节能减排措施的细化和目标的量化。2014年，《国务院办公厅关于加快新能源汽车推广应用的指导意见》，正式拉开了新能源客车的发展序幕。

从客车行业的发展轨迹来看，政策调控是保证客车行业健康发展的关键因素。

纵观中国客车行业的发展历史，尽管市场规模不小、技术进步很快、品牌提升明显，但是行业的发展带有明显的草莽气息，一方面"带头大哥"的作用不可或缺，另一方面后起之秀时不时地揭竿而起，市场忽左忽右，出口大起大落，技术法规也常常是头疼医头脚疼医脚，而缺少技术总结和有关客车技术的专业书籍，则始终是客车行业的一大缺憾。希望这部书不仅能为客车企业工程技术人员和高等院校师生所欢迎，也能对客车使用、维修企业的技术、管理和使用、维修人员有所帮助，使读者系统了解现代客车新技术与新结构，以及当前的国内外客车技术水平和发展趋势，并以此为契机，能不断有客车技术的专业书籍出版，进而推动中国客车技术持续、健康、快速发展并走向更大辉煌。

2016年9月30日

前　言

经过改革开放以来的创新发展,以及国家产业政策和国内巨大市场的引导拉动,中国已成为世界上最大的客车市场和客车产销大国,中国由客车大国到客车强国已成必然趋势。

《客车新技术与新结构》是中国公路学会客车分会组织编写的国内第一部介绍客车新技术和新结构的专业技术书籍。全书由六篇二十五章组成,基本囊括了现代客车的新技术与新结构,具有内容新颖、翔实,知识系统全面、图文并茂及可读性和收藏价值等特点。

现代客车已成为机械、电子、液力、计算机、信息传输、自动控制、图像识别、网络技术和无线通信等各种高新技术完美结合的产品。随着科技发展的日新月异,新技术、新结构在客车上应用层出不穷,推动了客车技术水平的不断提高。编写本书的主要目的是:

(1) 全面、系统介绍 20 世纪 90 年代以来客车产品发展中所采用的新技术和新结构。

(2) 为广大客车制造企业、客运部门管理人员、专业技术人员,以及具有中等以上文化和科技理论基础的客车制造、使用、维修人员提供一部对客车新技术、新结构能较为全面了解的阅读和应用参考书及辅助教材,并可作为大专院校汽车及相关专业的教学参考书,同时也可作为中高级职业培训教材。

(3) 本书不同于传统的《汽车构造》,主要通过对典型实例(代表性总成)的分析,系统阐述现代客车车型构成、整车结构及各系统主要总成的新技术、新结构和工作原理,以及代表客车技术发展的高新技术成果的应用趋势。

(4) 在介绍整车及其各个组成系统或部件的新技术和新结构时,特别注意阐述整体功能要求,以及各组成部分之间在结构和功能上的有机联系。

(5) 为使读者较深入理解客车新技术、新结构而引用的力学、热学、电学和机械学等基础理论及某些汽车专业技术知识的深度和广度,均以能在较高程度上定性阐明整车及其新结构的组成和工作原理为限。至于结构设计细节和计算、性能的定量分析以及材料、制造工艺、维修工艺等专门知识,均不在本书编写的范畴。

本书自 2011 年开始策划到正式出版,历时五年。经多次反复讨论、修改、审定,终于与大家见面了,这是客车行业及相关单位科技工作者集体智慧的结晶和辛勤汗水浇灌的成果。在编写过程中,得到了各客车企业及有关单位领导和广大科技人员的大力支持,39 家客车整车、零部件企业和 10 所大学、科研院所及学会的 150 余位专家、教授和经验丰富的工程技术人员参加了本书的撰稿、统稿及审定等工作。中国公路学会客车分会原理事长邹虎啸先生在任期间对本书的编写十分重视,亲自组织、策划了本书的编写;学会秘书处佘振清副秘书长和张晓秋女士承担了大量的组织协调工作;此外,上海中旅汽车有限公司原副总经理陈世平高工为本书的编写提出了很多宝贵意见;人民交通出版社股份有限公司道路运输出版中心的领导和责任编辑对本书的编写和出版给予了大力支持和帮助。在此深表谢意。

由于客车新技术和新结构发展很快,涉及面广,加之编撰人员众多,篇幅较大,协调和统稿工作量大,而我们水平有限,经验不足,错误、不当和挂一漏万之处在所难免,敬望读者批评、指正。

编　者
2016 年 9 月

目 录

第一篇 整 车

第一章 总论 ·· 2
- 第一节 国内外客车工业概况 ································· 2
- 第二节 客车分类及车型划分 ································· 14
- 第三节 客车的主要参数 ····································· 20
- 第四节 客车型号的编制规则及识别代号 ····················· 27
- 第五节 国内外有关客车的标准法规 ························· 29
- 第六节 客车技术的现状和发展 ······························ 36

第二章 整车形式 ··· 57
- 第一节 长途客车 ·· 57
- 第二节 城市客车 ·· 63
- 第三节 旅游客车 ·· 67
- 第四节 特种客车 ·· 69

第三章 新能源及燃气客车 ····································· 74
- 第一节 概述 ·· 74
- 第二节 纯电动客车 ·· 76
- 第三节 混合动力客车 ······································· 82
- 第四节 燃料电池电动客车 ··································· 90
- 第五节 燃气客车 ·· 96

第二篇 客车动力系统

第四章 客车动力系统概述 ····································· 110
- 第一节 客车动力系统分类和基本组成 ······················· 110
- 第二节 客车动力系统的现状和发展 ·························· 114

第五章 发动机 ··· 125
- 第一节 发动机类型及基本结构 ······························ 125
- 第二节 柴油机电控燃油喷射系统及PT式喷油系统 ············ 130
- 第三节 单燃料天然气发动机 ································ 150
- 第四节 配气机构及进气系统 ································ 164
- 第五节 发动机管理系统 ····································· 176
- 第六节 发动机燃油供给控制系统 ···························· 181
- 第七节 发动机排放控制系统 ································ 187
- 第八节 热管理系统 ·· 200

— 1 —

  第九节 发动机故障诊断系统 ··· 209
  第十节 汽油机电控汽油喷射系统 ·· 215
 第六章 新能源客车动力系统 ··· 237
  第一节 储能装置 ·· 237
  第二节 燃料电池 ·· 246
  第三节 纯电动客车动力系统 ·· 251
  第四节 混合动力客车动力系统 ··· 256
  第五节 燃料电池客车动力系统 ··· 269
  第六节 能量管理与控制策略 ·· 278
  第七节 无轨电车动力 ··· 287
  第八节 新能源客车的驱动电机及辅助部件 ··································· 294

第三篇 客 车 底 盘

 第七章 客车底盘概述 ·· 312
  第一节 客车底盘的结构形式 ·· 312
  第二节 客车底盘的技术发展 ·· 316
 第八章 离合器 ··· 325
  第一节 概述 ·· 325
  第二节 自动离合器 ·· 331
  第三节 金属陶瓷离合器 ·· 334
  第四节 电磁离合器 ·· 337
 第九章 变速器 ··· 341
  第一节 概述 ·· 341
  第二节 液力自动变速器 ·· 343
  第三节 电动汽车机械变速器 ·· 350
  第四节 机械式自动变速器 ·· 352
  第五节 双中间轴变速器 ·· 356
  第六节 客车变速操纵系统 ·· 359
 第十章 车桥 ··· 362
  第一节 概述 ·· 362
  第二节 门式驱动桥 ·· 368
  第三节 电驱动桥 ·· 370
  第四节 转向桥 ·· 372
  第五节 随动转向桥 ·· 375
 第十一章 车轮和轮胎 ·· 379
  第一节 概述 ·· 379
  第二节 铝合金车轮 ·· 382
  第三节 新型轮胎 ·· 384
 第十二章 悬架及铰接机构 ··· 388
  第一节 概述 ·· 388
  第二节 空气悬架 ·· 389
  第三节 独立悬架 ·· 397

第四节	电子控制悬架	403
第五节	少片钢板弹簧悬架	408
第六节	客车铰接机构	410
第十三章	**客车转向装置**	**414**
第一节	概述	414
第二节	动力转向	415
第三节	转向传动机构及转向盘调整	420
第十四章	**制动器及底盘集中润滑系统**	**426**
第一节	气压盘式制动器	426
第二节	制动器间隙自调装置	430
第三节	底盘集中润滑系统	441

第四篇　客车安全装置

第十五章	**客车主动安全装置**	**452**
第一节	概述	452
第二节	客车防滑控制装置	457
第三节	客车智能安全系统	466
第四节	电涡流缓速器	476
第五节	液力缓速器	484
第六节	发动机缓速装置	489
第七节	轮胎气压自动监测系统	496
第八节	轮胎辅助充气装置	500
第十六章	**客车被动安全装置**	**506**
第一节	概述	506
第二节	安全带	510
第三节	安全出口	514
第四节	转向吸能装置	519
第五节	爆胎应急安全装置	525
第六节	其他被动安全装置	532

第五篇　客车车身和车身附件

第十七章	**客车车身和车身附件概述**	**542**
第十八章	**客车车身结构**	**555**
第一节	全承载式车身	555
第二节	半承载式车身	560
第三节	铝合金车身	563
第十九章	**车架**	**570**
第一节	整体式车架	570
第二节	三段式车架	575
第二十章	**客车空调制冷装置**	**581**
第一节	概述	581

第二节	客车驾驶区空调装置	582
第三节	客车空调制冷装置	586

第二十一章　客车采暖、除霜及通风换气装置　606
- 第一节　概述　606
- 第二节　客车采暖装置　609
- 第三节　客车除霜及通风、换气装置　618

第二十二章　车身其他附件　629
- 第一节　车门及上车辅助装置　629
- 第二节　车窗及车窗玻璃　640
- 第三节　风窗清洁装置　649
- 第四节　客车座椅及卧铺　654
- 第五节　客车内饰件及行李架　664
- 第六节　车用卫生间　673
- 第七节　客车后视装置　677
- 第八节　锁具　682
- 第九节　城市客车的特殊附件　685
- 第十节　车身其他附件及材料　692

第六篇　客车电气、车载网络及智能终端

第二十三章　客车仪表、照明、娱乐及信号装置　700
- 第一节　客车仪表　700
- 第二节　照明及信号装置　709
- 第三节　客车影音娱乐系统　719

第二十四章　蓄电池、线束与接插件　723
- 第一节　蓄电池　723
- 第二节　线束与接插件　730

第二十五章　车载网络及智能终端　740
- 第一节　概述　740
- 第二节　客车总线与网络技术　743
- 第三节　客车CAN总线控制单元　756
- 第四节　车载智能终端　761

参考文献　778

第一篇

整 车

第一章 总 论

客车工业是汽车工业的组成部分,自世界第一辆由发动机驱动的客车问世以来,全球客车工业的发展已有130年历史。随着社会进步、经济与科学技术的发展,客车工业和整个汽车工业一样发展迅猛,水平不断提高,新车型层出不穷,充分满足了经济发展和人类生产、生活的需要。

第一节 国内外客车工业概况

一、欧洲客车工业的发展

早期的客车制造起源于马车,后来在载货汽车底盘上制造车身来改装客车,并逐渐出现专用客车底盘而形成近代客车制造业。客车制造商有底盘制造商(制造采用整体式车架的专用底盘)和车身制造商(制造框架结构的车身),分别专注于底盘和车身两个不同领域,可为客户提供由不同底盘与车身组合的车型。客车的设计使用寿命一般都较长,运营商在新车使用几年后通常要进行翻新,将底盘装配在新的车身上就出现了整车设计,而整车制造商则制造包括底盘和车身的完整客车(有的车型通常没有明显的底盘),以缩短生产周期。只有少数大型公交运营商可指定其车辆设计特征,如伦敦公共交通总公司对城市公交车型就制定有专门设计规范和程序。

图1-1所示为1895年德国人卡尔·奔驰在曼海姆设计和制造的世界上第一辆内燃机驱动客车(DRP 37435),同年一辆载客6人的奔驰—维多利亚汽车在英格兰首次投入旅客运输服务。

图1-2所示为20世纪初在英格兰投入旅客运输服务的奔驰—维多利亚客车。

图1-1 1895年卡尔·奔驰制造出世界第一辆由发动机驱动的客车

图1-2 奔驰—维多利亚客车在英格兰投入旅客运输服务

20世纪70年代世界上大多数地区的客车制造商仍然在前置发动机底盘基础上制造客车。20世纪80年代以前的小型客车主要采用轻型货车底盘制造车身,衍生出"面包型客车",并以此设计制造不同用途的客车以满足市场需求。当客车制造受交通安全法规的车辆轮廓尺寸限制后,从追求客车最大化的载客量出发而开始采用发动机后置或中置设计。在20世纪90年代,城市客车制造发生重大变化,低地板设计极大提高了乘客的可达性,包括改进车门设计、采用独立前悬的屈膝技术,以及应用轮椅通道等;而高地板客车则采用轮椅升降机来改进乘客的可达性。客车发展方向是提高舒适性和装备越来越多的装置,如改善动力学稳定性的防抱死制动系统(ABS)、牵引力控制系统(TCS)以及动力学稳定性控制系统(DSC);改善传动平顺性和安全性的自动变速器(AT)、无极变速器(CVT)、双离合器变速器(DCT),以及自动机械式变速器(AMT);改善平顺性和动力学稳定性的主动悬架和半主动悬架技术;改善转向特性的主动转向和助力转向技术等;卫星定位系统(GPS)开始成为长途和旅游客车的标准配置;在环境污染控制方面,各种先进的技术也广泛应用到客车上。

欧洲客车工业的发展至今已有130年历史。概括地讲,前50年基本采用手工生产方式,从老式木质结构客车逐渐发展为钢材制成的流线型客车,外观造型和配置变化多样。以车门为例,欧洲市场上曾有500多种类型(包括推拉门、双折门、平拉门、枢轴门和滑门等多种结构、尺寸和形状),制造商要按照客户要求在装配生产前试验和证明这些车门的不同应用。因此,客车工业的发展必须标准化。20世纪60年代,德国公共交通协会(Verband Der Automobilindustrie,VDV)开始组织制定标准城市客车规范,把11m双轴后置发动机城市客车作为标准型(SL-Ⅰ型),随后欧洲各国陆续采用这种标准型城市客车,并升级换代为低地板型城市客车。近50年来,欧洲客车生产已从传统手工制造方式发展为工业化大量生产,虽然手工制作仍占有很大比例,没有达到自动生产方式,但在焊接上已开始采用机器人等先进工艺。

近20年来欧洲客车制造业的调整已完成兼并整合过程,形成艾瓦巴士(EvoBus)、尼奥曼(NeoMan)、依维柯巴士(Ivecobus)、沃尔沃(Volvo)、VDL(Van Der Leegte)和斯堪尼亚(Scania)六大客车集团,其产销量占据了全欧洲客车市场90%以上的份额。即便如此,市场上仍然活跃着许多小型客车制造商。目前,欧洲的基本状况是部分西欧主要客车制造工厂关闭后,已逐渐转移到东欧国家和地区,因此东欧和亚洲的客车制造商开始进入西欧市场。

欧洲客车产品的发展已经从传统机械式进入电子化阶段。现代客车的技术进步主要集中在动力和传动系统上,如各种替代燃料的动力系统(混合动力、电池电力和氢燃料电池等新技术),提高行驶性能的导航技术和电子安全装置,以及为提高乘坐舒适性而不断增加配置的空调、音响等。

特别值得一提的是校车作为一种客车形式,在美国不仅具有悠久的历史,而且是与城市公交客车和城际客车并列的制造产业和运输市场。1939年,在纽约召开的校车研讨会制定了45项有关校车安全的设计标准和规则,而全国学校运输大会(NCST)制定的《美国学校运输规范与流程》则将校车分为4类,即A型、B型、C型和D型校车,如图1-3所示。1974年,美国国会通过的《机动车与校车安全修正案》授权国家公路交通安全管理局(NHTSA)编制联邦校车安全标准,直接推动在紧急出口、车内乘员保护、地板强度、座椅系统、车身和框架的耐撞性、车辆操作系统、风窗玻璃、车窗及燃油系统等8个方面,建立或提高了校车安全标准。随后颁布了5项专门的联邦校车安全标准,引用29项联邦机动车安全标准(包括避免碰撞、耐撞性和碰撞后的标准),其中有的标准适用小型校车,有的适用大型校车,有的则适用所有的校车。NHTSA还将校车划分为2个基本类型(依据额定车辆总质量是否超过4535kg),按照联邦机动车安全标准,7种风格的车型可作为校车使用,并要求校车车身喷涂黄色漆并配备特定的警示和安全装置。至此,黄色客车、停车警示灯和停车信号臂就成为美国校车的基本特征。

a)A型面包式(Cutaway Van)

b)B型承载式(Integrated)

c)C型传统客车式(Conventional)

d)D型公共交通式(Transit)

图1-3 美国校车的基本形式

二、全球客车工业概况

欧洲过去一直是全球客车的制造中心和技术中心,过去50年建立的现代客车制造业已逐步东移,使东欧的波兰和土耳其成为主要客车制造中心,但西欧仍然是客车产业的技术中心。而全球客车制造业的中心也正在从西方转移到东方,从北方转移到南方,中国、印度、巴西、波兰和俄罗斯逐渐成为新的客车制造中心。

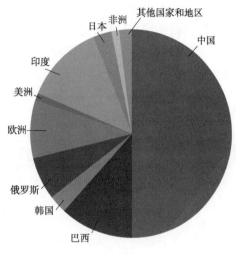

图1-4 2013全球客车生产量统计分布示意图
（来源：NationMaster）

据国际汽车制造商协会（OICA）的统计资料,2013年全球汽车总产量为87300115辆,其中商用车产量21866828辆,客车产量344685辆。近年来,全球客车生产的年增长率一直保持在10%以上水平。欧洲一直是全球客车生产中心,直到2001年,其总产量首次被亚太区所超过,这一格局才从数量上发生巨大变化。2013年中国的客车总产量为173168辆,远超过欧洲及美洲地区的总和,成为全球最大客车生产国（欧洲客车总产量为53355辆）。

根据研究与市场公司（Research & Markets）的预测,2017年全球客车制造业的价值将达到410亿美元,年复合增长率为3.1%。主要的客车制造国家是中国、巴西、韩国、俄罗斯、日本、德国、瑞士、瑞典和比利时。德国在欧盟国家排位第一（9745辆）,韩国在经合组织（OECD）高收入国家中排第一（19128辆）。图1-4所示为2013年全球客车生产量统计分布示意图。

由于"金砖国家"（巴西、俄罗斯、印度和中国）的经济高速发展,全球客车制造业正处于增长期。中国和印度的乘用车保有量很低,对公共运输的需求很大,客车则可以满足不同的运营需求。表1-1所示为2003～2013年全球客车生产统计。

2003～2014年全球客车生产统计（辆）标　　　　　　　　　　表1-1

国家/地区	2003年	2005年	2007年	2009年	2011年	2013年	2014年
欧洲	69293	78552	89839	56858	45533	53355	38521
-欧盟27国	38385	39635	37022	35025	14151	11607	13631
-欧盟15国	34098	31033	29797	27036	5530	3713	4712
奥地利	138	122	0	未公布	未公布	未公布	未公布
比利时	5548	1040	1213	720	1059	884	789
芬兰	未公布	0	0	未公布	未公布	未公布	未公布
法国	2393	3687	4336	4024	未公布	未公布	未公布
德国	10423	8790	9085	7786	未公布	未公布	未公布
意大利	2850	3459	1449	1004	823	421	289
荷兰	1547	1984	2007	1641	1435	未公布	807
葡萄牙	139	140	158	84	5	15	未公布
西班牙	1502	1262	1546	552	381	未公布	未公布
瑞典	8050	9224	8806	9839	未公布	未公布	未公布
英国	1737	1431	1355	1470	1827	2393	2827
-欧盟新成员	4288	8602	7225	7989	8621	7894	8919
捷克	1785	2193	3182	3067	3562	3691	3893
匈牙利	1123	1009	479	100	未公布	未公布	未公布
波兰	1373	5400	3554	4822	5059	4203	5026
-其他国家	19940	26402	36567	13278	20966	28206	13124

续上表

国家/地区	2003年	2005年	2007年	2009年	2011年	2013年	2014年
塞尔维亚	162	353	149	101	132	140	未公布
独联体	19941	26049	36418	13177	20834	28066	13124
俄罗斯	17224	21348	25604	10809	14596	23107	10327
白俄罗斯	480	650	2160	1050	2500	2480	1453
乌克兰	2074	4051	8654	1318	3738	2479	906
土耳其	10967	12515	16250	8555	10416	13542	11766
美洲	55036	35988	68270	58139	52687	43606	35201
－北美自贸区	27943	0	28419	21966	0	0	未公布
美国	27943	0	28419	21966	0	0	未公布
－南美	27093	35988	39851	36173	52687	43606	35201
阿根廷	103	601	721	1441	3314	3471	2263
巴西	26990	35387	39087	34535	49373	40111	32938
亚洲太平洋	96078	340916	424489	212736	244419	243859	237877
中国	66700	175390	344005	129210	164339	173168	162292
印度	未公布	30347	44420	42002	50328	43641	44057
印度尼西亚	1528	2429	1676	2328	4195	4713	4683
伊朗	0	4200	5000	2729	2707	980	450
日本	11406	11763	11516	8783	9427	9755	9420
马来西亚	未公布	1360	916	798	1128	840	740
巴基斯坦	未公布	未公布	未公布	688	466	582	560
韩国	16354	115015	16378	25740	11366	9480	15137
泰国	90	412	578	458	463	720	589
非洲		3975	4511	5713	7060	3865	未公布
埃及	2367	2828	3154	4154	5980	2680	未公布
南非	848	1147	1357	1559	1080	1185	未公布
总计	221436	459431	587109	333446	349699	344685	未公布

来源：International Organization of Motor Vehicle Manufacturers(OICA)。

三、全球主要客车市场

1. 欧美市场

2013年欧盟27个国家登记注册的总质量3500kg以上的客车总量为32992辆，其中法国的客车注册量为6963辆(增长率14%)，是欧盟主要的客车市场；英国名列第二(6951辆)，德国紧随其后(824辆)。与几年前的市场排位相比较，英国和德国的增长率最大。

意大利是欧洲第四大客车市场，新车注册量为375辆(增长率5%)，西班牙稳定在648辆的规模；波兰的新车注册达到1385辆，是欧盟国家中客车注册量平均增长率最高的国家(9%)。表1-2列出了欧洲主要客车制造商2009年和2010年的客车生产、销售统计数据。由表1-2中可见，其生产、销售均下降10%以上。

欧洲主要客车制造商2009年和2010年的客车生产与销售统计情况　　表1-2

制造商	2010年销量(辆)	2010年份额(%)	2009年销量(辆)	2009年份额(%)	销量变化(%)
艾瓦巴士(EvoBus)	4640	30.1	5166	30.1	-10.2
依维柯巴士(Ivecobus)	2253	14.6	2524	14.7	-10.7
曼(MAN)	1986	12.9	2766	16.1	-28.2
斯堪尼亚(Scania)	1466	9.5	1631	9.5	-10.1
沃尔沃(Volvo)	1872	12.1	2225	12.9	-15.9
其他制造商	3200	20.8	2873	16.7	11.4
总计	15417	100.00	17185	100.00	-10.3

来源：ACEA. Data for EU and EFTA countries. Last Updated：20.10-10。

德国和瑞典一直是欧洲最主要的客车制造商国家,但在近 10 年中德国制造的客车产量连续不断下滑,到 2008 年已被瑞典超越,原因是梅赛德斯-奔驰客车主要在土耳其许可生产,曼海姆只保留生产 Citaro 客车及客车底盘,乌尔姆工厂只进行客车的总装配;波兰制造商却持续不断地增长,成为欧洲第三大客车制造国。图 1-5 所示为欧洲 7 个主要客车制造国 2000~2010 年的客车生产统计情况。

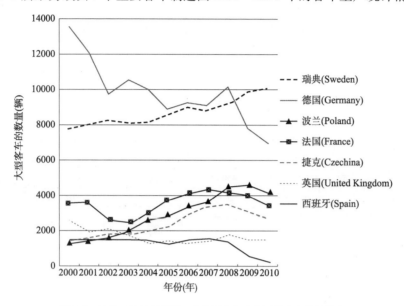

图 1-5　2000~2010 年欧洲 7 个主要客车生产国的生产统计情况
(来源:ACEA,OICA,EUROSTAT-PRODCOM)

从客车制造与出口情况分析,德国仍然是客车出口量最高的国家,其次是波兰和瑞典。西欧总质量 16000kg 以上的大型客车注册量表明,5 家主要客车制造商占有的市场份额达 80%,但其销量则下降 10%。图 1-6 所示为欧洲 7 个主要客车生产国 2000~2010 年的客车出口统计情况。

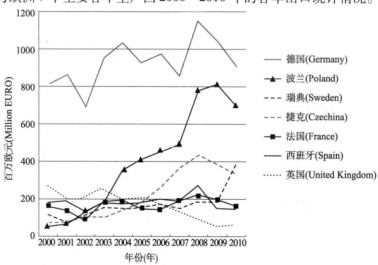

图 1-6　2000~2010 年欧洲 7 个主要客车生产国的出口统计情况
(来源:ACEA,OICA,EUROSTAT-PRODCOM)

美国客车市场主要划分城际客车、城市客车和校车三大类。美国交通部的统计数据表明,2005 年城际客车运营商已下降到 50 家(1960 年为 143 家),其中灰狗是唯一仍然保持全国服务网络的运营商,来自私人小汽车和航空公司的竞争,使得客车运营商不得不提供各种折扣票和改善方便性来吸引潜在乘客。城际客车在美国长途客运市场中的份额不足 2%,2000 年的行业收入为 13.5 亿美元,运营费用为 13.1 亿美元,雇员约 21700 人,微薄的利润导致整个城际客车行业萎缩;客车运营线路的数量不断下降,1980 年有 4000 多条,到 2003 年已减少约一半,而车站数量也在继续下降,2005 年已少于 3200 个。

美国的城市客车市场完全不同于乘用车市场,几乎不存在外国客车制造商的竞争。由于缺乏国际贸易而导致美国城市客车价格昂贵,1997~2011年的平均价格为309 000美元,比日本东京和韩国首尔的城市客车价高一倍以上,比中国的车价高出许多倍,而富有和治理都很好的新加坡早就从中国进口客车。受资本约束和规模经济的阻碍,美国只有少数城市客车制造商存在,加上政府管制公共汽车的主要特征,美国城市客车的价格很难回归市场价格。因为公共交通运营商购买客车需要获得联邦基金,其基本条件是"购买美国货",要求车辆必须在美国总装,且至少60%的部件必须在美国生产。从而造成城市客车技术落后(相对欧洲市场而言)、油耗和排放都较高。以营运车队为例,每加仑等效汽油的行驶里程为5.69km,而东京和首尔的柴油城市客车行驶里程则分别为7.62km和8.12km(天然气客车为6.5km)。表1-3所示为美国1997~2011年客车制造商的生产量统计排名情况。

美国客车制造商1997~2011年生产量统计排名　　　　　　　　表1-3

制 造 商	客车产量(辆)	市场份额(%)	制 造 商	客车产量(辆)	市场份额(%)
吉林格公司(Gillig)	8363	24.81	福特汽车公司(Ford Motor)	647	1.92
新飞人公司(New Flyer)	7710	22.87	尼奥普兰美国公司(Neoplan-USA)	426	1.26
猎户座巴士公司(Orion Bus)	3772	11.19	蓝鸟公司(Blue Bird)	412	1.22
新星巴士公司(NOVA Bus)	2740	8.13	其他小公司	2439	7.24
国际客车工业公司(MCI)	2690	7.98	外国公司	503	1.49
北美客车工业公司(NABI)	2565	7.61	总计	33711	100.00
埃尔拉多公司(ElDorado)	1444	4.28			

来源:National Transit Database。

美国校车市场集中度很高,IC集团是北美领先的校车制造商,年产14500辆(市场份额22.7%,价值7.6287亿美元),排列第二的托马斯年产13100辆(市场份额20.5%,收入4.444亿美元),蓝鸟年产8700辆(市场份额13.6%),这三大校车制造商占北美校车市场份额的56.9%。C型校车是美国校车的主流车型(约占校车总量的59%),其次是A型校车(占22.8%),这两种校车占校车总数的81.8%。全美校车产业的总规模约17.69亿美元,其中车身制造的价值约4.31亿美元,底盘制造的价值5.27亿美元,整车制造的价值约13.38亿美元。表1-4所示为美国校车2006~2010年的生产量统计。

美国校车2006~2010年的生产量统计(辆)　　　　　　　　表1-4

年　份	A/B型校车	C型校车	D型校车	总　计
2006	8165	29355	7643	45163
2007	7634	23839	6190	37663
2008	5475	24148	6363	35986
2009	6266	21873	4493	32632
2010	6487	18252	2656	27395

来源:School Bus Fleet。

匈牙利的客车制造业在世界客车产业中曾经盛极一时,作为东欧的客车制造基地,伊卡露斯(Ikarus)是全球最大的客车制造商之一,具有80多年的历史,1971年已累计销售客车超过10万辆,其前置发动机的620、630和31型城市客车畅销东欧各国,中国、缅甸和埃及也曾引进这些车型。苏联解体后,在匈牙利的私有化进程中,伊卡露斯1999年并入伊莎巴士(Irisbus),由19家匈牙利客车制造商、零部件供应商和科研机构宣布共同组成匈牙利客车制造商联盟;2006年在政府部门支持下重新买回伊卡露斯客车公司的全部股份,在塞凯什白城工厂生产伊卡露斯客车;2010年推出新型V187城市客车和其他标准城市客车、铰接客车,并在布达佩斯公共交通公司进行测试,并希望与中国客车制造商合作生产伊卡露斯客车。

俄罗斯疆土辽阔,客车在旅客运输中扮演着重要作用,其95%的客车都是本国制造。目前,俄罗斯主要有19个客车制造商,其中俄罗斯客车(Russian Buses)最大,它是由几个客车工厂整合的高尔基汽集团(GAZ)客车分部;斯帕夫洛伏客车工厂(Pavlovo)生产 PAZ 牌小型客车、库尔干客车工厂(Kurgan)生产 KAVZ 牌小型客车、李金斯基客车工厂(Likinsky)生产 LIAZ 牌全系列的各种客车、高里津客车工厂(Golitsynskii)生产 KAVZ 牌长途客车,楚瓦什汽车配件厂(Kanashsky)则生产 KAAZ 牌客车底盘。2009年俄罗斯的客车产量为10809辆,其中高尔基汽车集团所占的市场份额为77%,其他品牌为12%,进口品牌11%;小型客车销量6169辆,市场份额为35%;中型客车的销量为1806辆,市场份额为34%;大型客车的销量为1156辆,市场份额为36%;旅游客车的销量为183辆,市场份额为42%。2010年俄罗斯的客车产量为13283辆,增长22.9%。

俄罗斯市场上有5%的客车从国外进口,韩国现代、起亚分别占21.8%和16%,中国海格占10.5%。

与国外合作是一些俄罗斯客车制造商采取的积极策略,这样既可以采用世界先进水平的零部件来提升产品质量,同时又可将研发和投资风险与合作伙伴共同承担。欧洲客车制造商试图通过合作方式进入俄罗斯市场,高尔基汽车集团和康明斯(Cummins)、采埃孚(ZF)等零部件企业形成了战略合作关系,虽然俄罗斯主要的客车制造商还不够全球化,但他们已经瞄准世界品牌的目标。

自2003年以来,波兰客车产量呈现出快速增长的趋势,其中曼、索拉尼斯、沃尔沃、斯堪尼亚等老牌西欧客车制造商在波兰的产量2008年前都持续保持增长,但2009年后各客车制造商的产量和出口量均开始下降,而波兰本土的制造商的下降趋势更为明显,见表1-5。

表1-5 波兰主要客车制造商2009~2010年的产量及出口量统计

制造商	原产国	生产量(辆)		出口量(辆)		雇员(人)
		2009年	2010年	2009年	2010年	2009年
曼(MAN Bus)	德国	1532	1267	1504	1169	1398
索拉尼斯(Solaris)	波兰	1095	1022	836	630	1562
沃尔沃(Volvo Polska)	瑞典	739	855	739	845	1645*
斯堪尼亚(Scania)	瑞典	729	658	722	636	760
CMS(CMS Auto)	波兰	150	159	—	28	50
奥拓森(Autosan)	波兰	193	112	—	17	786
开平拉(Kapena)	意大利	136	83	—	60	220
索巴士(Solbus)	波兰	73	12	4	0	240
总计		4648	4168	3977	3385	6661

* 来源:JMK Analizy rynku transportowego and company data。

2. 亚洲市场

印度的道路运输业仍处于萌芽阶段,但客车市场已经开始崛起,一些欧洲客车制造商如奔驰、沃尔沃等客车巨头已纷纷进入印度客车行业并涉足印度市场,提供最新的三轴城际豪华客车(售价高达850万卢比,约合243万元人民币),城市客车和豪华客车的需求都在持续上涨。在客车这一新兴市场的激烈竞争中,行业走向成熟就有可能出现策略性整合或通过差异化来创造市场价值,许多新的客车制造商站稳了脚跟,并开始引进新技术。印度将客车划分为三类,即旅游客车、城际客车与城市公共汽车,全印度大约有2000家车身制造商,多是小公司,其中主要的客车制造商是塔塔(Tata)、利兰(Ashok Leyland)、VE商用车和纳威司达校车,而塔塔和利兰则几乎垄断了印度客车市场。2008年成立的VE商用车有限公司是沃尔沃集团(VOLVO)和艾特汽车(Eicher)的合资企业,已在印度市场中快速成长,并基本形成三足鼎立的局面。

近几年来,印度政府已在一些城市开始推广低地板城市客车,以吸引更多的乘客。新政府特别支持公共交通系统的发展,并为贾瓦哈拉尔·尼赫鲁国家城市更新项目(JnNURM)采购25000辆城市客车提供资金,而城市发展部已宣布还将资助购买10000辆。城市客车的融资与制度改革改变了印度公共交通的落后面貌,并对客车制造业带来积极影响。国家城市更新项目的最大成就是在印度第一次实施城市客车车身法规,并按照最低成本的招标原则与产品质量相协调来选择车型。表1-6所示为2012~2013年度印度主要客车制造商按应用类型分类所占的市场份额。

2012～2013年印度客车市场按应用类型分类主要制造商所占的份额(%)　　　表1-6

制造商	城市客车	旅游客车	城际客车	校车与通勤车
塔塔汽车(Tata Motor)	38	29.03	37.5	49.5
利兰(Ashok Leyland)	43	41.4	46.0	3.5
VE商用车(VE Commercial Vehicles)	17	14	13.6	20.3
纳威司达(Mahindra Navistar)	0	0	0	13
五十铃(SML Isuzu)	0	10	0/5	13.4
沃尔沃(Volvo Buses)	2.5	0	2.0	0
奔驰(Mercedes-Benz)	0	0	0.5	0
客运线(Coach Line industries)	0/5	3.0	0.3	0

来源：RACE Analysis。

日本的客车制造业正在萎缩中，客车生产和注册量已从每年10000多辆下降到4234辆(2009年)，其中部分原因是全球金融危机的冲击，但更多是来自中国客车制造商的快速崛起；而日本的汽车排放法规不同于欧洲和北美，也是制约日本客车发展的因素之一。虽然日本客车行业的规模很小，但其技术水平仍然处于先进行列。日本汽车制造商协会(JAMA)将客车分为两大类(以载运乘客29名或30座为界)，日本的法规使进口商很难引进客车来满足市场需求，通常只有日本不生产的车型才可能获得特许进口(如铰接客车)。日本客车工厂的装备很好，工艺先进，能够制造各种中型到12m的客车，除地板高度可选择外，甚至车身宽度也可选择。由于生产规模小，又要为市场提供各种各样的车型，这就意味着客车制造商无法受益于大规模的连续生产，导致客车行业成为高成本国家的劳动密集型产业，其结果是日本客车在出口市场上完全没有竞争力，除底盘外，只能在其他国家制造车身。

丰田公司的日野、五十铃、三菱扶桑和日产柴是日本的4大客车制造商。面对本土市场需求的下降，日野和五十铃合并了两家的客车开发和制造活动，自2003年10月开始运营新的客车业务，即将设计、采购和制造业务全部整合，各品牌保留自己的销售团队，日野工厂生产小型城市客车、大中型城间和旅游客车、混合动力城市客车及动力传动系统；五十铃工厂生产无踏步和一级踏步城市客车，以及两个或三个踏步的城际客车。三菱扶桑和日产柴也从2006年开始合作研究、开发和制造客车，其中三菱扶桑制造大型旅游客车和高地板城市客车，日产柴制造中型城市客车(中巴)和大型低入口城市客车；2009年9月后，两家公司又开始进一步探索整合，控制成本。

中国改革开放初期曾大量引进日本客车。其中，丰田考斯特(Coaster)是一款中型客车，有标准版(16座、车长6.2m)、长阵版(20～24座、车长6.9m)和超长阵版(23～28座、车长7.7m)，因其可靠性及成本效益高，被政府公务和商务活动用作接待用车，且一直是中国制造商在中型客车上模仿的原型车。近年，在政府有关政策的引导下，中国的公务用车开始全部采购自主品牌，各种国产商务车和礼宾车已开始取代丰田考斯特。

3. 拉美市场

巴西是世界第六大经济体和第二大客车市场，其城市人口约1.1亿人，每天有6000多万人(次)客运量。相比之下，美国城市人口是巴西的两倍，但每天只有2000多万人(次)的客运量。这一数据表明，客车在美国相对不重要，但在巴西却非常重要。巴西的汽车保有率约为每100个家庭拥有23辆，美国则超过92辆。目前，巴西的国内客车市场需求正在上升，除亚马孙流域外，长途客车运输是大多数巴西人和外国游客最主要的交通方式。巴西的城市公共汽车服务一般很好，大多数巴西人每天乘坐公共汽车上班。过去15年里，巴西的客车保有量以每年4%的速度增长，迫使制造商提高生产水平，以出口市场为目标来提高利润，预计2012～2015年的客车生产复合年增长率为17%(RNCOS，印度市场研究公司研究报告)。由于政府的政策法规支持使用生物燃料，在过去几年里，巴西的混合燃料客车销量迅猛增长。

巴西客车工业的发展与库比契克总统(Juscelino Kubitschek)密切相关，他鼓励发展汽车工业使巴西公司掌控国内客车市场，在巴西的外国底盘制造商也开始本土生产，依维柯、斯堪尼亚和沃尔沃是巴西客车主要的底盘供应商(约占90%的市场份额)，马可波罗(Marcopolo)、卡依欧印达斯卡(Caio Induscar)和科迈尔(Comil)是最主要的车身制造商,分别占50%、27%和17%的市场份额。巴西客车制造商的竞争优势是外国新进入者的障碍(包括本土市场的知识,如路况和产品的适应能力等),在他们成为国内市场主导之后,特别是马可波罗分别在俄罗斯与嘎斯(GAZ)集团、在印度与塔塔汽车(Tata)、在埃及与GB汽车共同建立了合资工厂,还在阿根廷、墨西哥、葡萄牙、南非等地建立合作工厂,但不久就终止了俄罗斯的合作。

与全球各地的大城市相比较,客车在巴西的使用程度非常突出(图1-7),以里约热内卢和圣保罗为例,虽然这些城市都有很小规模的地铁系统,但大多数的公共交通都由公共汽车来提供,其中里约热内卢市民乘公共汽车出行量占居民机动出行总量的比例超过80%,使用小汽车的出行率只有约15%。库里蒂巴(Curitiba)是巴西西南部的一个中等工业城市,也是全世界几乎每一个公共交通迷和城市规划师都知道的城市,虽然其汽车保有率约为每百户55辆,但它的公共交通使用率却非常高(人均每天一次),而城市人均汽油消费量则在巴西大中城市中是最低的。库里蒂巴公共交通系统结合专用路权的公共汽车走廊、直达和快速服务、铰接客车、车站付费、地铁式乘客水平上下、车辆两侧多车门上下、土地使用分区与大容量城市客车走廊相协调,所有这一切提供了有效、有利可图和受欢迎的公共交通服务。过去20多年里,库里蒂巴的经验已成为新的城市规划与城市公共交通的黄金标准。美国联邦公共交通管理局(FTA)基于库里蒂巴的经验,于1999年提出了城市客车快速交通创新项目(BRT Initiative Program),为探索BRT提供小额资助。到2003年全美已有15个城市利用创新项目(New Starts Program)提出应用BRT的项目建议书,2004年新项目基金为波士顿的BRT项目提供了3.31亿美元的资助。但遗憾的是,北美的大多数的BRT系统都不如南美那么有效。

世界几个主要大城市的城市客车使用程度如图1-7所示。

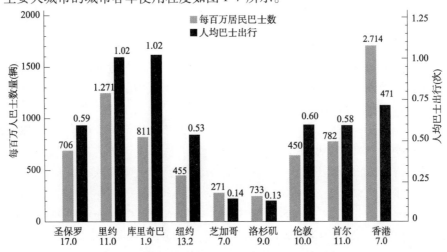

图1-7 世界几个主要大城市的公共汽车使用程度

四、中国客车工业的发展

1. 发展概况

1901年,匈牙利人李恩斯将美国制造的汽车经香港带入中国。1906年6月,中国第一条城市公交线路(天津第一条有轨电车线路)正式运营;1907年,德国费·理查德商号在青岛开始经营市区至崂山的短途客运;1908年,美国环球供应公司在上海开始经营市内汽车出租业务,中国商人沙懿德开始经营惠远至宁远(伊宁)的短途客运。与此同时,一些民族工商业者相继订购外国客车从事客运服务。1918年,北洋政府交通部在京铁路管理局内附设汽车事宜处,开始官办汽车运输企业。自此各地官商兴办的汽车企业不断增加,到1926年全国已有2400多辆长途客车。

1927年,上海的张登义引进法国煤气发生炉试验制造汽车;1928年,浙江省利用美国利和(REO)牌2t载货汽车底盘改装了国内第一辆城市公交客车;1931年,郑州的汤仲明试制木炭代油炉并改装发生炉煤气车,辽宁迫击炮厂制造出1.8t民生牌75型汽车,山西汽车修理厂试制出山西牌1.5t汽油载货汽车;1936年,湖南机械厂试制成25座衡岳牌客车……1939年,国民政府在昆明成立中央机器厂生产汽车,一些地方开始在美制和日制货车基础上改装木结构的简易客车。

新中国成立后,1950年成立的全国旧废汽车整修处理委员会接受各种废旧汽车4435辆和拖车2105辆,修复2317辆,其中拼改成客车500辆,主要是利用福特GTB、F30和万国M-2-4车型的发动机、变速器、转向器和前轴,雪佛兰的后轴及车架,按客车要求设计组装,车身采用全金属骨架镶木结构。

中国近代客车制造业的发展从解放牌载货汽车底盘改装起步,模仿苏联和东欧客车结构制造大、中、轻、微多种客车产品。代表车型是JT660和JT661型长途客车,BJ651型城市客车和SK66O型铰接式城市客车,以及TJ620型小客车等。在计划经济指导下,交通与建设行业的政府主管部门组织行业研究机构和生产厂家联合攻关,自主开发客车专用底盘及客车产品,代表车型是JT662、JT663和JT680型长途客车,长江牌城市客车专用底盘和系列城市客车,以及1987~1990年交通部组织开发的JT6120公路/旅游客车等。其间,扬州客车制造总厂以生产JT663型公路客车而快速发展为中国客车行业的第一个龙头企业,其销售业绩曾引领中国客车发展10多年。1988年成立的厦门金龙联合汽车工业有限公司,以市场需求为导向不断创新产品和服务,在旅游客车市场上快速崛起;2001年后以厦门金龙客车为代表的新兴企业(厦门金龙联合汽车工业有限公司、金龙联合汽车工业苏州有限公司和厦门金龙旅行车有限公司)成为客车行业的第二个龙头。1993年,郑州宇通客车股份有限公司经过股份改制成为中国客车行业第一家上市公司,通过发挥其技术、资金和经营机制上的优势,2004年后至今宇通客车一直位居客车行业的龙头。据不完全统计,当时中国曾有370多家客车制造商,车型多达1000多种,目前仍然有近100家客车制造商,主流品牌是宇通、金龙、海格、金旅、中通、青年、安凯、福田和黄海等。

20世纪80年代中国实施改革开放之后,通过技术贸易许可和合资合作等形式,客车行业先后引进了德国尼奥普兰、奔驰和凯斯鲍尔,匈牙利伊卡露斯、瑞典沃尔沃和斯堪尼亚,日本三菱、日野、丰田,以及韩国大宇等先进客车技术和车型,以满足高速公路客运市场和旅游市场对高档豪华客车的需求。自此,中国客车制造业出现了跳跃式发展,以安凯引进赛特拉S215HD型客车为代表,在引进全承载客车技术的基础上自行设计开发出系列车型,引领了中国高档豪华客车的技术进步。

现代中国客车制造业用近50年时间走过了欧洲近代客车工业100年的历程,已形成较完整的客车研制开发和生产体系,产品覆盖所有品种。无论造型、功能与质量,中国制造的客车都完全适应国内市场需求,且以经济适用的特点批量出口到世界各地。客观地讲,中国客车制造的技术水平已接近世界先进水平。但由于中国仍然属于发展中国家,客运市场的客车技术装备水平整体上还处于国际市场的中低档水平,城市客车和长途客车仍然有很大的技术改进空间,客车制造业既面临着历史上最多的发展机遇,同时也面临着艰难的发展挑战。

新技术在客车领域的应用正在迅速改变中国客车的技术水平,经济的持续快速发展和巨大的市场需求,使中国客车制造的产业链正在从全球客车最大的制造中心向技术和制造中心转型发展。

2. 自主研发

1979年,交通部组织相关研究机构和客车改装厂,研究开发了JTKD-1客车专用底盘。该底盘以东风EQ140总成件为基础,根据公路客车总布置和性能要求,重新设计车架、专用前桥、传动轴、制动和悬架系统等,江苏省扬州汽车修造厂在此基础上开发的JT663型客车,车身采用桁架式结构和新材料,最高时速达到85km/h,比货车底盘改装的客车提高50%左右,投放市场后大受欢迎,成为中国公路客运市场上销量最大的车型。

1974年,常州客车制造厂联合高校及科研机构,研制开发城市客车专用底盘及其整车CJ640,1980年通过鉴定并批量生产;1983,中国重型汽车集团公司引进的奥地利斯泰尔91型载货汽车技术,成为中国11m以上城市客车、无轨电车、双层客车技术的研发基础,南京金陵和合肥安凯都在利用斯太尔技术生产的大型客车专用底盘基础上制造12m三轴双层客车;此后,北京京华推出BK6120G系列城市客车、BK6180和BK6171铰接客车;1984~1986年,扬州、常州和合肥客车厂先后开发了后置发动机公路(旅游)客车,丹东黄海推出后置发动机城市客车。

1984年,匈牙利为弥补中匈双方易货贸易的差额,开始向中国提供伊卡路斯和却贝尔客车底盘,这为中国客车制造商生产豪华客车提供了有利条件。为此,交通部组织高校、科研院所及骨干企业完成了"七五"国家重点科技攻关项目"新型客运汽车技术开发",取得了成功开发JT6120型全承载式车身后置发动机豪华客车及其成套技术的重大成果。该车车身侧围从裙部到侧窗上缘为样条曲线,顶盖与侧围及前后围与侧围采用小圆角过渡;前风挡造型设计一改以往的大曲率,采用边界小曲率表面略带球形的外形设计,对主要外形结构参数进行系列风洞试验获得最优外形设计方案,空气阻力系数由0.71下降至0.34,改善了气动特性,其新颖的造型给人以耳目一新的感觉,并对中国客车造型设计产生较大影响。随后部分客车制造商将该车外形适当变化,先后开发了多种畅销产品。但由于受当时国内汽车整体技术的限制,JT6120型客车没有形成批量生产。

3. **技术引进**

20世纪80~90年代,中国迎来了客车技术引进和合资、合作的高潮。大连、四川、广东和黑龙江客车厂利用国家易货贸易的差额,引进匈牙利伊卡露斯256、266和却贝尔257型客车底盘生产豪华客车;1986年,北京北方车辆制造厂以生产许可证方式引进德国尼奥普兰N216客车技术,生产北方尼奥普兰系列客车;1993年,安徽安凯客车有限公司引进德国赛特拉S215型全承载客车技术,生产全承载车身豪华客车;合肥客车有限公司引进韩国现代汽车集团高档中型客车生产技术,生产合肥现代中型高档客车;1995年,浙江金华尼奥普兰公司成立,生产北方尼奥普兰客车,1999年该公司直接引进德国尼奥普兰技术和品牌生产欧洲之星、星际线系列客车产品;丹东黄海引进德国曼商用车公司低地板铰接客车技术,生产铰接式城市客车。

1994年,西安飞机工业(集团)有限责任公司与瑞典沃尔沃客车公司合资组建西沃客车有限公司,生产B10系列中置发动机豪华客车;1996年,江苏亚星客车集团与德国梅塞德斯—奔驰股份公司共同投资组建亚星—奔驰客车有限公司,引进生产5个奔驰车型;2000年,上海汽车集团与瑞典沃尔沃公司合资成立上海申沃客车有限公司,引进沃尔沃城市客车技术,生产系列城市客车;同年,桂林客车工业集团与韩国大宇客车株式会社合资成立桂林大宇客车有限公司,生产大宇11~12m系列客车;广州汽车集团有限公司与日本五十铃自动车株式会社合资兴建广州五十铃客车有限公司,引进五十铃客车生产线和生产工艺,生产五十铃系列高档客车;沈阳飞机工业(集团)有限公司与日本日野自动车株式会社和丰田通商株式会社合资成立沈阳沈飞日野客车制造有限公司,生产日野系列客车;2001年,常州长江客车集团有限公司与意大利菲亚特集团依维柯公司合资组建常州依维柯客车有限公司,生产各类城市客车和客车底盘;2002年,宇通客车有限公司与德国曼商用车辆有限公司合资兴建猛狮客车有限公司,引进德国曼莱茵之星客车技术,生产旅游客车和城市客车底盘。

1996年,东风汽车公司与日本日产等公司联合投资组建东风日产柴汽车有限公司,引进日产柴技术生产重型载货汽车及大型豪华客车底盘。在引进国外底盘技术的同时,一汽、东风和江淮等公司通过仿制,自主研发出一批客车专用底盘,如HFC6601KY、HFC6702KY、HFC6782、CA6100、EQ145系列等,满足了中国市场需求。扬州亚星、厦门金龙和郑州宇通三个制造商的先后崛起,则代表了中国客车制造业的发展历程:1999年,长江客车制造有限公司与上海巴士公司联合开发了国内第一代低地板CJ6121GCHK系列城市客车,2003年安凯客车公司开发出全承载城市客车。这些车型的特点是发动机功率逐渐提升,油耗不断减小,噪声由高到低,排放也得到了改善,并出现了天然气和液化石油气公共汽车;而地板高度也从800~900mm降到了500~660mm,极大提高了城市客车的乘降舒适性。

在中国客车产品和客运市场的快速发展中,以扬州亚星JT663型客车为标志,摆脱利用货车底盘改造客车的影子;以厦门金龙XMQ6115型客车为标志,采用发动机后置等先进技术和工艺提高客车性能;以郑州宇通ZK6980WD型卧铺客车为标志,根植于本土市场需求而快速成长为国际性的大型客车制造商。但大部分中外合资(合作)企业,则因不适应市场需求和经营管理等多方面原因而退出了中国市场。

4. **自主创新**

卧铺客车是中国客运市场上一种应用范围较为广泛,且具有独特适应性的客车种类。在20世纪90年代,卧铺客车快速发展成为长途客运市场的主力车型之一,既满足了人们长途出行对经济性和舒适性的要求,缓解铁路客运紧张的局势,又是客车运营商和制造商获取较大利润的车型,其保有量曾一度超过4万辆。2000年后,随着国家高速公路网络的迅速发展,特别是铁路客运大提速与高铁的发展,长途客运的营运时间大大缩短,卧铺客车面临市场范围逐渐缩小的局面,但在西部广大农村地区,卧铺客车仍然是一种经济和舒适的长途客运车型。

新能源客车(New Energy Bus)是中国政府在公共交通领域主导节能减排而提供财政补贴的车型,包括混合动力、电池和燃料电池城市客车。从2001年的"863"计划电动汽车重大专项开始,根据《节能与新能源汽车产业发展规划(2011—2020年)》,中央政府将拿出超过1000亿元的资金用于推进行业的产业化发展,其中300亿元将用于新能源汽车的市场推广。

新能源客车技术发展的方向在中国达成的初步共识是:电动客车是未来发展的最终方向,新能源客车的发展路径是由燃油到油电混合动力,再由外充电式混合动力到纯电动和燃料电池汽车。毕马威(KPMG)的《2012年全球汽车业高管人员调查报告》指出,200位全球知名汽车行业公司的高管们预计:到2025年电池动力汽车将成为市场主流,短期内混合动力汽车将比纯电动汽车更为普及;长远来看,燃料电池汽车更有潜力。国际公共交通联盟(UITP)对欧盟电动公共交通研究得出的经验与教训总结是:混合动力技术适用于大型城市客车,纯电动技术适用于中小型城市客车,燃料电池技术适用未来的城市客车。与中国的新能源客车现实相对比的有趣差异是:政府基本取消对混合动力车型的补贴,鼓励发展大型电池电动城市客车,并寄希望于电池电动城市客车。

在新能源客车的技术路线上,混合动力客车的技术已基本成熟,并在公共交通市场上具有一定的应用潜力;动力电池还没有取得革命性进步,电池电动客车对充电设备等配套设施要求较高,需要的基础投入较大;燃料电池客车的技术还在发展中,氢燃料的制取、储存及携带成本高,其商业化的前景更为遥远。

2009年,由科技部、财政部、发改委、工业和信息化部共同启动的"十城千辆"工程,计划在3年内每年发展10个城市,每个城市推出1000辆新能源汽车开展示范运行,到2012年实现新能源汽车占到汽车市场份额10%的规模。目前,中国已成为世界上拥有电动客车最多的国家。

中国的新能源汽车主要以混合动力、插电式混合动力和纯电动为主,燃料电池汽车由于受限于存储技术,基本处于研发、测试阶段,尚未实现批量生产。中国已经开始试验其他替代燃料动力汽车,工信部近日决定在上海市、山西省和陕西省开展甲醇汽车试点工作,计划2～3年内完成对高比例甲醇汽车适用性、可靠性、安全性的评估,以及建立相关保障体系和制定管理规范。

5. 中国主要的客车制造商

中国客车制造业现有近100家制造商,知名的主要制造商可概括为"一通三龙"[郑州宇通客车有限公司、厦门金龙联合汽车工业有限公司、金龙联合汽车工业(苏州)有限公司和厦门金龙旅行车有限公司]。自实施改革开放政策后,政府倡导和鼓励国家、集体与个人从事客运服务,进而引发了公路客车制造业的市场化进程。

宇通客车从一个名不见经传的客车改装、修配厂起家,1993年经过股份制改造,从卧铺客车市场起步,转型为整车制造商,1997年在上海证券交易所上市,是中国客车行业第一家上市公司。在完成管理层收购(MBO)后,通过不断扩充外部资源和大规模优化内部资源,宇通客车迅速崛起并超越金龙系列。2002年,宇通客车与德国曼公司合资组建猛狮客车有限公司,从事中高档大中型客车专用底盘及零部件的开发、生产、销售和服务,并与曼公司同步推出莱茵之星(ZK6120R41)豪华客车,后双方很快结束了合作。1999～2003年间,宇通客车先后兼并重组洛阳宇通汽车有限公司、重庆宇通客车有限公司和兰州宇通客车有限公司,试图利用地位优势和资源配置扩展商业规模,但因受多方面制约,未能达到预期目标。自2005年起,宇通客车先后从重庆、洛阳和兰州撤资,集中力量在郑州建成全球最大的客车制造基地,目前年生产能力超过7万辆。

1988年成立的厦门金龙汽车集团股份有限公司(业界简称"大金龙")的前身为厦门汽车工业公司,定位生产大中型客车,在公路与旅游客车市场上快速发展为国内领先企业,金龙客车以创新的车辆技术和造型风格一度成为中国客车制造业发展的风向标;1992年厦门汽车投资参与成立厦门金龙旅行车有限公司(业界简称"小金龙"),定位生产小型客车;1993年厦门汽车在上海证券交易所挂牌上市;1998年金龙客车又参与成立控股的金龙联合汽车工业(苏州)有限公司(业界简称"苏州金龙");2006年更名为厦门金龙汽车集团股份有限公司(股票更改为"金龙汽车")。目前,"三龙"客车在客运市场大发展环境下都快速成长为年产销超过万辆的中国主流客车制造商。虽然"三龙"的业绩合并在金龙汽车集团,但它们又各自独立经营,车型系列和客户群都有较大相似之处,主要车型具有一定交叉性,而在市场竞争中又几乎没有任何共享资源的联合行动。

中国的主流客车制造商大多为上市公司,包括金龙客车(证券代码600686)、宇通客车(证券代码600066)、亚星客车(证券代码600213)、中通客车(证券代码000957)和安凯客车(证券代码000868),上市公司约占客车市场份额的60%,且不断向宇通和金龙客车集中。其中,宇通客车的市场份额已超过30%,金龙客车的市场份额约占20%,中通客车和安凯客车的市场份额分别约占5%,亚星客车的市场份额不到2%。总体说来,中国客车市场基本呈现出长期的增长趋势,客车上市公司表现出强者愈强的马太效应,产品范围涵盖4.8~18m的各型客车,广泛应用于道路旅客运输、城市公共交通、学生运输、旅游观光、团体班车和各种专用车等领域。

中国客车产销量连续10多年位居世界第一,约占全球客车市场份额的60%。2000年以来,中国客车开始小批量出口,2005年后进入全面扩张的高峰期,出口车型以中低档为主,遍及五大洲,主要市场是中东、非洲、大洋洲、东南亚、南美及东欧等国家和地区。宇通客车获得古巴政府1000辆订单,续签5348辆的合同创造了中国客车制造业出口金额最大的纪录(合同价值3.7亿美元);金龙客车率先通过英国商用汽车认证,欧洲之星(XMQ6127)正式登陆英国,开始小批量出口欧洲国家,并创建中国客车品牌。

表1-7~表1-9所示分别为2010~2014年中国客车产销量、新能源客车销售量和出口量统计。

2010~2014年中国客车产销量(辆) 表1-7

年份	轻型客车		中型客车		大型客车		合计	
	产量	销量	产量	销量	产量	销量	产量	销量
2010	70344	68428	73712	72492	72012	70880	216068	211800
2011	80331	81515	79835	80440	79232	80110	239398	242065
2012	84798	85456	84010	84273	85102	85298	253910	255027
2013	88962	87946	80771	79621	86236	85906	255969	253473
2014	98617	99133	74686	75620	85300	85506	258603	260259

2010~2014年中国新能源客车销售量(辆) 表1-8

年份	座位客车	公交客车	合计	年份	座位客车	公交客车	合计
2010	258	1249	1507	2013	158	10165	10323
2011	274	1770	2044	2014	2224	16410	18634
2012	481	4040	4521				

2010~2014年中国客车出口量(辆) 表1-9

年份	轻型客车	中型客车	大型客车	合计	年份	轻型客车	中型客车	大型客车	合计
2010	9029	4396	7059	20484	2013	16387	6863	14911	38161
2011	11756	5294	12067	29117	2014	19639	9988	15503	45130
2012	16060	5089	14493	35642					

第二节 客车分类及车型划分

客车品种很多,其分类形式也多种多样。世界各国大多按照国际标准和联合国欧洲经济委员会内陆运输委员会的标准进行分类,但在实际使用中也按用途、车长、等级、车身结构形式、车身材料和车身装备等进行分类并定义,以表征不同类型客车之间的差异。

一、国际上的分类及车型划分

国际标准ISO 3833把道路车辆分为乘用车、客车、商用车、特种车、牵引车和半挂牵引车6大类,其中将客车细分为小型客车、城市客车、城间客车、长途客车、铰接客车、无轨电车和特种客车等。日本工业标准JIS D0101、德国标准DIN70010和法国标准NFR18-001都在车辆术语和定义上与ISO3833基本一致。

美国联邦公路交通安全局(NHTSA)也将汽车分为乘用车、客车、摩托车和其他4大类,而其他国家和地区基本上都是参照国际标准制定本国和本地区的法规。在分类上,国际社会普遍把客车作为汽车的一个大类。

ECE法规是联合国欧洲经济委员会为适应汽车技术发展和对欧美日等国汽车法规的协调,以求达到世界范围内的汽车技术法规的统一而制定的。联合国欧洲经济委员会内陆运输委员会颁布的《欧共体车辆方案委员会车辆制造规定》(R.E.3欧盟指令)将机动车辆分为L类(两轮或三轮机动车辆)、M类(载客车辆)、N类(载货车辆)、O类(挂车或半挂车)和G类(越野车)共5大类。其中,载客车辆又细分为3小类,即M_1类(包括驾驶人座位在内不超过9座的载客车辆)、M_2类(包括驾驶人座位在内座位数超过9个,且最大设计总质量不超过5000kg的载客车辆)、M_3类(包括驾驶人座位在内座位数超过9个,且最大设计总质量超过5000kg的载客车辆)。

在ECE R36(关于就一般结构方面批准大型客车的统一规定)、ECE R52(关于小型公共运输车辆结构的统一规定)以及ECE R107(关于就一般结构方面批准大型双层客车的统一规定)中,用M_1类、M_2类和M_3类以及A级、B级、Ⅰ级、Ⅱ级和Ⅲ级作为客车分类的依据,对客车结构的诸多方面进行了规定。其中,对M_2和M_3类载客车辆,又细分为A级(可载乘员数不多于22人,并允许乘员站立)、B级(可载乘员数不多于22人,不允许乘员站立)、Ⅰ级(可载乘员数多于22人,允许乘员站立,且乘员可以自由走动)、Ⅱ级(可载乘员数多于22人,只允许乘员站立在过道和/或提供不超过相当于两个双人座位的站立面积);Ⅲ级(可载乘员数多于22人,不允许乘员站立)。欧盟关于城市客车的相关分类及载客量限制见表1-10。

欧盟关于城市客车的车型划分及载客量限制　　　　表1-10

车型划分	舒适载客量(人)	最大载客量(人)	车型划分	舒适载客量(人)	最大载客量(人)
双铰接客车(车长24m)	150	200	中型客车(车长9m)	55	75
铰接客车(车长18m)	110	150	微型客车(车长6m)	22	30
标准客车(车长12m)	75	100			

二、中国的客车分类及车型划分

1. 采用国际标准的车型划分

在我国国家标准GB/T 15089—2001《机动车辆及挂车分类》中,客车被分为M_2类和M_3类。而M_2类和M_3类又分为A级、B级、Ⅰ级、Ⅱ级和Ⅲ级。

国家标准GB 13094—2007《客车结构安全要求》、GB 18986—2003《轻型客车结构安全要求》和GB/T 19950—2005《双层客车结构安全要求》,则分别对应参照ECE R36、ECE R52和ECE R107,对各类客车的结构做出了相关规定。由此可见,采用上述分类就是国家标准与国际标准的接轨。因此,GB/T 15089—2001《机动车辆及挂车分类》等效采用联合国经济委员会内陆运输委员会的《欧共体车辆方案委员会车辆制造规定》,对中国客车的分类做出了规定,具体分类和定义见表1-11。

GB/T 15089—2001对客车的分类与定义　　　　表1-11

M类	M_1类	M_2类					M_3类				
		A级	B级	Ⅰ级	Ⅱ级	Ⅲ级	A级	B级	Ⅰ级	Ⅱ级	Ⅲ级
至少有4个车轮并用于载客的机动车辆	包括驾驶人在内,座位数不超过9座的载客车辆	包括驾驶人在内座位数超过9个,且最大设计总质量不超过5000kg的载客车辆					包括驾驶人在内座位数超过9个,且最大设计总质量超过5000kg的载客车辆				
		可载乘员数(不包括驾驶人)不多于22人		可载乘员数(不包括驾驶人)多于22人			可载乘员数(不包括驾驶人)不多于22人		可载乘员数(不包括驾驶人)多于22人		
		允许乘员站立	不允许乘员站立	允许乘员站立,且乘员可自由走动	只允许乘员站立在过道和/或提供不超过相当于两个双人座位的站立面积	不允许乘员站立	允许乘员站立	不允许乘员站立	允许乘员站立,且乘员可自由走动	只允许乘员站立在过道和/或提供不超过相当于两个双人座位的站立面积	不允许乘员站立

GB/T 3730.1—2001《汽车和挂车类型的术语及定义》是代替 GB/T 3730.1—1988 的新标准,其在技术内容上采用 ISO 3833《道路车辆—类型—术语和定义》,将过去的 8 种汽车类型重新划分为乘用车和商用车两大类,客车仅属于商用车大类的一个种类,并细分为 8 个小类,即小型客车、城市客车、长途客车、旅游客车、无轨电车、越野客车和专用客车。

2. 公安交管部门的车型划分

为便于管理,中国公安交管部门在车辆管理中采用了与公安交通管理要求相一致的机动车分类方法。2012 年颁布实施的国家标准 GB 7258—2012《机动车运行安全技术条件》修改了原标准对机动车和汽车的定义,按照现行机动车管理分类,将汽车分为载客汽车(乘用车和客车的合称)、载货汽车(货车)和专项作业车,将原摩托车和轻便摩托车合称为摩托车,以与《中华人民共和国道路交通安全法》及其实施条例的相关规定相适应;同时,增加了公路客车、旅游客车、校车、幼儿校车、小学生校车、中小学生校车、专用校车、危险货物运输车、纯电动汽车、插电式混合动力汽车、燃料电池汽车、教练车、残疾人专用汽车、特型机动车等术语和定义,修改了公共汽车、专项作业车(专用作业车)、轻便摩托车等术语和定义,以使标准使用者能更清晰地理解标准相关条款适用的主体。

3. 交通运输部门对客车的分类及车型划分

为表征不同形式客车之间的差异,方便使用管理,我国交通运输部门采用了与旅客运输相适应的客车分类及车型划分。

JT/T 325—2013《营运客车类型划分及等级评定》对从事营运的客车,按车长划分为特大型、大型、中型和小型 4 种,并根据结构与底盘配置、安全性、动力性、舒适性(车内噪声、空气调节、乘客座椅、卧铺)及服务设施等内容,按客车价值和舒适程度,又将特大型和大型客车分为普通级、中级、高一级、高二级和高三级 5 个等级;将中型和小型客车分为普通级、中级、高一级和高二级 4 个等级,见表 1-12。

营运客车类型和等级划分　　　　　表 1-12

类型	特大型					大型					中型				小型			
车长 L/(m)	13.7≥L>12					12≥L>9					9≥L>6				6≥L>3.5			
等级	高三级	高二级	高一级	中级	普通级	高三级	高二级	高一级	中级	普通级	高二级	高一级	中级	普通级	高二级	高一级	中级	普通级

注:特大型指三轴客车(包括双层客车)。

对于城市客车(又称为公共汽车、公交客车),在 JT/T 888—2014《公共汽车类型划分及等级评定》中,按车长将其也分为特大型、大型、中型和小型 4 种,并根据客车结构与底盘配置、安全性、动力性(比功率、加速性能)、舒适性(车内噪声、空气调节、客舱布置)和客舱设施及智能化配置等条件,将特大型和大型公共汽车分为普通级、高一级和高二级 3 个等级;将中型和小型公共汽车分为普通级和高一级 2 个等级,见表 1-13。

城市客车类型和等级划分　　　　　表 1-13

类型	特大型					大型			中型		小型	
	双层		单层(含铰接)									
车长 L(m)	13.7≥L>12		18≥L>12			12≥L>9			9≥L>6		6≥L>4.5	
等级	高二级	高一级	高二级	高一级	普通级	高二级	高一级	普通级	高一级	普通级	高一级	普通级

注:特大型指三轴客车(包括双层客车)。

4. 传统分类及车型划分

1)按车身形式分类

按车身形式,客车可分为长头客车、短头客车和平头客车,如图 1-8 所示。

2)按用途(使用范围)分类

按用途可将客车分为长途客车(公路客车)、城市客车(公共汽车、公交客车)、旅游客车、团体客车和专用(特种)客车。

a) 长头客车

b) 短头客车

c) 平头客车

图 1-8 客车按车身形式分类

长途客车(包括卧铺客车),一般指周期性往返于两个县级(不含市辖区)或县级以上行政区域之间、座位数在 16 座以上且价格和始发时间相对稳定的营运客车。大型长途客车多行驶于干线公路和高速公路,运距一般达数百至数千米,有的车厢内全部设座位,有的全部设铺位(俗称"卧铺车"),不允许有站立乘客,设有专门存放行李物品的设施(行李舱和行李架),有的带有小卫生间,是为城间旅客运输而设计和装备的客车。对这种在高等级公路运行的快速客运车辆,要求外形动感强,具有更高的可靠性、行驶安全性、乘坐舒适性和高速行驶性能等。整车一般采用承载式车身结构,选配大功率发动机、低噪声后桥总成、空气囊悬架、缓速器、盘式制动器、ABS 等装置和适应高速行驶的轮胎等,如图 1-9 和图 1-10 所示。

图 1-9 长途(旅游)客车

图 1-10 卧铺客车

旅游客车又称观光客车,是一种为旅游而设计和装备的客车。这种客车不载运站立乘客,布置设计采用大面积风窗玻璃和较大容积行李舱,视野良好,观光性和舒适性好,并设置有满足旅游需要的娱乐设施,以确保乘客旅游出行的舒适性。近年,由于客运市场的变化,旅游客车和公路客车的区别已越来越小,中、高档和大、中、小型公路客车及城郊城市客车均可作为旅游线路客运车辆使用。

城市客车又称公共汽车、公交客车(图 1-11),是为城市内公共交通运输而设计和装备的客车。这种车辆设有座席及乘客站立位置,并有足够的空间供频繁停站时乘客上下车走动。按运行特点,城市客车分为市区城市客车和城郊城市客车。为了满足大、中城市公共交通的需要和环保要求,城市客车正逐步向大型化、低地板化、环保化、高档化和造型现代化等方面发展,其底盘装配了大功率低排放发动机、专用低地板前后桥(又称门式桥)、自动变速器、空气囊悬架、ABS 等装置。

图 1-11 城市客车

按运行特点不同,城市客车可分为:市区城市客车(市内公共汽车)和城郊城市客车(城郊公共汽车);按车辆长分为:特大型城市客车、大型城市客车、中型城市客车和小型城市客车;同时,按客车价值和其舒适程度,又将不同类型城市客车划分为不同的等级(表 1-13)。

团体客车是供机关、团体、企业等使用的客车,例如单位的通勤车等。团体客车行车时间和路线较灵活,一般不设大的行李舱,也有直接将旅游客车或公路客车作为团体客车使用。

专用(特种)客车是客车制造企业根据用户需求,专门设计和制造的满足特定功用、具有特殊技术特性、完成特定运输或作业任务的客车,其设计和技术特性上只适用于需经特殊布置安排后才能载运人员的车辆。如 BRT(快速公交客车,图 1-12)、机场客车(俗称摆渡车,图 1-13)、会议客车和校车(图 1-14)、采血车(图 1-15)、旅居车(图 1-16)和工程车(图 1-17)等。专用客车的技术特性和内部设施可根据其特定用途而定。

3)按结构特点分类

(1)按客车结构特点,划分为座席客车、卧铺客车、单体客车和客车列车。

座席客车是相对于卧铺客车而言,常见的布置有座位的客车都属座席客车。卧铺客车则是指安装有卧铺的客车,多用作长途和超长途旅客运输。

图1-12　BRT(快速公交客车)

图1-13　机场客车

图1-14　校车

图1-15　采血车

图1-16　旅居车

图1-17　工程车

单体客车(图1-18)是客车的基本车型,一般按客车总质量或车长分为大、中、小型。客车列车又称为铰接式客车或通道式客车,是几段车架之间用铰接盘连接,几节车厢用活动褶篷连接,使车厢前后相通的客车,主要用于大客流的城市公共交通线路。铰接式客车按铰接数量分为单铰接客车(图1-19)和双铰接客车(图1-20)。

图1-18　单体客车

图1-19　单铰接式客车

图1-20　双铰接式客车

(2)按客车层数特点,划分为单层客车(含低驾驶区客车)和双层客车。

单层客车是最普通的客车结构形式。近年来为了满足客运车型的多样化需求,单层客车出现了一种低驾驶区的车型。其特点是驾驶区较低,乘客区地板延伸到驾驶区上部，其上设置有 1～2 排乘客座椅，第一排座椅前面即为前风窗玻璃，乘客上车后由驾驶区处的台阶进入乘客区。这种客车载客量大、观光性好，较受用户欢迎（图 1-21）。

双层客车有两层乘客区，乘客通过楼梯上下，具有载客量大、观光性好的特点，常用作城市公交、短途客运和市区观光等。缺点是整车质心较高，影响客车的侧倾稳定性（图 1-22）。

图 1-21　低驾驶区客车　　　　　　　图 1-22　双层客车

4) 按承载形式分类

按客车车身承载形式，分为非承载式、半承载式和全承载式车身客车。

采用非承载式车身的客车装有单独的车架，车身通过橡胶垫（或类似非刚性材料）安装在车架上，车架变形主要由橡胶垫的挠性吸收，载荷主要由车架承担。目前，中、轻型客车采用此类承载形式的较多，也称为有车架式。半承载式是一种过渡结构，车架强度和刚度较非承载式有所削弱，使车身也承担部分载荷。全承载式采用无车架式的结构，整车都参与承载。后两种承载形式主要见于大、中型客车。

5) 按发动机位置分类

按发动机位置的不同，分为前置、中置和后置发动机客车，如图 1-23 所示。

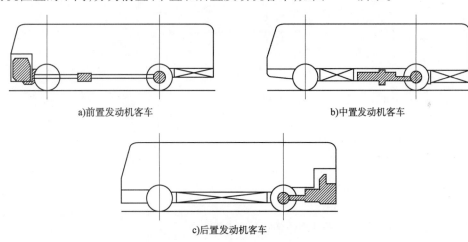

图 1-23　客车按发动机位置分类

6) 按底盘类型分类

按底盘类型（结构形式），分为整体车架式底盘（非承载式）、三段式底盘（半承载式）和无车架式底盘（承载式）客车。

整体车架式底盘具有整体式车架（大梁），对应于非承载式车身的客车；三段式底盘对应于半承载式车身的客车；无车架式底盘对应于全承载式车身的客车，很多采用格栅底架式的客车就是无车架底盘结构。

7) 按轴数分类

按轴数分为两轴、三轴和多轴客车。

一般的客车都是两轴，而车身较长、整备质量较大的大型客车多采用三轴（第三轴作为随动桥），铰接式客车为三轴或多轴（三轴以上），如图 1-10、图 1-12、图 1-19 和图 1-20 所示。

8) 按地板高低分类

按地板高低，划分为高地板客车、低地板/低入口客车和半高低地板客车。

低地板是指城市客车车厢内(铰接式客车为前铰接段、双层客车为下层车厢)从前至后的主要通道区的地板形成一个无踏步的单一区域,到达该区域的每个乘客门是一级踏步,如图1-24a)所示。

低入口是指城市客车车厢内(铰接式客车为前铰接段、双层客车为下层车厢)从前乘客门至中乘客门后立柱的地板形成一个无踏步的单一区域,到达该区域的乘客门至少有一个是一级踏步,如图1-24b)所示。

半高低地板是指在入口处提升通道高度,到达通道至少有一个踏步,如图1-24c)所示。

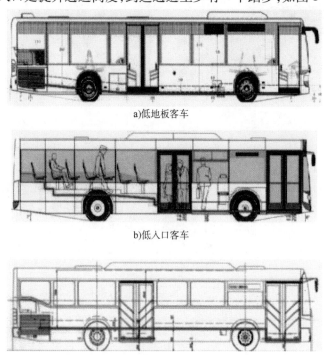

a)低地板客车

b)低入口客车

c)半高低地板客车

图1-24 低地板客车的几种结构类型

9)按动力源分类

按动力源,分为传统能源客车、新能源客车和无轨电车。

传统能源包括:石油、压缩天然气(CNG)、液化石油气(LPG)和甲醇等。

新能源客车包括:混合动力、双燃料客车和纯电动客车等。

10)按车身材料分

按车身材料,分为传统钢材车身客车和全铝质车身客车等。

第三节 客车的主要参数

客车的主要参数包括尺寸参数、质量参数和性能参数等,这些参数在一定程度上体现了客车的整体技术状况和基本性能。

一、客车主要尺寸参数

1. 外廓尺寸

客车的主要尺寸除外廓尺寸外,还有轴距、轮距、前悬、后悬和车内尺寸等。

客车的外廓尺寸包括车长 L_a、车宽 B_a 和车高 H_a,如图1-25所示。车长 L_a 是指垂直于车辆纵向对称平面并分别抵靠在车辆前、后最外端突出部位的两垂面之间的距离;车宽 B_a 是指平行于车辆纵向对称平面并分别抵靠车辆两侧固定突出部位的两平面之间的距离,所谓"两侧固定突出部位"是指不包括后视镜、侧面标志灯、示宽灯、转向指示灯、挠性挡泥板、防滑链以及轮胎与地面接触部分的变形;车高 H_a 是车辆支承平面与车辆最高突出部位相抵靠的水平面之间的距离。

GB 1589—2016《道路车辆外廓尺寸、轴荷及质量限值》规定,客车车长:两轴客车不应超过12m,三轴客车不应超过13.7m,单铰接式客车不超过18m;车宽不超过2.5m;空载、顶窗关闭状态下,车高不超过4m;车长大于11m的客车,车宽最大限值为2.55m。

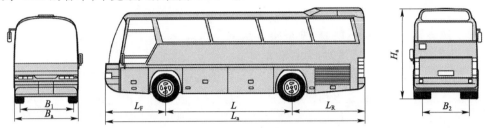

图1-25 客车的主要尺寸

欧盟规定的客车车身尺寸为:双轴构造的单体客车最大车身长度为13.5m;三轴单体构造的客车最大车身长度为15m(包括滑雪器材箱);铰接客车和带挂车客车的车身最大长度为18.75m,车身最大宽度为2.55m。

客车的外廓尺寸必须满足国家标准要求,设计时需根据客车类型、选用底盘、车身造型及乘员数等因素确定。一般情况下,总长比底盘长200～350mm,总宽比底盘宽90～150mm。

对于两轴客车,轴距是指通过车辆同一侧相邻两车轮的中点,并垂直于车辆纵向对称平面的两垂线之间的距离。对于三轴客车,若二、三轴为双后轴,其轴距应按第一轴至双后轴中心线的距离计算。通常,11～12m客车的轴距为5.6～6.3m。

2. 轴距、轮距和前、后悬

轴距对整备质量、车长、最小转弯直径、纵向通过半径等都有影响。当轴距短时,上述各指标减小。此外,轴距还对轴荷分配影响很大。轴距过短会使乘客区长度不足或后悬过长;上坡或制动时轴荷转移过大,制动性和操纵稳定性变坏;车身纵向角振动增大,对乘坐舒适性不利。

前悬是指客车前端至前轴中心的距离;后悬是指客车后端车身外蒙皮至后轴中心的距离,如后保险杠突出于后端外蒙皮,则以后保险杠尺寸计算,不计后尾梯。若客车的前、后悬长时,其接近角和离去角都变小,影响通过性能。对设置前开门的客车,前悬长度应在1.9m以上,以保证车门的开度满足要求。客车后悬长度一般不得超过轴距的65%,绝对值不大于3.5m;发动机后置客车的后悬长度应保证传动轴、变速器、离合器及发动机的安装;采用横置发动机可以缩短后悬长度。

客车轴距、前悬和后悬长度直接影响轴荷分配的合理性,从而对整车的基本性能如动力性、制动性、操纵稳定性及平顺性产生影响。

轮距是指同一车桥左右轮胎胎面中心线间的距离。增大客车的前、后轮距,有利于左、右悬架间距加大,增加车身的侧倾刚度,改善乘坐舒适性;并可以保证前轮有足够的转向空间,以此增大前轮转角,减小最小转弯直径。车长12m的客车前轮距应大于2000mm、后轮距应大于1800mm。如LBC6120型(猛狮)旅游客车,底盘前轮距为2058mm、后轮距为1802mm。

3. 主要车内尺寸

客车主要车内尺寸有车内高、车内宽、座间距、通道宽、乘客门净宽、乘客门高、地板高和一级踏步高等。其中,车内高、车内宽、座间距和通道宽等尺寸将影响乘客乘坐的舒适性和方便性;乘客门净宽、乘客门高和一级踏步高度尺寸将影响乘客上下车的方便性;车内高和地板高度尺寸将直接影响客车的质心高度和整车高度,从而对制动性、操纵稳定性等产生影响。

根据GB/T 13053—2008《客车车内尺寸》的规定,客车车内高是指通道地板至顶盖护板(内蒙皮)之间的距离(在通道地板中部测量);车内宽是指在乘客区中部两边侧围护板之间的距离(沿坐垫上表面测量);座间距是指在座椅中心平面上G点(与座椅靠背表面相切的垂线与坐垫上表面的交点)至前排座椅靠背背面的距离(对于面对面布置的座椅,座间距是指两座椅G点的距离);通道宽是指分别抵靠通道两侧座椅或肘靠的两个垂直面之间的最小距离;乘客门净宽是指车门在最大开启位置时车门两侧(包括车门扶手)之间的最小距离(在离地800~1000mm范围内测量);乘客门高是指第一级踏步板上平面至抵靠上门框平面之间的距离;地板高是指通道地板前轴和后轴处地板上平面至地面之间的距离;一级踏步高是指第一级踏步板上平面至地平面的距离。

二、客车质量参数

客车质量参数有整车整备质量(简称整备质量)、乘坐人数(乘员数)、最大设计装载质量(简称装载质量)、最大设计总质量(简称总质量)和轴荷分配等。

整备质量是指车上带有全部装备(包括随车工具、备胎等),加满燃料、冷却液,但没有装货和载人时的整车质量。整备质量对客车的成本和使用经济性均有影响,设计时尽可能减少整备质量的目的是通过减轻整备质量增加乘员数,节约燃料,减少废气排放。

整备质量也可按每人所占整备质量的统计平均值估算,城市客车的人均整备质量见表1-14。

城市客车人均整备质量　　　　　　表1-14

车　　型	人均整备质量值(kg/人)	车　　型	人均整备质量值(kg/人)
中型以下客车	96~160	大型客车	65~130

城市客车的乘员数由等于座位数的乘客和站立乘客两部分构成。长途客车和旅游客车不允许站立乘客,乘员数等于座位数。城市客车每位站立乘客所占的有效站立面积为$0.125m^2$;其他允许有站立乘客的客车为$0.15m^2$,即站立乘客按每平方米8~10人计算。每位乘员(乘客、驾驶人和车组人员)的平均质量为65kg,手提行李平均质量为3kg(驾驶人、乘务员等乘务组人员不计算手提行李质量),每位乘员的随身行李平均质量为10kg。客车行李舱容积允许装载行李质量为$100kg/m^3$,车顶行李架面积允许装载行李质量为$75kg/m^2$。

客车装载质量为乘员质量与行李质量之和。行李质量可按每位乘员行李平均质量、行李舱容积和车顶行李架面积计算,但应取其最小值。客车总质量为整备质量与装载质量之和。

轴荷分配是客车在空载或满载静止状态下,各车轴对支承平面的垂直载荷,也可以用占空载或满载总质量的百分比来表示。客车在空载和满载状态下,整备质量和总质量应在各轴之间合理分配,轴荷应在左右车轮之间均衡分配。

轴荷分配对轮胎寿命和客车的使用性能有较大影响。从磨损均匀和寿命相近考虑,各个车轮的载荷应相差不大;为了保证客车有良好的动力性和通过性,驱动桥应有足够大的轴荷,而非驱动桥轴荷则可以适当减少;为了保证客车有良好的操纵稳定性,转向轴的载荷不应过小。客车在空载和满载状态下,转向轴轴荷(或转向轮轮荷)与该车整备质量和总质量的比值不允许小于30%。

客车的发动机位置、轴距、前悬和后悬长度与乘客座椅、空调设备的布置等,均对轴荷分配有显著影响。

GB 1589—2016《道路车辆外廓尺寸、轴荷及质量限值》规定,客车单轴的最大允许轴荷:每侧单轮胎,不得超过7000kg;每侧双轮胎,不得超过10000kg(非驱动轴,装备空气悬架时最大允许轴荷的最大限值为11500kg)和11500kg(驱动轴)。

三、客车性能参数

1. 动力性参数

动力性是指客车在良好路面上直线行驶时由整车受到的纵向外力决定的、所能达到的平均行驶速度。客车运输效率的高低在很大程度上取决于动力性。

从获得尽可能高的平均行驶速度的观点出发,客车的动力性主要由三项指标来评价,即:最高车速、加速时间和最大爬坡度,此外还包括比功率和比转矩。

1)最高车速

最高车速是指在水平良好路面(沥青或混凝土)上客车所能达到的最高行驶车速。按营运客车等级评定要求,各等级客车的最高车速分别为125km/h、120km/h、110km/h、100km/h和90km/h。

2) 加速时间

加速时间表征客车的加速能力,其对平均行驶速度有很大影响。常用客车在平直、良好路面上原地起步的加速时间与超车加速时间来评价。所谓原地起步加速时间,是指客车由Ⅰ挡或Ⅱ挡起步,并以最大的加速强度(包括选择恰当的换挡时机)逐步换至最高挡后到某一预定的距离或车速所需的时间。对于最高车速>100km/h的客车,常用加速到100km/h所需的时间来评价;对于最高车速≤100km/h的客车,可用0~60km/h的加速时间来评价;对于市区城市客车,一般用0~50km/h的加速时间来评价。

3) 最大爬坡度

最大爬坡度是指客车在良好路面上所能爬上的最大坡度 i_{max},即客车在Ⅰ挡时的最大爬坡度,以此表示汽车的上坡能力。通常,要求客车能克服30%的坡度。

客车的动力性还包括比功率和比转矩。

比功率是客车所安装发动机的标定最大功率与客车最大总质量之比,它可以综合反映客车的动力性。在最高车速相同的情况下,比功率随总质量的增加而减小。为保证道路上行驶车辆的动力性不低于一定水平,防止某些性能差的车辆阻碍交通,国家和行业有关标准对车辆的最小比功率做出了规定。

比转矩是客车所安装发动机的最大转矩与客车总质量之比,它反映了客车的牵引能力。

营运客车和城市客车(包括燃气公共汽车和混合动力公共汽车)的动力性要求见表1-15~表1-18。

营运客车的动力性要求　　表1-15

车　型		最高车速(km/h)	比功率(kW/t)	车　型		最高车速(km/h)	比功率(kW/t)
特大型客车	高三	≥125	≥13	大型客车	高三	≥125	≥15
	高二	≥120	≥12		高二	≥120	≥13.5
	高一	≥110	≥11		高一	≥110	≥12
	中级	≥100	≥10		中级	≥100	≥10
	普通	≥90	≥9		普通	≥90	≥9
中型客车	高二	≥115	≥14	小型客车	高二	≥110	≥21
	高一	≥110	≥13		高一	≥105	≥19
	中级	≥100	≥12		中级	≥95	≥14.5
	普通	≥90	≥11		普通	≥85	≥13

城市客车动力性要求　　表1-16

车　型	乘客区布置		比功率(kW/t)	加速性能(起步至50km/h)的时间(s)
特大型城市客车 (含12m≤车辆长≤13.7m双层客车和12m<车辆长≤18m铰接客车)	高二级	有站立区	≥10.5(8.0)	≤28(37)
		无站立区	≥12.0(8.5)	—
	高一级	有站立区	≥9.5(8.0)	≤30(37)
		无站立区	≥11.0(8.5)	—
	普通级	有站立区	≥8.0(7.2)	≤40(50)
		无站立区	≥9.0(7.5)	—
大型城市客车 (9m<车辆长≤12m)	高二级	有站立区	≥11.0	≤23
		无站立区	≥13.0	—
	高一级	有站立区	≥10.0	≤25
		无站立区	≥12.0	—
	普通级	有站立区	≥8.0	≤30
		无站立区	≥8.0	—

续上表

车　　型		乘客区布置	比功率 (kW/t)	加速性能 (起步至50km/h)的时间(s)
中型城市客车 (6m<车辆长≤9m)	高一级	有站立区	≥10.5	≤25
		无站立区	≥13.0	—
	普通级	有站立区	≥9.5	≤30
		无站立区	≥11.0	—
小型城市客车 (4.5m<车辆长≤6m)	高一级	有站立区	≥14.0	≤20
		无站立区	≥16.0	—
	普通级	有站立区	≥12.0	≤25
		无站立区	≥13.0	—

注：括号中的数值是对12m<车辆长≤18m铰接客车的规定。

燃气公共汽车动力性要求　　　　　　　　　　　　　　　　　　　　表1-17

车　　型		乘客区布置	比功率 (kW/t)	加速性能 (起步至50km/h)的时间(s)
特大型城市客车 (含12m≤车辆长≤13.7m双层 客车和12m<车辆长≤18m 铰接客车)	高二级	有站立区	≥10.0(7.6)	≤30(45)
		无站立区	≥11.0(8.0)	—
	高一级	有站立区	≥9.0(7.6)	≤35(45)
		无站立区	≥11.0(8.0)	—
	普通级	有站立区	≥8.0(6.8)	≤45(55)
		无站立区	≥9.0(7.2)	—
大型城市客车 (9m<车辆长≤12m)	高二级	有站立区	≥10.0	≤30
		无站立区	≥11.0	—
	高一级	有站立区	≥9.0	≤30
		无站立区	≥11.0	—
	普通级	有站立区	≥8.0	≤45
		无站立区	≥8.0	—
中型城市客车 (6m<车辆长≤9m)	高一级	有站立区	≥9.0	≤27
		无站立区	≥10.0	—
	普通级	有站立区	≥8.0	≤37
		无站立区	≥9.0	—
小型城市客车 (4.5m<车辆长≤6m)	高一级	有站立区	≥13.0	≤25
		无站立区	≥14.0	—
	普通级	有站立区	≥12.0	≤30
		无站立区	≥13.0	—

注：括号中的数值是对12m<车辆长≤18m铰接客车的要求。

混合动力公共汽车动力性要求　　　　　　　　　　　　　　　　　　表1-18

车　　型		最高设计车速 (km/h)	最大电比功率比 (%)	加速性能 (起步至50km/h)的时间(s)
特大型	高二级	≥70	≥25	≤28(37)
	高一级			
大型	高二级			≤24
	高一级			≤25

注：1. 括号中的数值适用于铰接公共汽车。
　　2. 最高设计车速只适用于无站立区混合动力公共汽车。

2. 燃油经济性参数

客车的燃油经济性用客车在水平的混凝土或沥青路面上,以经济车速或多工况满载行驶百公里的燃油消耗量(L/100km)来评价。常用的两种评价指标是等速行驶百公里燃油消耗量和典型的循环行驶试验工况百公里燃油消耗量。

我国制定有6工况循环油耗(货车)和城市4工况循环油耗(客车)试验方法。对于客车,规定了等速、等加速、等减速和怠速4种工况,然后折算成百公里油耗。循环工况则规定了车速—时间行驶规范,例如,何时换挡、何时制动以及行车的速度和加速度等数值。

3. 通过性参数

1) 最小转弯直径 D_{min}

转向盘转至极限位置时,客车前外转向轮轮辙中心在支承平面上的轨迹圆的直径称为最小转弯直径 D_{min}。D_{min} 用来描述转向机动性,是客车转向能力和转向安全性能的一项重要指标。转向轮最大转角、轴距、轮距等对客车最小转弯直径均有影响。机动性要求高的汽车,D_{min} 应取较小值。一般,中型、大型客车的最小转弯直径分别为 14~20m 和 17~22m。

GB 7258—2004 将机动车通过性的衡量方法由"机动车的最小转弯半径值"修订为"通过规定直径的车辆通道圆时的外摆值 T"(GB 7258—2012 仍保留了这一方法)。汽车和汽车列车必须能在同一个车辆通道圆内通过,车辆通道圆的外圆直径 D_1 为 25m,内圆直径 D_2 为 10.6m,如图 1-26 所示。汽车和汽车列车、轮式拖拉机运输机组由直线行驶过渡到上述圆周运动时,任何部分超出直线行驶时的车辆外侧面垂直面的值(外摆值 T)不应大于 0.8m(对铰接客车和铰接式无轨电车外摆值不允许大于 1.2m)。

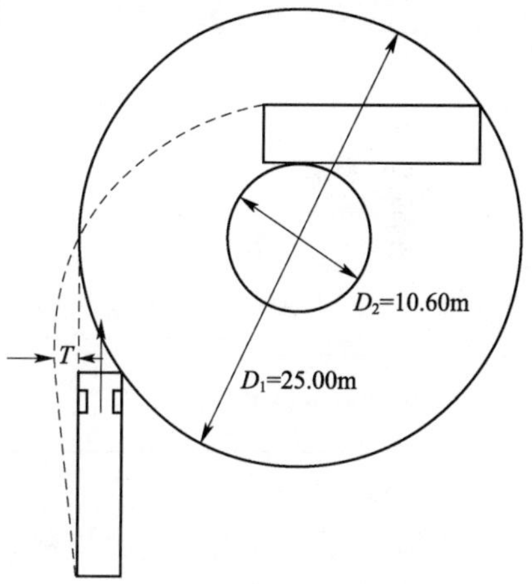

2) 最小离地间隙、接近角、离去角、纵向通过半径

最小离地间隙、接近角、离去角和纵向通过半径为客车通过性几何参数。

最小离地间隙 h_{min} 是指客车满载、静止时,支承平面(地面)与客车上最低点(除车轮外)的距离,其反映了客车无碰撞通过有障碍物或凹凸不平地面的能力。h_{min} 小,将引起客车顶起失效。

图 1-26 车辆通道圆与外摆值示意图(汽车)

接近角 γ_1 是指客车满载、静止时,由车身前端最低点向前轮引切线,该切线与地面之间的夹角。γ_1 越大,越不容易发生触头失效。

离去角 γ_2 是指客车满载、静止时,由车身后部最突出点向后轮引切线,该切线与地面的夹角。γ_2 越大,越不容易发生托尾失效。

纵向通过半径 ρ_1 是指客车满载、静止时,前、后轮与两轴间最低点相切圆的半径。ρ_1 大,将容易引起客车顶起失效。

客车的最小离地间隙、接近角、离去角和纵向通过半径的范围见表 1-19。

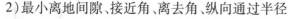
客车通过性几何参数的范围　　　　　表 1-19

车　　型	最小离地间隙 h_{min}(mm)	接近角 γ_1(°)	离去角 γ_2(°)	纵向通过半径 ρ_1(m)
4×2 客车、6×4 客车	220~370	8~40	6~20	4.0~9.0

4. 制动性参数

所谓制动性,是指客车制动时能在尽可能短的距离内停车且保持方向稳定和下长坡时能维持一定的安全车速并有在一定坡道上长期驻车的能力。常用制动效能(制动距离和制动减速度)、制动效能的恒定性(抗热衰退性能)和制动时汽车的方向稳定性来评价。

在规定的初速度下,商用车的制动距离和制动稳定性要求见表 1-20 和表 1-21(GB 7258—2012《机动车运行安全条件》)。其中,行车制动还应在满载检验产生最大制动效能时的踏板力,对于乘用车该力不应大于500N,对于其他机动车不应大于700N。车长大于9m的公路客车、旅游客车和未设置乘客站立区的公共汽车及所有专用校车,必须安装符合GB/T 13594—2003规定的防抱死制动装置。

制动距离和制动稳定性要求　　　　　　表1-20

车辆类型		行车制动			
		制动初车速（km/h）	制动距离（m）	MFDD（m/s²）	试车道宽度（m）
总质量≤3.5t的低速载货汽车	满载	30	≤9.0	≥5.2	2.5
	空载		≤8.0	≥5.6	
其他总质量≤3.5t的汽车	满载	50	≤22.0	≥5.4	2.5
	空载		≤21.0	≥5.8	
铰接客车、铰接式无轨电车、汽车列车	满载	30	≤10.5	≥4.5	3.0
	空载		≤9.5	≥5.0	
其他汽车、汽车列车	满载	30	≤10.0	≥5.0	3.0
	空载		≤9.0	≥5.4	

注:MFDD指在规定的初速度下急踩制动踏板时充分发出的平均减速度(m/s²)。

应急制动性能要求　　　　　　表1-21

车辆类型	应急制动			
	制动初车速（km/h）	制动距离（m）	FMDD（m/s²）	操纵力（N）
客车	30	≤18.0	≥2.5	手操纵:≤600 脚操纵:≤700
其他汽车(三轮汽车除外)	30	≤20.0	≥2.2	手操纵:≤600 脚操纵:≤700

5. 操纵稳定性参数

客车操纵稳定性的评价参数较多,作为设计指标的有转向特性参数、车身侧倾角和制动前俯角。

1) 转向特性参数

为了保证良好的操纵稳定性,客车应具有一定程度的不足转向。通常用客车以$0.4g$的向心加速度沿定圆转向时,前、后轮侧偏角之差$(\delta_1 - \delta_2)$作为评价参数。一般,该参数在1°~3°为宜。

2) 车身侧倾角

客车以$0.4g$的向心加速度沿定圆等速行驶时,车身侧倾角控制在3°以内较好,最大不允许超过7°。

3) 制动前俯角

为了不影响乘坐舒适性,要求客车以$0.4g$减速度制动时,车身的前俯角不大于1.5°。

6. 舒适性

所谓舒适性,是指客车应为乘客提供舒适的乘坐环境和方便的驾驶操作条件。舒适性包括平顺性、空气调节性能(温度、湿度、气流速度和空气洁净度等)、车内噪声、乘坐环境(活动空间、车门及通道宽度、内部设施配置等)和驾驶人的操作方便及舒适程度等。

其中,客车的行驶平顺性常用垂直振动参数评价,包括振动频率和振动加速度等。此外,悬架动挠度也用来作为评价参数之一。

根据客车的等级,以50km/h车速匀速行驶时,车内噪声应≤66~79dB(A);人均制冷量和供热量≥1800~2000kJ/h,人均强制通风换气量≥25m³/h,高档客车应配置温度自动控制装置。

客车等级不同,车内乘坐环境的设计也有差异。一般通道宽≥300~350mm,座间距(同方向)≥680~770mm,坐垫宽≥420~450mm;同时,配置卫生间、影视设备、饮水设备或冰箱、时钟和乘客阅读灯等设施改善车内乘坐环境,已成为中高档客车的发展趋势。

7. 行李舱容积

行李舱容积对于长途、旅游客车来说是一项表征其运载能力的指标。一般按车长和客车级别,人均行李舱容积应达到 0.11~0.30m³。但行李舱容积过大将导致整车质心增高，对行驶稳定性不利。因此，设计时一般将行李舱容积控制在一个合理的范围内。

第四节　客车型号的编制规则及识别代号

一、国产汽车编号规则

为了表明汽车的生产厂家、汽车类型及主要特征参数，1988 年我国制定了汽车产品型号编制规则（GB 9417—1988《汽车产品型号编制规则》）。目前，虽然该标准已被废止，但仍要求汽车生产企业将其作为企业标准继续执行。

国产客车的产品型号由企业名称代号、车辆类别代号、主参数代号和产品序号组成，必要时可附加企业自定代号，如图 1-27 所示。为了避免与数字混淆，不应采用汉语拼音字母中的"I"和"O"。

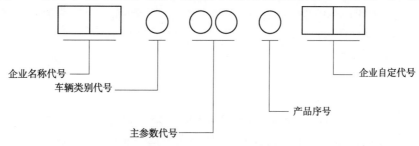

图 1-27　客车产品型号组成

首部是企业名称代号，由 2~3 个汉语拼音字母组成，是识别企业名称的代号，位于产品型号的第一部分。如郑州宇通的企业名称代号是 ZK，厦门金龙的企业名称代号是 XMQ，苏州金龙的企业名称代号是 KLQ，丹东黄海的企业名称代号是 DD。

中部由四位阿拉伯数字组成。左起首位数字表示汽车类型；中间两位数字是汽车的主要特征参数；最末位是产品的生产序号，见表 1-22。

汽车产品型号中部 4 位阿拉伯数字代号的含义　　　　表 1-22

首位数字表示汽车类型		中间两位数字表示各类汽车的主要特征参数	末位数字表示企业自定产品序号
载货汽车	1	表示汽车总质量（单位为 t）的数值； 当汽车总质量小于 10t 时，前面以"0"占位； 当汽车总质量大于 100t 时，允许用三位数字	以 0、1、2…依次排列
越野汽车	2		
自卸汽车	3		
牵引汽车	4		
专用汽车	5		
客　　车	6	表示汽车的总长度 0.1m 的数值； 当汽车总长度大于 10m 时，计算单位为 m	
轿　　车	7	表示发动机的工作容积 0.1L 的数值	
	8		
半挂车 及专用半挂车	9	表示汽车总质量（单位为 t）的数值； 当汽车总质量小于 10t 时，前面以"0"占位； 当汽车总质量大于 100t 时，允许用三位数字	

车辆类别代号是表明车辆所属分类的代号，用 1 位阿拉伯数字表示，位于产品型号的第二部分。客车类别代号用 6 表示。

主要参数代号是表明车辆主要特性的代号，位于产品型号的第三部分，用 2 位阿拉伯数字表示。

客车的主参数代号为车辆长度（m）。当车辆长度小于 10m 时，应精确到小数点后一位，并以长度（m）值的十倍数值表示。如苏州金龙客车 KLQ6116TE3 的车型编号中，第三部分是数字 11，表明该客车的长度是 11m 级；苏州金龙客车 KLQ6896QAE3 的车型编号中，第三部分是数字 89，表明该客车的长度是

8.9m级。

产品序号是表示一个企业的类别代号和主参数代号相同的车辆的投产顺序号,可用于表示车型的改动及改型情况,位于产品型号的第四部分,用1位阿拉伯数字表示,数字由0、1、2……依次使用。当车辆主参数有变化,但不大于原定型设计主参数的10%时,其主参数代号不变;大于10%时,应改变主参数代号;若因为数字修约而主参数代号不变时,则应改变其产品序号。如苏州金龙客车KLQ6896QAE3的车型编号中,第四部分是数字6,则数字6就是该客车的产品序号。

企业自定代号是企业按需要自行规定的补充代号,位于产品型号的最后部分。同一种汽车结构略有变化而需要区别时,可用汉语拼音字母和阿拉伯数字表示,位数也由企业自定。供用户选装的零部件(如暖风装置、收音机、地毯、绞盘等)不属结构特征变化,应不给予企业自定代号。

由于自定代号是企业标准规定的补充代号,所以企业不同,作为补充代号的数字和字母的含义也将有所不同。在苏州金龙的车型编号中,"Q"表示空气悬架,"G"表示公交车型,"E3"表示满足欧Ⅲ排放车型。

客车产品型号应能表明客车的生产企业、类型和主要特征参数等。如丹东黄海DD6121HSA型客车的型号中,汉语拼音字母DD代表丹东黄海,阿拉伯数字6代表客车,数字12代表车辆长度,产品序号是阿拉伯数字1,汉语拼音字母HAS是该车型的企业自定代号。

二、车辆识别代号(VIN)

车辆识别代号简称VIN(Vehicle Identification Numbers,VIN),也称17位编码。是国际上通用的标识机动车辆的代码,也是制造厂给每一辆车指定的一组字码,可谓一车一码,就如人的身份证一样,具有在世界范围内对一辆车的唯一识别性。当每一辆新出厂的车被刻上VIN代号后,该代号将伴随着车辆的注册、保险、年检和维修,直至回收或报废而载入每辆车的服役档案。利用VIN可方便地查找车辆的制造者、销售者及使用者。

车辆识别代号(VIN)应位于易于看到并且能够防止磨损或替换的部位。轿车所选择的部位一般在仪表与前风挡左下角的交界处、发动机前横梁上、左前门边或立柱上、驾驶人左腿前方或前排左座椅下方等处。

为了与国际标准靠拢,我国颁布了国家标准GB 16735—2004《道路车辆—车辆识别代号(VIN)》。该标准为我国汽车生产的强制性标准,在每一辆出厂的汽车上必须标有VIN。

车辆识别代号(VIN)由三部分组成,如图1-28所示。

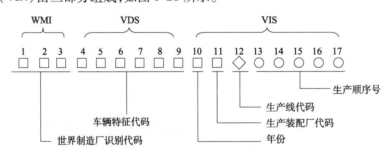

图1-28 车辆识别代号(VIN)的组成

(1)第一部分(1~3位):世界制造厂识别代码(WMI),表明车辆的生产厂家,具有世界车辆制造厂的唯一性。WMI共有3位字码,由制造厂以外的组织预先指定,用来代表生产国、厂家和车辆类别。

如:LFV为中国一汽大众、LFW为中国第一汽车集团公司、WDB为德国奔驰、WBA为德国宝马、KMH为韩国现代等。其中,第一位字码代表生产国,为国际汽车厂通用。如:1为美国、2为加拿大、3为墨西哥、J为日本、L为中国、Z为意大利等。ISO组织授权美国汽车工程师学会(SAE)作为其国际代理,负责为世界各国指定地区代码及国别代码,负责 WMI 的保存与核对。在我国,由工信部汽车行业管理部门授权的备案机构负责车辆识别代号的统一管理。

(2)第二部分(4~9位):为车辆特征代码(VDS),由6位字码组成,其中前五位为车型特征描述,其代码顺序由制造厂决定(对于客车,车辆特征应包括车辆长度、发动机特征等);最后一位为检验位,可为"0~9"中任一数字或字母"X",用以核对车辆识别代号记录的准确性。如果制造厂所用字码不足6位,应在剩余位置填入制造厂选定的字母或数字,以表现车辆的一般特征。

(3)第三部分(10~17位):为车辆指示部分(VIS),是 VIN 的最后部分,由8位字码组成。一般情况下,VIS 部分的第1位字码指示年份,也有一部分汽车制造厂的车辆指示部分的第1位字码并不指示年份,如奔驰(欧款)、宝马(欧款)、雪铁龙、菲亚特和福特在欧洲及亚洲生产的汽车等;第2位字码代表装配厂;后6位指示生产序号。

例如,中通客车控股股份有限公司生产的某型客车的 VIN 识别代号为:LDYCKS2B8E0000066,其各数字(字母)的含义如下:

LDY——中通客车控股股份有限公司

C——长途客车。

K——空气悬架。

S——驱动形式4×2。

2——11.5m≤车长≤12m。

B——柴油机 250kW≤功率<300kW。

8——检验位(用以核对车辆识别代号记录的准确性)。

E——2014年生产。

0——总厂生产。

000066——2014年总厂生产的同特征客车第66台。

车辆识别代号可直接打刻在车架上,对无车架的客车而言,可以直接打刻在不易拆除或更换的车辆结构件上。车辆识别代号还可打印在标牌上,但此标牌应同样是永久固定在前述的车辆结构件上。对于客车,车辆识别代号一般打印在产品标牌上,用螺钉或铆钉固定在前乘客门梯步侧面的车架上;客车底盘标牌用螺钉或铆钉固定在右侧前轮轴线前处车架纵梁上,或打印在右侧车架前轮后侧纵梁上。

随着车型年款的不同和汽车发往国家的不同(各国政府对 VIN 有不同规定),VIN 规定会有所不同。有的按公司各分部进行规定(美国 GM),有的则直接按系列车型或车名进行规定(如日本雷克萨斯汽车)。在实用中,一般要由两种 VIN 规定才可验证出一辆车的型号和车型参数。因此,大量积累这方面的资料具有重要意义,而随着年款的变化,今后还会陆续出现各种 VIN 规定。

第五节 国内外有关客车的标准法规

国际上对提高客车技术水平的基本做法是由政府部门组织制定全面、综合的标准法规,从行驶安全、乘员保护和节能减排等方面对客车技术性能进行规范。其中,涉及节能减排、行驶安全和整车等方面的标准法规除统一执行有关商用车和机动车辆的基础类标准外,还在车身结构、乘员保护和部分总成及零部件等与其他车型要求不同的方面单独制定了标准或技术要求。近年来,随着我国道路运输的飞速发展,与客车相关的导致"群死、群伤"的重特大交通事故不断发生,对国民经济和人民群众的生命财产带来了巨大损失,造成了恶劣的社会影响。在这些事故中,由于客车车身结构和安全性能不完善是导致重大伤亡率的重要因素之一。为此,国家有关部门加强了这方面的标准化工作,组织制定和完善了一系列与客车结构安全有关的标准法规,建立了营运客车安全评价体系,以此规范和提高客车技术性能。

一、国外有关客车的标准法规

目前,国际上较为完善、最具代表性的是欧、美、日三大法规体系。主要有 ECE(联合国欧洲经济委员会)汽车法规;EEC/EC(欧洲经济共同体)汽车法规,也称之为指令;FMVSS(美国联邦机动车安全标准)及JASO(日本汽车工业协会标准)和《日本道路车辆形式批准手册》等。

1. ECE及EEC/EC技术法规

ECE为联合国欧洲经济委员会汽车技术法规,由WP29进行制(修)定工作。1998年6月25日制定了《全球汽车技术法规协定书》,使得ECE法规逐渐走向全球。目前,ECE有法规131项,其中完全针对客车制定的法规有5项,见表1-23。

ECE完全针对客车制定的5项法规 表1-23

代号	名称
ECE R36	关于就一般结构方面批准大型客车的统一规定
ECE R66	关于就上部结构强度方面批准大型客车的统一规定
ECE R52	关于就总体结构方面批准M_2和M_3类车辆的统一规定
ECE R80	关于就座椅及其固定点方面批准大型客车座椅和车辆的统一规定
ECE R107	关于就一般结构方面批准M_2和M_3类车辆的统一规定

EEC汽车技术法规称之为指令,由欧洲经济共同体组织EEC制定,EEC指令又称EC指令。EC指令共有120项基础条款,其中涉及汽车的项目为66项,能够适用于M_2、M_3类客车的分别有33项和34项,专门针对客车的有95/28/EC《内饰结构材料燃烧特性》。随着客车工业的发展,EC的整车形式认证也向客车扩展,增加了对客车的认证要求。该草案经多次讨论,于2001年正式批准,即2001/85/EC《针对除驾驶人外座位数8座以上用于运送乘客车辆的特殊规定》。

尽管两个法规由不同机构发布,但两大机构彼此有密切的联系,而几乎所有EC国家都是ECE核心国。因此66项EC指令中约有46项完全等同于ECE法规。两者目前的主要区别在于:EC指令在所有成员国内强制执行,而ECE汽车法规在缔约国中则是自愿采用。

2. 美国汽车技术法规

美国联邦政府对汽车产品的标准和法规管理平行地分为两部分,即汽车安全节能和防盗方面的管理。其中,汽车安全方面的管理主要由美国运输部国家公路交通安全管理局(DOT/NHTSA)负责,汽车环保方面的管理主要由美国环境保护署(EPA)负责。美国的汽车技术法规统一编入《联邦法规集》(即CFR)中。美国的汽车安全技术法规(FMVSS)共有61项,其中与客车/校车直接相关的标准有6项,见表1-24。

美国FMVSS与客车/校车直接相关的标准 表1-24

代号	名称	代号	名称
FMVSS 131	学童客车行人安全装置	FMVSS217	客车紧急出口及车窗的固定与松放
FMVSS 220	学童客车倾翻的防护	FMVSS 221	学童客车车身连接强度
FMVSS 222	学童客车乘员座椅和碰撞保护	FMVSS 225	儿童约束系统固定点

3. 日本道路运输车辆安全基准和澳大利亚ADR法规

日本汽车工业协会标准(JASO)共有302项。《日本道路车辆形式批准手册》中的"机动车结构和装置技术标准"共4章73条,但直接涉及客车的规定和标准内容很少。

澳大利亚设计规则(Australian Design Rules,ADR)是1989年澳大利亚机动车标准法案(MVSA)指定的国家标准,包括车辆安全、环保及防盗标准等。由于澳大利亚加入了联合国欧洲经济委员会WP29下的1958年协定,故ADR尽可能地与UN/ECE法规进行了协调。目前,79%的ADR采用了ECE法规,相应项目也承认1958年协定其他缔约方车辆主管部门颁发的E-mark认证证书。ADR汽车标准共有83项,其中直接与客车有关的标准2项,即ADR 59《公共汽车侧翻强度》和ADR 66《公共汽车用座椅强度、座椅固定点强度及座椅填充物要求》。

二、我国客车标准现状

1. 强制性标准

我国客车标准化工作由全国汽车标准化技术委员会客车分技术委员会(简称"客标委")组织管理,

客车产品公告管理中,特别是在强制执行的安全、环保项目上,引用和采纳了大量汽车类基础标准。自 20 世纪 80 年代以来,客标委结合主管部门和客车行业对标准的需求,根据实际使用情况和标准化体系的规划,提出并制定了由客车类专用标准和相关标准构成的我国客车标准体系,共涉及标准 100 多项。

目前,在我国汽车产品公告管理中涉及各类客车的强制执行的标准有 63 项。其中,主动安全标准 17 项,主要包括照明与信号装置、操控、制动、转向和轮胎等;被动安全标准 10 项,主要包括车身碰撞防护、座椅、门锁、安全带、凸出物和防火等;一般安全标准 16 项,包括车辆结构以及防盗装置、视野、指示与信号装置等;环保与节能类标准 11 项,包括污染物排放、噪声、电磁兼容与燃油经济性等。此外,公告管理中对新能源客车增加了 GB/T 19751—2005《混合动力电动汽车安全要求》等 6 项强制执行的标准。交通运输部为规范道路旅客运输,增加了 3 项营运客车的强制执行的标准。

我国客车强制执行的标准项目情况见表 1-25。

我国客车强制执行的标准项目情况　　　　　　　　　　　　表 1-25

序　号	标准分类	合　计	序　号	标准分类	合　计
1	主动安全	17	4	环保与节能	11
2	被动安全	10	5	新能源客车(增加)	6
3	一般安全	16	6	营运客车(增加)	3

1)主动安全

在主动安全方面,为了避免和防止安全事故发生而采取的汽车安全技术,主要涉及照明与信号装置、操控、制动、转向和轮胎等,采取这些技术措施可以在一定程度上避免或减少安全事故的发生。有关客车的主动安全标准见表 1-26 所示。

客车主动安全标准　　　　　　　　　　　　表 1-26

序　号	标准编号	名　称
1	GB 4599—2007	汽车用灯丝灯泡前照灯
2	GB 4660—2007	汽车用灯丝灯泡前雾灯
3	GB 5920—2008	汽车及挂车前位灯、后位灯、示廓灯和制动灯配光性能
4	GB 15235—2007	汽车及挂车倒车灯配光性能
5	GB 4785—2007	汽车及挂车外部照明和光信号装置的安装规定
6	GB 11554—2008	机动车和挂车后雾灯配光性能
7	GB 17509—2008	汽车及挂车转向信号灯配光性能
8	GB 18099—2013	机动车及挂车侧标志灯配光性能
9	GB 11564—2008	机动车回复反射器
10	GB 19151—2003	机动车用三角警告牌
11	GB 16897—2010	制动软管的结构、性能要求和试验方法
12	GB 12676—2014	商用车辆和挂车制动系统技术要求及试验方法
13	GB/T 13594—2003	机动车和挂车防抱制动性能和试验方法
14	GB 17675—1999	汽车转向系基本要求
15	GB 9744—2015	载重汽车轮胎
16	GB 23254—2009	货车及挂车　车身反光标识
17	GB/T 24545—2009	车辆速度限制系统技术要求

2)被动安全

为减少车辆发生事故后的乘员伤亡和财产损失而采取的被动安全技术,主要包括:车身碰撞防护、座椅、门锁、安全带、凸出物和防火等。采用这些技术措施可以在一定程度上减少安全事故发生后的损失。有关客车的被动安全标准见表 1-27。

客车被动安全标准　　　　　　　　表1-27

序号	标准编号	名称
1	GB 15083—2006	汽车座椅、座椅固定装置及头枕强度要求和试验方法
2	GB 11550—2009	汽车座椅头枕性能要求和试验方法
3	GB 13057—2014	客车座椅及其车辆固定件的强度
4	GB 14166—2013	机动车乘员用安全带、约束系统、儿童约束系统和ISOFIX儿童约束系统
5	GB 14167—2013	汽车安全带安装固定点、ISOFIX固定点系统及上拉带固定点
6	GB 9656—2003	汽车用安全玻璃
7	GB 8410—2006	汽车内饰材料的燃烧特性
8	GB 18296—2001	汽车燃油箱安全性能要求和试验方法
9	GB 24406—2012	专用校车学生座椅系统及其车辆固定件的强度
10	GB/T 17578—1998	客车上部结构强度的规定

3)一般安全

所谓一般安全,即指与车辆安全相关的一般安全技术,包括车辆结构及防盗装置,视野、指示与信号装置等。采用这些技术措施可以在一定程度上避免安全事故的发生并减少安全事故发生后的损失。有关客车一般安全的标准见表1-28。

客车一般安全标准　　　　　　　　表1-28

序号	标准编号	名称
1	GB 15084—2013	机动车辆间接视野装置　性能和安装要求
2	GB 15082—2008	汽车用车速表
3	GB 4094—1999	汽车操纵件、指示器及信号装置的标志
4	GB 15742—2001	机动车用喇叭的性能要求及试验方法
5	GB 15741—1995	汽车和挂车号牌板(架)及其位置
6	GB 1589—2004	道路车辆外廓尺寸、轴荷及质量限值
7	GB 13094—2007	客车结构安全要求
8	GB 18986—2003	轻型客车结构安全要求
9	GB 7258—2012	机动车运行安全技术条件
10	GB 11568—2011	汽车罩(盖)锁系统
11	GB 24407—2012	专用校车安全技术条件
12	GB 24315—2009	校车标识
13	GB 24160—2009	车用压缩天然气钢质内胆环向缠绕气瓶
14	GB 17259—2009	机动车用液化石油气钢瓶
15	GB 17258—2011	汽车用压缩天然气钢瓶
16	GB/T 19950—2005	双层客车结构安全要求

4)环保与节能

为了有效保护环境和节约能源而制定的标准,涉及污染物排放、噪声、电磁兼容与燃油经济性等。实施这些标准,可以在一定程度上减少污染物排放、降低噪声、保护环境、节约能源。有关客车环保与节能的标准见表1-29。

环保与节能标准　　　　表1-29

序号	标准编号	名称
1	GB 14762—2008	重型车用汽油发动机与汽车排气污染物排放限值及测量方法（中国Ⅲ、Ⅳ阶段）
2	GB 17691—2005	车用压燃式、气体燃料点燃式发动机与汽车排气污染物排放限值及测量方法（中国Ⅲ、Ⅳ、Ⅴ阶段）
3	GB 3847—2005	车用压燃式发动机和压燃式发动机汽车排气烟度排放限值及测量方法
4	GB 18285—2005	点燃式发动机汽车排气污染物排放限值及测量方法（双怠速法及简易工况法）
5	GB 11340—2005	装用点燃式发动机重型汽车曲轴箱污染物排放限值及测量方法
6	GB 20890—2007	重型汽车排气污染物排放控制系统耐久性要求及试验方法
7	GB 1495—2002	汽车加速行驶车外噪声限值及测量方法
8	GB 14023—2011	车辆、船和内燃机无线电骚扰特性用于保护车外接收机的限值和测量方法
9	GB 18655—2010	车辆、船和内燃机无线电骚扰特性用于保护车载接收机的限值和测量方法
10	GB 30510—2014	重型商用车辆燃料消耗量限值
11	GB/T 27840—2011	重型商用车辆燃料消耗量测量方法

5）对新能源客车增加的检测标准

公告管理中对新能源客车增加了强制执行的标准，见表1-30。

对新能源客车增加的检测标准　　　　表1-30

序号	标准编号	名称
1	GB/T 18488.1—2015	电动汽车用驱动电机系统　第1部分　技术条件
	GB/T 18488.2—2015	电动汽车用驱动电机系统　第2部分　试验方法
2	GB/T 19751—2005	混合动力电动汽车安全要求
3	GB/T 18387—2008	电动车辆的电磁场发射强度的限值和测量方法,宽带,9kHz~30MHz
4	GB/T 4094.2—2005	电动汽车操纵件、指示器及信号装置的标志
5	GB/T 19836—2005	电动汽车用仪表
6	GB/T 19754—2015	重型混合动力电动汽车能量消耗量试验方法

6）交通运输部对营运客车增加的检测标准

交通运输部在营运客车管理中，针对道路旅客运输要求，增加了3项强制执行的标准，见表1-31。

营运客车增加的强制执行的技术标准　　　　表1-31

序号	标准编号	标准名称
1	GB 18565—2001	道路运输车辆综合性能要求和检验方法
2	JT 711—2008	道路运输客车燃料消耗量限值及测量方法
3	JT/T 325—2013	道路运输客车类型划分及等级评定

2. 客车标准体系

1）客车标准体系整体框架

标准体系是指在一定范围内的标准按其内在联系形成的有机整体。标准体系应具有六个特征，即集合性、目标性、可分解性、相关性、整体性和环境适应性。通过建立客车标准体系，可以完整地了解客车标准状况，对于完善国家标准和行业标准，提升客车行业标准化水平有着积极的意义。

目前，我国客车行业已有客车专业标准100项，其中相关标准39项，各项标准之间都存在着内在的关联性。根据国内客车标准化的实际情况，确立的客车标准体系框架如图1-29所示。

2）客车标准体系中的主要标准

由图1-29可知，客车标准体系主要由四部分组成，即基础性标准100系、通用标准200系、专业类标准301系和总成系统及零部件标准302系，具体标准名称和标准号见表1-32。

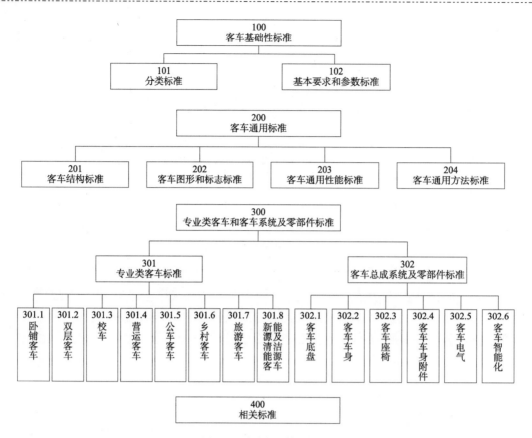

图1-29 客车标准体系框架

客车标准体系中的主要标准　　　　　　　　　　　　　　　　　表1-32

序号	标准编号	标准名称
基础性标准（100系）		
1	GB 1589—2016	道路车辆外廓尺寸、轴荷及质量限值
2	GB 7258—2012	机动车运行安全技术条件
3	GB/T 3730.1—2001	汽车和挂车类型的术语和定义
4	GB/T 3730.3—1992	汽车和挂车的术语及其定义车辆尺寸
5	GB/T 4780—2000	汽车车身术语
6	GB/T 15089—2001	机动车辆及挂车分类
7	GB/T 13053—2008	客车车内尺寸
通用标准（200系）		
1	GB 13094—2007	客车结构安全要求
2	GB 18986—2003	轻型客车结构安全要求
3	GB/T 17578—2013	客车上部结构强度要求及试验方法
4	GB/T 12428—2005	客车装载质量计算方法
5	GB/T 13043—2006	客车定型试验规程
6	GB/T 6792—2009	客车骨架应力和形变测量方法
7	GB/T 28370—2012	长途客车内空气质量检测方法
8	GB/T 25982—2010	客车车内噪声限值及测量方法
9	QC/T 476—2011	客车防雨密封性限值及试验方法
10	GB 30678—2014	客车用安全标志和信息符号
11	QC/T 474—2011	客车平顺性评价指标及限值
12	JT/T 887—2014	客车质心位置测量方法

续上表

序号	标准编号	标准名称
专业类客车标准(301系)		
1	GB 24407—2012	专用校车安全技术条件
2	GB 24315—2009	校车标识
3	GB 18565—2016	道路运输车辆综合性能要求和检验方法
4	GB 24160—2009	车用压缩天然气钢质内胆环向缠绕气瓶
5	GB 17259—2009	机动车用液化石油气钢瓶
6	GB 17258—2011	汽车用压缩天然气钢瓶
7	GB/T 17729—2009	长途客车内空气质量要求
8	GB/T 16887—2008	卧铺客车结构安全要求
9	GB/T 19950—2005	双层客车结构安全要求
10	GB/T 19260—2003	低地板及低入口城市客车结构要求
11	GB/T 18488.1—2015	电动汽车用驱动电机系统 第1部分 技术条件
	GB/T 18488.2—2015	电动汽车用驱动电机系统 第2部分 试验方法
12	GB/T 19751—2005	混合动力电动汽车安全要求
13	GB/T 18387—2008	电动车辆的电磁场发射强度的限值和测量方法,带宽,9kHz~30MHz
14	GB/T 19754—2015	重型混合动力电动汽车能量消耗量试验方法
15	QC/T 689—2002	液化石油气客车技术条件
16	QC/T 690—2002	压缩天然气客车技术条件
17	JT 711—2008	营运客车燃料消耗量限值及测量方法
18	JT/T 325—2013	营运客车类型划分及等级评定
19	JT/T 198—2004	营运车辆技术等级划分和评定要求
20	JT/T 616—2004	乡村公路营运客车结构和性能通用要求
客车总成系统及零部件标准(302系)		
1	GB 13057—2014	客车座椅及其车辆固定件的强度
2	GB 24406—2012	专用校车学生座椅系统及其车辆固定件的强度
3	GB/T 7726—2009	铰接客车机械连接装置
4	GB/T 23334—2009	开启式客车安全顶窗
5	QC/T 696—2011	汽车底盘集中润滑供油系统
6	QC/T 633—2009	客车座椅
7	QC/T 964—2014	城市客车塑料座椅及其车辆固定件的强度
8	QC/T 768—2006	客车冲水式卫生间
9	QC/T 769—2006	汽车燃气加热器
10	QC/T 766—2006	客车安全顶窗
11	QC/T 678—2001	客车乘客门门泵
12	QC/T 705—2004	客车电子报站器
13	JT/T 460—2001	客车座椅靠背调角器技术条件
14	JT/T 216—2006	客车空调系统技术条件
15	JT/T 305—2008	客车电动换气扇
16	JT/T 721—2008	客车电涡流缓速器装车性能要求和试验方法
17	JT/T 782—2010	营运客车爆胎应急安全装置技术要求
18	JT/T 889—2014	客车发动机缓速器装车性能要求和试验方法
19	JT/T 890—2014	客车液力缓速器装车性能要求和试验方法

客车作为汽车的一个主要类别,许多汽车通用标准(包括汽车类其他体系的标准,如制动、排放、材料、电器等)都与客车标准体系密切相关,且多为客车行业强制采用。这类标准在体系表中体现为相关标准,主要包括:照明与信号、制动、转向、视野、污染物排放、噪声和燃油经济性等共计39项,限于篇幅,不再一一列出。

3. 客车标准的发展趋势

客车标准的发展除根据国内客车产品的技术发展制定相关标准外,将不断跟踪国际最新的技术进展和标准化发展动态,并持续在客车安全等重点领域推动标准研究和制定、修订,努力与国际接轨。目前,我国的客车标准多以参照采用或修改采用的方式将国际标准转化成我国标准。如正在修订的 GB 13094《客车结构安全要求》,就对照采用了 ECE R107 法规《关于就一般结构方面批准 M_2 和 M_3 类车辆的统一规定》。

近年来,随着客车行业的技术进步和整体实力提升,客车安全性方面的研究已得到重视和加强。以2013年9月批准发布的强制性国家标准 GB 17578—2013《客车上部结构强度要求及试验方法》为例,该标准在修改采用 ECE R66《关于就上部结构强度方面批准大型客车的统一规定》的基础上,开展了大量客车整车翻滚实车试验和截断翻滚、静压试验,以及模拟计算分析,对原 GB/T 17578—1998《客车上部结构强度的规定》进行了修订。修订后的标准在原标准基础上严格了指标要求,增加了四种等效试验方法,扩大了标准实施范围,进一步提高了客车结构的安全性。修订后的标准与 ECE R66 完全接轨。

校车标准制定方面,我国在借鉴美国校车法规[包括美国运输部国家公路交通安全管理局的 FMVSS 法规、全美学校运输大会(NCST)的《美国学校运输规范与流程》和美国各州的《校车管理最低标准》]的同时,结合中国国情制定了 GB 24407《专用校车安全技术条件》和 GB 24406《专用校车学生座椅系统及其车辆固定件的强度》两项国家标准。这两项标准,不仅为校车企业的研发、生产提供了指导,还为主管部门进行车辆监督检查提供了技术依据,极大提升了国产校车的安全性。

在修改采用 ECE R80《关于就大型客车座椅认证及座椅强度和固定件强度有关的车辆认证的统一规定》(修订版1)的基础上,结合座椅动态和静态试验,对 GB 13057《客车座椅及其车辆固定件的强度》进行修订,由原静态试验、座椅靠背后部吸能特性试验和动态试验可以任意选择一种改为每种形式的客车座椅都必须满足动态试验性能要求。这一要求与静态试验要求相比,能够更真实、全面地反映客车座椅及其车辆固定件的强度和安全性能,有利于客车乘客座椅设计水平、制造质量、强度及乘坐者被动安全性的提高。

可见,结合国情借鉴国外客车先进标准,提高标准制(修)定工作中的创新能力和整体水平,补充、完善现有客车国家标准和行业标准,形成较完整的客车标准体系已成为客车标准化的发展方向。未来,客车主动安全、新能源客车和智能化管理三大技术创新将给客车带来革命性的变化。

技术标准是技术创新成果产业化的重要支撑,直接反映了我国的工业技术水平和自主创新能力。而技术创新通过技术标准转化为优势产品,就是科技优势转化为经济优势的过程。

第六节 客车技术的现状和发展

现代客车工业涉及诸多领域的科学与技术问题由于科技的进步而不断变化,全球客车制造业的发展也随着社会对安全、节能和环保的日益严格要求,而必须不断采用先进的科学与技术来解决各种难题。

一、客车的技术发展

1. 总体趋势

客车技术是产业及制造商竞争力的重要来源之一。虽然我国已成为全球最大的客车制造中心,我国客车在国际市场上也具有一定的竞争力,但却不是客车技术的强国,欧洲仍然是全球客车制造业的技术中心。我国具有庞大的客车生产能力,但客车市场对车辆技术配置的要求还较低,主要依靠传统技术。我国少有面向未来发展的客车产品,在政府财政补贴政策驱动下发展起来的电动客车,虽然其数量已让全世界刮目相看,但核心技术和主要部件供应商仍然依靠外国公司。因此,要全面提升我国客车的技术能力,不仅是制造商面临的竞争压力,也是国家客车制造业可持续发展的根本保障,必须全面、充分了解和掌握世界范围内的客车技术发展趋势。保障交通安全并提高行驶舒适性、实现节约能源并降低排放始终是客车制造业的发展方向,关键技术包括先进的动力和驱动系统、轻量化车身、电控一体化以及智能的安全装备等。

驱动系统的电力化是全球公共交通及客车制造业未来发展的主要趋势,因为电机驱动的能效可达80%~90%,而传统内燃机驱动的能效只有15%~30%。世界各国都在积极地开发各种电力驱动装置,将内燃机与发电机组合在一起的混合动力技术在节能和环保方面效果明显,因此混合动力客车(HEB)得到快速发展,并已进入商业化应用阶段;虽然动力电池系统的能量与功率密度、安全性与可靠性、寿命与成本等性能都取得了显著改善,但仍然没有取得革命性的突破;燃料电池客车(FCB)开始技术示范考核验证;欧洲在驱动电机和整车控制系统方面已取得重大进步,已有客车制造商将轮毂电机作为电动客车的标准配置,它标志着这一新技术已进入产业化阶段。根据市场需要,欧洲客车制造业的电力化进程是从混合动力到燃料电池和氢燃料客车,再进一步发展到电池电动客车(BEB),同时也在发展和更新无轨电车(Trolleybus)技术。

客车安全性能始终是最重要的特性。常规的安全控制系统包括防抱死制动系统(ABS)、牵引力控制系统(TCS),以及动力学稳定性控制系统(VDC)、安全带和安全气囊等,并已成为标准配置,随着信息技术和传感器技术的快速发展,以事故预防为主的智能化安全控制技术应运而生。这类技术通过自动感知交通环境而对车辆行驶安全状态进行判断,主动地辅助驾驶人实现对车辆状态的有效控制,提高行驶安全性。智能化安全控制技术的核心是基于对行车环境、驾驶人意图及车辆行驶状态的实时感知和识别,通过对车辆合理的主动干预,提高驾驶人的感知能力和驾驶能力,降低驾驶负荷,并在潜在危险出现时,为驾驶人提供报警信息和车辆辅助控制,实现避免事故和减轻危害的目标。

驾驶辅助系统通过摄像机、车载雷达等传感器感知交通环境,由中央控制器计算危险程度以及适合的行驶状态,并通过对车辆制动、动力传动及转向的控制实现辅助驾驶。根据控制对象的不同,分别对客车的行驶方向及纵向速度实现安全控制。横向安全辅助装置有车道偏离报警(LDW)、车道变化安全辅助(LCA)及车道保持(LK)等,纵向安全辅助装置有自适应巡航控制(ACC)、追尾报警/避撞(FCW/FCA)和起—停控制(Stop & Go Control)等。图1-30显示了几种驾驶辅助系统改善客车安全性能的情况。

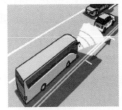   

a)自适应巡航控制(ART)　　b)主动制动辅助　　c)车道保持系统(SPA)　　d)连续制动限制器(DBL)

图1-30　几种驾驶辅助系统改善客车安全性能

各种类型的电控子系统,如发动机管理系统、传动控制系统和转向电控系统,以及车载电子装置等多系统间实现信息共享和协调控制对通信问题提出了新的迫切的要求,如电子稳定系统(ESP)、双离合器变速器(DCT)、机械式自动变速器(AMT)等控制都需要与发动机联合控制转矩输出,整车电控技术需辅以完备的控制系统通信(CAN)协议等。欧洲主流客车制造商倡导制定的车队管理系统标准(FMS-BUS)已成为行业通信体系的基本框架标准,底盘各单元电控产品可根据需要从通信网络中获取所需信息,进行系统控制的集成。随着车载通信技术和车辆间通信,以及广域无线通信技术的发展,将客车与整个交通系统联系起来,为驾驶人提供更好信息服务和辅助,提高车辆运行效率、节约行车时间、降低交通拥堵和解决城市交通问题,已经成为一个新的应用领域(车队管理系统或智慧城市公交系统),其目标是确保不同制造商的车载通信应用,包括车辆定位(GPS)、机械诊断、驾驶人行为和车队管理软件等方面,以及城市公交运输车队的分派、调度作业与运输配送等。

世界铝业协会的研究报告指出:汽车整备质量每减少10%,燃油消耗可降低6%~8%,排放降低5%~

6%。一辆客车在生命周期中每减重1t可节油18000L,减少CO_2排放近42t。显然,轻量化技术对节能减排更具现实意义。而模块轻量化夹层板城市客车技术则包括结构优化方法、轻量化材料和先进制造技术3个方面。传统的客车制造广泛使用焊接,是一种劳动密集型的产业。客车制造涉及的部分主要工作内容如图1-31所示。

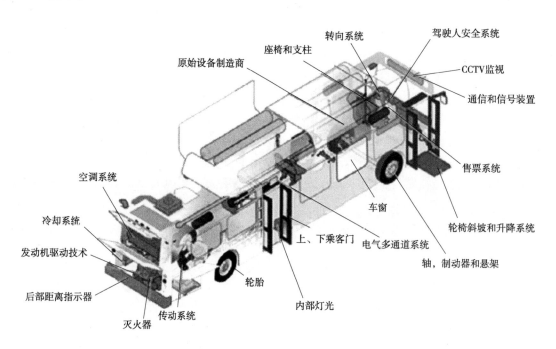

图1-31 客车制造涉及的部分主要工作内容

欧盟第6研究框架的《模块轻量化夹层板城市客车车身》(LITEBUS),是研究探索开发和制造有吸引力的车型、降低生产成本需要采用新的设计概念、材料和装配方法。项目发展的设计理念就是要在客车上使用复合夹层材料,综合利用复合夹层材料的潜在优势拓展应用领域,以车辆寿命周期分析(LCA)为基准,实施新的整合产品政策(IPP)原则来发展环保型交通工具。要实现既解决车辆减重问题,又降低生产成本,可通过发展模块化的客车结构,使用各种复合材料夹层板来代替传统钢或铝金属构件和内饰材料;新的客车设计方法是通过减少零部件数量,进行功能集成来实现更容易拆装、维修和回收,并缩短生产周期。

2. 整车

对于客车制造商来说,无论是整车制造、底盘制造或车身制造商都必须考虑的一些基本问题是:

(1)车辆总质量:包括装载质量和整备质量,减轻质量就是提高效率。

(2)车身刚度:要求车身结构满足法规要求。

(3)稳定性:通常需要通过法规所要求的倾翻试验。

(4)外廓尺寸:满足法规对车长、车宽和车高的限制。

(5)燃料效率:满足法规对燃料消耗标准的要求。

(6)排放标准:满足法规对污染排放物及噪声的限制。

(7)可达性:满足乘客出行方便的要求。

城市公交客车和长途客车具有不同的基本特征。城市公交客车的特征主要包括:

(1)可达性。方便乘客上下车。早期的城市客车多是高地板(2~3级踏步),而现在越来越多的是低地板,且有屈膝功能,方便轮椅用户和推婴儿车的乘客上下;宽大的车门入口及客舱过道和轮椅空间,内部装饰和目的地显示越来越实用和完善。

(2)布置。早期的客车为发动机前置长头式,随着汽车技术和客运市场的发展,为追求最大载客量,出现了发动机布置在后悬和轴间的布置形式。采用单人操作,一个车门或多个车门。而低地板的要求几乎消除了城市客车的中置发动机设计。长途、旅游客车多采用后置或中置,但前置发动机客车仍然在中、短途客运和校车中拥有一定市场(美国)。小型客车在许多发展中国家都是在货车底盘上改装,不采用专门的客车底盘设计。城市客车多为两轴,铰接式和城市快速公交客车有三轴或四轴。

(3)动力和传动系统。柴油机(热效率27%)更加适合于大型汽车。从1920年起,客车的主要动力为柴油机,但压缩天然气(CNG)、液化石油气(LNG)、生物燃料(生物柴油、二甲醚、甲烷、乙醇等)和氢燃料等也先后得到了应用。内燃机工作时由于含碳燃料的不完全燃烧而排放大量污染物,如二氧化碳、一氧化碳、氮氧化物、硫化物和炭黑颗粒物等。由电机(能源效率90%)驱动的无轨电车依靠架空线网供应电力,电动城市客车则携带动力电池或停靠车站充电,混合动力客车靠内燃机与电机结合来提供电力,也有利用动量飞轮存储动能的城市客车。

动力和传动系统通常包括发动机或发电机组、离合器、变速器、缓速器、传动轴、驱动桥和车轮等。传统的客车设计由工程师根据经验选择发动机和传动系各部件及参数,并估算整车性能,然后制造原型车、进行道路试验、评定实际的动力性与燃油经济性;再改进设计和试验,直到性能满足要求才开始定型生产,因此设计周期长、成本高。所谓的客车匹配技术就是在发动机已确定的情况下选择传动系部件,或在传动系部件已知情况下选择发动机。而合理匹配客车动力及传动系部件一直是客车制造商关注的技术核心问题,它直接影响和决定了客车的动力性、经济性和可靠性。

(4)标识。城市公共汽车的运营通常需要识别不同的运营商或不同服务水平的线路,因此标识十分重要。标识可涂在车辆上,使用贴纸或胶乙烯基技术的透明或半透明广告。

(5)导轨。在城市公交客车的快速交通线路上,导航客车一般配有机械、光学或电磁导航装置,以引导车辆在指定导轨上运行,并控制其利用比传统道路更小的道路空间,对齐公共汽车站或导向专用车道。

长途客车的基本特征包括:

(1)座椅的舒适性。包括座椅形状、结构的人机工程学设计,可折叠小桌、扶手和座椅面料等,舒适性是客车的重要性能指标。

(2)行李架。乘客在旅途中可以随时在客舱内放、取他们的随身行李且不影响进出座位。

(3)行李舱。供乘客在车辆外部放、取行李,通常布置在轴间乘客舱下面或后悬处地板下。

(4)乘客服务。可调控的个人阅读灯、空调和音响等。

(5)卫生间。配备厕所、手盆和洗手液等。

(6)娱乐设施。包括电影和电视,以及WIFI服务等。

(7)车载厨房。咖啡与茶点服务,或自动售货机。

(8)轮椅升降。确保轮椅乘客利用公共交通的权利。

中国现代客车制造业源于苏联和东欧载货汽车底盘,从独立自主的公路客车开发起步,在日本进口客车的影响下,得益于引进欧洲客车产品和技术,快速提高了公路客车的技术水平,并参照《欧盟客车指令》(2001/85/EC)等制定了相关技术标准。近年来受学生运输安全问题的困扰,又参照美国联邦校车安全标准制定了专门的校车安全技术标准。全球较为著名的客车及客车底盘制造商都在中国市场上有所发展,主要有欧日两大系列,包括德国的奔驰、曼、凯斯鲍尔、尼奥普兰,法国的雷诺、意大利的依维柯(菲亚特集团),瑞典的沃尔沃和斯堪尼亚、匈牙利的伊卡露斯和日本的五十铃、日产柴和日野等。由于客车行业具有产量低、品种多的特点,所以自动化水平都不是很高,一般客车厂年产量都基本保持在2000辆左右的水平,中国的"一通三龙"已成为全球最大的客车制造商,而瑞典与德国的客车技术仍然在世界上保持着技术领先的地位。

客车设计和技术发展的另一趋势是增加多媒体和乘客信息系统、闭路电视系统等。

3.底盘

底盘通常是一个完整的单元,可单独驾驶到周围的工厂,或运送到附近的车身制造厂。客车底盘由发动机及传动、行驶、转向和制动等系统组成,客车制造的核心技术大多集中在底盘上。主要总成包括发动机和散热器、变速器和传动轴、车架(底架)、转向、制动、车轮、车桥、悬架、仪表板、转向盘和驾驶人座椅等。

底盘有单车和铰接式,不同的长度和结构制造不同的车型,相同的底盘还可用于制造单体或双层客车。底盘制造商通常提供不同发动机和变速器的选配,以及多轴的配置。发动机布置的基本形式有前置、中置和后置,其中后置又多为纵置直立式和横置直立式,纵置卧式及横置卧式较少。中、高档客车大都采用后置发动机,城市客车的后置发动机大多采用纵置直立式,也有少数采用横置直立或卧式。欧洲客车普遍配置采用符合欧V以上排放要求的大功率柴油机发动机,这使得车辆行驶速度更快,加速性、爬坡性和可靠性更高,油耗、噪声及尾气排放更低,近年来也开始采用天然气、液化石油气等清洁燃料发动机。

现代客车的制动系统多为前盘后鼓式,除采用双管路制动外,防抱死制动系统(ABS)、缓速器和制动器间隙自动调隙装置等均属标准配置。1998年美国法规要求所有客车都必须装防抱死制动系统。欧美的大中型客车80%以上都采用空气悬架,一般在前桥采用独立悬架,后桥采用A型悬架;为提高客车的侧倾刚度、行驶平顺性和舒适性,空气囊尽量采取靠边布置的方式。

随着客车底盘技术的发展和人们对乘坐舒适性要求的不断提高,客车底盘在动力性方面越来越多地采用大功率、大转矩发动机。由于城市公交客车长时间处于超载和低速状态下运行,发动机必须有足够的动力才能保证在频繁起步和加速过程中保持良好的加速性能;而高档公交客车为了保证空调系统始终处于良好运行状态,也对发动机的低转速和大转矩提出了更高要求。客车底盘比功率已从20世纪90年代的8kW/t提高到10~14kW/t。目前,高档客车上普遍采用国际品牌发动机。在引进客车产品的同时,国内制造商自主研发了各种客车专用底盘,在品种、数量、质量和技术水平等方面已基本满足市场需求。通过产品的技术引进,并经过自身消化吸收,促使我国客车及底盘产品更新换代速度加快,总体制造水平有了较大提高。

动力:为了适应日益严格的环保要求,采用清洁燃料、混合燃料或双燃料发动机已成为必然趋势。但由于环保型发动机的研制开发成本较高,目前尚未形成大批量的应用,柴油发动机仍然是国内客车底盘的首选动力。

传动系统:传动系统包括离合器、变速器、传动轴以及主减速器和半轴等,由于其工作时频繁承受交变、冲击载荷,因而加速了相关部件的磨损。使用液力自动变速器可以使整个动力系统实现柔性连接,大大减少传动冲击,提高传动系的可靠性和寿命。在起步过程中,自动变速器能根据外界阻力变化,自动满足减速、停车、起步、加速等操作的需要,极大提高了公共汽车的平均行驶速度。在此过程中,驾驶人操作频率降低,只需要控制节气门和制动器,就可以对行驶速度进行控制,既提高了车辆加速时的平顺性又减轻了驾驶人劳动强度。自动变速器的经济性分析表明:使用液力自动变速器,可以吸收并大大减少来自各方面对传动系部件的振动和冲击,延长发动机寿命和保修间隔周期,提高整车使用寿命,降低使用和维修费用。

悬架系统:悬架直接影响客车的乘坐舒适性,钢板弹簧悬架不能满足舒适性要求,空气弹簧悬架通过压缩气体对载荷和道路条件变化所引起的振动和冲击进行自动调节,在消除振动、提高车辆行驶平顺性和乘坐舒适性方面具有重要的作用。

车架:城市公共汽车要求车架低,以降低一级踏步高度。同时,车架低可降低底盘质心高度,提高行驶稳定性。目前,国内大型客车多采用格栅桁架式底架或无车架式的全承载式结构。

润滑:采用集中润滑系统可使底盘上各种传动机构、球头关节、铰支及弹簧支承等得到较好润滑,从而大大延长客车的使用寿命和大修周期,充分提高使用效率,并减少驾驶及维修人员日常繁杂的维护工作。

采用由液力耦合器、变矩器与行星齿轮组成的自动变速器(AT),或采用电控机械式自动变速器(AMT)以减轻驾驶人劳动强度,增强起动和变速时的平顺性。但这些装备增加了车辆的整备质量,会加大燃料消耗,特别是近10年燃油价格的不断上涨,运营商越来越关心客车的减重问题。

4. 车身

客车的车身通常是在底盘框架结构的基础上,将底骨架(又称地板支架)、左右侧围骨架、前后围骨架及顶盖骨架等6大片经组焊成框架后再焊接蒙皮而成。根据承受载荷的程度不同,车身被划分为半承载、非承载和全承载式三种。欧洲制造商一般采用无车架式底架与骨架结构车身相结合的结构形式,这种结构的侧窗开口可以很大,立柱很细,质量很轻,车身外观看起来华丽,且便于进行结构计算;缺点是改型困难,设备投资大,焊接工艺复杂。

我国客车大多采用表面无镀层的低碳钢板和异型钢管制造,因产量和涂装生产的经济性限制,相当一部分产品的车身总成难以实现整体式防腐处理,而对骨架构件和蒙皮件采用焊前磷化处理和喷涂底漆(廉价的环氧类底漆),致使电阻点焊工艺难以形成牢固焊点,而CO_2弧焊工艺则能保证焊接强度。先进的客车制造采用镀锌钢板和异型钢管焊制车身,焊接无须前处理,焊后只需对焊缝区涂磷化液,然后喷涂底漆(富锌底漆),再点焊车身蒙皮。这种车身不但方便蒙皮采用电阻点焊工艺,而且可显著提高防腐蚀性能,在客车生产中的应用越来越普及。

由于价格因素,镀锌钢板和钢管,以及富锌底漆的应用尚不普及,只有少数高档客车采用。一些大型客车制造商采用无镀层的普通钢板和钢管焊制车身,车身蒙皮采用电阻点焊工艺连接并进行整体电泳前处理,以提高车身防腐性能;部分中小客车制造商仍采用传统车身制造工艺,骨架和蒙皮件在零件状态下进行磷化处理喷涂底漆,蒙皮焊接前在骨架和蒙皮贴合处进行局部抛磨,去除底漆后再进行电阻点焊。

20世纪80年代中期,先进的客车制造商将缝焊技术应用于顶蒙皮焊接,即将车顶的三块纵向蒙皮先焊成完整的蒙皮,再点焊到顶盖骨架上,从而有效杜绝了顶篷漏雨问题。我国客车制造商则从90年代以来开始应用这种工艺。采用活动式冲孔模在顶蒙皮上冲天窗孔是顶盖生产中的一个环节,一般用手电钻在蒙皮上钻小孔,将上模放在顶蒙皮上方,下模放在下方,再将油缸活塞杆穿过中心孔把上下模连接起来,开通高压油,上下模合拢即可冲出天窗孔。而传统的工艺是在顶蒙皮上画线,用空气等离子切割机切割或用剪刀剪切方法形成天窗孔。

车身制造商在所购置的专用底盘基础上设计、制造各种类型客车,其主要考虑的因素是:

(1)用途:用于市区的城市客车和用于城间的长途客车是两种基本不同的车型,在其基础上还可以细化出不同用途的细分车型。

(2)座位:长途客车不允许乘客站立,城市公共汽车既有座位也有站位。

(3)踏步:影响乘客上下车的方便性,双层客车还需要设置楼梯。

(4)车门:影响乘客上下车的速度,取决于车门数量和布置的位置等。

城市客车为方便乘客短距离出行,通常采用低地板、多且宽大的车门;长途客车要为乘客长时间和长距离出行提供舒适的座椅及放置行李的空间,通常采用底部为行李舱上部为客舱的高地板布置形式;客舱内设有行李架,以及电视娱乐和卫生间等生活设施。

自90年代起,部分城市客车制造商开始在公共汽车的内饰上采用部分轿车元素,以鼓励和吸引公共交通客流量。旅游客车的内饰除关注乘坐舒适性指标外,越来越注意装饰效果和新颖的艺术风格。不同的车身和底盘制造商可能采用四个客车识别特征——底盘制造商和型号、车身制造商和型号,而运营商会则在车身上涂贴不同的标识,以致一般情况下人们很难区分客车品牌。

二、欧盟研究框架中的客车项目

欧洲联盟(European Union,EU,简称欧盟)的宗旨是促进和平,追求公民富裕生活,实现社会经济可持续发展,确保基本价值观,加强国际合作。欧洲一体化的中心目标是追求欧洲社会和经济的可持续发展,提高欧盟成员国人民的生活质量。《马斯特里赫特条约》明确提出,欧洲一体化的主要目标为"改善和提高成员国的生活质量和生活条件"。欧盟研究与技术开发框架计划(Framework Programme,FP)是欧盟资助支持和促进在欧盟研究领域的研究,也是欧盟成员国共同参与的中期重大科技计划,各期资助目标与范围不同,每期执行4年,自1984年以来已执行7个框架计划。历经20多年的发展和完善,欧盟框架计划已成为世界规模最大的官方综合性研究与开发计划,取得了较好的效果。

欧盟第6框架计划(6th Framework Programme,简称FP6,2002—2006),在整合类的总体框架下分环境、运输与能源三个领域,集中与整合社区研究项目优先专题6为《可持续发展、全球变化与生态系统》,其中的《全球变化与生态系统》(FP6 - SUSTDEV - 3)项目中,有一项名为《模块轻量化夹层板城市客车概念》(LITEBUS:Modular Lightweight Sandwich Bus Concept)的专项。

欧盟第7框架计划(7th Framework Programme,简称 FP7,2007—2013)由5个专项计划(合作、概念、人员、能力和欧洲原子能共同体)组成,在合作类的总体框架下,交通运输(包括航空):实施运输框架的水平活动(TPT)研究项目中,设有一项名为《欧洲未来城市客车系统》(European Bus System of the Future)的专项。

1. 模块轻量化夹层板城市客车概念

客车结构的减重设计不仅有助于大幅降低燃油消耗,还可以提高车辆有效荷载,降低排放和对动力系统的要求,并对提升续航里程做出重要贡献,是直接影响客车运营成本与收入的两大因素。显然,车身轻量化设计对未来客车产业至关重要。

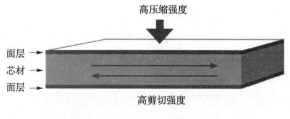

图1-32 夹层板的结构示意图

客车结构越来越普遍采用夹层板复合材料,因为在两层材料中间用一种轻质材料来分隔可以增加结构的刚性和强度,它们在保持力学性能的同时,具有显著减重的能力。典型的夹层板复合结构如图1-32所示,是一种面层厚度薄、具有一定强度和刚度,芯材质量轻的结构,其在一定荷载下芯材结构强度足以保持面层材料的位置相对固定。客车轻量化面临的基本矛盾是质量减少与成本增加,例如采用镁铸件取代铝铸件可减轻质量30%～40%,但成本要增加15%～30%。

夹层板复合材料结构承受弯曲载荷时的工作原理类似于工字钢,工字钢翼板承载平面压缩和拉伸荷载,腹板承受剪切载荷。图1-33为夹层板的结构及性能示意图。

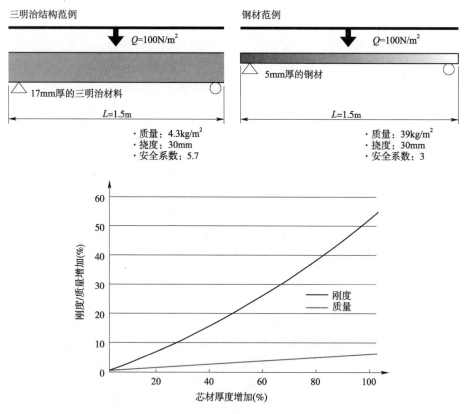

图1-33 夹层板的结构及性能示意图

当上下翼板(面层)之间的距离被进一步分开,结构就能获得更大比例的刚性。较厚的芯材能达到同样的效果,也能提供一个总体的低密度,这就获得了高刚度—质量比。

模块轻量化夹层板客车不仅是一种新的质量优化方案,同时也是一种新的使用夹层板复合材料来设计制造客车方法。图1-34所示为轻量化及对身结构的影响。使用夹层板复合材料结构的驱动因素之一是它们能以比传统单层材料(如钢材)轻得多的质量提供相当的力学性能;另一优势是设计自由,夹层板材料在达到它们最终形状的最后生产阶段之前几乎可成形为任何形状类型,这就使非线性和平滑表面的设计成为可能,不仅是出于美学也是出于空气动力学的原因;选择不同结构的夹芯材料还可以获得额外的利益(如阻燃、低烟、无毒等),对客车这类公共交通工具来讲其使用都有严格的规范。

图1-35所示为轻量化夹层板车身的单体结构。采用模块轻量化夹层板客车的车身是基于模块化设计准则开发新型车辆结构,研究夹层板材料在市场和生产上的可行性;比较其用于客车的刚度和耐撞性要求,选择适合大型结构部件制造的工艺方法;提供经认证的安全设计技术,以及连接夹层板、强化合成纤维板和反光板的工艺技术。

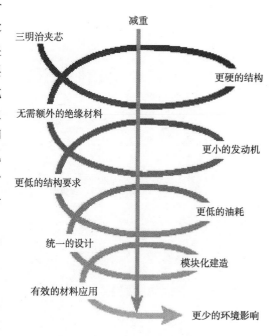

图1-34 轻量化及对身结构的影响

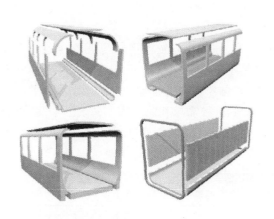

不同车身的模块化结构

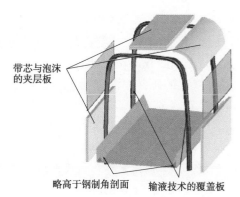

模块轻量化夹层板客车不同部件的加工技术

图1-35 模块轻量化夹层板车身单体结构

开发基于有限元建模的数字模型,分析车身静力、动力和模态特性,确保全承载车身所有复合材料具有相同的弯曲、扭转刚度及模态;示范概念车的耐撞性,确保客车结构符合欧盟客车指令和相关规章(倾翻、座椅安全带固定装置等)的要求;开发夹层结构零部件的寿命预测技术,设计生产全生命期总成本最小的客车;提出并规范夹层板结构车身零部件的经验方式。图1-36所示为夹层板结构车身按照 ECE R66 进行倾翻试验。

模块轻量化夹层板客车车身的主要技术目标包括:

(1)结构的刚度要等同于钢结构车身结构。
(2)车身的碰撞性能和被动安全性能要大于螺栓连接的铝合金结构车身和焊接的钢结构车身。
(3)车身的耐腐蚀和防火安全性能更好(结构与毒性)。
(4)"白车身"的总质量至少要比钢结构车身减轻60%。
(5)车身模具成本比冲压和焊接结构模具减少50%。
(6)车身可减少40%的噪声,并增强振动特性。
(7)制造期要比钢制车身减少30%。

(8)制造成本比钢制车身下降20%。

(9)至少增加车内空间10%,提高载客能力。

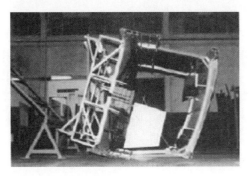

图1-36 对模块轻量化夹层板车身单体进行倾翻试验

2. 欧洲未来城市公交客车系统(EBSF)

《欧洲未来城市公交客车系统》是欧盟最大的地面运输研究与开发项目,由国际公共交通联盟(International Union of Public Transport,UITP)作为项目协调人,欧洲11个国家、47个合作伙伴及400多名专家参与,经过长达4年的研究工作,为复兴公共汽车、提高公交客车系统的吸引力和形象提供了许多成功经验。该项研究全新定义了城市公交客车系统利益相关者的各种需求和公交客车系统的功能与结构;结合最佳的公交客车运营实践在车辆和基础设施领域开发新技术;在车辆、装备、基础设施和运营中设计、模拟和测试新的解决方案;建立未来城市公交系统解决方案的协调和标准化框架。表1-33所示为该项目提出的各种利益关系人对未来城市公交系统的需求分析权重表。

各种利益关系人对未来城市公交系统的需求分析权重表　　　　　表1-33

利益关系人	安全与保安	服务性能	舒适空间与质感	可达性	乘客信息	交通方式换乘	环境	维修	价格与政策	经济性与运营	都市发展	总计
乘客	4	5	3	3	2	4	2	3		8		34
运营商	5	8	5	5	1	3	7	4	8	12	3	61
管理当局	1	4	3	2	1	1	5	1	7	8	5	38
其他用户												
制造商	2		1	1	1		3	1		4		13
总计	12	17	12	11	5	8	17	9	15	32	8	146
指标权重	11	13	10	6	2	7	10	4	15	15	7	100

《欧洲未来城市公交客车系统》的终极目标,是要建设一个面向未来的全新城市公交客车系统。首先,依靠现代高新科技产品,通过提供安全、便捷和舒适的服务,改变人们对传统公共汽车服务水平低下的不良印象,提高出行选择乘坐公共汽车的吸引力;其次,转变公共交通行业发展方向,从强调运营商的车辆调度管理转向为市民出行提供充分的出行服务信息,吸引乘客更多地乘坐公共汽车,促进城市公共交通的可持续发展,并将政府的监管方法融入现代技术中。

未来城市公交客车系统的主要技术途径是在公共汽车(车载系统)和车站基础设施(车站设施系统)中,广泛应用现代电子技术(ET)、信息与通信技术(ICT)所构成的后台系统(Back System),通过全球卫星定位系统和全球通信技术而分享各种信息,让市民充分掌握公共汽车的运营动态,结合最佳的公共汽车运营实践和经验,提供智慧化的设计功能,达到节能减排效用,并有效地运营与管理,提高效率和降低成本。图 1-37 ~ 图 1-39 所示分别为欧洲未来城市公交客车系统的车载 IP 网络,以及在几个城市示范运营的示范原型车和欧洲未来城市公交客车系统的 IP 网络层次结构。

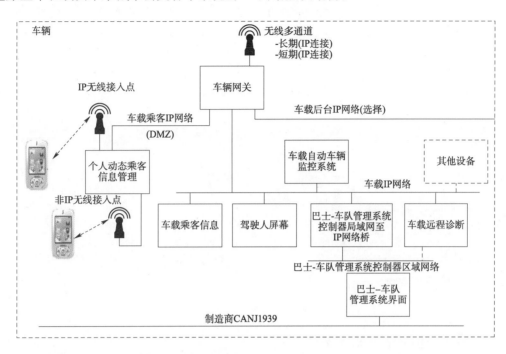

图 1-37　欧洲未来城市公交客车系统的车载 IP 网络

图 1-38　《欧洲未来城市公交客车系统》项目在几个城市示范运营的示范原型车

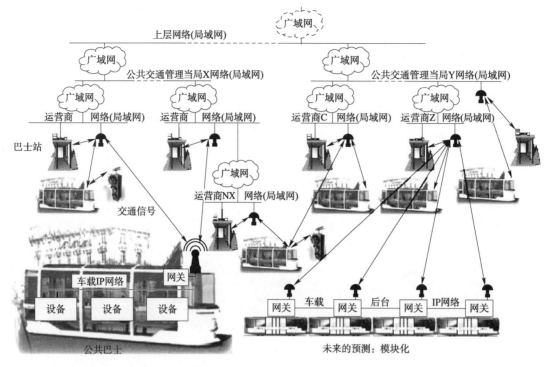

图 1-39　欧洲未来城市公交客车系统的 IP 网络层次结构

三、先进公共交通系统的车辆技术

城市公交客车导航装置是一种在驾驶人控制之外,接受外来媒介导向行驶的系统,常见的有路面标线、磁标和机械式轨道三种形式。法国伊萨城市公交客车采用光学导航,荷兰先进公共交通公司的斐利亚城市客车采用的是磁引力导航,而德国伊森的城市客车则采用的是梅赛德斯—奔驰的机械式导向系统,这些系统已相继投入运营或试验中。应用电子导航技术产生虚拟轨迹,引导车辆在专用道路上自动行驶而无须驾驶人进行操作,可以有效地提高公共交通系统的运营效率,减少车辆对道路空间的需求,且具有较高的平均行驶速度,更舒适、准时和可靠,而制造成本却要比轻轨交通车辆低得多。

图 1-40 所示为欧盟《面向未来的欧洲城市公交客车系统》(EBSF)研究项目"改善公共汽车服务水平技术方案"提出的欧洲未来城市公交客车的基本特征。

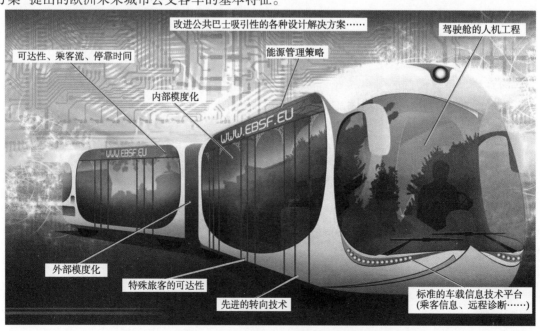

图 1-40　欧洲未来城市公交客车的基本特征

1. 光学导航与车辆准确停靠

该系统通过客车车头上方的摄像机,配合车道上由特殊涂料划设的两条标线,利用光学原理进行导引;车上虽有驾驶人,但车上的感应器可借此导引达到更准确的运行。该车的轮胎宽度亦特别宽,可分散车辆的载重;车辆长度保持 12~24m 的范围,载客量 70~150 人。

光学导向系统使用一个安装在仪表板上的摄影头来获取车辆位置参数,通过与车道上的标线和车辆横向位置进行比较,将相对位置数据传输到电脑上来控制车辆;系统启用时,电脑通过一个伺服电机对车辆进行控制,即使在绘制路线被另一辆车、树叶或冰雪部分遮盖的时候,该摄像系统也可以照常工作;除易于准确控制轨迹(约 50mm)外,还提供准确倒车通行和狭窄街道上无误驾驶的可能性,并能将车辆在车站停车的侧向偏差控制在严格的范围内,以防止车辆在高速进出车站时轮胎与路缘发生摩擦;同时,也不需要为残疾乘客准备上下车用的、费时的斜坡引导板或升降装置,这个特征可以使只有驾驶装置的车辆的到站停车时间大大减少。图 1-41 所示为法国鲁恩街头的光学导航城市公交客车。

2. 磁感应导航与自动驾驶

荷兰先进公共交通车辆公司制造的磁感应型导航城市公交客车称之为斐利亚。其特点是车上安装一台机载电脑,它根据公交路线预编程序来进行车辆行驶导向。磁标埋在路面中,安置在车上的传感器探测到磁标后修正车辆的行驶轨迹,确保车辆在正确的路线上行驶。这是一种积极的安全措施,原则上讲,这种客车完全可以在没有磁体的指导下行驶,即使偏离 2cm,车载电脑都可以调整客车转向。

电磁导向系统通过埋在道路表面的磁体或线缆在通电时形成的电磁场来为车辆相对位置提供导向。与机械导向系统相比较,电磁导向系统的优点是成本和车辆质量更低,而且在冰雪覆盖或其他路面情况下仍可从磁场中获得数据,但系统的安装和维护成本则较高。图 1-42 所示为荷兰爱因霍芬街头的磁感应导航铰接客车。

图 1-41 法国鲁恩街头的光学导航城市公交客车

图 1-42 荷兰爱因霍芬的磁感应导航铰接客车

3. 机械导向系统

机械导向系统提供侧向运动(停靠车站)的导向控制,而电磁导向则提供纵向运动(车辆行驶)的自动驾驶。电磁导向系统一旦探测到车辆前面出现障碍物(如停止的车辆等)时,就会自动做出减速或制动等反应。近年,采用电磁导向系统的荷兰斐利亚(Phileas)和日本丰田的智能多模式交通系统(IMTS)已相继投入商业运营。

早期的导航客车是在传统城市客车的车轮附近位置安装一个水平导轮,依靠垂直的路沿石导向(KGB)。投入营运的路沿石导向系统有澳大利亚的阿德莱德 O-Bahn 城市快速交通系统,这是目前全球最长及行车速度最快的导航城市公交客车系统,1986 年开始分两阶段建设启用,1987 年全线通车,路轨全长 12km,全程约需 13min。

机械导航客车的一个发展方向是引入由铁路轨道而衍生出的单轨导轨客车,由一根轨道与位于车辆中央的导轮相配合引导行驶,而推动车辆行驶的依然是与导轮同轴的胶轮。法国劳尔(Lohr Industrie)的 Translohr 及加拿大庞巴迪(Bombardier)的导轨交通系统都属于机械导航客车的范畴,导电方式是架空电缆加集电杆或集电弓,导轨置于路面的凹槽中而不影响其他车辆运行,导轮以不同形式将导轨"套"住移动,Translohr 以两个 45°角倾斜的导轮紧握住导轨,庞巴迪则采用滑轮式车轮作为导轮垂直附在导轨上。

图 1-43 澳大利亚阿德莱德的机械导航客车

由于两者都先后在营运时发生多次出轨事故,目前尚无证据证明哪一种导轨技术占优。图 1-43 所示为澳大利亚阿德莱德的机械导航客车。

四、电动客车与无轨电车

客车使用燃油发动机排放的废气已成为环境污染的主要来源之一。20 世纪 90 年代以来,世界各国对改善环保的呼声日益高涨,人们普遍认为汽车产业未来发展的方向是电力驱动。由于目前的电池能量密度与燃油相比相差百倍,远未达到人们所要求的数值,因此在未来 10~20 年内电动客车还无法取代燃油发动机客车(除非燃料电池技术有重大突破)。混合动力汽车(HEV)就是将电动机与辅助动力单元组合在一辆汽车上作为驱动力,辅助动力单元可以是小型燃料发动机或动力发电机组,将传统发动机尽量做小,让一部分动力由电池—电动机系统承担,既发挥发动机持续工作时间长、动力性好的优点,又可以发挥电动机无污染、低噪声的好处,客车的热效率可提高 10% 以上,废气排放可改善 30% 以上。

1. 电动城市客车

电动汽车的诞生比汽油发动机汽车的发明还要早 10 年。1873 年,英国人罗伯特·戴维森发明了世界上最早可实用的电动汽车,但 100 多年来电动汽车的技术进步十分缓慢,汽油发动机汽车则发展迅速并成为改变世界的机器。电动汽车发展缓慢的重要原因是电池技术没有取得革命性突破,快速充电和行驶里程短的问题无法解决。由于燃油汽车带来大气污染、气候变暖、燃油匮乏等严重的问题,人们又开始关注电动汽车,特别是城市公共交通的电动化,再次把电动客车的发展提高到了一个前所未有的高度,促进了电动客车技术在全球范围的快速发展。

电动客车与传统客车的本质区别不是简单地用电池取代发动机或发电机组,而是直接由轮毂电机驱动车辆行驶,取消传统的离合器、变速器、缓速器、传动轴和驱动桥等机械装置;电池组可灵活布置,电能通过柔性的电线传输;其次,电机可在相当广的范围内高效地产生转矩,这些都有利于电动客车选择最佳的质心位置、合理的轴重分布,从而使操纵稳定性达到最优。

电动客车驱动系统的布置形式包括传统中央电机驱动模式、电机-驱动桥组合式驱动模式、电机-驱动桥整体式驱动模式,以及轮毂电动机分散驱动模式等 4 种。理论上讲,轮毂电机将是未来电动客车驱动系统的发展方向,可以实现无齿轮的驱动方式。

2. 轮毂电机

轮毂电机(Wheel Hub Motor)也称为轮式电机、车轮电机或电动轮。广义上讲,轮毂电机是将驱动电机和车轮紧密集成而形成的一体化多功能驱动系统;狭义上讲,轮毂电机是指电机转子本身就是轮毂,转子上面安装轮胎直接驱动车辆行驶的系统。轮毂电机驱动的最大特点就是将动力、传动和制动装置都整合到轮毂内,从而大大简化车辆的机械装置,省略传统汽车所需的机械式操纵换挡装置、离合器、变速器、传动轴和差速器等,使车辆的驱动系统和整车结构更加简洁、有效利用空间增加、传动效率提高;使驱动系统布置非常灵活,可按照 2 个前轮驱动、2 个后轮驱动或 4 轮驱动等方式来进行组合驱动。轮毂电机驱动适用于各种能源驱动技术,无论是内燃机、混合动力、纯电动车(燃料电池或其他动力电池),都可以和各种动力驱动技术适配,制动能量回收也可以很轻松地在轮毂电机驱动车型上得以实现。

1884 年,美国人亚当斯(Wellington Adams)获得一项轮毂电机专利;1900 年德国工程师保时捷(F. Porsche)制造出一辆由轮毂电机驱动前轮的双座电动车,1902 年研制出采用发动机和轮毂电机的混合动力车,1910 年研制出机车装备发动机和发电机,以及利用轮毂电机驱动的军用列车;20 世纪 70 年代,美国通用公司把轮毂电机用于大型矿山自卸车,而电动自行车也广泛采用轮毂电机驱动;20 世纪 90 年代后,轮毂电机作为电动客车的重要驱动形式开始得到客车制造商的重视。图 1-44 所示为亚当斯的轮毂电机专利结构示意图。

轮毂电机的驱动分为内转子和外转子两种方式。传统的驱动方式一般都采用外转子驱动，低速外转子电机的最高转速约在 1000~1500r/min，没有减速装置，车轮转速与电机相同；内转子式采用高速内转子电机，配备固定传动比减速器；为获得较高的功率密度，电机转速可高达 10000r/min。图 1-45 所示为无齿轮的轮毂电机驱动桥结构示意图。

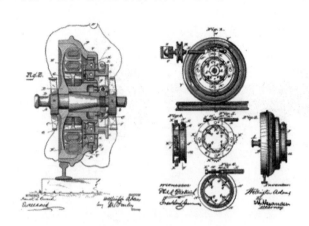
图 1-44　亚当斯的轮毂电机专利结构示意图

图 1-45　无齿轮的轮毂电机驱动桥结构示意图

轮毂电机驱动系统所选取的电机根据转速不同，可分为高速内转子电机和低速外转子电机两种，前者体积小、质量轻，但需要在装配行星轮减速器进行减速增矩后才能驱动车轮，其驱动效率有所降低；后者结构简单，轴向尺寸小，可直接将外转子安装在车车轮缘上，与车轮合为一体直接驱动车轮，从而获得最高的驱动效率。由于高速内转子电机具有比低速外转子电机更高的功率密度，随着紧凑型行星齿轮变速机构的出现，采用高速内转子的轮毂电机更具有竞争力。

轮边电机的轮毂和电机分离，电机安装在车轮旁边，通过或不通过减速直接驱动车轮。轮边电机驱动系统可将驱动电机固定在副车架位置，其输出轴直接或间接驱动车轮。由于轮边电机与车轮的相对独立性，其功率选择范围比轮毂电机更大，并可以通过改变悬架结构使部分非簧载质量转移至车身，从而减少电动客车车轮的惯性，使车辆加速、制动时更加平顺，还可提高不平路面上的稳定性。此外，非簧载质量的降低可以有效减小轮胎磨损。从电机维修方面考虑，轮边电机较集成度高的轮毂电机安装调试更为方便，能够在减少车轮部分复杂程度的同时，使驱动系统更适合应用。

轮毂电机技术的最大挑战是轮毂电机装置增加了车辆悬架的簧下质量和电机的转动惯量，它们都会影响驾驶人对车辆的操控性。但制造商可采用轻质材料如铝合金等来制作悬架部件，以减轻簧下质量，提升悬架的响应速度。

轮毂电机驱动技术没有能够得到大规模推广的关键是密封和散热问题。由于该驱动系统将电机整合在车轮里面，而车辆在道路上行驶时，经常会遇到复杂的路面情况，如涉水或凹凸不平的泥泞道路，这就涉及轮毂电机系统的密封问题。如果电机进水或进灰尘，将会大大影响电机的驱动功能。此外，电机工作时还会产生大量热量，而电机所在的车轮部位很难再配置水冷装置；如采用风冷，夏天或伏天工作时路面温度往往比空气还要高，尤其是在拥堵的都市交通环境，一旦散热不好，很容易造成电机被烧坏；如果采用给电机开孔散热的方式，又与电机需要密封防水和防尘的要求相矛盾。因此，这也就成为轮毂电机最致命的一个缺点。

对混合动力或纯电动客车而言，定期更换电机或对电机进行维护，将使使用成本增大。此外，还面临制动耗能等问题，而使用内燃机就不会有这些问题。目前，世界上使用的轮毂电机大多采用风冷式结构，也有不少使用水冷或油冷结构，但使用水冷和油冷的轮毂电机成本较高。

3. 混合动力客车

混合动力客车使用两种以上能量来源。常用的能量来源有燃油、电池、燃料电池、太阳能电池和压缩气体等，动力系统包含内燃机、电动机和涡轮机等，但多以内燃机及电动机为主，使用燃油驱动内燃机以及电池驱动电动机。采用混合动力的客车比同型纯内燃机车辆具有更好的燃油效率及较佳的加速表现，被视为较环保的选择。其中，通过充电站从输电网络为车载电池充电的，被称作插电式混合动力汽车（PHEV），电网中的发电厂使用可再生能源、碳排放量低的发电方法或采取电力低峰时间充电,可进一步降低碳排放量。据测试,可比传统柴油车减少近90%的排放物,氮氧化物减少30%～40%;同时,加速平稳、快速、安静;在降低维护成本、提高燃油效率方面的表现也很出色。混合动力客车一般有并联式混合动力和串联式混合动力两种类型,如图1-46和图1-47所示,图1-48所示为混合动力客车与柴油客车的燃油经济性比较。

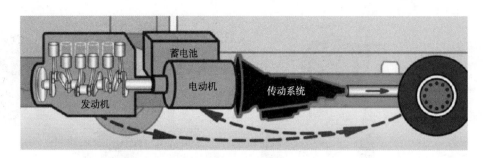

图1-46　并联式混合动力配置示意图

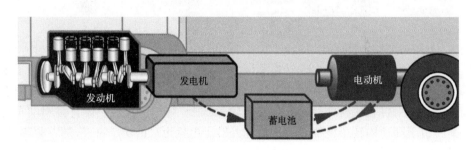

图1-47　串联式混合动力配置示意图

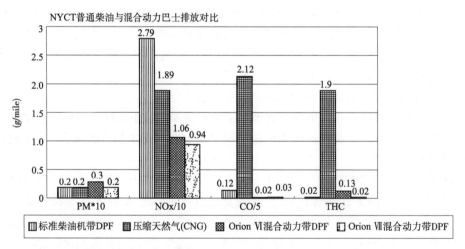

*所有柴油机和混合动力都使用ULSD燃油

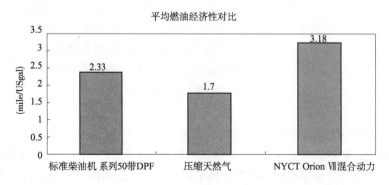

图1-48　混合动力与柴油客车的燃油经济性比较

4. 辅源无轨电车

在传统无轨电车上配置电池、电容或小型柴油机作为辅助动力单元(APU)，可以应付地面道路上的各种突发状况，大大增强了无轨电车的灵活性。图1-49所示为欧洲新一代采用双动力驱动的无轨电车。

辅助动力单元并不在无轨电车的日常运营中发挥作用，只在突发情况下作为动力解决困境。1998年，上海第一批配备辅源的SK5105GP无轨电车投放14路和19路运营，其在车辆后排座位下面安装蓄电池作为辅源，可脱线行驶3km；而20路和25路使用的SK5115GP-3(E5G)无轨电车配置的辅源可脱线行驶距离更长。由于辅源的电池造价较高，每车需配30~40块铅酸电池(每块电池售价约150元人民币)，使用年限只有一年左右，因经常更换电池的资金消耗巨大，加上维护等成本原因，无轨电车辅源的配置和维护逐渐萎缩，甚至出现辅源在关键时刻根本无法使用的窘境。

图1-49 新一代无轨电车采用双动力驱动

无轨电车兼具有轨电车和公共汽车的优点，是一种由接触网供电、电动机驱动且不依赖固定轨道行驶的道路交通工具。人们对它的评价主要取决于外界条件，在不同时间和不同地点可能会得出完全相反的结论。与其他交通工具相比较，无轨电车也更具有争议性。无轨电车与公共汽车和有轨电车竞争的一个显著特征是其能回收制动能量(非车载和车载)的可能性及事实，相较于柴油客车而言，无轨电车不会损失停靠在车站时的能源，且具有更好的加速度和爬坡性能，更小的行驶振动而为乘客提供更高的舒适性。无轨电车的事故很少，而建设架空线网的基础设施成本远远低于有轨电车基础设施的建设成本，这些就是促进发展无轨电车的理由。

在中国，无轨电车的架空线网曾因影响市容而受到病诟，也有人把无轨电车脱辫看作是造成道路交通拥堵的根源，并成为一些城市拆除无轨电车的理由。显然，无轨电车机动性差但绝不是道路交通拥堵的根源，而所谓的架空线网影响市容在节能减排和降低环境污染的大背景下市民完全可以接受，并认为它们具有可视性，代表着公共交通运营线路的正确方向。

无轨电车起源于1890年的德国。20世纪初期，装有内燃发动机的公共汽车因功率较小、结构不完善而不能与有轨电车竞争，这就使得由电动机驱动的无轨电车以其较好的灵活性和无须铺设轨道的巨额投资而成为有轨电车的有力竞争者。20世纪30年代，无轨电车在欧洲和美国的许多城市大量投入运营，保有量约2300辆，在英国伦敦甚至还出现了双层无轨电车。20世纪50年代，无轨电车在世界各地得到迅速发展。由于采用无轨电车不需要对损坏的钢轨进行更新，且扩建线路的费用也较少，运行速度较快、噪声小，对乘客更具有吸引力。因此，许多城市的有轨电车逐渐被无轨电车所取代。

随着内燃机技术的发展以及批量生产带来的成本下降，欧洲和美国逐渐以内燃机驱动的公共汽车取代无轨电车。与此同时，私人小汽车的数量飞速增加，而无轨电车必须在街道的架空线网下行驶，其特有使用方式对城市道路交通带来一定的阻碍，这是欧洲和美国城市要以公共汽车替代无轨电车的又一个重要原因。美国历史上的所谓电车阴谋案，是指通用汽车、泛世通轮胎及加州标准石油等公司联合买下全美城市干线运输公司，并通过该公司逐渐买下主要城市的公共交通系统，拆除原来的有轨电车以公共汽车取代，再逐渐减少运营班次、停驶一些路线、只淘汰旧车而不更换新车等，造成各地公共交通系统落后，迫使民众只能选择私人汽车，最终演变成美国公共运输系统落后且不发达的局面。

20世纪50年代中叶，世界各地的无轨电车发展明显变缓慢。虽然无轨电车具有良好的加速性能、零排放和噪声小等优点，但这种优势在许多地方并没有阻碍乘客对内燃机客车的选择。20世纪70年代，能源价格的上升和环保意识的加强，欧洲许多国家开始复兴无轨电车，其中电力推进系统的技术进步对无轨电车的复兴发展起到了决定性作用，欧洲市场上出现了几家先进无轨电车技术公司。但由于市场较小，大多数客车制造商逐步退出了无轨电车市场。

目前，全世界无轨电车保有量为4万多辆，主要集中在中东欧国家(以俄罗斯为首)。中国在20世纪50年代至80年代中期是无轨电车发展的高峰期，1989年有26个城市拥有近5000辆无轨电车，年载客量约30亿人次;到2000年,使用无轨电车的城市已缩减到18个(包括北京、上海、广州、杭州、济南、长春、大连、洛阳和鞍山等城市),保有量减少30%(占公共交通车辆的比重由7.1%减至1.5%),客运量减少46%。

无轨电车开始在世界各地复兴,许多城市逐步恢复20世纪60~70年代拆除的电车线路,如莫斯科、圣彼得堡、旧金山、西雅图、米兰、雅典、日内瓦、阿姆斯特丹、温哥华和圣保罗等著名城市,都大量采用无轨电车作为公共交通的主力为市民服务。图1-50为比利时范胡尔推出的具有多源推进系统的Exquicity无轨电车。

5. 燃料电池客车

燃料电池客车(Fuel Cell Bus)使用的燃料电池是一种高效能源。1842年,威尔士的物理学家威廉·格罗夫将氢与氧调在一起,产生电流,发明了第一个简易氢燃料电池。20世纪60年代,普拉特惠特尼集团得到培根燃料电池的专利许可,改进技术并被美国国家航空和宇宙航行局应用,为飞行物提供电、热,为宇航员

图1-50 比利时范胡尔多源推进系统的Exquicity无轨电车

提供清洁的饮用水。20世纪90年代,加拿大巴拉德公司取得突破性进展,发现了增加氢密度的方法,即利用质子交换膜(PEM)燃料电池技术制造的动力电池装车后,其性能可与装载同样大小发动机的汽油车媲美,在15s内从零加速到100km/h,最高时速可达150km/h。此后,许多汽车制造商都将燃料电池技术作为解决汽车能源和环境问题的最终方案。

燃料电池客车以氢为燃料,利用氢气和氧气的化学作用产生电能,再通过电动机驱动客车行驶。燃料电池的能量直接来源于石化裂解反应提取的纯液化氢,也间接来源于甲醇、天然气、汽油等烃类化学物质,通过相关燃料重整器发生化学反应间接地提取氢元素。由于氢能来源广泛,能效转换率可达60%~80%,采用氢燃料电池的客车可以实现零污染排放,且驱动系统几乎无噪声,因此燃料电池客车已成为近年来汽车企业关注的焦点。

欧洲第6和第7框架计划的燃料电池客车示范项目《欧洲清洁都市交通》(CUTE),突破了燃料电池和氢能发展的一些关键性技术难点,在其他相关项目支持下,多个城市开展了燃料电池客车的示范运行。其中,36辆梅赛德斯—奔驰Citaro燃料电池客车在阿姆斯特丹、巴塞罗那、汉堡、伦敦、卢森堡、马德里、波尔图、斯德哥尔摩和斯图加特的20家公共交通运营商运营,总运营时间已超过14万h,行驶里程超过220万km;3辆Citaro燃料电池客车在冰岛、3辆在澳大利亚参加示范运行;在马德里、柏林、巴黎和都灵各有1辆氢燃料电池客车示范运行。梅赛德斯—奔驰所推出的由轮边电动机驱动的Citaro燃料电池客车(结构示意见图1-51),经济性大幅度改善,电池耐久性达到1.2万h,并在可靠性和成本控制等方面取得了长足进步。

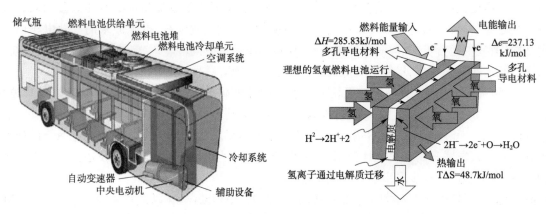

图1-51 梅赛德斯—奔驰Citaro燃料电池客车结构示意图

在北美,1998~2000年间美国芝加哥和加拿大温哥华有6辆燃料电池客车投入试运行;2004年美国加州投入7辆燃料电池客车示范运行;2006年,美国启动国家燃料电池客车计划(NFCBP),进行了广泛的车辆研发和示范工作;2011年,美国燃料电池混合动力公共汽车的实际道路示范运行单车寿命超过1.1万h。

2008年4月,北汽福田与清华大学联合研制的3辆福田欧V燃料电池客车,完成了包括2008年北京奥运示范在内的北京公交线路为期1年的商业化示范运行任务,累计运行超过6万km。

五、车队管理系统

车队管理系统(Fleet Management System,FMS)的狭义是指商用车的车载数据标准接口,广义是指运输公司对车队营运进行管理的系统。前者是由欧洲六大制造商在2002年开发的车队管理系统标准(FMS-Standard),后者包括车辆定位、机械诊断、驾驶人行为和车队管理软件等多方面内容,其目的是整合车辆数据记录、卫星定位、数据通信、超速报警和车辆限速等功能,为运营商提供车辆及驾驶人的管理方法,为管理机构提供车辆安全运营监督管理信息,为乘客提供动态的车辆运营信息。因此,该系统对提高车辆使用效率和安全行驶都显得尤为重要,车队管理系统是道路旅客运输业的信息技术框架,便于车队管理者安排调度车辆、实施维修追踪,随时可在线查看车辆状态、维护提示和车辆维修进度等,以此大幅提升运营效率。车队管理系统的导入,不只是安装一台车载装置,而是大幅度改变公司业务本身的整体运作流程,企业必须先行了解未来将面临的问题,规划好解决方案才能降低导入时准备不足、盲目投资的问题。从系统供应商的经验来看,一般会遇到4种状况,包括使用者抗拒心态、终端设备稳定性、系统整合和信息传输模式等,这4种状况并非全都与技术层面有关,其中最难解决的是人的问题。因此,导入前后的教育训练与配套措施,是系统建设过程中相当重要的环节。

通信协议是保证系统节点之间对话和信息流正常传送的关键,通信协议不仅要解决网络的优先权和灵活性问题,还要实现可扩展性、鲁棒性及数据共享等。SAE J1939是汽车系统的通信协议基础,该协议不仅指定了传输类型、报文结构及其分段、流量检查等,而且对报文内容本身也做了精确的定义,但其中大部分并未建置,包括SAE J1939-81(网络管理)、SAE J1939-73(故障诊断)的主要部分,以及SAE J1939-21(数据链路层)的一部分等。因此,车队管理系统标准接口需要得到每一个车辆制造商的同意和支持,其合作伙伴才能够从客车车队管理系统标准接口接收数据。所有的公共汽车都采用标准接口,一个后台应用系统就可能支持各种品牌的公共汽车,这不仅可以降低安装成本,而且可以进行数据比较。

2002年,欧洲主要商用车制造商戴姆勒克莱斯勒、曼、斯堪尼亚、达夫、依维柯、沃尔沃和雷诺等一致同意第三方利用控制器局域网路(CAN-BUS)作为连接获取车辆数据,并制定了开放性的《车队管理系统标准》(FMS-Standard),允许第三方获取各种车辆数据,如燃料消耗、发动机数据或车重等资料;2007年,欧洲主要的客车制造商梅赛德斯—奔驰、艾瓦巴士、曼、伊萨巴士、VDL和沃尔沃等,针对客车车队管理系统的标准接口也制定了《客车车队管理系统标准》(Bus FMS-Standard),并对22组网关参数进行了定义,为客车制造商在车辆与电子设备和信息系统之间交换信息制定了一个开放性的接口标准,且对第三方参与无限制或不收费。该标准不仅是所有欧洲客车制造商要共同支持的技术标准,而且已逐渐演变为全球客车制造业的共同标准。

1. 车载无线保真

无线保真(Wireless Fidelity,WIFI)是一种使用最广的高频无线电信号,一种可将个人电脑、手持设备(手机、PDA)等终端以无线方式互相连接的技术。无线保真也是一个无线网路通信技术的品牌,由Wi-Fi联盟所持有。

所谓无线网络在无线局域网(Wireless Local Area Networks,WLAN)的范畴是指无线相容性认证,实质上是一种商业认证。以前是通过网线连接电脑,而无线保真则通过无线电波来联网,通常在无线路由器电波覆盖的有效范围都可以采用无线保真连接方式进行联网,如果无线路由器连接一条非对称数字用户网络(Asymmetric Digi Subscriber Line,ADSL)线路或上网线路,则被称为热点。

随着智能手机、平板电脑或笔记本式电脑等个人无线交流设备的日益普及,人们对无线上网信号(Wi-Fi)的依存度也越来越高。为满足乘客日渐增长的出行上网需求,运营商为吸引顾客而提供互联网接入服务已成为提高服务水平的一个重要手段,越来越多的客车装备Wi-Fi,开发出车载网络连接平台,提供网络连接服务,方便乘客发送接收短信、发送带附件的电子邮件、上网浏览、获取流媒体内容或者呼叫和接听电话等。车载无线保真(Wi-Fi)在客车上的应用如图1-52所示。

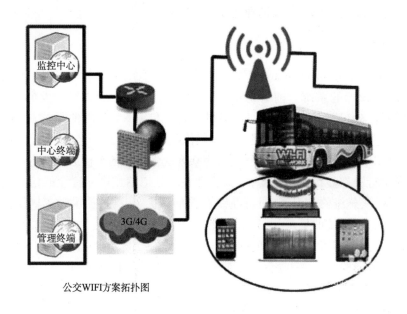

图1-52 车载无线保真(Wi-Fi)在客车上的应用

车载无线保真系统包括数据中心、网络传输、设备中转及显示终端4部分,每辆客车上安装一台3G或4G车载Wi-Fi网关即可实现Wi-Fi覆盖。车载Wi-Fi网关工作时,通过内置的3G/4G通信模块连接信号基站,由合作运营商提供网络接入服务,乘客则通过无线设备的内置Wi-Fi功能接收网络信号。

车载无线保真系统由车载Wi-Fi热点设备、移动终端、3G/4G无线网络以及运营管理云平台组成,通过车载Wi-Fi热点设备内置的3G/4G通信模块与Wi-Fi通信接口,乘客移动终端经Wi-Fi热点认证后接入车载Wi-Fi热点设备,就可以享受车载设备提供的3G/4G高速无线网络接入互联网服务,在免费上网冲浪的同时,还可以享受车载Wi-Fi设备本地存储的丰富的多媒体娱乐资讯节目,如本地影院、音乐和APP应用下载等。

在全球,越来越多的公共汽车运营商为乘客提供移动互联网体验,并因此实现品牌和价值提升及业务增值;选择性地向乘客提供免费或收费Wi-Fi服务,可以进行用户信息采集、广告推送、广告点击统计等功能,实现移动互联网下的精准营销和高价值广告投放的盈利转化。

车载网关通常采用3G或4G广域网络,带无线局域网Wi-Fi的广域网口(WAN)和以太网口,支持局域网Wi-Fi功能(802.11 b/g/n)和广域网4G或3G无线网络功能,同时系统加载广域网通信的虚拟专用网络(Virtual Private Network,VPN)隧道、Wi-Fi局域网传输的安全认证等安全功能,实现无线局域网和无线广域网的无缝连接。

2. 射频识别

射频识别(Radio Frequency Identification,RFID)亦称无线射频识别,是一种通信技术。该技术可以通过无线电信号识别特定目标并读写相关数据,无须识别系统与特定目标之间建立机械或光学接触。

RFID系统由阅读器与电子标签(应答器)及应用软件系统三部分组成,工作原理是阅读器发射特定频率的无线电波能量给电子标签,用以驱动电子标签电路将内部的数据送出,此时阅读器便依序接收解读数据,送给应用程序做相应处理。阅读器通常由耦合模块、收发模块、控制模块和接口单元组成,阅读器和应答器之间大多采用半双工通信方式进行信息交换,同时阅读器通过耦合给无源应答器提供能量和时序。图 1-53 所示为利用 RFID 技术监管校车运营的示意图。

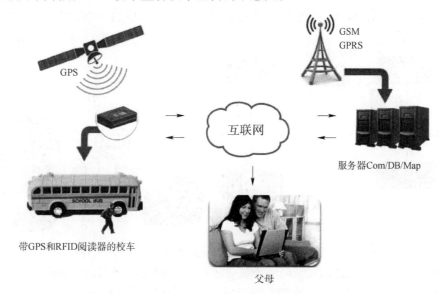

图 1-53 利用射频识别(RFID)监管校车运营的示意图

3. 电子安全装置

欧盟指令(71/320/EEC/EC)和联合国欧洲经济委员会法规(13.10/ECE)都提到电子稳定程序(ESP),采用电子控制系统的目的是提高车辆动态稳定性。该系统通过对从各传感器传来的车辆行驶状态信息进行分析,然后向防抱死制动系统(ABS)、驱动防滑装置(ASR)发出纠偏指令,以帮助车辆维持动态平衡,使之在各种状况下保持最佳的稳定性。ESP 在转向过度或转向不足的情况下效果更加明显,其作用如图 1-54 所示。

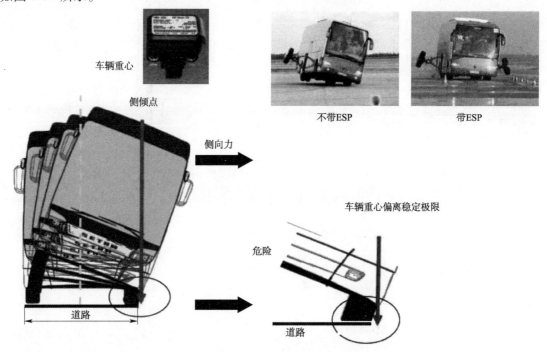

图 1-54 电子稳定程序(ESP)的作用

胎压监测系统(TPMS)通过记录轮胎转速或安装在轮胎中的电子传感器,对轮胎的各种状况进行实时自动监测,从而为行驶提供有效的安全保障。间接式胎压监测系统通过轮胎的转速差来判断轮胎是否异常,直接式胎压监测系统则是通过在轮胎里面加装 4 个胎压监测传感器,在车辆静止或者行驶过程中对轮胎气压和温度进行实时自动监测,并对高压、低压、高温进行及时报警,避免因轮胎故障引发的交通事故,确保行车安全,如图 1-55 所示。

2007年,美国明令规定必须使用胎压监测系统;欧盟则要求2012年11月后,所有在欧盟出售的新型汽车都必须使用胎压监测系统;日本和中国也即将颁布关于装备胎压监测系统的法规。因此,胎压监测系统必将得到广泛应用。

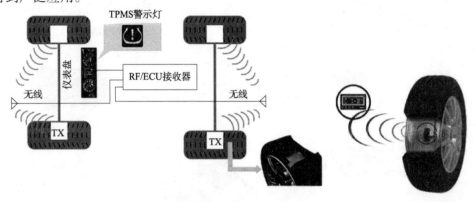

图1-55 胎压监测系统(TPMS)

欧盟指令(92/23/EC)和联合国欧洲经济委员会法规(54.00和117/ECE)要求采用低滚动阻力轮胎(LRRT)。自2012年起,在欧洲上市的乘用车与商用车都必须装备车身动态稳定控制系统、低滚动阻力轮胎(LRRT),以及胎压监测系统(TPMS)。这些技术和装备的采用,可有效节省燃料,减少废气排放。

轮胎研究表明,胎压不足可使燃油消耗增加4%,轮胎寿命相对减少45%。因此,通过低滚动阻力轮胎与胎压监测系统,可以提高行车舒适性,并实时了解胎压状况,使油耗节省增加3%。此外,采用低滚动阻力轮胎和胎压监测系统,可分别减少二氧化碳排放3.9g/km和3.25g/km。

第二章 整车形式

由于用途不同,对客车的要求也各不相同,与之相适应的整车形式也不一样。作为公路和城市客运的主要工具,中国客车在近30年中有了长足发展。特别是近年来环保意识的不断增强,加之宏观经济、消费环境和政策因素的影响,节能、减排日趋严格,而安全形势和市场竞争的加剧,推动了客车车型的发展,一批原来没有的车型,如新能源客车、快速公交客车(BRT)、低驾驶区长途客车、半躺卧长途客车、旅居车、校车和定制公交客车等的不断出现,丰富了客车家族,满足了国民经济发展和人们出行的需求。

随着生活水平的提高,人们对出行要求也会不断变化。从早期的有车坐,到现在的要求舒适、安全、环保、节能、正点和个性化服务,以及对交通基础设施和车辆的更高要求等,而科学技术的进步、材料和制造技术的发展则提供了满足这些要求的条件。因此,客车车型的多样性,使用的舒适性、便捷性、安全性、环保性、信息化和观赏性等都将不断提高。

第一节 长途客车

长途客车(interurban bus)又称公路客车、城间客车,是一种为城间旅客运输而设计和制造,专门从事公路旅客运输的客车,属营运客车的范畴。按乘客的乘坐姿态不同,有座位客车、卧铺客车等多种车型;按照其尺寸和载客数量,营运客车可以分为小型、中型、大型和特大型(低驾驶区、双层)客车。其中,中型、大型、特大型和卧铺客车主要用于长途客运,小型客车主要用于短途客运。

一、分类与特点

按照JT/T 325—2013的规定,长途客车(营运客车)根据其整车长度L可分为以下车型。

1. 小型客车

小型客车的车长一般大于3.5m且小于等于6m,座间距650~680mm,座位数6~18个,主要用于客流量较小的县区以下乡镇及村与村之间的支线短途旅客运输。这类客车由于车型小、机动灵活、载客量适中,满足了乡镇及村村间的短途客流需求,但车内空间小,乘坐舒适性较差,如图2-1所示。

图2-1 小型客车

小型客车一般不用作中长途客运,除6m级为专门设计生产外,大多数采用微型客车(俗称面包车)或10座以上的旅行车。

2. 中型客车

中型客车的车长一般大于6m且小于等于9m,座间距680~750mm,座位数20~40个,主要用于客流量较大的县区及地区之间、县区和中心城市之间的旅客运输,一般为单层,车长7m以上的也有卧铺客车。由于运距较长,车内乘坐空间较大,舒适性较高;为减轻旅途疲劳,一般配有闭路电视等音响娱乐设施;对于高一和高二级客车,座椅还要求左右可调,如图2-2所示。

图 2-2　中型客车

3. 大型客车

大型客车有单层、双层、低驾驶区(俗称一层半)和卧铺客车等多种形式,一般车长大于9m小于等12m,座间距700~780mm,座位数42~56个(大型高一级和大型中级客车的座位总数不大于49+1+1,低驾驶区车型不大于53+1+1),主要用于客流量大的中心城市之间和跨省旅客运输。由于运距长,车内乘坐空间较大;为保证长途旅行的需要,行李舱较大;为减轻旅途疲劳,提高舒适性,一般配有卫生间、饮水机、闭路电视等音响娱乐设施,且座椅左右可调,如图2-3所示。

图 2-3　大型客车

4. 特大型客车

特大型客车的车长大于12m且小于等于13.7m,座间距720~780mm,一般为三轴,有单层(图2-4)、双层及低驾驶区等多种形式。

双层客车有上下两层座位,下层后部为行李舱,上下两层由楼梯连接,如图2-5所示。由于其座位数多(一般为普通单层客车的1.2~1.5倍)、经济性好、盈利能力强、有利于节能减排,是客运部门应对高铁竞争的优选车型。但由于载客量大,质心高,上、下两层的高度相对于单层客车来说相对缩小,如果一旦发生车祸,乘客的避难空间会比单层客车小,造成的人员伤亡和财产损失将比普通客车严重。为保证公路客运安全,降低交通事故发生后的伤亡,目前国内已暂停双层客车在公路客运中的使用。

图 2-4　特大型单层客车　　　　　图 2-5　特大型双层客车

低驾驶区客车是介于双层客车和单层客车之间的公路客车,是双层客车被暂停在公路客运中使用后出现的一种新车型。通过采用驾驶区下沉的空间设计技术,拓展了车内载客空间,乘客区地板延伸到驾驶区上部,其上设置1~2排乘客座椅,第一排座椅前面即为前风窗玻璃,乘客上车后由驾驶区处的台阶进入乘客区。这种客车的载客量比相同车长的单层大、整车高度比双层客车低、观光性好,很受用户欢迎(不仅增加了载客区域地板高度和整车高度,还增加了行李舱容积,可拓展营运部门的增值业务,并具有舒适、安全、高效和低耗等优势),如图2-6所示。

图 2-6　特大型低驾驶区客车

二、长途客车的发展

1. 座位客车

和世界各国一样,我国的公路客运主要以座位客车为主。1956年7月,国产第一辆解放牌载货汽车在长春第一汽车制造厂下线,从此我国有了自己的汽车工业。随后几年,全国多个交通部门的汽车修理厂开始使用解放牌载货汽车三类底盘改装公路客车并小批量生产。

1963年国家计委将长途客车产品正式纳入国民经济生产计划。在计划经济管理下,中国的长途客车工业及产品获得了长足发展,建成了分布在全国25个省(市)的长途客车生产企业。自1965年起,经交通部组织安排,先后开发定型了JT660A、JT661、JT680、JT663和JT6120型客车,并由各地客车制造(改装)厂统一生产。自此,我国客车产品开始从单一中型向大型和轻型系列化方向发展,并形成系列产品。图2-7所示为江苏省扬州汽车修造厂采用我国第一辆真正的客车专用底盘生产的JT663长途客车;图2-8所示为1987~1990年,交通部组织大连客车厂、大连柴油机厂和全国多所高校、科研院所及零部件企业,实施"JT6120高级大型客运汽车设计、制造成套技术开发"项目,联合设计开发的国内第一款中、高档公路/旅游客车。

图2-7 江苏省扬州汽车修造厂生产的JT663长途客车

图2-8 JT6120型高级大客车

20世纪90年代中期以前,我国长途客车产品单一,档次、技术含量低,但由于客运市场刚刚开放,对客车数量的需求迅速增加,这一阶段客车企业主要是满足市场对产品数量的需求,而市场对产品的要求依旧不高。到90年代中后期,沃尔沃、凯斯鲍尔、尼奥普兰等国外品牌纷纷进入我国,其品牌和先进技术对当时的我国客车业带来了很大冲击,迅速占领了我国刚开始的绝大部分高速客运市场伴随着客运市场的发展以及合资品牌的出现,我国以"一通三龙"为首的客车企业通过技术引进、合资合作、企业改制上市等手段,经过激烈竞争,在消化吸收国外技术的基础上迅速提升了开发能力、资源配置能力和管理能力;在保证最基本的乘坐运输要求之上,着眼于外形美观,并努力提高舒适性、安全性和快捷性,引领着中国客车向高端化、大型化方向发展。1996~2000年间,中国客车市场的国外品牌客车占有率达到了顶点,随后便直线下降。到2004年以后,每年30座以上的大客车进口量再未超过百辆。在完成进口替代的同时,中国客车开始了向出口导向转变的进程。

由于公路建设与客车制造业的迅速发展,长途客运已从中、短途为主,发展为各种客运方式并存、中短途客运占主导地位的态势。近年,我国客运市场的长途客车需求随国民经济的发展已基本保持稳定。

2. 卧铺客车

卧铺客车(sleeper coach)是一种专门设计和制造供全体或大部分乘客以卧姿状态乘坐的公路长途客车,多为大、中车型,是我国商品经济发展初期和交通建设大发展前期中国公路客运市场所出现的一种独特、创新的长途客运车型。

作为我国长途客运的一种新车型,卧铺客车诞生于国内交通建设大发展的前夕。由于航空运输昂贵,铁路客运运力紧张,而长途客车均为普通客车,车况差、车速低、乘坐条件差、旅途时间长,这为卧铺客车诞生创造了良好的市场条件。

1986~1988年,原西安公路学院(现长安大学)陈荫三教授等针对当时国人出行火车票(尤其是卧铺票)紧张,以及长距离乘坐公路客车舒适性差等问题,通过试验研究,发明了公路卧铺大客车并获得国家专利。1991年,江苏省扬州客车制造厂与陈荫三教授一起联合开发了中国第一辆商品化的公路卧铺大客车(图2-9),并由此拉开了公路与铁路长途客运市场竞争的序幕。

图2-9 第一辆商品化的JS6970型公路卧铺大客车

自诞生以来,公路卧铺客车因适应了中国客运市场的快速发展需求,在近20年中几乎每年以60%的速度递增,成为公路长途客运中不可或缺的车型。其中1996～1998年销售最为火爆,最大年销售量达到7200辆。在此期间,卧铺客车又相继出现高、中、普档次的差异性产品,各客车企业纷纷推出不同型号的大、中型公路卧铺客车,有的还有坐卧混合式(图2-10、图2-11),使得卧铺客车规格几乎覆盖了7～12m的大、中型客车所有规格范围,从小到大一应俱全。

a)亚星JS6820全卧铺客车　　　　　　　　b)JS6702坐卧混合式卧铺客车

图2-10　1997年扬州亚星制造的两款卧铺客车

a)时尚的卧铺客车外形　　　　　　　　b)卧铺客车的车内布置

图2-11　2010年郑州宇通制造的特大型卧铺客车

卧铺客车的主要特点是乘客长距离运行舒适性较好,因此适应于长距离运输。由于乘客以卧姿状态乘车,所以票价相对较高,营运公司利润空间较大;与其他公路交通工具相比,乘客与驾驶人在车内的时间也相对较长。

卧铺客车最常见的布置形式为纵置、三列、双层,这一布置形式兼顾了营运的经济性和乘卧舒适性。

早期的卧铺客车大多为车长10m左右的前置发动机式。1996～2000年间,卧铺客车开始全面进入后置发动机时代,并且在动力性、舒适性、安全性等方面有了很大的提高。这段时间也是中国客车高档化的关键时期,国产大中型客车全面向中高档发展。

进入21世纪后,随着铁路路网的扩大、动车开通和车次增加,以及民航航线的扩大、加密和票价折扣的加大,客运市场竞争更加激烈,致使卧铺客车的品种和销量也一改前几年趋势,开始大大减少,产量逐年降低,产品出现了大型化、大行李舱和档次不断提高的趋势。可以说在20世纪90年代,卧铺客车迅速发展成为我国客车市场的一个重要细分市场,给制造和客运企业带来了巨大的商机和利润。

卧铺客车这一车型的快速发展,基本解决了公路超长途客运的舒适性问题,缓解了当时火车卧铺一票难求的困局,为国民出行提供了多种选择。

由于自身的结构特点,卧铺客车存在以下不足:

(1)安全通道相对较狭窄,出现危险事故的时候,不便乘员疏散。

(2)上层卧席晃动幅度较大。

(3)乘员占有的高度空间狭小。

(4)车内空气容易污染。由于车厢容积小、旅客多,长时间行驶会导致车厢内空气氧含量降低,二氧化碳及有害气体含量增高,对人体健康造成一定伤害。

表2-1为2011~2012年我国长途客车的产销情况。

2011~2012年我国长途客车的产销情况　　　　表2-1

车型	2011年				2012年			
	生产(辆)	增长率(%)	销售(辆)	增长率(%)	生产(辆)	增长率(%)	销售(辆)	增长率(%)
大型	35054	16.5	35125	17.74	33631	-4.06	33296	-5.21
中型	33237	8.73	33639	13.07	33890	1.96	34064	1.1
轻型	20615	21.6	20993	22.9	25278	22.66	25283	20.44
总计	88906	14.55	89811	17.08	92799	4.38	92643	3.15

数据来源:中国汽车工业信息网。

3. 长途客车的技术进步

20世纪90年代中后期以来,我国长途客车技术取得了巨大进步,客车工业与世界客车工业发达国家相比差距已经缩小。主要有以下变化。

1)产品外形

我国最初的客车产品主要模仿日本客车风格,各厂家的产品在造型上区别不大,而现在国产客车造型更趋向于流线型的欧洲风格;使用更先进的生产设备,使产品的内外部工艺更加细腻,表面油漆更为光亮,防腐效果明显提高;各种造型的组合灯具被大范围使用,尾灯布置更加灵活;前风窗和侧窗玻璃面积增大,先进的黏结和镶嵌工艺、良好的采光和宽阔视野使得造型更加时尚、华贵;侧围曲线过渡有致,显得更加平整、挺拔;整车宽度、高度和以往相比有明显的增加;车门由折叠门改为外移门,减小了开门及行驶时的噪声,加强了车辆的密封性。

2)底盘技术

传统的直通大梁式底盘在中、小型长途客车上仍将得到普遍使用;中型长途客车除直通大梁式底盘外,三段式底盘已成为主流;而大型长途客车在政策引导下已普遍采用全承载式车身技术,这在提高舒适性和安全性的同时,也使行李舱容积大大增加;后置发动机客车已成为大、中型长途客车的必然选择;格栅底架全承载式车身、空气悬架、动力转向、精磨齿轮后桥、底盘自动润滑和辅助制动等技术在大、中型长途客车上的普及使用,不仅降低了整备质量,而且大大提升了大型长途客车的综合性能,增大了车内空间,有效降低了车辆行驶中的噪声,提高了平顺性。

3)安全性

与早期客车产品相比,双回路气压式制动及储能弹簧制动技术使得车辆制动性能大大提高;ABS、缓速器、前盘后鼓式制动器、蹄片间隙自动调整装置、子午线轮胎、行车记录仪和倒车监视器等先进电子机械设备越来越多地被作为标准配置;ASR等其他先进制动辅助装置开始在很多高档产品中得到了广泛应用;密封及内饰件采用环保阻燃材料,在发动机舱内安装自动灭火器,已将火灾造成的损失降低到最低程度。

4)动力性

随着公路等级的提高以及对营运客车等级的要求,现代客运服务对于客车动力性的要求越来越高。此外,由于客车上使用的电气设备越来越多,产品本身对发动机功率的要求也在不断增大,因此,客车发动机的功率和以前相比有了明显提高。随着国产大功率发动机技术的发展,大多数国产客车比功率均能达到基本要求。

5)环保性

近年来,我国柴油机技术有了明显提高。和汽油机相比,柴油机在功率、能耗、排放等方面有着明显的优势。和城市客车不同,长途客车由于受多种因素制约,柴油机仍将是我国相当长时间内长途客车的主要动力。

6) 舒适性

以往单一的钢板弹簧悬架虽然结实耐用,但舒适性较差。采用空气悬架后客车的乘坐舒适性明显提高,现在越来越多的用户选择带空气悬架的客车;采用发动机后置技术及先进的密封材料及工艺,有效降低了车内的噪声和灰尘;内饰在色彩、质感上更加豪华,可调式航空座椅、空调、视听系统和饮水机等设施和设备的配置,大大提高了客车的舒适性。

三、我国长途客车车型的发展趋势

公路客运在我国旅客运输中起着举足轻重的作用。随着经济的发展、高等级路网的完善和道路条件的持续改善,以及国民生活水平的不断提高,人们对出行方便、快捷和舒适的要求也日益增强。而各种交通运输方式的激烈竞争,在推进长途客车和客运市场的持续稳定发展中,对车型的不断发展和更新起着重要作用,车辆采购及日常管理也将发生变化。

1. 开发低成本高效益的新车型

当前,500km 以上的长途、超长途公路客运市场所需的大型、高等级客车的市场空间不断减小,300km 以内的中短途客运的生存空间也被快速发展的铁路运输挤压到 150km 左右,而 100km 以内的短途客运班线因票价低也被业内戏称为道路运输业的"鸡肋"。面对市场压缩、销量减小、利润下降的严酷现状,必将催生客车行业更加激烈的竞争,促使车型研发、市场策略、销售形式等最大限度适应市场变化。

以近年出现的旨在降低运输企业购车成本、提高运输效益的 10m 及 11m 级低驾驶区客车为例,这一车型与同座位数客车相比,车长减少了 1～2m,而座位数不变,但购车成本却少了 1 万～2 万元,使用成本降低 5%～8%,因此很受用户欢迎。而部分企业为替代卧铺客车探索开发的半躺卧客车,就是对开发低成本高效益新车型的有益探索。

2. 开发适销对路的中小型车型

随着城镇户口的逐步放开,我国城镇化速度加快,而国家对中西部发展的重点支持和传统产业从沿海向内地及中西部转移,以及农村经济的发展和"村村通"的进一步完善,必将促使中短途客运得到较大发展,对中小型客车的需求将进一步增加。如何抓住这一契机,开发适销对路车型,将使客车企业迎来新的发展机遇。

未来的中短途客运车型与现有的中短途客车相比应有较明显差异,其主要体现在安全性、经济性和适应性方面。即行驶安全性要高,使用经济性要好,能满足广大旅客对中短途客运的使用需求,如出行中转、走亲访友、县区内办事对乘坐空间、车内环境和行李存放的要求等。这一细分市场,可能会打破中短途客车设计理念,需要有新的车型和新的品牌。

3. 开发节能、环保和新能源客车

2014 年全国新能源客车产销 18634 辆,其中座位客车 2224 辆。这些座位客车大多用于团体客车,仅在短途客运进行试运行。

目前,在长途客车领域,节能、环保技术主要体现在发动机和整车的节能减排上,即采用新材料和轻量化技术、低耗高效发动机及后处理技术等来降低能耗和排放,而新型、清洁、替代能源在长途客车领域的应用尚处于试验和小批量推广阶段。由于受是多方面因素约制,纯电动长途客车的应用短期内尚难以推广,但在国家政策(节能减排专项资金和老旧客车报废更新补贴等)、技术进步和市场选择支持下,燃气客车、替代能源(甲醇、生物柴油等)客车和混合动力电动客车将逐步得到应用,并成为市场热点。因此,开发适销对路的节能、环保和新能源客车车型,将是客车企业的重点方向。

4. 打造技术含量高的高端车型引领客车技术发展

尽管中国客车已越来越多地走向国际市场,但现实是目前的客车出口仍以发展中国家和中低档车型为主,虽然在发达国家也能看到中国客车的身影,但短期内还难以实现批量出口。

总体看,中国客车的制造水平已接近世界先进水平,但由于中国仍属发展中国家,国民的生活水平和出行要求还不高,处于世界中低档水平;产量过万辆的客车企业虽然不少,但底子薄,实力不雄厚,抗风险能力差。因此,客车市场对车辆技术配置的要求还较低,客车技术、装备水平与国际先进水平相比还有较大差距,至今还没有面向未来发展的客车产品,更不用说引领世界客车技术发展,客车技术仍有很大的改进和提升空间。

中国客车制造业如何在保持现有发展水平的同时,努力攻克核心技术,着力打造技术含量高的高端车型、引领世界客车技术发展,并大幅度提升国产客车的整体技术水平,将是一项十分艰巨的战略任务。

第二节 城市客车

城市客车(city-bus)又称公共汽车,是一种为城市内旅客运输而设计和制造的客车。这种车辆设有座椅及站立乘客的位置,并有足够的空间供频繁停站时乘客上下车走动使用。按照其尺寸、载客量和形式,可分为:小型、中型、大型、特大型(双层、铰接),而无轨电车则多为大型和特大型。

一、分类与特点

1. 按运行特点分类

按运行特点,城市客车可分为以下两类。

1)市区城市客车(市内公共汽车)

市区城市客车是为城市内客运而设计和制造的客车。这种车辆设有座椅及站立乘客的位置,并有足够的空间供频繁停站时乘客上下车走动使用。

2)城郊城市客车(城郊公共汽车)

城郊城市客车是为城市与城郊间的旅客运输而设计和制造的客车。这种车辆因站距较长,设有较多座椅及少量可供短途乘客站立的空间。

城郊城市客车与市区城市客车相比较具有以下特点:①运送的目标客户一般是居住在城市郊区和往返市区/郊区办事的居民;②行驶的路况一般较市区差;③站距较长;④日均载客量相差较大,客流相对不够饱和;⑤运距一般在30~50km;⑥车辆动力基本以柴油机为主,且乘客随身携带的行李(货物)较多。上述6个特点决定了城郊城市客车的结构和档次,即多采用双开门结构,车辆长度一般在7~8m之间;客流较少的线路一般多采用前置发动机的轻型城郊城市客车,而客流较多的线路则多采用后置发动机客车,这样空间较大,可以满足乘客行李较多的需求。

2. 按车长分类

对于城市客车,JT/T 888—2014《公共汽车类型划分及等级评定》以车长为主要参数,将其划分为特大型、大型、中型和小型四种。

1)小型城市客车

小型城市客车的车长大于4.5m且小于等于6m,主要承担客流量较少线路和社区市民出行运输。这类城市客车一般配备一位驾驶人和一位售票员,车内设计的座席较多,站立区较小,如图2-12所示。

图2-12 小型城市客车

2)中型城市客车

中型城市客车的车长大于6m且小于等9m,主要承担客流量较大线路的市民出行运输,如图2-13所示。

图 2-13 中型城市客车

3）大型城市客车

大型城市客车的车长大于 9m 且小于等于 12m，主要承担大客流干线的市民出行运输，如图 2-14 所示。

4）特大型城市客车

特大型城市客车分为双层与单层（含铰接）两种形式。双层客车的车辆总长大于 12m 小于等于 13.7m，单层和铰接客车的车辆总长大于 12m 且小于等于 18m。

双层客车作为道路交通工具最早出现于英国，为解决伦敦古老而狭窄的城市道路交通问题而诞生，已有近百年历史。图 2-15 所示为第一次世界大战期间英国制造的双层公共汽车，楼梯在车的后部，上层为露台式，没有遮阳，但有座位，乘

图 2-14 大型城市客车

客可浏览沿途风光。

双层客车的整车质心高，稳定性相对较差；乘坐区分为上下两层，上层乘客需要上下楼梯；与普通客车相比，乘客数量多。早在 20 世纪 30 年代，上海就曾将双层客车用于市内公共交通。我国第一辆国产化的双层客车出现在 20 世纪 80 年代，此后双层城市客车在很多大中城市都有使用，如图 2-16 所示。

双层城市客车的使用效率比单车高，载客量大，盈利能力强，观光效果好。但是它对行驶道路有一定要求，运行过程中容易受到道路两侧绿化树木、线路、涵洞高度等的影响。双层城市客车具有旅游观光功能，适宜在观光线路，即城市风景较好的线路上使用。

铰接城市客车（articulated bus）是一种由两节刚性车厢铰接组成的客车，如图 2-17 所示。在这种车辆上，两节车厢是相通的，乘客可通过铰接部分在两节车厢之间自由走

图 2-15 第一次世界大战期间英国制造的双层公共汽车

动；两节刚性车厢永久连接，只有在工厂车间使用专用的设施才能将其拆开。20 世纪 70 年代，铰接城市客车曾经在国内各大城市风靡一时。但到 90 年代，笨重、简陋、噪声大且密封差的老式铰接客车陆续被淘汰。近年来，随着技术的进步，铰接城市客车重新在一些大城市兴起。

图 2-16 双层城市客车　　　　　　　　图 2-17 铰接城市客车

铰接城市客车可以有三个车门，乘客上下较为方便，给乘客提供的站立空间也较大。但对行驶道路

有一定要求,不仅转弯时需要足够的道路宽度,而且进站时需占据较大站台面积,使其他车辆等待进站的时间长,有可能造成拥堵。铰接城市客车载客量较大,对道路条件要求较高,适用于城市主干线,特别是快速公交线路使用。

3. 按性能及配置划分

JT/T 888—2014《公共汽车类型划分及等级评定》按照客车结构与底盘配置、安全性、动力性(比功率、加速性能)、舒适性(车内噪声、空气调节、客舱布置)、客舱设施及智能化配置等条件,将城市客车划分为高二、高一和普通三级。其中,特大型和大型城市客车分为高二级、高一级和普通级三个等级,中型和小型城市客车分为普通级和高一级两个等级。

二、无轨电车

无轨电车(trolley bus)是一种由架空接触网供电、电力驱动,不依靠固定轨道行驶的城市公共交通工具(城市客车)。在中国,多将无轨电车与公共汽车合称为公共汽(电)车或公共电(汽)车。如图2-18所示。

无轨电车至今已有130多年历史。1882年德国人维尔纳·冯·西门子发明了无轨电车,1901年世界首条载客的无轨电车线路在德国萨克森开通运营。自诞生以来,无轨电车曾是世界各国许多城市的主要交通工具,一度十分兴旺。但在城市公共交通的发展过程中,世界各地的无轨电车发展却经历兴旺、衰退和复兴,曾濒临被淘汰的边缘。目前,全球有

图2-18 无轨电车

40多个国家的350套无轨电车系统在运营中,无轨电车保有量近3万辆。

近年来,随着城市环境污染和能源短缺等问题的进一步加剧,无轨电车节能、环保的优点也逐渐为人们所看重,加之无轨电车技术的发展,以及不消耗燃油,加速性、爬坡性好和噪声小等优点,相当一部分城市开始考虑恢复或计划新建无轨电车系统。

无轨电车的主要优点是:

(1)能够更为有效、便捷地使用新能源。由于传统汽车利用汽油或柴油作为能源驱动,因此人们将使用电能驱动的车辆定义为新能源车辆,这样无轨电车也可列为新能源车辆的范畴。

(2)使用成本低。从运营成本看,无轨电车优势更趋明显。据计算,一辆空调柴油城市客车每百公里油耗约为40L左右,若按每升柴油7.0元人民币的价格计算,燃油费为280元;而一辆空调无轨电车的百公里耗电量为120kW·h左右,按照现行电价计算,电费100元左右,约为柴油车成本的1/3。

(3)无污染。使用电力的无轨电车在行驶过程中没有污染物排放,对行驶道路周边不会产生污染。而采用内燃机的城市客车有大量污染物排放,这在车辆来往频繁的街道上,会直接对行人、乘客和沿街住户产生危害。

(4)行驶噪声小。行驶时不会产生超过街道正常噪声的声响,对创建安静街道和社区有着积极意义。而采用内燃机的城市客车,特别是在其加速时,将产生远高于无轨电车的噪声能量。

(5)维护方便。电动机结构简单,需要的维护也相应更少。相比之下,内燃机具有更多的零部件,也就需要持续性的维护来确保其正常运转。

(6)乘坐舒适。无轨电车易于控制,加速和制动平稳,爬坡能力强,乘坐舒适,避免了内燃机车辆因发动机工作所产生的振动。

无轨电车存在的主要缺点是:线路前期建设一次性投入较大,成本较高;架空线网影响城市景观,机动性不强;尤其是在道路交叉口处,一旦前方出现故障,没有配备车载电源系统的无轨电车不能脱离架空电缆而单独行驶,必须要靠其他动力帮助带杆绕行,方便性较差,有时会加剧道路拥堵。

三、我国城市客车的发展

1. 发展历程

1957年以前,我国的城市客车主要靠汽车修配厂用载货汽车底盘或进口的苏联汽车改装,没有形成

生产能力和专门的生产厂点。1957年后,客车改装业逐步扩大,大多利用解放牌载货汽车底盘改装中型城市客车和少量的铰接客车,造型主要以长头为主,继而逐步向平头转变。主要生产厂家有上海客车厂、上海电车厂、成都客车厂、武汉客车装配厂、凌源客车装配厂和哈尔滨公共交通车辆修配厂等。这一时期全国各主要城市先后筹建了客车修造厂,生产的城市客车大多供本地区使用。

1966~1980年,各地的城市客车主要由城建部门所属的客车修配厂生产,其中20世纪70年代开始"修造"分离,初步形成了城市客车生产体系。全国除个别省、市、自治区外,大多数省会城市都有本地区的客车改装企业,主要采用解放、黄河和少量东风底盘改装大、中型城市客车。其中,条件较好、生产水平较高的企业有上海客车厂、天津客车装配厂和武汉客车厂等。1982年,常州客车厂联合吉林工业大学和西安公路学院,研制开发成功"长江牌"城市客车专用底盘,结束了我国长期没有城市客车专用底盘的历史。

20世纪80年代末期,小型汽车、出租汽车、人力车大量增加,使大、中型城市客车客源不足,再加上车速不高、车辆老化等原因,造成城市公共交通萎缩,客运量相对减少。为此,许多生产城市客车的工厂突破行业界限,转产长途客车、旅游客车和轻型客车,而长途客车生产企业也开始生产城市客车。转产和竞争带动了城市客车水平的提高,系列化设计则增加了城市客车的车型和品种。因此,自20世纪80年代以来,城市客车的产品和产量有了很大发展。这一时期的产品特点是,国产城市客车已基本定型,并形成一定的批量生产能力。表现在车身结构上,全金属构件半承载式车身制造技术已趋于成熟,具有曲面风窗玻璃、方基调小圆角(弧)过渡曲面的车身造型已被广泛采用,并成为流行趋势;在生产能力上,由于产品定型,各厂均投入了相应的工艺装备,质量和生产效率有所提高,为品种的进一步发展创造了条件;此外,随着我国汽车工业的整体发展,可供选择改装客车的底盘品种增加,使客车的多种总体布置形式得以实现;而产品"三化"(标准化、系列化、通用化)的推广,则促进了城市客车行业基础型系列产品的发展。

与此同时,城市客车产品设计出现了新的飞跃,传统的以结构力学为基础的经验设计模式开始受到现代设计方法和设计技术的挑战。上海、北京、常州等地的城市客车制造厂先后引进电子计算机辅助车身设计技术,采用国外软件对现有产品的骨架、底架进行有限元分析计算,为调整车身结构布置提供依据。同时,结合对结构关键节点进行应变电测量检测,获得车身底、骨架静动态应力分布情况,对照电算结果综合节点应力趋势改进设计,实现合理、轻量化的设计目标。到20世纪80年代后期,电子计算机辅助设计技术已在行业的大型企业中得到应用,车身造型设计作为车辆总体设计的一个重要方面也取得了较快的进步。

进入20世纪90年代后,随着客运市场的开放,以及客车制造(改装)行业门槛低、竞争激烈、政府管理引导优胜劣汰等因素的影响,长途客车制造企业纷纷进入城市客车领域,而原城市客车制造行业的一批骨干企业,因不适应市场竞争和其他原因先后退出了城市客车生产,由此进一步提升了城市客车的品种数量和技术水平。

随着我国经济的快速发展和中心城市建设的加快,以及实行"公交优先"和"公交出行"的城市发展战略,城市公交投入明显加大,基础设施和技术水平明显提高,快速公交已成为缓解城市拥堵、提高运行速度、提升城市形象的措施之一。继北京之后,杭州、济南、大连等城市已有20余条快速公交线路运行,总里程近500km。快速公交的发展,促进了铰接式城市客车的发展。目前,我国已有十余家客车企业生产铰接式城市客车。

1985年至今,我国城市客车所走过的3个具有不同特色的发展阶段见表2-2。

我国城市客车的3个具有不同特色的发展阶段　　　　　　表2-2

发展阶段	年份	城市客车保有量	2013年车辆、线路及客运总量
快速发展阶段	1985~1992	由4299辆发展到77033辆	
突破性进展阶段	1993~2002	由77033辆发展到246129辆	
科学发展阶段	2003开始	截至2013年年底,城市客车(含电车)保有量超过50.96万辆	客运总量771.2亿人次;运营线路总长74.9万km;车辆保有量50.96万辆,比2012年增加7.3%,近三年平均年增幅6.5%

注:车辆保有量比2012年增加数中不含更新车辆数。

2. 发展前景

目前,我国城市客车正朝着大型、环保、低地板和智能化方向发展。尽管客车市场整体处于一个相对平稳的发展态势,但从城市客车这个细分市场来看,客观需求、技术进步和政策支持的八大因素将促使我国城市客车必将仍旧保持一个较快速度的增长。

(1)"公交优先"政策引导,政府推进。

(2)城镇化进程加快。我国城市发展进入了一个新阶段,城镇化出现三个并存的趋势,即城市繁荣带动农村繁荣,农村工业化、城镇化,大城市出现的郊区化。

(3)公交行业市场化改革。国有主导、多方参与、规模经营、有序竞争的指导方针,将快速改变城市公交现有经营模式,推动公交企业的发展。

(4)推行绿色交通、智能交通,加快公交发展。

(5)公交一体化。城际公交一体化和城乡公交一体化,为城市公交开辟了新的发展空间。

(6)新的公交方式(如BRT等),推进城市公交新一轮发展。

(7)城市客车快速发展和技术含量越来越高。

(8)"以人为本"、"定制公交"的人性化服务和信息化、智能化、社会化的新型城市公共交通理念的推动。

在上述公交理念及政策措施的实施和推动下,城市客车的发展空间将会进一步扩大。

3. 发展趋势

1)完善车型构成

作为城市公共交通的载体和重要技术装备,我国城市客车的车型发展趋势将凸现以下变化:

(1)大容量城市客车。

(2)低地板、低入口、无障碍化城市客车。

(3)环保型城市客车。

(4)电动城市客车。

(5)智能城市客车。

2)技术含量越来越高

随着科学技术的不断发展,城市客车作为市内及城乡之间主要运输人员的工具,其技术水平也将越来越高,并主要体现在舒适性、安全性、环保性和智能化等方面。即主要采用空气悬架系统,降低车身固有频率,减少由地面平面度引起的车辆振动,提高舒适性;采用缓行器等辅助制动装置,提高制动过程的舒适性,减少行车制动器磨损;采用ABS、ASR、EPS等电子控制制动系统,保障车辆制动过程的稳定性,提高主动安全性;采用CAN总线、车联网和智能技术,对车辆运行及各总成进行实时监控和管理,提高运行过程的安全性和可靠性,降低车辆故障发生的频率,为乘员提供无线互联网的实时感受;采用清洁能源和新能源,实现"绿色环保"和"环保公交"等。

3)保有量和车型结构比例渐趋合理

由于城市规模的扩展和城乡一体化进程的不断加快,城市公共交通和城乡客运对客车的需求将趋于多元化。适应城市干道快速运输的大型低地板客车、铰接式低地板客车和双层客车,适应城市观光的单层、双层观光客车,适应市内狭窄道路和居民小区的中型和小型客车,适应城乡之间高速公路运输的中型和轻型高速客车,以及适应城乡之间普通公路运输的中型及小型客车等都将得到大幅度的发展,客车企业也将根据细分市场的个性化需求开发相应产品,产品结构的合理性和适应性将进一步提高,车型结构比例渐趋合理。

第三节 旅游客车

旅游客车(touring coach)是一种为旅游而设计和装备的客车。这种车辆不载运站立乘客,其车内设施和布置要确保乘客出游的舒适性和安全性。

一、分类与特点

按照车辆长度 L,旅游客车可分为轻型、中型和大型三种。

1) 轻型旅游客车

轻型旅游客车的车身长度大于 3.5m 且小于等于 7m,座间距 680~750mm,座位数 6~18 个,主要用于小型旅游团队的旅游运输。由于车型小、机动灵活、载客量少,满足了小型旅游团队的需求,但车内空间小,长时间乘坐会使舒适性下降,如图 2-19 所示。

2) 中型旅游客车

中型旅游客车的车身长度大于 7m 且小于等于 10m,座间距 700~750mm,座位数 20~36 个,主要用于中型旅游团队的旅游运输。由于车内空间较大、设施齐全、载客量适中、舒适性较好,可以满足大多数旅游团队的需求,是目前国内各旅行社和旅游景点使用最多的车型,如图 2-20 所示。

图 2-19 轻型旅游客车

图 2-20 中型旅游客车

3) 大型旅游客车

大型旅游客车的车身长度大于 10m 且小于等 12m,座间距 720~780mm,座位数 40~48 个,主要用于大型旅游团队的旅游运输。由于车内空间大、设施齐全、载客量大、舒适性较好,可以满足大型旅游团队的需求。但由于车辆较长,对行驶线路要求较高,受旅游团队人数的限制,有时经济性不高,如图 2-21 所示。

二、我国旅游客车的发展

1. 发展历程

我国已成为世界旅游大国。据国家旅游局统计,2014 年出境旅游首次突破 1 亿人次大关,达到 1.09 亿人次;国内旅游 36 亿人次,增长 10%,其中入境旅游 1.28 亿人次。全年旅游总收入约为 3.25 万亿元,增长 11%。

图 2-21 大型旅游客车

旅游行业经过多年发展,已由过去单纯的接待服务转向经济性产业,且产业规模和经济总量不断扩大。旅游业的大规模发展促进了航空、铁路、公路、水运和城市运输业的发展和进步,而交通的超常规发展则对旅游客车产业发展起到了很好的带动作用。

20 世纪 80 年代,中国旅游客车主要是作为国营旅行社和国家各级政府的接待车辆,因此对于价格的敏感度不高。由于当时国内旅游客车的品种非常少,且多数质量和档次较低,很难适应国内旅游运输市场的需要。而作为旅游用车主体的国营大型旅行社和各级政府机关,可供选择的车型都是国外产品,如日本的日野(图 2-22)、三菱、日产柴和匈牙利伊卡露斯等原装进口的车型。此后,国内一些客车企业开始引进国外技术合资、合作生产旅游客车,如沈飞日野和北方尼奥普兰等,均取得了一定的成绩,但多以进口散件组装及部分国产化为主。1988 年,国产旅游客车开始有了实质意义上的发展,当年厦门金龙联合汽车工业有限公司成立,生产以 XMQ6112、XMQ6113、XMQ6115 为主的豪华旅游大客车,这些车型为厦门金龙进入客车行业并在客车市场上的腾飞打下了坚实基础。不仅如此,厦门金龙的成功也带来示范效应,国内其他客车制造厂也开始生产旅游客车。愈来愈多的旅游客车产品对我国旅游业的发展起到了推波助澜的作用,而日益发展的旅游事业也为旅游客运市场带来了更大的商机。

2. 我国旅游客车的现状与要求

受市场环境、消费心理和消费水平的影响,目前我国旅游客车产品略滞后于客车技术的总体发展水平。其整体表现是:技术含量、安全性和舒适性不高,车型特色越来越不明显,缺少专用旅游客车品牌,大有被长途客车取代之势。就市场调查情况来看,多数游客希望旅游客车与其他客车应有所区别,外形要美观,要能激发出游的心情;乘坐要安全、舒适,技术含量较高,对环境无污染,应有一定的档次。

图 2-22 两款原装进口的日野旅游客车

旅游业和旅游客车市场相辅相成,旅游客车促进了旅游业的兴盛,同时旅游业也带动了旅游客车的发展。随着国民收入的增加、国家带薪休假制度的落实和旅游观念的转变,我国旅游产业必将得到更大发展,旅游客车市场也将迎来新的机遇。在新形势下,市场对旅游客车产品也将提出更高的要求。

(1) 车型多、选择余地大。旅游景区各不相同,对车型的要求也不一样,应针对不同的使用条件开发不同的车型。如市区及市郊的旅游客车、平原和山区混合景区的旅游客车、跨区域多景区的长途旅游客车和景区内的旅游观光客车等,其性能和配置要求就大不一样。

(2) 性价比高。大多数旅游客车的运营特点是行驶时间短,停驶时间长,要注重提高产品的性能价格比。这就要求生产企业不但能够制造出优质的产品,还要价格适中。

(3) 外形美观。新颖亮丽的外形有助于提升游客的心情。作为旅游出行的交通工具,对于外形具有不同于其他客车的特殊要求,很多游客在乘坐时会更倾向于选择具有亮丽外形的车型。因此,旅游客车在设计中除考虑外形美观外,还需要与景区风景协调。

(4) 性能全面、特点突出。即具有足够的动力性、优良的安全性和较高的乘坐舒适性,且针对旅游的辅助设备齐全。出门旅游享受的是一份安逸、舒适,这就要求旅游客车应有远高于普通客车的舒适性与安全性(超长途旅游客车还应有急救、报警、定位等设施)。因此,座椅可调、可横移,有利于调整空间布置的车型将更受欢迎;应配备导游椅、话筒和常规应急设备;车窗玻璃较一般客车大,方便游客观赏沿途风景;液晶影视系统、视听系统、多功能冷热饮水机以及卫生间等服务设施应为标准配置;车内装饰要简洁明快、美观大方、做工精细;车内行李架要稍比长途客车的行李架大,以方便游客放取随身行李。

(5) 节能环保。随着环保要求的提高和国民环保意识的增强,人们对噪声和尾气排放造成的环境污染越来越关注,尤其是在人口密集的城市和旅游景区,对旅游客车的要求也越来越高。因此,旅游客车的环保性不可忽视。特别是景区内使用的车辆,一定要将环保要求作为其主要性能之一,认真对待。

第四节 特种客车

特种客车(special bus)是指在其设计和技术特性上只适用于需经特殊安排布置后才能载运人员的车辆。一般有校车、机场摆渡客车、旅居车、医疗车、采血车和工程车等多种形式,它们根据特定要求,按专门规定的设计标准和用途来制造。

一、校车

校车(School bus)是指用于运送不少于 5 名幼儿园、小学、中学等教育机构的学生及其照管人员上下学的客车和乘用车。

1. 分类与特点

按乘坐对象不同,校车分为幼儿校车、小学生校车和其他校车。

按车辆属性,校车分为专用校车和非专用校车。其中,专用校车(Special school bus)是指设计和制造上专门用于运送幼儿或学生的校车。

按照 GB 24407—2012《专用校车安全技术条件》,专用校车按车辆结构和用途划分的类别见表 2-3。其中,幼儿校车与小学生校车作为一种具有特殊功能的客车,由于车内乘客并非一般的成年人,而是并不具备良好判断能力和应急能力的学童,因此除了兼具运送乘客的功能外,更应当具备良好的安全性能。一款国产专用校车如图 2-23 所示。

专用校车分类及基本特征　　　　　　　　　　　表 2-3

结构类型	用途	基本特征
轻型专用校车	幼儿专用校车	车长大于 5m 且小于等于 6m
	中小学生专用校车	
	小学生专用校车	
大中型专用校车	幼儿专用校车	车长大于 6m 且小于等于 12m
	小学生专用校车	
	中小学生专用校车	

按国际惯例,校车车身颜色为 GB/T 3181—2008 中规定的 Y08 深黄色,喷漆制作。专用校车的车身颜色除喷深黄色外,还应喷涂符合 GB 24315 要求的外观标识。标识由外观标识和校车标牌两部分组成,其中外观标识包括五方面内容:即校车标志(图 2-24)、中文字符"校车"(图 2-25)、中文字符"核载人数:××人"、校车编号和校车轮廓标识。双层客车和铰接客车不应作为校车;校车车窗的固定形式应为下半部分固定,也可为全封闭车窗;校车应装有行驶记录仪,也就是俗称的"汽车黑匣子"。

图 2-23　一款国产专用校车

图 2-24　校车标志

图 2-25　中文字符"校车"

2. 我国校车的发展

近年来,校车已成为我国许多城乡地区的一道亮丽风景。这些校车的投入运行,为解决学生上下学交通难的问题发挥了较大作用。

在我国,校车的发展历史并不长,只是在进入 21 世纪后,才获得了较快发展。为了保障校车安全,防止和减少校车对孩子们造成伤害,各级政府提高了对校车安全问题的重视程度,纷纷通过各种方式、采取各种措施加强校车安全管理工作。随着政府监管力度的加大和社会各界的重视,国内各主流客车厂家加大了校车研发投入,推出了多种型号、满足不同使用要求的校车产品,我国校车得到迅速发展,并开始批量出口海外。随着城乡一体化进程的加快和教育事业的发展,校车作为特种客车之一将具有更大的市场空间,在缓解城市交通压力和保证学生交通安全方面将发挥更大的作用。

二、机场旅客摆渡车

机场旅客摆渡车(Airport passenger bus)简称摆渡车,是用于民航机场内航站楼与停机坪之间接送旅客的专用车辆,也是连接航站楼和远机位飞机的唯一通道。由于民用航空的快速发展,很多机场出现了专用登机桥少、机位少而飞机数量多的情况,因此大部分飞机停留在远机位,需要通过摆渡车运送乘客。此外,摆渡车也是机场内除了飞机外最大的移动载体,如图 2-26 所示。

一般，摆渡车应满足的技术和配置要求如下：

（1）必须具有中国民航总局核发的民用机场专用设备使用许可证，且车辆的技术指标满足 GB/T 31030—2014《机场旅客摆渡车》标准的要求。

（2）在车内的车门附近应提供摆放轮椅的位置，并带有固定装置，且上下方便。

（3）驾驶室和乘客区有透明隔断分开，且分别安装符合使用要求的空调装置。

图 2-26　机场旅客摆渡车

（4）驾驶室配置车载对讲机，乘客区须有监控装置。

（5）车身油漆及标识应遵循相关规定等。

1. 分类与特点

从国外摆渡车的设计和生产过程看，大体可分为三类，即：采用重型鞍式牵引头加大型客车车厢组成的半挂系列、城市大型客车的变型车和根据机场需要专门设计和制造的摆渡车。由于摆渡车的使用范围仅限于机场内，其外形尺寸不受公路交通法规的限制，所以大多采用前置发动机、前轮驱动和低地板结构形式，有的还可以双向行驶。

我国机场目前使用的均是城市大型客车的变型摆渡车和专门设计、制造的客车式摆渡车，尚未对摆渡车进行分类。

2. 国内外机场摆渡车现状

目前，生产机场旅客摆渡车的国家主要有：德国、西班牙、荷兰、意大利、加拿大、比利时和俄罗斯等。但长期以来，机场摆渡车市场基本由德国著名客车生产厂商尼奥普兰（Neoplan）和康巴士（Cobus）所垄断，所以在中国的各大机场都可以看到奥普兰和康巴士生产的机场摆渡车。在所有生产机场摆渡车的厂家中，德国奥普兰公司是世界最早开发生产机场摆渡车的公司之一。1981 年该公司曾开发一辆超大型双层摆渡车（长 15m、宽 4.5m、高 4.5m），可将一架 340 座客机的乘客一次输送到位。该公司最新一代机场摆渡车有 5 种不同长度和宽度规格的产品。康特（Contrac）公司是德国戴姆勒·奔驰旗下的一家生产机场摆渡车的专业厂，其生产的 Cobus 车型采用奔驰发动机、转向驱动前桥和奔驰子公司 NAW 的支承桥，以及瑞士公司生产的铝型材车身，1990 年形成批量生产能力，成为世界各大机场摆渡车的主要供货厂家之一。

近年来，随着我国经济的飞速发展，民用航空事业发展迅猛，机场摆渡车存在数量可观的潜在需求。有关数据表明，到 2020 年中国将成为全球第二大民用航空市场，而 5 年内中国大陆将增加机场 48 个，这意味着对大量的机场设备、机场地面配套设施的需求都将十分旺盛，而机场摆渡车就是其中之一。

由于国内企业在机场摆渡车的开发上起步较晚，产品知名度、可靠性和制造工艺与国外相比还有一定差距，因此在国内机场摆渡车市场上国外品牌仍将占有一定的市场份额。但是随着我国机场摆渡车制造技术的不断进步，具有明显价格优势和服务优势的国产摆渡车产品占有的市场份额将会越来越大。

三、旅居车

旅居车（motor caravan）又称房车、宿营车，英文全称 Recreational Vehicle，也翻译为 Motorhome 或 Trailer，简称 RV，又称"车轮上的家"。由于其兼具"房"与"车"两大功能，但其属性还是车，是一种可移动、具有居家必备的基本设施的特种客车。

旅居车是由国外引进的居家时尚设施车型，一般车上的居家设施有：卧具、炉具、冰箱、橱柜、沙发、餐桌椅、盥洗设施、空调、电视、音响等家具和电器，可分为驾驶、起居、卧室、卫生和厨房等区域，是集"衣、食、住、行"于一身，实现"生活中旅行，旅行中生活"的时尚产品。由于可以随意停靠在远离城市的沙滩、湖岸、草地、山坡、森林中，同时又拥有城市的生活方式：自己做可口的饭菜、洗个热腾腾的澡、睡柔软舒服的床、看电视、听音乐和播放 DVD 等，如图 2-27 所示。

随着人们生活水平的提高，对生活品质的要求也越来越高，自驾游成为一种流行趋势，而针对旅游外出而设计制造旅居车则解决了自驾游过程中的食宿问题，因此受到人们青睐并伴随经济的发展和生活水平的提高而越来越普及。

1. 分类与特点

按照美欧等国的习惯,旅居车根据其结构形式,大体可分为自行式与拖挂式两类。

1) 自行式

自行式一般分为自行式 A 型、B 型和 C 型三种。

自行式 A 型:为旅居车家族中具有自身驱动能力的庞然大物,在一定程度上可以认为是所有旅居车种类中最豪华、舒适的一种。其外表与豪华的大型客车看似毫无区别,但车内则要比客车舒适豪华很多,具备各种家具、车载家用电器、储存柜和桌椅沙发等,这些设施装备可供人们长期独立自主旅行;车内宽敞而豪华,面积一般可达 40m^2 左右,洗碗机、全自动洗衣机、烘干机、卫星天线、网络系统、传真机、电话机、全球定位系统、视听娱乐设备、倒车监视系统、防撞车警报系统、液压水平装置、整体浴室和安全报警系统等应有尽有,可以满足旅行出游的一切需求,如图 2-28 所示。

图 2-27 旅居车

图 2-28 自行式 A 型旅居车的车内布置

自行式 B 型:一般用轿车或皮卡改装,其最大的特点是小巧灵活,外表含蓄不张扬,可城市日常使用也可作为短途旅行、生活的工具,一般作为家庭的第一辆车来购买,经济实用,如图 2-29 所示。但如果要进行长时间旅行则车内设施过于简陋,为此可在车后牵引一辆拖挂式房车,到达目的地将拖挂式宿营房车卸下后主车则可自由活动,如图 2-30 所示。

图 2-29 自行式 B 型旅居车

图 2-30 拖挂式旅居车

自行式 C 型:一种将自行式 A 型的舒适豪华与自行式 B 型小巧灵活完美结合的旅居车型,其不张扬的外表下具备了所有日常生活、休闲娱乐所需设施。但与自行式 A 型相比,车内空间稍显不足,但又比自行式 B 型宽敞且设备齐全,是安装在车轮上的空间紧凑、设备齐全的宿营车类型。

自行式 C 型旅居车是目前国内房车市场数量最多、最受人们受欢迎的房车类型,如图 2-31 所示。

a) IVECO 自行式 C 型旅居车

b) Ford 自行式 C 型旅居车

图 2-31 自行式 C 型旅居车

2）拖挂式

拖挂式旅居车可分为拖挂式 A 型、B 型、C 型、D 型和移动别墅五种。

拖挂式 A 型：这种车在美国被称为传统拖挂房车，是拖挂式房车的典型，由于不具备自身驱动力，要依靠牵引车才能移动。

拖挂式 B 型：这种车在美国被称为五轮拖挂式房车，其外形庞大，具有自己的车轮。由于具有宽敞的卧室空间和活动领域，使得这种房车很多成为拖挂式房车中的自行式 A 型房车。

拖挂式 C 型：这种车在美国被称为双端可拓展旅游拖挂房车，但更偏向于露营车，因此也被称为帐篷房车，大多用于露营体验。在路上，拖挂式 C 型房车就像一个大而扁平的行李箱，将车体完全撑开后才是房车的样子。因为其具有可折叠的特点，因此车内设施较为简单，主要是为人们提供舒适的睡眠区域，还会配有简单的炉具、洗浴、桌椅等小型折叠可移动装备；有些拖挂式 C 型房车首尾可向两侧扩展，增加车内使用空间。特点是质量轻、牵引方便、型号众多，大多数汽车甚至小型迷你汽车都可以对其拖曳，有时仅人力就可操纵这些房车；缺点是车内设施简单，仅适于温暖季节旅游使用。

拖挂式 D 型：这种车在美国也被称为驮挂房车，是一种驮在皮卡车厢或经过改装的车槽上的车型，与其他房车相比，最显著的特点是没有单独车轮全部依靠"牵引车"前进。从外表看，该车更像是可以拆卸的自行式 C 型房车，较适合前往路况不好的地区和景点等旅行、度假。

移动别墅：移动别墅房车是一种更像房子的房车，只是移动性差。由于其带轮子，可以用小型吉普车、皮卡等来拖挂。

2. 国内外旅居车现状与发展

最早的旅居车雏形是吉普赛人的大篷车，在欧洲这种旅居房车被叫作 caravan。第一次世界大战末，美国人经过改装把帐篷、床、厨房设备等加到了家用轿车上。20 世纪 20 年代，又有人把木结构的简易家具加在 T 型底盘上。到 20 世纪 30 年代，运用飞机的结构设计，在车上安装了舒适的床、便利的厨房和供电供水系统等。第二次世界大战后，美国发达的公路交通系统和飞速发展的经济使房车工业迅猛发展。到 20 世纪 50 年代早期，房车逐渐变成现在的家居式旅行车，从小型的自制房车（Do It Yourself, DIY）到豪华的 30ft 长的拖挂式房车均走向了成熟。

旅行房车在美国、欧洲等发达国家和地区已成为人们休闲旅游甚至生活的一部分。据统计，仅美国的房车产业每年就超过 100 亿美元，而它拉动相关产业链上的下游消费会更加巨大。美国近期的一项调查显示：旅行房车与其他旅行方式相比，对于一个 4 人之家，驾房车旅行比驾轿车住酒店旅行要节省 50% 的费用，比乘飞机住酒店节省 75% 的费用。目前，美国房车的家庭拥有率已达 10%。图 2-31b）所示为福特自行式 C 型房车。

我国真正以居家旅游外出为目的使用的旅居车则起步于 2000 年。到 2013 年年底，我国旅居车保有量已超过 10000 辆。特别是近四、五年，旅居车年均增幅已超过 40%。但相对于全国过亿辆的汽车保有量，旅居车市场尚处于起步阶段，其比重不足万分之一。

中国旅居车生产制造厂大约二三十家，产品大多出口欧美等经济发达国家，国内销售只占其中很小一部分。随着国民消费观念和消费方式的转变，使用条件改善，以及旅游热与带薪休闲度假经济的兴起，可以肯定旅居车在中国将会有大的发展。

第三章　新能源及燃气客车

自20世纪80年代开始,基于对能源和环境方面的长远考虑,世界上很多国家越来越重视清洁能源的开发和应用,目前全世界各种清洁能源汽车的保有量已近千万辆。在各种清洁能源汽车类别中,压缩天然气(Compressed Natural Gas,CNG)、液化天然气(Liquefied Natural Gas,LNG)、液化石油气(Liquefied Petroleum Gas,LPG)和醇类汽车技术较为成熟,其保有量占清洁能源汽车总量的80%以上。

与此同时,电动汽车、混合动力和燃料电池汽车(统称"新能源汽车")的研发也取得了可喜的进展,在各国政府及社会的积极支持下,加大了电池等关键部件、整车技术路线、一体化动力传动、控制技术、设计理论、系统集成、工艺工装、标准法规和示范应用等研究开发,其技术已日趋成熟,新能源汽车的产量、保有量和车型覆盖面增长迅速。

在我国,新能源汽车发展很快。以2014年为例,全国各类新能源汽车累计生产8.39万辆,其中商用车2.95万辆,占总量的35%;全年销售74763辆,其中纯电动汽车及插电式汽车分别占61%和39%。中国产新能源汽车已进入国际市场。可以预见,在未来的汽车市场中新能源汽车将占有较大份额。而新能源公交客车则是我国新能源汽车最活跃、发展最快的领域,仅2014年就推广1.5万辆以上,新能源客车年销量已占大客车总销量的20%,保有量已占公交客车总保有量的5%。

第一节　概　　述

一、新能源和新能源客车

什么是新能源? 1980年联合国召开的"联合国新能源和可再生能源会议"对新能源的定义为:以新技术和新材料为基础,使传统的可再生能源得到现代化的开发和利用,使用取之不尽、周而复始的可再生能源取代资源有限、对环境有污染的化石能源,重点开发太阳能、风能、生物质能、潮汐能、地热能和核能。由此可见,这里所定义的新能源是可再生能源,且取之不尽、周而复始,其次是取代对环境有污染的化石能源,即煤、石油制品(汽油、柴油)和天然气等。对于新能源汽车,2007年11月我国《新能源汽车生产企业及产品准入管理规则》中定义:新能源汽车是指采用非常规的车用燃料作为动力来源(或使用常规的车用燃料、采用新型车载动力装置),综合车辆的动力控制和驱动方面的先进技术,形成技术原理先进,具有新技术、新结构的汽车。由此确定了新能源汽车的范围,即新能源汽车包括混合动力汽车(HEV)、纯电动汽车(BEV,包括太阳能汽车)、燃料电池汽车(FCEV)和其他新能源(如超级电容器、飞轮等高效储能器)汽车等。

可见,目前所谓的新能源客车是指除使用汽油、柴油、燃气等燃料之外的所有其他清洁能源客车。主要包括全部或部分采用电储能方式,利用电动机驱动或电动机辅助驱动的客车产品,如纯电动客车、混合动力客车和燃料电池客车等。其特征在于能耗低、污染物排放少。

二、我国政府对新能源汽车发展的支持

为加快推进新能源汽车的发展,2009年2月6日我国出台了《节能与新能源汽车示范推广财政补助资金管理暂行办法》。该办法决定,在北京、上海等13个城市开展节能与新能源汽车示范推广试点工作,以财政政策鼓励公交、出租、公务、环卫和邮政等公共服务领域率先推广使用节能与新能源汽车,对推广使用单位购买节能与新能源汽车,中央财政给予一次性定额补贴,地方财政对购车、配套设施建设及维护等相关支出给予适当补助。其中,节能40%以上混合动力车,可获5万元的财政补贴;而燃料电池汽车的

补贴为 25 万元;购车补贴标准最高的是最大电功率比 50% 以上的燃料电池公交客车,每辆车可获 60 万元的推广补助;对 10m 以上的混合动力城市公交客车,则分为使用铅酸电池和使用镍氢电池、锂离子电池两类,最高补贴额分别为 8 万元/辆和 42 万元/辆;纯电动公交客车补贴标准为 50 万元/辆。此后,经 2010 年、2013 年和 2014 年三次调整,节能与新能源汽车示范推广试点城市已由原来的 13 个扩大到 88 个。

2013 年,财政部在《关于继续开展新能源汽车推广应用工作的通知》中对新能源汽车的推广应用补贴标准进行了调整,见表 3-1。从表中可以发现,电利用率越高补贴越高。因此,最终只有采用纯电动和燃料电池的汽车才是新能源汽车。

2013 年新能源汽车推广应用补贴标准(万元)　　　　表 3-1

车辆类型	纯电续驶里程 R(工况法、km)			
	$80 \leq R < 150$	$150 \leq R < 250$	$R \geq 250$	$R \geq 50$
纯电动乘用车	3.5	5.0	6.0	
插电式混合动力乘用车(含增程式)				3.5

车辆类型	车长(m)		
	$6 \leq L < 8$	$8 \leq L < 10$	$L \geq 10$
纯电动客车	30.0	40.0	50.0
插电式混合动力客车(含增程式)			25.0
燃料电池乘用车	20.0		
燃料电池商用车	50.0		

2014 年 7 月 9 日,国务院常务会议决定自 2014 年 9 月 1 日至 2017 年底,对获得许可在中国境内销售(包括进口)的纯电动及符合条件的插电式(含增程式)混合动力、燃料电池 3 类新能源汽车,免征车辆购置税。同年 8 月 29 日,工业和信息化部联合国家税务总局发布了《免征车辆购置税的新能源汽车车型目录(第一批)》,113 款新能源汽车上榜(其中大部分是客车)。可以预见,在国家政策的大力支持下,我国新能源汽车必将得到迅猛发展。

三、新能源客车的分类

新能源客车一般可分为自携电源式和外供电源式两大类。

1. 自携电源式电动客车

自携电源式电动客车是指各种纯电动客车、燃料电池电动客车和混合动力电动客车。其中,混合动力电动客车按混合方式,可分为油电混合动力、气电混合动力和电电混合动力;按技术路线不同,可分为串联式混合动力、并联式混合动力和混联式混合动力。

自携电源式电动客车的特点是:不受架空线或轨道线路和长度限制;必须具备一种或多种电源(包括蓄电池、超级电容器、燃料电池)和电动机驱动系统,包括直流电动机、交流电动机、永磁电动机、开关磁阻电动机及轮载电动机驱动系统等;混合动力电动客车除配备电力驱动系统外,还配备有内燃机驱动系统。

2. 外供电源式电动客车

外供电源式电动客车是指城市有轨电车和无轨电车,它们由架空线或轨道输入电能,直接用电动机来驱动车辆行驶。其特点是不需要装置复杂的能量转换装置,动力性好、运载能力大、结构简单,但因受到架空线或轨道线路长度和布线的限制,只能在固定的线路和轨道范围内行驶。

四、燃气客车

燃气客车是指以压缩天然气(CNG)、液化石油气(LPG)和液化天然气(LNG)为燃料的客车。与使用柴油和汽油的传统客车相比,燃气客车具有经济、环保等特点;与电动客车相比,燃气客车具有技术成熟、费用低廉等特点。

燃气客车在保护城市环境方面贡献很大。据测试,其一氧化碳(CO)排放量比传统客车减少 90% 以上,碳氢化合物(HC)排放减少 70% 以上,氮氧化合物(NO_x)排放减少 35% 以上,是目前较为实用的低排放客车。此外,由于运行成本低、技术成熟、安全可靠,也被世界各国公认为是当前一种较为理想的替代燃料客车和环保型客车。

目前,国内应用最多的是采用CNG和LNG的燃气客车。

第二节 纯电动客车

纯电动客车(Blade Electric Bus,BEB),是指从车载储能装置获得电力,以电机驱动车辆行驶的客车,即完全由可充电电池(如铅酸电池、镍镉电池、镍氢电池或锂离子电池等)提供动力源的客车。这种客车以电能作为唯一动力源,其电的来源可以有很多途径,如车载蓄电池、超级电容和飞轮电池等装置。纯电动汽车虽然已有130多年的悠久历史,但一直仅限于在某些特定范围内应用,市场较小。主要原因是各种类别的蓄电池普遍存在价格高、寿命短、外形尺寸和质量大、充电时间长等缺点。

一、纯电动客车的分类

纯电动客车按电池结构,可分为化学电池纯电动客车和超级电容纯电动客车两类,前者指采用铅酸、镍氢、锂离子等电池组为电源的电动客车,后者指采用超级电容器储存电能,以电能驱动车辆行驶,并向车辆所有辅助运行设备提供电能的客车。

1. 化学电池纯电动客车

早期的中、小型化学电池纯电动客车产品采用铅酸电池组作为电能存储装置,优点是电池成本较低,但因为这种电池能量密度小,达不到需要的续驶里程要求,且使用寿命低,主要应用于特定区域场地的车辆使用。镍氢电池在电动客车上采用较多,因其应用较早,技术相对较为成熟,安全性也较高,但相对于锂离子电池,能量密度较小,充放电效率比锂离子电池低20%,多用于混合动力客车。锂离子电池能量密度大(可达到100W·h/kg),充放电效率高(90%以上),是目前纯电动客车最主要的储能产品。锂离子电池的技术与生产工艺发展很快,在极板材料、电解液和隔膜等方面取得了很大进步,电池的各项性能指标不断提高,电池单体的一致性也得到了保证。但当前锂离子电池技术的发展水平还远未达到理想电能存储装置的要求,在安全性能、能量密度、耐高低温性能和循环充电使用寿命等方面还需进一步提高。

2. 超级电容纯电动客车

超级电容纯电动客车采用超级电容器储存电能,以电能驱动车辆行驶,并向车辆所有辅助运行设备提供电能。其基本工作原理与无轨电车相似,快速充电候车站使用电力电网提供的电源,经过变压、整流后,为超级电容客车提供超级电容器所需的高压直流电源。

超级电容器的能量密度很小(只有锂离子电池的1/20),但功率密度却很高(可达到锂离子电池的20倍以上),因此可以实现大电流充电。虽然每次充电续驶里程只能达到5~10km,但其充电时间却可以控制在几分钟以内,如果是中途补充充电,充电时间只要十几秒至几十秒即可完成。超级电容器的使用寿命及温度适应性较化学电池要好很多,车辆的后期使用维护费用也较低,但此类车型只能在固定线路行驶,线路上需要建设可补充充电的候车站。用超级电容纯电动客车代替无轨电车,可以取消无轨电车的架空高压线,达到美化城市景观的效果,目前在国内已有多条示范运行线路,已取得了良好的经济效益与社会效益。

纯电动客车和燃油客车相比,由于摆脱了对石油的依赖,不消耗石油资源;具有无污染、噪声小,结构简单、维修方便,能量转换效率高,可平抑电网的峰谷差,有助于优化国家能源结构;车辆运行中消耗的电能可由多种能源转化;能够实现更好的控制性能,包括运动控制、舒适性、故障诊断等,同时可以更容易地实现智能化交通管理等优点。

缺点是:电池能量密度低;电池组过重;续驶里程与汽车动力性能有限;电池组价格昂贵及有限的循环寿命;受电能储存的影响,车上附件的使用受到限制等。

3. 化学电池纯电动客车的主要部件

1)电力驱动主模块

电力驱动主模块主要包括中央控制单元、驱动控制器、电动机、机械传动装置和车轮等。其功用是将存储在电池组中的电能高效地转化为客车的动能,并能够在客车减速制动时,将车轮的动能转化为电能充入电池组。

中央控制单元根据加速踏板和制动踏板的输入信号,向驱动控制器发出相应的控制指令,对电动机进行起动、加速、减速和制动控制。

驱动控制器按中央控制单元指令、电动机速度和电流反馈信号,对电动机的速度、驱动转矩和旋转方向等进行控制。驱动控制器必须和电动机配套使用。

电动机在电动客车中承担着电动和发电的双重功能,即在正常行驶时发挥其主要的电动机功能,将电能转化为机械能;在减速和下坡滑行时进行发电,将车轮的惯性动能转化为电能。

机械传动装置将电动机的驱动转矩传输给驱动轴,从而驱动车轮使客车行驶。

2)车载电源模块

车载电源模块主要包括蓄电池电源、能量管理系统和充电控制器等。其功用是向电动机提供驱动电能、监测电源使用情况,以及控制充电机向蓄电池充电。

纯电动客车常用的蓄电池电源有铅酸电池、镍镉电池、镍氢电池和锂离子电池等。

能量管理主要指电池管理系统,其主要功用是对电动客车的电池单体及整组电池进行实时监控、充放电、巡检及温度监测等。

3)辅助模块

辅助模块主要包括辅助动力源、动力转向系统、驾驶室显示操作台和辅助装置等。辅助模块除辅助动力源外,其他装置依据不同车型而不同。

辅助动力源由辅助电源和DC/DC功率转换器等组成,其功用是供给电动客车其他各种辅助装置所需的电力,一般为12V或24V的直流低压电源,主要为动力转向单元、制动力调节控制、照明、空调及电动门窗等各种辅助装置提供其所需的能源。

动力转向单元为实现客车的转向而设置,由转向盘、转向器、转向机构和转向轮等组成。作用在转向盘上的控制力,通过转向器和转向传动机构使转向轮偏转一定的角度,从而实现客车转向。

驾驶室显示操作台类似传统客车驾驶室的仪表板,但功能则根据电动客车的驱动控制特点有所增减,其信息指示更多地选用了数字或液晶屏幕显示。

辅助装置主要有照明、各种声光信号装置、车载音响设备、空调、刮水器、风窗除霜清洗器、电动门窗、电控玻璃升降器、电控后视镜调节器、电动座椅调节器和车身安全防护装置控制器等。采用这些装置的目的是为了提高客车的操控性、舒适性和安全性,可根据需要进行选装。

二、纯电动客车的特点和关键技术

1. 特点

纯电动客车与传统的燃油客车相比,具有以下特点。

1)无污染,噪声低

纯电动客车行驶时没有内燃机客车产生的废气,无排气污染,对环境保护和空气洁净十分有益,有"零污染"的美称。同时,电动客车也没有内燃机工作的噪声,且电机噪声也较内燃机小。

2)能源效率高,来源多样化

电动客车的能源效率已超过燃油客车,特别是在城市运行,起动、制动频繁,行驶速度不高,电动客车更加适宜。此外,电动客车停止时不消耗电量,且在制动过程中电动机可自动转化为发电机,实现制动减速时的能量再利用。

电动客车的应用可有效地减少对石油资源依赖,使有限的石油用于更重要的领域。而向蓄电池充电的电力可由煤炭、天然气、水力、核能、太阳能、风力和潮汐等能源转化而来,如果夜间向蓄电池充电,还可以避开用电高峰,有利于电网均衡负荷,减少费用。

3)结构简单,使用维修方便

电动客车较内燃机客车结构简单,运转、传动部件少,维修工作量小。当采用交流感应电动机时,电动机无须维护;更重要的是,电动客车易于操纵。

4)动力电源使用成本高,续驶里程短

目前,电动客车技术尚不完善,尤其是动力电源(电池)的寿命短,使用成本高;由于电池的储能量小,一次充电后续驶里程较短,致使电动客车价格较贵。随着科技的进步,电动客车存在的问题会逐步得到解决,其价格和使用成本必然会降低,普及应用将是必然趋势。

2. 纯电动客车的关键技术

发展纯电动客车必须解决好4个方面的关键技术,即电池与管理技术、电机及控制技术、整车控制技术和整车轻量化技术。

1)电池与管理技术

电池是电动客车的动力源,也是一直制约电动客车发展的关键因素。要使电动客车能与内燃机客车相竞争,关键是要开发出比能量高、比功率大、使用寿命长、成本低的高效电池。但目前使用的电池存在能量密度低、电池组过重、续驶里程短等问题,至今还没有任何一种电池能达到纯电动车普及的要求。

电池组性能直接影响整车的加速性、续驶里程以及制动能量回收效率等,而电池成本和循环寿命则直接关系到车辆的成本和可靠性,因此所有影响电池性能的参数都必须得到优化。电动车的电池在使用中发热量很大,电池温度影响电池的电化学系统运行、循环寿命和充电可接受性、功率和能量,以及安全性和可靠性等。所以,为了达到最佳性能和寿命,需将电池包的温度控制在一定范围内,并减小包内不均匀温度分布以避免模块间的不平衡,以此避免电池性能下降,且可以消除相关的潜在危险。由于电池包的设计既要密封、防水、防尘和绝缘等,又要考虑空气流流场的分布和均匀散热,因此电池包的散热通风设计已成为电动车研究的一个重要内容。

2)电机及控制技术

驱动电机属于特种电动机,是电动客车的关键部件。要使电动客车有良好的使用性能,驱动电动机应具有较宽的调速范围及较高的转速,足够大的起动转矩,体积小、质量轻、效率高且有动态制动强和能量回馈的性能。目前,电动客车所用的电动机正向大功率、高转速、高效率和小型化方向发展。

随着电动机及驱动技术的发展,控制系统趋于智能化和数字化。变结构控制、模糊控制、神经网络控制、自适应控制,以及专家系统和遗传算法等非线性智能控制技术等,都将应用于电动客车的电动机控制系统。这些技术的应用,将使系统结构简单、响应迅速、抗干扰能力强,参数变化具有鲁棒性(Robust的音译,是指控制系统在一定的参数摄动下,维持其他某些性能的特性。根据对性能的不同定义,可分为稳定鲁棒性和性能鲁棒性),从而大大提高整个系统的综合性能。

电动客车的再生制动控制系统可以节约能源、提高续驶里程,具有显著的经济价值和社会效益。此外,再生制动还可以减少客车制动片的磨损,降低车辆故障率及使用成本。

3)整车控制技术

新型纯电动客车的整车控制系统是两条总线的网络结构,即驱动系统的高速CAN总线和车身系统的低速总线。高速CAN总线每个节点为各子系统的ECU,低速总线按物理位置设置节点,基本原理是基于空间位置的区域自治。

实现整车网络化控制,其意义不只是解决客车电子化中出现的线路复杂和线束增加问题,网络化实现的通信和资源共享能力已成为新的电子与计算机技术在客车上应用的一个基础,同时为高安全的线控系统(X-by-Wire)技术提供了有力支撑。

4)整车轻量化技术

整车轻量化始终是客车技术的重要研究内容。纯电动客车由于布置了电池组,整车质量增加较多,轻量化问题更加突出。一般可采用以下措施减轻整车整备质量:

(1)通过对整车实际使用工况和使用要求的分析,对电池的电压、容量、驱动电动机功率、转速和转矩、整车性能等车辆参数的整体优化,合理选择电池和电动机参数。

(2)通过结构优化和集成化、模块化优化设计,减轻动力总成、车载能源系统的质量。即通过对包括电动机及驱动器、传动系统、冷却系统、空调和制动真空系统的集成和模块化设计,使系统得到优化;通过对电池、电池箱、电池管理系统和车载充电机组成的车载能源系统的合理集成和分散,实现系统优化。

(3)采用轻质材料。如对电池箱的结构框架、箱体封皮,以及轮毂等采用轻质合金材料。

(4)采用CAD技术对车身承载结构件(如前后桥,新增的边梁、横梁等)进行有限元分析研究,用计算和试验相结合的方法,实现结构最优化。

三、纯电动客车的发展

1. 国外纯电动客车的发展

1881年,法国人古斯塔夫·土维(Gustave Trouve)发明了第一辆以铅酸电池为动力的纯电动汽车,此后10年,世界出现了第一次电动汽车发展高潮。1882年,在法国巴黎有人把可乘坐50人的马车改为电动车。1886年,伦敦出现电动公共汽车。随后,1890年电动公共汽车就已在法国和英国的街道上行驶。1890年全世界共有4200辆汽车,其中38%为电动汽车,40%为蒸汽车,22%为内燃机汽车。1899年美国生产了1575辆电动汽车,而当时的内燃机汽车却只有936辆;到1912年,在美国至少有3.4万辆电动汽车在运行;1915年,美国的电动汽车年产量以达到了5000辆。此后,这种以蓄电池为电源,用直流电动机产生驱动力的电动汽车逐渐消失。其主要原因是电池性能差、整车成本太高和续驶里程太短;而油田的大量开发,廉价石油降低了汽车使用成本,加之内燃机技术及汽车底盘技术的不断提高,以及大规模流水线生产方式的采用,使内燃机汽车在市场竞争中占据了绝对优势,电动汽车就被无情地陶太了。

20世纪70年代,全球性的能源危机和石油短缺使电动汽车重获生机,美国、英国、法国、德国、意大利和日本等汽车工业发达国家都开始发展电动汽车,而其他国家如加拿大、苏联、瑞士、荷兰、巴西、澳大利亚和中国等也开始研发和生产电动汽车。但到20世纪70年代末,随着石油价格的下跌,使还未商品化的电动汽车又走入了低谷。

进入20世纪80年代,由于汽车保有量的增加、油价的高涨,以及汽车排放对环境及人类健康的影响日益突出,使不会对空气造成污染的电动汽车又引起人类的关注,成为"热点"并开始进入快速发展时期。到20世纪90年代,纯电动汽车在美国、德国、日本等国家以有了较大发展。1984~1985年,美国能源部拨款1900万美元支持电动汽车研制,重点发展纯电动汽车和插电式电动汽车,并实施税收优惠;1991年,美国总统老布什在美国三大汽车公司和能源部组建的"美国先进电池联盟(USABC)"的签字仪式上,强调要让美国的电动汽车在世界上处于领先地位,并计划三年内投资2.6亿美元电动汽车用新一代电池。2009年,美国政府和多领域企业巨头共同发起成立"电动汽车联盟",致力于从政策和行动上推动实施大规模电动汽车计划,目标是到2020年,全美拥有电动汽车1400万辆,其中近1/4的轻型汽车为纯电动汽车或插电式电动汽车;呼吁联邦政府拨款1300亿美元,资助电动汽车开发、生产和传统汽车厂商转型;呼吁出台有吸引力的鼓励民众使用电动汽车和建设电动汽车基础设施的税收激励或财政补助措施等。

欧盟高度重视温室气体排放问题,并以此作为研究制定车用能源战略的重要考虑因素和先进技术发展的主要推动力。按照2009年10月发布的《欧盟道路交通电气化路线图》,欧盟电动汽车的产业化分3个阶段:2012年发展基于现有车辆技术的插电式和纯电动汽车,保有量达到10万辆;2016年发展下一代纯电驱动的电动汽车,保有量达到100万辆;到2020年之前,纯电驱动的电动汽车总量达到500万辆,同时开展与发展电动汽车相关的动力电池、基础设施、智能车网交互(V2G)、电池租赁等技术和商业化的研究。2010年2月9日,27个欧盟(EU)成员国在西班牙的圣塞瓦斯蒂安(San Sebastian)市举行了EU竞争力理事会非正式会议,各国就在欧盟地区推进电动汽车普及计划达成了基本协议。在各国政府和欧盟组织的支持下,各大汽车公司都投巨资开展了纯电动汽车的研究和开发,除乘用车外奔驰、曼、沃尔沃、斯堪尼亚、依维柯·伊莎巴士和比利时的范胡尔等客车制造商还推出了一批纯电动客车。目前,在欧洲的主要城市都可以见到纯电动公交客车运行。

在日本,出于环保、减少石油进口和充分利用晚间富余电力等方面考虑,发展电动汽车一直受到重视。1976年,日本通产省成立电动车辆协会,负责推动电动汽车的研究及发展。1991年10月,通产省制定了《2000年扩大电动汽车市场的十年规划》,在这一规划指导下日本11个大汽车公司、各主要电力公司以及不少地方和民间机构都投入巨大的人力、物力来研究和发展电动汽车。2009年4月，提出以发展电动汽车为核心内容的"低碳革命"计划，积极普及电动汽车，着力打造10个"电动汽车先进典范城市"，到2020年电动汽车的市场占有率达到50%。在电动汽车关键核心领域，日本政府提出"谁控制了电池，谁就控制了电动汽车"，为此经产省在2007~2011财年安排了245亿日元用于下一代汽车电池开发的前提下，又在2009~2015财年安排了210亿日元支持先进创新电池的基础科学研究。从目前情况看，日本已成为世界范围内电动汽车技术发展速度最快的少数国家之一。在燃料电池公交客车领域，日本丰田的日野分公司2001年推出的FCHV-BUS1和2002年推出的FCHV-BUS2都达到了较高的水平。其中FCHV-BUS2可载客63人，最高车速80km/h，一次充氢续驶里程250km。

近年来，随着各国对纯电动汽车技术研发投入的不断加大，车用动力电池、电机及其控制系统等瓶颈技术取得了重大技术进步，电子电力、控制和信息技术的广泛应用推动了纯电动汽车技术深入发展，产品可靠性和寿命得到明显提升，成本得到有效控制，纯电动汽车技术在世界范围内得到快速发展，一批装备了先进动力电池的纯电动客车已经进入客运市场。

2. 我国纯电动客车的发展

我国对纯电动客车的研究始于20世纪60年代，并在90年代出现了研发热潮，部分高校、科研院所及客车企业对动力电池、电机、控制系统及其整车等进行了联合开发，并取得了一定的成果。1991年，我国第一次将电动汽车研究列入"八五"国家科技攻关计划；1996年，国家科委将电动汽车研究列入"九五"国家重大科技产业工程项目，并将"未来概念车"开发、电动改装车研制、第一个国家电动汽车运行示范区建设和电池、电机、充电技术等关键技术的研究，以及电动汽车有关政策、法规等方面的工作列入该计划。在该计划的支持下，我国电动汽车技术的发展取得了较大成果，进一步缩短了与发达国家的差距。从国家"十五"规划开始，我国确立了"三横三纵"的电动汽车研发布局["三纵"指燃料电池汽车、混合动力汽车、纯新能源（电动）客车三种整车技术，"三横"指多能源动力总成系统、驱动电机、动力电池三种关键技术]，采用总体组负责制，由整车企业牵头，关键零部件配合，产学研相结合，政策、法规、技术标准同步研究，基础设施协调发展的研发体制，并于2001年设立了电动汽车重大专项。经过十多年的发展，我国已建立了研发BEV的国家技术平台、测试平台、政策法规平台和示范应用平台，颁布了近30项BEV国家标准，并分别在多个城市建立了动力电池公共检测中心（基地）和试验平台。

在我国，以电动汽车为代表的新能源汽车是从城市公交客车开始的，国内的几家大型客车企业都不同程度参与了国家、省市的电动汽车开发项目。在各级政府及相关企业的推动下，尤其是2009年国家"十城千辆"新能源汽车示范项目国家财政补贴政策的推动，几乎所有客车企业都开始进入该领域，并有一大批车型进入国家工信部汽车管理公告目录。其中，福田欧V、上海申沃、安凯、中通、宇通、厦门金龙、江苏常隆、山东沂星、深圳五洲龙和重庆恒通等都开发了使用锂离子动力电池组的纯电动客车或超级电容纯电动客车，取得了良好的节能减排效果。采用的充电方式有常规充电、快速充电和电池组快速更换等。

宇通的新能源汽车研究始于1999年，现已形成一批由高技术人才组成的核心研发团队，建有"国家认定企业技术中心"、"博士后科研工作站"、"国家电动客车电控与安全工程技术研究中心"、"客车安全控制技术国家地方联合工程试验室"和"国家认可试验室"等创新平台，在动力系统集成、复合能源、高效电驱动技术、整车控制和综合节能、测试评价等方面取得了较大的成绩。通过承担863计划、技术创新工程等国家级科研项目，取得了一批专利和科研成果，形成行业标准3项。目前，已具备国内最完备的新能源客车产品型谱，获得包括6~14m纯电动客车在内的106款新能源客车产品公告，其中，69款入选《节能与新能源汽车示范推广应用工程推荐车型目录》，24款入选《免征车辆购置税的新能源汽车车型目录》。截至2015年1月，已在全国102个城市销售新能源客车13780辆。

作为国内较早投入新能源客车研发并实现新能源客车商业化运营客车品牌的北汽福田欧V客车，早在2003年就已启动了新能源客车研发。其自主研发的智能电控系统、动力电池和电机等关键零部件的核心技术处于行业领先水平。目前，已形成智蓝新能源客车系列产品，覆盖EV、HEV、PHEV及CNG、LNG等新能源与清洁能源客车产品。

"十一五"期间,北京理工大学作为整车总体单位承担了863新能源客车重大专项"纯新能源(电动)客车项目",作为技术依托单位北汽福田承担了北京市科技奥运新能源客车特别专项"新能源客车运行示范、研究开发及产业化"等项目。已完成纯新能源(电动)准低地板公交客车、中型客车、旅游客车和超低地板公交车等四种车型的整车开发、形式认证和定型设计,并进行了40余辆的小批量试生产,各项动力性、经济性、续驶里程、噪声等指标已达到或接近国际水平;组建新能源客车示范车队,在北京市开展"一线一区"两种模式示范运行。

中通客车控股股份有限公司作为国内最早从事新能源客车研发的企业之一,先后开发了纯电动旅游客车、公交客车、定制公交客车、团体客车和纯电动校车等4代纯新能源(电动)客车,提高了整车纯电动模式下的行驶可靠性、安全性、耐久性和节油性。4大系列纯新能源电动客车,包括LCK6128EV梦幻纯电动旅游客车、12m纯电动公交客车LCK6122GEV1、10m纯电动定制公交客车LCK6108EV、8.5m纯电动团体客车LCK6850EV,以及6.6m纯电动校车等车型;研究了纯电动客车快充式、快换式、慢充式和网电耦合式等纯电动运行模式,掌握了动力电池大规模成组应用、高效驱动电机控制,以及高压智能安全等核心技术;针对不同的示范区域和市场特征,推出了高安全性、高可靠性和长续驶里程的纯电动客车产品。12m纯新能源(电动)客车每千米耗电0.9kW·h以下,8~9m以下纯新能源(电动)客车每千米耗电0.5kW·h以下。

安徽安凯汽车股份有限公司作为国内较早生产纯新能源(电动)客车的企业,早期主要和上海瑞华集团开展电池、电容混合纯新能源(电动)客车的研发及生产,已有5个车型列入公告目录。申沃客车列入公告目录的4个车型中,株洲电力机车研究所生产的电机及其控制器占有3个,另外一个采用的是襄樊特种电机有限公司生产的YCVF250L-4电机。4个车型采用了四种不同的储能元件,分别为中信国安盟固利的锰酸锂电池、杭州赛恩斯的磷酸铁锂电池、万向的磷酸铁锂电池以及上海奥威的超级电容。

四、典型实例

图3-1所示为北汽福田与北京理工大学联合开发的BJ6123EV系列纯电动城市客车外形,图3-2所示为其动力系统原理框图。该车采用永磁同步电机,额定功率为130kW,峰值功率为170kW;锂离子动力电池:额定电压384V,额定容量360A·h。经北京公交集团、广东中山公交和昆明公交使用证明,该纯电动客车充电一次能够运行120km左右,百公里耗电量约100kW·h,平均百公里节约燃料成本约234.4元(按电动车100kW·h×0.78元/(kW·h)=78元/100km;传统柴油车42L×7.44元/L=312.4元/100Km计算),运营6万km可以减少CO_2排放量68040kg,经济效益和社会效益显著。

图3-1 BJ6123EV系列纯电动城市客车外形

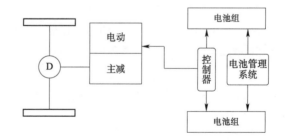

图3-2 BJ6123EV系列纯电动城市客车动力系统原理图

BJ6123EV系列纯电动城市客车具有低地板结构,无障碍通行;承载式车身、质量轻、强度高;整车智能控制、故障自动诊断,安全性好;维护简单,与传统客车相比,无排气、水冷、供油系统及相关维护工作,大大简化了车辆的日常维护;充电多样性,整车动力电池系统可快速更换(图3-3),并支持外接电源快速充电;采用风冷交流异步电机,效率高、结构简单、体积小、质量轻、易于冷却、寿命长、低成本、免维护和高可靠性等特点。

图3-4所示为宇通自主研发的ZK6100EGAA纯电动城市客车动力系统方案。该动力系统采用异步感应电机+三挡AMT,动力系统后置、后轮驱动布置形式;动力电池在地板下中段、后段舱体中布置;电池组采用推拉结构,中间舱门为上翻式;在密封与散热方面,提高了电池箱体的防护等级;在舱体底部增

加格栅底板,防止恶劣路况下路面杂物对底盘零部件的损害;顶部采用一体化纯电动空调,可实现变频制冷,有效控制能耗;后部电控舱体采用加高设计,可避免路面积水对电控部件的损害。蓄电池总质量为3340kg,客车整备质量为12840kg,最大总质量为15840kg。通过各总成的优化布局,整车具有合理的轴荷分配和良好的操纵稳定性,其外形如图3-5所示。

图3-3 电池更换示意图

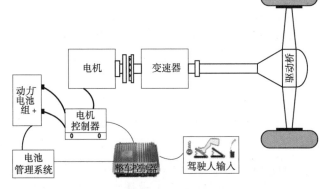

图3-4 宇通ZK6100EGAA纯电动城市客车动力系统方案

图3-6所示为上海世博会期间,采用超级电容器的城市客车正在快速充电候车站充电。

图3-5 宇通ZK6100EGAA纯电动城市客车外形

图3-6 采用超级电容器的城市客车正在快速充电候车站充电

第三节 混合动力客车

混合动力客车(Hybrid Electrical Bus,HEB)是指车辆驱动系由两个或多个能同时运转的单个驱动系联合组成的客运车辆,其行驶功率依据实际的车辆行驶状态由单个驱动系单独或多个驱动系共同提供。在目前情况下,混合动力客车大多采用传统的内燃机和电机作为动力源,综合运用发动机和驱动电机两种动力,通过复合动力系统及动力电池的功率均衡作用,最大可能地优化发动机工作,提高车辆的燃油经济性和排放性能。

一、混合动力客车的分类

1. 按混合方式分类

1)油电混合动力客车

在国际上,"Hybrid"混合动力一般多指应用"油电混合动力"系统的汽车。

油电混合动力客车的特点在于车辆起动停止时,只靠发电机带动,不达到一定速度,发动机就不工作,因此能保证发动机一直处于最佳工况状态,动力性更好、排放量更低。

由于混合动力客车的关键在于混合动力系统,其性能直接关系到整车性能,因此虽然混合动力汽车都是由内燃机和电动机组成,但在技术上还是有所区别,即根据动力传递方式,混合动力客车可分为串联式、并联式和混联式三种类型。

2) 气电混合动力客车

压缩天然气(CNG)与电混合,可充分发挥电动车和 CNG 清洁燃料车两者的长处,实现优势互补。即在电动系统的辅助控制下,CNG 发动机可以在最佳状态下工作,使尾气排放更低。

与纯 CNG 发动机客车相比,气电混合动力客车的 CNG 发动机工作工况更佳,燃料消耗率和运营成本更低(可节省燃料 25.30%);CNG 混合动力客车多为自动变速,驾驶更平顺,动力比纯 CNG 客车优越,噪声更低、舒适性更高;具有电机能量回馈制动,制动距离更短、更安全,制动片使用寿命更长。

此外,CNG 混合动力客车可设计成外接充电式,充分利用低谷电,使 CNG 的燃料消耗率更低且操作简单方便;动力系统全自动控制,各子系统工作状况最佳,可靠性更高、维护成本更低;由于气电混合动力客车造价不高,可适应不同市场要求,运营成本较低,回收成本较普通客车容易。但由于气瓶体积较大,占用空间较大,目前在客车上还采用较少。

3) 电电混合动力客车

电电混合动力客车主要是指采用电电混合储能系统的客车。即采用高功率密度的电源(超级电容器)和高能量密度的电源(蓄电池)并联使用,将超级电容作为辅助动力电源,为车辆提供起动、爬坡、加速等功率突变时所需的功率,从而减小大电流放电对蓄电池的伤害,延长电池寿命,改善电动客车性能。

超级电容和蓄电池在特性上具有很强的互补性,因此采用超级电容与蓄电池组成混合电源,将兼具两者的优点。蓄电池能量密度大,但功率密度低,循环寿命短,充放电效率低,污染环境,不适合高倍率快速充电;超级电容的特性则恰恰相反,具有很高的功率密度,循环寿命长,充放电效率高,环境友好,特别适用于高倍率充放电的场合,但低的能量密度不适用于长时间的大规模储能。因此,两者结合无疑将会提高储能装置的性能。

目前,应用较多的是将超级电容与蓄电池组合用于汽车起动。由于超级电容在汽车起动过程中改善了电源功率输出性能、起动性能和电池的工作环境,减小了对车内其他电子设备的干扰,消除了频繁起动对蓄电池的损伤,因此延长了蓄电池的使用寿命。

超级电容的高功率密度特性在混合动力汽车中扮演了非常重要的角色,目前的研究是致力于提高其比能量。其中,最重要的措施之一就是利用离子液体电解质来提高单体电压,使其不低于 3V,并通过设计合适的电极材料提高在离子电解液中的容量。这些措施的采用,可以大大提高超级电容的比能量。

2. 按技术路线不同分类

1) 串联式混合动力客车

串联式混合动力客车的动力由发动机、发电机和电动机三部分动力总成组成,它们之间用串联方式组成 SHEV 动力单元系统,发动机驱动发电机发电,电能通过控制器输送到电池或电动机,由电动机通过变速机构驱动汽车行驶。小负荷时由电池驱动电动机,大负荷时由发动机带动发电机发电驱动电动机。

2) 并联式混合动力客车

采用并联式混合动力装置的客车由发动机和电动机共同驱动车轮,但发动机与电动机分属两套系统,可以分别独立地向传动系提供转矩,即在不同的路面上既可以共同驱动又可以单独驱动。由于没有单独的发电机,发动机可以直接通过传动机构驱动车轮。这种装置更接近传统的汽车驱动系统,机械效率损耗与普通汽车差不多,因此目前在客车上得到了较为广泛的应用。

3) 混联式混合动力客车

混联式混合动力客车的动力包含了串联式和并联式的特点,其动力系统包括发动机、发电机和电动机。根据助力装置不同,又分为发动机为主和电机为主两种。在以发动机为主的系统中,发动机作为主动力源,电机为辅助动力源;在以电机为主的系统中,发动机作为辅助动力源,电机为主动力源。这种技术路线的优点是控制方便,在燃油利用效率不太高的城市路况时基本上靠电动机驱动,可实现零排放,缺点是结构较为复杂。

3. 按混合程度不同分类

按照内燃机与电动机的额定功率及混合程度不同,可将混合动力电动客车分为微度混合、轻度混合和深度混合三类。

1）微度混合动力电动客车

微度混合动力电动客车（Micro Hybrids）也称为"起—停（Start-Stop）混合动力电动客车"。车辆的驱动力主要靠内燃机提供，依靠电池-电机功率的比例很小。

（1）在微度混合动力电动客车中，电动机仅作为内燃机的起动机或发电机使用，不为汽车行驶提供持续的动力。其工作模式是：如遇红灯或交通拥堵等情况车辆需短时停车急速时，使内燃机熄火取消急速；而当车辆再次行驶时，立即重新起动内燃机；在制动时转变为发电机，实现制动能量回收。

（2）可实现5%~10%的节油效果。

2）轻度混合动力电动客车

轻度混合动力电动客车（Mild Hybrids）也称为"辅助驱动混合动力电动客车"。与微度混合动力电动客车相比，在驱动车辆的两种动力源中，电池—电机功率所占的比例增大，内燃机功率占的比例相对减小（一般将电机功率不超过发动机最大功率的10%，定义为轻度混合）。

（1）在车辆加速、爬坡等工况下，电机可向内燃机提供辅助驱动力矩，但不能单独驱动车辆行驶；同样具有制动能量回收和发动机熄火/重起动功能。

（2）节油率可达10%~15%。

3）深度混合动力电动客车

深度混合动力电动客车亦称"全面混合（Full Hybrids）"或"强混合（Strong Hybrids）"动力电动客车。与轻度混合相比，在驱动车辆的两种动力源中，依靠电池—电机功率的比例增大，内燃机功率的比例更小。

（1）通常采用大容量电池，以供给电机以纯电动模式运行，同时还具有动力切换转装置，用于发动机、电动机各自动力的耦合和分离。由于电机和内燃机都可以独立（或一起）驱动车辆，因此在低速、缓加速行驶（如交通拥堵、频繁起步—停车）、起步和倒车等情况下，车辆可以纯电动行驶；急加速时，电机和内燃机一起驱动车辆，并有制动能量回收的能力。

（2）内燃机和电机功率的比例也有不同的变化范围，典型的情况是电机功率为内燃机最大功率的40%左右。

（3）不同试验工况的节油达30%~50%，但实际节油效果随车辆结构设计、行驶工况和驾驶水平而变化。

4）插电式混合动力电动客车

插电式混合动力电动客车亦称"可外接电源充电混合动力电动客车"（Plug-in Hybrid Electric Bus，PHEB），是一种在常规情况下可从非车载装置中获取电能、优先在纯电动模式下行驶的混合动力电动汽车。就驱动原理和驱动单元而言，PHEV与普通混合动力电动汽车相差无几（因此有些将其划入按混合度分类的混合动力车型中），但电容量（应保证必要的纯电动行驶里程）要比深度混合系统的大，比纯电动的车辆小。

插电式混合动力电动客车是介于混合动力电动车和纯电动车之间的一种车型，由于可利用电网的电来作为车辆的"燃料"，因此大大减少了对石油的依赖，具有很好的环境效益，被认为是混合动力的重要发展方向之一。

插电式混合动力电动客车也有串联式、并联式和混联式三种结构。

（1）串联式PHEB。串联式PHEB亦称"增程式"电动客车，是向纯电动和燃料电池客车发展的一种过渡车型，其动力系统的动力流程如图3-7所示。这种形式的结构特点是：纯电动汽车+增程器，车轮仅由电动机独立驱动。纯电动模式下，增程器不工作；混合动力模式下，增程器起动运行，以保持在发电量与燃油经济性平衡的最佳运转状态下运行发电。

（2）并联式PHEB。并联插电式混合动力电动汽车的动力系统动力流程如图3-8所示。其结构特点为：两套动力源同时或单独驱动汽车车轮，其中一套是电动机、控制器和蓄电池系统，另一套是燃油发动机。

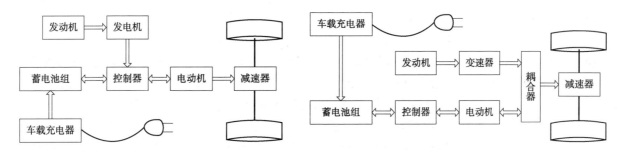

图 3-7　串联式(增程式)PHEB 动力系动力流程图　　图 3-8　并联式 PHEV 动力系统动力流程图

(3)混联式 PHEV。混联插电式混合动力电动汽车动力系统的动力流程如图 3-9 所示。其结构特点是既有串联也有并联的混合动力模式,因此兼顾了串联式与并联式的优点,但结构较为复杂。行驶时优先使用纯电动模式;在蓄电池组的荷电状态 SOC 降到一定限值时,切换到混合动力模式下行驶;在混合动力模式下,起动、低速时使用串联式系统的发电机发电,电动机驱动车轮行驶;加速、爬坡、高速时使用并联式系统,主要由发动机驱动车轮行驶,发动机多余能量可带动发电机发电给蓄电池组充电。

二、混合动力客车的特点和关键技术

1. 特点

混合动力客车发动机、电动机和能量存储装置(电池组)等之间的良好匹配和优化控制,可充分发挥内燃机客车和电动客车的优点,避免各自不足,是当今最具实际开发意义的低排放和低油耗客车。

较之纯电动客车,混合动力电动客车具有如下特点:

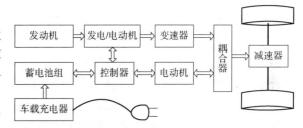

图 3-9　混联式 PHEB 动力系统的动力流程图

(1)由于有发动机作为辅助动力,减少了电池组的数量和质量,因此降低了客车整备质量。

(2)续驶里程和动力性可达到内燃机客车的水平。

(3)借助发动机动力,可带动空调、真空助力、转向助力及其他辅助电器,无须消耗电池组的有限电能,从而保证了驾驶和乘坐舒适性。

较之内燃机客车,混合动力电动客车具有如下优点:

(1)可使发动机在最佳的工况区域稳定运行,避免或减少了发动机变工况下的不良运行,使得发动机的排污和油耗大为降低。

(2)在人口密集的商业和居民区等地,可用纯电动方式驱动车辆,实现零排放。

(3)由于能通过电动机提供动力,因此可配备功率较小的发动机,并可通过电动机回收汽车减速及制动能量,进一步降低能量消耗和废气排放。

显然,混合动力客车研发的主要目的就是要减少石油能源消耗,降低客车尾气中的有害气体量,减少大气污染。

对于插电式混合动力电动客车,与普通混合动力客车相比,还具有以下突出的特点:

(1)可以直接由外接电源(包括家用 220V 电源)为蓄电池组充电。从这点看像一台纯电动汽车(BEV),通常优先在纯电动模式下独立行驶,一般由外接公共电网电源充电补充电能。因此,可利用夜间低谷电充电,改善电厂发电机组运行效率,节约能源,减少尾气排放,净化城市空气质量,降低汽车对石油燃料的依赖,减少使用成本。而传统混合动力电动汽车一般不能用外接电源充电,完全依赖车载燃料的消耗来补充蓄电池电能。此外,蓄电池组容量大,在纯电动模式下独立行驶有较长的纯电动续驶里程(可达几十千米)。而传统混合动力电动汽车,即使是"强混"车型,蓄电池容量也较小,只有起动和低速时是纯电驱动,加速和高速时必须发动机和电动机共同驱动,发动机为主要驱动力。

(2)驱动电动机功率、转矩大,能在纯电动模式下实现起动、加速、高速和爬坡等各种工况。而传统混合动力电动汽车的电动机功率、转矩小,在加速、爬坡等工况行驶时需靠电动机+发动机共同工作。

(3)续驶里程长,一般可达400~500km。长途行驶时,优先在纯电动模式下工作,只有当蓄电池组的荷电状态SOC降到一定限值时,切换到混合动力模式下行驶,发动机直接驱动或者拖动发电机发电供电动机驱动汽车,并补充蓄电池电能。因此,不依赖充电站停车充电,特别是在目前国内充电设施很不完备的情况下可连续长途行驶,克服了纯电动汽车受动力电池容量限制、续驶里程短的弊端。

(4)驱动电机在汽车制动、下坡甚至滑行减速时处于再生制动状态,其对蓄电池组回馈充电效率高,且不消耗蓄电池电能。而传统混合动力电动汽车电机回馈效率低于PHEB,制动和下坡时依靠制动器摩擦制动或者发动机倒拖制动,不仅制动能量回收为零,还要消耗燃油。

(5)短途运行时优先在纯电动模式下行驶(为纯电动汽车模式)。特别是在城市堵车、红绿灯等待、缓慢爬行等工况下,呈零排放行驶。而对传统内燃机汽车来说,怠速等待、低速行驶、时走时停,致使燃油燃烧不完全,尾气排放的HC/NO化合物和CO/CO_2/PM2.5等污染物数倍增加,不仅浪费燃料,而且严重地污染了城市的生存环境。

2. 混合动力客车的关键技术

混合动力电动客车以先进控制技术为纽带,是传统燃油客车与纯电动客车的一种过渡性车型,其关键技术涵盖机电工程、电力电子、电化学、控制工程、汽车电子和车辆工程等众多学科,主要包括驱动电动机及控制技术、动力电池及其管理、整车能量管理控制、动力传动系匹配、再生制动能量回收和先进车辆控制技术等。

1)驱动电动机及控制技术

电动机是电动客车的心脏,对于混合动力电动客车来说,电动机的重要性与发动机等同。混合动力电动客车对驱动电动机的要求是能量密度高、体积小、质量轻、效率高。从发展趋势看,电驱动系统的研发主要集中在交流感应电动机和永磁同步电动机。对于高速、匀速行驶工况,采用感应电动机驱动较为合适;而对于经常起动、停车、低速运行的城市工况,永磁同步电动机驱动效率较高。

驱动电动机的控制技术包括大功率电子器件、转换器、微处理器以及电动机控制算法等。目前,高性能的电力电子器件仍处于研究中,并向微电子技术与电力电子技术集成的第四代功率集成电路方向发展;转换器技术随着功率器件的发展而发展,可分为DC/DC直流斩波器和DC/AC逆变器,分别用于直流和交流电动机;电动机控制微处理器主要有单片机和DSP芯片,近年电动机控制的专用DSP芯片已被广泛采用,将微处理器与功率器件集成到一块芯片上(即PTC芯片),是目前的研究热点。

当前,常规电动机驱动领域的控制方法如矢量控制、变压变频控制、模型参考自适应控制、直接转矩控制和自调整控制等都已被用到电动客车的驱动控制中,但电动客车控制有其自身特点,要求在恒转矩、恒功率区都保持效率高、调速范围大、动态响应快等性能。从目前的实践看,感应电动机和永磁同步电动机矢量控制是较好的控制方法。近年来兴起的变结构控制、模糊控制、神经网络控制以及专家系统控制等新兴控制方法也不断地在电动客车中被采用,效果也较为理想。

2)动力电池及其管理系统

动力电池是混合动力电动客车的基本组成单元,其性能直接影响驱动电动机的性能,从而影响整车的燃油经济性和排放性。混合动力电动客车使用的电池工作负荷大,对功率密度要求较高,但体积和容量小,且电池的SOC工作区间较窄,对循环寿命要求高。能否开发适合混合动力电动客车的专用动力电池,是决定混合动力电动客车能否大量推广使用的重要因素之一;如何全面、准确地对动力电池进行管理,是决定动力电池能否发挥最佳效能的重要因素。

3)整车能量管理控制系统

整车能量控制系统的主要功能,是进行功率控制和工作模式切换控制。该系统如同混合动力电动客车的大脑,指挥各个子系统协调工作,以达到效率、排放和动力性最佳,同时兼顾车辆行驶平顺性。

整车能量控制系统根据驾驶人对加速踏板、制动踏板和变速杆的操作等,判断驾驶人意图,在满足驾驶人需求的前提下,分配电动机、发动机、电池等动力部件的功率输出,实现能量利用率的最优管理,使有限的燃油发挥最大功效。传统的混合动力电动客车都不需要外部充电,其整车驱动能量全部来自于发动机的燃油热能,电动机驱动所需的电能是燃油热能在车辆行驶中转换的电能或储存在蓄电池中的电能。能量管理策略的目标,就是使燃油能量转换效率尽可能高。

整车能量控制必须通过有效控制混合动力系统的工作才能实现。此外,能量控制还需考虑其他车载电气附件和机械附件的能量消耗,如空调、动力转向、制动助力等的能耗,以综合考虑整车的能量使用。

4) 动力传动系匹配

混合动力电动客车动力传动系统的参数匹配是其设计的重要内容之一,直接影响到整车的排放和燃油经济性能。其包括合理的选择和匹配发动机功率、动力电池容量和电动机功率等,以确定车辆的混合度,并组成性能最优的混合驱动系统。

5) 能量再生制动回收系统

能量再生制动回收是混合动力电动客车提高燃油经济性的又一重要途径。由于制动关系到行车安全,如何在最大限度回收制动能量时的车辆动能与保证安全的制动距离和车辆行驶稳定性之间取得平衡,是再生制动回收系统需要解决的难题之一,而将再生制动回收系统与车辆防抱死制动系统结合,则可以较完美地解决这一难题。

6) 车辆控制技术的应用

传统客车的车辆动力学控制系统与混合动力控制系统以及制动能量回收控制的结合,将是混合动力电动客车控制技术的下一个研究热点。混合动力电动客车再生制动系统与传统客车的 ABS 结合,在国外已经得到了较好解决,而国内目前尚无真正的解决方案。此外,随着混合动力电动客车研究的深入,传统客车的驱动控制系统和车辆稳定性控制系统等如何与混合动力电动客车的能量管理及动力控制系统相结合,将越来越显示出其重要性与必要性。两种控制技术的融汇集成,将使未来的混合动力电动客车更加节能、舒适和安全。

三、混合动力客车的发展

1. 国外混合动力电动客车的发展

1898 年,德国工程师费迪南德·保时捷(Ferdlinand Porsche)设计制造出世界第一辆混合动力电动汽车,并在巴黎万国博览会展出。该车采用无级变速和 80V 铅酸蓄电池,在前轮上配置了功率 2.5kW 的电动机,可最大短时输出功率 5.1kW;整车质量 780kg,最大时速 58km/h,可连续行驶约 3h。

1916 年,美国芝加哥的武德斯(Woods)汽车公司推出了一辆并联混合动力电动汽车,该车除电机驱动外还装有一台 12hp(1hp = 0.735kW)的 4 缸汽油机,用于高速行驶及对电池充电。在纯电模式下最高车速 32km/h,两种驱动系统都工作时最高车速可达 58km/h。1899 年,巴黎美术馆展出了两款混合动力电动汽车,一款是法国 Vendovelli 与 Priestly 公司制造的串联式混合动力电动汽车,该车与 1.1kW 发电机组合的一台 0.75hp 的汽油发动机安装在拖车上,以通过对电池组的再充电延长续驶里程;另一款是比利时 Pieper 研究院开发的并联式混合动力电动汽车,装有一台由电机和铅酸蓄电池组辅助的小型空冷汽油发动机。在 1899 ~ 1914 年间,欧洲还出现了多种兼有并联和串联模式的其他形式混合动力电动汽车。

早期的混合动力电动汽车基本上都围绕轿车进行开发和研究,其目的是为了辅助当时功率偏小的内燃机汽车,或是为了增加纯电动汽车的行驶里程。与纯电动汽车类似,第一次世界大战后混合动力电动汽车就从市场上消失了。

20 世纪 90 年代,由于降低能耗和环保的要求,加之纯电动汽车还难以达到实用化程度,混合动力电动汽车又开始受到重视。除轿车外,城市客车也成为混合动力电动汽车发展的重点领域。在政府和社会的支持下,德国、瑞典、法国、荷兰、比利时、意大利、波兰、日本和韩国等国家的客车企业都开发有混合动力电动客车产品,且大多采用美国通用公司的混联系统和 BAE、EATON、采埃孚和福伊特公司的串联、混联系统,以及日野公司的 HIMR 系统等。经过试运行,这些产品都已批量投入市场使用。

1997 年,韩国亚洲汽车公司(AMC)研发了韩国第一辆并联式柴油—电动混合动力城市客车。美国纽约从 1988 年起,使用了由 Orion 客车公司生产的 BAE 串联式混合动力城市客车。2003 年,美国俄勒冈州波特兰市的 TRI.Met 公司开始将标准长度的串联式混合动力城市客车投入运营;同年,美国西雅图市购买了235辆装备有艾里逊开发的E-Systems并联式混合动力系统柴油发动机混合动力电动客车,并于2004年6月9日投入运营。目前,美国大部分城市已经使用或计划使用混合动力城市客车。

欧洲在混合动力汽车的开发、研制和推广方面进行了大量投入。突出代表是法国的Berlinge,其在性价比上能与一般汽车相抗衡,代表了国际实用先进水平。2003年12月,英国Eneco公司成功研制出一辆串联式混合动力城市客车,并破纪录地完成了从Susses到Presston的300mile不间断行驶。在德国,已有20辆混合动力大客车在斯图加特和威塞尔市运行。最近,德国汽车工业准备实施新的排放标准和节能要求,将在部分地区限制百公里油耗超过5L的轿车行驶,这将促使人们把希望寄托在混合动力客车的开发上。瑞典沃尔沃公司也开发出基于沃尔沃FL6货车改装的混合动力新能源客车,最高车速可达90km/h。目前,已有超过100辆混合动力城市客车正在欧洲各国试运行。

此外,欧洲混合动力城市客车出现了平台化趋势,即发电机组+驱动电机+储能装置构成了混合动力系统的基本技术平台,通过换用不同的发电机组即APU,使从汽油机、柴油机到气体燃料发动机各种不同的能源动力转化装置,形成油—电、气—电、电—电等各种不同混合动力系统,以此促进动力系统的平稳过渡与转型。

欧洲混合动力汽车发展规划如图3-10所示。

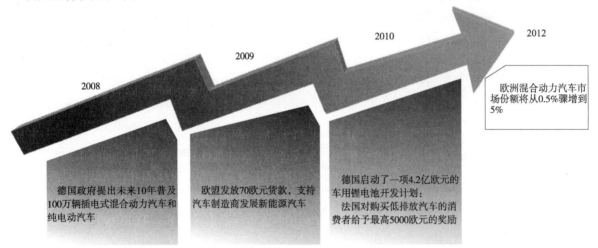

图3-10 欧洲混合动力汽车发展规划

目前,世界上大多数大汽车公司都充分利用内燃机汽车的先进技术和电动机的无污染特性,将它们共同组成混合动力电动汽车,发展一种"超低油耗、超低污染"的车辆,以此作为内燃机汽车向纯电动汽车发展的过渡产品。

2. 国内混合动力电动客车的发展

国内混合动力客车从"九五"起步,到"十一五"发展,目前已经有数十家企业开发出混合动力客车产品。随着国家新能源汽车补助政策的公布,电池、电机、控制系统等核心部件已经出现大量资本介入并形成批量生产规模,某些领域的产量和技术已居世界先进水平。

自"十五"国家"863"设立新能源客车重大专项以来,福田、中通、宇通、一汽、东风、上汽集团和清华大学、同济大学等汽车企业及科研院校相继开展了大量的混合动力客车技术攻关,并取得了一系列成果。

经过几十年发展,国内发动机企业通过合资合作,在引进国外先进发动机生产线或生产技术基础上通过消化吸收,已具备较强的技术研发及生产制造能力,形成了以潍柴、玉柴、锡柴、上柴、东风康明斯等为代表的一批成熟发动机制造商,可基本满足国内大多数客车企业的主流需求,为混合动力系统中发动机的选型匹配提供了良好条件。

北汽福田欧辉客车是国内最早进行新能源客车研发和示范运行的企业之一,早在2003年初,其研发的混合动力客车就开始投入示范运行;2008年,35辆混合动力公交客车交付广州公交,成为国内首批正式上线运行的批量混合动力客车;2014年11月,与北京公交签订700辆全球最大新能源订单;同时,欧辉客车已在台湾地区及国内多个城市销售。目前,已形成智蓝新能源混合动力客车系列产品。

自2004年以来,经过长期研究、实践和技术积累,中通客车在混合动力客车领域突破了新能源客车产品系列化平台设计技术、专用电气化底盘与车身技术、整车控制和制造工艺等核心技术,成功研发出并联和混联两大主流技术路线,共14代混合动力客车,首批混合动力示范样车2006年4月9日投入运营。2013年,中通客车推出了同轴并联插电式混合动力客车,并取得四项技术突破。

宇通客车作为中国客车的龙头企业,利用其雄厚的技术力量,经过10多年研究和技术积累,在混合动力客车的系列化平台设计、专用底盘与车身技术、整车控制和制造工艺等核心技术领域,取得了一系列成果,基本形成了全系列的混合动力客车产品,其产销量一直位居国内客车企业榜首。在2013年12月的新能源客车销售中,插电式混合动力客车占据了约90%份额(包括10~18m插电式混合动力客车和8~18m混合动力客车)。

与此同时,安凯、苏州金龙、厦门金龙、厦门金旅、扬州亚星、东风汽车公司、一汽集团、深圳五洲龙、湖南南车时代和重庆恒通等客车企业也都相继开发了多种型号的混合动力客车,并批量销售投入示范运行。

四、典型实例

图3-11所示为宇通ZK6126MGQA混合动力城市客车的整车布置方案。该车在成熟的传统城市客车平台基础上,采用动力系统后置、后轮驱动布置形式,以及全承载式车身、整车电泳、空气悬架、三分式前围活动门等先进技术和工艺,动力电池放置在后舱体内,具有合理的轴荷分布和良好的操纵稳定性。

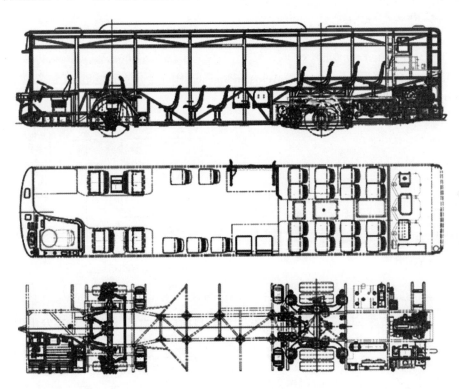

图3-11 宇通ZK6126MGQA9混合动力城市客车总体布置方案

在整车设计上,车身后部增加隔断舱体,舱体中布置整车电控部件;取消后部风窗,改为舱门,上部舱门安装LED滚动式电子路牌,舱门洞口内侧设计防水结构,锁止及密封可靠;通过对气流流场的分析优化,使隔断舱的气流更加顺畅;通过隔断空间的优化布局,提升了维修方便性;在发动机舱温度控制方面,安装了宇通专门研发的混合动力温控电子风扇系统,可实现对舱内温度的实时监控处理;整车采用特有的隔声降噪工艺,使噪声得到有效控制;空调压缩机装在左侧,制冷剂管道改为从左侧走,避开了进气装置,结构更为合理;通过优化压缩机传动比,使空调在常用条件下工作在高效区,提高了效率;采取对玻璃加隔热涂料、骨架内侧加保温层、乘客门密封、检修口增加隔热结构等措施,提高了整车的保温、隔热性能,减少了空调的工作负荷和工作时间;实现了怠速停机功能,对空调、发动机、转向系统和24V电源系统等均按电动客车的要求进行了特殊设计。

图 3-12 和图 3-13 所示分别为宇通 ZK6126MGQA 混合动力城市客车的外形和动力系统方案。该混合动力系统采用了专用发动机 + 自动离合器 + ISG 电机 + 自动离合器 + 主驱动电机同轴结构，覆盖了典型的深度混合（混合度：电机额定功率/发动机额定功率 = 30% ~ 50%）系统全部优点，并具有结构简单，省去复杂变速机构；行驶中无换挡过程，平顺性好；平台化、系列化、可扩展性好，可以覆盖 10 ~ 18m 客车和成本低等优点。

由于采用基于空间矢量控制的电机调速方式和先进的模式切换策略，实现了行驶过程中的无级调速及调速过程中无动力中断；基于 SAE J1939 的整车 CAN 网络和基于 ISO26262 的整车安全策略，提高了系统的可靠性和行驶安全性；而基于等效油耗优化算法的控制策略，则使整车功率分配达到了最佳。

图 3-12 ZK6126MGQA9 混合动力城市客车外形

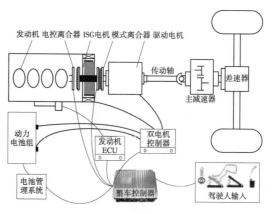
图 3-13 ZK6126MGQA9 混合动力城市客车动力系统方案

图 3-14 和图 3-15 所示分别为日本三菱 Aerostar Nonstep HEV 的外形和动力系统布置结构示意图，其结构特点及部分整车主要技术参数见表 3-2。

图 3-14 三菱 Aerostar Nonstep HEV 外形

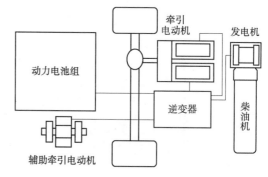
图 3-15 三菱 Aerostar Nonstep HEV 的动力系统布置结构示意图

表 3-2 日本三菱 Aerostar Nonstep HEV 的结构特点及部分整车主要技术参数

项　　目	结构特点及部分主要技术参数
驱动系统及布置	串联布置，整个驱动系统后置，带减速机构的双电机纵向布置在后轴，在双电机与主减速器之间由传动轴连接
发动机	排量 8.2L，直列 6 缸柴油机，功率 160kW，经济低排放工作转速及功率分别为 1200r/min 和 70kW
发电单元	发动机直接与发电机连接，形成发电单元，横置于车辆后部
发电机与牵引电机	德国西门子公司制造
动力电池	由 180 个单体锂离子电池组成，布置于车顶，额定电压 684V，每个单体电池质量约 1.9kg
发电机、电动机	发电机功率 100kW，电动机功率 150kW × 2
蓄电池组	输出功率 342kW，输入功率 157kW

第四节　燃料电池电动客车

燃料电池电动客车简称"燃料电池客车"（Fuel Cell Bus, FCB），是指采用燃料电池为纯电动客车的电驱动系统提供电能,或以氢气作为主要能源,超级电容或锂电池作为辅助能源的新能源客车。燃料电池客车的工作原理是,使搭载在车上的燃料氢与大气中的氧发生化学反应,从而产生出电能起动电动机,最终驱动客车行驶。甲醇、天然气和汽油也可以替代氢(从这些物质里间接地提取氢),不过将会产生二氧化碳和氮氧化物。但总的来说,这类化学反应除了电能就只产生水。因此,燃料电池汽车被称为"地道的环保车"。

燃料电池可以直接将燃料的化学能转化为电能,中间不经过燃烧过程,能量转换效率高。燃料电池的种类较多,有熔融碳酸盐燃料电池、固体氧化物燃料电池、金属空气电池和氢氧质子交换膜燃料电池等,即在车上搭载氢燃料,与大气中的氧发生化学反应,从而产生电能起动电动机,进而完成驱动的客车。燃料电池以氢氧电化学反应为基础,最终产物是水,不会产生有害物质,无污染。此外,燃料电池的能量转换效率比内燃机要高 2~3 倍,因此从能源利用和环境保护方面来看,燃料电池客车最有可能成为未来较为理想的交通工具。

一、燃料电池客车的分类

按照驱动系统的不同,燃料电池客车有纯燃料电池(FC)驱动系统和燃料电池与辅助动力源组成的混合驱动系统两种类型;按照能量来源不同,有车载纯氢和燃料重整制氢两种形式;根据燃料电池所提供的功率占整车需求功率的比例不同,燃料电池混合动力客车可分为能量混合型和功率混合型两大类;按混合度(电机额定功率/发动机额定功率)的大小,可以分为微度混合(Micro Hybrid,混合度 3% 以下,节能 5%~10%)、轻度混合(Mild Hybrid,混合度 10%~20%,节能 20%~30%)和全(深度)混合(Full Hybrid,混合度 30%~50%,节能 30%~50%)三类。

二、燃料电池客车的特点和关键技术

1. 燃料电池客车特点

1)优点

与传统客车、纯电动客车相比,燃料电池客车具有以下优点。

(1)效率高。燃料电池的工作过程是化学能转化为电能的过程,不受卡诺循环的限制,能量转换效率较高,可以达到 30% 以上,而汽油机和柴油机客车的整车效率分别为 16%~18% 和 22%~24%。

(2)续驶里程长。采用燃料电池系统作为能量源,克服了纯电动客车续驶里程短的缺点,其长途行驶能力及动力性已经接近于传统客车。

(3)绿色环保。燃料电池没有燃烧过程,以纯氢作燃料,生成物只有水,属于零排放。而采用其他富氢有机化合物用车载重整器制氢作为燃料电池的燃料,生产物除水之外还可能有少量的 CO_2,接近零排放。

(4)过载能力强。燃料电池除了在较宽的工作范围内具有较高的工作效率外,其短时过载能力可达额定功率的 200% 或更大。

(5)低噪声。燃料电池属于静态能量转换装置,除了空气压缩机和冷却系统以外无其他运动部件,因此与内燃机客车相比,运行过程中的噪声和振动都较小。

(6)设计方便灵活。燃料电池客车可以按照高安全线控系统(X – by – Wire)技术的思路进行设计,改变了传统的客车设计概念,可以在空间和质量等问题上进行灵活配置。

2)缺点

(1)制造成本和使用成本过高。燃料电池发动机的制造成本居高不下,国内估计约人民币 3 万元/kW,国外成本约 3000 美元/kW,与传统内燃机仅人民币 200~350 元/kW 相比,差距巨大。在使用成本方面,以高纯度(99.999%)高压氢(>20MPa)为例,1kg 售价 80~100 元,按 1kg 氢可发 10kW·h 电能计算,仅燃料费即约为 10 元/kW·h;按燃料电池发动机工作寿命 1000h 计算,折旧费为 30 元/kW·h,因此总动力成本达 40 元/kW·h。目前,由燃料电池发动机提供 1kW·h 电能的成本远高于各种动力电池。可见,仅从这个侧面就反映了作为客车动力源,燃料电池还有相当长的距离。

（2）辅助设备复杂，且质量和体积较大。在以甲醇或者汽油为燃料的FCEV中，经重整器出来的"粗氢气"含有使催化剂"中毒"失效的少量有害气体，必须采用相应的净化装置进行处理，增加了结构和工艺的复杂性，并使系统变得笨重。目前，普遍采用氢气燃料的FCEV，但因需要高压、低温和防护的特种储存罐，导致体积庞大，这也给FCEV的使用带来了许多不便。

（3）起动时间长，系统抗振能力有待进一步提高。采用氢气为燃料的FCEV起动时间一般需要超过3min，而采用甲醇或者汽油重整技术的FCEV则长达10min，比内燃机客车起动的时间长得多，影响其机动性能。此外，当FCEV受到振动或者冲击时，各种管道的连接和密封的可靠性需要进一步提高，以防止泄漏、降低效率，严重时引发安全事故。

2. 燃料电池客车的关键技术

1）燃料电池系统

燃料电池是燃料电池客车发展的最关键技术之一，车用燃料电池系统的核心是燃料电池堆，其技术发展趋势可用耐久性、低温起动温度、净输出比功率以及制造成本4个要素来评判。按照美国能源部Freedom CAR计划（即《自由合作汽车研究计划》，该计划的目标是开发具有商业前景的氢燃料电池汽车技术及氢气供应基础设施，极大改善环境，加快实现汽车燃料电池商品化）提出的指标，到2010年，燃料电池堆的耐久性要求超过5000h，可在-30℃起动，从起动到输出50%额定功率的时间为30s，净输出比功率达到2.5kW/L，制造成本小于30美元/kW。燃料电池堆研究正在向高性能、高效率和更高耐久性方向努力。

降低成本是燃料电池堆研究的另一目标。控制成本的有效手段是减少材料（电催化剂、电解质膜、双极板等）费用，降低加工费（膜电极制作、双极板加工和系统装配等）。但是如何在材料价格与系统性能之间寻求平衡，依然需要继续研究。以电催化剂为例，非铂催化剂体系虽然在降低成本上有潜力，但是其性能却远远无法达到车用燃料电池系统的要求。人们一直努力降低铂的使用量，但即便是膜电极中有高负载量[如铂担载量（一般为贵金属活性组分的质量除以催化剂载体的质量）为$1mg/cm^2$]，其性能也不能满足车用功率的需求。如何更有效地利用电催化剂的活性组分，使活性组分长期保持高活性状态，延长催化剂使用寿命，是催化剂研究需要考虑的重点。

此外，作为车用燃料电池系统还需要攻克许多工程技术壁垒，包括：系统起动与关闭时间、系统能量管理与变换操作、电堆水热管理模式，以及低成本高性能的辅助设施（包括空气压缩机、传感器和控制系统）等。

2）车载储氢系统

储氢技术是氢能利用走向规模化应用的关键。目前，常见的车载储氢系统有高压储氢、低温储存液氢和金属氢化物储氢3种基本方法。对于车载储氢系统，美国能源部提出在续驶里程与标准汽油车相当的燃料电池客车车载储氢目标是：质量储氢密度6Wt%，体积储氢密度$60kg/m^3$。纵观现有储氢方法，除了低温储存液氢技术，其他技术都不能完全达到以上指标。而低温储存氢气的成本与能耗都很大，作为车载储氢并不是最佳选择。

如何有效减小储氢系统的质量与体积，是车载储氢技术研发的重点。比较理想的方案之一，是采用储氢材料与高压储氢复合的车载储氢新模式，即在高压储氢容器中装填质量较轻的储氢材料，这种装置与纯高压储氢方式（>40MPa）相比，既可以降低储氢压力（约10MPa）又可以提高储氢能力。复合式储氢模式的技术难点是如何开发吸、放氢性能好，以及成型加工性良好和质量轻的储氢材料。

3）车载蓄电系统

车载蓄电系统包括铅酸电池、镍氢电池和锂离子电池等蓄电池及电化学超级电容器。铅酸电池作为客车起动电源已经十分成熟，但由于其功率密度低，充电时间长，作为未来电动客车动力系统的可能性很小；镍氢电池具有高比能、大功率、快速充放电和耐用性优异等特性，是目前混合动力客车和电动客车中应用最广的绿色动力蓄电系统；锂离子电池具有比能量大、比功率高、自放电小、无记忆效应、循环特性好和可快速放电等优点，已迅速取代镍氢电池成为手机、笔记本式计算机及数码产品的首选电源。近年来，$LiFePO_4$（一种锂离子电池正极材料）取代传统$LiCoO_2$，使锂离子电池的循环稳定性与安全性得到很大改善,因此有望进入电动客车动力电源行列。

2001年成立的美国A123 Systems(全球著名的新一代锂离子电池高科技公司,世界电池系统领域技术领先企业)基于$LiFePO_4$正极材料开发车用锂离子电池,其在电动工具动力电源的基础上,计划为通用客车Chevrolet Volt和Saturn Vue型混合动力客车(HEV或PHEV),以及通用电气投资的THINK City电动客车配备电池。而基于$LiFePO_4$正极材料的动力锂离子电池,正受到全球电池工业和客车工业的广泛关注。

超级电容器能在短时间内提供或吸收大的功率(为蓄电池数十倍),因其效率高、具有上万次的循环寿命和极长的储存寿命、工作温度范围宽、能使用的基础材料价格便宜等优点,可以作为混合型动力客车的有效蓄电系统,上海等地已经有采用超级电容的纯电动公交客车线路示范运行。但因其能量密度低,能否作为独立的车用动力系统大规模推广,还有待更多的运行数据佐证。

4)电动机及其控制技术

驱动电动机是燃料电池电动客车的心脏,目前正向大功率、高转速、高效率和小型化方向发展。当前,驱动电动机主要有感应电动机和永磁无刷电动机。永磁无刷电动机具有较高的功率密度和效率、体积小、惯性低及响应快等优点,在电动客车方面有着广阔的应用前景。由感应电动机驱动的电动客车几乎都采用矢量控制和直接转矩控制,其中矢量控制又有最大效率控制和无速度传感器矢量控制两种。前者是使励磁电流随着电动机参数和负载条件的变化,而使电动机的损耗最小、效率最大;后者是利用电动机电压、电流和电机参数来估算速度,不用速度传感器,从而达到简化系统、降低成本、提高可靠性的目的。直接转矩控制克服了矢量控制中需要解耦的不足,把转子磁通定向变换为定子磁通定向,通过控制定子磁链的幅值以及该矢量相对于转子磁链的夹角,达到控制转矩的目的。由于直接转矩控制手段直接、结构简单、控制性能优良和动态响应迅速,因此非常适合用于电动客车的控制。

5)整车布置

燃料电池客车在整车布置上存在以下关键问题:燃料电池发动机及电动机的相关布置、动力电池组布置、氢气瓶的安全布置,以及高压电安全系统的布置等。这些核心部件的布置,不仅要考虑布置方案的优化及零部件性能实现的便利,还要求相关方案必须考虑传统客车不具备的安全性问题。目前,从国内外几轮样车的试制过程来看,燃料电池发动机及电动机同时进发动机舱是一种技术趋势,动力电池组沿车身主轴纵向布置好于电池组零星布置,氢气瓶布置需要更多地考虑碰撞安全性等。

三、燃料电池客车发展概况

1. 国外燃料电池客车的发展

国外早在20世纪60年代就开始了燃料电池客车的研究和开发。1966年美国通用公司推出了世界上第一辆可驾驶的、以燃料电池为电源的轻型厢式电动货车"Electrovan",其以低温冷藏液态氢为燃料,最大功率为150kW,续驶里程为200km。

1993年,加拿大巴拉德(Ballard)动力系统公司研制出世界第一辆以质子交换膜燃料电池为动力的燃料电池公共汽车,该车的燃料电池功率为105kW,可载客20人。

20世纪90年代,燃料电池电动车技术开始受到各国政府和企业的广泛关注,纷纷投入巨资进行PEMFC(质子交换膜燃料电池)电动车的研究与开发。其中,影响最大的项目有两个,即美国能源部组织的国家PEMFC研究计划和以加拿大Ballard动力系统公司的技术为依托,由戴姆勒—克莱斯勒、福特汽车公司等跨国公司投资合作的PEMFC电动汽车项目。除轿车领域外,在客车领域国外各大汽车公司也研制开发了不少车型,推动了燃料电池客车的发展。

2000年,Ballard推出最先进的燃料电池堆Mark900,该电池堆使用低成本材料并为大批量生产而设计,图3-16所示为采用这种电池堆的燃料电池城市客车。

戴姆勒—克莱斯勒公司1997年推出NEBUS(newelectric bus,即所谓"新型电动大客车")计划,研制开发了世界上第一种批量投入商业化运营的燃料电池城市客车Citaro,并被欧洲清洁城市交通项目及冰岛和澳大利亚的示范项目选为示范样车。到2006年年底,已制造出多批燃料电池大客车在欧洲城市示范运行。该车车长9~12m,是基于低地板系列开发的燃料电池城市客车。其与普通客车的主要区别是：车身左后侧部有一个隔舱用来布置驱动电机、自动变速器、逆变器和其他附件；车顶从前到后依次布置了9个储气瓶、燃料电池堆、燃料电池散热器和空调总成等,质量近3000kg；为保证车身强度,对车身骨架（特别是顶部骨架）进行了加强,并采取了专门措施,防止因重心增高而影响行驶稳定性。燃料电池系统功率为200~250kW,最高车速可达80km/h,续驶里程为200~400km；全部电能由10块串联的燃料电池组供给,每块电池组可产生25kW的电功率,每添加一次燃料可行驶250km。图3-17所示为正在示范运行的戴姆勒—克莱斯勒公司的Citaro燃料电池城市客车。

图3-16 巴拉德公司开发的燃料电池城市客车

图3-17 正在示范运行的Citaro燃料电池城市客车

在2001的年第四届丰田环境论坛上,丰田公司公布了旗下日野分公司研制的燃料电池公交客车FCHV-BUS1(图3-18)。该车采用低地板设计,以高压氢气为燃料的"燃料+电池"的混合动力系统；燃料电池功率为90kW,可载客63人。2002年,日野公司又对FCHV-BUS1进行了多项改进,并在此基础上开发出燃料电池公交客车FCHV-BUS2(图3-19)。FCHV-BUS2的主要特点是解决了FCHV-BUS1燃料电池功率偏小的问题(燃料电池由1个增加到2个),且驱动系统采用双电机驱动方式。FCHV-BUS2的主要技术参数见表3-3。

图3-18 丰田日野分公司开发的FCHV-BUS1
燃料电池公交客车

图3-19 丰田日野分公司开发的FCHV-BUS2
燃料电池公交客车

FCHV-BUS2的主要技术参数　　　　表3-3

项　目	主要技术参数	项　目	主要技术参数
外形尺寸(长×宽×高)(mm)	10515×2490×3360	燃料电池(PEMFC)	丰田90kW×2
乘客人数(人)	60	驱动电机	永磁同步电机80kW×2
最高车速(km/h)	80	储氢方式	高压储氢,最高压力35MPa
一次充氢续驶里程(km)	250	镍氢电池	4×6.5A·h×240(288V,4组并联)

2. 我国燃料电池客车的发展

"八五"期间,国家计委和国家科委将电动汽车项目正式列入国家研究和攻关计划。"九五"期间,科技部把电动汽车项目列入国家重大产业工程项目,建成了我国唯一的国家电动汽车运行试验示范区。

1998年,清华大学与北京世纪富源燃料电池公司合作,研制出我国第一辆PEM-FC型8座小型燃料电池电动客车,该车装用5kW燃料电池,车速20km/h,一次加氢可行驶80km。同时,清华大学和企业合作,成功研制了五辆燃料电池客车,并在开发平台建设与共性关键技术研究方面,完成了氢燃料电池动力系统、控制与通信系统和电动化底盘系统三大研发平台建设和共性关键技术研究,进行了总里程6万km和单车3.5万km的运行试验。图3-20所示为清华大学研发的燃料电池轻型客车。

"十五"期间,燃料电池城市客车开发列入国家863计划燃料电池城市客车重大专项子课题,项目以清华大学汽车安全与节能国家重点实验室为主要承担单位,国内多家研究机构和客车企业参加,所研究开发的第一辆燃料电池城市客车原型车如图3-21所示。

图3-20 燃料电池轻型客车
(车辆尺寸6990mm×2200mm×3180mm,整备质量7050kg,最高车速≥80km/h,0~50km/h加速时间≤25s,一次加氢续驶里程≥200km,一次加氢时间≤10min)

图3-21 863项目研究开发的第一辆燃料电池城市客车原型车

同期,国内几家大型客车企业也积极进行了燃料电池客车的研究与开发。2005年,苏州金龙开发出一辆KLQ6118GH氢燃料电池城市客车。2008年,已有5辆燃料电池城市客车成功为北京奥运会服务,体现了"绿色奥运、科技奥运、人文奥运"的创新理念。2008年,苏州金龙再度联手清华大学,合作开发了新一代燃料电池城市客车KLQ6129GH。

KLQ6129GH的主要特点是:整车布置方面,按照最大乘客空间、最小机器空间的原则,采用了低地板、三个乘客门的结构布置形式;在混合动力控制方面,应用了以"清华ECU"为标志的整套知识产权和系列化核心技术;在整车集成方面,其主要性能指标(燃料经济性)大大优于国际主流车型;整车轻量化方面,在国内首次应用米其林超级单胎455/45R22.5和美铝轮毂15.00×22.5新技术,不仅降低了整车气耗,而且更好地保证了车辆的操纵稳定性及安全性。KLQ6129GH的结构示意图如图3-22所示。

2008年7月11日,北汽福田客车公司的欧Ⅴ氢燃料电动客车(图3-23)作为被奥运新能源车辆示范运行项目小组选定的奥运新能源汽车示范运行车辆之一正式交付奥组委。这款燃料电池客车由福田汽车和清华大学联合开发,采用了全新第三代燃料电池技术的镍氢动力电池组及国家"十一五·863"燃料电池研发清华大学项目团队推出的电电混合技术路线,尾气排放为零、无污染的新能源城市客车,最高车速达80km/h,可持续行驶240km以上,奥运期间作为奥运公交及马拉松比赛用车。随后,一批燃料电池城市客车开始在北京试运行,如图3-24所示。

图3-22 KLQ6129GH的结构示意图

图3-23 作为北京奥运公交及马拉松比赛用车的欧Ⅴ氢燃料电动客车

在2010年的上海世博会期间,一批新开发的燃料电池客车在上海试运行。图3-25所示为上海汽车集团股份有限公司为上海世博会研制开发的燃料电池客车。

图 3-24　北京街头运行的燃料电池城市客车　　　　图 3-25　上海世博会上使用的燃料电池客车

第五节　燃气客车

一、燃气客车的分类

燃气客车目前主要用于城市公共交通,其燃气种类有压缩天然气(CNG)、液化天然气(LNG)和液化石油气(LPG)三种类型。按照所用燃气的不同,燃气客车可分为以下三种类型。

1. 压缩天然气客车

所谓压缩天然气客车亦称"CNG客车",即以压缩天然气为燃料的客车。其所用压缩天然气(Compressed Natural Gas,CNG)是将气田中自然开采出来的天然气经适当处理并加压(超过20MPa)后储存在气瓶中,工作时经降压、计量和混合后进入汽缸,也可直接喷入汽缸或气管,天然气的主要成分是甲烷。我国石油天然气行业标准SY/T 7546—1996《汽车用压缩天然气》对车用压缩天然气的有关规定见表3-4。由表3-4可见,车用压缩天然气的高位发热量不得小于31.4MJ/m³,硫化氢(H_2S)含量不得大于20mg/m³,总硫(以硫计)含量不得大于270mg/m³,二氧化碳(CO_2)含量(体积分数)不得大于3%,水露点应低于最高操作压力下最低环境温度。

汽车用压缩天然气技术要求　　　　表3-4

项　目	质量指标	试验方法
高位发热量(MJ/m³)	≥31.4	GB/T 11062
硫化氢(H2S)含量(mg/m³)	≤20	GB/T 11060.1 GB/T 11060.2
总硫(以硫计)含量(mg/m³)	≤270	GB/T 11061
二氧化碳(CO_2)含量(体积分数)(%)	≤3	SY/T 7506
水露点	低于最高操作压力下最低环境温度	SY/T 7507(计算确定)

注:1. 为确保压缩天然气的使用安全,压缩天然气应有特殊气味,必要时加入适量加臭剂,以保证天然气的浓度在空气中达到爆炸下限的20%前能被察觉。
　2. 气体体积为在101.325kPa、20℃状态下的体积。
　3. V/V为体积分数。

2. 液化天然气客车

液化天然气客车是以液体状态天然气为燃料的客车,亦称"LNG客车"。其所用液态天然气(Liquefied Natural Gas,LNG)是指将低于-161.5℃的天然气在超低温下以液态状态储存于绝热性良好的容器中,工作时液化天然气经升温、汽化、计量和混合后进入汽缸,也可直接喷入汽缸或气管以供客车发动机工作。由于天然气液化后的体积仅为标准状态下体积的1/625,因此携带方便,很适合客车使用。

3. 液化石油气客车

在常温、常压下为气态,-0.5℃或常温(15℃)、0.8MPa的压力下为液态的以丙烷(C_3H_8)及丁烷(C_4H_{10})为主体的、来源于油井气、石油加工副产品和煤制取液体燃料时的副产品等的碳氢化合物的混合物为燃料的客车,亦称"LPG客车"。

为保证使用性能,燃气客车的发动机都是发动机制造厂专门为使用某种气体燃料而改制设计或重新调整(LPG客车)的机型。目前,国内外使用最多的是压缩天然气(CNG)和液化天然气(LNG)两种。从整车结构上看,与传统汽油、柴油客车相比,其最大差异在于燃料的储存和供给系统。

二、燃气客车的燃料储存和供给系统

1. CNG客车的燃料储存和供给系统

CNG客车的燃料为将含甲烷90%以上的天然气经脱水、脱硫净化处理后多级加压制成,并以20MPa左右压力储存于客车上安装的高压气瓶中(20MPa标准状态下的CNG气体密度:$0.763kg/m^3$、$1.31m^3/kg$,标准状态下的空气密度:$1.21kg/m^3$),使用时经管路及控制系统解压、滤清,以气体形式供CNG发动机使用。

1) CNG系统的组成

CNG客车的燃料储存和供给系统主要由储气供气、调压、安全保护及控制和燃气泄漏报警四部分组成。其中:

① 储气供气部分。由压缩天然气储气瓶、高压电磁阀、压力表、加气嘴、高压管路、操控面板总成(充气阀、充气截止阀、压力表和系统排空阀等)及剩余气量显示系统等装置组成。

② 调压部分。由高压球阀、高压过滤器、高压电磁阀和低压管路等组成。

③ 安全保护及控制部分。由充气止回阀、过流保护装置、转换开关、电子控制单元(ECU)、CNG电磁阀、喷射阀共轨及相关线束等组成。

④ 燃气泄漏报警部分。由储气瓶泄漏浓度传感器、减压阀泄漏浓度传感器、发动机泄漏浓度传感器、充气口泄漏浓度传感器、分线和报警指示器等组成。

CNG客车的供气原理如图3-26所示。

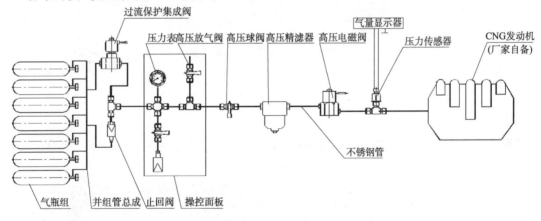

图3-26　CNG客车的供气原理图

CNG燃气供气系统普遍采用双回路供气系统,两路均为$\phi 8mm$管,以提高加气速度,满足快速城市公交的要求。

CNG系统的阀体安装形式有两种:单体阀安装式和集成面板控制阀式,如图3-27所示。采用单体阀

a) 单体阀安装
(阀类分散安装于供气系统管路中)

b) 集成面板安装
(阀类集中在控制面板上安装)

图3-27　两种阀体的安装形式

式价格便宜,但充气阀两端只能接 φ6mm×1mm 规格的加气管,虽然使用性能没有影响,但加气速度稍慢,不建议选用;采用集成面板式系统的价格稍高一些,且需充气阀两端接 φ8mm×1mm 规格的加气管,但加气速度快,且经实践检验,系统较为可靠。

2）CNG 城市客车动力系统

对于 CNG 客车,其动力和燃气系统多采用 CNG 燃气发动机 + 变速器 + CNG 气瓶的设计方案,如图 3-28 所示。这种方案的特点是:结构简单、经济性好;平台化、系列化和可扩展性好,可与原柴油机客车共享平台;成本低;使用清洁能源,排放污染低。

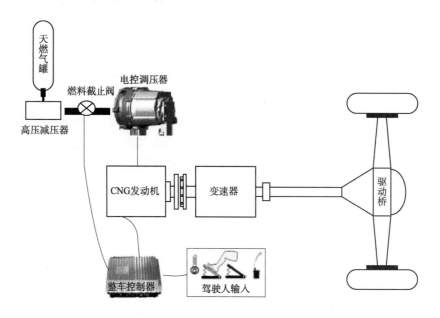

图 3-28　CNG 城市客车动力系统方案

2. LNG 客车的燃料储存和供给系统

1）LNG 的特点

LNG 是一种比 CNG 更优质的燃料。它是将天然气在 -162℃以下低温液化,液化过程中首先进行纯化,分离凝析油、重烃,除去 H_2O、CO_2、H_2S 以及有机硫化物等杂质,以便在低温、低压、液态下储存、运输及应用,其特点是:

(1) 比 CNG 更好的环保特性。LNG 作为汽车燃料不含硫和氮,燃烧调节方便、无黑烟、烧尽后无灰渣和焦油、尾气污染少,几乎可以自由排放。

(2) 比 CNG 更大的密度(液态密度为 426kg/m³)。CNG 客车的最大缺点是有高压瓶、自重大、体积大、储气量小、能量储存密度小(5.0MJ/kg),而 LNG 能量储存密度大(17.1MJ/kg),单次加气可持续行驶 500~700km,因此可应用于长途运输车辆。

(3) 热值高。其热值为 52mmBtu/t(1Btu = 1055.06J),燃点 650℃,比汽油的 427℃和柴油的 260℃燃点高很多。

(4) 安全性好。主要表现在燃点高,因此更难引燃着火;爆炸极限范围 4.7%~15%,比汽油(1%~5%)、柴油(0.5%~4.1%)宽,即比汽油、柴油更难达到爆炸的条件;相对 CNG 客车 20MPa 的系统压力,LNG 压力更低(1.6MPa),气瓶制造成本也较低。

(5) 功能强。LNG 客车气瓶可带自增压供气功能,在需要维修泄压或充装压力达不到系统所需压力时,打开自增压阀门,即可实现自行增压,以满足客车在多种工况下的燃料供应。

2）LNG 系统的组成

LNG 客车的燃料储存和供给系统主要由专用车载低温绝热瓶(液化天然气燃料气瓶)、充装接口、安全限流装置、LNG 汽化器(液化天然气循环水汽化器)、稳压器和压力显示装置等组成。所谓 LNG,就是将天然气经过脱水、脱硫、净化及冷冻后装瓶的低温液体。其供气流程如图 3-29 所示。

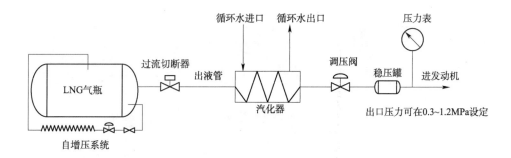

图 3-29　LNG 客车的供气流程

LNG 系统相对 CNG 系统更容易在客车上进行布置,主要体现在燃料储存气瓶数量少,各种安全阀类安装集成度高。

3)LNG 城市客车动力系统

LNG 城市客车的动力系统多采用 LNG 燃气发动机 + 变速器 + LNG 气瓶 + 汽化器(缓冲罐)的设计方案,如图 3-30 所示。这种方案的特点是:结构简单,经济性好;平台化、系列化、可扩展性好,可与原同类柴油机客车共享平台;成本低、排放污染小;具有很高的汽液体积比,续驶里程大。

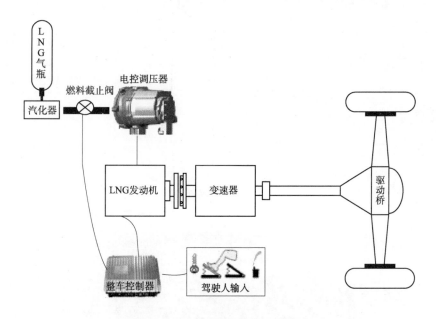

图 3-30　LNG 城市客车的动力系统方案

3.燃气发动机控制系统

采用清洁燃料 LNG 的燃气发动机控制系统及原理示意图如图 3-31 所示。燃气从气瓶通过管路、通断电磁阀(高压切断阀)、滤清器等部件进入减压器减压,经过减压后的燃气进入热交换器,加热汽化后再通过燃气节温器和燃气计量阀进入发动机的混合器内,由发动机控制器 ECU 控制点火等模块进行工作。

三、燃气客车的布置形式

1.CNG 客车的布置形式

CNG 客车一般有气瓶顶置和气瓶下置两种布置形式,图 3-32 所示为采用气瓶顶置的宇通 ZK6100HGM CNG 城市客车外形。该车在成熟的传统城市客车平台基础上,采用动力系统后置、后轮驱动的布置形式;在设计和工艺上,使用了封闭环车身结构、整车电泳及三分式前围活动门等先进技术和工艺;为保证整车强度,对气瓶安装处结构进行了加强;采取多种措施实现了合理的轴荷分配和良好的操纵稳定性。图 3-33 所示为采用气瓶顶置的宇通 ZK6100HGM CNG 城市客车的气瓶布置方案。

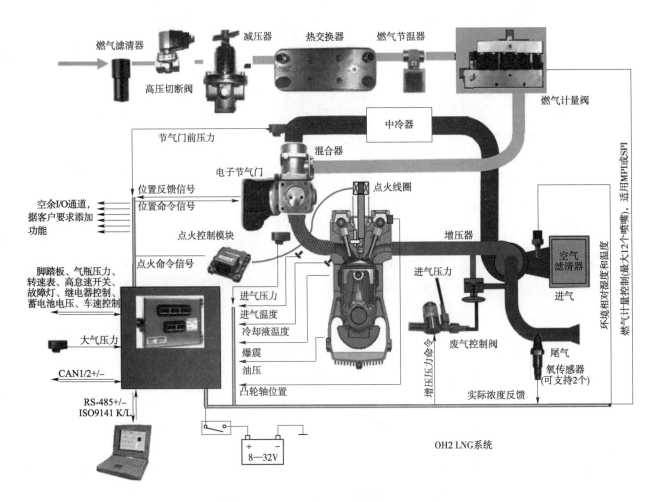

图 3-31　燃气发动机控制系统原理图

图 3-32　采用气瓶顶置的宇通 ZK6100HGM CNG 城市客车外形

由于 CNG 气瓶放置于车辆顶部，不占用车内空间，车内布局合理。为保证气瓶处骨架的结构强度，在侧围和顶盖相应部位进行了加强处理。气瓶罩采用流线型设计，外形美观，与整车浑然一体。对于气体管路，凡与高温或带电总成接近处均进行有效隔离，提高了整车安全性。

图 3-34 所示为宇通 ZK6100HGM 城市客车的气瓶底置总布置方案。一般气瓶放置于车辆轴间的底部两侧，由专门的防护装置保护，以避免行驶过程中碰撞瓶体。对气体管路与高温或带电总成相邻处，采取了有效隔离措施，以提高整车安全性。

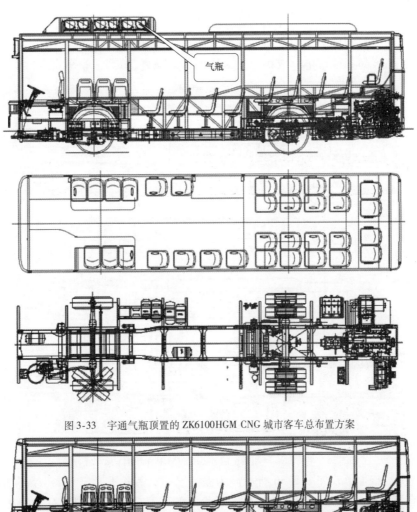

图 3-33　宇通气瓶顶置的 ZK6100HGM CNG 城市客车总布置方案

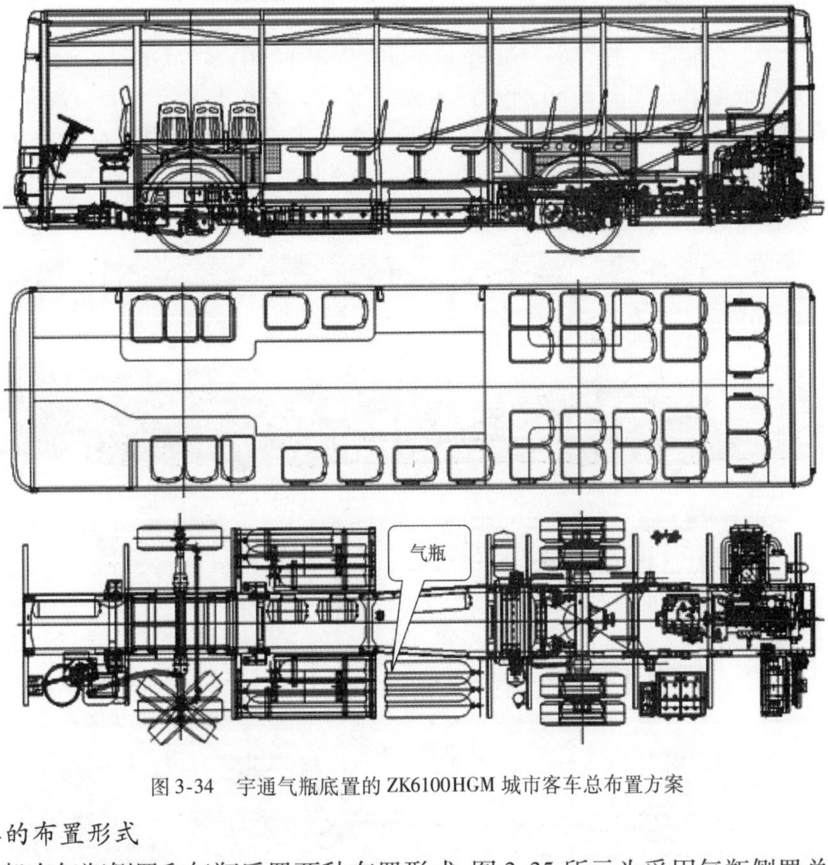

图 3-34　宇通气瓶底置的 ZK6100HGM 城市客车总布置方案

2. LNG 客车的布置形式

LNG 客车一般有气瓶侧置和气瓶后置两种布置形式，图 3-35 所示为采用气瓶侧置总布置方案的宇通 ZK6105HNG1 型城市客车。该车在成熟的传统城市客车平台基础上，采用动力系统后置、后轮驱动的布置形式；在设计和工艺上，使用了封闭环车身结构、整车电泳及三分式前围活动门等先进技术和工艺；为保证整车强度，对气瓶安装处结构进行了加强；采取多种措施实现了合理的轴荷分配和良好的操纵稳定性。

采用气瓶侧置布置方案时,LNG 气瓶装置于左侧中段地板下,气瓶处座椅面朝过道安装,对车内后部座椅没有影响,最大程度地利用了车内空间。气瓶外侧设置有防撞梁,气瓶口处安装有通向车顶的排气管路,同时对气体管路与高温或带电总成相邻处采取了有效隔离,提高了整车安全性。

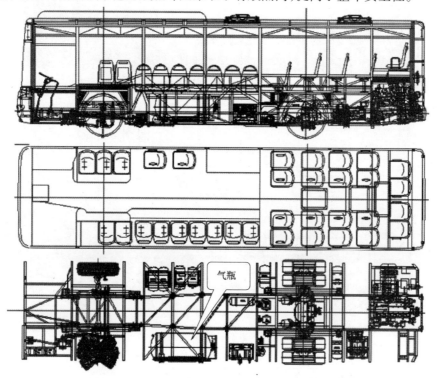

图 3-35　宇通 LNG 气瓶侧置的 ZK6105HNG1 城市客车总布置方案

LNG 气瓶后置时,布置形式如图 3-36 所示。为保证气瓶安装和不影响车内后部座椅排布,在后置发动机上部专门设有气瓶舱;为方便气瓶检修,在气瓶舱处的车身侧围两侧均开有检修舱门(图 3-37);为方便气瓶拆装,在气瓶后部开有大舱门;为防止气瓶处冷凝水流入发动机舱体,在气瓶下方装置有集液盘。同时,为提高整车安全性,对气体管路与高温或带电总成相邻处采取了有效隔离措施。

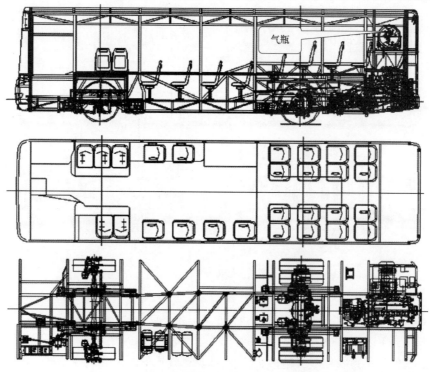

图 3-36　宇通 LNG 气瓶后置的 ZK6105HNG1 城市客车总布置方案

四、燃气客车供气系统

1. CNG系统的主要部件

1)储气瓶

(1)分类与特点。储气瓶是CNG汽车上的专用装置,其设计储气压力20MPa是在考虑了气瓶容积与质量比,以及降低加气站运行成本后所确定的。过高的储气压力会导致容积下降和加气站运行成本升高。气瓶瓶口阀上装有安全阀,当气瓶内的压力和温度过高时会自动泄压放气。

图3-37 为方便气瓶检修,在气瓶舱的车身两侧围均开有检修舱门

车用CNG储气瓶可分为钢质气瓶和复合材料气瓶两大类,其中复合材料气瓶因材料或缠绕方式不同又有三种不同结构,如图3-38所示。

目前,客车上广泛使用的储气瓶主要为钢质气瓶和钢或铝内胆加环向缠绕的复合材料气瓶。其中,钢质气瓶笨重、直径相对较小,但耐冲击、磕碰,价格便宜,应用较为广泛(图3-39)。而复合材料气瓶(俗称缠绕气瓶)与钢质气瓶相比质量相对要轻便一些,有一定的耐腐蚀性;但外部复合材料怕磕碰,在底盘上布置时需加保护装置;价格相对较高,尤其是铝内胆环向缠绕复合材料气瓶价格更高。常用的钢内胆环向缠绕复合材料气瓶如图3-40所示。

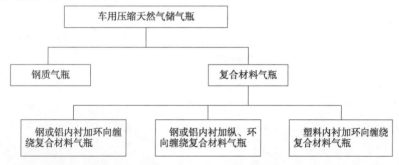

图3-38 CNG储气瓶的分类

图3-39 钢质气瓶

图3-40 复合材料气瓶

无论是钢质气瓶还是钢内胆环向缠绕复合材料气瓶在客车上的布置形式基本为两种,即气瓶顶置(布置于车身顶盖上)和气瓶底置(布置于底盘车架上)。

(2)安装布置。

①钢质气瓶底置布置。由于气瓶直径相对较小,价格也较低,但数量较多,质量较重,为减少对车身骨架强度的影响,一般安装布置在底盘上。这种布置有利于车内平面布置,对乘坐空间没有影响,因此整车可设计成二级踏步式,是目前燃气客车的主流布置形式,如图3-41所示。

图3-41 钢质气瓶安装布置在底盘车架上

②钢质气瓶顶置布置。对于低地板、低入口车型,由于地板下的空间限制,只能将钢质气瓶布置于车

身顶盖之上,以满足整车设计要求(图3-42)。采用这种布置形式对车身骨架的刚度、强度要求较高,且车辆质心较高,需要采取特殊措施才能满足侧倾稳定性要求,因此使用较少。

缠绕气瓶多为树脂缠绕的钢质内胆气瓶,其直径相对较大,价格较高,但质量较轻。缠绕气瓶在城市客车上也有底置和顶置两种布置形式。

③缠绕气瓶底置布置。对于非低地板客车,只要地板下空间足够,都可将气瓶安装布置在地板下。以国外部分BRT客车为例,由于其地板较高(如印尼为1.1m、秘鲁为0.9m),车架距离地面有足够空间高度,因此将缠绕气瓶布置在底盘上,以利于车内平面布置。但因缠绕气瓶外壁所缠玻璃纤维较易损坏,为防止行驶过程中的石子等硬物损伤,需在缠绕气瓶下方加装防护网,以确保安全,如图3-43所示。

图3-42 钢质气瓶安装布置在车顶骨架上

图3-43 缠绕气瓶安装布置在地板下

④缠绕气瓶顶置布置。由于受低地板、低入口车型地板下空间的限制,缠绕气瓶布置在车身顶盖之上的情况也不少见,如图3-44所示。采用这种布置形式对车身骨架要求较高,且车辆质心较高,需要采取特殊措施才能满足骨架强度和侧倾稳定性要求,此外还应对缠绕气瓶设计外置防护罩。

图3-44 缠绕气瓶安装布置在车顶骨架上

2)控制面板总成

控制面板总成由充气装置、手动截止阀面板和管路等组成,如图3-45所示。

(1)充气装置。充气装置是加气站和车用气瓶组之间的充气接口,由一个手动截止阀(充气止回阀)和防尘塞组成。该阀主要有插销式和卡口式两种结构,其中$\phi 12mm$的插销式结构采用较多。截止阀漏气时防尘塞可以起到密封作用。充气止回阀只作为气瓶充气时的通路,在供气时自动切断CNG通路。

(2)手动截止阀。在储气瓶到减压阀之间设置有手动截止阀(主气阀),供车辆修理、入库、停放时使用,其作用是截断储气瓶到减压阀之间的气路连接(以保安全)。该部件要求做到快速"开"和"关",并标明旋向;应安装在易于操作的位置,阀体不得直接安装在驾驶区内。

3)高压管线和高压接头

CNG客车的高压管线采用不锈钢无缝钢管或其他车用高压天然气专用管线。目前,采用较多的是$\phi 6mm \times 1mm$、$\phi 8mm \times 1.25mm$的1Cr18Ni9Ti不锈钢无缝钢管;高压接头采用卡套式管件,由接头体、卡套和压紧螺母组成。使用时拧紧压紧螺母,使卡套受力,由于接头内锥面的作用,卡套中部产生弹性弯曲变形,前部则产生径向收缩变形使内侧刃口切入钢管,深度为0.15~0.25mm,形成密封和防止拔管。同时,卡套后端、外侧则与接头体、压紧螺母和内锥面密封。

4)气压(量)显示装置

气压(量)显示装置可以是机械式压力表,也可以是压力传感器配合发光二极管显示,如图3-46所示。它是 CNG 系统中必须配置的仪表,对驾驶人的安全和节能操作有着重要意义。

图3-45 控制面板总成

图3-46 发光二极管显示气压(量)的显示装置

5)高压球阀和过流保护装置

高压球阀主要实现对发动机供气的手动截止功能,如图3-47所示。

过流保护装置是在当 CNG 燃气供气系统出现超量泄漏时,其过流保护集成阀能够自动关断系统气源,以达到安全、保护的功能。该装置日常免维护、无须人为操作,如图3-48所示。

图3-47 高压球阀

图3-48 过流保护装置

除了在系统中安装过流保护阀外,每只气瓶瓶阀也可采用带过流保护装置的阀门,以提高整车安全性,如图3-49所示。

6)高压滤清器和高压电磁阀

高压滤清器的主要功能是过滤气体中的水和杂质,保证气路畅通,如图3-50所示。一般,过滤精度为 $0.3\mu m$。

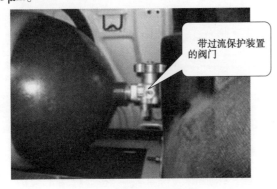

图3-49 带过流保护装置的阀门

图3-50 高压滤清器

高压电磁阀的主要功能是断电时自动切断发动机的供气通路,额定工作电压为 24VDC/12VDC,如图 3-51 所示。

7) 燃气泄漏报警装置

燃气车辆供气系统一般存在泄漏的可能性,当燃气发生泄漏时,会给人身和车辆安全带来威胁。燃气泄漏报警器的泄漏浓度传感器可对车辆燃气系统进行实时监测,当泄漏浓度达到预先设定值时,该装置会及时发出报警信号,警示驾驶人立即采取措施,以避免事故的发生。泄漏浓度传感器的安装位置如图3-52所示。

图3-51 高压电磁阀　　　　　　　　　图3-52 泄漏浓度传感器的安装位置

2. LNG系统的主要部件

LNG系统相对CNG系统更容易在客车上进行安装布置,主要体现在燃料储存气瓶数量少,各种安全阀类安装集成度高。

1) LNG气瓶结构

车载LNG气瓶的工作温度一般为-162℃,充装系数0.9,主体材料为0Cr18Ni9(304),采用耐低温的特殊材料制造,分内胆、外胆两层。在内胆外壁缠绕数十层复合绝热材料,包括高绝热性能的玻璃纤维纸和阻隔辐射传热的铝箔纸,并对夹套进行超高真空屏蔽处理,使气瓶达到良好的超级绝热性能(图3-53)。夹套间设置了低温吸附和常温吸附装置,可保证气瓶无论在低温使用或常温闲置时都具有很好的夹套空间真空度。夹层超压条件下的保护是通过一个环形抽空塞来实现的,如果内胆发生泄漏(导致夹层压力超高),当压力达到0.1~0.2MPa时,抽空塞将打开泄压。

内胆上的充液管设计成单管直喷结构,以减少充装阻力,并在LNG充入内胆时稳定;同时可使内胆中的部分气相被LNG液化,以保持充装过程中内胆气相压力的相对稳定性,如图3-54所示。

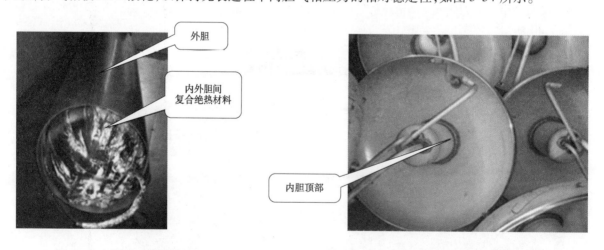

图3-53 内外胆间复合绝热材料　　　　图3-54 内胆顶部充液管设计成单管直喷结构

气瓶内胆与外壳采用轴向组合支撑(一端固定、一端滑移),可以保证气瓶在运行中不会因为颠簸冲击而使内胆与外壳之间发生相对位移和结构变形,以及内胆因充装了液化天然气后冷缩而拉断支撑及管线的现象发生,如图3-55和图3-56所示。此外,LNG内胆中还设有防过量充装装置,如图3-57所示。

图 3-55　气瓶顶部支撑轴

图 3-56　外胆底部通过轴套与内胆连接

2）阀类及相关系统组件

LNG 系统所用各种阀类及相关组件可分散安装也可在储气瓶上集成安装,其相关组件主要有一级安全阀、二级安全阀、进出液口、限流阀、气相口、电容式液位计和压力表等,如图 3-58 所示。

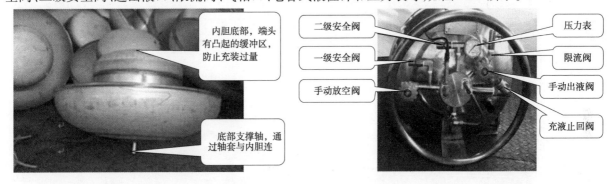

图 3-57　防过量充装装置和底部的支撑轴　　　　　图 3-58　LNG 气瓶的阀类及相关系统组件

LNG 系统一级安全阀、二级安全阀的开启压力不同生产商在其设置上略有区别,但基本原则是一级安全阀压力为气瓶公称工作压力,并通过连接管固定在客车的安全点上,如有 NG 气体泄漏,就通过管道进入通风竖管,从车辆顶部向上排出,如图 3-59 所示。

图 3-59　一级安全阀连接管连接至客车顶部

二级安全阀的开启压力高于一级安全阀压力,一般在储气瓶内压力升高且一级安全阀堵塞或出现故障无法打开时开启。

如排出液体,其排泄途径应避开人员、着火源或易被深冷温度损坏的材料。

电容探测器作为气瓶整体的一个组成部分,安装在气瓶内部。其作用是根据气瓶内的液位高度产生一个成线性比例的电信号,并传送给信号转换器,再由转换器转换后传送到显示仪表。电信号不受液位状态(液相或气相)和压力的影响,能够精确反映气瓶内液位的多少。液位传感器安装在瓶内靠近充液管的一端。该系统能够适应由于加速、制动、爬坡、转弯等行驶条件变化所带来的瞬间影响(在行驶过程中由于车辆摇晃造成瓶内液面波动,所显液位会稍低一些,但车辆稳定后液位就会显示正常)。

天然气在气瓶中以低温的液态和气态形式储存,使用中能够以纯液态或气、液混合形态从气瓶中输出,由气化器将其气化成气体状态。气化器安装在气瓶和发动机之间,并与发动机冷却系统相连,冷却液流经汽化器壳体并对汽化盘管进行加热。当液化天然气进入气化器,来自发动机的高温冷却液体将其加热并汽化,随后供给发动机。气化器应水平安装,并配置直的管接头,以避免形成气阻。

第二篇

客车动力系统

第四章 客车动力系统概述

客车动力系统的主要功能是将电能、热能、化学能等其他能量转变为机械能,并经过一系列的动力传递驱动车辆行驶。动力系统是客车的"心脏"和最主要的子系统,其性能直接决定了整车的动力性、经济性和排放等众多性能。

传统燃油发动机汽车行驶时排出大量有害气体,给人类赖以生存的地球环境造成了严重污染,而石油是不可再生资源。因此,客车动力面临重大变革,其核心是动力系统的多元化,包括可再生清洁能源的替代和能量转换方式的改变等。这种动力源的多元化转变,是传统内燃机动力系统向燃气系统、混合动力系统、插电式混合动力系统、纯电动系统以及燃料电池系统的转变过程,如图4-1所示。

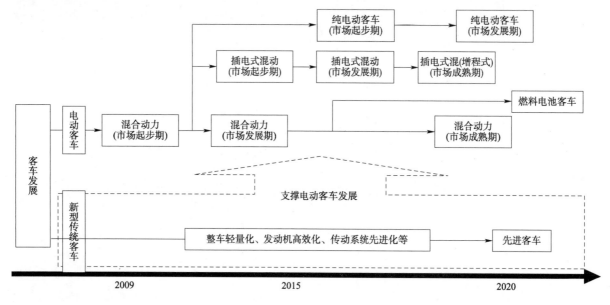

图4-1 客车动力系统发展路线图

第一节 客车动力系统分类和基本组成

一、客车动力系统的分类

根据燃料结构和动力源的不同,客车动力系统目前主要分为传统燃油发动机动力系统、燃气发动机动力系统、混合动力系统(串联、并联、混联)、纯电动系统和燃料电池动力系统等。

根据传动形式和结构的不同,可分为机械传动、液力—机械传动、液力传动和电传动动力系统等类型。

不管采用何种动力系统,都必须满足车辆行驶时行驶速度与所需牵引力随道路及交通条件而变化,即保证客车具有在各种行驶条件下所必需的牵引力、车速,以及它们之间的协调变化,使之具有良好的动力性、经济性和排放等性能。

二、客车动力系统的基本组成

1. 传统客车动力系统

传统的客车动力系统主要是指以汽油、柴油、天然气为燃料的内燃发动机动力系统,由发动机、离合器、变速器、传动轴和驱动桥等组成。图4-2所示为传统客车动力系统的发动机和离合器总成。随着改善人类生存环境要求的不断提高和科学技术的不断进步,发展煤制油产业,推广使用常规燃料油的替代品,如生物气、柴油、煤基二甲醚(DME)等已是必然趋势。

2. 新能源客车动力系统

新能源客车动力系统按能源数量和结构的不同,可分为单能源动力系统、混合能源动力系统(混合动力系统或多能源动力系统)和纯电动动力系统三大类,其中混合动力系统可分为串联式、并联式和混联式三种。

1)单能源动力系统

单能源动力系统是指仅以可充电电池(如铅酸电池、镍镉电池、镍氢电池、锂离子电池、超级电容器和燃料电池等)为动力源的动力系统。

图4-2 内燃发动机及离合器总成

2)混合能源动力系统

混合能源动力系统的基本构型有三种,即串联式混合动力系统、并联式混合动力系统和混联式混合动力系统。

(1)串联式混合动力系统。串联式混合动力客车的动力系统由发动机/电机和动力电池组成双动力源,通过驱动电机经驱动桥驱动客车行驶,其动力系统结构形式如图4-3所示。

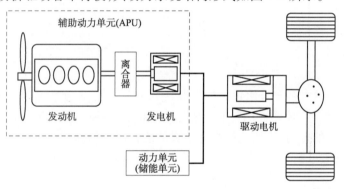

图4-3 串联式混合动力系统结构形式

图4-4所示为西门子串联式混合动力系统,其中发动机仅仅用于发电,所发出的电能供给电动机,由电动机驱动客车行驶。发动机与发电机集成为辅助功率单元(Auxiliary Power Unit,APU),由于APU与电动机无机械连接,发动机不受汽车行驶工况的影响,从而可稳定工作在其高效低排放区域,同时整车布置的自由度也较大。动力电池组还可单独向电动机提供电能,以实现市区低速运行工况的纯电动行驶。此外,当汽车在起步、加速、爬坡等工况下需要大功率时,电池可提供额外动力;当汽车减速、制动、停车时,发电机可为电池补充电能;在整个行驶过程中电池起功率调峰作用,而发动机始终处于最佳的工作状态,其效率明显提高,油耗和污染均大幅下降。但是,串联式动力系统结构需要全功率电动机、发电机和内燃机,且能量转换次数多,系统可靠性较差,整体效率不高。

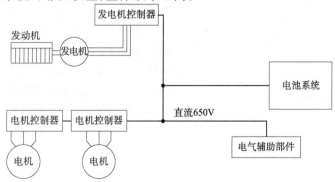

图4-4 西门子串联混合动力系统

（2）并联式混合动力系统。并联式混合动力客车的动力系统主要由发动机、离合器、驱动电机和 AMT 变速器等组成，其中发动机、电动机/发电机为两大动力源。并联式混合动力可以组合成不同动力模式，两大动力源的功率可以互相叠加，故可采用小功率的发动机与电动机/发电机，使得整个动力系统的装配尺寸和质量都较小，造价也更低，其特点是更加趋近于常规内燃机汽车。

并联式混合动力客车的动力系统结构如图 4-5 所示。由图中可见，该系统有纯发动机驱动、纯电动机驱动、发动机和电动机混合驱动，以及制动能量回收等多种工作模式；根据不同的工况，各模式之间可以无缝智能切换，实现车辆的平稳行驶。

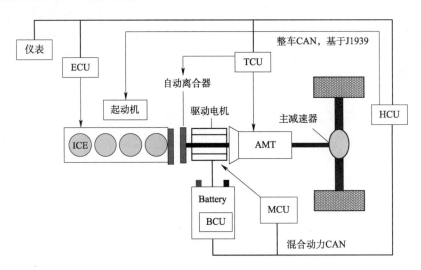

图 4-5　并联式混合动力系统

图 4-6 所示为目前国内大客车采用较多的两款伊顿并联混合动力系统。其特点是两大动力源可以单独或共同驱动车辆，因此动力源的功率、系统装配尺寸和质量都较小，能量利用率较高，且多挡 AMT 可以改善发动机及驱动电机的外特性，使之始终处于最佳能耗区。但加装 AMT 后，布置结构和控制都较为复杂，且发动机工作状态要受行驶工况的影响，当行驶工况较复为杂时，发动机会较多地在非最佳能耗区运行。

图 4-6　两款伊顿并联混合动力系统

（3）混联式混合动力系统。混联式混合动力客车综合了串联式和并联式的优点，其动力系统通常是在串联式的基础上增加一套发电机构，发动机输出功率不仅可以与电动机的功率复合后直接驱动车辆，还可以转换成电能储存到蓄电池，进而驱动电动机；在能量流的控制上有更大的灵活性，可以实现油耗和排放的最佳优化目标。其缺点是动力复合装置、控制结构以及能量管理和协调复杂，部件种类数量多，成本较高，如图 4-7 所示。图 4-8、图 4-9 分别为万丰卡达克和采用集成起动电机（Integrated Starter Generator，ISG 系统）的混联式混合动力系统。

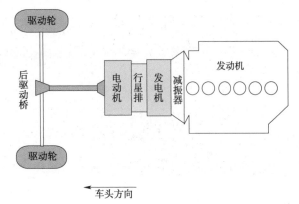

图 4-7　混联式混合动力客车动力系统示意图

（4）纯电动动力系统。按电力提供方式不同，纯电动动力系统可分为纯电池动力系统（包括铅酸电池、镍镉电池、镍氢电池、锂离子电池和超级电容器等）、无轨电车动力系统两大类。其中，前者可分为单电源纯电动动力系统和多电源纯混合动力系统。图4-10所示为多电源混合动力系统基本结构。该系统有动力电池和蓄电池两种电源，用电池中的电能来驱动电动机从而驱动车轮进行加速或匀速行驶。减速时，电动机变为发电机，把车辆的机械能转换为电能，对电池充电。

图4-8　万丰卡达克混联式混合动力系统

图4-9　ISG混联式混合动力系统

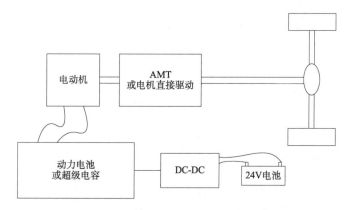

图4-10　多电源纯电动动力系统基本结构示意图

（5）燃料电池动力系统。燃料电池（Fuel Cell）是一种将存在于燃料与氧化剂中的化学能直接转化为电能的发电装置。将燃料和空气分别送进燃料电池，电就被生产出来。从外表上看，燃料电池有正负极和电解质等，像一个蓄电池，但实质上它不能"储电"而是一个"发电厂"。

以氢能燃料电池为动力源的新一代电动客车的动力系统结构如图4-11所示，其利用水电解反应的逆过程，由化学能直接转换为电能，即利用氢的正离子与氧的负离子相互作用产生的电能为动力源，而后生成水（H_2O），从而达到利用永不枯竭的氢能替代石油和无污染物排放的双重目的。

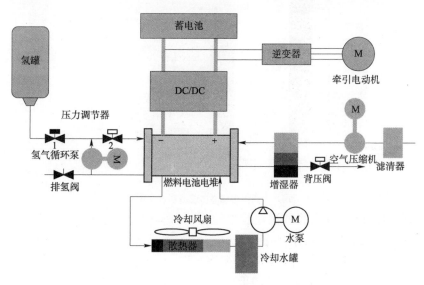

图4-11　燃料电池客车动力系统结构示意图

第二节 客车动力系统的现状和发展

一、传统燃油客车动力系统现状和发展

1. 环境保护对发动机排放提出的要求

随着保有量的不断增加,汽车尾气已经成为污染环境的主要因素。为保护人类赖以生存的环境,世界各国都建立了相应的法规制度,对汽车排放不断提出新的更高要求。

汽车排放是指从发动机废气中排出的一氧化碳(CO)、碳氢化合物和氮氧化物($HC+NO_x$)、微粒/炭烟(PM)等有害气体和污染物,它们都是发动机在燃烧做功过程中所产生的有害物质。目前,全球实施范围最广的是欧洲汽车排放标准,由欧洲经济委员会(ECE)的排放法规和欧共体(EEC)的排放指令共同组成,从1992年起开始实施欧Ⅰ到2013年实行欧Ⅵ标准,已走过近20年,在限制和减少汽车排放方面取得了十分明显的效果。表4-1为欧盟汽车废气排放标准路线实施表,图4-12为不同排放标准要求的有害物质含量。

欧洲汽车排放标准路线实施表 [单位:g/(kW·h)] 表4-1

标准等级	开始实施日期	CO	HC	NO_x	PM	烟雾
欧洲Ⅰ	1992年,<85kW	4.5	1.1	8.0	0.612	无标准
	1992年,>85kW	4.5	1.1	8.0	0.36	无标准
欧洲Ⅱ	1996年10月	4.0	1.1	7.0	0.25	无标准
	1998年10月	4.0	1.1	7.0	0.15	无标准
欧洲Ⅲ	1999年10月(EEV)	1.0	0.25	2.0	0.02	0.15
	2000年10月	2.1	0.66	5.0	0.1	0.8
欧洲Ⅳ	2005年10月	1.5	0.46	3.5	0.02	0.5
欧洲Ⅴ	2008年10月	1.5	0.46	2.0	0.02	0.5
欧洲Ⅵ	2013年1月	1.5	0.13	0.5	0.01	—

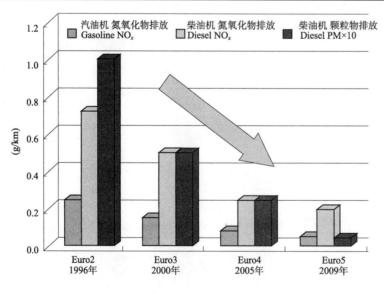

图4-12 不同排放标准要求的有害气体含量

与发达国家相比,我国汽车尾气排放法规起步较晚、水平较低,其原因是因为国情不同。从20世纪80年代初期开始,采取了先易后难的分阶段实施方案(大致可分为四个阶段),表4-2和表4-3分别为轻型汽车排放和重型柴油发动机与汽车排放标准的发展历程。

第一阶段:1983年我国颁布并实施了第一批机动车尾气污染控制排放标准,标志着我国汽车尾气法

规从无到有,开始逐步走向法制治理汽车尾气污染的道路。这批标准中,包括了《汽油车怠速污染排放标准》、《柴油车自由加速烟度排放标准》和《汽车柴油机全负荷烟度排放标准》三个限值标准,以及《汽油车怠速污染物测量方法》、《柴油车自由加速烟度测量方法》和《汽车柴油机全负荷烟度测量方法》三个测量方法标准。

轻型汽车排放发展历程　　　　　　　　　　　　　　　　　　表4-2

阶　段	车型分类	实施日期	相关标准或文件
国Ⅰ	第一类	2000.1.1	GB 18352.1—2001
	第二类	2001.1.1	
国Ⅱ	第一类	2004.7.1	GB 18352.2—2001
	第二类	2005.7.1	
国Ⅲ	柴油汽车N类	2008.7.1 (推迟2009.7.1)	GB 18352.3—2005
国Ⅳ	点燃式发动机汽车	2011.7.1	GB 18352.3—2005
	柴油汽车	2011.7.1 (推迟至2013.7.1)	GB 18352.3—2005

重型柴油发动机与汽车排放标准发展历程　　　　　　　　　　表4-3

阶　段	车型分类	实施日期	相关标准或文件
重型柴油发动机与汽车	国Ⅰ	2000.9.1	GB 17691—2001
	国Ⅱ	2003.9.1	GB 17691—2001
	国Ⅲ	2008.1.1 (推迟至2008.7.1)	GB 17691—2005
	国Ⅳ	2011.1.1 (推迟至2013.7.1)	GB 17691—2005

第二阶段:在第一批机动车尾气污染控制排放标准的基础上,1989～1993年又相继颁布了《轻型汽车排气污染物排放标准》、《车用汽油机排气污染物排放标准》两个限值标准,以及《轻型汽车排气污染物测量方法》、《车用汽油机排气污染物测量方法》两个工况法测量方法标准。至此,我国已基本形成了一套较为完整的汽车尾气排放标准体系。值得一提的是,1993年颁布的《轻型汽车排气污染物测量方法》采用了ECE R15—04的测量方法,而测量限值《轻型汽车排气污染物排放标准》则采用了ECE R15—03限值标准,该限值标准只相当于欧洲20世纪70年代的水平(1979年实施ECE R15—03标准)。

第三阶段:以北京市DB 11/105—1998《轻型汽车排气污染物排放标准》的出台和实施,拉开了我国新一轮汽车尾气排放法规制定和实施的序曲。从1999年起北京实施DB11/105—1998地方法规,2000年起全国实施GB 14961—1999《汽车排放污染物限值及测试方法》(等效于91/441/1EEC标准)和GB 3847—1999《压燃式发动机和装用压燃式发动机的车辆排气污染物限值及测试方法》;与此同时,北京、上海、福建等省市还参照ISO 3929中双怠速排放测量方法,分别制定了《汽油车双怠速污染物排放标准》地方法规。这一系列标准的制定和出台,使我国汽车尾气排放标准达到了国外20世纪90年代初的水平。

第四阶段:以GB 18352.3—2005《轻型汽车污染物排放限值及测量方法(中国Ⅲ、Ⅳ阶段)》(自2007年7月1日起实施)和GB 17691—2005《车用压燃式、气体燃料点燃式发动机与汽车排气污染物排放限值及测量方法(中国Ⅲ、Ⅳ、Ⅴ阶段)》(修改采用欧盟指令2001/27/EC的有关技术内容,分别于2007年、2010年、2012年1月1日实施)等一系列排放标准为标志,中国加快了汽车排放治理的步伐。这些标准的严格实施,将使国产汽车排放达到欧美2005年左右的水平。

2. 传统动力系统新技术

1) 清洁燃料动力系统

车用清洁燃料的研究在世界上已有多年历史,使用天然气、液化石油气作为车用燃料的车辆已经越来越多,其相关技术和设备日益成熟,正逐步走向商品化。采用各类技术有效降低汽车能源消耗和尾气中有害物质排放,使汽车在使用中对环境的影响大为降低,是多项现代新技术在汽车上综合运用的成果。

客车清洁燃料动力系统和传统动力系统的最大区别是因燃料不同而使用了燃气发动机,以及与之配套的储气、供气和控制系统。即主要不同点在于动力系统,其他与传统客车基本一样。采用清洁燃料的客车动力系统如图3-28和图3-30所示。

2）增压技术

发动机是靠燃料按照空燃比混合后在汽缸内燃烧做功来产生和输出动力的,由于输入的燃料量受到吸入汽缸内空气量的限制,所产生的功率也会受到限制。如果发动机的运行性能已处于最佳状态,再增加输出功率只能通过压缩更多的空气进入汽缸来增加燃料量,提高燃烧做功能力。在目前技术条件下,涡轮增压器是唯一能使发动机在工作容积不变的情况下增加输出功率的机械装置。

涡轮增压器实际上是一种空气压缩机,通过压缩空气来增加进气量。工作时利用发动机排出的废气惯性冲力推动涡轮室内的涡轮,涡轮又带动同轴的叶轮,叶轮压送由空气滤清器管道送来的空气,使之增大压力进入汽缸;当发动机转速加快,废气的排出速度与涡轮转速也同步增快,叶轮就压缩更多的空气进入汽缸;由于空气的压力和密度增大可以燃烧更多的燃料,相应增加燃料量和调整发动机转速,就可以增加发动机的输出功率,如图4-13所示。

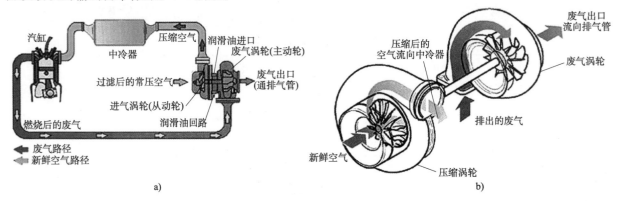

图4-13 涡轮增压技术工作原理示意图

涡轮增压器虽然有协助发动机增力的作用,但其最明显的缺点是"滞后响应",即由于叶轮的惯性作用对节气门骤时变化反应迟缓。经过改良,虽然反应时间有所减少,但也需要1.7s,从而使发动机功率延迟增加或减少输出功率。

3）电控燃油喷射

电控燃油喷射(Electronic fuel injection,EFI)系统简称电喷系统,是20世纪60年代末开始发展起来的汽车发动机供油新技术,主要由传感器、ECU(计算机)和执行机构三部分组成。较之早期普遍使用的化油器供油系统,其突出优点在于空燃比的控制更为精确,可实现最佳空燃比;且电喷技术提高了汽油的雾化、蒸发性能,加速性更好,发动机功率和转矩显著升高。

目前,电喷系统大多采用开环与闭环控制(反馈控制)相结合的方式,主要任务是对喷油系统进行电子控制,实现对喷油量以及喷油定时随运行工况的实时控制。对诸如暖机、怠速等需要供给浓混合气的工况,采取开环控制;同时,通过排气管中设置的氧传感器测量实际空燃比来进行反馈控制。

4）电子点火控制系统

早在20世纪初,电子点火系统在汽车发动机上已开始应用,从有触点式、普通无触点式、集成电路式,发展到目前可控制并维持发动机点火提前角在最佳范围内、使汽油机的点火时刻更接近于理想状态的微机控制电子点火系统。

小型客车使用的微机控制点火系统如图4-14所示,无分电器点火系统替代了普通点火系统中的分电器,改由电控系统内部控制各缸配电。这样点火线圈产生的高压电,不需经过分电器分配,直接送至火花塞点火。无分电器点火系统可消除分火头与分电器盖边电极的火花放电现象,减少电磁干扰。根据点火顺序的不同,有两缸同时点火和各缸独立点火两种。在两缸同时点火方式中,每两缸一组,合用一个点火线圈,所有缸体分成若干组按组依次进行点火;在各缸独立点火方式中,每缸的火花塞都设有单独的点火线圈(特别是随着超小型塑料包装的点火线圈的出现,使之与火花塞合为一体),这样各缸就可依次轮流点火。在发动机的点火控制中,同样采用了开环和闭环相结合的控制形式。起动阶段的点火时刻由发动机电控系统中的专门信号进行开环控制;正常运行期间,则通过增设爆震传感器进行爆震反馈控制,即根据爆震传感器的反馈信号调整点火时刻使发动机在临界爆震状态。

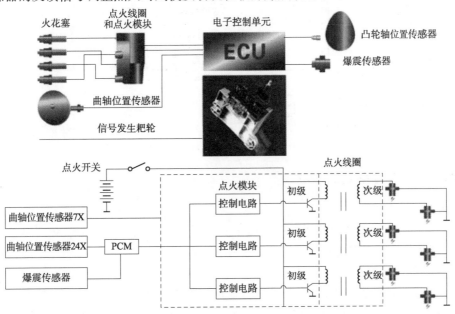

图 4-14　电子点火控制系统工作原理

5) 怠速控制系统

怠速性能的好坏是评价发动机性能优越与否的重要指标,怠速性能差将导致油耗增加,排污严重,因此需进行必要的控制。现代发动机一般都设有怠速控制系统(Idle speed control, ISC),由发动机电控系统控制并维持发动机怠速在某一稳定转速范围内。因此,怠速控制通常是指怠速转速控制,其实质就是对怠速工况时的进气量进行调节(同时配合喷油量及点火提前角控制)。怠速控制的基本原理是 ECU 根据冷却液温度、空调负荷、空挡信号等计算目标转速,并与实际转速相比较,同时检测节气门全关信号及车速信号,判断是否处于怠速状态,确认后则按目标转速与实际转速之间的差值来驱动执行器调整控制进气量。

目前,除了怠速转速的稳定性控制之外,怠速控制还可以实现起动控制、暖机控制及负荷变化控制等功能。多种功能的集中,不仅简化了机构,而且提高了怠速控制的精确性。

怠速控制系统根据进气量控制方式的不同,可分为节气门直动式和旁通空气式两种。后者的应用较广,其执行器——怠速控制阀发展较快,相应有步进电机型、旋转电磁阀型、占空比型和开关控制型等,各自在怠速控制中有不同程度的应用。

6) 排气再循环电控系统

国外的早期研究发现,将少量的排气(5%~20%)再次循环进入汽缸与新鲜可燃混合气混合后燃烧,可有效抑制 NO_x 的产生。事实上,除了可采用气门重叠产生排气回流的内部控制排气再循环(Exhaust gas recirculation, EGR)方式外,更常用的措施是采用专门的管道将部分排气引至进气管,由 ECU 电控系统的 EGR 阀改变流通截面来调节排气量,实现再循环排气率的变化。通常在发动机暖机、怠速、低负荷和高负荷等工况不需进行 EGR 控制。EGR 系统示意图如图 4-15 所示。

EGR 控制的一般过程是:ECU 根据发动机转速、节气门开度、冷却液温度等信号,计算最佳再循环排气率,再通过控制 EGR 阀的开度来实现 EGR 控制。而 ECU 对 EGR 阀的控制,实质上是通过对真空调节阀的控制来实现的。真空调节阀一般为电磁式,用于将 ECU 输出的电信号转换为气压变化,从而实现对气动式 EGR 阀的控制。此外,ECU 还通过压力传感器测量再循环排气率信号来进行反馈控制。在实施反馈控制时,最初使用的是独立式压力或压差传感器,而目前又出现了与 EGR 阀共为一体的 EGR 位置传感器,提高了控制精度。

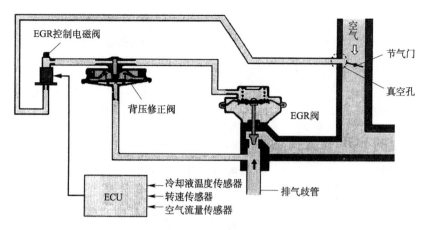

图 4-15 带背压修正阀的 EGR 控制系统

二、纯电动客车动力系统的现状

1. 国外发展现状

燃料电池电动汽车目前基本上使用的都是质子交换膜燃料电池。由于质子交换膜燃料电池所具备的优点,被认为是替代传统内燃机的最理想动力装置,世界发达国家及各大汽车公司都非常重视燃料电池的研究开发。

(1) 美国联邦政府能源部于 2002 年 1 月 9 日提出了 Freedon CAR 计划,支持新能源汽车的研究开发。该计划在 2003 年由联邦政府投资 15029.6 万美元,其中燃料电池和氢源设施之和占总投资的 50% 以上。2003 年 2 月,时任总统乔治·布什向国会提出"自由燃料"(Freedon Fuel)计划,其主要目的是使用氢动力,实现美国能源独立。

(2) 日本政府对燃料电池汽车的研究开发和推广应用表示了极大的关注,为了促进燃料电池汽车的商业化,由中央和地方政府共同资助在大阪、京都、东京等城市建立加氢站。2005 年的名古屋世博会上,丰田汽车公司展示了多款燃料电池汽车,其中有 8 辆燃料电池大客车负责世博会周边地区的客运服务,进行为期 6 个月的试运行。

(3) 为了促进燃料电池大客车的尽快商业化,全球环境基金会(GEF)和联合国开发计划署(UNDP)资助发展中国家开展燃料电池大客车运行示范。中国燃料电池公共汽车商业化示范项目于 2003 年 3 月 27 日在北京启动,项目总投入 3236 万美元。经招标、评审和谈判,最后决定采购 3 辆德国戴姆勒公司的燃料电池大客车,并于 2005 年 10 月~2007 年 10 月在北京市公交线路投入为期 2 年的示范运营。

(4) 随着电力电子技术和控制理论的发展,使得交流电动机的调速性能大大提高,进入 20 世纪 90 年代,交流电动机及其控制系统已开始取代直流驱动系统。交流感应电动机由于结构坚固,当设计成高速时也可以获得较小体积,且可通过优化控制策略获得较高的系统效率,因此电动城市客车越来越多地采用了交流感应电动机驱动系统。对这种驱动系统的研究,国外已取得了一定的成果。

(5) 目前,国外各大公司研制的电动车驱动系统基本上都采用交流驱动系统。20 世纪 80 年代后,美国福特汽车公司就和通用电气公司合作,研究交流驱动系统在电动城市公交客车上使用的可行性。同时,德国、日本也在进行电动城市公交客车交流驱动系统研究,并得到相同的结论,即认为交流驱动系统同直流驱动系统相比在性能上具有绝对优势,有着更广泛的应用前景,高质量的电动城市公交客车应采用交流驱动。电动城市公交客车上主要采用异步电动机驱动系统和永磁同步电动机驱动系统,但也有部分采用开关磁阻电动机组成的交流驱动系统。

2. 国内发展现状

我国在纯电动客车方面的研究刚起步不久,需要解决控制系统性能、效率、质量和体积等一系列问题,以实现系统性能可靠、体积小、质量轻、结构紧凑的目标,并向高集成化和全数字化方向发展。其中,永磁电动机有着优异的表现。

2005 年 10 月,北京启动第一期燃料电池大客车示范运营;2006 年,第一批纯新能源(电动)客车取得产品准入公告,从此吸引了更多企业加入蓄电池或纯电动汽车的研发或试运营,如力神电池股份有限公司、中信国安盟固利有限公司等。第二期上海市 6 辆燃料电池大客车示范运营车辆由上汽总公司联合清华大学和同济大学中标,2009 年底 6 辆燃料电池大客车开始示范运营。

目前,国内客车企业已基本掌握了动力电池大规模成组应用、高效驱动电机控制,以及高压智能安全等核心技术。针对不同的示范区域和市场特征,推出了高安全性、高可靠性和长续驶里程的纯电动客车产品。

纯电动客车动力系统主要有单电机直驱式动力系统、单电机 + AMT 动力系统,双电机耦合动力系统以及轮毂电机动力系统等,主要构型如下。

1)单电机直驱

这种驱动形式的特点是无离合器、变速器的直驱式电驱动系统,可采用大功率高转矩低速永磁同步电机或交流异步电机。

2)单电机 + AMT

这种驱动形式的特点是无离合器,采用三挡机械自动变速电驱动系统,电机为大功率中速永磁同步电机。

3)双电机耦合减速系统(西门子 ELFA)

这种驱动形式的特点是体积小、质量轻、便于底盘布置和有效利用空间,有利于低地板结构;噪声小、双电机驱动运转平滑;双电机协调工作,单电机失效仍能运行。

4)轮毂电机驱动系统

这种驱动形式的特点是无主减速器和差速器,利于低地板客车布置;电机直接驱动车轮,制动时吸收车轮制动能量,效率更高;双电机分别驱动两个后轮,可实现精确差速控制和转向控制。

三、混合动力客车动力系统的现状

1. 国外发展现状

国外混合动力客车的研究开发起步较早,其中最具代表性的有日野公司的 HIMR 系统,美国通用公司的混联系统,BAE 公司的串联、混联系统,EATON 公司系统、采埃孚和福伊特系统等。

1)日野公司并联系统

日野(Hino Motors,Ltd)的 HIMR 系统为并联方案,如图 4-16 所示。由图中可见,电机动力与发动机动力通过齿轮减速机构实现在变速器—轴的耦合。目前,装配该系统的混合动力客车已在日本大量运行。

2)BAE 公司串联系统

BAE 系统公司(BAE Systems plc)的串联方案如图 4-17 所示,发动机发出的能量通过发电机和电动机传到驱动桥,发动机和驱动桥之间没有直接的机械连接。该方案的优点是控制较简单,适合于车速波动比较剧烈、平均车速较低的场合;缺点是对其他场合的适应性较差,且电池的工作负担较重,对电池寿命要求较高。

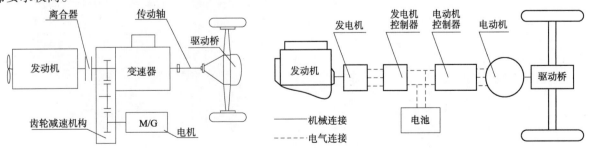

图 4-16 日野 HIMR 的并联系统示意图　　　　图 4-17 BAE 公司的串联系统示意图

图 4-18 所示为 BAE 公司的混联方案,其采用行星齿轮耦合器,发动机动力通过离合器与行星齿轮的行星架连接,两个电动机与中心齿轮连接,环形齿轮作为耦合器的动力输出机构与驱动桥连接。通过

控制离合器、两个电动机及与行星架相连的制动器工作状态,可以实现多种工作模式。

3)通用公司混联系统

通用汽车公司(GM)的混联方案如图4-19所示,采用两个行星齿轮和两个电机,发动机动力通过左边的行星齿轮实现输入分流,通过右边的行星齿轮实现发动机与电机动力的输出耦合;通过湿式离合器和电机控制实现混合动力的多种工作状态和状态切换及换挡。该方案实现了电机与行星齿轮变速器的集成设计,去掉了原有的变矩器。通过发动机、两个电机和多个湿式离合器的控制,实现多种工作状态和状态切换,以及与传统液力机械式自动变速器(AT)类似的换挡控制。其优点是系统结构紧凑、布置方便,对路况的适应性强;缺点是结构复杂,成本较高。

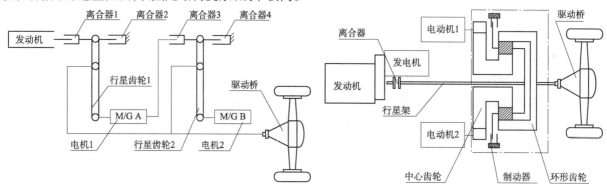

图4-18 BAE公司的混联系统示意图　　　　图4-19 GM公司的混联系统示意图

4)伊顿公司并联系统

伊顿(EATON)系统为并联方案,如图4-20所示。该方案在自动离合器的输出与机械自动变速器的输入之间增加了一个同轴的电机,通过对电机工作状态的控制实现各种混合动力工况。该方案所需电池少,质量轻,目前已在国内大批量试运行。

5)采埃孚公司单模混合动力系统

采埃孚(ZF Friedrichshafen AG)公司在2013年上海国际车展上推出的集成式混合动力解决方案中,有一款带起动—停止功能的微混合动力和强单模混合动力变速器,如图4-21所示。同时,其与德国大陆汽车系统联合,推出了并联式单模混合动力系统。在联合开发该系统中,大陆汽车系统负责与发动机匹配、软件集成、动力蓄电池能量管理、工业电子、电控单元和制动能量回收等,其中锂离子电池由大陆公司与英耐时公司合作的企业提供。同时,该系统中配有起动—停止装置和制动能量回收装置。而采埃孚则负责开发带电机的自动变速器,该自动变速器可将电机、离合器、扭振减振器、双质量飞轮和液压机构等部件集成在变速器中,满足了这些集成部件高效和紧凑安装的需求。采埃孚公司单模(一个电机安装在变速器内)自动变速器配备了起动—停止装置,可节省油耗5%;在微混系统中配备曲轴起动发电机Dynastar电子驱动装置(Integrated Starter and Generator,ISG),可节省油耗15%;而在强混系统中,自动变速器内电机峰值功率更高(电功率比大于30%),可节省油耗30%。

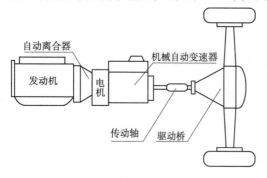

图4-20 EATON公司的并联系统示意图　　　　图4-21 ZF单模混合动力系统

6)福伊特公司混合动力系统

福伊特(VOITH)的混合动力系统中具有Drop-in起—停系统和集成化电机,其混合动力控制器可同步控制发动机与电机；高压逆变器可通过高压直流蓄电池为电机提供变频交流电。中度混合动力系统中的蓄电池是由美国著名蓄电池企业——A123系统公司采用Nanophosphate专利技术生产的大容量、高电压磷酸铁锂离子蓄电池，并由德尔福公司进行成组设计，集成在混合动力系统中。同时，还将控制器、逆变器、DC/DC转换器和蓄电池系统集成在一个模块中，如图4-22所示。

除此之外，福伊特公司还开发了插电式串联混合动力系统、增程式电动车及中度、重度混合动力系统作为多种混合动力的解决方案，如图4-23所示。

图4-22　VOITH并联混合驱动系统

 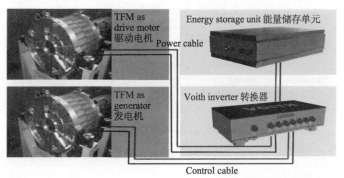

图4-23　VOITH插电式串联混合动力系统示意图

7）艾里逊公司双模式混合动力系统

艾里逊（Allison）公司原为通用汽车公司动力分部，后来脱离通用汽车公司成为独立公司。其研发的EP40/50双模式混合动力系统应用在以柴油机为动力的城市公交客车上，如图4-24所示。其中，EP40适用于城市公交客车，EP50适用于15m市郊公交客车和铰接式城市公交客车。

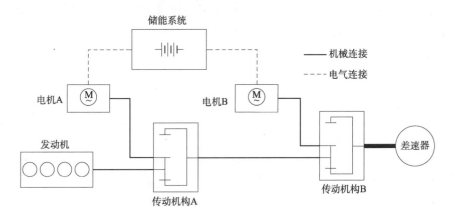

图4-24　艾里逊公司双模式混合动力系统示意图

目前，采用艾里逊双模式混合动力系统的城市公交客车已有几百辆在美国费城、休斯敦、波兰特、明尼阿波利斯、盐湖城和奥斯汀等城市运行。其中，华盛顿州国王县有235辆。在中国，艾里逊公司正为其双模式混合动力系统进行配套认证。

2. 国内发展现状

1）国内主要客车企业发展现状

（1）北汽福田。作为国内最早进行新能源客车研发和示范运行的企业之一，北汽福田欧辉客车目前已形成搭载自主研发的智能电控系统、动力电池、电机等关键零部件智蓝的新能源混合动力客车系列产品，其动力系统的核心技术达到行业先进水平。图4-25所示为福田欧辉客车混合动力系统结构方案。

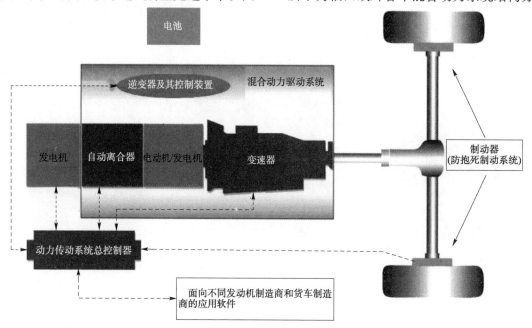

图4-25　福田欧辉客车混合动力系统结构方案

（2）中通客车。中通客车经过10多年的研究、实践和技术积累，在混合动力客车领域成功研发出并联和混联两大主流技术路线，共14代混合动力客车。

2013年，中通客车在新推出的同轴并联插电式混合动力客车上，采用了四项关键技术，即在进一步优化基于多挡AMT自动变速器的机电耦合驱动系统的集成与控制，实现与同轴并联混合动力系统共平台的基础上，大幅度提高了盘式永磁同步电机的功率密度；开发了插电式混合动力专用能量功率型锂离子电池系统，协调解决了机电耦合系统对电池大功率充放电与高能量储备的特性需求，其外接充电模式可根据不同的用户群体需要实现30~80km纯电动续驶里程；开发了以多能源协调控制为核心的主动智能安全控制策略，在对电池、电机等关键零部件实时监控的基础上，实现了硬件与软件互锁、高压与低压互锁、远程与本地互锁，解决了车辆使用中电磁兼容、高低压安全、故障和安全预警等市场应用难题；突破了电动化车身和底盘一体化设计，开发了与之相适应的电池环境舱及驱动系统智能热管理等关键技术，提高了行驶可靠性、安全性、耐久性和节油性。整车在混合动力工况下节油率达到40%以上，插电工况下综合节油率达到60%以上。

（3）宇通客车。宇通利用其雄厚的技术力量，在混合动力客车的动力系统构型、系统匹配优化与控制、再生制动、高低压安全、智能热管理和提高续驶里程等方面进行了大量深入的研究和试验工作，取得了一系列成果，极大提高了混合动力客车的技术水平。2010年，随着国家十城千辆示范城市的推广，先后推出了搭载深圳中环系统、杭州万向系统的混联式混合动力客车，后又将天津松正电动汽车技术股份有限公司推出的混联系统作为主推产品。2013年，随着第二轮的国家政策将插电式混合动力和纯电动汽车作为重点补贴产品以来，推出了自主化的双电机驱动系统方案。

（4）东风汽车公司。东风汽车公司的混合动力城市客车为并联方案、变速器耦合方式。2003年11月8日，东风EQ6110HEV混合动力客车投入示范运营，其结构方案如图4-26所示。该方案在变速器上设置副箱，通过一对90°锥齿轮的连接，实现电机与发动机动力在变速器第二轴耦合。其动力总成结构简单，性能可靠，便于产业化批量生产。目前，装配该动力总成的城市客车已在武汉、北京等城市小批量运行。

(5) 一汽集团。作为中国汽车工业的龙头企业,一汽集团研发的 CA6110HEV 混合动力客车也于 2005 年 8 月投入示范运行。该车的混合动力总成属于并联方案、变速器耦合方式,如图 4-27 所示。通过在变速器一轴上设置齿轮箱,实现发动机与电机动力在变速器一轴上的动力耦合。同时,通过在电机前端设置次离合器,可降低换挡时动力总成转动惯量和对整车控制策略的要求。

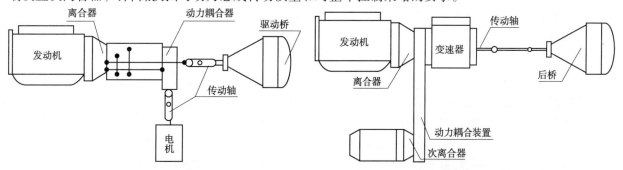

图 4-26　东风汽车公司混合动力城市客车并联方案　　　　图 4-27　CA6110HEV 混合动力客车并联方案

(6) 深圳五洲龙。深圳五洲龙的混合动力客车主要有两种方案,其一是采用单轴双离合器混联结构动力总成,属于混联、离合器耦合方式,如图 4-28 所示。通过在发动机与变速器之间设置两个离合器,实现电机与发动机及电机与变速器的动力耦合;通过控制两个离合器的工作状态,实现不同工况转换。该动力总成方案结构简单、成本低、工作可靠。

另一方案采用单轴双电机混联结构动力总成,属于混联、离合器耦合方式,如图 4-29 所示。其特点是在主、副电机间设置离合器,通过离合器的工作状态转换,实现串联与并联工况的转换。

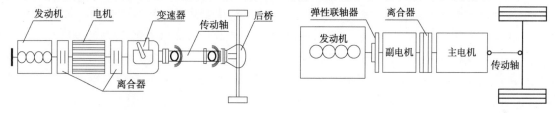

图 4-28　单轴双离合器动力总成混合动力方案　　　　图 4-29　单轴双电机动力总成混合动力方案

(7) 湖南南车时代。湖南南车时代的混合动力总成方案与 BAE 方案相同,如图 4-18 所示。基于南车时代在电动机及控制器系统的成熟技术,以及对电池系统的合理匹配,该系统可应用于不同混合动力客车。

(8) 湘潭电机。湘潭电机公司的混合动力总成属于混联、离合器耦合方式,如 4-30 所示。该动力总成的特点是在发动机、电动机之间设置离合器,通过离合器的工作状态转换,实现串联与并联工况的转换。

(9) 厦门金旅。厦门金旅的混合动力总成属于混联、离合器耦合方式,如图 4-31 所示。其特点是在发动机和电动机之间设置离合器,通过离合器的工作状态转换,实现串联与并联工况的转换。在该动力总成中,由电动机直接驱动驱动桥,结构简单,但整车爬坡度等指标受限制。

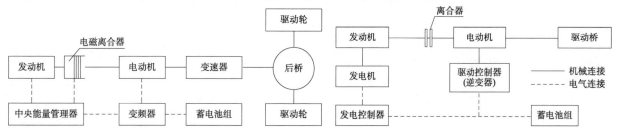

图 4-30　湘潭电机混联、离合器耦合混合动力方案　　　　图 4-31　厦门金旅混联、离合器耦合混合动力方案

(10) 苏州金龙。苏州金龙最早于 1999 年与清华大学联合开发纯电动中型客车,并作为清华大学的校园用车;2002 年又与上海交大联合开发第一辆混合动力客车,到 2006 年苏州金龙又与清华大学合作开

发第一代氢燃料电动公交客车。随着2009年国家新能源汽车补贴政策的开展，苏州金龙新能源客车也迈入了大规模产业化阶段，并主推匹配BSG发电机的直驱混联系统方案。自2014年国家政策向插电式混合动力客车及纯电动客车转变后，海格混合动力客车转向ISG混联系统方案，其同轴直驱混联系统由电机和发动机直接驱动车辆的驱动轮，中间不需要变速器进行动力传递与转矩变换，减少了变速系统对动力的损耗，传动效率更高。

2）国内新能源客车动力系统发展方向

我国新能源客车动力总成的发展趋势如下：

(1) 在国家政策引导下，新一轮市场中涌现出的大量新产品将向纯电驱动（纯电动客车、插电式混合动力客车有很好的纯电驱动能力，混合动力客车的纯电驱动能力也大大提高）、高效化（高效永磁电机逐渐取代传统异步电机成为市场主流，具有降低电耗和电池成本的优势）、零排放（纯电动客车的零排放优势凸显）或低排放（插电混合动力具有零排放里程，还可以实现发动机停机，有效降低排放）的方向发展。

(2) 提高可靠性和耐久性。用户对可靠性和耐久性的要求逐渐向传统动力总成靠拢，部分近期出现的新能源驱动系统具有提高可靠性、减少车辆维护、提高出勤率、节约运营成本的较大潜力。

受国内零部件工业基础及综合开发能力的限制，目前国内外混合动力总成方案区别较大，今后的发展方向是：

(1) 集中并凸出动力总成开发主体。国外动力总成系统的开发主体多集中在整车集团或实力雄厚的零部件公司，例如GM、日野等整车企业均有完整的零部件开发、生产体系；EATON在变速器、离合器系统的设计上有数十年的开发、生产经验，实力雄厚。虽然国内主流客车厂均开展了混合动力总成系统的开发，但除了东风、一汽等少数企业具有完善的零部件设计、生产体系之外，很多整车厂缺乏对零部件的控制和集成设计能力，从而限制了总成技术方案的选择及实施。

(2) 扩大耦合器方案选择范围，形成产业化。国内的动力总成系统方案均采用变速器及离合器耦合，其主要原因是立足于企业自身及国内零部件现状，便于产业化。而国外的动力总成系统方案则更丰富，对于混联方案多采用结构复杂的行星齿轮系统，对总成各零部件的可靠性要求较高，性能更完善。

(3) 提高集成设计能力。国外整车集团及实力雄厚的零部件公司，对于总成系统的关键零件均采用自己开发。如丰田公司认为，在电动汽车开发中关键总成必须由整车企业自身开发；EATON公司凭借其在变速器总成的设计优势，将电机及驱动单元集成设计在变速器上。而国内企业缺乏零部件集成设计能力，如在发动机开发方面，动力总成系统所选用的发动机多数是市场上成熟的国Ⅲ、国Ⅳ电控发动机（康明斯发动机等），由于整车厂与发动机厂往往不是同一主体单位，对发动机的控制优化有限，难以最大限度利用发动机潜力。

(4) 建立完善的试验体系。国外由于开发主体为整车集团或实力雄厚的零部件公司，因此有能力建立完善的试验体系。而国内开发主体受投入不足的影响，相关试验能力还处于完善阶段，动力总成系统的性能优化还具有很大潜力（也可以充分依靠第三方的试验检测能力）。

第五章 发动机

发动机是汽车的动力装置,其作用是将在密闭汽缸内所燃烧燃料的热能,通过气体膨胀推动活塞做功,将热能转变为机械能,然后通过底盘的传动系驱动车轮,使汽车行驶。目前,应用最广、数量最多的汽车发动机一般为水冷、四冲程往复活塞式内燃机,包括汽油机和柴油机,其中汽油机主要用于轿车、轻型客车和轻型货车,而大、中型客车和中、重型载货汽车则采用柴油机。少数轿车、轻型客车和轻型货车也有采用柴油机的车型。内燃机的工作过程有进气、压缩、做功和排气四个行程(冲程),发动机由缸体、汽缸盖、曲柄连杆机构、配气机构、燃油供给系、冷却系、润滑系和起动系等组成。

随着节能、减排要求的不断提高,对发动机技术水平、制造水平的要求也越来越高,发动机结构越来越紧凑、升功率越来越大、比质量大大减小、油耗率也达到较低的水平。纵观当前在发动机领域涌现出的众多新技术方案,如柴油机高压共轨技术、气体发动机技术、可变气门正时技术、可变进气管、可变截面涡轮增压技术、可变喷嘴涡轮增压技术、发动机排放控制技术、发动机冷却系统技术和汽油机直喷技术等,这些技术不仅使发动机满足了环保要求,而且从提升经济性、动力性、可靠性等方面推动了发动机水平的不断进步,从而促使传统内燃机技术不断创新。

第一节 发动机类型及基本结构

一、发动机类型

按照活塞运动方式的不同,发动机主要分为往复式和转子式两大类,其中往复活塞式发动机在数量上占绝对主导地位。

1. 往复活塞式发动机

按照不同的分类方法,可以把常用的往复活塞式发动机分为不同的类型。

(1)按所用燃料的不同,可分为汽油机(Gasoline Engine)、柴油机(Diesel Engine)和代用燃料发动机等。

(2)按一个工作循环所需的行程数,可分为四冲程发动机、二冲程发动机。

(3)按燃料着火方式的不同,可分为压燃式发动机、点燃式发动机。

(4)按进气方式的不同,可分为自然吸气式发动机、增压式发动机。

(5)按汽缸数目的不同,可分为单缸发动机、多缸发动机。

(6)按汽缸排列形式的不同,可分为直列式发动机、V型发动机、卧式发动机、对置汽缸发动机等,如图5-1所示。

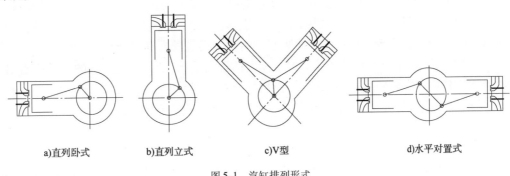

a)直列卧式　　　b)直列立式　　　c)V型　　　d)水平对置式

图5-1　汽缸排列形式

(7)按转速或活塞平均速度的不同,可分为高速发动机(标定转速高于1000r/min或活塞平均速度高于9m/s)、中速发动机(标定转速600~1000r/min或活塞平均速度6~9m/s)和低速发动机(标定转速低于600r/min或活塞平均速度低于6m/s)。

图5-2所示为直列六缸水冷式柴油发动机。

图5-2 直列六缸水冷式柴油发动机

2. 转子式发动机

转子式发动机是20世纪50年代才出现的新型发动机,如图5-3所示。这种发动机没有往复式发动机的往复运动机构和配气机构,内部主要运动件是一个三角形的转子,它将内部空间分为三个工作室,燃气燃烧的膨胀压力作用在转子的侧面,从而将三角形转子的三面之一推向偏心轴的中心;这一作用力分解成两个分力,一个是指向输出轴中心的向心力,一个是使输出轴转动的切向力。在转子绕偏心轴旋转过程中,三个工作室的容积不停地变动,在摆线形缸体内相继完成进气、压缩、燃烧做功和排气四个过程,而每个过程都是在摆线形缸体中的不同位置进行,这是与往复式发动机的最明显区别。转子式发动机不仅结构简单、体积小、质量轻、转速高,单位汽缸容积的有效功率大,振动小,运转平稳,而且制造成本低。

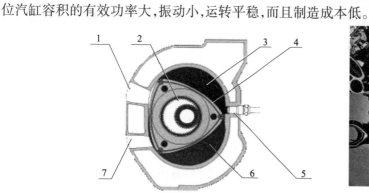 

图5-3 转子发动机结构

1-进气;2-偏心轴;3-压缩;4-三角转子;5-火花塞;6-点火;7-排气

转子式发动机也有其致命的缺点,主要是三个工作室间只有一个径向密封片,径向密封片与缸体始终是线接触,且径向密封片与缸体接触的位置也始终在变化,因此三个工作室并非完全隔离;此外,径向密封片磨损快,发动机使用一段时间后容易因为油封磨损而造成漏气问题,大幅度增加了油耗与污染;而其独特的机械结构也造成这类发动机较难维修。

二、发动机产品的编号规则

为了便于发动机的生产管理和交流需要,我国对发动机名称和型号编制方法进行了重新审定并颁布了国家标准GB/T 725—2008《内燃机产品名称和型号编制规则》。其中规定:发动机型号由阿拉伯数字(以下简称数字)、汉语拼音字母或国际通用的英文缩略字母(以下简称字母)组成。型号编制应优先选用国家标准中所规定的字母,允许制造商根据需要选用其他字母,但不得与国家标准中所规定的字母重复,符号可重叠使用,但应按图5-4所示的顺序表示。由国外引进的发动机产品,允许保留原产品型号或在原型号基础上进行扩展,经国产化的产品宜按本标准的规定编制。同时,发动机的型号应简明,第二部分规定的符号应一致,不得随意更改。具体发动机型号依次由图5-4所示的四部分组成。

第一部分:由制造商代号或系列符号组成。本部分代号由制造商根据需要选择相应1~3位字母表示。

第二部分,由汽缸数、汽缸布置形式符号、冲程形式符号和缸径符号组成。

汽缸数用1~2位数字表示,汽缸布置形式符号按表5-1规定,冲程形式为四冲程时符号省略,二冲程用 E 表示；缸径符号一般用缸径或缸径/行程数字表示，亦可用发动机排量或功率表示，其单位由制造商自定。

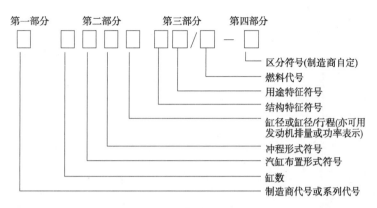

图 5-4 发动机型号表示方法

第三部分，由结构特征符号、用途特征符号组成，其符号分别按表 5-2 和表 5-3 的规定。

第四部分，区分符号，同系列产品需要区分时，允许制造商选用适当符号表示，第三部分与第四部分可用"-"分隔。

汽缸布置形式符号　　　　　　表 5-1

符　号	无符号	V	P	H	X
含　义	多缸直列及单缸	V 型	卧式	H 型	X 型

注：其他布置形式见 GB/T 1883.1。

结构特征符号　　　　　　表 5-2

符　号	结构特征	符　号	结构特征	符　号	结构特征
无符号	冷却液冷却	N	凝气冷却	Z	增压
F	风冷	S	十字头式	ZL	增压中冷
DZ	可倒转				

用途特征符号　　　　　　表 5-3

符号	无	T	M	G	Q	J
用途	通用型及固定动力（或制造商自定）	拖拉机	摩托车	工程机械	汽车	铁路机车
符号	D	C	CZ	Y	L	
用途	发电机组	船用主机、右机基本型	船用主机、左机基本型	农用三轮车（或其他农用车）	林业机械	

注：内燃机左机和右机的定义按 GB/T 726 的规定。

编号示例：YZ 6102Q——六缸直列、四冲程、缸径 102mm、冷却液冷却、车用（YZ 为扬州柴油机厂代号）。

三、发动机工作原理

现代客车大多装备往复式柴油发动机。发动机汽缸中每一次将热能转变为机械功的一系列连续过程为一个工作循环，每个工作循环包括进气、压缩、做功和排气四个行程，如图 5-5 所示。在活塞的一个工作循环中，活塞在上、下止点之间往复运动四个行程，曲轴旋转两周，即每一个行程有 180° 曲轴转角。但在实际进气行程中，进气门早于上止点开启，迟于下止点关闭；在排气行程中，排气门早于下止点开启，迟于上止点关闭，即进、排气行程所占的曲轴转角均超过 180°。进气门早开晚关的目的是为了增加进入汽缸内的空气量和减少进气行程中所消耗的功；排气门早开晚关的目的是为了减少汽缸内的残余废气量和排气行程消耗的功，而减少残余废气量会相应地增加进气量。

四冲程柴油机在进气行程中吸入汽缸的是新鲜纯空气而不是可燃混合气；压缩行程压缩的除纯空气

外还包括上一循环的部分残余废气,在压缩行程接近上止点时喷油器将高压柴油以雾状喷入燃烧室,柴油和空气在汽缸内形成可燃混合气并着火燃烧。由于柴油机的压缩比较大,一般为 16~24,压缩终了时混合气体的温度和压力也比汽油机高(气体压力为 3.5~4.5MPa,气体温度为 750~1000K),超过了柴油的自燃温度,柴油被压缩后自燃着火。

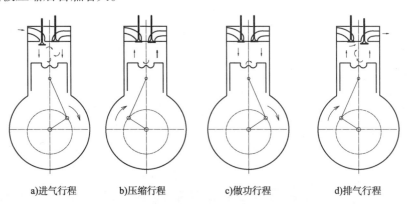

图 5-5　四冲程柴油机工作原理示意图

由于柴油黏度大,不易蒸发,自燃温度低,故可燃混合气的形成、着火方式、燃烧过程以及气体温度都和汽油机不同。发动机由起动系统带动曲轴飞轮旋转,使活塞在汽缸套内上下运动,燃料及空气按时按需供入汽缸内;随着活塞由下止点向上止点移动,在汽缸套、活塞、活塞环及汽缸盖所封闭的容积内,油气混合物温度和压力迅速升高,达到一定温度、压力后油气混合物会被压燃,燃烧的高温高压气体推动活塞向下止点移动,带动曲轴旋转,对外做功。工作过程中各机构和系统相互联系、密切配合、协调工作,共同保证发动机的正常运转。

与汽油机相比,柴油机的压缩比高、热效率高、燃油消耗率低,而一般柴油价格较汽油低,因此柴油机的燃油经济性较好。随着技术的发展,现代柴油机的排气污染、排放性能等得到了大幅度提高,而传统柴油机的转速低、质量大、噪声大、振动大等缺点也得到了克服,但制造费用较高。

四、发动机基本结构

传统往复活塞式柴油发动机主要由机体组、曲轴连杆机构、配气系统、供油系统、冷却系统、润滑系统、起动系统和电气系统等部件组成,如图 5-6 所示。

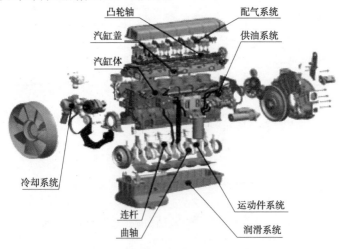

图 5-6　传统客车柴油发动机结构图

1. 机体组

机体组主要由汽缸体、汽缸盖、曲轴箱和汽缸垫等组成。机体既是构成发动机的主要骨架,又是发动机各机构和各系统的安装基础,其内外安装着发动机的主要零部件和附件,承受发动机工作中的各种载荷,并保证足够的强度和刚度。

2. 曲柄连杆机构

曲柄连杆机构主要由活塞、连杆组和曲轴飞轮组等组成,是发动机实现工作循环、完成能量转换、产生动力,并将活塞的往复直线运动转变为曲轴旋转运动而对外输出动力的运动机构。即发动机通过曲柄连杆机构把燃料燃烧后产生的热能转变为机械能;工作时曲柄连杆机构在做功行程把活塞的往复运动转变为曲轴的旋转运动,向外输出动力;而在其他三个行程又把曲轴的旋转运动变成活塞的往复直线运动,并且消耗部分功,保证发动机周而复始地工作。

3. 配气机构

配气机构由进气门、排气门、气门弹簧、挺杆、凸轮轴和正时齿轮等组成。其作用是将新鲜气体及时充入汽缸,并将燃烧产生的废气及时排出汽缸。

4. 供油系统

常规机械式柴油机的燃料供给系统由燃油箱、输油泵、柴油滤清器、喷油泵或供油泵、喷油器、各种高压油管、低压油管及回油管等组成,其作用是按规定时刻向缸内喷入定量雾化柴油,以调节发动机输出功率和转速。

5. 冷却系统

冷却系统有水冷式和风冷式两类,客车发动机一般采用水冷式。水冷式冷却系统由水泵、散热器、风扇、节温器和水套(在机体内)等组成,其作用是利用冷却液的循环将高温零件的热量通过散热器散发到大气中,从而维持发动机运行所需的正常工作温度。

6. 润滑系统

润滑系统主要由机油泵、机油滤清器、机油集滤器、限压阀、油底壳、曲轴箱通风装置、机油冷却器、主油道及各种机油油管等组成,其作用是在发动机运行中提供一定压力和流量的洁净机油到关键运动件的摩擦副表面,如曲轴主轴承、连杆轴承等,并在其表面形成油膜,从而减少摩擦阻力,降低功耗,提高摩擦副的使用寿命。

7. 电气及起动系统

电气及起动系统由电池、发电机、起动机、起动继电器及各种线路等组成,起动机主要用于使静止的发动机起动并转入自行运转状态。

随着科学技术的飞速发展,目前柴油发动机已远远超出了原先由几大传统机构和系统组成的结构范畴,逐渐形成了更完整更复杂的发动机综合运行管理系统(EMS)的总体构架。比较典型的是电控发动机,其结构已涵盖了实时监测各种运行状态的传感器,如压力传感器、位置传感器、转速传感器、温度传感器等各类"功能器官";并将进排气系统拓展为空气管理系统,集成了进排气气门开关的时间管理、复杂的气体管理,包括增压技术、废气再循环技术等;将冷却系统结合整车的布置拓展为能量管理系统;在排气系统上集成了复杂的有害尾气处理装置,如选择性催化还原装置(Selective Catalytic Reduction,SCR)、柴油炭微粒滤清器(Diesel Particulate Filter,DPF)、氧化催化转化器(Diesel Oxidation Catalyst,DOC)和微粒氧化催化转化器(Particulate Oxidation Catalyst,POC)等,并对排气温度进行了控制。同时,基于对经济性、动力性、排放性及舒适性的不断追求,电控发动机的控制技术也在飞速地发展,从基于油量、转速的控制方法发展为基于驱动转矩的发动机控制策略,并与废气再循环装置(Exhaust Gas Recirculation,EGR)及增压技术、选择性催化还原装置SCR及其控制技术、柴油炭微粒滤清器DPF排气后处理技术和车载诊断系统(On-Board Diagnostic,OBD)技术等集成控制(图5-7),使发动机从传统机械产品转变为机电一体化的新型高科技原动力装置。

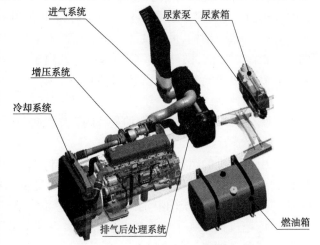

图5-7 新型发动机结构拓展图

第二节　柴油机电控燃油喷射系统及 PT 式喷油系统

一、柴油机电控燃油喷射系统

自 1893 年德国工程师鲁道夫·狄塞尔发明柴油机以来,各种柴油喷射系统的成功开发,使柴油机的动力性、经济性不断提高,为了进一步改善柴油机的动力性、经济性和排放等特性,人们对柴油机燃油喷射系统进行了大量深入的研究。传统机械式燃油喷射系统因喷射压力低、变工况时油量控制响应较慢且无法实现对喷油量和喷油定时全工况精确控制,已难以满足日益严格的柴油机排放法规需求。随着电子技术的飞速发展,人们开发了形式多样的电控燃油喷射系统,通过对喷油量、喷射压力、喷油率形状等参数的精确调节来实现燃油系统与柴油机的最优化匹配。如按电子控制喷射的原理来区分,可分为供油位置控制式、供油时间控制式、喷油时间控制式和供油喷油时间控制式等几种技术路线。

供油位置控制式燃油系统用电控装置替代了传统喷油泵的机械调速器,可实现更柔性化的供油量控制,但无法对供油时间进行精确调节,柴油机的喷油时刻仍然由初始提前角度和提前器来机械调节,无法满足低排放柴油机对燃烧始点的精确调节要求,其应用实例有我国自行开发的电调 PZ 泵和电调 PM 泵等。

供油时间控制式燃油系统可实现对供油时间和供油量的精确控制。包括较早出现的可变预行程式喷油泵,如博世杰克赛尔公司的 TICS 泵、电控 VE 式分配泵等,其控制机构较为复杂,需要两套电磁阀及执行器来实现对供油量(拉杆位置控制)和供油始点(预行程)的同时控制。较晚出现的电控单体泵也是供油时间控制式燃油系统,电控单体泵在每缸泵油元件上都布置有一个可控制进油阀通断的电磁阀,电流控制信号的始点和终点分别对应了供油开始时刻和供油结束时刻,其特点是可对每缸供油特性进行柔性调节,从而实现各缸平衡或油量补偿的控制功能,其应用实例有博世 PLD 系列电控单体泵和德尔福电控单体泵等。

喷油时间控制式燃油系统的典型代表是电控泵喷嘴,它是在机械式泵喷嘴的基础上发展而来的,并通过电磁阀调节喷油器液力放大阀来间接控制喷油嘴针阀的开启和关闭。由于可直接控制喷油始点和喷油量,且喷射压力高,因此电控泵喷嘴是欧Ⅳ以上低排放柴油机可选的电控燃油系统之一。但其安装布置需顶置凸轮轴式柴油机,对缸盖的刚度设计要求很高,其实例有博世 PDE 系列、德尔福 A3 等。

电控共轨是供油喷油时间控制式燃油系统的典型代表,也是近年来应用较为广泛的电控燃油系统。该系统通过两套电磁阀控制机构对供油时间和喷油时间进行单独控制,供油泵和喷油器之间连接有蓄压腔(或称共轨管)结构,可使供油和喷油过程不必一一对应,从而实现对供油特性、喷油特性和喷油压力的柔性控制。目前,国外各大公司都已开发出了各种形式的电控共轨喷射系统,我国的汽车零部件企业也正在积极进行研发并已装车使用,如一汽无锡油泵喷油嘴研究所推出的 FCRS 型共轨喷射系统等。

以下介绍几种典型电控燃油系统的工作原理、结构特点和应用实例。

1. 可变预行程式喷油泵燃油系统

车用发动机的运行工况较为复杂,为维持车速稳定和保持较低油耗,发动机的转速和负荷随车辆运行状态的变化需随时进行改变。燃油系统是发动机中控制燃油喷射的功能部件,随发动机转速和负荷的变化,燃油系统的喷油时间和喷油量也需相应变化,否则会出现飞车、停机或运行恶化等不良后果。传统机械泵为了实现喷油特性随发动机转速和负荷的反馈变化,一般通过机械式喷油提前器和调速器两个功能元件来实现。典型喷油提前器的结构如图 5-8 所示,通过飞锤的离心作用使从动轴与主动轴产生角度差,其值随转速增加而变大,实现转速提前作用。图 5-9 所示为典型的调速器结构,其工作原理与提前器类似,喷油泵凸轮轴带动飞锤旋转,通过四连杆机构带动拉杆转动柱塞,从而获得各种转速负荷特性功能,而节气门手柄则可以直接通过四连杆机构驱动拉杆,使油量大小随节气门位置而变化。

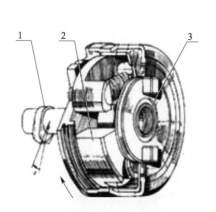
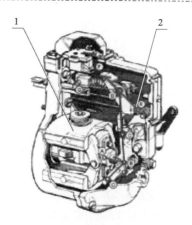

图 5-8 典型喷油提前器的结构
1-从动轴;2-飞锤;3-主动轴

图 5-9 典型调速器结构
1-飞锤;2-连杆机构

可变预行程式喷油泵燃油系统是在传统机械式喷油泵的基础上发展而来的位置控制式电控燃油系统,较为复杂的 TCIS 喷油泵集成了两套电磁执行机构以替代机械式提前器和调速器来对拉杆和油量控制套筒分别进行控制,可实现供油量和供油时间的柔性调节。图 5-10 为博世 TICS 可变预行程式喷油泵燃油系统的工作原理图。

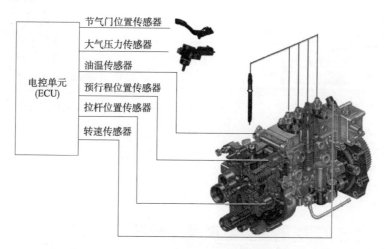

图 5-10 TICS 可变预行程式喷油泵(喷油器)燃油系统工作原理图

TICS 喷油泵内集成了拉杆位置传感器和预行程位置传感器,可对拉杆位置和油量调节套筒转动位置进行反馈控制。电控单元(ECU)根据转速传感器、大气压力传感器、位置传感器和油温传感器所传来的状态参数信息计算当前工况所需的拉杆行程和油量控制套筒转角,然后发送调节拉杆和油量控制套筒的电流控制波形;位于两个传感器附近的电磁执行器适时产生电磁力驱动拉杆和油量控制套筒运动,根据两个位置传感器所反馈的位置信息来反馈电磁力关闭的时间,从而实现对供油量和供油始点的双重调节。由于喷油泵的结构限制,TICS 喷油泵对供油量和供油始点的调节范围相对较小。

TICS 喷油泵内对预行程进行调节的机构如图 5-11 所示。油量控制套筒的上下移动可以改变柱塞腔开始封闭的时间,从而起到调节供油始点的作用。但预行程的变化同时也改变了柱塞的有效行程即供油量,因此需结合对拉杆的控制来一起调节供油量。由于这种多变量的调节模式对油量和喷油正时的反馈控制不利,因而在 TICS 电控系统中设有自学习控制功能以提高调节精度。

可变预行程式电控直列泵包括博世杰克赛尔的

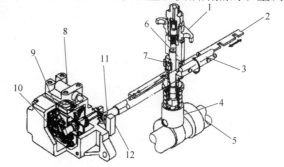

图 5-11 TICS 可变预行程泵的结构
1-柱塞套;2-拉杆;3-预行程调节杆;4-挺柱体;5-凸轮轴;6-柱塞;7-油量控制套筒;8-执行器;9-电磁阀;10-位置传感器;11-U 形拨叉;12-配置块

TICS 泵、博世的 EDR 型电控直列泵、卡特彼勒公司的 PEEC 系统和小松公司的 KP21 型电控直列泵等,目前在日本五十铃等机型上仍有应用。

2. 电控单体泵式燃油系统

随着快速响应电磁铁及电子控制技术的飞速发展,人们开发出了通过直接驱动开关阀来控制喷油泵进油通断的电控单体泵式燃油系统。电控单体泵取消了结构复杂的调速器和可变预行程执行机构,且柱塞不需要加工各种功能斜槽,结构简单易加工。最初开发的电控单体泵为分体安装,如图 5-12 所示,由发动机凸轮轴旋转直接驱动单体泵的挺柱体上行,带动柱塞,压缩头部柱塞腔内的燃油至高压,再经由高压油管输送到喷油器后喷入燃烧室。分体式电控单体泵结构简单,整体刚性好,高压油管短从而喷油延迟效应较小(即供油到喷油之间的时间延迟),对喷油始点的控制精度较高,但对柴油机的侧置凸轮轴的结构设计(需增加凸轮机构)和刚度要求较高。近年来,结合分体式电控单体泵和传统机械泵的特点,发展出了集成式电控单体泵,如图 5-13 所示。集成式电控单体泵与传统机械泵一样仍安装在发动机的油泵驱动齿轮上,多个单体泵单元被集成安装在一个泵体内,凸轮轴和挺柱体机构与传统机械泵基本类似。因油量控制功能都集成在单体泵单元内,整泵不需要提前器和调速器,因此输油泵可以布置在整泵的一侧,而输油泵空间尺寸的扩展,可带来低压输油功能的较大提升。

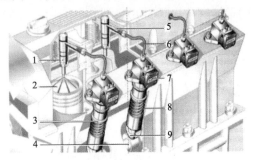

图 5-12 电控单体泵式燃油系统在发动机上的布置
1-喷油器;2-燃烧室;3-电控单体泵;4-凸轮轴;
5-接头;6-高压油管;7-电磁阀;8-柱塞弹簧;9-挺柱体

图 5-13 集成式电控单体泵

图 5-14 所示为一种采用集成式电控单体泵的供油时间控制式电控燃油喷射(EFI)系统的工作原理

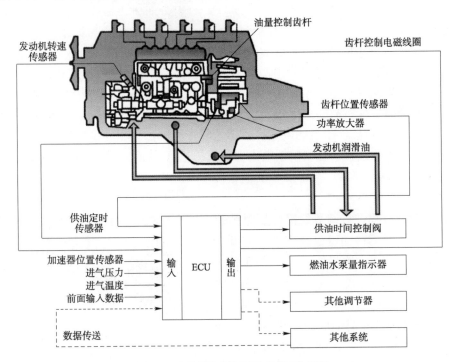

图 5-14 电控燃油喷射(EFI)系统工作原理

示意图。工作时由空气流量计或进气歧管绝对压力传感器和转速传感器测量进气空气量,由 ECU 根据冷却液温度、进气温度、氧传感器信号等确定合适的空燃比，计算所需喷油量，进而对执行器(喷油器和电路断开继电器)进行控制。即采用转速、加速踏板位置、喷油时刻、进气温度、进气压力、燃油温度和冷却液温度等传感器，将实时检测的参数同时输入 ECU，与已储存的设定参数值或参数图谱(MAP 图)进行比较，经过处理计算，按照最佳值或计算后的目标值把指令送到执行器。执行器根据 ECU 指令控制喷油量(供油齿条位置或电磁阀关闭持续时间)和喷油正时(正时控制阀开闭或电磁阀关闭始点)，同时对废气再循环阀、预热塞等执行机构进行控制，使发动机运行状态达到最佳。

电控单体泵的结构原理如图 5-15 所示，图中放大部分为油量控制单元。其工作原理如下：当凸轮轴驱动柱塞上行到供油始点位置(由 ECU 根据各传感器状态信息来判断并发出指令)，右侧的电磁铁接收 ECU 的控制电流信号后产生电磁吸力，将进油阀吸合至关闭状态，此时柱塞头部的燃油高压腔(图示放大区域)与进油低压腔互相断开，高压腔内燃油随柱塞上行被不断加压，当超过出油阀开启压力后，燃油被输送到高压油管和喷油器内直至超过喷油器开启压力后，喷入燃烧室。由于供油和喷射时间有部分重叠，喷射压力不但与喷油凸轮型线形式、发动机转速和喷油量有关，还与供油压力波的传递和反射叠加有关，因而无法对喷射压力进行精确控制。电控单体泵的市场应用较为广泛，如博世 PLD 型电控单体泵在 Mack、Renault、DAF、KHD、Freightliner 等车型上都有应用案例。

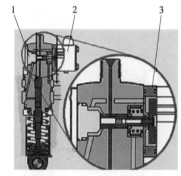

图 5-15 电控单体泵结构原理图
(图中放大部位为柱塞套内的电磁铁与进油阀部件)
1-柱塞套；2-电磁铁；3-进油阀

3. 电控单体泵喷嘴燃油喷射系统

该系统简称电控泵喷嘴，系统结构如图 5-16 所示，其泵油柱塞与喷油的喷油嘴串接起来，在泵体的侧面装有电磁阀。其优点是省去了高压油管，喷油延迟时间非常小，且结构紧凑，系统能量损失小，可以产生很高的喷射压力。电控泵喷嘴直接安装在发动机缸盖内，由顶置凸轮轴驱动摇臂使泵喷嘴的柱塞运动；当柱塞下行时，如果电磁阀未通电，则因柱塞腔与低压腔相通，燃油泄回到低压腔，柱塞腔内不会产生高压；如果电磁阀通电关闭，柱塞腔与低压腔断开，燃油被柱塞压缩，当燃油压力超过针阀开启压力时，即开始喷油；当电磁阀断电，则电磁阀复位弹簧使电磁阀打开，柱塞腔燃油泄回低压腔，喷油嘴针阀关闭，停止喷油。该系统对喷油正时和喷油量的调节由电磁阀的通电时间及持续时间所决定，而且通过电磁阀的多次通断可以实现多次喷射功能，加之电磁阀与针阀位置接近，对喷油量和喷油正时的控制精度较高。与电控单体泵相似，电控泵喷嘴的喷射压力高低也无法随运行工况的变化来精确调节。电控泵喷嘴在美系车辆上有较多的应用，如 Iveco Cursor 350 车型上用的博世 PDE 型电控泵喷嘴，卡特彼勒 3176、3196 等车型以及 Detroit 92 系列车型上都采用了公司自己设计的电控泵喷嘴。

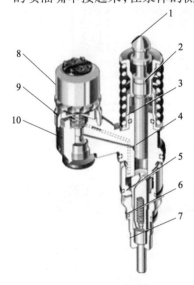

图 5-16 电控泵喷嘴结构
1-顶杆；2-柱塞弹簧；3-柱塞；4-喷油器体；5-过渡块；6-针阀弹簧；7-喷油嘴；8-电磁阀；9-电磁阀弹簧；10-滑阀

4. 电控共轨燃油喷射系统

1) 共轨喷射系统的发展历程

电控共轨喷射系统的概念在 1960 年提出，但直到 20 世纪 90 年代初期意大利的菲亚特公司才将共轨喷射系统概念进行了实用化研究，开发了第一套车用柴油机共轨喷射系统样品并装车进行了试运行，从而标志着柴油机电控共轨喷射系统的真正面世。1994 年，菲亚特公司将该技术转让给世界最大的燃油系统生产厂商德国博世公司，博世公司在随后的 10 多年内将共轨喷射系统进行了推广和壮大，陆续开发出了喷射压力 140～250MPa 的一至四代共轨喷射系统，并在各种功率的车用柴油机上大量应用。1995 年，日本电装公司推出采用 ECD-U2 共轨喷射系统的货车，这是柴油机共轨喷射系统的首次批量市场应用。随后，德国 L. Orange 公司也于 1997 年开发了世界第一套大型船用柴油机用共轨喷射系统。目前，随着排放法规的日益严格，各大汽车公司和燃油系统厂商都将共轨喷射系统作为解决柴油机排放的主要技术方案而进行深入研究，并推出了各具特色的共轨喷射系统产品。

2)共轨喷射系统的工作原理

电控共轨喷射系统的供油与喷油过程互相独立,结合对蓄压腔内轨压的反馈控制,可以实现全工况的喷油次数、喷油量、喷油正时和喷射压力的精确调节。图5-17所示是一种典型的车用共轨喷射系统工作原理示意图,由图可见:共轨供油泵集成的输油泵将燃油从油箱吸出,经过带油水分离器的燃油粗滤后到达输油泵内,由输油泵加压后流出,经燃油精滤进入共轨供油泵的低压腔;其中一部分燃油在油泵柱塞腔加压形成高压燃油,并从油泵出油阀口流经高压油管汇集入共轨管的蓄压室,为喷油器的高压喷射提供稳定持续的高压燃油源,多余部分燃油从油泵上的溢流阀处与喷油器回油一起流回油箱;共轨喷射系统的电子控制单元(ECU)采集各个传感器实时检测的柴油机和共轨喷射系统状态参数,通过内置的控制策略及储备数据发出精确的电流脉冲信号,并使对应的共轨供油泵电磁阀、喷油器电磁阀等产生电磁力,以驱动对应的执行器进行动作,使供油量、轨压、喷油角度和喷油量按需求进行反馈调节。图中蓝色线路代表低压燃油的流向,红色线路为高压燃油,黑色线路代表电流信号。

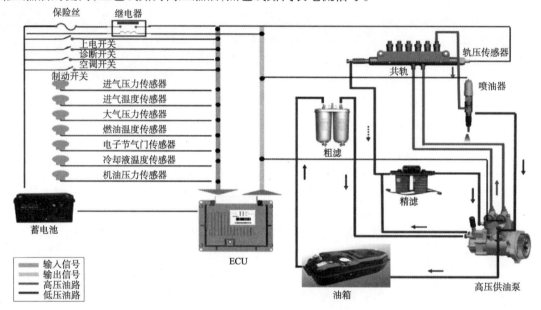

图5-17 一种典型的车用共轨喷射系统工作原理示意图

3)几种典型的共轨喷射系统

从20世纪90年代开始,国外先进燃油系统公司都开始着手进行共轨喷射系统的研究和市场化应用。到目前为止,已有博世、电装、德尔福、西门子、卡特皮勒等公司在车用柴油机领域开发出了各自成熟的共轨喷射系统技术和产品。

图5-18 博世商用车共轨喷射系统

(1)博世共轨喷射系统。从1927年研制出世界第一台直列式喷油泵以来,德国博世公司一直是柴油机燃油系统行业的先行者,从传统机械泵如A型泵、VE型分配泵和P型泵等产品的广泛应用,到电控单体泵、泵喷嘴和共轨喷射系统等,博世公司的油泵产品基本上涉及了所有的发动机适配领域。Fiat公司的UNIJET系统是博世电控共轨喷射系统的前身,UNIJET系统源于1987年马瑞利公司的研发项目,1992年在车辆上进行了试运行,1994年该技术转让给博世公司以进行市场应用,经过博世公司的技术改进,博世的第一代轿车用共轨喷射系统于1997年在阿尔法罗密欧和奔驰车上得到了批量应用。到今天,博世公司已经开发出了四代共轨喷射系统,而更新技术的共轨喷射系统也正在进行研发。图5-18所示为博世商用车共轨喷射系统结构示意图,该系统采用了压电晶体喷油器和两个 CP4 型共轨转子泵,最大工作压力可大 220MPa 以上。

①喷油器。

a. 喷油器结构原理。喷油器是一种通过缩小流体流通截面来获得流速增加,并将压力势能转换为动能的装置。为了实现喷油器的精确喷油和快速响应,共轨喷油器的油量控制方式主要有高速开关电磁阀控制方式和压电晶体执行器控制方式两种类型。前者的技术由来已久且应用广泛,而后一种技术具有更快速的针阀响应特性,在乘用车领域应用较多,但成本和对硬件系统要求较高。此外,为了实现更高的喷油压力以满足超低排放法规的需要,有些公司开发出了带内增压的共轨喷油器,在共轨压力不很高的情况下可实现超高喷油压力的工作能力。图 5-19 所示为博世 CRI N1 型喷油器的结构原理图。CRI N1 喷油器主要包含了以下功能性元件:一个类似传统孔式喷油器的喷油器体、一个多喷孔的喷油嘴、一个通过两个节流孔来调节控制腔内燃油压力的控制阀和控制活塞、一个连接球阀的衔铁装置、一个电磁阀部件和与 ECU 连接的连接线。

与控制活塞头部控制腔相连的两个节流孔对喷油器特性具有很大的影响,博世公司对其分别命名为 A 节流孔(出油节流孔)和 Z 节流孔(进油节流孔)。当喷油器电磁铁的线圈内没有接通励磁电流时,球阀在电磁铁弹簧力的作用下保持关闭状态,A 节流孔不流通,此时控制腔的燃油压力与喷油嘴针阀压力室内

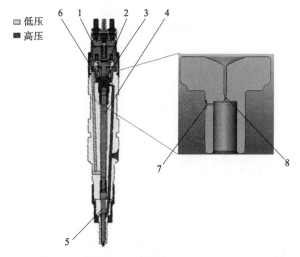

图 5-19 CRI N1 型喷油器结构原理图
1-电磁阀部件;2-衔铁装置;3-球阀;4-控制活塞;5-喷油嘴;6-控制腔;7-进油节流孔(Z孔);8-出油节流孔(A孔)

的油压一致,与轨压相同,而喷油嘴针阀在液压力差及喷油器弹簧的作用下也保持在关闭状态,喷油器不喷油;当 ECU 发出令喷油器喷油的控制信号,且电磁铁线圈内励磁电流值大到足以使衔铁向上运动时,球阀将在液压力的作用下迅速开启,控制腔内燃油从 A 节流孔流出并从喷油器的回油通道向外排出,由于 Z 节流孔的流通面积要小于 A 节流孔,因此控制腔内燃油压力将迅速下降到无法维持喷油嘴针阀和控制活塞到初始关闭位置,此时喷油嘴针阀将在液压力的作用下快速打开,高压燃油从喷油嘴喷孔处喷入到柴油机的燃烧室进行油气混合和燃烧;当 ECU 判断喷油结束时,电磁铁线圈内电流下降到零,衔铁在复位弹簧力的作用力下向下运动并驱使球阀关闭,高压燃油迅速充满控制腔,对控制活塞产生向下的液压力,并平衡喷油嘴针阀所受到的向上液压力,喷油嘴针阀在喷油器弹簧的作用力迅速落座,此次喷油结束。

喷油嘴针阀的运动特性是由 A、Z 节流孔的流量比所决定的,A 孔与 Z 孔流量比大,则喷油嘴针阀开启速度较快,但回油量较大;反之则喷油嘴针阀关闭速度慢。因此,合适的 A、Z 孔流量和流量比是进行喷油器性能优化过程中的主要调整参数。

图 5-20 所示为博世压电式喷油器的基本结构示意图,一个压电执行器内置于喷油器内腔,且非常接近于喷油嘴针阀,使压电喷油器的运动件质量可减少约 75%,因此它比传统电磁阀控制的喷油器响应速度约快一倍。匹配这种共轨喷射系统的奥迪 A8 满足了 2005 年的欧Ⅳ排放法规,且可增加发动机功率 5% ~7%,减少燃油消耗 3%,并可明显降低发动机噪音约 3dB(A)。

b. 喷油器液力原理。图 5-21 所示为博世内增压式共轨喷油器的液力原理图,其主要由一级电磁阀模块、压力放大模块、二级电磁阀模块和喷油嘴控制模块四部分组成。结合图 5-20 可以看到,喷油器内部有三个压力区域:黄色部分为低压回油;橘黄色部分为未增压前的高压油,其油压与共轨管内压力一致;红色部分为经过压力放大后的高压油。这种喷油器的工作原理是:当柴油机运行到中低负荷工况时,实际所需共轨喷射系统的喷射压力最高不超过 135MPa,此时喷油器头部的一级电磁阀一直保持在不通电断开状态,喷油器内增压活塞下方的止回阀因压差打开,压力腔 1 与压力腔 3 相通;由于压力腔 1 与压力腔 2 也相通,增压活塞在弹簧力的作用下保持在最上方位置,此时喷油器工作在非增压状态;喷油器下端的二级电磁阀控制喷油嘴针阀的开启和关闭,则喷油器的动态回油从回油②流出;当柴油机运行至中

高速高负荷工况时,要求共轨喷射系统提供超高喷射压力以获得更佳的油气混合和燃烧效率,此时喷油器的动作策略为:电磁阀1开始通电使衔铁上升,压力腔2与回油①相通,压力腔2内的燃油压力迅速下降,增压活塞在压差的作用下向下移动并压缩压力腔3内的燃油;当压力腔3内燃油达到所需喷射压力后,电磁阀2开始通电,喷油嘴针阀在压差作用下抬起,经过增压后的超高压燃油喷入燃烧室;当电控单元判断喷油结束时,电磁阀2断电,喷油嘴针阀落座,电磁阀1断电,增压活塞上行,压力腔1内的燃油通过止回阀补充到压力腔3中,为下一次增压喷油进行准备。

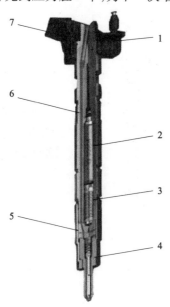
图5-20 博世压电喷油器的基本结构示意图
1-回油接头;2-压电控制器部件;3-放大机构;4-油嘴组件;5-控制阀(紧帽);6-高压油道(喷油器体);7-接插件(高压进油)

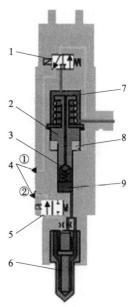
图5-21 博世内增压喷油器液力原理图
1-电磁阀1;2-增压活塞;3-止回阀;4-回油;5-电磁阀2;6-喷油嘴模块;7-压力腔1;8-压力腔2;9-压力腔3

②供油泵。博世CP2型共轨泵是为匹配中重型柴油机而开发的共轨直列式供油泵,其油量控制方式为进油计量比例控制式,图5-22和图5-23分别为CP2型共轨泵的外形和横剖面图。CP2型共轨泵的进油计量阀安装在油泵的左侧被称为FUM(燃油计量单元)的部件内部,工作面加工成凹圆弧的凸轮轴旋转驱动挺柱体部件做上下往复运动,推动柱塞进行吸油和压油动作;燃油被外啮合齿轮式输油泵吸入并加压后输送到油泵低压腔内,通过进油计量阀来调节实际进入柱塞腔的燃油量;柱塞腔内结构紧凑的进出油阀为两个单向锥阀,在柱塞下行吸油时进油阀开而出油阀关闭;当柱塞压油时,柱塞腔内油压升高令进油阀关闭;当压力高于轨压时,出油阀开启,燃油进入共轨管直到柱塞上升至最高点即上止点位置,完成一次供油循环。

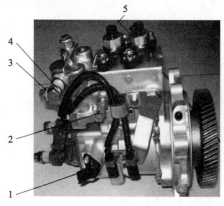
图5-22 CP2型共轨泵外形
1-凸轮相位传感器;2-增压活塞温度传感器;3-油泵进油口;4-回油口;5-高压出油口

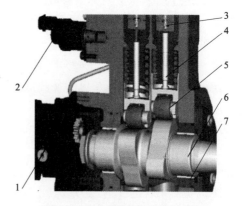
图5-23 CP2型共轨泵的横剖面图
1-凸轮相位传感器齿轮式输油泵;2-增压活塞温度传感器进油计量阀;3-油泵进油口进出油阀;4-回油口柱塞;5-高压出油口挺柱体部件;6-凸轮轴;7-滑动轴承

除了增加油量的电子控制外,为了实现最高 160MPa 的工作压力,与传统机械泵(如 P7100 型喷油泵)相比,CP2 型共轨泵进行了多项结构和加工工艺的改进,如柱塞表面实施了 DLC 涂层、较大地降低了柱塞偶件的摩擦阻力和耐磨性能、凸轮轴两端轴承采用滑动轴承结构提升了轴承的承载能力、凸轮型线为三作用凹圆弧形线提高了柱塞的上升速度、集成了外啮合齿轮式输油泵其供油压力波动小且供油能力强于机械泵的活塞式输油泵、鼓形滚轮降低了凸轮滚轮间的最大接触应力等。

(2)电装共轨喷射系统。自 1949 年日本电装(NIPPON-DENSO)从丰田汽车零部件工厂分离并成立以来,经过 60 多年发展,电装公司开发了多种型号的柴油喷射系统,并已成为全球汽车系统零部件的主要供应商之一。

1995 年,电装公司推出了第一代中重型货车用共轨喷射系统,其共轨供油泵为 HP0 型预行程调节式共轨直列泵,设计轨压为 120MPa;2000 年,电装公司推出第二代共轨喷射系统,应用于乘用车和轻型商用车,最高工作轨压可达 180MPa;2003 年,针对中型商用车市场,电装公司开发并推出了第三代共轨喷射系统,该系统采用压电晶体喷油器和新型 HP4 共轨转子泵,系统最大压力提升至 200MPa;而新开发的第四代共轨喷射系统预计最高工作压力可达 300MPa,已于 2013 年下半年开始在市场上进行推广应用。图 5-24 所示为电装公司第四代共轨喷射系统在沃尔沃发动机上的布置

图 5-24 电装公司第四代共轨喷射系统在沃尔沃发动机上的布置

司第四代共轨喷射系统在沃尔沃发动机上的装配布置图,图 5-25 所示为电装公司共轨喷射系统的开发年代表。

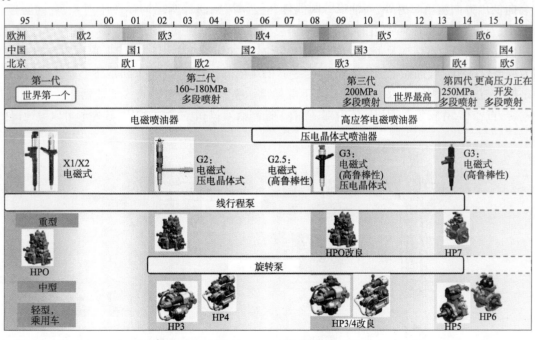

图 5-25 电装公司共轨喷射系统的开发年代表

①喷油器。按照执行器种类的不同,柴油发动机用喷油器可分为电磁阀式和压电晶体式两大类。电装产品的代表分别是电磁阀式:G*S(Generation*Solenoid)和压电晶体式:G*P(Generation*Piezo),如图 5-26 所示。目前,产品开发中的共同目标是高压化和减少漏油量,其中电磁阀式喷油器旨在降低多次喷射的喷射间隔时间,压电式喷油器旨在通过进一步缩短长度以实现安装布置上的改善。

a. 电磁阀式喷油器结构和工作原理。电磁阀式喷油器的结构和工作原理如图 5-27 所示。喷油器由电磁阀执行器(用以控制油压伺服机构的开闭动作)、进油量孔、出油量孔、油压控制室、油压伺服机构

(由将控制油压传送至喷嘴针阀的导向活塞构成)和喷油嘴头部(从喷油嘴头部喷射燃油)等组成。

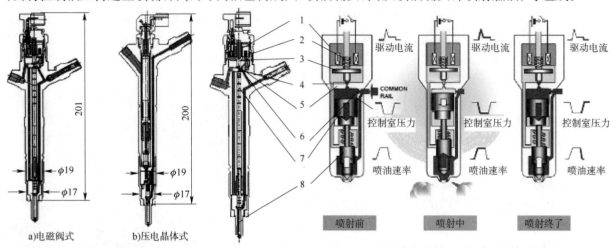

图5-26 电装公司共轨喷射系统
喷油器(单位:mm)

图5-27 电磁阀式喷油器的结构及工作原理示意图
1-电磁阀执行器;2-电磁阀弹簧;3-两通阀;4-出油量孔;5-油压控制室;6-进油量孔;7-控制活塞;8-喷油嘴

工作时,电磁阀通电,阀门衔铁被向上吸引,两通阀打开;控制室的油压根据经控制室出油量孔向低压侧漏出的油量变化和进油量孔流入的高压油量变化而被控制,油压逐渐下降;随后在喷油嘴针阀上下两侧形成压力差,向上的压力超过向下压力,因此喷油嘴针阀上升,高压燃油从喷油嘴前端打开的喷孔喷出。

喷射结束动作与开启动作相反。两通阀关闭,控制室压力慢慢上升,因此推动喷油嘴针阀向下的力超过向上的力,喷油嘴针阀向下移动,喷油嘴落座关闭,喷射结束。由于使用油压伺服机构,两通阀打开时燃油会向低压方向流出。另外,喷油嘴针阀偶件和控制活塞偶件两端均存在压力差,燃油必然会向低压方向漏出。这些流入低压回油道的燃油被称为总回油量,并引回到燃油箱。

b. 压电晶体式喷油器结构及工作原理。压电晶体式喷油器的结构及工作原理,可用图5-28所示的G2P喷油器为例进行说明。喷油器上部依次配置:层叠式的压电晶体执行器,其下面是压电晶体位移扩大机构,再下面是抬升喷油嘴针阀的油压伺服机构,其下部是喷油嘴偶件。与电磁阀式喷油器相比,压电晶体执行器设计紧凑,直径小,并安装在喷油器体内部,取消了控制活塞;与电磁阀式相比,其外形可以设计得更小。

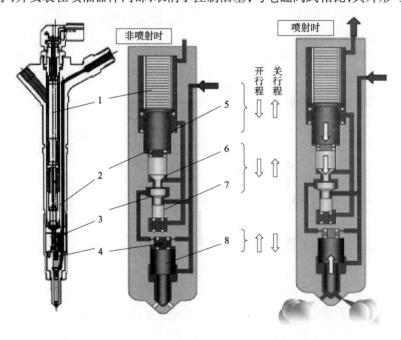

图5-28 压电晶体式喷油器的结构及工作原理示意图
1-压电晶体执行器;2-油压式变位扩大机构;3-三通阀;4-针阀背压(控制室);5-大径柱塞;6-小径柱塞;7-三通阀;8-针阀

所谓压电执行器就是通过外加电荷后发生变形,即利用压电晶体的霍尔效应产生位移。

在压电式执行器每片元件两端提供一定的高电压充电,最大可以引起约 40μm 的位移。通过行程扩大机构,其行程可以扩大 1.7 倍,然后推动液力伺服机构的三通阀,使喷油嘴压力控制腔的燃油压力下降。与喷油嘴针阀相关的高压和背压差所产生的推力,一旦超过使喷油嘴针阀向下推动的弹簧力,喷油嘴针阀就向上移动,喷油嘴密封座面打开,燃油从喷孔喷出,开始喷油过程。

为使喷油嘴针阀关闭,使压电晶体执行器的电荷放电,恢复原来长度。此时,三通阀关闭,喷油嘴针阀的背压回到高压状态。针阀落座,关闭喷孔,喷射结束。

因不喷油时的喷油嘴针阀径部没有泄漏的燃油,所以与电磁阀式相比,可以减少燃油泄漏。此外,运动部分的质量也可以进行轻量化设计。所以与电磁线圈式相比,压电晶体式响应迅速,可以实现更稳定的针阀控制。

压电晶体执行器可以实现细长设计,所以其执行器能够安装在喷油器内,并且可以设计成类似铅笔的形状,便于在发动机上布置。

另外,由于控制阀响应迅速,喷油嘴针阀动作更快,可实现短时间内针阀与阀座脱离,所以喷射开始时喷雾雾化质量好,喷射终了也同样。由于喷射率的快速上升和下降,缩短了喷射时间。经测试,同样为 180MPa 的共轨压力,喷射时间可以缩短 7%。

为了提高发动机的最大输出功率,要求燃油克服缸内压力须有更大的喷射贯穿度,从而在喷射后短时间内快速蒸发并形成混合气。压电晶体式与电磁阀相比,形成优良喷雾质量的能力也较强。

②共轨供油泵。共轨供油泵的作用主要是从油箱中吸取燃油后将其加压并输送到共轨中,本部分以搭载在重型车上的 HP0 泵和中轻型车上的 HP3/4 泵为代表介绍电装供油泵。

a. HP0 共轨供油泵。HP0 共轨供油泵的结构如图 5-29 所示,图 5-29a) 为外观图,图 5-29b) 为解剖图,其主要由泵油机构(凸轮轴、挺柱体和柱塞等)、泵控制阀(PCV)、汽缸识别传感器(G 传感器)、出油阀、溢流阀和输油泵等组成。

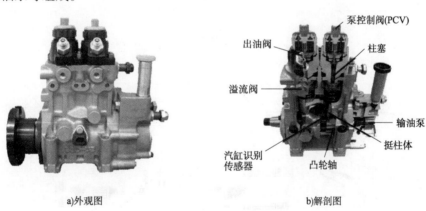

图 5-29 HP0 共轨供油泵结构示意图

HP0 共轨供油泵的工作主要有吸入和压送燃油两个过程,如图 5-30 所示。输油泵从油箱中吸入燃油,并将其供给泵油机构,泵油机构中的凸轮轴通过挺柱体驱动柱塞将输油泵提供的燃油加压,并经泵控制阀(PCV)调节油量后,经由出油阀压送至共轨管,多余燃油经溢流阀返回油箱。

HP0 共轨供油泵主要由柱塞、凸轮轴、挺柱体及 PCV 等产生高压燃油,其中柱塞由凸轮和挺柱体带动做上下往复运动,对燃油进行吸入和排出;PCV 根据 ECU 指令通过调节打开和关闭的时间来实现供油量的调节。如图 5-31 所示,当电磁线圈断电,PCV 开启,凸轮轴带动柱塞向下运动,燃油被吸入到柱塞上方;电磁线圈通电,PCV 关闭,凸轮轴带动柱塞向上运动,燃油被加压后压送到共轨管中。

b. HP3/4 共轨供油泵。HP3/4 共轨供油泵的结构如图 5-32 所示,图 5-32a) 为外观图,图 5-32b) 为剖视图。该供油泵主要由泵油机构(偏心轮、凸轮环和柱塞等)、吸入控制阀(SCV)和输油泵等组成。其中,柱塞用以对燃油加压、偏心凸轮使柱塞上下运动、凸轮轴使凸轮转动,而输油泵则将燃油从油箱吸入,导入柱塞。

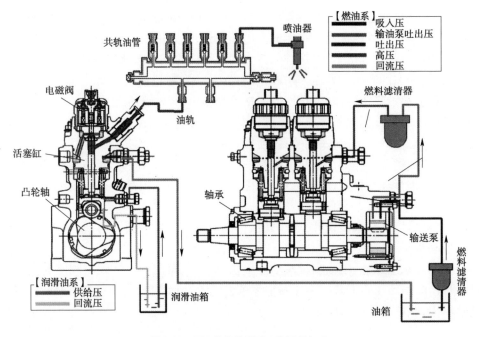

图 5-30 HP0 共轨供油泵工作原理(一)

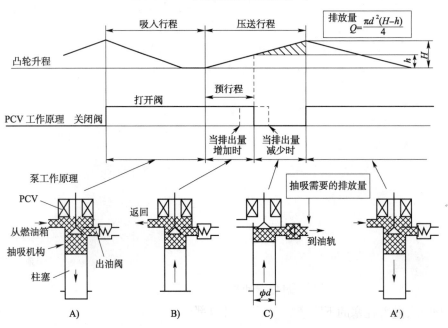

图 5-31 HP0 共轨供油泵工作原理(二)

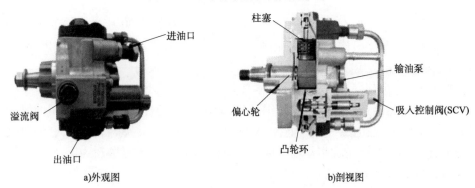

图 5-32 HP3/4 泵结构示意图

HP3/4 共轨供油泵的构成剖面及工作原理如图 5-33 所示。燃油被位于共轨供油泵内部的输油泵从燃油箱内吸起,经过燃油滤清器后,通过输油泵,经过吸入控制阀 SCV(Suction Control Valve)阀调整燃油

— 140 —

量,再通过单向吸入阀进入柱塞上方的加压室(图5-34),经柱塞加压,再通过单向出油阀进入共轨。

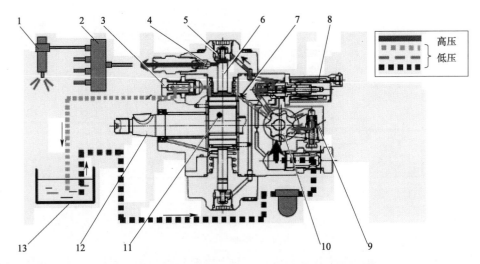

图5-33 HP3/4共轨供油泵的结构剖面以及工作原理示意图
1-喷油器;2-共轨管;3-溢流阀;4-出油阀;5-进油阀;6-柱塞;7-回油道;8-进油控制阀;9-调节阀;10-输油泵;11-偏心环;12-凸轮轴;13-燃油箱

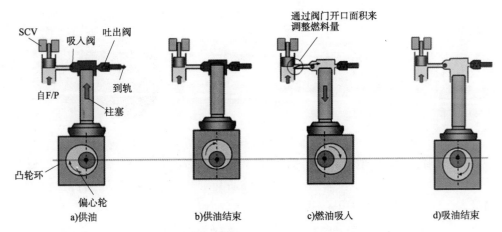

图5-34 HP3/4共轨供油泵的工作原理示意图

供油量的调节原理是:柱塞根据发动机驱动的凸轮轴以及偏心凸轮的运动进行上下往复运动,并进行燃油的吸入、排出;SCV通过线性电磁阀使燃油经过的开口面积可变,根据ECU的指令改变线性电磁阀的加载电流,通过改变开口面积达到调节燃油量的目的。

开口面积变小,随着柱塞的下降产生负压,从开口部通过吸入阀导入燃油。由于燃油流量小,燃油中含有的空气汽化,随后一部分燃油变成蒸气填满汽缸,因此少量燃油被充填在压油腔里。随着柱塞上升加压,首先气体液化,继续对液态燃油加压,使出油阀打开,燃油被送入共轨。如果将开口面积开到最大状态,燃油充满压油腔,柱塞将以最大供油量供给共轨。

③共轨管。共轨管总成主要由燃油蓄压的容器(共轨管)、测量共轨管压力的压力传感器(PC传感器),以及在压力异常状态下对高压燃油减压的限压阀等构成,如图5-35所示。同时,在与喷油器、高压油泵连接的进/出口,都设计有降低喷射/供油时产生的压力波动的量孔。(另外,连接高压油泵的燃油入口部的量孔,可同时满足油泵压送燃油造成的压力波动和燃油压送损失两方面减少的要求)

压力限制器是由球阀和弹簧构成的阀,当共轨管内由于系统出现故障产生超高压时,会自动打开阀门,通过实施减压来防止高压管的燃油泄漏。此外,由于带有降压后可调整至设定压力的功能,以及减压后压力回复的功能,所以车辆能够进行避险行驶。

(3)国产共轨喷射系统。目前,国产共轨喷射系统产业正处于起步和新兴开发时期,各大柴油机厂商已经开始进行共轨喷射系统的匹配和应用,并已有多种匹配国产共轨喷射系统的国3、国4机型供应我国市场。一汽无锡油泵喷油嘴研究所和辽宁新风集团具备共轨喷射系统总成的开发能力,而无锡威孚集团、山东龙泵公司和湖南衡阳亚新科等国内企业也已具备共轨喷射系统主要零部件的设计和生产能力。

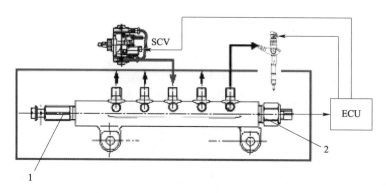

图 5-35 共轨管总成结构以及工作原理示意图
1-限压阀;2-轨压传感器

图 5-36 所示为一汽无锡油泵喷油嘴研究所开发的中重型车用 FCRS – HD 型共轨喷射系统的主要部件以及该系统在一汽解放 6DL2 型柴油机上的安装布置。

图 5-36 FCRS – HD 型共轨喷射系统结构外形及其在发动机上的安装布置

国产典型的共轨喷射系统一般包括共轨供油泵、共轨管和喷油器三大液力部件以及 ECU、线束和传感器等电控元件。图 5-37 所示为一汽无锡油泵喷油嘴研究所开发的 EP1F 型共轨供油泵的外形和剖面结构,该泵的最大工作压力可达 200MPa。

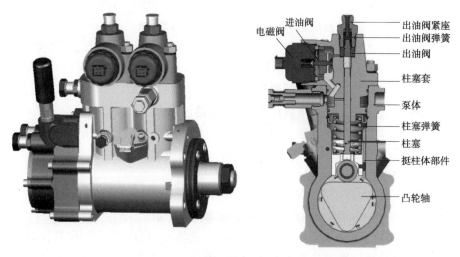

图 5-37 EP1F 共轨供油泵外形及剖面结构

共轨供油泵的主要功能为供油、增压和轨压调节,图 5-38 所示为该共轨供油泵的工作原理图。其工作原理为:燃油从油箱 1 经过带油水分离的第一级滤清器 2 后进入输油泵 4,输油泵带手泵 6 和旁通阀 5,手泵前后各串联了一个止回阀以防止燃油反流;旁通阀 5 的作用是防止输油泵后燃油压力过大造成零件损坏或燃油渗漏,一般设定旁通阀的开启压力 800kPa 左右;燃油经过输油泵加压后到达第二级燃油滤清器 7,其过滤的杂质粒子非常小,一般在 3~5μm,以确保进入油泵的燃油清洁度符合共轨喷射系统需求;燃油经过精滤器过滤杂质后进入油泵的低压腔,其中一部分燃油从回油溢流阀 8 流回到油箱,其他则作为油泵的供油进入高压腔被柱塞加压。加压后的燃油首先经过每缸一个的进油开关电磁阀9,该阀的工作原理为:电磁阀不通电时阀前后油路常通,电磁阀通电后电磁铁吸合内部的进油阀使其关闭,阀前后油路断开,使进油道与压油腔隔断,此刻电磁阀断电,如果此时阀后的油压大于阀前油压(柱塞压油行程),进油阀维持关闭,阀保持断开状态;如果阀后油压小于阀前燃油压力(柱塞吸油行程),则进油阀在压差作用下开启,阀回到初始常通状态。燃油经过进油开关电磁阀后进入柱塞头部的高压腔,在凸轮轴15、挺柱体14和柱塞偶件13的综合作用下进行加压,当超过由出油阀10的开启压力及带限流器的共轨管12内的燃油背压形成的综合压力后,燃油被压入共轨管内,完成燃油从油箱到共轨管的传输过程。从喷油器回油16和共轨管的压力安全阀11流出的燃油与回油溢流阀8流出的燃油汇合后流回油箱。

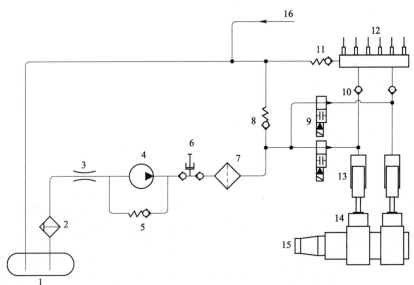

图 5-38 EP1F 型共轨供油泵的工作原理示意图

1-油箱;2-带油水分离的第一级滤清器;3-进油节流;4-输油泵;5-旁通阀;6-手泵;7-第二级燃油滤清器;8-回油溢流阀;9-进油开关电磁阀;10-出油阀;11-压力安全阀;12-带限流器的共轨管;13-柱塞偶件;14-挺柱体;15-凸轮轴;16-喷油器回油

除了开关阀控制型共轨供油泵结构形式外,另一种进油计量比例控制式共轨供油泵目前在市场中应用也较为广泛。图 5-39 所示为无锡油泵喷油嘴研究所开发的另一种进油计量比例控制式共轨供油泵 EP4A 的外形及剖面结构,其工作原理如图 5-40 所示。燃油从油箱1到精滤8之间的流向与前述结构相同,在此不再复述。燃油从精滤流出后一部分从阶跃回油阀9流回油箱,其中阶跃回油阀起到了稳定进油计量阀10前的燃油压力的作用,这是系统能正常运行的先决条件。经过阶跃回油阀压力稳定后,由输油泵流出的其余燃油进入到进油计量阀10,进油计量阀通过调节出油量孔的流通面积来控制燃油实际流出的流量,因此其控制原理实际为可变开度节流阀控制。输油泵出口与进油计量阀后油道之间另连接了一个零供油节流阀19,其流通面积非常小,一般流通孔直径在 0.5mm 以下,该节流阀的主要作用是稳定进油计量阀后的燃油压力波动和在进油计量阀出油量孔完全关闭后提供少量燃油到柱塞腔,以减少柱塞的吸真空及穴蚀效应。

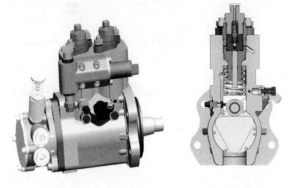

图 5-39 EP4A 型进油计量式共轨供油泵外形及剖面结构

当柱塞下行到吸油行程时,由于柱塞腔内燃油压力低于进油计量阀后油压,进油阀14被打开,燃油进入柱塞腔;当柱塞上行时燃油压力迅速升高,进油阀关闭;当超过出油阀13的开启压力及带限流器的共轨管12内的燃油背压综合压力后,燃油被压入共轨管内,完成燃油从油箱到共轨管的传输过程。从喷油器回油18、共轨管的压力安全阀11和阶跃回油阀9流出的燃油与回油溢流阀7流出的燃油汇合后流回油箱,回油溢流阀流出的燃油可以起到冷却作用。

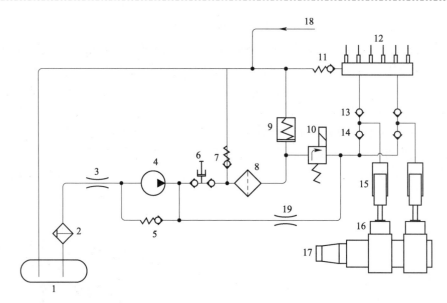

图 5-40　进油计量比例控制式共轨供油泵的液力原理示意图

1-油箱；2-带油水分离的粗滤；3-进油节流；4-输油泵；5-旁通阀；6-手泵；7-回油溢流阀；8-精滤；9-阶跃回油阀；10-进油计量阀；11-压力安全阀；12-带限流器的共轨管；13-出油阀；14-进油阀；15-柱塞偶件；16-挺柱体；17-凸轮轴；18-喷油器回油；19-零供油节流阀

共轨管部件是一个压力容器，其作用是储存高压燃油，并将高压油通过高压油管分配给各个喷油器。共轨管结构如图 5-41 所示。

在共轨管的一端为限压阀部件，开启压力根据产品设定，另一端为轨压传感器。共轨管上方安装有六个相同的限流器，每一个限流器通过高压油管和发动机每一缸的喷油器相连；同时，在共轨管上还安装或者直接加工有两个（或一个）进油接头，高压供油泵产生的高压油从进油接头进入共轨管。

限流器的作用是当喷油器出现异常喷射（喷射量异常大）时，限流器关闭，停止向喷油器供油，以防止过多燃油进入发动机汽缸，从而对发动机起到一定的保护作用；此外，限流器还可以起到稳定喷射压力的作用。

在正常工作状态下，阀芯处于静止位置。当喷油器喷油时，喷油器端的压力有所下降，从而阀芯向喷油器方向运动。阀芯压出的容积补偿了喷油器喷出的容积。在喷油结束时阀芯停止运动，密封锥面不关闭，弹簧将阀芯压回到静止位置。因此，阀芯在阀体内是一个不断往复的过程。

限流器的结构如图 5-42 所示，其保护作用的原理是：当流经限流器的流量过大时，阀芯被压到最顶端，即阀座和阀芯的密封座面接触，此时共轨管内的燃油压力将阀芯牢牢地顶在最上端，使得阀芯不能回位，从而停止向喷油器供油。

图 5-41　共轨管结构示意图

1-限压阀；2-进油接头；3-限流器；4-轨压传感器

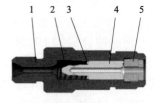 

图 5-42　限流器结构示意图

1-限流器体；2-限流器弹簧；3-调整垫片；4-内芯；5-挡块；6-密封锥面；7-节流小孔

限压阀的结构如图 5-43 所示。限压阀的作用相当于安全阀，不控制轨压，其基本作用是限制共轨管中的最高压力。由于某种原因，当共轨管中的压力超过限压阀限制压力时，限压阀打开，使得共轨管压力迅速下降，从而保证安全。

系统正常工作情况下，限压阀阀芯在弹簧预紧力的作用下与阀座相应的密封座面紧紧贴合，共轨管内的压力不足以克服限压阀弹簧的预紧力，而使得限压阀阀芯和阀座分离。但当系统出现某种故障，导致共轨管内压力异常升高时，作用在阀芯的密封座面上的力超过了弹簧预紧力，阀芯和阀座脱离，高压油便会直接作用在导向柱上;此时高压油对阀芯的作用力迅速增加,迫使阀芯迅速左移,燃油泄出,共轨管内的压力迅速下降,从而保证共轨管内压力不会继续上升,保证系统安全。

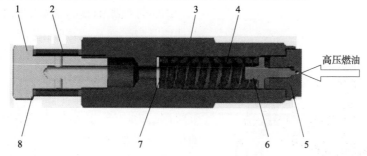

图 5-43 限压阀结构图
1-回油螺钉;2-护套;3-限压阀阀体;4-调压弹簧;5-密封垫片;6-调整垫片;7-阀芯;8-阀座

二、PT 式喷油系统

PT 式喷油系统是美国康明斯公司生产的一种独特的喷油系统,于 1954 年推出,为该公司的专利产品,后经多次改进,应用至今。"PT"是英文压力(pressure)和时间(time)的缩写。图 5-44 所示为 PT 式喷油系统的结构示意图。燃油由 PT 燃油泵从油箱吸出经滤清器以较低的压力供入喷油器。供油压力由装在 PT 燃油泵内的调速器和节流阀控制,喷油器的油量计量和喷油开始与结束由发动机凸轮轴和推杆摇臂机构控制。因此"PT"喷油系统,就是指喷油量是由供油压力和由凸轮驱动喷油器柱塞开启计量孔的时间共同决定的。

PT 喷油系统由油箱、燃油滤清器、PT(G)燃油泵、低压输油管、喷油器、摇臂、推杆、喷油凸轮和回油管等组成。其中,PT(G)燃油泵又包括齿轮泵、磁性滤清器、脉冲膜片减振器、调速器、节流轴(油门)和电磁阀等。因发动机用途的不同,PT(G)燃油泵的调速器有全程式调速器(VS)和两极式调速器两种类型。此外,PT(G)燃油泵还有 AFC 冒烟限制器、EFC 电子调速器和 ASA 空气信号衰减器等其他辅助装置。

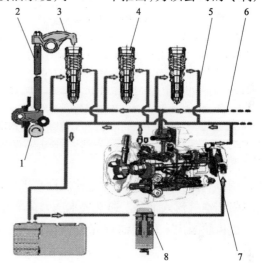

图 5-44 PT 式喷油系统结构示意图
1-凸轮轴;2-推杆;3-喷油摇臂;4-喷油器;5-回油管;6-低压输油管;7-燃油泵;8-滤清器

按用途的不同,PT(G)燃油泵可配不同类型的调速器和其他装置,如道路车辆增压发动机用燃油泵配装有两极调速器和 AFC 冒烟限制器,工程机械、船机用燃油泵配装有全程调速器 PT(G)和 AFC 冒烟限制器,发电机组用燃油泵配装有电子调速器 PT(G),而汽车吊车用 PT(G)燃油泵则配装有 VS 调速器等。

1. PT 喷油系统的性能特点

PT(G)喷油系统具有如下性能特点:

(1)供油压力最大不超过 2.1MPa(300Psi),且结构紧凑。

(2)所有的喷油器都共用一根供油管。

(3)喷射压力范围高达 70~140MPa(10000~20000Psi),具有良好的雾化性能,可确保燃油高效燃烧。

(4)燃油泵不需要与发动机进行正时调节。

(5)约 80%的供油量用于冷却喷油器后回到油箱,因此喷油器冷却效果较好。

(6)停止发动机运行需切断燃油的流动。

(7)通用性好。仅需对喷油器作一些调整就可以适用于不同型号的发动机在较大范围内的功率和转速的变化。

2. PT(G)燃油泵的基本结构和工作原理

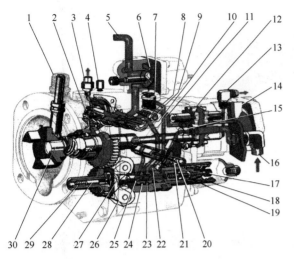

图5-45 PT(G)型燃油泵的基本结构

1-转速表驱动轴;2-AFC活塞;3-AFC回油接头;4-AFC空气阀;5-PT泵出油;6-电磁阀;7-滤清器;8-AFC燃油柱塞套;9-AFC无空气调节螺钉;10-AFC柱塞;11-AFC弹簧;12-齿轮泵;13-止回阀;14-脉冲减振器;15-压力调节;16-燃油进口;17-急速调节螺钉;18-调速弹簧;19-急速弹簧;20-燃油量调节螺钉;21-节流轴;22-进油道;23-节流阀主出油道;24-急速油道;25-调速器柱塞;26-调速器飞块;27-转矩弹簧;28-飞块辅助柱塞;29-辅助柱塞弹簧;30-驱动轴

PT(G)型燃油泵的基本结构如图5-45所示。其基本功能是将燃油从油箱吸出,按照所需的流量和压力,向喷油器提供燃油,最终可以调节并控制柴油机不同工况时的转速和负荷。

在PT系列燃油泵中带两极调速功能的PT(G)型泵应用最为广泛,其结构也最具代表性。根据配套柴油机型的需要,在PT(G)泵基础上,可以有带全程调速作用的PT(G)VS泵和图5-45中所示的带控制空燃比装置的PT(G)AFC泵。

柴油机运转时,PT(G)燃油泵通过驱动轴30获取动力,齿轮泵12从燃油进口16吸入柴油并加压,克服滤清器及油路流动阻力进入齿轮泵腔,与齿轮泵出口端相通处装有钢制膜片式脉冲减振器14,燃油在减振器的作用下把泵油所产生的压力波动减小到最低程度,以确保系统供油平稳。

由齿轮泵出油口流出的燃油经过滤清器7精滤后,从进油道22进入泵体。

调速器工作时,总有一部分燃油从调速器柱塞套的回油通道流经压力调节阀15回到齿轮泵的进油腔。燃油的回油过程必须克服压力调节阀内部的预紧力。

压力调节阀的作用有两个,一是使燃油在进口低压腔内始终保持一定的正压力;二是压力调节阀的压力可以阻挡空气流入油路。通常要求压力调节在3.4~4.1Pa范围内。

由齿轮泵出来的燃油首先进入调速器中。调速器的功能是根据柴油机的不同工况,提供相应的油量。

柴油机的具体工况分为:静止状态、起动工况、急速工况、标定工况、调速工况、部分负荷工况和校正工况等七种。

1)静止状态

柴油机静止状态的调速器结构如图5-46所示。其左边有辅助柱塞弹簧15的作用,右边有急速弹簧8的作用,从而使得急速柱塞的端面与调速器柱塞端面贴合。

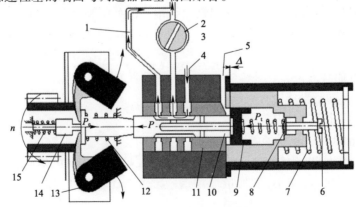

图5-46 PT(G)调速器静止/起动工况

1-急速油道;2-节流轴;3-节流阀通道;4-进油口;5-旁通油道;6-急速调整螺钉;7-调速弹簧;8-急速弹簧;9-急速弹簧柱塞;10-调速器柱塞;11-调速器柱塞套;12-转矩弹簧;13-飞块;14-飞块辅助柱塞;15-辅助柱塞弹簧;Δ-回油间隙;P_e-离心力轴向分力;P-油压力;P_t-弹簧力(若P_e等于P,等于P_t,则调速柱塞处于平衡状态,保持不动)

2) 起动工况

如图 5-46 所示。起动时,操纵手柄调节至怠速位置,通向节流轴的回油旁通道处于关闭状态,只有怠速油道保持畅通。由于起动转速 n 很低,离心力轴向分力 P_e 很小,在三力平衡下柱塞移至左位;由于油压力 p 很小,回油间隙 $\Delta=0$,怠速油道及节流阀主出油道全开,全部油经两通道流入 PT 喷油器。根据流量方程 $Q=\mu \times A \times (p_2-p_1)0.5 \times T$,虽然压力差 p_2-p_1 较低,但计量时间 T 长,可实现起动工况所需的足够油量,确保柴油机顺利起动。

3) 怠速工况

柴油机起动后,操纵手柄处在怠速位置,通过节流轴的回油旁通道依然关闭,怠速油道仍处于开启状态。由于起动油量大,起动后柴油机转速很快升高。在怠速弹簧和辅助柱塞弹簧的作用下,怠速柱塞端面和调速器柱塞处于接触状态,因此转速升高;飞块离心力加大后,首先克服怠速弹簧的预紧力,使得调速器柱塞和怠速柱塞同时向右移,调速柱塞肩面很快移到与调速柱塞上的怠速出油孔相交的位置,这样使得怠速油道部分堵住,减少了怠速油道的出油面积,如图 5-47 所示。

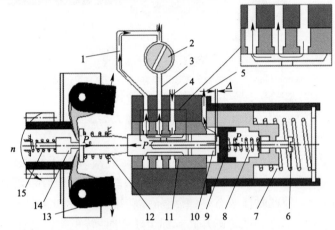

图 5-47 PT(G) 调速器怠速工况

1-怠速油道;2-节流轴;3-节流阀通道;4-进油口;5-旁通油道;6-怠速调整螺钉;7-调速弹簧;8-怠速弹簧;9-怠速弹簧柱塞;10-调速器柱塞;11-调速器柱塞套;12-转矩弹簧;13-飞块;14-飞块辅助柱塞;15-辅助柱塞弹簧

同时,转速升高后齿轮泵泵出的燃油压力也随之上升,向调速器内输送的燃油进入调速器柱塞与怠速柱塞之间的容积,其压力很快超过怠速弹簧预紧力,使得怠速柱塞相对于调速器柱塞又单独向右移动了一定距离,从而产生间隙 Δ,开通了旁通回油道。并且出油节流阻力加大,柴油机转速会迅速下降,进入怠速工况。

通常在怠速稳定时,飞块离心轴向分力与怠速弹簧的回复力处于平衡状态,即 $P_e=P=P_t$。

若高于怠速时,飞块离心轴向分力将克服怠速弹簧力,使调速柱塞向右移,怠速油道的出油孔面积减小,增加节流阻力,从而减少了流向喷油器的供油量。同时,怠速柱塞与调速器柱塞之间的油压升高,怠速柱塞克服怠速弹簧力,相对于调速器柱塞向右移动,使得回油间隙 Δ 加大。回油量增加,会导致供油量减少。

上述调速柱塞和怠速柱塞同时右移,都将产生供油量下降,使得柴油机转速降低,回到怠速的稳定转速。

相反,若柴油机转速低于怠速转速,且怠速弹簧力大于飞块离心轴向分力时,使得调速器柱塞向左移动,从而加大了怠速油道的出油孔面积,节流阻力减小,供油量增加;同时,进入调速器柱塞与怠速柱塞之间容积的燃油压力降低,怠速弹簧又把怠速柱塞向左推动,并使怠速柱塞相对于调速器柱塞产生一定的位移量,回油间隙 Δ 减小,供油量增加。这两者的作用都使得柴油机转速上升,回到怠速的稳定转速。

由此可以看出,怠速调节螺钉可以对怠速稳定转速的高低进行调整。向里拧紧怠速调节螺钉,怠速弹簧预紧力加大,必须在更高转速下,产生更大的离心力时才能克服怠速弹簧力,这时怠速调高。反之,旋松怠速调节螺钉,怠速则降低。

4)标定工况

如图 5-48 所示,操纵手柄在最大节气门位置时,节流轴开度最大,调速器通向节流轴的节流阀主出油道全开。此时节流阻力最小,流向节流轴的油量很快增加,柴油机转速迅速上升。

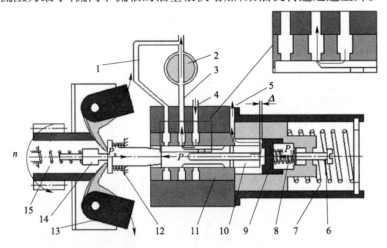

图 5-48 PT(G)调速器标定工况

1-怠速油道;2-节流轴;3-节流阀通道;4-进油口;5-旁通油道;6-怠速调整螺钉;7-调速弹簧;8-怠速弹簧;9-怠速弹簧柱塞;10-调速器柱塞;11-调速器柱塞套;12-转矩弹簧;13-飞块;14-飞块辅助柱塞;15-辅助柱塞弹簧

与此同时,齿轮泵泵出的燃油流量和压力会随之加大,加大后又会促进转速升高,柴油机迅速升高到标定工况转速。

转矩弹簧同时向右移,转速升到最大转矩的中速时,转矩弹簧开始接触到调速器柱塞套而受压缩。同时,调速器柱塞关闭了怠速油道,移到节流阀主出油道的边缘位置,转速继续升高,主出油道孔面积开始减小,使得供油量逐渐减少。但此时柱塞右移,继续压缩转矩弹簧,因此调速柱塞随转速升高的移动速度开始缓慢,供油量也随之缓慢下降。当转速升高到标定转速时,转矩弹簧已有一定的压缩量,节流阀主出油道已被调速柱塞肩面堵住一部分,供油量也有所减小。所以,标定转速时的供油量总比最大扭矩时的小一些。

随着转速的升高,燃油压力升高,怠速柱塞不断右移,转速升高到标定转速时,怠速柱塞右面压到怠速柱塞套内部表面,由于调速弹簧的预紧力很大,怠速柱塞停止移动。

由流量方程 $Q = \mu \times A \times (p_2 - p_1)0.5 \times T$ 可知,喷油量几乎不变。此时,标定转速下的供油量等于全负荷所需油量,为柴油机的标定工况。

5)调速工况

当转速超过标定转速时,飞块离心力使得调速器柱塞向右移动,柱塞肩面逐渐关闭调速器柱塞套上的主出油口(中间的油口),使得流向节流轴的阻力加大,供油量不断减少。

同时,调速器柱塞上的回油口开始露出柱塞套端面,加速了回油,供油量迅速下降。调速器进入高速控制区,柴油机进入调速特性工况,直至最高转速。

6)部分负荷工况

高于怠速低于标定转速的工况区间为部分负荷工况。在 PT(G)燃油泵上移动操纵手柄位置,控制节流轴转角,改变节流阀主出油孔开启面积来控制部分负荷。

7)校正工况

为了使得柴油机有一定的转矩储备系数,通常采用校正装置来实现。调速器柱塞右移,从开始压缩转矩弹簧到受调速弹簧阻挡停止右移的转速区间,称之为调速器校正工作区。转矩弹簧端面与调速器柱塞套间的起始间隙大小,可以改变校正起作用的转速;转矩弹簧的刚度可以改变校正曲线的斜率。

由转矩适应性系数:$k = Me\,max/M_H = 1$ 可知,因未进行转矩的校正(未校正的转矩特性如图 5-49 所示),发动机不具备克服短时期超载的能力;校正后应使 k 值大于 1,以适应柴油机实际的工作要求。

在 $n < n_1$ 下:柱塞处偏左位置,低速转矩校正弹簧(即辅助柱塞弹簧)受压,弹簧力 P_{t1} 加强了飞块离

心力轴向分力 P_e 的作用；根据力平衡，调速器柱塞受到的压力 P 较原来高，使得喷油器入口压力 p 提高，喷油量上升，从而达到提高低速转矩的校正作用，如图 5-50a) 所示。

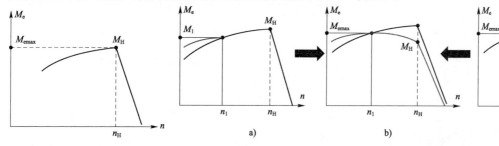

图 5-49 未校正的转矩特性
M_{emax}-最大转矩；n_H-额定转速；
M_H-额定转速下的转矩

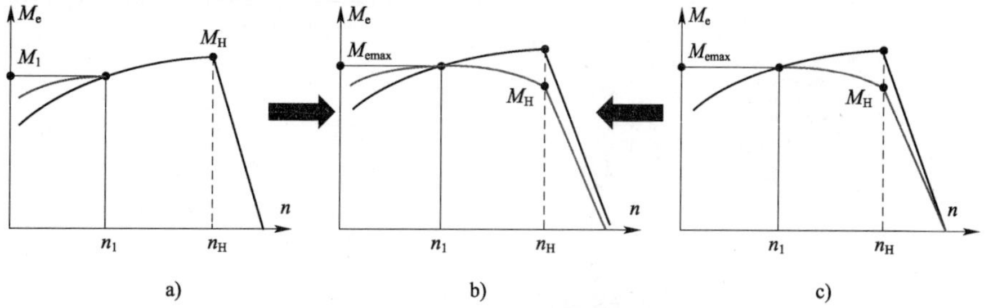

图 5-50 校正的转矩特性
M_{emax}-最大转矩；n_H-额定转速；n_1-最大转矩转速；M_H-额定转矩

在 $n > n_1$ 下：柱塞处偏右位置，高速转矩校正弹簧受压，对于每个 n，弹簧力 Pt_2 削弱了飞块离心力轴向分力 P_e 的作用；根据力平衡，调速器柱塞受到的压力 P 较原来低，从而使喷油器入口压力 p 降低，喷油量下降。将额定转速下的转矩 M_H 压低，这个过程为高速转矩校正工况，如图 5-50c) 所示。

将高低速转矩校正线合二为一，可构成 $k = M_{emax}/M_H > 1$ 的曲线图，从而实现了发动机有效转矩的校正，如图 5-50b) 所示。

3. 康明斯柴油发动机 PT 喷油器的基本结构和工作原理

康明斯柴油发动机 PT 喷油系统喷油器的基本结构如图 5-51 所示，工作原理见表 5-4。

PT 喷油系统喷油器油杯中的油量取决于计量时间、燃油压力和计量孔大小；而计量孔的大小则取决于发动机转速和功率。对于一种型号发动机，就有一个确定的计量孔大小，也有一个确定的 CPL 号(Control Part List，控制零件目录)与之对应。这样，在发动机运转时，每循环喷油量只取决于燃油压力和计量时间这两个因素。计量时间实际上就是喷油器柱塞打开计量孔到关闭计量孔的这段时间间隔，其长短取决于喷油器柱塞上下运动的速度。由于喷油器柱塞由喷油凸轮通过推杆摇臂驱动，因此，充油时间取决于发动机的转速高低，无法人为控制。燃油压力是指 PT(G) 燃油泵在各种工况下输出的燃油压力，它与发动机的转速和负荷有关。

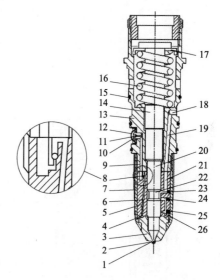

图 5-51 PT(D)型喷油器的基本结构
1-喷孔；2-压力室；3-喷油器油杯；4-平面环槽；5-针阀柱塞套；6-针阀柱塞套进油孔；7-喷油器紧帽；8-止回阀；9-喷油器体进油孔；10-量孔塞；11-燃油进油孔；12-滤网；13-喷油器体；14-针阀柱塞顶杆；15-O 形圈；16-喷油器弹簧；17-弹簧座；18-出油口；19-喷油器体回油孔；20-针阀柱塞；21-针阀柱塞套回油孔；22-外圆环槽；23-上回油孔；24-下回油孔；25-堵塞；26-计量孔

康明斯柴油发动机 PT 喷油器的工作原理　　　　　　　　　　　表 5-4

图　例	工作原理
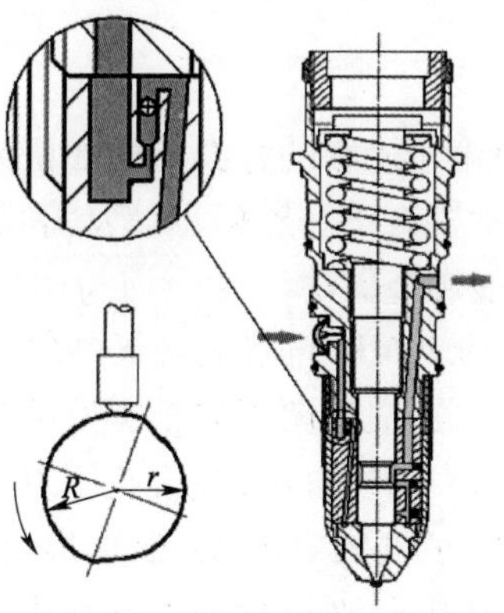	旁通阶段： 来自 PT 燃油泵的燃油经滤网 12 过滤后，由进油口 11 进入喷油器体，并经油孔流入针阀柱塞套 5。在进油压力作用下，止回阀 8 开启，燃油经柱套进油孔 6 流入喷油器油杯 3 的平面环槽 4 内，该槽与计量孔 26 和下回油孔 24 相通。此时，计量孔 26 在针阀柱塞 20 的外圆遮蔽下，处于关闭状态，所以，燃油只能不断流入下回油孔 24，并经外圆环槽 22、上回油孔 23、针阀柱塞套回油孔 21、喷油器体回油孔 19 和出油口 18，流回油箱。 此时，针阀柱塞 20 被压在最低位置，喷油器处于停止喷油状态，进油、回油同时进行，燃油对喷油器进行冷却

— 149 —

续上表

图 例	工作原理
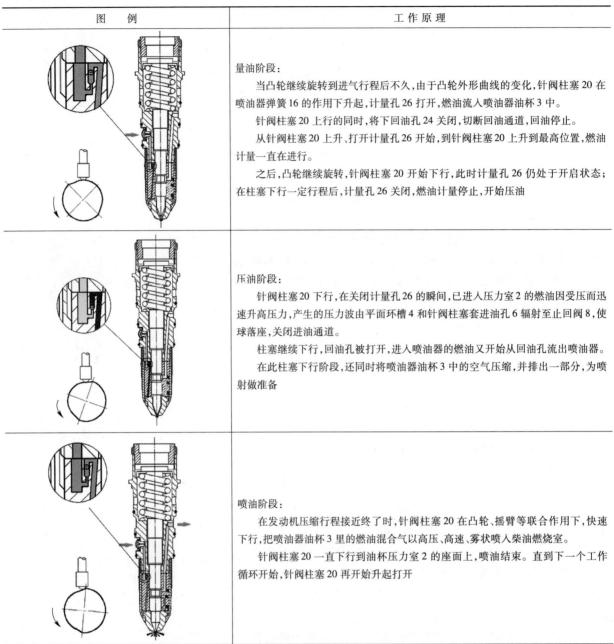	量油阶段： 　　当凸轮继续旋转到进气行程后不久，由于凸轮外形曲线的变化，针阀柱塞20在喷油器弹簧16的作用下上升起，计量孔26打开，燃油流入喷油器油杯3中。 　　针阀柱塞20上行的同时，将下回油孔24关闭，切断回油通道，回油停止。 　　从针阀柱塞20上升、打开计量孔26开始，到针阀柱塞20上升到最高位置，燃油计量一直在进行。 　　之后，凸轮继续旋转，针阀柱塞20开始下行，此时计量孔26仍处于开启状态；在柱塞下行一定行程后，计量孔26关闭，燃油计量停止，开始压油
	压油阶段： 　　针阀柱塞20下行，在关闭计量孔26的瞬间，已进入压力室2的燃油因受压而迅速升高压力，产生的压力波由平面环槽4和针阀柱塞套进油孔6辐射至止回阀8，使球落座，关闭进油通道。 　　柱塞继续下行，回油孔被打开，进入喷油器的燃油又开始从回油孔流出喷油器。 　　在此柱塞下行阶段，还同时将喷油器油杯3中的空气压缩，并排出一部分，为喷射做准备
	喷油阶段： 　　在发动机压缩行程接近终了时，针阀柱塞20在凸轮、摇臂等联合作用下，快速下行，把喷油器油杯3里的燃油混合气以高压、高速、雾状喷入柴油燃烧室。 　　针阀柱塞20一直下行到油杯压力室2的座面上，喷油结束。直到下一个工作循环开始，针阀柱塞20再开始升起打开

第三节　单燃料天然气发动机

一、天然气发动机的分类及工作原理

天然气发动机的构造和工作原理与其他四冲程发动机基本相同，但由于燃料的种类与柴油机或汽油机不同，因此燃料供给系统的结构形式差别很大。一般来说，天然气发动机有单一燃料、双燃料和混合燃料三种类型，其中单一燃料发动机以天然气为燃料，需要火花塞点火才能燃烧做功。

单一燃料天然气发动机的工作原理是：压缩天然气从储气瓶（压力约20MPa）流出，经天然气高压滤清器过滤后，由减压器减压至0.8~0.9MPa，经低压电磁阀进入电控调压器，电控调压器根据发动机运行工况精确控制天然气喷射量；天然气与空气在混合器内充分混合后，进入发动机缸内，经火花塞点燃进行燃烧；火花塞的点火时刻由发动机ECU控制，氧传感器即时监控燃烧后尾气的氧浓度，推算出空燃比，ECU根据氧传感器的反馈信号和MAP值及时修正天然气喷射量，经低压电磁阀控制进入发动机。天然

气由高压变成低压的过程中需要吸收大量的热量,为防止天然气结晶,从发动机将冷却液引出对燃气进行加热。

现阶段,国内天然气发动机一般使用汽油机或柴油机作为基础机型改造设计而成。如果以汽油机为基础机型进行天然气发动机设计,以压缩天然气作为燃料的发动机其工作原理与汽油机原型基本相同。将高压气瓶中储存的天然气经减压后送到混合器中,与空气混合,并吸入汽缸,仍然使用原汽油机的点火系统中的火花塞点火。发动机的压缩比保持不改变,原发动机的结构基本不变,只是另外加上天然气的储气瓶、减压阀及相应的开关等,用天然气或汽油两种燃料都可以工作。尽管天然气的抗爆性很好,允许在较高的压缩比下工作,但因为在设计时为了使有些用途的发动机仍可用汽油工作,一般不改变发动机的压缩比,因此发动机的功率要损失10%~20%。为了减少功率损失,可在改装时把原来汽油机的压缩比提高,并改变点火提前角以适应天然气的工作需要。这样虽然可以减少功率损失,但再使用汽油时将会有产生爆震的危险,难以回到原来的汽油机工作方式。

以柴油机为原型的改造设计可以有两种方法。第一种是:保持原型机结构基本不变,按点火方式改装,即按汽油机的工作原理(奥托循环)工作,去掉原型机的柴油燃料供给系统,降低压缩比到天然气所能承担的数值,一般为(8~12):1;除配置天然气燃料供给系统的部件(储气瓶、减压阀、混合器等)外,还要加装点火系统,成为仅以天然气为燃料的单燃料天然气发动机。这种设计方法较为简单、技术比较成熟,但不能再使用柴油工作,且发动机功率损失较大,只有原来柴油机的65%~70%。另一种方法是:保留原来柴油机的燃料供给系统,再增加和第一种方法相同的天然气燃料供给系统,并保持压缩比不变;发动机汽缸吸入空气和天然气的混合气后,由原来的柴油喷油器喷入少量的柴油作为引燃用;柴油压燃着火以后,再点燃天然气和空气的可燃混合气,这就是双燃料天然气发动机。

现代技术先进的发动机燃料供给系统大多是电子燃料喷射系统。该系统根据发动机使用工况自动控制电子喷射阀所喷出的汽油或柴油的时间、流量以及点火时间。如用天然气作为燃料时,需要将汽油或柴油的电控喷射器改换或加装天然气控制喷射阀,调整控制软件和数据,就可以成为以天然气为燃料的天然气发动机。

二、天然气发动机的特点及燃料供给系统技术发展

1. 天然气发动机的特点

1)动力性

天然气为气道喷射,会占用一部分进气容积,导致发动机充气效率较柴油机低,一般低10%左右;天然气燃点远高于柴油,火焰传播速度低,因此,为避免爆震燃烧,天然气发动机的压缩比低于柴油机(一般低于12);天然气热值高,为避免热负荷过高损坏发动机,多采用稀燃策略。综上可见,天然气发动机的动力性一般比基础柴油机低10%~20%。

2)经济性

天然气燃烧后基本不产生积炭,减少了发动机汽缸磨损,延长了使用寿命,用户维护成本低;采用稀燃策略,燃料消耗量低;天然气价格远低于柴油,特别是在气源储量丰富地区;通过市场调查,与柴油汽车相比,每百公里可节省燃料费用30%以上。

3)安全性

由于天然气密度比空气低,发生泄漏时燃气向上扩散,不会在地面聚集;燃点很高(在650℃左右),一般很难点燃;整车设计时,燃气管线上应安装泄漏报警装置,同时气瓶组等都应加装护板等保护装置。

4)清洁性

甲烷分子结构中只有C-H键,没有C-C键,有利于减少燃烧生成的烟度和微粒;常温下为气态,且以气态进入内燃机,燃料与空气相同,混合均匀,燃烧较完全,可大幅降低CO和非甲烷HC的排放量,并彻底改善颗粒排放污染,燃烧温度低,NO_x排放较少;天然气不含汽油、柴油存在的胶质,因而在燃烧中不会产生如汽油、柴油燃料中因胶质而产生的积炭。

2. 天然气供给系统的技术发展

按照供气和混合气形成的方式不同以及技术应用的先后,天然气发动机的供气系统技术可分为四

代,如图 5-52 所示。第一代技术为机械混合式供气系统,即利用机械混合器(如比例式混合器和文丘里混合器等),在进气总管内形成混合气,由机械式节气门控制进气量,在近似理论空燃比下燃烧;第二代和第三代分别为电控混合器技术和电控喷射技术;最新的技术为直接喷射,即将天然气直接喷入汽缸内的技术。目前,普遍应用的是第二代和第三代技术。

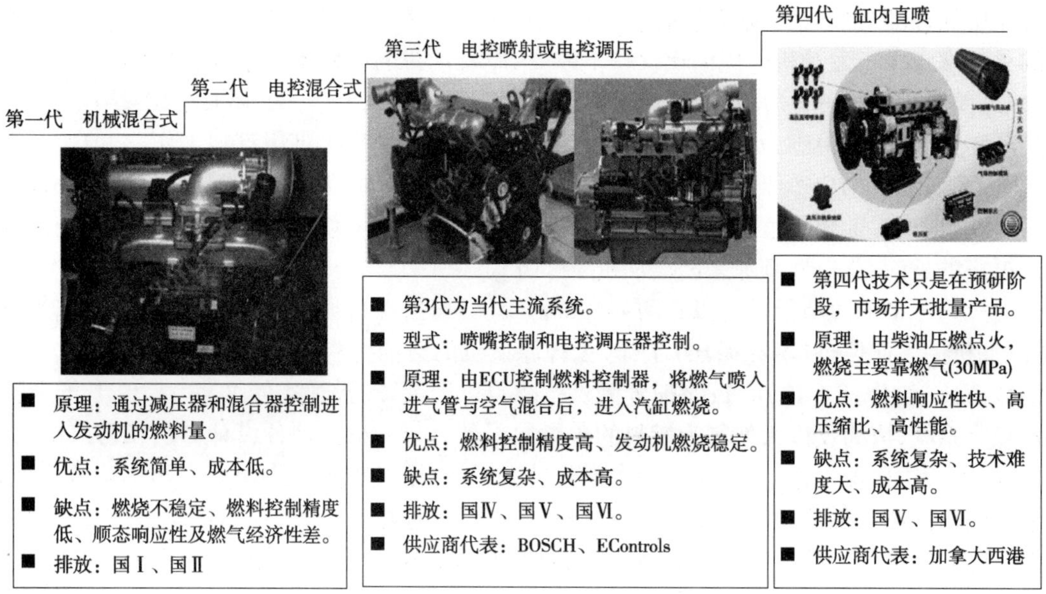

图 5-52 天然气供给系统的技术发展

1)机械混合器

第一代机械混合式供气系统的结构相对较为简单,是早期应用于汽车改装的技术。如用于汽油机,则可改成汽油和天然气两用的发动机。这种发动机仅通过天然气的供气装置,利用汽油机的点火系统点燃天然气;用于柴油机则成为柴油和天然气双燃料工作方式,在柴油供给系统外再加一套天然气的简单供气系统,起动工况用柴油运行,一般工况喷入少量柴油引燃天然气,因此这种发动机不需另外加装点火装置,还可以直接退回到全柴油工作模式。

机械混合式供气系统由气瓶、减压调节阀、机械混合器、机械式节气门(柴油机用)等主要零部件构成,系统结构简单,成本低。其技术特征是天然气通过混合器在进气总管内混合,由节气门调节进入发动机的天然气进气量,发动机在接近理论空燃比下工作。因此,燃料控制精度低、燃料消耗率高、排气温度高,容易引发发动机回火。

2)电控混合器

电控混合器供气系统是在第一代技术的基础上,用氧传感器检测排气中的氧浓度作为反馈,由电子控制单元驱动电磁执行器,通过调节燃气流通截面或调节减压器膜片压力来控制天然气压力,以此控制天然气的进气量实现空燃比的闭环精确控制。同时,对发动机的燃烧系统、进排气系统以及相关零部件优化,并采用高能点火系统,使发动机的动力性、经济性和运行可靠性比第一代天然气发动机得到显著提高,其最高有效热效率可达 30% 左右;通过增加三元催化器,可以使排放水平优于国Ⅱ标准。

在北京公交客车上广泛应用的康明斯 B5.9-195G 天然气发动机使用了另一种电控混合器,这种混合器可以实现稀薄混合气的闭环控制。其特点是供气系统中应用宽域的氧传感器以实现稀混合气的闭环控制,通过采用稀薄燃烧技术,使最高有效热效率得到了进一步提升(可达 34% 以上),经济性也得到了进一步的改进,排放水平甚至在不使用后处理器时也能达到国Ⅱ水平。

第二代天然气供气系统的总体特点是采用了电控比例混合器进气总管预混合和电子节气门技术,实现了空燃比的闭环控制,并且能够实现稀薄燃烧,结合后处理技术,可以达到国Ⅲ及以上排放法规的要求。但不足之处是控制精度不高,燃料消耗较高,起动和加速性稍差。

3)电控喷射技术

天然气的电控喷射技术包括单点喷射(也称集中喷射)和多点顺序喷射。单点或集中喷射供气系统通过电磁阀精确控制天然气的喷气量,燃气通过混合器经电子节气门进入发动机汽缸内。同时,发动机采用增压中冷、电子节气门、高能点火和稀燃等技术,通过提高电控硬件和控制策略技术水平,实现了增压压力和空燃比的闭环控制,因此发动机的动力性和经济性得到了较大改善,可以满足ETC循环检测的欧Ⅲ及以上排放法规要求,基本消除了回火和爆震等非正常燃烧现象。在顺序电控喷射系统中,更是将燃气喷嘴布置在进气门附近,使发动机各缸的均匀性进一步提高,并可实现缺缸工作。但因提高了发动机的升功率密度,会使排温升高,影响发动机的可靠性。

4)缸内直喷技术

该技术是将天然气增压到一个很高的压力(如高于30MPa),直接喷射到发动机汽缸内,通过预热塞点燃或少量柴油引燃进行工作。这是一种正在开发的系统,因取消了电子节气门,降低了进气节流损失,可以进一步降低发动机的天然气消耗率,达到更高的排放法规要求。其典型代表是美国西港(Westport)公司的产品,但系统的价格和发动机的开发成本将有一个很大的增加。

目前,国外成熟的系统供应商有4家,以美国EControl和Woodward为代表,几乎垄断了中国天然气商用车的发动机市场。

三、天然气供给系统的组成及工作原理

1. 电控调压式单点喷射

1)系统组成

目前,国内使用较多的电控调压式单点喷射系统为美国EControl天然气系统,其主要组成如图5-53所示。

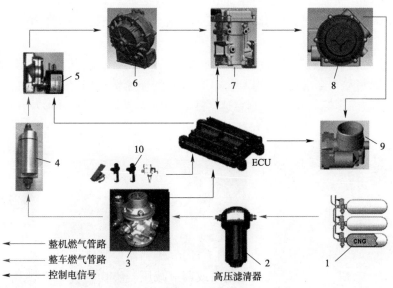

图5-53 美国EControl天然气系统构成图

1-压缩天然气瓶;2-高压滤清器;3-机械高压减压器;4-低压滤清器;5-电控截止阀;6-两级压力调节器(DSR);7-电控调压器(EPR);8-混合器(Mixer);9-电子节气门;10-传感器

(1)压缩天然气瓶:高压气路压力范围:2~25MPa。可根据汽车应用的要求,配置不同数量的压缩气钢瓶,主要由汽车的结构空间决定。

(2)高压滤清器:对高压气路出来的天然气进行过滤,将天然气中的灰分杂质去除。

(3)机械高压减压器:调节节流孔的流通面积,控制减压后的天然气压力。通过节流和加热,减压后的天然气压力为0.7~0.8MPa。具体结构如图5-54所示。

(4)低压滤清器:对低压气路出来的天然气进行过滤,以保证天然气的清洁度。

图5-54 机械高压减压器

1-高压燃料进口;2-基准口;3-温度传感器;4-水循环口;5-低压燃料出口

(5)电控截止阀:由线圈驱动阀芯,由 ECU 控制其开合,及时切断或恢复燃料供给。停机状态下处于常闭状态。其外形如图 5-55 所示。

(6)两级压力调节器(DSR):中低压减压器是一个两级减压调节器,其功能是将稳定的压力输送到电控调压器,便于进行压力调节,外形及在车上的安装如图 5-56 所示。

图 5-55　电控截止阀　　　　　图 5-56　两级压力调节器(DSR)外形及在车上的安装

(7)电控调压器(EPR):电控调压器的作用类似于一个燃料喷射泵,主要功能是按照 ECU 的压力指令来控制 EPR 出口压力,控制目标为 EPR 出口压力与连接到 EPR 的反馈管压力之差(燃料与空气压力之差)。ECU 发出 EPR 高速电磁阀驱动信号,来驱动 EPR 阀内部的高速电磁阀,使该阀的实际出口压力与反馈管压力之差与命令压差值一致,并通过一个压差传感器来对出口压力与反馈压力差值进行测量,结果反馈至 EPR 阀微处理器进行出口压力的闭环控制。其外形如图 5-57 所示。

(8)混合器(Mixer):将天然气和中冷后的空气充分混合,使燃烧更充分、柔和。可有效降低 NO_x 排放和排气温度。

(9)电子节气门:通过改变蝶阀的开度,控制进入缸内的混合气量,从而控制发动机的转速和负荷。驾驶人通过加速踏板,将动力需求传送给 ECU,ECU 接收到加速踏板信号后,根据发动机运行工况控制电子节气门开度。通过控制蝶阀开度,控制怠速转速和调速特性曲线。其外形及在车上的安装如图 5-58 所示。

图 5-57　电控调压器(EPR)　　　　　图 5-58　电子节气门外形及在车上的安装

(10)传感器:图 5-59 所示为氧传感器、大气环境传感器和天然气温度传感器。

氧传感器[图 5-59a)]通过检测排气中氧分子浓度,从而测得燃烧时的空燃比,ECU 根据测量所得的空燃比修正燃气供给量。

大气环境传感器[图 5-59b)]通过测量进气压力、温度、湿度,并根据所测得的湿度、压力来修正实际控制空燃比和天然气供给量,使发动机运行在最佳状态。

天然气温度传感器[图 5-59c)]实时测量电控调压阀出口处的天然气温度,ECU 根据测量到的温度、压力等参数以及所需要的目标空燃比,计算出需要提供给发动机的天然气供气量。

而爆震传感器则通过监测发动机机体或汽缸盖的机械振动来监测爆震,并以此作为反馈信号通过推迟点火来降低爆震的强度。

a) 氧传感器　　　　b) 大气环境传感器　　　　c) 天然气温度传感器

图 5-59　传感器

2) 工作原理

美国 EControl 天然气系统的工作原理如图 5-60 所示。

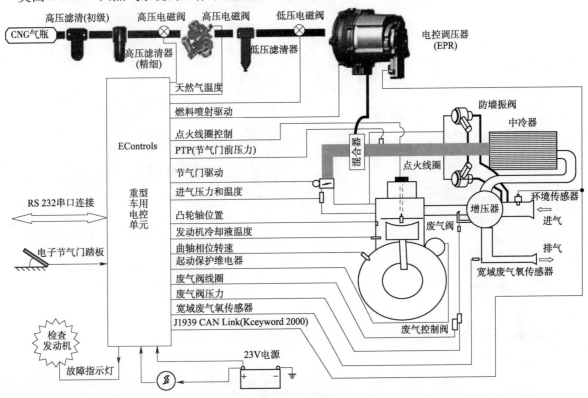

图 5-60　EControl 天然气系统的工作原理示意图

压缩天然气从储气钢瓶流出,经滤清器过滤及高压减压器减压到 0.8~0.9MPa 后,进入 DSR 进行再次减压并稳压;根据发动机工况,由 EPR 进行精确调压,最后进入 Mixer,与空气进行混合,获得最佳可燃混合气;再经过低压电磁阀进入发动机。天然气由高压变成低压的过程中需要吸收大量热量,为防止天然气结晶,从发动机将冷却液引出对燃气进行加热。随后,天然气经低压电磁阀进入电控调压器(电控调压器的作用是根据发动机运行工况精确控制天然气喷射量),与空气在混合器内充分混合后进入发动机缸内,经火花塞点燃进行燃烧。火花塞的点火时刻由 ECU 控制,氧传感器即时监控燃烧后的尾气氧浓度,推算出空燃比,由 ECU 根据氧传感器的反馈信号和 MAP 值及时修正天然气喷射量。

3) 特点

美国 EControl 电控调压式单点喷射系统具有以下特点:

(1) 实现了驾驶性能在满足排放要求前提下的燃料消耗经济性最优化。

(2) 环境适应性好。适用于不同海拔、燃料气品质、湿度和环境温度。

(3) 可靠性和耐久性高。

(4) 热负荷接近柴油机。

(5) 发动机排放好,有利于降低车辆后处理成本。使用氧催化器可达欧Ⅲ至欧Ⅴ排放,使用 SCR 可达欧Ⅳ排放标准。

(6)适合高功率密度、高耐久性能的增压发动机。

2. 多喷嘴单点喷射

1)系统组成

目前,国内使用较多的多喷嘴单点喷射系统是美国伍德沃德(Woodward)天然气系统,其构成如图5-61所示,主要由以下部件组成。

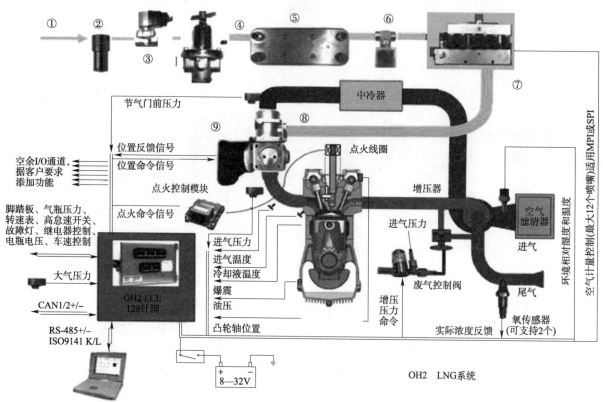

图5-61 Woodward天然气系统构成图

1-气源;2-燃气滤清器;3-高压切断阀;4-减压器;5-热交换器;6-燃气节温器;7-燃气计量阀;8-混合器(Mixer);9-电子节气门

(1)气源:液化天然气。

(2)燃气滤清器:去除超过95%以上的0.3~0.6μm悬浮颗粒。最大工作压力为3.5MPa;压降为6.9kPa。其结构如图5-62所示。

(3)高压切断阀:切断或恢复燃料供给。其结构如图5-63所示。

(4)减压器:最大进口压力为2.8MPa;出口压力范围为0.7~1.4MPa。其结构如图5-64所示。

图5-62 燃气滤清器

图5-63 高压切断阀

图5-64 减压器

(5)热交换器:天然气从液态变为气态将导致燃气温度大幅度降低,通过发动机的冷却液给天然气进一步加热,可防止进入燃料计量阀前的燃气结晶,以免影响计量阀性能。该系统采用了独特的板式热交换器对燃气进行二次换热,保证混合气可靠燃烧。其结构如图 5-65 所示。

(6)燃气节温器:保持出口燃气在 0~40℃,当燃气出口温度大于 60℃时会减小燃气流量。其结构如图 5-66 所示。

(7)燃气计量阀:由 ECU 根据发动机运行中的温度、压力和转速信号发出指令,来决定供给混合器的天然气量。喷射阀为 PWM 脉宽调节,每个喷嘴都单独控制,即一个驱动对应一个喷嘴。OH2 ECU 最多可以支持 12 个喷嘴。其结构如图 5-67 所示。

图 5-65　热交换器

图 5-66　燃气节温器

图 5-67　燃气计量阀

(8)混合器:采用喉管和十字叉结构,天然气从小孔中进入混合器。混合器将天然气和中冷后的空气充分混合,使燃烧更充分、柔和,有效降低 NO_x 排放和排气温度。其结构如图 5-68 所示。

(9)电子节气门:通过节气门开度大小控制混合气进气量,其结构如图 5-69 所示。

图 5-68　混合器

图 5-69　电子节气门

2)系统工作原理

Woodward 天然气喷射系统的工作原理如图 5-70 所示。整车起动,ECU 驱动电控截止阀打开,燃气

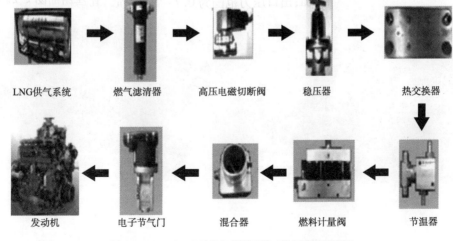
图 5-70　Woodward 天然气喷射系统工作原理图示意图

从气瓶进入减压器,减压到设定压力进入下气轨;喷嘴由 ECU 直接驱动,采用顺序喷射方式(不是缸序,由 ECU 定义),将燃气喷射到上气轨,经管路流入混合器,形成可燃混合气进入汽缸燃烧。气轨上安装有燃气压力与温度传感器,对喷射量进行补偿修正。

3) 特点

美国 Woodward 多喷嘴单点喷射系统的最大优点是低温起动性好。缺点是单点喷射无法保证进入汽缸内的混合气能够实现均质燃烧,无法确保燃烧产物达到环保要求,也不能得到较好的燃气经济性,未能充分发挥天然气燃料的优势;容易在汽缸内部形成积炭和不正常燃烧,影响发动机输出特性,特别是动力性下降较严重(功率损失一般在 15% 左右,转矩损失在 10% 左右);热效率低,尤其在低速中小负荷工况时燃料利用率低。由于天然气是气态,当采用混合器预混合供气方式时,天然气就会占据进入汽缸的部分空气量,使得充气系数比使用汽油液体燃料大约降低 10%,发动机功率及转矩有所下降。因天然气密度比空气小,进气管内的天然气很容易漂浮在进气管内壁的上表层,容易产生回火,甚至发生爆炸等危险。

3. 国产多点天然气喷射系统

1) 系统构成

中国一汽自主开发的多点天然气喷射系统是国内研发的典型多点天然气喷射系统,其具体结构形式如图 5-71 ~图 5-73 所示。该系统主要由高压天然气瓶、高压滤清器、电控截止阀、减压器(减压器为膜片式二级减压,出口压力为 0.3 ~0.9MPa,额定流量 80kg/h,见图 5-72)、气轨、燃气喷嘴(静态流量 40kg/h,通用 CNG/LNG,见图 5-73)、喷气导管和传感器等组成。

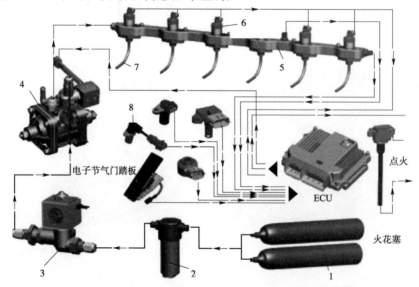

图 5-71 国产多点天然气喷射系统

1-高压天然气瓶;2-高压滤清器;3-电控截止阀;4-减压器;5-气轨;6-燃气喷嘴;7-喷气导管;8-传感器

图 5-72 减压器

图 5-73 燃气喷嘴

2) 系统原理

该多点天然气喷射系统中每个喷嘴对应一个汽缸,燃气喷射在进气行程内完成,燃气和空气在缸内进行混合。发动机起动时,ECU驱动电控截止阀打开,燃气从气瓶进入减压器,减压到设定压力后进入燃气导轨;喷嘴由ECU直接驱动,采用顺序喷射方式将燃气喷射到对应汽缸进气支管,通过镶嵌在进气管内的燃气喷射导管引入进气气门前端,形成可燃混合气,进入汽缸燃烧;发动机用高能火花塞点火燃烧,点火时刻同样由ECU控制。气轨上安装有燃气压力传感器与温度传感器,对喷射量进行补偿修正;结合宽域氧传感器,可以精确闭环控制空燃比,提高发动机的燃气经济性。

3) 特点

国产多点天然气喷射系统的优点是:瞬态响应性好、低速动力性更好、空燃比控制更精确、喷气正时可自由控制、更易实现国Ⅴ排放,尤其是ETC/WHTC更低的燃油消耗和无回火放炮现象。缺点是对喷嘴流量及一致性要求较高。

从上述典型的三大天然气喷射系统,可以总结出多点与单点系统的优点、缺点对比情况,见表5-5。此外,对国内外天然气喷射系统的关键零部件产品技术对比,见表5-6和表5-7;表5-8为国内外天然气喷射系统的成本比较。

多点和单点天然气喷射系统优、缺点对比　　　　　　　　　　　　　　表5-5

系统型式	优　　点	缺　　点
多点系统	(1) 瞬态响应性好; (2) 低速动力性更好; (3) 空燃比控制更精确; (4) 喷气正时可自由控制; (5) 更易实现国Ⅴ排放,尤其是ETC/WHTC; (6) 更低的燃油消耗; (7) 无回火放炮现象	对喷嘴流量及一致性要求高
单点系统	混合气均匀性好	(1) 瞬态响应性一般; (2) 瞬态排放较难通过; (3) 存在回火放炮问题

国产减压器与国外产品技术对比(一)　　　　　　　　　　　　　　表5-6

供应商	FAW	KEIHIN	BOSCH
外形			
减压方式	膜片式2级减压	膜片式2级减压	活塞式2级减压
出口压力	0.3~0.9MPa	0.65~0.94MPa	0.35~0.95MPa
额定流量	80kg/h(0.7MPa)	45kg/h(0.9MPa)	65kg/h(0.95MPa)
生产地点	中国天津	意大利	意大利

国产减压器与国外产品技术对比(二)　　　　　　　　　　　　　　表5-7

供应商	开发能力描述	零件图片
FAW	一汽国产供气系统,零部件全部国内制造	
EControl	(1) ECU和EPR自行开发; (2) 混合器从美国IMPCO采购	

续上表

供应商	开发能力描述	零件图片
Woodward	(1) ECU自行开发； (2) 燃气喷嘴从BOSCH采购； (3) 减压器从北京朗第和上海REGO采购	
BOSCH	(1) ECU和燃气喷嘴自行开发； (2) 系统不包括减压器，需主机厂自行选择	

国产天然气喷射系统与国外系统成本对比　　　表5-8

供应商	FAW 多点	EControls 单点	Woodward 单点	BOSCH 单点
系统成本(元,不含税)	8631	13707	13335	13104
国产系统相对国外系统成本变动	—	8631 - 13707 = -5076	8631 - 13335 = -4704	8631 - 13104 = -4473

四、市场应用

目前，国内商用车天然气发动机的主要生产厂家有潍柴、玉柴以及其他一些发动机的主要生产厂商，其中以潍柴和玉柴占有的市场份额最大，而一汽锡柴的国产系统也已投入批量生产。各大主机厂采用的天然气系统形式见表5-9。

各大主机厂采用的天然气系统形式　　　表5-9

主机厂	潍柴	玉柴	锡柴
系统供应商	(1) Woodward 单点； (2) BOSCH 单点	(1) EControls 单点； (2) ESI 国产单点	(1) EControls 单点； (2) FNG 国产多点
发动机照片			

1. 锡柴天然气发动机及使用的天然气供气系统

锡柴天然气发动机及使用的天然气供气系统如图5-74所示。

发动机电控系统主要由中央控制器ECM、燃气供给系统、空气控制部分以及点火控制系统等组成。其中，燃气供给系统分别由高压电磁阀、天然气减压器、热交换器、节温器、燃料喷射器、电子节气门、混合器和进气压力温度传感器等组成；空气控制系统由节气门前压力传感器、电子节气门、混合器、进气温度压力传感器、废气旁通控制阀和氧传感器等组成；点火控制系统由点火模块、点火线圈、高压线以及火花塞等组成。而增压器废气门控制系统，则可使增压压力在每个工作点都能得到精确控制。

锡柴天然气发动机的主要特点是：

(1) 高精度空燃比闭环控制。ECU 通过采集发动机的各种实时参数,精确控制天然气的喷射量及增压压力,并根据氧传感器对空燃比进行闭环控制。

(2) 采用水冷增压器及电控废气放气阀,增加了反应速度。

(3) 采用高能点火系统,各缸独立点火,充分利用点火能量,提高燃烧效率,且系统能在蓄电池电压 8～32V 之间稳定点火。

(4) 具有怠速和超速控制。利用电子节气门,使发动机具有超速保护功能,在怠速时更容易驱动空调,适合城市公交车辆的需求。

(5) 采用稀薄燃烧,最优点火提前角控制,使发动机具有很好的经济性,降低了发动机的热负荷并增加了爆震余度。

(6) 具有故障诊断功能。

(7) 具有多种发动机保护功能,可确保发动机安全可靠运行。

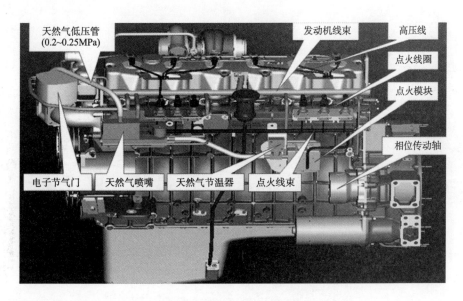

图 5-74　锡柴天然气发动机及使用的天然气供气系统

2. 潍柴天然气发动机及使用的天然气供气系统

潍柴天然气发动机是在相应机型的柴油机基础上改制,加装燃气电控系统构成。图 5-75 所示为潍柴 WP12NG 气体发动机外形图。

目前,潍柴天然气发动机主要采用美国伍德沃德公司的 OH 燃气电控系统和博世燃气电控系统。其主要特点如下：

(1) 一缸一盖,工作可靠,拆卸方便。

(2) 机体刚度高,有利于整机的可靠性及使用寿命。

(3) 全系列 6 缸直列,通用程度高,便于整车配套。

(4) 采用电子节气门技术,改善了发动机的驾驶性能。

(5) 燃料供给系统采用电控单点喷射技术,可保证任何工况下发动机良好的动力性、经济性和排放特性。

(6) 选配适合于燃气发动机特性的水冷中间壳涡轮增压器,循环水对增压器的润滑冷却机油进行冷却,可有效防止压力轴承处机油结炭,提高了增压器的可靠性;使用增压压力电控调节技术,通过对改变增压器放气阀处的增压压力来调整增压后的进气管绝对压力,达到发动机工况所需的压力值,使发动机的增压压力得到保证和合理控制。这样,发动机在大部分工况的动力性就能够得到控制,可以实现低速大转矩、高温增压压力补偿等功能。

(7) 采用了防喘振技术。在发动机大负荷急松加速踏板时,ECU 根据减速触发信号,在切断燃料供给的同时电子节气门保持一定的开度,这样就消除了因节气门关闭而引起增压器喘振的可能性,提高了增压器的可靠性和经济性。

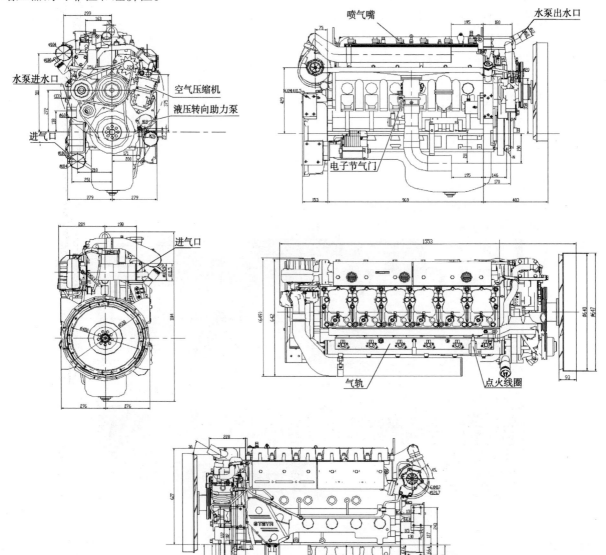

图 5-75　潍柴气体发动机外形图(单位:mm)

（8）采用电控高能点火系统,能根据发动机转速、进气压力、进气温度等信号提供最佳点火时刻,在各工况时 ECU 也可以对点火提前角进行调整,以保证整机的综合性能。

（9）配置了满足气体燃料特性的燃气混合系统,可有效地组织稀薄稳定燃烧,提高热效率。

（10）具有加速加浓功能,可使发动机在加速工况时获得相对多一些的燃料供给,确保加速瞬态时的强劲动力及稳态工况的良好经济性。

（11）进、排气门和气门座两对摩擦副选用适合燃气发动机工作特性的材料,保证其在高温下的耐磨性和良好的自润滑性。

（12）具有最高转速控制功能,确保行车安全性。

（13）采用高效氧化型催化转化器,大大减少了有害气体排放,排放限值远远小于国Ⅲ限值,可达到国Ⅳ排放水平。

（14）配套性强。ECU 能给自动变速器提供符合 SAE 标准的负荷信号,具有空调怠速控制功能。

如上所述,多点燃气喷射系统相对单点系统,性能及排放更优,无回火放炮问题,但开发难度稍大(尤其是燃气喷嘴);相对国外单点系统,国产系统性能相当,且成本低30%以上,具备很强的市场竞争力。表5-10和表5-11分别为其系列机型的主要技术参数和主要附件。

潍柴气体发动机的主要技术参数　　　　　　　　　　　　　　　　　　表5-10

项目	机型	WP12NG330E30	WP12NG350E30	WP12NG380E30
形式		直列、水冷、湿缸套、增压中冷、电控单点喷射、火花塞点火、稀薄燃烧		
汽缸数		6		
缸径/行程(mm)		126/155		
排量(L)		11.596		
额定功率(kW/ps)		247/330	253/350	280/380
额定转速(r/min)		2200		
最大转矩(N·m)/转速(r/min)		1350/1400~1600	1400/1400~1600	1500/1400~1600
怠速(r/min)		700±50		
最高转速(r/min)		2400		
标准燃料		GB 18047《车用压缩天然气》规定的12T		
最低燃料消耗[g/(kW·h)]		≤195		
点火顺序		1-5-3-6-2-4		
冷态气门间隙(mm)		进气门0.35;排气门0.4		
起动方式		电起动		
机油牌号		15W/40CD级以上NG专用机油		
机油消耗[g/(kW·h)]		≤1		
冷却方式		水冷强制循环		
机油压力(kPa)		350~550		
怠速机油压力(kPa)		100~250		
排放指标		国Ⅲ(带氧化型催化器)		
1m处噪声[dB(A)]		<95		
允许纵倾(°)	飞轮端/风扇端	短期30/30,长期10/10		
允许横倾(°)	排气管侧/喷射阀侧	短期45/30,长期45/5		
曲轴旋转方向(从自由端看)		顺时针		

潍柴WP12NG气体发动机主要附件　　　　　　　　　　　　　　　　　　表5-11

序号	名称	项目	车用气体机系列
1	燃气/空气混合器	形式	喷嘴\喷气强制混合
2	压缩天然气电磁阀	型号	6mm 直动型
		形式	常闭
3	NG减压调节器	型号	NG2-8
		形式	二级整体式
		制造商	LANDI RENZO
4	点火系统	形式	电子控制点火
		工作电压	24V
		工作环境温度	-40~120℃
		点火模块	13034187
5	火花塞	型号	Torch 2008
		间隙	0.35~0.50mm

续上表

序号	名称	项目	车用气体机系列
6	点火线圈	型号	13034189
7	排气净化装置	形式	氧化型催化转化器
		型号	612600990002
8	水泵	形式	离心式（涡壳与正时齿轮室同体）
		标定转速	3648r/min
9	机油泵	形式	齿轮式
		安全阀开启压力	(1550±150)kPa
10	曲轴减振器	形式	硅油式
		外径尺寸	ϕ280
11	增压器	型号	HX40G
12	机油滤清器	形式	旋装式纸滤芯、双筒并联
13	节温器	形式	蜡式、芯体组合型
		开启温度	71℃±2℃开始开启,全部开启82℃
14	机油冷却器	形式	板翅式
		旁通阀开启压力	(600±36)kPa
		耐压试验压力	1500kPa
15	起动机	型号	HEF95-L24V
		输出电压	24V
16	发电机	制造商	佩特来
		电压	28V
17	风扇	形式	环形风扇
18	空气压缩机（选用件）	形式	活塞式水冷
		缸径	90mm
		润滑方式	压力润滑
		工作方式	连续工作
19	液压泵(选用件)	最低转速	750r/min
		最高转速	3900r/min
		流量（旋向）	16L/min
		进油口螺纹	M26×1.5内螺纹
		出油口螺纹	M18×1.5内螺纹

第四节　配气机构及进气系统

配气机构和进气系统是发动机的一个重要组成部分。在发动机工作时，配气机构按点火顺序开启和关闭各缸的进、排气门，新鲜空气经进气系统进入汽缸，燃烧后的废气经排气系统排出汽缸，从而实现发动机的换气过程。配气机构和进气系统的性能应该满足以下要求：

(1)具有良好的换气性能，即进气过程中能有尽可能多的新鲜充量按需要的涡流或滚流强度要求进入汽缸，排气过程中能将燃烧后的废气尽可能彻底地从汽缸排出。

(2)配气正时合适，能够根据发动机用途和工况在最佳的时刻打开和关闭进、排气门。

(3)具有良好的动力性能，运转平稳，振动噪声小。

(4)运动件间没有强烈冲击，接触件间接触应力不应过大，以免零件间产生过度磨损和擦伤。

(5)气门不能和活塞相碰。

(6)泵气损失小,尽可能减少气体流动过程的阻力。

随着发动机节能减排要求的不断提高,对配气机构和进气系统的设计要求也在不断提高,一些新技术和新的设计方法在配气机构的设计中得到广泛应用。

一、配气机构新技术

1. 多气门技术

多气门(尤其是四气门)技术已在发动机中得到广泛应用,新开发的车用发动机大部分都采用了四气门技术。采用四气门技术可使气道的流通截面面积提高30%~35%,从而减少了气道流动阻力,增加了气道的流通能力和进入汽缸的新鲜充量。四气门发动机配气机构的主要特征如下。

1)气道布置

图5-76为四气门发动机气道常用的布置形式,主要有以下几种结构:

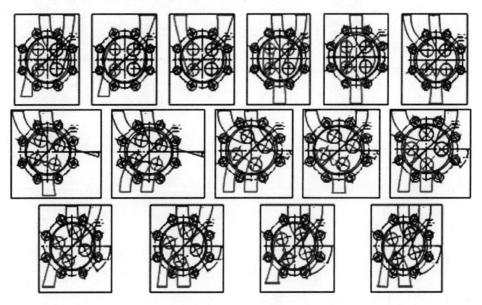

图5-76 四气门气道的布置形式

(1)螺旋进气道与切向进气道相结合。从气流进入汽缸的旋转方向看,把螺旋进气道布置在切向进气道的前方或后方都会使空气产生激烈的旋转运动;但布置在螺旋进气道前方的切线气道,旋转效果会更为明显。不过,由于结构方面的限制,这种布置往往不太方便。

(2)两个切线气道的组合。这种布置在结构紧凑时,其优点更为突出,因为螺旋进气道需要更多的空间。该方案所产生的涡流强度与第一种近似,但由于切向进气道对铸造公差反应敏感,所以有的厂家对切向进气道采用机械加工。

(3)两种螺旋气道的组合。由于要求空间大,因此只有当缸盖结构全部更新,或者对曲轴箱作相应更改(缸盖螺栓的布置)时才能实现,且该方案在缸盖结构的高度上比前两种方案要好。

2)喷油器布置

在四气门发动机中,由于气门的对称布置使得喷油器可以在汽缸中心垂直布置,燃烧室中心和汽缸中心重合,从而克服了两气门柴油机中因喷油器偏离汽缸中心线且与汽缸轴线倾斜一定角度而导致的燃烧室中心相对汽缸中心偏离布置的缺点,有利于更合理地组织燃烧,从而可使发动机的功率和转矩提高10%~20%,油耗降低6%~8%。喷油器与气门布置的相对位置如图5-77所示。

3)摇臂机构

四气门发动机的配气机构仍然有侧置凸轮轴和顶置凸轮轴两种形式。在侧置凸轮轴机构中,凸轮通过挺柱、推杆、摇臂和桥形件驱动气门运行;在顶置凸轮轴机构中,凸轮通过桥形件或者直接驱动气门。四气门结构的布置形式有同名气门排成两列和同名气门排成一列两大类,当同名气门排成一列时,摇臂(或者凸轮)通过一桥形件来驱动同一汽缸的两个气门,如图5-78所示。

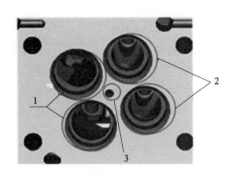 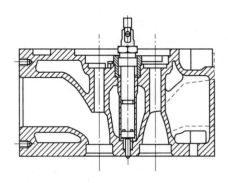

图 5-77 喷油器与气门布置的相对位置
1-进气门；2-排气门；3-喷油器孔

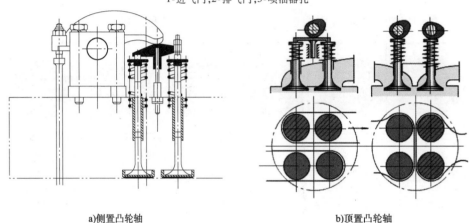

a)侧置凸轮轴　　　　　　　　b)顶置凸轮轴

图 5-78 四气门发动机摇臂机构

2. 顶置凸轮轴技术

发动机的凸轮轴安装位置分为下置、中置和顶置三种形式，如图 5-79 所示。在下置式和中置式凸轮轴布置形式中，由于气门与凸轮轴的距离较远，需要气门推杆和挺柱等辅助零件，造成气门传动件较多、结构复杂、发动机体积大，且在高速运转下还容易产生噪声；而采用顶置式凸轮轴则可以改变这种现象。因此，现代高速车用发动机一般都采用顶置式凸轮轴，即将凸轮轴配置在发动机上方，以此缩短凸轮轴与气门之间的距离，省去了气门的推杆和挺柱，简化了凸轮轴到气门之间的传动机构，使发动机结构变得更加紧凑。更为重要的是，这种安装方式减少了整个系统往复运动的质量，提高了传动效率。

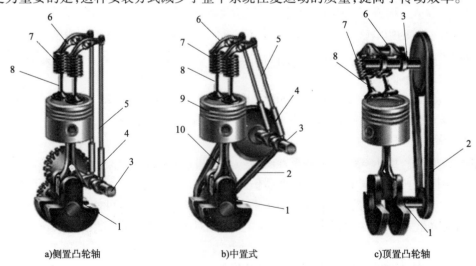

a)侧置凸轮轴　　　　　b)中置式　　　　　c)顶置凸轮轴

图 5-79 发动机凸轮轴位置
1-曲轴；2-正时带；3-凸轮轴；4-挺柱；5-推杆；6-摇臂；7-气门弹簧；8-气门；9-活塞；10-连杆

虽然顶置凸轮轴缩短了凸轮轴与气门间的距离，但却拉大了凸轮轴与曲轴之间的距离。由于凸轮轴是由曲轴驱动的，因此两者之间距离加大就使传动机构更加复杂。常用的传动方式有链条和链轮传动

[图5-80a)],其传动机构比下置式凸轮轴复杂得多。尽管如此,现代高速发动机还是普遍采用了顶置式凸轮轴。这种凸轮轴驱动气门的形式有摇臂过渡驱动式和直接驱动式,其中直接驱动式对凸轮轴和气门弹簧的设计要求相对较低,往复运动的惯量小,特别适用于高速发动机。近年来,在高速发动机上还广泛采用了齿形带来代替传动链,这种齿形带用氯丁橡胶制作,混有玻璃纤维和尼龙织物以增加强度。采用齿形带[图5-80b)]代替传动链,可以减少噪声,减轻结构质量,降低成本。

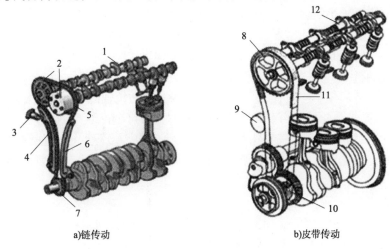

图5-80 顶置凸轮传动方式

1-凸轮轴;2-凸轮轴正时链轮;3-液压张紧控制器;4-张紧导轮;5-正时链;6-导链板;7-曲轴正时链轮;8-凸轮轴正时带轮;9-张紧轮;10-曲轴正时齿轮;11-同步齿形带;12-凸轮轴

在大功率顶置凸轮轴发动机中(如太湖客车所用的锡柴6DL发动机),由于气门的驱动转矩较大,采用了复杂的齿轮传动系,如图5-81所示。

顶置凸轮轴技术按照凸轮轴的数目,分为单顶置凸轮轴(single overhead camshaft,SOHC)和双顶置凸轮轴(double overhead camshaft,DOHC),如图5-82所示。单顶置凸轮轴发动机基本上是采用摇臂机构,用一根凸轮轴同时驱动进、排气门;而双顶置凸轮轴发动机则在缸盖上装有两根凸轮轴,一根用于驱动进气门,另一根用于驱动排气门。双顶置凸轮轴对凸轮轴和气门弹簧的设计要求不高,特别适用于四气门发动机。与双顶置凸轮轴相比,单顶置凸轮轴的结构简单,在中低速可以输出较大转矩;而双顶置凸轮轴因为可以改变气门重叠角,在中高速可输出较大的功率,但低速时转矩不足。

图5-81 齿轮传动顶置凸轮轴机构

a)链传动单顶置凸轮轴

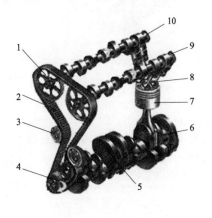

b)皮带传动双顶置凸轮轴

图5-82 顶置凸轮轴机构

1-进气凸轮轴带轮;2-正时带;3-皮带张紧轮;4-曲轴带轮;5-曲轴平衡块;6-曲轴;7-活塞;8-排气门;9-排气凸轮轴;10-进气凸轮轴

3. 可变配气机构技术

常规发动机配气相位都是按其性能要求,通过计算和试验确定的在某一转速和负荷下较为合适的配气相位,因此该配气相位只是对对应的转速最优。由于汽车发动机的运行工况在较大转速和负荷范围内变化,为了使发动机在所有运行工况下都有较好的转矩和油耗指标,现代发动机采用了可变配气相位和可变气门升程机构。即通过可变装置对配气机构进行调节和控制,使之在中低转速时,因活塞运动速度低,气体流动特性差,需要减小气门重叠角以减少缸内气体倒流,提高中低转速时发动机的转矩,降低燃油消耗;在中高转速时,因活塞运动速度快,气体流动特性好,需要加大气门重叠角以使缸内废气排除彻底,提高中高转速时发动机的功率,降低燃油消耗。这些技术在汽油发动机中已得到广泛的应用,现在也已开始应用于柴油发动机中。

实现可变配气有多种途径。按照有无凸轮轴,可分为基于凸轮轴的可变配气机构和无凸轮轴的可变配气机构两类。其中,基于凸轮轴的可变配气机构主要可分为可变凸轮型线、可变凸轮轴相位角和可变凸轮从动件三类;无凸轮轴的可变配气机构根据气门驱动形式,主要可分为电磁驱动气门、电液驱动气门、电气驱动气门、电动机驱动气门以及其他气门驱动形式等几大类。以下主要介绍几种基于凸轮轴的可变配气机构的结构形式和基本原理。

1) 可变凸轮型线

该类可变配气机构能同时改变气门正时、持续期及升程,改变方式目前主要有阶段式与连续式两种。图5-83所示为可变配气正时及升程电子控制系统(Variable Valve Timing and Lift Electronic Control System,VTEC)的结构示意图。当发动机在中、低转速时,三根摇臂处于分离状态,普通凸轮推动主摇臂和副摇臂来控制两个进气门的开闭,气门升程较小;此时虽然中间凸轮也推动中间摇臂,但由于摇臂之间是分离的,所以两边的摇臂不受它控制,也不会影响气门的开闭状态;当发动机达到某一个设定的转速时,ECU即会指令电磁阀起动液压系统,推动摇臂内的小活塞,使三根摇臂锁成一体,一起由高速凸轮驱动,这时气门的升程和开启时间都相应增大,使得单位时间内的进气量更大,发动机动力也更强;当发动机转速降到某一转速时,摇臂内的液压也随之降低,活塞在复位弹簧作用下退回原位,三根摇臂分开。

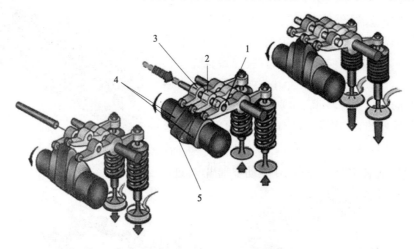

图5-83 VTEC可变配气机构结构示意图
1-主摇臂;2-中间摇臂;3-副摇臂;4-普通凸轮;5-高速凸轮

2) 可变凸轮轴相位角

可变凸轮轴相位配气机构利用液压相位器调整凸轮轴与曲轴的相对角度,即凸轮型线是固定的,而凸轮轴相对曲轴的转角是可变的。液压连续可变相位器(Continue Variable Camshaft Phaser,CVCP)发展到现在,先后出现了螺旋齿式和叶片式两种结构。叶片式连续可变凸轮相位器系统通过内部油压作用于叶片使其偏转,实现了相位角的无级调节;在相同情况下,相位调节范围和响应速度有了大幅度提升,而且其起动、怠速等的锁止装置也充分保障了系统的可靠性,使发动机性能获得了相比其他相位器有更大的改善。此外,叶片式相位器系统的结构方案紧凑,无论是在进气凸轮轴,还是在排气凸轮轴上都可以方便地布置。图5-84所示为德尔福第二代叶片式凸轮相位器装置,该装置由定子和转子组成,根据曲轴和凸轮轴位置传感器信号,控制软件通过机油控制器(图5-85)对凸轮轴相位器进行控制。即发动机的机油泵通过专用供油道对相位器进行供油,机油流量由高流量四通 PWM 电磁阀进行控制,通过控制转子(与凸轮相连)两侧的机油流量使其相对于定子(与定时链轮相连)发生相对旋转,从而控制转子和定子的相对位置,进行相位调节,并且通过液压控制使转子和定子锁死,保持中间位置。复位弹簧可使相位器顺利回位,通过改变复位弹簧的刚度可以调节相位器的提前和滞后特性。

图 5-84　叶片式凸轮相位器
1-前盖;2-复位弹簧;3-转子;4-定子、链轮;5-后盖;6-定子螺栓;7-油封;8-弹簧引导器;9-锁销弹簧;10-锁销

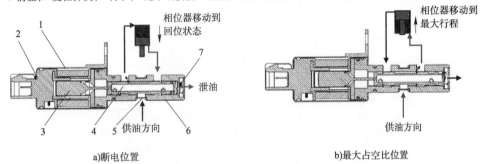

图 5-85　机油控制器
1-支架;2-线圈架;3-电枢;4-阀芯;5-内置滤清器;6-罩壳;7-复位弹簧

3) 可变凸轮从动件

这种机构保持凸轮型线不变,通过改变凸轮轴与气门之间从动件(如推杆,摇臂等)的运动规律,实现气门运动可变。一般按照从动件的类型,可分为液压式和机械式(电动)两类。

图 5-86 所示为电动可变凸轮从动件配气机构。该机构在凸轮轴与气门之间增加了中间推杆 11,并在缸盖上增加了偏心轴,在偏心轴上设计有偏心轮 15。扭转弹簧 1 使得中间推杆 11 上的小滚轮与偏心轮始终保持接触,大滚轮与进气凸轮 3 始终保持接触。这样中间推杆的运动由凸轮与偏心轮 15 共同控制。凸轮轴通过中间杆上的上摇臂 10 驱动下摇臂 9,进而控制气门运动。当偏心轮相位不变时,中间推杆在进气凸轮轴 3 的驱动下围绕某一个中心旋转,上摇臂发生作用的位置为弧线的某一段区域;当伺服电机 14 通过蜗轮蜗杆机构驱动偏心轴旋转一定角度后,中间推杆旋转中心的位置就会发生变化,从而改变上摇臂发生作用的区域,进而改变了气门升程。

二、增压技术

增压技术已经广泛应用于车用发动机中,增压方式有机械增压、气波增压、废气涡轮增压和复合增压等多种形式。

1. 机械增压系统

机械增压是由发动机曲轴经齿轮增速器驱动,或由曲轴齿形带轮经齿形带及电磁离合器驱动的增压系统,如图 5-87 所示。齿轮或齿形带与发动机曲轴相连接,从发动机输出轴获得动力来驱动增压器的转子旋转,从而将空气增压后送入进气管。其优点是涡轮转动与发动机同步,因此没有滞后现象,动力输出非常流畅;与涡轮增压相比,低速增压效果更好;此外,机械增压器与发动机容易匹配,结构也较紧凑。但由于需要发动机传动轴驱动,因此消耗了部分动力,燃油消耗率比非增压发动机或废气涡轮增压机略高。

机械增压系统有助于增加低转速时的转矩输出,但高转速时增加的功率输出有限。

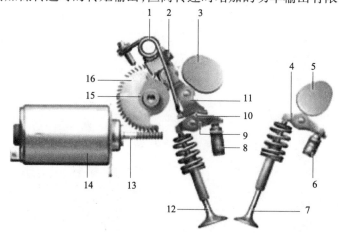

图5-86 电动可变凸轮从动件配气机构

1-扭转弹簧;2-支架;3-进气凸轮;4、9-下摇臂;5-排气凸轮;6、8-液压挺柱;7-排气门;10-上摇臂;11-中间推杆;12-进气门;13-蜗杆轴;14-伺服电机;15-偏心轮;16-蜗轮

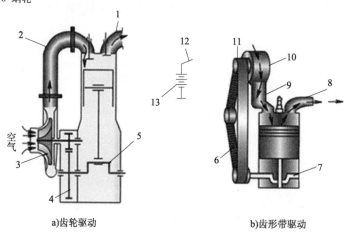

a)齿轮驱动　　　　　　b)齿形带驱动

图5-87 机械增压示意图

1-排气管;2-进气管;3-增压器;4-齿轮增速器;5-曲轴;6-齿形带;7-曲轴;8-排气管;9-进气管;10-增压器;11-电磁离合器;12-开关;13-蓄电池

2.气波增压系统

气波式增压器通过特殊的转子使废气与空气接触,利用高压废气对低压空气产生的压力波,迫使空气压缩,从而提高进气压力。气波增压器由空气定子、燃气定子和转子等组成,空气定子与内燃机进气管连通,燃气定子与排气管连通,转子由内燃机曲轴通过传动带驱动,如图5-88所示。其驱动功率为内燃机功率的1%~1.5%。当转子按箭头方向转动时,转子中由叶片组成的轴向气道与高压燃气入口接通,遂产生压缩波;压缩波以声速沿气道传播,并将燃气能量传递给气道内的空气,使其压力和密度升高并向出口流动。高压空气出口设在高压燃气入口的斜对面,并沿转动方向向前错开一个角度。当气道与高压空气出口接通时,高压空气进入内燃机进气管,在燃气到达气道长度的2/3左右时,气道恰好转过高压燃气入口,燃气停止流入气道;当气道与低压燃气出口接通时,燃气继续膨胀并经排气总管排入大气,气道内的压力继续下降;当气道与低压空气入口接通时,由于气道内处于负压,新鲜空气自大气被吸入气道;气道转过低压空气入口和低压燃气出口后,气道内遂充满新鲜充量。转子继续转动,又开始下一个相同的循环。气波增压器提供的增压压力在整个内燃机转速范围内变化不大,能量

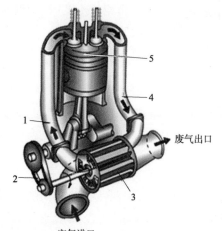

图5-88 气波增压器示意图

1-发动机进气管;2-传动带;3-气波增压器转子;4-排气管;5-活塞

转换过程也不受转子惯性的影响,因此气波增压器具有良好的速度和负荷响应特性,具有充气效率高、低速转矩大,加速性好等优点,适合汽车发动机的增压要求,增压压力与大气压力之比可达 2.5:1。但由于气波式增压器的特殊结构,存在体积大、质量大、噪声大等缺点,不如涡轮增压器结构紧凑,故应用较少。

3. 废气涡轮增压系统

废气涡轮增压系统主要由涡轮机、压气机和中冷器组成,其系统原理如图 5-89 所示。该系统利用发动机排出的废气能量来推动涡轮室内的涡轮,涡轮又带动同轴的压气机叶轮,由叶轮压送经由空气滤清器过滤后的空气使之增压,增压后的空气经中冷器冷却后进入汽缸;当发动机转速增加,涡轮转速随废气排出速度同步增加,压气机就压缩更多的空气进入汽缸,而相应增加燃料量就可以增加发动机的输出功率。一般而言,加装废气涡轮增压器后的发动机功率及转矩要增大 20%~30%。

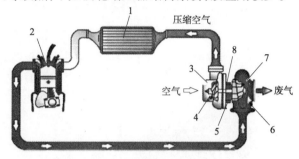

图 5-89 废气涡轮增压系统原理示意图
1-中冷器;2-发动机;3-压气机;4-压气机叶轮;5-润滑油出口;6-放气阀;7-涡轮;8-润滑油进口

废气涡轮增压系统所使用的压气机一般为离心式。根据燃气流过涡轮叶轮的流动方向,废气涡轮增压器可分为径流式(图 5-90)和轴流式(图 5-91)两种。径流式涡轮增压器采用径流式涡轮和离心式压气机,流量较小,适用于中小功率发动机;轴流式涡轮增压器采用轴流式涡轮和离心式压气机,流量大,适用于大型柴油机。

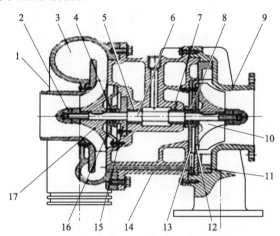

图 5-90 径流式废气涡轮增压器结构
1-压气机壳;2-螺母;3-扩压器;4-压气机端油封;5-压气机端浮环;6-涡轮轴;7-涡轮端浮环;8-涡轮端油封;9-涡轮壳;10-工作叶轮;11-喷嘴;12-涡轮端气封板;13-涡轮端气封环;14-中间壳;15-止推板;16-压气机端气封环;17-压气机叶轮

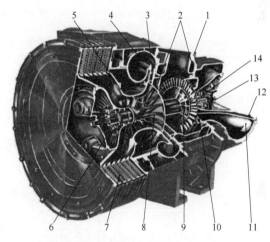

图 5-91 轴流式废气涡轮增压器结构
1-涡轮排气壳;2-隔热腔;3-扩压器;4-压气机蜗壳;5-压气机进气壳;6-压气机轴承组合;7-进气滤清器;8-压气机工作叶轮;9-涡轮工作叶轮;10-喷嘴;11-涡轮进气壳;12-冷却水腔;13-润滑装置;14-涡轮端支持组合

1) 涡轮机

涡轮机是一种将发动机排气能量转变为机械功的装置,主要由蜗壳(进气壳)、喷嘴和工作叶轮等部件组成,图 5-92 所示为径流式涡轮机示意图。蜗壳的进口与发动机排气管相连,发动机排气经蜗壳引导进入叶片式环形喷嘴,蜗壳的作用是把发动机排出的具有一定能量的废气以尽量小的流动损失和尽量均匀地分布引导到涡轮喷嘴入口。喷嘴流通截面呈渐缩形,排气流过喷嘴时降压、降温、增速、膨胀,使排气的压力能转变为动能。由喷嘴流出的高速气流冲击叶轮,并在叶片所形成的流道中继续膨胀做功,推动叶轮旋转。涡轮机叶轮与压气机叶轮同轴,把气体的动能转化为机械功向压气机输出。涡轮机叶轮经常在 900℃高温的排气冲击下工作,并承受巨大的离心力作用,所以采用镍基耐热合金钢或陶瓷材料制造;用质量轻并且耐热的陶瓷材料可使

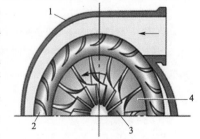

图 5-92 径流式涡轮机示意图
1-蜗壳;2-叶片式喷管;3-叶片;4-叶轮

涡轮机叶轮的质量大约减小2/3,涡轮增压加速滞后的问题也在很大程度上得到改善。喷嘴叶片用耐热和抗腐蚀的合金钢铸造或机械加工成形;蜗壳用耐热合金铸铁铸造,其内表面应光洁,以减少气体流动损失。

2)压气机

涡轮增压器一般采用离心式压气机,如图5-93所示。它主要由进气道、叶轮、扩压器和压气机蜗壳等组成。进气道的作用是将外界空气导向压气机叶轮,为了降低流动损失,其通道为渐缩形,进气道有轴向进气道和径向进气道两种形式。压气机叶轮是压气机中对空气做功的部件,它将涡轮提供的机械能转变为空气的压力能和动能。压气机叶轮包括叶片和轮毂,由增压器轴带动旋转。当压气机旋转时,空气经进气道进入压气机叶轮,并在离心力作用下沿着压气机叶片之间形成的流道,从叶轮中心流向叶轮周边;空气从旋转的叶轮中获得能量,使其流速、压力和温度均有较大的增高,然后进入叶片式扩压器。扩压器为渐扩形流道,空气流过扩压器时减速增压,温度也有所升高。即在扩压器中,空气所具有的大部分动能转变为压力能。扩压器分叶片式和无叶式两种,无叶式扩压器实际上是由蜗壳和中间体侧壁所形成的环形空间;无叶式扩压器构造简单,工况变化对压气机效率影响很小,尤其适于车用增压器。叶片式扩压器是由相邻叶片构成的流道,其扩压比大,效率高,但结构复杂,工况变化对压气机效率有较大的影响。蜗壳的作用是收集从扩压器流出的空气,并将其引向压气机出口;空气在蜗壳中继续减速增压,完成其由动能向压力能转变的过程。

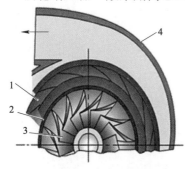

图5-93 离心式压气机示意图
1-叶片式扩压管;2-叶轮;3-压气机叶片;4-压气机蜗壳

3)涡轮增压器的润滑及冷却

从发动机润滑系统主油道来的机油,经增压器中间体上的机油进口进入增压器,润滑和冷却增压器轴和轴承,然后机油经中间体上的机油出口返回发动机油底壳,如图5-94所示。在增压器轴上装有油封,用来防止机油窜入压气机或涡轮机蜗壳内。如果油封损坏,将导致机油消耗量增加和排气冒蓝烟。

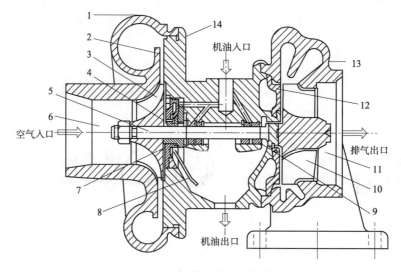

图5-94 涡轮增压器的润滑和冷却
1-压气机蜗壳;2-无叶式扩压管;3-压气机叶轮;4-密封套;5-增压器轴;6-进气道;7-推力轴承;8-挡油板;9-浮动轴承;10-涡轮机叶轮;11-出气道;12-隔热板;13-涡轮机壳体;14-中间体

对热负荷大的增压器,在增压器中间体的涡轮机侧设置有冷却水套,并用软管与发动机冷却系统相通。冷却液自中间体上的冷却液进口流入中间体内的冷却水套,从冷却液出口流回发动机冷却系统。冷却液在中间体的冷却水套中不断循环,使增压器轴和轴承得到冷却。

4)涡轮增压调节

涡轮增压调节系统要能够实时精确地调整柴油机增压压力值,实现增压压力的快速建立和稳定的压力特性,以及在整个柴油机转速范围内所有加速踏板位置的高效率转矩特性,从而改善柴油机燃烧效率和低速特性,并提高经济性,解决涡轮迟滞等问题。同时,在高速时限制增压压力,防止增压器超速,以便保护柴油机和增压器。目前,有两种方法可以实现对涡轮增压压力的调节。

(1)旁通阀。涡轮增压发动机在高速大负荷时排气流量大,因而排气能量大,导致涡轮增压器不仅转速高,而且增压压力也高。但是发动机在低速时,即使增加负荷,废气流量也不大,由此出现了增压空气压力低,发动机转矩增量过小的问题。作为改善的办法,可以用小容量的涡轮增压器和柴油机的中速相匹配,以提高柴油机中速时的转矩。然而,这样又将产生发动机高速大负荷时增压过高、增压器转速过大的问题,为此可采用如图5-95所示的排气旁通阀,即在高速大负荷时,旁通阀打开,放掉一部分废气,以降低增压器转速,控制压比。旁通阀随曲柄整体转动,并通过推杆与执行器(用支架固定在增压器壳体上)中弹簧的一端相连,执行器的另一端则通过软管与压气机出口增压压力相通。当旁通阀处于关闭状态时,执行器中的弹簧具有一定的预紧力;当增压压力达到一定值,足以克服弹簧预紧力时,增压压力通过推杆、曲柄使旁通阀打开,将进入涡轮的部分废气经旁通通道流入排气总管,从而减少了进入涡轮的废气,减少驱动涡轮的能量,使增压器转速和增压压力下降。旁通阀增压器通常在最大转矩点与柴油机有较好的匹配,而在低速时则表现出供气不足、增压比低、加速性差和冒黑烟等现象。

(2)VGT或者VNT技术。传统废气涡轮增压器的缺陷非常明显,当发动机低速运转时,由于排气量小,气流速度低,驱动涡轮力量小,使得压气机转速低、增压空气压力低和发动机充气量不足,产生冒烟现象以及发动机功率增加的效果相对于非增压发动机而言不明显等缺点。虽然可以通过采用加装冒烟限制器,以及选择涡轮增压器和发动机的匹配等措施加以改善,但难以从根本上解决问题。

可变截面涡轮增压系统(Variable geometry turbocharger,VGT)增加了涡轮导向叶片调整机构,通过电子控制单元控制导向叶片的角度(图5-96)。驱动器端部有空气管接口,在空气压力的作用下(此压力由VGT的控制系统提供,其值为变量),驱动器4内的活塞驱动活塞杆和摆臂机构,带动调节叶片5沿涡轮轴方向作轴向运动;空气压力的大小决定了驱动器中活塞行程,也就决定了调节叶片轴向滑动行程;排气气流必须通过调节叶片上的开口才能进入涡轮室,然后再驱动涡轮轴。这样,调节叶片在涡轮轴上左右移动时,使废气进入涡轮增压器的流通截面积发生变化,从而使废气流速发生变化,进而改变进入涡轮增压器的膨胀比和空气压缩机功率,实现增压压力调节。

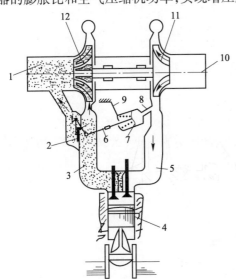

图5-95 带排气旁通阀的涡轮增压器结构示意图
1-废气;2-旁通阀;3-排气;4-发动机;5-增压空气;
6-推杆;7-执行器;8-软管;9-支架;10-空气;11-压气机;12-涡轮

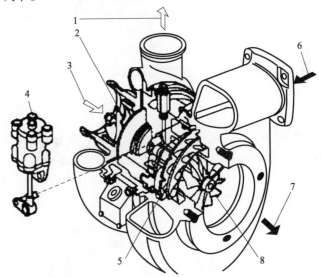

图5-96 VGT结构简图
1-进气歧管的压缩空气;2-压气机;3-新鲜空气进口;4-驱动器;5-调节叶片;6-废气进口;7-废气出口;8-涡轮

VGT技术的核心就是可调流动截面的导流叶片。涡轮外侧导流罩的位置是固定的,但导流叶片可以转动,从而可调整导流角度,如图5-97所示。系统工作时,废气会顺着导流叶片送至涡轮叶片上,通过调整导流叶片角度,控制流过涡轮叶片上气体的流量和速度,从而控制涡轮的转速。当发动机转速较低时,减小导流叶片张开的角度,此时导入涡轮处的空气流速加快,更容易推动涡轮转动,从而有效减轻涡轮迟滞的现象,改善了发动机低转速时的响应时间和加速能力;随着发动机转速的提升和排气压力的增加,叶片也逐渐增大张开角度;在全负荷状态下,叶片则保持全开的状态,减小了排气背压,从而达到一般大涡轮的增压效果。此外,由于改变叶片角度能够对涡轮的转速进行有效控制,这也就实现了对涡轮的过载保护,因此使用 VGT 技术的涡轮增压器都不需要设置排气旁通阀。

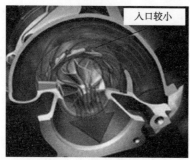
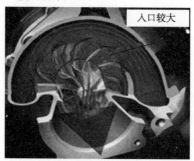

a) 低速时叶片位置　　　　　　　b) 高速叶片位置

图 5-97　VGT 叶片

可变喷嘴涡轮增压器(VNT)通过对执行器的控制来改变涡轮流通截面积大小,从而实现增压器与发动机的良好匹配。图 5-98 所示为可变喷嘴涡轮增压器结构图。喷嘴叶片绕其中心位置的销轴转动,叶片与销轴采用摩擦焊连接在一起,销轴的另一端与拨叉相连;喷嘴叶片通过操纵杆、驱动杆和转动环拨动拨叉,从而改变其位置;操纵杆由 2 个空气气缸或膜片式气缸进行控制;由于 2 个气缸驱动机构的每个气缸有 2 个工作位置,因此 2 个气缸有 4 个工作位置,即可实现可变喷嘴的 4 级调节。

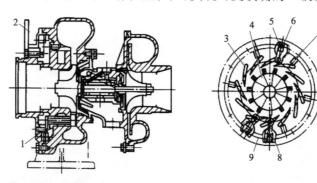

图 5-98　可变喷嘴涡轮增压器结构
1、7-限位块;2-操纵杆;3-喷嘴叶片;4-涡轮叶轮;5-驱动杆;6-滑块;8-拨叉;9-转动环

采用膜片式气缸驱动,可连续无级调节可变喷嘴截面。图 5-99 所示为 Volvo 公司的 VNT 增压器,发动机怠速或低速运转时,喷嘴叶片关闭或开度很小,加速增压压力提高,从而提高发动机的低速转矩,改善其响应性;发动机高速运转时,喷嘴叶片开度增大,涡轮流通截面积增大,降低了增压压力的升高速度,以此保证发动机获得所需要的空气和动力。

图 5-99　Volvo 公司 VNT 增压器

因此，无论是VNT还是VGT，其基本原理均一样，都是通过改变增压器导流叶片的角度来满足不同工况下的发动机进气要求。

5）两级增压技术

两级增压系统是将两台涡轮增压器串联布置，或者采用机械增压器或电辅助增压器与涡轮增压器进行组合。两级涡轮增压系统采用大小不同的两个增压器，型号小的增压器作为高压级，型号大的作为低压级，通常在高压级涡轮处并联一个带旁通控制阀的废气放气阀，如图5-100所示。在进气侧，空气首先经低压级压气机压缩，然后经第一级中冷器冷却以增加空气密度；经第一级压缩和中冷后，空气进入高压级压气机被进一步压缩；压缩后的空气经第二级中冷器冷却后由进气总管进入汽缸。在排气侧，所有排气从排气总管出来经高压级涡轮膨胀后再经低级涡轮膨胀；当发动机在高速大负荷工况下运行时，旁通阀打开，部分排气不通过高压级涡轮而直接经低压级涡轮膨胀后排出，以降低高压级的涡轮功和进气压比，使高压级压比不至于超过设定的增压器压比极限。控制单元通过分析发动机转速和负荷等信号来控制旁通阀开度，以达到增压系统与发动机全工况的良好匹配。

4. 复合增压系统

废气涡轮增压在高转速时拥有强大的功率输出，但低转速时则力不从心；而机械增压系统在发动机低转速时具有较好的转矩输出，但高转速时则功率输出有限。于是就设想把机械增压与涡轮增压结合在一起，或者采用两台涡轮增压器来解决单废气涡轮增压器难以同时满足发动机整个工作转速范围内的工作需求，同时解决低速转矩和高速功率输出问题，这就是复合增压系统。复合增压系统主要有废气涡轮增压与机械增压的组合系统和双涡轮增压系统。

1）废气涡轮增压与机械增压组合系统

机械增压是由发动机直接驱动的增压系统。如图5-101所示，传动带与发动机曲轴相连接，从发动机输出轴获得动力来驱动增压器的转子旋转。机械增压系统有助于低转速时的转矩输出，而废气涡轮增压在高转速时拥有强大的功率输出。因此，把机械增压和废气涡轮增压结合在一起，发挥其各自的优点来解决两种技术各自的不足，同时解决低速转矩和高速功率输出的匹配问题，在发动机工作全过程实现转矩和功率提升，彻底消除涡轮迟滞的影响。但复合增压系统结构复杂、控制难度大。图5-102所示为复合增压系统示意图，图5-103所示为其在发动机上的布置图。

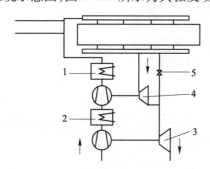

图5-100 两级增压系统示意图
1-中冷器；2-中冷器；3-低压级增压器；4-高压级增压器；5-废气旁通阀

图5-101 机械增压系统
1-主动轮；2-压气机转子；3-从动轮；4-带轮；5-曲轴

2）双涡轮增压系统

双涡轮增压（一般称为Twin turbo或Biturbo）是涡轮增压的方式之一。针对废气涡轮增压的涡轮迟滞现象，串联一大一小两只涡轮或并联两只同样的涡轮，在发动机低转速的时候，较少的排气即可驱动涡轮高速旋转以产生足够的进气压力，减小涡轮迟滞效应。所谓并联是指每组涡轮负责发动机半数汽缸的工作，且每组涡轮规格相同，其优点就是增压反应快并降低了管道的复杂程度。串联涡轮通常由一大一小两组涡轮串联搭配而成，低转时推动反应较快的小涡轮，使低速转矩大，高速时大涡轮介入，提供充足的进气量，使功率输出得以提高。图5-104所示为并联式双涡轮增压系统，该系统由两个大小完全一样且呈并联方式排列的涡轮增压器组成。按照汽缸工作顺序把1、3、5缸分为一列，2、4、6缸作为另一列。发动机运行时，每列3个汽缸的排气共同驱动一个涡轮增压器，两个涡轮增压器同时工作，在一定程度上缓解了"涡轮迟滞"对车辆低速行驶时发动机功率快速增加所造成的不良影响。

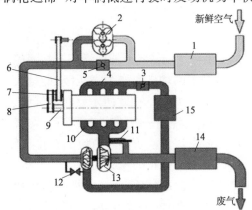

图5-102 复合增压系统示意图

1-空气滤清器;2-机械增压器;3-节气门;4-进气歧管;5-控制阀;6-压缩机传动带;7-电磁离合器;8-辅助单元传动带;9-曲轴;10-排气歧管;11-废气阀;12-放气阀;13-废气涡轮增压器;14-催化器;15-中冷器

图5-103 复合增压系统在发动机上的布置

1-废气涡轮增压器;2-机械增压器;3-传动带;4-冷却液泵单元

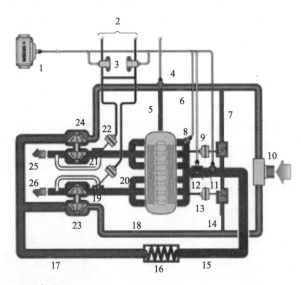

图5-104 双涡轮增压系统

1-发动机控制模块;2-至真空泵的管路;3-电子气动压力转换模块;4-泄漏气体加热装置;5-增压运行模式的泄漏气体管路;6-第2列汽缸增压空气进气管路;7-第2列循环空气管路;8-进气管压力传感器;9-第2列汽缸循环空气减压阀;10-空气滤清器;11-增压空气压力和温度传感器;12-节气门;13-第1列汽缸循环空气减压阀;14-第1列循环空气管路;15-增压空气压力管路;16-增压空气冷却器;17-增压空气集气管路;18-第1列汽缸增压空气进气管路;19-第1列汽缸废气旁通阀;20-第1列汽缸废气旁通执行机构;21-第2列汽缸废气旁通阀;22-第2列汽缸废气旁通执行机构;23-第1列汽缸废气涡轮增压器;24-第2列汽缸废气涡轮增压器;25-至第2列汽缸的催化转换器;26-至第1列汽缸的催化转换器

第五节　发动机管理系统

电子控制技术的飞速发展促进了汽车发动机许多关键技术的突破性进步,如高压直喷系统和共轨系统使发动机的燃油经济性和排放性有了很大改善,废气再循环和催化器提高了发动机排放水平,而发动机管理系统则对喷油和进气过程进行综合控制,在保证发动机能够保持良好的动力性基础上,使得燃油经济性和排放性能均达到最优,同时还降低了振动和噪声污染。

发动机电控系统是对燃油系统、进排气系统以及排气后处理系统的工作过程进行综合控制调节的系统总称,通常包含各种完整的传感器、电子控制单元(Electronic Control Unit,ECU)和执行器等部分。图

5-105 为发动机和喷油及控制系统的结构示意图。

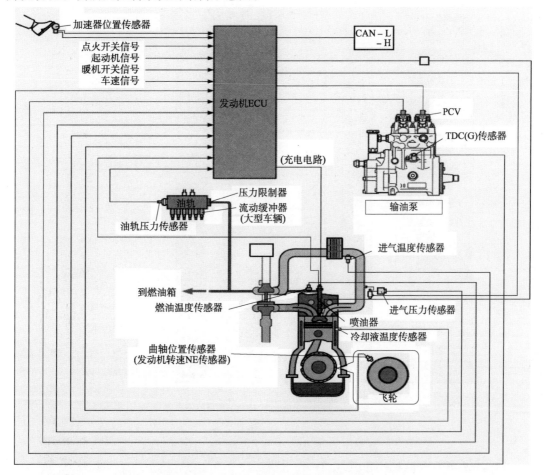

图 5-105　发动机和喷油及控制系统结构示意图

一、发动机管理系统的硬件功能和软件架构

1. 硬件功能

发动机管理的硬件系统主要包括电源系统、微控制器、输入信号处理、输出驱动、硬件诊断以及系统总线通信等方面的电路功能模块,对系统不仅要求提供完善的输入、输出功能,更要求极高的可靠性,以保证整个电控共轨系统能够精确稳定地运行。发动机管理的 ECU 硬件系统功能框图如图 5-106 所示。

2. 软件架构

发动机管理系统软件架构的典型代表是 AUTOSAR,AUTOSAR 是 AUTomotive Open System Architecture 的简称,是由全球主要汽车生产厂商、零部件供应商、电子工业等企业共同制定的汽车开放式系统架构标准。图 5-107 所示为典型的 AUTOSAR 软件架构。

图 5-107 中,基础软件是标准化的软件层,它为 AUTOSAR 软件构件提供服务,是运行软件功能部件所必需的基础,其位于 AUTOSAR 运行期环境的下面,本身并不完成任何功能工作。基础软件包含 ECU 特定的标准构件,如:服务(诊断协议,内存管理等)、通信(通信构架,输入输出管理,网络管理)、操作系统和微控制器抽象等;运行期环境充当 ECU 内部和 ECU 之间信息交换的通信中心,不管是使用 ECU 间通信通道还是在 ECU 内部通信,通过提供相同的接口和服务,运行期环境为 AUTOSAR 软件构件提供通信抽象;构件是 AUTOSAR 的核心结构元件,其具有明确定义的端口,并通过这些端口与其他构件互联,其中一个端口明确归属于一个构件;AUTOSAR 接口定义了构件端口所提供或所需要的服务或数据,接口既可以是一个客户端—服务器接口(定义了一系列可能涉及的操作),也可以是发送端—接收端接口(允许使用通过虚拟功能总线的面向数据的通信机制)。

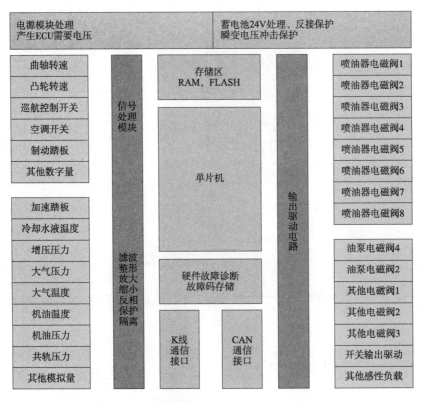

图 5-106 发动机管理的 ECU 硬件系统功能框图

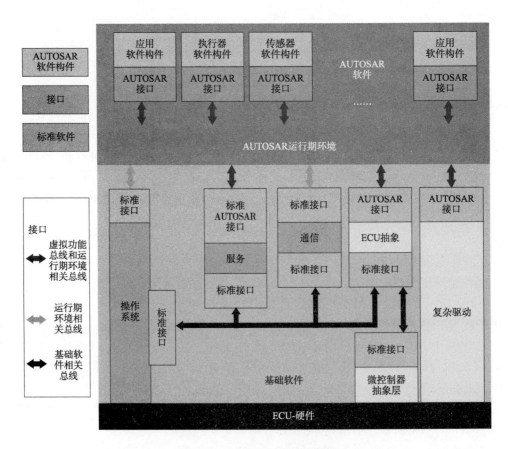

图 5-107 典型 AUTOSAR 软件架构

发动机管理系统软件架构一般采用分层结构,含应用层、服务层、通信层、复杂驱动层和硬件层等。图 5-108 所示为典型的高压共轨柴油机管理系统软件架构。

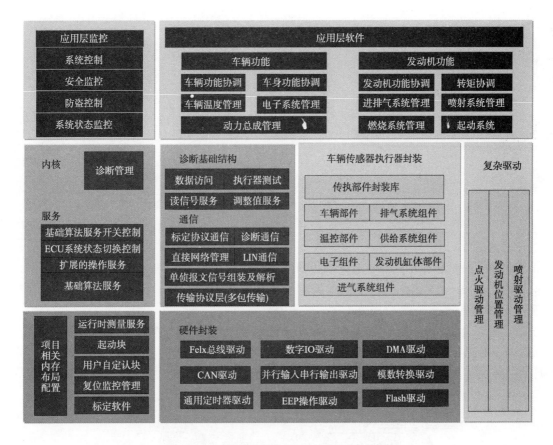

图 5-108 典型的高压共轨柴油机管理系统软件架构

二、柴油机电控系统传感器

传感器是柴油机电控系统中较为关键的部件,其作用是检测柴油机工况,将反应工况的非电物理信号转换为电信号,然后实时输入至发动机 ECU,用于提供 ECU 各种控制策略运算所必需的信息。

柴油机电控系统中所用的传感器较多,主要可分为压力、温度、转速和流量等几大类。随着柴油机电控技术及车载诊断系统(On – Board Diagnostic,OBD)技术的发展,所需要的传感器也越来越多,近年来出现了各种新型集成化智能传感器,如尿素质量传感器、颗粒传感器和氮氧化物(Nitrogen Oxides,NO_x)传感器等。保证这些传感器在柴油机高温、高压和振动等恶劣环境下的正常工作,同时设计可靠并带保护的 ECU 处理电路也是柴油机电控系统的关键技术之一。

1. 共轨压力传感器

共轨压力传感器通常简称为轨压传感器,其作用是负责检测柴油机供油系统共轨轨道中的瞬时燃油压力,并将压力模拟电压信号传送给 ECU,ECU 根据该信号采用比例—积分—微分(Proportion – Integration – Differentiation,PID)闭环控制高压供油泵工作情况来对燃油压力进行调节。图 5-109 所示为 BOSCH(德国博世)公司共轨压力传感器的外形图及电压输出曲线。从图中可以看出,轨压传感器的输出信号为电压信号,该信号与共轨瞬时燃油压力呈线性关系。

2. 加速踏板传感器

加速踏板传感器又称电子节气门踏板,其作用是负责检测驾驶人脚踩加速踏板后产生的角度变化,然后转换为电压信号输送给 ECU。ECU 通过内部设定的程序特性曲线计算出驾驶人的脚踏位置。为了确保安全,通常加速踏板信号由两路独立的传感器信号相互校对后输送给 ECU。

目前,市场上也有一些新型的加速踏板传感器,采用霍尔原理测量加速踏板的线性位移。无论何种测量原理,加速踏板传感器的输出接口及外形都是一样的,如图 5-110 所示。

 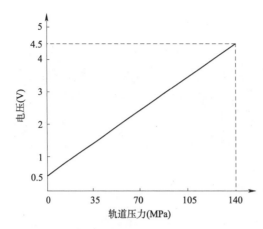 

图 5-109　BOSCH 公司共轨压力传感器外形及电压输出曲线　　图 5-110　加速踏板传感器

3. 转速传感器

柴油机电控系统的转速传感器一般包括曲轴转速传感器和凸轮轴转速传感器。按照实现形式的不同,转速传感器又分磁电式和霍尔式两种。

1）磁电式转速传感器

磁电式转速传感器的工作原理如图 5-111 所示,由旋转的触发轮(被等分的齿轮盘,上面有多齿或缺齿)和相对静止的感应线圈两部分组成。当柴油机运行时,因触发轮与传感器之间的间隙产生周期性变化,磁通量也会以同样的周期变化,从而在线圈中感应出近似正弦波的电压信号。

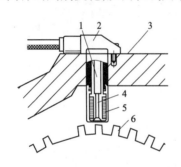 

图 5-111　磁电式转速传感器工作原理及外形
1-永久磁体；2-壳体；3-发动机机体；4-软铁芯；5-绕组；6-触发轮

2）霍尔式转速传感器

霍尔效应是磁电效应的一种,其原理如图 5-112 所示。当电流垂直于外磁场通过导体时,在导体垂直于磁场和电流方向的两个断面之间会出现电势差。霍尔式转速传感器就是利用霍尔效应原理制成的。

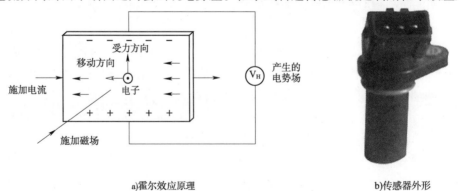

a) 霍尔效应原理　　　　b) 传感器外形

图 5-112　霍尔效应原理及传感器外形

4. 温度传感器

柴油机电控系统通常包含多个温度传感器,如为了反映发动机运行时的热状态,控制进气流量以及排气净化处理,需要能够连续、精确地测量燃油温度、冷却液温度、进气温度与排气温度的温度传感器等。

目前,常用热敏电阻式温度传感器。

1)冷却液温度传感器

冷却液温度传感器用负温度系数热敏电阻制成,在柴油机电控系统中主要用于冷起动策略、目标怠速控制、喷油量及喷油提前角参数的计算修正等。图5-113为常用的冷却液温度传感器。

2)燃油温度传感器

燃油温度传感器和冷却液温度传感器的原理及外形较为相似,在柴油机电控系统中主要用于发动机喷油量的修正计算等。

3)排气温度传感器

排气温度传感器测量柴油机排气管的排气温度,用于柴油机后处理电控系统的控制策略输入。图5-114所示为SENSOR NITE公司生产的排气温度传感器,其采用正温度系数的铂热电阻制成。

图5-113 冷却液温度传感器

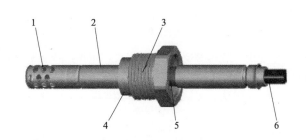

图5-114 排气温度传感器

1-传感器芯片;2-传感器护套;3-紧固螺母;4-安装凸缘;5-铠装导线;6-传感器线束

4)进气压力温度传感器

进气压力温度传感器实际上是一种将进气压力传感器和进气温度传感器集成在一起的传感器,通常称作TMAP传感器。用于测量柴油机进气端的压力和温度信号,输入至ECU用于对喷油量和喷油正时的修正计算。

5. 机油压力传感器

机油压力传感器实时监测柴油机机油压力值,为柴油机机油压力保护功能提供输入信号。当机油压力传感器输出异常时,ECU进行机油压力保护,限制柴油机的转速和转矩。

6. 空气质量流量传感器

合理的空燃比是保证柴油机良好性能的重要因素之一,因此需要使用空气流量传感器对柴油机各种工况下的进气量进行精确测量。常用的空气质量流量传感器为热膜式空气流量传感器。

第六节 发动机燃油供给控制系统

一、发动机控制策略

为了满足日益严格的排放法规,现代客车柴油发动机大多数均已装备高压共轨燃油系统。对于这类柴油发动机的控制,本质上是根据外部传感器的输入,在合适的相位,以一定的喷油速率向汽缸中喷入适量的燃油。喷油速率的控制主要通过控制喷射压力、喷射脉宽和喷射模式来实现;而喷油量的计算则根据驾驶人需求、整车附件及后处理设备等需求来决定。目前,控制策略主要有两种计算方式,即基于油量的发动机控制策略和基于转矩的发动机控制策略。

1. 基于油量的发动机控制策略

早期的共轨系统控制策略普遍采用基于油量的发动机控制策略,控制流程如图5-115所示。其特点是对驾驶人和整车附件的需求直接用喷油量来衡量,既简单直观,且标定变量也相对较少;但是控制精度有所欠缺,与外部设备没有合适的接口,很难进行交互。

2. 基于转矩的发动机控制策略

近年来，相关国际主流企业已逐渐从基于油量的发动机控制策略转到基于转矩的发动机控制策略。如 BOSCH 公司 ECD16、ECD17 系列的共轨系统控制器，采用的就是基于转矩的控制算法，并已经作为成熟产品推向市场。相对于油量控制算法，转矩算法采用转矩作为控制目标，可以根据需要精确控制发动机的输出。

1）总体框架

基于转矩的发动机控制策略的控制流程如图 5-116 所示，其包括四个主要功能，即驱动转矩计算、外部转矩需求计算、内部转矩需求计算和执行器触发。

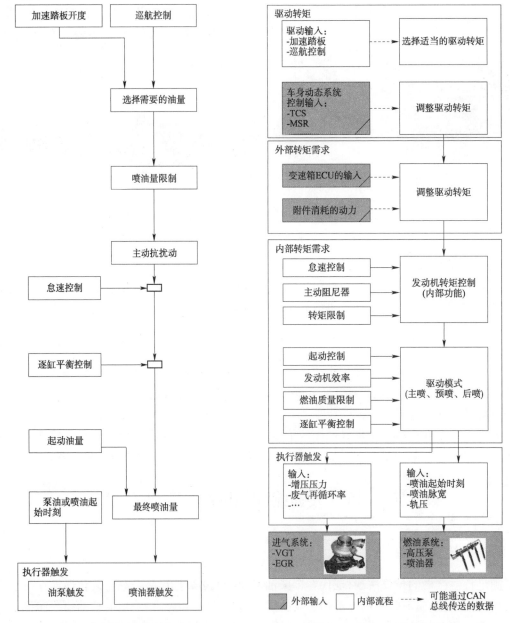

图 5-115　基于油量的发动机控制策略流程　　图 5-116　基于转矩的发动机控制策略流程

（1）驱动转矩计算。驱动转矩主要由驱动输入和车身动态系统控制输入来确定。首先，根据节气门开度或处于巡航控制模式时控制模块的输出虚拟加速踏板开度来决定驾驶人的需求输出转矩，然后根据车身动态控制系统是否对发动机转矩有要求来进行驱动转矩的调整。

（2）外部转矩需求计算。主要是将驱动转矩与外部设备的转矩需求进行协调。例如，变速器控制对发动机提出了转矩限值请求，此时发动机控制器必须将驱动转矩和变速器发出的转矩限值取最小值。

（3）内部转矩需求计算。主要是补偿发动机的各种损耗（摩擦转矩、高压泵驱动转矩和空调等），然后根据调整的驱动转矩与怠速控制和主动阻尼器进行协调,并经过转矩限制得到最后的发动机内部转矩,即发动机喷油产生的转矩。

2)起动控制

钥匙开关转到起动挡后,起动机带动发动机运转,在完成判缸且轨压上升到启喷压力时,起动控制开始介入喷油操作,直到发动机转速上升到怠速切换阈值时,起动过程完毕。起动转矩控制策略如图 5-117 所示。

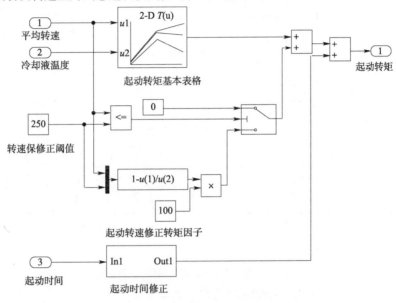

图 5-117 起动转矩控制策略

3)低怠速转矩控制

低怠速转矩控制是指在没有外部动力请求的情况下,为了防止发动机熄火,控制发动机输出转矩,克服发动机自身摩擦及附件等的转矩需求,将发动机转速稳定在一个固定的转速目标附近。主流的低怠速转矩控制方法一般采用开环前馈加上比例积分闭环控制的方式来实现,其控制框图如图 5-118 所示。

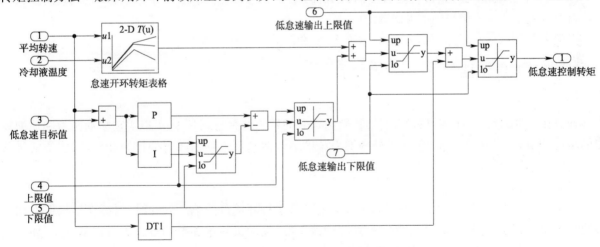

图 5-118 低怠速转矩控制策略

4)转矩转换油量控制

通过转矩协调计算得到发动机内部转矩后,为了使发动机做功输出对应的内部转矩,必须将其转换为喷油量。其控制策略如图 5-119 所示。

5)多次喷射控制

(1)多次喷射。为了控制喷油速率,优化缸内燃油雾化程度,有效控制燃烧过程,多次喷射技术被引入到高压共轨电控系统中。目前,很多研究机构都在利用多次喷射技术实现先进的燃烧方式,如预混合压缩燃烧(Premixed charge compression ignition,PCCI)、均质冲量压缩燃烧(Homogeneous charge compression ignition,HCCI)和低温燃烧(Low temperature combustion,LTC)等。而日本电装公司则声称可在一个喷油循环中实现 9 次喷射，但在大多数应用中 5 次喷射已经足够，包括两次预喷，一次主喷，两次后喷。一种典型的 5 次喷射模式如图 5-120 所示。

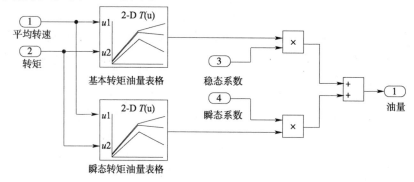

图 5-119　扭矩转换油量控制策略

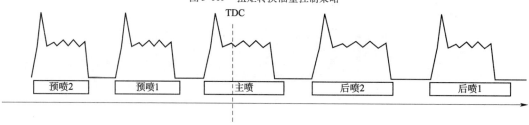

图 5-120　5 次喷射模式喷油器驱动电流波形示意图

（2）多次喷射控制策略。多次喷射控制策略遵循如下原则：

①各次喷射不能重合并保证有最小间隔，当两次喷射重合或不能保证最小间隔时，将优先级较低的喷射取消。

②每次喷射的油量转换为脉宽后必须保证其大于最小喷油脉宽。

③主喷油量为总油量减去两次预喷、后喷两部分油量后剩余的油量。

④主喷具有最高的优先级，当使用其他喷射导致主喷油量转化为脉宽后小于其最小喷射脉宽时，则应该将其他喷射中优先级最低的喷射取消。

⑤喷射优先级从高到低分别为主喷、预喷 1、预喷 2、后喷 2 和后喷 1。

二、燃油系统控制

1. 共轨压力控制

在高压共轨系统中，不仅可以实现油量、喷射定时的精确控制与调节，还可以实现喷油压力和喷油规律的精确调节和灵活控制，这是高压共轨喷油系统的最显著特征。喷油压力的控制和调节，实质就是共轨管内的燃油压力控制。

1）目标轨压

目标轨压按发动机运行工况确定，同时考虑发动机运行环境的影响。起动时，目标轨压根据发动机转速查表得到；脱离起动状态后，控制器根据冷却液温度、发动机转速和喷油量查表得到基本量，加上进气温度和燃油温度对轨压的修正量得到目标轨压，如图 5-121 所示。

2）控制策略

轨压控制策略为 PID 反馈控制 + 前馈控制。高压共轨系统的轨压控制系统中，前馈控制以循环喷油量和泄漏量作为扰动输入，PID 控制器根据目标轨压和实际轨压的差值确定需要的输入油量，该控制的油量和前馈控制油量相加，得到高压供油泵实际需要输出的油量，再根据高压供油泵需要输出的油量确定控制量。控制量的确定方法如图 5-122 所示。

3）轨压波动补偿

柴油机在执行喷油动作时，每次喷射将会在共轨轨道内部产生一个压力波动，这种压力波动会在一个燃烧循环内对后续的喷油动作产生影响。后续喷油量的误差受到很多因素影响，如两次喷射的油量、当前轨压、两次喷射的时间间隔和油温等。压力波动形状主要由主喷油量决定,波动周期取决于轨压和油温,波动相位取决于主喷开启、关闭延时和后喷开启延时,波动幅值主要由轨压、后喷油量和油温决定,而控制器则根据一定的算法综合上述因素计算出合理的补偿值。

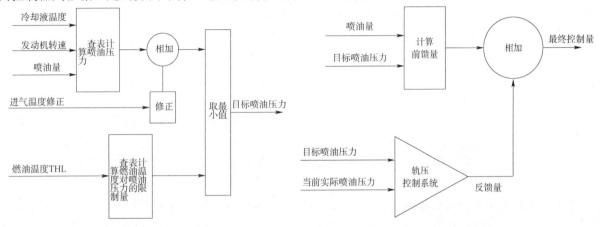

图 5-121　非起动状态目标轨压计算框图　　　　图 5-122　轨压控制量计算框图

2. 油量补偿

由于喷油器本身的制造偏差,而相同的驱动信号对同一批次的喷油器也会有油量偏差。为了克服这种影响,在电控共轨系统中采用了一种喷射量调节(Injection quantity adjustment,IQA)技术,亦称 IQA 油量补偿技术。

IQA 油量补偿技术的基本原理是:单个喷油器所需的补偿值反映出各个制造厂在测试过程中的不同设定值,并且这个补偿值以编码的形式记录在喷油器中。发动机的整个工作过程都是被一系列利用修正 MAP 图计算喷油修正值的程序调节的,如图 5-123 所示。当车辆更换新喷油器时,旧的补偿信息也将被新信息替换。

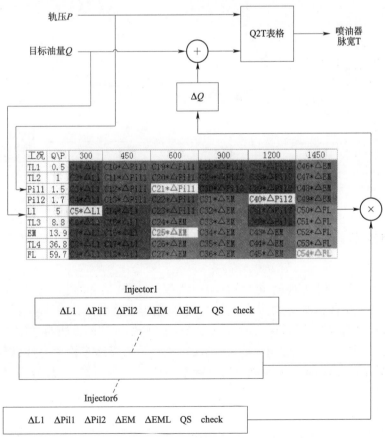

图 5-123　IQA 油量补偿技术原理图

3. 零油量补偿

在喷油器使用寿命周期内，微量预喷的有效控制对车辆的舒适性（降低噪声）和排放等级都有重要的影响。发动机电控单元中的自学习算法监控发动机转速波动，在线检测共轨喷油器使用过程中由于零部件老化或故障对喷油器开启延迟的影响，获取开启延迟的改变量，从而对喷油器脉宽和喷油提前角进行自适应补偿，如图5-124所示，以此使喷油器的喷油特性保持与出厂时一致。

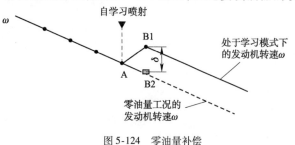

图 5-124 零油量补偿

4. 逐缸平衡控制

即使喷油控制参数相同，也不能使所有发动机汽缸产生相同的转矩，这是由于缸盖密封垫、汽缸摩擦和喷油器个体差异等造成的，这种个体差异会导致发动机运行不平顺和排放恶化。逐缸平衡控制可以根据发动机转速的波动检测这些个体差异，并通过改变各缸喷油量来补偿这种差异。

逐缸平衡控制策略通过比较指定缸喷油后的转速和平均转速的差异，确定控制方法。如果喷油后转速过低，就增加各缸喷油量，反之亦然。图5-125所示为逐缸平衡控制的控制策略框图，每个汽缸都有一个闭环控制器对其喷油量进行补偿。

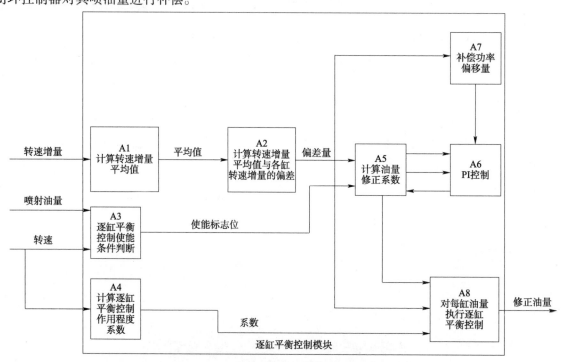

图 5-125 逐缸平衡控制策略结构框图

三、VGT 控制技术

1. VGT 控制系统结构

常规涡轮增压普遍存在低速转矩不足、瞬态响应性差、加速冒烟和冷起动困难等缺陷。为改进增压器性能，采用了减小增压器转动惯量、加装废气放气阀、采用可变喷嘴涡轮增压器等措施。在各种改进方法中，采用可变喷嘴涡轮增压器（Variable geometry turbocharger，VGT）的方法对增压器和内燃机性能的改善最为明显。VGT控制系统的构成如图5-126所示，它主要是为提高车辆动力性、燃油经济性和达到清洁燃烧、减少污染的目的。该系统根据发动机运行状态，调整引导叶片的开度，获得发动机各个工况下的最优增压压力。

2. VGT 控制策略

VGT的控制策略结构如图5-127所示。其控制策略包括四个功能模块，即目标值计算模块、前馈控制模块、反馈控制模块和监测模块。其中，目标计算模块的任务是计算增压压力目标值，并根据大气压力对目标值进行限制;前馈控制模块的作用是在瞬态工况下提高响应速度;反馈控制模块的主要功能是对增压压力进行反馈控制,使其达到目标值;监测模块监测特定工况,如冷起动、离合器分离以及增压压力目标值和实际值存在永久偏差,一旦处于特定工况,监测模块用默认值代替导引叶片开度计算值。

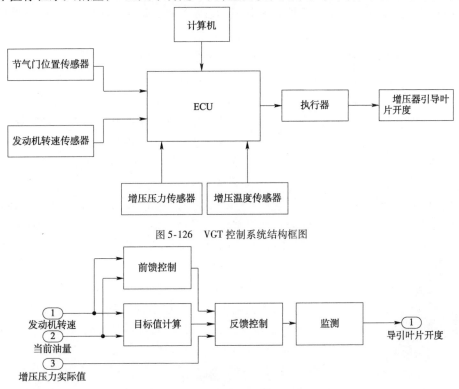

图 5-126　VGT 控制系统结构框图

图 5-127　VGT 控制策略结构框图

第七节　发动机排放控制系统

一、发动机排放

发动机主要以碳氢化合物为燃料,通过燃烧做功将化学能转换成机械能,同时排出燃烧产物。由于燃烧过程的高温、高压以及燃料与空气混合的不均匀性,导致燃烧产物存在多种有害气体成分和微粒成分。国内外研究表明,发动机尾气中的这些成分对自然环境、人类生存造成了严重的不利影响。

1. CO 排放

发动机尾气中的 CO(一氧化碳)为一种无色无味的有毒气体。该气体进入人体后,由于人体血液中的血红蛋白更容易与其亲和,将会减少血液输送氧气的能力,使人体根据血液中 CO 浓度的不同出现不同的中毒症状,如头晕、头痛、无力,甚至昏迷和死亡等。

2. NO_X 排放

发动机尾气中的 NO_X(氮氧化合物)主要指 NO 和 NO_2 排放,其中 NO 为一种无色气体,在发动机尾气中占绝大部分。高浓度的 NO 会引起中枢神经障碍,在一定条件下与 O_2 反应生成 NO_2。NO_2 是一种褐色、具有刺激性气味的气体,人吸入后容易导致咳嗽、哮喘,严重者将出现肺气肿。此外,NO_2 也是引起光化学烟雾的主要因素之一。

3. HC 排放

碳氢化合物(HC)是发动机在工作过程中燃料未完全燃烧直接排出,或燃烧不完全的产物。HC 排放浓度的高低直接反映了发动机的燃烧效率,浓度越低,燃烧的效率就越高,反之效率就越低。燃料在燃烧室内受热裂解为 HC 后与周围 O_2 反应生成 CO 和 CO_2,而混合气太浓或太稀都将使得燃烧不完全,导致发动机的 HC 排放增高。

4. 颗粒排放

无论是汽油机还是柴油机,若燃烧室内存在过浓混合气,由于不能完全燃烧,热裂解产物经冷凝形成有机可溶成分,或通过高温脱氢生成无机碳,或经热解、聚合形成多聚物,这些统称碳基微粒。在油气浓混合区域,高温缺氧条件下燃料热解、脱氢生成的碳基粒子,吸附其他燃烧产物如碳氢和硫酸盐等,形成排放颗粒。

5. 硫酸盐

汽柴油中含有一定的硫成分,其在高温燃烧室内较易形成氧化物如 SO_2 或 S_2O_3,随后在尾气中与水和其他物质反应,最后形成硫酸盐,对排气系统如排气管、涡轮机和消声器等造成腐蚀。

我国每年进口的原油中部分为含硫量较高的劣质原油,经炼化后的汽柴油含硫量高,难以满足现阶段的排放应用要求,因此必须增加工艺进行脱硫处理,降低成品油含硫量。如为满足压燃式发动机第四阶段排放控制需要,柴油含硫量必须控制在 50×10^{-6} 以内。为此,我国石化企业在炼化过程中采用了加氢深度脱硫工艺等。

6. 曲轴箱通风

发动机工作过程中曲轴箱内会有大量的混合气,并通过透气口排入大气中对环境造成严重污染,因此新设计的发动机都要求采用强制通风方式,即将曲轴箱内的混合气通过连接管导向进气管的适当位置,返回汽缸重新燃烧,这样既可以减少排气污染,又提高了发动机的经济性。目前,车用汽油机都采用了强制性通风,柴油机也逐渐开始采用。强制性通风一般可分为开式和闭式两种。

开式强制曲轴箱通风装置在发动机处于全负荷低转速时,产生的串气量大,但流量控制阀开度却减小,过量的窜缸混合气会通过开式通风盖散入大气,其净化率只有 75% 左右。

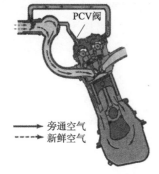

图 5-128 闭式强制曲轴箱通风系统

闭式强制曲轴箱通风装置(图 5-128)能完全控制曲轴箱的排放,实现曲轴箱完全通风,防止油泥和其他有害物质的积蓄,减少了发动机的故障和磨损。目前,闭式强制曲轴箱通风装置已成为汽油发动机满足排放法规的必要设计。

二、柴油机排放控制

目前,中、重型商用车已将柴油发动机作为首选动力,随着排放法规越来越严格,柴油机 NO_x 和颗粒物的排放控制成为关键技术。缸内直喷柴油机由于在很短的时间内将燃油喷入汽缸,并在极短的时间内与大量的空气进行混合后燃烧,这导致缸内易生成炭烟颗粒的浓混合气区域与易生成 NO_x 的稀混合气区域并存,因此柴油机除需要控制 HC 和 CO 外,更难的是需要同时解决 NO_x 和颗粒排放。

1. HC 及 CO 控制技术

在较浓的油气混合区域,柴油受热裂解并部分与 O_2 反应生成 HC、CO 和 CO_2,由于局部缺氧导致 HC 和 CO 较高,但 HC 和 CO 较易与 O_2 进行氧化反应,HC 与 O_2 反应生成 H_2O 和 CO_2,CO 则直接氧化成 CO_2,通过在柴油机排气管上加装氧化催化转换器(DOC)可以显著降低 HC 和 CO 排放。DOC 主要以铂(Pt)和钯(Pd)等贵金属作为催化剂,图 5-129 为 DOC 的外形和结构示意图。

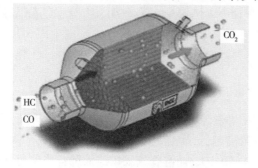 

图 5-129 氧化催化转化器(DOC)的外形和结构示意图

一般,DOC 对 HC 和 CO 的转换效率均在 90% 以上。但对 HC 的转换则受到 DOC 入口温度和催化剂低温起燃性能的影响,如在低速小负荷工况,由于排气温度过低,HC 在催化器中无法进行充分反应,实际转换效率仅为 80% 左右。

2. NO_x 控制技术

压燃式柴油机缸内燃烧生成 NO_x 的过程极其复杂,其中 NO 在尾气 NO_x 排放中占 80% 以上。目前,主要决定于两种 NO 生成过程,其中热 NO 生成占有最重的比例,其反应过程为续链反应过程,主要反应过程如下:

$$O_2 \rightleftharpoons 2O$$
$$O + N_2 \rightleftharpoons NO + N$$
$$N + O_2 \rightleftharpoons NO + O$$

该过程主要受到缸内燃烧温度和燃烧持续时间的影响,当温度超过 1200℃ 后,NO_x 排放随温度的增加急剧增加。一般,发动机燃烧室中的最高温度为 2000℃ 以上,在如此高温度条件下,将生成大量的 NO_x 排放。

另一过程为快速 NO 生成过程,主要发生在局部混合气过浓的区域内。该过程反应复杂,HC 和 CO 作为主要的反应物与 N_2 反应生成的中间产物,与氧原子 O、氧分子 O_2 以及氢氧自由基 OH 氧化反应生成 NO,同时该快速 NO 生成过程还会增加少量的干炭烟排放。快速 NO 生成过程受温度影响较小,主要受到反应物浓度及比例的影响。快速 NO 生成过程产生的 NO 排放在柴油机 NO_x 排放中所占比例较小,一般少于 5%。

N_2 经氧化反应生成 NO_x 的主要因素为高温、富氧和持续时间,而柴油机燃烧过程中预混合期内形成的混合气也是导致 NO_x 排放较高的一个因素。因此,柴油机降低 NO_x 排放的机内技术主要围绕改变其生成条件和降低其生成概率进行。

随着排放法规的日益严格,NO_x 排放水平控制日益提高。特别是从第 IV 阶段排放法规开始,依靠以往的缸内燃烧优化已很难达到排放控制目标,需要同时采用机外后处理技术才能满足排放指标要求。

1) 废气再循环 EGR

废气再循环(Exhaust Gas Recycling, EGR)技术是目前降低柴油机 NO_x 排放的有效措施之一,其基本原理是从发动机排气歧管中把部分燃烧过的废气通过 EGR 阀引入到进气管中与新鲜空气混合,然后进入燃烧室再次燃烧。由于引入废气的比热容大,降低了混合气的氧浓度,在相同放热量的情况下缸内混合气温升较纯新鲜空气要低,从而降低了燃烧过程中的最高温度;同时,由于废气的引入导致混合气中氧含量与燃油量之比降低,最终使得尾气中 NO_x 排放下降。若排放水平要求和 EGR 率都不高,一般采用不带冷却系统的高压 EGR。随着排放法规的日益严格,在第 IV 阶段平均 EGR 率为 10% 左右,这就要求对废气采用冷却器进行冷却,将温度冷却至 200℃ 以内引入进气系统。根据引入方式的不同,EGR 可以分为低压系统和高压系统,如图 5-130 和图 5-131 所示。

(1) 基本组成部件。无论高压 EGR 回路还是低压 EGR 回路,关键零部件主要是 EGR 阀和 EGR 冷却器,其结构示意图如图 5-132 和图 5-133 所示。目前,EGR 阀的生产厂家主要有无锡隆盛科技股份有限公司等,冷却器的生产厂家主要有浙江银轮机械股份有限公司和无锡双翼汽车环保科技有限公司等。

图 5-130 低压 EGR 回路　　图 5-131 高压 EGR 回路　　图 5-132 气动 EGR 阀和电动 EGR 阀
　　　　　　　　　　　　　　　　　　　　　　　　　　　a) 气动 EGR 阀　　b) 电动 EGR 阀

图 5-133 管壳式冷却器、板翅式冷却器

冷却 EGR 技术被广泛应用在轻型和中型柴油机上,以满足 NO_x 排放限值要求。但随着现代车用发动机增压度的提高,在某些工况点进气中冷后的压力要比涡前压力高,这就要求必须采取一定措施才能将废气引入进气系统。目前,主要采取的措施有止回阀、节气门、文丘里管、可变截面增压器(VGT)和废气增压泵等技术,其中止回阀及节气门外形如图 5-134 所示。

图 5-134 止回阀及节气门外形图

(2)控制策略。基本 ERG 率由发动机转速与负荷确定,在各种工况下需要综合考虑发动机的动力性、经济性和排放要求进行折中处理。

控制策略的执行目标是控制进入汽缸参与燃烧的废气量。针对中小排量发动机,由于废气流量范围较小,流量传感器要求精度高,可选择新鲜空气流量作为控制对象参数;大排量发动机因废气流量范围较大,则可直接选择废气流量作为控制对象参数。

以新鲜空气进气流量为控制对象参数的控制策略结构如图 5-135 所示。整个流程包括前馈控制模块(EGR 阀控制开度基本值计算)、期望值计算模块(修正后理论进气量需求)、自适应控制模块(空气流量进气控制器)和 EGR 阀开度控制器,以及监测和关闭模块(EGR 系统监控模块,调整 EGR 率)等。

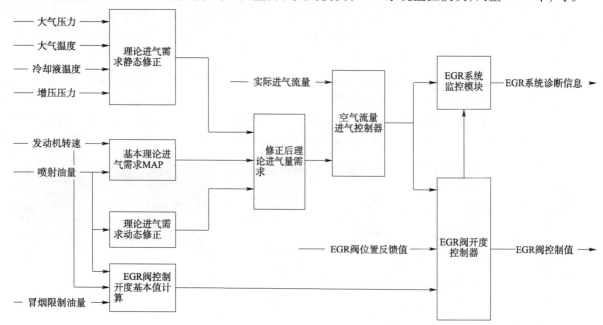

图 5-135 以新鲜空气进气流量为控制参数的 EGR 控制策略结构框图

2）选择性催化还原 SCR

选择性催化还原系统（Selective Catalytic Reduction，SCR）是一种柴油机机外净化系统。SCR 技术使用强还原剂（CO、HC、尿素等）将废气中的氮氧化物转化为氮气和氧气，通常选择浓度为 32.5% 的尿素水溶液作为还原剂，将还原剂喷射到排气管中，在气流和高温的作用下，尿素溶液分解为二氧化碳和氨气，其中氨气附着在承载催化剂的载体上与废气中的氮氧化物进行反应，生成氮气和氧气；多余的氨气经过氨捕集器与氧气反应，生成氮气和水。选择性催化还原反应原理如图 5-136 所示。

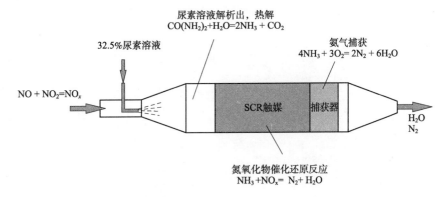

图 5-136 选择性催化还原反应原理

目前，国内外主要的选择性催化还原技术是将液态标准尿素溶液（尿素含量）喷入发动机尾气中，利用尾气温度水解氨气和水。一般水解反应要求温度在 180℃ 以上，水解反应方程如下：

$$CO(NH_2)_2 + H_2O \rightarrow 2NH_3 + CO_2$$

水解后的 NH_3 与 NO、NO_2 的反应方程如下：

$$NH_3 + NO + NO_2 \rightarrow 2N_2 + H_2O$$
$$4NH_3 + 4NO + O_2 \rightarrow 4N_2 + 6H_2O$$
$$8NH_3 + 6NO_2 \rightarrow 7N_2 + 12H_2O$$

尿素在尾气中充分水解和混合后，采用带有催化涂层的催化器以促进 NH_3 与 NO、NO_2 的反应，不同的催化器 NO_x 还原水平及温度窗口也不一样。图 5-137 所示为几种典型催化器的反应特性。

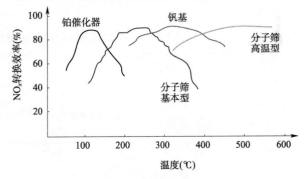

图 5-137 几种典型催化器的反应特性

由于发动机实际运行过程中环境温度变化大、运行工况点覆盖区域广，其总管排温最低在 150℃ 以下，最高可到 550℃ 左右。尾气排温高则其 NO_x 排放水平也高，因此 SCR 催化剂要求在高温下有较高的转换效率。从图 5-137 中各种催化剂的性能曲线可以看出，铂催化器温度窗口过窄，分子筛基本型高温转换效率低；而钒基催化剂在较宽广的温度区间内均可以获得较高的转换效率，但超过 500℃ 会严重失活。同时，钒基催化剂使用过程中会有少量的 V_2O_5 溢出，将对环境和人体造成严重危害。此外，废钒基催化剂的处理也存在较大困难。分子筛高温型高温转换效率高，在低温情况下通过前置 DOC 可以改善低温性能。研究表明，柴油机尾气中 NO_2 的比例为 20% 左右，在 SCR 催化器前加装前置 DOC 提高 NO_2 比例达到 50% 以上，从而提高 SCR 系统的转化效率。由于钒基催化剂存在的危害性，当前国外催化剂技术主要采用分子筛催化剂，但成本要比钒基高。

NH_3 经过催化器表面，在催化剂作用下将 NO_x 还原成 N_2 等，但总有一部分 NH_3 会随尾气泄漏出来，因此常常采用后置氧化催化转换器对泄漏的 NH_3 进行氧化，其主要反应如下：

$$4NH_3 + 3O_2 \rightarrow 2N_2 + 6H_2O$$
$$2NH_3 + 2O_2 \rightarrow N_2O + 3H_2O$$

（1）SCR 基本部件组成。SCR 系统由传感器、尿素定量供给系统、加热系统和催化器四部分组成。

典型的系统结构如图5-138所示,其主要部件有:

①传感器:SCR系统使用废气温度传感器监控废气和催化器温度,使用尿素液位和温度传感器监控尿素溶液状态,使用NO_x传感器监控NO_x排放控制效果。

②加热系统:SCR加热系统通过引入发动机冷却液对尿素溶液进行加热,通过加热电阻丝对管路中的尿素溶液进行加热,防止低温尿素结冻。

③尿素定量供给系统:尿素定量供给系统是SCR系统的核心部件,包括尿素泵、喷嘴和电控单元(ECU),系统根据工况计算和调节喷射压力,精确控制尿素喷射量。

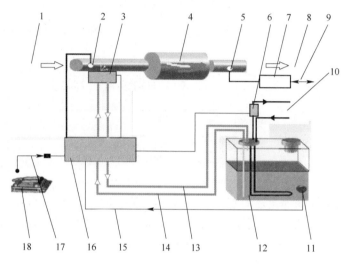

图5-138 SCR系统的组成

1-NO_x;2-废气温度传感器;3-喷嘴;4-SCR催化剂;5-NO_x传感器;6-开关阀;7-ECU NO_x传感器;8-$NO_x \to N_2 + H_2O$;9-CAN;10-冷却液加热管路;11-尿素液位和温度传感器;12-尿素罐;13-回液管;14-管路加热丝;15-进液管;16-尿素计量泵和电控单元;17-CAN;18-ECM

目前,选择性催化还原系统主要分空气辅助式尿素溶液喷射系统和无空气辅助式尿素溶液喷射系统两种。其中,空气辅助式尿素溶液喷射系统只控制计量泵柱塞往复运动的频率,在喷射过程中需要采用空气进行辅助雾化,通过夹气喷射促进雾化,以获得最小的雾化滴径;同时,在喷射结束时可以利用空气将系统残余尿素溶液吹尽,防止结晶。无空气辅助式尿素溶液喷射系统采用尿素泵将尿素泵入共轨中,维持一定的压力,控制尿素喷嘴电磁阀的开启时间和频率,喷射过程中则完全利用尿素供应单元的供尿压力进行喷射雾化,因此其雾化平均滴径要比气动辅助的大;此外,在系统中需要设计反抽功能以在喷射结束后对系统中残余尿素进行反抽,防止尿素结晶。

空气辅助式尿素溶液喷射系统和无空气辅助式尿素溶液喷射系统均已在国外大批量生产,并得到了成熟应用。在我国,由于发动机尾气第Ⅳ阶段排放法规的实施,相应系统也已进入批产阶段。国内外具有成熟尿素溶液喷射系统的生产厂家主要有德国博世(BOSCH)公司、丹麦格兰富(GRUNDFOS)公司、苏州派格力减排系统有限公司、安徽艾可蓝节能环保科技有限公司、无锡威孚力达催化净化器有限责任公司和无锡凯龙高科技股份有限公司等。以下仅对德国博世公司、丹麦格兰富公司和安徽艾可蓝节能环保科技有限公司的尿素溶液喷射系统作简单介绍。

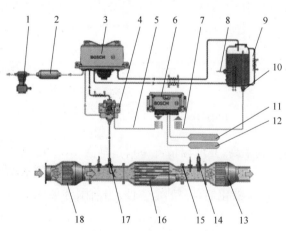

图5-139 博世公司DeNOxtronic 1空气辅助式尿素溶液喷射系统结构示意图

1-压缩机;2-进气压力;3-供应单元;4-添蓝定量单元;5-执行信号;6-定量控制单元;7-接收信号;8-温度传感器;9-添蓝液体箱;10-液面传感器;11-发动机CAN;12-诊断CAN;13-slip催化器;14-废气传感器;15-温度传感器;16-SCR催化器;17-喷雾器;18-OXI催化器

a.博世公司。博世公司在我国提供两种SCR系统,图5-139所示为DeNOxtronic 1空气辅助式尿素溶液喷射系统结构示意图。由图中可见,其系统结构较为复杂,由于需要压缩空气辅助喷射,多出了一个喷射计量单元,电动泵将尿素溶液泵入喷射计量单元,在计量单元中进行尿素量的计量控制,利用压缩空气的压力将尿素溶液喷入排气管中。

图5-140所示为博世公司的DeNOxtronic 2.2无空气辅助式尿素溶液喷射系统。该系统的结构较简单,尿素溶液从添蓝液体罐7经预滤后到达添蓝喷嘴,此过程中通过电动泵建立并保持一定的尿素喷射压力(0.9MPa),通过控制喷嘴15的计量阀开启时间实现尿素的精确计量。由于添蓝喷嘴靠近排气管,喷嘴上的电磁阀需要进行强制冷却,以保证电磁特性的稳定性和喷嘴的可靠性。在喷射结束后,需要控制计量泵内的反抽单元对系统内残余尿素溶液实现反抽清空。

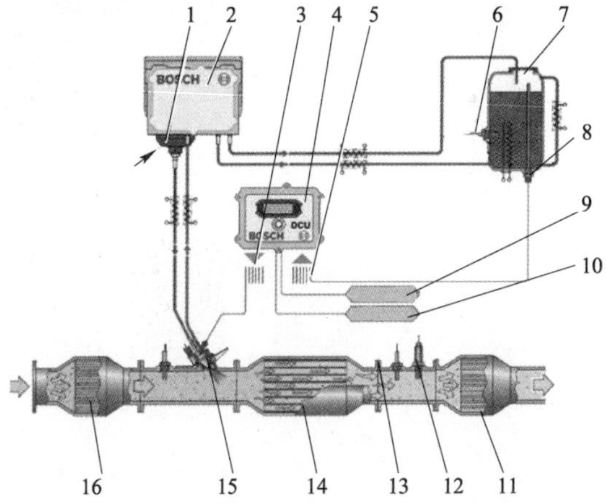

比较两种结构,空气辅助式SCR控制参数多,结构复杂,应用范围单一;虽然存在雾化效果好,喷嘴结构简单的优势,但是随着技术的进步,当前无空气辅助式SCR系统已通过增加扩散器和改进喷嘴冷却技术的方法弥补了自身的不足。因此,无空气辅助系统已经成为国内博世公司主推的SCR系统。

图5-140 博世公司DeNOxtronic 2.2系统结构示意图
1-滤清器;2-供应单元;3-执行信号;4-定量控制单元;5-接收信号;6-温度传感器;7-添蓝液体箱;8-液面传感器;9-发动机CAN;10-诊断CAN;11-slip催化器;12-废气传感器;13-温度传感器;14-SCR-催化器;15-添蓝喷嘴;16-OXI催化器

b. 格兰富公司。格兰富公司在2006年推出了空气辅助式SCR系统NoNO$_x$ UDS(Urea Dosing System),其特点是将尿素供给泵和喷射计量单元整合在一起,并在系统中集成了电控单元;通过集成的电控单元控制压缩空气和尿素溶液进入NoNO$_x$ UDS泵内部,混合、计量后,再通过喷嘴喷出。为适应市场需求,格兰富公司提供了两种灵活的系统解决方案:

一种方案是将NoNO$_x$UDS泵只作为智能的尿素喷射泵,通过CAN总线响应外部电控单元的喷射请求命令,目前国内很多高校和企业都采用这种方式来组建自主SCR系统。具体方案如图5-141所示。

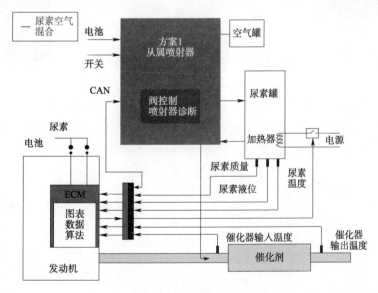

图5-141 格兰富公司方案1

另一种方案是将NoNO$_x$ UDS泵作为SCR系统的核心控制单元,获取所有传感器信号,包括ECU发送的通信信号,独立实现尿素量的计算和计量喷射功能。具体方案如图5-142所示。

c. 安徽艾可蓝。图5-143为安徽艾可蓝节能环保科技有限公司生产的空气辅助式尿素溶液喷射系统。该系统的压缩空气由整车储气罐提供,尿素供给泵除产生一定压力使尿素溶液进入喷射管外,还通过控制单元控制压缩空气进入喷射管,在喷嘴出口处增强尿素溶液喷射动能,促进雾化,进入排气管中受热完成水解过程。

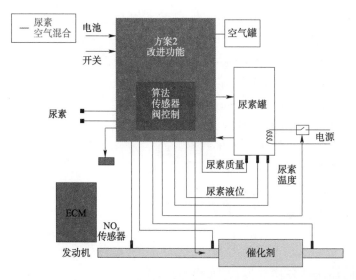

图 5-142 格兰富公司方案 2

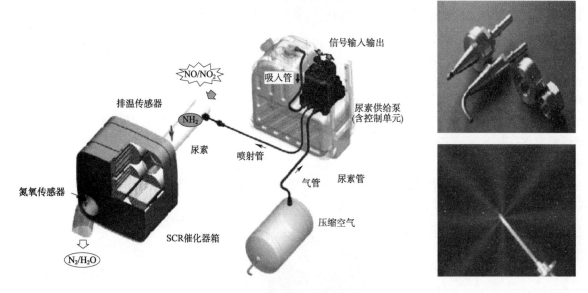

图 5-143 空气辅助式尿素溶液喷射系统

d. 无锡凯龙。无锡凯龙在 2009 年推出了自主 SCR 系统,提供空气辅助和无空气辅助两种 SCR 系统解决方案。当前主推的是空气辅助式 SCR 系统,系统结构如图 5-144 所示。整个系统与格兰富公司较为类似,集成度较高,既可以作为智能泵部件配套其他 SCR 系统,也可以此为核心组建独立的 SCR 系统。

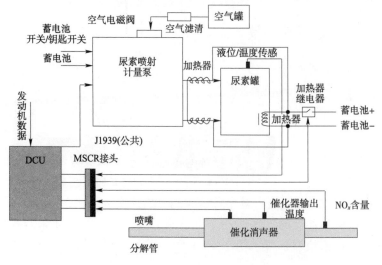

图 5-144 凯龙空气辅助式 SCR 系统

(2) SCR 基本控制策略。借鉴国外的生产和配套经验,目前 SCR 后处理技术已成为国内中、重型柴油机满足国Ⅳ、国Ⅳ排放法规的主流技术路线。国Ⅳ排放水平对 SCR 后处理系统要求的转化率在70%左右,针对以上控制目标和影响因素,一般采用开环式的 SCR 系统控制策略,如图5-145 所示。

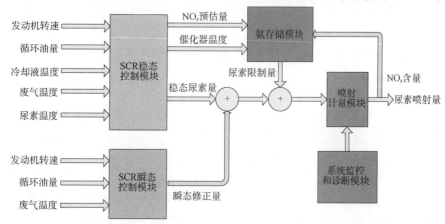

图 5-145 SCR 系统策略框图

控制策略由 5 个主要模块组成:

①SCR 稳态控制策略。根据柴油机工况,按照化学反应摩尔方程式计算出稳态工况下的尿素喷射量。

②SCR 瞬态控制模块。根据柴油机转速和油量变化率,计算喷射延迟系数,利用该系数对稳态尿素量进行修正。

③氨存储模块。建立基于标定数据的氨存储模型,利用模型预估不同工况下催化剂的最大氨存储能力和转化效率;根据 NO_x 预测值和转化效率计算尿素理论消耗量;对尿素实际消耗量与理论消耗量的差进行积分,得到当前催化器的氨存储量,以此对尿素喷射量进行修正。

④喷射计量控制模块。喷射计量控制模块控制尿素泵和喷嘴的动作,包括提供稳定的尿素供给压力和精确的尿素喷射量计量。

⑤系统监控和诊断模块。SCR 系统只能在一定的反应区间内完成氮氧化物的转化,因此需要实时监控发动机工况,停止尿素的喷射。

此外,最新研究发现,当车辆处于城市驾驶工况时,SCR 对降低氮氧化合物的效果明显下降。这主要是因为在城市工况下,车辆无法保持持续稳定运转状态,频繁的停车、起步和怠速运转无法保证排气温度达到尿素分解所需的温度(通常低于200℃)。因此,SCR 系统就不会喷射尿素(低于200℃),或喷射后尿素不能很好地分解为氨气,并在管壁结晶且不断堆积而堵塞排气系统以及尿素喷嘴,从而导致催化还原反应无法进行,或不能有效反应。所有这些都使得氮氧化合物的排放量上升,同时还会导致额外、频繁的维护成本。特别是对于城市公交车,增加了额外的营运管理。

针对这些问题,作为排放控制系统技术全球领先的法国佛吉亚(Faurecia)联合丹麦的 Amminex 开发了 ASDS 技术,其结构示意图如图5-146 所示。

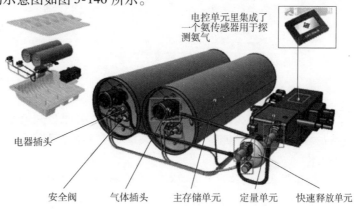

图 5-146 佛吉亚的 ASDS 技术

该技术首先解决了氨的存储安全问题，通过吸附的方式将其转化为固态形式，这种固体的氨存储物称为 AdAmmine™。即将 AdAmmine 放置于一个不锈钢金属筒中，NH_3 用完后即可在（线外）工厂或服务站内进行 NH_3 加注。在实际工作中，AdAmmine 经电加热或发动机冷却液加热后释放 NH_3，用于催化还原。与传统采用车用尿素 SCR 系统工作时所需的最低温度相比，ASDS 可以在更低的排气温度下释放 NH_3（最低可达 120℃，配合低温反应 SCR 催化剂，比如沸石基），最快可以在 140s 后开始释放，可特别用于全球统一瞬态试验循环（World Harmonized Transient Cycle，WHTC，简称 WHTC 试验）的冷起动阶段处理 NO_x。

相比传统尿素添蓝（Ad Blue），ASDS 的优点是：可以实现更充分、高效的转化率来降低 NO_x 的排放，特别是在城市低温工况；与车用 Ad Blue 不同，ASDS 不会出现结晶堆积和堵塞，大大降低了系统的维护成本；因混合器简单、混合距离较短，所以背压更低，从而降低了油耗；存储同样有效的 NH_3，体积可减小一半（相对于 Ad Blue），结构更紧凑，占用的布置空间更小，更灵活；在北方的冬天（-11℃以下）没有凝冻风险。

针对城市车辆的应用，Faurecia 开发了 City-SCR™ 后处理系统。该系统专门为已经安装车用尿素 SCR 的欧 Ⅳ/Ⅴ/EEV 车辆而设计，自 2013 年 11 月份开始在哥本哈根的城市公交上进行商业化应用。大量统计结果显示，装有 City-SCR 的公交车氮氧化合物排放与之前装有 Ad Blue 的车辆相比，减少多达 3 倍左右。ASDS 技术的实际装车及应用效果如图 5-147 和图 5-148 所示。

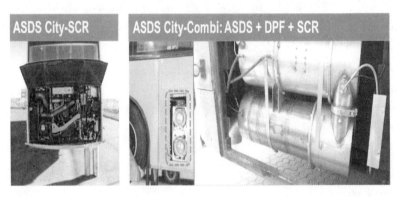

图 5-147　ASDS 技术的实际装车应用

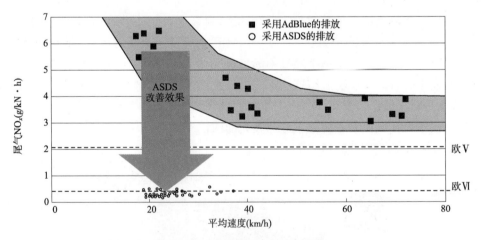

图 5-148　ASDS 技术的实际应用效果

为在我国市场推广，目前该系统已由茵卡排放控制系统（江苏）有限公司开始在国产宇通等客车上进行性能实验和耐久实验，后续将在国内其他型号的客车发动机上进行台架测试。

3）稀薄氮氧化物捕集技术

ECU 根据稀薄氮氧化物捕集器（Lean NO_x Trap，LNT）前后温度、NO 浓度等传感器测得的信号，控制 LNT 交替循环，通过捕集和还原两个工作阶段来降低 NO 排放。当 ECU 判断出 LNT 载体还未达到 NO 吸附饱和状态，则控制 LNT 继续捕集吸附 NO，该过程一般持续 60s 左右；当判断已达到饱和状态，则控制

LNT 进行还原再生,该过程一般持续 2~5s。

捕集阶段是 LNT 在稀燃条件下吸附尾气中的 NO,以 $Ba(NO_3)_2$ 的形式暂时存储在载体上。在稀燃条件下,LNT 吸附 NO 的化学反应为:

$$2NO + O_2 \rightarrow 2NO_2$$
$$2BaCO_3 + 4NO_2 + O_2 \rightarrow 2Ba(NO_3)_2 + 2CO_2$$

富燃条件下 LNT 将储存在载体上的 $Ba(NO_3)_2$ 还原成 N_2。为创造还原所需的富燃气氛,可采用缸内喷射燃油或尾气管中直接喷射还原剂两种方式,还原剂可以是燃油或者 H_2。LNT 由于体积较小,在国外轻型发动机上得到了一定的应用,但在欧 VI 阶段与 DPF 组合应用时,必须考虑 LNT 的不耐高温性,防止 DPF 再生后导致 LNT 破坏失效,图 5-149 所示为 LNT 稀燃捕捉和富燃还原过程示意图。

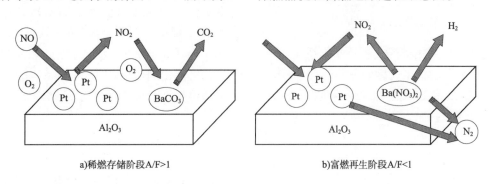

a) 稀燃存储阶段 A/F>1　　　　b) 富燃再生阶段 A/F<1

图 5-149　LNT 稀燃捕捉和富燃还原过程示意图

3. 颗粒控制技术

柴油机排气微粒的组成主要为有机可溶成分(SOF)、干炭烟颗粒和硫酸盐等,如图 5-150 所示。其中,SOF 是由碳氢燃油或润滑油分子通过部分氧化或部分分解再经冷凝形成的,一般附着在干炭烟颗粒的表面。SOF 主要受燃料多环芳烃(PAH)含量和燃烧系统影响,其起燃温度较低。

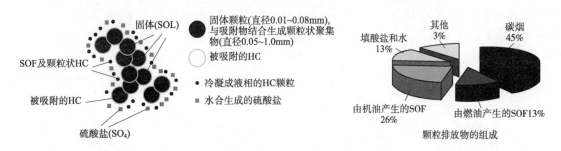

图 5-150　排放微粒的组成

1) DOC + POC 技术

一般采用氧化催化转化器(Diesel Oxidation Catalyst,DOC)即可将柴油机尾气中的有机可溶成分清除干净。根据燃油中多环芳烃(PAH)含量的不同,DOC 可以去除颗粒物总量的 5%~50%,这主要是氧化了 50%~80% 吸附在炭粒表面的可溶性有机成分后获得的结果,但对于干炭烟粒几乎不起作用。DOC 在氧化掉颗粒中的一部分 SOF 的同时,也将尾气中的部分硫化物氧化成硫酸盐,所以对于含硫量较高的柴油来说,使用氧化催化器将使微粒物排放中的硫酸盐比例增大,甚至使 PM 的排放增加。此外,燃料中的硫还会引起催化剂中毒。所以,选择合适的催化器和使用低硫化燃油就显得尤为重要。

对于轻型汽车用发动机,由于尾气温度相对较低,采用该技术可以使用稍高含硫量的燃油,但排气对于轻型汽车用发动机,由于尾气温度相对较低,采用该技术可以使用稍高含硫量的燃油,但排气背压会有所增加,一般在 20~25kPa。为满足第 IV 阶段排放法规 NO_x 限值需要,一般采用喷油推迟和高压 EGR 技术,但会造成裸机颗粒排放增加。为此,需要采用颗粒捕集技术降低颗粒排放。根据颗粒捕集效率要求和实际燃油含硫量水平,在第 IV 阶段轻型车主要采用颗粒氧化催化器(Particle Oxidation Catalyst,POC)对颗粒进行捕集,其捕集效率根据尾气颗粒成分的不同,最高为 40%~70%,且具有较佳的可靠性。目前,生产 POC 的主要厂家有德国依米泰克(Emitec)、无锡威孚力达催化净化器有限责任公司、广州市新力金属有限公司和四川中自尾气净化有限公司等。颗粒氧化催化器 POC 的结构如图 5-151 所示。

2)壁流式颗粒捕集技术(DPF)

发动机尾气排放中的有害成分 NO_x 和颗粒物(Particulate Matter,PM)对大气造成了严重污染,为此全世界各个国家都制定了严格的排放控制标准对相应成分进行严格控制。我国已经实施的第 IV 阶段排放标准,其对颗粒成分的控制要求尚无需采用 DPF 尾气后处理技术,但部分地区强制实施的地方标准则对颗粒数目、质量提出了苛刻要求,如颗粒数应控制在 6×10^{11} 以内,这就需要采用壁流式颗粒捕集系统(Diesel Particulate Filter,DPF)进行尾气处理才能达到。柴油颗粒过滤器是发动机尾气后处理的一部分,通常与柴油氧化催化剂(Diesel Oxidation Catalyst,DOC)组合使用,位于 EGR 和 SCR 之间。发动机排气通过 DPF(主动再生)时,经 DPF 的特殊物理处理,对排气进行过滤,截留其中的 PM 成分,从而实现排气净化。

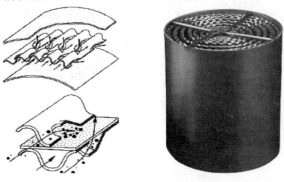

图 5-151 颗粒氧化催化器 POC 的结构示意图

目前,DPF 在国外市场上已经得到了成熟应用,但我国的相应技术尚处于研发阶段。DPF 再生技术分为主动再生(亦称热再生)和被动再生(亦称催化再生)两类。

对于主动再生技术,其是使 PM 中的主要成分炭在高温环境下与氧气进行化学反应,生成 CO_2 的过程。主动再生由外界提供热量,根据不同的提供热量方式,可分为微波加热、电加热、喷油助燃和逆向喷气再生等几种方式。在中重型柴油机中,目前的主流技术是采用喷油助燃再生方式实现 DPF 的再生。主动再生的技术难点,在于提升和控制尾气温度。

DPF 的主动再生过程需要满足三个条件:①DPF 中 PM 的负载量适当;②在足够长的时间内维持高温;③尾气中的氧气浓度需要在合适的浓度范围。

对于被动再生技术,其是使 PM 中的主要成分碳在中温环境下与 NO_2 进行化学反应,生成 CO_2 的过程。NO_2 一部分来自排气本身,一部分是将 NO 氧化成 NO_2。被动再生根据催化技术的不同,可分为催化剂、添加剂和连续再生等几种方式。不同温度下 NO 的转化效率如图 5-152 所示。

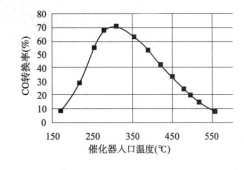
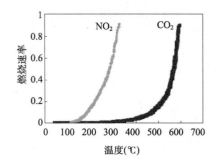

图 5-152 不同温度下的 NO 转换效率

(1)基本部件组成。图 5-153 所示为 DPF 原理及结构示意图。

DPF 是一种捕集效率达到 90% 以上的尾气颗粒处理系统。发动机尾气中的炭烟颗粒被捕集在捕集器内,当达到一定条件,如背压、压差、油耗、排温和行驶里程等,就触发再生控制系统对 PM 进行主动再生。被捕集的炭烟颗粒的再生过程主要有以下几种:

若催化器载体上无催化涂层,与氧气反应的起燃温度较高(为 650℃ 以上);若有催化剂涂层,则起燃温度可下降 100℃(为 550℃ 以上)。与氧气的化学反应如下:

$$C + O_2 \rightarrow CO_2$$

与氧气相比,尾气中的 NO_x 具有更强的氧化能力,特别是 NO_2 气体,其与干炭烟的反应方程如下:

$$C + 2NO_2 \rightarrow CO_2 + 2NO$$

催化器载体上带有催化剂涂层后,与尾气中 NO_x 的反应温度可降至 450℃,但在发动机裸机尾气中的 NO_2 一般仅为 5%~20%,因此在被动连续再生 DPF 催化器前一般带有前置 DOC,通过 DOC 提高 DPF 入口的 NO_2 含量,以实现连续被动再生;而主动再生系统前置 DOC 可以延长主动再生间隔,降低再生能耗。

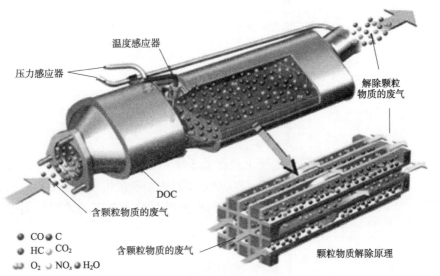

图 5-153 壁流式颗粒捕集系统(DPF)原理及结构示意图

(2)DPF 的基本控制策略。对于主动再生的 DPF 来说,如何确定再生时机是 DPF 控制的关键问题。确定再生时机也就是确定沉积在载体内颗粒物的质量。在实车应用中,间接的用排气背压来指示过滤器捕捉到的颗粒物质量。再生触发用到的参数有通过压差传感器信号计算的炭烟质量、模型输出的炭烟质量、发动机输出的炭烟质量、里程数和发动机运行时间等。先进的再生策略可以根据工况不同选择不同的触发等级。如图 5-154 所示,当车辆高速运行时采用低炭烟等级触发提前再生,在工况较差时采用延迟再生。

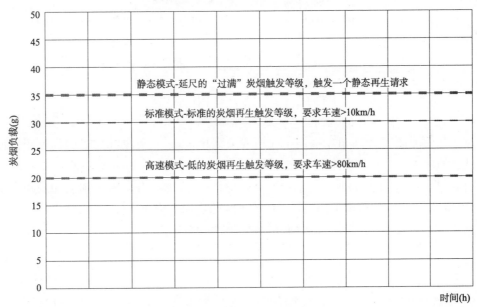

图 5-154 过滤器再生等级选择

①PM 饱和状态检测。饱和状态检测一般包括两个过程:一是通过压差传感器反馈的 DPF 两端的压力差值来计算过滤器中炭烟的质量,从而判断过滤器是否饱和;二是建立一个 DPF 炭烟质量估算模型,估算过滤器的饱和状态。

压差传感器受干扰影响较大,特别是在压差较小时干扰影响尤为明显。为了保证结果,在不同环境下采用不同的方法,如图 5-155 所示。

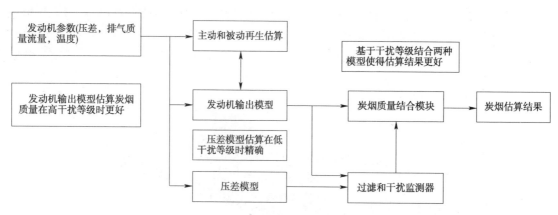

图5-155 炭烟饱和状态检测

②DPF主动再生的控制。DPF实现再生要求温度在550~650℃,而柴油机运行时只有在高速和满负荷时才能达到这一温度范围。为了提高排气温度,在发动机内部所采用的措施主要有控制进气歧管压力和采用缸内后喷。图5-156所示为一个典型的柴油机负荷温度图,根据其达到再生温度所选择措施的不同可分为多个区域。

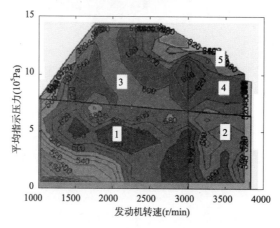

图5-156 典型的柴油机负荷温度图

第八节 热管理系统

热管理技术在美国被列为21世纪商用车计划的关键技术之一,可见其在对提高整车性能方面的重要作用和所具有的巨大潜力。高性能的发动机热管理系统(Engine Thermal Management System,ETMS)可以节约总油耗的5%~10%,使暖机时间减少到200s左右,并降低了气动阻力损失和发动机金属热应力磨损,提高了可靠性。表5-12给出了国内某ETMS系统的燃油经济性指标。

某ETMS系统的燃油经济性 表5-12

车 型	年均行驶里程(km)	油耗(L/100km)	经济性(按节油5%计)(元)
大型长途客车	15万	25	11250
重型载货汽车	12万	40	14400
城市公交车	11万	35	11550
混凝土泵车	12万	40	14400

注:柴油价格按6元/L计算。

一、热管理系统的基本原理与组成

所谓汽车热管理系统,是指从系统集成和整体角度出发,统筹热量与发动机及整车之间的关系,采用综合手段控制和优化热量传递的系统。其基本原理是根据行车工况和环境条件,运用热力学原理,采用系统级调节手段自动优化发动机的热环境范围,从而优化发动机的工作效率和能量利用率,减少热熵损失,改善整车排放。由于发动机运行工况的多样性,且循环冷却液量、冷却空气流量、冷却水套结构和散热效率等影响因素呈非线性,所以热管理系统必然是一种控制模块众多、布局结构复杂的综合系统,其主要由控制部件和传热流体等模块组成,如图5-157所示。其中,控制部件包括散热器、冷却液泵、风扇、节温器、传感器、执行器、冷却水套和各种管道等;传热流体包括冷却液、机油、润滑油、空气、废气、燃料和制冷剂等。热管理系统需要统筹发动机冷却与润滑系统、进排气系统,以及发动机舱内外的相互影响,使整车热系统形成最优的动态热交换过程。热交换系统的热交换过程如图5-158所示。

图5-157 热交换系统组成模块

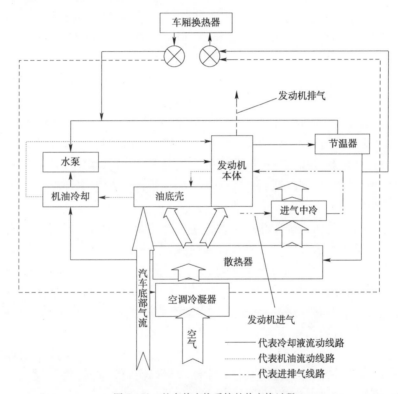

图5-158 整车热交换系统的热交换过程

在客车技术的发展过程中,柴油机作为其主要动力经历了非增压、增压、增压水冷中冷和增压空空中冷的发展历程,这一过程使发动机的升功率和升转矩不断提高,散热量也随之不断增加。而在冷却系统占用空间变化不大的情况下,则要求冷却能力显著提高。尤其对于空空中冷柴油机,在增加散热量的同时,必须精确限制中冷后空气温度。当中冷后的空气温度在较大范围内波动时,发动机的动力性、经济性及排放性能下降明显,这就对现代客车热交换控制系统的选择提出了更高要求。

目前,发动机冷却控制系统作为热管理系统最为关键的部件,国内大部分采用闭式强制循环冷却系统,该系统主要由冷却水套、水泵、风扇、散热器、节温器和循环管路等组成。其特征是:只能局部调节发动机的热分布状态,不能精确控制冷却空气流量和循环冷却液量,更不能使发动机在全工况条件下处于最佳温度范围。例如,传统的冷却系统中采用机械驱动冷却水泵和风扇,冷却介质流量取决于发动机转速,而非发动机实际工况冷却需求,无法实现对发动机冷却液温度在全部工况范围内的合理控制。研究显示,在控制部件方面,传统水泵仅在5%的时间内产生正确的泵水量;最差情况下,风扇消耗的功率可能达到发动机总功率输出的10%;传统的蜡式节温器响应迟滞、开关曲线不一致,不能对冷却液流量进行精确控制;在室温条件,质量为27.5t的载货汽车运行速度为105km/h时,其蜡式节温器打开时间仅占总时间的10%。传热流体方面,发动机冷却介质中乙二醇的传热系数较低,当温度变化范围较大时,不仅影响循环冷却液量和冷却空气流量,还影响散热器、中冷器的散热效率。

现代客车发动机的冷却控制系统属于"精密冷却"范畴,这是近20年提出的新名词,它最早由Cloudh M.J于1992年提出,是指能够用最少的冷却达到最佳的温度分配。而精密冷却系统的设计关键在于确定冷却水套的尺寸,选择匹配的冷却水泵,保证系统的散热能力能够满足发动机低速大负荷时关键区域工作温度的需要。

此外,纵观发动机热管理各主要部件的发展趋势,可以看出,目前整个发动机热管理系统正向智能控制、CAE同步建模、结构优化和多元化材料等技术方向全面深入的发展。

二、发动机热管理

在客车发动机热管理研究中,需要从总体考虑整车和整机的热管理,从系统集成及整体角度出发来控制和优化热量传递过程,提高能量利用率。发动机工作期间,最高燃烧温度可能高达2500℃,即使在怠速或中等转速下,燃烧室的平均温度也在1000℃以上,与高温燃气接触的发动机零件受到强烈的加热。在这种情况下,若不进行适当的冷却,发动机将会过热,致使工作过程恶化、零件强度降低、机油变质和零部件磨损加剧,最终导致发动机动力性、经济性、可靠性及耐久性的全面下降。但是冷却过度也是有害的,过度冷却或使发动机长时间在低温下工作,将使散热损失及摩擦损失增加、零件磨损加剧、排放恶化、发动机工作粗暴、功率下降及燃油消耗率增加。随着现代车用发动机采用更加紧凑的设计和具有更大的比功率,强化程度越来越高,发动机产生的废热也随之明显增大。因此,当今新结构发动机的开发都面临着如何解决高比功率下的冷却问题,即既要满足不断提高的输出功率,又要满足具有良好的经济性;此外,日益严格的排放标准也对冷却系统提出了新的更高要求,而冷却系统工作性能的优劣,直接影响着动力系统的整体性能。在满足冷却要求的前提下,尽可能地提高冷却效率、降低能耗、减少噪声,已成为冷却系统的发展方向。

在这样的发展需求下,发动机精确冷却控制系统自然成为最为热门的研究内容之一,它主要包括两方面内容:一是以提高冷却效率为目的的系统本身的研究,包括系统各缸水流分布、各部件结构设计、冷却散热系统合理匹配和系统控制等,称为外冷却研究;二是研究冷却系统关键零部件的热负荷及其可靠性,它更注重研究固—液耦合问题,称为内冷却研究。纵观车用发动机冷却系统的发展历史,除新材料使用外,推进技术发展的现行技术路径主要有三大类型:即冷却机制的优化,主要代表是沸腾换热技术的应用研究;冷却系统结构形式的优化,主要表现为分流式冷却系统、多回路及多级冷却系统的研究与应用;冷却系统的智能化,包括可控水泵、可控风扇、可控节温器等部件的应用与集成控制等。其中,智能冷却技术是未来满足各种需求的关键技术,也是其他技术路径得以实施的重要辅助手段。

1. 发动机冷却系统的冷却机制优化

沸腾换热可显著提高换热效率,其过程有三个阶段:核态沸腾、过渡沸腾和稳定膜态沸腾,其中核态沸腾具有温压小、换热强的特点,所以车用发动机冷却系统的设计应该在这个范围内。常压下的饱和水作池内沸腾时的沸腾换热曲线如图5-159所示。

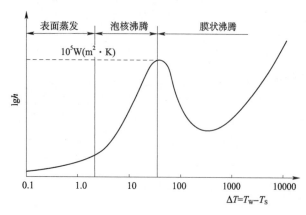

图5-159 沸腾换热曲线图

汽车发动机精确冷却(precision cooling)技术可以减少热应力、改善爆震、加速暖机和减少冷却液散热量,同时有更高的平均有效压力(BMEP)、更低的摩擦损失和水泵寄生损失、更低的材料和冷却液成本。因为可控的核态沸腾方式可大幅度加强换热,且该方式的冷却液流量比传统的对流换热低很多。所以,精确冷却使用沸腾换热作为核心技术,可以降低发动机冷却系统的流量需求。

沸腾换热技术给车用发动机冷却系统设计带来的好处毋庸置疑,其付诸实施的关键是将沸腾水平控制在核态沸腾的合理区域,尤其要避免膜态沸腾的发生。在此过程中,温压是重要影响因素。采用电子水泵实现冷却液流量的可控,从而实现流量与壁温之间的协同控制,并采用可靠的控制策略与监测手段便成为必要途径,否则一旦失控非但不能加强换热,反而会加速发动机受热部件的失效。

在发动机冷却技术领域,对沸腾换热现象及应用具有代表性的是法国法雷奥(VALEO)公司于1993年开始研究的发动机内部冷却液沸腾冷却系统。该系统用小型电子水泵取代了传统机械水泵,功率从1~2kW下降到30~60W,在高速或爬坡等高负荷工况下实现核态沸腾换热以加强发动机的冷却。相比传统冷却系统,该技术可减重20%,成本节约5%~10%,在120~150km/h的较高车速下,油耗下降2%。

2. 发动机冷却系统的结构形式优化

1)精确冷却系统

由于发动机缸盖与燃烧室内的高温燃气接触面积大且结构复杂,其冷却难度明显大于机体,容易导致缸盖冷却不足而机体冷却过度的现象,所以要实现精确冷却就必须优化缸盖处的冷却结构。精确冷却系统的设计关键在于优化缸盖与机体的水套结构,以增加热负荷关键区域的流速,同时减少非关键区域冷却液容积。结果显示,该方法在减少爆震、缩短暖机时间、减少水泵功率和改善排放(HC减少,CO不变,NO_x轻微上升)方面均有积极作用。研究表明,采用精确冷却系统,在发动机整个工作转速范围,冷却液流量可下降40%。尤其适用于机体内纵向流动的精确冷却,体现在冷却水套的结构设计与冷却液。

流速的设计中。精确冷却的潜在优势在于加快暖机速度,减少热应力和热量损失,降低摩擦系数和冷却水泵功率消耗,提高平均有效压力和抗爆性。

2)分流式冷却系统

为了解决发动机缸盖与机体冷却状况的差异,福特公司采用了一种差异化对待的方法,即分流式冷却(Split cooling)技术。传统的水套设计是冷却液先进入机体水套再通过上水孔进入缸盖进行冷却,而分流式冷却技术的缸盖与机体分别采用单独的冷却回路和独立的冷却水泵来调节每个冷却回路的流量,或通过节温器(或可控阀)调节压力来调节流经两个冷却回路的流量比例,以此实现缸盖与机体的差异化冷却。发动机理想的工作状态是汽缸盖温度低而汽缸体温度高,这是由于较低的汽缸盖温度有利于进气和改善排放,而较高的汽缸体温度则有利于降低摩擦损失,改善燃油经济性。分流式冷却系统的优势在于使发动机各部分在最优的温度设定点工作,达到较高的冷却效率。研究表明,该系统可使两者温度相差约100℃,汽缸体温度可高达150℃,而汽缸盖温度则可降低约50℃,从而减少摩擦损失,降低油耗。较高的汽缸体温度使油耗降低4%~6%,在部分负荷时HC排放降低20%~35%;尤其是节气门全开时,汽缸盖和汽缸体温度设定值最大可调50℃和90℃,从整体上改善燃油消耗、功率输出和排放。

图5-160所示为分流式冷却系统的循环图,红蓝交替的管路及散热器专门负责汽缸盖及涡轮增压系统的散热,该系统由电子水泵驱动;而没有颜色标识的部分为传统的冷却系统,由机械水泵驱动,主要负责发动机缸体的散热。

无论是精确冷却系统还是分流式冷却系统,都要求对发动机冷却水套进行必要的改进以优化冷却液流动。从设计和使用角度看,分流式冷却和精确冷却相结合具有很好的发展前景,有利于形成理想的发动机温度分布,满足发动机对未来冷却系统的要求。

3)多回路及多级冷却系统

当前,随着增压中冷技术、冷却EGR(废气再循环系统)技术的日趋成熟和广泛使用,对柴油发动机的冷却系统提出了更高的要求。此外,由于增压比越来越高、排放法规的NO_x限值越来越严格,加上前端模块布置空间的限制,这就需要采用水—空中冷器及水冷EGR技术(EGR的冷却根据冷却介质可分为风冷、水冷、油冷,由于水的比热容较大所以冷

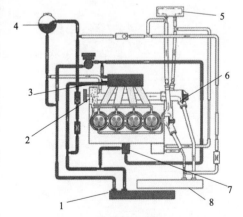

图5-160 分流式冷却系统示意图

1-散热器a;2-机械水泵;3-增压空气水冷冷却器;4-储液罐;5-暖风水箱;6-两个节温器控制的双循环系统;7-电子水泵;8-散热器b

却效果较好),从而导致冷却系统需要使用多回路以及多级冷却系统替代原来的单回路及单级的冷却系统。多回路系统设计将发动机水套主循环采用单独回路即高温回路,而其他换热器另外采用一个或多个低温冷却回路,这样既减少了水套主循环回路的散热负担,又增强了其他回路的换热能力。多级冷却就是为了进一步降低增压空气或EGR废气的温度,在高温回路冷却后再经低温回路进行二次冷却。

多回路及多级的冷却系统技术可见2005年法雷奥(VALEO)公司提出的UltimateCooling™系统,如图5-161所示。图中,高温(HT)回路含发动机冷却液散热器、机油换热器、EGR冷却器、燃油换热器和暖通换热器;低温(LT)回路含空调冷凝器(制冷剂—水)、中冷器(空气—水)和燃油冷却器(燃油—水)。其中,低温回路采用一个50W的电动水泵进行强制循环,同时采用一只400W的电子风扇,由ECU进行统一控制。该系统应用于奔驰C220CDI车型的试验结果显示:与原机传统冷却系统相比,前端模块的体积减小了10L(40%),欧洲委员会发动机车辆排放小组(Motor Vehicle Emissions Group, MVEG)测试循环的平均油耗降低6%(环境温度为28℃,空调开启状态)。

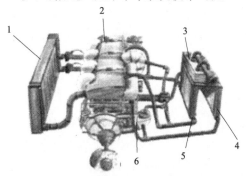

图5-161 VALEO公司的UltimateCooling™系统示意图
1-多温散热器;2-CAC+EGR冷却管路;3-水式冷凝器;
4-加热器;5-蒸发器;6-机油冷却器

3. 发动机冷却系统的部件智能化

随着电子技术和计算机技术的飞速发展,电控零部件技术日趋成熟,冷却系统的智能化和自动化已成为必然趋势。为降低客车冷却系统消耗的能量,必须减少驱动冷却系统的能量损失和在能量不变时仍能提高冷却系各部件的工作能力。为达到最好效果,冷却系应实现"智能管理",如采用电子驱动控制冷却水泵、风扇和节温器等部件;还可以根据实际的发动机运行温度,通过传感器和电子芯片进行反馈控制,为各种工况提供最佳的冷却介质流量,以此改善汽车冷却系统的冷却能力,实现热管理系统控制智能化,降低能耗,提高效率。

1) 可控的风扇驱动系统

根据客车冷却系统的布置特点,后置客车发动机冷却系统的安装驱动方式和控制形式分为电控液压驱动、电磁驱动和电控电机驱动风扇系统等多种形式。

(1) 电控液压驱动风扇系统。电控液压风扇驱动系统是在机械式基础上采用电子技术发展而来,系统可以采集各部分的温度,包括冷却液、发动机进气、油冷器和环境温度等,还可以通过CAN线读取发动机ECU的发动机负荷和车速等信号,通过预设的控制策略来控制发动机风扇的转速;风扇转速情况不仅仅与温度相关还与发动机工况相关,从而实现真正意义上的热管理功能。系统原理及液压风扇如图5-162所示。

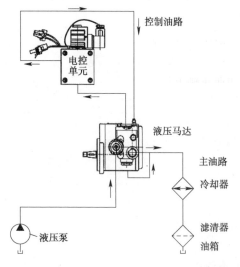 

图5-162 电控液压风扇驱动系统原理图

电控液压风扇驱动系统中的液压泵可以采用定排量齿轮泵,也可采用变排量的柱塞泵;电控单元既可以控制液压马达也可控制液压泵,能够根据系统结构的需要灵活配置。

与传统的机械风扇驱动形式相比,液压风扇驱动系统具有以下优点:

①布置灵活。由于动力连接采用液压形式,冷却模块的布置不再受动力传输限制,布置更加灵活,节约了布置空间,具有良好的维护性。

②经济性好。整车可节约燃油消耗3%~8%。

③精确控温。采用智能化、系统化管理实现精确控温,满足整机装备的全工况散热需求,延长了发动机使用寿命。

(2)电磁驱动风扇系统。电磁驱动风扇系统中风扇离合器的结构形式有两大类,即无刷式和有刷式。该系统的控制模块一般采用双金属感温片控制阀,或通过发动机ECU中温度参数来控制相关继电器,从而控制电磁离合器挡位。当冷却液温度达到规定值时,冷却液温度传感器开关或空气温度传感器开关自动接通电路,离合器线圈通电形成闭合磁路产生磁拉力,使衔铁与皮带轮接合,风扇工作;当冷却液温度降低后,传感器开关断开,衔铁在膜片弹簧的作用下迅速复位,离合器分开,风扇停止工作。电磁离合器由于结构简单,成本较低,同时可以解决大功率发动机安装离合器风扇的困难,因此三速电磁风扇离合器作为其产品的最杰出代表,受到了众多商家的青睐。三速电磁风扇离合器的结构示意图如图5-163所示。

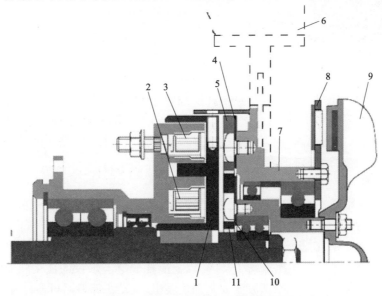

图5-163 三速电磁风扇离合器的结构示意图

1-磁感应盘;2-1级电磁铁;3-2级电磁铁;4-2级弹簧片;5-2级摩擦片;6-风扇;7-风扇连接盘;8-磁铁托板;9-散热器组件;10-1级弹簧片;11-1级摩擦片

三速电磁风扇离合器采用热双金属双温控开关控制电路通断,当发动机冷起动,冷却液温度尚未达到83℃时,温控开关未导通风扇不工作,处于相对静止状态;当冷却液温度升至83℃时,双温控开关第一温控导通,风扇工作,此时风扇以发动机输出转速的50%~60%运转(正常情况下,该转速可以保证发动机在最佳温度状态下运行,有效地降低了风扇噪声);如遇车辆上坡、超载或路况不佳,冷却液温度继续升高至88℃时,双温控开关第二温控导通,此时风扇与发动机输出转速同步运行,有效控制了冷却液过热问题。

在寒冷的冬季,气温很低,离合器和风扇一般不需要工作,靠散热器自身散热即可满足工作需要;在春秋季节,气温相对温和,风扇低速运转(1100~1200r/min)即可保证汽车发动机在最佳温度状态下运行;在炎热的夏季或汽车载荷很大时,发动机冷却液温度升至88℃风扇就会自动由低速转为高速运转。三速电磁离合器的电路原理如图5-164所示。

电磁驱动风扇系统具有以下优点:

①节约燃油消耗3%~5%,尤其是在北方地区使用的车辆。

②缩短发动机暖机时间,降低发动机磨损,提高整车舒适性。

③可智能化、系统化管理实现精确控温,直接控制各换热器的

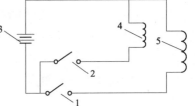

图5-164 三速电磁离合器电路原理图

1-温控开关2;2-温控开关1;3-24V电源;4-电磁铁芯1;5-电磁铁芯2

散热,使发动机始终保持最佳温度,热效率高。

(3)电控电机驱动风扇系统。电机驱动风扇系统由冷却模块、控制模块和电动风扇模块三部分组成。电动风扇主要应用于小型和轻型客车的热管理系统,由风扇电动机驱动并由蓄电池供电,风扇转速与发动机转速无关;风扇转速根据发动机 ECU 信号进行控制,控制信号分为开关型和脉冲宽度调制两种。当发动机在运转初期与低温时,或车辆在高速行驶迎面有冷气流吹拂散热器时,可以使风扇停止运转,节约能源。为了确保可靠性,电动风扇利用发动机冷却液温度传感器来控制风扇的送风时刻。

由于电动风扇完全不由发动机驱动,可以与护风罩、散热器安装为一体,保证了风扇和风罩两者之间严格的同心度,最大限度地减少了风扇叶片与风罩的径向间隙,使风扇容积效率得到了大幅度提高。采用电机直接驱动,减少了传动环节,可提高风扇的机械效率。图5-165所示为采用无刷直流电机的电控风扇,其具有无磨损、空载电流小、效率高、体积小、噪声低和寿命长等优点。

电动风扇系统具有以下优点:
①节约燃油消耗 3% ~ 10%。
②独立安装,节约空间,易维护。
③独立的风扇转速控制,风扇性能与发动机转速无关联。
④缩短发动机暖机时间,降低发动机磨损,提高了整车舒适性。

图 5-165 采用无刷电机的电子风扇

综上可见,三种风扇的驱动方式各有优点。在欧洲客车上,采用较多的是液压驱动和电磁驱动两种形式。从成本上看,液压系统最贵,电磁和电机风扇系统成本相当;在技术成熟度上,三种技术的成熟度基本相同。随着客车需求的变化,三种驱动形式会逐步统一采用电控化技术,并逐渐与发动机 ECU 或整车 HCU 进行功能整合,进而达到整车热管理的需要。

2)可控的冷却水泵

在车用发动机技术领域,相对风扇而言,可控的冷却水泵起步较晚。有报道的可控水泵以直流电机驱动的电子水泵为主,因受限于供电电源和开发成本高、控制策略复杂等因素,目前应用依然较少。宝马(BMW)公司是世界上第一个在量产车型上应用电子水泵的厂家,于 2005 年将电子水泵应用于新一代 N52 系列汽油机上,与原机械水泵相比节约了 2kW 以上能耗。电子水泵的使用将整个冷却系统与发动机转速解耦,并可通过降低甚至停止冷却液流动来加快暖机,发动机停机后可使冷却液续流来避免热浸。

以柴油机为主要动力的商用车及特种车领域,国外以日本 EMP 公司的电子水泵为主,并已形成系列。如图 5-166 所示,该系列电子水泵由直流电机驱动,体积小巧,采用混流设计。应用于 15L 柴油机的电子水泵与原机械水泵相比,体积、质量均减少了 50% 以上,可安装在发电机下方,节约空间;电机可由通往外壳周围的冷却液来冷却;此外,与传动带驱动的机械水泵相比,可减小水泵轴的弯曲应力。

目前,国内的可控电子水泵还处于研发起步阶段,技术水平相对较为落后。主要原因是电子水泵的控制器和控制策略比较复杂,研发成本和生产成本都较高和国内商用车市场对电子水泵的需求不足等。

图 5-166 EMP 公司的电子水泵

随着发动机强化程度的不断提高,缸内零部件承受的热负荷不断增加。这就需要增加冷却系统的冷却能力来带走过多的热量;此外,发动机冷却系统的性能直接影响缸内工作过程和有害气体的排放,日益严格的排放法规也对冷却系统提出了新的更高要求。因此,以上介绍的发动机冷却系统新技术必将会逐步走向市场。

三、机舱热管理

大、中型客车的发动机舱多采用后置布置形式,其整体要求是:机舱空间大,空气在舱内流动顺畅,没有明显的流动死角,有利于机舱散热;进气口一般布置在车身侧面,机舱内的进气量大小取决于风扇能力和进气格栅面积;散热器和进气格栅之间有隔板密封,流入散热器的空气全部来自于进气格栅;空调冷凝器通常布置在车身顶部,以减小机舱内的散热量;高温排气管直接布置在风扇后面,排气管表面的流速较高,有利于排气管散热,而热敏感部件则远离排气管布置。

在整车的实际开发过程中,必须在设计阶段就充分考虑发动机舱布置对舱内气流的影响,否则就很可能在舱内形成冷却空气的严重回流,甚至局部的流动"死区",使舱内的气体被循环加热,造成机舱整体或者局部温度过高,影响车辆的正常使用性能,严重者可能会引起车辆自燃。若在后期再进行改进设计,则会造成设计周期延长和开发成本增加的巨大浪费。

以下从现代汽车发动机整机热管理研究方法和现代客车发动机机舱热管理应用两方面,对机舱热管理作以简单介绍。

1. 现代汽车发动机整机热管理研究方法

计算流体力学和计算传热学的发展,为发动机热管理开辟了一个新途径——模拟仿真。由于发动机热平衡研究必须同时考虑多个系统的相互影响,是一项复杂的系统工程,因此利用仿真技术已经成为现代发动机研究的一个重要手段。

热管理研究主要是利用多个软件进行一维与三维的联合仿真。如在一维方面,很多国外公司将气路循环、发动机冷却液循环和油路循环集成起来进行仿真分析。冷却系统的一维匹配分析模型包括发动机模块、空调模块、车身模块和空气侧流动模块,可以对散热器、风扇、冷却液等相关参数进行灵敏度分析,为热管理系统的设计和优化提供依据;在三维模拟研究方面,三维商用软件可以很好地仿真空气侧、发动机热部件和冷却液三者之间的耦合作用,并与有限元程序、热力学软件相结合。图 5-167 所示为某型客车机舱的 CFD 计算分析模型。

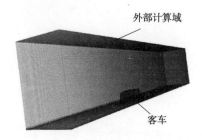

图 5-167 某型客车机舱的 CFD 计算分析模型

图 5-168 所示是进气格栅口的气体流动矢量图和进气格栅后面截面的温度分布云图。通过仿真分析,发现了进气格栅存在的问题是:没有正对着散热器和风扇,使得格栅的有效流通面积减小;护风圈内没有格栅的部分产生了涡流,不利于进气;有一部分格栅直接连通到机舱,机舱内的热空气从这部分格栅流出后又从另一部分格栅流入到散热器和中冷器之间,非常不利于散热器和中冷器的散热。而改进方案就消除了这种现象,如图 5-169 所示。

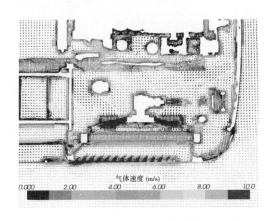
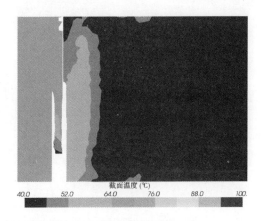

图 5-168 进气格栅口的气体速度矢量图和进气格栅后的截面温度分布云图

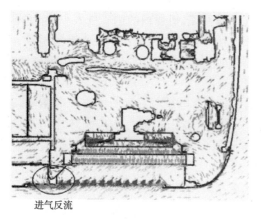
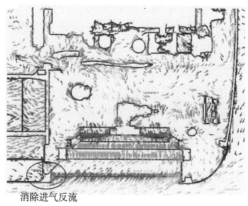

a) 改进前格栅进气　　　　　　　　　b) 改进后格栅进气

图 5-169　改进前、后格栅口及机舱内的气体流动矢量图

图 5-170 所示为两种方案流入发动机进气口的气体流线图。通过仿真分析发现,原方案的发动机进气口虽对着进气格栅,但是和进气格栅四周没有封闭,发动机进气完全来自于机舱内的高温气体而没有来自进气格栅。改进方案中把进气口和格栅四周封闭后,发动机进气就全部来自于外部的新鲜空气。

a) 原方案　　　　　　　　　　　　b) 改进方案

图 5-170　两种方案流入发动机进气口的流线图

通过上述设计案例的分析可以发现,模拟仿真技术已经在发动机热管理研究中成为一种非常重要的方法,其在复杂系统开发中发挥着不可替代的作用。

2. 现代客车发动机机舱热管理应用

目前,在发动机机舱热管理方面国内已形成一定的研发力量。以深圳某公司研制的电动汽车驱动电机散热系统为例(图 5-171),其采用脉冲宽度调频方式控制电子风扇的无级变速,从而使电机温度恒定在 38℃ 左右(温度可自由设定),并可显示出水口温度和设定温度报警,每路输出电流 20A;所有输出自带短路自动保护,无须加装熔断丝;短路、传感器断线及损坏时有故障指示灯,方便维修;系统达到一级防水要求,安装位置不受限制,适用 DC 8~42V 车辆安装;电动水泵静态扬程可达 4m,工作温度 95℃。

图 5-171　国内某公司研制的电动汽车驱动电机散热系统

国内宇通、金龙、中通、安凯等客车企业已进行了发动机热管理的批量应用。但从研究和应用的技术

资料来看,采用的发动机热管理技术主体大多是多级风扇控制器,对照国外公司(如博世公司)的技术水平,目前国内的研发仅是其中的一个风扇组件(不包含电控水泵、电子节温器、多参数控制策略等核心内容)。因此,在该领域的研究开发还远未达到"热管理系统"的系统级技术水平,尚需要进行更为系统、深入的研发。

第九节 发动机故障诊断系统

涉及发动机故障诊断的内容很多,本节主要介绍发动机故障诊断和标定系统两部分。其中,故障诊断方面主要介绍 OBD 技术在发动机燃油供给系统和排放控制系统等方面的应用,标定系统主要介绍标定流程和标定软件等。

一、车载诊断技术

车载诊断系统(On – Board Diagnostics,OBD)在车辆运行过程中,实时监控发动机工作状态和尾气排放是否超标。当出现故障时,OBD 将会记录故障信息,并根据法规要求激活故障指示灯或者执行限制转矩等动作。借助通用的诊断仪,可以将故障码和故障信息从电控单元中读取出来;根据故障码的提示,维修人员能够有针对性地对故障进行排查。

1. OBD 标准

1)故障码

OBD 要求车辆在检测到故障后,通过标准诊断仪能够读取统一的故障码。SAE J2012 定义了满足美国 OBD Ⅱ(OBD 第二阶段)法规的标准化故障码,ISO 15031 – 6 则定义了满足欧洲 EOBD(European On – Board Diagnostics)法规的标准化故障码,两者在内容上基本一致。

SAE J2012 规定了一个 5 位标准故障码,每一位都有统一的规定,如第 1 位是字母,后面 4 位是数字。首位字母表示设置故障码的系统,当前分配的字母有 4 个:"P"代表动力系统,"B"代表车身,"C"代表底盘,"U"代表未定义的系统。故障码的组成及类型见表 5-13。

故障码的组成及类型　　　　　　　　表 5-13

位 数	显示的内容	定 义
1	P	发动机和变速器组成的动力传动系统(Power)
	B	车身电控系统(Body)
	C	汽车底盘电控系统(Chassis)
	U	未定义的其他系统(Undefined)
	0	SAE 定义检测的故障码
	1	厂家定义检测的故障码
	2	厂家定义检测的故障码
	3	厂家定义检测的故障码
	0	空气计量或排放辅助控制系统故障
	1	燃油控制或进气测定系统
	2	燃油控制或进气测定系统
	3	点火正时控制系统
	4	废气控制或二次空气喷射
	5	急速控制系统
	6	电脑控制单元
	7	自动变速器控制系统
	8	自动变速器控制系统
	9	自动变速器控制系统
4 和 5	01 ~ 99	与故障相关的系统器件名称

2) 诊断接头

OBD 规定了每车都装有一标准形状和尺寸的 16 针诊断接口,每针的信号分配相同,并位于相同的位置,即装在仪表板之下,在仪表板左边与汽车中心线右相距 300mm 之间的某处。诊断接口的端口如图 5-172 所示,具体定义如下:针 7 和针 15 为 ISO9141-2 数据传输;针 2 和针 10 为 SAE J1850 数据传输;针 4 为车辆地;针 5 为信号地;针 6 为 CAN 高;针 14 为 CAN 低;针 16 为电源正极;剩下的针 1、3、8、9、11、12、13 均没有被 OBD 指派。

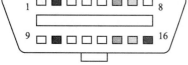

图 5-172 标准诊断接头定义

2. OBD 功能

OBD 法规对与排放相关的系统部件有详细的监控要求,如果相关部件发生故障,使得排放超过 OBD 标准,则需要点亮故障指示灯(MIL)来提示驾驶人进行维修,更严重的故障则需要进行转矩限制等功能。OBD 框架结构如图 5-173 所示,其功能主要可以分为故障诊断、OBD 逻辑以及故障处理三大模块。

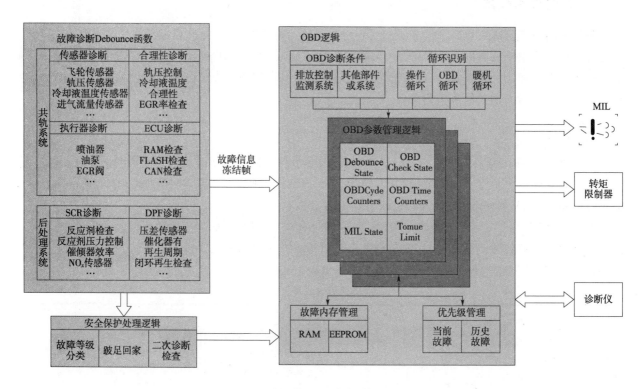

图 5-173 OBD 框架结构

1) 故障诊断模块

一般来讲,柴油机故障诊断系统应首先保证一系列传感器信号的准确性,对传感器进行短路、断路诊断。在此基础上,柴油机故障诊断系统主要采用的是基于传感器信号以及基于模型的方法。故障诊断系统在车辆运行过程中监测系统的输入和输出信号,所有监测到的故障都会被记录到电控系统的存储器中,所存储的故障可以通过通用诊断仪读取。

(1) 燃油系统诊断。燃油系统诊断主要包括液力系统压力控制、喷射油量控制以及喷射定时控制。对于液力系统轨压控制来讲,主要诊断轨压传感器信号可信度、轨压合理性检测和油泵供油能力检测等。喷射油量和喷射定时则主要通过检测喷油器控制电路,以及曲轴、凸轮传感器信号可信度和发动机转速波动来综合判断。

(2) 缺缸诊断。缺缸诊断主要采用发动机瞬时转速判断法。诊断过程是首先通过曲轴转角信号计算发动机循环间的平均转速和计算各点火汽缸的瞬时角加速度,然后与根据平均转速和节气门位置计算的角加速度阈值进行比较,大于阈值就说明发生了缺缸。

(3) EGR 系统诊断。EGR 系统主要检测 EGR 阀、EGR 冷却器和 EGR 率。对 EGR 阀主要进行电路诊断和位置调节功能性诊断;EGR 冷却系统检测则需要增加冷却后废气温度传感器,通过测量废气冷却后温度来检测冷却系统的冷却能力;EGR率调节可以通过控制新鲜空气量或者控制废气量来实现,诊断时主要检测EGR率与目标值的偏差是否超过阈值,同时EGR率的调节响应速度也应该被实时监测。

(4)DPF系统诊断。DPF系统诊断主要检测DPF催化器效率、过滤性能和DPF再生周期以及再生过程中的废气温度。如果催化器有故障或者使用一个假的催化器代替,则催化器前后压差与期望值变化不符,即可确认DPF存在故障。同时,需要监控DPF的再生周期,如果出现再生频率过高或者过低,也说明系统存在故障。DPF诊断的工作原理如图5-174所示。

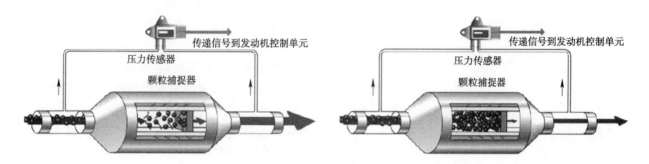

图5-174 DPF诊断的工作原理示意图

(5)SCR诊断。SCR系统检测主要包括SCR催化器效率、还原剂供给性能以及还原剂检测等。还原剂供给性能可分为还原剂压力控制、还原剂供给泵、还原剂喷射阀以及相应传感器的诊断;还原剂检测主要是尿素液位的监测。SCR诊断的工作原理如图5-175所示。

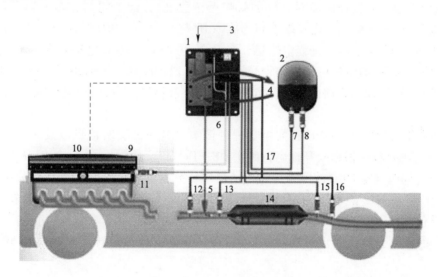

图5-175 SCR诊断的工作原理示意图

1-NoNOx单元;2-尿素箱;3-空气供给;4-传热线路;5-喷油嘴;6-功率线路;7-尿素水平;8-尿素温度;9-发动机;10-转矩限制器;11-MAF传感器;12-NOx传感器(上游);13-催化剂进口温度;14-催化剂;15-催化剂出口温度;16-NO_x传感器(下游);17-J1939 CANBUS(采用J1939通信协议的CAN总线)

(6)电控单元诊断。电控单元诊断主要包括ECU诊断、传感器供电电路诊断以及CAN模块诊断。

2)OBD逻辑模块

OBD逻辑模块主要包括OBD诊断条件、识别各类循环(包括操作循环、暖机循环和OBD循环等)、故障内存管理、故障优先级管理以及OBD参数管理等。每一个故障都有与其相对应的OBD参数组,每个故障的OBD参数组管理逻辑包括OBD Debounce状态确认逻辑、OBD诊断状态确认逻辑和循环计数逻辑、法规要求时间记录、MIL(Malfunction Indicator Lamp)灯状态和转矩限制器状态等。OBD逻辑模块的系统构架如图5-176所示。

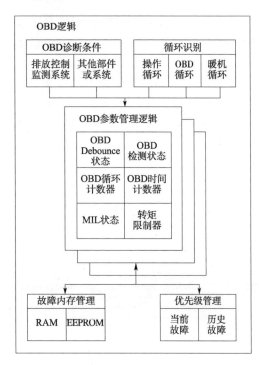

图5-176　OBD逻辑模块管理的系统架构

(1) OBD诊断条件判断模块。OBD必须在一定的环境条件下运行。如果车辆在规定条件之外运行时，系统性能可能出现某种程度的降低，导致在向驾驶人显示故障信号之前，排放超出法规规定的阈值。

(2) 循环识别模块。根据法规要求，识别发动机的操作循环、暖机循环和OBD循环。

操作循环是指用于确认熄灭故障指示器（MI）的工况循环，它由发动机起动、发动机运转、发动机停机和一直到下次发动机起动的时间过程组成。在该循环期间，OBD应能实施全过程监测，发现存在的故障。

暖机循环是指发动机经充分运转，使冷却液温度比发动机起动时上升至少22K，并到达一个最低温度343K（70℃）的过程。

OBD循环是指与法规规定的ESC循环具有相同顺序的13工况，但每个工况的时间减少为60s。

(3) 故障内存管理模块。为了记录OBD故障的相关信息，对每一个OBD故障建立了一个故障信息结构体，包括故障ID、OBD故障状态、OBD检测状态、各个循环计数器、时间计数器以及冻结帧等信息。

(4) 优先级管理模块。根据故障对排放的影响严重程度，分配不同的优先级。优先级与OBD故障结构体中的故障ID一一对应。优先级越高的故障ID越小，对应OBD逻辑先诊断。目前，预设5个当前故障，5个历史故障，5个确认过程中故障。在ECU下电时刻，需要把OBD结构体信息烧录（也称烧写、烧入、下载）到ECU的带电可擦可编程只读存储器（Electrically Erasable Programmable Read-Only Memory,EEPROM）中，如果当前故障数或者历史故障数量超过5个，则用高优先级的故障代替低优先级的故障。

(5) OBD参数组管理模块。OBD参数组管理逻辑主要是根据实时信息以及预设策略，更新OBD故障结构体内容。主要包括根据故障标志位确定OBD Debounce（跳动）状态，根据OBD运行条件等确定OBD检测状态，同时确定OBD故障结构体中的循环计数以及时间累加。OBD故障在确认为当前故障之后，将会执行激活MIL的动作，并且根据标定数据的不同，确认是否需要激活转矩限制器。一般，转矩限制器有三种不同激活方式，其中一种是故障确认为当前故障之后，由于产生的故障不会引起排放超标，因此不会激活转矩限制器；另外两种分别是立即激活转矩限制器和50h后激活转矩限制器。

3）故障处理模块

故障处理主要包括两个部分，一个是出于安全考虑进行的故障处理，主要是跛足回家功能；另一个是根据法规要求进行MIL灯的激活操作。对于排放相关的故障，则需要进行限转矩等动作。

所谓跛足回家，就是车辆由于出现严重的系统错误而运行在紧急模式下，让它能开回家，而不是把它彻底关闭。为了应对不同的错误，在跛足回家模式下会有不同的处理方式。通常情况下这些处理方式有：通过降低高怠速点对发动机转速进行限制；对最大转矩进行限制；对装配共轨系统的发动机来说还会对轨压进行限制。

美国加州空气资源委员会（California Air Resources Board,CARB）和美国环境保护局（Environment Protection Agency,EPA）规定，当有故障发生时故障灯必须在故障发生之后的两个驾驶循环内点亮。而欧洲车载诊断技术（European On-Board Diagnostics,EOBD）的规定中，则要求故障灯必须在故障发生的3个行驶循环内点亮。如果故障消失，则故障信息至少保存40个暖机循环或者连续24h后，MIL将熄灭。

EOBD规定的转矩限制器激活时刻必须满足车速为零且发动机处于怠速工况下。对于重型车,转矩限制范围为最大转矩的60%;而对于轻型车,限制范围不超过最大转矩的75%。

二、标定系统

1. 标定简介

对电控柴油机而言,运行控制参数都是以数据文件格式(图表、曲线、常数等)存放在ECU中,标定系统运行时读取相应数据,根据柴油机不同状态、控制策略及控制数据发出指令,实时对柴油机执行器进行控制,它使柴油机控制系统中,不同类型发动机和应用要求不同等特性可通过标定满足相应功能。标定过程直接关系到电控系统的技术优势及产品质量。目前,国际上通用的标定系统虽然有多种形式,但大致可分为以下几类。

1)按照通信方式分

按照通信方式,可分为RS232(串行物理接口标准)、CAN(Controller Area Network,控制器局域网络)和K线。

2)按照协议方式分

按照协议方式,可分为CCP(CAN Calibration Protocol,基于CAN总线的标定协议)、KWP2000(Key-Word Protocol,KWP2000标准协议)和公司自定义。

3)按照操作方式分

按照操作方式,可分为自动标定和手动标定。

2. 标定流程

标定是为满足整车的各种性能要求(动力性、经济性、排放等),调整、优化和确定电控系统软件的运行参数、控制参数和各种控制数学模型的整个过程。图5-177所示为共轨发动机的标定流程。

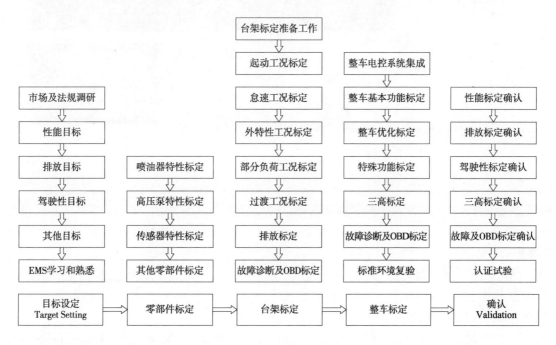

图5-177 共轨发动机的标定流程

3. 标定软件

目前,主流的汽车电子标定软件有CANape和INCA。

1)CANape

CANape是德国维克多(Vector)公司的产品,符合欧洲自动化和测量系统标准化协会制定的测量协议,软件界面如图5-178所示。

CANape软件的基本功能包括:

(1) 同步、实时采集和显示 ECU 内部信号（通过 CCP/XCP）、CAN、LIN、FlexRay 总线信号以及来自外部测量设备的信号。

(2) 通过 CCP/XCP 进行在线标定和通过 XCP 进行实时激励（Stimulation）。

(3) 离线标定。

(4) 快速而安全地使用二进制文件和参数组刷写 Flash（Flash 编程）。

(5) 无缝集成 KWP2000 和 UDS 诊断函数。

(6) 强大的标定数据管理、参数组比较和合并功能。

(7) 在测量、离线分析或旁通过程中使用集成的 MATLAB/Simulink 模型进行计算。

(8) ASAM MCD3 测量和标定自动化接口。

(9) 与 ECU 测量数据一起同步采集视频、音频、GPS 和外部测量设备的环境数据。

(10) 使用集成的编程语言自动执行用户输入序列和处理测量值与信号。

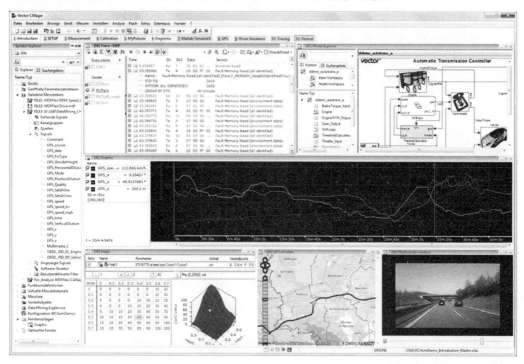

图 5-178 CANape 软件界面

2) INCA

INCA 是德国 ETAS 公司的汽车电子标定软件，其界面如图 5-179 所示。INCA 基础产品提供全面的测量和标定功能以及各种工具，如用于标定参数管理的 CDM，用于测量数据分析的 MDA 和用于 ECU 闪存编程的 PROF 等。

INCA 软件的基本功能包括：

(1) 发动机控制功能标定。

(2) 测量数据收集和显示。

(3) 带图形测量数据显示器、示波器，以及特性值、曲线和图标定用编辑器的用户友好试验环境。

(4) 用户特定显示和控制要素的导向创建和集成。

(5) 支持多种接口、测量模块和行驶记录仪。

(6) 用于标定数据管理（CDM）、测量数据分析（MDA）和闪存编程（PROF）的集成工具。

(7) ECU 项目、硬件配置和试验一致性管理数据库。

(8) 用于实现自动化和与工具环境集成的开放接口。

(9) 符合相关 ASAM（Association for Standardisation of Automation and Measuring Systems，自动化及测量系统标准协会）标准。

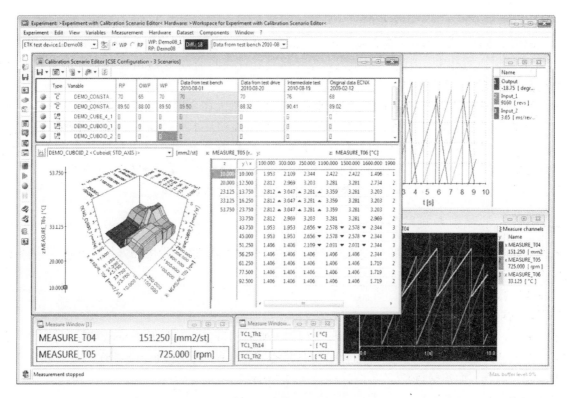

图 5-179　INCA 软件界面

第十节　汽油机电控汽油喷射系统

一、概述

所谓电控汽油喷射系统,就是通过电子控制方式,在一定压力下,按照发动机循环工况的要求,将一定数量的汽油通过喷油器直接喷入汽缸或进气道内的汽油机燃油供给装置。图 5-180 所示为典型的博世公司的电控燃油喷射系统。

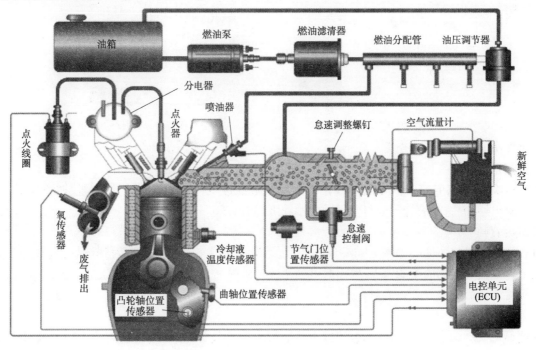

图 5-180　博世电控燃油喷射系统

电控汽油喷射系统克服了传统化油器式发动机对空燃比控制不精确、不能满足发动机各种过渡工况对混合气浓度要求的不足,达到了提高发动机充气效率、改善雾化质量和燃烧质量、有效节省能源和减小排放、动态响应迅速的目的。因此,汽油喷射式发动机具有较高的动力性、经济性和良好的排放性,使汽车的起动性和加速性明显改善。

为满足严格的排放要求,安装汽油机的中小型客车发动机大都采用了电控汽油喷射系统。目前,国外的主要汽油喷射系统制造商有博世、大陆(威迪欧)、德尔福和日本电装株式会社等,国内的制造商包括联合汽车电子有限公司、北京德尔福万源发动机管理系统有限公司、西门子威迪欧汽车电子(长春)有限公司、中顺电子(东莞)有限公司、伍德沃德(天津)控制器有限公司和北京志阳同光汽车电控软件有限公司等。部分国产典型中、小型客车及其采用的发动机管理系统见表5-14。

二、电控汽油喷射系统的分类

电控汽油喷射系统按照喷油器安装部位、喷射部位、喷射方式、进气量检测方式和系统结构的不同,一般有多种分类方式。

1.按喷油器的安装部位分类

1)单点喷射

单点喷射(Single Point Injection,SPI)亦称节气门体喷射(Throttle Body Injection,TBI),是在节气门体上安装一个或两个喷油器,集中向进气歧管中喷射燃油形成可燃混合气,如图5-181所示。由于单点燃油喷射系统对混合气的控制精度低,各汽缸混合气的均匀性也较差。

2)多点喷射

多点喷射(Multi Points Injection,MPI)是在每个汽缸的进气门附近都装有一个喷油器,如图5-182所示。这种喷射方式能保证各缸之间的混合气浓度均匀一致,且在进气道的设计上能够充分利用气流惯性,从而获得较大的转矩和功率,其控制精度比单点喷射好得多。

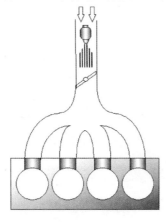
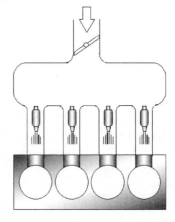

图5-181 单点喷射　　　　图5-182 多点喷射

2.按喷油器的喷射部位分类

1)进气道喷射

进气道喷射(Port Fuel Injection,PFI)是在每个汽缸的进气门前安装一个喷油器,如图5-183所示。喷油器喷射出燃油后,在进气门前与空气混合形成可燃混合气。

2)缸内直喷

缸内直接喷射(Gasoline Direct Injection,GDI),是指喷油器将燃油直接喷射到汽缸内,如图5-184所示。这种方式需要较高的喷油压力,因而对供油系统要求较高。

3.按喷油器的喷射方式分类

1)连续喷射

连续喷射又称稳定喷射,指汽油被连续不断地喷入进气歧管,并在进气管内蒸发后形成可燃混合气再被吸入汽缸内。这种连续喷射系统的控制系统结构较为简单,控制精度不高。

第五章 发动机

部分国产中小型客车及其发动机管理系统

表5-14

车辆生产企业	车辆型号	发动机型号	发动机生产企业	ECU 型号	ECU 生产企业
北京汽车制造厂有限公司	BJ6430F 轻型客车	LJ491QE1	柳州五菱汽车有限责任公司	MT20	北京德尔福万源发动机管理系统有限公司
东南（福建）汽车工业有限公司	DN6492C 小型客车	4G63S4M	沈阳航天三菱汽车发动机制造有限公司	MT20U	DELPHI
河北新凯汽车制造有限公司	HXK6491 轻型客车	4G64S4MP1	沈阳航天三菱汽车发动机制造有限公司	ITMS-6F	DELPHI
河北中兴汽车制造有限公司	BQ6472XY2A 轻型客车	JM491Q-ME	绵阳新晨动力机械有限公司	IAW49C.Z1	马瑞利动力系统（上海）有限公司
陕西汉江汽车有限责任公司	SFJ6370E 轻型客车	DA465Q-16MC/D	哈尔滨东安汽车动力股份有限公司	MT20	北京德尔福万源发动机管理系统有限公司
沈阳华晨金杯汽车有限公司	SY6521CS 小型客车	3RZ	日本丰田公司	3RZ-FE	日本电装
一汽红塔云南汽车制造有限公司	CA6476E5 轻型客车	CA4G22E	中国第一汽车集团公司	MT20U	北京德尔福万源发动机管理系统有限公司
中国第一汽车集团公司	CA6510A 轻型客车	1FZ	日本丰田自动车株式会社	89660-6A700	日本富士通株式会社
安徽江淮汽车股份有限公司	HFC6500A1H 客车	G4JS	韩国现代汽车有限公司	39120-38010	韩国现代公司
北京北旅汽车制造有限公司	BJ6501AF 轻型客车	GA491QE	浙江吉奥汽车有限公司	ITMS-6F	北京德尔福万源发动机管理系统有限公司
北汽福田汽车股份有限公司	BJ6468M16WA-S 轻型客车	BJ491EQ3	北京福田环保动力股份有限公司	M7.9.7	联合汽车电子有限公司
长安汽车（集团）有限责任公司	SC6330C 客车	JL465Q5	长安汽车（集团）有限责任公司	M1.5.4	联合汽车电子有限公司
丹东黄海汽车有限责任公司	DD6106S12 城市客车	CA6GH1	一汽集团公司	DKHI6102	北京志阳同光汽车电控有限公司
上海万丰客车制造有限公司	SHK6481M 轻型客车	WF491Q-ME	浙江万丰车业有限公司	KEF0041A05	摩托罗拉（中国）电子有限公司

— 217 —

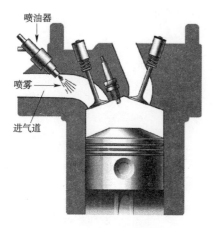
图5-183 进气道喷射

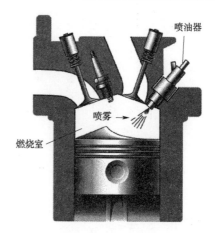
图5-184 缸内喷射

2）间歇喷射

间歇喷射又称脉冲喷射，是指在发动机运转期间间歇性地向进气歧管中喷油。这种方式的喷油量大小仅取决于喷油器的开启时间，控制精度较高，应用广泛。目前，现代电控发动机的喷射系统大都采用间歇喷射方式。

间歇喷射又可分为同时喷射、分组喷射和顺序喷射三种形式，如图5-185所示。

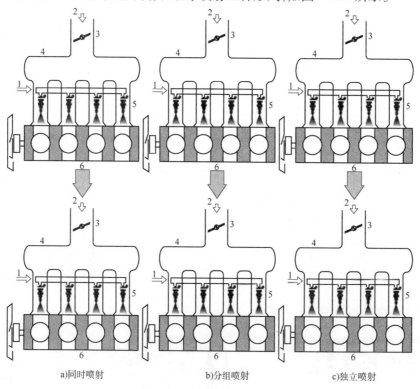

a）同时喷射　　　　　　b）分组喷射　　　　　　c）独立喷射

图5-185 间歇喷射的三种形式

1-燃油；2-空气；3-节气门；4-进气管；5-喷油嘴；6-汽缸

（1）同时喷射。是指在发动机运行期间，各缸喷油器同时开启和关闭。一般将一次燃烧所需要的汽油量按发动机每工作循环分两次进行喷射，所有喷油器受同一个喷油信号控制。

（2）分组喷射。是将喷油器按发动机的每个工作循环分成若干组交替地进行喷射。

（3）独立喷射。也称顺序喷射，是指各缸喷油器按发动机的工作顺序进行独立喷射。独立喷射可在最佳的喷油时间向各缸喷射汽油，有利于改善发动机的燃油经济性。但需要对喷油的汽缸进行识别，喷油器驱动回路多，控制方式复杂。目前，绝大部分车型都使用燃油独立喷射系统。

4.按进气量检测方式的不同分类

根据对进气量检测方式的不同，汽油喷射系统分直接式和间接式两种。

直接式是指直接利用空气流量计测量发动机吸入的空气量,又称为质量流量方式或 L 型,如图 5-186 所示。该方法的精度高、稳定性好。

间接式也称为 D 型喷射系统,如图 5-187 所示,一般可分为速度—密度方式和节气门—速度方式两种。其中,速度—密度方式是根据进气管绝对压力和发动机转速来计算发动机每循环的进气量,而节气门—速度方式则是根据节气门开度和发动机转速计算进气量。

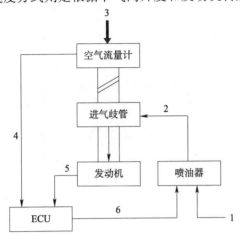

图 5-186 L 型喷射系统

1-燃油;2-喷射;3-空气;4-空气流量计信号;5-转速信号;6-控制喷油量

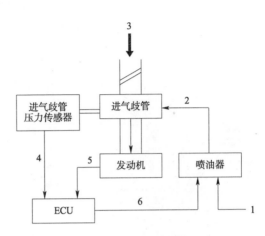

图 5-187 D 型喷射系统

1-燃油;2-喷射;3-空气;4-压力信号;5-转速信号;6-控制喷油量

5. 按系统结构的不同分类

按喷射系统的结构不同,分为机械控制式和电子控制式两种。其中,电子控制式喷射系统又可以分为 D 型、L 型、LH 型、M 型多点喷射系统和 Mono 型单点喷射系统。

1) D 型汽油喷射系统

博世的 D 型(D 叶特朗尼克)汽油喷射系统如图 5-188 所示,是最早应用在汽车发动机上的电控多点间歇式汽油喷射系统。其基本特点是以进气管压力和发动机转速作为基本控制参数,用来控制喷油器的基本喷油量。汽油箱内的汽油被电动汽油泵吸出并加压至 0.35MPa 左右,经汽油滤清器滤除杂质后被送至燃油分配管;燃油分配管与安装在各缸进气歧管上的喷油器相通;在燃油分配管的末端装有油压调节器,用来调节油压使其保持稳定;多余的汽油经回油管返回汽油箱。

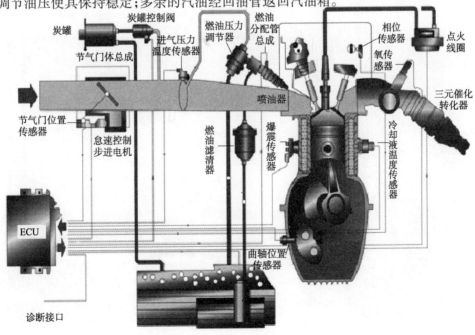

图 5-188 博世 D 型喷射系统

2）L 型汽油喷射系统

L 型（L-叶特朗尼克）汽油喷射系统如图 5-189 所示，是以 D 型汽油喷射系统为基础，在 20 世纪 70 年代发展起来的多点间歇式汽油喷射系统。其构造和工作原理与 D 型基本相同，不同处在于 L 型汽油喷射系统采用翼片式空气流量计直接测量发动机的进气量，并以发动机的进气量和发动机转速作为基本控制参数，从而提高了喷油量的控制精度。

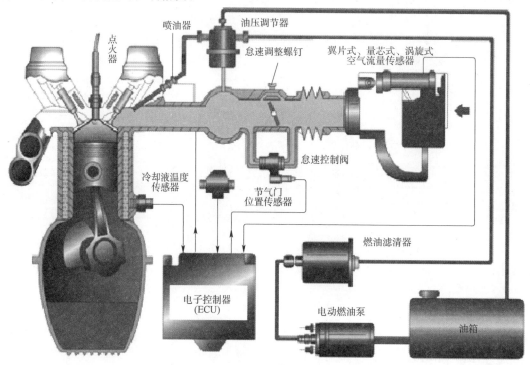

图 5-189　博世 L 型喷射系统

3）LH 型汽油喷射系统

博世的 LH 型（LH-叶特朗尼克）汽油喷射系统如图 5-190 所示，是 L 型汽油喷射系统的变型产品。两者的结构与工作原理基本相同，不同之处在于 LH 型采用热线式空气流量计，而 L 型采用翼片式空气流量计。热线式空气流量计无运动部件，进气阻力小、信号反应快、测量精度高。此外，LH 型汽油喷射系统的电控装置采用大规模数字集成电路，运算速度快、控制范围广、功能更加完善。

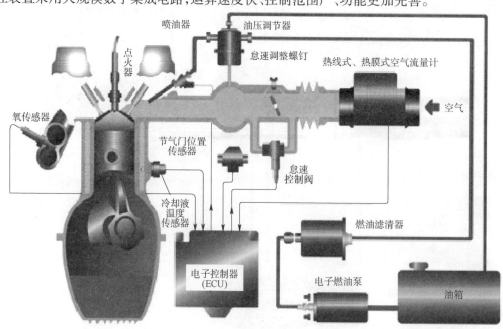

图 5-190　博世 LH 型喷射系统

4) M 型汽油喷射系统

M 型(莫特朗尼克)汽油喷射系统如图 5-191 所示。该系统的特点是将 L 型汽油喷射系统与电子点火系统结合起来,用一个由大规模集成电路组成的数字式微型计算机同时对这两个系统进行控制,从而实现了汽油喷射与点火的最佳配合,进一步改善了发动机的起动性、怠速稳定性、加速性、经济性和排放性。

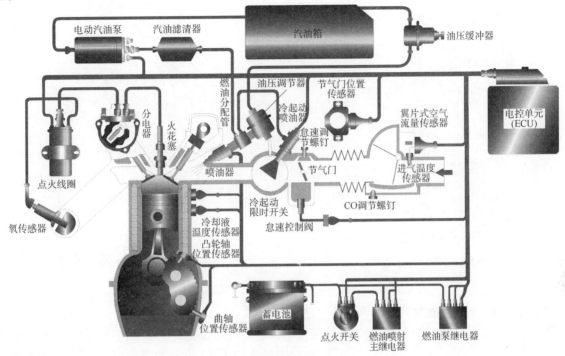

图 5-191 博世 M 型喷射系统

5) Mono 型汽油喷射系统

Mono 型汽油喷射系统为单点喷射系统,如图 5-192 所示。用一个或两个安装在进气门体上的喷油器,将汽油喷入前方的进气管内,并与吸入的空气混合形成混合气,再通过进气歧管分配至各汽缸。电控单元根据发动机的进气量或进气管压力以及曲轴位置传感器、气门位置传感器、发动机温度传感器及进气温度传感器等测得的发动机运行参数,计算出喷油量,在各缸进气行程开始之前进行喷油,并通过喷油持续时间的长短控制喷油量。单点汽油喷射系统的喷油器距进气门较远,喷入的汽油有足够的时间与空气混合形成均匀的可燃混合气。因此,对喷油的雾化质量要求不高,可采用较低的喷射压力。

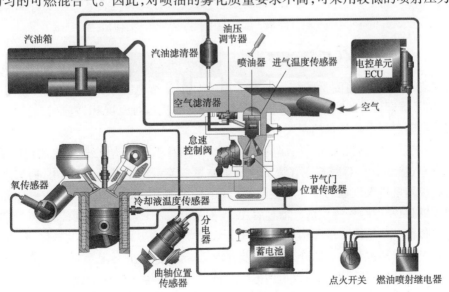

图 5-192 博世 Mono 型喷射系统

三、电控汽油喷射系统的组成结构和工作原理

电子控制汽油喷射系统一般由三个子系统组成,即空气供给系统、燃油供给系统和电子控制系统,如图5-193所示。

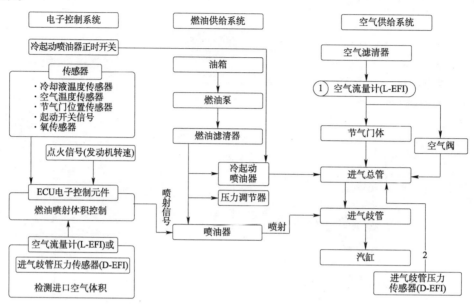

图5-193 EFI(电控汽油喷射)系统的组成

1.空气供给系统主要组件的结构和工作原理

空气供给系统的作用是提供、控制以及计量发动机运行时所需要的空气量,主要由空气滤清器、进气总管、空气流量计、节气门、怠速空气控制阀和进气歧管等组成,如图5-194所示。

空气经过空气滤清器过滤后,用空气流量计进行测量,然后通过节气门体到达稳压箱,再分配给各缸进气管。在进气管内,由喷油器中喷出的汽油与空气混合后被吸入汽缸内进行燃烧。

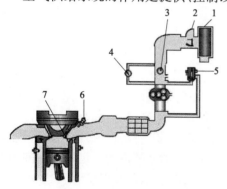

图5-194 空气供给系统结构示意图
1-空气滤清器;2-空气流量计;3-节气门体;4-怠速空气控制阀;5-进气旁通阀;6-喷油器;7-汽缸

1)空气滤清器

空气滤清器的主要功能是滤除空气中的杂质和灰尘,让洁净的空气进入汽缸,并有降低进气噪声的效果。结构形式上有油浴式、纸滤芯式、离心式和复合式等。其中,纸滤芯空气滤清器被广泛应用于各类汽车发动机上。

2)空气流量计

空气流量计安装在空气滤清器和节气门之间,其功用是测量进入发动机的空气流量,并将测量的结果转换为电信号传输给电控单元(ECU)。ECU根据进气量信号、发动机转速信号等即可计算出最佳喷油量,以获得与发动机运行工况相适应的最佳浓度的可燃混合气。进气量信号是确定基本喷油量的主要信号之一。

空气流量计有热线式、热膜式和卡门涡旋式等类型。目前,广泛采用的是热线式和热膜式(LH型)。

(1)热线式空气流量计。热线式空气流量计属于质量—流量型空气流量计,可通过空气流量计中热线的冷热变化直接测量进入汽缸的空气质量流量,其结构如图5-195a)所示。它主要由采样管、热线电阻、温度补偿电阻和控制电路板等组成。取样管位于主空气道的中央,属于主流测量式空气流量计,取样管由两个塑料护套和一个热线支承环构成;热线布置在支承环内,其阻值随温度变化;温度补偿电阻安装在热线支承环前端的塑料护套内。此外,在热线支承环后端的塑料护套上粘贴了一个精密电阻,该电阻与热线电阻、温度补偿电阻及控制线路板上的电阻组成了惠斯顿电桥的四个臂。

热线式空气流量计的工作原理如图5-195b)所示。当空气流经热线电阻R_h时,热线因放热而温度降

低,电阻减小,惠斯顿电桥失去平衡。如要保持电桥平衡,就必须增加流经热线电阻的电流,以恢复其温度和阻值,精密电阻两端的电压也相应增加。流经热线的空气量不同时,热线的温度变化和电阻变化量也就不同;而为保持电桥平衡,精密电阻两端的电压也要相应变化。控制电路根据精密电阻两端的电压变化即可确定进气量。温度补偿电阻 R_t 的阻值也随进气温度的变化而变化,作为一个参照标准,用来消除进气温度变化对空气流量测量结果的影响。

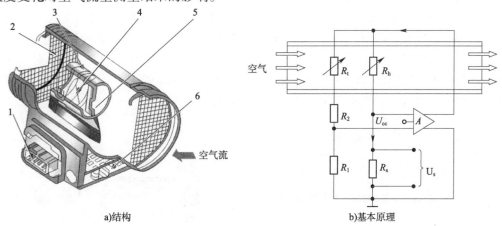

图 5-195 热线式空气流量计
1-控制电路板;2-防护网;3-采样管;4-热线电阻;5-温度补偿电阻;6-线速连接器

热线式空气流量计无机械运动件,进气阻力小、反应快、测量精度高,在汽车上被广泛应用。使用中,为防止热线表面因受空气灰尘污染而影响测量精度,在电控单元中都装有自洁电路,即在发动机熄火后将热线加热至1000℃以上并维持1s左右,以烧掉黏附的污染物。

(2) 热膜式空气流量计。热膜式空气流量计是将铂丝热线、补偿电阻及精密电阻用厚膜工艺镀在一块陶瓷基片上制成的,其结构和工作原理与热线式空气流量计基本相同,只是将发热体由热线式改为热膜式,如图5-196所示。这种空气流量计的前端有一个流体整流器,可基本消除进气通道几何形状对计量准确性的影响,此外也不需要额外加热来清除热膜上的污染物。热膜由发热金属铂丝固定在薄的树脂上构成,发热体不直接承受空气流动的作用力,因而发热体强度增加,提高了空气流量计的可靠性与寿命。由于热膜式空气流量计低成本和优秀的可靠性,目前被广泛采用。图5-197所示为博世HFM-8热膜式空气流量计。

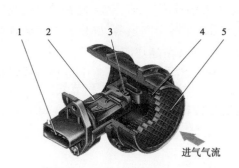

图5-196 热膜式空气流量计的结构
1-插头;2-混合电路盒;3-金属热膜元件;4-滤网;5-导流格栅

图5-197 博世HFM-8热膜式空气流量计

(3) 卡门涡旋式空气流量计。卡门涡旋式空气流量计根据卡门涡流理论制成,是通过检测漩涡频率来测量空气流量的一种传感器。卡门涡流理论指出,流体流过涡流发生体时,流体会产生系列漩涡,且漩涡频率与流体流速成正比。通过测量涡流的频率,就可以计算出流体的体积流量。

卡门涡旋式空气流量计通常分为光电检测式和超声波检测式两种结构形式。

光电检测式空气流量计的结构如图5-198所示,它使用光学传感器检测卡门漩涡频率。主要由涡流发生器、光电耦合器(发光二极管、光敏晶体管)、反光镜及整形电路等组成。当进气气流流过涡流发生器时,在涡流发生器两侧就会交替产生漩涡,导致两侧压力交替发生变化,且进气量越大,压力变化频率也越高;这种压力变化通过导压孔引向薄金属制成的反光镜表面,使反光镜产生振动;反光镜振动时,将发光二极管投射的光反射给光电晶体管,通过检测反光信号频率,即可求出漩涡频率。

超声波检测式空气流量计的结构如图 5-199 所示,它使用超声波传感器来检测卡门漩涡的频率,主要由整流器、涡流发生器、超声波信号发生器、超声波发射探头和转换电路等组成。工作时,超声波信号发生器以一定频率不断向探头发射超声波,当超声波经过进气气流的漩涡时,由于受到卡门漩涡造成的空气密度变化,接收器接收到的超声波信号相位就会发生变化,将该相位信号转换为矩形波,那么矩形波的脉冲频率就是漩涡的频率。卡门涡旋式空气流量计测得的是空气的体积流量。为了对空气密度进行修正,在其内都装有进气温度传感器。卡门涡旋式空气流量计具有响应快、测量精度高,以及体积小、质量轻、进气道结构简单和进气阻力小等优点,缺点是成本较高。

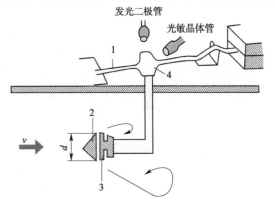

图 5-198　光电检测式卡门涡旋式空气流量计
1-板弹簧;2-涡流发生器;3-导压孔;4-反光镜

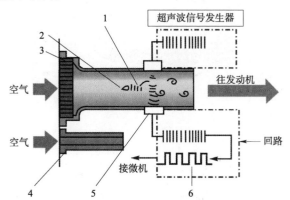

图 5-199　超声波检测式卡门涡旋式空气流量计
1-涡流稳定板;2-涡流发生器;3-整流器;4-旁通空气道;
5-超声波发射探头;6-转换电路

3)进气歧管绝对压力传感器

在速度—密度型空气流量检测系统中,不设空气流量计,而是利用进气压力传感器测量节气门后进气管内的绝对压力。ECU 根据发动机转速和进气压力信号,并参考进气温度信号即可计算出发动机的进气量。进气歧管绝对压力传感器的种类较多,根据信号转换原理的不同,可分为半导体压敏电阻式、电容式、膜盒式和表面弹性波式等。其中,半导体压敏电阻式和电容式的应用较为广泛。

(1)半导体压敏电阻式压力传感器。半导体压敏电阻式压力传感器是通过半导体的压阻效应来检测压力,其结构和电路原理如图 5-200 所示。该传感器主要由硅膜片、真空室、硅杯、底座、真空管和引线端子等组成,其中硅膜片是该传感器的主要元件,它的外围较厚,中间最薄,硅片上下两面各有一层二氧化硅膜。在膜层中,沿硅片四边有四个压敏电阻 R_1、R_2、R_3、R_4;在硅片四角,各有一个金属块,通过导线和电阻相连;硅片中的四个电阻连接成惠斯顿电桥形式,由稳定电源供电。整个传感器通常用一根橡胶管和需要测量压力的部位相连。

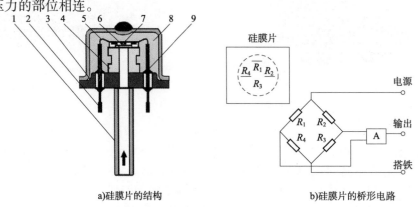

a)硅膜片的结构　　b)硅膜片的桥形电路

图 5-200　半导体压敏电阻式压力传感器硅膜片的结构及电路
1-真空管;2-引线端子;3-底座;4-硅杯;5-金属电极;6-硅膜片;7-应变电阻;8-真空管;9-电极引线

在硅片无变形时,应将电桥调到平衡状态。当进气管中的空气压力增加时,硅膜片弯曲,根据压阻效应,应变电阻阻值变化,导致电桥失去平衡,因此在A/B两端产生了电位差,该信号经过放大电路放大,输出正比于进气管绝对压力的电压信号。

半导体压敏电阻式压力传感器灵敏度高、成本低、响应快,且可靠、耐用、温度适应性强,是目前进气压力传感器中最先进的一种,得到了广泛应用。德尔福ITMS-6F电喷系统即采用了这种形式的压力传感器。

(2)电容式压力传感器。电容式压力传感器利用传感器的电容效应来测量进气管绝对压力,其结构原理如图5-201所示,主要由氧化铝膜片及厚膜电极等构成。厚膜电极黏附在氧化铝膜片上,两片厚膜电极之间形成电容,该电容被连接到振荡电路中。发动机进气管压力变化时,氧化铝膜片产生变形,导致厚膜电极的电容产生相应变化,引起与其连接的振荡电路的振荡频率发生变化,该频率与进气管绝对压力成正比,在80~120Hz范围内变化,控制单元根据传感器输入信号的频率便可感知进气歧管的绝对压力。

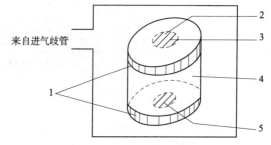

图5-201 电容式进气压力传感器结构示意图
1-氧化铝膜片;2-电极引线;3-厚膜电极;4-绝缘介质;5-电极引线

4)温度传感器

发动机的进气温度影响进气密度,并进一步影响进气量;而冷却液温度和机油温度也是发动机的重要工况参数。所以,电控汽油喷射系统都采用温度传感器检测冷却液、进气和机油等的温度,且大多采用电阻值随着温度升高而降低的负温度系数热敏电阻式温度传感器。

汽油机所用的温度传感器和柴油机具有相同或类似结构,可参考本章第五节柴油机所用各种温度传感器的结构和原理。

5)节气门体

节气门体的结构如图5-202所示。其主要作用是通过改变其开度来改变进气通道的截面积,从而控制发动机运转工况,并通过节气门位置传感器检测节气门的开度和开闭的快慢。图5-203所示为博世电子节气门的实体照片。

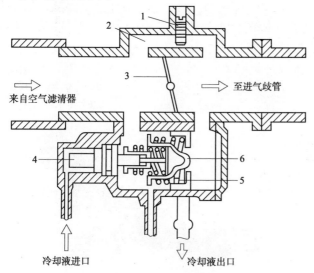

图5-202 节气门体结构示意图
1-怠速调整螺钉;2-怠速旁通气道;3-节气门;4-感温器;5-弹簧;6-阀门

图5-203 博世电子节气门

6)节气门位置传感器

节气门位置传感器安装在节气门体上,其作用是将节气门打开的角度转换成电信号传输给电控单元,电控单元据此判断发动机的运行工况。

节气门位置传感器的结构如图5-204a)所示。该传感器实际上就是由节气门轴驱动滑臂的电位计,它包括两对(活动)触点,其中一对作为主电位器,其滑动触点在电阻器上滑动,并与电阻器组成一个电位计;节气门开度不同时,电位计输出的电压也不同,电控单元根据该电压信号就可判断节气门所处的位置,如图5-204b)所示。另一对触点为怠速触点,提供怠速信号,当该触点闭合时,表明节气门处于关闭位置,电控单元根据该信号实现断油及点火提前角的控制。

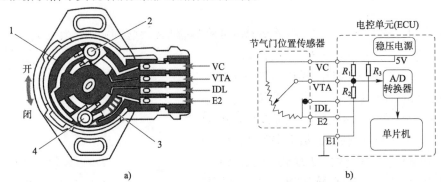

图5-204 线性输出型节气门位置传感器
1-电阻膜;2-节气门开度信号用动触点;3-绝缘部分;4-怠速信号用动触点

2. 燃油供给系统

燃油供给系统的作用是向发动机精确提供各种工况所需要的燃油量。目前,大部分中小型客车汽油机用的燃油供给系统均采用进气道燃油喷射系统(PFI),其结构如图5-205所示,它一般由电动输油泵、燃油滤清器、燃油分配管、燃油压力调节器和喷油器等组成。

发动机工作时,汽油被电动燃油泵从油箱中吸出,经燃油滤清器过滤掉杂质和水分后,流入燃油分配管,然后被分送到各个喷油器。燃油压力调节器安装在燃油分配管上,并根据进气管的气体压力对油压进行调整,多余的燃油经燃油压力调节器流回油箱。为减小燃油压力脉动造成的影响,有些发动机在燃油输送管路中还装有油压脉动阻尼器。

为了满足节能和环保要求,部分车辆采用了缸内直喷燃油系统(GDI)。缸内直喷燃油系统按照压力,又可分为低压部分燃油供给系统和高压部分燃油喷射系统。其中,低压系统负责向高压系统供给一定压力和流量的燃油,高压系统负责将燃油加压到汽缸压力的数倍,然后通过燃油分配器输送到喷油器嘴端直接向汽缸内喷射。低压部分燃油供给系统包括电动燃油泵、燃油滤清器、燃油计量阀和燃油泵控制模块等部件;高压部分燃油喷射系统包括高压燃油泵、高压燃油管路、燃油分配管、压力传感器、限压阀和喷油器等。高压部分燃油喷射系统的结构如图5-206所示。

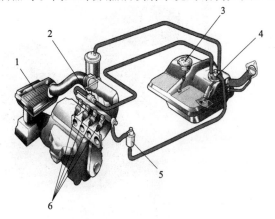 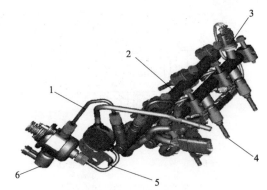

图5-205 进气道燃油喷射系统
1-空气滤清器;2-燃油压力调节器;3-燃油计量单元;
4-输油泵;5-滤清器;6-喷油器

图5-206 高压部分燃油喷射系统
1-高压油管;2-燃油轨;3-压力传感器;4-喷油器;
5-低压油管;6-高压泵电磁阀

1)电动燃油泵

燃油泵的作用是将汽油从油箱中吸出,并使其具有规定的压力。电动燃油泵有多种类型,根据安装位置的不同,有安装在油箱内的内置式电动燃油泵和安装在供油管中的外置式电动燃油泵;按照结构原理的不同,可分为滚柱式、涡轮式、转子式和叶片式等。内置式电动燃油泵安装管路简单,不易产生气阻和漏油,噪声小,因此在目前的电喷发动机中得到了广泛采用。

(1)滚柱式。滚柱式电动汽油泵的结构和工作原理如图 5-207 所示,主要由驱动电动机、滚柱泵、限压阀和止回阀等组成。装有滚柱的转子被偏心地安装在泵体内,并由直流电机驱动,滚柱装在转子的径向凹槽内。当油泵旋转工作时,由于离心力的作用,滚柱紧压在泵体的内表面上;由于惯性力的作用,滚柱只和转子凹槽的一个侧面接触,这样,在转子、滚柱和泵体之间就形成了数个工作腔;在转子的旋转过程中,进油口位置的容积逐渐增大,成为低压进油腔,出油口位置的容积逐渐减小,成为高压出油腔;转子不断旋转,从而汽油就连续地被泵送到出油口。

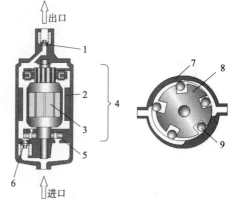

为防止因油路堵塞而引起的油压过高现象,汽油泵安装了限压阀。当油泵出油口压力超过 0.45MPa 时,限压阀打开,使一部分高压燃油流回油泵进油腔。出油口止回阀的作用是在发动机停机时避免燃油倒流,并可保持管路中具有一定的油压,便于再次起动。

图 5-207 滚柱式电动汽油泵

1-止回阀;2-磁铁;3-电枢;4-电动机;5-转子;6-限压阀;7-泵体;8-转子;9-滚柱

滚柱式电动燃油泵运转时油压脉动和噪声较大,泵体内表面和转子容易磨损,使用寿命较短,因此多用作外置式结构。

(2)涡轮式。涡轮式电动汽油泵的结构与滚柱式电动燃油泵相似,如图 5-208 所示,它主要由叶轮、止回阀和限压阀等组成。叶轮是一块圆形平板,在其周围开有小槽,形成泵油叶片;叶轮旋转时,叶轮周围小槽内的燃油随叶轮一起旋转,由于离心力的作用,出油口的油压增加,进油口因燃油不断被带走而产生一定的真空度,从而使燃油不断被吸入。涡轮式电动汽油泵止回阀和限压阀的作用与滚柱式电动汽油泵完全相同。

与滚柱式电动汽油泵相比,涡轮式电动汽油泵的油压脉动小,泵油压力高,叶轮无磨损,运转噪声低,使用寿命长,多用作内置式结构。

2)高压燃油泵

高压燃油泵应用于缸内直喷燃油系统中,它将来自低压油路中低压输油泵的燃油压力提高到喷射所需要的最高可达 20MPa 的压力。供油压力随发动机工况点的变化而变化,供油量与供油压力无关。图 5-209 所示为典型的柱塞式高压燃油泵,其结构通常包括柱塞、电磁阀、脉动缓冲器和限压阀等。高压燃油泵安装在发动机缸盖上,由凸轮轴直接驱动。

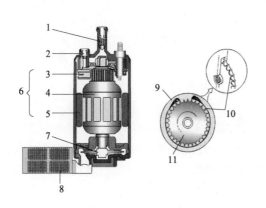

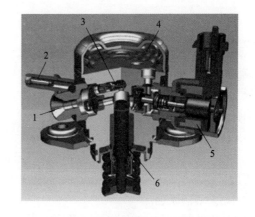

图 5-208 涡轮式电动汽油泵结构示意图

1-止回阀;2-限压阀;3-电刷;4-电枢;5-磁铁;6-电动机;7-叶轮;8-燃油滤网;9-壳体;10-叶片;11-叶轮

图 5-209 博世高压燃油泵 HDP5

1-出油口;2-进油口;3-限压阀;4-脉动缓冲器;5-电磁阀;6-柱塞

3）燃油分配管

（1）PFI系统用燃油分配管。进气道燃油喷射系统中的燃油分配管如图5-210所示。燃油分配管主要用于储存一定压力下的燃油，缓和燃油的压力波动，以及将燃油以相同的压力输送并分配给发动机的每只喷油器。

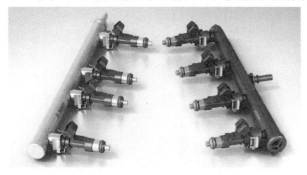

图5-210　博世PFI用燃油分配管

（2）GDI系统用燃油分配管。缸内直喷燃油喷射系统中燃油分配管的功用与PFI系统的燃油分配管相同，区别在于其储存的燃油压力更高。GDI系统用燃油分配管上通常还同时布置有压力传感器和泄压阀，如图5-211所示。

4）燃油压力调节器

喷油器喷油量的多少，除了与喷油持续时间相关外，还与喷油压力有关。进气道燃油喷射系统中，喷油器的喷油压力在数值上是燃油总管油压与进气歧管压力之差，因此即使燃油总管油压不变，喷油压力也会随进气歧管气压的变化而变化，使得喷油量受发动机负荷和转速的影响。燃油压力调节器的作用就是根据进气歧管气压的变化来调节系统油压，保持喷油压力恒定，使得喷油器喷油量只取决于喷油器的开启时间。

燃油压力调节器通常安装在燃油总管上，其结构如图5-212所示，它主要由膜片、弹簧、球阀和阀座等组成。

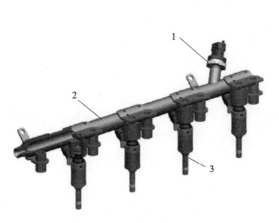

图5-211　博世GDI用燃油分配管
1-压力传感器；2-燃油分配管；3-喷油器

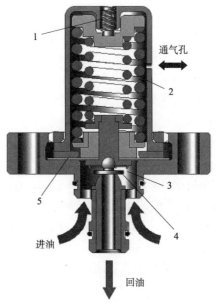

图5-212　燃油压力调节器结构
1-调整螺钉；2-弹簧；3-燃油腔；4-球阀；5-膜片

5）喷油器

喷油器的作用是根据电控单元发出的控制信号，将一定量的汽油喷入进气道或缸内。喷油器是电控发动机的执行机构。

（1）PFI喷油器。进气道燃油喷射系统的喷油器通常为电磁式喷油器，其结构如图5-213所示。PFI喷油器一般由喷嘴、轴针、电磁阀和复位弹簧等组成。当喷油器通电时，在电磁力的作用下，电磁阀衔铁克服弹簧力带动轴针将喷嘴打开，燃油从喷油器中喷出；喷油器断电后，电磁力迅速减小，弹簧力推动轴针将喷嘴关闭，结束喷射。

（2）GDI喷油器。缸内直喷燃油系统常用的喷油器按驱动方式不同，可分为电磁式和压电式。电磁式GDI喷油器如图5-214所示，其喷射过程与PFI喷油器基本相同，通过给线圈通电的方法来打开针阀。当有电流通过线圈时，电磁场吸引针阀，使其离开阀座，从而打开喷孔；当无电流经过线圈时，在弹簧压力作用下针阀关闭。

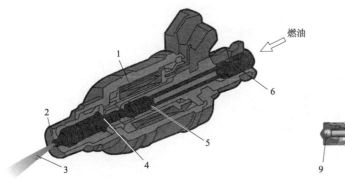

图 5-213 PFI 喷油器
1-电磁阀；2-喷嘴；3-喷雾；4-轴针；5-弹簧；6-滤芯

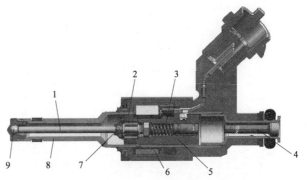

图 5-214 GDI 电磁式喷油器
1-针阀杆；2-衔铁；3-弹簧；4-滤芯；5-铁芯；6-线圈；7-弹簧；8-针阀壳体；9-球阀

压电式喷油器如图 5-215 所示。压电式喷油器主要由三个功能组件——喷嘴、压电执行器和补偿元件（耦合元件）组成。针阀直接由压电堆操控，实现喷油器的开启和关闭。

GDI 喷油器按喷嘴打开方式的不同，又可分为内开式喷嘴和外开式喷嘴，其结构分别如图 5-216 和图 5-217 所示。

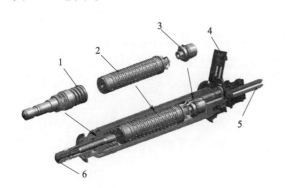

图 5-215 GDI 压电式喷油器
1-阀组件；2-压电执行器；3-补偿元件；4-电连接；5-进油口；6-喷嘴

图 5-216 内开式喷嘴喷油器

图 5-217 外开式喷嘴喷油器

3. 电子控制系统

电子控制系统的功能是根据发动机运转和车辆运行状况，确定汽油最佳喷射量。一般供给发动机的汽油量用喷油器的喷射时间来控制，而喷射时间则由 ECU 进行计算和控制。检测发动机工况的传感器有冷却液温度传感器、进气温度传感器、曲轴位置传感器和节气门位置传感器等。

1）传感器

（1）曲轴位置和转速传感器。曲轴位置传感器是发动机控制系统中最重要的传感器之一，用来检测曲轴位置和转速，以确定发动机的喷油时刻和点火时刻。曲轴位置和转速传感器通常安装在分电器内，也有的安装在曲轴前端或凸轮轴前端。常用的曲轴位置和转速传感器有电磁感应式、霍尔效应式和光电式三种类型。

①电磁感应式。德尔福 ITMS－6F 电控系统采用了电磁感应式曲轴位置传感器，其工作原理如图 5-218a）所示。其中，触发轮按 60 个齿均匀分布，但实际齿数缺 2 个齿，即只有 58 个齿。当触发轮随曲轴一同旋转时，在感应线圈内产生交变的电压信号；电压信号的频率和幅值与触发轮的转速和齿数直接相关，通过检测感应电压的频率就可以确定触发轮即曲轴的转速。触发轮上缺 2 个齿，导致此处感应的电压信号不同于其他地方，通过检测这些特殊的电压信号，即可确定曲轴的位置或相位。图 5-218b）为其信号波形。

②霍尔效应式。联合电子 M1.5.4 发动机管理系统采用了根据霍尔原理制成的霍尔效应式转速和

位置传感器,它主要由霍尔元件、永久磁铁、信号盘(转子)和集成电路等组成,其中霍尔元件是一个半导体基片。霍尔原理指出,当把霍尔元件置于磁场中并通以电流,且使电流方向与磁场方向垂直,那么霍尔元件将在垂直于电流及磁场的方向产生霍尔电压,而磁场强度的变化会改变霍尔电压的大小。

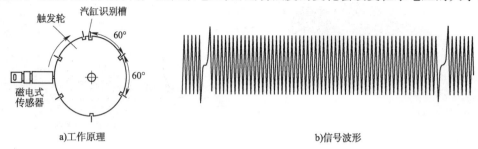

图 5-218　电磁感应式曲轴位置传感器工作原理及信号波形

一种安装于分电器内的霍尔效应式曲轴位置传感器如图 5-219 所示。传感器的转子上设置有与发动机汽缸数相同的窗口和一个缺口,分电器轴的旋转带动传感器转子一块旋转,当转子的窗口不在霍尔元件与永久磁铁之间时,磁场就被转子旁路,霍尔元件感受到的磁通量小,所产生的霍尔电压较低;相反,当转子的窗口处于霍尔元件与永久磁铁之间时,磁场未被转子旁路,霍尔元件感受到的磁通量大,所产生的霍尔电压较高。这样,分电器轴每转一圈,传感器便产生一组与汽缸数相同的脉冲信号,通过检测经过集成电路放大的脉冲信号频率,就可以确定转子进而确定曲轴的转速。而通过对缺口信号的检测,还可确定曲轴的位置。

③光电式。光电式曲轴位置和转速传感器是利用光电效应制成的一种传感器,它主要由发光二极管、信号盘、光敏二极管和电子电路等组成,通常安装在分电器内,如图 5-220 所示。信号盘边缘刻有弧形槽,并随分电器轴一起旋转;当曲轴带动分电器轴旋转时,由于信号盘的缘故,发光二极管刻有弧形槽,并随分电器轴一起旋转;当曲轴带动分电器轴旋转时,由于信号盘的缘故,发光二极管发出的光线间断照射到光敏二极管上,从而使二极管导通或截止,产生脉冲电压信号;该信号经电子电路放大输入 ECU;通过测量脉冲电压信号的频率,即可确定曲轴的转速。信号盘上另刻有一组一般与汽缸数相同的窗口,其通过光电效应产生的脉冲电压信号常用于确定曲轴位置和识别汽缸。

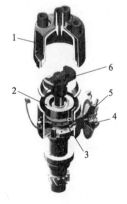

图 5-219　安装于分电器的霍尔效应式曲轴位置传感器
1-分电器壳体;2-触发叶轮;3-霍尔传感器;
4-霍尔集成块;5-永久磁铁;6-分火头

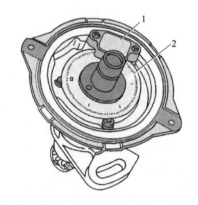

图 5-220　安装于分电器的光电式曲轴位置传感器
1-曲轴位置传感器;2-信号盘

(2)氧传感器。氧传感器是一种对汽油喷射系统实现闭环控制的传感器,它安装在排气管上,用来检测排气中的氧浓度。电控单元根据氧传感器的反馈信号,不断修正喷油量,使混合气成分始终保持在最佳范围内。氧传感器一般与三元催化转换器同时使用,这是因为混合气浓度只有在理论混合气附近很窄的范围内时,三元催化剂才有最佳的净化效果。有些发动机装用两个氧传感器,即在三元催化反应器的前后各装一个,分别用来监控进入汽缸燃烧的混合气成分和三元催化反应器的工作质量及其是否失效。目前,应用较多的氧传感器有氧化锆式和氧化钛式两种类型,常用的是氧化锆氧传感器。

氧化锆氧传感器是利用氧化锆高温时,其内外侧氧浓度差会使之产生电动势的特性来测量废气中的氧浓度。典型的氧化锆氧传感器结构如图5-221所示，它主要由锆管、内外电极和壳体等组成。发动机工作时，废气从氧传感器锆管的外表面流过，锆管内表面与空气相通。在高温下，氧分子发生电离，并从氧离子浓度大的锆管内表面向浓度小的锆管外表面移动，从而在锆管内外电极间产生微小的电压，该电压的高低取决于锆管内外表面处的氧气浓度差。氧传感器输出的电压信号随混合气成分的不同而变化，当混合气太稀时，排气中氧分子的浓度较高，氧传感器便产生一个低电压信号；当混合气太浓时，排气中氧分子的浓度低，氧传感器便产生一个高电压信号。通过利用具有催化作用的铂金作电极，可使电压信号在理论空燃比附近产生阶跃变化，从而准确测定混合气理论空燃比的临界点。

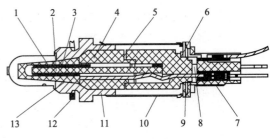

图5-221 氧化锆氧传感器结构

1-护罩；2-加热器；3-锆管；4-上瓷体；5-垫片；6-下瓷体；7-线缆总成；8-电极；9-弹簧垫；10-外筒；11-铆焊；12-弹垫；13-基座

2）电控单元

电控单元（ECU）主要采集发动机数据，按照预定程序控制喷油时机和喷油量，从而实现最高燃烧效率。

ECU通过采集发动机运转状况和车辆运行状态，对空气流量计及各种传感器输入的信号进行运算、处理，根据其内存程序和数据，确定最佳燃油喷射量和喷射时刻，然后输出指令，在特定时刻向喷油器提供一定宽度的电脉冲信号，以控制喷油量和喷射时刻。

如图5-222所示，电控单元一般先根据进气歧管压力传感器或空气流量计的进气量信号和发动机转速，计算基本喷油时间；然后再根据发动机的冷却液温度、节气门开度等参数对其进行修正，以此确定出当前工况下的最佳喷油时间。

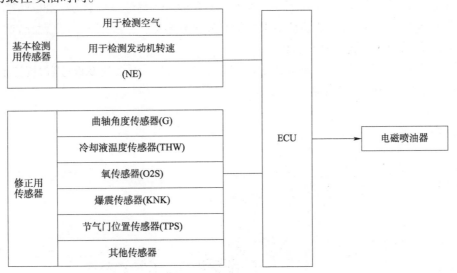

图5-222 ECU的工作过程

电控单元内部由微型计算机、输入和输出回路等组成，具体控制框图如图5-223所示。

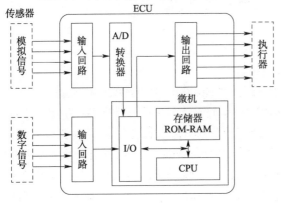

图5-223 电控单元框图

输入回路的任务是对传感器检测的信号进行滤波、整形和放大等处理，然后经过I/O接口送到微型计算机。当传感器检测的信号是模拟信号时，还必须通过A/D转换器将模拟信号转换为数字信号，才能送到CPU进行运算处理。

微型计算机是整个控制单元的核心，主要包括处理器、存储器和输入/输出接口等。处理器完成各种输入信号的运算处理和逻辑判断，确定最佳控制量，输出控制信号；存储器用于存取各种固定不变和实时变化的数据；输入/输出接口则保证了处理器与各种传感器、执行器的正常通信。

输出回路的作用是将各种控制指令转变为控制信号,驱动喷油器和电动汽油泵等执行器工作。

3)智能电子节气门控制系统

智能电子节气门控制系统(Electronic Throttle Control System – intelligent, ETCS – i)可在发动机所有工作范围实现理想的节气门控制,其系统构成如图 5-224 所示。

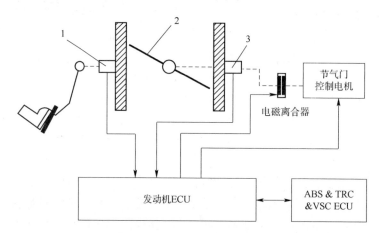

图 5-224 智能电子节气门控制系统
1-加速踏板位置传感器;2-节气门;3-节气门位置传感器

ETCS – i 利用发动机 ECU,对应于驾驶状况计算出最佳节气门开度,并利用节气门控制电机来控制节气门的开度。此外,ETCS – i 可同时控制怠速控制(Idle Speed Control,ISC)系统、巡航控制系统和车辆稳定控制(Vehicle Stability Control,VSC)系统,因此原有的这三个系统也可取消,使车辆结构大大简化。ETSC – i 还可以避免因钢丝拉索润滑油耗尽带来的意外机械事故。当 ETCS – i 出现异常时,该系统可被切断,由加速踏板以缓慢模式操纵汽车行驶。

(1)ETCS – i 的结构。ETCS – i 的结构如图 5-225 所示,其主要由加速踏板位置传感器、节气门位置传感器、节气门控制电机和电磁离合器等组成。

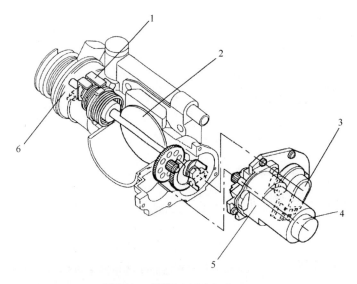

图 5-225 智能电子节气门的结构
1-缓慢行驶模式拉杆;2-节气门阀;3-节气门位置传感器;4-节气门控制电机;5-电磁离合器;6-加速踏板位置传感器

加速踏板位置传感器和节气门位置传感器分别将加速踏板移动量和节气门阀开度转换为电子信号后输入发动机的 ECU。节气门通过一个灵敏而高效的正反转直流步进电机来进行灵活控制。发动机 ECU 以"占空比"的方式控制电流的大小和驱动方向,再经减速齿轮组来驱动节气门的开度大小和速率值的高低。电磁离合器接合使节气门控制电机能够控制节气门阀。正常状态时,电磁离合器为通电常接合驱动状态,起连接作用;当系统有故障时,故障灯点亮,电磁离合器即应急断电分离,由加速踏板以缓慢模式操纵汽车以快怠速状态行驶,以便车辆能缓慢回家,起失效保护作用。

(2) ETCS-i 的控制。

①非线性控制。控制节气门在一个最佳的开度，使其与加速踏板移动量和发动机转速等行驶条件相匹配，以实现在全部工作范围内对节气门有良好的控制和适应性。例如，急加速时 ETCS-i 能防止进气管内压力瞬时加大，造成空燃比失控（过浓、过稀）。此时，ECU 使节气门缓慢打开，既省油，又避免了排放超标，有利于"环保控制"。图 5-226 所示是加速和减速时的节气门开度控制。

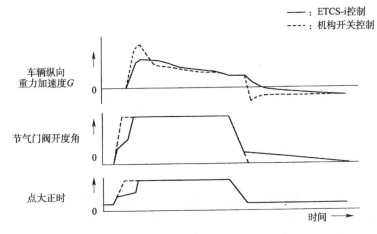

图 5-226　加速和减速时的节气门开度控制

在预先知道的低摩擦系数路面条件的情况下，例如当在雪地上行驶时，可控制节气门阀来增强汽车驶过易滑地面时的稳定性。

图 5-227 所示是在坚实雪地上以 1 挡起步加速时的控制例子。此时，牵引力控制系统（Traction Control System, TRC）关闭。

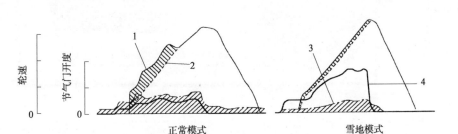

图 5-227　在坚实雪地上用 1 挡起步加速时的正常模式和雪地模式（中东地区车型除外）
1-后轮；2-前轮；3-节气门阀；4-加速踏板移动量

②怠速控制。以前是使用步进电机型的 ISC 来完成，例如冷车快怠速和怠速提升的怠速控制。与采用 ETCS-i 相适应，现在的怠速控制是由节气门控制电机控制节气门阀开度来完成的。

③减少换挡冲击控制。在变速器换挡期间，节气门控制与电控变速器（Electronic Control Transmission, CT）控制同步，以减少换挡冲击。

④TRC 节气门控制。作为 TRC 系统的一部分，如果一个驱动轮上产生过大的打滑量，节气门阀就由 ABS & TRC & VSC ECU 发出的指令信号关闭，以利于保证汽车的稳定性和驱动力。

⑤VSC 协调控制。为使 VSC 系统的效用达到最佳状态，由 ABS & TRC & VSC ECU 施加协调控制来控制节气门阀的开度。

⑥巡航控制。以前，车速是由巡航控制执行器打开和关闭节气门阀来控制的。采用 ETCS-i 后，车速则由节气门控制电机控制节气门阀来控制。

(3) ETCS-i 的失效保护。如果 ETCS-i 出现异常情况，"CHECK ENG"（发动机故障灯）将会在多信息显示屏上显示，以提醒驾驶人。同时，通往节气门控制电机和电磁离合器的电流被切断，停止操作 ETCS-i，使复位弹簧关闭节气门阀。即使在这种情形下，加速踏板可用于操纵慢驶模式拉杆来操作节气门阀,驾驶人可继续在慢驶模式下驾驶汽车,如图5-228所示。

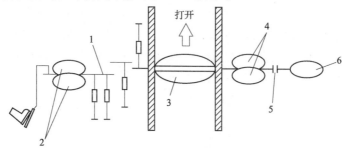

图5-228 电子节气门结构示意图

1-慢驶模式拉杆;2-加速踏板位置传感器;3-节气门阀;4-节气门位置传感器;5-电磁离合器;6-节气门控制电机

四、典型的汽油电子喷射系统

1. 德尔福MT20发动机管理系统

图5-229所示为德尔福MT20发动机管理系统,该系统以MT20及MT20U发动机控制模块为核心,其特征是电脑闭环控制、多点燃油顺序喷射、无分电器分组直接点火和三元催化器后处理。

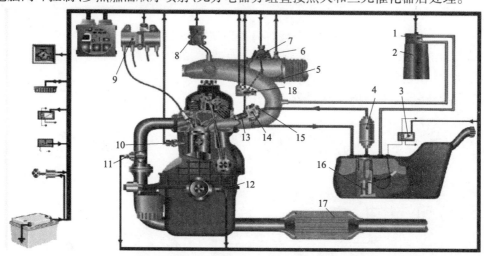

图5-229 德尔福MT20发动机管理系统

1-炭罐控制阀;2-炭罐;3-燃油泵继电器;4-燃油滤清器;5-节流阀体;6-进气温度传感器;7-急速空气阀;8-进气歧管绝对压力传感器;9-点火线圈及控制模块;10-冷却液温度传感器;11-氧传感器;12-曲轴位置传感器;13-喷油嘴;14-燃油油轨总成;15-燃油压力调节阀;16-燃油泵;17-三元催化转化器;18-节气门位置传感器

MT20是德尔福专门为中国地区电喷市场开发的发动机控制模块(ECM),设计上运用了最新的电子硬件技术,实现了较高的性价比。该系统的主要功能如下。

1)曲轴位置基准及转速测量

系统根据磁电式58X齿传感器信号判断曲轴位置及测量发动机转速,精确控制发动机点火及喷油正时。

2)缸序判定技术

为实现系统对发动机工作顺序的控制,系统可采用两种判缸形式:一种是常规的凸轮轴位置传感器缸序判定技术,另一种是采用德尔福独有的进气歧管压力传感器缸序判定技术(MAPCID)。凸轮轴判缸利用凸轮轴位置传感器和安装在凸轮轴上的齿轮,向控制模块传递一缸上止点信号。进气歧管压力判缸利用进气歧管压力传感器检测进气门附近的歧管压力,通过软件对信号分析实现判缸。

3)燃油喷射系统

系统采用速度密度法,通过进气温度和进气歧管压力传感器对空气量进行计算,控制供油量。多点顺序喷射可实现每个发动机循环通过主脉宽及修整脉宽精确供油,并具有闭环控制和自学习功能。采用德尔福涡轮式单级燃油泵,由ECM通过燃油泵继电器控制工作;采用德尔福第三代喷油器,最新型的油压调节器可支持无回油系统。

4) 点火系统

系统采用分组点火,将发动机的四个汽缸分为 1-4、2-3 两组分别进行点火控制。采用无分电器直接点火,按照"充磁即放"逻辑精确控制充磁及放电时间,由集成于 ECM 内的点火模块驱动双输出点火线圈,在压缩及排气行程同时点火;硬件采用德尔福新一代低价位的"铅笔式"点火线圈总成(PCP);可支持 4 缸顺序点火。

5) 废气排放控制

ECM 根据氧传感器信号采用闭环燃油控制,可使催化器转换效率达到最高;用车载诊断(EOBD)系统时可采用后置氧传感器闭环"二次"修正,降低排放;可选用线性废气再循环阀(LEGR),降低发动机 NO_x 排放。

6) 其他控制

此外,还具有整车主电源继电器控制、燃油油泵工作控制、爆震控制、步进电机怠速控制、即插即用式双温区空调控制、冷却水箱风扇控制和炭罐电磁阀控制,以及系统自诊断、三元催化器保护、过电压保护、里程记忆、即插即用式 ECM 防盗控制、CAN-BUS 通信接口可与自动变速器控制模块或 ABS 通信等功能和开放式、模块化 C 语言编程。

2. 博世 ME7 系统

ME7 系统是目前国内采用德国博世公司生产的 Motronic 系列发动机管理系统(EMS)中较先进的一种,如图 5-230 所示。

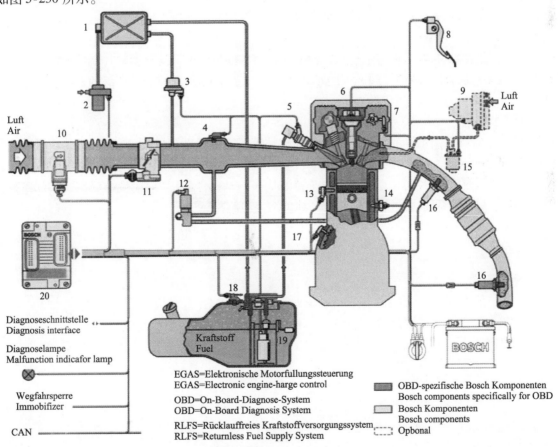

图 5-230 博世 ME7 发动机管理系统

1-炭罐;2-开关阀;3-炭罐控制阀;4-进气管压力传感器;5-燃油分配管/喷油器;6-点火线圈/火花塞;7-凸轮轴位置传感器;8-电子节气门踏板;9-二次空气电动泵;10-空气质量流量计或进气压力温度传感器;11-电子节气门体;12-EGR 阀;13-爆震传感器;14-温度传感器;15-二次空气阀;16-氧传感器;17-转速传感器;18-缸内压力传感器;19-油泵;20-ECU

ME7 系统的最大特点是基于转矩的控制策略,从而能根据不同发动机和客户的使用要求,将众多的不同控制功能集成到不同型号的发动机管理系统中,使 ME7 型发动机管理系统具有更好的移植性。该系统的主要功能如下。

1)电子节气门控制系统

电子节气门控制就是对进气量实现电子控制。该系统中,加速踏板是一个电位计,其信号表征加速踏板位置,反映了驾驶人的转矩需求。ECU 要综合考虑加速踏板位置、开启速率、进气量、发动机转速和冷却液温度等信号,确定节气门应有的开度,并通过对节气门直流电机的控制满足这一开度;而节气门位置传感器同时将节气门实际开度反馈给 ECU,实现对节气门位置的闭环控制。

2)二次空气电子控制

在每缸排气门后紧挨排气门的地方输入空气,使高温废气中的 HC 和 CO 补氧燃烧,一方面减小了有害气体特别是发动机冷起动和暖机阶段的排放,另一方面燃烧产生的热量又使催化转化器加热到工作温度,提高了催化转化器的工作效率。通过这种方式,可使暖机阶段的 CO 排放下降40%,HC 下降20%左右,实现有效减少有害气体排放。

3)空燃比闭环控制

通过在催化转化器前后各安装一个氧传感器,实现对空燃比的闭环控制。前氧传感器用于修正喷油量,后氧传感器用于监督前氧传感器和催化转化器工作是否正常,有助于防止废气中的污染物,在一段长时间内保证稳定的空燃比。

4)可变进气管长度控制

为提高发动机的进气体积效率,充分发挥进气谐波增压效果,应使进气管长度与发动机的转速相匹配,即低速时增大进气管长度,高速时减小进气管长度。一般,通过在每个汽缸的进气歧管处装一个活门,活门开启时,空气通过活门以较短路径进入汽缸;活门关闭时,空气以较长路径进入汽缸。

5)废气再循环电子控

废气再循环是使部分废气回流到进气歧管中,返回汽缸的废气使混合气变稀,降低最高燃烧温度,减小 NO_x 排放。废气通过废气再循环阀进入进气系统,废气再循环阀利用节气门后部的进气歧管提供真空度控制开度,从而改变废气再循环量。

6)其他控制特点

博世 ME7 系统还采用了空气质量流量计和进气歧管压力传感器提供负荷信息,用感应式转速传感器提供转速和曲轴位置信号,利用双塔点火线圈代替传统的点火线圈进行点火,采用废气涡轮增压压力控制提高进气体积效率,采用可变气门正时电子控制提高发动机性能,采用巡航控制系统增加驾驶方便性,采用 OBD 随车诊断系统达到严格的排放标准和综合诊断要求等。

第六章 新能源客车动力系统

新能源客车的动力系统有多种类型,一般根据结构的不同,可分为混合动力系统(包括串联、并联和混联等)、纯电动动力系统和燃料电池动力系统三大类。在这三类动力系统中,按照技术成熟程度的不同,目前采用最多的是混合动力系统,但从节能减排和环境保护出发,最终的发展趋势是纯电动动力系统和燃料电池动力系统。

第一节 储能装置

新能源汽车动力系统的关键技术是能量储存。目前,储能技术主要有化学储能、物理储能和电磁储能三大类,其中化学储能通过提升化学材料的应用范围,提高能量密度,实现其产业化应用,而各类电化学储能电池在生产和研究中具有不同的技术路线和应用方向。当前,主要的电化学储能电池有铅酸电池、氧化还原液流电池、钠硫电池、超级电容器和锂离子电池等。

物理储能主要是指抽水蓄能、压缩空气储能和飞轮储能等,具有环保、绿色,利用天然资源来实现,规模大、循环寿命长和运行费用低等优点。但需要特殊的地理条件和场地,建设局限性较大,且一次性投资费用较高,不适合较小功率的离网发电系统。

电磁储能包括超导线圈和超级电容器等。其中,超导储能(Superconducting Magnetic Energy Storage,SMES)采用超导体材料制成线圈,利用电流流过线圈产生的电磁场来储存电能。由于超导线圈的电阻为零,电能储存在线圈中几乎无损耗,储能效率高达95%。超导储能装置结构简单;没有旋转机械部件和动密封问题,因此设备寿命较长;储能密度高,可做成较大功率的系统;响应速度快(1~100ms),调节电压和频率快速且容易。

一、铅酸电池

铅酸电池又称铅酸水电池,其电极由铅和铅的氧化物构成,电解液为硫酸的水溶液。一个单格铅酸电池的标称电压是2.0V,能放电到1.5V,充电到2.4V。在应用中,经常用6个单格铅酸电池串联起来组成标称为12V的铅酸电池。此外,还有24、36和48V等规格。其主要优点是电压稳定、价格便宜;缺点是比能低(即每kg电池存储的电能)、使用寿命短和日常维护频繁。

铅酸电池最明显的特征是其顶部有6个可拧开的塑料密封盖,上面有通气孔,如图6-1所示。这些密封盖用于加注、检查电解液和排放气体之用。理论上,铅酸电池需要在每次维护时检查电解液的高度,如果有缺少需添加蒸馏水。但随着电池制造技术的进步,铅酸电池已发展为铅酸免维护电池,即在使用中无须添加电解液或蒸馏水,利用充电和放电达到水分解循环。目前,铅酸免维护电池的应用范围较为广泛,包括不间断电源和普通燃油(气)客车及新能源(电动)客车上的照明和低压控制电源等。由于其与锂离子电池相比,能量密度较低,还无法在新能源(电动)客车上作为动力电源使用,仅在部分低速客车上作为动力电源(动力电池)或在无轨电车上作为辅助动力电源(辅助动力电池)使用。

图6-1 铅酸电池外形结构

二、镍基电池

镍基电池主要包括镍镉、镍锌和镍氢三种。其中,镍镉电池的比能量可达55W·h/kg,比功率超过

190W/kg,可快速充电,循环使用寿命长(>2000次),自放电率低(<0.5%/天),但成本高(为铅酸电池的2~4倍),且镉是剧毒物,污染环境。镍镉电池放电时若不予以完全放电,而是以特定的放电深度来重复放、充电的话,那么在反复充放电几次之后,因为每次放电电池都有残余容量,使得电池会有记忆现象而将此放电终止电压的值记住;当电池不再只以此放电深度来放电,电压逐渐下降超过被记忆住的电压值时,电池电压会突然间崩溃性地急速下降很大的准位,然后才又继续慢慢地下降,这种现象称为记忆效应。

记忆现象在周围温度高时会比较明显,而使用较低充电电流时也会有记忆现象。记忆效应形成之后,若要消除其所造成的影响,必须对电池做一两次完全充放电。

镍锌电池的比能量高(可达65W·h/kg),比功率高(300W/kg),成本低(低于前者),但循环寿命偏短(大约为300次)。

镍氢电池和镍镉电池一样,同属于碱性电池,其特性和镍镉电池相似,但镍氢电池不含镉、铜,不存在重金属污染问题。随着镍氢动力电池技术的发展,其比能量已超过80kW/kg,循环使用寿命有可能超过500次。

镍氢电池作为动力电池,正极的活性物质为NiOH(放电时)和Ni(OH)$_2$(充电时),负极板的活性物质为H$_2$(放电时)和H$_2$O(充电时),电解液采用30%的氢氧化钾溶液。充电时,负极析出氢气,储存在容器中,正极由氢氧化亚镍变成氢氧化镍(NiOH)和H$_2$O;放电时氢气在负极上被消耗掉,正极由氢氧化镍变成氢氧化亚镍。图6-2所示为一款车用镍氢电池包的结构照片。

图6-2 一款车用镍氢电池结构照片

我国有世界上连续化带状泡沫镍的最大生产基地,有一大批从事新能源客车镍氢动力电池的研究开发单位,其中有色金属研究院、春兰集团、湖南神舟科技公司、天津和平海湾及沈阳三普等单位的产品指标已基本达到车用要求。但由于工艺问题,电池的均匀一致性较差,目前在车用电池领域几乎已经全部被锂电池所取代。

三、钠硫电池

钠硫电池由美国福特(Ford)公司于1967年首先发明公布,其比能量高,可大电流、高功率放电。随后,日本东京电力公司(TEPCO)和NGK公司合作开发钠硫电池作为储能电池,其应用目标瞄准电站负荷调平、UPS应急电源及瞬间补偿电源等,并于2002年开始进入商品化实施阶段。

钠硫电池以钠和硫分别用作阳极和阴极,Beta-氧化铝陶瓷同时起隔膜和电解质的双重作用。其结构和工作原理如图6-3所示。

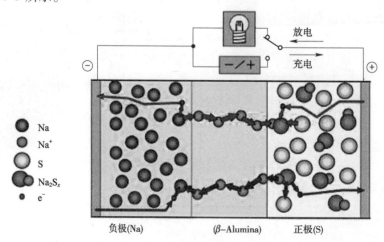

图6-3 钠硫电池的结构及工作原理

$$(-)\mathrm{Na}(1)/\mathrm{Beta}\text{——氧化铝}/\mathrm{Na_2S}_x(1)/\mathrm{C}(+)$$

基本的电池反应是:
$$2\mathrm{Na} + x\mathrm{S} = \mathrm{Na_2S}_x$$

钠硫电池的特性:

(1)理论比能量高。钠硫电池的理论比能量高达760W·h/kg,且没有自放电现象,放电效率几乎可达100%。

(2)单体电池储能量大。钠硫电池的基本单元为单体电池,用于储能的单体电池最大容量达到650A·h,功率120W以上。将多个单体电池组合后形成模块,模块的功率通常为数十千瓦,可直接用于储能。

(3)技术成熟。钠硫电池在国外已是发展相对成熟的储能电池,其使用寿命可达10~15年。

钠硫电池已被美国福特汽车公司的新能源客车Mnivan使用,并被美国先进电池联合体(USABC)列为中期发展的新能源客车动力电池。德国ABB公司生产的B240K型钠硫动力电池,其质量为17.5kg,蓄电量19.2kW·h,比能量达109W·h/kg,循环使用寿命1200次。由于目前该电池工作温度高,使用寿命尚达不到要求,且其安全性还有待评估,在我国还没有实际批量装车的案例。

四、锌空电池

锌空电池又称锌氧电池,靠金属锌和空气在特种电解质作用下发生化学反应来获得电能,其实物照片如图6-4所示。锌空电池的容量比其他电池高3~10倍,具有工作电压平稳、杂音小等优点。但从严格意义上来讲,它并不是蓄电池,而是利用锌和空气直接发电。在电池用完后,只需要更换封装好的锌粉(几分钟即完成)即锌空电池由阳极、阴极、电解液、隔离层、绝缘和密封衬垫及外壳等组成,其结构示意图如图6-5所示。成糊状的锌粉在阴极端,起催化作用的炭在阳极,电池壳体上的孔可让空气中的氧进入腔体附着在阳极的炭上,同时阴极的锌被氧化,这一化学反应与小型银氧或汞氧电池的化学反应类似。其中:

阳极——是起催化作用的炭从空气中吸收氧。

阴极——是锌粉和电解液的混合物,成糊状。

电解液——高浓度的氢氧化钾(KOH)水溶液。

隔离层——用于隔离两级间固体粉粒的移动。

绝缘和密封衬垫——尼龙材料。

电池外表面——镍金属外壳,具有良好防腐性的导体。

图6-4 锌空电池实物照片

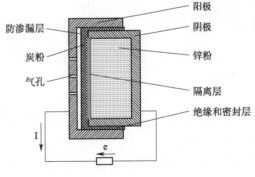

图6-5 锌空电池的结构示意图

锌空电池的工作原理如下:

阴极:$\mathrm{Zn} + 2\mathrm{OH} = \mathrm{ZnO} + \mathrm{H_2O} + 2e$

阳极:$\mathrm{O_2} + 2\mathrm{H_2O} + 4e = 4\mathrm{OH}$

综合:$2\mathrm{Zn} + \mathrm{O_2} = 2\mathrm{ZnO}$

通常这种反应产生的电压是1.4V,但放电电流和放电深度可引起电压变化,空气必须能不间断地进入到阳极。在正极壳体上开有小孔,以便氧气源源不断地进入才能使电池产生化学反应。

锌空电池的特性:

(1)比能量高。比能量约275W·h/kg,为锌锰电池的4~5倍。
(2)体积小,质量轻(空气电极的活性物质不在电池内部),容量大。
(3)内阻小。由于内阻小,大电流放电和脉冲放电性相当好。
(4)储存寿命长。
(5)使用温度范围广。最佳工作温度0~50℃,能在-40~60℃下工作。
(6)工作电压平稳。
(7)使用安全,对生态环境污染小。

锌空电池可以作为动力电池运用于电动车行业,如电动自行车、电动助动车和摩托车、电动出租车,以及电动城市公交客车等。其原因是锌空动力电池解决了现有电池在电动车辆应用方面所存在主要问题:比能量达到200W·h/kg,是现有市场上铅酸动力电池比能量的近6倍,使电动车续行里程可达200km以上;单位成本可与铅酸动力电池相比,具有很好的市场性价比;能源再生体系可保证对环境无污染。

但是,由于锌空电池内部含有高浓度的电解质(氢氧化钾,具有强碱性和强腐蚀性),一旦发生渗漏,将腐蚀电池附近部件,且这种腐蚀可能是不可修复和致命的;此外,电池上有孔,电池在激活使用后存放时间又很短,所以锌空电池较易发生电池漏液;因其比功率小、不能输出大电流,所以在新能源客车实际运用中常与其他动力电池共同使用;由于不是充电,而是添加燃料"锌",所以废液处理成本是制约其发展的瓶颈。近年来,铝空气电池的技术发展引人注目,其主要优势是废液处理方法简单,是一款极有前途的电动车用电池。

五、飞轮电池

飞轮电池是20世纪90年代才提出的新概念,其突破了化学电池的局限,采用物理方法的飞轮旋转实现储能。结构和工作原理示意图如图6-6所示。

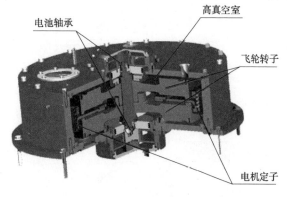

图6-6 飞轮电池结构原理图

飞轮电池系统包括三个核心部分,即一个飞轮、电动机—发电机和电力电子变换装置。

电力电子变换装置从外部输入电能驱动电动机旋转,电动机带动飞轮旋转,飞轮储存动能(机械能),当外部负载需要能量时,用飞轮带动发电机旋转,将动能转化为电能,再通过电力电子变换装置变成负载所需要的各种频率、电压等级的电能,以满足不同的需求。由于输入、输出是彼此独立的,设计时常将电动机和发电机用一台电机来实现,输入输出变换器也合并成一个,这样就可以大大减少系统的大小和质量;同时,由于在实际工作中,飞轮的转速可达40000~50000r/min,一般金属制成的飞轮无法承受这样高的转速,所以飞轮一般都采用碳纤维制成,既轻又强,进一步减轻了整个系统的质量;为了减少充放电过程中的能量损耗(主要是摩擦力损耗),电机和飞轮都使用磁轴承,使其悬浮,以减少机械摩擦;将飞轮和电机放置在真空容器中,以减少空气摩擦。这样,飞轮电池的净效率(输入/输出)可达95%左右。

在实际使用的飞轮装置中,主要包括飞轮、轴、轴承、电机、真空容器和电力电子变换器等部件。其中,飞轮是整个电池装置的核心部件,它直接决定了整个装置的储能多少(储存的能量由公式$E=j\omega^2$决定。式中j为飞轮的转动惯量,与飞轮的形状和质量有关;ω为飞轮的旋转角速度)。

电力电子变换器通常是由金属—氧化物半导体场效应晶体管(MOSFET)和绝缘栅双极型晶体管(IGBT)组成的双向逆变器,它们决定了飞轮装置能量输入、输出量的大小。

飞轮电池体积小、质量轻、充电快、寿命长,其使用寿命达25年,可供新能源客车行驶500万km。但将其用作新能源汽车的能量源仍面临两大问题,即当车辆转弯或产生颠簸偏离直线行驶时,飞轮将产生陀螺力矩,从而严重影响车辆的操纵稳定性;若飞轮出现故障,以机械能形式存储在飞轮中的能量就会在短时间内释放出来,大功率输出将导致车辆损坏。因此,超高速飞轮在电动汽车上使用将面临结构可靠性、充电、自放电、噪声以及振动等方面的更进一步改进和完善。

六、锂离子电池

锂离子电池主要依靠锂离子在正极和负极之间的移动来工作。在充放电过程中,Li+在两个电极之间往返嵌入和脱嵌:充电时,Li+从正极脱嵌,经过电解质嵌入负极,负极处于富锂状态;放电时则相反。电池一般采用含有锂元素的材料作为电极,是现代高性能电池的代表。

1. 单体锂离子电池

1)锂离子电池的分类

锂离子电池一般有三种分类方法,即按所用电解质材料、外部形状和正极材料的不同进行分类。

(1)按电解质材料的不同分类。根据所用电解质材料的不同,锂离子电池可以分为液态锂离子电池(Liquified Lithium – Ion Battery,LIB)和聚合物锂离子电池(Polymer Lithium – Ion Battery,PLB)两大类。其中,液态锂离子电池是指Li+嵌入化合物为正、负极的二次电池。正极采用锂化合物 $LiCoO_2$、$LiNiO_2$ 或 $LiMn_2O_4$,负极采用锂—碳层间化合物 $LixC_6$。

(2)按外部形状的不同分类。按外部形状的不同,锂离子电池可分为:

①圆柱形锂离子电池。圆柱形锂离子电池通常正负极与隔膜被绕卷到负极柱上,再装入圆柱形钢壳,然后注入电解液,封口形成最终产品,如图6-7所示。一种圆柱形锂离子电池的结构如图6-8所示。

图6-7 圆柱形和方形锂离子电池

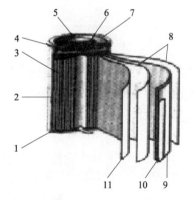

图6-8 一种圆柱形锂离子电池的结构示意图
1、2-外壳;3-绝缘体;4-垫圈;5-顶盖;6-正极端子;
7-排气阀;8-隔膜;9-负极;10-负极板;11-正极

②方形锂离子电池。方形电池与圆柱形类似,主要由正负极和电解液,以及外壳等部件组成,通常电解质为液态时使用钢壳。

③纽扣锂离子电池。这种电池结构简单,通常用于电子产品以及科学研究。

④薄膜锂离子电池。薄膜锂离子电池是锂离子发展的最新领域,其厚度可达毫米甚至微米,常用于微电子产品等电子设备。

(3)按正极材料的不同分类。目前,锂离子电池常用的正极材料主要有磷酸铁锂、锰酸锂、钴酸锂、镍酸锂和镍钴锰三元复合材料,负极极材料主要有人造石墨、天然石墨、石墨化碳材料、石墨化中间相碳微珠和金属氧化物。在使用中通常按照正极材料的不同,分为磷酸铁锂、锰酸锂、钴酸锂、镍酸锂和镍钴锰锂离子电池。

2)锂离子电池的结构和工作原理

锂离子电池的主要构造包括有正极、负极与电解质三项要素。所谓的聚合物锂离子电池是指在这三种主要构造中至少有一项或一项以上使用高分子材料作为主要的电池系统。而在目前所开发的聚合物锂离子电池系统中,高分子材料主要应用于正极及电解质。正极材料包括导电高分子聚合物或一般锂离子电池所采用的无机化合物,电解质则可以使用固态或胶态高分子电解质,或有机电解液。一般锂离子技术使用液体或胶体电解液,因此需要坚固的二次包装来容纳可燃的活性成分,这既增加了质量,同时也限制了尺寸的灵活性。而聚合物锂离子工艺中没有多余的电解液,因此更稳定,也不易因电池的过量充电、碰撞或其他损害,以及过量使用而造成危险。

典型的锂离子电池体系为:$(-)C \mid LiPF_6—EC + DEC \mid LiCoO_2(+)$,其工作原理如图6-9所示。

正极反应:$LiCoO_2 = Li1 - xCoO_2 + xLi^+ + xe^-$

负极反应:$6C + xLi^+ + xe^- = LixC_6$

电池总反应:$LiCoO_2 + 6C = Li1—xCoO_2 + LixC_6$

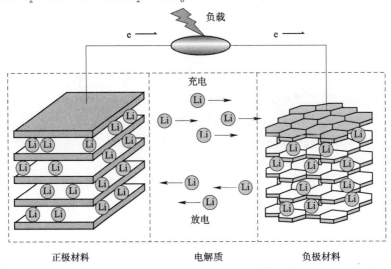

图6-9 锂离子电池工作原理

聚合物锂离子电池的原理与液态锂相同,主要区别是电解液与液态锂不同。

锂离子电池的能量密度已达到铅酸电池的3~4倍,镍氢电池的2倍,且循环寿命也较长,性能价格比明显优于镍氢电池,被认为是最有希望的新能源客车用动力电池。目前,市场上推出的混合动力客车、插电式混合动力客车以及纯新能源(电动)客车基本上都采用了锂离子电池作为动力。

锂离子电池的主要性能有比能量高、比功率大,自放电少、价格低廉、使用寿命长、安全性好。能量越高,电动车续航里程越远,功率越高,电动车加速、爬坡性能越好,循环性越好,电动车寿命越长。表6-1所示为按正极材料不同所划分的五种锂离子电池的材料成分及主要性能参数。

五种锂离子电池的材料成分及主要性能参数　　　表6-1

项 目	磷酸铁锂	锰酸锂	钴酸锂	镍钴锰三元材料	镍酸锂
材料成分	$LiFeCoPO_4$	$LiMn_2O_4$	$LiCoO_2$	镍钴锰三元电池材料	$LiNiO_2$
理论能量密度($mA·h/g$)	170	148	274	278	274
实际能量密度($mA·h/g$)	130~140	100~120	135~140	155~165	190~210
电压(V)	3.2~3.7	3.8~3.9	3.6	3.0~4.5	2.5~4.1
循环性(次)	>2000	>500	>300	>800	差
过渡金属	非常丰富	丰富	贫乏	贫乏	丰富
环保性	无毒	无毒	钴有放射性	镍、钴有毒	镍有毒
安全性	好	良好	差	尚好	差
适用温度(℃)	-20~75	>50 快速衰减	-20~55	-20~55	N/A
比能量($W·h/kg$)	125	126		107(微宏三元材料)	

2. 动力电池成组应用技术

在新能源汽车动力电池的应用中,由于单体电池的电压和容量无法满足整车需求,需要对多块单体电池进行串联与并联,以满足电压和容量需求,因此串、并联连接方式往往同时存在。而纯电动汽车和电网储能用串、并联电池组的建模仿真方法,以及基于对串、并联电池组的建模仿真分析,已成为研究影响锂离子电池组性能的主要因素和优化的电池成组技术的主要试验分析方法之一。

1) 串并联电池组拓扑结构

电池组典型的连接方式有先并联后串联、先串联后并联[图6-10a)、b)]和先并后串再并[混联方式,图6-10c)]三种方式。其中,先并后串的连接方式在新能源汽车用动力电池系统中经常采用,而电网电池储能中则往往采用先串后并的连接方式。

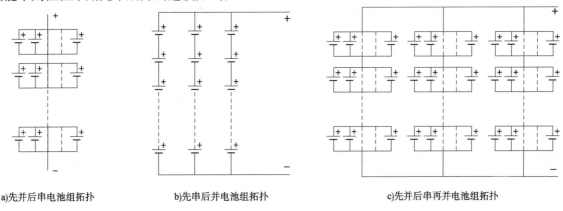

a) 先并后串电池组拓扑　　　　b) 先串后并电池组拓扑　　　　c) 先并后串再并电池组拓扑

图6-10　动力电池组串并联拓扑方式

2) 电池组性能影响分析

从电池组连接的可靠性以及电池电压不一致性发展趋势和对电池组性能影响的角度分析,先并联后串联的连接方式优于先串联后并联连接方式,而先串后并的电池拓扑结构有利于对系统各个单体电池进行检测和管理。

串并联电池组在使用过程中出现的电池单体过充电、过放电、超温和过流问题,致使成组电池使用寿命大幅缩短甚至发生燃烧、爆炸等恶性事故,因此成组动力锂电池使用寿命缩短、安全性下降已经成为制约其推广应用和产业发展的关键。电池筛选成组与适应动力锂离子电池的有效电池管理,是提高串并联电池组性能的两个重要方面。串联电池组中由于单体电池容量、初始SOC、内阻和极化的不一致性,在充放电过程中需要电池管理系统检测单体电池电压与充放电设备通信以防部分单体电池的过充或过放。一般,在良好的电池管理条件下,使用过程中应避免滥用如大电流倍率和环境温度过高等;串联电池组不会因为连接成组而造成快于单体电池的寿命衰退,但是部分电池性能的短板效应会减小串联电池组的容量利用率,这可以通过带均衡功能的电池管理系统提高。

并联电池组中由于支路电流受到支路电池参数耦合影响,成组后支路电池容量、初始荷电量、内阻和极化的差异会造成支路电流工况的差异,虽然大多数单体并联的支路电池参数较为一致,且整个充放电过程的平均电流倍率与并联电池组的外施电流倍率差异不大,但是在充放电的电池电压平台两端SOC区间形成的电流差异较大。例如,充电末端90%、100% SOC区间由于平台电流差异的累积导致末端支路电流的差异,极其容易出现没有充满的电池过流充电,已经充满的电池过充充电。另外一个显著的影响因素就是并联电池组由于实际工况中存在动态电流工况(加速、制动以及怠速过程)产生了电流的环流,环流同样是充放电也一定程度损伤了电池组寿命。假设100W·h的总充放能量会出现5W·h的环流,电池循环寿命将比单体实验寿命降低5%左右。先并后串的连接方式中并联支路的串联电池数目越多,整条支路电池参数如内阻、极化更接近统一批次电池参数平均值的整数倍,而并联支路的容量差异和初始SOC差异则成为导致并联电流不平衡的主要因素。同一批次电池参数正态分布在先串后并的各个支路中,显著降低了整个串并联电池组的电流不平衡程度。

图6-11所示为茵卡动力系统(上海)有限公司提供的一款采用磷酸铁锂电池的插电式动力电池组(A123 26650)照片。该电池组由96块单体电池(LFP26650,3.3V/2.5A·h)组成,标称电压356V,标称容量20A·h,模组组合方式为108S8P的插电式电池组。图6-12所示为海格客车采用的国轩高科锂离子电池组在车上的安装。

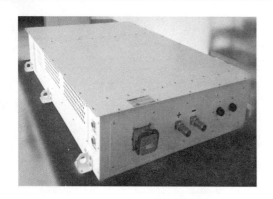

图 6-11　A123 26650 电池组

图 6-12　海格客车采用的国轩高科锂离子电池组

七、超级电容器

超级电容器（Supercapacitors，ultracapacitor），又名电化学电容器（Electrochemical Capacitors）、双电层电容器（Electrical Double-Layer Capacitor）、黄金电容和法拉电容等，如图 6-13 和图 6-14 所示。超级电容器不同于传统的化学电源，是一种介于传统电容器与电池之间、具有特殊性能的电源，主要依靠双电层和氧化还原假电容电荷储存电能。但其储能的过程并不发生化学反应，且这种储能过程是可逆的，也正因为如此，超级电容器可以反复充放电数十万次。其基本原理和其他种类的双电层电容器一样，都是利用活性炭多孔电极和电解质组成的双电层结构获得超大容量。

图 6-13　超级电容器

图 6-14　一种车用超级电容器模块

超级电容器的突出优点是功率密度高、充放电时间短、循环寿命长和工作温度范围宽，是目前世界上已投入量产的双电层电容器中容量最大的一种。

超级电容的电流是在电极/溶液界面通过电子或离子的定向排列造成电荷的对峙而产生的，如图 6-15 所示。对一个电极/溶液体系，会在电子导电的电极和离子导电的电解质溶液界面上形成双电层。当在两个电极上施加电场后，溶液中的阴、阳离子分别向正、负电极迁移，在电极表面形成双电层；撤销电场后，电极上的正负电荷与溶液中的相反电荷离子相吸引而使双电层稳定，在正负极间产生相对稳定的电位差。这时对某一电极而言，会在一定距离内（分散层）产生与电极上的电荷等量的异性离子电荷，使其

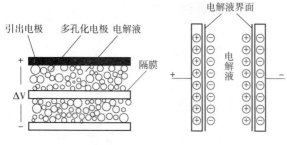

图 6-15　超级电容结构

保持电中性；当将两极与外电路连通时，电极上的电荷迁移而在外电路中产生电流，溶液中的离子迁移到溶液中呈电中性，这便是双电层电容的充放电原理。

进入 20 世纪 90 年代，超级电容器的研究热点进入到了大能量及大功率上，超级电容器的性能有了很大的提高。美国 Maxwell 公司、俄罗斯 ESMA 公司、日本 Panasonic 公司等都实现了超级电容器的批量化生产，可以向市场提供性能较为稳定的实用化商品。表 6-2 是几种外国公司生产的超级电容器所采用

的技术和主要性能指标,反映了国外公司生产的超级电容器的性能和水平。

几家外国公司生产的超级电容器的主要性能指标　　　　　表6-2

公司/研究所	采用技术	电容参数	能量密度(W·h/kg)	功率密度(W/kg)
美国 Maxwell	炭微粒电极,有机电解液	3V,800~2000F	3~4	200~400
	铝箔附着炭布电极,有机电解液	3V,130F	3	500
俄罗斯 ESMA	混合型(NiO/碳)电极,KOH电解液	1.7V(单体),50000F	8~10	80~100
日本 Panasonic	炭微粒电极,有机电解液	3V,800~2000F	3~4	200~400
法国 Saft/Alcatel	炭微粒电极,有机电解液	2.8V,3500F	6	3000

表6-3所示为上海奥威科技开发有限公司生产的超级电容器模块的主要技术参数。

上海奥威科技开发有限公司生产的超级电容器模块的主要技术参数　　　　　表6-3

模块型号	MUCE27V1080-A	MUCE18V720-A
模块内串联单体数	18	12
标称容量(F)	4500	6500
额定工作电压区间(V)	16.2~27.4	10.8~18.2
极限最高使用电压(V)	27.9	18.6
静态时最低电压(V)	18.0	12.0
工作电压区间内有效储存能量(W·h)	≥300	≥200
等效直流内阻(100A)(mΩ)	≤8.1	≤5.4
循环寿命(次)	≥50000	≥50000
外形尺寸(长×宽×高)(mm)	810×215×360	570×215×360
质量(kg)	≤62	≤43

超级电容器电池作为一种新型储能装置,具有充电时间短、使用寿命长、温度特性好、节约能源和绿色环保等特点。超级电容器用途广泛,可用作起重装置的电力平衡电源,提供超大电流的电力;用作车辆起动电源,起动效率和可靠性都比传统蓄电池高,可以全部或部分替代传统蓄电池;用作车辆的牵引能源可以生产电动汽车、替代传统的内燃机、改造现有的无轨电车,如图6-16所示。目前,中通、宇通和厦门金龙等客车企业均有使用超级电容作为储能装置的插电式混合动力客车推向市场。

图6-16　采用超级电容的插电式混合动力客车

纵观新能源客车储能系统(动力源)的选择,在传统充电蓄电池技术上,国外有一种看法认为改进型铅酸电池(主要指双极性、亚双极性水平电池)和锂聚合物电池是发展方向。由于改进型铅酸电池成本低、运行可靠,因此是目前使用较多的起动电池。而锂聚合物电池的性能价格有望达到市场化的指标,是未来可以实现且市场能够接受的电池。镍氢蓄电池技术日趋成熟,在锂类电池技术成熟以前,有一定的市场前景。对钠硫电池、钠氯化镍电池以及锌空电池等新型电池的发展,业界寄予厚望,但目前钠硫电池、钠氯化镍电池的技术还有待于成熟,安全性也有待评估。特别近年来,在燃料电池技术发展的影响下,这些新型电池的发展已显得不那么注目了。

第二节 燃料电池

燃料电池（Fuel Cell,FC）是把燃料中的化学能直接转化为电能的能量转化装置,它从外表上看有正负极和电解质等,像一个蓄电池,但实质上它不能"储电"而是一个"发电厂"。只要外部不断地供给燃料和氧化剂,燃料电池就能连续稳定地发电,因此是一种高效率、高环保、可再生的电池。电动汽车燃料电池的燃料主要为氢（H_2）和甲醇（CH_3OH）,目前用得较多的是质子交换膜燃料电池（FEMFC）,也就是我们常说的氢燃料电池。

燃料电池的原理是一种电化学装置,组成与一般电池相同。其单体电池由正负两个电极（负极即燃料电极,正极即氧化剂电极）以及电解质组成。不同的是一般电池的活性物质储存在电池内部,因此,限制了电池容量。而燃料电池的正、负极本身不包含活性物质,只是个催化转换元件。因此燃料电池是名副其实的把化学能转化为电能的能量转换机器。电池工作时,燃料和氧化剂由外部供给,进行反应。原则上只要反应物不断输入,反应产物不断排除,燃料电池就能连续地发电。

燃料电池涉及化学热力学、电化学、电催化、材料科学、电力系统及自动控制等学科的有关理论,具有发电效率高、环境污染少等优点。

燃料电池具有能量转化效率高（直接将燃料的化学能转化为电能,中间不经过燃烧过程,因而不受卡诺循环的限制,一般燃料电池的燃料—电能转换效率为45%~60%；火力发电和核电的效率在30%~40%）、安装地点灵活（功率可根据需要由电池堆组装,十分方便）和负荷响应快、运行质量高（在数秒内就可以从最低功率变换到额定功率）等特点。

一、主要类型

按工作温度不同,燃料电池可分为低温燃料电池和高温燃料电池（亦称为面向高质量排气而进行联合开发的燃料电池）两大类。其中,前者有碱性燃料电池（AFC,工作温度为100℃）、固体高分子型质子膜燃料电池（PEMFC,亦称质子膜燃料电池,工作温度为100℃以内）和磷酸型燃料电池（PAFC,工作温度为200℃）三种；后者有熔融碳酸盐型燃料电池（MCFC,工作温度为650℃）和固体氧化型燃料电池（SOFC,工作温度为1000℃）两种。也有按其开发早晚顺序,把PAFC称为第一代燃料电池,把MCFC称为第二代燃料电池,把SOFC称为第三代燃料电池。

按燃料的处理方式不同,可分为直接式、间接式和再生式。直接式燃料电池按温度的不同又可分为低温、中温和高温三种类型,间接式包括重整式燃料电池和生物燃料电池,再生式燃料电池中有光、电、热、放射化学燃料电池等。

按照电解质类型的不同,可分为碱型、磷酸型、聚合物型、熔融碳酸盐型和固体电解质型燃料电池等。

二、常用的几种燃料电池

由于研究和开发的角度不同,燃料电池种类繁多,但目前应用较多的主要有4种。

1. 质子交换膜燃料电池

质子交换膜燃料电池（Proton exchange membrane fuel cell,PEMFC）在原理上相当于水电解的"逆"装置。是使用一种特定的燃料,通过一种质子交换膜（PEM Proton Exchange Membrane）和催化层（CLCatalystLayer）而产生电流的一种装置,这种电池只要外界源源不断地供应燃料（例如氢气或甲醇）,就可以提供持续电能。

质子交换膜燃料电池的单电池由阳极、阴极和质子交换膜组成,阳极为氢燃料发生氧化的场所,阴极为氧化剂还原的场所,两极都含有加速电极电化学反应的催化剂,而质子交换膜则作为电解质。

其工作原理是利用一种称为质子交换膜的技术,使氢气在覆盖有催化剂的质子交换膜作用下,在阳极将氢气催化分解成为质子,这些质子通过质子交换膜到达阴极,在氢气的分解过程中释放出电子,电子

通过负载被引出到阴极,这样就产生了电能。工作时相当于一直流电源,阳极即电源负极,阴极即电源正极。其两电极的反应分别为:

阳极(负极):$2H_2 > 4H^+ + 4e^-$

阴极(正极):$O_2 + 4e^- + 4H^+ > 2H_2O$

在阳极经过质子交换膜和催化剂的作用,在阴极质子与氧和电子相结合产生水。即燃料电池内部的氢与空气中的氧进行化学反应,生成水的过程同时产生了电流(也可以理解为是电解水的逆反应)。

燃料电池在阳极除供应氢气外,同时还收集氢质子($H+$),释放电子;在阴极通过负载捕获电子产生电能。质子交换膜的功能只是允许质子($H+$)通过,并与阴极中的氧结合产生水。这种水在反应过程中的温度作用下,以水蒸气的形式散发在空气中。对汽车用的大功率燃料电池,需要设置水的回收装置。一般,用氢作燃料电池所生成的是纯净水,可以饮用;而用甲醇作燃料生成的水溶液中可能产生甲醛之类有毒物质,不能饮用。图6-17所示为质子交换膜燃料电池的结构和工作原理示意图。

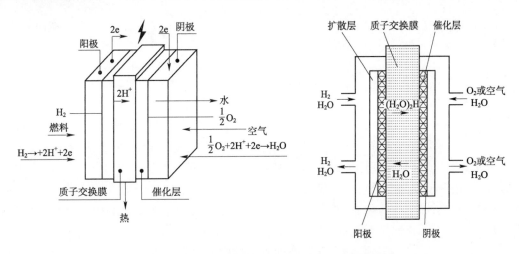

图6-17 质子交换膜燃料电池的结构和工作原理示意图

由于质子交换膜只能传导质子,因此氢质子可直接穿过质子交换膜到达阴极,而电子只能通过外电路才能到达阴极。当电子通过外电路流向阴极时就产生了直流电。以阳极为参考时,阴极电位为1.23V。亦即每一单电池的发电电压理论上限为1.23V。接有负载时输出电压取决于输出电流密度,通常为0.5~1V。将多个单电池以串联方式层叠组合,就能构成输出电压满足实际负载需要的燃料电池堆(简称电堆)。而将双极板与膜电极三合一组件交替叠合,各单体之间嵌入密封件,经前、后端板压紧后用螺杆紧固拴牢,即构成质子交换膜燃料电池电堆。叠合压紧时应确保气体主通道对正以便氢气和氧气能顺利通达每一单电池。电堆工作时,氢气和氧气分别由进口引入,经电堆气体主通道分配至各单电池的双极板,经双极板导流均匀分配至电极,通过电极支撑体与催化剂接触进行电化学反应。

电堆的核心是双极板与膜电极组件和双极板。双极板与膜电极组件是将两张喷涂有Nafion溶液及铂催化剂的碳纤维纸电极分别置于经预处理的质子交换膜两侧,使催化剂靠近质子交换膜,在一定温度和压力下模压制成。双极板常用石墨板材料制作,具有高密度、高强度、无穿孔性漏气,在高压强下无变形,导电、导热性能优良,与电极相容性好等特点。常用石墨双极板厚度为2~3.7mm,经铣床加工成具有一定形状的导流流体槽及流体通道,其流道设计和加工工艺与电池性能密切相关。

质子交换膜燃料电池具有发电过程不涉及氢氧燃烧,因而不受卡诺循环的限制,能量转换率高;发电时不产生污染,发电单元模块化,可靠性高,组装、维修方便和工作时没有噪声等特点。所以,质子交换膜燃料电池电源是一种清洁、高效的绿色环保电源。

通常,质子交换膜燃料电池的运行需要一系列辅助设备与之共同构成发电系统。该发电系统由电堆、氢氧供应系统、水热管理系统、电能变换系统和控制系统等构成。电堆是发电系统的核心。发电系统运行时,反应气体氢气和氧气分别通过调压阀、加湿器(加湿、升温)后进入电堆,发生反应产生直流电,经稳压、变换后供给负载。电堆工作时,氢气和氧气反应产生的水由阴极过量的氧气(空气)流带出;未反应的(过量的)氢气和氧气流出电堆后,经汽水分离器除水,可经过循环泵重新进入电堆循环使用,在开放空间也可以直接排放到空气中。图6-18和图6-19分别为本田汽车上采用的质子交换膜的燃料电池,以及一款典型的燃料电池(PEMFC)发动机结构示意图。

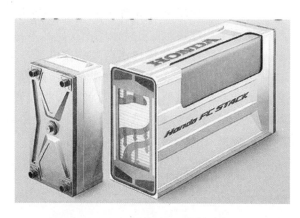

图6-18 本田汽车上采用的质子交换膜的燃料电池(PEMFC)

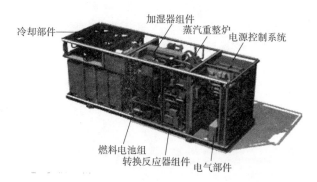

图6-19 一款典型的燃料电池(PEMFC)发动机结构示意图

2. 固体氧化物燃料电池

固体氧化物燃料电池(Solid Oxide Fuel Cell,SOFC)属于第三代燃料电池,由用氧化钇稳定氧化锆(YSZ,<15μm)那样的陶瓷给氧离子通电的电解质和由多孔质给电子通电的燃料及空气极构成。空气中的氧在空气极/电解质界面被还原形成氧离子,在空气燃料之间氧的分差作用下,在电解质中向燃料极侧移动;在燃料极电解质界面和燃料中的氢或一氧化碳的中间氧化产物反应,生成水蒸气或二氧化碳,放出电子;电子通过外部回路,再次返回空气极,同时产生电能。由于电池本体的构成材料全部是固体,可以不必像其他燃料电池那样制造成平面形状,而是常常制造成圆筒形。

SOFC是一种在中高温下直接将储存在燃料和氧化剂中的化学能高效、环境友好地转化成电能的全固态新型化学发电装置。由于其具有高效率、无污染、全固态结构和对多种燃料气体的广泛适应性等特点,被普遍认为是在未来会与质子交换膜燃料电池(PEMFC)一样得到普及应用的一种燃料电池。

SOFC的研究开发始于20世纪40年代,但在20世纪80年代以后才得到蓬勃发展。与第一代燃料电池(磷酸型燃料电池,简称PAFC)、第二代燃料电池(熔融碳酸盐燃料电池,简称MCFC)相比,具有:较高的电流密度和功率密度;阳、阴极极化可忽略,损失集中在电解质内阻降;可直接使用氢气、烃类(甲烷)、甲醇等作燃料,而不必使用贵金属作催化剂;避免了中、低温燃料电池的酸碱电解质或熔盐电解质的腐蚀及封接问题;能提供高质余热,实现热电联产,燃料利用率高,能量利用率高达80%左右,是一种清洁高效的能源系统;广泛采用陶瓷材料作电解质、阴极和阳极,具有全固态结构;陶瓷电解质要求中、高温运行(600~1000℃),加快了电池反应,可以实现多种碳氢燃料气体的内部还原,简化了设备等优点。

SOFC电池单体主要组成部分由固体氧化物电解质(electrolyte)、阳极或燃料极(anode,fuel electrode)、阴极或空气极(cathode,air electrode)和连接体(interconnect)或双极板(bipolar separator)组成。

SOFC的工作原理与其他燃料电池相同,相当于水电解的"逆"装置。阳极为燃料发生氧化的场所,阴极为氧化剂还原的场所,两极都含有加速电极电化学反应的催化剂。工作时相当于一直流电源,其阳极即电源负极,阴极为电源正极。在SOFC的阳极一侧持续通入燃料气[如:氢气(H_2)、甲烷(CH_4)、城市煤气等],具有催化作用的阳极表面吸附燃料气体,并通过阳极的多孔结构扩散到阳极与电解质的界面;在阴极一侧持续通入氧气或空气,具有多孔结构的阴极表面吸附氧,由于阴极本身的催化作用,使得O_2得到电子变为O^{2-},在化学势的作用下,O^{2-}进入起电解质作用的固体氧离子导体,由于浓度梯度引起扩散,最终到达固体电解质与阳极的界面,与燃料气体发生反应,失去的电子通过外电路回到阴极。如图6-20所示。

早期开发的 SOFC 工作温度较高,一般在 800~1000℃。目前,已研发成功中温固体氧化物燃料电池,其工作温度一般在 800℃ 左右。通过设置底面循环,可以获得超过 60% 效率的高效发电,使用寿命预期可以超过 40000~80000h。由于氧离子是在电解质中移动,所以也可以用 CO、天然气、煤气化的气体作为燃料。目前,科学家们正在努力开发低温 SOFC,其工作温度可以降低至 650~700℃。工作温度的进一步降低,将使得 SOFC 的广泛应用成为可能。

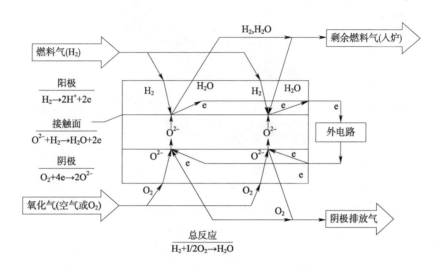

图 6-20　固态氧化物燃料电池的工作原理

SOFC 的单体电池只能产生 1V 左右电压,功率有限,为了使之具有实际应用的可能,需要大大提高 SOFC 的功率。为此,可以将若干个单电池以各种方式(串联、并联、混联)组装成电池组。目前,SOFC 组的结构主要有:管状(tubular)、平板型(planar)和整体型(unique)三种,其中平板型因功率密度高和制作成本低而成为发展趋势。

SOFC 系统的化学反应可表达如下:

阳极反应:$2H_2 + 2O^{2-} \rightarrow 2H_2O + 4e^-$

阴极反应:$O_2 + 4e^- \rightarrow 2O^{2-}$

整体电池反应:$2H_2 + O_2 \rightarrow 2H_2O$

3. 熔融碳酸盐燃料电池

熔融碳酸盐燃料电池(Molten Carbonate Fuel Cell,MCFC)是由多孔陶瓷阴极、多孔陶瓷电解质隔膜、多孔金属阳极和金属极板构成的燃料电池。其电解质采用碱金属的熔融态碳酸盐(如 Li、Na、K),工作温度 600~700℃。高温下这种盐变为熔化态允许电荷(负碳酸根离子)在电池中移动。MCFC 也可使用氧化镍(NiO)作为多孔阴极,但由于 NiO 溶于熔融的碳酸盐后会被 H_2、CO 还原为 Ni,容易造成短路。MCFC 电池系统中的化学反应可表示如下:

阳极反应:$CO_3^{2-} + H_2 \rightarrow H_2O + CO_2 + 2e^-$

阴极反应:$CO_2 + 1/2O_2 + 2e^- \rightarrow CO_3^{2-}$

整体反应:$H_2 + 1/2O_2 \rightarrow H_2O$

MCFC 具有效率高(高于 40%)、噪声低、无污染、燃料多样化(氢气、煤气、天然气和生物燃料等)、余热利用价值高和电池构造材料价廉等优点。

MCFC 主要是由阳极、阴极、电解质基底和集流板或双极板构成,图 6-21 所示为其单电池及电池堆的结构示意图。

如同固体氧化物燃料电池(SOFC),MCFC 的缺点之一是起动时间缓慢,原因在于运行温度高,不适合移动应用。目前的主要挑战是寿命短、高温和碳酸盐电解质易导致阳极和阴极腐蚀,并加速 MCFC 元件的分解,从而降低耐久性和电池寿命。

4. 碱性燃料电池

碱性燃料电池(Alkaline fuel cell,AFC)以炭为电极,使用氢氧化钾为电解质,操作温度为 100~250℃

（最先进的碱性燃料电池操作温度为23~70℃），通过氢和氧之间的氧化还原反应生产电力。AFC有两个燃料入口，氢及氧各由一个入口进入电池，中间则有一组多孔性石墨电极，电解质位于炭阴极及炭阳极中央，氢气经由多孔性炭阳极进入电极中央的氢氧化钾电解质，接触后进行氧化，产生水及电子。

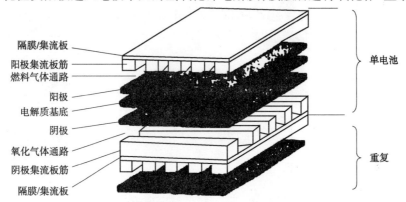

图6-21 熔融碳酸盐燃料单电池及电池堆结构示意图

$$H_2 + 2OH^- \rightarrow 2H_2O + e^-$$

电子经由外电路提供电力并流回阴极，在阴极与氧及水接触后反应形成氢氧根离子：

$$O_2 + 2H_2O + 4e^- \rightarrow 4OH^-$$

最后水蒸气及热能由出口离开，氢氧根离子经由氢氧化钾电解质流回阳极，完成整个电路，如图6-22所示。

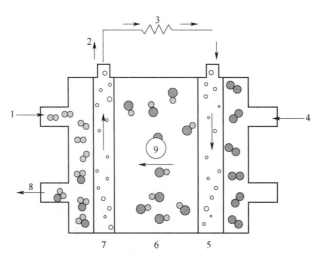

图6-22 碱性燃料电池工作原理

1-氢气流入；2-产生电子及水；3-电子经由外电路流回阴极；4-氧气流入与水及电子反应形成氢氧根离子；5-阴极；6-电解质；7-阳极；8-水蒸气由出口排出；9-氢氧根离子流回阳极

碱性燃料电池通常以氢氧化钾或氢氧化钠为电解质，导电离子为OH^-，燃料为氢。化学反应式如下。

阳极反应：$H_2 + 2OH^- \rightarrow 2H_2O + O_2$　　　标准电极电位为$-0.0828V$。

阴极反应：$1/2O_2 + H_2O + 2e^- \rightarrow 2OH^-$　　标准电极电位为$0.401V$。

总反应：　$1/2O_2 + O_2 + H_2 \rightarrow H_2O$　　　理论电动势为$0.401 - (-0.828) = -1.229V$。

AFC的催化剂主要使用贵金属铂、钯、金、银和过渡金属镍、钴、锰等。

按照电解质是否固定、循环使用和混合了其他燃料，AFC可分为：循环式电解质碱性燃料电池（电解质溶液被泵入燃料电池的碱腔，并在碱腔中循环使用）、固定式电解质碱性燃料电池（电池堆的每一个电池都有一个属于自己的独立的电解质，被放在两个电解质间的隔膜材料里）和可溶解燃料碱性燃料电池（电解质中混合了肼或氨类燃料）三类。其中，循环式电解质碱性燃料电池的优点是它可以随时更换电解质；固定式电解质碱性燃料电池结构简单，已被广泛应用于航天飞行器中；而可溶解燃料碱性燃料电池设计成本低,结构紧密,制作简单且易于补充燃料。图 6-23 所示为日本 TOSHIBA 生产的一款碱性燃料电池。

AFC 由法兰西斯·汤玛士·培根(Francis Thomas Bacon)发明,其电能转换效率为所有燃料电池中最高的(最高可达 70%)。早在 1960 年时,美国航空航天局(NASA)便开始将它运用在航天飞机、人造卫星及著名的阿波罗计划中。目前,主要用于航天飞行器动力电源、军事装备电源、电动汽车动力电源和民用发电装置。

AFC 的优点:效率高,原因是氧在碱性介质中的还原反应比其他酸性介质高;因为是碱性介质,可以用非铂催化剂;工作温度低,且采用碱性介质,所以可用镍板做双极板。

图 6-23　日本 TOSHIBA 生产的一款碱性燃料电池

AFC 的缺点:电解质为碱性,易与 CO_2 生成 K_2CO_3、Na_2CO_3 沉淀,严重影响电池性能,必须除去 CO_2,这为其在常规环境中应用带来很大的困难。

四种燃料电池的综合比较见表 6-4。由于燃料电池系统价格昂贵,我国目前大多处于样机研制和小批量应用阶段。

四种燃料电池的比较　　　　表 6-4

		PEMFC	PAFC	MCFC	SOFC
电解质	电解质材料	交换膜	磷酸盐	碳酸锂,碳酸钠,碳酸	稳定氧化锆
	移动离子	H +	H +	CO_3^{2-}	O_2-
	使用模式	膜	在基质中浸渍	在基质中浸渍或粘贴	薄膜、薄板
反应	催化剂	铂	铂	无	无
	阳极	$H_2 \rightarrow 2H^+ + 2e-$	$H_2 \rightarrow 2H^+ + 2e-$	$H_2 + CO_3^{2-} \rightarrow H_2O + CO_2 + 2e-$	$H_2 + O_2- \rightarrow H_2O + 2e-$
	阴极	$O_2 + 2H^+ + 2e- \rightarrow H_2O$	$2O_2 + 2H^+ + 2e- \rightarrow H_2O$	$2O_2 + CO_2 + 2e- \rightarrow CO_3^{2-}$	$2O_2 + 2e- \rightarrow O_2-$
	运行温度(℃)	80~100	150~200	600~700	700~1000
	燃料	氢	氢	氢、一氧化碳	氢、一氧化碳
	发电效率(%)	30~40	40~45	50~65	50~70

作为一种清洁高效且性能稳定的电源技术,燃料电池已经在航空航天及军事领域取得了成功的应用,世界各国正在加速其在民用领域的商业开发。与现有技术相比,燃料电池在电源、电力驱动、发电等领域都有明显的优点,具有广阔的应用前景。目前,已大量应用于便携式电源、燃料电池电动车、燃料电池电站和燃料电池舰艇与飞机等领域。

从国际上燃料电池汽车的发展、推广应用情况看,燃料电池城市客车是首选。以梅赛德斯—奔驰、丰田和 MAN 等公司为代表,所开发的燃料电池城市客车车型已在整车技术集成上取得了长足进步,并在多个城市的多条公交线路上试运行。其特点是:混合动力方案是主流,即采用燃料电池系统与动力电池混合驱动的方式,以提高燃料电池寿命,减少整车氢耗,降低车辆成本;分布式控制技术得到广泛应用,整车的能量管理策略逐步优化;整车的可靠性、寿命和环境适应性日趋完善;整车安全性得到社会广泛认可,相关的规范与法规日益完善;制动能量回馈技术已趋成熟,较大幅度地提高了整车燃料经济性;燃料电池系统废热利用技术的应用,减少了冬天供暖系统的氢耗。

第三节　纯电动客车动力系统

纯电动客车是指以蓄电池为车载电源,以电动机为唯一驱动的客运汽车。与内燃机客车和其他类型的电动客车相比,纯电动客车主要具有无污染、噪声低、能源效率高且多样化、结构简单、使用维修方便,但动力电源使用成本高、续驶里程较短等特点。目前,纯电动客车技术相对成熟,已成为城市客车发展的重点研究与开发方向之一。

一、纯电动客车动力系统的类型

纯电动客车的动力系统一般有两种分类方法。

1. 按车载电源数不同分类

按车载电源数的不同,纯电动客车可分为单电源动力系统和蓄电池+辅助储能装置的多电源动力系统两种。

1) 单电源动力系统

单电源动力系统的主电源就是蓄电池,一般有铅酸电池、镍氢电池和锂离子电池等多种。这种纯电动客车的动力系统结构较为简单,控制也较简便。主要缺点是主电源的瞬时输出功率容易受到蓄电池性能影响,制动能量的回馈效率也会制约于蓄电池的最大可能接受电流及蓄电池的荷电状态。

2) 多电源动力系统

多电源纯动力系统采用蓄电池+超级电容或蓄电池+飞轮电池的电源组合,可以降低对蓄电池容量、比能量和比功率等的要求。在客车起步、加速、爬坡等行驶工况下,辅助储能装置(超级电容、飞轮电池)可短时间内输出大功率,协助蓄电池供电,从而使电动客车的性能大大提高;在客车制动时,则可利用辅助储能装置接受大电流充电的特点,提高制动能量回馈效率。

图 6-24 所示为安凯开发的第二代电电混合(蓄电池+超级电容)、精准控制的城市客车动力系统结构示意图。该车 1C 充放电循环 2000 次,额定容量 85%;0.5C 充放电循环 2200 次,额定容量 90%;0.2C 充放电循环 2500 次,额定容量 90%[C 是容量 Capacity 的第一个字母,表示电池充放电时电流的大小数值,即电池放电速率。例如:充电电池的额定容量为 1000mA·h 时,即表示以 1000mA·h(1C)放电时间可持续 1h,如以 200mA·h(0.2C)放电,时间可持续 5h。充电也可按此对照计算]。整车电耗与第一代相比降低 10%,电池寿命提升 20%。

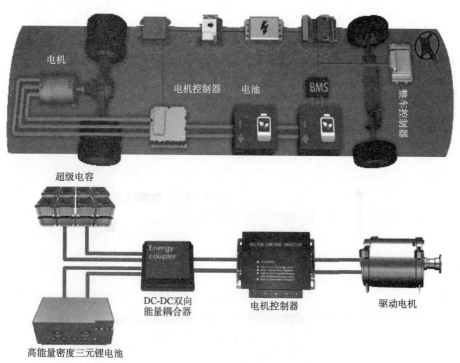

图 6-24　安凯第二代电电混合精准控制的城市客车动力系统结构示意图

2. 按动力系统组成和布置形式分类

按动力系统的组成和布置形式的不同,纯电动客车动力系统可分为机械传动型、无变速器型、单电机+AMT 型、无差速器型和电动轮型四种。

1) 机械传动型动力系统

这种类型的动力系统直接由传统内燃机客车的动力系统发展而来,保留了内燃机客车的传动系统,只是把内燃机换成了电动机。由于和传统内燃机客车相比,只是更换了发动机,因此可以提高纯电动客车的起动转矩及低速时的后备功率,对驱动电机要求较低,可选择功率较小的电动机,且结构简单。

2) 单电机直驱型动力系统

单电机直驱型纯电动客车动力系统亦称"无变速器型动力系统"。这种动力系统的最大特点是取消了离合器和变速器,采用大功率高转矩低速永磁同步电机或交流异步电机、固定传动比减速器,通过对电动机的控制实现变速功能,如图 6-25 所示。其优点是机械传动装置的质量较轻、体积较小,但对电机要求较高;不仅要求有较高的起动转矩,而且要求有较大的后备功率,以保证整车的起步、爬坡和加速等动力性能。

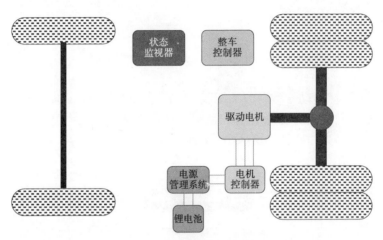

图 6-25　单电机直驱型动力系统示意图

3) 单电机 + AMT 型动力系统

这种动力系统的特点是无离合器,采用三挡机械自动变速(AMT)电驱动系统,电机为大功率中速永磁同步电机,由驱动电机通过 AMT 和主减速器驱动车辆行驶,靠 AMT 实现变速功能,如图 6-26 所示。

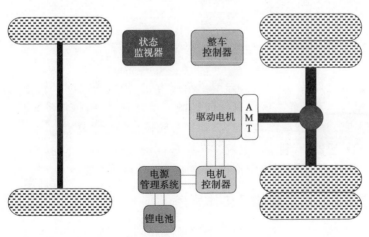

图 6-26　单电机 + AMT 型动力系统示意图

4) 双电机耦合减速动力系统(西门子 ELFA)

这种动力系统亦称"无主减速器和差速器型动力系统"。其特点是在无变速器型动力系统基础上去掉了主减速器和差速器,采用两个电机分别安装在驱动桥的两边车轮处,通过固定传动比减速器分别驱动两个车轮,每个车轮的转速可独立调节;当车辆转向时,由电子控制系统实现差速,因此电机控制系统较为复杂;体积小、质量轻、便于底盘布置和有效利用空间,有利于低地板结构;噪声小、双电机驱动运转平滑;双电机协调工作,单电机失效后仍能运行。图 6-27 所示为采用 ZF 电驱动桥 + 西门子双电机的双电机耦合减速动力系统结构示意图。

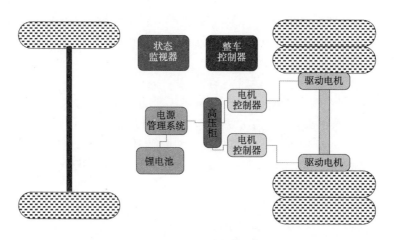

图 6-27　双电机耦合减速动力系统结构示意图

5) 轮毂电机动力系统

轮毂电机动力系统亦称"电动轮型动力系统"。由于这种动力系统将电动机直接装在驱动轮内,可进一步缩短电动机到驱动轮之间的动力传递路径,但需要增设减速比较大的行星齿轮减速器,以便将电动机转速降到理想的车轮转速。这种结构对控制系统的控制精度要求较高,如图 6-28 所示。

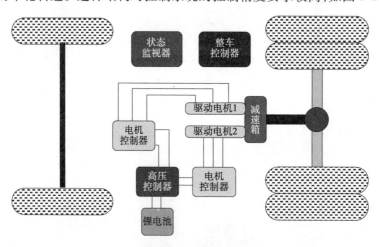

图 6-28　轮毂电机驱动系统示意图

另一种结构是采用低速外转子电动机,去掉了减速齿轮,将电动机的外转子直接安装在车轮的轮缘上。这种结构的电动机与驱动车轮之间没有任何机械传动装置,无机械传动损失,空间利用率最大。但对电动机的性能要求最高,并要求具有较高的起动转矩和较大的后备功率。

由于无主减速器和差速器,有利于低地板客车布置;电机直接驱动车轮,制动时吸收车轮制动能量,效率更高;双电机分别驱动两个后轮,可实现精确差速控制和转向控制。

二、纯电动客车动力系统的结构及工作原理

化学电池纯电动客车的动力系统可分为三个子系统:电力驱动子系统,由电控单元、功率转换器、电机、机械传动装置和驱动车轮等组成;主能源子系统,由主电源、能量管理系统和充电系统等构成;辅助控制子系统,由动力转向单元和温度控制单元及辅助动力源等组成。图 6-29 所示为纯电动客车动力系统基本结构框图。

图 6-29 中,由电控单元发出相应的控制指令来控制功率转换器功率装置的通断;功率转换器的功能是调节电机和电源之间的功率流;能量管理系统和电控单元共同控制再生制动及其能量回收,能量管理系统和充电器一起控制充电并监测电源的使用情况;辅助控制系统供给电动汽车辅助系统(如动力转向等)不同等级的电压并提供必要的动力。纯电动客车的动力流程如图 6-30 所示。

当客车行驶时,由电池组输出电能(电流)通过控制器驱动电机运转,电机输出的转矩经传动系统驱

动车轮前进或后退。电动客车的续驶里程与蓄电池组容量有关,而蓄电池组容量则受诸多因素限制。要提高一次充电续驶里程,必须尽可能节省电池组的能量。

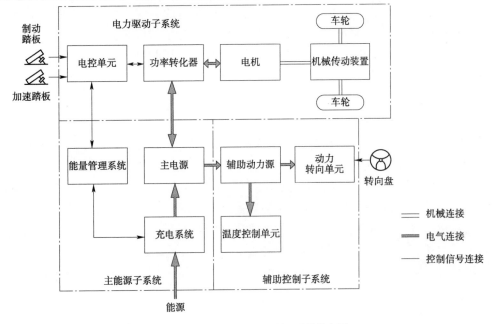

图6-29 纯电动客车动力系统基本结构框图

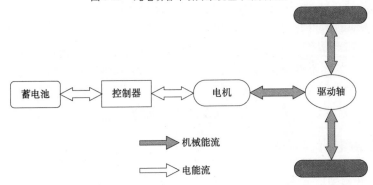

图6-30 纯电动客车动力系统动力流程示意图

1. 主能源子系统

主能源子系统为起动电机提供电能,包括主电源和能量管理系统,带有车载充电设备的纯电动客车还应包括充电单元。

(1)主电源。主电源为整车的能量来源,除通过功率转换器向电动机提供电能外,同时也是能量管理系统和整车电子控制系统的电源。目前,作为纯电动客车主电源的电池主要有铅酸电池、镍氢电池和锂离子电池等,其中用得最多的是锂离子电池。有的纯电动客车还配有超级电容或飞轮电池等辅助储能装置,以提高能量源的瞬时供电能力和能量回馈效率。

图6-31所示为亚星超级电容纯电动客车平台。其中,驱动单元采用大功率、高转矩、防水型、适用于城市工况的汽车用9相同步电机;高低压辅机系统按欧盟标准设计;中央控制系统实现了包括自动驻坡等多项功能;以能量型超级电容作为储能元件,并采用智能式散热系统,以确保储能元件温度稳定在设定范围之内。

(2)能量管理系统。能量管理系统的主要作用是对蓄电池进行监测与管理,包括对蓄电池的SOC、电压、电流、温

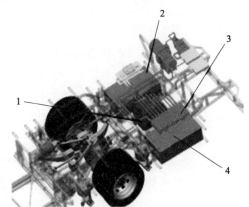

图6-31 亚星超级电容纯电动客车平台
1-同步电机驱动单元;2-高低压辅机系统;3-中央控制系统;4-能量型超级电容储能单元

度等参数的监测和存电量显示、终止放电显示与报警、能量回馈控制和充放电控制等。对于配备辅助储能装置的纯电动客车,该系统还具有能量协调控制功能。

(3) 车载充电单元。车载充电单元用于向主电源充电,充电的电源为工业或民用电网的电源插座。车载充电单元应具有变压、调压、整流和滤波等基本功能,并接受能量管理系统的控制;可自动进行充电方式(定压、定流、均衡充电)选择,充电终了判别、自动停止充电控制、充电异常(温度、电压、电流异常)判别和自动停充保护控制等。

2. 电力驱动子系统

电力驱动子系统由整车控制器、功率转换器、电动机、机械传动装置和驱动车轮等部分组成,其中机械传动装置因纯电动客车动力系统的结构类型不同而差异较大。

(1) 电控单元。电控单元(整车控制器)根据从制动踏板和加速踏板传来的信号,发出相应的控制指令来控制功率转换器中功率开关的通断,进而对电机的转速和转矩进行控制。同时,电控单元通过对能量管理系统和功率转换器的协调控制,实现能量回馈控制和能量匹配馈控制。

(2) 功率转换器。功率转换器的主要功能是控制电机和电源之间的功率流。当电动客车在驱动工况时,功率转换器的功率开关在电控单元输出的控制信号触发下适时地通断,以控制电机的转矩、转速及转向;当客车制动时,功率转换器使功率流的方向反向,以使电机工作在发电状态,将再生制动的动能转换为电能,并被主电源吸收。

3. 辅助控制子系统

辅助控制子系统主要包括辅助动力源和车载用电设备两部分。

(1) 辅助动力源。辅助动力源用于向电动客车上的电器和电子控制装置提供电力。辅助动力源通常配有 DC/DC 功率转换器,以便将主电源的电压转换为车载用电设备所需的电压。

(2) 车载用电设备。车载用电设备除照明、信号、仪表等客车必备电器外,还包括刮水器、电动门锁、电子显示屏、报站器、各种报警装置及影像设备等辅助电器。此外,空调装置、电动空气压缩机、助力(电动)转向和防抱死制动等装置也构成了车载用电设备的一部分。

三、纯电动客车对电池的要求

纯电动客车的行驶完全依靠电池能量,电池容量越大,可以实现的续驶里程越长,但电池的体积、质量也越大,车辆耗电量也越高。一般,纯电动客车都根据设计目标、道路状况和行驶工况来选配电池。

纯电动客车对电池的主要要求是:

(1) 电池组要有足够高的能量。一般电源系统连续放电电流不会超过 1C,正常情况下在 (1/3 ~ 1/2)C;典型的峰值电流不会超过 3C。

(2) 系统应具有较高的输出功率。但对电池来说,其相对输出功率要求并不高,如使用 400A·h 的电池组,要求最大的输出电流 600A,也仅为 1.5C 的放电倍率。

(3) 能承受较大的回馈制动电流。

(4) 在深度放电情况下循环寿命长,必要时能实现满负荷功率和全放电。

(5) 能够实现快速充电或快速更换。

(6) 尽可能降低电池组的质量和体积。

第四节 混合动力客车动力系统

为解决现阶段纯电动客车受动力电池技术在能量密度、容积密度、寿命以及基础设施投入等方面的制约,出现了一种适应当前实际使用需要的新的混合动力电动客车车型。这种车型将燃油发动机、电动机和一定容量的储能器件(主要是高性能电池或超级电容器)与先进控制系统相组合,用电动机补充提供车辆起步、加速所需转矩,将车辆制动能量回收并返回储能器件存储,以此大幅度降低油耗和减少污染物排放。对于混合动力电动客车,其电动机的使用特点要求动力源能够提供和吸收较大的瞬时功率,即能承受较大的充电或放电电流。

混合动力电动客车的动力系统有三种基本构型,即串联式、并联式和混联式。

混合动力驱动系统的结构形式如下。

1. 串联式混合动力系统

串联式混合动力包括发动机、发电机和电动机三部分动力总成,它们之间以串联的方式组成动力单元系统,工作时由发动机驱动发电机发电,电能通过控制器输送到电池或电动机,由电动机通过变速机构驱动汽车行驶。小负荷时由电池驱动电动机再驱动车轮,大负荷时由发动机带动发电机发电驱动电动机。当车辆处于起动、加速、爬坡工况时,发动机—电动机组和电池组共同向电动机提供电能;当车辆处于低速、滑行、怠速工况时,则由电池组驱动电动机;当电池组亏电时,则由发动机—发电机组向电池组充电。串联式混合动力驱动系统结构如图6-32所示。

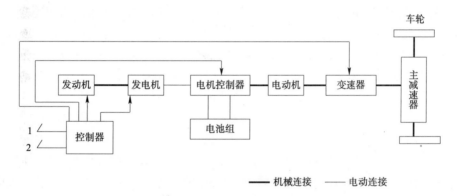

图6-32 串联式混合动力系统结构框图
1-加速踏板;2-制动踏板

图6-33所示为串联式混合动力客车动力系统流程图。在这种结构布局下,串联混合动力的能量经历了从化学能→机械能→电能→机械能的转换,并实现四种工作模式,即发动机—发电机组单独供电、电池组单独供电、发动机—发电机组和电池组共同供电、发动机多余能量对电池组充电和再生制动。这种系统方案和传统客车比较,是一种发动机辅助性的电动车,主要为了增加车辆的行驶里程。由于在发动机和发电机之间的机械连接装置中没有离合器,因而具有一定的灵活性,且传动结构简单。

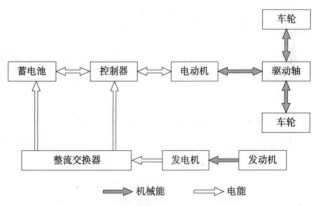

图6-33 串联式混合动力系统动力流程图

(1) 发动机—发电机组单独供电模式。这种供电模式的特点是发动机带动发电机发电,其电能通过电机控制器直接输送到电动机,由电动机产生驱动转矩驱动车辆行驶。由于发电机和电动机之间没有直接的机械连接,整车布置自由度较大,同时也使发动机的工作状态不受行驶状态的影响而保持稳定、高效、低污染的运行状态。因此,这种工作模式具有良好的燃油经济性和排放指标。

(2) 发动机—发电机组和电池组共同供电模式。该供电模式亦称"联动模式",适合于客车起步、加速、高速行驶和爬坡等工况,此时发电机发出的功率低于电动机所需功率,蓄电池向电动机提供额外的电能。由于发动机带动发电机所产生的电能和蓄电池输出的电能共同供给电动机来驱动客车行驶,所以电力驱动是唯一的驱动模式。因此,从使用看,这种控制技术较为简单。

(3) 电池组单独供电模式。这种供电模式亦称"纯电机模式",适合于路况复杂的城市客车。在环保要求高的市区,车辆起步和低速行驶时可以关闭发电机进入纯电动状态,从而实现零排放。

(4)发动机多余能量对电池组充电和再生制动模式。当发电机发出的功率大于电动机所需功率时(客车行驶所需功率),电机控制器向动力蓄电池充电,以在联动模式和纯电机模式下辅助或单独驱动车辆行驶。同时,在车辆制动、下坡甚至滑行减速时处于再生制动状态,利用制动减速能量对蓄电池充电,从而回收制动能量,降低能耗。

目前,串联式混合动力驱动系统客车主要有两种控制模式,即恒温控制模式和功率跟随控制模式。前者当电池组 SOC(State Of Charge,即荷电状态,反映电池的剩余容量,其数值上定义为剩余容量与同等条件下电池额定容量的比值)降到一个设定的低门限值时,发动机起动,在最低油耗(低排放)点恒功率输出,其中一部分功率用于驱动要求,另一部分功率向电池组充电;当电池组 SOC 上升到所设定的高门限值时,发动机关闭,由电动机驱动车轮。在种模式中,由于蓄电池组要满足所有瞬时功率的要求,因此蓄电池组的过度循环所引起的损失可能会减少发动机所带来的好处。所以,这种模式对发动机较为有利,而对蓄电池则有更高的要求。

功率跟随控制模式采用自动无级变速器(CVT),通过调节 CVT 传动比,控制发动机沿最小油耗曲线运行,发动机功率紧紧跟随车轮功率的变化,因此与传统的汽车运行模式相似。采用这种控制策略,蓄电池工作循环将消失,与充放电有关的蓄电池组损失被减少到最低程度,故目前应用较多,但整车成本有所上升。发展趋势是将两种控制模式结合使用,充分利用发动机和电池的高效率区,使其达到整体效率最高。即客车加速时,为了满足车轮驱动功率的要求,采用功率跟随控制模式;为了避免发动机低效率工况的发生,且当车轮驱动功率要求低时,采用恒温控制模式,以提高整车系统效率。

从总体上看,串联式混合动力客车的动力系统结构较为简单,易于控制,因只有电动机的电力驱动系统,其特点更加趋近于纯电动客车。但是,在发动机—发电机—电动机驱动系统的热能—电能—机械能转换过程中,能量损失较大。从发动机发出的能量以机械能的形式由曲轴输出,并立即被发电机转换为电能,由于发电机的内阻和涡流,将会产生能量损失(效率为 90%~95%);电能随后又被电动机转换为机械能,在电动机和控制器中能量又进一步损失(平均效率为 80%~85%)。因此,能量转换的效率要比内燃机客车低,故串联式混合动力驱动系统较适合在大型客车上使用。

这种结构的混合动力系统由于发动机仅为发电机提供发电动力,所以无论车辆行驶工况如何,发动机一直都以恒定工况在经济区域运行,从而降低了油耗。这一特性使得串联式混合动力车型在频繁起步和低速行驶工况的市区尤为有效。但在长距离高速运行时,由于串联式系统需要不断地通过以发动机的动力产生电能,从而多了一次能量转换过程,机械效率较低;而在高速运行中,电动机对电能的消耗也较快,此时的串联式混合动力系统便不如传统的内燃机汽车省油了。串联式结构适用于市区内频繁起步和低速行驶工况,可以将发动机设置在最佳工况点附近稳定运转,通过调整电池和电动机的输出来达到调整车速的目的,使发动机避免怠速和低速运转的工况,从而提高发动机的效率,减少废气排放。其缺点是能量几经转换,机械效率较低。

目前,市场上使用较为广泛的串联式混合动力系统有西门子等公司推出的双电机串联式混合动力系统,该系统采用永磁同步电机作为发电机,与发动机集成组成辅助发电单元(Auxiliary Power Unit,APU),采用两个永磁同步电机作为驱动电机,并经过减速机进行减速增扭。此外,国内南车时代公司在早期也推出了类似的产品。

2. 并联式混合动力系统

并联式混合动力系统主要由发动机、电动机/发电机和电池组组成,一般有多种组合形式,可以根据使用要求选用。根据结构和电机布置形式的不同,分为双轴并联式混合动力系统和单轴并联式混合动力系统两种。其动力合成装置采用行星轮系,也有省略了动力合成装置,将发动机和电机直接耦合的新结构。

1)双轴并联混合动力系统构型

双轴并联式混合动力总成根据动力合成装置在变速器的前与后,可分为前置式(动力合成装置在变速器前)双轴并联结构和后置式(动力合成装置在变速器后)双轴并联结构,如图 6-34 和图 6-35 所示。

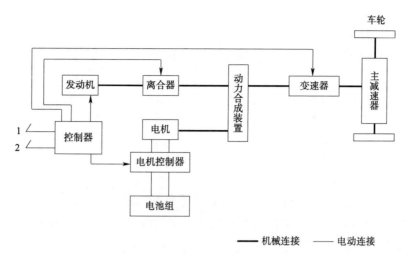

图 6-34　前置式双轴并联 HEV 动力系结构示意图
1-加速踏板；2-制动踏板

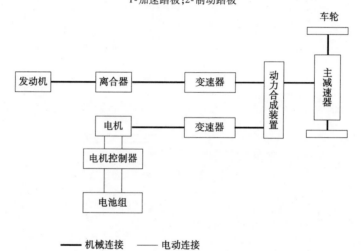

图 6-35　后置式双轴并联 HEV 动力系结构示意图

双轴并联式混合动力系统的动力流程如图 6-36 所示。发动机和电动机通过某种变速装置同时与驱动桥直接连接。电动机可以用来平衡发动机所受载荷，使其能在高效率区域工作[通常发动机工作在满负荷（中等转速）下的燃油经济性最好]。当车辆在较小的路面载荷下行驶时，内燃机车辆的燃油经济性较差，而并联式混合动力客车此时可以关闭发动机而只用电动机来驱动，或增加发动机的负荷使电动机作为发电机，给电池组充电以备后用（即一边驱动汽车一边充电）。由于这种并联式混合动力客车在稳定的高速下发动机具有较高的效率和相对较小的质量，因此在高速公路行驶时具有较好的燃油经济性。

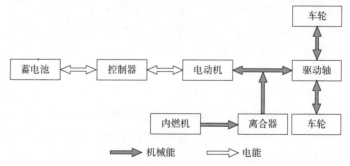

图 6-36　并联式 HEV 动力系统动力流程图

采用双轴并联式混合动力系统的客车，发动机和电动机可以分别独立地向客车驱动轮提供动力，即发动机和电动机通常通过不同的离合器来驱动车轮。由于并联式 HEV 没有串联式 HEV 动力传动系中的专用发电机，因此更像传统的汽车动力传动系。其显著优点是：

（1）由于发动机的机械能可直接输出到汽车驱动桥，中间没有能量转换，因此与串联式布置相比，系统效率较高，燃油消耗也较少。

（2）电动机同时可兼发电机使用，且系统仅有发动机和电动机两个动力总成，整车质量和成本大大减小。

缺点是：

（1）由于发动机与驱动轮间有直接的机械连接，运行工况实时受汽车行驶工况的影响，因此对整车排放工作点的优化不如串联式好。

（2）要维持发动机在最佳工作区工作，需要复杂的控制系统。

目前，市场上采用该技术路线较多的主要是南车时代公司。

2）单轴并联混合动力系统构型

单轴并联式混合动力系统是指发动机和电机同轴连接和布置的结构，根据电机在变速器的前与后，可分为前置式（电机在变速器前）单轴并联结构和后置式（电机在变速器后）单轴并联结构，如图6-37和图6-38所示。

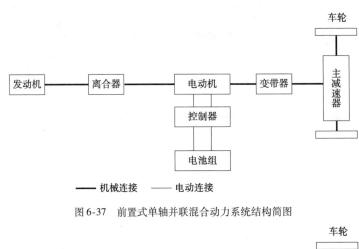

图6-37 前置式单轴并联混合动力系统结构简图

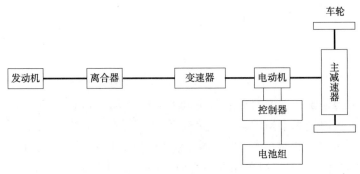

图6-38 后置式单轴并联混合动力系统结构简图

除上述优缺点外，单轴并联式结构的另外一个特点是有利于电机和变速器结构的一体化模块设计，便于批量生产中的模块化供货和整车装配。但因其合成方式为转矩合成（发动机和电动机的输出轴采用了同一根传动轴），导致发动机和电动机两者每时每刻的转速值均为同一值，由此限制了电动机的工作区域，造成两者特性不匹配。为改善这种关系，需要布置一多速变速器，这又会导致控制系统较为复杂。

并联混合动力系统主要有四种运行模式：车辆起动和节气门全开加速时，发动机和电动机同时工作，共同分担驱动车辆所需要的转矩；车辆正常行驶时，电动机关闭，仅由发动机工作提供动力；车辆制动和减速时，电动机工作于发电机状态，通过功率转换装置给蓄电池充电；车辆轻载时，发动机发出的功率可以通过电动机转化为电能给蓄电池充电。发动机和电动机的功率可以相互叠加，发动机功率和电动机/发电机功率为整车所需最大驱动功率的0.5~1.0倍，因此可以采用小功率的发动机和电动机/发电机，使得整个动力系统的装配尺寸、质量都较小，造价也较低，行驶里程也可以比串联式混合动力客车更长一些，其特点更趋近于内燃机。并联式混合动力驱动系统通常被应用在中、小型混合动力电动客车上。从概念上讲，它是电力辅助型的燃油车，目的是为了降低排放和燃油消耗。

并联式与串联式结构相比,其能量的利用率和燃油经济性相对较高;需要变速装置和动力复合装置,传动机构比串联式复杂。由于并联式 HEV 的发动机工况要受汽车行驶工况的影响,因此不太适合于市区行驶,而更适合于在城市间公路和高速公路上稳定行驶。

目前,国际上的主流产品为伊顿公司推出的同轴并联式混合动力系统,如图 4-6 所示。国内采用同轴并联式混合动力系统的客车企业主要有中通客车和北汽福田等,图 6-39 和图 6-40 分别为中通和北汽福田所采用的混合动力系统总成。

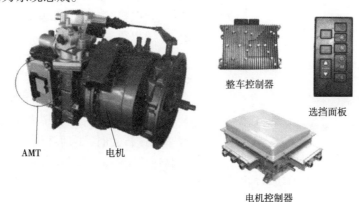

图 6-39　中通客车采用的混合动力系统总成

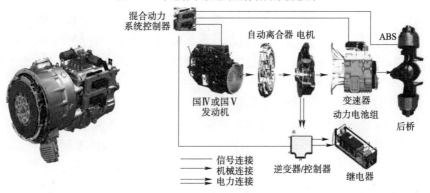

图 6-40　福田客车采用的混合动力系统总成

并联式混合动力客车成本较低,技术较为可靠,在电驱动系统出现故障时也能保证整车正常运行,因此得到了丛多厂家的青睐。电驱动系统与常规动力系统的耦合方式有很多种,驱动电机可以布置在变速机构前部也可以布置在变速机构后部,驱动电机输出轴与变速器齿轮轴有平行布置的(通过圆柱齿轮)也有垂直布置的(通过锥齿轮);为了提高传动效率减小布置空间,有些系统采用了发动机与驱动电机同轴布置的方式,如图 6-41 所示。

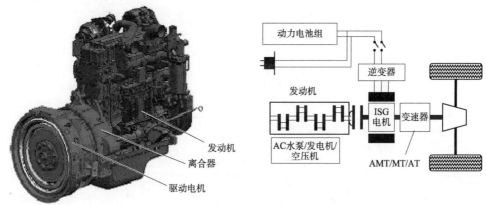

图 6-41　发动机与驱动电机同轴布置示意图

由于国产客车自动变速器 AT(液力式)、AMT(机械式)技术还处在起步阶段,大部分客车企业仍然选用成熟、可靠的 MT(机械式手动操纵)变速器,因此节油效果较好(可达15% ~30%),价格优势也最明显。但传统的 MT 客车主要靠驾驶人的驾驶经验判断合适的换挡时机,不能达到精确控制的目的,从而导致同一车型油耗相差较大。

3. 混联式混合动力系统

混联式混合动力系统的结构如图 6-42 所示,其驱动系统综合了串联式和并联式的特点,由发动机与电动机以机械能叠加的方式驱动汽车行驶,但驱动电动机的发电机串联于发动机与电动机之间。系统主要由发动机、发电机、电动机、行星齿轮机构和电池组等部件组成,一般以行星齿轮作为动力复合装置的基本构架,发动机发出的功率一部分通过机械传动输送给驱动桥,另一部分则驱动发电机发电。发电机发出的电能输送给电动机或电池组,电动机产生的驱动转矩通过动力复合装置传送给驱动桥。混联式驱动系统的控制策略是:在客车低速行驶时,驱动系统主要以串联方式工作;当客车高速稳定行驶时,则以并联工作方式为主。

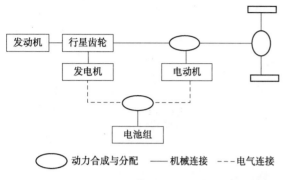

图 6-42 混联式混合动力系统结构示意图

目前,在国内客车市场,万丰卡达克新动力有限公司推出了采用中国汽车技术研究中心技术的该类混合动力系统。

与串联式相比,混联式增加了机械动力的传递路线;与并联式相比,增加了电能的传输路线。因此,同时具有串联式和并联式的优点,适合各种行驶条件,具有良好的燃油经济性和排放性能,且动力性较好,续驶里程与传统客车相当,是最理想的混合电动方案。但对动力复合装置的要求更高,动力复合形式结构复杂,成本高。随着控制技术和制造技术的发展,结构复杂和成本高的问题已开始得到解决,现代混合动力电动客车更倾向于选择这种结构。

目前,混联式混合动力结构一般采用行星齿轮机构作为动力复合装置的基本构架(动力分配装置)。有一种最佳的混联式结构是将发动机、发电机和电动机通过一个行星齿轮装置连接起来,动力从发动机输出到与其相连的行星架,行星架将一部分转矩传送到发电机,另一部分传送到传动轴,同时发电机也可以通过电动机来驱动传动轴。这种机构有两个自由度,可以自由控制两个不同的速度。此时的车辆并不是单独的串联式或并联式,而是两种驱动形式同时存在,充分利用了两种驱动形式的优点。

混联式混合动力系统的动力流程图如图 6-43 所示。由于发挥了串联式和并联式的优点,能够使发动机、发电机和电动机等部件进行更多的优化匹配,从而在结构上保证了在更复杂的工况下使系统在最优状态工作,更容易实现排放和油耗的控制目标,因此是最具影响力的混合动力客车动力系统结构方案。

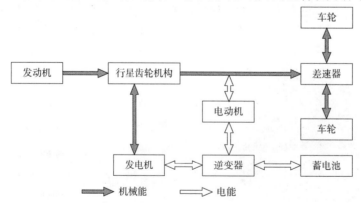

图 6-43 混联式混合动力系统动力流程图

图 6-44 所示为目前国内流行的一种混联式混合动力客车动力系统结构图,其混联系统在驱动电机前面装有自动控制的离合器,离合器分离时系统成为串联式混合动力系统,离合器接合时系统成为并联式混合动力系统。由于采用了发动机—发电机—自动离合器—驱动电机同轴连接方式,驱动电机的输出特性较好;系统取消了变速机构,因此具有传动效率高、相对成本较低的优势。但在动力性方面,与采用变速器的混联式系统存在一定差距。

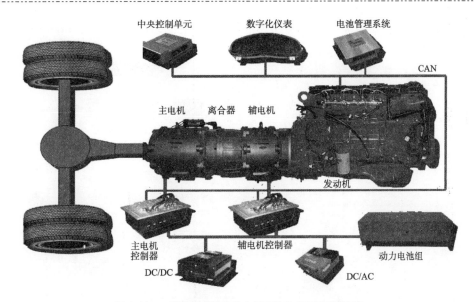

图 6-44 一种混联式混合动力客车的动力系统典型结构

混联式混合动力系统的结构种类较多,既有上述同轴连接方式,也有将发电机与发动机平行布置方式(采用传动带)。国外最先进的结构是在自动变速器(AT)基础上,将发电机与电动机嵌入变速器内部,从而形成专用的混联系统核心部件。由于自动变速器的行星齿轮组可以有多种速比,因此系统可以采用体积很小的高转速大功率永磁式电动机。这种系统采用的混联式自动变速器结构较复杂,控制系统包含了电驱动与自动变速器(AT)的控制策略,软件与硬件成本比其他系统都要高许多;但体积很小,对客车的整体布置影响最小,整车的动力性及经济性也最好。图 6-45 所示为混联式自动变速器外形。

图 6-45 一款混联式自动变速器外形

4. 插电式混合动力系统(PHEB)

插电式混合动力系统理论上可以在任何混合动力结构形式的基础上,通过调整零部件配置参数,配备相应的电动化附件,增加外接充电功能转化而成,目的是使之增加一定的纯电行驶里程,解决实际使用需要。目前,插电式混合动力系统有串联式、并联式和混联式三种类型,如图 6-46 所示。

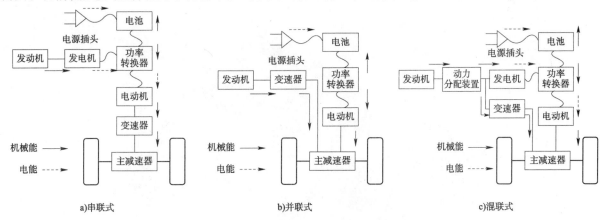

图 6-46 PHEB 的三种动力系统结构示意图

1) PHEB 串联式动力系统

PHEB 串联式动力系统由发动机、发电机和电动机三部分动力总成组成,它们之间用串联的方式构成 PHEB 的动力单元。发动机驱动发电机发电,电能通过控制器输送到电池或电动机,由电动机通过变速机构驱动汽车行驶。小负荷时由电池驱动电动机再驱动车轮,大负荷时由发动机带动发电机发电驱动电动机;当车辆处于起动、加速、爬坡工况时,发动机—电动机组和电池组共同向电动机提供电能;当电动车处于低速、滑行、怠速的工况时,则由电池组驱动电动机,当电池组缺电时则由发动机—发电机组向电池组充电,如图6-47所示。

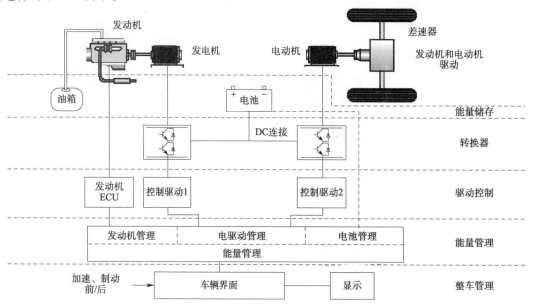

图6-47　PHEB串联式动力系统结构示意图

PHEB串联式动力系统亦称"增程式"动力系统,其动力流程如图3-7所示。由于增程器(Range-Extender)是发动机—发电机组,该机组在电池电量不足的情况下起动,直接发电供给电动机驱动车辆,同时发出的多余电量给蓄电池组充电;发动机可以是燃油型或燃气型,增程器也可以是燃料电池等。在纯电动模式下增程器不工作,混合动力模式下增程器起动运行,以此保证最佳燃油经济性。

由于发动机始终在最佳工况下运行,其发电功率足够车辆在一定速度范围内稳定行驶,而电池组容量可在一定范围内纯电动行驶,因此油耗低、排放污染少、经济效益好,以最省油的方式延长了续驶里程。一般节油率可达50%以上。此外,因电池容量大幅度降低,整车造价也大为降低。

图6-48所示为中国南车制造的12m增程式城市客车TEG6129PEV的动力系统结构原理示意图。由于采用了小型化的辅助动力单元(Accelerated Processing Unit,APU)实现增程运行,公交适用性更强,电池可实现快换也可以进行整车充电。该车节油率最高可达50%,电功率比为100%;一次充电纯电动续驶里程50km,总续驶里程大于600km;0~50km/h加速时间22s;最高车速75km/h;无级变速、空气悬架、一级踏步。其主要技术特点是:

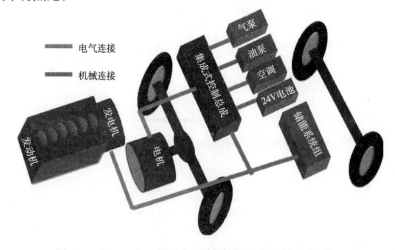

图6-48　TEG6129PEV增程式城市客车动力系统结构原理示意图

(1)储能系统采用双电压平台复合电源,结合了锂离子电池高能量密度和超级电容高功率密度的优点,既提高了储能系统充放电效率,同时对电池有较好的保护作用,可延长电池使用寿命。

(2)采用纯超级电容储能系统,具有安全性高、可靠性高、效率高、质量轻、成本低的优点,使用寿命可达5~8年。

(3)锂离子电池采用标准快换电池箱,既可整车充电也能实现快换。

(4)采用集成式控制总成电器柜,电气系统高度集成,便于安装和维护。

(5)无变速器。采用JD156大转矩异步电机直驱后桥,实现无级变速,机械传动效率高。同时,可高效回收电制动能量,公交工况平均百公里可回收35~40kW·h电能。

(6)采用了基于小排量柴油发动机和高速永磁发电机的小型化高效率APU系统。

在电池性能严重衰减的情况下,车辆完全以串联模式运行;在实际线路上仍然可实现20%以上的节油率。

图6-49所示为中通制造的12m增程式LCK6121GEV城市客车动力系统结构原理示意图。为保证整车的安全性、可靠性和续驶里程,该车采用了成熟的纯电驱动系统和制动能量回收技术;利用双路CAN网络通信,实时跟踪监测车辆动态行驶特性、单体电池特性和高压电器特性;在高压被动安全防护的基础上,增加了主动安全防护技术和轻量化车身专利技术。

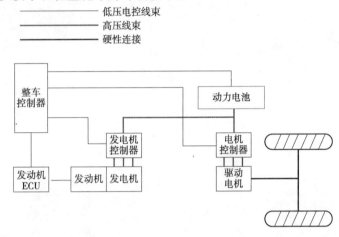

图6-49 LCK6121GEV增程式城市客车动力系统结构原理示意图

2) PHEB并联式动力系统

PHEB并联式动力系统的发动机和电机共同驱动车辆,发动机与电机分属两套系统,可以分别独立地向客车传动系提供转矩,在不同的路面上既可以共同驱动又可以单独驱动。当客车加速爬坡时,电机和发动机能够同时向传动机构提供动力;一旦车速达到巡航速度,客车将仅仅依靠发动机维持该速度。电机既可以作电动机又可以作发电机使用,因此称为电机—发电机组,如图6-50所示。

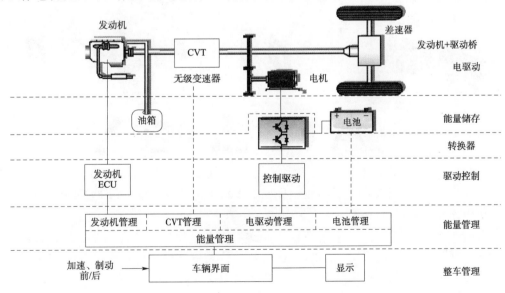

图6-50 PHEB并联式动力系统结构示意图

图6-51所示为中国南车制造、采用AMT的12m TEG6129PHEV型并联式城市客车的结构原理示意图,该车以结构简单及较低成本实现了自动换挡和混合动力。起步时,采用纯电动模式,使发动机避开了

高油耗高排放工作区;中低速时,采用并联工作模式,电机与发动机并联驱动车辆,实现了良好的加速性能;中高速时,采用发动机(Engine-Only)模式,即高速行驶或电动部分失效时,发动机可通过 AMT 驱动车辆正常行驶;减速时,采用电制动模式,充分回收制动回馈的电能,平均百公里可回收 20~25kW·h 电能。其动力系统四种工作模式的结构原理示意图如图 6-52 所示。

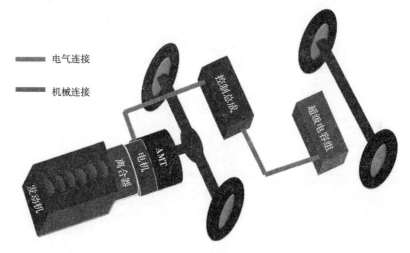

图 6-51　TEG6129PHEV 型 12m 并联式城市客车结构原理图

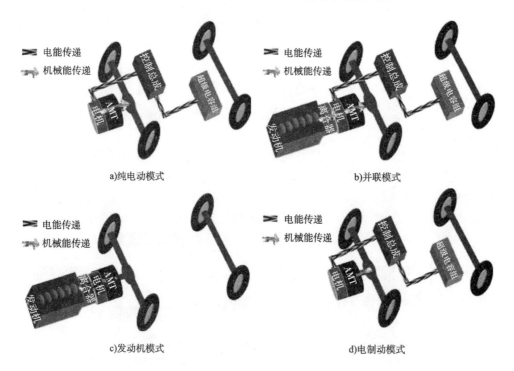

a)纯电动模式　　　　　　　　　　b)并联模式

c)发动机模式　　　　　　　　　　d)电制动模式

图 6-52　TEG6129PHEV 型并联式城市客车动力系统四种工作模式原理示意图

该车的主要技术特点是发动机为主要驱动动力源,电机起助力和回收电制动能量的作用;动力系统结构简单、性价比高;采用纯超级电容为储能系统;具有 Engine-Only 模式,在电驱动系统或储能系统出现故障时,发动机可独立驱动车辆行驶。

图 6-53 所示为中通制造的 12m LCK6121HEV 混合动力城市客车动力系统结构原理示意图。其主要技术特点是:采用并联式混合动力系统方案,有效提高了整车运营可靠性及稳定性,大大降低了运营成本;将发动机与电动机同轴布置,结构紧凑,有效减少了动力总成的质量和体积;匹配高功率锂离子电池,在满足整车供电需求的同时,有效降低了整备质量;自动离合器器位于发动机和电机之间,通过程序控制实现纯电动驱动、纯发动机驱动及混合驱动模式的灵活切换;可实现助力、发电、能量回收和快速起动等多种混合动力功能;配置高效节能的发动机热管理系统,进一步了提高整车节油效果。

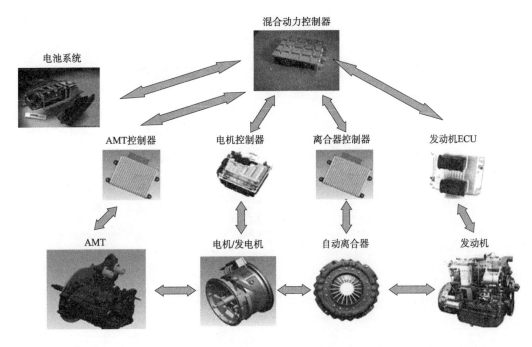

图 6-53　中通 LCK6121HEV 并联式混合动力城市客车动力系统结构原理示意图

目前,综合考虑到电池、电机效率、成本因素以及技术成熟度,在乘用车领域以丰田混合系统为代表的产品已经取得了绝对的竞争优势,国际上尚未出现可以突破或者挑战这一技术方案的产品。在商用车领域,中通客车和北汽福田欧辉客车等提出的同轴并联插电式混合动力方案是在 EATON 并联系统基础上的升级产品,该方案采用发动机 + ISG + AMT 的一体化设计,动力性、经济性好,工况适应性强,节油率高,已成为较为成熟且市场应用较广泛的一种动力系统。采用该方案的 9m 油电、10m 油电/气电和 12m 气电/油电等六款成熟产品,已有超过 3000 辆客车在市场上运营,其安全性、可靠性及节能性已得到客户认可。图 6-54 所示为该插电式同轴并联系统的结构示意图。

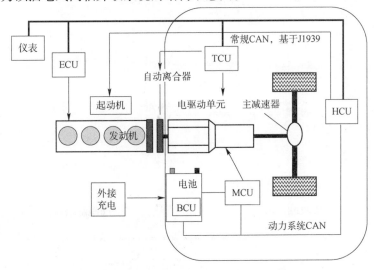

图 6-54　插电式同轴并联系统结构示意图

3) PHEB 混联式动力系统

PHEB 混联式动力系统包含了串联式和并联式的特点,即既有串联也有并联的混合动力模式,因此兼顾了串联式与并联式的优点,但结构较为复杂。动力系统包括发动机、发电机和电动机。根据助力装置不同,又分为发动机为主和电机为主两种。在以发动机为主的结构形式中,发动机作为主动力源,电机为辅助动力源;以电机为主的结构形式中,发动机作为辅助动力源,电机为主动力源。行驶时,优先使用纯电动模式;在蓄电池组的荷电状态(SOC)降到一定限值时,切换到混合动力模式下行驶;在混合动力模式下,起动、低速时使用串联式系统的发电机发电,电动机驱动车轮行驶;加速、爬坡、高速时使用并联式系统,主要由发动机驱动车轮行驶,发动机多余能量可带动发电机发电给蓄电池组充电。如图6-55所示。

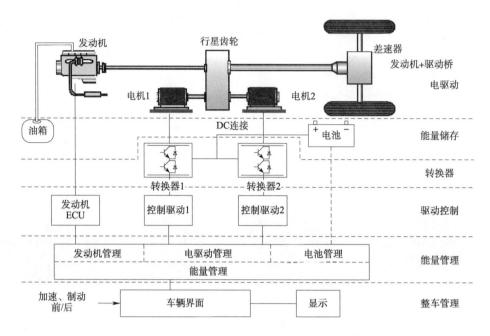

图6-55　PHEB混联式动力系统结构示意图

混联式结构若按拓扑分类,可分为切换式系统布局与分路式系统布局。典型的切换式系统布局如图6-56所示。

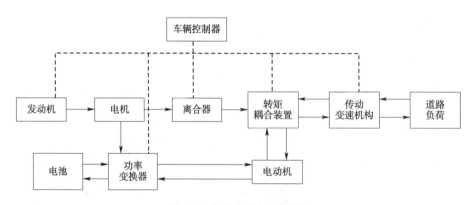

图6-56　切换式系统布局形式

分路式系统布局的典型代表是丰田Prius混合动力车系统结构,以及欧洲华沙工业大学提出的分路式系统布局,分别如图6-57和图6-58所示。

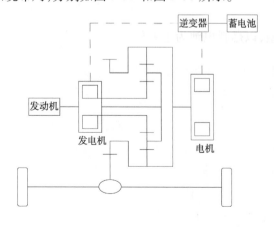

图6-57　丰田Prius分路式混合动力车系统结构

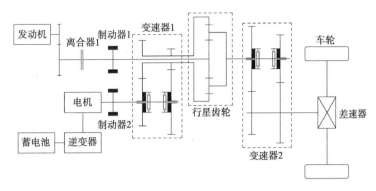

图 6-58　华沙工业大学混联结构示意图

自 2010 年 5 月开始,宇通插电式项目连续受到国家 863 一期、二期以及创新工程的支持,在自制混合动力平台的基础上,形成了通用化、模块化程度高的插电式混合动力平台(基于同轴混联式混合动力构型)。该平台采用简洁的纯电直驱传动、串并结合的工作模式,动力传递高效,再生制动回收比例高,适合大部分公交工况,节油率超过 45%,如图 6-59 所示。

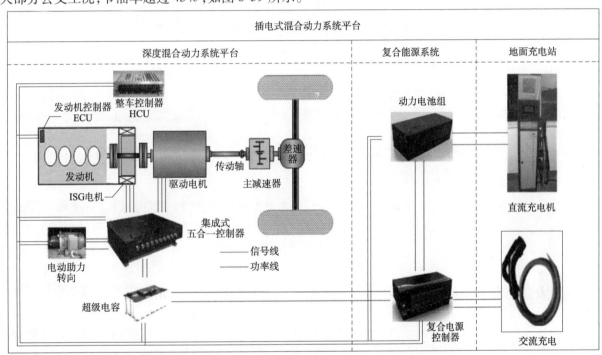

图 6-59　基于同轴混联式混合动力构型

第五节　燃料电池客车动力系统

燃料电池客车(FCB)作为纯电动客车的一种类型,以燃料电池为主要能源提供驱动汽车所需的功率。由于燃料电池是以氢气为燃料,空气(O_2)为氧化剂进行工作,其排放物质是没有污染的水,虽然技术还不完全成熟,但非常具有发展前景。而氢燃料电池客车的大规模应用,必将引发汽车工程及业内新一轮的革命和重组,对于缓解我国能源供需矛盾、改善城市环境质量,促进社会经济的全面、协调和可持续发展具有重要的现实意义。

一、燃料电池客车动力系统的类型

燃料电池客车的动力系统一般有三种分类方法。

1. 按照驱动形式的不同分类

按照驱动形式的不同,目前各国研究的燃料电池客车主要有纯燃料电池(PFC)驱动和混合驱动两种。其中,前者亦称"单电源"或"单一FC"动力结构;后者有燃料电池+蓄电池(FC+B)、燃料电池+超级电容(FC+C)和燃料电池+蓄电池+超级电容(FC+B+C)等三种形式,亦称为"多电源"或"燃料电池混合动力"动力结构。

2. 按照能量来源的不同分类

按照能量来源的不同,可分为直接燃料(车载纯氢)电池动力系统和重整燃料电池动力系统两大类。所谓直接燃料,主要是纯氢,也可用甲醇等燃料。采用纯氢作燃料的电动客车,氢燃料的储存方式有压缩氢气、液态氢和合金(碳纳米管)吸附氢等几种。

重整燃料电池动力系统的燃料主要有汽油、天然气、甲醇、甲烷和液化石油气等。由于采用这种能量来源的电动客车结构比氢燃料电池客车复杂得多(如甲醇重整燃料电池电动客车需要对甲醇进行200℃左右的加热以分解出氢,汽油重整燃料电池电动客车也需要对汽油进行1000℃左右的加热以分解出氢等),因此目前仅在研究阶段。

3. 按燃料电池与蓄电池的结构关系分类

根据混合型燃料电池动力系统中燃料电池和蓄电池的电路结构,可将混合型燃料电池动力系统分为串联式和并联式两种。

串联式燃料电池动力系统的燃料电池相当于车载发电机,通过DC/DC转换器进行电压转换后对燃料电池充电,再由燃料电池向电动机提供驱动车辆的全部动力。这种结构的特点是与普通串联式混合动力系统相似,其优点在于可采用小功率的燃料电池,但要求蓄电池的容量和功率要足够大,而燃料电池发出的电能需要经过蓄电池的电化学转化过程,存在能量损失。因此,目前在电动客车上应用较少。

当前,由于燃料电池客车正处于研究的初期阶段,各种技术的动力系统都在竞相试用并各有优缺点。

二、燃料电池客车的动力系统结构及工作原理

1. 纯燃料电池动力系统(PFC)

纯燃料电池客车的动力系统方案如图6-60所示,主要由燃料箱、燃料电池发动机(Fuel Cell Engine,

图6-60 纯燃料电池驱动系统方案

FCE)、蓄电池和电动机等部件组成。驱动形式为"燃料电池—电机控制器—电机—变速器—主减速器—差速器—车轮",以燃料电池作为动力源来代替传统车辆的发动机驱动车辆行驶。纯燃料电池驱动系统只有燃料电池一个动力源,车辆的所有功率负荷都由燃料电池承担。

由于只有燃料电池系统一个动力源,因此这种结构的客车对燃料电池提出了很高的要求,即燃料电池必须额定功率大、成本低,冷起动时间、耐起动循环次数和负荷变化等均应满足客车各种行驶工况的要求,系统部件必须具有高可靠性并能对瞬态过程做出迅速响应。

纯燃料电池客车除具有零排放或近似零排放、减少了机油泄漏带来的水污染和降低了温室气体排放等优点外,也存在电池功率大、成本高、对电池系统的动态性能及可靠性要求高和不能进行制动能量回收等缺点。

图6-61所示为单一FC动力系统的结构示意图,图中的燃料供给装置可以是气态压缩氢存储装置,也可以是氢气重整装置。

采用单一FC结构的优点是可降低整车整备质量,改善超载能力;控制方案简单。缺点是不能回收制动能量,整车效率低;冷起动时间长;由于燃料电池堆成本高,致使整车成本高。

2. 混合式燃料电池动力系统

为了有效解决纯燃料电池客车的缺点,必须使用辅助能量存储系统作为燃料电池系统的辅助动力源,使之与燃料电池联合工作,组成混合动力系统共同驱动车辆。常见的燃料电池混合动力系统示意图如图6-62所示,一般采用"双燃料电池+驱动电机+动力电池"的技术方案,其动力系统为质子交换膜

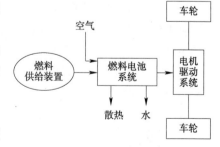

图6-61 单一FC的动力系统结构示意图

燃料电池与磷酸铁锂蓄电池构成的混合动力驱动系统。

从本质上讲,这种结构的燃料电池客车采用的是混合动力结构,与传统意义上的混合动力客车结构的差别仅在于发动机是燃料电池而不是内燃机,由燃料电池和辅助能量存储装置共同向电动机提供电能,通过变速机构驱动客车行驶。

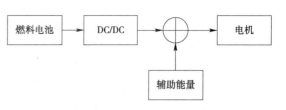

图 6-62 燃料电池客车混合动力系统示意图

目前,市场上的燃料电池客车绝大多数采用的是混合式燃料电池动力系统,主要由整车控制、储氢、燃料电池、动力电池、驱动电机和 CAN 总线通信等子系统组成。即将燃料电池与辅助动力源相结合,靠前者满足持续功率需求,借助辅助动力源提供加速、爬坡等所需的峰值功率,且在制动时可以将回馈的能量存储在辅助动力源中。混合式燃料电池动力系统有串联式和并联式两类,如图 6-63 和图 6-64 所示。

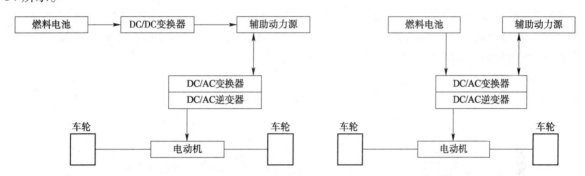

图 6-63 串联式燃料电池客车动力系统框图　　　　图 6-64 并联式燃料电池客车动力系统框图

图 6-65 所示为宇通采用燃料电池和动力电池混合驱动形式的混合式燃料电池客车的动力系统结构及基本原理示意图(能量混合型)。由图中可见,该动力系统主要由燃料电池发动机、辅助动力源、DC/DC 变换器、DC/AC 逆变器和电动机等组成。考虑到目前燃料电池系统自身的一些特殊要求,例如在起动时空气压缩机需要供电、电堆需要加热、氢气和空气需要加湿等,同时为了能够回收制动能量,因而采用了将燃料电池和动力电池组合起来形成混合式动力驱动系统的方案。该系统既降低了对燃料电池功率和动态特性的要求,也降低了燃料电池系统的成本,但增加了驱动系统质量、体积和复杂性,加大了动力电池的维护、更换费用。

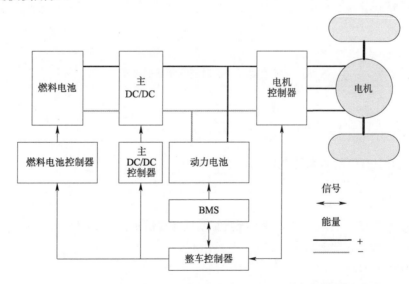

图 6-65 宇通燃料电池客车能量混合型动力系统结构和基本原理示意图

1)燃料电池发动机

在燃料电池客车所采用的燃料电池发动机中,为保证质子交换膜燃料电池(PEMFC)组的正常工作,除以 PEMFC 组为核心外,还装有氢气供给、氧气供给、气体加湿、反应生成物处理、冷却和电能转换等子系统。只有这些辅助系统匹配恰当并正常运转,才能保证燃料电池发动机正常运行。

2) 辅助动力源

在燃料电池客车(FCB)上燃料电池发动机是主要电源,另外还配备有辅助动力源。根据FCB的设计方案不同,采用的辅助动力源也有所不同,可以用蓄电池组、飞轮储能器或超大容量电容器等共同组成双电源系统。

3) DC/DC变换器

由于FCB上各种电源的电压和电流受工况变化的影响呈不稳定状态,为了满足驱动电动机对电压和电流的要求以及对多电源电力系统的控制,在电源与驱动电动机之间,用计算机控制实现对FCB的多电源综合控制,以保证FCB的正常运行。FCB的燃料电池需要装置单向DC/DC变换器,蓄电池和超级电容器需要装置双向DC/DC变换器。

4) 驱动电机

FCB用的驱动电机主要有直流电动机、交流电动机、永磁电动机和开关磁阻电动机等。

同济大学与上海燃料电池汽车动力系统有限公司为2010年上海世博会提供的燃料电池客车的混合动力系统框图如图6-66所示。该系统由2套FCE与2个锂电池组组成,FCE和锂电池组输出的电能送入动力控制单元(Power Control Unit,PCU)中,经DC/DC升压后供给电机控制器,由电机控制器控制电机转动。2台电机输出的转矩经动力耦合器合并和减速后,将动力传递给变速器。

图6-66 混合动力燃料电池客车动力系统框图

其中,FCE为高压型燃料电池发动机。该发动机和国内常用的常压型FCE(空气侧最高压力略大于0.1MPa,高于大气压的压力,用于克服系统内部阻力)相比,空气供应系统的压力一般不大于0.3MPa,因此在设计和应用上有其独特之处。

FCE由燃料电池电堆和辅助系统构成,其中燃料电池电堆是FCE的核心,而空气供应、氢气供应、水热管理和测控系统等则构成了FCE的辅助系统。电堆的设计运行参数是各辅助子系统的设计依据。该FCE采用加拿大Ballard公司的MK902质子交换膜燃料电池电堆,其典型工作点对空气参数的要求见表6-5。

电堆典型工作点对空气参数的要求　　　　　表6-5

参数＼电流(A)	5	30	50	100	150	300
流量(SLPM)*	183	770	990	1320	1979	3959
压力(0.1MPa)	0.76	0.91	1.01	1.17	1.37	2.03
进堆温度(℃)	65~70	65~70	65~70	65~70	65~70	65~70

* 标准工况(0℃,101325Pa)下的体积流量。

表6-5中的参数是空气供应系统及其零部件选型、设计的主要依据。由于动力系统中共有2套FCE,因此空气供应系统也按2套设计,各自独立工作。

5) 氢安全控制系统

氢安全控制系统主要包括氢泄漏检测和报警处理系统等。其中,氢泄漏检测系统由安装在车辆顶部纯氢瓶舱和乘客舱、燃料电池发动机舱以及安装在车体下部的一套监控器组成,当任何一个传感器检测到氢的体积分数超过氢爆炸下限的10%、30%和50%时,监控器会分别发出声光报警信号,同时通知安全报警系统采取相应的安全措施。

三、燃料电池客车的三种混合式动力系统

1. 燃料电池+动力电池动力系统(FC+B)

采用FC+B动力系统的客车由于动力电池组(蓄电池组)的存在而减轻了燃料电池系统的压力,客车对燃料电池功率密度和成本的要求没有单一FC结构高。蓄电池组的功能是回收制动能量,在客车起动、加速、爬坡的过程中提供补充能量。图6-67所示为FC+B动力结构的示意图。

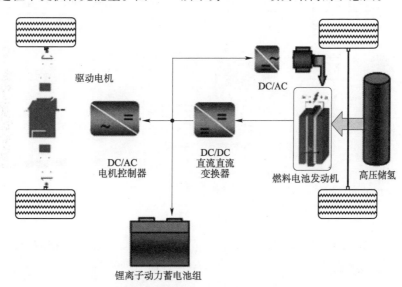

图6-67 FC+B燃料电池动力系统结构示意图

FC+B动力系统的主要优点是:相对减小了对燃料电池的功率需求;燃料电池系统起动容易;若燃料电池出现故障,客车仍可依靠动力电池行驶,系统可靠性高;可以回收制动能量,节约能源;在相同功率情况下,比FC结构对行驶工况有更大的适应性,同时降低了动力源成本。缺点是增加了系统的质量、体积和结构的复杂性。

德国MAN、日本丰田和美国华盛顿乔治城大学研制的燃料电池大客车都采用了FC+B结构。其中,MAN公司的第一辆PEMFC大客车于2000年5月推出,车长12m,采用西门子公司的120kW燃料电池系统,续驶里程250km。丰田公司在2001年6月推出FCHV-BUS1燃料电池大客车,车长10.5m,低地板结构,PEMFC输出功率90kW,电池组采用镍氢电池,最高车速达80km/h,续驶里程300km。2001年乔治城大学研制出XCELLSiS X1 Bus,采用Xcellsis 100kW甲醇重整PEMFC,最高车速106km/h,续驶里程560km。

2. 燃料电池+超级电容动力系统(FC+C)

FC+C结构至今尚未发现有开发的客车样车。本田公司的FCX-V3和FCX-V4是FC+C结构的燃料电池轿车,其动力系统结构如图6-68所示。采用这一方案对解决汽车冷起动和加速爬坡的问题,超级电容系统比蓄电池组的性能好。

FC+C动力系统的结构控制简单,能充分发挥超级电容的优势,是燃料电池客车动力系统可以选择的一种结构形式,预计将来在客车领域会有一定的市场。

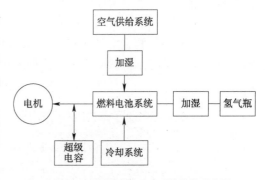

图6-68 FC+C燃料电池动力系统结构示意图

3. 燃料电池+超级电容+动力电池动力系统(FC+B+C)

在采用FC+B+C的动力系统结构中,超级电容系统用以满足峰值功率要求和紧急功率需要,同时也参与吸收汽车的制动能量。由于超级电容功率密度大,充放电效率高,接受快速大电流充电能力强,能够保护动力电池组防止过充。

图6-69所示为国家"十五"863计划燃料电池城市客车重大专项子课题所研究开发的第一辆燃料电

池城市客车原型车所采用的 3 种能量源混合形式的动力系统结构框图。

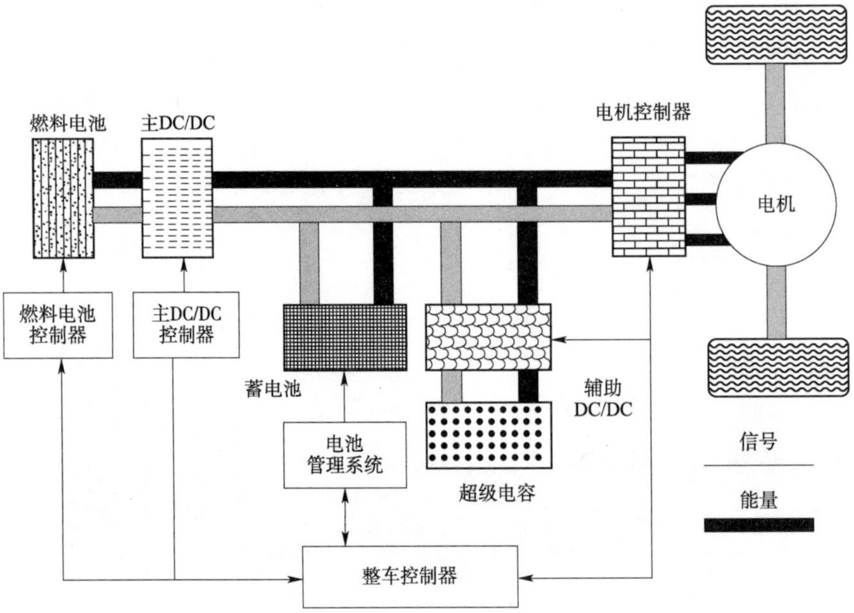

图 6-69 FC＋B＋C 燃料电池动力系统结构示意图

与 FC＋B 的动力系统相比,FC＋B＋C 动力系统结构的优势主要由超级电容系统来体现。由于该系统结构改进了回收制动能量的性能,使动力系统的效率和寿命有所提高。但因为结构很复杂,整车控制难度也最大。

燃料电池和辅助电池混合驱动是当前较为流行的一种结构。采用燃料电池和两种辅助电池的三动力源结构的主要原因是:

(1)目前,燃料电池的动态性能尚未达到理想状态,而汽车的行驶工况则是在较大范围内动态变化。由于燃料电池不能随时满足汽车的功率需求,增加辅助电池可以起到快速调节功率的作用。

(2)燃料电池的最佳负荷率在额定功率 20%～40% 的范围内,为了实现整车能量效率最佳,增加辅助电池调节燃料电池的功率输出,可使其工作点尽量保持在效率最佳的范围内。

(3)由于燃料电池的成本很高,从降低整车价格方面来考虑,适当减小燃料电池的额定功率,用辅助电池来弥补不足的功率输出,可以在一定程度上降低整车成本。

而选择蓄电池和超级电容组合的原因则是基于:蓄电池的能量密度较大,在驱动过程中可以长时间提供足够的辅助能量;超级电容的功率密度较大,在需要较大的辅助功率时发挥主要作用,特别是在汽车制动能量回收的过程中,可回收较大的回馈功率,进而延长电池使用寿命,提高客车动力系统的效率。即由燃料电池作为主能量源提供驱动汽车所需的功率,蓄电池用来提供不足功率或吸收多余功率,超级电容主要用于回收和输出瞬间大电流。

按照一定的控制策略,多能源动力总成控制系统对三能源的输出或输入功率进行合理优化分配,以满足复杂城市工况下的行驶要求。这种多能源动力总成控制系统可充分利用三种能量源的各自优势,协调控制工作模式和功率分配,改善整车动力性和能量效率,其优势互补是单能量源系统所不具备的。

四、氢燃料电池客车的储氢方式

目前,燃料电池客车大多以纯氢为燃料,其储氢方式主要有压缩氢气、液态氢气和金属储氢三种。

1. 压缩氢气方式

氢气密度小,要保证所需的续驶里程,必须以压缩的形式来增加其储存量。压缩氢气的压力一般在 20～30MPa 或更高,因此要求车载储气瓶能承受高压和振动,且质量轻、使用寿命长。通常高压储气瓶用铝或石墨材料制成环形的压力容器。这不仅有利于提高容积率,满足续驶里程的要求,而且便于在车上安装。

对于不同类型的燃料电池客车,因总布置不同,高压储气瓶的布置形式也不同。一般,高压储气瓶安装在客车顶部或裙部地板下。图6-70所示为清华大学等单位研究开发的第一辆燃料电池城市客车原型车的车载高压氢气储存供应系统及车顶控制气路。

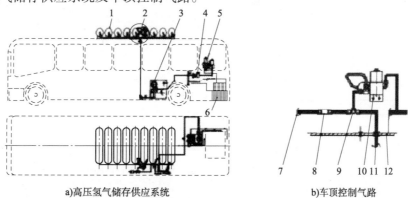

a)高压氢气储存供应系统　　b)车顶控制气路

图6-70　第一辆燃料电池城市客车原型车的车载高压氢气储存供应系统及车顶控制气路
1-储气瓶组；2-车顶控制气路；3-压力表；4-滤清器；5-减压阀；6-燃料电池；
7-管路；8-止回阀；9-三通；10-电磁阀；11-管路；12-汇流排（与管路7连通）

该车的高压氢气储存供应系统由储氢瓶组、压力表、滤清器、减压器、止回阀、电磁阀、手动截止阀和管路等组成。在给储气瓶组加氢气时，加氢站的压缩氢气由压力表3附近的加气口压入，经客车中部的管路11、三通9、止回阀8和管路7到达汇流排12，由汇流排12进入储氢瓶组1；当燃料电池用氢气时，压缩氢气由储气瓶组1经汇流排12、电磁阀10和三通9到达管路11；管路11的氢气再经过压力表3附件气路、客车后部的滤清器4和减压器5到达燃料电池6。

2. 液态氢方式

与气态氢相比，液态氢具有较高的能量密度，可显著提高单位容积氢的质量，有利于降低运输成本，提高续驶里程。由于液态氢需要将气态氢冷却到 -253℃才能得到，因此氢气的液化时间较长，且需要消耗大量的能量。此外，液态氢难以较长时间储存，只能储存在供液站，需要专用运输车辆。

液氢储存罐应具有良好的绝热性能，因此其外壳常用绝热材料包裹，内部设有液位计和压力调节（控制）装置。

液态氢需要转换为氢气才能提供给燃料电池，其汽化过程需要吸收热量。因此，在车上的供气系统中，还设有热交换器和压力调剂系统等辅助装置。

3. 金属储氢方式

所谓金属储氢方式，就是利用金属氧化物储氢。即将氢气加压至 3~6MPa，使进入容器的氢在高压下附在金属小颗粒上，完成氢与金属的结合，同时放出热量。由于从金属小颗粒中释放出氢时需要吸收外部热量，因此需要金属储氢容器具有一定的耐压强度和足够的换热面积，以满足充、放氢时的热量传递。为了尽可能多地储存氢，储氢金属表面多成小颗粒状，并在适当的湿度和压力范围内存储或释放氢气。

目前，金属储氢被认为是最安全的储氢方式。相比高压储氢，金属储氢具有：单位体积的储氢容量高但单位容积的储氢量并不高；储氢压力较低（1~2MPa），安全性较高；降低了对充氢设备的要求，充氢能耗较小；金属氧化物对氢气中少量杂质（如 O_2、H_2O 和 CO 等）的敏感度高，因此对氢的纯度要求高；由于金属氧化物的机械强度较低，反复充放氢后会出现粉碎现象，致使目前金属储氢装置的金属氧化物反复充放的次数不多，且价格较高等特点。

五、氢燃料电池客车的工作模式

目前，燃料电池客车多采用FC+B的混合动力模式，即燃料电池+蓄电池组的混动模式。在起步、加速、匀速、滑行、减速和制动等不同行驶工况时，客车将分别处于燃料电池工作模式、混合动力工作模式、蓄电池工作模式和能量回馈工作模式等，如图6-71所示。

1. 燃料电池模式

客车工作在燃料电池模式时，电动机的电力全部由燃料电池提供。若此时蓄电池在非充足电状态

(SOC<1），且燃料电池的电能供给电动机后尚有富余时，还可向蓄电池充电，如图6-71a)所示。一般，燃料电池客车在低负荷、匀速、滑行等行驶工况时，通常都工作在燃料电池工作模式。

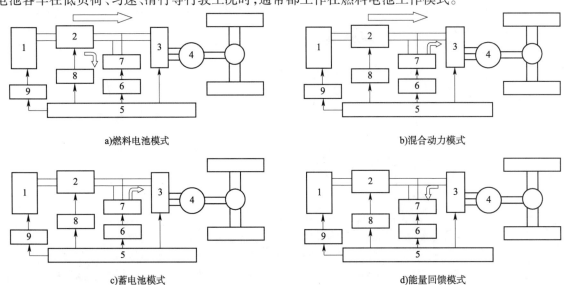

图6-71 燃料电池电动客车的工作模式
1-燃料电池；2-DC/DC转换器；3-电动机控制器；4-电动机；5-整车控制器；6-蓄电池能量管理；
7-蓄电池；8-DC/DC电子控制器；9-燃料电池控制器

2. 混合动力模式

混合动力模式是指燃料电池和蓄电池共同提供驱动电机所需电力的工作方式，如图6-71b)所示。在客车加速、高速、上坡、超车或重载行驶的情况下，当燃料电池输出的电功率不能满足驱动车辆所需功率时，由蓄电池提供瞬时能量来补充功率的不足，满足加速、上坡等的动力需要；或由蓄电池持续协助燃料电池供电，以满足燃料电池客车在持续高速或重载下对电源电功率输出的需求。

3. 蓄电池模式

蓄电池模式是指燃料电池停止输出电能，客车单独由蓄电池提供电力，如图6-71c)所示。当燃料电池还未起动，而蓄电池的SOC值大于最小临界值时，由蓄电池提供客车起步所需的电能；当燃料耗尽或燃料电池堆发生故障时，若蓄电池的SOC值大于最小临界值时，则也可由蓄电池短时间内独立供电。但需要注意的是，工作在蓄电池模式的燃料电池客车，对蓄电池容量和输出功率的要求相对较高。

4. 能量回馈模式

所谓能量回馈模式，是指电动机工作在发电机状态，将车辆的动能转化为电能，并向蓄电池充电的工作方式，如图6-71d)所示。一般，在客车下坡、遇红灯减速及非紧急制动等情况下，当蓄电池又处于非充足电转态(SOC值在最大临界值以下)时，控制器就将电动机转换为发电机工作方式，将车辆的动能转换为电能，通过向蓄电池充电来实现能量回馈。

六、氢燃料电池动力系统的氢安全系统

燃料电池动力系统配有大量易燃、易爆的高压氢气，而车内乘坐有大量乘客，且客车运行环境和运行工况复杂多变，因此整车安全设计和制定严格科学的安全标准是燃料电池客车产品的一项极其重要的工作。客车的氢安全系统一般包括氢供应安全系统、整车氢安全系统和其他安全措施等。

1. 氢供应安全系统

为保证用氢安全，车上所有储氢瓶、管道及阀件均适用于氢介质，所能承受的压力留有足够的安全裕量；储氢瓶的安装按安全要求执行，所有高压氢气连接管均采用质量符合国家标准的无缝不锈钢管，且各组管路必须经过30MPa水压试验和20MPa气密检查试验后才能总体安装；总装结束后，对整车氢供应系统进行两次气密性检查；在储氢瓶出口处设有过流保护装置，当管路或阀件发生氢气泄漏使氢气流量超过燃料电池需要最大流量的20%时，过流保护装置会自动切断氢气供应；在储氢瓶的总出口设计有一个

电磁阀,当整车氢报警系统的任意一个探头检测到车内的氢浓度达到报警标准时,将通知驾驶人切断供氢电磁阀。

系统配有高低压管路保护装置。在高压管路部分,设置了过流安全保护装置,若发生意外,在超过设计安全流量时,可不需借助任何外力迅速自动切断气路;故障排除后,只需对电磁阀进行数秒通电,即可恢复正常运行。在低压管路,设置了发动机供气安全保护装置,当发动机出现故障不能正常运转时,将使电磁阀自动关闭,切断发动机供气气路,保证供气系统的供气安全。

2. 整车氢安全系统

整车的氢安全系统由氢泄漏监测和报警处理两个子系统组成。

氢泄漏监测由安装在车顶部的储氢瓶舱、乘客舱、燃料电池舱以及电池发动机散热水箱附近的催化燃烧型传感器和安装在车体下部的一套监控器等组成。传感器实时检测车内氢浓度,当任何一个传感器检测到的氢浓度超过氢爆炸下限[空气中的氢浓度(体积分数)为4%]的10%、30%和50%时,监控器会分别发出不同级别的声光报警信号,同时通知安全报警处理系统采取相应的安全措施。氢安全报警处理系统的电气原理框图如图6-72所示。

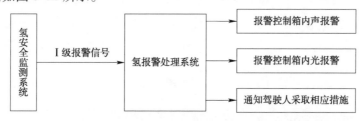

图6-72 燃料电池客车氢安全报警处理系统电器原理框图

氢安全报警处理系统接收到Ⅰ级报警信号时,由报警处理单元启动声光报警;同时通过固态继电器给驾驶室提供一个搭铁的信号,使驾驶控制系统的一个继电器吸合;由声光报警通知驾驶人发现氢气泄漏,驾驶人即可通过手动开关一次性关闭燃料电池发动机和氢气瓶组出口的电磁阀,并采取其他相应处理措施。

3. 其他氢安全措施

(1) 防静电设施。一般车体底部设有多处搭铁线,在加氢以及车上存有氢气时,需将车体可靠搭铁。

(2) 防爆措施。氢检测传感器均为防爆型,氢安全处理系统中的继电器为防爆固态继电器;车上存有氢气及氢安全系统报警时,严禁使用电源插座、接触器、继电器以及机械开关等可以引起电弧的用电装置等。

(3) 氢安全操作规程。如发动机起动前进行管路气密性检查,调试及发动机起动前用氮气吹扫管路,调试时必须由专人用氢浓度探测仪检查氢泄漏情况,雷雨天禁止进行氢系统调试及试验等。

目前,燃料电池城市客车已在动力系统和整车技术集成上取得了长足进步,其中燃料电池和辅助电池混合驱动已成为一种较为流行的结构。质子交换膜燃料电池(PEMFC)电动汽车技术与传统汽车、纯电动汽车技术相比,具有以下优势:

(1) 效率高。燃料电池的工作过程是化学能转化为电能的过程,不受卡诺循环限制,能量转换效率较高。1999年戴姆勒—克莱斯勒推出的燃料电池概念车NECAR 4从油箱到车轮的能量效率为37.7%,而高效汽油机和柴油机汽车的整车效率分别为16%~18%和22%~24%。

(2) 续驶里程长。采用燃料电池系统作为能量源,克服了纯电动汽车续驶里程短的缺点,其长途行驶能力及动力性已经接近于传统汽车。

(3) 绿色环保。燃料电池没有燃烧过程,以纯氢作燃料,生成物只有水,属于零排放。采用其他富氢有机化合物用车载重整器制氢作为燃料电池的燃料,生成物除水外还可能有少量CO_2,接近零排放。

(4) 过载能力强。燃料电池除了在较宽的工作范围内具有较高工作效率外,其短时过载能力可达额定功率的200%或更大。

(5) 低噪声。燃料电池属于静态能量转换装置,除了空气压缩机和冷却系统外无其他运动部件,因此与内燃机汽车相比,运行过程中的噪声和振动都较小。

(6) 设计方便灵活。燃料电池汽车可以按照电子线控(Drive – By – Wire, X – By – Wire)的思路进行设计,改变了传统的汽车设计概念,可以在空间和质量等问题上进行灵活配置。

第六节 能量管理与控制策略

电动汽车的能量管理,是保持动力电源系统正常应用、保证车辆安全和提高电池寿命的一项关键技术,它对保护电池性能,预防个别电池早期损坏,保证车辆正常运行具有非常重要的作用。电动汽车的充电、运行和与电池相关参数协调工作,是通过对电池箱内电池模块的监控来实现的,其功能主要有计算并发出指令、执行指令、提出警告等。电池能量管理系统主要包括:电池状态估计、数据采集、热管理、安全管理、能量管理和通信等。

能量管理系统是多电源电动汽车的核心,由功率分配、功率限制和充电控制三部分组成。其工作原理可简单归纳为:由电子控制单元根据数据采集电路采集到的电池状态信息及其他相关信息,进行数据分析和处理,并形成最终的指令和信息发送到相应的功能模块。主要功能包括维持电动汽车的所有蓄电池组件的正常工作,并使其处于最佳状态;采集车辆各子系统运行数据,进行监控和诊断;控制充电模式和提供剩余能量显示以及保护和警告等。

一、电动客车的运行模式

按照电动客车的能量使用,一般可将能量管理分为车载运行模式和整组充电运行模式。

1. 车载运行模式

在车载运行模式下能量管理系统的作用是控制和显示。

(1)控制作用。管理主机通过高速 CAN1 总线将电池的剩余电量、电压、电流和温度等参考量实时告知整车控制器以及电机控制等设备,以便采用更加合理的控制策略。

(2)显示作用。管理主机通过高速 CAN2 总线将电池的详细信息告知车载监控系统,完成电池状态数据的显示和故障报警等功能,为电池维护及更换提供依据。

2. 整组充电运行模式

在整组充电运行模式下,电池不卸载到地面,充电机的充电线直接插在电动汽车的充电插座上进行充电。此时,车载高速 CAN J1939 网络加入充电机节点。充电机通过车载高速 CAN 或 RS-485 网络了解电池实时状态,调整充电策略,实现安全充电。充电管理包括了恒压充电、恒流充电、恒压恒流充电以及涓流充电等多种模式。

1) 恒压充电

加恒定电压于电池两端,充电的电流 $I=(V-E)/R$。式中 V 为外部电源供给电池的充电电压,E 为电池的电动势,R 为其内部电阻。

在刚开始给电池充电的时候电动势很低,而电池的电流会很大,电动势随着充电的进行而升高,充电电流会减小,直至最后充电停止。由于在充电后期充电电流变小,控制电池的过充电将变得很简单。该充电模式把电流与电动势关联起来,而电动势是电池内部物理和化学变化的反映,所以采用恒压充电模式与恒流充电相比有更多的优点。但存在的主要缺点是,最开始充电的时候电流会很大,到了充电末期会随着电池电动势的升高而使电流变得很小,造成充电设备不能完全利用,且充电电压的很小变化会导致电流的很大变动。

2) 恒流充电

该充电模式调整外部充电机的电压,调节串联电池的电压,目的是使充电过程中的电流不再出现变化。恒流充电模式控制很简单,因为电池的接受能力将因充电过程的继续会慢慢减小,等到了充电快要结束的时候,充电电流就变成了电解水,会出现很多气泡,影响电池使用状态和寿命,所以一般选阶段充电的方法。

3) 恒压恒流充电

为防止恒压充电开始时的电流太大,导致温度增加太大会给电池带来严重的伤害,充电过程中一般将电流控制在一范围内,这就是恒电压恒电流的充电模式。

4) 涓流充电

为使蓄电池组在放电过程结束后给其内部的化学物质一个恢复过程,需要以某种程度上相对来说较小的电流来给电池充电,使它的端电压增大到某一数值后,用恒压恒流充电方法采用大电流来给电池充电,此即为涓流充电。涓流充电的时候能使电流恒定且数值较小,随着电池状态的恢复,整流器的电压会随着电池状态而升高,因此涓流充电实际上是跟恒流充电非常相似的充电方法。

3. 电池管理系统的技术参数及指标

电压测量准确等级：<0.3%(3~6V)。

温度测量误差：<±1℃(-40~125℃)。

电流测量准确度等级：0.5%(-300~300A)。

SOC测量误差：<8%。

工作温度：-25~70℃。

绝缘电阻检测误差：按照JB/T 1884.1—2012~1884.3—2012相关标准对绝缘进行分级。

4. 电池管理系统的管理策略

(1) SOC策略是电池管理系统的核心策略,SOC的估算为整车控制策略提供支持,是整车判断电池是否可以充电或放电的依据。在纯电动汽车上,多采用AH计量加拐点修正的方法对SOC进行估算,这需要电池管理系统电流采样功能有很高的精度,同时还需要有很准确的荷电量—开路电压曲线,才能保证SOC估算的准确;而混合动力汽车电池一般处于浅充浅放的状态,多采用卡尔曼滤波等对SOC初值要求不高的算法,以保证SOC估算误差在一定范围内。

(2) 充放电管理是电池管理系统参与整车进行能量管理,很好的充放电管理策略能在保证电池安全使用的条件下为整车提供最大的能量限值。在纯电动汽车上,合理的充电管理能加快电池的能量补给;而对于混合动力汽车,充放电管理能确保整车能量的最优利用。现阶段分区间、多条件的功率控制基本能满足整车能量控制的需求。

(3) 对于电池组有多种均衡方法,但受成本、均衡器大小和均衡控制等的影响,实现实时在线均衡难度较大。而采用小电阻在线均衡的办法,可解决温升过高,控制难度大的问题,在有效处理电池内阻和极化电压影响的情况下,能对电池起到一定的均衡作用。

(4) 电池组热管理为电池运行提供良好的运行环境。根据不同电池的温度特性,通过电池管理系统可靠的温度测量和对冷却风机或加热电阻的控制,使电池组温度处在其最优状态。热管理策略为电池温度测量功能、温度点选择、电池箱体及软件策略等的设计提出了要求。

(5) 准确的故障判断能及时发现电池运行中的不安全情况,保证电池运行的安全。而可行的故障处理策略是实现这一要求的保证,也为电池管理系统软件平台设计提出了要求。故障报警一般根据电池管理平台和电池状态提出,可分为电池管理系统平台自身故障和电池运行状态故障,其中电池管理系统平台自身故障按其功能进行划分,主要为电池管理系统平台的自身故障诊断而设置。

二、纯电动客车的能量管理与控制

对于以动力蓄电池为唯一动力源来驱动电机旋转,从而使车辆行驶的纯电动客车,其能量管理与控制主要是对动力电池的充放电和安全运行进行控制与管理,包括蓄电池的热管理、蓄电池组的绝缘检测、蓄电池组的充电管理和制动能量回馈控制等。当动力蓄电池容量较低时,可通过外接充电机进行充电,补充能量;当电池出现故障时,能及时、准确判断故障并报警和采取适当的安全措施;根据行驶工况,起动纯电动客车的再生制动能力。图6-73所示为纯电动客车动力系统的能量流动示意图。

传统客车一般采用摩擦制动的方式来消耗车辆行驶的动能而降低车速,其制动能量转化为热能散发到周围空气中。而电动客车制动时,可以将牵引电动机转化为发电机,依靠车轮拖动发电机产生电能和制动力矩,从而在降低车辆速度的同时将部分动能转化为电能储存起来,既回收了能量,又提高了续驶里程。

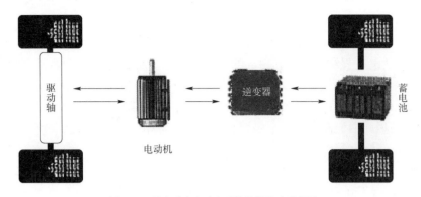

图6-73　纯电动客车动力系统能量流动示意图

纯电动客车动力系统的蓄电池数量较多,且以箱为单位分布在车上。为了避免箱体之间出现高压连接导线,通常采用集散式设计,即由一个中央控制模块和多个测控模块组成,每个蓄电池箱配备一个蓄电池测控模块。测控模块的硬件系统主要实现电压测量、温度测量及热管理和通信等功能;主控模块则包括电流测量、绝缘检测和通信接口部分。一种集散式蓄电池管理系统的组成框图如图6-74所示。

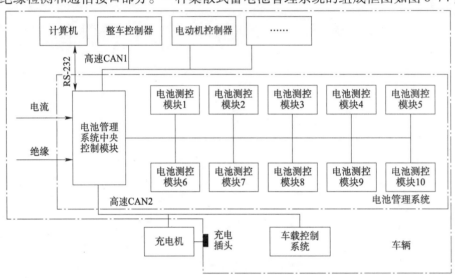

图6-74　一种集散式蓄电池管理系统的组成框图

三、混合动力客车的能量管理与控制

混合动力客车是具有两个或多个能同时运转的单个驱动系联合组成的客运车辆,其能量管理是控制行驶中不同工况时各组成部件(发动机、电机、蓄电池和传动装置等)之间能量流的大小和流向,使之进行良好匹配和优化控制,实现最佳燃油经济性和最好排放指标;根据行驶需要,合理分配发动机和蓄电池的能量流;尽可能减少复杂工况下发动机工作转速波动和关闭与起动次数,以避免发动机在低于某个转速和负荷时运行;保证蓄电池始终有合适的荷电状态(SOC)和安全电压,使蓄电池有良好的使用寿命。

1. 混合动力系统的控制策略

混合动力客车与传统车辆相比的最大不同就是增加了动力源,从而导致在动力系统中出现了能量流动方向的多样性。为此,混合动力系统的控制策略就是解决行驶中所需要的能量和功率何时和如何由车上各种不同的动力总成来提供的能量管理问题,也就是如何根据使用要求有效地利用不同类型的动力源,以达到节能环保的目的。由于能量管理直接影响着能量在车辆内部的流动,继而影响整车的动力性、经济性以及排放指标,因此对于不同的混合动力结构,其控制策略也有较大区别。

混合动力客车的整车控制系统即动力总成控制器,是整个车辆的核心控制部件,它采集加速踏板信号、制动踏板信号及其他部件信号并作出相应判断后,控制下层各部件控制器的动作,驱动整车控制器采集驾驶信号和车辆状态,通过CAN总线对网络信息进行管理、调度、分析和运算,针对车型的不同配置,进行相应的能量管理,实现整车驱动控制、能量优化控制、制动回馈控制和网络管理等功能,这就是混合动力系统的控制策略。对于不同的混合动力结构,其控制策略也有较大区别。

2. 串联式动力系统控制策略

由于串联式动力系统的发动机与行驶工况没有直接联系,因此控制策略的主要目标是使发动机在最佳效率区和排放区工作。此外,为了优化控制策略,还必须考虑合并在一起的电池、电传动系统、发动机和发电机的总体效率。图 6-75 为串联式动力系统能量流动示意图。

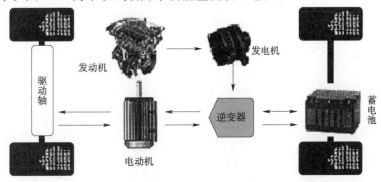

图 6-75　串联式动力系统能量流动示意图

1)"恒温器"式控制策略

该控制策略较为简单,主要针对纯电动车辆续驶里程短的特点,因此在普通电动车辆上增加一个辅助动力单元(Auxiliary Power Unit,APU),由其为蓄电池及时补充电能或承担车辆的部分行驶功率,从而减少蓄电池能量消耗,延长整车行驶里程。与没有 APU 的情况相比,电池放电速度减慢。

但是,APU 的功率不足以维持蓄电池的荷电状态值(State of Charge,SOC,亦称"剩余电量"),因此这种类型也称之为"电量耗尽混合型",即电池在循环工况结束时它们的 SOC 值低于开始时的 SOC 值,蓄电池必须有外接电源为其充电。

具体说,当蓄电池 SOC 降到设定的低门限值时,发动机起动,在最低油耗(或排放)点按恒功率输出,一部分功率用于满足车轮驱动功率要求,另一部分功率向蓄电池充电;当蓄电池组 SOC 上升到所设定的高门限值时,发动机关闭,由电机驱动车轮。在这种模式中,蓄电池组要满足所有瞬时功率的要求,而电池组的过度循环所引起的损失可能会减少发动机优化所带来的好处。因此,这种控制模式对发动机较为有利而对蓄电池不利。

蓄电池的 SOC 值是控制发动机的一个重要的参数,不同工况直接控制 SOC 值。为了满足客车加速时具有足够的电池功率,SOC 值不能下降太低;为了尽可能地吸收再生制动的能量,蓄电池的电量不能充太足;当 SOC 值达到一个最大值时,APU 应被关闭或在怠速状态。当 SOC 低于某一下限值时,APU 应该开启;当 SOC 非常低,低于最小值时,APU 应该以其最大功率工作,尽快地给蓄电池充电。图 6-76 所示为串联式混合动力系统发动机的开启和关闭状态,它与蓄电池 SOC 值、所需发动机功率和发动机前一工作状态等参数有关,一般根据功率总线向发电机发出的功率请求,计算出所需要的发动机功率,从而满足车辆驱动和附属设备的需求。

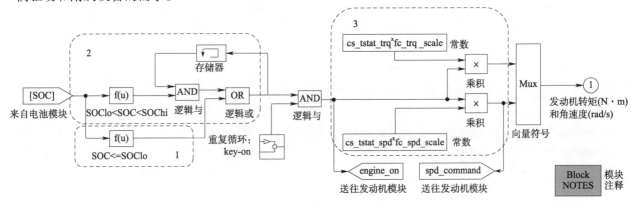

图 6-76　串联式 HEV 中的"恒温器"式控制策略实现方法框图

发动机功率的需求常常根据 SOC 的偏差数来选择。如图 6-77 所示,该控制策略有最大、最小两个偏差数可以选择,最小容许偏差数说明可以容许 SOC 下降的速度,这个数值与混合动力电动汽车的行驶里程紧密相关,如果该数值选择为零,则行驶里程完全由燃油箱的容量来决定（蓄电池电量维持型）,否则 SOC 一直下降直到电池电量为零（蓄电池电量耗尽型）。另外一个是最大偏差数,如果电池的 SOC 偏差大于此最大值,APU 应尽可能地开启到最大的功率。如果电池的 SOC 介于容许偏差与最大偏差之间,发动机可以选择在其最小的燃油消耗点工作。否则,如果电池的 SOC 偏差比容许偏差还要低,发动机可以关闭或者设在怠速状态。

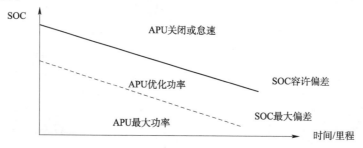

图 6-77 SOC 的偏差标准

2)"功率跟随"式控制策略

"功率跟随"式控制模型如图 6-78 所示。由图中可见,与行驶里程延伸型控制模式相比,在该控制策略下,发动机的功率紧随车轮功率的变化而变化,这与传统的汽车运行相似。但与延长行驶里程不同的是,这种控制模式的车辆采用较大额定功率的 APU 和较小的蓄电池型号,其蓄电池主要用来应付所需要的峰值功率以及回收再生制动的能量,运行中尽可能保证蓄电池 SOC 值在循环工况终了时与循环工况开始前相等（当然,任一时刻的 SOC 值可能不一样）,所以这种驱动类型也称为"电量维持混合型"。采用这种控制策略,蓄电池工作循环将消失,与充放电有关的蓄电池组的损失将被减少到最低程度;但是,发动机必须在从低到高的整个负荷区范围内运行,且功率快速动态地变化,因此在低负荷区发动机的效率降低且排放增高。

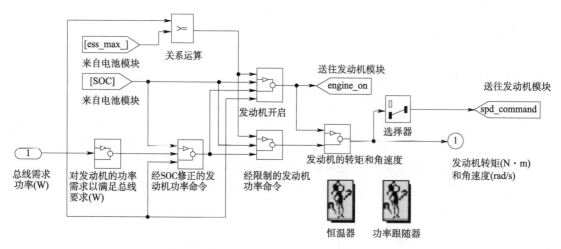

图 6-78 Advisor 中发动机功率跟随器控制模型

目前,较常用的解决方案是采用自动无级变速器（Continuously Variable Transmission, CVT）,通过调节 CVT 的传动比,使之控制发动机沿最小油耗曲线运行,同时也减少了 HC 和 CO 的排放量。

3)对比分析

两种控制模式各有优缺点,如果将其结合起来,同时充分利用发动机和电池的高效率区,可达到整体效率最高。如,当汽车加速时,为了满足车轮驱动功率要求,降低对蓄电池的峰值功率要求,延长其工作寿命,可采用功率跟随模式;而当车辆功率要求低时,为了避免发动机低效率工况的发生,可以采用恒温器模式,以提高整车系统的效率。

无论何种模式,其中都涉及对电池 SOC 的准确评估。因此,电池 SOC 的准确评估及其高效区的合理评价,是整车控制策略得以有效实施的前提。

3. 并联混合动力系统控制策略

按照制定控制策略的目标来划分,可以将其分为经济性最优控制策略、排放最优控制策略和同时考虑经济性和排放指标的折中控制策略。若以经济性最优为评价指标,则主要通过发动机怠速及低速时的关机状态来实现改善排放指标的目的。制定该控制策略之前,必须对各部件性能有深入的了解,其中包括发动机万有特性、电机转矩特性、电池内阻和电压特性、电池充放电效率和电机的机械效率等。这既为控制策略建模仿真提供基础,也是因为控制策略的参数选取很大程度上依赖于部件特性,而不同的部件匹配需选择不同的控制策略及相应的控制参数。

通常情况下并联式混合动力系统的工作模式主要包括:怠速时,发动机关闭,实现零排放,同时也消除了无效的能量消耗;低速时,由电机工作,发动机关闭,以实现降低油耗和排放的目的(因为在低速时,发动机的负荷率通常比较低,效率较差);中高速时,由发动机工作,同时根据电池和电机的效率以及电池的 SOC,可对电池进行充电(该过程可有效提高发动机的负荷率,另一方面也可以保证电池的电量平衡);加速或上坡时,如果阻力功率大于发动机所能提供的功率,则发动机和电机同时工作,电机起助力作用(通过该措施可减小发动机的额定功率,同时获得相应的动力性能);减速时,发动机关闭,并强制电机对电池进行充电,回收部分制动能量。常用的控制策略包括电动助力控制策略、实时控制策略和模糊控制策略三种。图 6-79 所示为并联式动力系统能量流动示意图。

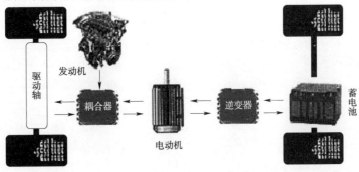

图 6-79　并联式动力系统能量流动示意图

1) 电动助力控制策略

在电动助力控制策略中,主要输入参数包括变速器的请求转矩、请求转速、电池 SOC 以及车辆的速度等。

控制策略要在各个部件状态允许的情况下尽可能地满足变速器的转矩请求和转速请求。电池的 SOC 和车辆的速度主要用来确定在不同工况下分配给电动机的工作转矩,这包括为了提高负荷率而对电池充电、电池单独工作以及制动能量回收等。

控制器的模型首先根据请求转矩、请求转速和车辆的行驶速度三个输入参数,以及电动机的转矩、转速限制得到在以下三种情况下,即 $SOC < SOC_{lo}$、$SOC_{lo} < SOC < SOC_{hi}$、$SOC > SOC_{hi}$ 时的发动机和电动机应该提供的转矩,然后再根据电池目前的 SOC,选择输出发动机和电动机需要提供的转矩和转速。

当电池的 $SOC < SOC_{lo}$ 时,首先根据充电转矩的算法计算出此时发动机应提供的充电转矩,并根据请求转矩计算发动机的工作转矩,然后将得到的转矩和发动机工作的最小转矩 $T_{\min(n)}$ 相比较,选择较大的一个,定义为 T_1,由请求转矩和 T_1 的差值,并同时考虑电动机的转矩限制,得到电动机需要提供的转矩;由请求转矩和电动机转矩的差值得到发动机的转矩,同时将其与发动机的最大转矩加以比较,得到发动机需要提供的转矩。

当 $SOC_{lo} < SOC < SOC_{hi}$ 时,若车速低于某一最小车速,或者虽然车速高于设定的最小车速,但所需转矩小于发动机关机转矩 $T_{off(n)}$,则由电动机提供全部驱动力,发动机关闭;当车速高于某一最小车速且所需转矩不小于 $T_{off(n)}$ 时,则由发动机工作,并在电池允许的情况下对电池进行充电。

最小车速的设定主要考虑电动机最大功率和电池能够长时间工作的最大电流,同时将最小车速设定为电池的 SOC 的函数,以保持使用过程中电池的 SOC 的平衡,其定义公式为:

$$V = V_{lo} + \frac{(V_{hi} - V_{lo})(SOC - SOC_{lo})}{(SOC_{hi} - SOC_{lo})}$$

式中：V——设定的最小车速；

　SOC_{lo}——SOC 低限值；

　SOC_{hi}——SOC 高限值；

　V_{lo}——SOC 为 SOC_{lo} 时的设定车速；

　V_{hi}——SOC 为 SOC_{hi} 时的设定车速。

　　根据电池状态修正电动机所提供的转矩，主要包括两个部分：如果电池的温度过高，已经不适合继续工作，电动机会根据电池管理系统传来的信号，停止工作；如果已请求转矩对电池进行充电且超过电池工作的最大电流，电动机同样停止工作。这种情况主要来自两方面，一是当电动机以程序中设定的发动机最小工作转矩 $T_{off(n)}$ 对电池充电时已经超过了电池工作的最大电流，如果需要，这种情况可以在控制参数设定时加以避免；二是车辆虽然以低速行驶，但此时的加速度较大，造成了请求转矩的数值较大，这种情况适合于电动机关机，由发动机工作，以保证车辆具有良好的加速性能。

　　由于要尽量限制电池工作在 $[SOC_{lo}, SOC_{hi}]$ 区间内，因此 $SOC < SOC_{lo}$ 这种情况存在的时刻不多。一般出现 $SOC < SOC_{lo}$ 时，主要是为了保证在排放控制比较严格的区域实现零排放，即在电池的 SOC 低于 SOC_{lo} 的情况下也可以通过手动的方式强制电池放电从而以电动机驱动车辆行驶；$SOC > SOC_{hi}$ 时，主要是为了避免发动机在电池的 SOC 靠近 SOC_{hi} 时出现频繁关闭的情况，从而限制发动机开关动作持续的最短时间。

　　当 $SOC > SOC_{hi}$ 时，若车速低于某一最小车速，或者虽然车速高于设定的最小车速，但是所需转矩小于 $T_{off(n)}$（发动机关停转矩），则由电动机提供全部驱动力，发动机关闭；当车速高于某一最小车速且所需转矩不小于 $T_{off(n)}$ 时，则由发动机工作，但不对电池进行充电。

　　以上所分析的都是在请求转矩为正，且小于发动机最大转矩的情况。如果请求转矩为负，则发动机关闭，同时根据电池状态以及制动能量回收策略，决定电动机所需提供的转矩；如果请求转矩大于发动机的最大转矩，则发动机以最大转矩工作，然后根据电池工作状态及转矩差来决定电动机所需提供的转矩。

　2）实时控制策略

　　在电动助力的控制策略中，基本上只考虑了发动机效率，尽量保证发动机在效率较高的区域内工作。而要保证发动机在效率高的区域内工作，就必然要利用电动机对电池进行充电。在这种状况下，发动机工作时虽然具备了较高的效率，但由于是将部分机械能转换成电能并以化学能的形式储存在电池组中，而使用时再将储存的化学能转换成电能、机械能的过程不可避免地存在着能量损失。若综合考虑整个转换过程中的能量损失，虽然电动助力控制策略中发动机能以较高的效率工作，但是整个车辆系统的效率未必最高。为了获得更好的经济性，在并联式混合动力系统的控制策略中应该同时考虑电动机和电池的效率。

　　实时控制策略就是在已知各部件特性的基础上，实时比较各工作模式的整体效率来决定各部件的工作状态，以使整个系统的能量流动损失最小。在已知各部件特性的情况下，为了考察电池的充放电效率 η_c，实时控制策略中的一个重要参数就是电池中储存能量的比油耗（亦称"能量当量"），要求在需要选择的情况下，比较发动的燃油消耗率和电池的能量当量，选择经济性较好的部件以实现整个系统效率最高。电池中的能量主要来自两个部分，一是由发动机通过电动机对电池的充电，二是来自回收的制动能量，而能量当量则根据车辆的行驶情况不同而变化。为了使电池的电量维持在要求的区域内，能量当量应是电池 SOC 的函数。因此，这一控制策略具体可以表述为：

　（1）当车速低于某一最小车速时，由电动机提供全部驱动力。

　（2）当车速大于最小车速，且行驶需要转矩小于电动机的最大转矩时，根据发动机燃油消耗率和电池的能量当量来决定工作的动力源。

　（3）当行驶需要转矩大于电动机的最大转矩，且小于发动机在给定转速下所能产生的最大转矩时，由发动机独自提供全部驱动力。发动机是否驱动电动机对电池充电，取决于电池的 SOC 以及此时电池、电动机的效率，在这种情况下，也可以利用能量当量的概念加以判断。即计算出发动机用来充电的那部分能量中的有用能量，然后给出发动机给电池充电状态下的等量燃油消耗率，与发动机不对电池进行充电时的燃油消耗率加以比较，选择燃油消耗率较小的工作模式。

　（4）当行驶需要转矩大于发动机在给定转速下所能产生的最大转矩时，由电动机提供转矩助力。

（5）减速时，根据减速请求，部分回收制动能量。

3）模糊控制策略

模糊逻辑控制策略的出发点是通过综合考虑发动机、电动机和电池的工作效率来实现混合动力系统的整体效率最高。虽然其目标与实时控制策略较为相似，但与实时控制策略相比，模糊逻辑控制策略具有鲁棒性好的优点。

模糊控制器的输入为电池的 SOC、来自于变速器的请求转矩以及请求转速，输出为电动机的转矩。部分主要控制规则可以表述为：

（1）如果 SOC 为高，则电动机的充电转矩为零。

（2）如果 SOC 为正常，请求转矩为低，则电动机的充电转矩为零；请求转矩为正常，电动机转速为低，则电动机的充电转矩为中；电动机转速为高，则电动机的充电转矩为高；请求转矩为高，则电动机的充电转矩为低。

（3）如果 SOC 为低，发动机的请求转矩非高，则电动机的充电转矩高；发动机的请求转矩为高时，则电动机的充电转矩为低。

为了防止发动机低负荷时工作，在模糊逻辑控制器后另外加了一个限制条件，即当发动机的输出转矩小于某一特定的转矩时，发动机关机，由电动机来满足请求转矩，同时还保证发动机的输出转矩小于发动的最大转矩。

4）对比分析

在电动助力控制策略中，基本上只考虑了发动机效率，尽量保证发动机在效率较高的区域内工作，因此必然要利用电动机对电池进行充电。在这种状况下，发动机工作时虽然具备了较高的效率，但综合考虑整个转换过程的能量损失，整个车辆系统的效率未必最高。

实时控制策略中，对试验数据的准确性和全面性要求很高，这在实际中难以达到；此外，各部件在使用中由于受老化、动态特性等因素的影响，其特性必然随时间的推移而变化。这种情况下，实时控制策略就难以达到预期要求，从而影响车辆的燃油经济性。

模糊控制策略控制灵活，可实现任何形式的控制方式；因为是在操作人员控制经验基础上实现对系统的控制，无须建立数学模型，是解决不确定性系统的一种有效途径；具有较强的鲁棒性，被控对象参数的变化对模糊控制的影响不明显，可用于非线性、时变、时滞系统的控制；控制机理符合人们对过程控制作用的直观描述和思维逻辑，为智能控制应用打下了基础。

4. 混联式动力系统控制策略

混联式动力系统的能量流动示意图如图图 6-80 所示。发动机发出的功率一部分通过机械传动输送给驱动桥，另一部分则驱动发电机发电；发电机发出的电能输送给电动机或电池，电动机产生的驱动力矩通过动力复合装置传送给驱动桥。混联式动力系统的控制策略是：在客车低速行驶时，驱动系统主要以串联方式工作；当客车高速稳定行驶时，则以并联工作方式为主。这种结构能较好地综合实现客车的各项性能要求，但控制技术复杂，结构设计与制造要求高；发动机的工作不受客车行驶状况的影响，总是在最高效率状态下工作或自动关闭，使客车任何时候都可以实现低排放和超低排放。

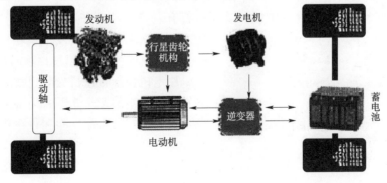

图 6-80 混联式动力系统能量流动示意图

根据能量供给方式，混联式动力系统的基本工作模式可分为：纯电动驱动、纯发动机驱动、混合驱动、行车充电、减速/制动能量回馈和怠速/停车等驾驶循环不同阶段对应的工作模式。

1) 纯电动驱动模式

当动力电池的荷电状态(SOC)高于 SOC 下限值,而客车处于轻载起步工况,分离发动机与传动系之间的离合器,切断发动机动力并停机,由动力电池提供起步能量并以电动机驱动车辆行驶。如果该工况以发动机作为动力源来驱动,则由于发动机处于低速大负荷工况,燃烧不良,热效率低,排放性能很差。当动力电池的电量低于下限值时,即 $SOC<SOC_{low}$ 时,则必须由发动机起步所需动力,工作模式切换到充电模式。

2) 纯发动机驱动驱动模式

正常行驶工况下车辆克服路面阻力所需动力较小,可主要由发动机提供动力。当动力电池的 SOC 低于设定下限值时,即 $SOC<SOC_{low}$ 时,工作模式切换到充电模式。

3) 行车充电模式

当动力电池电量较低时,为使发动机工作在高效率区,发动机除了要提供克服路面阻力所需动力外,还要提供多余的动力驱动发电机发电,将部分机械能转换为电能储存在动力电池中,以备其他工况使用。

4) 混合驱动模式

在加速、爬坡等大负荷工况下,当车辆行驶所需动力超过发动机经济工作区,则动力电池输出能量驱动电动机向车辆提供辅助动力。当动力电池的 SOC 较低时,电动机不再工作,发动机节气门全开以便提供最大输出动力,此时转为发动机工作模式。

5) 减速/制动能量回馈模式

混合动力客车的减速/制动工况一般有两种模式,一种是只通过电动机的反拖使车速缓慢下降并回收部分制动能量;另一种是既通过电动机的反拖使车速缓慢下降并回收大量的制动能量,同时机械制动系统也参与制动过程。

6) 怠速/停车模式

在怠速/停车模式下混合动力系统中没有能量流动,通常发动机和电动机都均处于停机状态。但当动力电池的 SOC 较低时,发动机需工作于经济工作区为动力电池充电,以备下一工况使用。

5. 增程式动力系统控制策略

目前,增程式混合动力电动客车的动力系统主要有燃料电池+蓄电池(FC+B)和发动机发电机组+蓄电池两种形式。其中,前者以蓄电池为主要动力源,以燃料电池增程器为辅助动力源(Auxiliary power unit,APU),称之为燃料电池增程式电动客车(燃料电池混合动力电动客车的一种);后者以蓄电池为主要动力源,以发动机和发电机增程器为辅助动力源,称之为发动机发电机增程式电动客车(普遍简称为增程式电动客车)。对于前者,其动力系统控制策略见"6. 燃料电池动力系统控制策略"。

增程式电动客车由于发动机不直接驱动车辆,简化了传动系,既有电动车结构简单的特点,又弥补了当前电池能量不足的性能缺陷,是当前混合动力电动客车发展的主要方向之一。

根据客车行驶需求,增程器采用逻辑门限控制,可在怠速、低功率发电和高功率发电三种模式下工作。增程器的开启可由整车的预热请求、暖风请求和 SOC 小于 33% 三个事件触发。当 SOC 大于 50% 且无暖风请求时,增程器关闭;增程器的工作点则根据 SOC 高低而定。

APU 动态协调控制的功用是对 APU 输出功率进行有效控制,以实现上层能量管理策略确定的动力源之间的功率分配。与发动机相比,永磁同步电机的转矩输出具有响应块、基速以下时精度较高的特点,因此采用电机控制转速,根据电机当前转矩进行反馈控制发动机转矩的方式进行 APU 的协调控制。且 PI 控制器具有良好的跟踪性能和鲁棒稳定性,很适合 APU 这种机电耦合的强非线性系统。图 6-81 所示为采用增程式动力系统 APU 控制方法示意图。

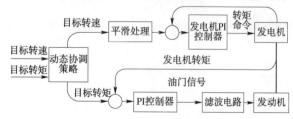

图 6-81 增程式动力系统的一种 APU 控制方法示意图

6. 燃料电池动力系统控制策略

燃料电池客车的动力系统一般有纯燃料电池(FC)驱动和燃料电池与辅助动力源共同(混合)驱动两

种形式。其中,前者只有燃料电池一个动力源,客车的所有功率负荷都由燃料电池承担。它的主要缺点是燃料电池功率大、成本高;对燃料电池的动态性能和可靠性提出了很高的要求;不能进行制动能量回收。为了有效解决这些问题,必须使用辅助能量存储系统作为燃料电池系统的辅助动力源和燃料电池联合工作,组成混合动力系统共同驱动车辆行驶。

目前,燃料电池和辅助动力源的混合动力系统主要有:燃料电池+超级电容(FC+UC)、燃料电池+超高速飞轮(FC+FW)、燃料电池+蓄电池(FC+B)和燃料电池+蓄电池+超级电容(FC+B+UC),其中用得较多的是燃料电池+蓄电池。由于动力系统是电与电合成,所要进行的是功率分配。图6-82所示为燃料电池+蓄电池动力系统的能量流向,它表示了电动机、电池以及燃料电池之间的功率输入输出关系。按其相互之间分配的控制策略不同,可分为功率跟随模式(Power follower)和开关模式(Thermostat)。

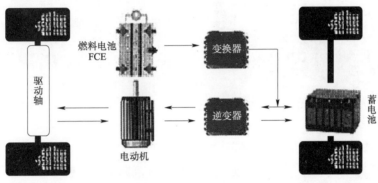

图6-82 燃料电池+蓄电池动力系统的能量流向示意图

1)功率跟随模式

当蓄电池荷电状态(SOC)在最低设定值(cs_lo_soc)与最高设定值(cs_hi_soc)之间时,燃料电池应在某一设定的范围内输出功率,所输出的功率不仅要满足车辆驱动要求,还要为蓄电池组充电,该功率称为均衡功率(即对蓄电池进行能量补充,使其在最佳的SOC状态)。它有四种驱动模式:蓄电池单独驱动模式、燃料电池单独驱动模式、燃料电池单独驱动并给蓄电池充电模式、燃料电池和蓄电共同驱动模式。

2)开关模式

这种模式对燃料电池进行最优控制,即以最低氢气消耗为目标调节燃料电池,使其在某一工作点工作。该工作点是燃料电池最佳效率点,使燃料电池始终工作于相对低的氢气消耗区,由蓄电池作为功率均衡装置来满足具体的客车行驶功率要求。

第七节 无轨电车动力

无轨电车(Trolley bus)是一种通常由架空接触网供电、电动机驱动,不依赖固定轨道行驶的道路公共交通工具。而在有些国家或地区(如日本),无轨电车则属于轨道交通的范畴。正因为无轨电车兼具道路汽车和轨道交通两者的优缺点,使得其成为当代备受争议的一种交通工具。

无轨电车的车身和底盘一般与普通客车相同,但车顶需要安装一对集电杆,用于从接触网的一对触线受电并形成电流通路。一般,无轨电车的集电杆如果脱线则会失去动力;而装备有动力蓄电池、超级电容器或柴油发电机的双动源无轨电车,则可在没有架空接触网的路段实现离线行驶。

一、无轨电车发展历程

1882年4月29日至6月13日,德国发明家维尔纳·冯·西门子在柏林市郊公开展示了他发明的世界首辆无轨电车,其后有关无轨电车的实验研究在欧洲和美国都有进行。1901年7月10日,世界首个载客的无轨电车系统在德国开通运营。虽然该系统仅运营到1904年,但这种车使用的由两条架空平行接触线和一对靠弹簧支撑的集电杆组成的装置,从车顶上的高架电线获得电力,用轮胎代替路轨,比有轨电车机动灵活性,因此很受人们欢迎,并由此奠定了现代无轨电车电流授受系统的基础。图6-83所示为1929年巴黎街头的无轨电车。

中国在20世纪初引入无轨电车。1914年英商上海电车公司开辟了由郑家木桥至老闸桥的14路无轨电车,成为大中华区最早的无轨电车线路。1950年,天津市电车公司设计试制成功新中国第一辆无轨电车,如图6-84所示。

图6-83 1929年巴黎街头的无轨电车

图6-84 1950年天津市电车公司设计试制的新中国第一辆无轨电车

20世纪30年代,无轨电车在世界范围得到了广泛应用,英国制造了双层无轨电车。40年代,意大利生产了铰接式无轨电车。50年代中期,世界上约有500个城市拥有无轨电车。60年代,随着汽车的普及和燃油公共汽车进入竞争,无轨电车与有轨电车在西欧部分国家及北美洲国家逐渐减少。70年代初,由于能源短缺和汽车公害造成的严重社会问题,无轨电车重新受到部分国家和地区的重视。

从世界范围来看,电车的发展经历了一段建设—拆除—重建的曲折过程后。在莫斯科、旧金山、米兰、温哥华等欧美许多著名城市,无轨电车成了城市公共交通的主力。以有无轨电车王国之称的俄罗斯为例,全国电车共有8万辆之多;而美国如今已恢复了20世纪60～70年代淘汰的电车,日本广岛则明确提出"电车优先"。

2000年6月,"绿色交通行动计划"在我国正式启动,武汉、长春、厦门、西安等被选为示范城市。北京、上海、广州等城市开始重新评价和认识无轨电车,带头加大无轨电车的投资和建设力度。以武汉市为例,2000年增加了33辆无轨电车,第二年又投入1500万元用于电车的更新和改造,并增加了51辆新车。此外,该市还计划在"十五"期间,发展电车线路50km,新增电车200辆。1999年,广州市政府投入7000万元发展无轨电车。同年,北京市政府投放新型高档辅源电车50辆,在王府井大街开辟无轨电车专用道。1997年洛阳市投入1300万元,改造线路,新增45辆无轨电车,使无轨电车达到公交车辆总数的20%。1996年拆除无轨电车的南京市,已计划复建。

近10年来,随着客车技术的发展,许多新技术开始在无轨电车上应用,如低地板、轮毂电机驱动、电力逆变器牵引、制动能量回收和升降杆自动捕抓装置等,加之整车结构的现代化设计,铰接式及多个车厢铰接等,使无轨电车不仅更加节能,且使用修理费用进一步降低。此外,以电动机推动的无轨电车拥有比柴油发动机驱动的公共汽车更高的爬坡能力,因此在坡度较大的山城,无轨电车更具竞争力。

图6-85 行驶在市郊的无轨电车

无轨电车动力是用驱动电动机来提供的,其布置与机型选定是无轨电车整车动力系统布置与设计的关键环节,也是无轨电车系统研究与设计的中心任务。

新技术的应用同样可以改善城市中因架设线网而造成的视觉污染,使无轨电车更容易被人们所接受。即通过采用双动力源(电+柴油或蓄电池)的方式,使无轨电车在市区路口或不宜架设线网的敏感地区脱离架空线独立行驶。图6-85所示为行驶在市郊的无轨电车。

二、无轨电车的主要结构

图6-86所示为无轨电车的主要结构示意图。图中,集电杆作为无轨电车的主要总成部件,其末端称为"靴头",外观看似一个倒置的靴子,包括触靴、支持机构并且允许触靴作必要运动。触靴内嵌有石墨制成的炭滑块,中央有一凹槽,用以压紧接触线并滑动而获取电流。集电杆一般安装于车顶杆座上,基部凭借弹簧支撑并通过集电杆枢轴实现一定程度的转动。集电杆弹簧向上的张力把集电杆顶在架空接触网的接触线之下,并保持触靴与接触线的接触。金属制造的集电杆一般会在杆座绝缘。对于实心结构,通过电杆本身导电;而对于空心结构,则通过内嵌导线导电。

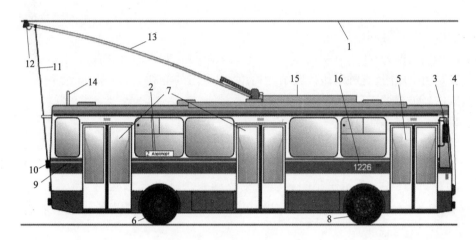

图6-86　无轨电车的主要结构
1-架空接触网触线;2-路线侧牌;3-后视镜;4-远光灯;5-前乘客门;6-后轮;7-中、后乘客门;8-前轮;9-侧边装饰;10-卷绳器;11-拉索;12-集电头;13-集电杆;14-杆钩;15-顶置电控;16-车辆自编号

集电杆末端一般固定连接有绝缘拉索,用以控制其升降。松弛的拉索可通过固定在车尾中部的卷绳器(又称绳箱)牵引而收紧,从而降低脱线后集电杆的摆动幅度,以保护接触网。没有拉索牵引的集电杆则依靠人工使用绝缘钩杆来移动。无轨电车需要一对集电杆与接触网的一对正负接触线(一般是左正右负)相连,以组成受电电路。

按照国家标准GB 7258—2012《机动车运行安全技术条件》的规定,集电杆(头)自由升起的最大高度不得高于地面7.0m。

三、无轨电车动力系统

无轨电车的动力由驱动电动机提供,其布置与机型选定是无轨电车整车动力系统布置与设计的关键,也是无轨电车系统研究与设计的重点。

1. 无轨电车动力系统的发展及现状

早先的无轨电车其基本车型多为双轴式,后来为了增加载客量,有些国家采用双层结构,但大多数国家为解决主干线路的大客流量快速输送问题,重点发展铰接式(双铰接和三铰接)。一般牵引电机安装在前轴与驱动轴之间,多采用整体式钢板弹簧悬架或空气悬架,驱动和控制由电气系统完成。

按照驱动电机的类型不同,无轨电车驱动系统可分为:直流电机驱动系统、交流感应电机驱动系统、永磁同步电机驱动系统和开关磁阻电机驱动系统等。

1) 直流电机驱动系统

直流电机(direct current machine)是指能将直流电能转换成机械能(直流电动机)或将机械能转换成直流电能(直流发电机)的旋转电机,也是能实现直流电能和机械能互相转换的电机。当它作电机运行时是直流电机,将电能转换为机械能;作发电机运行时是直流发电机,将机械能转换为电能。其工作原理就是把电枢线圈中感应的交变电动势,靠换向器配合电刷的换向作用,使之从电刷端引出时变为直流电动势。

直流电机是最早使用在无轨电车上的驱动电动机。目前,在无轨电车的直流电机驱动系统中,除少数牵引电动机采用复励直流电动机外,大多采用起动转矩大的串励电动机。虽然直流电动机的质量和体积较大,且使用电刷结构,使得它的转速、功率密度、使用寿命都受到了限制,但由于结构简单,具有优良的电磁转矩控制特性,因此城市无轨电车上至今仍在使用以直流电机为驱动电机的驱动系统。

与以直流电动机为驱动电机的驱动系统相匹配的交流器为斩波器,其作用是将固定的直流电压变成可调的直流电压,调速方法主要是调压器和调磁调速。

驱动系统的电能来自直流牵引变电所,经过沿街道上空架设的接触网和装在电车顶部的受流器(集电杆或受电弓)进入车体。电流经过空气断路器等电源开关和电压调节装置,驱动电车的牵引电动机,然后经过另一根集电杆和接触网的负线返回牵引变电所。

常用驱动电机的功率为 60 ~ 120kW。调压装置用于限制电机的启动电流,并对电机进行调速。早期使用的调压装置是可变电阻,这种调压装置结构简单,但电阻的能耗大,自 20 世纪 70 年代起,已逐步为电力半导体组成的斩波器调压装置所取代。

2)交流感应电机驱动系统

现代电力电子技术的发展,为交流感应电机调速性能的改善提供了硬件条件。20 世纪 90 年代以后,交流电动机的调速性能已经赶上了直流电动机,以交流电动机及其控制系统取代直流驱动系统已成必然趋势。目前,国外各大公司研制的无轨电车驱动系统基本上都采用交流驱动系统。该系统与直流驱动系统相比,在性能上具有绝对优势,更具广泛的应用前景,因此高质量的无轨电车都采用了交流驱动。

交流感应电机又称异步电动机。随着现代电力电子技术的发展、大功率电力电子器件的出现,以及调速方法的改进,使得交流感应电机的调速性能逐渐赶上并超过了直流电动机。加上高速交流感应电动机所具有的体积较小、结构坚固、性能稳定、调速范围宽和响应快等特点,可通过优化控制策略获得较高的系统效率,有利于实现系统性能可靠、体积小、质量轻、结构紧凑的目标,并向高集成化和全数字化方向发展。

交流感应电机的调速方法主要包括改变转差率调速、调压调速、变频调速和变极对数调速等,其中以变频调速应用最为广泛。虽然交流感应电机调速系统较为复杂,成本较高,但其优点仍十分突出,因此目前国内大部分无轨电车都采用了交流感应电机驱动系统。

3)永磁同步电机驱动系统

永磁同步电机可分为无刷直流电动机和无刷交流电动机两种,由于转子无导条,无铜耗,因此转子惯量可以做得很小。与普通直流电机和异步电机相比,其特点是功率密度大、体积小、转矩/惯量比大和传动系动态响应快。永磁同步电机的转子磁链是不可控的,可以控制的只有定子绕组的电流。所以控制方式一般是电流控制,主要包括三部分,即电流指令生成、定子电流检测和电流的闭环控制,不同的是无刷直流电动机的定子电流是三相方波电流,无刷交流电动机的定子电流是三相正弦电流。

目前,永磁同步电机矢量控制系统的全数字控制也取得了很大进展,应用技术已非常成熟。其中,转速控制器大多采用具有结构简单、性能良好、对被控制对象参数变化不敏感等优点的比例积分(PI)控制器。而自适应控制技术、智能控制技术也已经应用于永磁同步电机的驱动系统。对这两类电动机在无轨电车上的应用,国外、国内都有研究。

4)开关磁阻电机驱动系统

开关磁阻电动机(Switched Reluctance Drive,SRD)因具有结构紧凑牢固、运行速度范围宽、驱动电路简单、成本低、性能可靠、在宽广的转速范围内效率较高和可以方便地实现四象限控制等特点,在无轨电车上的应用已逐步增多,目前的主要不足是噪声和转矩波动较大。工作原理是基于绕组通电后,其磁路选择最小磁阻线的趋势而产生转矩,是一种极具潜力的驱动电机。调速系统兼具直流、交流两类调速系统的优点,是继变频调速系统、无刷直流电动机调速系统之后发展起来的最新一代无级调速系统;是集现代微电子技术、数字技术、电力电子技术、红外光电技术及现代电磁理论、设计和制造技术为一体的光、机、电一体化高新技术产品。

无轨电车需要经常变换运行方式,尤其是在城市行驶状态下,这就要求电机驱动系统不仅响应迅速、调速范围宽,且性能稳定。而在适当的控制策略条件下,交流感应电动机和永磁同步电机就能满足这种要求。目前,在无轨电车驱动系统中使用的电机既有传统的直流电动机和交流感应电动机,也有新型的永磁同步电机。

但从实际应用看,交流感应电机已成为当前无轨电车上应用最多的一类电机。

2. 无轨电车动力系统的基本布置形式

无轨电车动力系统可分为电气和机械两大子系统,其中机械系统主要由变速装置和车轮组成。而机械系统与电机驱动系统的电气则有着多种组合形式,基本布置方式有机械驱动、机电集成驱动、机电一体化驱动和轮毂电机驱动4种。

1) 机械驱动

这种布置形式的特点是相对简单,仅用电动机及其控制系统代替发动机,传动系统则基本保持不变。电动机输出轴与变速器输入轴相连,经变速器变速后动力通过传动轴传递到主减速器,然后再经过差速器,最后通过半轴将动力传送给驱动轮。这种驱动形式的不足之处是传动链相对较长,传动效率相对较低,早期的无轨电车多采用这种布置形式,如图6-87所示。

2) 机电集成驱动

图6-88所示为无轨电车机电集成驱动布置形式的结构示意图。这种布置形式的特点是能够腾出更多的空间来布置电池和扩大乘用空间;电动机的调速范围较宽,其输出特性与车辆要求的驱动系统理想供应特性较为接近;采用电动机作为驱动元件,取消了齿轮变速器;通过部分机械传动的齿轮、差速器和半轴等零部件来传递动力,效率较高。

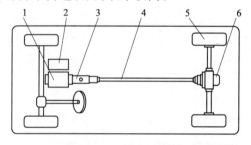
图6-87 机械驱动布置形式
1-电动机;2-控制器;3-变速器;4-传动轴;5-驱动轮;6-后桥

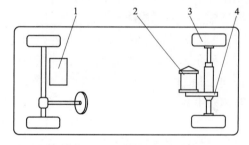
图6-88 机电集成驱动布置形式
1-控制器;2-电动机;3-驱动轮;4-传动箱体

无轨电车采用机电集成化驱动布置形式可充分利用电动机的特性,使整个传动系统得到简化。

3) 机电一体化驱动

这种布置方式的特点是节省空间、提高了传动效率。由于采用电子集成集中控制,可以逐步实现网络化和自动化控制。其最大的技术进步是取消了机械式差速器,在左右两个双联式电动机之间布置了电子控制差速器,用电子差速器来解决左右半轴的差速问题,因此在集成化驱动布置形式的基础上进一步减少了传动元件;采用左右两个双联式电动机作为驱动电动机直接驱动左右半轴,从而带动驱动轮的旋转。机电一体化驱动布置形式的结构示意图如图6-89所示。

采用电子差速器能使无轨电车获得更好的机动灵活性,而且可以更方便地引入驱动防滑控制系统(Anti-Slip Regulation,ASR),使之在复杂路况下能获得更好的动力性,以此充分体现无轨电车的优势。

4) 轮毂电机驱动

这种布置形式的特点是电机安装在无轨电车的车轮轮毂中,直接驱动驱动轮,其优点是比机电一体化驱动布置形式的结构更加简洁。由于电机直接驱动车轮,取消了机电一体化驱动系统中的半轴,相对于传统燃油无轨电车,则完全释放了机械传动系统所占据的空间;同时,有利于对各驱动电机进行相互独立的控制,提高车辆转向灵活性和充分利用路面附着力。轮毂电机驱动布置形式的结构示意图如图6-90所示。

采用轮毂电机驱动布置形式与另外三种布置形式相比,更能体现无轨电车的优势。其技术难点在于如何保证车辆的方向稳定性,以及如何在狭小的车轮空间内布置驱动电机及其减速装置;而对驱动电机的体积大小和性能,则提出了更高的要求。目前,这种布置形式的驱动电机主要有交流感应电机和永磁电机,是未来无轨电车驱动系统布置形式的发展趋势。

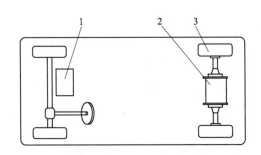

图 6-89 机电一体化驱动布置形式　　　　　　图 6-90 轮毂电机驱动布置形式
1-控制器;2-电动机;3-驱动轮　　　　　　　　1-控制器;2-轮毂电机;3-驱动轮

无轨电车的机械传动部分因驱动系统布置形式的不同而不同。技术越先进的布置形式,对传统燃油无轨电车的机械传动部件保留就越少,而且也更能发挥无轨电车的优势。但从国内目前无轨电车的研发实际情况看,从成本和使用等方面出发,机械驱动布置仍然是主流形式。

3. 无轨电车驱动系统的特殊要求

由于无轨电车是专门为城市公共交通设计的,因此必须符合城市使用工况,其技术性能自然会体现到驱动系统上来,如驱动电机、变流器和控制器的设计必须兼顾协调等。但作为一种特殊用途的车辆,驱动系统还应满足如下特殊要求:

(1)具有较高的转矩控制动态特性,能频繁地起动、停车和加、减速。

(2)驱动速度、转矩变化范围大,能保持较高的运行效率。

(3)能适应相对恶劣工作环境,可靠性高。

4. 驱动电机

无轨电车的驱动电机除必须满足可靠性、效率、维护、耐用性、质量、尺寸和噪声等性能要求外,成本也是必须考虑的主要问题之一。表 6-6 列出了对以上四种电机的性能比较。

四种无轨电车电机的性能比较　　　　　　　　　　　　表 6-6

电机类型		优　点	缺　点	应用前景
直流电动机(DC)		结构简单、有优良的电磁转矩控制特性	(1)质量、体积较大; (2)有刷,易起火花; (3)有磁干扰、不易维护	整体性能不高,转速、功率密度、使用寿命受到限制
交流感应电动机(AC)		(1)易维护; (2)体积小; (3)价格低	控制系统复杂	是无轨电车的首选
永磁同步电动机	无刷直流电动机(BDCM)	(1)控制系统简单; (2)效率高、功率因数高、调速范围宽; (3)体积小、质量轻、损耗小、转矩/惯量比大、传动系动态响应快	价格高	是无轨电车的备选
	无刷交流电动机(PMCM)			
开关磁阻电动机(SRM)		控制系统简单可靠、效率高、成本低	成熟度不够	应用潜力较大

四、无轨电车布置

无轨电车的单车一般采用 4×2 后轮驱动的总体布置形式,与普通城市客车相比,除车身布置相同外,最大差别在于集电杆系统布置于车顶中部;在底盘后悬处普通城市客车安装发动机及其传动系统的位置布置驱动电机(一般在驱动桥后的中间位置);在后悬两侧布置车辆安全行驶需要的其他附件系统,包括电动助力转向、电动空气压缩机和高压配电系统等总成及部件。图6-91所示为一款无轨电车单车的整车总体布置示意图。

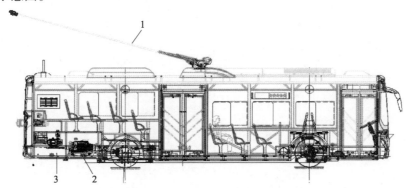

图6-91 某无轨电车单车的总体布置示意图
1-集电杆系统;2-驱动电机;3-电动助力转向泵及电动空气压缩机等

图6-92和图6-93所示为国内某大型客车企业设计开发的双源无轨电车驱动系统工作时的能量流向示意图。其中,图6-92所示为有线网时的能量流向,图6-93所示为无线网时的能量流向。有线网时,由架空线网提供电能驱动车辆行驶或给动力电池充电;车辆起动及行驶过程(加速、巡航、爬坡)中,由整车控制器根据外界实际工况分配线网电量为驱动电机供电从而驱动车轮行驶;制动时,驱动电机作为发电机,所发电能储存入动力电池;电池管理系统检测动力电池电量,由整车控制器控制线网给动力电池充电。

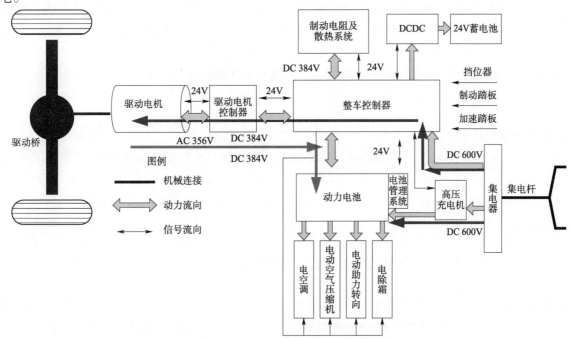

图6-92 某双源无轨电车有线网时驱动系统工作的能量流向示意图

无线网时,由动力电池提供驱动车辆行驶所需电能。车辆起动及行驶过程由整车控制器根据外界实际工况控制动力电池给驱动电机供电从而驱动车轮行驶。同时动力电池给电动助力转向、电动空气压缩机和电动空调等电辅件供电,保证整车功能。制动时,驱动电机作为发电机,回收制动能量,给动力电池充电。

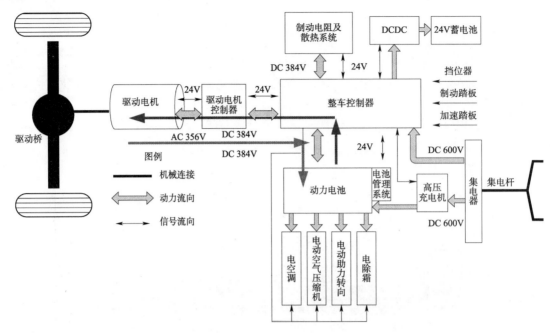

图 6-93 某双源无轨电车无线网时驱动系统工作的能量流向示意图

第八节 新能源客车的驱动电机及辅助部件

驱动电机作为新能源客车的三大核心部件之一,是行驶中的主要执行机构,在纯电动客车和燃料电池客车上,它是唯一的驱动部件;在混合动力客车上,它是实现各种工作模式的关键。驱动电机的工作特性决定了客车行驶的主要性能指标,不仅直接影响动力性、经济性和行驶稳定性,而且还关系到整车排放。因此,配置合适的驱动电机是提高新能源客车性价比的重要因素。

在电动客车的实际应用中,除了电池、电机等核心关键部件外,为了保证车辆正常运行,还必须配置部分与电力驱动相适应的辅助部件,以实现整车的各种功能。如需要电动空气压缩机提供制动气压源、高压转低压的功率变换器给整车控制模块及灯光等低压电器部件供电、解决安装空间及降低整车油耗的电子风扇,以及电动助力转系统为整车的转向助力等,这些部件就统称为电动客车的辅助部件。

一、驱动电机系统

1. 对驱动电机的要求

与一般工业用电机不同,用于新能源客车的驱动电机应具有调速范围宽、起动转矩大、后备功率高和效率高等特性,此外还要求可靠性高、耐高温及耐潮、结构简单、成本低、维护简单、适合大规模生产等。因此,研发和完善能同时满足车辆行驶过程中的各项性能要求,并具有坚固耐用、造价低、效能高等特点的电动机驱动方式就显得极为重要。

由于驱动电机系统工况复杂,需随时面对车辆起动、加速、制动、停车、上坡、下坡、转弯和变道等随机工况,而在混合动力客车中,又存在多种工作模式如电机起动发动机、电机驱动、电机发电和电机制动能量回馈等,且电机具体工作于何种模式也是随机的,这就要求电机应具有如下特点。

1)转矩、功率密度大

新能源客车的动力总成结构紧凑,留给电机驱动系统的空间非常狭小,在要求减小电机体积的同时还必须具有足够的转矩和功率;此外,还要实现全转速运行范围内的效率最优,以提高车辆的续驶里程。

2)工作速域宽

一般在电机输出到轮毂的半轴之间设有主减速齿轮和差速齿轮,要满足车辆各种行驶工况的要求,驱动电机的理想机械特性是:基速以下输出大转矩,以适应起动、加速、负荷爬坡、频繁起停等复杂工况的要求;基速以上为恒功率运行,以适应最高车速和超车等要求。

3）系统效率高

由于新能源客车的供电电源能量有限,尤其是在当前受动力电池成本和整车布置限制的条件下,提高电驱动系统效率就成为提高车辆续驶里程和经济性的重要手段。

4）系统适应环境能力强

驱动电机系统通常布置在发动机舱内和车架上,工作环境较为恶劣。要求电机及其驱动器既要防水、防尘、防振,具有很强的适应环境能力,而且结构坚固、体积小、质量轻,具有良好的环境适应性和高可靠性。

5）电磁兼容性好

驱动电机系统在汽车上是较大的干扰源,因此在电机和驱动器设计及整车布置上要充分考虑电磁兼容和屏蔽,尽量避免和减小驱动系统对其他电器的影响。此外,还要避免和减小其他干扰源对驱动电机系统的影响。

6）性价比高

驱动电机系统作为整车的主要总成之一,在保证性能的前提下,价格应适中,尤其是在竞争激烈的市场环境下,提高驱动电机的性价比才能为新能源客车产品化铺平道路。

2. 驱动电机系统的组成

新能源客车的驱动系统一般包括电机驱动系统及机械传动机构两大部分,其中电机驱动系统主要由电动机、功率转换器、控制器、各种检测传感器以及电源等部分构成。对于电动机,一般要求具有电动、发电两项功能,按类型常用的有直流、交流、永磁无刷或开关磁阻等几种机型;功率转换器按所配电机类型的不同,有DC/DC功率变换器和DC/AC功率变换器等类型,其作用是按驱动电机的电流要求,将蓄电池的直流电转换为相应电压等级的直流、交流或脉冲电源。

电机是应用电磁感应原理运行的旋转电磁机械,主要用于实现电能向机械能的转换。运行时从电系统吸收电功率,向机械系统输出机械功率。在驱动电机系统中,驱动电机和电机控制器所占的成本之比约为1∶1,但根据设计原理与分类方式的不同,电机的具体构造与成本构成也有所差异。电机控制系统主要起到调节电机运行状态,使之满足整车不同运行要求的目的。针对不同类型的电机,控制系统的原理与方式有很大差别。

3. 电机本体结构

以采用较多的三相异步电动机为例,电机本体结构如图6-94所示,主要由前后端盖、定子部分、转子部分、机座、风扇和风罩等组成。

图6-94 电机本体结构

（1）定子部分包括:

①定子铁芯。由导磁性能很好的硅钢片叠成——导磁部分。

②定子绕组。放在定子铁芯内圆槽内——导电部分。由座固定定子铁芯及端盖,具有较强的机械强度和刚度。

（2）转子部分包括:

①转子铁芯。由硅钢片叠成,也是磁路的一部分。

②转子绕组。对于鼠笼式转子,转子铁芯的每个槽内插入一根裸导条,形成一个多相对称短路绕组;对于绕线式转子,转子绕组为三相对称绕组,嵌放在转子铁芯槽内。

此外,异步电动机的气隙是均匀的,大小为机械条件所能允许达到的最小值。

4. 电机类型

电动汽车的时速快慢和起动速度取决于驱动电机功率和性能,驶里程的长短取决于车载动力电池容量的大小;而对各种系统的选用则取决于制造商对整车档次的定位、用途以及市场界定和市场细分。电动机的分类如图6-95所示。

由图6-95可见,电机种类繁多。但除无轨电车仍有部分使用直流电机外,新能源汽车电机主要使用的是异步电动机、永磁同步电动机和开关磁阻电动机。其中,异步电机主要应用在纯电动汽车(包括轿车及客车),永磁同步电机主要应用在混合动力汽车(包括轿车及客车),开关磁阻电机则主要应用于大中型客车。目前,在混合动力轿车中采用的基本上都是永磁同步电动机,而采用永磁同步驱动将是未来的发展方向;主要原因在于能在控制方式上实现数字化,在结构上实现电机与齿轮箱的一体化。当前,国外电动客车用电机驱动系统以异步驱动为主;日本丰田公司的PRIUS采用永磁同步电动机的功率已达到50kW,新配置的SUV车型所用电机功率达到了123kW。

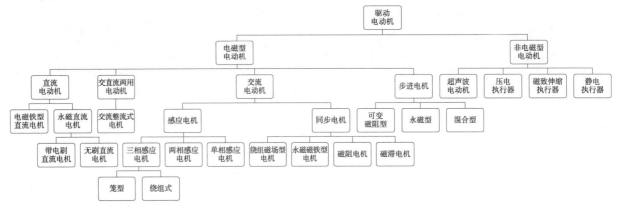

图6-95 电动机分类示意图

1)直流电机及其控制系统

(1)结构及工作原理。直流电机的基本结构如图6-96所示,一般由定子、转子、换向器和电刷等组成。定子上有磁极,转子上有绕组;通电后,转子上也形成磁场(磁极),定子和转子的磁极之间有一个夹角,在定、转子磁场(N极和S极之间)的相互吸引下,使电机旋转。改变电刷的位置,就可以改变定、转子磁极夹角(假设以定子的磁极为夹角起始边,转子的磁极为另一边,由转子的磁极指向定子的磁极的方向就是电机的旋转方向)的方向,从而改变电机的旋转方向。

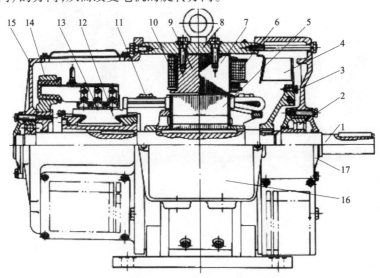

图6-96 直流电机结构

1-轴;2-轴承;3-后端盖;4-风扇;5-电枢铁芯;6-主极绕组;7-主极铁芯;8-机座;9-换向极铁芯;10-换向极绕组;11-电枢绕组;12-换向器;13-电刷;14-刷架;15-前端盖;16-出线盒;17-轴承盖

由于直流电机结构简单,具有优良的电磁转矩控制特性,因此直到20世纪80年代中期,仍是主要研发对象。但因普通直流电机的机械换向结构易产生火花,不宜在多尘、潮湿和易燃易爆环境中使用,且换向器维护困难,很难向大容量、高速度发展。此外,电火花产生的电磁干扰对高度电子化的电动汽车来说将是致命的危害。但随着新材料及电子电力技术和控制理论的发展,无刷直流电机以其突出的部分优点仍在新能源汽车上得到应用。

(2)无刷直流电机的特点。无刷直流电机(Brushless Direct Current Motor,BLDCM)是近几年来随着微处理器技术的发展和高开关频率、低功耗新型电力电子器件的应用,以及控制方法的优化和低成本、高磁能级的永磁材料的出现而发展起来的一种新型直流电动机。其既保持了传统直流电机良好的调速性能又具有无滑动接触和换向火花、可靠性高、使用寿命长及噪声低等优点,因而在航空航天、数控机床、机器人、电动汽车、计算机外围设备和家用电器等方面都获得了广泛应用。

按照供电方式的不同,无刷直流电机可分为两类,即方波无刷直流电动机,其反电势波形和供电电流波形都是矩形波,又称为矩形波永磁同步电动机;正弦波无刷直流电动机,其反电势波形和供电电流波形均为正弦波。无刷直流电机的诞生,克服了有刷直流电机的先天性缺陷,以电子换向器取代了机械换向器,所以既具有直流电机良好的调速性能等特点,又具有交流电机结构简单、无换向火花、运行可靠和易于维护等优点。

图6-97所示为一种小功率三相、星形连接、单副磁对极的无刷直流电机模型,其定子在内,转子在外。也有定子在外,转子在内的结构,即定子是线圈绕组组成的机座,而转子用永磁材料制造。

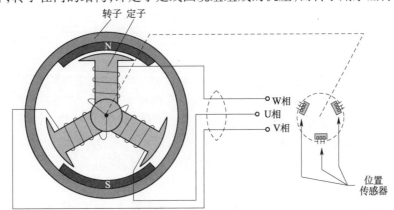

图6-97 无刷直流电机模型

无刷直流电机的特点是:外特性好,能够在低速下输出大转矩,因此可提供大的起动转矩;速度范围宽,任何速度下都可以全功率运行;效率高、过载能力强,使之在拖动系统中有出色的表现;再生制动效果好,由于转子是永磁材料,制动时电机可进入发电机状态;体积小,功率密度高;无机械换向器,采用全封闭式结构,可以防止尘土进入电机内部,可靠性高;比异步电机的驱动控制简单。

(3)直流电机的控制。直流电机控制系统主要由斩波器和中央控制器构成,根据输出转矩的需要,通过斩波器来控制电机的输入电压、电流,以此控制和驱动直流电机运行。

无刷直流电动机由同步电动机和驱动器组成,同步电动机的定子绕组多做成三相对称星形接法,与三相异步电动机十分相似。而转子上粘有已充磁的永磁体,为了检测电动机转子的极性,在电动机内装有位置传感器。驱动器由功率电子器件和集成电路等组成,其功能是接受电动机的起动、停止、制动信号,以控制电动机的起动、停止和制动;接受位置传感器信号和正反转信号,用来控制逆变桥各功率管的通断,产生连续转矩;接受速度指令和速度反馈信号,用来控制和调整转速;提供保护和显示等。

2)交流三相感应电机及其控制系统

(1)交流三相感应电机结构及工作原理。感应电机又称"异步电动机",即转子置于旋转磁场中,在旋转磁场的作用下,获得一个转动力矩,从而产生转动。转子是可转动的导体,通常多呈鼠笼状;定子是电动机中不转动的部分,主要任务是产生旋转磁场。通常旋转磁场不用机械方法来实现,而是以交流电通于数对电磁铁中,使其磁极性质循环改变,故相当于一个旋转的磁场。感应电动机并不像直流电动机有电刷或集电环,依据所用交流电的种类有单相电动机和三相电动机两种,后者多用于电动汽车和动力设备。

交流三相感应电机如图6-98所示,主要由转子和定子构成,在转子与定子之前没有相互接触的集电环、换向器等部件。运行时,定子通过交流电而产生旋转磁场,旋转磁场切割转子中的导体,在转子导体中产生感应电流,转子的感应电流产生一个新的磁场,两个磁场相互作用则使转子转动。

（2）交流三相感应电机的特点。交流三相感应电机结构简单,可靠性好,使用寿命长,功率范围宽,转速可达到12000~15000r/min。可采用空冷或水冷方式,对环境适应性好,并能够实现再生反馈制动。与同样功率的直流电动机相比较,效率较高、质量轻、价格便宜、修护方便。不足之处在于耗电量较大,转子容易发热,功率因数较低,且调速性能相对较差。

图6-98　交流感应电机

（3）交流三相感应电机的控制。由于交流三相感应电机不能直接使用直流电,因此需要逆变装置进行转换控制。应用于感应电机的控制技术主要有三种:V/F控制(即压频控制,通过电源电压和额定频率的比率控制,维持电机恒定磁通,使电机保持较高效率)、转差频率控制和矢量控制。20世纪90年代以前主要使用前两种控制方式,但是因转速控制范围小,转矩特性不理想,而对于需频繁起动、加减速的电动车并不适合。近年来,几乎所有的交流感应电机都采用了矢量控制技术。

3）永磁同步电机及其控制系统

在电机内建立进行机电能量转换所必需的气隙磁场有两种方法。一种是在电机绕组内通电流产生磁场,这种方法既需要有专门绕组和相应的装置,又需要不断供给能量以维持电流流动,例如普通的直流电机和同步电机。另一种是由永磁体来产生磁场,这种方法既可简化电机结构,又可节约能量。即对于转子直流励磁的同步电动机,若采用永磁体取代其转子直流绕组,则相应的同步电动机就成为永磁同步电动机。

（1）永磁同步电机结构及工作原理。永磁同步电机主要由转子、定子、位置传感器、电子换向开关及端盖等部件组成,如图6-99所示,图6-100所示为其实物。一般来说,永磁同步电机的最大的特点是其定子结构与普通感应电机的结构非常相似,主要区别在于转子的独特结构与其他电机相差较大,而和常用异步电机的最大不同则是转子的独特结构及其在转子上放置的高质量永磁体磁极。由于在转子上安放永磁体的位置有很多选择,所以永磁同步电机通常被分为内嵌式、面贴式及插入式三大类,如图6-101所示。

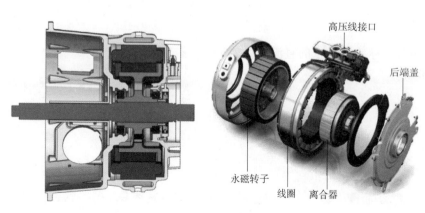

图6-99　永磁同步电机内部结构

图6-100　永磁同步电机及其控制系统实物

通常所说的永磁同步电动机是正弦波永磁同步电动机。和一般同步电动机一样,正弦波永磁同步电动机的定子绕组通常采用三相对称的正弦分布绕组,或转子采用特殊形状的永磁体以确保气隙磁密沿空间呈正弦分布。这样,当电动机恒速运行时,定子三相绕组所感应的电势则为正弦波,故正弦波永磁同步电动机由此而得名。

a)面贴式　　　　b)插入式　　　　c)内嵌式

图6-101　永磁同步电机结构类型

正弦波永磁同步电动机是一种典型的机电一体化电机。它不仅包括电机本身,而且还涉及位置传感器、电力电子变流器以及驱动电路等。

永磁同步电机具有结构简单、体积小、质量轻、损耗小、效率高、功率因数高等优点,主要用于要求响应快速、调速范围宽、定位准确的高性能伺服传动系统和直流电机的更新替代电机。

永磁同步电机最受关注的是其运行性能,而影响运行性能的因素很多,但最主要的则是电机结构。就面贴式、插入式和嵌入式而言,不同结构各有优点。

工作时,在电机的定子绕组中通入三相电流,随即定子绕组中形成旋转磁场,由于转子上安装了永磁体,而永磁体的磁极是固定的,根据磁极同性相吸异性相斥原理,在定子中产生的旋转磁场会带动转子进行旋转,最终达到转子的旋转速度与定子中产生的旋转磁极的转速相等。因此,可以把永磁同步电机的起动过程看成是由异步起动阶段和牵入同步阶段组成。在异步起动阶段,电机的转速从零开始逐渐增大,主要原因是其在异步转矩、永磁发电制动转矩、由转子磁路不对称引起的磁阻转矩和单轴转矩等一系列因素共同作用下而引起的,所以在这个过程中转速呈振荡上升。在起动过程中,只有异步转矩是驱动性质的转矩,电机就是以该转矩来得以加速的,而其他转矩大部分以制动性质为主。在电机速度由零增加到接近定子的磁场旋转转速时,受永磁体脉振转矩的影响,永磁同步电机的转速有可能会超过同步转速而出现转速的超调现象。但经过一段时间的转速振荡后,最终在同步转矩的作用下而被牵入同步。

(2)永磁同步电机的控制。目前,永磁同步电机的控制技术已从最初的基于稳态模型的标量控制发展到矢量控制、直接转矩控制、非线性控制、自适应控制、滑模变结构控制和智能控制,其中智能控制包括专家系统智能控制、模糊逻辑智能控制和神经网络智能控制等。

对于内嵌式永磁同步电机的无位置传感器矢量控制系统,通过将滑模观测器和高频电压信号注入法相结合,在无位置传感器的内嵌式永磁同步电机闭环矢量控制方式下平稳起动运行,并能在低速和高速运行场合获得较准确的转子位置观察信息。这种控制方法最本质的特征,是通过坐标变换将交流电机内部复杂耦合的非线性变量变换为相对坐标系为静止的直流变量(如电流,磁链,电压等),从中找到约束条件,获得某一目标的最佳控制策略。

(3)永磁电机作为驱动电机的优势:

①转矩、功率密度大、起动力矩大。由于永磁电机的气隙磁密度可大大提高,因此电机指标可实现最佳设计,从而使得电机体积缩小、起动转矩大、质量减轻。以同容量的稀土永磁电机为例,其体积、质量和所用材料可以减少30%左右,在车辆起动时能提供有效的起动转矩,满足行驶需求。

②力能指标好。Y系列电机在60%的负荷下工作时,效率下降15%,功率因数下降30%,力能指标下降40%。而永磁电机的效率和功率因数则下降甚微,当电机只有20%的负荷时,其力能指标仍为满负荷的80%以上。同时,永磁无刷同步电机的恒转矩区较长,一直延伸到电机最高转速的50%左右,这对提高汽车的低速动力性能有很大帮助。

③高效节能。在转子上嵌入稀土永磁材料后,正常工作时转子与定子磁场同步运行,转子绕组无感生电流,不存在转子电阻和磁滞损耗,提高了电机效率。永磁电机不但可减小电阻损耗,还能有效提高功率因数。如在25%~120%额定负载范围内,永磁同步电机均可保持较高的效率和功率因素。

④结构简单、可靠性高。用永磁材料励磁,可将原励磁电机中的励磁线圈由一块或多块永磁体替代,从而使零部件大量减少,结构大大简化,不仅改善了电机的工艺性,而且电机运行的机械可靠性也大为增强,寿命增加。转子绕组中不存在电阻损耗,定子绕组中也几乎不存在无功电流,电机温升低,这样可以使整车冷却系统的负荷降低,进一步提高运行效率。

5. 开关磁阻电机及其控制系统

1）开关磁阻电机结构及工作原理

开关磁阻电动机驱动系统是高性能机电一体化系统,主要由开关磁阻电动机、功率变换器、传感器和控制器四部分组成。其中,开关磁阻电动机为系统主要组成部分,实现电能向机械能的转化;功率变换器是连接电源和电机的开关器件,用以提供开关电动机所需电能,结构形式一般与供电压、电动机相数以及主开关器件种类有关;传感器用来反馈位置及电流信号,并传送给控制器;控制器是系统的中枢,起决策和指挥作用,主要是针对传感器提供的转子位置、速度和电流反馈信息以及外部输入的指令,实时加以分析处理,进而采取相应的控制决策,控制功率变换器中主开关器件的工作状态,实现对开关磁阻电动机运行状态的控制。

虽然开关磁阻电机有多种不同的结构形式,且每种结构各有不同的性能特点,但其定子和转子铁芯均由硅钢片叠压而成,如图6-102所示。图中,转子冲片均有一齿槽,构成双凸极结构,依定子和转子片上齿槽的多少,形成不同的极数。工作时遵循"磁阻最小原理",即磁通总是沿磁阻最小的路径闭合,因此磁场扭曲而产生磁阻性质的电磁转矩。

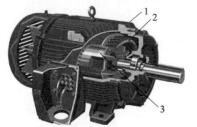

图6-102 开关磁组电机结构
1—外壳；2—定子；3—转子

2）开关磁阻电机驱动系统特点

开关磁阻电动机驱动系统具有结构简单可靠、紧凑牢固,适于在较宽转速和转矩范围内及高温环境下高速运行;功率变换器结构简单,容错性能强;可控参数多,调速性能好;起动转矩大,调速范围宽;效率高、功耗小、响应速度快和成本较低等特点。但也存在转矩波动大、噪声大、需要位置检测器和系统非线性特性等缺点。

以上特点使开关磁阻电动机驱动系统适用于电动汽车在各种工况下运行,而现有的不足将在科技进步中逐步得到解决,因此在电动汽车领域具有一定的应用前景。

3）开关磁阻电机的控制

由于开关磁阻电机具有明显的非线性特性,系统难于建模,一般的线性控制方式不适于采用开关磁阻电机的驱动系统。目前,主要控制方式有模糊逻辑控制和神经网络控制等。

以混合动力客车用电机为例,由于交流异步电机技术成熟、价格低廉和可靠性、稳定性好,被不少企业的混合动力客车选择为驱动电机;而永磁同步电机效率高、功率因数高、转矩惯量比大,也在许多企业的产品上得到采用。开关磁阻电机是一种新型电机,其所具有的特殊优点成为交流电机调速系统、直流电机调速系统和无刷直流电机调速系统的强有力竞争者,东风客车（与北京中纺锐力合作）一直在混合动力客车上进行这种电机的应用试验。

从目前情况看,不同类型电动汽车偏好使用不同类型的电机驱动系统。随着电动汽车量产规模的扩大,以及电机驱动系统的技术发展,各种电动机在各类性能指标上的孰优孰劣将难以一概而论。

6. 车用电机的要求与特点

驱动电机是新能源汽车的核心部件,在纯电动和燃料电池汽车上,它是唯一的驱动部件;在油电混合动力汽车上,它是实现各种工作模式的关键,直接影响动力性、经济性、稳定性和排放等多项性能指标。与一般工业用电机不同,汽车驱动电机应具有调速范围宽、起动转矩大、后备功率高和效率高的特性,此外还要求可靠性高、耐高温及潮湿、结构简单、成本低、维护简单、适合大规模生产等。

1)车用驱动电机与工业用电机的区别

车用驱动电机系统与其他工业用电机系统之间的主要区别在于,前者严格受到车辆空间限制和使用环境的约束,对结构、体积、性能、质量、成本及使用维护有很高的要求;电池电能转化为机械能的效率要高,这就需要电机控制器和电机之间的匹配尽可能完美,能最大限度利用电池输出的能量等。

汽车用驱动电机与工业电机的主要区别见表6-7。

汽车用驱动电机与工业电机的主要区别　　　　表6-7

项　目	工业应用	汽车应用
封装尺寸	空间不受限制,可用标准封装配套各种应用	布置空间有限,必须根据具体产品进行特殊设计
工作环境	环境温度适中(-20~+40℃)	温度变化大(-40~+105℃)
	静止应用,振动较小	振动剧烈
可靠性要求	较高以保证生产效率	很高以保证乘车者安全
冷却方式	通常为风冷(体积大)	通常为水冷(体积小)
控制方式	多为变频调速控制,动态性能差	需要精确的力矩控制,动态性能较好
功率密度	较低(0.2kW/kg)	较高(1~1.5kW/kg)

2)新能源汽车对驱动电机的独特要求

电机驱动系统工况复杂、随机变化。不仅车辆的起动、加速、制动、停车、上坡、下坡、转弯和变道等是随机的,而且在混合动力装置中,又存在多种工作模式,如电机起动发动机、电机驱动、电机发电和电机制动能量回馈等,此外电机具体工作于何种模式也是随机的,这就要求电机具有如下特点。

(1)转矩、功率密度大。无论是纯新能源(电动)汽车还是混合动力汽车,动力总成结构都非常紧凑,留给电机驱动系统的空间非常小,在减小电机体积的同时,还要求电机具有足够的转矩和功率,以及全转速运行范围内的效率要最优,以提高车辆的续驶里程。

(2)工作速域宽。在电机和输出到轮毂的轴之间都设有主减速齿轮,要达到车辆的最高转速,驱动电机的理想机械特性是:基速以下输出大转矩,以适应车辆起动、加速、负荷爬坡和频繁起停等复杂工况对转矩的要求;基速以上为恒功率运行,以适应最高车速和超车等要求。

(3)系统效率高。新能源汽车供电电源能量有限,尤其是在受当前动力蓄电池成本和整车布置限制的条件下,提高电驱动系统的效率是提高汽车续驶里程和经济性的重要手段。

(4)适应环境能力强。电驱动系统通常布置在发动机舱内和车架上,工作环境较为恶劣,要求电机及其驱动器必须具有防水、防尘、防振和很强的适应环境能力,且结构坚固、体积尽可能小、质量尽可能轻、具有良好的环境适应性和高可靠性。

(5)电磁兼容性好。电机驱动系统是车上的较大干扰源,在电机和驱动器设计及整车布置上要充分考虑电磁兼容和屏蔽,尽量避免和减小驱动系统对其他电器的影响。此外,也要避免和减小其他干扰源(如点火系统等)对电机驱动系统的影响。

(6)性价比高。电机驱动系统作为整车的一个关键总成,在保证性能的前提下,造价不能太高,尤其是在当前汽车行业竞争激烈和用户承受能力不高、动力电池价格居高不下的情况下,提高驱动电机的性价比是普及和推广电动客车的有利条件之一。

7. 驱动电机及控制系统的发展趋势

驱动电机是电动汽车的核心,未来我国电动汽车用驱动电机系统将朝着永磁化、数字化和集成化方向发展。目前,某些关键材料(如高性能硅钢片、绝缘材料等)和关键元器件(如IGBT、DSP芯片等)仍主要依靠进口,由此限制了选择余地和成本降低。但相对动力电池而言,驱动电机系统并不是电动汽车发展的障碍。驱动电机及控制系统的发展将主要体现在以下方面。

1)电机永磁化

电机永磁化符合电机驱动系统高效率的需要。永磁电机具有效率高、比功率大、功率因数高、可靠性高和便于维护等优点,采用矢量控制的变频调速系统,可使永磁电动机具有宽广的调速范围。因此,以丰田和本田汽车为代表的国际化制造商以及国内一汽、东风、长安、奇瑞等厂商均在其电动汽车中采用了永磁电机方案,从而推动车用电机向永磁化方向发展。

永磁电机的主要材料及部件是钕铁硼磁钢、电工钢和高速轴承。进入21世纪以来,我国磁性材料产业年增长率超过20%,作为制造电机铁芯的材料,电工钢带是使用最普遍的重要磁性材料,也是车用电机高效、高功率密度的保障,其成本占电机本体成本的20%左右。

日本住友电工生产的0.27mm厚电工钢带已大量用在混合动力驱动电机上。我国宝钢集团在"863"课题支持下,从2008年起即开展了电动汽车驱动电机用电工钢带的研发,目前我国车用驱动电机系统已开始采用国产高效电工钢带。

要保证电动汽车行驶20余万km、经受严寒酷暑仍可正常运行,车用电机的高速轴承是关键部件之一。目前,我国所研制的车用驱动系统大多采用进口高速轴承,因此国产车用电机高速轴承仍需要投入力量进行研发。

2)逆变器数字化

在电动汽车中,由燃料电池或蓄电池提供的直流电能,通过一个或多个逆变器将其转换成交流电能驱动永磁电机运转,其中车用电机驱动控制器由逆变器和电机控制电路等构成。到目前为止,由于电动汽车的直流电压大多低于600V,逆变器均采用三相两电平结构和1200V以下的绝缘栅双极型晶体管(Insulated Gate Bipolar Transistor,IGBT)组成的复合全控型电压驱动式功率半导体器件模块,其中逆变器的核心器件IGBT和电容的成本占到了电机驱动控制器成本的50%以上。而在混合动力汽车应用中,为了简化冷却系统、降低整车成本,对车用电机驱动系统提出了冷却液入口温度大于105℃的要求,这一要求除提高了电机绝缘等级和钕铁硼磁钢的等级外,市场上广泛使用的150℃结温IGBT已不能满足要求,需要使用175℃结温的IGBT,并设计高换热效率的散热器系统。

逆变器控制系统数字化是未来电机驱动技术发展的必然趋势。数字化不仅包括驱动控制的数字化、驱动到数控系统接口的数字化,而且还应该包括测量单元数字化。随着微电子学及计算机技术的发展,高速、高集成度、低成本的专用芯片以及数字信号处理器(Digital signal processing,DSP)等的问世及商品化,已使全数字的控制系统成为可能。

用软件最大限度地代替硬件,除完成要求的控制功能外,还应该具有保护、故障监控和自动诊断等其他功能。

3)系统集成化

系统集成化符合电机驱动系统降成本的需要。电机驱动系统的集成化包括两个方面:

(1)机电集成。其一是车用电机与发动机集成构成混合动力发动机总成,如本田的ISA系统等;其二是将车用电机与变速器集成,如丰田混合动力系统等。总之,车用电机与汽车发动机或变速器集成的发展方向,有利于减小整个系统的质量和体积,有效降低系统制造成本。

(2)将驱动控制器的开关器件、电路、控制、传感器、电源和无源器件等都集成到标准的模块中构成电力电子组件,这种集成方法可以较好地解决不同工艺电路之间的组合和高电压隔离等问题,具有较高的集成度,能较为有效地减小体积和质量。但目前还存在分布参数、电磁兼容和传热等具有较高难度的技术问题,尚不能同时有效降低成本,达到更高的可靠性。

二、电动空气压缩机

在客车中,气压制动是动力制动系的最常见形式,因其可获得较大的制动力,被广泛应用于总质量8t以上的客车。对于传统燃油客车,一般由发动机通过传动带或齿轮传动驱动空气压缩机(简称空压机)产生压缩空气,用高压空气驱动气动执行元件,使整车减速或停车。而在新能源(电动)客车上,由于取消了发动机或发动机功率较小不连续运行,只能依靠电动机驱动空气压缩机,因此电动空气压缩机已成为电动客车的主要辅助部件之一。

目前,常用的车载电动空气压缩机主要有活塞式、滑片式、螺杆式和涡旋式等结构形式。

1. 活塞式空气压缩机

活塞式空气压缩机的外观及工作原理如图6-103所示。

在电机驱动下当曲轴旋转时,通过连杆的传动活塞做往复运动,由气缸内壁、气缸盖和活塞顶面所构成的工作容积则会发生周期性变化。活塞从气缸盖处开始向下运动时,气缸内的工作容积逐渐增大,这时气体即沿着进气管推开进气阀而进入气缸,直到工作容积变到最大时为止,进气阀关闭;活塞反向运动时,气缸内工作容积减小,气体压力升高,当气缸内压力达到并略高于排气压力时,排气阀打开,气体排出气缸,直到活塞运动到极限位置为止,排气阀关闭。当活塞再次反向运动时,上述过程重复出现。总之,曲轴旋转一周,活塞往复一次,气缸内相继实现进气、压缩、排气的过程,即完成一个工作循环。再进行下一工作循环,重复吸气—压缩—排气的过程。

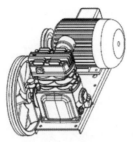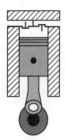

图 6-103 活塞式空气压缩机

活塞式电动空气压缩机以其结构简单、技术成熟度较高和可靠性较好等优点,在新能源客车发展初期得到了广泛引用。但由于活塞结构本身决定了其噪声和振动都较大,直接影响到乘客的乘坐舒适性。

2. 螺杆式空气压缩机

螺杆式空气压缩机一般有单螺杆和双螺杆式两种形式。单螺杆空气压缩机是一种单轴容积式回转型空气压缩机,其外观及工作原理示意图如图 6-104 所示。

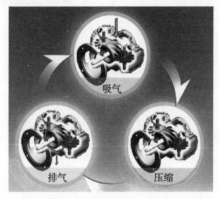

图 6-104 单螺杆式空气压缩机

其中,啮合副由一根蜗杆和两个平面布置的星轮所组成,由蜗杆螺槽和星轮齿面及机壳内壁形成封闭的基元容积。工作时,电动机通过联轴器或传动带将动力传到蜗杆上,由蜗杆带动星轮齿在蜗杆槽内相对移动,使封闭基元容积发生变动,实现气体输送压缩;当达到设计压力值时,被压缩的空气由主机壳上左右两侧对称的三角形排气口排至油气分离器内。

双螺杆式空气压缩机的外观及结构如图 6-105 所示,采用高效带轮(或轴器)传动,带动主机转动进行空气压缩,通过喷油对主机压缩腔进行冷却和润滑,压缩腔排出的空气和油混合气体经过粗、精两道分离,将压缩空气中的油分离出来,最后得到洁净的压缩空气。

双螺杆式空气压缩机的核心部件是压缩机主机,其同样属于容积式压缩机,空气压缩靠装置于机壳内互相平行啮合的阴阳转子(螺杆)的齿槽之容积变化而达到。转子副在与它精密配合的机壳内转动,使转子齿槽之间的气体不断产生周期性的容积变化而沿着转子轴线由吸入侧推向排出侧,从而完成吸入、压缩、排气三个工作过程。因此,双螺杆转子的型线决定了螺杆式空气压缩机产品定位的档次。

(1)吸气过程。电机驱动转子,主从转子的齿沟空间在转至进气端壁开口时,其空间最大,外界空气充满其中；当转子的进气侧端面转离了进气口时，齿沟间的空气被封闭在主、从转子与机壳之间，完成吸气过程。

（2）压缩过程。在吸气结束时，主、从转子齿峰与机壳形成的封闭容积随着转子角度的变化而减小，并按螺旋状移动。在此过程中，容积不断减小，气体不断被压缩，压力提高，温度升高；同时，因气压差而变成雾状的润滑被喷入压缩腔，从而达到压缩、降低温度和密封、润滑的作用。此亦即为"压缩气体与喷油过程"。

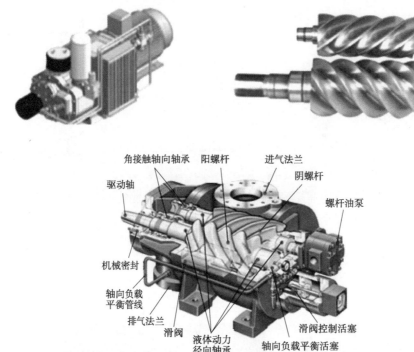

图 6-105 双螺杆式空气压缩机

（3）排气过程。当转子的封闭齿峰旋转到与机壳排气口相遇时，被压缩的空气开始排放，直到齿峰与齿沟的吻合面移至排气端面，此时齿沟空间为零，即完成排气过程。与此同时，主从转子的另一对齿沟已旋转至进气端，形成最大空间，开始吸气过程，由此开始一个新的压缩循环。

双螺杆空气压缩机具有优良的可靠性能，且机组质量轻、振动小、噪声低、操作方便、易损件少、运行效率高则是其最大的优点。

3. 滑片式空气压缩机

图 6-106 滑片式电动空气压缩机外形

滑片式空气压缩机的外形及结构分别如图 6-106 和图 6-107 所示，主要由缸体、缸盖、转子及滑片等组成。其中，转子上开有若干径向凹槽（滑槽），滑片可在其中自由滑动；转子在气缸中偏心放置，当转子旋转时，滑片在离心力的作用下甩出并与气缸内壁通过油膜紧密接触，相邻两个滑片与气缸内壁之间即形成一个封闭的空气腔——压缩腔。转子转动时，压缩腔的体积随着滑片伸出量的大小而变化。在吸气过程中，空气经由过滤器被吸入压缩腔，并与喷入主机内的润滑油混合；在压缩过程中，压缩腔的体积逐渐缩小，压力逐渐升高，随后油气混合物通过排气口排出。如此周而复始，压缩空气被平稳地排出。

滑片式空气压缩机压缩空气的流程：大气→空气过滤器→进气阀→空气端→油气分离器→最小压力止回阀→后冷却器→用气系统。

滑片式电动空气压缩机的泵体相对较小，多为同轴直联布置方式，且工作较平稳，振动较小。但由于是通过润滑油密封，需要安装油气分离器和机油散热器，因此结构相对复杂。

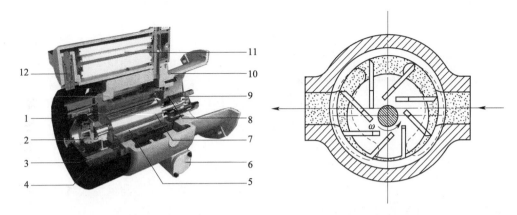

图 6-107 滑片式空气压缩机内部结构

1-安全阀;2-吸气调节器;3-大端盖;4-空滤;5-滑片;6-油滤;7-转子;8-小端盖;9-联轴器;10-钟罩;11-油分芯;12-最小压力止回阀

4. 涡旋式电动空气压缩机

涡旋式电动空气压缩机如图 6-108 所示。这种空气压缩机是由具有两个双函数方程型线的动、静涡盘相互啮合而成,在吸气、压缩、排气工作过程中,静盘固定在机架上,动盘由偏心轴驱动并由防自转机构制约,围绕静盘基圆中心作很小半径的平面转动。工作时,气体通过空气滤芯吸入静盘的外围,随着偏心轴旋转,气体在动静盘噬合所组合的若干个月牙形压缩腔内被逐步压缩,然后由静盘中心部件的轴向孔连续排出,如图 6-109 所示。

图 6-108 新能源大客车上采用的三款涡旋式电动空气压缩机

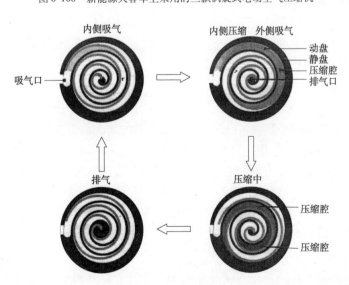

图 6-109 涡旋式电动空气压缩机的工作原理

涡旋式电动空气压缩机的特点是可靠性高、噪声低、能耗低、维护费用低,且泵体较小,多为同轴直联方式,工作更为平稳。但同滑片式和单螺杆式电动空气压缩机一样,存在着严重的油气混合现象,需要加装油气分离器和机油冷却器以保证能够长时间安全可靠运行,因此目前还采用较少。

在上述四种空气压缩机中,因活塞式空气压缩机噪声大,已不适合在对舒适性要求较高的客车上使用。目前,市场上应用较多的产品主要是单螺杆空气压缩机和滑片式空气压缩机。

三、功率变换器

新能源汽车的电子设备是极为复杂的电子系统,该系统不仅包含许多作用不同的功能模块,而且每个功能模块对电源的要求以及所需的功率等级、电压高低、电流大小、安全可靠性和电磁兼容性等指标也不尽相同。为了满足不同模块的不同要求,新能源客车常使用 AC/DC(或 AC - DC)、DC/DC(或 DC - DC)和 DC/AC(或 DC - AC)三种类型的功率变换器,以适用各种不同的需求,其中使用最多的是前两种。

1. DC/DC 功率变换器

1)DC/DC 的功用

在新能源电动汽车的电子系统和电子设备中,系统的直流母线不可能满足性能各异、种类繁多的元器件(包括集成组件)对直流电源的电压等级和稳定性等要求,因而必须采用各种 DC/DC 功率变换模块来满足电子系统对直流电源的各种需要。其中,DC/DC(直流—直流变换器)变换模块的直流输入电源可来自系统中的电池,也可来自直流总线,这些电源通常有 48、24、5V 或者其他数值。但由于电压的稳定性能较差,且会有较高的噪声分量,要使电子设备正常工作,必须使用一个 DC/DC 功率变换模块,将宽范围变化的直流电压变换成一种稳定性能良好的直流电压。

新能源电动汽车的 DC/DC 变换器的主要功能是给车灯、电气控制设备(Electric Control Unit,ECU)、小型电器等车辆附属设备供给电力和向附属设备电源充电,其作用与传统内燃机汽车的交流发电机相似。传统汽车依靠发动机带动交流发电机发电供给附属电气设备和其他设备的电源,由于纯新能源(电动)汽车和燃料电池电动汽车无发动机,而混合动力(如增程式)汽车的发动机也是不间断地工作,且多带有"自动停止息速"设备,致使这类汽车无法使用交流发电机提供电源,必须靠主电池向附属用电设备及电源供电,因此 DC/DC 就成为必备设备。

2)双向 DC/DC 变换器在电动汽车上的应用

目前,大多数 DC/DC 变换器只是单向工作,即通过变换器的能量流动方向只能是单向的。然而,对于需要能量双向流动的采用超级电容等新能源电动客车,如果仍然使用单向 DC/DC 变换器,则需要将两个单向 DC/DC 变换器反方向并联使用,这样虽然可以达到能量双向流动的目的,但总体电路会变得非常复杂,而采用双向 DC/DC 变换器就可以直接完成这种能量的变换。

所谓双向 DC/DC 变换器,是指在保持变换器两端直流电压极性不变的情况下,能根据实际需要完成能量双向传输的直流变换器。这种变换器不仅可以非常方便地实现能量的双向传输,而且使用的电力电子器件数目少,具有效率高、体积小和成本低等优势。

2. DC/AC 功率变换器

DC/AC 功率变换器(直流—交流变换器)亦称 DC/AC 逆变器,是一种应用功率半导体器件将直流电能转换成恒压恒频交流电能的静止装置,主要供交流负荷用电或交流电网并网发电。一般可分为有源逆变与无源逆变两种,其中有源逆变是指把直流逆变成与交流电源同频率的交流电馈送到电网中区的逆变器;而在逆变状态下,变换电路的交流侧如果不与交流电网连接而直接与负荷连接,将直流电逆变成某一频率或可调频率的交流电直接供给负荷,则称之为无源逆变。

电动客车中使用的 DC/AC 多为无源逆变器,其功用主要是将蓄电池或燃料电池输出的直流电变换为交流电提供给需交流驱动的电机等使用。

3. AC/DC 功率变换器

电动汽车中 AC/DC 变换器(交流—直流变换器)的功能主要是将交流发电机发出的交流电转换成直流电提供给用电器或储能设备储存。其功率流向可以是双向的,由电源流向负载的称为"整流",由负载返回电源流的称为"有源逆变"。

四、电子风扇散热系统

电子风扇散热系统以布置灵活、控制方便和效率高等特点得到了越来越多用户的认可。对于新能源客车来说,电子风扇不仅解决了安装空间问题,而且可有效提高发动机燃烧效率、降低整车油耗。图

6-110 所示为混合动力客车采用的电子风扇散热器外形。

一般地,电子风扇散热器的风扇转速为两挡,由温控热敏电阻开关根据冷却液的温度进行控制。也有采用电脑控制的结构,即冷却液温控传感器向电脑传输与冷却液温度相关的信号,当温度达到规定值时,电脑控制风扇继电器搭铁,继电器触电闭合并向风扇供电,风扇进入工作。

电子风扇的优点是结构简单、布置方便、不消耗发动机功率而使燃油经济性得到改善。此外,采用电子风扇不需要检查、调整或更换风扇传动带,因而减少了使用中的维护工作量。

五、电动助力转向系统

目前,汽车用助力转向系统主要有传统的液压助力转向系统(Hydraulic Power Steering,HPS)、电动液压助力转向系统(Electronic Hydrautic Power Steering,EHPS)和电动助力转向系统(Etectronic Power Steering,EPS)三种。

图6-110 电子风扇散热器

1. 电动液压助力转向系统

由于动力转向系统所要求辅助转向力的大小不仅与转向盘的转角增量(或角速度)有关,还与车速有关,而传统的液压助力转向系统只能根据转向盘转角的变化提供助力。为了克服这一缺点,在传统液压助力转向系统基础上加装电控系统(电控单元),用电机代替发动机带动转向油泵(液压泵)工作,就形成了EHPS。

EHPS结构简单、成本较低,目前在新能源客车上得到了广泛应用。工作时通过电控单元控制电机转速,电机转速越高,转向油泵的流量和压力越大,相应产生的助力也就越大,而通过调节电机转速,就可以实现助力可变。

EHPS的工作原理如图6-111所示。汽车直线行驶时,转向盘不转动,电动液压泵以很低的速度运转,大部分工作油经过转向阀流回油罐,少部分经液控阀直接流回油罐;当驾驶人开始转动转向盘时,电控单元根据检测到的转角、车速以及电动机的反馈信号等,判断汽车的转向状态,决定提供助力大小,向驱动单元发出控制指令,使电动机产生相应的转速以驱动液压泵,进而输出相应流量和压力的高压油(瞬时流量从电控单元中储存的流量通用特性场中读取)。压力油经转向阀进入齿条上的动力缸(液压缸),推动活塞以产生适当的助力,协助驾驶人进行转向操纵,从而获得理想的转向效果。因为助力特性曲线可以通过软件来调节,所以该系统可以适合多种车型。在电控单元中,还有安全保护措施和故障诊断功能。当电动机电流过大或温度过高时,系统将会限制或者切断电动机的电流,避免故障发生;当系统发生故障(如蓄电池电压过低、转角传感器失效等)时,系统仍然可以依靠机械转向系统进行转向操纵,同时显示并存储其故障码。

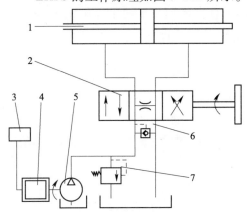

图6-111 电动液压助力转向系统工作原理图
1-动力缸;2-转向阀;3-ECU;4-电动机;5-液压泵;6-液控阀;7-限压阀

EHPS系统由直流电动机带动电动液压泵工作,而不是由发动机驱动,因此可根据转向需求提供不同的转向力,以满足车辆行驶对转向系统的要求。当发动机怠速时,电动泵提供较大的流量;而在高速时,按转向要求,其流量反而有所下降。亦即在低速行驶时,驾驶人需较小的转向操纵力就能灵活地进行转向;而在高速转向时,使操纵力逐渐增大,优化了转向操纵,不仅提高了驾驶舒适性和转向灵活性,又克服了转向"发飘",使驾驶人操纵时有显著的"路感",保证了高速行驶时的稳定性和安全感。

此外,EHPS系统将电动机、控制器、液压泵集成在一起降低了占用空间,安装较为方便。控制器具有可编程性,能根据不同车型或个人喜好调节系统性能,有作较好的可移植性。

2. 电动助力转向系统

EPS 是一种直接依靠电机提供辅助转矩的动力转向系统,自 20 世纪 80 年代中期提出以来,作为汽车转向系统的发展方向,已在轿车上得到了广泛应用。而在商用车上也已开始采用并必将取代现有的机械转向系统、液压助力转向系统和电控制液压助力转向系统。EPS 主要由转矩传感器、车速传感器、电动机、减速机构和电控单元(ECU)等组成,其结构如图 6-112 所示。

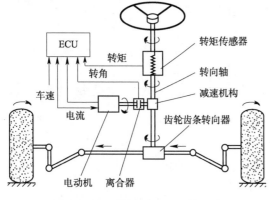

图 6-112 电动助力转向系统结构示意图

工作时,首先转矩传感器测出驾驶人施加在转向盘上的操纵力矩,车速传感器测出车辆当前的行驶速度,然后将这两个信号传递给 ECU;ECU 根据内置的控制策略,计算出理想的目标助力力矩,并转化为电流指令传给电动机;随后,电动机产生的助力力矩经减速机构放大作用在机械式转向系统上,和驾驶人的操纵力矩一起克服转向阻力矩,实现车辆转向。

与传统的 HPS 相比,EPS 系统具有以下优点。

1)降低了燃油消耗

液压动力转向系统需要发动机带动液压泵,使液压油不停地流动,浪费了部分能量。相反电动助力转向系统(EPS)仅在转向操作时才需要电动机提供的能量,该能量可以来自蓄电池,也可来自发动机,且能量消耗与转向盘的转向及当前车速有关。当转向盘不转向时,电动机不工作;需要转向时,电动机在控制模块的作用下开始工作,输出相应大小及方向的转矩以产生助动转向力矩;在汽车原地转向时,输出最大转力矩,同时随着车速的改变,输出力矩也相应改变。采用 EPS 可真正实现"按需供能",是真正的"按需供能型"(on-demand)系统。此外,车辆在寒冷的冬季起动时,传统液压系统反应缓慢,直至液压油预热后才能正常工作;而电动助力转向系统不依赖于发动机,且没有液压油管,对寒冷天气不敏感,系统即使在 -40℃时也能工作,因此提供了快速的冷起动能力。由于该系统没有起动时的预热,节省了能量;不使用液压泵,避免了发动机的寄生能量损失,提高了经济性。对装有 EPS 车辆和装有 HPS 车辆的对比试验表明,在不转向的情况下,前者燃油消耗降低 2.5%;在使用转向的情况下,燃油消耗降低了 5.5%。

2)增强了转向跟随性

在 EPS 转向系统中,电动助力机与助力机构直接相连可使其能量直接用于车轮转向;由于利用了惯性减振器的作用,使车轮的反转和转向轮摆振大大减小,转向系统的抗扰动能力大大增强;和液压助力转向系统相比,旋转力矩产生于电动机,没有液压助力系统的转向迟滞效应,增强了转向车轮对转向盘的跟随性能。

3)改善了转向回正特性

到目前为止,传统动力转向系统的性能已经发展到了极限,但 EPS 的回正特性则使这种情况得到改变。即当驾驶人使转向盘转动某一角度后松开时,该系统能够自动调整使车轮回到正中;同时,可利用软件在最大限度内调整设计参数,以使车辆获得不同使用环境的最佳回正特性(从最低车速到最高车速,可得到一簇回正特性曲线);此外,通过灵活的软件编程,可以很容易得到电动机在不同车速及不同车况下的转矩特性,从而使得该系统显著提高转向能力,提供与车辆动态性能相匹配的转向回正特性。而在传统的液压控制系统中,要想改善这种特性则必须改变底盘的部分机械结构,实现起来有很大困难。

4)提高了操纵稳定性

对汽车的操纵稳定性通常采用高速行驶时的过度转向来测试。即给正在高速行驶(100km/h)的汽车一个过度的转角迫使它侧倾,装有 EPS 的汽车能在短时间内自动回正。其原因在于采用了微型计算机控制,使得车辆具有更高的稳定性,驾驶人有更舒适的感觉。

5)提供了可变的转向助力

EPS 的转向力来自于电动机,通过软件编程和硬件控制,可以得到覆盖整个车速的可变转向力,而可变转向力的大小则取决于转向力矩和车速。因此，对于驾驶人和乘客，无论是停车、低速或高速行驶时，都能提供可靠和可控性好的感觉，且易于操作。

对于传统的液压系统，要想获得可变转向力矩必须增加额外的控制器和其他硬件，不仅非常困难而且费用很高。但在 EPS 转向系统中，可变转向力矩通常写入控制模块，通过对软件的重新编写即可获得，所需费用很少。

6) 适应了现代汽车的环保要求

EPS 转向系统以电力为能源，完全取消了 HPS 的液压装置，不存在 HPS 转向系统中的工作油液泄漏问题（一般为锭子油或透平油），实现了绿色环保。此外，由于没有液压油和相应的软管、液压泵及密封件，避免了污染。而 HPS 转向系统的油管材料所使用的聚合物不能回收，易对环境造成污染。

7) 结构简单、占用空间小、布置方便、性能优越

由于 EPS 系统可以做到良好的模块化设计，因此不需要针对不同的车型进行重新设计、试验和加工等，不但节省了费用，也为设计不同系统提供了极大的灵活性，且更易于生产线装配；没有油泵、油管和发动机上的带轮，可使系统设计时具有更大的余地，不仅控制模块可以和齿轮齿条设计在一起或单独设计，而且极大提高了发动机部件的空间利用率；省去了装在发动机上的带轮和油泵，所腾出的空间可用于安装其他部件；系统只有直流电动机为主要零件，所用其他零件少，因而具有较高的可靠性，简化了维护。而对于传统的 HPS 转向系统，液压泵和软管事故率约占整个系统故障的 53%（如软管漏油和液压泵漏油等）。

8) 生产线装配性好

EPS 转向系统由于没有液压系统所需要的液压泵、油管、流量控制阀和储油罐等部件，零部件数目大大减少，因而减少了装配工作量，节省了装配时间，提高了装配效率。

第三篇

客车底盘

第七章 客车底盘概述

底盘技术水平的高低决定客车产品的性能和质量,而底盘的性能则决定了客车的可靠性、舒适性、安全性、动力性和经济性。早期的客车底盘技术与载货汽车技术关系紧密,其底盘在很大程度上是利用载货汽车底盘进行改制。近年来由于对舒适性、安全性和环保性等要求的提高,且客车与载货车辆在用途、使用条件等方面的不同,决定了客车底盘与载货车辆底盘存在的差异越来越大,现代客车底盘大多采用专用部件/总成制造。随着客车技术的发展,除传统直通大梁式底盘外,三段式、分段式和无车架式(无独立底盘的格栅底架全承载车身技术)开始在大、中型客车上得到采用,客车底盘技术出现了百花齐放的新局面。

客车底盘是客车的四大组成部分之一,主要由传动系、行驶系、转向系和制动系等组成。行驶系中的车架作为客车底盘各系统的安装基体,其结构形式决定了客车底盘的结构形式。

第一节 客车底盘的结构形式

一、客车底盘的分类

客车底盘种类很多,一般按照车架结构形式、发动机安装位置、制造车型和悬架种类的不同,有多种分类方式。

1. 按照车架结构形式分类

按照车架结构形式的不同,客车底盘可分为直通大梁式(亦称整体大梁式)、分段大梁式、三段式和无车架式(格栅底架式)四种类型,如图7-1～图7-4所示。

图7-1 直通大梁式客车底盘

图7-2 分段大梁式客车底盘

图7-3 三段式客车底盘

图7-4 格栅底架式客车底盘

2. 按照发动机安装位置分类

按照发动机安装位置的不同,客车底盘可分为发动机前置后桥驱动、发动机中置后桥驱动和发动机后置后桥驱动底盘(简称"前置发动机底盘"、"中置发动机底盘"和"后置发动机底盘"),分别如图 7-5~图 7-7 所示。

图 7-5 发动机前置后桥驱动底盘

图 7-6 发动机中置后桥驱动底盘

3. 按照制造车型分类

按照制造车型的不同,客车底盘可分为长途客车底盘(图 7-3、图 7-4)、城市客车底盘和特种客车底盘。其中,城市客车底盘可分为普通城市客车底盘(图 7-8)、低地板城市客车底盘(图 7-2、图 7-9)、双层客车底盘(图 7-10)和铰接式城市客车底盘等。而铰接式城市客车底盘又可分为发动机前置、中偏置和后置底盘三种,如图 7-11、图 7-12 和图 7-13 所示。

图 7-7 发动机后置后桥驱动底盘

图 7-8 普通城市客车底盘

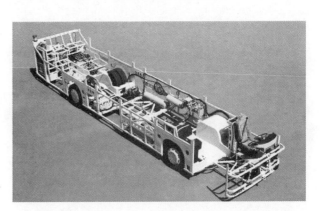

图 7-9 超低地板城市客车底盘

图 7-10 陕西欧舒特生产的双层客车底盘

图 7-11 前置发动机铰接式城市客车底盘

4. 按照悬架形式分类

根据悬架形式的不同,客车底盘可分为钢板弹簧悬架底盘、空气悬架底盘和复合悬架底盘。按照JT/T 888—2014《公共汽车类型划分及等级评定》的规定,特大型、大型城市客车的高一级和高二级,中型城市客车的高一级都必须采用空气悬架底盘。按照JT/T 325—2013《营运客车类型划分及等级评定》的规定,特大型、大型客车的高三级必须采用前独立及后空气悬架,特大型、大型客车的高二级、高一级必须采用全空气悬架;中型客车的高二级应采用前独立及后空气悬架或全空气悬架,高一级应采用全空气悬架或前独立及后少片钢板弹簧悬架。

图7-12　中偏置发动机铰接式城市客车底盘

图7-13　后置发动机铰接式城市客车底盘

二、客车底盘的结构特点

因客车类型的不同,客车底盘的结构也不完全相同,且各具特点。

1. 直通大梁和分段大梁式客车底盘

直通大梁式客车底盘为传统的结构形式,其特点是大梁采用槽形截面或矩形截面纵梁,有些车型还有加强副纵梁。分段大梁式客车底盘则根据使用要求的不同,将前后贯通的整体式纵梁设计为前、中、后三段并搭接成不同高度或不同宽度的结构;有些车型受后桥和地板高度要求的限制,而在该处设计成结构复杂的"Ω"型。横梁一般采用"I"型或双槽背对形成的"I"型结构,也有的采用"○"型横梁。根据布置和总成的安装要求,同一车架可同时采用多种形式的组合和不同的横梁翼面,车架总成可设计成前后等宽或不等宽结构。

槽型纵梁一般用热轧钢板冲压而成,断面为槽形,因其抗弯强度较高、质量小,便于安装总成和部件。矩形管纵梁断面为封闭式,可以提高车架的抗扭刚度。

直通大梁式车架结构简单、工艺性好,但存在质量大、总成布置安装困难、受力不均匀和损坏后难以修复等缺点,主要用于城市公交和普通中短途客运车辆。

2. 三段式客车底盘

三段式客车底盘一般前后段为槽型纵梁,中段为桁架结构,如图7-14所示。这种结构在我国出现于20世纪90年代,是为满足长途客车对大容积行李舱的要求而对传统大梁式客车底盘的改进,在中部轴间以形成大容积的行李舱。三段式车架的前、后段为槽形大梁,中段行李舱区为桁架结构。中段一般根据不同车型和承载情况,采用不同规格的异型钢管焊接成箱形框架结构,再通过焊接(或焊接和铆接)靠中间连接板同前后大梁连接在一起。对于钢板弹簧悬架,中间桁架一般不超过悬架安装区

图7-14　中间采用格栅结构的长途客车专用底盘

域;但对于空气弹簧悬架,为增加行李舱容积,有些底盘的中间桁架已超过悬架安装区域,只有前悬操纵区和后悬发动机区域采用较短的槽形大梁。

目前,三段式客车底盘结构在国内外被普遍应用于大中型长途、旅游客车,国内苏州金龙引进的SCANIA豪华大客车底盘就采用了这种结构形式,如图7-15所示。这种结构易于设计制造,中段长度由

客车制造厂根据车型要求自行确定,增大了行李舱的容积;但前后段纵梁与桁架的连接结构复杂,工艺性要求高。

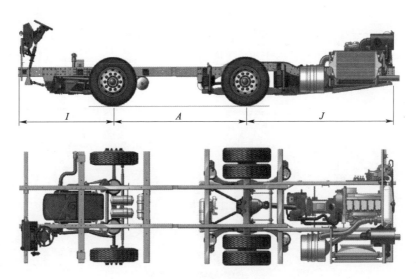

图 7-15　SCANIA 三段式客车底盘的前后段

大梁分段式车架主要分为前段、中段和后段三部分,其前、中、后段均为槽型大梁,通过螺栓连接(或铆接)将三段连接在一起,在国内被普遍应用于两级踏步城市公交客车。这种结构易于设计,中段车架上平面可满足降低地板高度的要求,但前后段纵梁需设计冲压模具进行冲压,不仅费用较高,工艺性要求也高。

3. 无车架式客车底盘

采用格栅底架全承载车身技术的客车没有单独的底盘(即具有无车架式客车底盘),底架和车身作为一个整体共同承担客车行驶中的各种载荷。这种结构形式是现代大客车车身结构的发展趋势之一,已成为欧洲和我国中高档客车底盘的主流,其特点是由异形钢管组焊的格栅底架(图 7-16)和车身骨架共同组成客车承载式车身结构,底盘各总成安装在底架上,车身强度刚度高、质量轻、承载均匀,如图 7-17 和图 7-18 所示。

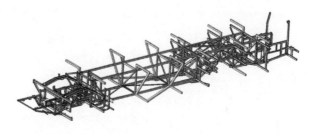

图 7-16　采用异形钢管组焊的承载式车身的格栅底架

图 7-17　承载式车身结构(无车架式客车)　　　　图 7-18　底架和车身组焊成一个整体

4. 发动机安装位置不同的客车底盘

因发动机安装位置的不同,底盘结构也存在较大差异。除发动机的位置及安装外,冷却系、转向系、制动系等的位置及安装都将相应改变,客车底盘的结构也必须与发动机布置及驱动形式相适应。目前,采用最多的是前置发动机后桥驱动和后置发动机后桥驱动的布置形式。

对于前置发动机后桥驱动的客车底盘,其发动机通常布置在前轴前方或前轴上方靠前的位置,如图 7-19a)所示。中置发动机后桥驱动的客车底盘,发动机位于前、后轴之间,如图 7-19b)所示。后置发动机后桥驱动的客车底盘,发动机布置在底盘的后轴之后,有发动机纵置立式、卧式和横置式等多种形式,目前采用最多的是发动机纵置的布置形式。图7-19c)所示为发动机纵置和横置布置的示意图。

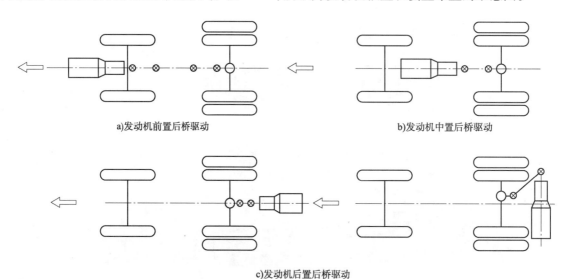

图7-19　客车底盘的发动机布置形式

中置发动机虽然传动轴短、轴间质量分配好,整车外形设计和座椅布置不受发动机限制,车内噪声小、发动机与车厢隔绝较好,但因发动机布置在轴间地板下,由于空间有限,散热器布置困难,致使发动机散热、冷却较差,且寒冷地区使用发动机保温困难。为保证发动机安装空间,地板高度高、整车质心高;为使地板不致增加太高,多采用卧式发动机,但成本高、通用性差,发动机易被尘土、砂石侵袭,维修困难;对地板密封要求高,否则噪声、气味、热量易进入车厢。

中置发动机客车适用于道路条件好的地区使用,要求发动机可靠性好。但由于存在上述明显缺点,限制了其在大客车上的推广应用。

5. 不同悬架结构的客车底盘

由于舒适性是评价客车性能的一项重要指标,因此对客车来说采用什么样的悬架也成为区分底盘结构的一种方式。根据客车的使用范围和悬架种类,主要有钢板弹簧悬架底盘和空气弹簧悬架底盘两类。对于大、中、轻型高级客车,因舒适性要求高,大都采用空气弹簧悬架底盘,其底盘车架的结构、尺寸也与安装空气悬架相适应;对于中级和普通型客车,从使用、维修、降低成本和提高通用性等出发,大多采用钢板弹簧悬架底盘。一般,采用空气悬架的底盘大多为后置发动机后桥驱动的布置形式,也有少数车型为中置发动机后桥驱动;而采用钢板弹簧悬架的底盘,则有前置发动机后桥驱动和后置发动机后桥驱动两种布置形式。

第二节　客车底盘的技术发展

客车技术水平的高低主要取决于底盘性能和质量。要满足用户对整车不断提高的性能需求,客车底盘性能指标的确定、新技术采用、各总成匹配、可靠性提高、降低成本和品质提升等一直是客车底盘技术发展的关键,也是未来客车在综合性能方面的发展趋势。

欧洲客车技术水平和科研能力位居世界首位,我国客车企业引进的客车技术也大多集中在欧、日两大系列,并以欧系为主。长途客车(亦称"城间客车")的主要技术特点表现在:发动机功率大、转矩高,且转速有下降的趋势,这使得车辆加速性、爬坡性和可靠性更强,经济性、环保性能及安全性更好。而城市客车却面向大型化、低地板化和节能、环保化方向发展;高档化、乘务电子化、造型现代化、燃料系统多元化,以及多种动力并存都将是两者共同的发展目标。因此,为了能更好地顺应市场发展趋势,客车底盘技术也应与此相适应。

一、安全技术

1. 主动安全技术

目前,客车底盘的配置多为前后鼓式制动器,前盘和后鼓制动器的配置已逐步得以应用,市场反应良好。为了满足越来越严格的交通安全法规,在提高客车的主、被动安全性方面,客车底盘设计采取了以下措施:

(1) 提升制动气压。为了适应高等级客车的需求,增大车辆制动力行之有效的方法是提升制动气压,以避免制动能力不足而一味追求加大制动器。当前制动系统气压普遍采用0.8MPa(不包括油压制动车辆),今后发展趋势是1MPa乃至1.2MPa,为此对制动管路系统的气密性就有了更高的要求。

(2) 采用高质量的制动元件。如多套独立的制动系统及性能优良的前后全盘式制动器的匹配等,以提高整车的制动性能。

(3) 广泛采用高新电子控制的智能安全技术产品。如防抱死制动(ABS)、电子制动(EBS)、电子稳定控制(ESC/ESP)、驱动防滑控制(ASR)、电子制动力分配(EBD)、电子驻车(EPB)、驱动力控制(TCS),以及智能避撞(前面碰撞预警、车道偏离预警、疲劳驾驶预警、自动泊车、行人识别和标志识别等)、自适应巡航控制、环境感知、夜视增强、夜视巡航、抬头显示、自适应前照灯控制和360°全景环视等。如采用TCS,可防止客车在光滑路面制动、起步、加速时驱动轮打滑现象,维持车辆行驶的稳定性。而国家安全法规已要求客车必须安装ABS。

(4) 缓速器及发动机进排气缓速制动等辅助制动装置将得到普遍应用。如采用永磁式缓速器,在客车下长坡或由高速减速时,将产生非常稳定的制动力,增强行驶安全感;同时还能减轻驾驶疲劳,延长制动摩擦片和轮胎的使用寿命,提高行驶安全性和稳定性。

(5) 采用轮胎气压自动监测系统及辅助充气装置等,防止高速行驶发生爆胎的危险。

(6) 多方位碰撞的安全性。通过先进的试验手段和计算机模拟仿真技术对多方位碰撞的安全性进行试验模拟,同时采用强度高、抗变形且质量小的新材料和新结构,提高客车底盘的抗碰撞变形能力。

2. 被动安全技术

为减少和降低事故发生时和发生后乘员的伤亡及损失严重程度,客车上采用了很多被动安全技术。其中,底盘上应用的被动安全技术主要是吸能类和爆胎应急类安全装置,主要包括:

(1) 安全可靠的转向系统。运用双回路转向系统,避免转向失灵;同时,采用吸能式转向轴和转向盘转向系统,当正面受到强烈冲击时,转向轴最大可移50mm,转向盘最大可变形50mm,以此最大限度地缓和驾驶区前方内部硬物对驾驶人产生的冲击。

(2) 爆胎应急安全装置。利用该装置,及时释放车辆转向轮轮胎破裂失压后急剧增加的运动阻力,使车辆的行驶方向继续可控、制动性能有效,是一种较为可靠的汽车"应急"安全保护装置。

二、节能降噪技术

1. 先进电子控制和降噪技术

(1) 采用装备电子控制、共轨系统等高新技术改进的气体/柴油发动机及其燃烧系统,改善发动机的后处理系统。尤其是电磁风扇离合器、电控硅油风扇离合器、电子温度控制风扇和电控液压驱动风扇等节能技术的采用,以及发动机热管理系统结合整车热管理的综合应用,可直接有效较少发动机功耗,在降低油耗的同时减少尾气排放。

(2) 客车噪声主要来源于发动机的本体噪声,其次是风扇噪声和排气噪声等。而发动机噪声需要多方位综合考虑采取降噪措施。至于风扇噪声、排气噪声则可以在系统设计中匹配、优化,譬如设计匹配新型风扇离合器和电子温度控制风扇、电控液压驱动风扇等都能有效降低风扇噪声。而排气噪声则可以采用加大排气管直径、增大消声器的插入损失、合理布置设计排气系统减小排气阻力等方案来降低排气噪声。

(3) 低噪声底盘设计。对容易产生噪声的底盘各成,如悬架、传动系和主减速器等进行降噪设计和噪声匹配,进一步降低底盘产生的工作和行驶噪声。

2. 开发使用新能源动力系统

目前,客车用天然气、甲醇、乙醇等清洁燃料发动机已取得长足发展;在国家政策支持下,混合动力、纯电动新能源城市客车将逐步成为市场主流,而正处于研发中的燃料电池、太阳能等新型清洁能源必将是市场的发展趋势。因此,开发并使用新能源客车动力系统已成为新能源客车技术发展的关键。

对于欧美日的汽车及相关行业,正在试验的新能源有:丙烷、沼气、植物油、电能和太阳能等,这些能源都将可能成为车辆的未来动力源。

3. 系统匹配技术

1) 柔性护风罩

针对前置发动机客车,为加大风扇进风量、提高效率而减小风扇叶尖与护风罩的间隙,采用了一种柔性结构的护风罩。这种护风罩和风扇、导风罩及散热器的相对位置固定,护风罩和导风罩则通过柔性风罩过渡连接,如图7-20所示。其不仅可以吸收两者之间的相对错位,还能合理引导气流,避免气流的回流和涡流损失。

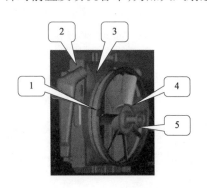

图 7-20　柔性护风罩
1-柔性风罩；2-散热器；3-导风罩；4-风扇；5-护风罩

2) 环形风扇

环形风扇与传统开口风扇的最大不同,在于风扇叶片外端采用了环形设计。一般叶片外端是风扇线速度的最高处,当风扇高速运转或由低速转变成高速运转时,极易在外端引起局部空气涡流,由此产生的摩擦冲击及回流损失将直接影响整个风扇的噪声状态和工作效率。而新型环形风扇则具有如下优点:

(1) 减少了叶片外端部的涡流回流损失,在提高风扇效率的同时增加了冷却风量。

(2) 降低了叶片外端非连续性空气摩擦及冲击损失,并有效避免了噪声损失叠加,从而确保风扇高速运转时的低噪声。

4. 轻量化

1) 无车架客车技术

无车架客车技术为轻量化创造了条件。伴随着全承载技术的出现,这一技术不仅为客车更经济性和更具市场适应性提供了更好的空间,还适应了时代的发展要求。随着节能减排要求的提高,无车架客车技术必将成为世界客车的主流技术之一,其前景十分广阔。

2) 客车底盘的轻量化设计

(1) 利用 CAD、拓扑优化等实现底盘零部件的轻量化设计。例如:轻量化的吹塑式进气管与传统橡胶管、钢管相比,具有壁薄、质量轻、外形美观、耐腐蚀和成本低等特点。

(2) 为了减小客车底盘的质量,零部件材料设计的选取至关重要。在不影响整车可靠性的前提下,优选轻质材料已成为设计方案首选。

以燃油箱为例,常用材质为镀铅钢板,而采用铝合金或塑料来代替镀铅钢板,则可大大减轻油箱自重。如图 7-21 所示,同等外形尺寸的铝合金油箱容积大、外形美观。与金属油箱相比,塑料油箱的形状设计自由度大,有利于整车总体布置;油箱容积可增大 40%,质量减轻 50%,成本降低 30%;耐腐蚀性好,特别是在寒冷地区具有可防止冰、盐所带来的金属腐蚀的特点;生产工艺简单、效率高、成本低、投资小,规模化生产有较高的经济效益。

a) 铝合金油箱　　　　　　　　　　b) 塑料油箱

图 7-21　铝合金和塑料油箱

三、舒适性技术

1. 液阻悬置技术

液阻悬置技术可应用于发动机或车身悬置上,是采用传统橡胶悬置与液力阻尼相结合的悬置新结构,如图 7-22 所示。液阻悬置在低频具有大阻尼、高动刚度特性,既可有效隔离、衰减发动机低速时的稳态振动,又可很好地控制、衰减汽车非稳态工况下动力总成的大位移冲击运动和振动;在高频域具有小阻尼、低动刚度的特性,可在较宽频带范围内满足动力总成的高频隔振要求,降低汽车在高速行驶中的车内振动和噪声,特别是车内轰鸣声,从而明显改善的乘坐舒适性,并有助于提高整车的安全性和操纵稳定性。

2. 悬架技术

悬架从其可控性可分为主动悬架、半主动悬架和被动悬架等几种类型,其中主动悬架在国外已经得到了较好的应用。悬架技术的发展依赖于零件、部件的发展,主要体现在以下方面。

1) 扭杆弹簧悬架

采用扭杆弹簧悬架可降低发动机的安装高度,有利于降低整车质心,并使结构紧凑;允许前轮有较大的跳动空间,有利于转向;便于选择刚度小的弹簧元件使平顺性得到改善;同时,这种悬架非簧载质量小,可提高车轮的附着性。如图 7-23 所示。

  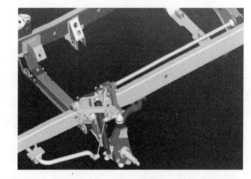

图 7-22 液压悬置　　　　　　　　　　　图 7-23 扭杆弹簧悬架

2) 空气弹簧悬架

车辆采用空气悬架系统的优点在于,可以通过电控系统或者机械式高度阀实现车身高度的自动调节,使车身高度保持不变。空气弹簧的固有频率低,减振和隔声效果好,可以大大提高车辆行驶的平顺性和乘坐舒适性。随着国内空气悬系统应用技术的成熟,以及国家对客车质量等级评定新规定的执行,空气悬架在客车上的应用前景将越来越普遍和广阔。

3) 钢板弹簧与空气弹簧混合悬架

这种悬架亦称"复合悬架",即悬架系统同时兼有钢板弹簧和空气弹簧的特性。目前,主要有半椭圆钢板弹簧加空气弹簧悬架和 1/4 椭圆钢板弹簧加空气弹簧悬架两种类型,如图 7-24 所示。

 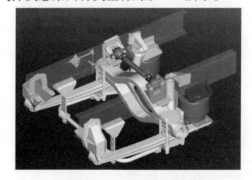

a) 半椭圆钢板弹簧加空气弹簧悬架系统　　　　b) 1/4 椭圆钢板弹簧加空气弹簧悬架

图 7-24 钢板弹簧与空气弹簧混合悬架

4) 空气弹簧独立悬架

独立悬架允许前轮有较大的跳动空间,有利于转向,同时选择刚度低且刚度可变的空气弹簧作为弹性元件可使平顺性得到改善。独立悬架非簧载质量小,有利于提高车辆的附着性能。

采用空气弹簧悬架系统可以调节车身地板高度,且固有频率低,减振和隔声效果好,两者相结合可提高车辆行驶的平顺性、操控性和舒适性。

5) 油气弹簧悬架

油气弹簧悬架由油气弹簧和配流系统组成。油气弹簧以气体为弹性元件,在气体与活塞之间引入油液作为中间介质;配流系统利用油液的流动,平衡轴荷、阻尼振动、调节车身高度。油气弹簧具有增强承压能力、提高行驶平顺性、有效平衡轴荷和提高整车侧倾刚度等优点。

6) 橡胶弹簧悬架

橡胶弹簧是利用橡胶本身的弹性来起弹性元件的作用。其主要优点是单位质量的储能量较金属弹簧高、隔声性能好,多用作悬架系统的副簧和缓冲块。

四、操纵轻便性

为了减轻驾驶人劳动强度,增强客车起动和变速时的平顺性,避免起步、换挡时的冲击,提高乘坐舒适性,电控离合器和电控选换挡器将成为标准配置。采用后不仅能提高传动系统的可靠性,还能延长维修期,降低维修成本。

1. 离合器系统

1) 免维护离合器操纵系统

免调整主缸、自动补偿助力器和常接触分离轴承组成了免维护离合器操纵系统。新结构的免调整主缸总成,便于装配调整的精度和准确性;而自动补偿助力器和常接触分离轴承的使用,则减少了使用调整环节和系统损坏的可能性。免维护离合器操纵系统使离合器踏板几乎没有空行程,使用中不用再进行调整,提高了使用的方便性。

2) 拉式离合器

和现在客车上普遍采用的推式膜片离合器相比,拉式膜片离合器具有结构简单、零件数目少、质量小;膜片弹簧直径大,传递转矩能力强;离合器盖变形量小,分离效率高;杠杆比大,传动效率较高,踏板操纵轻便;在支承环磨损后不会产生冲击和噪声等特点。虽然拉式膜片弹簧需要专门的分离轴承,存在结构较复杂、安装和拆卸较困难,且分离行程略大于推式等缺点,但由于其综合性能优越,已经在重型载货汽车上得到应用。随着发动机功率和转矩的增大,在客车上的应用将成为可能。膜片弹簧离合器及离合器盘如图 7-25 所示。

3) 自调节离合器

自调节离合器在摩擦片磨损后,通过压盘高度自动补偿装置,可始终保证离合器膜片弹簧压紧力和分离指高度不变。其特点是:离合器可以采用较厚的摩擦片,延长了摩擦片使用寿命;压盘的压紧力基本保持不变,从而使踏板力几乎不发生改变,便于驾驶人操纵;操纵机构相对简单,减少了日常的维护工作量。但结构较复杂,制造水平要求更高,产品价格相对增加 40%。在国外,近年来自调节离合器总成已在轿车、客车和载货汽车的高档车型上得到了应用。图 7-26 为自调节离合器结构示意图。

图 7-25 膜片弹簧离合器及离合器盘

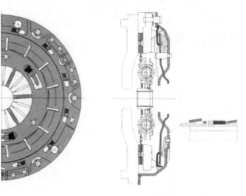

图 7-26 自调节离合器结构示意图

4) 双质量飞轮扭振减振器

用双质量飞轮扭振减振器(Dual Mass Flywheel,DMF)取代传统的发动机飞轮和离合器从动盘中的扭振减振器,改善客车乘坐舒适性。DMF突破了传统减振器布置空间的局限,使其弹性、惯量以及阻尼参数有了较从动盘式扭振减振器(Clutch Torsional Damper,CTD)更大的选择余地,基本避免了常用工况下发动机转矩波动引发的动力传动系扭转共振,明显减少了各工况下变速器和车身的噪声,提高了乘坐舒适性。此外,其结构简单,大多数零件的设计、制造能沿用CTD的相应技术。同时,DMF还可满足发动机更多地在低转速工作、使用多挡变速器等的要求,从而间接改善了燃油经济性,减少了有害气体的排放。图7-27为双质量飞轮扭振减振器的结构图。

2. 选换挡系统

1) AMT换挡系统(AMT)

机械式自动变速器(Automated Mechanical Transmission,AMT)是以手动变速器为基础,把自动离合器和电子—液压顺序换挡相结合的变速系统。AMT的箱体及内部结构和传统手动变速器相同,只是增加了自动机械执行机构和换挡程序,使之操作起来像传统的自动变速器一样。即以自动机械换挡执行机构代替人工操作,其变速操纵机构示意图如图7-28所示。AMT的特点是通过价格低廉的附加装置实现手动变速器的自动变速,通过自动变速形式改善油耗。采用AMT比手动变速器节油9%,比自动变速器节油15%。

图7-27 双质量飞轮扭振减振器结构

图7-28 AMT操纵机构示意图

2) 电控气动变速系统(EPS)

电控气动换挡装置(Electronic Pneumatics Shift,EPS)采用控制器控制换挡时机和换挡动作程序,以压缩空气为换挡动力,采用有级变速自动换挡。该系统换挡准确、稳定、可靠,操纵方便且成本低,使用后可提高车辆的动力性能,并可节约燃油2%。电控气动变速操纵具有良好的轻便性,将是国内变速操纵设计发展的一大方向。

3) 液压变速换挡系统(HGS)

液压变速换挡系统(Hydraulic Gearshift System,HGS)不采用传统的机械连接装置,而是采用液压操作,如图7-29所示。由于HGS系统体积小,换挡平顺,变速器的噪声及振动小,目前在国外的商用车上已有一定应用。

五、模块化

1. 总布置模块化

结合平台整合工作,统一整车接口,实现底盘布置模块化、标准化和零部件通用化。模块化设计可以丰富客车的产品线,缩短产品开发周期,降低制造、采购、维护的成本。如图7-15所示的SCANIA三段式客车底盘,其前后段是标准化模块,中部可根据需要进行调节,以满足制造(改装)不同车型的长度要求。

图7-29 液压变速换挡系统
1-选挡油缸;2-油管;3-选挡器;
4-软管;5-换挡油缸

图7-30所示为某客车底盘的总布置模块,由图中可见,该底盘将各总成分为了17个标准化模块,改

型设计时只需根据需要对模块进行组合,既节省了时间,缩短了开发周期,又降低了成本。

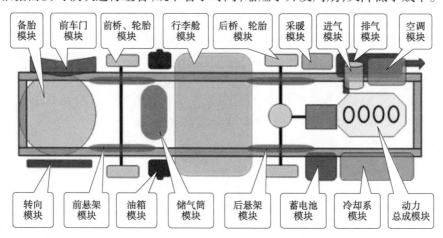

图 7-30 底盘总布置模块

2. 零部件模块化

针对底盘各个系统组块的零部件及其总成资源进行归类、整理(基本参数、安装结构等),按照跨功能、多系合并共用的思路进行零部件设计,以及实现零部件功能的集成化等,不仅可以通过减少零部件品种、数量来减少占用空间和降低质量,还能提高产品的通用性。

六、管束化

传统的底盘各系统独立设计,管路各自走向,导致整个底盘管线凌乱,严重影响装配节拍和底盘质量。在三维数模中,将油管、气管、水管、电器线束整体布局,设计二维管束图,并细化技术要求,绘制底盘各系统的装置图,与管束图严格对应不仅可大大改善底盘的美观度,还能确定装配走向的唯一性,减少设计缺陷。图 7-31 所示为某型客车底盘的管束布置图。

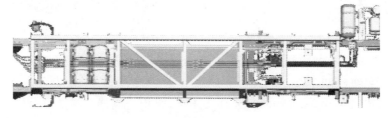

图 7-31 底盘管束布置图

七、电子控制网络化

随着电子设备的不断增多,需要电子控制的信息量日趋增加,电子控制网络化的趋势十分明显。由于客车底盘各控制系统之间的相互联系、相互依赖、相互影响越来越大,为了控制优化效果,节约资源,提高控制系统的可靠性,用高速局域网络 CAN 将两个或多个底盘电子控制系统结合起来,并通过电脑模块收集车辆各个方面的使用信息和状态信息,进而对底盘实现多层面控制是现代客车底盘技术的发展趋势。

电子控制系统在客车底盘技术中的广泛应用极大改善了客车的主动安全性。常见的客车底盘控制系统分为制动控制、牵引控制、转向控制和悬架控制等。通过网络将各控制系统联成一体形成的全方位底盘控制(GCC)、汽车开放性系统架构(AUTOSAR)和底盘的线控技术(X-by-wire)是现代客车底盘控制技术的发展方向。

1. 全方位底盘控制(GCC)

全方位底盘控制(Global Chassis Control,GCC)的基本构思是设立一个更高层面的底盘控制单元,即 GCC 控制单元,其基本结构框图如图 7-32 所示。利用 CAN 网络将驾驶人的操纵指令同客车动态特征有关的所有传感器的信息都传递给 GCC 控制单元,同时 GCC 控制单元与所有的其他底盘子控制系统通过

CAN 网络连接起来;底盘最高层的控制策略和控制逻辑在 GCC 控制单元中运行,其功能是对驾驶人的意向进行识别,对底盘控制子系统进行监督和检测,对客车的运动状况进行观测;当客车运动状况偏离驾驶人意向(或者出现了危险运动状况)时,GCC 控制单元将进行综合平衡,全面协调,对底盘各子控制系统进行合理分工,用最佳的方法来完成对客车的动态控制;一旦其中某一个子控制系统发生故障,GCC 控制单元会自动对底盘各子控制系统的分工进行及时调整,从而达到最佳控制效果。

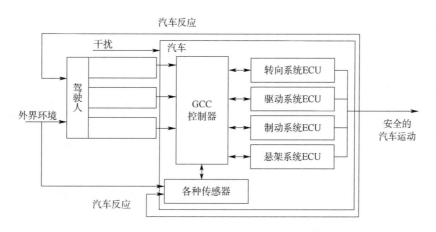

图 7-32 汽车底盘全方位控制的基本结构框图

由于 GCC 控制单元能全面了解驾驶人意图、客车运动状况和底盘各子控制系统的运行状况,因此能合理分配各控制系统的任务,使它们能和谐、有效、及时地相互配合,相互补充,这不仅可提高客车的主动安全性、舒适性和机动性,而且还能改善系统的可靠性。

2. 开放性系统架构

汽车开放性系统架构(Automotive Open Systems Architecture,AUTOSAR)是一家致力于制定汽车电子软件标准的联盟,由全球汽车制造商、部件供应商及其他电子、半导体和软件系统公司联合建立,目的是为汽车工业开发一个开放的、标准化的软件架构,为车辆电子系统软件的交换与更新,以及高效管理越来越复杂的车辆电子、软件系统提供一个基础。要实现全方位的底盘控制,就必须让 GCC 控制单元能够快速、可靠和正确地同客车底盘所有子控制系统交换信息。

到目前为止,客车底盘各个系统和相应的控制单元来自不同的生产厂家,有各自的标准体系、技术保密措施和对外信息封锁措施,要实现 GCC,必须对所有的客车生产厂家和配件生产厂家制定统一的标准体系和系统接口。为此,全球范围内的汽车行业正在研究和探讨建立汽车开放性系统构架,其目的就是要对系统和应用软件的接口制定统一的标准体系,使汽车的系统和控制软件具有开放性、标准化、模块化和互换性好、维护性好等特征。

3. 客车底盘线控技术

客车底盘线控技术的特征如下:

(1)操纵机构和执行机构没有机械连接和机械能量传递。

(2)驾驶人操纵指令由传感元件感知,以电信号的形式由网络传递给电子控制器及执行机构。

(3)执行机构使用外来能源完成操纵指令及相应任务,其执行过程和结果受电子控制器的监测和控制。

客车底盘线控技术(X-by-wire)的关键是线控转向和线控制动系统,图 7-33 所示为线控转向系统和线控制动系统的构架框图。由图中可见,它们由两套控制系统所组成,一套是对操纵机构的控制,即对转向盘力矩或制动踏板力的控制,另一套是对执行机构的控制,即对前轮转向角或者车轮制动力的控制。这两套控制系统都使用外来能源(电能),它们之间只有不断的信息交换,但没有机械运动和机械能量的传递。

电子技术在客车产品中的广泛应用,使汽客车底盘的控制正快速地向电子化、智能化和网络化方向发展,特别是 ABS、TCS 和 ESP 技术目前已十分成熟,使用后功效显著;而各种新的电子转向控制系统如

AFS、EPS 和 RWS 也在不断地得到应用。目前，欧美在一些豪华型轿车和客车上已开始应用电子悬架控制系统，如 ARC 和 CDC 等。为了让各种底盘电子控制系统更加和谐、有效地工作，汽车工业界正在研究和制定汽车开放性系统构架，它的制定和推广应用，能使汽车系统及控制软件具有开放性和标准化接口，加速底盘电子控制系统的网络化，从而加快 ESP 和 GCC 的产品化和系列化进程。

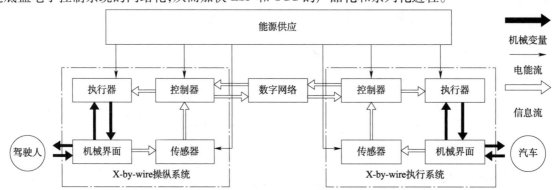

图 7-33　线控转向系统和线控制动系统的构架图

此外，随着电子传感器技术的进一步发展和完善，通过网络化将这些新的信息同客车底盘电子控制系统结合，将会出现更多的新功能和新系统，如 ACC、前向车辆碰撞警告和自动紧急制动系统、车道偏离预警和车线维持系统等。

八、维修方便性

采用新技术和新结构减少客车使用中底盘的维修和调整工作量，是客车底盘技术的又一发展方向。由于新技术和新结构的采用，现代客车的维修工作量已比 30 年前减少了约 80%。这些技术主要包括以下三个方面。

1. 自动调整技术

如采用离合器间隙和制动器间隙自调装置，可自动调整客车运行中离合器和制动器间隙的变化，使之始终处于较理想的范围，极大提高了客车行驶的安全性和操纵的可靠性。

2. 自动润滑技术

为减少客车底盘各系统中相对运动的摩擦，减轻零部件磨损，设计中对有相对运动的部件采用了多种润滑方式。而对于各种相对运动摩擦副的润滑介质，除变速器和主减速器采用单独的齿轮油润滑外，其他运动副多采用定期加注润滑脂润滑的方式。传统的润滑脂加注靠人工进行，不仅费工费时浪费严重，而且效果还难以保证。采用底盘集中润滑系统，可彻底解决加注润滑脂的难题，保证润滑质量。

3. 泵油排气溶蜡技术

目前，解决柴油机油路进空气后的泵油排气和柴油蜡化问题一般是手工操作，而采用电磁输油泵及复合式输油泵则实现了泵油排气溶蜡的自动化和人性化，提高了装备柴油机客车的使用性能。这种输油泵具有以下特点：

(1) 发动机全自动泵油排空无须耗费人力。

(2) 节能、环保，无须松动螺栓，燃油和空气从油管中回收于油箱，方便、节能、环保。

(3) 效率高，有效降低运营成本。输油、排空、溶蜡一体化、自动化，不浪费多余时间，效率高，降低了运营成本。

(4) 增加了动力性能。当车辆重载上坡时，驾驶人只需开启驾驶室内电磁泵开关，柴油压力可增加 30% 以上，上坡运行、起步停车将变得轻松安全。

第八章 离合器

对于以内燃机为动力采用机械变速器的汽车,离合器是动力传动系中必不可少的部件(总成),其安装在发动机和变速器之间。作为机械传动系中的一个独立总成,主要用来分离或接合前后两者之间动力联系,与变速器及其他传动系总成一道保证车辆按驾驶人意愿正常行驶。

第一节 概 述

一、离合器的功用及组成

1. 离合器的功用

离合器在汽车传动系中的位置如图8-1所示,其功用如下。

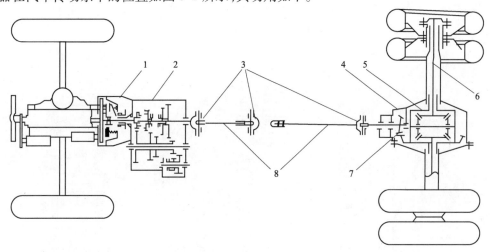

图8-1 离合器在整车中位置

1-离合器;2-变速器;3-万向节;4-驱动桥;5-差速器;6-半轴;7-主减速器;8-传动轴

1)保证汽车平稳起步

这是离合器的首要功能。汽车起步时,汽车是从完全静止的状态逐步加速的,如果传动系与发动机刚性连接,由于汽车惯性的作用,会对发动机造成很大的阻力矩,使发动机在瞬时间转速急剧下降到最低稳定转速(一般300~500r/min)以下,发动机即熄火而不能工作,汽车不能起步。

传动系中装设了离合器,在发动机起动后,汽车起步之前,驾驶人先踩下离合器踏板,将离合器分离,使发动机和传动系脱开,再将变速器挂上挡,然后逐渐松开离合器踏板,使离合器逐渐接合;由于离合器的接合紧密程度逐渐增大,发动机经传动系传给驱动车轮的转矩便逐渐增加,到牵引力足以克服起步阻力时,汽车即从静止开始运动并逐步加速。

2)实现平顺换挡

在汽车行驶过程中,为适应不断变化的行驶条件,变速器经常要更换不同挡位来进行工作。在换挡前必须踩下离合器踏板,中断动力传动,便于使原挡位的啮合副脱开,同时使新挡位啮合副的啮合部位的速度逐步趋向同步,这样可以大大减小进入啮合时的冲击,从而实现平顺换挡。

3)防止传动系过载

当汽车进行紧急制动时,若没有离合器,则发动机将因和传动系刚性连接而急剧降低转速,致使所有运动件将产生很大的惯性力矩,对传动系造成超过其承载能力的载荷而使机件损坏。装备离合器后,可以依靠离合器主动部分和从动部分之间可能产生的相对运动来消除这一问题。

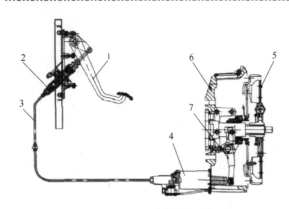

图 8-2　12m 客车离合器系统
1-踏板；2-主缸；3-管路；4-助力器；5-从动盘；6-离合器盖；
7-分离拨叉

2. 离合器的组成

离合器主要由主动部分、从动部分、压紧机构和操纵机构四部分组成。图 8-2 所示为 12m 客车的离合器系统，其主动部分和从动部分可以分离和缓慢接合，且在传动过程中还可以产生相对转动。离合器的主动部件与从动部件一般是通过接触面之间的摩擦作用来传递转矩，而分离和接合则是通过操纵机构来完成。

二、离合器的分类

汽车离合器有多种分类方法，一般按从动盘数量、压紧弹簧结构形式及布置和动力传递方式进行分类。

1. 按从动盘的数量分类

按从动盘的数量，可分为单片式、双片式和多片式。单片离合器具有结构简单，轴向尺寸紧凑，散热良好，维修调整方便，从动部分转动惯量小、分离彻底、接合较平顺等优点，如图 8-3 所示。

双片离合器由于摩擦面数增加一倍，因而传递转矩的能力较大，在传递相同转矩的情况下，径向尺寸较小，踏板力较小，接合较为平顺，如图 8-4 所示。但中间压盘通风散热不良，起步负载不均，因而容易烧坏摩擦片，同时分离也不够彻底。这种结构一般用在传递转矩较大且径向尺寸受到限制的场合。

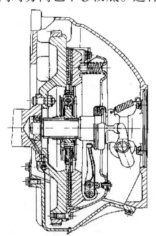
图 8-3　单片离合器

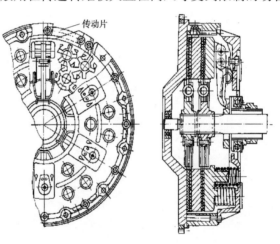
图 8-4　双片离合器

多片离合器多为湿式，以往主要用于行星齿轮变速器换挡机构中，具有接合平顺柔和、摩擦表面温度较低、磨损较小、使用寿命长等优点，但也有分离不彻底、轴向尺寸和质量大等缺点，主要应用于重型牵引车和自卸车上。

2. 按压紧弹簧的结构形式及布置分类

按压紧弹簧的结构形式及布置，可分为周置弹簧、中央弹簧、斜置弹簧和膜片弹簧式。离合器压紧弹簧的结构形式有圆柱螺旋弹簧、矩形断面的圆锥螺旋弹簧和膜片弹簧等，一般采用沿圆周布置、中央布置和斜置等布置等形式。

1) 周置弹簧离合器

周置弹簧离合器的压紧弹簧采用圆柱螺旋弹簧并均匀布置在一个圆周上，如图 8-5 所示。而有的重型汽车则将压紧弹簧布置在同心的两个圆周上。周置弹簧离合器的结构简单、制造方便，广泛用于各种类型汽车。

2) 中央弹簧离合器

中央弹簧离合器采用一个矩形断面的圆锥螺旋弹簧或用 1~2 个圆柱螺旋弹簧做压簧并布置在离合器中心的结构形式，如图 8-6 所示。压簧不与压盘直接接触，因此压盘由于摩擦而产生的热量不会直接传给弹簧而使其出现回火失效。压簧的压紧力经杠杆系统作用于压盘,并按杠杆比放大,因此可用力量较小的弹簧得到足够的压盘压紧力,使操纵较轻便。采用中央圆柱螺旋弹簧时离合器的轴向尺寸较大,而矩形断面的锥形弹簧则可明显缩小轴向尺寸,但其制造困难。

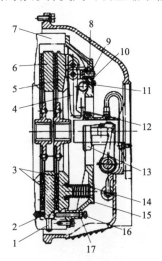
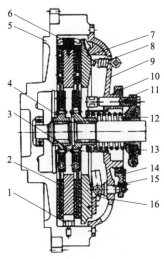

图8-5 双盘周置弹簧离合器

1-定位块;2-分离弹簧;3-从动盘;4-分离杠杆;5-压盘;6-中间压盘;7-飞轮;8-支撑销;9-调整螺母;10-压片;11-锁紧螺母;12-分离轴承;13-分离套筒;14-压紧弹簧;15-离合器盖;16-限位螺钉;17-锁紧螺母

图8-6 中央弹簧离合器

1-传动销;2-中间压盘;3-从动盘;4-从动盘;5-飞轮;6-分离摆杆;7-压盘;8-分离弹簧;9-离合器盖;10-调整环;11-传动杆;12-中央(压紧)弹簧;13-分离套筒;14-平衡盘;15-支承销;16-压紧杠杆

3)斜置弹簧离合器

斜置弹簧离合器是重型车辆采用的一种新型结构,如图8-7所示。以数目较多的一组圆柱螺旋弹簧为压紧弹簧,分别以倾角α斜向作用于传力套上,后者再推动压杆并按杠杆比放大后作用到压盘上。斜置弹簧离合器与前两种离合器相比,其突出优点是工作性能稳定。

4)膜片弹簧离合器

膜片弹簧离合器如图8-8所示。作为压紧弹簧的膜片弹簧,是由弹簧钢制成的、具有"无底碟子"形状的截锥形薄壁膜片,在锥面上有许多径向切槽,以形成弹性杠杆,未切槽的大端截锥部分起弹簧作用。膜片弹簧的两侧有支撑圈,后者借助于固定在离合器盖上的铆钉来安装定位。当离合器盖未固定到飞轮上时,膜片弹簧不受力而处于自由状态,当离合器盖用螺栓固定到飞轮上时,由于离合器盖靠向飞轮,后支撑圈压向膜片弹簧使其产生弹性变形,锥顶角变大,甚至膜片弹簧近乎变平,同时在膜片弹簧的大端对压盘产生压紧力使离合器处于接合状态。当离合器分离时,分离轴承前移使膜片弹簧压前支撑圈,并以其为支点发生反锥形的转变,使膜片弹簧大端后移,并通过分离钩拉动压盘使离合器分离。

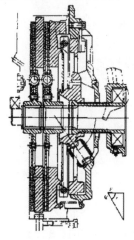

图8-7 斜置弹簧离合器

图8-8 膜片弹簧离合器

3. 按动力传递方式分类

按动力传递方式,可分为摩擦式、液力式和电磁式离合器,其中在汽车上用得较多的是摩擦式和电磁式离合器。

1) 摩擦式离合器

摩擦式离合器通过离合器主、从动部分之间的摩擦副来传递转矩。按作用方向,可以分为推式和拉式;按操作机构,可以分为人力操纵机构和气压式,其中人力操纵机构按所用传动装置形式的不同,有机械式和液压式两种。

摩擦离合器主要由主动部分、从动部分、压紧机构和操纵机构四部分组成。主、从动部分和压紧机构是保证离合器处于接合状态并能传递动力的基本结构,而分离机构是使离合器分离的装置。

2) 电磁离合器

电磁离合器靠线圈的通断电来控制离合器的接合与分离,图8-9所示为电磁离合器的结构和实物图。

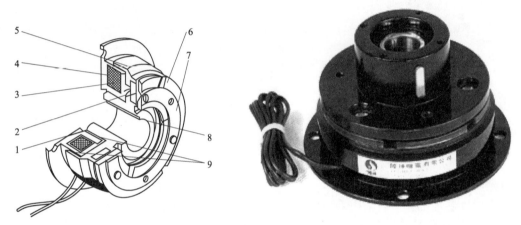

图8-9 电磁离合器结构及实物图

1-C形止环槽;2-衬垫;3-线圈;4-离合器定子;5-转子;6-电枢;7-板状弹簧;8-键槽;9-间隙

电磁离合器可分为干式单片、干式多片、湿式多片、磁粉式和转差式等多种结构,其工作方式有通电接合和断电接合。

电磁离合器具有高速响应快、耐久性好、组装维护容易和动作准确等优点。

三、离合器新技术及其发展

系列化、标准化、高效率是现代离合器的发展趋势。离合器的新技术主要体现在摩擦材料、新结构和控制方式上,目前的新产品主要有双离合器、自动离合器、金属陶瓷离合器和电磁离合器等。

1. 双离合器

双离合器伴随双离合器变速器的出现而产生,是双离合器变速器的主要组成部分。双离合器变速器(Dual Clutch Transmission,DCT)的概念到目前已经有六七十年历史。早在1939年德国的Kegresse. A第一个申请了双离合器变速器专利,提出了将手动变速器分为两部分的设计概念,即一部分传递奇数挡,另一部分传递偶数挡,且其动力传递通过两个离合器连接两根输入轴,相邻各挡的从动齿轮交错与两输入轴齿轮啮合,配合两离合器的控制,能够实现在不切断动力的情况下转换传动比,从而缩短换挡时间,有效提高换挡品质。2010年戴姆勒克莱斯勒集团的子公司三菱扶桑(FUSO)针对商用车市场推出了一款双离合变速器"Duonic",这也是世界上商用车领域的第一台双离合变速器。

2. 自动离合器

自动离合器技术最早源于德国,随后奔驰A190、C230和宝马M3、法拉利、F1赛车等都运用了该技术。自动离合器也被称作自动离合控制系统,是针对手动挡车型研发的一种智能离合器控制系统,在不改变原车变速器和离合器的基础上,通过加装一套独立系统,由微型计算机来控制离合器的分离与接合,从而达到"开车不用踩离合"的效果。

自动离合器是通过机械、电子、液压实现自动控制离合器分离和接合的独立系统,由驱动机构、控制电脑、挡位传感器、线束和显示语音单元等部件组成,主要针对手动挡车型设计,加装时不改变原车结构。控制电脑根据车辆状态(车速、转速、节气门、制动、换挡)结合驾驶人意图,模拟最优秀的驾驶技术,用最佳的时间与速度控制离合器驱动机构,使离合器快速分离和平稳接合,达到起步与换挡平顺舒适,同时避免了空油与熄火。通过语音提示引导驾驶人正确操作,在保持手动挡车型驾驶乐趣的同时,达到减轻驾驶疲劳、降低油耗、保护发动机的目的。图8-10所示为自动离合器简图。

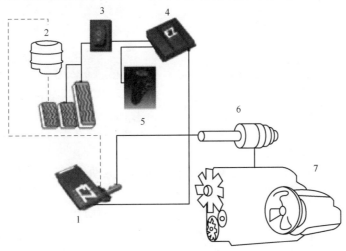

图8-10 自动离合器简图
1-执行器;2-油杯;3-开关;4-CPU;5-开关;6-离合器;7-变速器

目前,自动离合器推广应用的车型主要是在3t以下的轿车及商用汽车,如客车、载货汽车及越野车等。

3. 金属陶瓷离合器

金属陶瓷摩擦材料是一种含有金属和非金属等多种组分的金属基复合材料,即以金属为基体,加入润滑组元和摩擦组元均匀混合后压制成型而成。金属陶瓷摩擦材料具有较高的摩擦系数、良好的耐热性和耐磨性,避免了传统有机基摩擦材料的"三热"问题(即热衰退、热膨胀、热磨损)。耐高温的金属陶瓷摩擦材料对于使用条件恶劣的车辆可以保证有足够长的使用寿命。据美国Dana公司Spicer离合器厂提供的资料,采用金属陶瓷片的重型离合器使用寿命要比采用有机片的长75%。目前,金属陶瓷离合器已在重型商用车上得到较为广泛的应用。

4. 液力扭转减振器

液力扭转减振器是安装在离合器从动盘上的带有液压阻尼—弹性缓冲装置的一种减振器,用以改变系统原有的各阶固有频率和降低共振幅值。将液力扭转减振器引入到客车中,对于降低变速器齿轮噪声、消除传动系的低频扭振等都具有很好的效果。

液力扭转减振器可防止传动系统过载,并延长各组件的使用寿命。其主要优点有:
(1)无滑磨运动磨损,与传统的摩擦阻尼相比,不会产生振动。
(2)阻尼效应的作用范围可以通过扭转角、间隙和介质黏度来调整。
(3)阻尼与行车速度成正比,高频率或大振幅会产生较大的阻尼效应。

液力扭转减振器由主要质量、第二质量、阻尼腔和阻尼环等组成,如图8-11所示。

液力扭转减振器是高弹性的减振装置,具有弹簧—质量系统和一个分开布置的液压阻尼系统。液力减振器包含一个浮动的阻尼环,该阻尼环布置在有限定间隙的主要质量和第二质量之间。利用液压原理,合理布置低刚度弹簧、调节液压阻尼装置。液力扭转减振器可分成阻尼系统和隔离系统,分别实现其阻尼振动和隔离振动的功能。在车辆行驶过程中,液力扭转减振器会自动识别需要进行减振和需要进行隔振之间的差异,并切换到正确的模式。由于弹簧的低刚度加上良好的质量分布,可使临界共振区域处于工作转速的范围之外。

图8-12表示正常工作下的振动隔离模式。为了避免在驾驶过程中产生振动和噪声,需要液力减振

器的隔离系统起作用,由于阻尼环的限定间隙,振动被吸收和隔离。

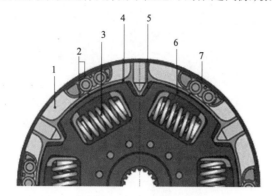

图 8-11 液力扭转减振器结构

1-阻尼腔;2-阻尼间隙;3-弹簧;4-阻尼环;5-自由间隙;6-第二质量;7-主要质量

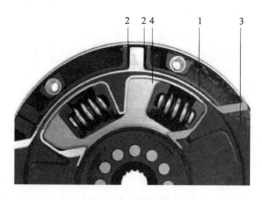

图 8-12 振动隔离模式

1-浮动阻尼环;2-自由间隙(阻尼环和第二质量之间);3-主要质量;4-第二质量

图 8-13 所示为发动机大振幅振动经过液力减振器的隔离振动作用后,只有很小振幅的振动会进入变速器,因此最大限度地保护了变速器。

如果载荷振幅增加,则会进入振动阻尼模式。在共振阶段(例如发动机的起动或停止)或在冲击载荷的情况下,会造成振幅增加,通过液力阻尼装置可以有效抑制较大振幅的传递,如图 8-14 所示。通过应用耐热阻尼油或阻尼油脂,即使在较高的温度下,也能够有效地从系统中消除多余的振动能量。

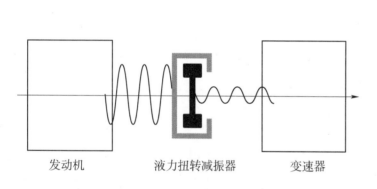

图 8-13 液力扭转减振器的隔离振动性能示意图

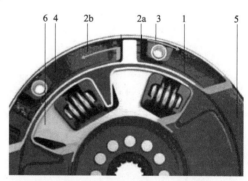

图 8-14 振动阻尼模式(局部图)

1-浮动阻尼环;2a-阻尼腔的高压侧;2b-阻尼腔的低压侧;3-阻尼间隙;4-阻尼介质;5-主要质量;6-第二质量

进入振动阻尼模式,液力扭转减振器会大幅度的衰减输入振幅,与弱阻尼相比,其效果明显,如图 8-15 所示。图中,i 为传动比,T 为振幅。

为了避免引起系统共振,应适当选择扭转刚度 K,尽可能使共振现象不发生在发动机常工作转速内。在选择扭转刚度 K 时,要考虑发动机和传动系配置及从动盘的结构空间等,通过扭振分析、合理设计,才能收到满意效果。

图 8-16 所示为福伊特公司生产的液力扭转减振器 HTSD 365。该液力减振器已与 DIWA 变速器配合使用,装备在城市公交客车上。其特点是:

(1)适用于使用自动变速器的城市公交客车和轨道车辆,以及装备负载换挡变速器和无级变速驱动器的重型拖拉机或工程机械。

(2)能承受的发动机最大转矩为 2600N·m。

(3)采用了阻尼油或阻尼油脂的液压减振系统。

(4)可以设计成凸缘或万向轴形式。

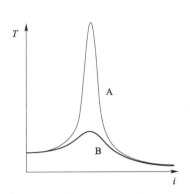

图8-15 液力扭转减振器阻尼振动性能
A-弱阻尼；B-液力扭转减振器

图8-16 液力扭转减振器（HTSD 365）

第二节 自动离合器

自动离合器由离合器与自动离合控制系统两大部分组成。其中，自动离合控制系统是针对手动挡变速器研发的一种智能离合器控制系统，是在不改变原车变速器和离合器的基础上，通过加装一套独立系统，由ECU来控制离合器的离合，从而达到"开车不用踩离合"的效果；而离合器则是常用的汽车普通离合器。

自动离合器的控制系统根据汽车驱动原理进行人性化、智能化设计而成。当汽车在高速行驶中发动机转速降低，行驶速度若大于发动机转速，离合器片与发动机飞轮会自动分离，汽车利用自身的惯性继续高速行驶；而当汽车的行驶速度降到与发动机转速相匹配时，离合器片与发动机飞轮便会自动接合，进入驱动行驶状态。以此实现汽车在行驶中松开加速踏板即自动转入滑行状态，踩下加速踏板则可自动转入驱动行驶状态。本节仅介绍自动离合器的控制系统。

一、自动离合器控制系统的结构

自动离合器的控制系统如图8-17所示，由信号输入部件、执行部件和自动离合器控制器（ACM）构成。

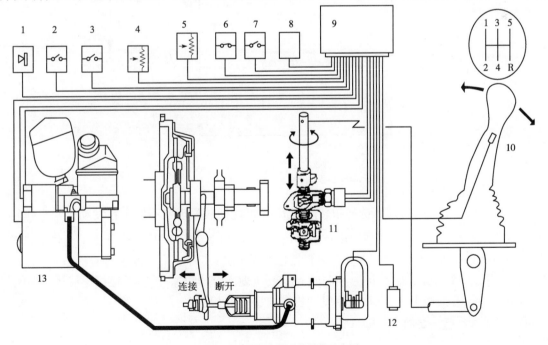

图8-17 自动离合器系统结构示意图

1-报警蜂鸣器；2-制动开关；3-液压泵继电器/启动继电器；4-节气门位置传感器信号（TPS）；5-发动机转速传感器信号；6-发动机罩开关；7-车门开关；8-ALDL"M"接头；9-自动离合器控制器（ACM）；10-变速杆传感器；11-挡位传感器；12-车速传感器（VSS）；13-液压泵组件、电磁阀、压力开关

信号输入部件包括离合器位置传感器、变速杆传感器、挡位传感器、车速传感器、节气门位置传感器、发动机转速传感器和压力开关、车门开关、发动机罩开关、制动开关等。传感器信号和开关信号输入到 ACM。

执行部件有液压泵继电器、启动继电器、电磁阀和报警蜂鸣器等。由 ACM 控制执行部件工作,实现离合器精确控制。

当驾驶人接通点火开关,离合器自动断开,以便发动机起动。挂上挡,离合器预位;踩下加速踏板,离合器接合,汽车平稳起步。在汽车行驶中移动变速杆,离合器自动断开与接合,实现顺利换挡。汽车挂挡制动停车,离合器预位,发动机不会熄火。断开点火开关,离合器慢慢自动接合。在车门打开、发动机罩打开等情况下,离合器断开,汽车不能行驶,以保障安全。

二、工作原理

自动离合器是通过机械、电子、液压实现自动控制离合器分离和接合的独立系统,其控制系统由驱动机构、控制电脑、挡位传感器、线束和显示语音单元等部件组成,主要针对手动挡车型设计,加装时不改变原车结构。工作时,控制电脑根据车辆状态(车速、转速、节气门、制动、换挡等)结合驾驶人意图,模拟最优秀的驾驶技术,用最佳的时间与速度控制离合器驱动机构,使离合器快速分离和平稳接合,达到起步与换挡平顺舒适,同时避免了空油与熄火;通过语音提示引导驾驶人正确操作,达到减轻驾驶疲劳、降低油耗、保护发动机的目的。

离合器作为传动系中的一个重要环节,起着传递或者中断动力的作用。对于装有传统机械式变速器(MT)的汽车,驾驶人在汽车起步或者换挡时需踩下离合器踏板,然后再慢慢松开踏板,完成离合器的接合过程。为了减轻驾驶人的劳动强度,自动离合器应运而生。传统意义上的自动离合器只对离合器的分离与接合过程进行控制,如果同时对节气门开度以及换挡操纵进行控制,就是电控机械式自动变速器(AMT)的控制,其控制逻辑如图 8-18 所示。

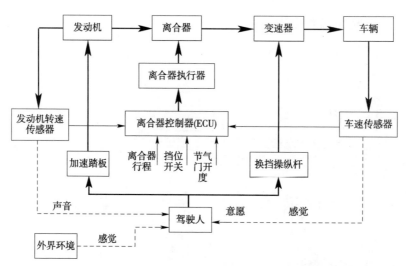

图 8-18 AMT 控制逻辑框图

电机式自动离合器的控制系统主要由传感器信号采集、ECU 逻辑判断及执行机构动作三部分组成。图 8-19 为电机式自动离合器结构原理图。离合器控制器 ECU 实时监控各传感器的状态,当换挡手柄开关按下时,ECU 立刻发出信号驱动步进电机执行机构,实现离合器快速分离,并根据位移传感器的信号确定离合器的位置;松开换挡手柄,ECU 根据发动机转速、车速以及节气门开度等信号进行判断,按照一定的控制策略实现离合器快速而平稳的接合。

三、液压自动离合器控制系统的主要部件

1. 液压泵组件

自动离合器的液压泵组件如图 8-20 所示,由液压泵电机和液压泵等部分组成。液压泵由液压泵电

机驱动,所产生的液体压力,一方面供给离合器分离缸,另一方面用来为蓄能器充液。

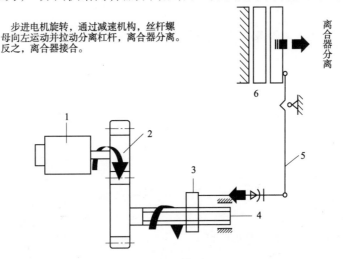

图8-19 电机式自动离合器
1-步进电机;2-齿轮减速机构;3-丝杠螺母;4-丝杠;5-分离杠杆;6-离合器

2. 电磁阀

自动离合器的电磁阀如图8-21所示,由阀体、阀芯和电磁线圈等组成。电磁阀由自动离合器的控制器控制,通过改变液流路径来决定离合器的位置。

电磁阀的主要工作状态是:
(1)向离合器分离缸供油(增压)。
(2)将离合器分离缸与油泵隔开(保持压力)。
(3)离合器分离缸的液压油返回油箱(减压)。
(4)故障模式位置。

电磁阀的挡位时间关系曲线图如图8-22所示。在图中:

预位:关闭点火钥匙,离合器与飞轮连接;打开点火钥匙,离合器盘与飞轮分离。当驾驶人选择一个挡位时,离合器趋近飞轮的触点位置。

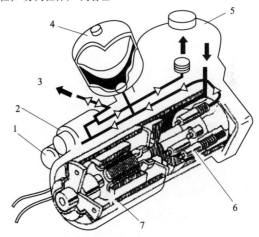

图8-20 液压泵组件
1-压力开关;2-电磁阀;3-离合器分离缸;4-蓄能器;5-油箱;6-液压泵;7-电机

触点:当自动离合器控制器在预位时收到发动机节气门位置传感器与转速传感器(RPM)信号,自动离合器控制器指令离合器和飞轮连接。此时,触点位于离合器盘与飞轮相连接的时刻,即位于发动机节气门位置传感器与转速传感器的信号首次被传送的时刻。

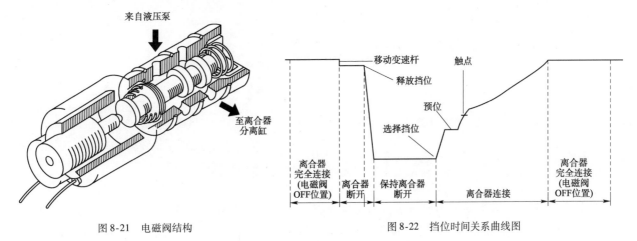

图8-21 电磁阀结构　　　　　　　图8-22 挡位时间关系曲线图

自动离合器控制器一直监测着触点,在离合器被连接的时候,以负荷来控制电磁阀,汽车能够平顺地起动或停车。

3. 离合器分离缸

离合器分离缸由活塞和缸体等部分组成,其从液压泵组件接受液压压力,然后控制离合器拨叉,如图8-23所示。

离合器分离缸有三种稳定的控制位置:①离合器脱离位置(汽车静止,无挡位连接);②装载位置(汽车静止,无挡位连接);③离合器接入位置(汽车行驶,挂挡;汽车静止,点火开关断开)。

4. 离合器位置传感器

离合器位置传感器与活塞机构相连,将离合器的位置信号传给自动离合器控制器,如图8-24所示。

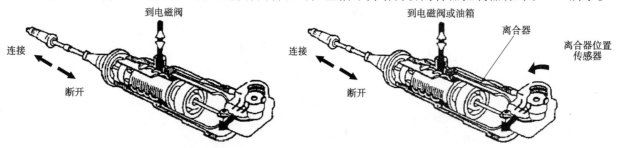

图8-23 离合器分离缸　　图8-24 离合器位置传感器

离合器位置传感器的功能是检测离合器连接/断开位置、预位、触点和离合器盘磨损。

5. 变速杆传感器

在变速杆手柄上有两个开关,即"拉"开关(拉变速杆时开关关闭)与"推"开关(推变速杆时开关关闭),如图8-25所示。

驾驶人施加在变速杆手柄上的力,如大于预定的最低值,则关闭2个开关中的1个,准备换挡的信号传到自动离合器控制器。如果该传感器有故障,可由挡位传感器的信号推断确定。

6. 发动机转速传感器

发动机转速传感器通常为磁电式,由齿盘和磁电转换装置组成,主要用于检测发动机的工作转速。

7. 挡位传感器

挡位传感器安装在齿轮箱外壳上,一般采用非接触式磁感霍尔设计,通过模拟电压方式传送信号,用于识别变速器挡位状态。其结构如图8-26所示。

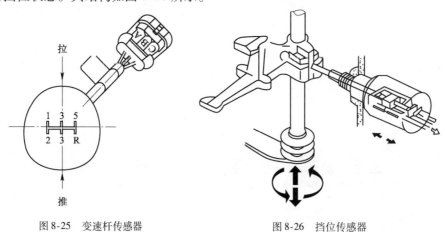

图8-25 变速杆传感器　　图8-26 挡位传感器

第三节 金属陶瓷离合器

汽车离合器摩擦片通常采用树脂基石棉材料制成。在恶劣的使用条件下,由于频繁起步换挡或起步过程中离合器滑磨功大,摩擦片工作温度会升到200℃以上;若陷入沙地时每间隔5~10s起步10次后,甚至会升温到400℃。在这种情况下离合器传递转矩的能力会因树脂石棉片的热衰退造成摩擦系数减小而大幅度下降,甚至会出现树脂石棉片烧损的现象。

国外从20世纪50年代起,在拖拉机、工程机械及载货汽车上就开始使用金属陶瓷摩擦材料制造离合器从动盘的摩擦片。特别对于使用条件恶劣的车辆(沙漠车,矿业、建筑等工程车,半拖挂汽车等),离合器从动盘摩擦片的工作温度较高,采用耐高温的金属陶瓷摩擦材料可以提高其使用寿命。

一、金属陶瓷离合器的特点

金属陶瓷摩擦材料具有高而稳定的摩擦系数、良好的导热和耐磨性以及足够的机械强度,避免了传统有机基摩擦材料的"三热"问题(即热衰退、热膨胀、热磨损)。所以,装有金属陶瓷摩擦片的离合器,可获得较大的转矩容量和较长的寿命里程,特别是在工作温度较高的使用条件下,其优势更为明显。

由于金属陶瓷摩擦片的摩擦系数高于有机石棉片,装用金属陶瓷摩擦片的离合器相对于采用有机石棉片的离合器来说,在同一夹紧载荷下可提供更大的摩擦力矩,即离合器转矩容量较大;而在同样大小的转矩容量下,所用夹紧载荷较小,接合更柔和。此外,金属陶瓷材料比有机材料更耐高温,对于起步换挡频繁、离合器工作温度较高的汽车来说,用金属陶瓷摩擦片耐磨性更好。据有关资料介绍,在温度160℃以下有机片具有较好的耐磨性,但当温度更高时,其耐磨性急剧下降;而金属陶瓷材料则在接近300℃的高温下仍有较好的耐磨性。

二、金属陶瓷离合器的组成

金属陶瓷离合器为摩擦式离合器,由主动部分、从动部分、压紧机构和操纵机构四部分组成,通过主、从动部分之间的摩擦副传递转矩。一种金属陶瓷摩擦离合器如图8-27所示。

离合器从动盘总成主要由摩擦片、从动盘片、从动盘毂和扭转减振器等组成。

图8-28所示为一种装有金属陶瓷摩擦片的从动盘总成,其中央部分(即从动盘轮毂及扭转减振弹簧等)同普通摩擦离合器的树脂石棉片从动盘完全一样,其不同之处在于:

(1)采用了纽扣式的金属陶瓷摩擦片。在从动盘钢片的每一侧面布置六块摩擦片,两侧面的摩擦片位置相对,并用同一个或两个铆钉与从动盘钢片铆接在一起,从动盘总成没有轴向弹性。

(2)从动盘钢片由圆形改为六叶形,以钢片转动惯量的减小来局部抵消摩擦片转动惯量的增加,从而维持总成转动惯量变化不大。由于金属陶瓷可承受较大比压,故金属陶瓷摩擦片总面积比树脂石棉摩擦片面积小。此外,高温下金属陶瓷摩擦片的摩擦系数比树脂石棉片更为稳定,传递转矩的能力相对增大。

图8-27 金属陶瓷离合器

图8-28 金属陶瓷从动盘结构

金属陶瓷摩擦片通常做成纽扣式,这样摩擦片就能用铆接方式与离合器从动盘片连接。金属陶瓷摩擦片也可以直接与离合器从动盘烧结在一起,摩擦片有圆形、梯形、扇形等不同形状。根据不同的使用情况,从动盘钢片可为三叶形、四叶形和五叶形等,如图8-29所示。

图8-29 金属陶瓷摩擦片

三、金属陶瓷材料及摩擦片复合结构

金属陶瓷摩擦材料是由金属基体、陶瓷成分和润滑剂组成的一种多元复合材料。金属基体的主要作用是以机械结合方式将陶瓷成分和润滑剂保持于其中,形成具有一定机械强度的整体;陶瓷组分主要起摩擦剂作用,而润滑剂组分则主要起提高材料抗咬合性和抗黏结性的润滑作用,特别有利于降低对偶材料的磨损,并使摩擦副平稳工作。润滑剂组分和陶瓷组分一起共同形成金属陶瓷摩擦磨损性能的调节剂。

金属基体的结构、物理化学性能在很大程度上决定了金属陶瓷的力学性能、摩擦磨损性能、热稳定性能和导热性等。目前,广泛使用的是铜基和铁基的金属陶瓷。

金属陶瓷材料对铸铁的摩擦系数要比树脂石棉片对铸铁的摩擦系数高一些,因此采用金属陶瓷摩擦片的离合器,在同一夹紧载荷下,能比采用树脂片的离合器提供更大的摩擦力矩;而在保证相同转矩容量下所用的夹紧载荷可减小12.5%,从而使离合器接合更柔和,且在相同夹紧力下转矩可提高28%以上。

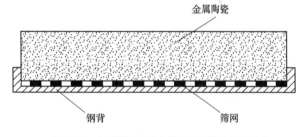

图8-30 中间带筛网的金属陶瓷摩擦片复合结构

为了使金属陶瓷摩擦片能用铆接方式与离合器从动盘片连接,通常将摩擦片做成摩擦材料和钢背复合的结构,铆接时只把钢背与从动盘片铆接在一起。钢背和金属陶瓷摩擦材料的复合结构方式有两种,一是在钢背上点焊多孔筛网,把金属陶瓷块压在筛网上靠嵌入网眼的小凸点来把持金属陶瓷块,如图8-30所示,铜基陶瓷常用这种复合结构;二是把金属陶瓷压坯与钢背直接烧结在一起,将图8-30中筛网去掉,为铁基金属陶瓷的常用结构。表8-1列出了几种金属陶瓷离合器摩擦片的参数。

金属陶瓷离合器摩擦片参数　　　　表8-1

系列	零件序号	材料	厚度(in)	厚度(mm)	颜色	铆钉规格	参 考 图
离合器摩擦片							
1H	1H-110	陶瓷	0.110	2.794	黄色	G	
1H	1H-118	陶瓷	0.118	3.000		G	
1H	1H-125	陶瓷	0.125	3.175	红色	G	
1H	1H-140	陶瓷	0.140	3.553	蓝色	G	
1H	1H-156	陶瓷	0.156	3.962	紫色	G	
EVT	EVT-2	陶瓷	0.125	3.175	红色	G	
EVT	EVT-4	陶瓷	0.140	3.556	蓝色	G	
EVT	EVT-5	陶瓷	0.156	3.962	紫色	G	
EVT	EVT-7	陶瓷	0.175	4.445	绿色	G	
EVT	EVT-8	陶瓷	0.187	4.750	橙色	G	
EVT	EVT-9	陶瓷	0.218	5.537	银色	G	

续上表

系列	零件序号	材料	厚度(in)	厚度(mm)	颜色	铆钉规格	参 考 图
离合器摩擦片							
VSR-S	VSR-10	陶瓷	0.133	3.378	蓝色	G	
VSR-S	VSR-11	陶瓷	0.156	3.962	紫色	G	
VSR-S	VSR-12	陶瓷	0.178	4.521	绿色	G	
VSR-S	VSR-13	陶瓷	0.187	4.750	橙色	G	
VTD	VTD-4	陶瓷	0.142	3.600	蓝色	G	
VTD	VTD-5	陶瓷	0.016	3.988	紫色	G	
VTD	VTD-7	陶瓷	0.177	4.500	绿色	G	
VTD	VTD-8	陶瓷	0.189	4.800	橙色	G	

第四节 电磁离合器

电磁离合器是一种利用电流通过电磁线圈时产生的磁力作用,使主动件和从动件相连接,从而传递转矩的装置。

电磁离合器种类较多,适用范围广泛。目前,汽车用电磁离合器可分为三种类型:①摩擦片式电磁离合器;②磁粉式电磁离合器;③滑差式电磁离合器。

一、摩擦片式电磁离合器

摩擦片式电磁离合器利用电磁铁原理,通过直流电源来控制主、从动摩擦片的接合和分离,从而实现动力的传递与断开。摩擦片式电磁离合器按使用条件的不同,分为干式和湿式。其中,干式用于无油环境中,摩擦片空冷;湿式使用油来润滑和冷却摩擦片。

1. 干式摩擦片式电磁离合器

干式摩擦片式电磁离合器根据摩擦副的数目,可以分为干式单片和干式多片。两者原理相同,但同等体积传递的转矩干式多片大于干式单片式。这里主要介绍干式单片电磁离合器,如图 8-31 所示。

图 8-32 所示为干式单片带集电环的电磁离合器示意图。图中,集电环 2 和法兰 1 分别用螺钉固定在磁轭 3 上,磁轭内放置线圈 9,主动摩擦盘 6 与磁轭用螺纹连接;石棉或尼龙摩擦衬 7(摩擦衬面材料还可以是铜基粉末等)用螺钉固定在从动摩擦盘 8(衔铁)上,衔铁与套筒 11 用花键连接,并可沿轴向移动。线圈未通电时,与主动摩擦盘相连的各件在滚动轴承 10 上空转,通电后吸引衔铁向左移,使离合器接合。为了调整两摩擦盘的气隙,在主动摩擦盘背面开有呈辐射状的若干键槽,磁轭外周也有槽,槽内放置特殊 U 形键 4;调定气隙后,使滑键进入合适位置的沟槽并用螺母 5 锁紧。法兰上的螺纹孔可用来与其他传动件相连接。

该离合器的特点是结构简单,传递转矩较大,响应快。但由于外形尺寸和转动惯量较大,不适合在快速接合的场合使用。由于摩擦片在干式条件下使用,磨损快,需及时更换摩擦衬或摩擦片。

干式摩擦片式电磁离合器在客车上应用广泛,主要用作空调压缩机和发动机风扇的离合器。用作空调压缩机离合器时,线圈通电后在线圈内产生电磁力,在电磁力的作用下,驱动盘被吸合到压缩机带轮的端面上;由于压缩机带轮是由发动机驱动,在电磁吸引力的作用下,带轮结合面和驱动盘之间产生强大的摩擦力,并且带动驱动盘旋转,由驱动盘带动压缩机工作。反之,线圈断电,压缩机停止工作。用作发动机风扇离合器时,可以实现精确的散热控制。装有风扇电磁离合器的城市公交客车,平均节省燃油 1.0~1.5L/100km。

图 8-31 干式单片电磁离合器

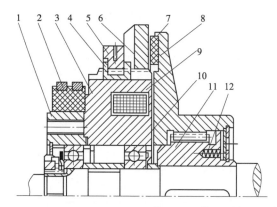

图 8-32 干式单片带滑环电磁离合器
1-法兰;2-集电环;3-磁轭;4-U 形键;5-锁紧螺母;6-主动摩擦盘;7-摩擦衬;8-从动摩擦盘;9-线圈;10-滚动轴承;11-套筒;12-复位弹簧

2. 湿式多片电磁离合器

湿式多片电磁离合器根据有无集电环,分为有集电环式和无集电环式两种类型。图 8-33 所示为湿式多片电磁离合器的实物图。

图 8-34 所示为线圈旋转带集电环的多片摩擦式电磁离合器。在磁轭 4 的外表面和线圈槽中分别用环氧树脂固定集电环 5 和励磁线圈 6,线圈引出线的一端焊在集电环上,另一端焊在磁轭上搭铁。外连接件 1 与外摩擦组组成回转部分,内摩擦片与轴套 7、磁轭组成另一回转部分。当线圈通电时,衔铁 2 被吸引沿花键套右移压紧摩擦片组,离合器接合。这种结构的摩擦片位于励磁线圈产生的磁力线回路内,因此需用导磁材料制成。由于受摩擦片的剩磁和涡流的影响,其脱开时间较非导磁摩擦片长,常在湿式条件下工作,因而广泛应用于远距离控制的传动系统和随动系统中。为了提高导磁性能和减小剩磁影响,磁轭和衔铁可用电工纯铁或 10 号低碳钢制成,集电环一般用淬火钢或青铜制成。

图 8-33 湿式多片电磁离合器

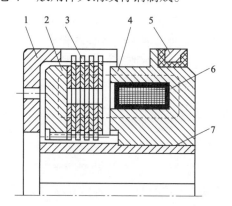

图 8-34 带集电环式湿式多片电磁离合器
1-外连接件;2-衔铁;3-摩擦片组;4-磁轭;
5-集电环;6-线圈;7-传动轴套

由于油的散热作用,湿式离合器可以适应 3 倍于干式离合器的工作转速,且传递的转矩也更大。

二、磁粉式电磁离合器

磁粉式电磁离合器安装在原手动挡变速器汽车的离合器位置,由输入端、输出端、磁粉室和激磁线圈四部分组成,一种典型的磁粉式电磁离结构如图 8-35 所示。手动挡变速器的离合器控制开关 C/SW 安装于换挡手柄处,可进行远程操控。

磁粉式电磁离合器输入端连接发动机曲轴,代替了飞轮的作用,具有较大的转动惯量,可存储动能,满足平稳运转的要求。内置式激磁线圈用电刷和固定部位的集电环接触,通电后可产生磁链,用来传递转矩 M_e。输出端通过滚动轴承支撑在输入端上,可相对转动,形成离合器空转分离状态。磁粉室内装有定量、可以磁化的 30~50μm 钢微粒粉末,这种磁粉物理性能稳定,未通电时松散的磁粉被离心力甩贴在磁粉室的外侧,离合器为分离状态。

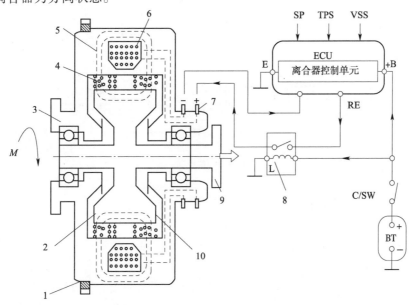

图 8-35 磁粉式电磁离合器

1-起动齿圈;2-导磁盘;3-输入端;4-钢粉末;5-磁通;6-激磁线圈;7-电刷;8-离合器 C 继电器;9-输出端;10-钢粉室

磁粉式电磁离合器主要有如下优点:

(1)结构简单,减轻了汽车的整备质量,容易实现传递转矩的平稳增长,无起步发抖的现象,使汽车具有良好的起步、加速、换挡和减速滑行性能,并具有对传动系统的过载保护功能。

(2)主、从动部件不接触,无磨损,更无调整部位,只有电路部分的故障(磁粉式电磁离合器继电器、集电环、电刷、发动机 ECU 和离合器控制电路),且故障内容被纳入故障自诊断系统。因此,磁粉式电磁离合器的维修成本低,故障率低,使用寿命长。

(3)无离合器踏板等控制机构,操纵简便、可靠。

(4)没有传统摩擦片式离合器的常见故障,如分离不彻底、接合不良、工作时打滑和换挡时有异响等。

三、滑差式电磁离合器

滑差式电磁离合器主要由电枢与磁极两个旋转部分组成。电枢是用铸钢制成的圆筒形结构,与发动机动力输出轴连接,发动机转矩直接传递给电枢带动电枢转动;磁极由铁芯和励磁绕组组成,绕组通过集电环和电刷接直流电源,获取励磁电流;磁极与万向节主动轴连接驱动后桥。图 8-36 所示为滑差式电磁离合器的实物照片。

图 8-36 滑差式电磁离合器实物照片

近年来,国内有针对排量为 1.0~2.0L 的小型车使用滑差式电磁离合器实现无级变速的研究,图 8-37 所示为滑差式电磁离合器转矩传递及调速试验原理图。

发动机带动电枢旋转,当线圈中通以直流电时,沿气隙周围将产生磁场,电枢切割磁极的磁感应线,在电枢内感应出涡流,涡流再与磁极相互作用产生转矩,带动磁极跟随电枢转动。滑差式电磁离合器磁极的转速必须低于电枢转速,这样电枢才能与磁极有相对运动而产生涡流和电磁转矩,驱动汽车行驶。磁极输出轴转速越低,与电枢的转速差越大,产生的涡流和电磁转矩也越大。在某一负载下,滑差式电磁离合器与汽车发动机转速有一对应的输出轴转速,此时,电磁转矩与汽车驱动负载转矩平衡。调节励磁线圈中的电流大小将改变气隙磁通,从而电枢中感生的涡流和产生的电磁转矩也将改变,于是破坏了转矩平衡,电磁离合器输出轴就将自动改变转速,形成新的平衡,从而实现在同一负载下改变输出轴转速而改变汽车行驶速度的无级调速目的。

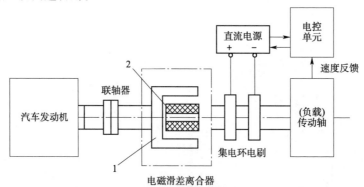

图 8-37　滑差式电磁离合器转矩传递及调速试验原理
1-电枢;2-磁极

通过进行改变励磁电流大小的测试,可以对滑差式电磁离合器的机械特性进行分析,图 8-38 所示为滑差式电磁离合器的机械特性曲线图,图中 i 为励磁电流、n 为离合器磁极轴转速、T 为离合器磁极轴转矩。

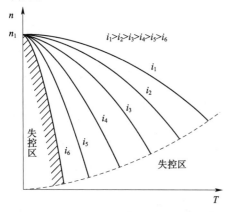

图 8-38　滑差式离合器机械特性曲线图

当电磁离合器的磁极带有一定的负载转矩时,励磁电流的大小决定了转速的高低。励磁电流越大,转速越高,汽车行驶速度越快;反之,励磁电流越小,转速越低,汽车行驶速度越慢。如果励磁电流太小,磁通太弱,产生的转矩太小,离合器的磁极轴转动不起来,就会失控。

利用滑差式电磁离合器对汽车进行调速,既保留了机械能与电磁能的转换具有较高效率的优点,又保证了发动机在最佳工况条件下稳定的工作,提高了汽车的燃油经济性。

在汽车上推广使用滑差式电磁离合器也存在许多难题,如当蓄电池容量不足时,怎样提供离合器所需的直流电问题;如何确定发动机输出轴及离合器磁极轴转速、转矩与电流之间的关系,对电控单元进行智能设计,以满足各种工况的要求;以及提高滑差式离合器的转矩容量,在大排量车型上得到应用等。

第九章 变速器

现代汽车上广泛采用活塞式内燃机作为动力源。由于活塞式内燃机的转矩和转速变化范围较小,而复杂的使用条件则要求汽车的驱动力和车速能在较大范围内变化,以满足行驶需求。为解决这一矛盾,在汽车传动系中设置了变速器。

自20世纪80年代起,为满足现代客车适应节能、环保、安全、舒适、高效、可靠等方面不断提高的要求,专门用于客车的手动机械变速器应运而生,从客车、货车通用的变速器系列中脱颖而出,并得到了快速发展。

第一节 概 述

客车变速器属于商用车变速器的一种,也经历了由采用滑动齿轮换挡到接合套换挡再到同步器换挡、气助力同步器换挡或电控气动同步器换挡的手动变速器,继而到自动挡的液力自动变速器、机械自动变速器和无级变速器的发展历程。商用汽车变速器的发展进程如图9-1所示。

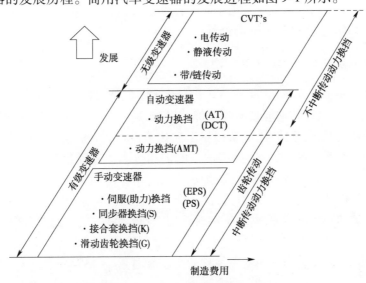

图9-1 商用汽车变速器的发展过程

目前,发达国家和发达地区(如美国、日本、欧洲等)90%以上的大中型客车已采用自动变速器(AT或AMT),而世界上大多数发展中国家和地区的大中型客车则更多地使用手动挡同步器型机械变速器。国际上生产用于客车的自动变速器的主要公司为德国采埃孚(ZF)、福伊特(Voith)和美国艾里逊(Allison)公司,我国陕西法士特引进美国卡特彼勒(Caterpillar)技术,生产的适用于大客车、载货车、专用车等商用车辆的AMT自动变速器已开始在国产商用车上采用。

汽车变速器的功用是:改变传动比;扩大转矩和转速的变化范围;提供倒挡,实现倒退行驶;提供空挡,实现动力中断。

变速器是汽车传动系的主要组成部分,客车变速器主要有两大类:机械变速器和自动变速器。汽车自动变速器源于机械变速器,近年来随着科技进步、电子技术发展和社会需求的提高,自动变速器在各类汽车传动系统中的应用逐渐增多。从目前技术发展角度看,电子技术、电液控制技术和传感技术是自动变速器的关键。

客车用变速器种类很多,主要有手动机械式变速器(MT)、液力自动变速器(AT)、电动汽车机械变速器(EMT)和机械式自动变速器(AMT)。

一、机械式变速器(MT)

机械式变速器(Manual Transmission,MT)如图9-2所示,其通过手拨动变速杆才能改变变速器内的齿轮啮合位置,改变传动比,从而达到变速的目的。客车手动变速器大多为4挡和5挡有级式齿轮传动变速器,且通常带有同步器,换挡方便,噪声小。手动变速在操纵时必须踩下离合器,方可拨动变速杆。

对大吨位的重型汽车来说,需要变速器的承载能力大、挡位多,因此双中间轴机械变速器在重型汽车上应用广泛。图9-3所示为法士特12JS160T型双中间轴机械式变速器。

图9-2 机械式变速器

图9-3 法士特12JS160T型双中间轴机械式变速器

双中间轴机械变速器的结构特点是:采用主副变速器组合设计,主箱手动6个挡,副箱气动2个挡;采用双中间轴传动,功率分流,主轴和主轴齿轮浮动。

二、液力自动变速器(AT)

液力自动变速器(Automatic Transmission,AT)由三大部分组成:液力变矩器、自动变速器本体和控制系统。液力变矩器是以液体动能传递能量的叶片传动机械,具有无级连续变速和变矩的能力;由于对外部负载有良好的自动调节和适应性能,因此从根本上简化了操纵,如图9-4所示。它既具有离合器的功能,又使发动机与传动系之间实现"柔性"连接和传动,因而分隔了发动机和底盘这两大振动源,减轻了车辆振动,提高了乘坐舒适性,使车辆起步平稳,加速均匀、柔和。

AT是液力变矩器与机械传动部件共同构成的一个不可分割的整体,它在原有液力变矩器的基础上,利用液力传动、机械传动和功率分流原理,改变和改善变矩器的特性,使之能与多种发动机进行理想的匹配,使各种车辆获得良好的动力性和燃油经济性。AT综合了液力传动技术、液压控制技术、机械传动技术和电子控制技术,是现代汽车普遍采用的一种自动变速器之一。

三、电动汽车机械变速器(EMT)

电动汽车机械变速器(Electric Mechanical Transmission,EMT)属汽车电控技术发展的产物,是与动力系统组成不可分割的一种车辆变速器,也就是说必须通过控制器控制动力装置的输入转速才能发挥其变速的功能,如图9-5所示。工作时,EMT控制器根据驾驶人的意图,发出换挡指令,换挡电机对变速器的主动齿轮调速,使主、从动齿轮的转速达到换挡条件;随后再发出指令给换挡执行机构,实现换挡功能。

图9-4 液力自动变速器

图9-5 电动汽车机械变速器

四、机械式自动变速器(AMT)

机械式自动变速器(Automated Mechanical Transmission, AMT)是在齿轮变速器的基础上发展起来的,由齿轮变速器与电液控制系统组成。齿轮变速器是有级挡位的传动机械,以其效率高、成本低、生产技术成熟的特点而获得广泛应用;但这种变速器存在换挡频繁、劳动强度大、动力中断以及驾驶人水平对车辆行驶性能有较大影响等缺陷。随着电子技术的发展和微型计算机控制技术的应用,目前已研制出以机械式手动起步,而换挡自动控制的有级式机械式自动变速器,如图9-6所示。

图9-6 机械式自动变速器

机械式自动变速器的基本理论是:驾驶人通过控制加速踏板和选挡器,各种传感器随时检测车辆工况,微型计算机接收并处理信号输出指令,通过电动和液压分别对节气门开度、离合器接合及换挡三者进行控制,以执行最优匹配,从而获得最佳行驶性能、平稳起步性能和迅速换挡的能力。

机械式自动变速器具有自动变速的优点,又保留了齿轮式机械变速器传动效率高、价廉、容易制造的长处。但与液力自动变速器相比,不仅自动换挡控制的难度较高,而且控制精度的要求也很高。

第二节 液力自动变速器

早期的自动变速器都采用液控自动换挡的控制方式,其原因是局限于当时电子技术的发展水平。这种控制方式的不足,是首先必须将控制变速器换挡所需要的信号转换成油压值。其缺点是:

(1)使用一个随变速器同步旋转的调速器来产生一个变速器的输出转速信号,转速越高调速器上的摆锤所产生的离心力就越大,从而产生出的转速信号压力就越大。

(2)使用一个与发动机节气门联动的调制器来产生一个反映发动机节气门大小的模拟信号。随着节气门开度的不同,作用在调制器弹簧上的推力发生变化,从而使调速器阀上产生出的信号压力值发生变化。

(3)通过选挡器拉动换挡阀的阀芯处于不同的位置,以反映驾驶人的操纵信号。

上述的这些信号被传递给变速器主控制阀中的逻辑油路,实现对变速器内部的离合器、制动器等的控制,从而控制变速器挡位。

液控自动换挡的缺点在于其准确性和稳定性的不足,变速器油品的型号、温度和黏度的变化,信号阀弹簧弹性的衰减等都影响变速器控制的准确性和稳定性。

随着电子技术的发展,高效、准确、低成本的电子控制方式基本上已经完全取代早期的液压控制方式。目前,世界上用于客车的液力自动变速器的主要生产公司如图9-7所示。

图9-7 国际上用于客车的自动变速器主要生产公司

一、客车液力自动变速器的结构

客车上使用的液力自动变速器都采用的是行星齿轮机构传动,几个行星齿轮组与其内部的湿式多片式离合器、制动器配合工作,以实现车辆的空挡、倒挡及多个前进挡。而现有的手动机械式变速器和电控机械式自动变速器都是采用齿轮切换的方式来实现挡位的切换。其典型结构如图9-8~图9-10所示。

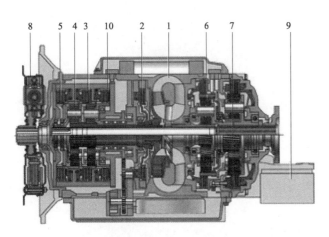

图9-8 Voith公司生产的液力变矩器位于中部的自动变速器
1-液力变矩器;2-液力缓速制动器;3-直接挡离合器;4-倒挡;5-输入离合器;6-行星排;7-具有制动器的行星排;8-扭转减振器;9-冷却器;10-超速挡离合器

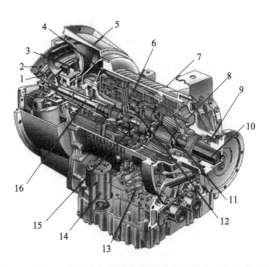

图9-9 Allison公司生产的液力变矩器位于前端的自动变速器
1-扭转减振器;2-闭锁离合器;3-液力变矩器;4-离合器;5-液力变矩器壳;6-倒挡离合器;7-变速器壳体;8-液力缓速器;9-后轴轴承;10-输出轴;11-行星架;12-行星齿轮;13-控制阀体;14-滤油器;15-主轴;16-涡轮轴

对于客车传动系统,由于发动机后置,变速器输出的方向需要变化。如某型客车的液力自动变速器采用了如图9-11所示的结构,其输入轴与输出轴形成了80°角度。

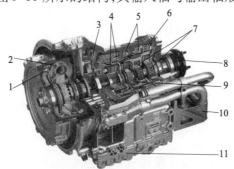

图9-10 ZF公司生产的液力自动变速器
1-闭锁离合器;2-液力变矩器;3-液力缓速器;4-换挡离合器;5-制动器;6-I挡和倒挡离合器;7-辛普森行星轮系;8-输出轴;9-行星排;10-冷却器;11-控制阀

图9-11 具有输出角度的液力自动变速器结构
1-右侧80°输出总成;2-缓速器冷却器;3-电子控制器;4-冷却器;5-输出法兰

液力自动变速器主要由液力变矩器、齿轮变速器和自动换挡控制系统三部分组成,其部件结构如图9-12所示。

二、液力变矩器的结构及工作原理

图9-12 液力自动变速器结构
1-闭锁离合器;2-液力变矩器;3-变速器;4-输出轴;5-冷却器;6-控制阀

液力变矩器是液力自动变速器的主要组成部分之一,是一种通过液体与工作轮叶片的相互作用,将机械能转换为液体能来传递动力、通过液体动量矩的变化来改变转矩的传动元件,具有无级连续改变速度与转矩的能力。由于它对外部负载有良好的自动调节和适应性能,因此从根本上简化了操作,使车辆起步平稳,加速迅速、均匀、柔和;由于用液体来传递动力,进一步降低了尖峰载荷和扭转振动,延长了动力传动系统的使用寿命,提高了乘坐舒适性和车辆平均行驶速度,以及安全性和通过性。

1.液力变矩器结构

液力变矩器的结构与液力耦合器基本相似,主要区别在于泵轮和涡轮之间加装了一个固定的工作油导向工作轮——导轮,并与泵轮和涡轮保持一定的轴向间隙,通过导轮座固定于变速器壳体;为了使工作油有良好循环以确保液力变矩器的性能,各工作轮都采用了弯曲成一定形状的叶片。如图 9-13 所示,液力变矩器主要由可旋转的泵轮和涡轮,以及固定不动的导轮三个部件组成。

2. 液力变矩器工作原理

液力变矩器正常工作时,储存于循环圆内腔中的工作油除绕液力变换器轴做圆周运动以外,还在循环圆中循环流动。与耦合器的不同是,由于多了一个固定不动的导轮,在液体循环流动的过程中,导轮给涡轮一个反作用力矩,从而使涡轮输出力矩不同于泵轮输入力矩,因而具有"变矩"的功能。液力变矩器不仅传递力矩,还能在泵轮力矩不变的情况下,随着涡轮的转速不同而改变涡轮输出力矩。发动机运转时带动液力变矩器的壳体和泵轮一同旋转,泵轮内的工作油在离心力的作用下,由泵轮叶片外缘冲向涡轮,并沿涡轮

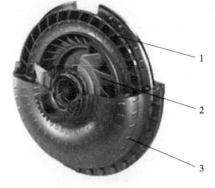

图 9-13 液力变矩器结构
1-泵轮;2-涡轮;3-导轮

叶片流向导轮,再经导轮叶片流回泵轮叶片内缘,形成循环的工作油;导轮的作用是改变涡轮上的输出力矩;由于从涡轮叶片下缘流向导轮的工作油仍有相当大的冲击力,只要将泵轮、涡轮和导轮的叶片设计成一定的形状和角度,就可以利用上述冲击力来提高涡轮的输出力矩。

液力变矩器中液体同时绕工作轮轴线做旋转运动和沿循环圆的轴面循环旋转运动。如图 9-13 中的箭头所示,轴面循环按先经泵轮,后经涡轮和导轮,最后又回到泵轮的顺序,进行反复循环。变矩器的工作原理如图 9-14 所示,图中 F 为单向离合器。

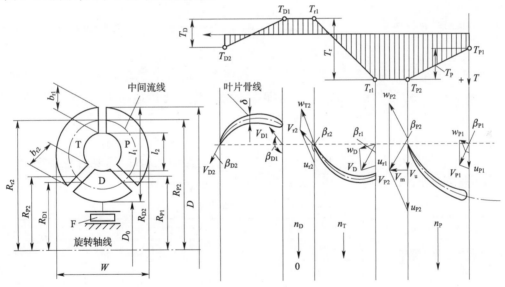

图 9-14 液力变矩器工作原理图

3. 液力变矩器与整车的匹配

采用液力自动变速器的客车,其动力性和经济性的好坏,在很大程度上取决于液力变矩器与发动机共同工作的性能。只有做到两者间的合理匹配,才能使液力变矩器、机械传动部分和操纵部分相互协调,将发动机的特性优良地转换为工作机的特性。因此,在选用液力变矩器时,匹配是个非常重要问题。

为使工作机具有良好的动力性能和经济性,理想的匹配应满足以下几个方面:

(1)液力变矩器零速工况的输入特性曲线通过发动机的最大实用转矩点,以使工作机在载荷最大时获得最大输出转矩。

(2)液力变矩器最高效率工况的输入特性曲线通过发动机最大实用功率的转矩点,同时高效范围在发动机最大实用功率点附近,以提高发动机的功率利用率。

(3)经济性能好。如电动机应始终在额定工况运转,发动机应在比油耗最低的区域运转等。

(4)满足工作机使用中的特殊要求。如客车要求噪声小和舒适性好等。

实际上,同时满足以上四点是不可能的,因为它们之间互相矛盾和相互制约。所以,液力变矩器与发动机的匹配,应根据工作机的具体要求和特点,综合各方面情况,分清主次进行研究分析。

液力变矩器与发动机匹配方案的确定,一般是给出几个方案同时进行动力性能计算,通过对动力性和经济性的全面分析比较,最后选取一种最好的方案。

目前,确定液力变矩器与内燃机最合理的匹配应从机器最高生产率和最佳经济性来考虑。在工作范围内,平均输出功率最大和平均燃料消耗最小是最合理的匹配。

三、行星齿轮传动的结构和工作原理

1. 行星齿轮传动的工作原理

行星齿轮变速器通常由2~3个行星排组成行星齿轮机构,其工作原理和基本结构,可由最简单的单排行星齿轮机构来说明。

简单的行星齿轮机构通常称为三构件机构,三个构件分别指太阳轮、行星架和齿圈。这三构件如果要确定相互间的运动关系,一般情况下首先需要固定其中的一个构件,然后确定谁是主动件,并确定主动件的转速和旋转方向,结果从动件的转速、旋转方向就确定了,图9-15分别表示了上述三种运动情况。

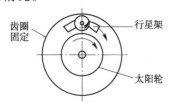
a) 齿圈固定,太阳轮驱动,行星架被动

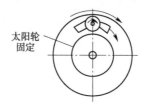
b) 太阳轮固定,齿圈被动,行星架驱动

c) 行星架固定,太阳轮驱动,齿圈被动

图9-15 简单行星齿轮旋转

太阳轮t、内齿轮q和行星架j三个组件中,可任选两个分别作为主动件和从动件,而使另一组件固定行动;或使其运动受一定的约束,则整个轮系即以一定的传动比传递动力,称该行星排具有两个自由度。

根据单排行星齿轮机构的运动特性方程式:$n_t + an_q = (a+1)n_j$ 可以看出,在太阳轮、齿圈和行星架这三个基本组件中,可以任选其中两个基本组件分别作为主动件和从动件,只要给定第三个基本组件确定的运动,即可得到确定的传动比。表9-1分别列出了各种可能的情况。

单排行星齿轮机构传动比各种可能的情况   表9-1

序号	固定组件	主动组件	从动组件	传动比 i	传动方式
1	内齿轮	太阳轮	行星架	$n_t/n_j = 1+\alpha = 1+z_q/z_t$	减速增扭传动
2	太阳轮	内齿轮	行星架	$n_q/n_j = (\alpha+1)/\alpha = (z_t+z_q)/z_q = 1+z_t/z_q$	减速增扭传动
3	行星架	太阳轮	内齿轮	$n_t/n_q = -\alpha = z_q/z_t$	减速增扭倒挡传动
4	太阳轮	行星架	内齿轮	$n_q/n_j = \alpha/(\alpha+1) = z_q/(z_t+z_q)$	加速减扭传动
5	内齿轮	行星架	太阳轮	$n_j/n_t = 1/(1+\alpha) = z_t/(z_t+z_q)$	加速减扭传动
6	行星架	内齿轮	太阳轮	$n_q/n_t = -1/\alpha = -z_t/z_q$	加速减扭倒挡传动
7	基本组件都没有被固定,亦即无任一组件从动又无任二组件连成一体			各个基本组件可以自由转动	自由转动,空挡状态
8	任意两个基本组件互相连接			1	直接传动

注:n_t、n_q、n_j 分别表示太阳轮、齿圈、行星架的转速,$\alpha = z_q/z_t$ 称为行星排的特性参数。z 代表齿轮的齿数,下标表示相应的齿轮。

2. 典型的行星齿轮机构

在自动变速器上使用的行星齿轮机构,应用较多的有辛普森齿轮机构和拉维挪齿轮机构,此外还有各公司自主开发的独特组合齿轮机构。

早期的客车自动变速器常采用2个前进挡或3个前进挡,而新型客车自动变速器则大部分采用4个

前进挡,前进挡的数目越多,行星齿轮变速器中的离合器、制动器及单向超越离合器的数目就越多。离合器、制动器和单向超越离合器的布置方式主要取决于行星齿轮变速器前进挡的挡数及所采用的行星齿轮机构的类型,对于行星齿轮机构类型相同的行星齿轮变速器来说,其离合器、制动器及单向超越离合器的布置方式及工作过程基本上是相同的,因此了解各种相同类型行星齿轮机构所组成的行星齿轮变速器的结构和工作原理,是掌握各种车型自动变速器结构和工作原理的关键。目前,自动变速器所采用的行星齿轮机构类型主要有两类,即辛普森式行星齿轮机构和拉维挪式行星齿轮机构。

1) 辛普森式行星齿轮变速器

辛普森式行星齿轮变速器是由辛普森式行星齿轮机构和相应的换挡操作组件组成,目前大部分自动变速器都采用了这种行星齿轮变速器。辛普森式行星齿轮机构是一种十分著名的双排行星齿轮机构,由两个内啮合式单排行星齿轮机构组合而成。其结构特点如下:

(1) 前后两个行星排的太阳轮连接为一个整体,称为前后太阳轮组件。

(2) 前一个行星排的行星架和后一个行星排的齿圈连接为另一个整体,称为前行星架和后齿圈组件。

(3) 输出轴通常与前行星架和后齿圈组件连接,如图 9-16 所示。

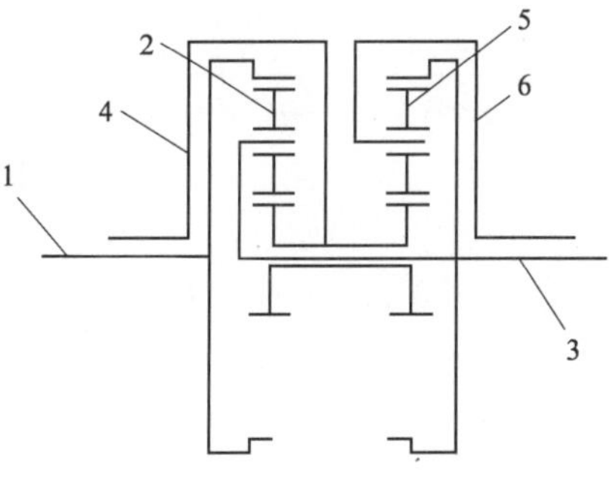

根据前进挡的挡数不同,可将辛普森式行星齿轮变速器分为辛普森式 3 挡行星齿轮变速器和辛普森普森式 4 挡行星齿轮变速器两种。

图 9-16 辛普森式行星齿轮机构传动原理图
1-前齿圈;2-前行星轮;3-前行星架和后齿圈组件;4-前后太阳轮组件;5-后行星轮;6-后行星架

在辛普森式行星齿轮机构中设置 5 个换挡操作组件:2 个离合器、2 个制动器和 1 个单向超越离合器,即可使之成为一个具 3 个前进挡和 1 个倒挡的行星齿轮变速器。这 5 个换挡操作组件的布置如图 9-17 所示,离合器 C_1 用于连接输入轴和前后太阳轮组件,离合器 C_2 用于连接输入轴和前内齿圈,制动器 B_1 用于固定前后太阳轮组件,制动器 B_2 和单向超越离合器 F_1 都用于固定后行星架,制动器 B_1 和 B_2 可以使用带式制动器或片式制动器。

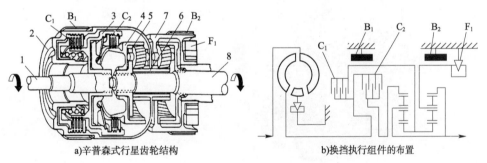

图 9-17 辛普森式 3 挡行星齿轮变速器
1-输入轴;2-倒挡及高速挡离合器;3-前进离合器毂及倒挡及高速挡离合器毂;4-前进离合器毂和前齿圈;5-前行星架;6-前后太阳轮组件;7-后行星架和低挡及倒挡离合器毂;8-输出轴;C_1-倒挡及高挡离合器;C_2-前进制动器;B_1-2 挡制动器;B_2-低挡及倒挡制动器;F_1-低挡单向超越离合器

这 5 个换挡操作件在各挡位的工作情况见表 9-2。由表中可知,当行星齿轮变速器处于停车挡和空挡之外的任何一个挡位时,5 个换挡操作件中都有两个处于工作状态(接合、制动或锁定状态),其余 3 个不工作(分离、释放或自由状态);处于工作状态的两个换挡操作件中至少有一个是离合器 C_1 或 C_2,以便使输入轴与行星排连接;当变速器处于任一前进挡时,离合器 C_2 都处于接合状态,此时输入轴与行星齿轮机构的前齿圈接合,使前齿圈成为主动件,因此,离合器 C_2 也称为前进离合器。倒挡时,离合器 C_1 接合,C_2 分离,此时输入轴与行星齿轮机构的前后太阳轮组件接合,使前后太阳轮组件成为主动件;另外,离合器 C_1 在 3 挡(直接挡)时也接合,因此离合器 C_1 也称为倒挡及高挡离合器。制动器 B_1 仅在 2 挡才工作,称为 2 挡制动器或第二制动器;制动器 B_2 在 1 挡和倒挡时都在工作,因此称为低挡及倒挡制动器或低/倒挡制动器。由此可知,换挡操作件的不同工作组合决定了行星齿轮变速器的传动方向和传动比,从而决定了行星齿轮变速器所处的挡位。

辛普森式3挡行星齿轮变速器挡位与操作件工作表   表9-2

变速杆位置	挡位	操作组件				
		C_1	C_2	B_1	B_2	F_1
D	1挡		○			○
	2挡		○	○		
	3挡	○	○			
R	倒挡	○			○	
S、L或2、1	1挡		○		○	
	2挡		○	○		

注:○表示接合、制动或锁定

这种形式的4挡行星齿轮变速器可以使原辛普森式3挡行星齿轮变速器的大部分零件仍可以使用,有利于减少生产投资、降低成本。目前,大部分客车都采用这种形式的4挡自动变速器,有些车型的这种自动变速器将超速行星排设置在原辛普森式3挡行星齿轮变速器的后端,但其工作原理是相同的。

2) 拉维挪式行星齿轮变速器

拉维挪式行星齿轮变速器采用的是与辛普森式行星齿轮机构一样著名的拉维挪式行星齿轮机构,这是一种复合式行星齿轮机构,它由一个单行星轮式行星排和一个双行星轮式行星排组合而成:后太阳轮和长行星齿轮、行星架、齿圈共同组成一个单行星轮式行星排;前太阳轮、短行星齿轮、长行星齿轮、行星架和齿圈共同组成一个双行星轮式行星排,如图9-18所示。2个行星排共享一个齿圈和一个行星架,因此它只有4个独立组件,即前太阳轮、后太阳轮、行星架和齿圈。这种行星齿轮机构具有结构简单、尺寸小、传动比变化范围大及灵活多变等特点,可以组成有3个前进挡或4个前进挡的行星齿轮变速器。

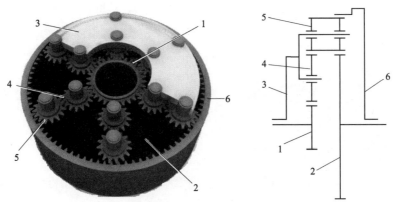

图9-18 拉维挪式行星齿轮机构
1-前太阳轮;2-后太阳轮;3-行星架;4-短行星轮;5-长行星轮;6-齿圈

在拉维挪式行星齿轮机构中设置5个换挡操作组件(2个离合器、2个制动器和1个单向超越离合器),可使之成为一个具有3个前进挡和1个倒挡的3挡行星齿轮变速器。

四、自动变速器换挡控制系统

电子控制系统是自动变速器的组成部分之一,它用于控制换挡点和锁定离合的工作,由传感器、电子控制单元(ECU)和作动器三部分组成。ECU根据传感器检测到的汽车行驶状况及发动机运转情况,十分精密地控制换挡时刻、锁定定时、系统油压和换挡平顺性等,这些控制是透过由若干个电磁阀组成的作动器改变液压控制系统的油路,再由液压控制系统来执行。

自动变速器对控制系统的基本要求:

(1) 最佳的换挡规律,以便具有良好的燃料经济性和满意的动力性能,同时兼顾低污染。

(2) 换挡过程平稳,无冲击和振动;换挡质量好,行驶舒适,使用寿命长。
(3) 换挡准确、及时,不发生误操作。
(4) 驾驶人可以更换自动换挡,以适应复杂的交通状况和地形条件。
(5) 操纵系统稳定、可靠,能在高低温、大颠簸、冲击振动、强磁场及电场干扰等环境下正常工作。当系统发生故障时,有紧急系统确保行驶安全。

控制系统的作用主要是根据自动变速器操纵手柄的位置以及汽车行驶状态(车速、负荷等因素),按照设定的换挡规律,在汽车行驶中自动选择挡位,并通过控制换挡执行元件的工作而使变速器齿轮传动比改变,从而完成挡位的变换。自动变速器的控制原理如图9-19所示。

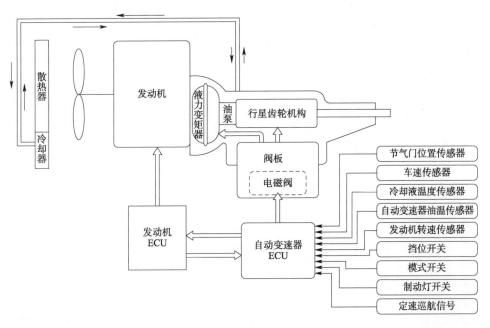

图9-19　自动变速器控制原理图

五、闭锁离合器

液力变矩器可以从泵轮传递很大数量的转矩给涡轮,然而由于动能损耗,传动过程中变矩器涡轮永远也无法达到泵轮的转速。闭锁离合器从发动机直接提供驱动力到变速器内部,使动能损失得以克服。

闭锁离合器由三个元件组成:活塞——由发动机驱动;离合器片/减振器——位于活塞和后板之间并且以花键形式连接在变矩器涡轮上;后板——由发动机驱动,如图9-20所示。

闭锁离合器啮合与否是由从TCM(变速器控制模块)传来的电子信号控制的。当涡轮转速接近发动机转速时,变速器控制模块给控制模块中的闭锁电磁阀通电,已通电的闭锁电磁阀使电磁调节阀开启,以引导变速器系统主油压进入闭锁离合器活塞后的腔体内。系统主油压的作用使活塞向着离合器片移动,将它压向后板。整体式减振器是一个弹性吸振部件,它被组装成闭锁离合器片的一部分,负责降低当闭锁离合器接合时从发动机和变速器传出的扭转振动;随着闭锁离合器的接合,变矩器泵轮、涡轮及涡轮轴都与发动机以同速旋转。这一机械式直接驱动的闭锁离合器消除了变矩器主、从动部件之间的滑移,实现了最佳的燃油经济性。

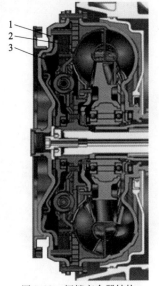

图9-20　闭锁离合器结构
1-后板;2-摩擦片;3-活塞

六、冷却系统

图9-21所示为外部冷却系统的结构示意图。图中,液力变矩器的油液经变速器壳体出油口接头3、输油软管2和软管4及冷却器接头6流向冷却

器5,在冷却器内,油液被反向流经冷却器细管中的水冷却,再经输油软管7、壳体进油口接头1流向变速器壳体。

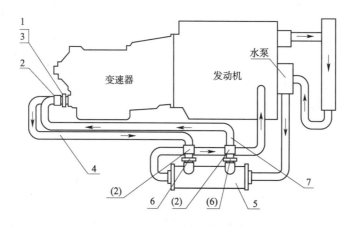

图9-21 变速器冷却系统示意图

1-壳体进油口接头;2-输油软管;3-壳体出油口接头;4-壳体进油口接头;5-冷却器;6-冷却器接头;7-输油软管

第三节 电动汽车机械变速器

一、电动汽车机械变速器的结构

图9-22 EMT结构示意图

电动汽车机械变速器(Electric drive Mechanical Transmission,EMT)属于电控技术发展的产物,是与动力系统有着不可分割的一种车辆变速器,也就是说必须通过控制器控制动力装置的输入转速才能发挥其变速的功能。

EMT由驱动电机、调速电机、起动电机、制动能量回收的发电机和机械式变速器等组成,驱动电机与机械式变速器之间不需要离合器,变速器取消了同步器。除4种电机高度集成外,调速电机还与动力电机集成一体,EMT控制器、电机控制器和整车控制器也高度集成。由于EMT无同步器和气动换挡执行机构,因此需与电机动力总成集成方可应用。

EMT的结构、外形和动力系统如图9-22～图9-24所示,表9-3为某三挡EMT的主要技术参数。

图9-23 EMT外形

图9-24 EMT动力系统

某三挡 EMT 的主要技术参数　　　表 9-3

序号	项　目	性 能 指 标	序号	项　目	性 能 指 标
1	传动比	$i_1=4.11$　$i_2=1.72$　$i_3=1$	5	换挡方式	自动
2	变速器传动效率	≥94%	6	换挡平顺性	无推背现象
3	总线	具有 CAN 总线通信接口,支持网关功能,支持标准 J1939	7	噪声(1m)	<83dB(A)
4	换挡时间	<1.2s	8	工作环境温度	-40~90℃

二、电动汽车机械变速器的工作原理

电动汽车机械变速器的控制原理如图 9-25 所示。EMT 控制器根据驾驶人意图,发出换挡指令,换挡电机对变速器的主动齿轮调速,满足主被动齿轮的转速达到换挡的条件;随后 EMT 控制器发出指令给换挡执行机构,实现换挡功能。

一般 EMT 不能单独应用,须与汽车动力系统集成使用,即控制器与动力系统的控制器集成,且可以实现制动能量回收功能,因此被统称为集成式电驱动动力系统(Integrated Electrical Drive System,IEDS),其工作控制流程如图 9-26 所示。

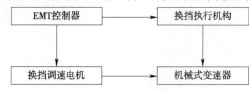

图 9-25　EMT 控制原理

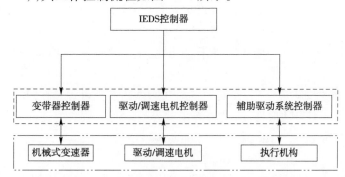

图 9-26　集成式电驱动动力系统(IEDS)工作流程

对于纯电动汽车而言,是电机与自动变速器的集成,工作原理如图 9-27 所示;对于混合动力汽车而言,是电机与动力耦合装置(包括自动离合器、自动变速器)的集成,其工作原理如图 9-28 所示。

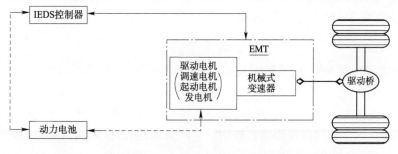

图 9-27　纯电动汽车 EMT 的工作原理图

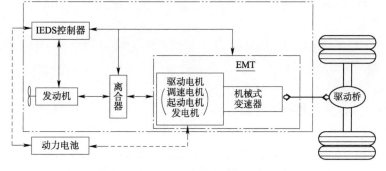

图 9-28　混合动力汽车 EMT 的工作原理图

第四节 机械式自动变速器

机械式自动变速器(AMT)是在传统固定轴式齿轮变速器的基础上,把选挡、换挡、离合器及相应发动机供油操纵用以微处置器为核心的控制器来完成、实现的自动变速器。它不仅保留了手动变速器机械效率高、成本低的特点,也实现了液力机械式自动变速器的功能和优点,如图9-29所示。由于机械式自动变速器是完全在平行轴式手动变速器的基础上加装自动操纵机构实现自动换挡的,因此它保留了原手动变速器传动效率高、价廉、易于制造等优点,而且还具有AT由于实现了起步、换挡自动操作所带来的全部优点。但是受结构形式的限制,与AT相比,这种自动变速器在控制上难度较大,主要体现在以下几个方面:

(1)需要切断动力换挡,但又没有液力变矩器在起步、换挡过程中起缓和冲击及减振作用。

图9-29 机械式自动变速器

(2)与湿式多片离合器相比,单、双片干式离合器不允许长时间打滑,否则会烧坏摩擦片,因此对起步、换挡过程的控制要求较高。

(3)固定轴式变速器比旋转轴式变速器难于自动化,多采用拨叉换挡,比用离合器和液压制动器换挡冲击大。

(4)AMT需要在换挡时变化节气门,而液力自动变速器的换挡过程是在定节气门状态下进行。

(5)由于液力变矩器具有自适应性能,坡道起步较容易。而机械式变速器要靠驾驶人的熟练操作使制动器、离合器和发动机节气门三者协调工作,才能实现坡道起步。因此,自动化后需要增加坡道辅助起动装置,以提高其安全性。

由此可以看出,起步与换挡是AMT控制功能的关键。机械式自动变速器主要由干式离合器、带同步器的齿轮式变速器、微型计算机及其电子控制系统组成。

AMT除自动变速功能外,还具有自动巡航控制、故障自诊断、手动变速和坡道辅助起步等功能。

一、机械式自动变速器的组成及分类

1. 组成

AMT系统主要由被控制系统、电子控制器(ECU)、执行机构和传感器四大部分组成。换挡时,发动机节气门开度的调节、离合器的分离和接合、变速器的选换挡机构等都需要进行自动控制。

按驾驶人意图实现车辆运行状况的改变。执行机构由选挡执行机构、离合器分离接合执行机构和节气门执行机构组成。离合器执行机构由直流伺服电机驱动,通过控制减速机构实现离合器自动分离和平稳接合控制。变速器执行机构包括选挡机构和换挡机构,分别由两个步进电机驱动,完成摘挡、选位和挂挡操作。节气门执行机构由步进电机驱动,完成对加速踏板位置的跟踪以及换挡过程中发动机转速的调节。

传感器用于实时监测车辆运行状态,采集ECU控制所需的各种信息,同时将采集到的信号转换成ECU能识别的信息,便于ECU进行处理,并对车辆运行做出及时反应以调整行驶状态。

2. 分类

根据机械自动变速系统选换挡和离合器的操纵方式不同,可分为液压驱动式、气压驱动式和电机驱动式三种。

在液压驱动式机械自动变速系统中,选换挡和离合器的操纵靠油压来实现,因此必须建立一个液压系统。由于节气门的自动操纵可以独立于自动变速系统,所以对节气门的操纵可采用液压、电机或者线

形电磁铁等多种驱动方式。液压系统根据电控单元的指令控制电磁阀,使执行机构自动完成离合器分离、接合和变速器选换挡。电控液动选换挡系统具有容量大、操作简便、易于实现安全保护、具有一定的吸振与吸收冲击能力以及便于空间布置等优点。在采用高速开关阀控制离合器的系统中,存在的主要缺点是温度变化会使离合器的执行机构中液压油的黏度发生变化,进而使离合器回油管路压力损失产生变化;其次是液压元件对加工精度要求非常高,造成制造成本增加。

在气压驱动式电控机械自动变速器中,选换挡和离合器的操纵靠气压来实现,因此需要有一个气压系统。由于气压系统存在压力波动较大,对离合器的精确控制不利,目前该方式应用较少。

电机驱动式机械自动变速器是采用直流电动机来驱动选换挡机构和离合器,属于电驱动方式。与液压驱动相比,具有机构简单、控制灵活、对环境的适应能力强、工艺简单、成本低和能耗小等特点。目前,电机驱动式存在的主要缺点是电机的执行动作没有液压精确,且选换挡的动作较迟缓,对于选换挡速度不需要太快的情况下可以使用电机驱动。

二、机械式自动变速器的工作原理

机械自式动变速器的换挡系统是在手动变速器和干式离合器的基础上,应用自动变速理论,由电控单元(ECU)控制执行机构实现车辆起步、换挡自动操纵,其工作原理如图9-30所示。

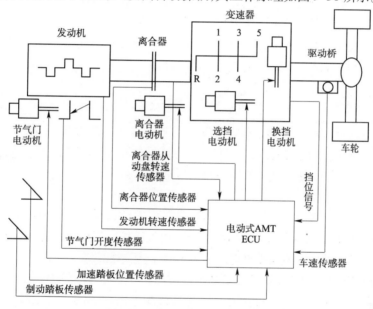

图9-30 机械式自动变速器系统原理图

ECU根据驾驶人意图(加速踏板、制动踏板、变速器手柄)及车辆的状态(发动机转速、离合器从动盘转速、车速等)按换挡规律实时、在线负责多路输入信号的采集、加工处理以及控制决策和控制指令的发出;借助相应的执行机构自动地完成节气门开度的调整、离合器的分离和接合、变速器的换挡动作,使换挡过程自动完成。目前,汽车上常用的AMT采用了微机控制,在车辆上取消了离合器踏板和变速杆,只保留了加速踏板,通过它向微机发出要控制车辆的信息。

AMT系统的功能包含车辆所有工作情况,其工作过程与非自动变速车辆是相同的,程序软件控制过程如下。

1. 起步控制

驾驶人通电源后,微处理机首先置变速器于空挡,并分离离合器,然后再起动发动机;当发动机转速达到某一给定值时,离合器接合;当达到变速器输入轴刚开始转动时,微处理机把相应此时离合器的位置作为初始接合点,并以此为基准对离合器进行控制。

当驾驶人选择某一选挡开关起步,离合器分离,变速器挂上相应挡位。在驾驶人未踏下加速踏板时,离合器一直处于分离状态的部分接合点之前。

当驾驶人进一步踏下加速踏板时,微处理机根据加速踏板的位置,确定处理机按离合器最佳接合规律控制离合器作动器的接合速度进行接合；与此同时，发动机节气门进行自适应调节加油，节气门加到一定程度牵引力大于外界阻力，汽车起步。

2. 换挡控制

换挡动作与起步时类似。其次序是：抬加速踏板，分离离合器，摘入空挡，挂上新挡，接合离合器，踩加速踏板至离合器到主、从动片转速一致时完成。

3. 离合器控制

为了提高对离合器的控制精度，单独采用一个CPU通过液压系统进行闭环控制。离合器液压系统使用的电磁阀均为高速开关阀，即它有两个状态：全开或全关。为了对离合器接合控制，就要使泄油阀时开时关。对于高速开关阀的控制主要有两种方式，即脉宽调制和脉频调制。脉宽调制是使电磁阀开的频率不变，但开阀时间变化，脉频调制则正好相反。

过去对离合器的接合控制采用的是开环控制，即给电磁阀通以一定频率的脉冲，而不管离合器怎样运动。这种控制很容易受到温度、压力等条件的影响。为了更好地对离合器进行控制，可采用闭环控制，闭环控制仍采用脉宽调制方法，把整个控制过程分为若干个周期，每一周期都要检查上一周期的误差和误差变化，根据上一周期的误差和误差变化决定本周期开阀时间的长短。例如，上一周期的误差为负，即未走到预定值；误差变化为正，即误差变大，则本周期开阀时间应适当延长。这样每周期都有这样的开、关、修正误差，就可以在一定范围内削弱环境的影响，使离合器控制更加平顺。

离合器的分离控制是当驾驶人抬起加速踏板而使汽车滑行，或变速器换挡，或驾驶人选择了空挡开关或汽车制动时，微处理机将控制离合器作动器分离离合器。

三、离合器自动控制

AMT不再有离合器踏板，离合器的工作需与发动机节气门及换挡操纵配合协调，控制系统对这种配合的要求很高。只有实现离合器的最佳接合规律，才能保证汽车起步、换挡过程的质量，减少对传动系统零部件的冲击，延长这些部件的使用寿命和提高乘坐舒适性。

1. 离合器最佳接合规律

在起步换挡过程中，离合器操纵不仅受车辆载荷、坡度、发动机转速、车速及挡位等因素的影响，也受驾驶人的人为因素和一些偶然因素影响。因此，离合器的最佳接合规律不仅是以人机工程学来模拟优秀驾驶人的操纵动作和感觉，而且应该做得更好。

根据影响离合器接合的因素及使用性能对离合器提出的基本要求，经数学处理和优化后即能确定在各种节气门开度、发动机转速、挡位与车速、道路坡度与载荷等条件下的离合器最佳接合规律，离合器就按此规律工作。主要影响因素如下。

1）离合器接合行程

从离合器分离到接合为止，其行程大致可分三个阶段，如图9-31所示。即零转矩传递阶段、转矩传递急速增长阶段和恒转矩传递阶段。

因第一阶段无转矩传递，故接合速度较快，可实现快速起步或减少换挡时功率中断的时间。第二阶段速度较慢，以获得平稳起步或换挡、提高乘坐舒适性和减少传动系冲击载荷；但过慢的速度又会造成滑摩时间长，影响离合器寿命，故需控制在一定时间内完成。第三阶段速度也较快，以使压紧力尽快达到最大值，并保留分离轴承与分离叉之间的间隙。

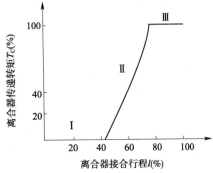

图9-31 离合器接合过程行程与传递转矩的关系

2）节气门开度

加速踏板的操纵反映了驾驶人意图，被用于控制离合器的接合速度。在离合器接合的前阶段，其速度正比于节气门开度。但在踩下加速踏板准备起动发动机时，离合器不接合，而需发动机达到目标转速 n_{e0}（即发动机在该节气门开度下最大转矩对应的转速）后才平稳接合，以防止熄火。在离合器接合的后阶段，因发动机与变速器输入轴已接近同步,接合速度不需再受节气门控制。

汽车起步时离合器接合的速度分缓慢、正常和急速等不同程度,主要按加速踏板的踏入量来控制。中、高车速范围时的离合器控制,除受节气门大小的影响外,还与节气门开度的变化率有关。

3) 发动机转速

离合器接合时,发动机转速 n_e 会出现变化,接合的速度越快转速 n_e 的波动量越大。为防止发动机输出转矩小于离合器从动轴转矩,使发动机转速 n_e 下降过低而引起爆震,造成车身振动甚至发动机熄火。控制系统需先计算发动机的目标转速 n_{eo},如果发现该节气门开度下的 $n_e < n_{eo}$,则离合器分离,停止接合。

4) 挡位与车速

由于变速器输出转矩的大小与挡位即传动比成正比,低挡传动比大,后备牵引力就大,从而使汽车的加速度也大,传动系统可能产生的动载荷也越大。因此,从提高离合器接合平顺性、乘坐舒适性及减小动载考虑,应放慢离合器接合速度 v_c,故低挡时换挡时间长,如图9-32所示。此外,由于车速间接地反映了外界的负荷大小,在同一节气门开度下行驶时,车速越高说明外部阻力越小,所以离合器接合速度可以加快。

5) 坡度与载荷

道路坡度和汽车载荷增加,均会引起发动机转速的峰值及输出转矩的明显变化。为了降低动载荷与提高接合平稳性,离合器的接合速度被适当放慢。

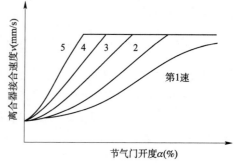

图9-32 离合器接合速度与挡位的关系

2. 离合器执行机构

离合器的执行机构有液动和气动两种。如果从使用性能来看,液动要优于气动,但对已有气压系统的汽车而言,使用气动方案可降低成本。

如图9-33所示的液压系统,操纵离合器动作的是一个单作用液压缸,系统由电磁阀 Y_1、Y_2、Y_3、Y_4 控制,这些阀设有直径各不相同的节流孔,以满足不同接合速度的要求。该系统的工作模式有四种:

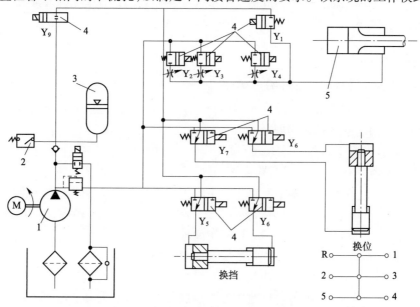

图9-33 机械式自动变速器的液压系统
1-液压泵;2-压力继电器;3-蓄压气;4-电磁阀;5-离合器操纵液压缸

(1) 分离。电磁阀 Y_1 接通,Y_2、Y_3 和 Y_4 关闭,压力油进入液压缸,离合器分离,用于防止发动机熄火及换挡。

(2) 保持分离。保持分离时 Y_1、Y_2、Y_3 和 Y_4 均关闭,缸内液压油被封闭,活塞不动,离合器保持分离。

(3) 接合。Y_1 关闭,Y_2、Y_3 和 Y_4 由驱动电磁阀的脉冲电流的脉冲幅值控制,分别或同时接通,脉冲越宽,活塞运动速度越快。系统根据行程传感器的信号,对执行机构的实际运动进行修正,实现按最佳接合规律动作,配合车辆起步、换挡。

(4) 保持接合。离合器接合后,除 Y_2 外所有电磁阀全部关闭,汽车进入正常行驶。

当电磁阀接通后,压力油进入液压缸左腔,推动活塞右移,使离合器分离。行程传感器则将离合器的位置信号随时提供给微机,以使微机能根据工况对电磁阀进行控制,达到离合器适时分离或接合的目的。

当关闭整车电源开关后,电磁阀电流也被切断,离合器接合。如此时变速器还挂着挡,而发动机尚未完全停止运转,则会因离合器的接合产生很大的冲击,甚至有可能使车向前窜动。为保证安全,防止这种危险情况发生,离合器卸压阀 Y_2 可采用常开型,并设置延迟电源电路,使其在电源切断后 2~3s 内使让离合器保持分离状态。

四、发动机节气门开度自动控制

控制节气门的方法通常是用步进电动机代替机械传动,加速踏板的行程通过传感器传至微机,微机再按对应的开度控制步进电动机。在正常行驶时,加速踏板踩下行程与步进电动机驱动的节气门开度是一致的。但在换挡过程中,步进电动机按换挡规律要求先松节气门,以便挂空挡,在挂上新挡并接合离合器的同时,按微机中设置的自适应调节规律供油,然后再回到的正常节气门开度。

节气门执行机构的主要部件是步进电动机,它是由输入脉冲改变其电磁铁励磁条件而转动一定角度的电动机,其控制电路保证了电压的变化不会对电动机的输出转矩产生影响。

控制机械式自动变速器同样有巡航控制功能。在巡航控制起作用时,随着道路坡度、阻力的变化,汽车自动地变化节气门开度并进行挡位变换,以便按存储在微机内的最佳燃油经济性规律行驶。

第五节 双中间轴变速器

受路况、载荷等多种因素影响,客车和重型汽车更多选择配套的是双中间轴变速器。目前,双中间轴变速器在中国市场上应用较广。

一、双中间轴变速器的分类

双中间轴变速器按结构的不同,可分为单箱式、倍挡组合式(分段式配挡)、半挡组合式(插入式配挡)以及复合式(前置半挡和后置倍挡)等几种;按操纵方式,分为预选式、直接操纵式和远距离操纵式等;按换挡方式,分为滑动啮合套式和同步器式。

1. 单箱双中间轴变速器

单箱双中间轴变速器只有一个主变速器,由输入轴、主轴及其上的零件和两根中间轴组成基本结构,两根中间轴相对主轴相间 180°布置。由于没有控制气路,因此结构简单、可靠。按挡位,主要有 5 挡、6 挡、7 挡等几种形式。图 9-34 为带同步器的 6 挡双中间轴变速器结构简图。

2. 倍挡组合式双中间轴变速器

为使汽车具有良好的动力性、经济性和加速性,必须扩大变速器的传动比范围并增加挡位数。为避免变速器的结构过于复杂和便于系列化生产,多采用组合式机械变速器。

1) 结构

这种变速器一般是在主变速器后部带一个 2 挡副变速器,将主变速器的挡位数增加 1 倍,所增加的挡位传动比数值等于主变速器传动比和副变速器传动比的乘积,而且齿轮对数少于挡位数,因此箱体尺寸缩短,轴的长度减短,刚度增大,并增大了变速器容量。通常以 4~6 挡双中间轴变速器为主体,通过更换系列齿轮副和配置不同的副变速器(亦称"副箱"),得到一组不同挡

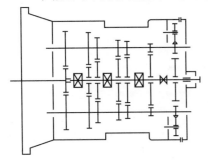

图 9-34 6 挡双中间轴变速器结构

位数、不同传动比范围的变速器系列。

2) 功率分流

增加倍挡组合式变速器最大输入转矩和最低挡传动比带来的技术问题是副变速器低挡齿轮的强度不足,超出齿轮轮齿的承载能力。解决办法是副变速器采用功率分流、加大中心距,普遍有两种方法:一种是采用行星齿轮系的传动方法,这种结构非常紧凑,体积小而转矩容量大,但是制造加工成本高,维修难度较大;另一种功率分流的方法是采用双中间轴传动结构,这种方法可靠性高,易于维修,且可以与加大中心距的方法相结合,达到进一步增强副箱承载能力的目的。

3. 半挡组合式双中间轴变速器

大量资料和实际使用经验证明,多挡变速器可以降低车辆油耗并提高其行驶能力,特别是公路长途客、货运汽车,效果更为显著。因相邻挡位的传动比级差小,有利于降低油耗。

将副变速器传动比均匀地插入传动比间隔大的主变速器各挡传动比之间,使变速器的挡位数增加1倍。半挡副变速器串联在主变速器前部,它只有一对齿轮副和换挡同步器。早期的半挡副变速器由一个单独的齿轮箱组成,近年来发展成将半挡齿轮副直接放到主变速器之内,既缩短变速器长度又简化了半挡结构。半挡副变速器由一对类似一轴常啮合齿轮副组成,齿圈套在动力输入轴上自由转动,当动力输入轴上的齿圈与主变速器一轴接合时,各挡传动比均由主变速器一轴齿轮副组成;当齿圈与动力输入轴上的接合齿连接时,常啮合齿轮与主变速器上的中间轴连接,因此主变速器中间轴也旋转,由此组成的各挡传动比均匀地插入主变速器各挡传动比之间,如图9-35所示。

4. "倍挡+半挡"组合式双中间轴变速器

图9-36为16JS200T变速器的结构简图。发动机动力通过离合器传给变速器的一轴,一轴上的同步器通过和一轴上的分速齿轮或一轴齿轮接合,从而实现一轴上的齿轮与中间轴传动齿轮啮合,进而驱动中间轴及其上的各挡齿轮转动,此时一轴上的另一个齿轮在一轴上空转。中间轴上各挡齿轮与二轴上各挡齿轮常啮合,故二轴上各挡齿轮同时转动。二轴上各挡齿轮空套在二轴上,所以在空挡时(即同步器处在中间位置时)二轴并不转动。当二轴上的同步器移向某一挡位并将二轴齿轮同二轴连为一体时,二轴则开始转动。

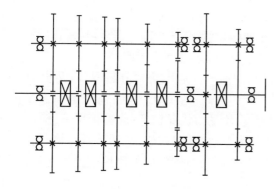

图9-35 半挡组合式双中间轴变速器

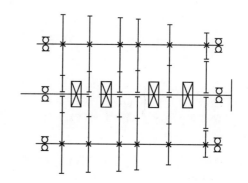

图9-36 "倍挡+半挡"组合式双中间轴变速器

当后副箱位于高挡区时(即同步器齿套移向变速器前方时),二轴的动力通过副箱驱动齿轮和同步器齿套传递给副箱主轴直接输出;当副箱位于低挡区时(即同步器齿套移向变速器后方时),二轴输出的动力通过副箱驱动齿轮传递给副箱中间轴,再通过副箱主轴减速齿轮、同步器齿套传递给副箱主轴输出。

二、双中间轴变速器工作原理及结构分析

1. 双中间轴功率分流

图9-37所示为主副箱结构、带后置副变速器的倍挡式双中间轴变速器,其主箱采用两根结构完全相同的中间轴,它们相间180°。动力从一轴输入后,分流到两根中间轴上,再汇流到主轴上输出至副箱,然后分流到两根副箱中间轴上,最后汇流到副箱主轴输出。

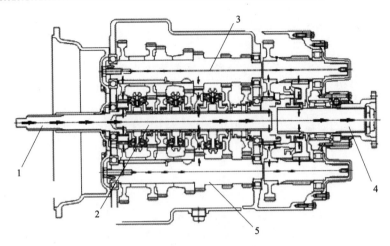

图 9-37 双中间轴变速器的结构示意图
1-输入轴；2-主轴；3-中间轴；4-输出轴；5-中间轴

根据功率分流原理，这种结构的变速器每个中间轴、中间轴两端的轴承以及中间轴上的齿轮只承受原来1/2的力，输入轴及主轴上每个齿轮的轮齿受力也只有原来的1/2。但由于齿形误差、齿厚误差和中心距误差等因素，实际受力可能略大于原来的1/2。但是，较之单中间轴变速器的齿轮受力，具有明显的优势。采用对称布置的双中间轴，中间轴上每个齿轮施加给输入轴齿轮和主轴齿轮的径向力大小相等而方向相反，故相互抵消，因此，主轴只承受转矩而不承受弯矩，也减少了主轴弯曲变形引起的齿轮啮合失效，降低了变速器的齿轮啮合噪声，提高了齿轮寿命。由于减少了轴向尺寸，有利于整车布置（特别是对于短轴距的车辆）。尤其是变速器质量的减轻，降低了整车油耗，提高了整车的燃油经济性。此外，由于每个齿轮及轴承受力减小，可以延长变速器使用寿命，使其工作更加可靠。

主轴及主轴齿轮均采用浮动安装形式，如图 9-38 所示。在双中间轴变速器中，主轴只有后端一个轴承支撑，而其前端没有轴承，主轴齿轮与主轴之间靠两个中间轴上的齿轮将其"夹"起来。这样，主轴及主轴上的各挡齿轮就可以随着制造误差引起的受力大小变化沿着径向微量移动，以确保齿轮的轮齿总处于最佳受力状态，从而大大改善齿轮的啮合状况、减小变速器噪声、延长齿轮寿命。

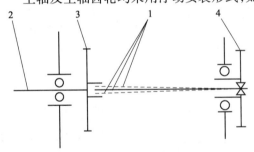

图 9-38 双中间轴主轴浮动结构示意图
1-主轴；2-输入轴；3-输入轴齿轮；4-主轴齿轮

2. 双中间轴变速器的设计特点

（1）结构简单。运用功率分流原理，两根中间轴每根只承受1/2的载荷，输入轴、主轴和输出轴只承受转矩而不承受弯矩，齿轮受力状况良好；此种情况下，轴类零件可以做得直径更小，齿轮件可以减小厚度，从而使整个总成长度变短，质量减轻；采用特殊摩擦材料的双锥面同步器，换挡操作轻便，降低了驾驶疲劳和增加舒适性；双锥面同步器应用的高性能摩擦材料，经试验和市场验证，效果较好。

（2）多挡化设计有效降低了挡位之间的传动比级差，提高了发动机的燃油经济性。依据双中间轴变速器功率分流的特性，其中主轴只承受转矩而不承受弯矩并且齿轮受力情况远优于其他结构，因此齿轮可以设计得更薄；在与其他结构类型变速器同等长度的情况下，可以布置更多的挡位，以降低级差。

（3）轻量化设计提高了变速器的比转矩（比功率）。相同转矩下的变速器，双中间轴结构质量低于同转矩其他结构变速器，特别是铝合金壳体的采用，使效果更加明显。

（4）传动比的合理化和多样化设计，提高了整车配置和各种路况下车辆行驶的适应性。以法士特双中间轴变速器为例，其基于双中间轴技术平台，通过不同的中心距，设计出了适合各个转矩段使用的变速器总成，以适应更为复杂多变路况对车辆运行的要求。

（5）可靠性和耐用性高。双中间轴因其独特的设计特性，可靠性高，适合于多种复杂路况的应用。

（6）低传动噪声，改善了驾驶和乘客的舒适性。变速器内部齿轮全部采用细高齿结构以及修形技术，降低了齿轮啮合噪声。

第六节　客车变速操纵系统

由于客车车身结构特点的限制,前置和后置发动机客车均广泛采用软轴式操纵,而传统的杆式传动目前在客车上已经很少应用。变速操纵器安装在驾驶区,其主要功用是将操纵杆的摆动转换为变速软轴索芯的往复运动,从而完成变速器的换挡动作。变速操纵器要完成选挡和换挡两个方面的动作,起着转换驾驶人施加于操纵杆球头上的力和位移的作用,其性能和结构参数对软轴的使用寿命有着重要影响。

一、软轴变速操纵系统

软轴变速操纵系统以变速软轴为传递媒介,将驾驶人的选挡、换挡意图通过变速操纵器转换为变速器的换挡动作,其主要由变速操纵器、操纵软轴总成、操纵软轴支架、变速器选换挡摇臂或选换挡轴等组成。

根据软轴的作用功能和与变速器的连接方式,可分为互动式和分动式;根据软轴数量,可分为两/双软轴操纵和三软轴短杆操纵,其中三软轴短杆操纵同时包含互动式和分动式两种状态。

对于互动式操纵系统,当两根软轴沿相同方向运动时,完成换挡功能;或两根推拉软轴沿相反方向运动时,完成选挡功能。

对于分动式操纵系统,两根推拉软轴各司其职,一根完成换挡功能,连接于变速器换挡摇臂,称为换挡软轴;另一根完成选挡功能,连接于变速器的换挡摇臂上,称为换挡软轴。

1. 双软轴变速操纵机构

如图9-39所示,两软轴变速操纵机构由变速换挡杆、变速操纵器、选挡软轴、换挡软轴、操纵软轴支架、换挡摇臂和转换器等主要部件组成。两软轴变速操纵机构结构简单,安装、调整方便,在客车上得到广泛使用。

两软轴变速操纵机构的选挡是通过双十字节结构,使操纵杆的左右运动转化为选挡软轴的前后运动,又通过转换器使软轴的前后运动转化为连杆的左右运动,而连杆的左右运动促使变速器选换挡输入轴左右运动而实现的;换挡是通过双十字节结构使操纵杆的前后运动转化为换挡软轴的前后运

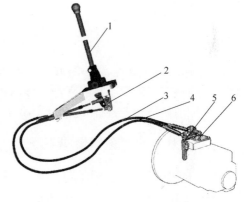

图9-39　两软轴换挡系统
1-变速器操纵杆;2-变速操纵器;3-选挡软轴;4-换挡软轴;5-换挡摇臂;6-转换器

动,再通过换挡摇臂使软轴的前后运动转化为变速器输入轴的前后旋转运动而实现的。图9-40为MK4变速操纵器。

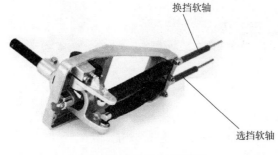

图9-40　MK4变速操纵器

MK4变速操纵器的结构为双十字节连接在一起,操纵杆其实为一个十字臂,选换挡软轴固定端为另外两个十字臂,三个十字臂相互连接、相互作用。操纵杆十字臂的左右运动转化为选挡软轴固定端的前后运动,其前后运动又转化为换挡软轴固定端的前后运动。操纵器选挡臂有两个相同的孔,通过调整软轴安装位置可以调整变速操纵杆球头的运动范围;操纵器换挡摇臂上有三个相同的孔,呈直线排布,通过调整软轴安装位置可以改变驾驶人的操纵力。

2. 三软轴变速操纵机构

三软轴变速操纵机构是近年国内推出的短杆豪华式变速操纵机构,在高档客车上得到广泛应用。三软轴变速操纵的换挡动作是换挡软轴和选挡软轴共同作用的互动式结构,选挡动作是两根选挡软轴的分动式结构,如图9-41所示。

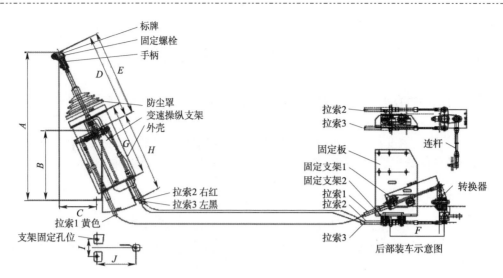

图 9-41 三软轴变速操纵机构

二、变速操纵助力机构

目前,大部分客车的操纵舒适性和轻便性还达不到轿车水平,为了进一步减小操纵力,可以增加换挡气助力操纵系统。

换挡气助力操纵系统如图 9-42 所示。其工作原理是当需要换挡时,先踩下离合器踏板,离合器管路中的液压力上升,推开离合器分泵的随动阀,分泵进气管往分泵气缸中进气,同时部分气体从分泵出气口进入到进挡助力气缸进气口处;此时如采取了进挡动作,软轴的轴芯往前或往后抽动,同时拉动或推动助力气缸,助力气缸的控制阀会有一个方向被打开,气体从进气口进入到进挡助力气缸,气缸活塞推动顶杆,顶杆推动换挡摆臂,从而起到减小换挡力的作用。

三、液力自动变速器操纵系统

液力自动变速器(AT)的操纵系统一般是按键式,可根据需要按不同的键实现驾驶意图,如图 9-43 所示。其工作原理是由车载计算机根据车速、节气门、发动转速等信号,自动做出换挡指令,并使变速器完成换挡功能。

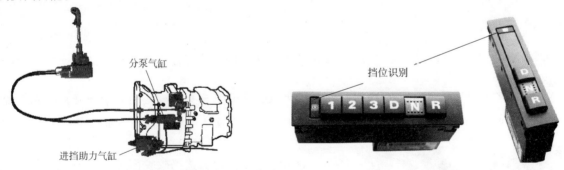

图 9-42 换挡气助力操纵系统　　　　图 9-43 按键式选挡器

AT 的各种形式选挡器如图 9-44 所示。选挡器上通常有英文和数字等,排序为:P、R、N、OD、D3、2、1等。其中,P 位是停车挡,在车辆完全停止或起动时使用,具有锁住传动输出轴的功能,但在行驶中不能当作制动用,否则会严重损坏机件;R 位是倒车挡,在车辆停稳后方可使用;N 位是空挡,可方便车辆作短暂停车时使用;OD 位是超速挡,高速工况时使用,可节约燃油;D 位是行车挡,供正常行驶时使用;3、2、1 依次为速度更低的低速挡,为低速和爬坡工况时使用。如挂 3 位,变速器挡位可在 1、2、3 各挡位之间自动根据需要切换;如挂 2 挡位,变速器挡位可在 1、2 挡位之间自动根据需要切换;1 挡位一般是爬陡坡时能提供更大动力的挡位。L 是 Lock up,其作用是锁止保护,防止误操作。此外,还有 Kick down 强迫降低挡位,加速时可以用来使变速器下降一挡以获得更大的加速动力。

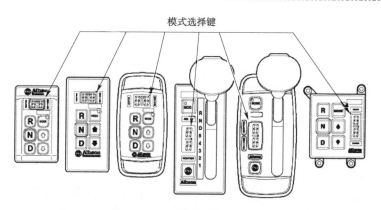

图 9-44 AT 变速器的各种形式选挡器

模式选择键。有些 AT 操纵系统设有几种换挡模式，常见的有：动力模式、经济模式和雪地模式等，可以根据道路状况、驾驶人的意愿等选定工作模式。

四、电控机械式自动变速器操纵系统

由于有级机械式变速器存在变速操纵复杂、驾驶人操作技术要求高和劳动强度大等缺点，20 世纪 80 年代，国外在传统机械式变速器的基础上通过电子控制技术，使之实现了自动换挡功能。

电控有级机械式变速器变速操纵的原理是，取消了变速操纵杆和离合器踏板，在变速器旁边增加了一体式离合操控模块和变速操纵模块；离合操控和变速操纵模块根据已设定的程序自动判断离合器分离、接合和换挡时机，选择最合适的挡位，由离合操控模块和变速操纵模块中的执行机构自动执行离合和选、换挡动作；同时，还可自动实现节气门控制、加减速等一系列动作。由于该系统使离合器分离、接合和换挡时机更精准，车辆的经济性和动力性得到提升，离合系统的使用寿命也得到了提高。电控机械式自动变速器的控制原理，如图 9-25 所示。

图中，ECU 根据驾驶人的意图（加速踏板、制动踏板、变速器手柄等的位置）及车辆状态（发动机转速、离合器从动盘转速、车速等），按换挡规律实时、在线地担负起多路输入信号的采集、加工处理以及控制决策和控制指令的发出，借助相应的执行机构自动完成节气门开度调整、离合器分离、接合和变速器的换挡动作。汽车上常用的 AMT 采用了微机控制，取消了车辆上的离合器踏板和变速杆，只保留了加速踏板，通过它向微机发出需要控制车辆的有关信息。

对于国内大部分后置客车采用的软轴式变速操纵机构所存在的软轴操纵空行程偏大、传动效率偏低、选换挡偏沉，以及在可靠性与使用寿命等方面存在一些问题，虽然近年来已得到很大改善，并且也能够较好地解决用于客车大行李舱结构时布置困难等问题，但因换挡操纵的频繁性，还是容易导致驾驶操纵强度大，驾驶人易疲劳等状况。

未来，随着客车相关产业的发展、电气元件可靠性的提高、国内电控机械式变速器技术的逐步完善和成熟，以及对该变速器市场认可程度的提高，软轴式变速操纵机构将被逐步淘汰，自动控制变速操纵系统将逐步普及。

第十章 车 桥

车桥亦称"车轴",通过悬架和车架(或承载式车身)相连。车桥两端安装车轮,其功用是传递车架(或承载式车身)与车轮之间各个方向的作用力及其力矩。

根据车轮上的受力情况,车桥分为驱动桥、转向桥、转向驱动桥及随动桥四种类型。在很多情况下车桥都不是一个独立的部件,往往与悬架、转向系等连接在一起。

客车的转向桥和随动桥都属于支持桥,一般客车多以前桥为转向桥。

第一节 概 述

一、驱动桥

1. 驱动桥的功用

客车驱动桥处于传动系的末端,连接万向传动装置与车轮。一种典型的驱动桥结构如图10-1所示。

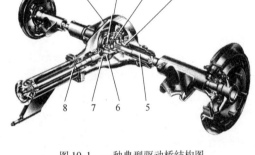

图10-1 一种典型驱动桥结构图
1-桥壳;2-半轴齿轮;3-行星齿轮;4-差速器壳;5-半轴;6-主减速器从动锥齿轮;7-主减速器主动锥齿轮;8-传动轴

驱动桥的基本功用是:

(1)降低传动系转速,增大由传动轴传递的转矩,将转矩分配给左、右驱动轮,并使左、右驱动轮具有汽车行驶运动学所需要的差速功能。

(2)承受作用于路面和车架之间的铅垂力、纵向力和横向力及力矩。

驱动桥不仅是汽车的动力传递机构,而且也是汽车的行走机构,还起着支撑汽车荷重的作用。如图10-2所示,钢板弹簧悬架通过悬架系统的弹性元件将车架或车厢的铅垂力传递到驱动桥,同时在车轮处形成垂向支反力。

当弹性元件为螺旋弹簧、扭杆弹簧和空气弹簧等不能传递纵向力和横向力的元件时,这些纵向力和横向力是通过悬架系统的导向装置来传递的。如图10-3所示,空气弹簧悬架的V形推力杆及纵向推力杆将横向力及纵向力传递到驱动桥,而空气弹簧则仅传递铅垂方向上的力。

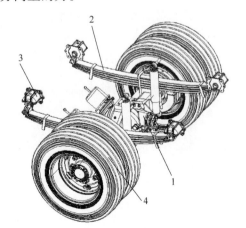

图10-2 整体式驱动桥和钢板弹簧悬架的安装关系
1-驱动桥;2-钢板弹簧;3-钢板弹簧支座;4-车轮

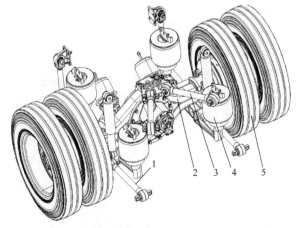

图10-3 驱动桥和空气弹簧悬架的安装关系
1-纵向推力杆;2-驱动桥;3-V形推力杆;4-空气弹簧;5-车轮

在车辆运行过程中,驱动桥除了承受上述三个方向的力以外,在通过驱动桥轴线的横向垂直平面和垂直于驱动桥轴线的纵向垂直平面内,还分别承受两个方向的力矩。

(3)驱动桥上所装备的制动器为车辆提供行车制动和驻车制动力矩。

在现代客车中,由于整车长度6m以上的客车多采用气压制动,因此驱动桥的轮边制动器一方面作为行车制动装置,另一方面还采用弹簧储能制动气室,借用强力弹簧作为制动力源,兼起驻车制动和应急制动的作用。

2. 驱动桥的分类与结构形式

1)分类

由于客车使用的特殊性,国内外车桥生产企业除进一步提高传统普通驱动桥的使用寿命、可靠性和降低噪声外,纷纷开发了多种结构形式的驱动桥,以适应客车技术发展的特殊需要。

根据传动方式的不同,驱动桥可分为普通驱动桥、转向驱动桥和变速驱动桥等多种类型。其中,用于城市客车的驱动桥除普通驱动桥外,还有专门用于城市低地板客车的门式驱动桥和新能源客车的电驱动桥等。

按照驱动方式的不同,可分为纯机械驱动桥(传统的主减速器和差速器式驱动桥)、机械电机混合式驱动桥(中央电机式电驱动桥、轮边电机式电驱动桥)和纯电机驱动桥(轮毂电机驱动桥),其中机械电机混合式驱动桥和纯电机驱动桥亦称之为"电驱动桥"。对于在高速公路和城乡道路上使用的大、中、轻型客车,一般采用普通驱动桥;对于在城市使用的公交客车,目前除常用车型外,电驱动桥在新能源客车上已开始采用。

图10-4~图10-8分别为装有静音齿轮的盘式制动器驱动桥、可配装空气悬架的盘式制动器驱动桥、装备空气悬架的偏置驱动桥、轮边电机式和轮毂电机式电驱动桥。

图10-4 装有静音齿轮的盘式制动器驱动桥

图10-5 可配装空气悬架的盘式制动器驱动桥

图10-6 装备空气悬架的偏置驱动桥

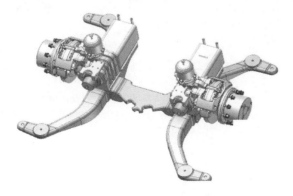

图10-7 轮边电机式电驱动桥

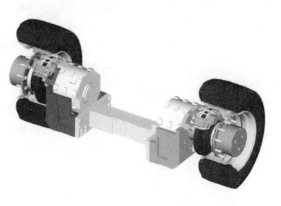

图10-8 轮毂电机式电驱动桥

2）普通驱动桥的结构形式

客车驱动桥的结构形式与客车类型、悬架结构形式和驱动桥的位置等密切相关。根据悬架结构的不同，客车普通驱动桥可分为整体式和断开式两种。目前，大多数客车均采用整体式驱动桥，部分高档轻型客车采用断开式驱动桥。

（1）整体式驱动桥。当悬架采用非独立悬架时，整个驱动桥通过弹性悬架与车架连接。这种驱动桥由于半轴套管与主减速器壳是刚性连成一体的，两侧半轴和驱动车轮不可能在横向平面内做相对运动，因此称之为整体式驱动桥。图10-9和图10-10分别为采用钢板弹簧悬架和空气弹簧悬架的整体式驱动桥结构图。

（2）断开式驱动桥。当采用独立悬架时，两侧的驱动轮分别通过各自的弹性元件、减振器和摆臂组成的弹性悬架与车架相连，并可彼此独立地相对于车架上下跳动。与此对应，主减速器固定在车架或车身上；为适应车轮绕摆臂轴上下跳动的需要，差速器与轮毂之间的半轴两端用万向节连接。这种驱动桥称之为断开式驱动桥，如图10-11所示。

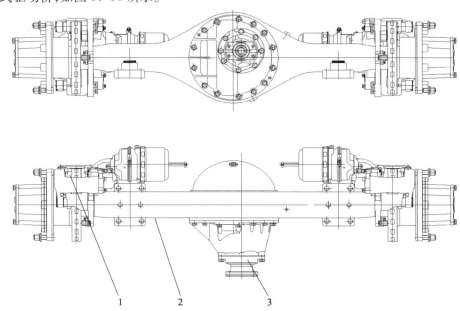

图10-9 采用钢板弹簧悬架的整体式驱动桥结构示意图
1-轮边制动器；2-桥壳；3-主减速器总成

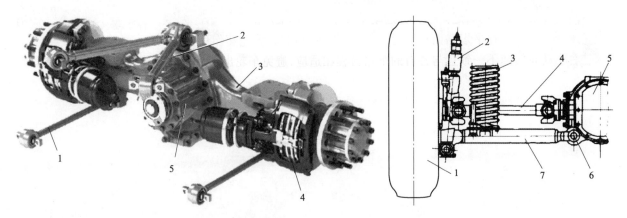

图10-10 采用空气弹簧悬架的整体式驱动桥
1-纵向推力杆；2-斜向推力杆；3-桥壳；4-轮边盘式制动器；5-主减速器总成

图10-11 断开式驱动桥结构示意图
1-车轮；2-减振器；3-弹性元件；4-半轴；5-主减速器；6-摆臂轴；7-摆臂

3. 普通整体式驱动桥的组成

如图10-12所示，整体式驱动桥主要由主减速器、桥壳、半轴、差速器、制动器和轮毂总成等组成。由于断开式驱动桥在客车上使用较少，其详细组成在此不作介绍。

1) 主减速器及差速器总成

在汽车传动系中,主减速器的主要功用是当变速器处于最高挡位时,使汽车有足够的牵引力、适当的最高车速和良好的经济性。差速器用于汽车转弯或在不平路面上行驶时,为避免一侧轮胎在地面过量滑移,减少磨损,实现左、右车轮的转速差异,从而尽量获得纯滚动。

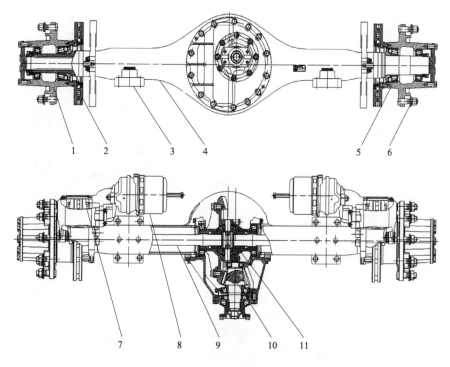

图 10-12　整体式驱动桥的组成

1-轮毂;2-制动盘(鼓)总成;3-悬架安装座;4-桥壳;5-轮毂轴承;6-车轮螺栓螺母;7-盘式制动器总成;8-制动气室;9-半轴;10-主减速器总成;11-差速器总成

现代客车驱动桥中应用最广泛的主减速器主、从动齿轮是准双曲面螺旋锥齿轮,而在双级主减速器中,通常还加一对圆柱齿轮(斜齿圆柱齿轮或人字形圆柱齿轮)。双曲面齿轮传动的特点是主从动齿轮的轴线不直接相交而呈空间交叉,空间交叉角为90°。主动齿轮相对从动齿轮有向上或向下的偏移,称为上偏置或下偏置。一般而言,后置发动机采用上偏置,前置发动机采用下偏置。

差速器的功能是消除左、右驱动轮在运动学上的不协调,保证驱动桥两侧车轮在行程不等时能以相应的不同转速旋转,从而满足汽车行驶运动学要求。应用最广泛的客车驱动桥差速器是对称式圆锥行星齿轮差速器。当汽车在平坦路面直行时,左右车轮转速相同,无差速作用;当车辆转弯行驶时,差速器工作,左、右驱动轮转速不一致且与各自的车轮行程相适应,避免车轮出现滑移或滑转。差速器的内摩擦改变了驱动桥的转矩分配,旋转较快一侧的半轴齿轮上的转矩减小,旋转较慢一侧的半轴齿轮转矩增大,这有利于改善车辆的通过性。例如,当汽车一侧的驱动车轮由于附着力不够而开始滑转时,传给它的转矩就会减小,而传递到另一侧不滑转的车轮的转矩则相应增大,左、右车轮的总牵引力仍可能达到最大值。对于经常行驶在泥泞、冰雪路面的越野车,为充分利用牵引力,在普通的圆锥行星车轮差速器上加装了一种使差速器差速作用暂时失效的差速锁,以便必要时可将差速器锁住。对于现代客车而言,由于运行路况较好,差速器的内摩擦较低,差速器的锁紧系数一般为 1.1~1.15,可以近似认为转矩被平均分配给左、右驱动轮。主减速器及差速器总成的传动原理图及典型结构如图 10-13 所示。

图 10-13 中,ω_0 为差速器壳的角速度;ω_1、ω_2 分别为左、右两半轴的角速度;T_0 为差速器壳接受的转矩;T_r 为差速器的内摩擦力矩;T_1、T_2 分别为左、右两半轴对差速器的反转矩,则:

$$\omega_1 + \omega_2 = 2\omega_0$$

$$\begin{cases} T_1 + T_2 = T_0 \\ T_2 - T_1 = T_r \end{cases}$$

2)桥壳总成

驱动桥的桥壳起着支撑汽车荷重的作用,并将载荷传给车轮。作用在车轮上的牵引力、制动力、侧向力和垂向力也是经过桥壳传递到悬架及车架上,同时它又是主减速器、差速器及驱动车轮传动装置的外壳。

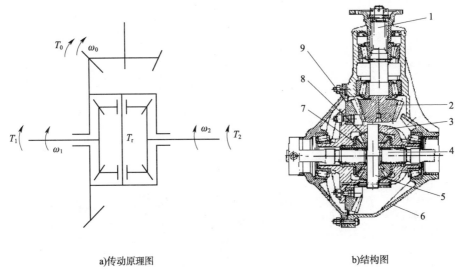

a)传动原理图　　　　　　b)结构图

图 10-13　主减速器及差速器总成

1-驱动轴;2-主动锥齿轮;3-差速器壳;4-半轴;5-十字轴;6-桥壳;7-半轴齿轮;8-行星齿轮;9-从动锥齿轮

客车驱动桥大多采用整体式桥壳,有铸造整体式、钢板冲压焊接整体式和钢管扩张成形整体式桥壳三种结构形式。铸造桥壳的主要优点是可以可制成形状复杂、壁厚变化的结构,从而得到理想的应力分布,主要用于中型和轻型客车;其主要缺点是质量大、加工面多、制造工艺复杂。钢板冲压焊接整体式桥壳简称冲焊桥壳,采用钢板冲压焊接工艺,不仅具有工艺简单、生产率高及成本低的优点,而且强度和刚度较高,整体质量小,是驱动桥桥壳的主流发展方向。钢管扩张成形整体式桥壳多用于客车驱动桥,是近年来出现的一种桥壳新工艺,采用无缝钢管扩张制成;这种工艺生产效率高,材料利用率高,桥壳质量小而强度和刚度较好,但需要专用扩张和滚压成形轧制设备。

3)半轴

半轴是在差速器与驱动轮之间传递动力的实心轴(图 10-14),其内端用花键与差速器的半轴齿轮连接,而外端则用凸缘与驱动轮的轮毂相连,半轴齿轮的轴颈支撑于差速器壳两侧轴颈的孔内,而差速器壳又以其两侧轴颈借助轴承直接支撑在主减速器壳上。半轴与驱动轮的轮毂在桥壳上的支撑形式,决定了半轴的受力状况。现代客车基本上都采用全浮式半轴支撑和半浮式半轴支撑两种主要支撑形式,如图 10-15 和图 10-16 所示。

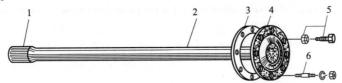

图 10-14　半轴结构示意图

1-花键;2-杆部;3-垫圈;4-凸缘;5-半轴起拔螺栓;6-半轴紧固螺栓

半轴的形式主要取决于半轴的支撑形式。普通非断开式驱动桥的半轴根据其外端支撑形式或受力状况的不同,可分为半浮式、3/4 浮式和全浮式三种。目前,客车半轴的支撑形式主要是半浮式和全浮式。

4. 客车驱动桥的技术发展

随着交通运输事业的发展和道路交通条件的改善,客车功能划分越来越细,长途客车(高速公路运输客车)、中短途客车(城乡公路运输客车)、旅游客车和城市大容量公交客车辆等对驱动桥的要求各有侧重,而不同用途的客车驱动桥将有着不同的技术发展趋势。

(1)由于经常在高速公路行驶的大型客运车辆车速高、容量大,对动力性、经济性要求较高,随着发动机向低转速、大转矩的方向发展,其使用的驱动桥也向小传动比、大转矩方向发展。在一般的平原、丘陵地区运行的客车,驱动桥传动比通常在 2.85~3.7 之间;而在山区丘陵使用的客车,传动比多在 3.7~4.1 之间,才能较好地兼顾动力性和经济性需求。

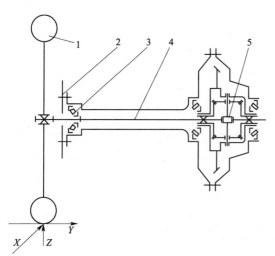

图 10-15 半浮式支撑的半轴示意图
1-车轮;2-桥壳凸缘;3-圆锥滚子轴承;4-半轴;5-止推块

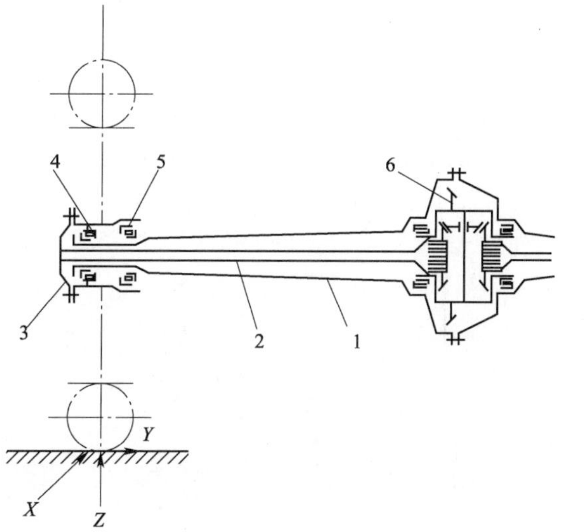

图 10-16 全浮式支撑的半轴示意图
1-桥壳;2-半轴;3-半轴凸缘;4-轮毂;5-轴承;6-主减速器从动锥齿轮

(2)主减速器的输出转矩,一般在 40000N·m 以上,以满足动力输出要求。此外,主、从动齿轮普遍采用精磨工艺以降低噪声,提高客车舒适性。驱动桥轮毂轴承的润滑形式,将逐渐从脂润滑向油润滑过渡;轮边润滑油与主减速器总成的润滑油相联通,以此提高维护里程和维护的方便性;随着车速的提高,对制动性能将有更高的要求,盘式制动器的应用在近年来发展很快,取代鼓式制动器已是必然的趋势。

(3)城市公交车辆的发展趋势是低地板、大容量,要求驱动桥主减速器的位置尽可能低,车内通道尽可能宽。为此,近年来出现了以 ZF 公司为代表的低地板门式驱动桥,并开始在国产城市快速公交车辆上得到应用。同时,随着自动变速器和液力缓速器的推广,要求驱动桥的允许输出转矩尽可能大,而主、从动齿轮采用精磨工艺,降低驱动和制动时的传动噪声就成为主减速器制造工艺的必然选择。

(4)新能源客车将成为城市客车的主流。目前,部分纯电动客车用驱动桥已开始采用轮毂电机和中央电机式电驱动桥。其中,采用轮毂电机的电驱动桥取消了主减速器及差速器,减小了占用底盘空间、降低了非簧载质量、整车总质量及能量消耗,提高了舒适性,而车轮的差速功能则由程序控制的驱动电机来实现。随着新能源车辆的普及,轮毂电机驱动桥也是未来的发展方向。

为满足客车舒适、节能、降噪和城市客车的上下便利性等特殊要求,出现了不同的结构形式的驱动桥,而不同用途的车辆,对驱动桥的具体结构要求也不同。以城市公交客车为例,要求地板尽可能低、车内通道尽可能宽,这就要求驱动桥的主减速器在高度方向的尺寸尽可能小;同时,城市公交客车由于车速偏低,为获得良好的动力性和燃油经济性,主减速器的传动比往往较大,若采用单级减速,从动齿轮的齿数较多,直径相应较大;为解决这一矛盾,低地板城市公交客车的驱动桥在主减速器之外,增加一级轮边减速,采用双级减速,这样主减速比可以做得小一些,尺寸也就可以相应减小。而公路客运车辆,对地板高度无严格要求,为了获得较大的行李舱容积,地板高度可以设计得较高一些,允许主减速器的尺寸较大,因此公路客运车辆的驱动桥一般都采用单级减速。

二、转向桥

转向桥是利用转向节使车轮偏转一定的角度以实现汽车转向,同时还承受和传递车轮与车架之间的垂直载荷、纵向力和侧向力以及这些力形成的力矩。转向桥通常位于汽车的前部,因此也常称为前桥(或"前轴")。

转向桥在保证汽车转向功能的同时,应使转向轮有自动回正作用,以保证汽车稳定的直线行驶功能,即当转向轮在偶遇外力作用发生偏转时,一旦外力消失后,应能立即自动回到原来的直线行驶位置。这种自动回正作用由转向轮的定位参数来保证。也就是说转向轮、主销和前轴之间的安装应有精确的相对位置。转向轮的定位参数有主销内倾角、主销后倾角、前轮外倾角和前轮前束。一般,主销内倾角不大于8°,主销后倾角不超过2°~3°,前轮外倾角1°,前轮前束0~12mm。

三、随动桥

随动桥亦称"支持桥",是三轴客车的第三轴,不仅具有支撑承载作用,而且在客车转向过程中有的还可以实现一定角度的偏转(即转向随动桥),从而减轻了因客车转向不协调导致的轮胎非正常磨损,同时也减少了最小转弯半径和通道宽度,提高了客车的通过性和机动性。

为适应我国道路旅客运输的发展,GB 1589—2016《道路车辆外廓尺寸、轴荷及质量限值》进一步放宽了对客车总长的限制,即客车单车的最大长度可达到13.7m,因此载荷也相应增加。在这种情况下,双轴客车已很难满足载荷要求,需要采用带随动桥的三轴客车(6×2)。图10-17所示为某三轴客车的底盘结构,其中第三桥(后桥)为随动转向桥。

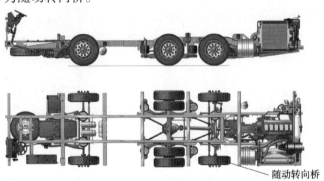

图10-17 带后随动转向桥的某三轴客车底盘结构图

第二节 门式驱动桥

门式驱动桥是一种近年来广泛应用于低地板城市公交客车的驱动用桥,其特点是配备了门式桥的客车与普通公交客车相比,具有上车时没有台阶,一步就能进入车厢。门式桥不仅使乘客上下车方便,而且缩短了运行中的停靠站时间,提高了运输效率,增大了客运量,同时轮椅车和婴儿车都可以方便进出车厢。

一、门式驱动桥的特点

门式驱动桥主要用于大容量低地板公交客车,因此也称为低地板客车驱动桥。其具有如下特点:
(1)采用中心主减速器和轮边双级减速,第一级减速比较小,总减速比可达到6.2左右,以适应公交客车对大速比的要求。
(2)中心主减速器尺寸较小,可以获得较低的地板高度和较大的通道宽度,实现公交客车的低地板化。
(3)桥壳与空气悬架的托架一体化设计,内部安装轮边减速器,结构紧凑。
(4)采用盘式制动器,既提高了制动性能,又取消了凸轮轴、制动气室支架等机构;制动气室由一般的中间安装改为两侧安装,使降低地板高度成为可能。
(5)配合空气悬架的应用,簧距(气囊中心距)加大,提高了车辆的侧倾稳定性和舒适性。

二、门式驱动桥的结构

门式驱动桥有整体式和断开式两种结构。其中,整体式门式驱动桥在低地板公交客车上已得到广泛应用,本节主要介绍整体式门式驱动桥。

整体式门式驱动桥主要由托架、桥壳、中央主减速器、轮边减速器、轮毂制动盘总成、盘式制动器总成和制动气室等组成,如图10-18所示。

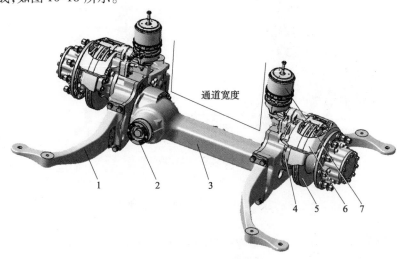

图10-18 门式驱动桥
1-空气弹簧托架;2-中央主减速器;3-桥壳;4-轮边减速器;5-轮毂制动盘总成;6-盘式制动器总成;7-制动气室

目前,门式驱动桥以德国ZF公司的AV132型车桥为主流,具有较高的技术含量,如图10-19所示。安装AV132型门式驱动桥的城市客车,其地板高度与相同规格的普通城市客车相比,可降低112mm。

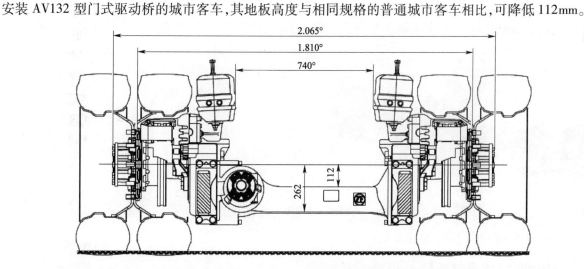

图10-19 ZF AV132低地板车桥安装示意图

国内车桥厂家也在自主开发类似结构的门式车桥,但目前还没有达到实用阶段。门式驱动桥以其在整车布置方面的独特优势,被广泛应用于大容量低地板城市公交客车,是未来城市公交客车用驱动桥的发展方向。

一般情况下,主减速器输入法兰在横向的偏置较小(≤40mm)。但在城市公交低地板车型的整车布置时,为降低地板高度,通常将主减速器的输入法兰布置成与整车中心线有较大的偏置,此类驱动桥称为偏置式驱动桥,其典型结构如图10-20所示。

对于普通整体式驱动桥,由于制动器气室偏向主减速器安装,主减速器可偏置量小,主减速器偏置对降低地板高度无贡献,难以实现低地板,故偏置式结构一般用于门式驱动桥上。偏置式驱动桥除了具有门式驱动桥的特点外,最明显的区别是主减速器的输入法兰在横向有更

图10-20 偏置式驱动桥

大的偏置,可以进一步降低地板高度,如图10-21所示。缺点是由于偏置过大,发动机、传动轴等动力装

置布置较复杂。

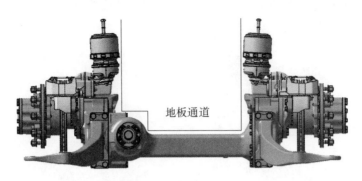

图 10-21　偏置式驱动桥的地板空间

第三节　电驱动桥

纯电动客车的驱动桥大多采用电机驱动方式。为满足不同车型的要求,出现了多种形式的电驱动桥。按照结构特征的不同,客车电驱动桥可以分为中央电机式、轮边电机式和轮毂电机式三种。本节针对电动城市客车,对三种形式的电驱动桥分别进行介绍。

一、中央电机式电驱动桥

中央电机式电驱动桥将电机布置在车辆的纵轴线上,驱动系统的传动链由电机、固定传动比减速器以及差速器等组成,电机可以无级变频调速。一款中央电机式电驱动桥结构如图 10-22 所示。

图 10-22　中央电机式电驱动桥

这种结构的优点是可以增加电机的最高转速,提高电机效率;提高电机的功率密度,减轻驱动系统的质量,保证纯电动城市客车的起步、爬坡、加速等动力性要求。缺点是对减速器的制造水平要求高,增加了电驱动系统成本,降低了电驱动系统的可靠性。目前,国内的固定传动比减速器制造技术,在传递转矩较大、转速较高的情况下,其加工精度和使用可靠性还存在一定的不足。

二、轮边电机式电驱动桥

轮边电机驱动是指每个驱动车轮由单独的电动机驱动,但电动机不是集成在轮辋内,而是通过传动装置连接到轮毂。轮边电动机属于簧载质量范围,要求悬架系统隔振性能好。若将轮边电动机安装在车身上,通过传动装置和车轮相连,由于车身上的轮边电动机对整车总布置影响很大,尤其是在后轴驱动的情况下更为严重。此外,由于车身和车轮之间存在很大的相对运动,因此对传动轴的万向传动也会产生一定的影响。

轮边电机式电驱动桥的优点是:省略了大量的传动部件,使整车结构更简单化,避免了变速器、传动轴等机械部件自重大以及需要定期维护和故障率高的问题;空间利用率高,可满足城市公交客车大通道、低地板的要求;传动效率高,可以实现多种复杂的驱动方式,能够匹配多种新能源客车。

图 10-23 所示为两款轮边电机式驱动桥的结构照片,车辆由轮边电机通过减速器直接驱动车轮,轮边电机的转矩和转速分别由各自的电机控制器独立控制。由于每个驱动轮独立驱动与控制,所以车辆直线行驶时,两侧车轮转速必须协调同步。

三、轮毂电机式电驱动桥

轮毂电机又称为"车轮内装式电机",是一种将电动机、传动系统和制动系统融为一体的轮毂装置技术。相对于常见的中央布置式驱动电机,轮毂电机设计安装在车轮的轮辋内,输出转矩直接传输到车轮,是一种全新的电动汽车驱动形式。与传统电机相比,采用轮毂电机具有以下特点:

(1)安装在车轮内部,直接驱动车轮,省略了传统的变/减速器、差速器、传动轴等机械传动部件,提高了传动效率,降低了机械噪声。

图 10-23　两款轮边电机式电驱动桥

(2)使汽车整体结构大为简化,提高了车内空间利用率,在不影响乘员乘坐空间的情况下,可释放更多的空间用于布置动力电池,以增加电动汽车的续驶里程。

(3)各驱动轮的驱动力独立可控,使得整车的动力学控制更为灵活,可以更方便地实现底盘系统的电子化和智能化,如差速、防滑、电制动及辅助转向等功能。

(4)安装轮毂电机只需对悬架安装部分稍作改动,不需对整车结构进行大的改变。

(5)对电动机的控制精度要求高。要求左右车轮的转速差满足汽车在不同路况行驶尤其是转弯和不平路面行驶时的要求。

轮毂电机的应用改变了汽车传统的驱动方式。随着技术的成熟,必将在电动汽车上得到广泛应用。

ZF AVE130 电驱动桥是一种轮毂电机式电驱动桥,其主要应用于纯电动和串联式混合动力的城市公交客车。特点是车桥两侧轮端分别内置有一个水冷式三相异步感应电机,大大简化了车辆传动系统的布置。一般,城市客车的电驱动低地板桥可承受 13t 的载荷。此外,AVE130 电驱动桥还与标准低地板车桥拥有几乎相同的安装尺寸,可以满足混合动力、纯电动(燃料电池、动力电池)或无轨电车等新能源车辆的使用要求。

AVE130 电驱动桥的外形如图 10-24 所示,其安装示意图如图 10-25 所示。

图 10-24　ZF AVE130 型低地板轮毂电机驱动桥

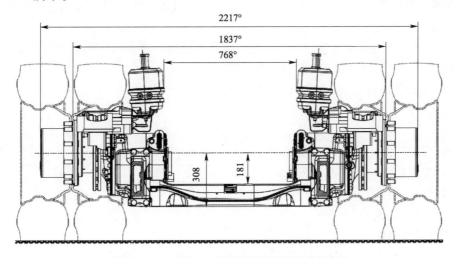

图 10-25　ZF AVE130 型低地板电驱动桥安装示意图

AVE130 低地板轮毂电机驱动桥的每个车轮由高速异步电机和两级传动比驱动，电机功率为 120kW、短期过载功率为 240kW，驱动电机如图 10-26 所示。

图 10-26　驱动车轮的高速异步电机

液体冷却的异步电机可由多种动力源单独或联合驱动，这使得驱动方式非常灵活，除了柴—电动力和蓄电池外，也可使用架空电线和燃料电池。而其他辅助系统，如动力转向泵、空调压缩机和空气压缩机等也由电力系统驱动并具有与车辆传动系统同样的优势，工作时根据需要起动，可进一步节省燃油消耗。

对于混合动力驱动系统，由于内燃机处在一个平稳的工作状态，排放性能好；由于采用了较小的内燃机且工作平稳，因此噪声水平低；车辆起步时可纯电力驱动。

不管电动机是如何集成的，混合动力客车驱动桥的安装空间应与标准的低地板门式桥基本相同，这样可将电动机直接应用于标准的柴油发动机公共汽车系列上而无须对车架作复杂的调整。由于车桥支撑轮廓线低，电动机可安装在铰接式客车的中桥和后桥上。

第四节　转　向　桥

一、客车转向桥的分类与要求

客车转向桥按与之匹配的悬架结构的不同，有非断开式和断开式两种基本形式。非断开式转向桥又称刚性转向桥，配合非独立悬架使用；断开式转向桥又称独立式转向桥，配合独立悬架使用。

客车对转向桥要求是：
(1) 车辆转弯行驶时，全部车轮应绕瞬时转向中心旋转。
(2) 转向行驶后，在驾驶人松开转向盘的条件下，转向轮能自动返回到直线行驶位置，并稳定行驶。
(3) 在任何行驶状态下，转向轮不得产生自振，转向盘不能出现摆动。
(4) 转向传动机构和悬架导向装置共同工作时，由于运动不协调使车轮产生的摆动应最小。
(5) 保证汽车有较高的机动性。
(6) 操纵轻便，具有迅速和小转弯行驶的能力。通常用转向时驾驶人作用在转向盘上的切向力大小和转向盘转动圈数的多少两项指标来评价操纵轻便性。
(7) 转向轮碰撞到障碍物后，传给转向盘的反冲力要尽可能小。

二、非断开式转向桥

非断开式转向桥是客车上用得最多的形式，通常由前轴（梁）、转向节、转向主销、转向节臂、转向梯形臂、转向横拉杆等组成，如图 10-27 所示。

非断开式转向桥按前轴（梁）中部下沉的高度不同，可分为非断式开普通转向桥和非断开式低地板客车转向桥（亦称"大落差前桥"）。

1. 非断开式普通转向桥

非断开式普通转向桥的前轴多为工字梁结构，转向节一般使用反埃利奥特式，即转向节制成叉形，用主销连接在车桥上,推力轴承安装在转向节下耳与前轴拳部之间,主销与转向节主销孔间装有衬套。此外,转向节除反埃利奥特式外,还有埃利奥特式、李蒙式和马蒙式等,但很少使用在客车上。

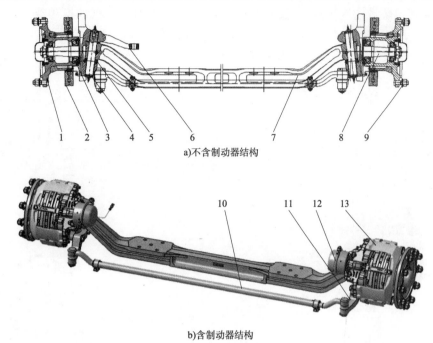

图 10-27 非断开式转向桥结构

1-轮毂;2-制动盘;3-轮毂轴承;4-主销;5-止推轴承;6-转向直拉杆臂;7-前轴;8-转向;9-车轮螺栓螺母;10-转向横拉杆;11-转向梯形;12-制动气室;13-盘式制动器总成

2. 非断开式低地板客车转向桥

低地板客车采用的非断开式转向桥是近年来城市公交越来越向人性化和舒适性要求方向发展所出现的特有前桥结构,其优点在于:

(1)转向角最大可达55°,转弯半径小,车辆操纵性好。

(2)质量轻,燃油经济性好。

(3)大落差结构降低了公交客车的地板高度,减少了人员上下车时间,同时方便老龄人、小孩和残疾人上、下车。

(4)增大了前桥上方的车内通道宽度,便于乘客在车内流动。

低地板客车的关键技术之一是非断开式(刚性)低地板转向桥,其实际空间尺寸如图 10-28 所示。

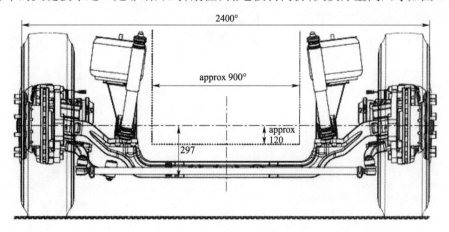

图 10-28 低地板刚性转向桥(前桥)的空间尺寸

低地板客车非断开式转向桥的车轮转动中心与前桥钢板弹簧安装面的高度差称为一级落差,钢板弹簧安装座与前桥最下部上平面的高度差称为二级落差,当一、二级落差较大时为大落差转向桥,又称门式转向桥。

门式转向桥与一般转向桥相比,其最明显特点是车桥的一级和二级落差都较大,用于城市公交车辆时,可以降低前乘客门区域的地板高度,加大通道宽度,实现公交客车的低地板和低入口,从而提高乘降快捷性和方便性。目前,门式转向桥在18m级低地板铰接公交客车及低地板普通客车或低入口车型上已得到广泛应用。门式转向桥的典型结构如图10-29所示。

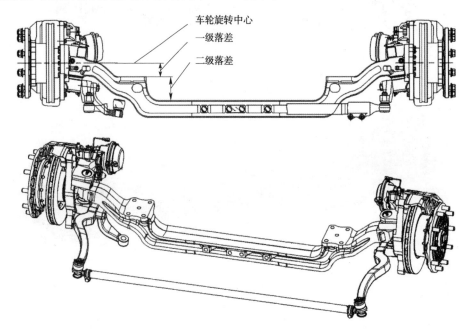

图10-29 门式转向桥结构示意图

三、独立式转向桥

为提高乘坐舒适性,现代公路及城市客车需要更大的使用空间。如公路客车需要大且规整的行李舱,城市客车需要降低一级踏步高度、增大乘坐空间,公路客车要求较高的加速度、转弯速度和舒适性等。而独立式转向桥则可满足这些需求。

独立式转向桥配合独立悬架使用,与采用非独立悬架的非断开式转向桥相比,具有如下优点:

(1)非悬挂质量小,传递给车身的冲击载荷小,有利于提高客车的行驶平顺性和轮胎接地性。

(2)左右车轮的跳动没有直接的相互影响,可以减少车身的倾斜和振动。

(3)占用横向空间小,可以降低地板高度和加大通道宽度。

(4)能保证车辆具有良好的操纵和平顺性能。

客车用的独立式转向桥主要有双横臂式和扭杆弹簧式两种,其典型结构分别如图10-30和图10-31所示。

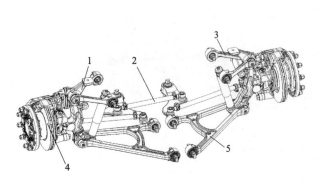

图10-30 双横臂式独立转向桥
1-支撑臂;2-断开式转向梯形;3-上导向;4-车轮盘式制动器;
5-下导向臂

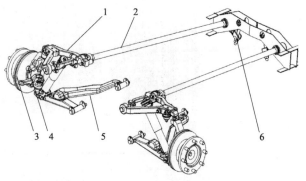

图10-31 扭杆弹簧式独立转向桥
1-上摆臂总成;2-扭杆弹簧;3-轮边总成;4-转向节;5-下摆臂支撑臂总成;6-支撑臂

1. 双横臂式独立转向桥

在图 10-30 中,双横臂式独立转向桥主要由支撑臂 1、断开式转向梯形 2、上导向臂 3、轮边制动器 4、导向臂 5 部分组成。这种独立式转向桥在客车的每一侧分别有二根横臂(支撑臂、导向臂),安装在车架或者车身上,靠断开式转向梯形机构保证左右车轮同步转向。

2. 扭杆弹簧式独立转向桥

在图 10-31 中,扭杆弹簧式独立转向桥主要由上摆臂总成 1、扭杆弹簧 2、轮边总成 3、转向节 4、下摆臂支撑臂总成 5、支撑臂 6 部分组成。其保证左右车轮同步转向主要由导向装置(上摆臂总成、下摆臂支撑臂总成、支撑臂)等组成的转向机构来实现,同时导向装置还用来传递纵向力、侧向力和由此产生的力矩,并保证车轮相对于车架(或车身)作规定的几何运动。

第五节　随动转向桥

一、随动桥的分类及要求

根据结构形式的不同,随动桥分为一般随动桥和随动转向桥两类。其中,前者不能转向,只起支撑作用;而后者按其控制方式的不同,可分为主动控制式和被动式两种,即主动随动转向和被动随动转向。目前,在三轴客车上主动控制式和被动式随动转向桥都有采用。本节仅介绍随动转向桥。

作为客车第三轴的随动桥,不同于驱动桥,在客车做非直线行驶时由于三个桥的运动不协调而产生随动桥轮胎的非正常磨损,不仅大大降低了轮胎使用寿命,还对车辆的行驶性能产生很大影响。

随动桥轮胎的非正常磨损从动力学分析其主要原因是:由于路面的侧向倾斜、侧向风或曲线行驶时,地面对车轮中心沿 Y 方向产生侧向反作用力,当轮胎所受的侧向反作用力达到车轮与地面之间的附着极限时,车轮发生侧向滑动,造成了轮胎的非正常磨损;曲线行驶时,左右车轮的滚动距离不同,而随动桥一般没有差速器,必然造成一边车轮滚动一边车轮边滚边滑,从而加剧了轮胎的磨损。为了克服随动桥的非正常磨损,可参考双轴客车的理想转角形式设计并选择合适的结构参数;为了得到理想的随动桥转角,使其轮胎运动形式由滑动变为滚动,必须采用随动转向桥。

目前,国内只有少数客车厂家开发生产 13.7m 客车,且大多还处于研制、完善、性能测试及小批量试生产阶段,可供选型的随动转向桥很少。而欧洲 13.7m 三轴客车技术成熟,其随动转向桥已成为标准配置,因此较好地解决了由于随动桥不转向而产生的问题,如图 10-32 所示。

采用随动桥的三轴客车车速与车辆转角的特性曲线如图 10-33 所示。

图 10-32　随动转向桥在车上的安装

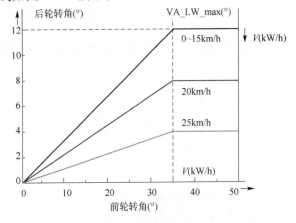

图 10-33　车速与车辆转角的特性

二、主动控制式随动转向桥

所谓主动控制式(简称"主动式")是指前轮转向时,向随动转向系统输入信号(力、力矩、前轮转角、车速、压力等)使随动桥按规定的转角关系进行转向行驶。

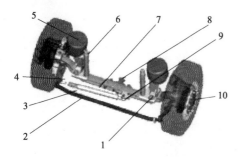

图 10-34 主动控制式随动转向桥结构示意图
1-气囊支座及纵向推力杆支座;2-横拉杆;3-转向液压缸;4-转向节臂;5-气囊;6-减振器;7-工字梁;8-V型杆支座;9-转向液压缸支座;10-车轮及制动器

主动式随动转向桥在国外已有成熟产品,如德国 ZF、Neoplan 和瑞典 Volvo 的随动桥转向系统等。其基本结构主要包括转向节总成、转向节臂、转向液压缸、转向减振器、转向横拉杆总成、工字梁、气囊、轮毂和盘式制动器总成等,其中工字梁上设计有气囊支座及纵向推力杆支座、V 型推力杆支座和转向液压缸支座等,如图 10-34 所示。这种结构主要有液控和电控两种控制方式。虽然电控传输准确性、敏捷性好,但由于可靠性不高,目前欧洲豪华客车和载货汽车大多采用可靠性好的液压控制方式。

目前,主动式随动转向桥有主动控制式随动转向桥为后桥和主动控制式随动转向桥为中间桥的两种布置方式,如图 10-35 所示。

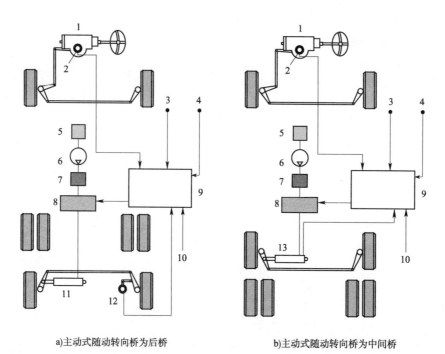

a) 主动式随动转向桥为后桥   b) 主动式随动转向桥为中间桥

图 10-35 主动式随动转向桥的布置方式
1-转向器;2-转角传感器;3-CAN 总线;4-故障诊断;5-油箱;6-油泵;7-滤油器;8-控制阀;9-ECU;10-24V 电源;11,13-液压缸;12-转角传感器

主动式随动转向桥的转向系统由转向器、主转向液压缸(主油缸)、对中液压缸(中间油缸)、储能器、油管及压力开关等组成。如图 10-36 所示,安装在前桥上的转向器 1 通过转向直拉杆 7 控制前桥转向;与此同时,通过液压管路 5 将前桥转向器内的油压传递给安装在前桥前车辆底盘前部的主油缸 2,主油缸 2 的液压变化通过液压管路 5 传递到随动桥上的中间油缸 3,中间油缸 3 通过活塞杆控制随动桥的转向;储能器 4 不仅可以提高整个液压系统的刚度,同时可以保证在车辆直行时中间油缸中的活塞杆处在正确的位置;为防止整个液压系统由于压力过高而导致系统受损或油腔出现真空,在主油缸 2 中设置了限压阀和补偿阀;此外,如果系统液压管路连接不当,系统中的截止阀可以使前桥液压助力转向失效,并关闭随动桥的同时转向功能。

当车辆直行或转向盘转角小于 5°时,主油缸中的 Z1 腔和 Z2 腔连通,同时储能器压缩管路中的液压油控制中间油缸里的工作腔 Z3、Z4、Z5、Z6,以保证中间油缸在车辆直行时处于中间位置。

当车辆向左、右打方向时,前桥转向器内压力升高,使得主油缸中工作腔内的液压油压力升高,推动主油缸内的活塞杆向左右移动;当转角大于 5°时,活塞腔 Z1 处的液压油压力升高,通过管路传递,活塞腔 Z6 处的压力升高,中间油缸中的活塞杆将会向左右移动,同时推动随动桥向左右转动。

主动液控随动转向桥的特点是:

（1）无论客车低速或高速前行还是倒车，随动桥转向均由主油缸全程控制。
（2）减少了轮胎磨损，改善了高速行驶的稳定性。
（3）可靠性好，传输准确度较高。
（4）结构较复杂，成本高。

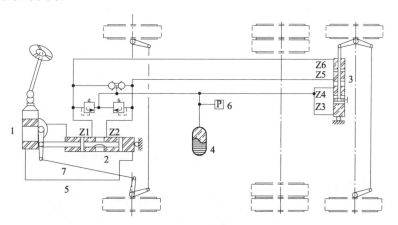

图 10-36 主动液控随动转向桥
1-转向器；2-主油缸；3-中间油缸；4-储能器；5-液压油路；6-压力开关；7-转向直拉杆

三、被动式随动转向桥

被动控制式（简称"被动式"）是指前轮转向时，前轮转向与随动桥之间没有直接的信号输入关系，随动桥是根据车辆转向时产生的离心力变化作为输入信号来实现随动桥转向的。

被动式随动转向桥由于没有专门的控制机构，结构简单，一般适用于转角较小的情况。这种结构国外已有成熟产品，如德国 ZF、MAN 的被动式随动桥的转向系统，其前轮转向与被动式随动转向桥之间没有直接的信号输入关系，而是根据客车转向时产生的离心力变化作为输入信号来实现随动桥转向的。

被动式随动转向桥主要由转向节总成、转向节臂、转向减振器、转向横拉杆总成、工字梁、锁止气缸、气囊、轮毂和制动器总成等部件组成。其中，工字梁上安装有气囊支座及纵向推力杆支座，V 型杆支座和锁止气缸支座等，结构如图 10-37 所示。

ZF 被动式转向随动桥的结构基本与前桥一样，但其主销上部向后倾斜 8°，一般由转向减振器、气动控制锁止缸及传感器等组成。转向减振器一端固定在随动桥工字梁上，另一端固定在转向梯形臂上；锁止缸一端也固定在随动桥上，另一端挺杆固定在与主销相连的锁止杆上。

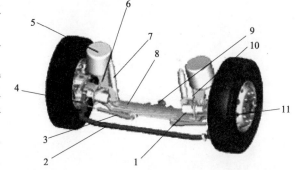

图 10-37 被动式随动转向桥结构示意图
1-锁止气缸；2-横拉杆；3-转向减振器；4-转向节臂；5-气囊；6-气囊支座及纵向推力杆支座；7-减振器；8-工字梁；9-V 形杆支座；10-锁止气缸支座；11-车轮及制动器

其工作原理如图 10-38 所示。当驾驶人向右打方向时，客车本身由于离心力的作用，在随动转向桥车轮与路面的接触点 B 处作用了一个侧向反作用力 F，反力 F 对车轮形成绕主销作用的力矩 FL，其方向正好与前轮转向方向相反（向左）；在该力作用下，实现了随动桥的被动转向。转向力矩的大小取决于力臂 L 的数值，而力臂 L 又取决于主销后倾角的大小。因此，随动桥主销后倾角的大小要设计合适，如果后倾角过小，则转向力矩小，不能克服摩擦阻力绕主销轴线产生的反方向力矩，造成随动桥转向迟滞；如果后倾角过大，将使转向力矩大而造成随动桥方向回正困难。

被动式随动转向桥的核心技术在转向节总成上，其基本组成主要包括转向节、主销、轴瓦、波浪垫板、圆柱弹簧和波浪垫板固定装置等。如图 10-39 所示，轴头主销下部结构为波形垫板，当客车转弯时，该轴轮胎受地面反向力矩，克服了波形垫板结构阻力的轮胎即可形成自动转向；当客车行驶路径变为直线时，该轴轮胎受到的反向力矩消失,波形垫板在车辆质量作用下回到直行位置。

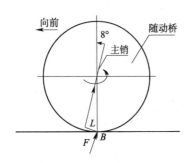

图 10-38　随动转向桥主销后倾作用示意图

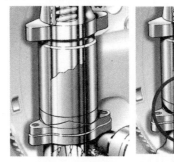

图 10-39　随动转向桥的转向主销结构

当客车直线行驶时,若随动转向轮偶然受到外力作用而稍有偏转,此时转向减振器对随动桥车轮形成绕主销轴线作用的力矩,其方向正好与车轮偏转方向相反,在此力矩作用下,将使车轮回复到原来的中间位置,从而保证了客车稳定的直线行驶。

当客车高速行驶或倒车时,车轮转速传感器将检测到的信号传输给ECU,经过运算并发出指令,通过调整气压来控制锁止缸,使随动轮不能转向,确保客车方向稳定性。

被动式随动桥的特点是:

(1)结构简单,成本低。

(2)由于前轮与转向轮之间没有直接信号传输关系,且路面作用在随动桥车轮上的力是复杂变化的,因此虽然转向减振器能吸收振动能量,振动衰减快,但被动转向系统的方向稳定性始终要比主动转向系统差。

第十一章　车轮和轮胎

车轮和轮胎是汽车行驶系统中的重要部件,其作用是支撑整车重力,和悬架一起共同缓和汽车行驶时所受到的冲击,并衰减由此产生的振动,以保证汽车具有良好的舒适性和行驶平顺性;通过轮胎和路面间存在的附着作用产生驱动力和制动力,以提高汽车的牵引性、制动性和通过性;产生平衡汽车转弯行驶时离心力的侧向力,在保证正常转向的同时,通过车轮产生的自动回正力矩使汽车保持直线行驶等。

第一节　概　　述

一、车轮

车轮是轮胎和轮轴之间的旋转承载件,通常由轮辋和轮辐两个主要部件组成,轮辋和轮辐可以是整体的、永久连接的或可拆卸的(GB/T 2933—2009)。轮辋是车轮上安装和支撑轮胎的部件,轮辐是车轮上车轴和轮辋之间的支撑部件。

按照轮辐的构造,车轮可分为辐板式和辐条式;按车轴一端安装一个或两个轮胎,车轮又分为单式车轮和双式车轮。此外,还有对开式车轮、可反装式车轮、可调式车轮和可拆卸式轮辋的车轮等多种结构。目前,客车上广泛采用的是辐板式车轮,如图 11-1 所示。

二、轮胎

现代汽车几乎都采用充气轮胎。轮胎安装在轮辋上,直接与地面接触。

1. 轮胎的分类与组成

我国的轮胎国家标准及国际轮胎标准都按用途对轮胎进行分类。即按照用途的不同,可分为轿车轮胎、轻型载货汽车轮胎、载重和公共汽车轮胎、工程机械轮胎和越野汽车轮胎等;按胎体结构不同,可分为充气轮胎和实心轮胎,其中充气轮胎按组成结构不同,可分为有内胎轮胎和无内胎轮胎;按胎体中帘线排列的方向不同,可分为普通斜交轮胎、带束斜交轮胎和子午线轮胎;按胎内的空气压力大小,充气轮胎也可分为高压轮胎、低压轮胎和超低压轮胎。轮胎一般由胎冠、胎侧、胎肩部分组成,如图 11-2 所示。

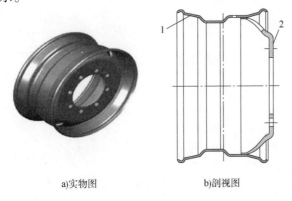

a)实物图　　b)剖视图

图 11-1　辐板式车轮示意图
1-轮辋;2-轮辐

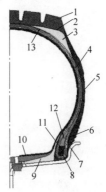

图 11-2　轮胎的组成
1-胎冠;2-胎面;3-胎面下层;4-帘布层;5-胎侧;
6-防擦线;7-轮圈;8-钢丝圈;9-胎趾;10-内胎;
11-钢丝包布;12-三角胶条;13-缓冲层

2. 轮胎结构与特点

1) 充气轮胎

现代汽车绝大多数采用充气轮胎,如图11-3所示。无内胎轮胎在外观和结构上与有内胎轮胎的外胎近似,所不同的是无内胎轮胎内壁上附加了一层厚度为2～3mm的专门用来密封的橡胶气密层。

无内胎轮胎被刺扎后,由于本身处于压缩状态而紧裹着穿刺物,使得漏气缓慢,避免了"爆胎",增加了行驶安全性。此外,扎钉后可快速修补,且多数情况下不用对轮胎进行拆卸,就可以采用专用修补材料和工具对损伤处进行快速修补,节省时间和资金。

轮胎的断面高(H)与断面宽(B)的比值(H/B)是代表轮胎结构特征的重要参数,称之为轮胎的高宽比,即扁平比。从20世纪20年代开始,轮胎的高宽比不断减小,

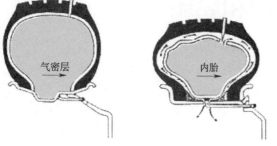

a) 无内胎轮胎　　　　b) 有内胎轮胎

图11-3　无内胎轮胎和有内胎轮胎

即由高变低,由窄变宽。

轮胎扁平化后的优点是:

(1) 断面宽度增大后,与地面的接触面积增大,摩擦系数增大,可提升车辆加速及制动能力。

(2) 低扁平轮胎的耐久性好。

(3) 断面高度减少后,转弯时轮胎的周向滑移率变小,触地韧性加强,提高了车辆的操纵稳定性能。

2) 子午线轮胎与斜交轮胎

(1) 子午线轮胎。子午线轮胎的结构如图11-4所示,其特点是胎体帘布层帘线排列方向与轮胎的子午断面一致,帘线在圆周方向只靠橡胶来连接。由于带束层的约束,接地面形状及压力分布明显优于斜交轮胎。

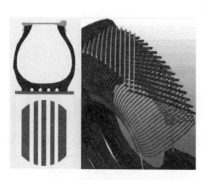
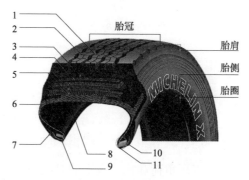

a) 子午线轮胎结构示意图　　　　b) 子午线轮胎实体结构

图11-4　子午线轮胎的结构

1-胎面花纹；2-胎面沟槽；3-缓冲层；4-保护层；5-带束层；6-胎体；7-胎圈；8-内衬层；9-胎趾；10-胎踵；11-钢丝圈

子午线轮胎与普通斜交轮胎相比,主要具有以下优点:

① 耐磨、耐刺扎,使用寿命长。由于子午线轮胎胎面与胎体帘布层之间具有刚性较大的带束层,因此轮胎在路面上滚动时,周向变形小,相对滑移小;因轮胎体的径向弹性大,使轮胎接地面积增大,压强减小,故胎面耐磨性强;刚性的带束层在保护胎体的同时减少了胎面的周向变形,刺扎伤口扩展慢,轮胎耐刺扎,不易爆胎,行驶里程可比普通斜交轮胎多30%。

② 滚动阻力小、耗油低。子午线轮胎相比斜交轮胎,周向变形小,胎体帘布层数少,发热低,因此滞后损失少,滚动阻力小,可减少汽车燃料的消耗达5%～12%。

③ 承载能力大。由于子午线轮胎的帘线排列与轮胎主要的变形方向一致,因而使帘线强度得到充分有效利用,故比普通斜交轮胎的承载能力提高10%以上。

④ 减振性能好。子午线轮胎的胎侧柔软,胎体径向(垂直于地面方向)弹性好,变形大,可以缓和不平路面的冲击,改善汽车平顺性,乘坐舒适;同时也降低了车辆受冲击损坏的可能性,有助于延长车辆的使

用寿命。

(2) 斜交轮胎。斜交轮胎的胎体由相互交错的多层帘布构成,如图 11-5 所示。

3. 轮胎规格及表示方法

充气轮胎尺寸标记的主要参数有轮胎外径、轮胎内径、轮胎断面高度和轮胎断面宽度。其中,轮胎断面高度与轮胎断面宽度的比值称之为轮胎的高宽比(以百分比表示),也称轮胎的扁平率。通常高宽比有:80%、75%、70%、60% 和 55% 等。

目前,充气轮胎一般习惯用英制单位表示法,但欧洲国家则常用米制单位表示,也有些国家用英制和米制单位混合表示,而个别国家也有用字母做代号来表示轮胎规格尺寸。我国轮胎规格标记主要采用英制单位,也用英制和米制单位混合表示。

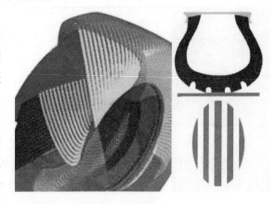

图 11-5 斜交轮胎的结构示意图

1) 斜交轮胎规格

对斜交轮胎我国采用国际标准,其规格用 $B-d$ 表示。载货汽车斜交轮胎和轿车斜交轮胎的尺寸 B 和 d 均用 in 为单位,其中 B 为轮胎名义断面宽度代号,d 为轮辋名义直径代号。

例如 9.00 - 20,表示斜交轮胎的名义断面宽度 9in,轮辋名义直径 20in。

2) 子午线轮胎规格

国产子午线轮胎规格用 BRd 表示,其中 R 代表子午线轮胎(即"Radial"的第一个字母)。载货汽车轮胎断面宽 B 有英制单位 in 和米制单位两种,而轮辋直径 d 的单位仍用 in。

例如 9.00R20,表示子午线轮胎,轮胎断面宽度 9in,轮辋名义直径为 20in。

3) 无内胎轮胎规格

按国家标准 GB 2977—1989 的规定,载货汽车普通断面子午线无内胎轮胎的规格用 BRd 表示。例如:315/75R22.5 154/149L,表示轮胎名义断面宽度 315mm,轮胎名义高宽比 75%,R 为子午线结构代号,无内胎轮辋名义直径 22.5in,负荷指数:单胎 154/双胎 149,L 速度级别。

此外,目前国产大中型客车也开始部分使用子午线无内胎轮胎。随着汽车工业的发展,我国的轮胎标准已经过几次修订。现在客车执行的标准为 GB 9744—2007《载重汽车轮胎》和 GB/T 2977—2008《载重汽车轮胎规格、尺寸、气压与负荷》。标准规定了轮胎规格的表示方法、轮胎规格对应的尺寸、气压与负荷等。

4) 速度等级

我国参照采用国际标准化组织(ISO)规定的速度标志,在汽车轮胎系列标准中规定了轮胎规格、基本参数、主要尺寸、气压负荷和速度级别的对应关系等。

5) 部分国家的轮胎规格表示方法

欧洲许多国家的低压轮胎用 $B×d$ 标记,尺寸单位用 mm。例如,185×400 轮胎,表示其轮胎断面宽度 B 为 185mm,轮辋直径 d 为 400mm。这种规格的轮胎相当于我国的 7.50 - 16 轮胎。

以目前美国、德国、日本等一些国家轮胎规格的表示方法为例:如 30×9.50R15LT,表示轮胎外径 30in,轮胎宽度名义尺寸 9.5in,R 表示径向结构,车轮轮辋名义直径 15in,LT 表示适用于载货汽车。

在轮胎型号之前或后添加字母 P,表示该轮胎适用于轿车,添加 LT 表示该轮胎适用于货车。

法国钢丝轮胎的表示方法采用代号字母和数字混合表示,例如,A-20 轮胎就相当于我国的 7.50-20 轮胎,B-20 相当于 8.25-20,C-20 相当于 9.00-20,D-20 相当于 10.00-20 等。

在同一种规格轮辋上可安装内径相同而断面高度不同(但接近于基本标准)的外胎或内径相同但胎体的帘布层数较多的外胎,后者多在汽车超载或在坏路上行驶的情况下使用。对于每种尺寸的轮胎,根据它的内压力和外胎中帘布层数目,制造厂提供了容许载荷的定额,以保证规定的使用寿命。

三、大中型客车轮胎的选用

大中型客车轮胎应根据车辆用途、使用条件及轮胎性能等要求进行正确的选择和使用。

1. 公路客车

由于公路客车经常在高速及高等级路面行驶,应根据客车使用要求选配相适应的速度级别的轮胎,如经常在高速公路行驶的车辆应选择速度级别较高的轮胎,而对一般的客车选用普通级别的轮胎就可以了。如果车辆行驶速度超过轮胎规定的速度条件行驶,将使轮胎温度升高、胎内压升高、胎体强度大大降低,从而导致胎体帘线破坏,加剧轮胎磨损,甚至会出现爆胎现象。

子午线轮胎由于具有适用于高速、重载等诸多特点,公路客车采用较多。一般12m及以上系列公路客车选用295/80R22.5或12R22.5规格的轮胎,11m系列公路客车选用11R22.5规格轮胎,10m系列公路客车选用10R22.5轮胎,9m系列公路客车选用9R22.5轮胎,8m系列公路客车选用7.5R22.5轮胎。

2. 城市客车

城市客车因行驶速度较低,可采用斜交轮胎。但考虑到现代城市客车使用的可靠性及舒适性,也应选用子午线轮胎。通常11m及以上系列城市客车一般选用275/70R22.5或295/80R22.5轮胎,且以275/70R22.5规格的轮胎居多;10m系列城市客车通常选用11R22.5、10.00R20或10.00-20轮胎;双层城市客车多选用295/80R22.5轮胎;8m和9m系列城市客车一般选用轮胎断面7~9in轮胎。需要指出的是,由于不同城市客户需求和技术要求的原因,不同类型城市客车的轮胎选择也会有所不同。

第二节 铝合金车轮

铝合金车轮不仅比钢制车轮具有更好的安全性,而且具有更好的力学性能,更轻的质量,更好的节能效果,且外形美观,款式易变换。客车采用铝合金车轮,既能增加安全性、降低油耗,又能提升操纵稳定性和舒适性,因此在欧美发达国家得到广泛的应用。铝合金轮辋一般需要配备无内胎轮胎。

一、铝合金车轮的发展过程与经济效益

1. 铝合金车轮发展过程

铝合金车轮也简称铝车轮。最早的铝车轮于1923年出现在赛车上,采用的是砂模铸造。第二次世界大战后普通汽车上开始有所采用。1958年出现了铸造整体铝车轮,后不久又有了锻造铝车轮。1979年,美国把铝带成形车轮作为标准车轮。1980年,奔驰汽车公司开始在240D型轿车上成批采用带材成形铝车轮。1981年,美国恺撒铝及化学公司用挤压方法首次生产整体铝合金轿车车轮,用于装备前轮驱动的小型轿车。为了研究和发展铝车轮,日本于1973年成立了"轻金属车轮委员会",同年开始成批生产轿车铝车轮,1977年成批生产载货车及大客车铝车轮,1979年成批生产摩托车铝车轮。自20世纪80年代起,各汽车工业发达国家都开始了铝车轮的生产,目前轿车的采用率已超过80%,欧美及日本等国家和地区生产的载货车和大客车的采用率也达50%以上。

铸造铝合金车轮成本较低,锻造铝合金车轮延性好,精度、强度较高。带材成形铝车轮在质量和价格方面均低于锻造的,但性能优于铸造铝合金,其质量是钢车轮的60%。挤压铝合金车轮不但在性能方面优于锻造和铸造的,而且在质量方面也轻得多。由于技术的进步,目前带材成形和挤压已成为铝合金车轮的主流生产工艺。

2. 铝车轮的经济效益

铝合金的价格比钢材高,铝合金车轮制造工艺也比钢车轮复杂,故成本较高。其价格比是:钢质车轮/铝合金带成形车轮/铸铝合金车轮/锻铝合金车轮=1/3/3.5/6,此外,由于铝合金的强度与疲劳性能好,密度小,可使汽车的整备质量显著下降。据有关资料统计,一辆普通轿车可减轻质量8~12kg;一辆中型汽车可减轻质量33~35kg;一辆大型货车或大客车可减轻质量100~185kg。可见其带来的经济效益相当可观。

为了进一步了解采用铝合金车轮后的油耗情况,20世纪80年代日本川西泰夫等对装备钢质车轮及铝合金车轮的载货汽车进行了油耗试验及加速试验,结果发现:在由50km/h加速到70km/h时,铝车轮车比钢车轮车少用时间3.8%~6.4%,且加速时耗油量也较小,为钢质车轮车的93%左右。

二、铝合金车轮的结构

铝合金车轮一般分为整体式和组合式两类。图 11-6 为整体式结构,有铸造式及锻造式两种。组合式结构有两件组合式(图 11-7)和三件组合式(图 11-8)两种。两件组合式的轮辋一般为锻造,轮辐为铸造,轮辋可用铝合金带、圆片或挤压片加工,轮辐铸造后两件组装定位、轻金属电极惰气保护焊接后成为一体。三件组合式的轮辋采用挤压型材,幅板由厚板制作,轮毂锻造。大客车和载货车一般采用整体铸造和整体锻造式铝合金车轮,小客车多用组合式铝合金车轮,其内、外轮辋用厚板制作。

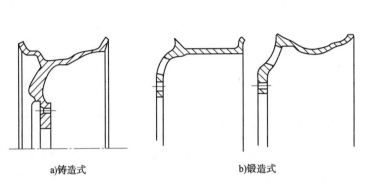

图 11-6 整体式铝合金车轮
a)铸造式　　b)锻造式

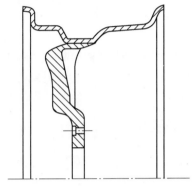

图 11-7 两件组合式铝合金车轮

三、铝合金车轮的制造工艺与材料

1. 铸造

铸造铝合金车轮又可分为低压铸造、反压铸造和高反压铸造。低压铸造是生产铝合金轮辋的最基本方法,也比较经济。低压铸造就是把熔化的金属浇铸在模子里成型并硬化。反压铸造是较为先进的铸造方法,用高真空产生的吸力把金属吸进模具,有利于保持恒温和排除杂质,铸件内没有气孔而且密度均匀,强度很高。高反压模铸(HCM)工艺生产的铝轮毂几乎与锻造的一样,德国 BBS 轮圈公司的 RX/RY(15~20in)系列铝轮毂就是用 HCM 法铸造的。

2. 锻造

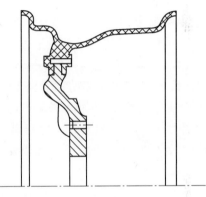

图 11-8 三件组合式铝合金车轮

锻造是制造铝合金轮辋的较为先进的方法,以 62.3MN 的压力把一块铝合金锭在热状态下,压成一个轮辋,这种铝合金轮辋的强度是一般铝轮辋的 3 倍,而且前者比后者还轻 20%。有些造型美观且结构相对复杂的轮辋,往往不可能一次锻压成型,滚锻(又称模锻)是锻造的一种,把一支轮辋的毛坯在滚动中锻造成型,滚锻出的轮辋在保持足够强度的同时,能大大减少厚度,用这种工艺制造的铝合金轮辋不仅密度均匀、表面平滑、圈壁薄、质量轻,而且可承受较大的压力。

四、铝车轮的优缺点

1. 强度高,安全可靠

锻造铝合金轮辋的承载力高,承载能力是普通钢轮辋的 5 倍。试验证明,锻造铝合金轮辋在承受 72000kg 压力后才变形 5cm,而钢轮辋承受 14000kg 压力时已变形 5cm。换句话说,锻造铝合金轮辋的强度是普通钢轮辋的 5 倍。

日本 VIA 实验室标准测试,在 6m 高的冲击试验机中,1000kg 的质量以自由落体状态对轮辋高速冲击,锻造铝合金轮辋经过冲击试验基本没有损坏,而钢轮辋的损坏程度则非常严重且不能够使用。

2. 质量轻,操纵性好

载货汽车使用的锻造铝合金轮辋质量不到 23kg,钢轮辋为 46kg 左右。每辆车至少可以减轻 161kg。根据世界铝业协会提供的数据,一般情况下汽车每减少 10% 的质量,其燃油消耗便可降低 6%~8%。

3. 散热快，不易爆胎

对于高速行驶的汽车来说，因轮胎与地面的摩擦等产生的高温爆胎等现象屡见不鲜。而铝合金的热传导系数是钢铁的3倍，加上铝合金车轮因其结构的特征，极易将轮胎所产生的热量排散到空气中。即使在长途高速行驶或下坡路连续制动的情况下，亦能使轮胎保持适当的温度降低爆胎率。

由于锻造铝合金轮辋的特性，它的平衡值为0，不容易变形，再加上锻造铝合金轮辋特有的空气流动，散热快（正常行驶温度比钢轮辋低20~30℃），因此轮胎在低温状态下可降低磨损26%，使每条轮胎多跑3万~5万km不等。

4. 圆度高，动平衡好

锻造铝车轮是一体锻造成型后通过数控车床加工完成，真圆度不到0.1mm，因此高速行驶不会产生颤抖。而钢车轮由钢板卷曲焊接而成，圆度误差在1mm以上。

锻造铝合金轮辋质地均匀，动平衡在50g以下，而钢轮辋的动平衡大大超过了这一数字。因此，锻造铝车轮在行驶过程中更加平稳舒适。

五、铝合金车轮在国产客车上的应用前景

由于铝车轮具有一系列优势，使得它在国产高速客车上已得到一定的推广，部分公路与旅游客车相继采用了铝车轮。但受制于其价格，在城市客车上的应用较少。

目前，我国新能源客车发展迅速，尤其是混合动力电动客车和纯电动城市客车，受益于国家扶持政策、资金补贴和城市节能环保方面的压力，近年来很多一、二线城市均启动了大规模采购电动城市客车计划，电动城市客车售价远高于普通动力城市客车，因此对铝车轮本身万元左右的车轮差价并不敏感，并且纯电动客车由于电池系统质量很大，造成整车整备质量高，对质量非常敏感，而铝车轮能有效降低整车整备质量，因此在纯电动客车上具有很好的应用前景。

此外，在铝车轮的应用上也要注意其本身的特点，如铝制轮辋轮盘往往比钢制轮辋厚很多，一般铝制轮辋盘的厚度大约是钢制轮辋的两倍，因此当把钢制轮辋换成铝制轮辋时，必须检查螺柱长度是否合适。轮辋螺杆的长度是根据每一种轮辋安装系统、制动鼓、安装面厚度及盘式轮辋材料类型而设计的，若使用错误长度的螺柱可能会导致轮辋轮盘的夹紧力不足。

第三节 新型轮胎

随着轮胎技术的发展，出现了很多功能各异、各具特色的新型轮胎，如具有扁平轮胎断面的宽幅轮胎，噪声较小的低噪声轮胎和零气压轮胎等。

一、宽幅轮胎

宽幅轮胎又称低断面轮胎、宽断面轮胎或扁平轮胎，是具有扁平轮胎断面的轮胎。由于子午线轮胎需要低断面结构，因此宽幅轮胎应运而生，如图11-9a）所示。传统轮胎的断面中，高度和宽度是相等的，而在宽幅轮胎的断面中，高度比宽度小。宽幅轮胎的结构与传统轮胎相似，由胎体、胎侧、胎圈、带束层和花纹块组成，其结构及相应的功能如图11-9b）所示。

轮胎的扁平化是轮胎发展的趋势之一，扁平率的降低对于轮胎性能的影响是多方面的。主要包括轮胎应力—应变分布、操纵性能、水滑阻力、滚动阻力、胎面磨耗、高速性能、跑气保用性和生产性能等。宽幅轮胎的特点如下：

（1）轮胎应力—应变分布是轮胎最重要的性能之一，它决定着其他许多特性和行驶性能。轮胎扁平率对轮胎应力—应变分布的影响较大，降低扁平率，带束层帘线应力增加，胎体帘线应力和胎圈钢丝的周向应力减小，应力分布更加均匀，可明显提高轮胎性能。

（2）操纵性能好。宽幅轮胎降低了柔软胎侧的高度，提高了轮胎的结构完整性，增加了径向、侧向和周向刚度，提高了转弯性能和变速时的操纵性。同时由于径向柔性下降，由路面平面度产生的力更直接

地被传递到车辆悬架系统,提高了乘坐舒适性。

a)宽幅轮胎示意图　　　　　　b)宽幅轮胎结构功能

图 11-9　宽幅轮胎结构及相应功能

（3）水滑阻力小。由于接地压力与水滑阻力密切相关,宽幅轮胎大的接地面积减小了轮胎的接地平均压力,所以其水滑阻力没有高扁平率轮胎的高。可以通过适当增加胎面花纹的深度来改善这一性能。

（4）胎面磨耗小。宽幅轮胎减小了接地区的平均压力,而且,由于轮胎尺寸稳定性增大、轮胎变形减小,所以提高了轮胎胎面的耐磨性。图 11-10 为扁平率对轮胎耐磨性的影响。且扁平率对斜交轮胎耐磨性的影响比子午线轮胎的大。

（5）高速性能好。试验表明,轮胎保持高速行驶的能力与两个因素有关,即较低的生热和胎面胶较大的热撕裂强度。从高速性能的角度看,宽幅轮胎可以使用软胎面胶,这是因为轮胎的应力分布要比高扁平率轮胎的均匀,使用软胎面胶可以增加轮胎在道路上的摩擦力,这对车辆高速行驶时操作性能是非常重要的。

（6）跑气保用性能好。宽幅轮胎由于提高了轮胎结构完整性和较短的下落高度(当气压失去时,轮胎的下落高度),使轮胎胎圈脱开的机会减少,并能够更好地控制汽车安全停止。

（7）生产工艺复杂。与普通轮胎相比,宽幅轮胎的生产更加复杂和困难,由于轮胎宽度增加,宽幅轮胎更

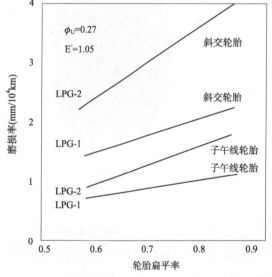

LPG-1轻磨耗情况　　　　LPG-2高磨耗情况

图 11-10　扁平率对轮胎耐磨性的影响

容易出现叫作"逆转曲率"的问题。"逆转曲率"是指胎冠区的胎体帘线在赤道平面上向内陷,这种形变会使轮胎过早报废,所以宽幅轮胎带束层和胎体帘布的合理设计及成形十分重要。

图 11-11　日本三菱生产的后轮采用宽幅轮胎的无踏步混合动力城市客车

除了以上提到的内容外,宽幅轮胎更加美观,符合现代轿车空气动力学设计,由于这些原因,制造宽幅高性能轮胎已经成为趋势。Bridgestone 已经发明了一种用于公交和货车的超宽幅轮胎,用单轮胎取代了原来的双轮胎,可提高轮胎的耐久性,减小车辆噪声,改善舒适性。由于比双胎窄了 175mm,车轴质量减轻 80~110kg,减少 10% 的滚动阻力,可大幅度提高汽车的燃油经济性。图 11-11 所示为日本三菱生产的后轮采用宽幅轮胎的无踏步混合动力城市客车。

二、低噪声轮胎

低噪声轮胎是指具有低运行噪声的轮胎,目前轮胎噪声已经成为衡量汽车质量的重要指标之一。当汽车行驶速度超过 50km/h 时,轮胎噪声就成为行驶车辆噪声的主要成分,车速越快、载荷越大,轮胎噪声的能量级越高,在汽车行驶噪声中所占的比例也越大。为了降低轮胎噪声,提高乘坐舒适性,各大轮胎公司都在研究生产低噪声轮胎。从胎面花纹看,低噪声轮胎花纹有如下几个特点:狭小的横向沟,交错的胎肩花纹块、封闭的肋和数目较多的花纹块,如图 11-12 所示。

轮胎作为一个振动系统,其振动噪声响应取决于两个方面的因素,一是路面对轮胎的激励,二是胎体结构的振动特性,目前的低噪声轮胎也都是从这两个方面着手改善轮胎的噪声性能。减小路面对轮胎的激励有两个途径:一是选择合适的胎面胶,二是优化胎面花纹设计。根据大陆轮胎公司的研究结果,不同的胎面胶对噪声影响的幅度可以达到 5dB。另外,优化胎面花纹设计也可以起到减小路面对轮胎的激励,米其林轮胎公司推出的 Primacy LC 静音轮胎,在其花纹上设计了"静音肋",其沟槽截面 $A-A$、$B-B$ 和 $C-C$ 的宽度在周向上恒定,具体如图 11-13 所示。该设计保证了车辆在行驶过程中,静音肋和路面的接触面积不变,从而使路面对于轮胎的有效激励减小。

图 11-12 低噪声轮胎

1-狭小的横向沟;2-交错的胎肩花纹块;
3-封闭的肋;4-数目较多的花纹块

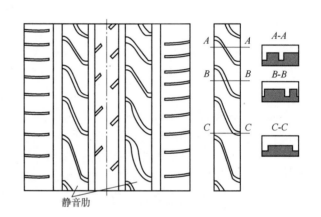

图 11-13 Primacy LC 静音轮胎胎面花纹示意图

轮胎的结构设计决定胎体的振动特性,为了提高轮胎性能,通常要对其轮廓结构做合理优化设计。固特异御乘轮胎在胎面底部和胎肩内侧增加了吸振胶料,吸收胎体的振动能量,改善胎体的振动特性。其断面示意图如图 11-14 所示。

三、零气压轮胎

零气压轮胎是"零气压续行的轮胎"的简称,即我们常说的防爆轮胎,学名缺气保用轮胎,是能够在轮胎气压为零的情况下仍可以一定速度(一般不高于 80km/h)行驶一定距离的轮胎。其组成结构如图 11-15 所示。

结构上,零气压轮胎可分为自封式和刚性支撑式两大类。自封式如图 11-16 所示,是在胎腔或密封层内预先冲入足量密封剂,轮胎遭外物刺穿后,密封剂自动流到穿孔处,堵塞洞孔,从而维持正常行驶状态。刚性支撑式零气压轮胎如图 11-17 所示,分为自体支撑型和加物支撑型两种。前者是在普通轮胎上增加原有的某个部件,使轮胎失压后保持行驶轮廓,如胎侧加强型、三角断面型等。后者是通过增加普通轮胎没有的内支撑物型、多腔型等部件,达到失压后保持行驶轮廓的目的,虽然各厂家研究开发的这种轮胎结构不尽相同,但一般都具有如下的特点:

(1)漏气后可继续安全行驶一段较长路程,一般失压后的行驶速度为 80~88km/h,行驶距离一般为

80km,最高可达 320km。提高了车辆安全性。

(2)不需要备胎,车内空间更加宽敞,节约资源,提高车辆燃油经济性。

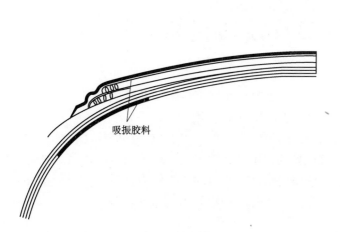

图 11-14 固特异御乘轮胎断面示意图

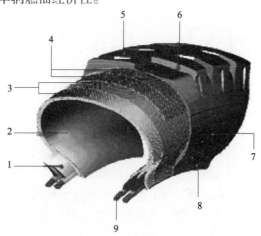

图 11-15 零气压轮胎组成结构
1-三角胶;2-内面部;3-胎体帘布层;4-缓冲层;5-花纹;
6-胎面胶;7-胎边胶;8-胎唇部;9-胎唇钢丝

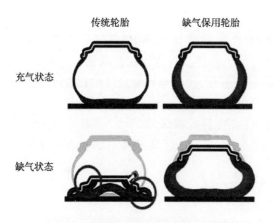

图 11-16 自封闭式零气压轮胎与传统轮胎

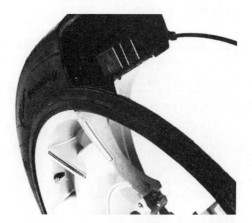

图 11-17 刚性支撑式零气压轮胎

(3)有利于进一步发展胎侧加强技术 CTT。

(4)需配备气压监控装置。

需要注意的是,原车辆不是零气压轮胎的,不可以使用这种轮胎。因为零气压轮胎与普通轮胎在质量和刚性等指标上均不相同,配备零气压轮胎的汽车都有特别的匹配设计,如底盘、悬架和轮辋等。

第十二章　悬架及铰接机构

悬架系统是车架与车桥之间所有传力连接装置的总称,也是汽车零部件重要总成之一。其设计、匹配的合理与否直接关系着汽车的平顺性、操纵稳定性及车辆行驶的安全性。

客车铰接机构亦称绞接装置,俗称绞盘,是铰接式客车的关键总成,一般用在 14～18m 的铰接式城市客车上,也有用于车长 25m 车型的结构。客车铰接机构的作用是将前车厢和后车厢(或中车厢和后车厢)连接在一起,平衡从前车厢至后车厢的俯仰运动、摇摆运动及弯曲运动产生的力,确保在不同速度行驶时客车的稳定性,并保证转弯时前后部之间的纵向折叠在允许的角度范围内,且转弯平稳。

第一节　概　　述

一、悬架的主要功用

悬架的主要功用是把车架(或承载式车身)与车桥弹性地连接起来,使车身与车轮之间保证一定的几何关系和运动的姿态,从而保证车辆具有良好的行驶、操纵性能。具体表现在以下几方面:

(1)缓和由路面不平引起的冲击,并衰减由冲击引起的振动,使汽车具有良好的行驶平顺性。

(2)传递车轮与车架(承载式车身)之间的各种作用力及力矩。

(3)为车轮相对车身提供按最佳运动轨迹,使车辆具有良好的操纵稳定性,适当的抗侧倾和纵向角振动的能力,防止车辆在行驶过程中产生"过度转向"、"点头"或"仰头"等现象;同时,有利于减小轮胎的磨损。

(4)在吸收、衰减和缓和振动的同时,降低车辆对路面的冲击,减小车辆对路面造成的破坏。

二、悬架的组成元件

现代汽车悬架尽管有不同的结构形式,但一般都是由弹性元件、减振器、导向装置及横向稳定杆等辅助弹性元件组成,如图 12-1 所示。各部分组成元件分别起缓冲、吸能减振和力及力矩的传递(导向)作用。

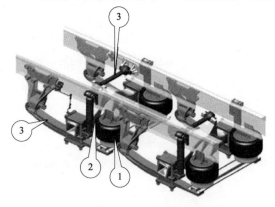

图 12-1　汽车悬架组成示意图
1-弹性元件;2-阻尼元件;3-导向元件

弹性元件具有传递垂直力和缓和冲击的作用。常见的弹性元件有:钢板弹簧、螺旋弹簧、扭杆弹簧、空气弹簧、油气弹簧和橡胶弹簧等,其中钢板弹簧、螺旋弹簧、扭杆弹簧一般为线性弹性元件(变截面除外),空气弹簧、油气弹簧、橡胶弹簧一般为非线性弹性元件。非线性弹性元件的刚度与偏频是随着簧上载荷的变化而变化的,其平顺性相对线性弹性元件具有明显的优势。

阻尼元件具有衰减振动的作用。常见的阻尼元件有:筒式液力减振器、摇臂式液力减振器、充气式减振器和阻尼可调式减振器等。现代车辆常用的减振器多为筒式液力减振器,其结构简单、性能稳定,但是这种减振器无法实现阻尼智能可调;而充气式减振器、磁阻流变减振器能够满足阻尼可调,适应了主动悬架发展的需要。

导向机构的作用是传递除垂直力外的其他力和力矩,保证车轮按最佳轨迹相对车身运动。

稳定杆及其吊杆等均为车辆悬架的辅助元件,并不是所有的车辆悬架系统都必须安装,一般在轿车和客车上采用较多,目的是为了防止车辆发生过大的横向倾斜,提高横向稳定性。而部分装有少片簧断开式平衡悬架系统的货车,为减少横向倾斜也在悬架系统中安装有横向稳定杆。

三、悬架的类型

汽车悬架一般根据弹性元件及悬架的性能特点等进行分类。

1. 按弹性元件分

按照弹性元件的不同,汽车悬架可分为:金属弹簧悬架(钢板弹簧、螺旋弹簧、扭杆弹簧等);非金属弹簧悬架[固体弹簧——橡胶,气体弹簧——空气弹簧、油气弹簧(氮气)]。

2. 按导向元件分

按照导向元件的不同,汽车悬架可分为:独立悬架(双横臂、滑柱单臂、单纵臂、单横臂、单斜臂等)和非独立悬架(钢板弹簧、双纵臂——四连杆机构、单纵臂——铰接点左右分开,铰接点合并成A形架)。

3. 按可控程度分

按照可控程度的不同,汽车悬架可分为:不可控制悬架和可控制悬架。后者包括开环控制——举升、下跪;闭环控制——姿态控制、阻尼控制和刚度控制。也有的分为被动悬架、半主动悬架和主动悬架。

四、悬架对客车性能的影响

悬架系统对客车行驶平顺性、乘坐舒适性和操纵稳定性有着重要的影响。

通过合理选择悬架刚度和减震器阻尼、偏频与刚度的关系,可以提高车辆的平顺性和乘坐舒适性;减少悬架刚度即增大静挠度,可以提高行驶平顺性;为了衰减车身的自由振动和抑制车身、车轮的共振,以减小车身的垂直振动加速度和车轮的振幅,悬架系统应具有适当的阻尼。

悬架性能对客车操纵稳定性的影响主要表现在悬架侧倾刚度对操纵稳定性的影响。悬架的侧倾角刚度及前后侧倾角刚度的匹配是影响客车操纵稳定性的重要参数。正确设计悬架的导向结构和悬架参数的合理匹配,可以获得良好的操纵稳定性能。

第二节 空气悬架

一、空气悬架的原理与特点

1. 原理

空气悬架属于非金属气体弹簧悬架,就是采用空气压缩机形成压缩空气,并将压缩空气送到空气弹簧的气室中,利用空气弹簧承受车身载荷。一般在前轮和后轮附近设有车身高度传感器或高度平衡阀,按车身高度的变化,控制空气弹簧腔的充气与排气,维持车身高度不变。在高速行驶时悬架可以变硬来提高车身的稳定性;而长时间在不平路面低速行驶时,控制单元会使悬架变软来提高乘坐舒适性。

空气悬架中用空气弹簧取代了普通弹簧作为弹性元件,正是利用了气体的可压缩及可膨胀性,使得空气弹簧除了可以起到车身与车轮之间作弹性联系,承受和传递垂直载荷,缓和及抑制不平路面所引起的冲击外,还可以主动调节车身高度,这是空气悬架相对于传统悬架的最大区别所在。

2. 特点

空气悬架使车辆在空载及满载情况下均有良好的行驶平顺性,具有寿命长、质量轻、价格低等优点。由于空气弹簧只能承受垂直载荷,且容易漏气,尺寸较大,给使用带来一定限制。但较之传统的钢板弹簧悬架,仍有着独特的优点,因此应用越来越广泛。

(1)在乘员人数或载质量发生变化,以及车辆高速行驶中可实现车身高度的自动调节,保持车身高度不变。电子控制空气悬架(ECAS)还可以使车身升高或下降,以提高车辆通过性或方便乘客上车、下车。此外,ECAS系统还可以控制车辆的侧倾与纵倾,极大提高了舒适性。

(2)气囊所具有的变刚度特性,使悬架系统具备较低的振动频率,因而可以提高汽车行驶的平顺性和乘坐舒适性。

(3)可减小因路面凹凸不平而造成的冲击,减少车用电器、仪表、精密设备的振动损坏,减少因共振而引起的零部件早期失效。

(4)缓解车桥受到的冲击,以及传动轴和轮胎的磨损,提高车辆的使用寿命,从而减少因维修停工造成的经济损失。

(5)由于振动频率低,可以提高轮胎的附着能力,特别是在低附着系数路面上的起步能力和车辆行驶安全性;同时可降低车轮对路面的冲击,提高路桥使用寿命,从而节约大量的道路维护费用。

(6)可以满足交通行业标准《营运客车类型划分及等级评定》中规定的高一级以上客车对悬架性能的要求。

二、空气悬架的组成及分类

1. 组成

客车空气悬架一般由弹性元件(空气弹簧)、阻尼元件(减振器)、导向元件(导向杆系)、抗侧倾元件(稳定杆)、控制系统(高度平衡阀及管路)和承载支撑件(气囊支座、支撑梁)等组成。

1)空气弹簧(膜式、囊式)——弹性元件

空气悬架中的空气弹簧大致分可为膜式、囊式两类,如图12-2所示。

在客车空气悬架中应用较多的是膜式空气弹簧。根据膜式空气弹簧的内部结构及使用性能,又可分为带辅助气室与不带辅助气室两类。图12-3所示为带辅助气室的膜式空气弹簧总成。

a)膜式空气弹簧

b)囊式空气弹簧

图12-2 空气弹簧

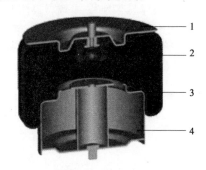

图12-3 带辅助气室的膜式空气弹簧结构
1-顶板;2-橡胶缓冲块;3-气囊;4-活塞

空气弹簧总成由顶板、活塞(含辅助气室)、气囊和橡胶缓冲块等组成。

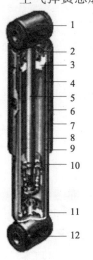

复原级

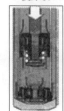
压缩级

图12-4 减振器的组成
1-连接端头;2-油封;3-导向器;4-气体;5-活塞杆;6-储油腔;7-防尘罩;8-外筒;9-内筒;10-活塞阀;11-底阀;12-连接端头

气囊内有两层帘布层构成的气囊骨架(内壁是橡胶密封层,外壁是橡胶保护层),其止口里面有多圈钢丝,以提高其刚度。垂直方向的载荷由气囊承受(簧载质量及冲击载荷)。随着载荷的变化,气囊内的压缩空气压力也相应变化,气囊刚度也随之变化。因此,空气弹簧具有理想的变刚度特性,可极大改善汽车的平顺性。

2)减振器——阻尼元件

减振器是一种黏性阻尼元件,它能产生与运动相反、与运动速度成正比的阻力。空气悬架中所用的减振器除了具有减振作用外,还具有行程限位作用。

减振器由油封、导向器、活塞杆、防尘罩、工作缸筒(内筒)、储油缸筒(外筒)、活塞阀和底阀等组成,如图12-4所示。

减振器中的活塞阀和底阀由弹簧片、锥形弹簧以及带有节流小孔的阀体等组成。当汽车悬架复原时(复原级),活塞阀通过阻止其上部的油往下部流动而独自承担复原阻尼功能,这样可以降低活塞向上的速度。工作腔内需要的油液通过底阀的回油孔不受限制地从储油腔获得补充。当汽车悬架被压缩时(压缩级),底阀决定阻尼(有时活塞阀也可以限制一部分流量从而起到辅助作用）。同进入工作腔的与活塞杆体积相等的油流入储油腔,底阀通过阻止油的流动而降低运动速度。活塞阀也可以根据阻尼力要求和结构设计产生小部分阻力。

3）导向杆系——导向元件

推力杆在悬架中主要起导向的作用,决定车轮跳动时的运动轨迹和定位参数的变化。

纵向推力杆主要承受车辆在运行中,如制动、加(减)速过程中产生的纵向力。斜向、V型或横向推力杆承受转向和车辆运行过程中产生的侧向力,其中斜向或V型推力杆也承担一部分纵向力。推力杆一般由钢管、球头体、橡胶球铰、垫片和内卡等组成,如图12-5和图12-6所示。

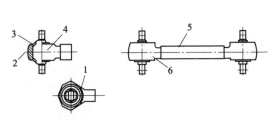
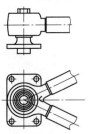
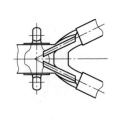

图12-5 推力杆的组成
1-内卡;2-垫片;3-橡胶球铰;4-球头体;5-钢管;6-球头

图12-6 V型推力杆的结构

4）稳定杆——抗侧倾元件

横向稳定杆主要用于承受扭转力矩。汽车高速转弯时,车身会产生较大的侧向倾斜和侧向角振动,弹性的稳定杆产生扭杆内力矩阻碍悬架的变形,从而减小了侧倾和侧向角振动,提高了车辆的行驶稳定性。选择合适的前、后悬架侧倾角刚度比值,有助于使汽车获得所需要的不足转向特性。通常,汽车的前后悬架中都装有横向稳定杆,也有的只在前悬中安装。稳定杆结构如图12-7所示。

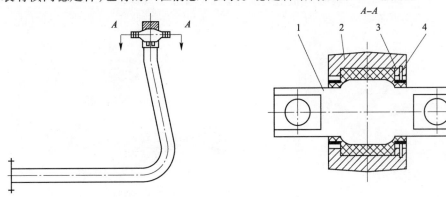

图12-7 横向稳定杆的结构
1-稳定杆橡胶球铰;2-本体;3-垫片;4-内卡

5）高度平衡阀及管路——控制系统

气囊高度的控制元件一般采用高度阀,高度控制系统由进气接口、阀、出气接口、活塞杆、活塞、排气口和驱动轴等组成,如图12-8所示。

高度阀安装在车身上,调节杆座安装在与车桥连接的支座或托梁上,空气悬架系统通过高度阀来调整气囊高度。当整车的承载力加大时,摆臂上摆,高度阀出气接口向气囊中充气;承载力减小时,摆臂下摆,高度阀排气口向大气中放气。

图12-9所示为典型的六气囊全空气悬架系统的气路布置图。一般情况下,前悬架由一个高度阀控制左右气囊,后悬架左右两侧各有一个高度阀控制前后两个气囊。

车辆空气悬架的电子控制系统(electronically controlled air suspension,ECAS)由电子控制器(ECU)、电磁阀、高度传感器和压力传感器(可选)等部件组成,如图12-10所示。

图12-8 高度阀
1-排气口;2-驱动轴;3-出气接口;4-进气接口;5-阀;6-活塞杆;7-活塞

电子控制系统相比传统的机械高度阀不仅增加了操作的舒适性、反应的灵敏性，而且还增加了很多辅助功能，即与开关配合，可以实现静态整车升降、侧倾等辅助控制功能。

高度传感器在外形上很像常规空气悬架的高度阀，安装在车架上，通过一个连接杆与车桥连接（后续章节将详细介绍）。

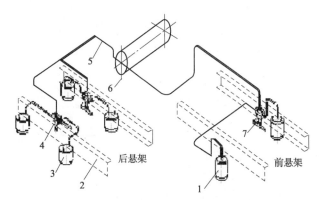

图 12-9　六气囊全空气悬架系统气路布置图

1-气囊；2-车架；3-气囊；4-高度阀；5-管路；6-储气筒；7-高度阀

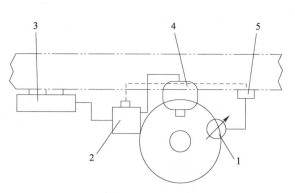

图 12-10　空气悬架的电子控制系统组成示意图

1-高度阀；2-电磁阀；3-储气筒；4-气囊；5-电子控制器

6）承载支撑件（气囊支座、支撑梁）

由于受空气弹簧尺寸较大的限制，如果将其布置在大梁下面，其横向中心距一般比板簧中心距还要小，抗侧倾能力差，即便加大横向稳定杆的角刚度，其抗侧倾能力也不理想。为此，一般大型客车空气悬架均将前后悬架的气囊布置在大梁外侧，前悬架将气囊底座设计成外摆式结构（图 12-11），而后悬架一般采用 C 型梁结构（图 12-12），气囊在后轮胎的前后，从而增加了气囊横向中心距，提高了抗侧倾能力。有些大型公交客车后悬架还取消了横向稳定杆，简化了结构，降低了质量，也节约了制造成本。

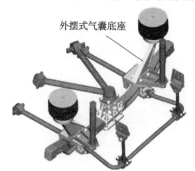

图 12-11　长途客车前空气悬架

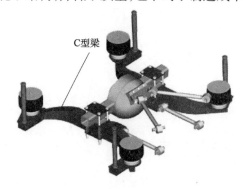

图 12-12　长途或公交客车后空气悬架

2. 分类

空气悬架在其发展过程中，为适应不同车型的整车布置需要形成了多种结构形式，也有多种分类方法，但常见的分类方式有以下两种。

1）按照空气悬架中空气弹簧所承受载荷的比例进行划分

按照空气悬架中空气弹簧所承受载荷的比例进行划分，可分为全空气悬架、复合式空气悬架和辅助式空气悬架三类。

（1）全空气悬架。车架（或车身）与车轴（或车轮）之间的垂向弹性力全部由空气弹簧承受，并且该悬架的刚度全部由空气弹簧的刚度所构成的悬架形式。

（2）复合式空气悬架。车架（或车身）与车轴（或车轮）之间的垂向弹性力不小于 50% 由空气弹簧承受，并且该悬架的刚度由空气弹簧和其他弹性元件的刚度所合成的悬架形式。

全空气悬架与复合（混合式）空气悬架的比较见表 12-1。

（3）辅助式空气悬架。车架（或车身）与车轴（或车轮）之间的垂向弹性力不足 50%，但不为零由空气弹簧承受，并且该悬架的刚度必须有一部分由空气弹簧的刚度所构成的悬架形式。

全空气悬架与复合(混合式)空气悬架的比较　　　　　　　表 12-1

悬架名称	前　悬　架	后　悬　架
全空气悬架	垂直方向的振动完全通过气囊传递,系统具有优良的隔振性能	(1)空、满载时车高不变,乘降性好; (2)四连杆机构的空气悬架,保证后桥具有理想的运动特征,后桥倾角不变,传动系统振动、噪声小; (3)垂直方向的振动完全通过气囊传递,系统具有优良的隔振性; (4)下跳行程小,气囊在坏路面上脱出的可能性小
复合(混合式)空气悬架	垂直方向的振动部分通过气囊传递,部分直接传递到车身,系统的隔振性一般	(1)空、满载时车高不变,乘降性好; (2)单臂式结构,运动过程中后桥倾角变化大,传动系统振动、噪声大; (3)垂直方向的振动部分通过气囊传递,系统的隔振性一般; (4)下跳行程大,气囊在坏路面上脱出的可能性大

2)按照空气悬架中的导向机构结构形式及运动原理不同进行分类

按照空气悬架中的导向机构结构形式及运动原理的不同进行分类,常用空气悬架导向机构可分为钢板弹簧导向式、单纵臂式、A 形架式、四连杆式(也有称双纵臂式)和双横臂式五种基本形式。

(1)钢板弹簧导向式导向机构。

钢板弹簧导向式空气悬架以钢板弹簧为导向元件,主要用于复合式空气弹簧悬架中。钢板弹簧不仅起导向作用,也兼起弹性元件的作用,即在导向的同时也承担一部分载荷。其常见结构有两种:

①半椭圆钢板弹簧导向,空气弹簧直接布置在板簧中部的上方,如图 12-13 所示。这种结构实质上是板簧与空气弹簧并联,由空气弹簧和钢板弹簧共同承受垂向力,纵向力与横向力则由板簧导向和承载,构成复合式空气悬架。这种形式的空气悬架结构较为简单,可以不改变原有钢板弹簧在车架上的安装位置,但合成后垂向刚度偏大,对于平顺性改善的程度较为有限,并且不能克服钢板弹簧所固有的一些缺陷,多用于前悬架。

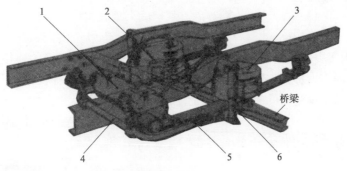

图 12-13　钢板弹簧导向式导向机构(一)
1-储气筒;2-限位块;3-空气弹簧;4-稳定杆;5-钢板弹簧;6-减振器

②空气弹簧布置在钢板弹簧的一端,板簧也承受部分垂直弹性力,悬架刚度为板簧与空气弹簧的合成刚度,构成复合式空气悬架,一般用于后悬架,如图 12-14a)所示。若钢板弹簧不承受垂向力,仅起导向作用,则属于全空气悬架,如图 12-14b)、c)所示。其中,图 12-14c)中的导向元件采用立置钢板弹簧,实质是一种刚性单纵臂但其横向刚度小。上述三种结构形式均需要设置横向推力杆以承受车身的横向力。这种形式的空气悬架,由于主要由空气弹簧承载,也有的钢板弹簧参与共同承载(此时构成复合悬架),能够较好地改善平顺性,同时钢板弹簧具有导向作用,整个结构较为简单,易于在原来的钢板弹簧车辆上变型,故仍被采用。

(2)单纵臂式导向机构。

一般用一根刚性臂通过两个弹性橡胶接头与车轴连接,成为柔性的导向臂。侧倾时由于橡胶铰接头有弹性变形,使该导向臂与车轴形成一个横向稳定杆。一般在刚性臂后端通过纵轴线布置的橡胶衬套与一个横管连接,成为扭力梁,以增大侧倾角刚度。同时,该扭力梁又成为空气弹簧活塞的支撑。

单纵臂式空气悬架可降低汽车纵向倾覆力矩的中心位置,增加车身抗纵倾能力,如图 12-15 所示。用于前悬架的导向臂一般较长,可保持主销后倾角变化小。通常导向臂与车桥及车架弹性连接,使导向臂与车桥具有一定的变形能力,既消除了刚性连接应力集中的影响,也可减少噪声传递。

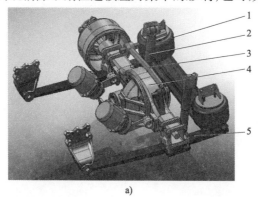

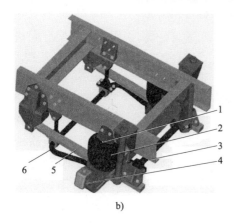

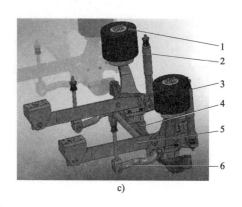

图12-14 钢板弹簧导向式导向机构(二)
1-空气弹簧;2-减振器;3-横向推力杆;4-车桥;5-钢板弹簧;6-横向稳定杆

(3)A形架式导向机构。

A形架式导向机构实质也是刚性单纵臂,只是将左右臂铰接头在车架的连接处合并成一个点,传递纵向力,再加上一个横向推力杆传递侧向力,如图12-16所示。采用这种机构避免了在悬架系统内产生附加载荷,以及空气弹簧出现过大的横向位移。通常把A形架纵向尺寸尽量设计得较长,以改善车桥的运动轨迹。这样使得整个导向机构的尺寸和质量变大,一般只用于后悬架。由于该结构的空气弹簧中心距近似于轮距,具有很好的抗侧倾能力,因此被部分车型所采用。

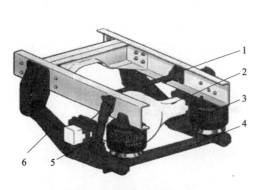

图12-15 单纵臂式导向机构
1-横向推力杆;2-车桥;3-空气弹簧;4-横梁;
5-减振器;6-刚性臂

图12-16 A形架导向式导向机构
1-减振器;2-空气弹簧;3-横向推力杆;4-车桥;
5-A形架;6-前悬架系统

(4)四连杆式导向机构。

四连杆式导向机构(亦称"双纵臂式")是空气弹簧悬架系统广泛采用的一种结构形式,如图12-17所示。

由于结构特点和运动特性的特殊性,四连杆式导向机构具有如下优点:

①采用平行四连杆式导向机构的空气悬架属于全空气悬架,它比钢板弹簧导向机构或A形架导向机构等空气悬架易于实现更好的平顺性。

②由于平行四连杆式导向机构运动时车桥接近于作平移运动,用于前悬架时可基本保持前桥主销后倾角等定位参数不变,有利于整车的操纵稳定性和减少轮胎的非正常磨损;用于后悬架时可基本保证后桥仰角不变,减少了传动轴花键的磨损和振动产生的噪声。

③避免了1/4椭圆钢板弹簧导向机构悬架中处理不好易出现的制动"点头"或"气囊偏硬"现象。

④由于采用杆件连接,结构简单,自重较轻。

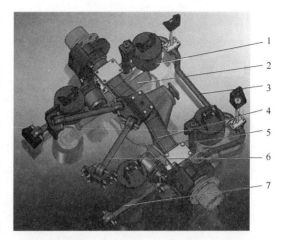

图12-17 四连杆式导向机构(一)
1-空气弹簧;2-气囊托架;3-横向稳定杆;4-车桥;5-减振器;6-斜向推力杆;7-纵向推力杆

四连杆式导向机构空气悬架在实际应用中,为适应不同底盘的布置需要,又发展出多种变型,尤其应用于前悬架时。按照结构形式的区别,常见的有以下四种布置形式,但从原理上看均属于平行四连杆结构。

a. 下面布置两根纵向推力杆,上面布置一根纵向推力杆与一根横向推力杆,如图12-18a)所示。

b. 下面布置两根纵向推力杆,上面布置两根斜向推力杆或一根V形推力杆,如图12-18b)所示。

c. 上、下均布置两根纵向推力杆,上面再布置一根横向推力杆,如图12-18c)所示。

d. 下面布置两根斜向推力杆,上面布置两根纵向推力杆。如图12-18d)所示。

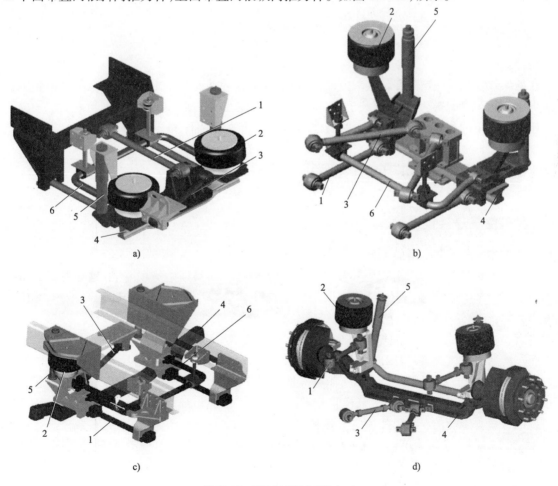

图12-18 四连杆式导向机构(二)
1-纵向推力杆;2-空气弹簧;3-横向斜向推力杆(图b、d中为斜向推力杆);4-车桥;5-减振器;6-横向稳定杆

其中,前三种结构形式由导向机构确定的车身侧倾中心较高,一般用于公路客车或高地板公交客车,有利于减小车身的侧倾角。第四种结构形式则由于斜杆布置在下面,不影响客车的通道设置,可以降低地板高度,一般用于公交客车。

(5)双横臂式导向机构。

双横臂式导向机构主要用于独立悬架中,如图 12-19 所示。它通过上、下平行的两组横向布置的摆臂控制断开式车桥的运动轨迹,并传递车身与车桥之间的纵向力与横向力。空气弹簧支撑在独立前桥的主支撑上,承受垂向力。这种结构通过上、下横臂长度的合理布置,可以使轮距及前轮定位参数的变化均在限定范围内,从而保证汽车具有良好的行驶稳定性。

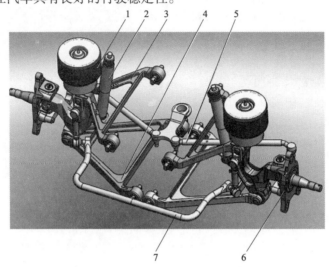

图 12-19 双横臂式导向机构

1-空气弹簧;2-减振器;3-上横臂;4-下横臂;5-转向杆系;6-转向;7-横向稳定杆

双横臂式导向机构具有以下优点:

①在悬架弹性元件一定的变化范围内,两车轮可以单独运动而互不影响,这样在不平道路上行驶时可以减少车架和车身的振动,而且有利于消除转向轮不断偏摆的不良影响。

②减少了汽车的非簧载质量。在道路条件和车速相同的情况下,非簧载质量越小,悬架受到的冲击载荷也越小。

③采用独立悬架可以提高汽车的行驶平顺性和操纵稳定性。

但是独立悬架结构复杂,制造成本高,安装调整相对复杂。

三、客车空气悬架技术的发展

1. 国外客车空气悬架技术的发展

国外空气弹簧最早的使用记录是 1847 年 2 月授予约翰·路易斯的一项专利,这是在世界上第一辆汽车被发明(1886 年)之前。1910 年,本杰明·贝尔进行了"袖筒式"空气弹簧的试验工作,并研究了不同活塞形状的影响,这即是现代空气弹簧的雏形。

20 世纪 30 年代,美国凡世通轮胎和橡胶公司开始将空气弹簧用于汽车工业。到 1935 年,已有多种试验性轿车配备了空气弹簧,但因成本高、改动量大等原因,几年后就不再采用;1938 年,美国通用汽车公司与凡世通合作,于 1944 年试验了第一辆空气悬架客车;1953 年通用汽车公司第一辆实用的空气悬架客车投入批量生产。1956 年,德国大陆橡胶公司将空气弹簧投放市场;20 世纪 50 年代中期,固特异橡胶公司将发明并获得专利的卷绕膜片式空气弹簧投入生产。1961 年开始,美国在大多数公交客车上使用空气悬架;到 1964 年,美国生产的 25 种公交客车中有 23 种采用了空气悬架。前联邦德国从 1961 年后开始在大多数公交客车上采用空气悬架,到 1964 年所生产的 55 种大、中型客车上,采用空气悬架的 38 种,占 70%。与此同时,英国也开始在客车上大量采用空气悬架。

目前,欧、美地区 95% 的客车、80% 的货车和 40% 的挂车都将空气悬架作为标准配置。此外,轻型客车上空气悬架的应用也在逐年上升。

2. 国内客车空气悬架技术的发展

1956 年,北京第一机械工业部汽车拖拉机研究所(简称"汽研所")开始了汽车空气悬架课题的研究,目的是寻找替代载货汽车的钢板弹簧,解决当时第一个五年计划期间解放牌汽车弹簧钢紧缺的问题。通过与化工部天津橡胶工业研究所合作,设计试制了多种规格尺寸的橡胶气囊;1958 年试制出膜片式气囊。与此同时,汽研所研发试制了多种带延时和不带延时的高度控制阀及推力杆和单摆臂,在解放牌载货汽车、北京公交的用 T324 大道奇改装的公交客车和京—Ⅰ型无轨电车上进行了装车试运行,后因解放牌载货汽车的前、后桥不可修改、导向杆系不能合理布置而不能推广,于 1965 年结束了课题。

1975 年开始,受国外大客车使用空气悬架的影响,长春汽车研究所又重列课题,与四平客车厂合作研发大客车空气悬架,并由武汉江岸橡胶厂试制气囊,采用钢板弹簧复合式空气悬架,较好地解决了解放牌载货汽车前、后桥不便改造的问题。1977~1980 年,先后试装了 13 辆公交客车并投入运行。

1985 年,交通部立项由重庆公路科学研究所承担研发客车空气悬架并为 JT6120 高级旅游大客车开发配套,后装车 200 余辆。其间,重庆公路科学研究所和沈阳飞机制造公司起草制定了我国的空气弹簧、高度阀国家标准(GB/T 13061—1991 和 GB/T 11612—1989)。

1987~2000 年,我国先后引进了具有世界先进水平、装备空气悬架的德国尼奥普兰、凯斯鲍尔、日野等品牌的高级大客车和日产 RB46 型客车底盘。在此期间,国外一些空气悬架供应商如美国的纽威、塔哈尔,德国的 ZF 等也开始进入中国市场,为国内的金龙、宇通、安凯等客车企业配套供应空气悬架和前、后桥。

经过近 30 年的发展,空气悬架已在国产公路客车、城市公交客车和旅游客车上得到广泛应用。据统计,目前在我国包括公路、城市公交、旅游和团体用大、中型客车领域,空气悬架的装车率已达 20%~22%。

国内生产空气悬架的企业主要有中国公路车辆机械有限公司、北京柯布克科技开发有限公司、上海科曼车辆部件系统有限公司和东风汽车悬架弹簧有限公司等。

第三节 独立悬架

一、独立悬架的结构与特点

根据悬架导向机构的不同,独立悬架有多种结构形式,但主流结构主要有:烛式、麦弗逊式、纵臂式、双横臂式和多连杆式等。

烛式和麦弗逊式形状相似,两者都是将螺旋弹簧与减振器组合在一起,但因结构不同又有较大区别。烛式采用车轮沿主销轴方向移动的悬架形式,形状似烛形而得名。特点是主销位置和前轮定位角不随车轮的上下跳动而变化,有利于车辆的操纵性和稳定性。麦弗逊式是铰接式滑柱与下横臂组成的悬架形式,减振器可兼做转向主销,转向节可以绕它转动。特点是主销位置和前轮定位角随车轮的上下跳动而变化,这点与烛式悬架正好相反。这种悬架构造简单,布置紧凑,前轮定位参数变化小,具有良好的行驶稳定性。所以,目前轿车使用最多的独立悬架是麦弗逊式悬架。纵臂式独立悬架以平行于汽车行驶方向的纵臂承担导向和传力作用,常用于非驱动桥的后悬架。

双横臂式独立悬架可分为等长双横臂式和不等长双横臂式,一般用于轿车的前、后悬架,轻型载货汽车的前悬架或要求高通过性的越野车前、后悬架,以及绝大多数各型客车的前独立悬架。

根据弹性元件不同,独立悬架又可以分为螺旋弹簧独立悬架、扭杆式独立悬架和空气弹簧独立悬架。

独立悬架是相对于非独立悬架(图 12-20)而言的,其特点是左、右两车轮之间各自"独立"地与车架

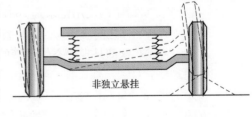

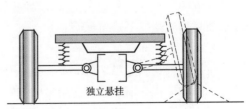

图 12-20 非独立悬架和独立悬架的区别

或车身相连,构成断开式车桥,当单边车轮跳动时不会影响到另一侧车轮。而非独立悬架的车轮装则在一根整体刚性车轴的两端,当一边车轮跳动时,影响另一侧车轮也作相应的跳动,使整个车身振动或倾斜。虽然采用非独立悬架的整车操纵稳定性和平顺性指标一般,但由于构造简单,承载力大,成本相对较低,目前仍被大多数客车的前悬架采用。还有一种是介于两者之间的,称为半独立悬架的结构,其以车桥的中间为铰接点,全称为扭力梁式半独立悬架。

与非独立悬架相比,独立悬架的优点是:

(1)在悬架弹性元件一定的变形范围内,左右车轮的跳动没有直接的相互影响,可以单独运动,从而减少了车身的倾斜和振动,有助于消除转向轮不断偏摆的不良现象。

(2)非悬挂质量(簧载质量)小,悬架承受并传给车身的冲击载荷小,有利于提高汽车的平均行驶速度、行驶平顺性及轮胎接地性能;

(3)占用横向空间小,便于发动机布置和降低发动机的安装位置,从而降低汽车质心高度,有利于提高汽车的行驶稳定性;

(4)采用断开式车桥,易于实现驱动轮转向。

二、各种独立悬架的结构与特点

1. 烛式独立悬架

常见的烛式悬架系统如图12-21所示。其优点是当悬架系统变形时,主销后倾角不会发生变化,仅是轮距、轴距稍有变化,因此特别有利于汽车的转向操纵稳定和行驶稳定。

烛式悬架系统的缺点是在汽车行驶过程中,主销要承受来自车轮横向和纵向的冲击载荷,致使套筒与主销间的摩擦阻力加大,加速主销磨损,因此烛式悬架系统目前已很少应用。

2. 麦弗逊式独立悬架

麦弗逊式独立悬架可以看作是烛式独立悬架的改进型,应用较为广泛。麦弗逊式独立悬架(图12-22)的特点是结构紧凑,制造成本较低。从最常见的微型车到追求速度和操控极限的宝马M3、保时捷911,都在前悬架采用了这种系统,只是为了适应各自不同的市场定位和产品诉求,在弹簧阻尼系数调校和结构匹配上有所不同。

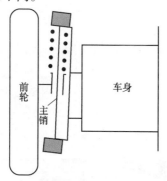
图12-21 烛式独立悬架

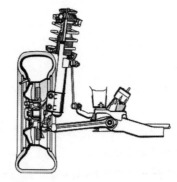
图12-22 麦弗逊式独立悬架

麦弗逊式独立悬架与烛式独立悬架的区别在于它的主销是可以摆动的,因此麦弗逊式悬架是摆臂式与烛式悬架的结合。与双横臂式悬架相比,麦弗逊式悬架的优点是结构紧凑,给发动机及转向系统的布置带来方便。与烛式悬架相比,其滑柱受到的侧向力又有了较大的改善。多用于乘用车前悬和部分轻型客车前悬架系统。

3. 纵臂式独立悬架

所谓纵臂式独立悬架(图12-23)是指车轮在汽车纵向平面内摆动的悬架结构,可分为单纵臂式和双纵臂式两种形式。前者具有占用横向空间小、轮距不随车轮跳动而变化、结构简单和成本低等优点,但由于车轮上下跳动时会使主销后倾角产生较大的变化,因此主要应用于后悬架。双纵臂式悬架的两个摆臂一般做成等长,形成一个平行四杆结构,这样当车轮上下跳动时主销的后倾角可保持不变。双纵臂式悬架多应用在转向轮上。

4. 双横臂式独立悬架

双横臂式独立悬架(图12-24)的主要结构为主支撑(或转向节)上布置有上下两个A形臂,水平方向的力由两个臂同时吸收,因此横向刚度大;通过改变上下A形臂的长度和高度布置,可以精确定位前轮的各种参数;上下两摆臂不等长时选择长度比例(如0.6左右)合适,可使车轮和主销的角度及轮距变化在允许范围内。不等长双横臂的上臂比下臂短,当车轮上下运动时,上臂比下臂运动弧度小,这将使轮胎上部轻微地内外移动,但底部影响很小,这种结构有利于减少轮胎磨损,提高汽车行驶平顺性和转向操控性。相反,等长双横臂因为缺点比较明显,现已极少采用。为了获得优良的性能,双横臂轴线在纵向平面内和水平面内都有可能布置夹角,一般在纵向平面内形成的夹角为抗前俯角,合适的角度能起到抑制制动点头的效应;在水平面内形成的夹角为斜置角,影响到车轮跳动时的后倾角变化,同时决定悬架的侧倾中心高度。

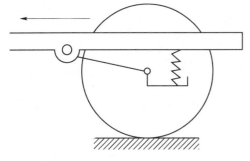

图12-23 纵臂式独立悬架示意图

图12-24 双横臂独立悬架

双横臂结构的独立悬架按照弹性元件的不同可分为三种形式,即螺旋弹簧、扭杆和空气弹簧双横臂式独立悬架。按照内部结构的不同,可细分为实体式主销和虚拟主销结构;按照上下横臂和主支撑或转向节的连接方式,可分为球铰式和T形节式;从机械原理及运动学来看,双横臂独立悬架可以等效于四连杆结构,所以系统有比较均衡的优良性能。目前,客车独立悬架以双横臂结构为主要形式。

5. 多连杆式独立悬架

顾名思义,多连杆式悬架就是指由三根或三根以上连接拉杆构成,并能提供多个方向的控制力,使轮胎具有更加可靠的行驶轨迹的悬架结构。所谓的多连杆悬架,一般都是四连杆或五连杆结构,通常被分别应用于前悬架和后悬架。以常用于后轮的五连杆式悬架为例,五根连杆分别指主控制臂、前置定位臂、后置定位臂、上臂和下臂(图12-25)。其中,主控制臂可以起到调整后轮前束的作用,以提高车辆行驶稳定性,有效降低轮胎摩擦。

图12-25 五连杆独立悬架
1-前悬定位臂;2-主控制臂;3-上臂;4-下臂;5-后置定位臂

三、客车上常用的双横臂式独立悬架

按车长来分,客车的种类较多,适用的独立悬架一般用于前桥,大多是双横臂结构,弹性元件为扭杆弹簧或空气弹簧,轴荷为2~8t。导向机构普遍采用不等长的双横臂结构,下横臂较长,且横臂的铰接点跨距很大。按弹性元件不同,可分为扭杆悬架和空气悬架;按照主销功能的实现方式,可分为实体主销结构和虚拟主销结构,其中虚拟主销结构根据上下摆臂和转向节的连接方式不同,又可以分为万向球铰副和T形节两种。

1. 扭杆式双横臂独立悬架

导向机构由上摆臂、下摆臂及转向节构成,扭杆的安装形式主要有两种,一种为上置扭杆,另一种为下置扭杆,如图12-26所示。

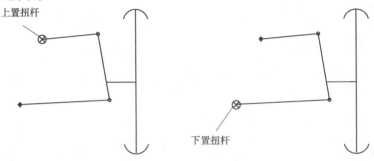

图12-26 扭杆布置位置示意图

扭杆的上置与下置主要与整车及发动机布置有关。

2. 实体主销式双横臂独立悬架

主销(Kingpin)是汽车转向轮转向时的回转中心,在结构上是连接转向节和刚性前轴(非独立悬架)或主支撑(独立悬架)的销轴。车轮绕竖直面的回转中心做转动时就是通过主销和转向节或主支撑的铰接机构来实现的。双横臂独立悬架(图12-27)的上下两个A形臂通过轴承(图12-28)与主支撑相连接,可以绕水平面内的回转中心做上下摆动,即两个方向的运动是相互独立的。其特点是设计和布置为较简单,零件生产制造容易实现,但装配工艺较复杂,非簧载质量较大,系统较笨重,悬架动态响应性能一般。

图12-27 实体主销的双横臂独立悬架

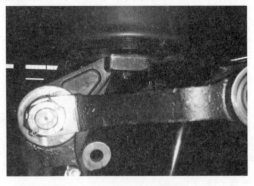

图12-28 上横臂与主支撑的连接

3. 虚拟主销式双横臂独立悬架

顾名思义,虚拟主销的双横臂独立悬架取消了主销机构,上下摆臂直接和转向节相连接,两个连接点的连线就是虚拟的主销位置。虚拟主销技术是独立悬架技术中综合性能更佳的产品,相比实体主销结构,其优点是可以实现转向轮驱动,非簧载质量小,转向角大,维护方便,车辆整体操控性好,但是技术开发难度大,理论计算复杂,产品结构简单但制造工艺要求高。因此,虚拟主销独立悬架主要用于乘用车及高档商务客车。

按照上下摆臂同转向节连接结构的不同,虚拟主销式双横臂独立悬架又可分为两种,较为常见的是采用球铰副连接结构。如图12-29所示,车轮转向运动和悬架的上下运动都是由球铰副承担,优点是结构简单,不足之处是球铰副可承受的载荷较低,可靠性较差,球铰的生产成本较高。

另外一种是T形节连接的虚拟主销独立悬架。其上下摆臂用一个T形节代替球铰副同转向节连接,机构在它的两个相互垂直轴上有两个相互垂直旋转的自由度,以实现悬架的跳动与车轮转向。这样的T形节结构可承载的质量更大,制造成本比球副低。福伊特大型客车的前双横臂独立悬架就采用了T形节结构,如图12-30所示。

四、部分典型的国产独立悬架产品

1. JR-035CFD3 虚拟主销式轻型客车双横臂独立悬架

JR-035CFD3虚拟主销式双横臂独立悬架是由中国公路车辆机械有限公司开发的适用于车长6.5~

8m、发动机前置/后置公交/长途客车用的前独立空气悬架系统,该悬架采用虚拟主销结构,双横臂布置,具有良好的系统性能及产品可靠性,如图 12-31 所示。产品的主要特点是:

图 12-29 球铰副连接的虚拟主销独立悬架

图 12-30 福伊特大型客车的前双横臂独立悬架

(1)前悬独立车桥,非簧载质量小,轮胎运动参数变化小,具有良好的操纵稳定性。
(2)采用前悬虚拟主销与经典双横臂结构,性能优秀,系统承载好。
(3)通过合理的转向系统设计,可满足较大的转向角需求。
(4)采用盘式制动器总成,制动可靠,安全性好。

主要技术参数:
(1)额定载荷:3500kg/4200kg(最大)。
(2)允许内外车轮最大转角:内 42°/外 38°。
(3)前轮定位参数:主销后倾角为 2.5°;主销内倾角为 7.5°;车轮外倾角为 1°;前轮前束为 1~2mm。
(4)适配盘式制动器规格:16.5″/17.5″/19.5″。

2. 实体主销式中型客车前独立悬架

图 12-32 所示为上海科曼车辆部件系统有限公司生产的 KMF0402 型实体主销式空气弹簧前独立悬架系列产品。由于独立悬架布置的方便性,这种形式越来越多地被用于 8~9m 的中型城市客车。表 12-2 所示为其主要技术性能参数。

图 12-31 JR-035CFD3 虚拟主销式空气弹簧
前双横臂独立悬架(含转向系统)

图 12-32 KMF0402 实体主销式空气弹簧前双横臂独立悬架
1-减振器;2-与车架相连的气囊上盖板;3-空气弹簧;4-上横臂;
5-气囊下支座;6-轮边系统(断开式车桥);7-下横臂;8-转向杆系

空气弹簧双横臂独立悬架主要参数 表 12-2

序 号	项 目	参 数	序 号	项 目	参 数
1	型号	KMF0402	6	车桥动行程(mm)	160
2	最大轴载质量(kg)	4000~4500	7	适用轮胎规格	265/70R19.5
3	气囊中心距(mm)	1145	8	适用车架宽(mm)	860~864
4	气囊安装高度(mm)	240	9	适用车型	8~9m公交客车
5	减振器安装高度(mm)	488~498			

3. 扭杆弹簧双横臂轻型客车前独立悬架

扭杆弹簧双横臂轻型客车前独立悬架如图12-33所示。目前,丰田柯斯达、南京依维柯(图12-34)和金杯海狮等轻型客车的前独立悬架,采用的就是这种结构形式。

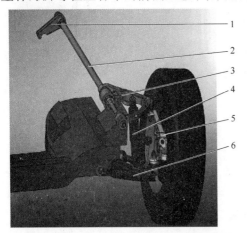

图12-33 扭杆弹簧双横臂前独立悬架
1-与车架相连的端头;2-扭杆弹簧;3-上横臂;
4-减振器;5-转向节及轮边系统;6-下横臂

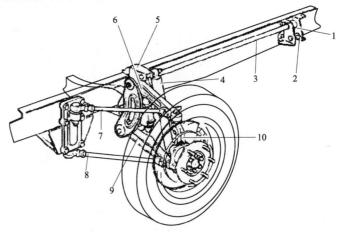

图12-34 南京依维柯扭杆弹簧双横臂前独立悬架
1-扭杆弹簧固定支架;2-扭杆弹簧预加载荷调整螺栓;3-扭杆弹簧;4-减振器;
5-减振器上支柱;6-上横臂;7-上支撑杆;8-下支撑杆;9-下横臂;10-转向节

4. 实体主销式大型公路客车前独立悬架

图12-35 所示为中国公路车辆机械有限公司开发的JR—65DF实体主销式大型公路客车空气弹簧前独立悬架。该悬架适用于10~12m公路客车,其车架主支撑锻造成形,系统可靠性高,侧倾刚度大,通过性好。

1)产品特点

(1)非悬挂质量小,悬架所受到并传给车身的冲击载荷小,有利于提高客车的行驶平顺性和轮胎的搭铁性能;同时可避免转向轮的陀螺效应,减少前轮摆头现象。

(2)左右车轮的跳动没有直接的相互影响,提高了车辆的操纵稳定性和乘坐舒适。

(3)占用空间少,便于整车布置和降低质心位置,提高客车的行驶稳定性。

图12-35 JR-65DF空气弹簧前独立悬架

2)主要技术参数

(1)允许最大车轴载荷:6500kg。

(2)悬架自重:400kg。

(3)轮距:2046mm。

(4)允许内外轮最大转角:53°/47°。

(5)前轮定位参数。主销后倾角:2.4°±0.3°;主销内倾角:7°±0.3°;车轮外倾角:1°±1′;前轮前束:0~2mm。

(6)适配盘式制动器:22.5″

5. ZF实体主销式中型客车前独立悬架

ZF RL55EC实体主销式空气弹簧前独立悬架系统的结构如图12-36所示。该悬架适用于8~10m客车,最大允许车轴载荷5500kg,轮胎型号为285/70R-19.5,车轮内外转角分别为52°和42°。

6. 福伊特虚拟主销式大型客车前独立悬架

福伊特虚拟主销式空气弹簧前独立悬架系统如图12-30所示。该悬架系统适用于10~12m的大型客车,允许最大车轴载荷8000kg。

7. 大型公交/公路客车通用型前独立空气悬架

图12-37为中国公路车辆机械有限公司开发的主销式JR-75D F空气弹簧前独立悬架,该悬架系统

主要用于 10m 及以上的大型低入口公交客车、公路客车和旅游客车。其主支撑锻造成形,可实现一级踏步,系统可靠性高,舒适性、操控性好。

图 12-36　RL 55EC 空气弹簧前独立悬架

图 12-37　JR-75DF 大型客车前独立悬架

1）产品特点

（1）主支撑锻造成形,可靠性高,可满足超载及苛刻工况要求。

（2）可以装配 295/315 大轮胎,同时满足转角要求。

（3）独立车桥系统质量轻,前轮运动参数好,具有更加优越的操纵稳定性。

（4）采用标准接口,装配性好,系统互换性好。

2）主要技术参数

（1）允许最大车轴载荷:8500kg。

（2）悬架自重:450kg。

（3）允许内外轮最大转角:53°/47°。

（4）前轮定位参数。主销后倾角:2.5°±0.3°;主销内倾角:7°±0.3°;车轮外倾角:1°±1′;前轮前束:0~2mm。

（5）适用轮胎:275/295/315,配盘式制动器（22.5in）。

第四节　电子控制悬架

传统悬架系统已有 100 多年历史,其结构至今变化不大。这种悬架的弹簧刚度和阻尼参数一般按照经验设计或优化设计方法选择,一经确定就无法调节,因此车辆在不同的道路条件下行驶时其性能就受到了限制。近年来,随着电子和控制技术的发展,采用电子技术开发各类控制系统来调节弹簧刚度、阻尼等汽车悬架系统参数,极大提高了整车的使用性能。

悬架电子控制的目的主要有以下几方面：

（1）降低路面凹凸不平引起的车身振动对乘员的影响。

（2）减少汽车行驶时的车身姿态变化,如侧倾、纵摇、点头、仰头等。

（3）保证在弯曲路段和高速行驶时的操纵稳定性。

（4）在乘客数和载货量发生变化时维持车身高度不变,并在高速行驶时降低车身高度、在颠簸路面行驶时增加车身高度、在驻车时可调节车身高度方便人员上下车及货物装载。

悬架电子控制系统按照有源控制还是无源控制,可分为不可控悬架、半主动悬架和全主动悬架,其中半主动悬架一般只控制阻尼参数;还可根据阻尼力调节是否连续,分为有级式半主动悬架和无级式半主动悬架。而全主动悬架同时控制弹簧刚度和阻尼参数,主要有主动空气悬架、主动油气悬架和主动液力悬架。目前,市面上还有可以通过手动或者根据机械原理调节阻尼参数的减振器,这一类一般不认为是半主动悬架或主动悬架,常被称为半从动悬架。

悬架电子控制系统按照控制功能,可分为：车高调节系统、减振器阻尼力控制系统、弹簧刚度控制系统和侧倾刚度控制系统等。由于成本、可靠性等方面的限制,目前能在客车上应用且市场上比较成熟的产品主要有:空气悬架电子控制系统（ECAS）、电控减振器和主动横向稳定杆等。

一、空气悬架电子控制系统

对于空气悬架系统来说,主要是通过对气路的控制来实现车身高度的控制,目前主要有机械式高度阀和空气悬架电子控制系统(Electrical Control Air Suspension,ECAS)两种控制方式。机械式高度阀一般只能实现车辆行驶时的常规高度控制,而 ECAS 则在机械式高度阀功能的基础上还能实现多种车身高度的调节。随着客车技术的发展,ECAS 已逐步在国产客车上批量安装。

高度阀与 ECAS 的主要区别如图 12-38 所示,图 12-39 为 ECAS 在客车上的布置。

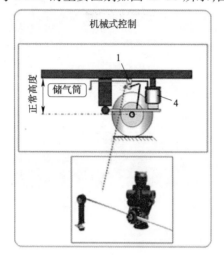
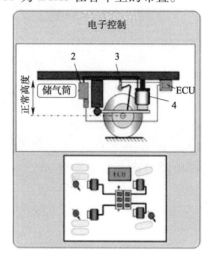

图 12-38　高度阀控制与 ECAS 控制
1-高度阀;2-电磁阀;3-高度传感器;4-气囊

目前,国内市场常见的 ECAS 主要有两种,即国产 JR—ECAS 和进口的 Wabco—ECAS。以下主要介绍 JR—ECAS 的组成、特点和工作原理。

JR—ECAS 在空气悬架系统中起到控制气路的作用。传统的空气悬架气路采用机械高度阀来控制,即通过高度阀阀门的开闭实现气囊的充排气,从而保持车辆恒定的行驶高度。JR—ECAS 主要包括电控单元、电磁阀、高度传感器等部件,其中高度传感器检测车辆的高度,电控单元根据输入的信息判断当前车辆状态,按照设定的控制逻辑,驱动电磁阀工作,对各个气囊进行充排气调节,从而实现不同的车身高度的调节。

1.组成

JR—ECAS 主要由电子控制器、显示器、高度传感器、电磁阀、传感器横摆杆、传感器竖摆杆、线束总成及压力开关等组成,如图 12-40 所示。

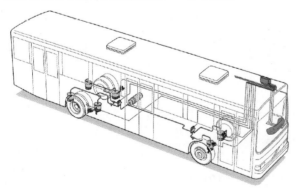
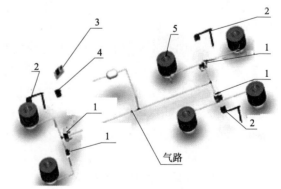

图 12-39　ECAS 在客车上的布置　　　　图 12-40　JR–ECAS 的系统构成示意图
　　　　　　　　　　　　　　　　　　1-电磁阀;2-高度传感器;3-电子控制器;4-显示器;5-气囊

2.功能与特点

1)底盘稳定功能

在正常行驶过程中,动态调节客车车身高度,使车身稳定在恒定的高度范围,保证乘坐的舒适性和安全性,起到取代机械高度阀的功能。

2）升降功能

可完成多种特定高度的升降。车辆行驶时,ECAS维持正常地板高度,在特殊路况和行驶条件下,可通过控制开关提升或者降低车辆的地板高度。

正常高度即设计高度,此时悬架高度适中,增加乘车舒适性。

高速高度,悬架高度较低,增加车辆高速行驶时的稳定性。需选装车速传感器,当车速大于或等于20km/h时自动下降。

高位模式,悬架高度较高,增加车辆通过性。

低位模式,降低地板高度,方便乘客上下车。

3）侧跪功能

实现车辆向车门所在的一侧跪斜,以降低车门高度,方便乘客上下车。该功能是用于城市公交客车的专用功能,方便老年人及行动不便的乘客上下车。

4）压力监视功能

检测供气压力。出于安全考虑,如果气压低于一定值(0.6MPa),系统功能将受到影响。

5）初始化参数在线标定

系统自配人机交互界面,无须笔记本式计算机或专用诊断仪即可完成系统的初始参数设置,在线标定时实时修改控制参数。

6）故障诊断

提供完备的在线故障查询功能,无须笔记本式计算机或专用诊断仪即可准确进行故障定位,方便维护,并提示用户根据故障等级进行相应的处理。

7）减少空气消耗

ECAS减少了在车辆正常行驶振动过程中储气罐中的空气消耗。采用分布式的电磁阀结构,简化了管路,降低了阻尼。据统计,采用JR—ECAS可节约30%的空气消耗。

3. 主要性能参数

JR—ECAS的基本型号,适用于12m两轴客车及各种变型。其主要参性能参数:外部电源为DC 24(18～32)V,电流为5A以上;工作温度为-40～85℃;最大升高或降低的高度为148.5mm(还取决于悬架系统本身的设计);高度控制精度为3mm。

4. 主要零部件

ECAS的主要零部件包括:电子控制器、显示器、电磁阀、高度传感器、连杆及各类附件,如图12-41所示。

a）电子控制器(ECU)

b）显示器

c）侧跪电磁阀

d）充排电磁阀

e）高度传感器

f）高度传感器横、竖摆杆

图12-41　JR-ECAS的主要零部件

二、电控减振器

减振器的主要功能是衰减振动、改善行驶平顺性。试验表明,悬架系统中理想的阻尼特性应随着道路条件和载荷等使用条件的变化而变化。这种能变化阻尼的可调减振器,最常见的就是电控减振器系统,而采用电控减振器的悬架系统也被称为半主动悬架。

1. 改变节流孔截面的电控减振器

实现阻尼变化的方式主要有改变油液的流通面积或改变油液黏度,目前较为实用的方式是调节减振器流通面积,通过调节减振器流通面积而实现阻尼的方式主要有以下几种。

1)活塞上、下腔之间油液流通面积的变化

阻尼力主要是由液压油流经活塞上不同形式的节流孔产生,在活塞上增加可改变流通面积的结构或装置,如在活塞或活塞杆上增加可调节流孔来改变阻尼等。该方式具有加工工艺较简单、控制较方便的优点,缺点是阻尼可调范围不大,因此应用不是很广。

2)活塞上节流阀片个数或结构改变

单筒减振器只有一个活塞阀系,因此活塞上的阀片对阻尼力的影响至关重要,如果阀系中的阀片个数或结构发生改变,受力形成的流通缝隙就会发生变化,导致活塞上下腔的流通面积也随之变化,即可改变减振器的阻尼力。这种方式的电控减振器目前较为常见,但缺点是只能实现有限挡位的调节,如图12-42所示。

3)外部实现阻尼可调

通过在外部增加一个节流装置调节活塞上下腔之间的流通面积,能较方便地实现阻尼可调,但是这种减振器加工和安装较复杂。目前,较为常见的是PDC和CDC形式的减振器,两者原理基本相同、结构也类似,主要区别是PDC中阻尼阀的比例阀芯由气压推动,而CDC则是用电控比例阀来调节。

PDC减振器常用于安装了空气悬架的车辆,把空气悬架气囊中的压力作为减振器的正比阻尼阀的控制信号,控制正比阻尼阀实现无级调控;阻尼力的大小只取决于载荷,系统中没有任何电子控制元件,如图12-43所示。

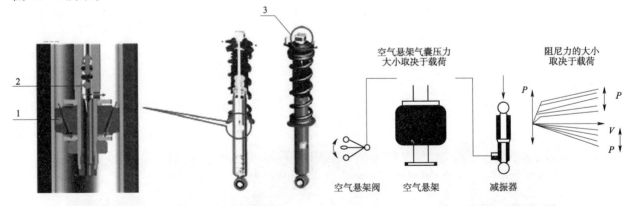

图12-42 改变活塞上节流阀片结构来实现阻尼调节
1-活塞阀;2-喷针;3-电动机安装部

图12-43 气调可变阻尼减振器系统

CDC减振系统是一个电控系统,除执行元件CDC减振器外,还包含制动压力、加速踏板位置、车速、转向角、空气悬架压力、车轮转速、前后车高、加速度和路况等传感器,ECU不断接收这些信号并与预先设定的临界值进行比较,选取相应的减振器节流孔截面积大小,以此实现阻尼力的控制,其结构如图12-44所示。

2. 改变油液黏度的电控减振器

除了改变节流孔截面的方法外,还可以通过改变减振器用的油液黏度来实现阻尼调节。目前,常见的方法有磁流变和电流变。电流变与磁流变减振器主要包括电磁减振器、电磁液、传感器及控制器四大部分,这种电磁减振器内采用的不是普通的减振液,而是使用一种黏性连续可控的新型功能材料——电流变或磁流变特殊减振液。

1)磁流变减振器

磁流变液体是一种磁性软粒悬浮液,当液体被注入减振器活塞内的电磁线圈后,线圈的磁场将改变其流变特性(或产生流体阻力),从而在没有机电控制阀且机械装置简单的情形下,产生反应迅速、可控性强的阻尼力。

磁流变减振器利用电磁反应,以来自监测车身和车轮运动传感器的输入信息为基础,对路况和驾驶环境作出实时响应。磁流变减振器具有阻尼力可调倍数高、易于实现计算机变阻尼实时控制、结构紧凑及外部输入能量小等特点,已日益受到工程界的高度重视。

以奥迪 TT 跑车上的应用为例,减振器活塞上绕有电磁线圈,当电磁线圈中无电流通过时,活塞内 4 个微型通道中的电磁液未被磁化,不规则排列的磁性颗粒呈均匀分布状态,产生的阻尼力与普通减振液相同。一旦控制单元发出脉冲信号,线圈内便会产生电压,从而形成一个磁场,并改变粒子的排列方式,这些粒子马上会按垂直于活塞运动的方向排列,阻碍油液在活塞微型通道内流动,提高阻尼效果。活塞线圈中输入的电流强度越大,形成的磁场强度越强,磁性颗粒被磁化的程度越好,产生的阻尼力就越大。由此可见,磁流变液体产生阻尼力的大小随输入电流强度的大小而变化。电子控制器(ECU)完全可以根据道路状况和载荷情况,通过适时准确地控制输入活塞线圈的电流强度,精确控制减振器的减振性能,达到舒适性和运动性完美统一的最佳效果,即使是在最颠簸的路面,也能保证车辆平稳行驶。

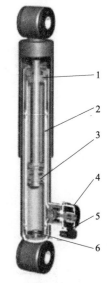

图 12-44 CDC 可调减振器的结构
1-活塞、导向器和油封组件;2-CDC 控制腔;3-活塞阀;4-可变正阻尼阀 CDC;5-电子端子;6-底阀

2)电流变减振器

电流变减振器的减振液是由合成碳氢化合物以及 3 流变至 10 减振大小的磁性颗粒组成,在外加电场作用下,其流变材料的性能,如剪切强度、外观黏度等会发生显著变化。

将这种特殊减振液装入电流变减振器内,通过改变电场强度使减振液的黏度改变,从而改变减振器的阻尼力,使阻尼力大小随电场强度的改变而连续变化,实现阻尼力无级调节。电流变减振器具有磁流变减振器同样的特点,但是磁流变液体的磁化和退磁需要时间,因此电流变减振器响应速度更快,极具发展前景。但由于目前的电流变液体存在如屈服强度小,工作温度范围较窄,零电场黏度偏高,悬浮液中固体颗粒与基础液体之间密度相差较大、容易分离,沉降稳定性差,对杂质敏感等缺点,因此还需要进一步发展才能成为批量应用的产品。

三、主动横向稳定杆

转向时,外转向车轮的弹簧被压紧,内转向车轮的弹簧伸长,造成横向稳定杆扭转。同时,在稳定杆支撑点内出现的力产生一个力矩,这个力矩可阻止车身侧倾并改善同车桥两车轮上的负荷分配。但是在直线行驶及弹簧单侧压缩时悬架刚度较大,车辆舒适性降低。

主动横向稳定杆(图 12-45)可以解决上述矛盾。主动横向稳定杆由两根稳定半杆通过一个双向液压马达连接在一起,当车辆受到较小的横向力时,两根半杆未耦合,侧倾刚度较小,这会使车辆具有较好的平顺性;当车辆受到较大的横向力时,两根半杆耦合,侧倾刚度较大,这会使车辆具有较好的侧倾稳定性。使用主动横向稳定杆,可有效防止车身侧倾并改善行驶平顺性,同时还可改善弹性元件和减振器的可设计性。

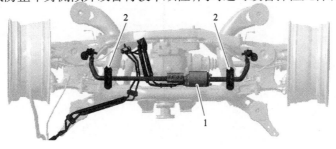

图 12-45 主动横向稳定杆示意图
1-双向液压马达;2-稳定杆支座(滚动轴承)

第五节　少片钢板弹簧悬架

和所有车辆一样,轻量化已成为客车研发的重要目标之一,而钢板弹簧则是实现轻量化的重要部件之一。传统的钢板弹簧悬架是由若干片等宽但不等长的合金钢板弹簧片叠加而成的一根近似等强度的弹性梁构成,如图12-46a)所示。近年来,在轻量化、节约能源、改善平顺的要求推动下,商用车上采用了一种由单片或2～4片变厚度断面的钢板弹簧叶片,片与片之间用0.25～1.2mm的金属或塑料垫片隔开的少片变截面钢板弹簧悬架结构,其弹簧叶片的断面尺寸沿长度方向是变化的,片宽保持不变,如图12-46b)所示。

a)传统钢板弹簧

b)少片变截面钢板弹簧

图12-46　少片式钢板弹簧与传统多片式钢板弹簧对比

据统计,在两种弹簧寿命相等的情况下,少片变截面板簧可以减小弹簧自身质量40%～50%。这种悬架结构在实现车辆轻量化、节省能源、降低成本、改善行驶平顺性等方面优点突出,目前在客车、货车上的应用已日益广泛。

少片钢板弹簧悬架(简称"少片簧悬架")既可用于前悬架,也可用于后悬架。采用少片变截面钢板弹簧的前、后悬架如图12-47和图12-48所示。

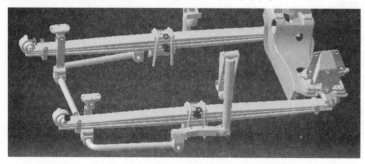

图12-47　少片钢板弹簧前悬架示意图

图12-48　少片钢板弹簧后悬架示意图

一、少片钢板弹簧悬架的组成

由图12-47可以看出,少片钢板弹簧前悬架由少片簧、板簧固定支架及吊耳、减振器及支架、横向稳定杆及稳定杆吊杆等部件组成。

由图12-48可知,少片钢板弹簧后悬架由导向部件、减振部件、承载部件、连接支架及其他抗侧倾的附属部件等组成。

1. 导向部件

少片钢板弹簧的导向部件除弹簧本身有导向作用外,大、中型客车为弥补纵向传力的不足,减少悬架因制动产生S形变形而影响乘坐舒适性而增加了推力杆。纵向推力杆既有传递纵向力和力矩的作用,又有导向的作用。一般少片钢板弹簧悬架有三根纵向推力杆,为V型和纵向型。此外,少片钢板弹簧悬架板簧的横向刚度相对较小,因此横向力要通过车架与车桥间的横向部件来承受,尤其是当前商用车厂家最大程度追求轻量化设计,将平衡悬架的平衡轴设计成断开式平衡轴,为了增强车架的横向刚度,增设V型推力杆导向装置,这样将使板簧端部所受的侧向力变小,侧弯变形小。

2. 减振部件

一般多片钢板弹簧悬架的结构中没有减振器,钢板弹簧本身就具有库仑阻尼,通过板簧簧片之间的摩擦,将吸收的势能转化成热量被释放。而少片簧悬架簧片间的摩擦较小甚至不存在片间摩擦,所以必须增加阻尼元件—减振器,使不稳定的库仑阻尼变为有规律的阻尼值,提高阻尼特性。

3. 承载部件

承载部件由少片钢板弹簧和橡胶支座组成。一般钢板弹簧的弹性特性呈线性,其刚度为定值,车辆空载运行与满载运行的偏频差异很大。而少片钢板弹簧悬架中的橡胶支座总成是变频、变刚度的辅助弹性元件,该元件在车辆空载运行时降低了车辆偏频,同时避免板簧与桥壳的撞击磨损,并降低车辆行驶的噪声。

4. 连接支架及抗侧倾的附属部件

多片簧因为有片间摩擦,动刚度增加较快,侧倾刚度较大。而少片簧因片间摩擦较小,动刚度较小,因此需要采用稳定杆来加强车辆的抗侧倾能力。

二、少片钢板弹簧悬架的特点

(1)质量轻。与传统的多片钢板弹簧相比较,质量可减轻30%~40%,有的甚至达到50%。

(2)寿命长。由于片与片之间保持一定的间隙,可减轻片间摩擦,减少接触疲劳,使疲劳寿命有较大增加。

(3)改善了车辆行驶平顺性与稳定性。少片变截面钢板弹簧可得到较大的挠度,在小振幅振动时刚度略有增加,因而可改善车辆的行驶平顺性与稳定性,提高舒适性。

(4)板簧片与片之间有间隙,摩擦面积小,使悬架系统阻尼保持稳定。

(5)运动噪声小。由于簧片的摩擦减轻,噪声随之减小。

(6)簧片可采用合理的断面形状,与多片簧相比更接近于等应力梁,应力分布更合理,材料利用率更高。

三、少片钢板弹簧悬架的设计要点

图12-49所示为等效梁应力变化曲线,欲使少片簧悬架的钢板弹簧在各截面处的应力相等,板簧各点厚度必须沿板簧长度方向做成抛物线形状。实际上,理想的抛物线型钢板弹簧是无法使用的,这种钢板弹簧在两端部无法承受剪切应力,同时也难以卷端部包耳,保障卷耳处的强度,并带来加工方面的困难。钢板弹簧设计使用之前,计算板簧的刚度和应力非常重要。通常使用共同曲率法、集中载荷法和有限元法;采用结构力学方法,对不同的少片钢板弹簧的设计理念进行分析,并推导相应力学参数的计算公式,并在哈密顿辛对偶变量体系下,利用精细积分法和正交试验法,分析片数、弧高、截面尺寸对刚度的影响,选出最优匹配。

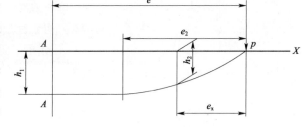

图12-49 等效梁应力变化曲线

少片簧设计和使用应注意以下几点:

(1)少片簧因单片厚度较厚,在相同变形幅度下,应力升幅多,比应力较大,设计应力要比多片簧提高20%,超载能力与多片簧悬架相比,范围较小。

(2)因少片簧的板簧截面是变化的,需要长锥轧制,加工工艺复杂,尤其是板簧的热处理要按顺序分段处理。

(3)少片变截面钢板弹簧所采用的材质与等截面钢板弹簧不同,一般用铬锰钒弹簧钢,硬度也比等截面板簧高得多。簧片表面要求高,叶片表面若有缺陷,易形成应力集中。

(4)少片变截面钢板弹簧因弹簧片数少,片间有垫片,片长范围内有间隙,其振动阻尼力比传统的多片钢板弹簧低,因而需要增加减振器的阻尼力来加以补偿。减振器的阻尼应与弹簧的刚度相匹配,使用中如减振器损坏,必须更换与原车同规格的减振器。

(5)在整车制动时,少片簧悬架的板簧在纵向会发生扭转,而结构特点使少片簧的纵向刚度小于多片簧,因此扭转角度大,容易造成制动跑偏。在匹配少片簧时要适当加大板簧刚度,一般提高10%~20%。

(6)片与片之间的垫片如在使用中出现较大磨损,应予更新,不得取消。

(7)片与片之间不得错位,钢板卡子应安装正确、齐全。

(8)更换少片变截面钢板弹簧簧片时,不得敲击。

第六节 客车铰接机构

一、铰接机构的布置及传动形式

客车铰接机构亦称铰接装置,俗称绞盘,是铰接式客车的关键总成,一般应用在城市公交14~18m的铰接式城市客车上,也有用到车长25m车型的结构。客车铰接机构的作用是将前车厢和后车厢(或中车厢和后车厢)连接在一起,平衡从前车厢至后车厢的俯仰运动、摇摆运动及弯曲运动产生的力和力矩,确保在不同速度行驶时客车的稳定性。并保证转弯时前后部之间的纵向折叠在允许的角度范围内,且转弯平稳,避免出现过度折叠。

二、铰接机构的结构和工作原理

按发动机的布置位置,客车铰接机构可分为牵引式铰接机构和后推式铰接机构两类。

1. 牵引式铰接机构

发动机前置的铰接式客车,由于发动机安装在客车的前车厢,整个车辆由前车厢拉着后车厢行驶,因此前车厢、后车厢之间的这种铰接机构称为牵引式铰接机构。受发动机、变速器及传动轴等布置的限制,前置式铰接客车存在地板高度较高、车内空间利用率较低、车内噪声较大、舒适性较差和快速行驶中易产生甩尾现象等缺点。

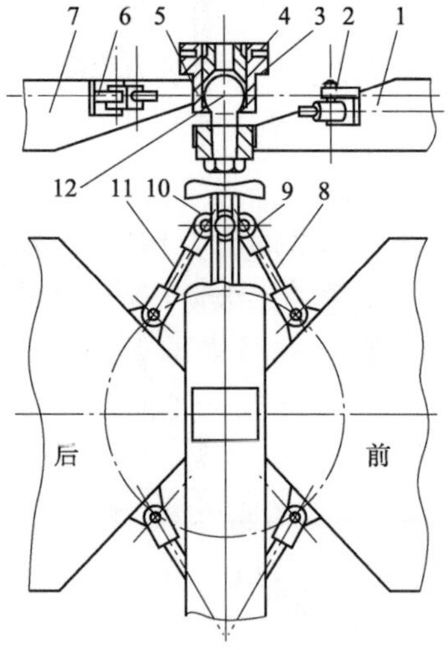

牵引式铰接机构受力较简单,一般都采用纯机械球铰式的铰接机构,其结构如图12-50所示。

由图12-50可见,球头销12装在前车厢纵梁1的支座上,球头碗3、5装在后车厢纵梁7的球头座上,借此将前、后车厢铰接在一起。后车厢相对前车厢可以完成三个方向的转动。水平回转角限制在±40°范围内,纵倾角与侧倾角均控制在14°范围内。龙门架4的轴套装在后车厢纵梁7的球头座轴上,它相对于后车厢只能在水平面内回转,而相对前车厢在其他两个方向上将与后车厢一起相对前车厢转动。万能附属机构的道轨9固定在龙门架4上,滑块10在道轨9内滑动。前拉杆8的两端分别与滑块和前车厢上的前拉杆支架以球头连接,可以在三个方向转动。后拉杆11的两端分别与滑块和后车厢车上的后拉杆支架连接,由于是销子连接,所以只能在水平面内转动。滑块10除了沿滑轨滑动之外,还可以根据需要转动一定的角度以补偿对前拉杆伸长量的要求。

图12-50 牵引式铰接机构结构简图
1-前纵梁;2-前拉杆支架;3-上球头碗;4-龙门架;5-下球头碗;6-后拉杆支架;7-后纵梁;8-前拉杆;9-道轨;10-滑块;11-后拉杆;12-球头销

2. 后推式铰接机构

发动机后置的铰接式客车,由于发动机位于车辆的后车厢,整个车辆是由后车厢通过铰接机构推动前车厢行驶。前车厢、后车厢之间的这种相互作用使得铰接式车辆在行驶过程中始终处于一种不稳定状态,特别是当车辆转弯时,前车厢、后车厢之间会产生折叠的趋势,所以后推式铰接装置除了要传递前车厢、后车厢之间的相互作用力外,还要能够抵消车辆在行驶时的折叠趋势。后置式铰接客车由于发动机位于后车厢,从而使得车内的空间显著增大,同时降低了乘客区地板高度,因而具有车内空间利用率高、噪声小、环境舒适、整车载荷分配合理等优点,使得乘客可以安全、方便、快捷地上下车。目前,后置发动机铰接式客车已开始逐渐取代发动机前置铰接式客车。

后推式铰接机构结构复杂,是集机械、液压、电控等于一体的部件,其运行的可靠性,以及对车架和车身的可靠性直接影响到车辆的运行状况。后推式铰接机构主要由机械结构、液压控制装置和铰接电气控制系统三部分组成。图 12-51 所示为目前使用较多的德国虎伯拉公司生产的后推式铰接机构。

三、主要结构件

1. 机械结构

铰接机构的机械部分都采用高强度的合金材料,其主要功能是将铰接客车的前车厢与后车厢实现机械铰接。机械结构一般由前架、后架和转盘轴承等组成,后架与后车厢刚性连接,前架通过金属—橡胶轴承(即球铰)与前车厢连接,主要用来补偿前车厢与后车厢之间的旋

图 12-51 后推式铰接机构
1-金属—橡胶轴承;2-前架;3-ACU 控制单元;4-旋转轴承;5-液压缸;6-后架

转和俯仰运动。前、后架通过转盘轴承连接在一起,随转盘轴承的转动而转动,前、后架的转动实现了前、后车厢在行驶过程中的转向。其中,前架与转盘轴承的外圈通过螺栓连接起来,后架与转盘轴承的内圈通过螺栓连接在一起,主要用于满足前车厢与后车厢之间绕转盘轴线的弯曲运动。

2. 液压控制装置

液压控制装置可根据铰接客车转弯时前、后车厢之间的夹角变化,而改变流入流出左、右液压缸活塞上下缸体液压油的流量及速度,使左、右液压缸的液压臂产生随车辆状态变化的与之相应的阻尼,来平衡车辆转弯时产生的横向分力,从而使左、右液压缸为铰接客车能够稳定、安全的运行提供车辆所需的足够阻尼,防止前、后车厢发生剪切,以此为铰接式客车提供良好的转向稳定性能及转向角度控制,保证车辆安全行驶。

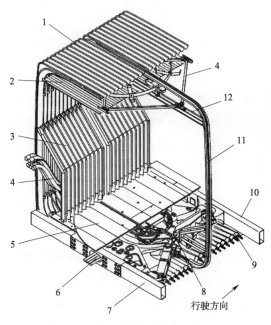

图 12-52 一种较典型的后推式铰接客车的铰接部分结构
1-折叠棚架;2-车顶覆盖件;3-车身覆盖件;4-车身能量导向装置;5-地板平台;6-地板能量导向装置;7-后段车身连接梁;8-铰接机构;9-底盘覆盖件;10-前段车身连接梁;11-中心骨架;12-骨架支撑件

3. 电气控制单元

铰接电气控制单元(Articulation Control Unit, ACU)对铰接系统的机械结构和液压控制系进行控制,为整个铰接系统能够安全、可靠、稳定地运行提供强有力的保障。铰接电控单元位于铰接装置中央。车辆在前进或倒车的过程中,当铰接系统的弯曲角度达到安全控制的最大极限角度时,铰接电控单元接受角度电压计不同电位信号之后,使蜂鸣器发出由慢到快的信号,提醒驾驶人注意。除此之外,铰接电控单元在液压控制装置承担弯曲运动平衡的过程中,不断调整车辆弯曲运动的转矩曲线,记录诸如速度、行驶方向、弯曲角度及转向角度等参数,并通过对液压系统元件的控制来进行连续不断的补偿;识别行驶中发生的错误或恶劣工况,并对铰接系统或整车采取保护措施;实施系统诊断,在必要的时候能处置整车或铰接系统上的故障或错误。

四、典型结构

目前,国内外应用较多的后推式铰接机构的铰接客车铰接部分结构如图 12-52 所示。由图中可见,与采用

牵引式铰接机构的客车相比,其复杂程度要大得多,因此也对安装、调试和使用维修提出了较高的要求。

五、目前使用较多的铰接机构产品

1. LIMBO Ⅱ PUSHER 350 铰接机构

LIMBO Ⅱ PUSHER 350 铰接机构适用于低地板和高地板客车以及发动机后置的后推式或发动机前置的拉式铰接客车。如图 12-53 所示,铰接盘安装在一个铸钢支架结构上,并用螺栓固定在客车后半部分的前方位置上,用以连接车辆前后两部分;一个大直径轴承(轴承齿环)用螺栓安装在支架顶部,轴承可允许车辆前车体和后车体之间水平转动,其最大角度不大于 52°;采用一个机械凸起防止较大的水平旋转角度;一个钢轭板用螺栓安装在轴承顶部,并通过两个"腕接轴承"与前车体相连接;金属弹性轴承能垂直转动 30°,可转动盖板允许最大垂直角度 ±10°。当车辆前行时,最大垂直角度由接近角和中轴与转动铰接点之间的离去角确定;车辆转弯时,垂直角度由接近角与车辆后部的离去角确定。在低地盘铰接客车上,这些角度通常在 6°~8°,转盘最大垂直角度为 9°。

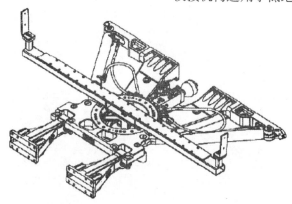

图 12-53 LIMBO Ⅱ PUSHER 350 铰接机构

2. IK29F 前中置客车铰接机构

图 12-54 所示为 IK29F 前中置客车铰接机构。该机构适合在车长 14~18m 的前置或中置发动机城市铰接客车上安装使用,其地板高度可达到 400~1200mm,具有较高的承载性和可靠性。

主要特点:

(1)适合前置或中置发动机铰接城市客车使用,运行安全平稳。

(2)大尺寸转盘轴承及橡胶球铰式结构,承载能力大,性能优于传统的销轴结构。

(3)安装有超角报警装置,也可以按客户的要求提供制动锁止信号。

3. IK23S 后置客车铰接机构

图 12-55 所示为 JVS 生产的 IK23S 后置客车铰接机构。该机构适合在 14~18m 的后置发动机城市铰接客车上安装使用,其地板高度可达 400~680mm,具有较高的可靠性和性价比。IK23S 的主要技术参数见表 12-3。

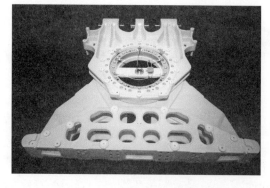

图 12-54 IK29F 铰接机构

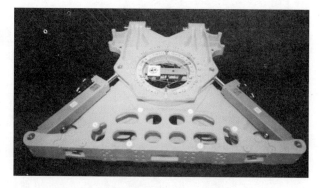

图 12-55 IK23S 后置客车铰接机构

IK23S 的主要技术参数表 表 12-3

名称	参数	名称	参数
铰接盘质量	450kg	最大扭转角度	±大扭
平台半径	920mm	平台最小离地间距	400mm
最大宽度	2460mm	棚底面最小离地距离	168mm

续上表

名 称	参 数	名 称	参 数
总高（地板平台上平面到折叠地棚下平面）	232mm	铰接距离	1600mm
最大静态载荷	25kN	工作电压	24V
最大转向角度	±大转向	工作环境	-35~50℃
最大俯仰角度	±大俯仰	控制方式	电液多阻尼控制

4. HNG 17.0 和 HNGK 19.5 铰接机构

HNG 17.0 为传统机械式球铰机构，如图12-56所示。

德国虎伯拉公司生产的 HNGK 19.5 后推式客车铰接机构（图12-51）的特点是：

(1) 适用于高地板及低地板后推式客车，根据行驶时的动态运动不同，有些车辆可以不需要液力减振装置。

(2) 允许地板高度最低394mm。

(3) 采用金属橡胶轴承，允许车辆有±10°的俯仰运动及±3°的旋转运动。

(4) 通过使用橡胶弹性轴承，底盘及铰接机构上的应力比采用普通结构降低30%以上。

(5) 在7°~8°的坡道上行驶时，地板间隙小，保证了车辆行驶的安全性。

(6) 铰接装置的设计最大静载荷为±25kN。

图12-56　HNG 17.0 传统机械式球铰机构

六、应用实例

国内、外应用后推式铰接机构的几款客车分别如图12-57和图12-58所示。

a) 发动机后置后驱的单铰接低地板客车

b) 采用多铰接的有轨电车(五节车身)

图12-57　国外两款采用后推式铰接机构的客车

a) 蜀都牌18m后置后驱式低地板铰接客车

b) 丹东黄海18m前置中驱推式两级踏步铰接式客车

图12-58　两款采用国产铰接机构的客车

第十三章　客车转向装置

转向系统是改变或保持汽车行驶方向的装置,其性能直接影响车辆是否按驾驶人意愿转向行驶及车辆的操纵稳定性和行驶安全性。客车作为主要的运载工具之一,具有质量大、重心高且随载客数量的变化明显等特点,从而导致其路感、转向灵敏性和轻便性的关系与乘用车有很大不同。同时,由于客车自身结构尺寸的原因,使得转向系统结构复杂,可靠性要求高,是客车底盘中技术含量较高、设计难度较大的系统之一。

随着转向技术的发展,客车转向系统已在传统机械转向系统的基础上,逐步研发出性能更好和更先进的转向系统,如液压助力转向系统、电动助力转向系统、主动转向系统、四轮转向系统和线控转向系统等,以满足日益增加的对转向性能的要求。

第一节　概　　述

一、客车转向系统的分类

客车转向系统按转向能源的不同,可分为机械转向系统和动力转向系统两类。

1. 机械转向系统

机械转向系统主要由转向操纵机构、转向器和转向传动机构等组成,以驾驶人体力作为客车转向过程的能源,且系统中传递力的部件都是机械,如图 13-1 所示。机械转向系统由于采用单一的机械解决方案,为了产生足够大的转向力矩需要使用大直径的转向盘,因此占用驾驶区空间很大,整个机构显得较为笨拙,驾驶员人负担较重。特别是客车,由于转向阻力较大,单纯靠驾驶人的转向力矩很难实现转向,故目前在客车上已很少使用。

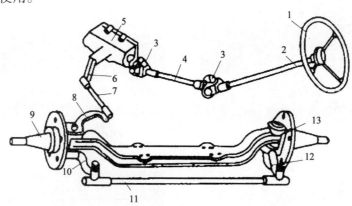

图 13-1　机械转向系统

1-转向盘;2-转向轴;3-万向节;4-转向传动轴;5-转向器;6-转向摇臂;7-转向直拉杆;8-转向节;9-左转向节;10、12-梯形臂;11-转向横拉杆;13-右转向节

2. 动力转向系统

动力转向系统是兼用驾驶人体力和发动机(或电动机)动力作为转向能源的转向系统。在正常情况下,客车转向所需的能量只有小部分由驾驶人提供,而大部分能量由发动机(或电动机)通过转向加力装置提供。但在转向加力装置失效时,一般还应当能由驾驶人独立承担转向任务。因此,动力转向系统是在机械转向系统基础上加设的一套转向加力装置而形成的,如图 13-2 所示。目前,客车上装备的动力转向系统主要为液压助力转向系统和电子液压助力转向系统。

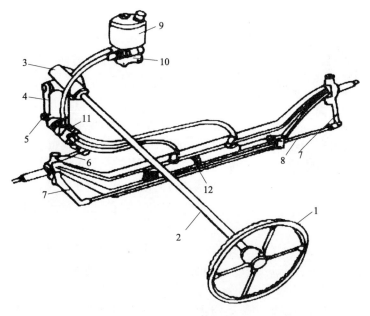

图 13-2 动力转向系统

1-转向盘;2-转向轴;3-机械转向器;4-转向摇臂;5-转向主拉杆;6-转向节;7-梯形臂;8-转向横拉杆;9-转向油罐;10-转向油泵;11-转向控制阀;12-转向动力缸

二、客车转向系统的发展趋势

客车是旅客道路运输的主要交通工具,客车的安全运行是旅客生命财产安全的重要保障。新型转向系统的出现在减轻驾驶人工作强度,提高操纵性和安全性等方面都有明显优势。纵观客车转向系统的发展,每一次技术进步都体现了在操作舒适、使用安全和节能环保的方面提升。客车转向系统未来的发展趋势主要体现在以下几方面:

(1)新型转向机构的研究与应用。围绕减小误差、优化机构设计、减轻磨损、提高效率等方面开展工作,加强新型转向机构的研究与应用已成为生产企业和科研单位的追求目标。

(2)新型动力转向技术的推广。为减轻驾驶疲劳,提高操纵轻便性和稳定性,新型动力转向系统的应用日益广泛,如电动助力转向系统、四轮转向系统以及未来的线控转向系统等。

(3)考虑主动安全性的转向技术。从操纵轻便性、稳定性和安全行驶的角度,广泛使用更先进的制造工艺方法、变速比转向器及高刚性转向器等。

(4)先进电子技术和控制技术的应用。随着传感技术、控制技术的不断发展及在客车中的应用,可以从多方面改善转向系统的各种性能,如低速行驶轻便性、稳态转向特性、回正能力、转向盘中间位置操纵稳定性和前轮摆振等。

客车动力转向技术经历了近 60 年的发展,已由机械式发展到目前使用最广泛的液压助力式。随着电子技术的飞速发展,以及人们对操纵稳定性及驾驶舒适性的更高要求,电动助力转向技术将取代液压助力成为主流,并逐步向线控动力转向发展。

第二节 动 力 转 向

一、液压助力转向

大、中型客车一般都具有载荷大、车速高的特点,传统的机械式转向系统已难以满足使用要求,普遍采用液压助力系统来实现转向轻便性和稳定性。

1. 机械控制液压助力系统

该液压助力转向系统是在机械转向系统的基础上加装一套液压动力辅助装置组成的,如图 13-3 所

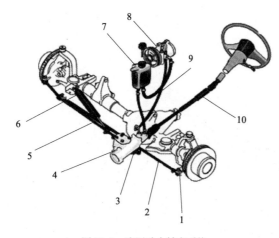

图13-3 液压助力转向系统
1-转向节臂；2-横拉杆；3-转向摇臂；4-整体式转向器；5-直拉杆；6-减振器；7-油罐；8-油泵；9-油管；10-转向轴

示。转向油泵安装在发动机上，由曲轴通过传动带驱动并向外输出液压油；转向油罐由进、出油管接头通过油管分别与转向油泵和转向控制阀相连，转向控制阀用以改变油路；机械转向器和油缸体形成左、右两个工作腔，它们分别通过油道与转向控制阀连接。当客车直线行驶时，转向控制阀使转向油泵出来的工作液直接进入油罐，即转向油泵处于卸载负荷状态时，动力转向器不起助力作用；当需要转向时，驾驶人转动转向盘，转向控制阀使转向油泵出来的工作液向左或右推动活塞，通过传动机构使左、右前轮向左或右偏转，从而实现客车的转向行驶。

根据系统内液流方式的不同，可以分为常压式液压助力和常流式液压助力，分别如图13-4和图13-5所示。常压式液压助力系统的特点是无论转向盘处于正中位置还是转向位置、转向盘保持静止还是在转动，系统管路中的油液总是保持高压状态；而常流式液压转向助力系统的转向油泵虽然始终工作，但液压助力系统不工作时，油泵处于空转状态，管路的负荷要比常压式小，目前大多数液压转向助力系统都采用常流式。由此可见，不管哪种方式，转向油泵都是必备部件，由它将发动机机械能转化为液压能。

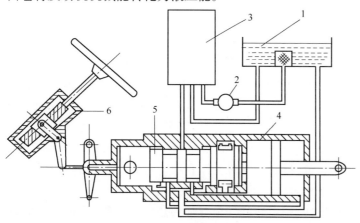

图13-4 常压式液压助力转向系统
1-转向油罐；2-转向油泵；3-储能器；4-转向动力缸；5-转向控制阀；6-机械转向器

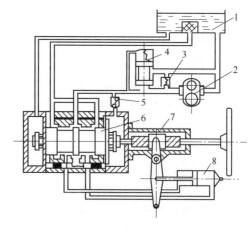

图13-5 常流式液压助力转向系统
1-转向油罐；2-转向油泵；3-安全阀；4-流量控制阀；5-止回阀；6-转向控制阀；7-机械转向器；8-转向动力缸

液压助力转向器的优点是工作压力高（可达10MPa以上）、部件尺寸小、液压系统工作时无噪声、工作滞后时间短并能吸收来自不平路面的冲击，因此在客车上获得广泛应用。其缺点是需要依靠发动机动力来驱动油泵，能耗较高；液压系统管路结构复杂，需增加液压控制元件，后期维护成本高；整套油路经常保持高压状态，影响使用寿命等。目前，我国大客车普遍采用常流整体式液压助力转向系统。

2. 电子液压助力转向系统（EHPS）

电子控制液压助力转向系统（Electric Hydraulic Power Steering, EHPS）是在机械液压助力转向系统的基础上增加电子控制和执行元件组成的，其系统组成如图13-6所示。EHPS为车速响应型，即主要根据车速的变化通过传感器向电子控制器传递信号，经过处理后控制电液转换装置改变助力转向器转向的驾驶人操纵力，使驾驶人操纵力根据车速和行驶条件的变化而改变，从而获得理想的汽车操纵稳定性。

图13-7所示为EHPS可以提供的多重静特性曲线。由图中可见，低速时，"反应"剧烈；而高速时则"反应"平缓，使转向动力放大倍率实现连续可调，从而满足高、低车速时的转向助力要求，这也正符合汽车操纵稳定性的需要。

由于 EHPS 是在机械液压式助力转向系统基础上发展起来的,因此原来的系统都可利用,不需要更改布置;且低速时转向效果不变,高速时可以自动根据车速逐步增大转向操纵力,提高车辆行驶稳定性,并增强了路感。此外,EHPS 还具有失效保护系统,当电子元件失灵后仍可依靠原液压助力转向系统安全工作。但是相对于液压助力转向系统,其结构更复杂、价格更昂贵,且仍然无法克服液压助力系统效率低、能耗大等缺点。

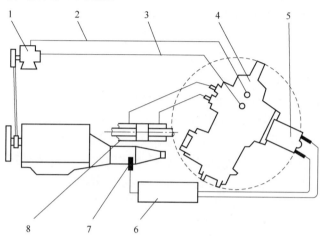

图 13-6 电子控制液压助力转向系统示意图
1-油泵;2-回油管路;3-压力管路;4-转向器;5-电液转换器;6-ECU;
7-车速传感器;8-助力缸

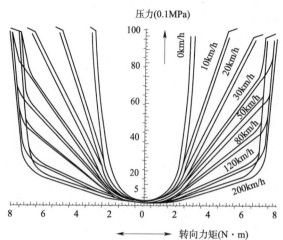

图 13-7 EHPS 的多重静特性曲线

二、电动助力转向系统(EPS)

从 20 世纪 80 年代起,国外就开始研究替代液压助力转向的更为先进的电子控制电动助力转向系统(Electric Power Steering,EPS)。由于先进电控技术的运用,目前 EPS 已经日趋成熟,在欧美国家 EPS 已在各类汽车上大规模使用,且每年以 300 万辆的速度不断增长。在国内,EPS 已在乘用车上得到了极大发展,很多乘用车都把装备 EPS 作为重要卖点;而客车上的应用则主要集中在纯电动客车上。由于各方面的制约,国内大部分大、中型客车的 EPS 应用还处于起步阶段。但可以预计,随着用户对安全要求的进一步提高以及电控系统的不断完善,EPS 也必将在国产大、中型客车上得到广泛应用。

1. 组成和工作原理

EPS 是在机械式转向系统的基础上,利用直流电动机作为动力源,通过电子控制装置控制电动机产生相应大小和方向的辅助力,以协助驾驶人进行转向操纵,并获得最佳转向特性的伺服系统。

EPS 主要由机械式转向器、转矩传感器、减速机构、离合器、电动机、电子控制单元(ECU)和车速传感器等组成,如图 13-8 所示。转矩传感器通过扭杆连接在转向轴中间,当转向轴转动时,转矩传感器开始工作,把两端转向轴在扭杆作用下产生的相对转角转变成电信号传给 ECU,ECU 根据车速传感器和转矩传感器的信号决定电动机的旋转方向和助力电流的大小,并将指令传递给电动机,通过离合器和减速机构将辅助动力施加到转向系统(转向轴)中,从而完成实时控制的助力转向。当车速超过一定的临界值或者出现故障时,EPS 系统退出助力工作模式,转向系统转入手动转向模式;在不转向的情况下,电动机不工作。EPS 可以方便地实现不同车速提供不同大小的转向助力,保证汽车在低速转向行驶时轻便灵活,高速时稳定可靠。

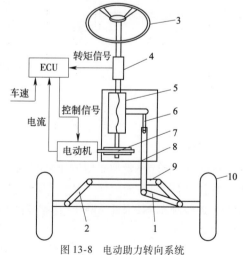

图 13-8 电动助力转向系统
1-转向节臂;2-梯形臂;3-转向盘;4-转向盘转矩传感器;5-循环球式转向器;6-转向摇臂;7-蜗轮蜗杆减速器;8-转向直拉杆;9-转向横拉杆;10-车轮

2. 工作特点

传统的液压助力转向系统由发动机驱动转向油泵,不管转向或不转向都要消耗发动机部分动力。而电动助力转向系统只在转向时才由电动机提供助力,不转向时不消耗能量,因此 EPS 可以降低燃油消耗。

EPS 的转向助力大小可以通过软件调整,能够兼顾低速时的转向轻便性和高速时的操纵稳定性,且回正性能好。传统液压助力转向系统所提供的转向助力大小不能随车速的提高而改变,这样就使得客车虽然在低速时具有良好的转向轻便性,但在高速行驶时转向盘太轻,产生转向"发飘"的现象,致使驾驶人缺少显著的"路感",降低了高速行驶时的车辆稳定性和驾驶人的安全感。

EPS 还可以施加一定的附加回正力矩或阻尼力矩,使得低速时转向盘能够精确地回到中间位置,而且可以抑制高速回正过程中转向盘的振荡和超调,兼顾了客车高、低速时的回正性能。

EPS 相对于液压助力转向系统,取消了转向油泵、油缸、液压管路和油罐等部件,而且电动机及减速机构可以和转向柱、转向器做成一个整体,使得整个转向系结构紧凑、质量轻、在生产线上装配性好、节省装配时间,易于维护。此外,通过程序设置,EPS 很容易与不同客车车型匹配,缩短生产和开发的周期。

目前,国产纯电动客车的助力转向系统多采用传统液压助力转向,其缺点是不转向时油泵也持续运转,造成能量耗费;系统设计好后,助力特性将不能再调节,高速路感不好;存在液压系统漏油等问题。而 EPS 由助力电动机直接提供助力,蓄电池的电能直接转换成机械能用于助力,能量转换损耗低;此外,EPS 只在需要助力时电动机才工作,既节约能量,同时还具有低速转向轻便、高速路感好及安全等特点。因此,迫切需要为电动客车开发 EPS,以减少动力转向能量消耗、改善转向系统的助力特性、提高驾驶舒适性和操纵稳定性。

三、主动转向系统(AFS)

主动转向系统(Active Front Steering,AFS)是在传统机械转向系的基础上,增加了叠加转向角度的机械调控器、判定当前驾驶条件和驾驶人指令的中央处理器(ECU)和车速传感器等部件,如图 13-9 所示。通过 ECU 控制布置在转向盘和转向传动轴间的机械调控器,对驾驶人的转角叠加一个根据不同车速等工况确定的同向或反向转向角度,从而增加或减小前轮的转向角度,满足低速时的转向灵敏性、轻便性和高速时的转向稳定性要求。

低速时,机械调控器中的电动机转动与驾驶人转动转向盘的方向一致,减小了转向力和转向盘转动圈数,转向更灵敏和轻便;高速时,电动机的转动与转向盘转动的方向相反,减小了前轮的转向角度,从而降低转向轮对转向盘转动反应的敏感性,提高转向稳定性。

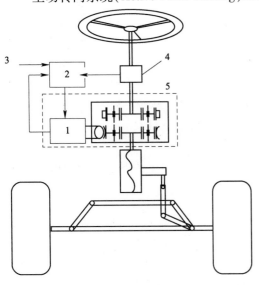

图 13-9 主动转向系统
1-电动机;2-ECU;3-车速传感器;4-转角传感器;5-机械调速器

AFS 兼具传统机械转向系和电子转向系的优点,既有机械转向传动机构,保证驾驶人有真实的路感,又可以通过 ECU 控制电动机运转,实现不同车速时转向的主动叠减或叠加,实现角传动比的连续变化,从而将转向的灵敏性、轻便性和稳定性完美结合,进一步提高了操纵性能和安全性。

目前,基于转向叠加原理的主动转向系统在客车上的应用还是空白。AFS 可以和动态稳定控制系统 DSC 兼容,由于前者通过修正转向角度来控制操纵,而后者则通过制动相应车轮产生影响车辆稳定的反向转矩来控制车辆,因此 AFS 以其优良的特性及与其他电子控制装置的兼容性而在客车上具有广阔的应用前景。

四、四轮转向系统(4WS)

四轮转向系统(Four Wheel Steering,4WS)在 20 世纪 80 年代中期开始发展,其主要作用是提高汽车高速行驶或在侧向风作用时的操纵稳定性,改善低速行驶时的操纵轻便性,以及减小在停车场驻车时的转弯半径。所谓4WS,是指除了传统的以前轮为转向轮外,后面的两个车轮也是转向轮。

四轮转向技术可以提高车辆的操纵稳定性和机动性,一般都应用在车速较高的高级轿车或能适应路况较差的越野汽车上。但是,随着公路运输的不断发展和对客车性能的要求不断提高,以及电子技术的发展,可以明显改善客车高速行驶稳定性及安全性的四轮转向技术,在大客车上的应用将会成为可能。

1. 组成和工作原理

4WS主要由前轮定位传感器、可转向的整体准双曲面后轴、电动机驱动执行器和1个控制单元等四个主要部件组成,如图13-10所示。

当按动按钮选定了四轮转向(4WS或4WS挂车)模式时,4WS即处于激活状态。一般,4WS配备有2个传感器,其中1个传感器安装在转向柱上,用以检测转向盘的转向角度;另1个传感器安装在变速器上,用于提供车速信号。来自这2个传感器的信号都能及时传递至ECU。而ECU是一个包含2个具有10MHz运行速度及128K内存的微处理器集成单体,每只微处理器根据转向及车速传感器的输入信息进行独立运算,并同时启动系统自检功能,以确定系统自身功能是否正常;通过比较2个微处理器的计算数据,来确定转向系统是否正在正确执行,如果一切正常,那么ECU将起动后轴转向驱动电动机。在此过程中,微处理器以0.004s/次的频率持续不断地反复进行转向角度计算和转向系统故障自检,一旦4WS出现异常或传感器出现错误时,后轴转向执行电动机立即自动驱动后轴回正,同时使系统由4WS模式切换至2WS(传统的两前轮转向)的安全转向模式。即使转向过程中ECU出现严重性故障,后轴转向齿条机构内部的复位弹簧也能够使后轴慢慢回复至中间位置,并同时使后轴转向电动机关闭,以阻止后轮的转向动作。

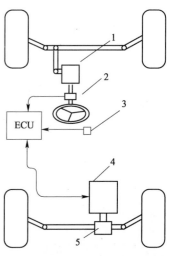

图13-10 主动转向系统
1-前轮转向机构;2-转向盘转角传感器;
3-车速传感器;4-后轴转向驱动电动机;
5-后轮转向系统

根据车速的不同,系统转向后轴具有异相、中相和同相三种转向动作。车辆低速行驶时,后轮转弯方向与前轮相反,这就是异相;车辆中速行驶时,后轮正直,即保持中相;车辆高速行驶时,后轮与前轮转弯方向相同,即为同相。对车辆低速行驶的异相拖曳操纵,尾部跟随车辆的真实轨迹比两轮转向更紧密,这使得在城市交通中的驾驶更加容易;在倒车上船板或野营带拖车停车时,4WS将使操纵更加容易;而在倒拖车时异相将极大改进拖车对转向动作的反应,更容易使车辆就位。

2. 工作特点

缩小了客车低速转向时的转弯半径。在低速转向时,车辆因前、后轮的反向转向,能够缩小转弯半径达20%。因此,4WS可使客车具有如同小型车辆的操纵性及驻车敏捷性。

明显改善了客车高速行驶的稳定性。当客车在高速行驶中转向时,4WS通过后轮与前轮的同向转向,有效地降低和消除了客车侧滑及侧翻事故的发生概率,明显改善了客车的高速行驶稳定性及安全性,进而缓解了驾驶人在各种路况下(尤其是风雨天气)高速驾车的疲劳程度。

五、线控转向系统(SBW)

线控动力转向系统(Steering By Wire,SBW)是随着汽车电子技术发展的最新成果而出现的一种全新转向系统。该系统在转向盘和转向轮之间不再采用机械连接,彻底摆脱了传统转向系统所固有的限制,在给驾驶人带来方便的同时也进一步提高了安全性。目前,欧美等一些汽车公司的概念车型上已经安装了SBW,预示着这一技术也是未来客车转向系统的一个发展方向。

1. 组成和工作原理

线控转向系统的总体结构分为三部分:转向盘总成、控制器和前轮转向总成,如图13-11所示。线控转向系统的基本功能是反馈路感和主动转向,因而形成了两个控制环:转向盘力反馈控制环和前轮位置反馈控制环。转向盘总成与轴助力式电动助力转向系统EPS(电动机及其减速装置在转向传动轴上)由转向盘、较短的转向柱、转向盘力矩转角传感器和路感电动机等组成。转向盘总成实现两个基本功能,一是利用转向盘力矩转角传感器测量转向盘力矩和转向盘转角,以反映驾驶人的转向意图,控制器根据此信号经过主动转向控制策略决策得到目标前轮转角,向前轮转向总成提供转向电动机控制电压信号,使前轮跟踪目标前轮转角。二是通过路感电动机向驾驶人反馈路感。控制路感电动机的电流,即可实现路感电动机的力矩控制。路感电动机可采用直流电动机、感应电动机、永磁同步电动机等。前轮转向总成(也称方向控制总成)与小齿轮助力式EPS(电动机和减速装置装在小齿轮一侧)类似,它包括齿条位移传感器、转向电动机等。前轮转向总成也实现两个基本功能:控制转向电动机驱动转向轮,跟踪目标前轮转角,实现主动转向。齿条位移传感器测量前轮的运动状态,以进行前轮转角的反馈控制,并为路感反馈提供参考信号,将车辆运动状况反馈给驾驶人。车况传感器包括车速传感器,另外根据不同路感控制策略和主动转向控制策略的需要,还可以安装横摆角速度传感器、侧向加速度传感器等。转向电动机实现转角伺服

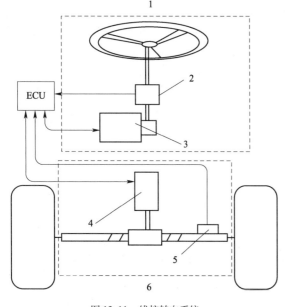

图13-11 线控转向系统

1-转向盘总成;2-转向盘力矩转角传感器;3-路感传感器;4-转向电动机;5-齿条位移传感器;6-前轮转向总成

控制,可选择步进电动机。

2. 工作特点

提高了车辆的安全性能。由于去掉了转向柱等机械连接,完全避免了撞车事故中转向柱对驾驶人的伤害。智能化的ECU根据车辆的行驶状态判断驾驶人的操作是否合理,并作出相应的调整,当车辆处于极限工况时,能够自动进行稳定控制。

改善驾驶特性,增强操纵性。基于车速、牵引力控制以及其他相关参数基础上的转向比率(转向盘转角和车轮转角的比值)不断变化。低速行驶时,转向比率低,可以减少转弯或停车时转向盘转动的角度;高速行驶时,转向比率变大,获得更好的直线行驶条件。

改善驾驶人的路感。由于转向盘和转向车轮之间无机械连接,驾驶人"路感"通过模拟生成。可以从信号中提出最能够反映车辆实际行驶状态和路面状况的信息。作为转向盘回正力矩的控制变量,使转向盘仅向驾驶人提供有用信息,从而为驾驶人提供更为真实的"路感"。

由于线控转向系统中的转向盘与转向轮之间没有机械连接,该系统也被称为柔性转向系统。与传统转向系统相比,线控转向系统能消除转向干涉,方便转向系统的布置,消除了碰撞事故中转向柱伤害驾驶人的可能性,提高了汽车的安全性能,使汽车具有一定的智能化,是未来汽车转向系统的发展方向。

第三节 转向传动机构及转向盘调整

转向传动机构的功用是将驾驶人通过转向盘和转向器输出的力及运动传到转向桥两侧的转向节,使转向轮偏转,并使两转向轮偏转角按一定关系变化,以保证汽车转向时与地面的相对滑动尽可能小。转向盘和转向传动机构对车辆乘坐舒适性、操纵稳定性、行驶安全性等有着直接的影响。为适应转向系统发展需要,对转向盘和转向传动机构的要求越来越高,一些新的转向机构在客车上得到了应用。

一、与非独立悬架配用的转向传动机构

1. 转向传动机构的组成和布置

与非独立悬架配用的转向传动机构主要包括转向摇臂2、转向直拉杆3、转向节臂4和转向梯形臂5,

如图 13-12 所示。在前桥仅为转向桥的情况下,由转向横拉杆 6 和左、右梯形臂 5 组成的转向梯形机构一般布置在前桥之后,如图 13-12a)所示。在发动机位置较低或转向桥兼充驱动桥的情况下,为避免运动干涉,往往将转向梯形机构布置在前桥之前,如图 13-12b)所示。若转向摇臂不是在汽车纵向平面内前后摆动,而是在与道路平行的平面内左右摆动,则可将转向直拉杆 3 横置,并借球头销直接带动转向横拉杆 6,从而推使两侧梯形臂转动,如图 13-12c)所示。

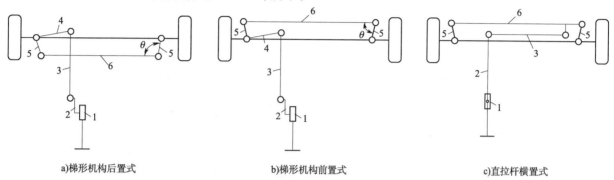

a)梯形机构后置式　　　　b)梯形机构前置式　　　　c)直拉杆横置式

图 13-12　与非独立悬架配用的转向传动机构示意图
1-转向器;2-转向摇臂;3-转向直拉杆;4-转向节臂;5-梯形臂;6-转向横拉杆

2. 转向摇臂

转向摇臂是转向器传动副与转向直拉杆间的传动件,其作用是把转向器输出的力和运动传给直拉杆或横拉杆,进而推动转向轮偏转。转向摇臂的典型结构如图 13-13 所示。

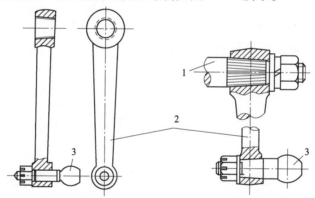

图 13-13　转向摇臂
1-摇臂轴;2-转向摇臂;3-球头销

3. 转向直拉杆

转向直拉杆是转向摇臂与转向节臂之间的传动杆件。其作用是将转向摇臂传来的力和运动传给转向梯形臂。它所受的力既有拉力、也有压力,因此直拉杆都是采用优质特种钢材制造的,以保证工作可靠。直拉杆的典型结构如图 13-14 所示。在转向轮偏转或因悬架弹性变形而相对于车架跳动时,转向直拉杆与转向摇臂及转向节臂的相对运动都是空间运动,为了不发生运动干涉,上述三者间的连接都采用球销。

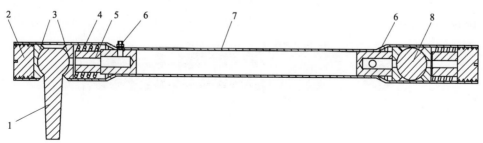

图 13-14　转向直拉杆
1-球头销;2-端部螺塞;3-内球头座;4-压紧弹簧;5-弹簧座;6-加油嘴;7-直拉杆体;8-转向摇臂球头

直拉杆上的压缩弹簧能自动消除因球头与球头座磨损而产生的间隙,并可缓和由转向轮经转向节臂球头销传来的向前的冲击。弹簧座的小端与球头座之间留有不大的间隙,作为弹簧缓冲的余地,并可限制缓冲时弹簧的压缩量。此外,当弹簧折断时此间隙可保证球头销不致从管孔中脱出。端部螺塞可以调整此间隙。调整间隙的同时也调整了前弹簧的预紧度,调好后用开口销固定螺塞的位置,以防松动。

4. 转向横拉杆

转向横拉杆是转向梯形机构的底边。横拉杆体用钢管制成,其两端切有螺纹,一端为右旋,一端为左旋,与横拉杆接头旋装连接。接头的螺纹孔壁上开有轴向切口,故具有弹性,旋装到杆体上后可用螺栓夹紧。两端接头结构相同,如图 13-15 所示。由于横拉杆体两端是正反螺纹,因此,在旋松夹紧螺栓以后,转动横拉杆体,即可改变转向横拉杆的总长度,从而调整转向轮前束。

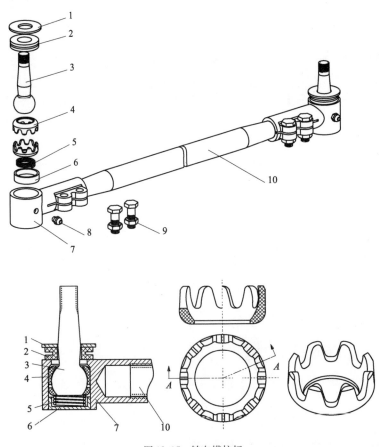

图 13-15 转向横拉杆

1-防尘垫座;2-防尘垫;3-球头销;4-球头销座;5-弹簧;6-弹簧座;7-横拉杆接头;8-限位销;9-夹紧螺栓;10-横拉杆体

5. 转向减振器

随着车速的提高,现代汽车的转向轮有时会产生摆振,这不仅影响行驶稳定性,而且还影响舒适性、加剧前轮轮胎的磨损。在转向传动机构中设置转向减振器是克服转向轮摆振的有效措施。

转向减振器的一端与车身铰接,另一端与转向直拉杆铰接,转向减振器的三维模型如图 13-16 所示。

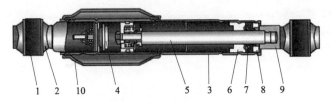

图 13-16 转向减振器三维模型

1-连接环衬套;2-连接环橡胶套;3-油缸;4-压缩阀总成;5-活塞及活塞杆总成;6-导向座;7-油封;8-挡圈;9-衬套及连接环总成;10-橡胶储液缸

二、与独立悬架配用的转向传动机构

当转向轮采用独立悬架时,每个转向轮分别相对于车架作独立运动,因而转向桥必须是断开的。与此相应,转向传动机构中的转向梯形也必须分成两段[图13-17a)],或三段[图13-17b)],并由相对于路面的平面中摆动的转向摇臂直接带动或通过转向直拉杆带动。

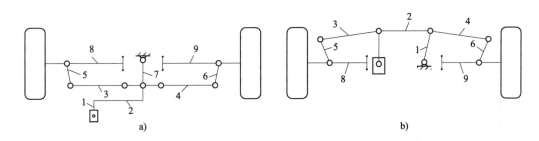

图13-17 与独立悬架配用的转向传动机构示意图
1-转向摇臂;2-转向直拉杆;3-左转向横拉杆;4-右转向横拉杆;5-左梯形臂;6-右梯形臂;7-摇杆;8-悬架左摆管;9-悬架

图13-17a)方案的具体结构如图13-18所示。摇杆7前端固定于车架横梁中部,后部借球头销与转向直拉杆2和左、右转向横拉杆4、5连接。转向直拉杆外端与转向摇臂球头销1相连。左、右转向横拉杆外端也用球头销分别与左、右梯形臂3和6铰接,故能随同侧车轮相对于车架和摇杆7在横向平面内上下摆动。

转向直拉杆仅在外端有球头座,在两球头座背面各设一个压缩弹簧,分别吸收由横拉杆4和5传来的两个方向上的路面冲击,并自动消除球头与球头座之间的间隙。

三、转向盘调整

1. 转向盘

转向盘(俗称方向盘)由轮缘,轮辐和轮毂组成,如图13-19所示。轮辐一般为三根辐条[图13-19a)]或四根辐条[图13-19b)],也有采用两根辐条的结构。转向

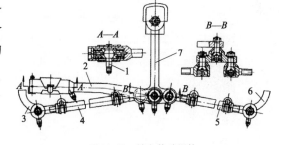

图13-18 转向传动机构
1-转向摇臂球头销;2-转向直拉杆;3-左梯形臂;4-左转向横拉杆;5-右转向横拉杆;6-右梯形臂;7-摇杆

盘内部是由成形的金属骨架构成。从操纵方便性和安全性考虑,骨架外面一般包有较柔软的合成橡胶或树脂,也有包皮革的结构[图13-19c)],其目的是具有良好的手感,不易打滑;且当车辆发生碰撞时,柔软的外表皮可起缓冲作用;有些转向盘上还装有喇叭按钮和撞车时保护驾驶人的安全气囊装置。

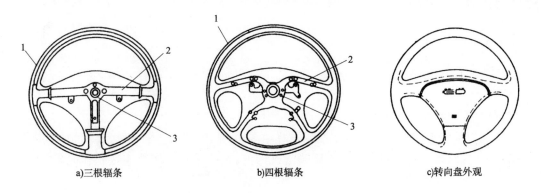

a)三根辐条　　b)四根辐条　　c)转向盘外观

图13-19 转向盘的构造
1-轮圈;2-轮辐;3-轮毂

2. 转向盘调节机构

现代汽车的转向轴除装有柔性万向节外,有的还装有能改变转向盘工作角度和转向盘高度的机构,

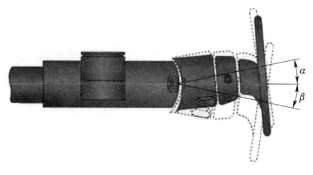

图13-20 转向盘工作角度调整

如图13-20所示。转向盘的调节功能主要是为了更好地适应不同身材和不同驾驶习惯的驾驶人，以便使更多的驾驶人都能找到适合自己的驾驶姿势，从而减轻疲劳，提高行车安全性。按调节方向的多少，转向盘调节有两方向和四方向两种。所谓两方向是指能上下调节转向盘的高度，如果转向盘还能进行前后调节，或者还能伸缩，即为四方向调节。

转向盘上下调节即调节转向盘的垂直距离。目的是满足不同身材的驾驶人对转向盘与驾驶人上下空间上的需要，使驾驶人既调节了座椅与转向盘的距离而保持舒适的腿部空间，又可以保持与转向盘上下方向上的舒适。

转向盘前后调节即调节转向盘轴线上的长短。目的是满足不同身材的驾驶人对转向盘与自身距离的需要，使驾驶人既调节了座椅与转向盘的距离而保持舒适的腿部空间，又可以保持驾驶人与转向盘距离上的舒适。

3. 斜度可调式转向盘柱

斜度可调式转向盘柱机构是为适应各种驾驶姿势而设置的，驾驶人可以自由选择转向盘位置。斜度调整机构依照倾斜铰接点的位置可分为下铰接点型和上铰接点型两种。上铰接点型的斜度调整机构又可分为带斜度记忆型机构和不带斜度记忆型机构。

1）下铰接点型斜度调整机构

下铰接点型斜度调整机构，如图13-21所示。它由倾斜杠杆、枢轴、万向节、断开式套管固定架等组成。倾斜枢轴2安装在万向节3内，一端与转向轴相连。

需改变转向盘角度或高度时，将倾斜杠杆向下拉，解开斜度调整机构（锁紧螺母和螺栓），转向盘柱即从断开式套管固定架上解开，能够上下移动。转向盘的位置调整完毕后，向上推倾斜杠杆，使转向盘柱锁止在断开式套管固定架上，如图13-22所示。

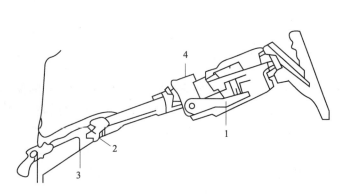

图13-21 下铰接点型斜度调整机构
1-倾斜杠杆；2-枢轴；3-万向节；4-断开式套管固定架

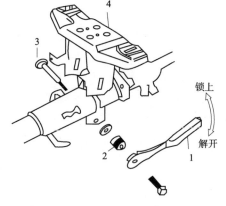

图13-22 下铰接点型斜度调整机构
1-倾斜杠杆；2-锁紧螺栓；3-锁紧螺母；4-断开式套管固定架

2）上铰接点型斜度调整机构

上铰接点型斜度调整机构如图13-23所示。它主要由倾斜杠杆、枢轴、枢轴螺栓、拉力弹簧、倾斜转向支架、棘轮等部件组成。在上铰接点型斜度调整机构内，主轴通过万向节连接到转向盘柱断开式套管固定架上。

由于转向柱管是断开式套管固定架，因此转向柱固定在车身上，而转向盘上的固定架、轴及转向盘，则安装在倾斜转向支架上。断开式套管固定架和倾斜转向支架由两个螺栓连接在一起，这些螺栓可以使倾斜转向支架（包括转向盘）上下倾斜，同时在两个固定架之间装有拉力弹簧，在倾斜转向支架上锁时，防止转向盘向下倾斜。棘爪锁紧在倾斜杠杆上，并在销锁上装配了一个滚柱。

当滚柱受到倾斜杠杆复位弹簧的作用,顶住棘爪的背面时,棘爪与棘轮便牢牢地咬合在一起;当倾斜杠杆被提起时,滚柱脱离棘爪,棘爪分离销在杠杆导孔内滑动,棘爪和棘轮即分开,如图 13-24 所示。调整倾斜的位置后,当放开倾斜杠杆时,滚柱受到弹簧拉力的作用回到原来位置上,再次顶住棘爪使棘爪和棘轮咬合。

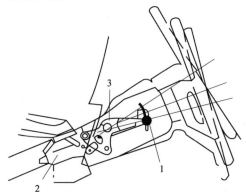

图 13-23　上铰接点型斜度调整机构
1-倾斜杠杆;2-断开式套管固定架;3-枢轴

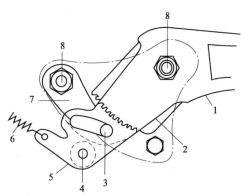

图 13-24　棘爪啮合情况
1-倾斜杠杆;2-棘轮;3-棘轮分离销;4-棘爪锁销;5-滚柱;
6-倾斜杠杆复位弹簧;7-棘爪枢轴;8-倾斜杠杆枢轴

第十四章 制动器及底盘集中润滑系统

制动器是汽车制动系统中用以产生阻碍车辆运动或运动趋势的力（制动力）的部件（总成），也是汽车制动系统的重要组成部分。在制动器中，凡是利用固定元件与旋转元件工作表面的摩擦而产生制动力矩的制动器都称为摩擦制动器，因此汽车上除各种缓速装置外，行车、驻车及第二（或应急）制动系统所用的制动器几乎都属于摩擦制动器。

目前，客车和各类汽车所用的摩擦制动器可分为鼓式和盘式两大类。其中，前者摩擦副中的旋转元件为制动鼓，工作表面为圆柱面；后者的旋转元件为制动盘，以端面为工作表面。传统的汽车行车制动器多为鼓式制动器，驻车制动器多采用盘式制动器。由于盘式制动器优势明显，近年来为了提高制动效能进而提高行车安全性，盘式制动器作为行车制动器开始在汽车上得到大量推广应用。在我国，借助政策法规的推动，盘式制动器不仅迅速在轿车上得到广泛普及，而且也开始在客车和载货汽车上得到采用，创造了极大的经济和社会效益。而传统的鼓式制动器因成本低、使用配套方便，仍在商用车辆和微型汽车中占有较大市场，但结构也在不断改进和完善，其中最具代表性的就是制动器间隙自调装置。

在汽车底盘的各系统中，相对运动件很多，为减少摩擦功的消耗，减轻零部件磨损，对有相对运动的部件应用了多种润滑方式。而作为各种相对运动摩擦副的润滑介质，除变速器和主减速器采用单独的齿轮油润滑外，其他运动副多采用定期加注润滑脂（俗称"黄油"）润滑。传统的润滑脂加注靠人工进行，不仅费工费时，浪费严重，而且效果还不是很好。特别是城市客车，车厢承载面低，底盘空间小，对其运动副加注润滑脂十分困难，底盘集中润滑系统的出现，彻底解决了加注润滑脂的难题。

本章主要介绍客车盘式制动器、制动器间隙自调装置和底盘集中润滑系统的新技术和新结构。

第一节 气压盘式制动器

气压盘式制动器（Air Disc Brake，ADB）最早出现于20世纪70年代的欧洲，相对于鼓式制动器，由于性能优势明显，目前在商用上应用已越来越多。采用传统鼓式制动器的商用车辆在大雾和雨雪天气经常因制动距离过长而发生严重的交通事故；城市公交客车制动瞬间产生的噪声严重时高达110dB(A)，正常范围也在70dB(A)左右，已构成严重的环境噪声污染；特别在长下坡连续制动时，制动鼓容易出现发热、爆胎、制动距离增长、摩擦衬片烧损、制动跑偏和制动尖叫等问题。为了提高制动性能、减少制动距离，制造商加大了对气压盘式制动器的研发。20世纪80年代初，WABCO公司研制出第一代ABD，随后Meritor公司也开始小批量生产。直到20世纪90年代中期，才开始全面在客车和载货汽车等所有大、中型车辆上批量使用。目前，气压盘式制动器以其能提高车辆制动安全性和舒适性的突出优点，已成为欧洲、北美和日本等国家几乎所有新生产的重型车和客车的标准配置。

在国内，基于提高安全性，降低交通事故的原因，在一系列交通安全法规的推动下，气压盘式制动器在长途、公交和旅游车辆上的应用正不断扩大。2007年，政府有关部门围绕安全、节能、降噪、舒适为主题，扩大了盘式制动器的配置范围，JT/T 325—2013《营运客车类型划分及等级评定》标准中，明确规定了特大型、大型、中型、小型客车前桥必需标配气压盘式制动器；GB 7258—2012《机动车运行安全技术条件》同样明确规定了所有专用校车和危险货物运输车的前轮及车长大于9m的其他客车的前轮应装备盘式制动器。因此，盘式制动器以其良好的热稳定性、水稳定性、制动平顺性和较大的制动力，替代鼓式制动器已是必然趋势。

一、分类及特点

1. 分类

气压盘式制动器是盘式制动器的一种，其与液压盘式制动器的主要区别在于是气压驱动还是液压驱动。目前,客车多采用浮动钳式气压盘式制动器。

浮动式的制动钳按调节方式又可分为滚珠螺旋式(Ball screw)、楔形、斜道(Ramp)和链轮式;按制动钳尺寸(轮辋的安装空间)可分为:22.5″、19.5″和17.5″;按制动轮缸的安装角度,制动钳又可分为轴向和径向两种,其中径向制动钳仅应用在少量的超低地板公交客车后桥上;按制动操纵和实施机构(推盘)的数目,可分为单推和双推两种;按制动钳的运动方式,可分为滑动钳盘式和摆动钳盘式;按钳体的铸造结构,制动钳可分为整体式和分体式,整体式的制动钳由于采用整体铸造技术和不再使用连接螺钉,承受制动反作用力的能力更好,质量也相对更轻。

盘式制动器摩擦副中的旋转元件是以端面为工作表面的金属圆盘(即制动盘),固定元件是形似钳形的制动钳。

2. 特点

气压盘式制动器由于自身结构的特点,与鼓式制动器相比具有以下优点:

(1)无摩擦助势作用,因而制动器效能受摩擦系数的影响小,制动力差异小,效能稳定。

(2)热衰退性好,高速、重载和高温时的制动性及稳定性好,效率高。因制动盘沿厚度方向的热膨胀量极小,不会像制动鼓的热膨胀那样使制动器间隙明显增加而导致制动踏板行程过大,即使制动温度很高,制动力损失也较小;制动盘比制动鼓散热性好,可避免过多的热量聚集烧毁轮胎;在各工况和温度范围内能长期保持较高的制动性能,显著提高车辆在高速、重载和高温时的制动能力,缩短制动距离(30%左右)。

实验研究表明,汽车下平均10%左右的10km长坡后,气压盘式制动器几乎不会发生热衰退,而凸轮鼓式制动器则有明显的衰退,因而保持稳定车速所需的制动压力也大大增加。此外,由于盘式制动器每个车轮的制动差异很小,也使汽车的行驶与制动稳定性得到极大改善。

(3)反应灵敏。能满足和实现电控制动系统 EBS 和 ABS 的精准控制,制动平稳和舒适。

(4)质量轻、结构紧凑。一般采用气压盘式制动器比鼓式制动器轻20kg左右。

(5)制动片和制动盘的接触平稳,制动噪声小。

(6)制动器强度大,储备能力高。其钳体、支架等采用高牌号球墨铸铁等合金元素制造,耐磨性、强度、刚度大大提高。以单个22.5″气压盘式制动器为例,在30″气室、0.8MPa 压力下制动器能产生30000N·m 的力矩,与鼓式制动器相比,无论在以力矩、速度还是以温度为参照的对比中均显示了更高的制动强度和储备能力。

(7)安装简便、便于维护。气压盘式制动器被称为"不维修"(no-maintenance)和"少维修"(low-maintenance)产品,其全部操纵机构(包括压力臂、推杆支撑座等)被严格密封在钳体中,摩擦部位设置了专用轴承加以润滑以延长寿命,即气压盘式制动器几乎是免维护的,维修主要是更换易损件(制动盘和摩擦块)。而采用开放式天窗设计(图14-1),使更换制动片更为方便。

图 14-1 气压盘式制动器的开放式天窗设计

盘式制动器的不足之处是:

(1)兼用于驻车制动时,需要加装的驻车制动传动装置较鼓式制动器复杂。

(2)成本较高。

二、结构与工作原理

1. 结构组成

气压盘式制动器由制动盘、制动钳、制动气室和托架等主要零部件组成。其中,制动钳的主要零部件包括:制动块、自动间隙调整机构和制动气室等。图14-2 所示为某款22.5″制动器的零部件组成图。

2. 工作原理

气压盘式制动器的工作原理是通过向气室内腔输入气压作为动力,推动制动钳主体的杠杆增力机构产生夹紧力,促使两制动块的摩擦面夹紧制动盘的两摩擦工作面,产生制动力矩,从而使行驶中的车辆减速或停车。

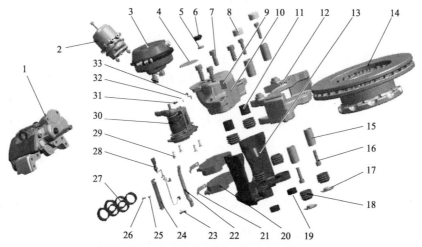

图14-2 某款气压盘式制动器主要零部件结构分解图

1-卡钳体总成;2-弹簧制动气室;3-膜片制动气室;4-密封贴;5-扶正环;6-密封帽;7-螺钉(M18×1.5);8-滑销密封盖;9-标牌;10-主钳体;11-主轴套;12-托架;13-副钳体;14-制动盘;15-滑销;16-螺钉(M14);17-滑销端盖;18-滑销密封圈总成;19-副轴套;20-制动块总成;21-弧形压条;22-制动块压板;23-螺栓(M10×20);24-传感器护罩;25-垫圈5;26-螺钉(M5×10);27-工艺垫块;28-传感器总成;29-螺栓(M8×20);30-自调机构总成;31-螺钉(M6×10);32-垫圈6;33-固定夹

图14-3所示为以气压为工作动力源的气室1、以具有机械增力机构的主钳体2、以端面作为摩擦工作的制动盘3、以摩擦材料与金属背板组成的制动块4等一起组合而成的气压盘式制动器。该气压盘式制动器安装托架5在车桥上固定不动,转动轴向固定的制动盘3,当气室1输入压力F_1时,气室1的推杆

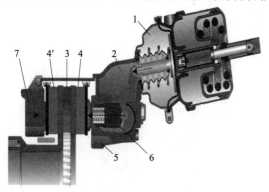

图14-3 气压盘式制动器工作原理示意图

1-气室;2-主钳体;3-制动盘;4-右制动块;4'-左制动块;5-安装托架;6-自调机构;7-副钳体

推动自调机构6向左压出,从而消除了右制动块4与制动盘3右侧面的间隙,并开始输出压力F_2传递给左制动块4'。此时,右制动块4将压力F_2压在旋转制动盘3上,由于制动盘3的轴向移动受限制,因此制动盘3将F_2的反作用力经过自调机构6传回到主钳体2;同时主钳体2又把反作用力F_2通过连接螺栓传给副钳体7,使得副钳体7受到一个向右的拉力;由于滑销在托架5上也固定不动,并对主钳体2和副钳体7仅起支撑、防转动而不限左右移动的作用;随着自调机构6的不断伸出,整个制动钳不停地向右滑动,使得左制动块4'与制动盘3左侧面的间隙也被消除,此时,副钳体7就对左制动块4'产生压力,这样左制动块4'和右制动块4就以$F_2=F_3$的制动力压在制动盘3的两侧面上,并产生制动力矩T,最后将旋转的制动盘3制动住。

图14-4所示为瑞典Haldex公司生产的一种滑动钳盘式气压盘式制动器示意图。当制动系统工作时,制动气室中的制动气室推杆9推动杠杆8旋转;杠杆8端部的内圆面和外圆面并不同心,因此杠杆绕内圆面圆心旋转时,其外圆面即推动推杆7经制动钳挺柱5推动内制动块4压靠在制动盘3上;与液压滑动钳制动器类似,制动钳1也在反作用力作用下沿导向销(图中未体现)带动外制动块2实现制动。

解除制动时,复位弹簧6迫使推杆7复位,保证内制动块4与制动盘间的间隙恢复至设定值。间隙调整装置安装在杠杆8下支撑端,通过摩擦弹簧14实现一次调准。

三、气压盘式制动器的发展

国外气压盘式制动器技术发展很快,目前已进入固定卡钳气压盘式制动器、双盘式制动器和机电一体式制动器(Electro Mechanical Brake)应用阶段。

气压双盘式制动器属于固定钳制动器,其钳体不动,两个制动盘、中间摩擦片和内摩擦片滑动。由于该制动器有四对摩擦副,在同等制动气压下,制动力提高一倍以上,而制动热能吸收和散发均优于单盘式制动器。

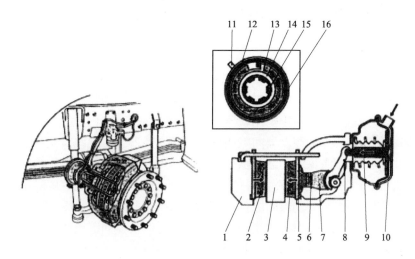

图 14-4　一种滑动钳盘式气压盘式制动器示意图

1-制动钳;2-外制动块;3-制动盘;4-内制动块;5-制动钳挺柱;6-复位弹簧;7-推杆;8-杠杆;9-制动气室推杆;10-制动气室;11-销;12-调整弹簧;13-套筒;14-摩擦弹簧;15-毂;16-调节装置外壳

机电一体式制动器是气压盘式制动器家族的新产品,其利用电动机通过减速机构实现增力制动。优点是不需要在车辆上增加储能机构,制动器装配简便、制动反应快捷、能够根据制动踏板行程精确确定制动力大小。随着车载电源电压和容量的增加,电动客车的批量推广和普及,机电一体式制动器将得到大量应用。

商用车气压盘式制动器的全球制造商主要有克诺尔公司(Knorr)、美驰(Meritor)、WABCO 和 Haldex。从结构看,各家盘式制动器的制动原理基本相同,都是由摇臂(或称杠杆)将气室力放大,由摇臂的凸轮将放大了的力通过推杆组作用到摩擦片上;不同之处在于结构布置和自动间隙调整机构。从国外气压盘式制动器的发展看,固定卡钳气压盘式制动器、双盘式制动器和机电一体式制动器及轻量化和以电能为动力实现制动功能是发展趋势。目前,在欧洲,匹配气压盘式制动器的商用车已经超过50%。图 14-5 所示为 1992~2002 年欧洲商用车辆气压盘式制动器的应用情况统计。

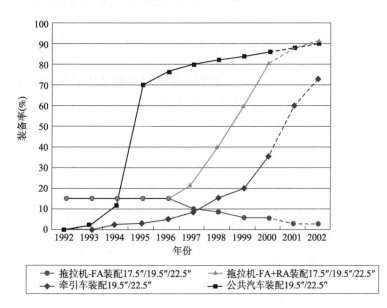

图 14-5　欧洲商用车辆制动器应用情况

国内气压盘式制动器的制造厂家主要有浙江万安科技股份有限公司、隆中控股集团有限公司、武汉元丰汽车零部件有限公司、江苏恒力制动器制造有限公司和宁波合力制动系统有限公司等,其产品已能满足国产客车的使用要求,并在国产客车上批量采用。

第二节　制动器间隙自调装置

一、概述

制动器间隙是指制动器不制动时,制动盘与制动块或制动鼓与制动蹄之间的稳定间隙。制动器间隙会随制动器摩擦片的磨损而增大,直接影响制动器起作用的时间,严重时会导致制动滞后,使制动距离延长,因而需要定期调整制动器间隙。制动器间隙调整装置是制动器中实现间隙调整功能的部件。

在汽车制动器设计时,必须考虑制动器间隙处于一种合理的范围内(一般为 0.25~0.5mm),以使汽车始终保持平稳行驶和正常制动的功能。如果这一间隙过小,就不易保证彻底解除制动,造成汽车拖磨、车轮发热和摩擦副异常磨损;如果制动器间隙过大,会导致制动踏板行程太长,驾驶人操作不便,汽车制动疲软或无制动功能等问题。所以,对各种制动器必须要求有制动器间隙调整功能。

制动器间隙调整装置的主要功用是,在车辆行驶制动因摩擦片与制动盘(鼓)磨损导致制动器间隙变大后,通过手动调整或自动进行间隙补偿的方式,使得摩擦片与制动盘(鼓)之间始终保持合适的间隙。

盘式制动器从诞生起,就采用了制动器间隙自动调整装置(简称"制动器间隙自调装置"),而鼓式制动器的制动器间隙调整装置目前存在手动调整和自动调整两种方式。随着技术的进步,手动调整方式将逐渐被淘汰,并过渡到自动调整方式。

鼓式制动器间隙自调装置的发展可追溯到 20 世纪初的 1916 年,当时瑞典的 Axel Diurson 公司开始为铁路车辆制造制动器自调装置。1968 年 Diurson 与 Thulin 合作生产汽车用制动器间隙自动调整臂(简称"制动调整臂"),1987 年 Diurson 和 Thulin 成为 Haldex 的一部分,开始大批量提供制动调整臂。经过使用和推广,由于其带来的良好安全性能和经济性而得到商用车制造商和用户的广泛认可,产品得到迅速普及。经过多年的发展和竞争,目前世界上制造制动调整臂的国外主要厂家有 Haldex/Rockwell(Meritor)/Bendix/Bendix/Crewson – Brunner 等。上述公司中,Haldex 和 Bendix 在中国设有生产企业。

欧盟自 1992 年,美国于 1994 年 10 月 1 日起已在其制动法规中规定,M_3 类客车、N_3 类载重车和 O_4 类挂车必须强制安装制动间隙自调装置;同时,日本等发达国家也普遍在其法规中强制要求安装使用;2007 年 4 月 1 日起,印度也在其法规中作出了同样的规定。

随着我国道路条件的改善和汽车技术的快速发展,对汽车制动安全性提出了更高要求。为保证行车制动安全性,目前国内中、高档客车已根据法规要求将制动器间隙自调装置作为标准配置普遍使用,并取得了良好效果。为与国外制动标准接轨,促进汽车工业发展,保证行车安全,GB 12676—1999《汽车制动系统结构性能和试验方法》规定,从 2003 年 10 月 1 日起 M、N 类汽车和 O 类挂车的行车制动器必须强制使用制动器间隙自动调整臂(制动器间隙自调装置),后经国家主管部门同意,强制执行时间推迟到 2004 年 10 月 1 日。

二、制动器间隙自调装置的分类

制动器间隙自调装置按制动器的结构形式不同,可分为盘式制动器间隙自调装置和鼓式制动器间隙自调装置两大类。前者摩擦副中的旋转元件为制动鼓,其工作面为圆柱面;后者的旋转元件为制动盘,以端面为工作表面。

1. 盘式制动器间隙自调装置

按制动器的制动形式分,有液压制动器间隙自调装置和气压制动器间隙自调装置两类。

1)液压制动器间隙自调装置

液压制动器间隙自调装置适用于采用液压制动的轻型客车。根据结构形式的不同,可分为:

(1) 摩擦限位式制动器间隙自调装置。这种自调装置有安装在轮缸中和安装在制动蹄上两种，主要用于液压式制动系统。其特点是在装配时不需要调校间隙，只要安装到汽车上以后，经过一次完全制动，即可以自动调整间隙到设定值。因此，属于一次调准式。

(2) 楔块式制动器间隙自调装置。这种自调装置靠夹在与前制动蹄固定在一起的斜支撑和驻车制动推杆之间形成的切槽中，在轮缸和弹簧的作用下自动进行间隙调整，同样属于一次调准式。

一次调准式自调装置在出现热和弹性变形时将不加区别地一律随时加以补偿，即只能调小不能调大，因此会造成"调整过头"而发生"拖磨"甚至"抱死"的情况。

(3) 阶跃式制动器间隙自调装置。采用阶跃式制动器间隙自调装置的车辆在装车后要进行多次（可能达 20 次以上）制动动作才能一举消除所积累的过量间隙，一般可通过驻车制动和倒车制动来调整。如果采用只是在倒车制动后方能起调整作用的间隙自调装置，将大大减少调整过头的可能性，其原因在于倒车制动时制动鼓受热并不严重。

2) 气压制动器间隙自调装置

根据其结构组成的不同，一般分为单推杆和双推杆两种。目前，由于对整车高速行驶制动稳定性和制动力等要求的提高，大多数车型都采用双推杆结构。其中，双推杆结构又有链传动和齿轮传动两种，以此实现双推杆间隙调整时轴向伸出同步功能。从尽量提高双推杆伸出的同步性出发，现阶段新开发的双推杆结构基本上都采用齿轮传动。

2. 鼓式制动器制动间隙调整装置

鼓式制动器间隙自调装置按结构分为轮缸式和凸轮式两种。其中，轮缸式鼓式制动器间隙自调装置是以液压制动轮缸作为制动蹄促动装置的制动器间隙自调整机构，适用于采用液压制动的轻型客车，有摩擦限位式间隙自调装置和阶跃式间隙自调装置两种。凸轮式鼓式制动器间隙自调装置是通过凸轮轴和制动气室之间的连接杆系—制动调整臂来改变制动凸轮轴的原始角位置实现调整的，适用于采用气压凸轮式车轮制动器制动的大、中型客车。

目前，很多汽车的鼓式制动器都装有制动器间隙自动调整装置，它可以保证制动器间隙始终处于最佳状态，不必经常人工检查和调整。

三、客车制动器间隙自调装置的组成和工作原理

1. 盘式制动器间隙自调装置

1) 液压盘式制动器间隙自调装置的结构和工作原理

图 14-6 所示为国产元丰牌适用于轻型客车液压制动采用的行驻一体式盘式轮缸式制动器间隙自调装置的结构及调整初始位置示意图。由图中可见，该自调装置主要由活塞、自动调节螺柱、推杆、驻车制动杠杆、复位弹簧、钳缸、止推垫圈、平面轴承和锁紧弹簧等零部件组成。其工作原理是：自动调节螺柱 7 穿过钳缸 12 的孔，蝶形垫圈 6 使螺柱右端内凹圆弧面与推杆 8、驻车制动杠杆 9 始终线性贴合；螺柱左端有部分旋装着的 5 线螺纹螺母 16，螺母的凸缘左边部分被锁紧弹簧 17 紧箍着；锁紧弹簧的一段固定在活塞 3 上，而另一端则自由地抵靠螺母凸缘；平面轴承 15 固定在螺母凸缘的右侧，并被固定在活塞上的止推垫圈 14 及卡环 13 封闭；平面轴承与止推垫圈之间的装配间隙即等于制动器间隙为设定值时完全制动所需的活塞行程。

在制动器间隙大于设定值的情况下进行行车制动时，活塞 3（图 14-7 中 1）在液压作用下左移；到止推垫圈 14（图 14-7 中 3）与平面轴承 15（图 14-7 中 5）间的间隙消失后，活塞 3 所受液压推力便通过平面轴承 15 作用在螺母 16（图 14-7 中 2）的凸缘上。因为自动调节螺柱受驻车制动杠杆、推杆和蝶形垫圈的限制，不能转动，也不能轴向移动，所以这一轴向推力便迫使螺母 16 转动，并且随活塞 3 相对于螺柱左移到制动器过量间隙消失为止；此时锁紧弹簧 17（图 14-7 中 6）张开，且其螺圈直径略有增大；撤除液压后，矩形圈使活塞 3 退回到制动器间隙等于设定值的位置，而弹簧的自由端则由于所受摩擦力矩的消失而转回原位。这样，螺母 16 即保持在制动时达到的轴向位置不动，从而保证了止推垫圈 14 与平面轴承 15 之间的间隙为原值。如图 14-7 所示。

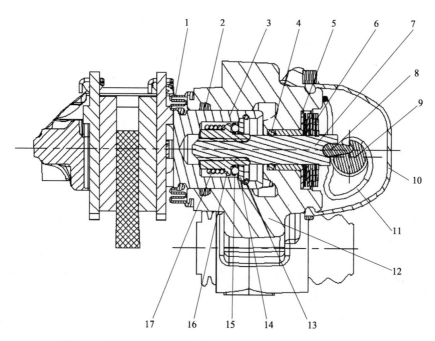

图 14-6 国产元丰品牌制动间隙自调装置结构及调整初始位置示意图

1-活塞防尘罩;2-矩形圈;3-活塞;4-中心孔 O 形密封圈;5-平垫圈;6-蝶形垫圈;7-自动调节螺柱;8-推杆;9-驻车制动杠杆;10-驻车制动外罩;11-复位弹簧;12-钳缸;13-卡环;14-止推垫圈;15-平面轴承;16-螺母;17-锁紧弹簧

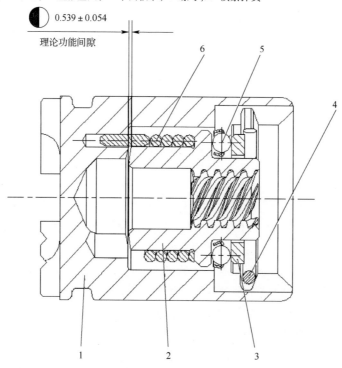

图 14-7 元丰牌制动间隙自调装置活塞总成图(图 14-6 中局部放大)

1-活塞;2-螺母;3-止推垫圈;4-卡环;5-平面轴承;6-锁紧弹簧

2)气压盘式制动器间隙自调装置的结构和工作原理

(1)双推杆齿轮传动制动器间隙自调装置的结构及工作原理。

图 14-8 所示为中国隆中(CNLZ)制造的双推杆齿轮传动制动器间隙自调装置的结构及工作原理示意图。该产品主要适用于大、中型客车和采用气压制动的轻型客车。

CNLZ 制动器间隙自调装置有 5 个工作过程:在初始位置,调整套 13 间隙槽的下侧面与拨销 21 为线接触,由于调整套 13 的间隙槽尺寸比拨销 21 的直径大 x,该 x 值即为正常制动间隙 ΔE 设计折算的拨销 21 转动量。如图 14-8 中 A 视图所示。

①正常制动间隙 ΔE：制动时,气室推杆推着凸轮 22 下压带动拨销 21 一起转动,且整个自调机构相对固定基准面开始往下运动,以消除正常制动间隙 ΔE；同时,拨销 21 也开始从调整套 13 间隙槽的下侧面转向上侧面,当拨销 21 与调整套 13 间隙槽的上侧面以线接触时（如图 14-8 中 $A1$ 所示）,推板 20 向下移动的距离恰好使设计的正常制动间隙 ΔE 消除为零。当存在过量制动间隙 ΔC 时,则进入消除过量间隙 ΔC 阶段。

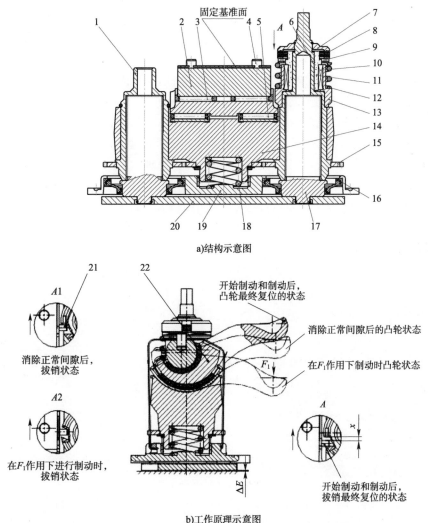

图 14-8 中国隆中（CNLZ）制动器间隙自调装置结构和工作原理示意图

1-副螺管；2-固定轴；3-内半圆轴承；4-固定销；5-外半圆轴承；6-主螺管；7-离合器盖；8-摩擦片离合器；9-推力轴承；10-单向离合器；11-内套；12-预紧弹簧；13-调整套；14-支架；15-传动齿轮；16-螺杆密封圈总成；17-螺杆；18-复位弹簧；19-端盖；20-推板；21-拨销；22-凸轮

②过量制动间隙 ΔC：凸轮 22 继续下压并带动拨销 21 转动,拨销 21 会通过调整套 13 间隙槽的上侧面拨动调整套顺时针旋转,此时由线接触变成点接触（如图 14-8 中 $A2$ 所示）,使得单向离合器 10、内套 11 一起转动,经过摩擦片离合器 8、离合器盖 7 传递给主螺管 6；当主螺管 6 顺时针转动时,两个螺杆 17 就会同步伸出；另外,凸轮 22 带动支架 14 向下整体移动,则进入弹性变形制动阶段。

③弹性变形制动：由于制动盘还未完全被制动,凸轮 22 继续下压,此时制动机构处于弹性变形阶段。拨销 21 带动调整套 13、单向离合器 10 和内套 11 继续转动,此时自调机构受很大制动反作用力,会产生大于摩擦离合器 8 的最大打滑力矩,主螺管 6、副螺管 1 停止转动。直到制动盘被完全抱死,完成制动。

④制动释放：气室推杆开始往回收缩,作用在制动盘上的力逐渐减小并消除,弹性变形零件慢慢恢复原状；同时,在复位弹簧 18 的作用下,凸轮 22 将反向旋转,拨销 21 也从调整套 13 间隙槽的上侧面开始往下侧面运动；接着,拨销 21 与调整套 13 间隙槽的下侧面接触,从而带动调整套 13 逆时针转动；此时由于单向离合器 10 的工作特点,使得调整套 13 和单向离合器 10 的外圈同时相对其余零件处于空转状态。

由此,逐渐恢复了制动间隙(此时的制动间隙包含了正常制动间隙 ΔE 和一些过量制动间隙 ΔC),且凸轮22、调整套 13 间隙槽和拨销 21 也回到初始位置(如视图 A 所示),为下一次制动做好准备。

需要说明的是,过量制动间隙 ΔC 是由于制动时摩擦块和制动盘摩擦磨损后产生的,在后续的每次制动中,间隙自调装置只能补偿一部分过量制动间隙,无法将 ΔC 完全补偿,具体补偿量取决于各种产品的结构设计。

⑤更换新制动块或制动盘时的手动调整:当制动块和制动盘磨损至极限尺寸时,就必须要拆下旧制动块或制动盘,因此需对自调机构进行手动调整。调整时,用扳手在主螺管 6 六角头上施加逆时针力矩并克服系统零件动配合传动转矩,使主螺管 6 逆时针旋转;此时,离合器盖 7、摩擦片离合器 8、内套 11、单向离合器 10、调整套 13 都会一起逆时针旋转;当调整套 13 间隙槽上侧面与拨销 21 接触时,就会阻碍调整套 13、单向离合器 10 和内套 11 逆时针旋转。此时,继续在扳手上对主螺管 6 六角头增加逆时针力矩并克服摩擦片离合器 8 的储备转矩,从而让摩擦片离合器 8 的内部产生相对打滑,使两个螺杆 17 和推板 20 缩回到制动器使用的初始位置,从而可以更换新制动块或制动盘。

(2)双推杆链条传动制动器间隙自调装置的结构及工作原理。

图 14-9 所示为克诺尔(Knorr)制动器间隙自调装置的结构及工作原理示意图。其中,图 14-9a)表示了结构组成,图 14-9b)表示了制动器间隙自调装置的初始位置。该自调机构由主副调节杆、凸轮、链轮、单向轴承、主副离合器、钢球、螺杆、钳体、扇形轴承、复位弹簧和支架等零部件组成,适用于大、中型客车和采用气压制动的轻型客车。

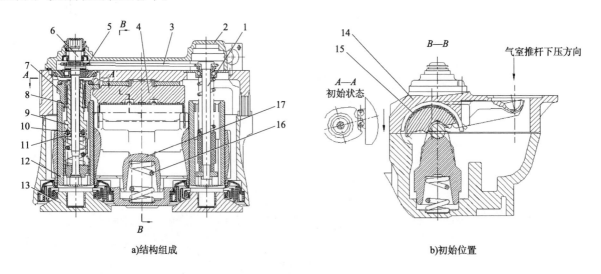

图 14-9 克诺尔(Knorr)制动器间隙自调装置的结构及工作原理示意图
1-副调节杆;2-顶盖;3-链条;4-凸轮;5-链轮;6-主调节杆;7-调整套;8-单向轴承;9-主离合器;10-钢球;11-副离合器;12-螺杆;13-推盘;14-钳体;15-扇形轴承;16-复位弹簧;17-支架

克诺尔(Knorr)制动器间隙自调装置有 5 个工作过程:

①正常制动间隙 ΔE:气室推杆推动凸轮 4 向下摆动时,使支架 17 及推盘 13 压向摩擦块,同时凸轮 4 侧面的拨叉向下运动,拨叉的一侧与调整套 7 的齿舌上侧面刚好接触,正好消除了正常制动间隙 ΔE。

②过量制动间隙 ΔC:一旦摩擦块和制动盘磨损就会产生过量制动间隙 ΔC,随后凸轮 4 拨叉开始拨动调整套 7 齿舌并使调整套 7、单向轴承 8 内径带动主离合器 9、副离合器 11、主调节杆 6、链轮 5、链条 3、副调节杆 1 和螺杆 12 一起顺时针转动,由于螺杆 12 与支架 17 为螺纹配合,使螺杆 12 旋转并带动托盘 13 产生轴向位移以实现间隙自调功能,从而消除部分过量制动间隙 ΔC。

③弹性变形制动:当过量制动间隙 ΔC 消除后,制动器开始进入制动阶段,推盘 13、螺杆 12、副离合器 11 均已被制动块顶住产生很大制动反作用力,而凸轮 4 拨叉还继续拨动调整套 7 齿舌通过单向轴承 8 内径带动主离合器 9 转动;此时,主离合器 9 就会带动钢球 10 相对副离合器 11 打滑,从而保护了其他零件不被损坏。在打滑过程中,整个制动机构处于增力阶段和受压零件的弹性变形阶段,直到制动盘被完全制动。

④制动释放:气室推杆开始往回收缩,作用在制动盘上的力逐渐减小并消除,弹性变形零件慢慢恢复

原状；同时在复位弹簧 16 的作用下，凸轮 4 拨叉将反向旋转，从调整套 7 齿舌槽的上侧面开始往下侧面运动；接着，凸轮 4 拨叉与调整套 7 齿舌槽的下侧面接触，从而带动调整套 7 逆时针转动。此时，由于单向轴承 8 的工作特点，使得调整套 7 和单向轴承 8 的外圈同时相对其余零件处于空转状态，制动间隙便逐渐得到恢复（该制动间隙包含了正常制动间隙 ΔE 和一些过量制动间隙 ΔC），而且凸轮 4 拨叉、调整套 7 也回到初始位置（如图中 $A-A$ 所示），为下一次制动做好准备。

⑤更换新制动块或制动盘时的手动调整：当制动块和制动盘磨损至极限尺寸时，就必须要拆下旧制动块或制动盘，因此需对自调机构进行手动调整。更换时，用扳手在主调节杆 6 六角头上施加逆时针力矩并克服系统零件的动配合传动转矩，使主调节杆 6 逆时针旋转；此时，调整套 7、单向轴承 8、主离合器 9、钢球 10 和副离合器 11 等零件都会一起逆时针旋转。当调整套 7 齿舌槽的上侧面与凸轮 4 拨叉接触时，就会阻碍调整套 7 和单向轴承 8 的逆时针旋转；此时，继续在扳手上对主调节杆 6 六角头增加逆时针力矩并克服摩擦片离合器 9 的储备转矩，使副离合器 11 相对钢球 10 产生打滑，继续带动螺杆 12、链轮 5、链条 3、副调节杆 1、推盘 13 一起逆时针旋转，从而使两个螺杆 12 和推板 13 缩回到制动器使用的初始位置，即可更换新制动块或制动盘。

(3) 单推杆制动器间隙自调装置的结构及工作原理。

图 14-10 所示为威伯科盘式制动器单推杆制动器间隙自调整装置结构及工作原理示意图。该自调整装置由调整螺杆（调整螺栓）、调整螺母、滑动轴承、推力盘、调节环、弹簧套（摩擦簧）、锥形环、弹簧配件包和杠杆等组成，主要适用于大、中型客车和采用气压制动的轻型客车。

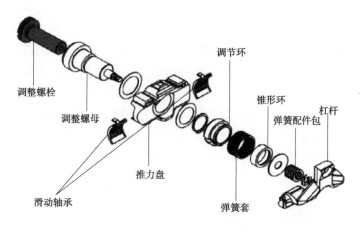

图 14-10　威伯科制动器间隙自调装置示意图

在每次制动的同时，杠杆销插在调节环的外槽内转动，当转动量超过调节环外槽内的预设间隙时，设计制动间隙消除，调节环通过弹簧套（摩擦簧）将转动传递给锥形环，锥形环通过弹簧配件包的摩擦，将转动传递给调整螺母；由于调整螺杆（调整螺栓）不能转动，调整螺母的旋动被转化成调整螺杆的轴向运动，消除过量间隙。过量间隙消除后，调整螺母与调整螺杆间的压力迅速增大，摩擦力也迅速增大，旋动停止。如果这时制动并没有停止，钳体会发生一定的弹性变形，杠杆会继续转动一定的角度，通过弹簧配件包与调整螺母端面的滑动，消除作用在弹簧套（摩擦簧）上过载的摩擦力。解除制动时，杠杆回转，杠杆销带动调节环回转，摩擦簧分离，调整螺母不再转动。

2. 鼓式制动器间隙自调装置

鼓式制动器制动间隙自调装置按结构分为轮缸式和凸轮式两种。前者是以液压制动轮缸作为制动蹄促动装置的制动器间隙自调机构，适用于采用液压制动的轻型客车。后者是通过凸轮轴和制动气室之间的连接杆系—制动臂实现调整的，即通过在制动臂内设置的自动调节机构带动凸轮转动，消除摩擦副间设定间隙外的多余制动间隙，适用于采用气压制动的大、中型客车。

1) 轮缸式鼓式制动器间隙自调装置

轮缸式鼓式制动器间隙自调机构一般有摩擦限位式、楔块式和阶跃式三种。

(1) 摩擦限位式制动器间隙自调装置。

摩擦限位式制动器间隙自调整装置又称为一次调准式自调装置，主要用于轮缸式鼓式制动器。

如图14-11所示,用于限定不制动时制动蹄的内极限位置的限位摩擦环2装在轮缸活塞3内端的环槽中,限位摩擦环是一个有切口的弹性金属环,压装入轮缸后与缸壁之间的摩擦力可达400～550N。活塞上的环槽或螺旋槽的宽度大于限位摩擦环宽度。活塞相对于摩擦环的最大轴向位移量即为两者之间的间隙Δ,该间隙应等于在制动器间隙为设定的标准值时施行完全制动所需的轮缸活塞行程。

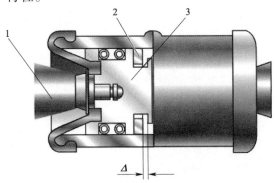

图14-11 摩擦限位式间隙自调装置示意图
1-制动蹄;2-摩擦环;3-活塞

未制动时,制动蹄复位弹簧只能将制动蹄向内拉到轮缸活塞与摩擦环外端面接触为止,因为复位弹簧力远远不足以克服摩擦环与缸壁间的摩擦力。间隙存在于图示活塞与活塞环内端面之间。

制动时,轮缸活塞外移,若制动器间隙正好等于设定值,则当活塞移动到与摩擦环内端面接触(即间隙Δ消失)时,制动器间隙应已消失,且蹄鼓也压紧到足以产生最大制动力矩的程度。若因各种原因制动器间隙增大到超过设定值,则活塞外移到设定值Δ=0时仍然不能实现完全制动。但只要轮缸液压达到0.8～1.1MPa,就能将活塞连同摩擦环继续推出,直到实现完全制动。这样,在解除制动时,制动蹄只能复位到活塞与处于新位置的限位摩擦环接触为止,即制动间隙恢复到设定值。由此可见,正是摩擦环与缸壁之间的这一不可逆转的轴向相对位移,补偿了制动器的过量间隙。这也是一切摩擦限位式制动器间隙自调整装置的共同原理。

摩擦限位式间隙自调装置也可以装在制动蹄上,如图14-12所示。图中套筒3穿过制动蹄腹板4上的长圆孔,并借被弹簧5压紧的两个限位摩擦片1保持其与制动蹄腹板4的相对位置,其内孔又套在固定于制动底板6上的具有球头的限位销2上。套筒与限位销球头间的间隙Δ限定了套筒及制动蹄相对于限位销的位移量,从而限定了制动器的设定间隙。当制动器存在过量间隙时,作用在制动蹄上的促动力可以使制动蹄克服摩擦力,相对于套筒及限位销继续压向制动鼓以实现完全制动。撤除促动力后,套筒复位到图示原始位置,但制动蹄却不可能再回到制动前的位置,因为借以抵消过量间隙的蹄与套筒间的相对位移是不可逆转的。这就意味着制动器间隙已恢复到设定值。

(2)阶跃式间隙自调装置。

图14-13、图14-14所示分别为双向自增力式阶跃式间隙自调装置示意图和自调装置结构。这种自调装置在装车后要进行多次制动动作,才能消除所积累的过量间隙。

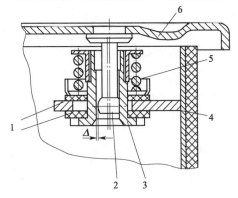

图14-12 装在制动蹄上的摩擦限位式间隙自调装置
1-限位摩擦片;2-限位销;3-套筒;4-制动蹄腹板;5-弹簧;6-制动底板

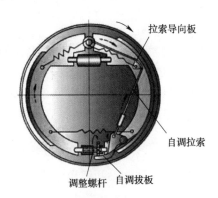

图14-13 阶跃式间隙自调装置示意图

自调装置中包括用以拨转调整螺钉13的拨板11、拉绳6及其导向板5、拉绳弹簧9及其支架8;拉绳6的上端通过吊环19(E-E剖视图)固定在制动蹄支撑销上,下端与弹簧支架8相连,中部支靠着导向板5的弧面。导向板以其中央孔的圆筒状卷边(高约3mm)插入后制动蹄7的孔中,形成其自由转动的支点。支架8经弹簧9与自调拨板11连接;拨板11以其右臂端部的切口支在后制动蹄的销钉上,可绕此销钉转动;拨板的自由端向上运动时,可以插入调整螺钉13的凸缘棘齿间(F—F剖视图);不进行倒车制动时,自调拨板在弹簧9和扭簧10的作用下,保持在最下面的平衡位置。此时,拨板与调整螺钉的棘齿完全脱离。

倒车制动时,后蹄7的上端离开支撑销,整个制动蹄压靠到制动鼓上,并在摩擦作用下随制动鼓顺时针(从图上看,下同)转过一个角度。在后蹄(连同导向板和拨板的销轴)相对于支撑销位移过程中,套在支撑销上的拉绳吊环19被拉离后蹄,支架8上端也被拉上(此时导向板也在拉绳摩擦力作用下逆时针转动,使拉绳不至磨损),并通过弹簧9将拨板的自由端向上拉起。这一系列零件的位移量取决于当时的制动器实际间隙的大小。如果间隙还保持着设定值或增大很少,则自调拨板自由端向上的位移量不足以使之嵌入调整螺钉的棘间齿。只有在制动器过量间隙增大到一定值时,拨板方能嵌入棘间齿。解除倒车制动时,制动蹄回位,自调拨板被扭簧10按回到下平衡位置,同时将调整螺钉拨过相应于一个棘齿距的角度。若棘齿数为 z,螺距为 t,则调整螺钉被拨转角度为 $1/z$ 周,相应的自可调顶杆体14中旋出的距离为 t/z。于是,所积累的制动器过量间隙始被完全消除。前进制动时,该自调装置完全不起作用。

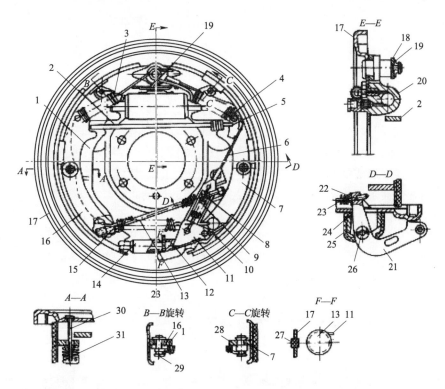

图14-14 双向自增力式制动器阶跃式间隙自调装置

1-驻车制动杠杆;2-驻车制动推杆;3-制动蹄复位弹簧;4-推杆弹簧;5-自调拉绳导向板;6-自调拉绳;7-后制动蹄;8-弹簧支架;9-自调拉绳弹簧;10-自调拨板复位弹簧;11-自调拨板;12-可调顶杆套;13-调整螺钉;14-可调顶杆体;15-拉紧弹簧;16-前制动蹄;17-制动底板;18-垫圈;19-自调拉绳吊环;20-制动轮缸;21-驻车制动摇臂;22-驻车制动限位板;23-驻车制动拉绳;24-摇臂支架;25-防护罩;26-摇臂销轴;27-调整孔堵塞;28-后蹄复位弹簧固定销;29-前蹄复位弹簧固定销;30-制动蹄限位杆;31-制动蹄限位弹簧

(3)楔块式间隙自调装置。

图14-15为楔块式制动器间隙自调装置示意图。图中,间隙自调装置的楔形调节块4夹在与前制动蹄3固定在一起的斜支撑和驻车制动推杆8之间形成的切槽中;制动推杆两端有缺口,其右端缺口的端面压在楔形调节块4的齿形面上,楔形调节块的另一侧齿形面压在斜支撑上;在制动推杆内弹簧7的作用下,制动推杆紧紧压住楔形调节块和斜支撑;制动推杆左端的头部有一凸耳[图14-5中a)],它与驻车制动杠杆9的外侧面之间有一设定间隙 $\Delta(0.2\sim0.3\text{mm})$;制动推杆外弹簧5使制动杠杆9与制动推杆左端缺口的端面紧紧贴在一起。

当制动蹄未磨损,在正常的制动间隙(设定间隙 Δ)内进行行车制动时,两制动蹄在轮缸活塞的推力作用下,外弹簧5被拉伸,使两蹄压靠到制动鼓上施以制动。由于内弹簧7的刚度大于外弹簧,故不被拉伸,它同驻车制动推杆8始终压住楔形调节块4,并与前制动蹄一起左移压靠到制动鼓上。此时,制动杠杆9与制动推杆凸耳不会接触（因未超出设定间隙Δ值）。

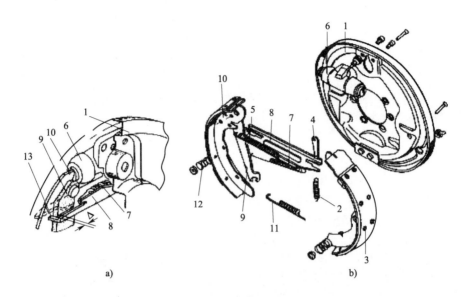

图14-15　楔块式制动器间隙自调装置示意图

1-制动底板；2-制动间隙调节弹簧；3-前制动蹄；4-楔形调节块；5-驻车制动推杆外弹簧；6-制动轮缸；7-驻车制动推杆内弹簧；8-驻车制动推杆；9-驻车制动杠杆；10-后制动蹄；11-制动蹄复位弹簧；12-限位弹簧；13-推杆凸耳

当制动蹄磨损，制动间隙超过设定间隙Δ进行制动时，两蹄在轮缸活塞推力的作用下，外弹簧首先被拉伸到一定程度后，内弹簧也被拉伸，使制动杠杆与制动推杆凸耳不仅接触，并且外移。此时，驻车制动推杆与前制动蹄斜支撑间形成的切槽与楔形调节块间便产生了间隙，于是楔形调节块被弹簧2往下拉，直到调节块与切槽两侧面重新接触为止，从而补偿了制动器的过量间隙。

制动器中的过量间隙并不完全是由于摩擦副磨损所致，其中有一部分是由于制动鼓热膨胀而直径增大所致。制动时所需活塞行程增大到超过间隙Δ所限定的数值，原因也不仅仅是制动器的过量间隙，还有制动鼓和制动蹄的弹性变形。所以，确定冷态制动器间隙自调装置中的间隙Δ时，就需要尽量将可能产生的制动蹄和制动鼓的弹性变形和热变形考虑在内。但是，为了不使制动踏板行程增加过多，确定Δ值时并没有计入上述种种变形的最大值。因此，当出现过大的上述各项变形时，一次调准式自调装置将不加区别地一律随时加以补偿，造成"调整过头"。这样，当制动器恢复到冷态时，即使完全放松制动踏板，制动器也不会彻底放松，而是发生"拖磨"甚至"抱死"，因为该自调装置只能将间隙调小而不能调大。

2）凸轮式鼓式制动器间隙自调装置

凸轮式鼓式制动器间隙的调整分局部调整和全面调整两种。局部调整只需调整制动蹄的张开端，通常利用调整臂自动在车辆运行过程中调整蹄鼓变大的间隙。全调整因需同时调整制动蹄片两端的位置，通常用于更换制动蹄衬片或镗削制动鼓后为保证制动蹄与制动鼓的正确接触而进行的调整。对于不设置固定端的自动增力式车轮制动器而言，没有全面调整和局部调整之分。

图14-16所示为隆中二代制动器间隙自动调整臂结构示意图。该自动调整臂是在制动臂内设置自动调节机构带动凸轮转动，以消除摩擦副间设定间隙外的多余制动间隙，主要由蜗杆、蜗轮、大小斜齿轮、离合器、离合器弹簧、调节螺母、止推弹簧、控制臂、齿环、心轴和压簧等零部件组成。

调整臂的工作过程如下：

（1）起始位置：控制臂22被固定在支架上，小斜齿轮30右侧与齿轮28左侧接触，在小斜齿轮30与调节螺母13之间有一定间隙H，该值的大小决定了制动片与制动鼓的设定间隙值。如图14-17所示。

（2）转过正常间隙角C：调整臂转过角C，此时齿环25带动齿轮28逆时针转动，齿轮28同时驱动小斜齿轮30一起转动，小斜齿轮30在压簧29的作用下，边旋转边向左侧移动直到与调节螺母13接触，此时小斜齿轮30与调节螺母13之间的间隙H转移到了小斜齿轮30与齿轮28之间，制动蹄也随之张开。当存在超量间隙时，制动片与制动鼓尚未接触。如图14-18所示。

第十四章 制动器及底盘集中润滑系统

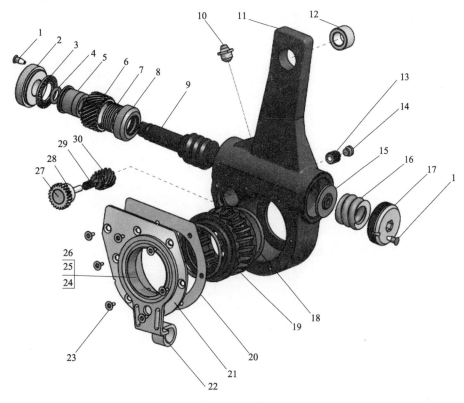

图14-16 隆中二代自动间隙调整臂示意图

1-铆钉;2-螺盖;3-轴承;4-O形圈(Ⅰ);5-隔套;6-大斜齿轮;7-离合器弹簧;8-离合器;9-蜗杆;10-油杯;11-壳体;12-加强圈;13-调节螺母;14-闷盖;15-止推垫片;16-止推弹簧;17-调整端螺盖;18-O形圈(Ⅱ);19-蜗轮;20-密封垫;21-控制臂盖;22-控制臂;23-螺钉;24-连接环;25-齿环;26-O形圈(Ⅲ);27-心轴;28-齿轮;29-压簧;30-小斜齿轮

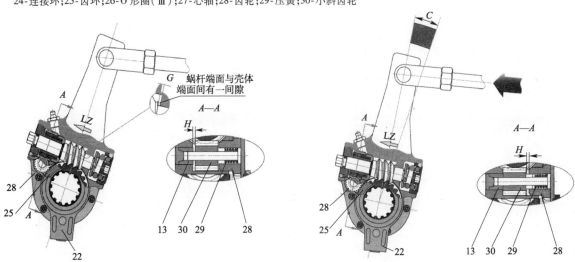

图14-17 起始位置示意图　　　　　　　　图14-18 转过正常间隙角 C 示意图

13-调节螺母;22-控制臂;25-齿环;28-齿轮;29-压簧;30-小斜齿轮

(3)转动超量间隙角 C_e:调整臂继续转动,此时小斜齿轮30继续逆时针转动。由于小斜齿轮30左侧被调节螺母13限位而停止轴向移动,这时大斜齿轮6被驱动开始逆时针转动;而大斜齿轮6与离合器8通过离合器弹簧7连在一起,组成了一个单向离合器;当大斜齿轮6与离合器8相对逆时针转动时,两者是分离的,于是在这一过程中大斜齿轮6只能空转。制动蹄继续张开,直至制动片与制动鼓相接触。如图14-19所示。

(4)转入弹性角 E:当调整臂继续转时,由于制动片与制动鼓已经接触,作用在凸轮轴和蜗轮19上的力矩迅速增加,蜗轮19作用于蜗杆9上的力随之增大,使得蜗杆9克服止推弹簧16作用力向右移动,直到蜗杆端面与壳体端面接触,这时,蜗杆9与离合器8分离。如图14-20所示。

(5)转过弹性角 E:调整臂继续转动,小斜齿轮30继续驱动大斜齿轮6逆时针转动;由于离合器8与蜗杆9脱离处于自由状态,于是整个离合器实现一起转动,直到制动鼓被制动片紧紧抱住,完成制动过程。如图14-21所示。

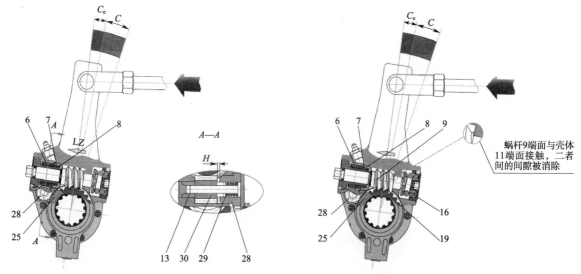

图14-19 转动超量间隙角 C_e 示意图　　　　　图14-20 转入弹性角 E 示意图

（6）向回转过弹性角 E：制动开始释放,调整臂向回转过角 E,小斜齿轮30驱动大斜齿轮6、离合器弹簧7和离合器8一起顺时针转动,由于三者处于空载状态,小斜齿轮30在压簧29的作用下,始终与调节螺母13接触。如图14-22所示。

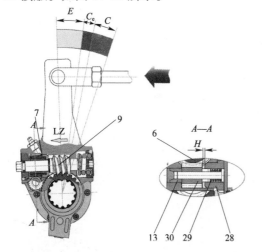

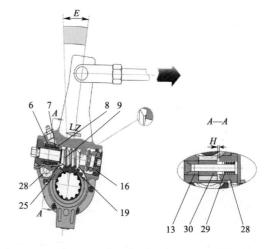

图14-21 转过弹性角 E 示意图　　　　　图14-22 向回转过弹性角 E 示意图

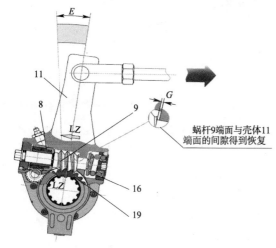

图14-23 向回转入间隙角 C 示意图

（7）向回转入间隙角 C：随着制动片作用于制动鼓上压力的释放,作用于凸轮轴和蜗轮19上的力矩消失,蜗轮19向右施加给蜗杆9的力也消失,止推弹簧16推动蜗杆9向左移动,使得蜗杆9与离合器8重新啮合。如图14-23所示。

（8）向回转过间隙角 C：调整臂向回转过角 C,小斜齿轮30在齿轮28的驱动下顺时针转动,由于大斜齿轮6通过离合器弹簧7、离合器8与蜗杆9咬合一起,小斜齿轮30边旋转边向右移动,压簧29被压缩直到与齿轮28接触。此时,小斜齿轮30与齿轮28之间的间隙 H 又转移到了小斜齿轮30与调节螺母13之间。如图14-24所示。

（9）向回转过超量间隙角 C_e：调整臂继续转动回到起

始位置,此时小斜齿轮30被齿轮28在轴向限位,就驱动大斜齿轮6转动;由于大斜齿轮6通过离合器弹簧7与离合器8咬合,离合器8又与蜗杆9咬合,故带动蜗杆9转动起来,进而驱动蜗轮19逆时针转动,蜗轮19与凸轮轴同步转向,而凸轮轴转动的结果是使得制动片与制动鼓间的间隙减小。如图14-25所示。

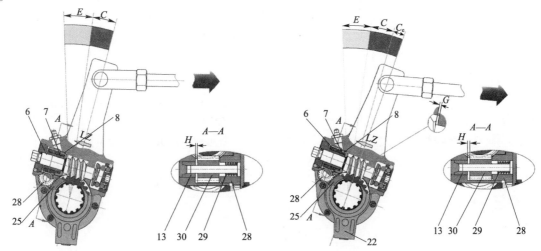

图14-24 向回转过间隙角 C 示意图　　　　图14-25 向回转过超量间隙角 C_e 示意图

经过如此反复多次制动与释放的过程,最后即可将制动间隙调整到设定值。

第三节　底盘集中润滑系统

所谓底盘集中润滑系统,就是通过管路把车辆底盘上分布的数十个油脂润滑点和供脂单元连成一个完整的封闭系统,由控制单元控制系统工作周期和检测运行情况,以实现在车辆运行过程中定时、定量、间歇式地对各润滑点进行持续性供油,确保各润滑点的良好润滑。

车辆底盘集中润滑系统自20世纪90年代由德国等国外商用车辆引入我国以来,由于其能有效替代手工润滑,实现了车辆在运行中定时、定量向各摩擦副自动加注润滑油脂并对润滑状态实时监控的功能,达到了定时定量,省工降费,节能减排,安全环保的目的,在国产商用车辆、工程机械及专用车辆上迅速得到了普及和应用。作为一项国家重点推广的节能减排、低碳环保的车辆应用新技术,2002年交通部和建设部相继出台了JT/T 325—2002《营运客车类型划分及等级评定》和CJ/T 162—2002《城市客车分等级技术要求与配置》部颁标准,均将车辆集中润滑系统列为中级(包括中级)以上车辆的标准配置。而"润滑经济"理念的推出,更有效推动了该项技术在客车上的应用。目前,集中润滑系统已经在客运车辆、特别是在城市客车上得到全面普及和广泛使用,并带来了巨大的经济效益和社会效益。

随着润滑技术的不断发展及工业化程度不断提高,未来的集中润滑系统将实现更加精确供脂、调整更方便、终端监控及实时监控终端润滑点运行情况,并更加智能化和人性化。

一、底盘集中润滑系统的分类和特点

1. 分类

目前,客车底盘集中润滑系统按供脂泵站配置的差异,可分为齿轮泵式和AC多线柱塞泵式两类。无论是采用齿轮泵式和或多线柱塞泵式,都能按要求定时定量地将润滑脂输送到各润滑点,保证客车底盘在最佳的润滑环境下行驶,从而降低运行成本、提高经济效益。

2. 特点

相对传统手工润滑,底盘集中润滑具有如下特点:

(1)节约成本。实现了车辆运行过程中的定时定量、自动润滑,可节省95%的人工成本;减少人员在较复杂环境下的工作,保障作业安全。

(2)延长润滑部件寿命。传统手工润滑注油量不易控制,且油嘴外露,尘沙等污物易被带入运动副而加剧磨损;而集中润滑系统油路全封闭,可有效保障润滑系统洁净,其"定时、定量、高频"的工作特点可有效延长润滑部件寿命达60%以上。

(3)节能环保。传统手工润滑造成大量润滑脂浪费,并对环境造成污染;而集中润滑系统能确保各润滑点强制、定时、定量精确获得洁净润滑,有效保障润滑效果,减少润滑脂消耗达70%以上。

(4)提升车辆运营效益。良好的润滑可延长车辆维护的时间间隔,减少维护及故障修理次数,有效节约维修材料;减少设备停机时间,提高运营效率。

(5)提升行车安全性。良好的润滑可确保转向、制动等涉及安全行驶的关键运动副及其关联部件可靠运行,能有效避免这些关键总成、部件因不良润滑引起的异常磨损失效而导致的行车安全事故等。

3. 齿轮泵式与 AC 多线柱塞泵式集中润滑系统的差异性对比

齿轮泵式与 AC 多线柱塞泵式集中润滑系统的差异性对比见表 14-1。

齿轮泵式与 AC 多线柱塞泵式集中润滑系统的差异性对比　　　表 14-1

序号	工作原理	齿轮泵式集中润滑系统	多线柱塞泵式集中润滑系统	备注
1	供脂泵站	齿轮泵	多线柱塞泵	
2	供脂泵站输出压力	3.8MPa	12MPa	
3	系统适用油脂	000#稀油(半流体状)、00#、0#	000#、00#、0#、1#、2#黄油脂(膏状)	重载、高转速运动副适用高牌号油脂
4	供脂泵站电动机	国产普通有刷电动机	进口永磁无刷电动机	
5	分配器	加压式或卸压式分配器	无分配器组件,泵芯与运动副点对点注油	
6	油箱	方形油箱	圆筒型油箱	方形油箱存在死角,易造成底部和四周油脂长期残留变质
7	安装工艺	需装配分配器组件及主油管	无分配器组件及主油管,各分油管直接由供脂泵站连接至运动副,采用快插式接头结构	

二、集中润滑系统的结构和工作原理

1. 齿轮泵式集中润滑系统

1) 组成

如图 14-26 所示,齿轮泵式底盘集中润滑系统主要由控制单元、供脂单元及系统附件组成。其中,控制单元主要由监控器、油压传感器和温度传感器等组成,并通过线路控制整个系统工作;供脂单元主要由供脂泵站和分油器总成等组成,并通过管路系统把车辆上分布的数十个油脂润滑点连成一个完整的封闭系统。监控器是系统的控制中枢,能自动控制系统运行,动态实时监控车辆集中润滑系统运行参数并具有低温保护系统及故障报警等功能;油压传感器主要监测系统主油管油脂压力,并把数据传输到监控器;温度传感器主要实时监测环境温度并把数据传输到监控器;供脂泵站是系统的运行核心,将油箱内的润滑脂以较高压力输向各分油器总成;分油器总成根据润滑部位油脂需求量的不同,存储定量的油脂并按需要向各润滑点供给。

2) 工作过程

以定量加压式分油器为例(图 14-26),齿轮泵式车辆底盘集中润滑系统的工作过程可分为三个阶段:

第一阶段为加压排油期。当车辆运行至监控器设定润滑周期时间点时,供脂泵站通电运行,主油管路油压逐渐升高,开始通过分油器进油口将分油器储油腔上一循环精确计量好的油脂压向分油管;当主油管路末端油压达到设定压力时,油压传感器向监控器发出到压信号。

第二阶段为保压期。监控器收到油压传感器检测压力达到设定压力信号后,控制电动机继续工作数

第十四章 制动器及底盘集中润滑系统

十秒,主油管路油压迫使所有分油器所储存的油脂经分油管全部压向各摩擦副,然后电动机停转。

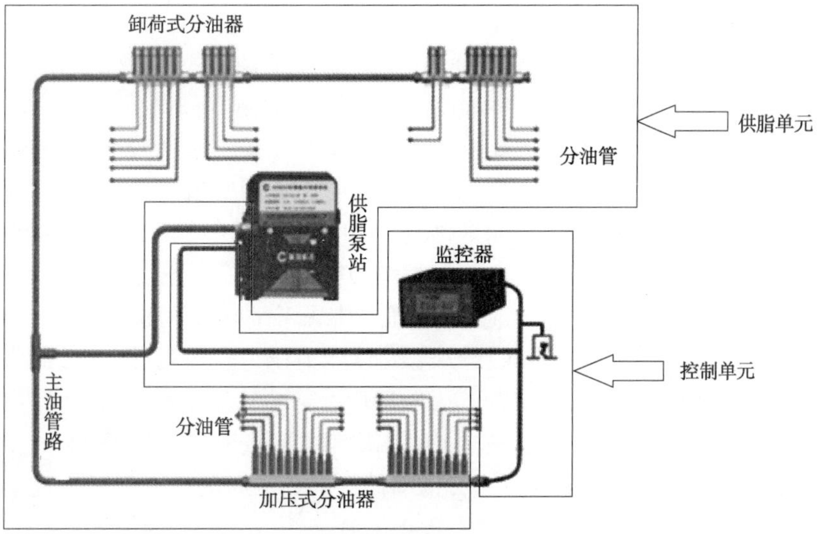

图 14-26 集中润滑系统示意图

第三阶段为卸压储油期。油箱内主油道卸荷阀开启,主油管路油压迅速降低,各分油器在复位弹簧作用下计量储油,供下次润滑使用。

3) 主要部件的结构及工作原理

(1) 供脂泵站总成。

供脂泵站总成的结构如图 14-27 所示,主要由泵罩、直流电动机、限压溢流阀、卸荷阀、齿轮泵、油脂拨板装置和油箱等部件组成。工作时,直流电动机带动齿轮泵旋转,通过由限压溢流阀和卸荷阀组成的泵源系统为集中润滑系统提供高压油脂,其运行或间歇由监控装置控制。油箱护罩内置有可 180° 旋转的快接加油阀座,用专用加油枪可进行高效加油。

齿轮泵供脂泵站在监控器的控制下进行休止和运行。以一个工作循环为例:当休止倒计时结束,供脂泵站接收到监控器发来的启动指令,电动机带动齿轮泵运转,齿轮泵吸入油脂,压送至泵出口形成高压油,高压油打开卸荷阀出油通道,开始对主油路加压供油;油箱内接主油道的油缸动作,驱动油脂拨板输送装置将油箱底部远离齿轮泵吸油口的油脂输送过来,以保证油脂供应;主油路压力升高至一定值时,将加压式分油器内储存的油脂压向各润滑点;当润滑泵站油压出口压力达到溢流阀开启压力时,余油经溢流阀小孔流回油箱。当供脂泵站接收到监控器停机指令后,电动机停转,卸荷阀卸荷孔打开,主油路油脂倒流回油箱,主油路压力下降至 0.05 ~ 0.1MPa(图 14-28),系统进入下一工作循环。

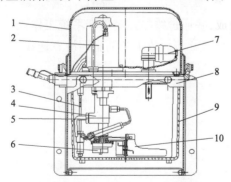

图 14-27 AR60H 供脂泵站总成
1-泵罩;2-直流电动机;3-限压溢流阀;4-阀体;5-卸荷阀;
6-齿轮泵;7-加油阀;8-安装固定支架;9-油箱;10-油脂拨板装置

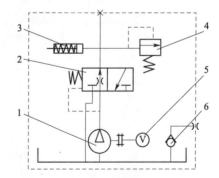

图 14-28 AR60H 供脂泵站液压原理图
1-齿轮泵;2-卸荷阀;3-液压缸;4-溢流阀;
5-直流电动机;6-加油阀

经过优化设计的电动机具有低功耗、低转速、低噪声等特点,与齿轮泵匹配更加合理,可使泵站有效提高吸脂性能同时提高泵站寿命 2 ~ 4 倍;泵站内独特的限压溢流阀具有液动力补偿功能,使常温下泵站输出压力稳定,高寒气候下自动增压,提高泵送能力克服冬季油脂变稠增大的管道阻力;独创的油脂拨板装置提高了油脂流动性,有效解决了长期困扰业内油箱底部油脂变质的难题。

(2)分油器总成。

目前,国产客车上使用的分油器主要有两种类型。一种是定量加压式,主要由连接体接头、分油器连接体和分油器等组成,如图14-29所示;另一种是定量卸荷式,主要由分油器连接体、柱塞、供油弹簧和出油阀定量接头等组成。

根据底盘各运动副所需油量不同,分油器可设置不同排油量,分别为0.1mL/次、0.2mL/次和0.4mL/次等。

①定量加压式分油器。定量加压式分油器在供脂泵站通过主油管路加压供油时,分油器将上一循环计量好的油脂经分油管路以较大压力向各润滑点供给(常温下最大排油压力可达2.5MPa,寒冷气温下排油压力自动随气温下降而提高,以确保黏稠油脂顺利注入摩擦副);供脂泵站停止工作后,分油器储油腔计量储油。

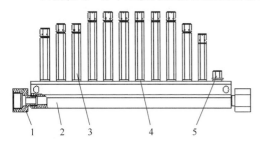

图14-29 加压式分油器总成
1-连接体接头;2-分油器连接体;3-分油器;4-绿垫圈;
5-平堵头组件

由于定量加压式分油器的排油压力来自于系统主油管压力,因此系统压力高,润滑更到位。通常情况下加压式分油器的排油压力比卸荷式分油器的排油压力高出1.0MPa以上,因此加压式分油器能很好满足车辆集中润滑系统以更高黏稠度的NLGI-0#极压锂基润滑脂作润滑介质时的润滑需求。此外,定量加压式分油器计量精确,性能稳定,并能够充分利用主油路压力,排油压力大而且可调整;经过重大结构改进后的加压式分油器能实现对高黏稠度油脂的高压定量分配,进而充分满足进油阻力大的摩擦副的润滑需求,且适用于高寒地区严冬季节。

加压式分油器的工作过程可分为四个阶段,即排油前、排油中、排油完毕和计量中,如图14-30所示。系统运行时,主油管路高压油脂在压力作用下推动分油器内的伞形阀向上移动;伞形阀封住芯杆中心孔,主油管路高压油脂推动活塞克服弹簧阻力开始上升,将上腔中上一循环储存的油脂排出;当活塞移至上腔顶点时,排油完毕;润滑泵停止工作时,卸荷阀自行开启,主油管路高压油脂经卸荷阀回流,系统压力迅速下降,分油器内活塞在弹簧作用下开始恢复,伞形阀复位,封住进油口,活塞则将下腔油脂通过芯杆中心孔压送到上腔,同时下次供油亦储备完成。

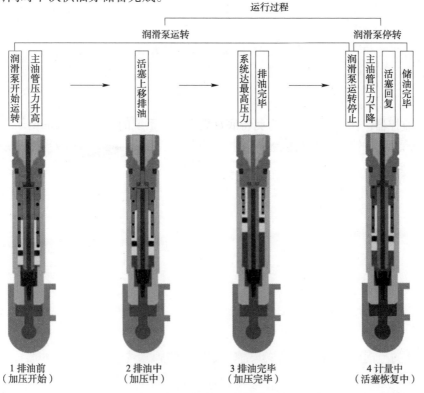

1 排油前
(加压开始)

2 排油中
(加压中)

3 排油完毕
(加压完毕)

4 计量中
(活塞恢复中)

图14-30 加压式分油器工作原理图

②定量卸荷式分油器。定量卸荷式分油器在供脂泵站通过主油管路加压供油时,分油器储油腔储油;泵站主油管路卸荷时,分油器向各润滑点排油。因卸荷式分油器的排油压力来自于供油弹簧的复位压力,故系统排油压力受到一定限制,定量卸荷式分油器在供脂泵站通过主油管路供油时分油器储油腔储油,泵站主油管路卸荷时分油器向各润滑点排油,其运行过程分四个阶段,分别为加压计量中、加压计量结束、排油中和排油结束,如图 14-31 所示。

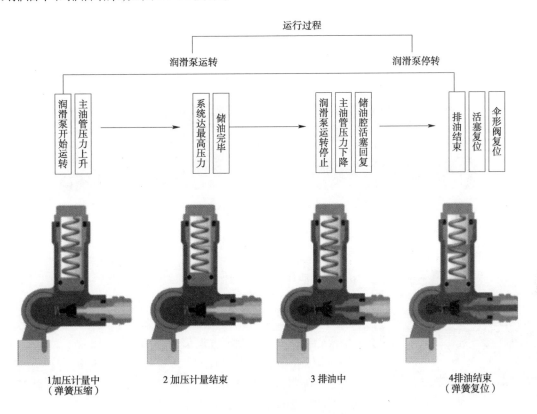

图 14-31 卸荷式分油器工作原理图

工作时,主油管路高压油脂在压力作用下推动分油器内的伞形阀向上移动;当活塞移至储油腔顶点时,储油完毕;润滑泵停止工作时,卸荷阀自行开启,主油管路高压油脂经卸荷阀回流,系统压力迅速下降,分油器计量腔活塞在弹簧作用下开始恢复,伞形阀左移,封住进油口,活塞则将计量腔内油脂通过排油腔排除;排油结束后,活塞和伞形阀在弹簧作用下复位。

(3) 智能监控单元。

①液晶电子监控器。图 14-32 所示为奥特底盘集中润滑系统的 AK04 型液晶电子监控器。该电子监控器的 ECU 是润滑系统的指挥中枢,能够自动控制系统运行,动态显示油路油压、休止倒计时、运行计时、累计工作次数及故障码等各种运行参数,并具有低温待机保护和故障报警功能。监控器配置有遥控器,可以根据车辆实际情况灵活调整系统休止周期(休止周期从 6h 到 20h,共设置 15 挡可调)。

②工作原理。以休止周期 10h 为例,当打开集中润滑系统电源控制开关(通常为点火开关),监控系统液晶显示屏动态显示休止倒计时状态,计时至 00:00 时,液晶显示屏

图 14-32 AK04 液晶电子监控器

自动转换为动态显示润滑作业计时状态,供脂泵站运行;当主油管路最远端油压达到 2.6MPa 时,油压传感器会向监控器发出到压信号,此时液晶显示屏油压显示由"OFF"变为"ON";供脂泵站继续工作 40s 后停止工作,液晶显示屏回到动态显示休止倒计时状态,同时工作计数累加"1",系统进入下一个休止周期。如图 14-33 所示。

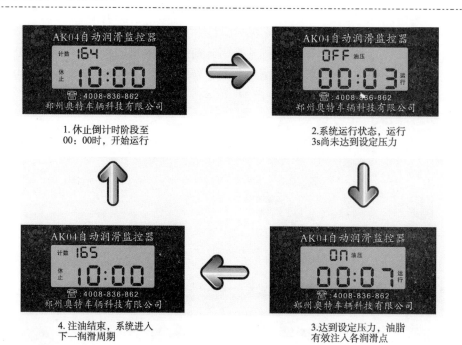

图 14-33 液晶电子监控器工作原理

如果供脂泵站工作过程中监控系统未检测到油压达到设定值信号时,供脂泵站在工作满 120s 后停止,此时油压持续显示"OFF",并显示故障码"EE:-1",同时发出报警信号(蜂鸣器响),提醒驾驶人应及时检查。如图 14-34 所示。

具有环境温度控制设置功能的监控器能实时监控环境温度,当环境气温低于某一设定气温值时(一般为 -15 ~ -20℃),若其间在监控器休止倒计时至 00:00 时,系统则进入低温待机状态;当环境气温升高到设定气温值时,温控传感器闭合,润滑系统运行注油。即温控系统可使润滑系统在高寒气候环境下自动选择每天较高气温时段运行,确保各摩擦副常年不间断得到良好润滑,同时也拓宽了适用区域。监控器系统线路如图 14-35 所示。

图 14-34 故障码

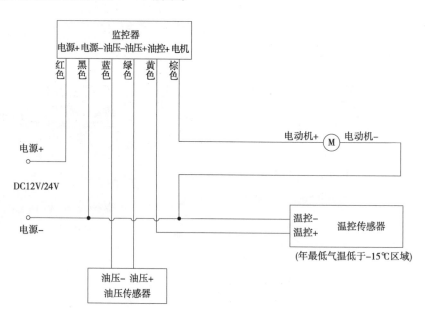

图 14-35 监控器系统线路图

(4)齿轮泵式集中润滑系统主要技术参数。

AR60H 集中润滑系统的主要技术参数见表 14-2。

AR60H 集中润滑系统主要技术参数　　　　表 14-2

项目	内 容	AR60H
监控系统	控制模式	ECU 微机程序控制
		AK04 型监控器
	休止间隔	6~20h(15 级可调)
	显示模式	液晶动态显示:油压、计数、休止时间、工作时间、故障码
	油压传感器	闭合点 2.6MPa/断开点 2.0MPa
	温度传感器	自动检测环境温度,低温待机保护
供脂泵站	工作时间	油压传感器闭合后延续 40s
	类型	高泵送型齿轮泵站
	油箱容量	2.8L
	电动机参数	20W 12V/4A(或 24V/2A)DC
	输出油量	120mL/min
	输出压力	常温下 3.8MPa
	最多润滑点数	65 个
	润滑脂	NLGI 0#、00#、000#
定量分油器	形式:排油压力	加压式:常温下 2.5MPa
	循环输出量	0.1mL、0.2mL、0.4mL
油管规格	主油管	$\phi 10 \times 1.75$ 树脂管
	分油管	$\phi 4 \times 0.75$ 尼龙管
适应环境		-40~80℃

2. AC 多线柱塞泵式集中润滑系统

1) 组成

AC 多线柱塞泵式集中润滑系统的结构组成如图 14-36 所示。该润滑系统由于泵送压力高,取消了分油器环节,直接由柱塞泵通过分油管给运动副供脂润滑,因而大幅度提高了系统的运行效果。

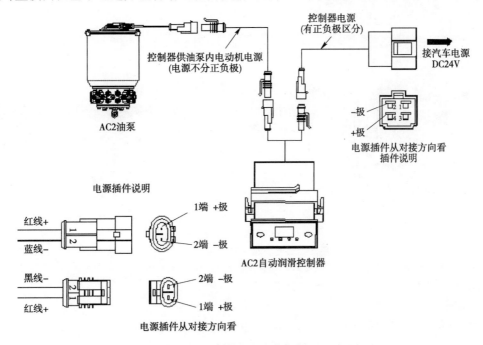

图 14-36　AC 多线柱塞泵式集中润滑系统结构组成示意图

图 14-37 所示为 AC 多线柱塞泵式集中润滑系统在车上的安装位置示意图,主要由泵体(包括整体式油箱、柱塞泵芯)、外置监控器(可选)、分油管及附件等组成。AC 系列供脂泵体上有径向分布的端口,端

口数量从12个到84个不等,具体视型号而定;每个端口装配柱塞泵芯;每个泵芯用于单个润滑点,通过分油管与润滑点相连。各分油管与泵芯对应,并在管套上标示编号,确保精确安装和识别。供脂单元采用AC多线柱塞泵,各分油管直接由柱塞泵连接至运动副,各润滑点的供油压力即柱塞泵的输出压力;系统工作压力很高,可达12MPa;泵站电动机采用永磁无刷电动机,可靠性高、寿命长;分油管采用快插式接头,整体结构简洁,安装工艺简单。

2)主要部件的结构及工作原理

(1)供脂泵站总成。

AC多线柱塞泵供脂泵站总成主要由泵体、整体式油箱和柱塞泵芯等部件组成,如图14-38所示。

图14-37 AC多线柱塞泵式集中润滑系统安装示意图

图14-38 AC多线柱塞泵总成

以一个工作循环为例,AC多线柱塞泵式集中润滑系统的工作分为休止和运行两个过程。系统接通电源后,监控器(可选装泵站集成式和外置式)即进入计时状态,当休止倒计时结束,供脂泵站接收到监控器发来的起动指令后,电动机带动压油搅杆及柱塞泵运转,柱塞泵吸入油脂并压送至泵出口,通过分油管路直接对运动副供油润滑;泵油运行时间至倒计时结束供脂泵站停止工作,系统进入下一工作循环。AC多线柱塞泵结构如图14-39所示。

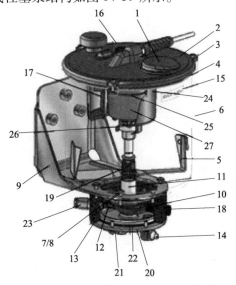
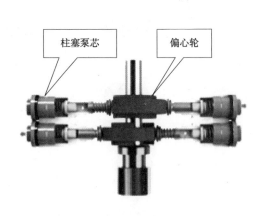

图14-39 AC多线柱塞泵结构示意图

1-加油口盖;2-顶盖组件;3-顶盖固定螺钉;4-O形环;5-浆板;6-油箱;7/8-油箱固定螺钉/垫圈;9-安装支架;10-偏心轮;11-驱动轮;12-O形环;13-主泵体;14-油脂嘴注油点;15-最高油位标志;16-手动超越控制按钮;17-PCB;18-堵塞器;19-驱动接头;20-盖板;21-盖板固定螺钉;22-O形环;23-泵芯;24-电动机壳;25-O形环;26-电动机壳固定螺钉;27-电动机

(2)智能监控单元。

智能监控单元可通过定时和手动两种方式起动油泵运行注油,并具备故障报警功能;工作电源可采用DC24V直流电源或者DC24V蓄电池,功率5W,静态电流50mA,工作电流150mA;适用工作温度−25~55℃。

AC2型自动润滑控制器初始设定休止周期和运行周期两个主要控制程序,分别控制泵站的休止和运转。其中,出厂设定参数为:休止周期33.5min,运行周期2.5min,即36min为一个完整的工作循环。通过监控器的控制面板可以监控和调整系统运行参数。图 14-40 所示为英特路 AC2 型自动润滑液晶电子控制器操作显示屏。

图 14-40　AC2 自动润滑控制器操作显示屏

三、底盘各运动副集中润滑点分布及润滑油量

对于客车来说，一般情况下底盘各运动副的集中润滑点有 30 个左右，其分布及润滑油量见表 14-3。

底盘润滑点分布及润滑油量　　　　　表 14-3

序　号	润滑点部位名称	润滑油量/循环（cm^3）	备　注
1	前板簧销（左前）	0.4	空气悬架无
2	前板簧销（左后1）	0.4	空气悬架无
3	前板簧销（左后2）	0.4	气囊悬架无
4	转向节主销（左上）	0.4	
5	转向节主销（左下）	0.4	
6	前桥制动调整臂（左）	0.2	鼓式制动器有
7	前桥制动凸轮轴（左）	0.2	鼓式制动器有
8	转向横拉杆球头销（左）	0.2	免维护横拉杆无
9	转向横拉杆球头销（右）	0.2	免维护横拉杆无
10	前桥制动调整臂（右）	0.4	
11	前桥制动凸轮轴（右）	0.4	
12	转向节主销（右上）	0.4	
13	转向节主销（右下）	0.4	
14	前板簧销（右前）	0.4	空气悬架无
15	前板簧销（右后2）	0.4	空气悬架无
16	前板簧销（右后1）	0.4	空气悬架无
17	后板簧销（左前）	0.4	空气悬架无
18	后板簧销（左后1）	0.4	空气悬架无
19	后板簧销（左后2）	0.4	空气悬架无
20	后桥制动调整臂（左）	0.2	鼓式制动器有
21	后桥制动凸轮轴（左）	0.2	鼓式制动器有
22	后桥制动凸轮轴尾座（左）	0.2	鼓式制动器有
23	后桥制动凸轮轴尾座（右）	0.2	鼓式制动器有
24	后桥制动调整臂（右）	0.2	鼓式制动器有
25	后桥制动凸轮轴（右）	0.2	鼓式制动器有
26	后板簧销（右前）	0.4	空气悬架无
27	后板簧销（右后2）	0.4	空气悬架无
28	后板簧销（右后1）	0.4	空气悬架无
29	转向直拉杆（前）	0.4	免维护直拉杆无
30	转向直拉杆（后）	0.4	免维护直拉杆无

第四篇

客车安全装置

第十五章 客车主动安全装置

安全是汽车发展的永恒主题。随着机动车保有量的迅速增长,由此带来的道路交通事故给人类的生命财产和经济发展造成了巨大损失。据英国《卫报》报道,世界上平均每半分钟就发生一起交通事故。世界卫生组织公布的资料显示,全世界每年约有120万人死于道路交通事故,其造成的死亡人数比空难、海难事故严重得多,更甚于战争,而巨大的经济损失则无法估量。表15-1列出了我国2000~2014年这15年间道路交通事故的统计数据,通过分析可以发现:2000~2002年全国道路交通事故呈上升趋势,死亡人数由8.39万人增加到10.94万人,增幅高达30.4%;2002年之后,随着交通安全问题受到全社会的不断重视,事故发生数量、死亡人数、受伤人数以及直接财产损失都呈现出逐年下降的趋势。

2000~2014年中国道路交通事故统计数据 表15-1

年份	事故发生数量(万起)	死亡人数(万人)	受伤人数(万人)	直接财产损失(亿元)
2000	61.70	8.39	41.87	26.69
2001	75.50	10.59	54.65	30.88
2002	77.31	10.94	56.21	33.24
2003	66.75	10.44	49.42	33.7
2004	56.78	9.92	45.18	27.75
2005	45.03	9.87	46.99	18.84
2006	37.88	8.95	43.11	14.9
2007	32.72	8.16	38.04	12
2008	26.52	7.35	30.49	10.1
2009	23.84	6.78	27.51	9.18
2010	21.95	6.52	25.41	9.30
2011	21.08	6.24	23.74	10.79
2012	20.42	6.00	22.43	11.75
2013	19.84	5.85	21.37	10.39
2014	19.68	5.85	21.19	10.75

数据来源:《中华人民共和国道路交通事故统计年报》。

客车由于自身的运输特点,关系到众多乘员的生命和财产安全,一旦发生交通事故,很可能造成重大甚至特大损失。据统计,2007~2010年与营运客车相关的一次死亡10人以上的重特大道路交通事故共86起,造成1294人死亡、1484人受伤,占全部一次死亡10人以上的重特大道路交通事故的比例分别为76.1%、78.2%、85.8%。平均每年发生重特大事故21.5起,造成323.5人死亡,371人受伤;平均每起事故造成15.05人死亡、17.26人受伤,死伤比为0.872,远远高于发达国家水平。如何充分利用先进科学技术的研究成果,减少车辆损耗和驾乘人员的伤亡,一直以来都是客车行业的关注重点。

为此,客车制造商借助电子、信息、计算机及网络技术,从底盘、车身结构和智能控制等方面对车辆安全性进行了大量的研究和开发,一批主、被动安全技术和安全装置先后在客车上得到采用,客车的安全性有了很大提高,对保护车内外乘员生命安全、减轻事故伤亡程度等起到了重要作用。

第一节 概 述

一、制动系和主动安全装置

1. 传统客车制动系的组成与布置

制动系是使行驶中汽车减速或停车、使下坡行驶的汽车速度保持稳定,以及使已停止的汽车在原地

(包括在斜坡上)驻留不动的一整套专门装置的总成。制动系是保证行车安全极为重要的系统,其好坏还直接影响车辆的平均车速和运输效率。而最初关于车辆安全控制系统的研究就是从提高车辆制动性能开始的。

1)制动系的分类

制动系可分为行车制动、驻车制动、应急制动和辅助制动等子系统。

(1)行车制动。用于强制行驶中的汽车减速或停车,并使汽车在下短坡时保持适当的稳定车速。其驱动机构常采用双回路或多回路结构,以保证其工作可靠。

(2)驻车制动。用于使汽车可靠而无时间限制地停驻在一定位置甚至斜坡上,同时有助于汽车在坡路上起步。驻车制动装置应采用机械式驱动机构,以免其发生故障。

(3)应急制动。用于当行车制动装置意外发生故障而失效时,则可利用应急制动装置的机械力源(如强力压缩弹簧等)实现汽车制动。应急制动装置不一定必须是独立的制动系统,它可利用行车制动装置或驻车制动装置的某些制动器件。应急制动装置也不需要每车必备,因为普通的驻车制动器也可以起到应急制动的作用。

(4)辅助制动。利用发动机排气制动、缓速制动和电涡流或液力缓速器等辅助制动装置,单独或协助行车制动,使汽车下长坡时长时间而持续地降低或保持稳定车速,并减轻或解除行车制动器的负荷。

2)制动系的组成

制动系主要由供能装置、控制装置、传动装置、制动器和辅助制动装置等部分组成。

(1)供能装置。提供制动系统中供给、调节制动所需的能量,主要由空气压缩机、干燥器、冷凝器和真空泵等部件组成。根据制动力源的不同,制动系统可分为人力制动系统、动力制动系统和伺服制动系统三大类。

(2)控制装置。指制动系统中操作及控制制动效能的部件或机构,主要由制动踏板、制动阀、手控阀、继动阀、快放阀、驻车手柄及拉索等部件组成。

(3)传能装置。制动系统中用以将控制制动器的能量输送到制动器的部件。按照传能方式的不同,可分为机械式、液压式、气压式和电磁式等多种形式。其中,同时采用两种以上能量传递方式的制动系称为组合式制动系统,主要由管路、线束和拉索等部件组成。

(4)制动器。制动系统中产生阻止车辆运动的执行机构。现代汽车常用的制动器主要有盘式制动器(图15-1)、鼓式制动器(图15-2)、中央鼓式制动器和轮边制动器等。

图15-1 盘式制动器　　　　图15-2 鼓式制动器

(5)辅助制动装置。使行驶中的汽车速度降低或稳定在一定速度范围内的机构。常见的辅助制动装置有电涡流缓速器、液力缓速器、发动机缓速器和排气蝶阀等。

3)客车制动系的布置

常规客车制动系的结构及布置如图15-3和图15-4所示,有两轴客车及三轴客车两种布置形式。

2.客车主动安全技术和主动安全装置

汽车安全性可分为主动安全和被动安全两大类,其中主动安全性是指汽车避免发生意外事故的能力,而被动安全性则是指汽车在发生意外事故时对乘员进行有效保护的能力。所谓主动安全技术和安全装置就是汽车能主动避免发生意外事故的技术,以及为此而开发和装备的有关装置(系统)、总成和部件。客车作为公路交通中最主要的乘员运输载体，行驶速度高、载客量大，一旦发生交通事故往往会造成群死群伤的重大灾难和巨大财产损失。因此，近年来随着计算机、网络、信息传输和电子技术等的发展，客车主动安全技术和安全装置已成为重点研究的内容之一，并已在高档客车上开始应用和推广，从而极大提高了行驶安全性。

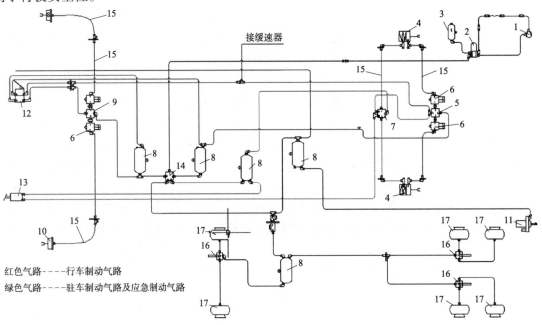

图 15-3　两轴客车常规制动系统布置图

1-空气压缩机;2-空气干燥器;3-储气筒;4-后桥制动气室;5-继动阀;6-ABS电磁阀;7-差动式继动阀;8-储气筒;9-快放阀;10-前桥制动气室;11-离合器助力器;12-制动阀;13-驻车制动阀;14-四回路保护阀;15-制动软管;16-高度阀;17-气囊

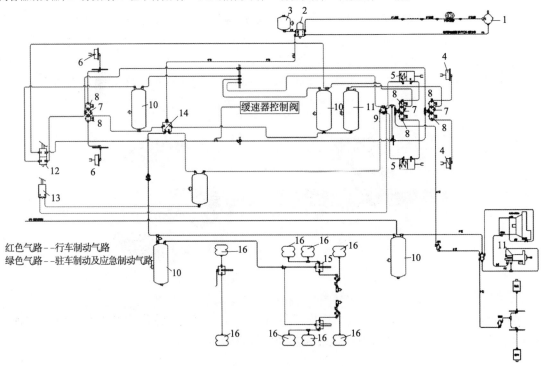

图 15-4　三轴客车常规制动系统布置图

1-空气压缩机;2-空气干燥器;3-储气筒;4-随动桥制动气室;5-后桥制动气室;6-前桥制动气室;7-继动阀;8-ABS电磁阀;9-差动式继动阀;10-储气筒;11-离合器助力器;12-制动阀;13-驻车制动阀;14-四回路保护阀;15-高度阀;16-气囊

目前，除常规制动外，客车主动安全技术和安全装置可大致分为两大类，即防滑控制和智能安全系统。其中，防滑控制主要指动力学控制，包括如防抱死制动(ABS)、驱动防滑控制(ASR)、电制动力分配

(EBD)、电子驻车(EPB)、电子制动(EBS)、驱动力控制(TCS)和电涡流缓速器、液力缓速器、发动机进排气辅助制动、轮胎气压自动监测系统及辅助充气装置等。智能安全系统主要包括：智能避撞(前面碰撞预警、车道偏离预警、疲劳驾驶预警、自动泊车、行人识别和标志识别等)、电子稳定控制、自适应巡航控制、环境感知、夜视增强、夜视巡航、抬头显示、自适应前照灯控制和360°全景环视等内容。图15-5和图15-6所示为两款欧洲某知名品牌客车所采用的主动安全技术和安全装置，图15-7所示为某欧洲知名品牌客车所采用的主、被动安全技术和安全装置，图15-8所示为中国宇通客车所采用的主动安全技术和安全装置。

图 15-5 欧洲某知名品牌客车所采用的主动安全技术和安全装置（一）

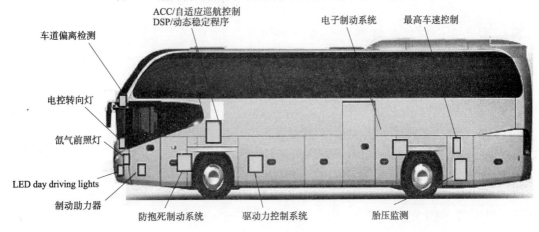

图 15-6 欧洲某知名品牌客车所采用的主动安全技术和安全装置（二）

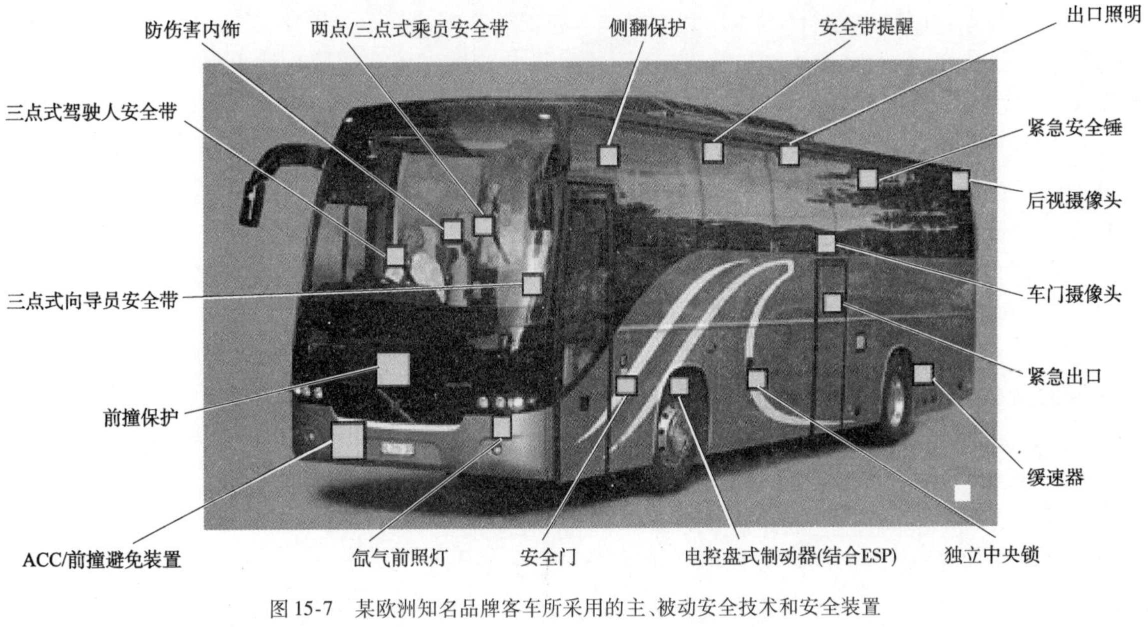

图 15-7 某欧洲知名品牌客车所采用的主、被动安全技术和安全装置

— 455 —

图 15-8 中国宇通客车所采用的主动安全技术和安全装置

二、客车主动安全装置的发展

1. 发展现状

客车主动安全装置以提高车辆的主动安全性能为主要目标,通过借助先进的科技成果,特别是信息传感、汽车电子及车联网技术,辅助驾驶人对影响安全的"人、车、路(环境)"等因素进行实时监控和预警,将"事后保护"转化为"事前防范",可有效降低各类安全事故发生的概率。典型的主动安全装置包括防抱死制动系统(ABS)、电子制动系统(EBS)、车身稳定性系统(ESP)、自适应巡航控制系统(ACC)等。近年来,随着智能传感器、高性能电控单元、机器视觉、雷达、现代网络通信等技术的不断发展,许多新型主动安全装置也开始得以推广应用,例如车道偏离报警系统(LDWS)、道路自动限速控制系统(RSL)、全景环视系统(TVS)等,因此在很大程度上提高了客车的综合安全性能。

2. 发展趋势

1) 智能化与车联网技术结合

随着传感器技术、智能交通控制技术、车联网技术和大数据等相关领域科技水平的不断发展与提高,未来的客车主动安全装置将利用智能化及车联网技术实现"人—车—路(环境)"闭环交互,进而最大限度地提升车辆的安全性。

2) 主动安全技术将成为客车安全技术发展的主流

主动安全技术发展至今,已经从初期的预警提醒为主到部分介入车辆的行车控制。随着相关技术的不断提高,未来将逐步向主动控制方向深入,自适应巡航控制系统、车道保持系统、主动事故预防系统、随动转向前照灯(AFS)和驾驶人状态监测等主动安全控制技术将成为未来客车安全技术发展的主流。

3) 各单一主动安全装置的集成

将各单一主动安全装置集成,以及"基于人—车—路协同和事故零死亡率智能交通系统"的发展等,将最大限度发挥主动安全装置的综合作用,极大提高行车安全性。

4) 安全法规和标准的制定、修订是推动客车安全技术发展的有效途径

安全法规和标准对客车企业、零部件供应商在相关方面的努力有着直接的推动作用。欧盟已经通过的法规,要求2013年11月1日起部分类别车辆强制安装车道偏离报警系统及先进紧急制动系统;

此外,美国、欧盟、日本等发达国家和地区,在车路协同系统领域的标准体系框架也基本搭建完毕。国外的发展经验值得借鉴,同时也给我们敲响了警钟,相关安全法规和标准的制定、修订与完善工作已刻不容缓。

第二节　客车防滑控制装置

汽车制动时,如果车轮抱死滑移,车轮与路面间的侧向附着力将完全消失。如果只是前轮(转向轮)制动到抱死滑移而后轮还在滚动,汽车将失去转向能力;如果只是后轮制动到抱死滑移而前轮还在滚动,即使受到不大的侧向干扰力,汽车也将产生侧滑(甩尾)现象,这些都极易造成严重的交通事故。

汽车防滑控制装置亦称汽车电控制制动系统,其形式很多。目前,在客车上已装车使用的主要有防抱死制动系统、驱动防滑控制系统、电子制动力分配系统、电子驻车制动系统和电子制动系统等。无论采用何种防滑控制装置,其目的都是防止制动打滑,提高效能和制动稳定性。

一、防抱死制动系统(ABS)

防抱死制动系统(Anti-lock Braking System,ABS)是一种在制动期间监视和控制车辆速度的电子控制系统,其主要功能是防止由于制动力过大造成的车轮抱死(尤其是在光滑的路面上),从而使得即使全制动也能维持横向牵引力,以保证制动过程驾驶的稳定性和车辆的转向控制性。同时,由于ABS通过常规制动系统起作用,因此能够充分利用轮胎与路面之间的峰值附着性能,提高车辆抗侧滑性能并缩短制动距离;充分发挥制动效能,提高车辆的主动安全性。如果ABS失效,常规制动系统将仍然起作用。

早在20世纪20年代就有人提出了ABS的理论。1936年,德国博世公司(BOSCH)成功研制出带电磁感应式车轮转速传感器的ABS;20世纪60~70年代后,随着电子技术的发展ABS技术趋于成熟,开始批量装车使用;1978年,德国博世公司又成功研制出数字电子控制的BOSCH ABS 2型,使其控制反应速度、控制精度及可靠性等都有了很大提高;20世纪80年代中期,博世公司又对BOSCH ABS 2型进行了结构简化和系统优化,推出了经济型BOSCH ABS 2E型;1990年,德尔科(Delco)公司推出了更经济型的BOSCH ABS Ⅵ型,从而推动了ABS的普及应用。自20世纪80年代起,ABS开始在客车上采用,目前已成为中、高级大、中型客车的标准装备。

采用ABS后,可以将车轮的滑移率 s 控制在制动效果最佳的范围,也就是说在该范围内,可使纵向和侧向附着系数都有较大值。ABS在制动过程中通过调节制动轮缸(或制动气室)的压力来控制作用在车轮上的制动力矩,从而使车轮的滑移率控制在较理想的范围内,以此提高客车的制动性能。

ABS的主要优点包括:

(1)提高了制动稳定性,防止侧滑、甩尾及挂车折叠等现象发生,保障了车辆行驶的安全性。

(2)提高了制动时的汽车方向稳定性,防止跑偏,保证转向时方向的可控性。

(3)在多数路面上能缩短制动距离,车速越高距离缩短越多(与不带ABS制动相比)。

(4)能减少车轮抱死时轮胎的过度磨损,降低了车辆的维护费用。

1. ABS的组成

目前,在客车上使用的ABS主要有两种,即标准气制动四通道(可对四个车轮进行单独控制)和六通道ABS(可对六个车轮进行单独控制),分别适用于4×2和6×2型客车。这两种系统均由一个电子控制器(ECU)、四个(或六个)压力调节器和四个(或六个)轮速传感器、四个(或六个)弹性衬套和四个(或六个)齿圈、一根电线束以及一个指示灯组成。其中,传感器、弹性衬套和齿圈分别安装在四个(或六个)车轮的制动器内,四个(或六个)调节器则串联在四个(或六个)车轮附近的制动管路中,控制器和指示灯安装在驾驶室内。

图15-9和图15-10所示分别为四通道和六通道ABS布置图。

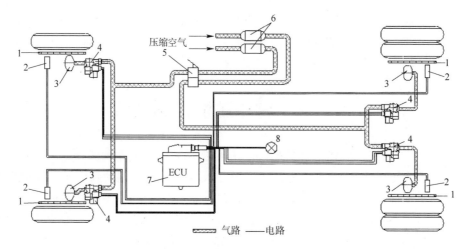

图 15-9 四通道 ABS 布置图

1-齿圈;2-传感器;3-制动气室;4-调节器;5-制动总阀;6-储气筒;7-控制器;8-ABS 警示灯

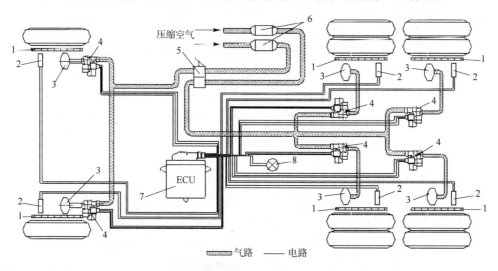

图 15-10 六通道 ABS 布置图

1-齿圈;2-传感器;3-制动气室;4-调节器;5-制动总阀;6-储气筒;7-控制器;8-ABS 警示灯

2. 工作原理

汽车行驶中,车轮在地面上的纵向运动有两种形式——滚动和滑动。分析和研究发现,汽车制动过程中轮胎胎面留在地面上的印痕显示车轮从滚动到抱死拖滑是一个渐变过程。当车轮抱死时,在车轮纵向和横向的路面摩擦力都大大下降,此时滑移率为100%,车辆容易发生跑偏、甩尾甚至丧失转向能力;而当车轮在半滚半滑的状态时,路面对车轮的摩擦力为最佳,制动效果最好,其滑移率为8%~35%,如图15-11所示。因此,在湿滑的路面行驶或车速很高时紧急制动,必须连续地轻踩制动踏板,才能使车辆处于受控状态。

制动时,首先由轮速传感器测出与制动车轮转速成正比的交流电压信号,并将该信号送入电子控制器(ECU);由ECU的运算单元算出车轮速度、滑移率及车轮的加、减速度;再由ECU的微机对这些信号进行分析比较后,向压力调节器发出制动压力控制指令;压力调节器中的电磁阀(若为液压制动系还有液压泵、驱动电动机)直接或间接控制制动压力的增减,以此调节制动器的制动力矩,使之与地面附着状况相适应,防止车轮被抱死。

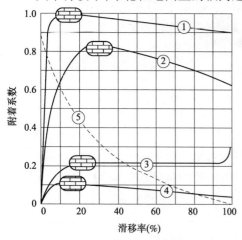

图 15-11 附着系数与滑移率对应曲线

1-子午线轮胎和干燥混凝土路面;2-防滑轮胎和湿沥青路面;3-防滑轮胎和软的新雪路面;4-防滑轮胎和湿的冰路面;5-干混凝土路面侧向附着系数

ECU 中还有故障诊断单元,其作用是对 ABS 其他部件的功能进行监测。当这些部件件发生异常时,由指示灯或蜂鸣器发出警报,使整个系统停止工作,恢复常规制动方式。

1) 电子控制器

ECU(图 15-12)是 ABS 的控制中枢,其作用是接收轮速传感器传来的每个车轮速度的感应电压信号,加以分析、运算,并根据车轮的运动状况向压力调节器发出制动压力的控制指令;当发现某个车轮要抱死时,立即让调节器适量排放制动空气,减少制动毂与制动蹄片间的摩擦力,使轮速适当上升;当控制器发现轮速上升过快时,又会使调节器停止排气,让轮速降下来。在此过程中,调节器 1s 可工作多达 3～5 个控制循环,即通过"抱死—松开—抱死—松开"这样循环调控制动压力,使得车轮的滑移率始终保持在理想范围内,从而获得最佳制动效果。

图 15-12 ABS 电子控制器示意图

2) 轮速传感器

ABS 的轮速传感器安装于车轮上,目前主要使用的是电磁感应式传感器。该传感器的中间是永久磁铁,外围是线圈。当磁路中的磁通量发生变化时,线圈上就感应出交流电压并送入控制器。图 15-13 所示为电磁式轮速传感器的结构原理示意图。

齿圈一般用铁磁材料或 35 号钢制成,通过加热后套在轮毂上随车轮旋转。传感器头部靠近齿圈的齿顶,齿圈旋转时齿顶和齿谷交替通过传感器头,产生磁通量变化,从而感应出交流电压并送入控制器。传感器头部离齿顶最大间隙应小于 0.75mm,齿顶的端面跳动量应不大于 0.1mm,否则将由于间隙过大会使信号太弱;而端面不平会则造成信号紊乱。传感器与弹性衬套之间的夹持力应保持在 120～200N 范围内。

3) 压力调节器

压力调节器亦称"液压控制单元",为三位三通先导阀(图 15-14),串联在制动气室前的制动管路中,是 ABS 的执行器,其功用是接收来自 ECU 的控制指令,控制制动压力的增减。车辆正常行驶时,压力调节器处于常通状态;当紧急制动时,通过接收 ECU 的控制信号,使制动气室处于增压、保压或减压的状态,如图 15-15 所示。

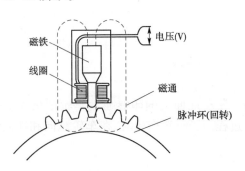

图 15-13 电磁式轮速传感器结构原理示意图

图 15-14 压力调节器安装示意图

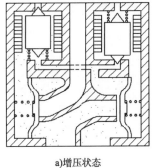

a) 增压状态

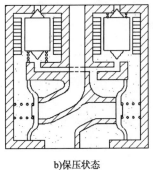

b) 保压状态

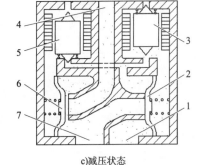

c) 减压状态

图 15-15 压力调节器工作状态图

1-进气口;2-进气阀膜片;3-进气先导阀(常闭);4-排气口;5-排气先导阀(常开);6-排气阀膜片;7-出气口

一般情况下（车辆正常行驶或常规制动时），ABS不干涉制动过程，调节器无信号输入，进气阀常开，排气阀常闭，进、出气口处于常通状态；驾驶人轻踩制动踏板时，压缩空气便由进气口到出气口，进入制动气室开始制动。这就是增压状态，如图15-15a)所示。

当紧急制动时，ABS工作，干涉制动过程。控制器给调节器的进气先导阀通电，此时进、排气阀关闭，进、出气口和排气口互不相通，制动气室的压力保持不变，这就是保压状态，如图15-15b)所示。

当控制器给调节器的进、排气先导阀同时通电时，进气阀关闭，排气阀打开，出气口与排气口相通，制动气室的压缩空气通过排气口排入大气使之压力降低，这就是减压状态，如图15-15c)所示。

二、驱动防滑控制系统（ASR）

在汽车行驶过程中，时常会出现车轮转动而车身不动，或者汽车的移动速度低于驱动轮轮缘速度的情况，这时就意味着轮胎接地点与地面之间出现了相对滑动，甚至出现原地打滑现象。这种滑动被称之为驱动轮"滑转"，以区别于汽车制动时车轮抱死而产生的车轮"滑移"。驱动车轮的滑转，同样会使车轮与地面的纵向附着力下降，从而使得驱动轮上可获得的极限驱动力减小，最终导致汽车起步、加速性能和在湿滑路面上的通过性能下降。同时，还会由于横向摩擦附着系数几乎完全丧失，使驱动轮出现横向滑动，并随之产生汽车行驶过程中的方向失控。

驱动防滑控制系统（Anti-Slip Regulation，ASR）是继防抱死制动系统（ABS）之后，设置在汽车上专门用来防止驱动轮起步、加速和在湿滑路面行驶时滑转的电子驱动力调节系统，也被称为牵引力控制系统（Traction Control System，TCS或TRC）。它可以最大限度利用发动机的驱动力矩，帮助驾驶人实现对驱动轮运动方式的控制，以便使汽车驱动轮获得尽可能大的驱动力，保证车辆起步、加速和转向过程中的稳定性。同时，保持汽车驱动时的方向控制能力，改善燃油经济性，减少轮胎及动力传动系统的磨损。

1. ASR的组成

ASR与ABS一样，主要由电子控制器、轮速传感器和压力调节器等组成。由于ASR与ABS在技术上较为接近，部分软、硬件可以共用，ASR的布置如图15-16所示。一般，ABS所用的压力传感器和压力调节器均可为ASR所利用，其中ABS的电子控制器只需要在功能上进行相应的扩展即可用于ASR；而在ABS的基础上，只需添加ASR电磁阀及双向阀，即可对过分滑转的驱动轮实施制动。使用时，对电控发动机来说，通过总线就可控制发动机的输出力矩；对非电控发动机，只需增加一些传感器和执行机构，就可控制发动机的输出转矩。

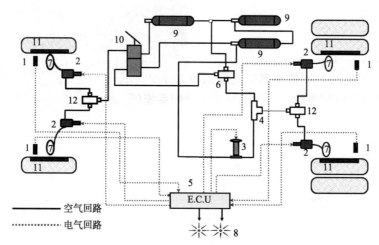

图15-16 ASR的组成及布置示意图

1-轮速传感器；2-ABS电磁阀；3-ASR电磁阀；4-双向阀；5-中央处理器；6-继动阀；7-制动气室；8-报警灯；9-储气筒；10-双腔制动阀；11-轮胎；12-快放阀

2. 工作原理

汽车行驶过程中，其驱动力主要取决于两个方面：一是发动机的输出转矩和功率，二是路面附着系数。如果路面附着系数较小，当车辆起步或是加速时，容易出现牵引力超过车轮与路面间的附着极限，产生驱动轮过度滑转,后轮驱动的汽车将可能甩尾,前轮驱动的汽车则容易方向失控,导致汽车向一侧偏移。ASR 的基本工作原理与 ABS 相似,利用 ABS 轮速传感器产生的车轮轮速信号,确定驱动车轮的滑移率,并与控制器内存储的设定范围进行比较,根据地面附着系数和车轮滑移率的关系曲线,把车轮滑移率控制在一定范围内,提高地面附着力的利用率,改善驱动性能。

ASR 采用的控制方式主要有两种:发动机输出转矩控制和驱动轮制动力矩控制。其中,发动机输出转矩控制是最早应用的驱动防滑控制方式。在附着系数较小的路面或车辆行驶速度较高的情况下,当驱动轮发生过度打滑现象时,轮速传感器将车轮转速转变为电信号传输给 ASR 的电子控制器(ECU),ECU 则根据车轮转速计算驱动车轮的滑移率,如果滑移率超出了目标范围,ECU 再综合参考节气门开度信号、发动机转速信号以及转向信号(有的车没有)等确定其控制方式,并向控制机构发出指令使其动作。这时只要适当减小发动机的输出转矩,就可以把传递到驱动轮上的转矩控制在一定值,以便控制驱动轮打滑的程度,有效降低滑移率。而驱动轮制动力矩控制则是当一侧驱动轮轮速超过滑移率门限控制值时,对打滑的驱动轮施加制动力矩,从而降低其速度,使滑移率控制在一定范围内。驱动轮制动力矩控制的牵引性很好,但舒适性和操纵稳定性较差。当 ASR 处于防滑控制过程中,只要驾驶人踩下制动踏板,ASR 便会自动退出控制而不影响制动过程。

3. ASR 和 ABS 的比较

ABS 和 ASR 均以改善汽车行驶稳定性为前提,以控制车轮运动状态为目标。ASR 是 ABS 应用的一种扩展,两者可统称为"防滑控制系统"。

ABS 在汽车制动时调节控制制动压力,以获得尽可能高的减速度,使制动力接近但不超过轮胎与路面间的最大附着力,从而提高制动减速度并缩短制动距离。ABS 虽然能有效提高制动时汽车的方向操纵性和行驶稳定性,但在车速很低时不起作用。

ASR 在汽车驱动加速时发挥作用,以获得尽可能高的加速度,使驱动轮的驱动力不超过轮胎与路面间的附着力,从而防止车轮滑转,改善汽车的操纵稳定性和加速性能,提高行驶平顺性。ASR 一般在车速较高时不起作用。

三、电子制动力分配系统(EBD)

汽车在行驶过程中,轮胎与地面间的附着条件不尽相同,如有时左前轮和左后轮附着在干燥的混凝土地面上,而右前轮和右后轮却附着在水中或泥水中,在这种情况下制动,由于轮胎与地面的摩擦力不一样,很容易造成打滑、倾斜或侧翻等事故。

ABS 虽然能防止车轮不发生抱死,但并不能保证车轮制动力矩的分配实现最佳,因此在早期的制动系统中,ABS 有时与感载比例阀等制动力调整机构一同使用,以使车辆的实际制动力分配在不同程度上接近理想的制动力分配曲线。而电子制动力分配系统(Electric Brakeforce Distribution,EBD)则通过感应和计算轮胎与地面间的附着情况,根据汽车制动时产生的轴荷转移的不同而自动调节前、后轴的制动力分配比例(图15-17),并在运动中不断进行快速调整,使之达到最优,从而最大限度地利用地面附着条件,避免因轮胎制动力不同导致事故发生,提高汽车的制动效能,并配合 ABS 提高汽车的制动稳定性。

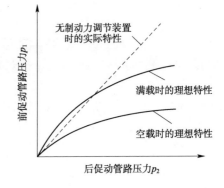

图 15-17 EBD 前后轴制动力分配特性曲线图

1. 组成和工作原理

EBD 是在 ABS 基础上发展而来的,主要是控制逻辑和控制算法的改变,而硬件结构基本没有变化。即 EBD 是在 ABS 基础上增加制动力分配功能,其组成和系统布置基本与 ABS 完全一样,通过修改 ABS 控制器内部程序来实现。在安装了 ABS 的汽车上,不需增加任何硬件,只需通过改进 ABS 的控制逻辑,便可实现 EBD 的功能。与 ABS 相比,除控制理论不同外,EBD 中的安全装置等其他硬件结构跟 ABS 基本相同,主要由轮速传感器、电子控制器和执行器三部分组成。

当汽车实施制动时,中央控制器根据接收到的轮速信号、载荷信号、踏板行程信号以及发动机等有关信号,经处理后向电磁阀和轴荷调节器发出控制指令,从而使前、后轴的制动力得到合理分配。可见,EBD 实际是 ABS 功能的升级与扩展,只在车轮出现抱死之前起作用。它以前轮的转速和滑移率为基础,校正后轮的转速和滑移率,当发现后轮滑移程度相对前轮超过一定的门限时,即通过控制单元限制输入后轮的制动力,保证后轮不至于先于前轮发生抱死。一旦 ABS 的功能被触发,EBD 即停止工作。

2. EBD 的控制形式

EBD 一般有前后车轮制动力分配控制和左右车轮制动力分配控制两种控制形式。

1)前后车轮制动力分配控制

采用前后车轮制动力分配控制是为了达到制动器基本的制动效果,而根据车轮行驶状况适当地分配前后轮的制动力。即 EBD 按照因车辆的装载情况以及减速度而产生的负荷变化,有效运用后轮的制动力,特别是在车辆满载时,减小需要的制动踏板力度,保证良好的制动效果。

2)左右车轮制动力分配控制

为确保在弯道行驶制动时的车辆稳定性,EBD 可通过调节左右车轮的制动力分配来进行左右车轮制动力的分配控制,确保制动时车辆的稳定性和良好的制动效果。

3. EBD 和 ABS 的比较

ABS 在踩下制动踏板至车轮抱死时才发挥作用,而 EBD 则是在汽车制动时即开始通过调节轮胎制动力以达到良好的制动效果,因此一定程度上减少了不必要的 ABS 动作以及 ABS 工作时的振噪感。此外,当 ABS 因特殊故障状态而失效时,EBD 仍然能够保证车辆不会出现因甩尾而导致翻车等恶性事件的发生,在不同路面上都可以获得最佳制动效果,缩短制动距离,提高制动灵敏度和协调性,改善制动的舒适性。

四、电子驻车制动系统(EPB)

电子驻车制动系统(Electrical Park Brake,EPB)亦称"电子手刹",其将行车过程中的临时性制动和停车后的长时性制动功能整合在一起,采用电子元件取代部分机械器件,并通过导线代替部分制动线路和传动机构,缩短了驻车制动的响应时间,提高了驻车制动性能。

1. 组成和工作原理

EPB 是由电子控制方式实现停车制动的技术,采用 EPB 可以减少传统驻车制动的大部分零部件,而省下的空间则可用于其他更需要的地方。EPB 主要由按钮开关、电子控制模块、离合器啮合传感器、坡道角度传感器和驻车制动电动机(执行机构)等组成。

EPB 的工作原理与机械式驻车制动相同,均是通过制动盘与制动摩擦块产生的摩擦力来控制停车制动,其区别在于控制方式从之前的机械式驻车制动拉杆变成了电子按钮。在实现方式上,EPB 采用电子制动器对汽车进行制动,即集中控制的电子控制单元通过车载网络对车辆参数进行采集后,根据设定的控制策略进行系统整体调节,每个驻车制动器都有各自的控制单元,可以根据驻车环境自动给每个车轮施加最佳的驻车制动力。其系统组成和原理如图 15-18 所示。

2. 基本功能

1)驻车制动功能

通过操作 EPB 开关来实现驻车制动和解除驻车制动。当车辆停止时,按下 EPB 开关,系统开始工作锁止车辆;需解除驻车制动时,在点火开关处于 ON 状态下踩下制动踏板,操作 EPB 开关即可解除制动锁止。

2)动态紧急制动

如果行车制动系统出现故障,EPB 可通过动态紧急制动功能强制制动车辆。即 EPB 电控单元与 ABS 电控单元数据互通,在行车制动系统出现故障时,两者共同根据车辆行驶工况控制制动过程,通过各轮制动压力执行动态紧急制动操作,保证车辆平稳制动。

3)坡道驻车辅助功能

EPB 的坡道驻车辅助功能由两部分构成:坡道停车辅助和坡道起步辅助。当系统检测到车辆在斜坡上停车时,会在车辆完全静止之后,自动通过电子系统拉起驻车制动装置,以确保车辆平稳地停在坡道上;而车辆起步时,EPB 会自动分配延迟制动,在驾驶人松开制动踏板后一段时间内仍然维持制动的存在,以保证驾驶人有充足的时间踩下加速踏板起动车辆。

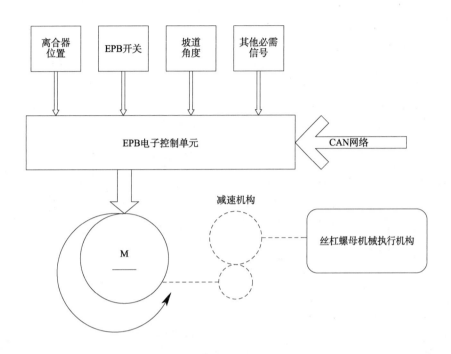

图 15-18 EPB 系统原理图

五、电子制动系统(EBS)

电子制动系统(Electronic Braking System,EBS)是在 ABS 基础上发展起来的用电子控制取代传统控制气路来实现气制动控制的系统。可通过电子信号,直接控制安装在轮边的执行部件(如比例继动阀、桥控调节器、挂车桥控阀等)建立各个车轮所需要的制动力,从而可以消除常规气制动系统响应时间慢、制动舒适性差等缺点;在 ABS 电控回路失效的情况下,EBS 的气压控制回路作为备用控制回路工作,保证制动系统的制动性能。

1. EBS 的结构和工作原理

EBS 制动控制有两条气控回路和一条电控回路,典型的两轴车和三轴车系统布置图如图 15-19 和图 15-20 所示。

EBS 由制动信号传输器(BST)、中央处理模块(CM)、比例继动阀(PRV)、后桥控制模块、后桥备压阀、ABS 电磁阀及挂车控制阀(TCV,可选)等零部件组成。对于没有辅助制动系统的车辆,当驾驶人踩下制动踏板时,制动信号传输器的行程传感器将获得驾驶人的制动请求,并将请求的制动减速度输入中央处理模块,中央处理模块根据计算出的整车质量以及相应的每根轴的载荷和输入的制动器单位压力下的制动转矩,计算出该减速度对应的每个制动气室需要的制动压力。中央控制模块直接控制内置有压力传感器的前桥比例继动阀和两个 ABS 电磁阀输出前桥所需的制动压力实施制动,并通过 EBS 内部 CAN 总线控制后桥控制模块,而后桥控制模块的 ECU 则控制相应作动元件输出相应的制动压力,实现后桥制动控制。对于有辅助制动系统的车辆,EBS 的中央控制模块能够通过 CAN 总线自动识别车辆是否带有辅助制动系统及其形式。如果带有辅助制动系统,在正常制动过程中,EBS 首先控制辅助制动系统提供制动转矩达到要求的车辆制动减速度;当辅助制动系统提供的制动转矩达不到要求时,EBS 将控制行车制动系统获得额外的制动转矩以达到驾驶人的要求。

1) 制动信号传输器

制动信号传输器(BST)通过产生电信号和气信号来促使制动,通常 BST 包含两条电回路和两条气回路,并设有两个开关。当制动产生时,开关关闭,其中一个开关带一个额外的制动信号灯的输出。两个传感器负责记录踏板行程,制动信号传输器同时也控制前桥和后桥的备压,当其中一条回路损坏时(无论是气回路还是电回路),其他回路正常工作;如果制动踏板没有行程,那么制动信号传输器将不会工作。其外观照片如图 15-21 所示。

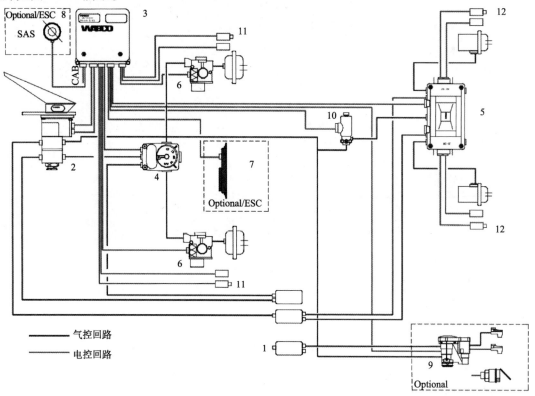

图 15-19　两轴车 EBS 布置图

1-储气筒;2-制动信号传输器;3-中央处理器;4-比例继动阀;5-后桥控制模块;6-ABS 电磁阀;7-ESC 模块;8-转向盘角度传感器;9-挂车控制阀;10-备压阀;11-前桥轮速传感器;12-驱动桥轮速传感器

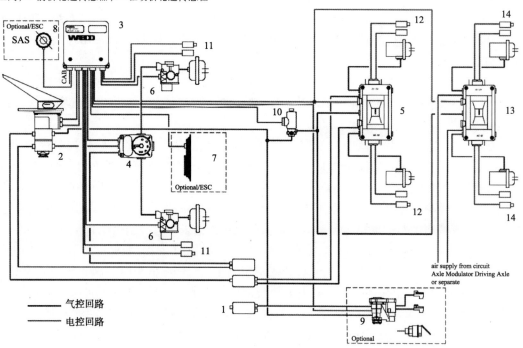

图 15-20　三轴车 EBS 布置图

1-储气筒;2-制动信号传输器;3-中央处理器;4-比例继动阀;5-后桥控制模块;6-ABS 电磁阀;7-ESC 模块;8-转向盘角度传感器;9-挂车控制阀;10-备压阀;11-前桥轮速传感器;12-后桥轮速传感器;13-随动桥桥控模块;14-随动桥轮速传感器

2) 中央处理模块

中央处理模块(CM)监督和控制整个制动系统,接收制动信号传输器传递过来的制动信号,根据制动信号计算判断前、中、后桥和挂车的制动力,产生相应的制动减速度。前桥的制动压力可以通过比例继动阀(PRV)调节,利用 ABS 轮速传感器采集轮速信号,当车轮抱死时,通过 ABS 电磁阀来调节前桥制动气室压力;通过 EBS 内部 CAN 通信系统可实现中央处理模块和后桥控制模块的连接,而其他汽车部件如发动机 ECU、缓速器 ECU 和传动轴 ECU 也可通过 SAE J1939 定义地址来实现 CAN 连接。其外观照片如图 15-22 所示。

图 15-21　制动信号输出器　　　　　　　　　图 15-22　中央处理模块

3) 比例继动阀

比例继动阀(PRV)是用来调节前桥制动压力的,由比例电磁阀、压力传感器和继动阀等构成,中央处理模块控制。中央处理模块产生的电流值传输到比例继动阀时会转变成相应的控制压力,来控制 PRV 中的继动阀,而 PRV 的输出压力和控制压力成一定比例。无论在什么情况下(包括电回路损坏,PRV 的电磁阀不工作等),继动阀都可以通过制动信号传输器输出的备压信号来控制。其外观照片如图 15-23 所示。

4) 后桥控制模块

后桥控制模块主要控制后桥两边的制动压力。它包括两个独立的控制回路(通道 A 和 B),每个通道包含一个输入输出的电磁阀、继动阀和压力传感器;两个通道都由集成在后桥控制模块中的 ECU 来控制。后桥的备压回路在电回路损坏时,可直接控制后桥控制模块。后桥两端的轮速可以通过 ABS 传感器来测量,当有抱死或打滑趋势时,调节制动气室压力。其外观照片如图 15-24 所示。

图 15-23　比例继动阀　　　　　　　　　图 15-24　后桥控制模块

5) 后桥备压阀

后桥备压阀是一个三位两通电磁阀,它由中央控制模块控制。在正常工作情况下,电磁阀关闭制动信号传输器 1 回路(后桥)的备压;当损坏时,通过此备压来控制后桥控制模块的继动阀,来实现制动控制。其外观照片如图 15-25 所示。

2. EBS 的功能特点

EBS 作为新一代的电子制动控制系统,集成了 ABS、ASR 和制动管理等功能,在制动过程中减少了制动系统的响应时间并解决了车辆的制动跑偏等问题,从而缩短了制动距离,使车辆行驶更加安全;在成本方面,通过系统零部件的标准化和高度集成化,降低了生产及安装成本;在安全性及制动舒适性方面,相应的制动管理功能提高了车辆的制动舒适性。其中,制动管理功能是 EBS 最强大的功能,具体体现在以下几方面:

(1)制动力分配控制。在车辆行驶加速过程中,EBS 监测发动机的动力转矩和车辆加速度,动态计算出车辆总质量

图 15-25　后桥备压阀

和每根轴的动态载荷;在 EBS 控制过程中,根据驾驶人的制动需求,通过控制前后桥之间的滑移差异接近零来实现最优的制动力分配,并同时考虑车轮间摩擦片的均衡磨损。

(2)减速度控制功能。通过内置参数设定不同踏板行程对应的车辆减速度。无论车辆处于何种载荷状态下,都可根据驾驶人踏板行程的大小,输出相应的减速度,从而很好地避免了热衰退,或者轴荷变化对制动造成的影响。

(3)车辆所有辅助制动系统的自动控制。在装有 CAN 总线的车辆上,EBS 能够通过 CAN 总线报文自动识别车辆辅助制动系统类型(如发动机制动、排气制动和缓速器等)以及其能够提供的最大制动转矩,然后根据驾驶人的制动要求合理分配相应的制动转矩。不仅延长了摩擦片、制动盘或制动鼓等部件的寿命,同时可使制动车轮尽可能保持冷态,增加了车辆的安全性。

(4)摩擦片磨损控制。系统可以通过磨损传感器获得摩擦片的磨损情况,监控和平衡不同车桥间的摩擦片磨损状态。在正常的制动过程中,EBS 会通过不同车桥间的制动压力调节来实现摩擦片的均衡磨损,从而实现车辆的所有摩擦片同时更换。

(5)制动帮助功能。当驾驶人非常快速踩下制动踏板时,EBS 预判出驾驶人需要紧急制动,制动帮助功能将控制相应的作动元件输出最大制动压力进行全制动,直到驾驶人释放制动踏板,结束制动帮助功能。

(6)坡道起步功能(自动变速器)。坡道起步控制通过阻止车辆在坡道上的倒滑来保证驾驶人在坡道上舒适地起动车辆,EBS 将控制车辆在坡道上所需的制动压力。

第三节　客车智能安全系统

汽车的智能安全系统主要包括:智能避撞(前面碰撞预警、车道偏离预警、疲劳驾驶预警、自动泊车、行人识别和标志识别等)、电子稳定控制、自适应巡航控制、环境感知、夜视增强、夜视巡航、抬头显示、自适应前照灯控制和 360°全景环视等内容。目前,已在中、高档客车上开始采用的主要有电子稳定性控制、前面碰撞预警、车道偏离报警、自动限速、盲区辅助、夜视成像和疲劳驾驶检测系统等。

采用智能安全系统后对汽车行驶安全性的提高十分明显。以主动防撞控制系统为例,研究表明,若所有汽车都装备这个系统,交通意外率将减少 27%,每年可救回 8000 人的生命。对此,联合国欧洲经济委员会已经宣布,该系统将成为新设计车辆的标准,并于 2013 年开始强制实施。

一、电子稳定性控制系统(ESC/ESP)

就车辆动力学特性而言,在紧急躲避障碍物或高速急转弯时,汽车将进入大侧向加速度和质心侧偏

角的极限工况,很容易产生驾驶人难以控制的侧滑。首先,普通驾驶人不能够精确估计车轮和路面之间的附着系数,而且也不清楚车辆的侧向稳定系数,因此在车轮和路面之间处于附着极限条件下驾驶车辆是一件非常困难的事情;其次,普通驾驶人受限于其反应速度与驾驶经验,不能在附着极限状态下很好地驾驶车辆。相关研究表明,一般驾驶人在车辆侧偏角低于2°以下时可进行有效的操纵,而专业驾驶人可控的这一角度则不会超过4°;此外,驾驶人在不同的交通状况下进行深思熟虑的能力已被最小化,如果极限附着发生,车辆动力学特性的突变常使其惊慌失措,进而采取错误的处理方式(如胡乱操纵转向盘等)。

防抱死制动系统(ABS)和驱动防滑控制系统(ASR)是在车辆减速和加速过程中,通过控制纵向滑移率保证车辆在制动和驱动时的纵向动力学性能,以防止制动时车轮抱死和驱动时车轮打滑,同时起到间接控制减速和加速过程中的侧向稳定性。但在极限转向工况下,车辆所受的侧向力接近轮胎与地面的附着极限或达到饱和而引起的转向不足和转向过度趋势时,车辆将丧失操纵稳定性,对此ABS和ASR则无能为力。

电子稳定性控制系统(Electronic Stability Control,ESC),又称电子稳定程序(Electronic Stability Program,ESP),是在ABS/ASR基础上增加测量车辆运行姿态的传感器,当车辆在行驶过程中遇到紧急躲避障碍物或高速急转弯时,ESC通过在左右车轮上施加不同的制动力对车辆的动力学状态进行主动干预,以防止车辆发生失控旋转等失稳情况,保证行车安全。ESC具备以下三大特点:

(1)实时监控:ESC能够实时监控驾驶人的操控动作、路面反应和汽车运动状态,并不断向发动机和制动系统发出指令。

(2)主动干预:ABS等安全技术主要是对驾驶人的动作起干预作用,但不能调控发动机。而ESC则可以通过主动调控发动机的转速,并调整每个车轮的驱动力和制动力,来修正汽车的转向过度和转向不足。

(3)事先提醒:当驾驶人操作不当或路面异常时,ESC会用警告灯提醒驾驶人。

1. ESC的组成

ESC的硬件主要由传统制动系统、电子控制单元(ECU)、轮速传感器、转向盘角度传感器、横摆角速度传感器、侧向加速度传感器以及辅助系统等组成,其系统布置如图15-26所示。

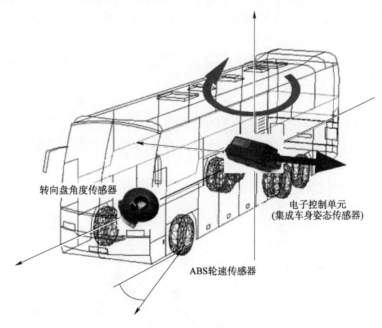

图15-26 ESC系统布置示意图

1)电子控制单元

电子控制单元(ECU)包括电源管理模块、传感器信号输入模块、执行机构驱动模块、指示灯接口以及CAN总线通信接口等,是车辆电子稳定控制系统的核心部件,用于接收和处理传感器的信号信息。作为执行控制算法逻辑的载体,ECU是整个系统的大脑中枢,继而驱动稳定控制系统的执行器实现对车辆非稳态的干涉和调节。

2）转向盘角度传感器

转向盘角度传感器用以测量转向盘角度和转角变化速率，以此预测驾驶人的操作意图，从而为ESC控制单元提供控制动作的依据。转向盘角度传感器按照其输出信号和应用方式，可分为绝对值转角传感器和相对值转角传感器，其中前者基于电阻分压原理，通常使用导电塑料作为电阻器来分压，属于传统的转角传感器；后者则包括光电感应式传感器、电磁感应式传感器以及纯粹由电器元件组成的传感器等。

3）横摆角速度传感器

车辆的横摆运动是绕垂直轴的旋转运动，横摆角速度传感器主要测量车辆绕质心垂直轴的角速度，如果偏转角速度达到一定值，则提示车辆将有发生侧滑或甩尾的危险。横摆角速度传感器是一种振动陀螺仪，利用科里奥利（Corioli）力效果，通过物体在转动时的运动速度，即横摆角速度和振动速度产生科式加速度从而测量转动率，并输出一个高精度的类比电压。

4）加速度传感器

加速度传感器用以测量汽车纵向和侧向加速度。加速度传感器有很多种，有利用压电石英谐振器的力—频特性进行加速度的测量，还有就是使用衰减弹簧质量系统进行加速度测量。车辆在行驶过程中可通过传感器内部的电压变化来判断加速度的大小和方向。

2. 工作原理

汽车理论中的轮胎侧偏特性是影响整车操纵性的基础，ESC力求使每个轮胎的受力处于侧偏特性中的稳定区域，而宏观上其实就是改变轮胎受到的横摆力矩，使得车辆有可能在即将冲出临界工况时，被强行拉回稳定行驶的工况。因此，ESC需要不断地检测驾驶人的操作和车辆当前的行驶信息，并及时判断是否即将失稳，其中转向过度和转向不足是车辆最容易发生的临界稳定状态。

当车辆在低附着路面上行驶时，前轮侧偏力（轮胎所能提供的转弯时所需要的力）首先饱和，这时前轮侧偏力非常小，由于横摆力矩的减小，驾驶人想使车辆按照自己意图轨迹行走变得很困难，车辆会偏离理想轨迹而驶向外侧，造成转向不足；而当后轮侧偏力首先趋于极限，后轮侧偏力很小，横摆力矩会突然增加，过多的横摆力矩无疑将造成较大的轮胎侧偏角和横摆角速度，转向过度在所难免。

ESC的任务就是在这两种工况下主动干涉，协助驾驶人对车辆稳定操控。一方面监测驾驶人操纵意图（主要是转向盘的转动角度，角速度及转动幅度），另一方面也是最重要的是监测车辆当前的行驶状态，有没有跟踪驾驶人的操纵意图，评估与操纵意图相差多少。宏观上看就是实际的运动轨迹与理想的运动轨迹相差多少，得到这个偏差，且偏差超过一定范围时ECU便发出控制指令，对制动系统或发动机进行干涉，调整施加在相应轮胎上的制动力或减少发动机输出的动力，避免事故的发生。一辆具有转向不足特性的车辆，在左转向时，会在前轮上产生向外拉的效果，通过ESC在左后轮上施加制动力，车辆将被拉回到正确的行驶轨迹上来；在同样的弯道上，一辆具有转向过度特性的车辆，会在后轮上产生向外拉的效果而偏离弯道，此时通过在右前轮上施加制动力，ESC会相应产生一个具有稳定作用的顺时针转矩，从而将车辆拉回到正确的行驶轨迹上来。如图15-27所示。

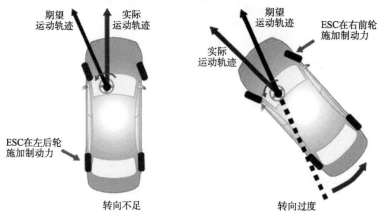

图15-27　ESC功能示意图

无论是在弯道上或紧急避让状态,还是在制动、加速过程中,或是在车轮打滑时,一旦车辆行驶状态变得危急,ESC 都能利用这一原理来增加车辆行驶的方向稳定性。同时,ESC 还能缩短 ABS 在弯道上和对开路面(车辆的一侧为光滑路面)上的制动距离。

二、前防撞报警系统(FCWS)

美国国家公路交通安全管理局(NHTSA)的调查资料显示,世界范围内因车辆追尾引发的交通事故占全部交通事故的 28% 以上,其中驾驶人注意力分散和车距过近是导致追尾事故的主要原因。前防撞报警系统作为一种先进的车载电子安全系统,能够实时探测前方障碍物的运动状态,通过结合自车运行参数及时作出判断,最大限度减少驾驶人对车间距离和相对速度的误判,可有效预防追尾事故的发生。

根据目前的发展现状,前防撞报警系统可以分为两大类:被动防撞预警系统和主动防撞控制系统。其中,被动防撞预警系统可以探测危险并向驾驶人发出危险预警信息,而主动防撞控制系统则在发现危险并可能的前提下主动采取预防措施,以避免发生碰撞事故。两类系统都要求能够探测到前方障碍物,主要区别在于探测到障碍物之后的执行动作是由驾驶人执行还是自动执行。

1. 系统组成及关键技术

前防撞安全系统主要由测距传感器和对应的控制单元(ECU)组成,其中测距传感器的主要作用是向控制单元提供关于自车与潜在危险障碍物之间的距离信息,常用的测距传感器包括超声波雷达、激光雷达、立体视觉及毫米波雷达(图 15-28)等;控制单元利用接收到的距离信息,结合车辆当前的运动状态进行潜在碰撞危险判断,并采取相应的操作策略。

图 15-28 车载毫米波雷达实物图

系统实现的关键技术主要是障碍物探测技术及目标识别技术。前者的关键是为了提高系统工作的可靠性,在保证障碍物探测精度的基础上,需要根据自车运行状态进行有效的目标识别,从多个障碍物中挑选出潜在的危险目标。在车辆高速行驶过程中,测距传感器可以探测到前方多个障碍物,包括车辆、路牌、行人和树木等,而只有处于自车预计行驶轨迹上的障碍物才能算为"危险目标"。无论障碍物探测技术采用何种测距传感器,目标识别算法都要求能够估计车辆的行驶路线,以利于区分危险障碍物(自车所在车道的前方车辆等)和那些没有危险的障碍物(比如逆向车道上的车辆和路牌等)。

2. 被动防撞预警系统

在被动防撞预警系统中,当系统探测到潜在的危险目标时,可通过视觉、听觉、触觉等多种方式提醒驾驶人,但不会采取主动措施对车辆进行操控,需要由驾驶人来决定是否采取应急措施以及采用何种措施。其典型代表系统为前防撞预警系统(Forward Collision Warning System,FCWS),FCWS 的结构组成及实际装车效果如图 15-29 和图 15-30 所示。除了上述提到的障碍物探测技术和目标识别技术外,被动防撞预警系统中安全车距控制模型也是系统实现的关键技术之一。

根据车辆制动过程的时序分析,两车间的安全车距由三部分组成:反应距离、制动距离及停车间距。其中:

(1)反应距离:是指驾驶人在意识到同前方目标障碍物可能存在追尾危险但尚未采取制动措施之前

自车行驶的距离,主要取决于驾驶人的反应时间,与驾驶人的年龄、心理状态和疲劳程度等相关。

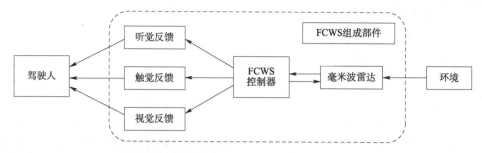

图 15-29　FCWS 的结构组成示意图

图 15-30　毫米波雷达装车示意图(图中红方框内)

摄像头检测　　　　　　　　雷达检测

图 15-31　前碰撞预警系统装车效果示意图

（2）制动距离：是指从驾驶人采取制动措施开始到自车完全停止所行驶的距离,主要影响因素包括车辆制动性能、路面附着系数和两车相对速度等,其中路面附着系数需要考虑天气影响。

（3）停车间距：指车辆完全停止后同前方目标障碍物之间的距离,可根据个人驾驶习惯、道路等级等因素确定。

图 15-31 所示为宇通客车开发装车的前碰撞预警系统。该系统可以检测自车和行车路径上其他车辆之间的相对距离和速度,然后综合驾驶人的操控行为（制动、节气门、变速等）,评估碰撞危险程度,必要时利用报警人机界面进行可视报警,如报警图标（LED）闪烁;或对驾驶人身体产生刺激,如电动安全带、警示声音提醒等。对此,系统采用了区分静止和运动物体的针对性算法处理,以及集成桥梁和护栏的检测算法等,以减少误报警。

3. 主动防撞控制系统

主动防撞控制系统的典型应用为自适应巡航控制系统（Adaptive Cruise Control, ACC）及先进紧急制动系统或自主紧急制动（Advanced Emergency Braking System/ Autonomous Emergency Braking, AEBS）。

ACC 是在传统定速巡航基础上研发的智能辅助驾驶系统,该系统可以根据自车与前方车辆的实时距离、驾驶人设定的安全车距和巡航车速自动调节车辆的速度。当前方没有其他车辆或前方车辆速度高于设定巡航车速时,系统将自动根据设定巡航车速保持行驶;当系统检测到本车道内存在速度较慢的前车时,可根据两车相对车速依次起动发动机转矩限制、发动机排气制动和车辆应急制动系统等进行制动操作,以保持两车间适当的安全车距;在危险情况下,可紧急制动以避免碰撞或减轻其影响;当前方车辆加速驶离后,自车可以自动恢复到设定的巡航车速运行,以减轻驾驶人的操作强度,提高行驶舒适性。

AEBS 同 ACC 一样,可以通过监测前方的交通状况、识别潜在危险的情形和根据需要进行制动,帮助减轻追尾事故的影响或避免追尾发生。其前视雷达传感器采用先进的算法监测前方车辆的距离、速度等运行状态,如果探测到有可能与前方目标发生碰撞时,该系统将通过一系列的听觉和视觉警告,提醒驾驶人采取适当的纠正措施;如果驾驶人没有对警告做出反应,该系统将发出触觉警告,这是在不需要该系统进行干预的情况下防止发生碰撞的最后机会;如果驾驶人仍旧没有做出反应,系统将视情况启用不同的制动策略,以保证车辆在发生碰撞前停止或者达到法规要求的车速限值。

三、车道偏离报警系统(LDWS)

据统计,约有44%的汽车事故与车辆偏离正常车道行驶有关,其主要原因是驾驶人注意力不集中或者疲劳驾驶,造成车辆的无意识偏离。

车道偏离报警系统(Lane Departure Warning System,LDWS)是一种通过报警的方式辅助过度疲惫或者长时间单调驾驶的驾驶人保持车辆在车道内行驶,减少车辆因车道偏离而引发交通事故的系统。该系统由安装在车辆前风窗玻璃内侧的智能摄像头(图15-32),实时检测前方道路环境,对车辆左右两侧道路交通标线进行准确识别,结合车辆运行数据进行车道偏离决策。当驾驶人因疲劳、疏忽、注意力分散等原因被动偏离车道时,通过视觉、听觉、触觉等方式将车辆行驶偏离情况告知驾驶人,避免车辆因无意识偏离车道而造成交通事故。系统工作原理如图15-33所示。

图15-32 车道偏离智能摄像头实物及安装位置示意图

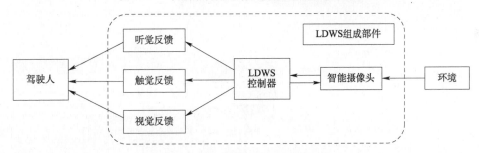

图15-33 车道偏离报警系统工作原理示意图

车道偏离报警系统功能实现的两大关键技术包括:车道线识别算法和车道偏离报警算法。

作为车道偏离报警系统的核心,车道线识别算法要求道路路面存在符合国家标准的较为清晰的车道线。现有车道线识别算法可以归结为两大类,即基于特征的识别方法和基于模型的识别方法。基于特征的识别方法主要是结合交通标线的一些特征(颜色特征、灰度梯度特征等),从所获取的图像中识别出道路边界或车道标识线,是目前应用较多的识别方法;基于模型的车道线识别方法主要是基于不同的道路图像模型(2D或3D模型),采用不同的识别技术(Hough变换、模板匹配技术和神经网络技术等)来对车道线进行识别。

车道偏离报警算法的关键是确定一个合适的预警时刻向驾驶人报警,并在保证报警准确性的情况下不会对驾驶人的操作形成干扰,必要时需要加入车辆的运动参数。目前,车道偏离报警系统采用的报警算法主要包括:基于车辆在车道中的当前位置,仅利用车轮和车道线的相对位置进行偏离决策;基于车辆穿越车道线边界的时间(Time to Lane Crossing,TLC),假设车辆当前运动状态(转向盘角度、车速等)保持不变,通过模型估计出车辆的运动轨迹,并估算出发生偏离所需要的时间;基于稳态预瞄模型,利用车辆纵向加速度的稳态值,将车辆动力学系统的阶跃输入的动态响应模型作为预测模型,根据车辆的当前稳态特性预测未来某时刻到达的位置,对车辆的行驶轨迹进行稳态预瞄,再通过车辆预期轨迹点与车道的纵横向距离对车辆偏离进行评价,并根据驾驶人当前状态和路况等因素建立预警评价值。

欧盟已于2013年11月1日起,要求部分类型的新车强制安装车道偏离报警系统。从目前技术发展现状来看,车道偏离报警系统的准确率及可靠性均能符合法规及实际使用需求,国内主流客车厂已将该配置列为选装系统,后续该技术的发展方向应结合车辆转向系进行控制,在检测到车辆无意识偏离车道时主动控制行进方向,以保持车辆行驶在车道线内。

四、自动限速控制系统

超速行驶是造成交通事故的罪魁祸首。传统的限速手段采用限制车辆本身的最高车速或通过GPS电子围栏进行超速报警,而这两种方式都无法将车速限制在由人、车、路、环境等因素共同决定的实际安全车速范围内。例如,在某些特殊路段或恶劣气候条件下,并不能真正避免因超速导致的交通事故发生。

为了在更大程度上杜绝超速行为,基于车联网的道路自动限速控制系统采用主动限速技术,可结合车辆GPS位置信息和电子围栏技术在后台系统设置不同路段的最高时速;同时,借助智能技术及时检测外部环境变化(例如通过无线通信/3G等通信手段获取前方道路天气状态、利用刮水器工作状态判断当前降雨趋势等),主动限制发动机的输出功率,实现对最高车速的限制,确保车辆在特殊路段和恶劣气候环境下能在安全车速内行驶,让客车远离因超速引发的交通事故。该系统应具备以下功能特点:

(1)主动限速。系统在传统电子围栏限速报警的基础上,通过远程管理平台的控制指令及车速自动控制功能模块,在车辆进入限速区域时根据要求实现主动限速。

(2)智能化的车速控制。系统采用安全智能的车速控制模型,利用智能传感及车联网技术,综合判断气候环境、道路特征、车辆特征及驾驶人特征等指标,实现车辆在危险路段、事故多发路段和恶劣环境等因素条件下的智能车速限制,以此最大限度保障行车安全。车速控制模型的参考指标如图15-34所示。

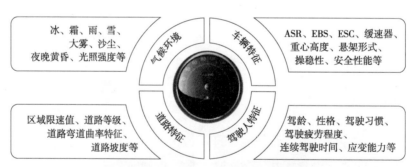

图15-34　车速控制模型参考指标示意图

道路自动限速系统可通过接收外部输入条件自主设定车辆速度限值,以有效预防由于超速引发的各类交通事故,如夜间超速行车、危险路段超车等。后续研究将结合车联网技术进一步优化智能控制逻辑,满足不同客户的安全需求。

五、盲区辅助系统

在日常开车过程中,驾驶人通常会通过位于车身两侧的后视镜和车内后视镜,观察车辆两侧及后方的交通状况。但由于后视镜布置方式、车身结构及驾驶人观察角的限制,仅仅依靠后视镜所提供的信息并不能实现对车身周边环境的完整覆盖,所有车辆均存在不同程度的"视野盲区"。

倒车雷达及倒车影像监视系统的出现很好地满足了驾驶人对于车辆后方盲区的视野需求,可以直观、准确地观察车辆后方的障碍物情况。然而车辆两侧及前保险杠附近的盲区对车辆转弯、变道及通过狭窄路段等情况下的安全行驶同样十分必要,因此近年来多种盲区辅助系统陆续面世,其中以换道辅助系统和全景环视系统为主要代表。

1. 换道辅助系统

换道辅助系统(Lane Change Assistant System, LCAS)利用摄像头或雷达传感器监测车辆两侧及后方的道路环境,摄像头一般安装于车辆两侧后视镜处,雷达传感器则通常安装在后保险杠处。在车辆运行过程中,当系统检测到驾驶人有变道意图(转向灯开启)时进行辅助决策;当系统判断邻道内或后方接近车辆可能对换道安全造成影响时,便通过视觉、听觉等交互方式提醒驾驶人。LCAS的功能示意及雷达实物如图15-35所示。

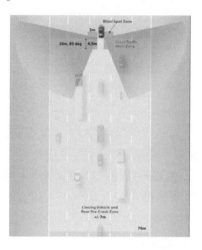

图15-35　换道辅助系统功能示意及雷达实物图

2. 全景环视系统

全景环视系统(Top View System, TVS)通过安装在车身周围的多路广角摄像头实时采集四周环境影像,控制器经过参数标定、畸变校正、光照一致性均衡和拼接融合等智能图像算法处理,最终形成一幅车辆四周的全景俯视图显示在屏幕上,直观地呈现出车辆所处的位置和周边情况。系统无盲区、无死角,大大拓展了驾驶人对周围环境的感知能力,实时了解周边障碍物的相对方位,使驾驶人在处理车辆起步、行车转弯、泊车入位、窄道会车、规避障碍等情况时从容不迫、轻松自如,可以有效减少剐蹭、碰撞、碾压甚至陷落等事故的发生。TVS的实际装车位置如图15-36所示,图15-37为厦门大金龙开发的TVS全景环视系统效果示意图。

图15-36　全景环视系统装车位置示意图(图中红方框内)

图 15-37　大金龙 TVS 全景环视系统效果示意图

六、夜视成像系统（NVS）

夜间行车对于驾驶人来说是非常危险的。首先，夜间环境能见度较差，车辆前照灯的照射范围和照明亮度有限，面对道路前方突然出现的行人/车辆往往反应不及。车载夜视成像系统（Night Vision System，NVS）源自军用技术，其主要实现方式可分为主动式近红外成像和被动式远红外成像两种。其中，前者利用能够自主发出红外线的前照灯设备，当红外线遇到障碍物反射后被低照度摄像机接收，并通过显示屏成像，其优点是造价成本较低，但容易受对面来车的强光干扰；后者根据普朗克辐射定理，即自然界中凡是热力学温度大于 0K 的物体都能对外辐射红外线，辐射强度与温度及物体表面辐射能力有关。远红外夜视系统将物体的红外辐射聚焦到能够将红外辐射能转换为便于测量的物理量的器件——红外探测器（其内部结构如图 15-38 所示）上，红外探测器再将强弱不等的辐射信号转换成相应的电信号，然后经过放大和视频处理，形成可供人眼观察的视频图像。被动式远红外成像具有全天候作业、不受强光干扰、可穿透雨/雾/沙尘等恶劣环境的优点。

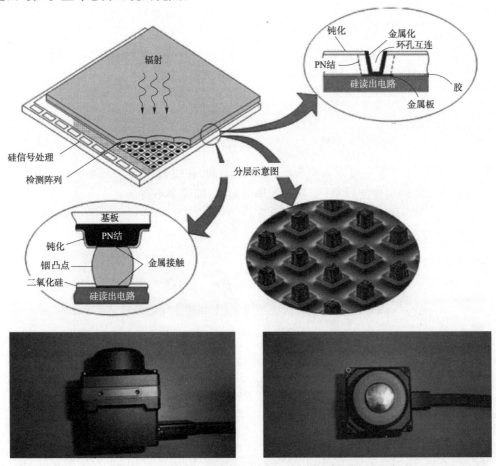

图 15-38　红外探测器内部结构示意及传感器实物图

七、疲劳驾驶检测系统

美国交通部一项专门针对商用车辆的研究报告中指出,20%～40%的商用车辆事故是由于驾驶人疲劳驾驶造成的;同时,通过分析182起导致驾驶人死亡的重型载货汽车事故发现,31%的事故与驾驶人疲劳有关;然而,更加危险的数字是在对1000名驾驶人的调查中发现,55%的驾驶人承认有过疲劳驾驶的经历,更有23%的驾驶人曾经在行驶过程中睡着。因此,可以说疲劳驾驶是最普遍、最危险的驾驶行为之一。

驾驶人在疲劳时,其对周围环境的感知能力、形势判断能力和对车辆的操控能力都将大幅度降低,很多情况下疲劳驾驶都是导致注意力不集中、反应迟钝、操作不当、甚至超速行驶的直接原因,因此很容易发生交通事故。随着人们安全意识的增强和科学技术的进步,驾驶人安全状态监测技术已成为汽车安全技术领域的一个主要发展方向,研究开发高性能的驾驶人疲劳检测预警技术,对改善我国交通安全状况意义重大。

1. 疲劳驾驶检测方法

驾驶疲劳是指驾驶人在驾驶车辆时由于种种原因产生了生理机能或心理机能的失调,从而使驾驶机能失调。驾驶人疲劳时,除表现有循环机能、血液、呼吸机能、神经机能和体温等变化外,在心理状态等方面也会引起各种各样的变化,但国际上并没有一种公认有效的检测疲劳的方法,因此疲劳驾驶的检测方法也呈现多种多样。目前,疲劳驾驶的检测方法大体可分为主观方法和客观方法两种。其中,主观方法主要是通过驾驶人自评或他评的方式对被试驾驶人的疲劳症状进行评分比较,估计被试驾驶人的疲劳程度。由于主观方法具有评分主观,标准尺度把握不统一,受记忆及其他个人能力影响等缺点,一般只作为试验研究的辅助手段。因此,疲劳驾驶的检测方法研究主要集中在客观方法方面。

疲劳驾驶检测的客观方法主要针对行驶过程中驾驶人生理、心理及车辆行驶状态的一些特异性指标进行检测,检测方法大致分为以下三种:

(1)利用生理传感器检测驾驶人的生理变化指标,如脑电、心电、心率、呼吸和肌电等。驾驶人生理指标变化虽然能准确反映驾驶疲劳状态,但由于绝大多数生理传感器侵入性太强,需要在身体表面贴入电极,不仅会引起驾驶人的不适而且会影响驾驶操作动作,不利于驾驶安全。因此,监测驾驶人生理变化,不适宜在实际驾驶作业中应用。

(2)利用机器视觉技术或其他传感器技术检测驾驶人的外部变化特征,如眼睑眨动、点头、打哈欠等。由于其非接触式检测的特性,不会对驾驶人的正常驾驶造成干扰,目前已经成为驾驶疲劳检测的热门研究方向。但这种方法仍存在一定的技术局限,主要表现在机器视觉技术本身受环境影响较大(如光照、驾驶人肤色、着装和墨镜等),导致检测算法可靠性不高;监视驾驶人面部表情需要对监视部位(眼睑、瞳孔、嘴巴等)进行精确定位与计算,受算法效率的影响,准确率不高。

(3)利用车载传感器检测驾驶人驾驶行为及其产生的车辆行驶状态变化特征,如转向、节气门、挡位、制动及车速、加速度及车辆在车道中的位置等。该方法的最大优势是信号容易提取,数据处理过程相对简单,且由于驾驶行为直接影响车辆行驶的安全状态,因此能有效避免事故的发生。但存在的主要问题是:受驾驶人驾驶习惯、道路环境等因素的影响,驾驶行为同疲劳之间的相关性不易确定,评价疲劳驾驶的指标阈值难以确定;当车辆低速行驶时这些驾驶行为参数很难准确反映驾驶人的疲劳状态。

2. 现行行业管理规定

虽然缺少有效的检测与防止疲劳驾驶的技术手段,但为减少疲劳驾驶造成的事故,各国普遍采取的措施是对驾驶人的驾驶时间进行限制。在2012年国务院下发的《关于加强道路交通安全工作的意见》(国发〔2012〕30号)文件中,对于营运车辆驾驶人疲劳驾驶和夜间行车安全问题作出明确规定,具体包括:

(1)严格客运班线审批和监管,加强班线途经道路的安全适应性评估,合理确定营运线路、车型和时段。

(2)严格控制1000km以上的跨省长途客运班线和夜间运行时间,对现有的长途客运班线进行清理整顿,整改不合格的坚决停止运营。

（3）创造条件积极推行长途客运车辆凌晨2时至5时停止运行或实行接驳运输。

（4）客运车辆夜间行驶速度不得超过日间限速的80%,并严禁夜间通行达不到安全通行条件的三级以下山区公路。

（5）夜间遇暴雨、浓雾等影响安全视距的恶劣天气时,可以采取临时管理措施,暂停客运车辆运行。

（6）严格落实长途客运驾驶人停车换人、落地休息制度,确保客运驾驶人24h累计驾驶时间原则上不超过8h,日间连续驾驶不超过4h,夜间连续驾驶不超过2h,每次停车休息时间不少于20min。

第四节　电涡流缓速器

一、概述

电涡流缓速器作为一种辅助制动系统的重要方式,正越来越多地被应用在大型客车和中、重型载货汽车上。由于其利用电磁感应原理产生强大的非接触式制动效能,且不需要使用行车制动器就能减缓行驶速度,增强车辆的可靠性和安全性,同时使行车制动的制动鼓(盘)和摩擦片的使用寿命大大延长,从而减少汽车运行成本,提高用户经济效益,因此是目前较为理想的一种缓速"安全制动"方式。而选用以电涡流缓速器为代表的辅助制动系统来缓解制动系统的压力,已成为中、重型汽车制动系发展的必然趋势。

自1936年世界第一台电涡流缓速器由泰乐玛(TELMA)公司投放市场以来,由于其所具有的安全可靠、安装维护方便、成本适中和环保再生等特点,至今仍作为一种主流辅助制动器被世界各国广泛应用。而各种关于辅助制动系统的法律法规相应出台,更促进了电涡流缓速器的不断发展。

从结构形式和市场应用来看,电涡流缓速器的发展和应用已大体经过了四代产品。

（1）第一代电涡流缓速器(1936年)。第一代电涡流缓速器采用中置单转子、外置双定子、中心有传动轴和过渡法兰结构,其特点是便于匹配和安装,但存在散热差等不足,如图15-39所示。

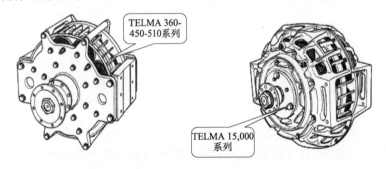

图15-39　第一代电涡流缓速器

（2）第二代电涡流缓速器(1950年)。第二代电涡流缓速器即TELMA的AC系列电涡流缓速器,其采用中置定子、外置双转子、中心有传动轴和过渡法兰等结构,并在世界电涡流缓速器发展史上第一次采用了低风阻转子的专利技术,其特点是散热效率高,如图15-40所示。

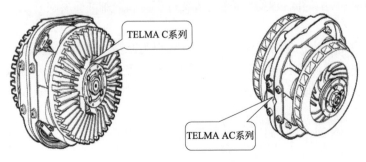

图15-40　第二代电涡流缓速器

（3）第三代电涡流缓速器（1965 年）。1965 年，TELMA 推出了采用中置定子、外置双转子，省去中心传动轴，其功能由一过渡法兰取代的新一代 F 系列缓速器。该系列产品由于结构简单、配置方便和综合成本低等特点，成了其他缓速器厂家仿制和抄袭的对象，如图 15-41 所示。

图 15-41　第三代电涡流缓速器

（4）第四代电涡流缓速器（2003 年）。2003 年后 TELMA 推出了第四代"NRG"电涡流缓速器，该缓速器是一种全新的缓速器，它集合了电涡流缓速器和液力缓速器的所有优点，具有反应灵敏、制动力矩大（2000~3600N·m）、质量轻（60~90kg）、体积小、转矩无级输出、带自发电功能、智能控制和与 ABS/CAN 自适应配套等优点。但由于各种原因，目前还没有在国内应用。

为提高缓速器性能，推广缓速器使用，国内外制定了一系列标准法规。

1954 年 7 月 17 日，法国公共工程部做出决定，对于行驶在山区和事故多发地区的载重超过 8t 的客车必须装配缓速器装置或经过认可的等同装置。这是全世界在汽车缓速器应用方面的第一条政府法规。

1954 年 10 月，法国规定汽车保险公司对 20 座位以上（含 20 座）的客车和载重 8t 以上（含 8t）的载货汽车，只要装备缓速器，保费降低 5%。

1956 年 6 月 23 日，法国制定了全世界迄今为止最严厉的政府法规，即无论变速器处于空挡或其他挡位，缓速器装置应能够保证汽车在坡度 8% 的下坡情况下以 40km/h 的速度稳定行驶。

1965 年 3 月 26 日，法国又规定对装备缓速器的汽车，允许其后轴增加不超过 400kg 的额外载质量。

1971 年，欧洲共同体正式实施具有制动耐久概念的 71/320/CEE 法规。该法规规定：载重 10t 以上的满负荷载货汽车在坡度 6% 的下坡道上，不得使用制动装置，并能以 30km/h 的稳定速度下坡；装载 8 位乘客以上的满负荷客车，在坡度 7% 的下坡道上不得使用制动装置，客车能以 30km/h 的稳定速度下坡；制动缓速器必须经过下坡耐久试验。

1972 年 3 月 11 日，法国交通法令规定：所有整备质量超过 11000kg、装载易燃易爆货物的车辆都必须安装缓速器。1981 年 3 月 24 日又颁布法令，强制要求所有在道路上行驶的载客量超过 8 人的车辆需加装缓速器。

电涡流缓速器在我国虽然应用较晚，但一出现即得到国家有关部门的高度重视。2002 年 7 月 1 日，交通部颁布实施的中华人民共和国交通行业标准 JT/T325—2002《营运客车类型划分及等级评定》明确规定：中型客车高二级，大型客车的高一级、高二级和高三级都必须装置缓速器。2012 年 9 月 1 日颁布实施的 GB 7258—2012《机动车运行安全技术条件》规定：车长大于 9m 的客车（对专用校车为车长大于 8m）、总质量大于等于 12000kg 的货车和专项作业车、所有危险货物运输车，应装备缓速器或其他辅助制动装置，辅助制动装置的性能要求应使汽车能通过 GB 12676 规定的Ⅱ型或ⅡA 型试验。随后，交通部提出了所有在高速公路上行驶的大、中型车辆必须安装制动辅助装置的要求。因此，大中型客车、中重型载货汽车装备缓速器已成为大势所趋。

二、电涡流缓速器的类型和工作特点

1. 类型

按照安装位置的不同，电涡流缓速器可分为以下类型。

1)安装在变速器端的电涡流缓速器

图 15-42 所示为安装在变速器端的电涡流缓速器。这类缓速器的优点是定子总成通过辅助支架支撑,减少了缓速器安装对变速器壳体和离合器壳体的影响。缺点是增加了辅助支架,使变速器与离合器的拆装不便;因安装缓速器减少了传动轴长度,增加了传动轴夹角,若不对传动系的尺寸、夹角等进行调整,可能对传动系的传动产生影响。

2)安装在驱动桥输入端的电涡流缓速器

图 15-43 所示为安装在驱动桥输入端的电涡流缓速器。这类缓速器的优点是变速器、离合器拆装、维修方便,较适用于城市公交车辆。缺点是因缓速器安装在驱动桥主减速器的输入端,增加了驱动桥的非悬挂质量,加大了在不平路面行驶时的冲击和振动;对后置发动机客车增加了后悬长度;缓速器壳体需重新设计;由于无辅助支撑,在路况较差、车辆颠簸严重时将对主减速器壳体、输入轴、轴承和油封等零部件的强度产生一定影响。

图 15-42 安装在变速器端的电涡流缓速器

图 15-43 安装在驱动桥输入端的电涡流缓速器

3)安装在传动轴中间的电涡流缓速器

图 15-44 所示为安装在传动轴中间的电涡流缓速器。其优点是缓速器安装在传动轴中间,位置相对独立,对整车的动力系统几乎没有影响。但缺点是所需轴向安装尺寸大、质量大;缓速器因在车架中部的安装,需重新设计安装支架;对于前置发动机客车,将减少行李舱容积,并需考虑缓速器散热对行李存放的影响;后置发动机客车因受结构限制,无法采用这种安装形式。

图 15-44 安装在传动轴中间的电涡流缓速器

2. 功能及特点

1)功能

不需要使用行车制动器就能减缓行驶速度,保护了行车制动系的使用安全性和可靠性。在紧急制动时,使用缓速器可使车辆制动平稳、渐进并保持直驶,可缩短制动距离 30%;连续制动时,使用缓速器可吸收 80% 制动能量,爆胎概率可降至 0.5%。

2)特点

(1)作为一种辅助制动系,可承担车辆制动时的大部分负荷,分担制动能量;能够解决因制动蹄片间隙调整不当、温度升高或下雨路滑导致的制动力下降和跑偏问题,使高速行驶的车辆制动平稳,大大提高车辆的行车安全性;使车轮制动器的温升大大降低,确保车轮制动器处于良好的技术状态,在紧急制动时能应对自如。

(2)能够在一个相当宽的转速范围内提供强劲的制动力矩,而且低速性能良好,即使车速在 10km/h 时缓速器也能提供缓速制动。

(3)作为一个相对独立的辅助制动系统,其转子与传动轴紧固在一起,任何时候都能按驾驶人的意愿提供制动力矩,因而制动性能优于发动机排气制动。

(4)采用电流直接驱动,没有中间环节,其操纵响应时间短(仅 40ms 左右),比液力缓速器的响应快 20 倍。

(5)利用电磁原理制动,定子和转子之间没有接触,无机械摩擦;由电脑自动控制逐步增加制动力矩,使制动反应时间更短,紧急制动距离缩短;可明显降低轮毂、轮胎的温度(下降 30% ~ 40%),使轮毂、制动蹄片和轮胎的使用寿命延长 3 倍以上,极大地节约了车辆使用成本。

(6)由于能够承担车辆大部分制动力矩,因而可大大延长车轮制动器的使用寿命,降低用于车辆制动系统的维修费用,提高经济效益;制动时不会发出普通制动器的尖叫噪声,减少了制动蹄片磨损时产生的粉尘,降低了车轮制动器对环境带来的影响。

(7)使用中除了例行检查、保持清洁外,无须经常调整制动蹄片间隙,且其他维护工作也很少,因此维修费用低、故障率低。一旦发生故障,在维修配件不能及时供应的情况下,可以关闭缓速器,车辆仍可以继续运行,基本不影响车辆的正常使用。

(8)使用时只需轻踩制动踏板就可以获得所需要的制动力,降低了驾驶人劳动强度;制动可控性强、工作柔和,乘坐舒适性改善明显。

3)存在的主要问题

(1)在非缓速的车辆行驶状态,电涡流缓速器转子仍随传动轴空转,需消耗一定的发动机功率(为发动机所传递功率的 1% 左右)。

(2)因为电涡流缓速器有电磁线圈,而电磁线圈相对于电控系统所消耗的电能要大得多,因此增加了蓄电池负荷。

(3)电涡流缓速器多采用风冷辐射散热,大转矩满挡位工作时其转子温度可达 650℃ 左右,因此安装电涡流缓速器时需对其周围的非耐温管路等采取隔热措施。

(4)电涡流缓速器本身散热较差,定子易因高温导致故障,且制动性能衰退较大。

三、电涡流缓速的结构与工作原理

1. 结构与组成

电涡流缓速器一般由机械装置和电控装置两部分组成,装有线圈绕组的定子固定在汽车的变速器体或后桥上,转子则与变速器或传动轴相连接。

1)机械装置部分

电涡流缓速器的机械装置部分由定子、转子及固定支架等部件组成。定子部分包括线圈、铁芯和定子本体等;转子部分为带散热叶片的金属转盘,定子一般通过固定支撑架安装在车架上,两者呈刚性连接,即相对于车架而言,定子是固定不动的。

如图 15-45 所示,定子 2 上一般有八个高导磁铁材料制成的铁芯,呈圆周均匀地分布在定子上;八个励磁线圈套在铁芯上共同构成磁极;圆周上相邻两个磁极串联成一对磁极,这样 N、S 相间,共同形成 N、S 相间的磁极。

转子通常由前转子盘 5、后转子盘 1 和花键轴等构成。前后转子盘为圆盘状,用导磁性能良好的铁磁材料制成,实际生产中常选用低碳钢或合金等材料,一般厚度为 20mm;为了及时将涡流产生的热量散发掉,转子盘不是板状,其中心呈凹陷状;转子通过过渡法兰连接在传动轴凸缘上,随传动轴自由转动;前后转子盘和定子磁极间保持有极小的均匀气隙,以使转子盘不会刮伤到定子;从减小磁阻角度出发,气隙应越小越好,但气隙的大小还必须考虑加工误差和转子、定子受热后热膨胀率的影响,其值一般控制在 0.76 ~ 1.70mm。

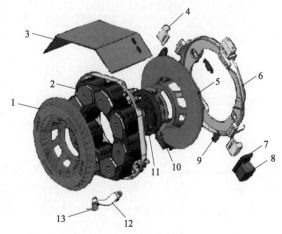

图 15-45 电涡流缓速器的组成

1-后转子盘;2-定子;3-隔热罩;4-吊耳;5-前转子盘;6-支撑架;7-橡胶垫垫板;8-橡胶垫;9-E 形调整垫片;10-调整垫片;11-过渡法兰;12-传感器支架;13-传感器

图15-46所示为电涡流缓速器的结构简图。图15-46a)中转子由两片转碟组成,与传动轴连接。带散热叶片的转盘与转动轴连接,可以和转动轴一起转动;图15-46b)中定子在两个转子之间,固定在底盘上,定子与线圈绕组连接在一起;图15-46c)中相邻两个线圈绕组的极性设置为相反;图15-46d)中当缓速器各线圈绕组通过直流电流时,就会产生磁场,当转盘转动时,转盘切割磁力线,其表面产生涡电流,并产生制动力。

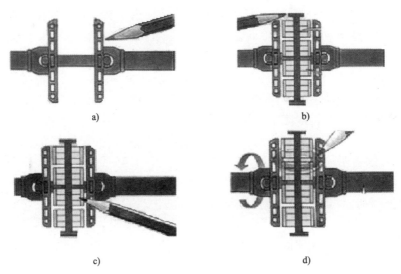

图15-46 电涡流缓速器结构简图

2) 电控装置部分

电涡流缓速器的电控装置部分一般由控制器、驱动器、励磁线圈、车速信号传感器和制动压力信号传感器等组成。其电流控制示意图如图15-47所示。

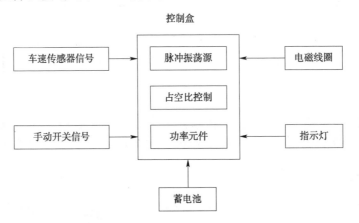

图15-47 电涡流缓速器电流控制示意图

控制器装于驾驶室仪表板上,其上有缓速器当前磁极电流的工作状态显示及操控按钮,驾驶人可进行手动励磁或自动励磁的切换。

驱动器是缓速器的中央控制器,也是励磁线圈的功率驱动模块,它根据控制器的操作信号、车速信号以及制动传感器信号等工况输入信号,自动调节和控制各对磁极的励磁电流大小,并进行自动切换。

励磁线圈是电涡流缓速器的执行部分,它直接控制所产生磁场的强弱,并能根据车速的高低,在传动轴上自动产生与车速成正比的阻力矩,迫使车辆迅速制动减速。

车速传感器信号实际上产生的是转速信号,通过驱动器控制,使得车辆制动到静止时,自动切断缓速器的励磁电流,从而避免驾驶人在停车后若仍踩在制动踏板上,出现继续向缓速器励磁线圈供电,造成费电及损害线圈的情况。

制动压力传感器属于线性传感器,它产生的电信号反映了制动压力的线性变化大小,并向驱动器传输,以控制缓速器励磁电流的量值大小,宏观上实现了缓速器的减速制动力矩随制动压力按比例变化。

2. 工作原理

电涡流缓速器一般安装在汽车变速器、传动轴或驱动桥上,是一种靠电涡流的作用力来减速的装置。实质上,它相当于一台直流大功率力矩电动机,基于"电磁感应"的原理而工作。由于装置中转子这个电磁导体很大,且转子上产生的感生电流是以围绕磁力线旋转的涡流的形式存在的,所以这种形式的缓速器就被称为电涡流缓速器。

电涡流缓速器将车辆的动能转换为热能消耗掉,以此实现车辆的减速和制动。制动力矩产生过程:当驾驶人踩下制动踏板(或接通缓速器的控制手柄开关)进行减速或制动时,制动信号通过传感器产生电信号,传递到控制器后,控制器接通电源,电流通过定子绕组励磁线圈产生磁场,磁场在定子磁极、气隙和前后转子盘之间构成回路,如图 15-48 所示。这时转子仍随传动轴转动,在旋转的转子盘上,其内部无数个闭合导线所包围面积内的磁通量就产生变化,从而在转子盘内部产生无数涡旋状的感应电流(即涡电流),如图 15-49 所示。一旦涡电流产生后,磁场就会对这些涡流产生力的作用,即阻止转子盘转动的力(阻力方向符合左手法则);阻力的合力沿转子盘周向形成与其旋转方向相反的制动力矩(图 15-49),通过主减速器放大后,均匀地传递到车辆的后桥上使车辆减速。电涡流一方面产生阻力矩使车速下降,另一方面使转子发热,将车辆的动能转化为热能,然后由后转盘上的叶轮产生的流动空气通过散热片散发出去。

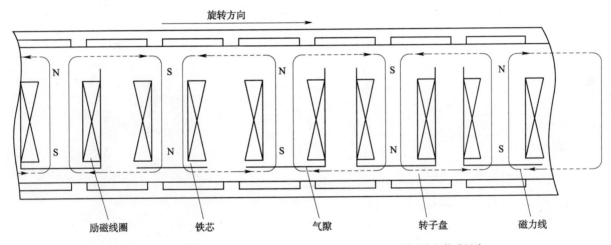

图 15-48 励磁线圈通电产生的磁场在定子磁极、气隙和前后转子盘间构成回路

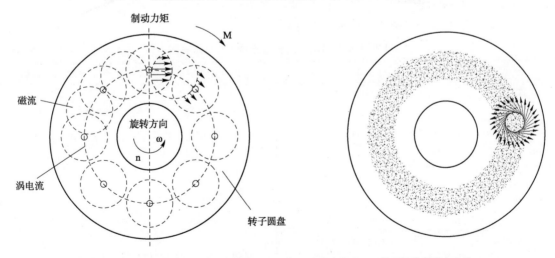

图 15-49 在旋转的转子盘上磁通量产生变化,转子盘内部产生无数涡旋状的感应电流

可见,电涡流缓速器就是利用不断地将汽车的动能转换为转子中的涡电流,再将涡电流转化成热能散发到空气中去,以达到消耗汽车运动能量实现制动的目的。

从能量守恒的角度来说,当缓速器起制动作用的时候,是把汽车运动的动能转化为涡电流的电能并以热量的形式消耗掉。因此,电涡流缓速器在工作时会产生巨大的热量,而提高转子的散热能力和控制转子热变形的方向就成为转子结构设计的关键,也是电涡流缓速器的核心技术之一,而保持转子叶轮等散热表面的清洁也成为缓速器维护的重要项目。

电涡流缓速器通常采用通过控制励磁电流的大小控制输出的制动力矩大小,图 15-50 所示为某电涡流缓速器在不同挡位制动力矩与转速的特征曲线。从图中可以看出力矩随转速的增加而迅速增大,达到一定转速时出现极大值,而后由于涡流去磁效应的影响,随着转速的增加制动力矩略有下降。

四、国内主流缓速器生产企业及其产品

在中国市场上,虽然国产品牌的缓速器发展已较为完善,但与国际品牌相比还存在一定差距,主要体现在加工工艺、热处理不到位导致转子严重热变形、转子动平衡控制不严和寿命短等方面。目前,国内市场上的电涡流缓速器主要生产企业有 Telma(国外品牌中国建厂)、特尔佳和凯迈等。

1. Telma 电涡流缓速器

1)A 系列电涡流缓速器

图 15-51 所示为 Telma A 系列电涡流缓速器。该系列缓速器的制动力矩范围覆盖 350~3300N·m,适用于各种类型的汽车底盘,无论车辆大小都能安装在变速器和驱动桥之间的传动轴上。由于该系列缓速器的转子和定子用一根花键轴串联为一个整体,出厂时气隙已经调试好,装车时整体吊装即可,不仅安装方便,且结构紧凑,对后桥和变速器没有影响,适合各种火车和客车使用。A 系列缓速器的主要技术参数见表 15-2。

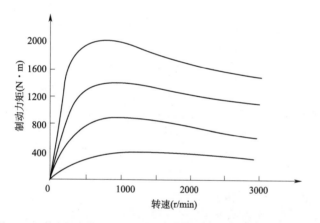

图 15-50 某电涡流缓速器在不同挡位的制动力矩与转速特征曲线的关系

图 15-51 Telma A 系列电涡流缓速器

Telma A 系列电涡流缓速器的主要技术参数　　表 15-2

型　　号	外形(mm)宽×高×厚	性能(N·m)	适用范围 G.C.W.(T)
AE30-32	508×345.5×330	350	3/6
AE30-35	508×345.5×330	350	3/6
AD50-55	400×363×261	600	5/8
AD50-90	400×363×261	900	6/13
AD61-30	496×455×290	1300	6/13
AD61-55	496×455×290	1550	9/19
AD72-00	519×475×287	2000	19/26
AD72-60	519×475×287	2600	32/40
AD82-70		2700	32/40
AD83-00		3000	32/44
AD83-30		3300	32/44

2)F 系列电涡流缓速器

图 15-52 所示为 Telma F 系列电涡流缓速器。该系列缓速器采用中置定子和外置双转子,由过渡法

兰代替了中心传动轴,制动力矩范围覆盖850~3300N·m,适用于城市公交车、大中型旅游车和各种载货汽车。其中FC系列是专门为后置发动机的客车及短轴距牵引车设计的产品,可直接安装在变速器或后桥上。这类缓速器的优点是制动力矩范围广,安装方便且成本低,选装的螺旋式散热风道不仅散热性能好,而且风阻低,经济性好。表15-3所示为F系列电涡流缓速器的主要技术参数。

Telma F 系列电涡流缓速器的主要技术参数　　　　表 15-3

型　号	外形(mm)宽×高×厚	性能(N·m)	适用范围 G.C.W.(T)
FN50-85	407×392×214.6	850	6/13
FV60-90	463×463×216	900	6/13
FV61-00	463×463×216	1000	6/13
FV61-40	463×463×216	1400	9/15
FC71-40	516×516×188	1400	9/15
FV71-90	516×516×240	1900	13/17
FN72-00	516×516×240	2000	16/19
FN72-20	516×516×240	2200	18/22
FN72-40	516×516×240	2400	19/26

2. 凯迈电涡流缓速器

1) DHB系列电涡流缓速器

凯迈DHB系列电涡流缓速器如图15-53所示,其转子为盘状,无中间轴,转子部分通过中间法兰直接和车辆传动系相连,定子部分磁场方向成轴向分布,力矩范围为400~2600N·m。特点是结构紧凑,转子散热性能良好,主要用于后置发动机客车及短轴牵引车。由于励磁气隙沿轴向分布,对变速器和后桥的轴向窜动有严格要求。DHB系列电涡流缓速器的主要技术参数见表15-4。

图 15-52　Telma F 系列电涡流缓速器　　　图 15-53　凯迈 DHB 系列电涡流缓速器

凯迈 DHB 系列电涡流缓速器的主要技术参数　　　　表 15-4

产品型号	制动力矩(N·m)	外形尺寸(mm)
DHB13	1300	210×470×520
DHB15	1500	232×550×580
DHB19	1900	232×550×580
DHB22	2200	251×550×580
DHB24	2400	251×550×580

2) DHQ系列电涡流缓速器

凯迈DHQ系列电涡流缓速器如图15-54所示。其结构特点是转子为桶状,单转子结构;力矩范围为300~1500N·m;结构紧凑、质量轻、尺寸小、拆装方便;因定子部分磁场方向成径向分布,从而转子间隙不受轴向窜动的影响;由于采用单转子结构,热容量小,定子及转子部分散热效果不佳,制动力矩衰退较快。主要用于制动频繁、车速不高的城市公交车辆,长途及旅游客车因存在长距离下坡的工况一般不适合使用。DHQ 系列电涡流缓速器的主要技术参数见表 15-5。

DHQ 系列电涡流缓速器的主要技术参数 表 15-5

产品型号	制动力矩(N·m)	外形尺寸(mm)
DHQ11	1100	φ470×150
DHQ13	1300	φ470×150

3)DHZ 系列电涡流缓速器

图 15-55 所示为凯迈 DHZ 系列电涡流缓速器。其特点是转子呈盘状,双转子中间轴结构;定子部分磁场方向成轴向分布;力矩范围 400~3600N·m;安装在传动轴中间,对整车的动力系统基本没有影响,主要应用于发动机前置的载货汽车和客车;相对质量较大,制造成本高,只能安装在前置发动机车辆的传动轴中间,且要定期维护。DHZ 系列电涡流缓速器的主要技术参数见表 15-6。

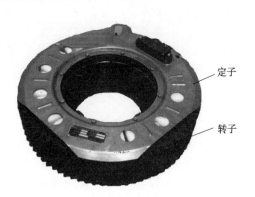

图 15-54 凯迈 DHQ 系列电涡流缓速器　　图 15-55 凯迈 DHZ 系列电涡流缓速器

DHZ 系列电涡流缓速器的主要技术参数 表 15-6

产品型号	制动力矩(N·m)	外形尺寸(mm)
DHZ06	600	398×440×300
DHZ12	1200	545×555×310
DHZ15	1500	554×528×328
DHZ19	1900	554×528×328
DHZ24	2400	554×577×328
DHZ28	2800	630×554×330

第五节　液力缓速器

一、概述

液力缓速器又称液力减速装置,是利用液体阻力产生缓速作用的装置。一般与液力传动变速器组合使用,以油液或其他液体为工作介质,固定叶轮通过液体流动反作用于旋转叶轮的阻力矩即为制动力矩,汽车的动能由液体的阻尼作用转换为热能。液力缓速器工作可靠,结构布置容易,价格较低。其另一优势是恒速功能,即可将车辆设定在一个恒定的速度行驶,液力缓速器自动对车速进行调整控制,这样可以降低驾驶人劳动强度,进一步提升安全性能。

目前,液力缓速器已越来越多地被用到重型载货汽车和大、中型客车上。全球较为著名的液力缓速器制造厂商有德国福伊特(VOITH)、法国泰尔马(TELMA)、美国通用和日本 TBK 公司等,其生产技术已十分成熟,形成了适用于各种车型的系列产品。近年来,我国的液力缓速器研发也有一定进展,法士特和特尔佳都有适合于大型客车的液力缓速器产品投放市场,并在国产客车上得到采用。但不管是技术水平还是应用数量等与国外产品相比都还存在着一定差距。

国内市场的液力缓速器产品主要以国外品牌为主,分别是 Voith、ZF 和 Allison。其中,只有 Voith 单独提供液力缓速器,ZF 和 Allison 是将其和变速器作为整体总成一起销售。而法士特和特尔佳的产品也占有一定的市场份额。

二、液力缓速器的分类及特点

根据液力缓速器在变速器上的不同位置,可分为输入缓速器和输出缓速器;根据安装方式的不同,液力缓速器的可分为并联式和串联式两种,如图 15-56 和图 15-57 所示。

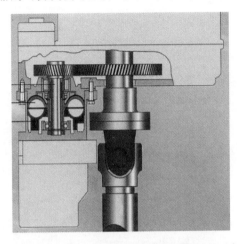
图 15-56　并联式液力缓速器安装方式

图 15-57　串联式液力缓速器安装方式

输入缓速器作用于变速器输入轴,制动力矩可经变速器放大,但随挡位不同而变化较大,且在变速器换挡的瞬间会中断缓速作用,不适合于城市公共汽车;输出缓速器作用于变速器输出轴,制动力矩平稳,理论上可以连续可调,容易控制,较适用于城市公共汽车。

并联缓速器安装于变速器壳体上,通过齿轮传动系统放大转矩,提高缓速器低速性能。这种形式的缓速器安装在变速器一侧,另一侧空间则可供配备取力器。采用并联式液力缓速器需要在变速器输出端增加一个齿轮室,增加了变速器长度(图 15-56)。

串联式液力缓速器直接安装于变速器输出端,和变速器及传动轴法兰相串联,因此对变速器本体影响较小,可以不增加变速器的长度;但缓速器宽度方向占用空间较大,无法再布置安装取力器(图 15-57)。

液力缓速器的优点是:缓速效能比发动机缓速装置高,能以较高速度下坡行驶;尺寸和质量小,可与变速器连在一起;工作时不产生磨损;工作液产生的热量易于传出和消散,且在下长坡时可保持发动机的正常工作温度;低速时制动力矩趋于零,在滑路制动时车轮不会产生滑移。缺点是接合和分离滞后时间长,不工作时有功率损失,用于机械传动汽车特别是用于挂车时结构复杂。

三、液力缓速器的结构与工作原理

如图 15-58 所示,在液力缓速器中有两个对置的叶轮,一个是转子(动轮),一个是定子(定轮),转子和定子上都铸有叶片。转子叶轮与变速器输出轴相连,定子叶轮是缓速器壳体,与变速器后段或车架连接,转子叶轮与定子叶轮之间有一定间隙,并构成液体的工作腔。工作时,控制阀打开,压缩空气进入储油箱,将液体压入工作腔,液体在转子叶轮的带动下被加速,高速液体冲进定子叶轮,产生冲击力作用在定子叶轮上,而其反作用力则作用在转子叶轮上,且反作用力的方向与旋转方向相反,即为阻碍其旋转的阻力矩,其值大小取决于工作腔内的液量和压力(视控制阀设定的制动强度挡位而定),以及转子的转速。液体在工作腔内作小循环,产生阻力矩,同时液体的温度升高,即将动能转化为热能。工作腔设有出油口,高温液体通过出油管路进入热交换器,在热交换器中通过高温液体与冷却液的热交换,液体温度下降又流回工作腔,以此形成大循环,热量通过热交换器散发出去。

各种液力缓速器的结构大致相同。以特尔佳 THB25 液力缓速器为例(图 15-59),它由转子、定子、工作腔、输进轴、热交换器、储油箱和壳体等组成。压力传感器采集油箱压力信号;热交换器内通入发动机冷却液,将缓速器油温控制在一定的范围内;油温传感器和冷却液温度传感器采集温度信息,用来控制冷却液流量,进而控制油温;控制阀接受制动踏板信号,实现气路的通断。

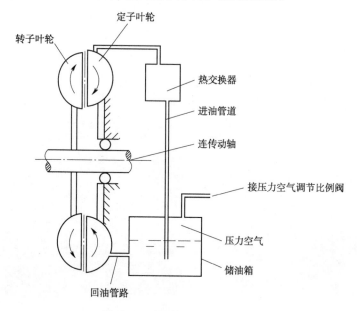

图15-58 液力缓速器结构示意图

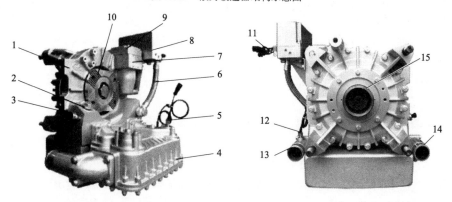

图15-59 THB25液力缓速器

1-壳体;2-油尺(加油口);3-压力传感器;4-热交换器;5-油温传感器;6-主气管;7-铭牌;8-控制阀;9-顶盖;10-凸缘;11-进气口;12-冷却液温度传感器;13-出水口;14-进水口;15-花键轴

其安装方式一般分为与传动轴串联和并联两种。串联时可在变速器前、后安装;如果采用并联,则缓速器和变速器做成一个整体来安装。对于后者,如安凯HFF6120GD客车所采用的Voith缓速器安装在变速器后,由变速器输出轴驱动,制动效果与变速器挡位无关,但尺寸较大。

对于装有带液力变矩器的自动变速器车辆来说,原变速器系统已配备了储油罐、油泵和散热器等部件,因此,在配有自动变速器的客车和载货汽车上安装液力缓速器成本更低。

四、液力缓速器的辅助装置

1.冷却系统

液力缓速器工作时,将车辆的行驶动能转换为工作液的热能,再通过热交换器将热能传递到冷却液中,最终通过车辆的冷却系统将热能散发到大气中。因此,车辆冷却系统的散热能力对液力缓速器能否正常工作非常重要,它直接决定了制动能力的发挥,特别是持续制动工况,冷却系统达到温度平衡状态时液力缓速器的制动功率就等于冷却系统的散热功率。

为了更好地发挥液力缓速器的辅助制动功效,要求冷却系统:

(1)散热能力应保证客车使用环境最恶劣制动工况的要求。
(2)水泵流量应尽量大,并采用不锈钢水管,且连接可靠。

(3) 液力缓速器在冷却水路中的安装位置分为冷水端(图15-60)和热水端(图15-61),一般应安装在冷水端。

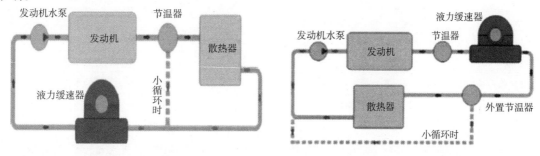

图15-60　安装在冷水端　　　　　　　图15-61　安装在热水端

(4) 为保证发动机冷却液温度低时液力缓速器仍能正常工作,节温器各端口的连接应使小循环冷却液也会经过液力缓速器。即图15-60中,需将节温器小循环的出口连到液力缓速器的入口;图15-61中,需将原节温器的小循环出口堵住,在液力缓速器与散热器之间增加一外置节温器,外置节温器的小循环出口连到水泵入口。

(5) 采用专用冷却液,降低凝固温度,缓解水路结垢及锈蚀。

2. 车辆压缩空气系统

液力缓速器是利用车辆的压缩空气来驱动工作液的,其解除制动时,会将油箱内的压缩空气排到大气中,因此每次工作会消耗一定量的压缩空气。要求:

(1) 低速下时需要频繁使用液力缓速器的车辆,宜采用供气量大的单缸或双缸空气压缩机。

(2) 配置专用辅助储气罐,禁止使用后轮储气罐或驻车制动储气罐。

(3) 在储气罐与液力缓速器的控制阀之间设置手动阀,以保证控制阀或液力缓速器出现泄漏时,可以关断该手动阀,保证储气罐的正常气压。

3. 电气系统

除安装在液力缓速器本体上的控制阀、速度传感器、压力传感器、冷却液温度传感器和油温传感器外,电气部分还包括控制器、压力开关、手拨开关、指示灯及线束等。电控原理如图15-62所示,各部件的功能、安装位置及要求见表15-7。

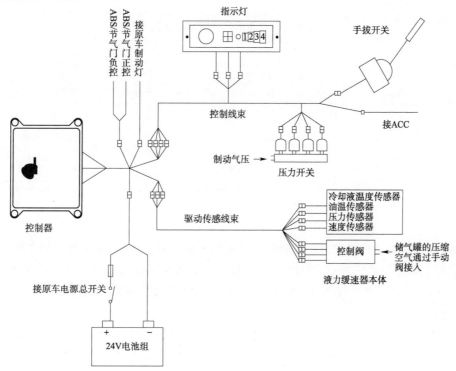

图15-62　电控原理图

电气系统主要部件的功能、安装位置及要求　　　表 15-7

部件名称	功　　能	安装位置及要求
控制阀	接收信号,实现气路的通断	液力缓速器本体
速度传感器	采集转子转速信号	液力缓速器本体
压力传感器	采集油箱压力信号	液力缓速器本体
冷却液温度传感器	采集冷却液温度信号	液力缓速器本体
油温传感器	采集油温信号	液力缓速器本体
控制器	接收各种信号,实现系统控制	行李舱;环境清洁,无雨水,检修方便
压力开关	采集制动气压信号,实现自动控制(即与主制动器联动)	底盘前端;检修方便;通过气管与制动主缸上腔出气口(至后轮轮缸)相连;严禁倒立安装
手拨开关	采集制动需求挡位信号,实现手动控制	仪表台或转向柱;操作方便
指示灯	显示液力缓速器状态信息	仪表台;观察方便
电源线束	连接电源(蓄电池或电源开关)与控制器	
控制线束	连接控制器与指示灯及压力开关、手拨开关;另有控制电源需接+24V(钥匙开关ACC挡)、正控端口(可接ABS或节气门)、负控端口(可接ABS或节气门)、制动信号端口(+24V)	正控端口(输入24V高电位信号可强制关断液力缓速器)、负控端口(输入0V低电位信号可强制关断液力缓速器)根据需要提供;控制电源及制动信号必须与原车开关部件连接
驱动传感线束	连接控制器与液力缓速器本体上的控制阀、各传感器	

在图 15-62 中,电源总开关由点火开关控制;工作开关有手柄开关和压力开关两种,两个开关任意一个接通,控制器就会将控制阀打开,高压气体进入储油箱将工作液压入工作腔,缓速器开始工作。

五、常用的几种液力缓速器及其与电涡流缓速器的比较

1. 国产客车常用的几种液力缓速器

在国内,福伊特属于国际品牌,其在高三级客车的装车占有率为70%。而国内厂商法士特和特尔佳等的液力缓速器产品也在大型客车中占有一定的市场。国产客车常用的几种液力缓速器的最大转矩、安装形式及适用车型见表15-8。

国产客车常用的几种液力缓速器　　　表 15-8

制造企业	型　号	形　式	最大转矩(N·m)	适用车型
VOITH	VR133	串联	4000	12m及以上公路、旅游客车
VOITH	VR120	串联	2450	10m及以上公路、旅游客车
特尔佳	THB40	串联	4000	12m及以上公路、旅游客车
特尔佳	THB25	串联	2500	10m及以上公路、旅游客车
法士特	FHB400	串联	4000	12m及以上公路、旅游客车
法士特	FHB320B	并联	3200	10m及以上公路、旅游客车

2. 液力缓速器与电涡流缓速器的比较

1) 制动力矩大

液力缓速器的缓速力矩和缓速器工作腔有效直径的5次方成正比,受发动机冷却系统散热能力的限制,液力缓速器的制动力矩范围可达4000N·m左右。而电涡流缓速器由于采用风冷式散热,制动力矩一般在3000N·m左右。对于大型客车,液力缓速器的大制动力矩优势较为明显。

2) 安装质量小

液力缓速器的安装质量一般为60~90kg,而电涡流缓速器为120~200kg。比较相同制动力矩的液力缓速器和电涡流缓速器,前者质量仅是后者的1/3左右;前者单位质量缓速力矩可达50N·m/kg,后者仅为15N·m/kg。

3) 空耗功率较大

电涡流和液力缓速器在非缓速的车辆行驶状态,转子随传动轴空转均消耗一定的发动机功率。液力缓速器当工作腔内没有充入工作液时,不产生制动转矩,但由于动轮与车辆的传动系统相连,动轮始终在旋转,定轮和动轮带动工作腔内的空气产生循环流动,造成一定的能量损失,该损失称为鼓风损失。其中,液力缓速器的空转消耗发动机所传递功率的4%左右,电涡流缓速器空转消耗1%左右。

4) 低速性能差

液力缓速器制动力矩在较宽的转速范围内几乎相等,但在低速时急剧下降;当缓速器动轮转速低于400r/min、车速在15km/h时,制动转矩减速制动作用效果不明显,不能很好地起到缓速作用;而电涡流缓速器在400r/min、车速15km/h时,即可达到最大制动力矩的80%。

5) 响应时间长

液力缓速器缓速制动反应时间较长,其原因在于缓速制动时靠给油槽中施加压缩空气把工作液压入工作腔,这就要求液压系统必须具有很大的流量和较快的动态响应能力。而电涡流缓速器的制动反应时间在40ms左右,仅是液力缓速器制动反应时间的1/20。

6) 电力消耗小

在电力消耗方面,电涡流缓速器因为有电磁线圈,而电磁线圈相对于电控系统所消耗的电能要大得多,因此增加了蓄电池负荷。液力缓速器只有控制系统消耗很少的电能,因此液力缓速器的电力消耗小。

7) 结构及维修性较差

与电涡流缓速器相比,液力缓速器结构较复杂,制造技术和精度要求高。发动机散热系统需改进散热片面积、增大附加的两个冷却液进出管道和自动变速器配置,维修成本高、难度较大。

8) 散热性能

液力缓速器利用发动机的冷却系统散热。工作时,发动机处于急速工况,温度一般不会超过140℃,缓速力矩不会随温度升高而下降,能保持稳定的缓速能力,无论是下长坡、在盘山公路上,还是在城市走走停停的行驶中,缓速产生的热量都能通过自身的热交换器和发动机冷却系统散耗,不会对周围的部件产生热影响。因此,安装液力缓速器时不需要任何隔热措施。而电涡流缓速器采用风冷辐射散热,大转矩满负荷工作时转子温度可达650℃左右,需要在安装电涡流缓速器时对其周围非耐高温的管路等采取隔热措施。

液力缓速器与电涡流缓速器的简单比较见表15-9。

液力缓速器与电涡流缓速器的比较　　　　　　　　　　表15-9

缓速器类型	液力缓速器	电涡流缓速器
制动力矩	最大4000N·m左右	最大3000N·m左右
空耗功率	4%	1%
低速性能	当轮转速低于400r/min、车速在15km/h时,制动转矩减速制动作用效果不明显	在400r/min、车速15km/h时即可达到最大制动力矩的80%
响应时间	800ms	40ms
电力消耗	只有控制系统消耗很少的电能	因为有电磁线圈,而电磁线圈相对于电控系统消耗电能要大得多
散热性能	散热好,不需隔热	温度可达650℃左右,需隔热
结构及维修性	结构较复杂,维修成本高	结构简单,维修成本低
安装质量	60~90kg	120~200kg

第六节　发动机缓速装置

1925年,美国人发明了发动机排气制动缓速器。其原理是采用一个滑板结构的阀门来阻挡排气管路中的废气,使发动机产生阻力,从而使行驶中的车辆减速(图15-63)。20世纪70年代,美国人从简化

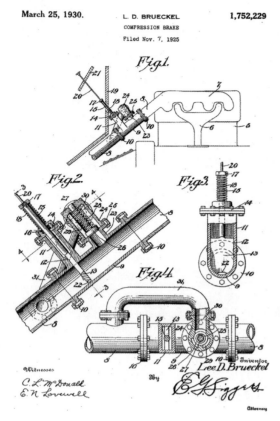

图15-63 滑板式发动机排气制动缓速器结构示意图

结构、提高可靠性出发,又将滑板结构的阀改为旋转结构的蝶阀,至今采用这一结构的排气蝶阀仍在国内外大量使用。

1957年,柴油发动机的先驱塞莱斯 L 康明斯设计出了世界上第一个发动机缓速器;1959年美国皆可博(JACOBS)公司买下其专利权,并于1961年开始生产第一款发动机缓速器。至今,发动机缓速器的发展已有50多年历史,仅美国皆可博一家,就累积销售超过400万套。为表彰发动机缓速器的贡献,1985年皆可博获得美国工程师工业协会颁发的"国家历史性机械工程里程碑"大奖。

在国际上,包括康明斯(Cummins)、底特律柴油机(DETROIT DIESEL)、卡特彼勒(CAT)、纳威司达(NAVISTAR)、德国曼(MAN)、戴姆勒(DAIMLER)和道依茨(DEUTZ)等在内的多家发动机生产商的产品,大多配备了与之相适应的JACOBS发动机缓速器。在北美及欧洲市场,发动机缓速器已成为中、重型载货汽车的标配零件。

在国内,20世纪80年代末期开始普及应用排气制动,大小载货汽车出厂时都安装有一个排气蝶阀,国内能生产排气蝶阀的厂家不下100家。而发动机缓速器(泄气型和压缩释放型)的研究开发还处于起步阶段,重庆良马制动器有限公司从2003年开始研究发动机缓速器技术,所开发的发动机可变气门缓速制动器(VVEB)技术完全具有自主知识产权,通过与玉柴合作,成功开发出YC6A、YC6J、YC6M发动机缓速器,并进行了装车应用。目前,发动机缓速器作为辅助制动装置中的一种,以其较低的成本与较可靠的性能,越来越受到关注。玉柴、上柴、潍柴、锡柴等发动机生产商和整车厂已开始配套加装发动机缓速器。因此,大、中型客车和中、重型载货汽车装备发动机缓速器已成为大势所趋。

一、发动机缓速器的分类与特点

根据工作原理的不同,发动机缓速装置一般可分为泄气型、压缩释放型和排气碟阀三类,其减速能力和适用机型等见表15-10。对于具体使用来说,前两种类型的发动机缓速器并无太大的区别。

发动机缓速装置的减速能力和适用机型　　　　　表15-10

发动机缓速器类型	减速能力	质量(kg)	适用机型
泄气型	中高	<10	中型发动机
压缩释放型	高	7~15	大型发动机
排气碟阀	低	≈3	中、小型发动机

1. 泄气型发动机缓速器

泄气型发动机缓速器(亦称"缓释制动")的特点是适用于已经成熟使用、其发动机本体无法满足较大负荷制动功率的发动机。对于这类发动机,由于本体结构不适合做较大改动,而泄气型缓速器的制动功率一般偏小,因此多配合排气蝶阀使用。以发动机转速在2100r/min左右为例,泄气型发动机缓速器配合排气蝶阀,一般有15~20kW/L的制动功率,故在采用中型发动机的汽车上使用较为广泛,如潍柴WP12/WP7系列发动机、玉柴6MK/6L/6A/6J系列发动机、一汽锡柴6DL系列发动机和上柴9DF系列发动机等。

泄气型发动机缓速器多为顶置式,其制动力是在压缩行程时气体边压缩边释放的,因此制动力是一种缓慢释放的过程,区别于压缩释放制动的猛烈释放,所以也称之为缓释制动。

2. 压缩释放型发动机缓速器

压缩释放型发动机缓速器的特点是对发动机要求较高,减速能力强,一般用于新开发设计的发动机。如东风商用车的 dCi 11 系列发动机、西安康明斯 ISM 系列发动机、上柴 E 系列发动、玉柴 K12/K13 系列发动机以及锡柴 6DN 系列发动机等,均采用了压缩释放型发动机缓速器。

对于压缩释放型发动机缓速器,在压缩终了前(大致在喷油时刻),设计一个机构强制将排气门打开,让气缸内的高温高压力气体排出气缸,由于气缸内的气体是在充分吸收来自曲轴的能量后才排出气缸的,因此可获得最大制动效果。简单地说发动机类似于一个 4 行程的空气压缩机,由于发动机缓速器的制动功率与转速成正比,在联合排气蝶阀一起工作的情况下,若以发动机转速在 2100r/min 左右为例,压缩释放型的制动功率一般可达 25~30kW/L。

由于压缩释放型发动机缓速器需要对发动机作较大改动,因此一般采用集成式。其中,按照结构的不同又可分为排气摇臂式、专用制动凸轮—摇臂式和排气气门桥式。

根据制动行程形式的不同,压缩释放型发动机缓速器还可分为传统的四行程压缩释放型和两行程压缩释放型。

3. 排气碟阀

排气碟阀俗称"排气刹",安装在发动机的排气管路上,是一个由压缩空气驱动的碟形阀。其特点是不改动发动机、技术相对简单、质量小,在整车环节就能实现,安装布置、维护相对简单,成本低、使用方便,因此在中、重型柴油发动机汽上得到广泛应用,且有扩大到轻型柴油车的趋势。对于汽油车来说,由于发动机压缩比小、制动性能差、结构复杂、易发生阀门卡死等问题,故应用不多。

按照驱动形式的不同,排气碟阀可分为机械式、气压式和电控气压操纵式三种,其中以气压操纵最为常见。

排气碟阀的辅助制动力较低,通常在额定转速时只能产生约 11kW/L 的制动功率。

二、发动机缓速器的结构及工作原理

1. 泄气型发动机缓速器的结构和工作原理

泄气型发动机缓速器一般由缓速器阀体、电磁阀、控制阀和驱动机构等组成,缓速器阀体用于承载内部油路及其他零件的安装。典型的泄气型发动机缓速器结构如图 15-64 所示,其驱动机构包括调整螺栓和执行活塞。特殊情况下,电磁阀可以独立地安装在发动机缸盖上,通过液压油路与发动机缓速器进行连接。

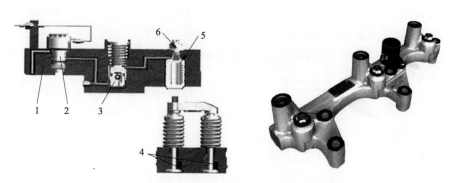

图 15-64 典型的泄气型发动机缓速器结构示意图
1-阀体;2-电磁阀;3-控制阀;4-排气阀;5-执行活塞;6-调整螺栓

泄气型发动机缓速器工作原理如图 15-65 所示。电磁阀控制着专用制动油路的供油,当缓速器被激活时,图 15-64 中的电磁阀 2 打开,机油流入制动油道,控制阀 3 内部的止回阀开启,允许发动机内的机油通过控制阀进入驱动机构,执行活塞 5 被推出,消除预留在发动机缓速器和排气门间的间隙。当驱动机构被发动机部件反推时,由于控制阀是个止回阀,液压油不能返回,因此在驱动机构与控制阀之间形成一段高压油路,此油路产生的高油压力推动驱动机构下行,打开一个或两个排气门。

顶置式泄气型发动机缓速器是最传统的发动机缓速器,其通过螺栓紧固的方式安装在发动机缸盖上。这种缓速器皆可博公司已经有50多年的生产历史。

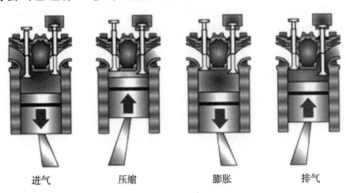

图15-65 典型的泄气型发动机缓速器工作原理

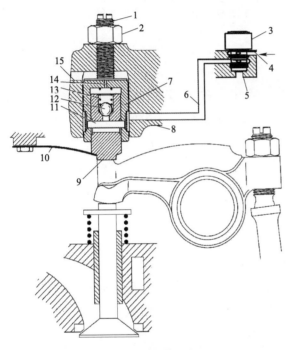

图15-66 VVEB结构原理图
1-调节螺栓；2-锁紧螺母；3-电磁阀；4-进油道；5-回油道；6-输油道；7-液压活塞总成；8-支架；9-驱动活塞；10-弹簧片；11-限位销；12-止回阀；13-止回阀弹簧；14-泄油量孔；15-泄油道

泄气型发机缓速器一般配合排气蝶阀进行工作。在制动过程中，排气门始终打开，排气蝶阀关闭。在膨胀冲程，因排气门开启释放了缸内高压气体，缸内无高度压缩的空气来驱动活塞下行，故在膨胀冲程发动机做负功。将车辆的滚动能量转化为制动功率。

图15-66所示为重庆良马制动器有限公司开发的泄气型发机缓速器（VVEB发动机缓速器）的结构示意图。图中，调节螺栓1和锁紧螺母2用于调整液压活塞总成7的位置，以适应制造公差。弹簧片10托住液压活塞总成7。电磁阀3用于控制发动机压力机油的通断。给电磁阀3通电，压力机油就流进缓速器，发动机进入制动状态；给电磁阀3断电，压力机油截止，发动机退出制动状态。

制动时，电磁阀3通电，发动机的压力机油便从进油道4通过电磁阀3、输油道6而供给液压活塞总成7；当排气摇臂在凸轮的驱动下向下打开排气门时，压力机油便通过止回阀12流进液压活塞总成7并推动驱动活塞9向下定量伸出；发动机继续运转，在排气门的关闭过程中，伸出的驱动活塞9会阻挡干涉排气摇臂，使排气门不能完全关闭而形成一个开度，发动机进入进气行程。

在进气行程中，排气门的力作用在驱动活塞9上，使液压活塞总成7内部形成高压，止回阀12封闭。高压力机油将从泄油量孔14泄漏，排气门的开度持续减小，直到进入压缩行程，此时剩余的开度将在压缩行程中对气缸内的气体进行释放。

图15-67所示为液压活塞总成7的原理图。流出液压活塞总成7的机油泄漏量G与泄油量孔14的直径ϕ、液压腔内部的压力P和泄漏时间t产生一个函数关系。发动机缓速器定型后，泄油量孔14的直径ϕ、液压腔内部的压力P可视为常量，机油泄漏量G只就和泄漏时间t产生线性关系（$G=f(\phi,P,t)$）。发动机转速高，每循环泄漏时间短，机油泄漏量少，气门的开度就大；转速低的时候，每循环泄漏的时间长，机油泄漏量大，气门的开度就小。

2. 压缩释放型发动机缓速器的结构及工作原理

1）四冲程压缩释放型发动机缓速器

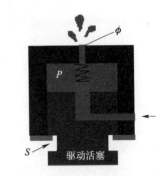

图15-67 VVEB液压活塞总成原理图

目前,使用最多的是四冲程压缩释放型发动机缓速器,一般由缓速器阀体、电磁阀、控制阀、调整螺栓、从动活塞、主动活塞和推杆等组成,其驱动机构包括主动活塞、从动活塞和推杆等,如图15-68所示,工作原理如图15-69所示。

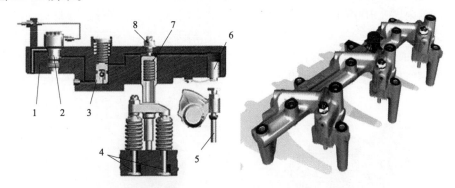

图15-68 典型的压缩释放型发动机缓速器结构示意图
1-阀体;2-电磁阀;3-控制阀;4-排气门;5-推杆;6-主动活塞;7-从动活塞;8-调整螺栓

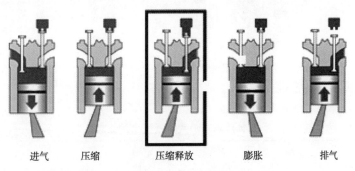

图15-69 典型的压缩释放型发动机缓速器工作原理

压缩释放型发动机缓速器是使柴油机在压缩行程中作为吸收功率的空气压缩机。在压缩行程接近上止点时,由控制装置(图15-68)中的控制阀3打开排气门,使被压缩的高压空气经排气总管排出,压缩能量不再回输给发动机。需要使用制动时接通电磁阀2,机油泵将油底壳中的机油吸进控制阀3,经油道进入从动活塞7和主动活塞6上方,使主动活塞下行而顶在喷油器推杆5上。当凸轮上控制喷油的第三凸轮通过推杆5迫使活塞上行时,止回阀关闭,油道中的油压力升高,推动活塞7下行而打开排气阀4,从而产生制动力。而在膨胀行程时由于没有能量压回活塞,因此在膨胀行程发动机做负功,将车辆的滚动能量转化为制动功率。

实现压缩释放制动,一般要通过在发动机凸轮轴上增加制动凸轮来实现。但高压力的气体猛然排出气缸,会产生高压力的激波,并损伤贵重的增压器,增压器在脉冲激波的作用下,涡轮和轴都容易损坏。此外,发动机还会产生噪声(是排气碟阀制动和泄气制动的数倍)。

由于打开气门时气缸内压力很高,需要很大的驱动能量,而现有发动机上找不到合适的动力源,因此在已定型且未考虑压缩制动的发动机上很难实现,只适用于在开发发动机新机型时一并考虑。

集成式发动机缓速器大都需要对发动机做相对大的改型才能适应缓速器的工作,因此占用空间小(相对于顶置式),加装后的发动机质量轻,高度增加小。

摇臂式缓速器可与发动机排气摇臂集成为一体,制动型线设计在原排气凸轮上;还可以集成在摇臂轴上,设计为独立的制动摇臂(图15-70),制动型线设计在进排气凸轮之外的独立凸轮上。当缓速器工作时,油压推动驱动机构,使其与排气门接触;当活塞到达压缩行程上止点附近时,打开排气门;当缓速器不工作时,摇臂内部的内置驱动机构不伸出,缓速器与排气门不接触,不传递制动升程。

气门桥式发动机缓速器是将驱动机构集成在排气气门桥内(图15-71),排气凸轮上增加有供缓速器运行的凸轮型线。当缓速器被激活后,驱动机构在油压的推动下伸出,与排气门接触,当活塞到达压缩行程上止点附近时打开排气门;在排气行程时,缓速器内的油压被释放,驱动机构缩回到气门桥内与排气门不接触;当缓速器不工作时,气门桥内的驱动机构不伸出,缓速器与排气门不接触,不传递制动升程。

2）两冲程压缩释放型发动机缓速器（HPD）

两冲程压缩释放型发动机缓速器俗称高功率缓速器（HPD），是 JACOBS 新近研发并独有的一款发动机缓速器，相比于传统的四冲程压缩释放型缓速器，其制动效率能够在全转速范围内提高 15% 以上，在中低转速范围内提高 100% 以上。该缓速器每缸由四个凸轮和四个摇臂组成，一组为正功工况下的进排气凸轮及摇臂，另外一组为制动工况下的进排气凸轮及摇臂，两组型线能够根据不同工况实现切换。当缓速器不工作即发动机做正功时，第一组凸轮工作，第二组凸轮被隐藏；当缓速器工作时，第一组凸轮被隐藏，升程不能传递到气门上，而此时第二组凸轮起作用，将制动升程传递到气门上，从而实现制动。

图 15-70　摇臂式发动机缓速器的专用摇臂

图 15-71　气门桥式发动机缓速器的驱动机构

3）几种压缩释放式制动技术的比较

几种压缩释放式制动技术的比较见表 15-11。

几种压缩释放式制动技术的比较　　　　　表 15-11

类型		质量	体积/安装	制动性能	对发动机的要求
四冲程式	顶置式（比较基准）	0	0	0	（1）配气机构通常不需大的改动； （2）罩壳及发动机高度将增加； （3）对于已定型发动机应用较多
	排气摇臂/气门桥集成式	+	++	+	（1）配气机构通常不需大的结构改动； （2）排气凸轮增加制动凸起； （3）配气机构负荷大大增加
	专用凸轮—摇臂式	+	+	++	（1）通常用于新开发机型，从开发阶段即介入设计； （2）通常用于 OHC 机型； （3）增加发动机配气机构的复杂性，但是利于分别优化制动和排气型线
HPD 两冲程式		+	+	+++	（1）用于新开发机型，从开发阶段即介入设计； （2）配气机构需全新设计，满足每缸四个摇臂的结构

注：+ 优势。

3. 排气蝶阀的结构及工作原理

排气蝶阀一般由壳体、阀门、操纵臂和驱动机构等组成，如图 15-72 所示，多为气压操纵。其工作原理是：在排气总管和消声器间装设一个排气节流阀，通过排气节流使发动机在排气行程中变成由汽车驱动的空气压缩机。由于排气背压的提高，可增加排气行程中所做的负功。当处于排气背压和气缸压力作用下的排气阀两侧作用力之差值超过排气阀弹簧压力时，排气阀将不受凸轮轴的控制而产生浮动（开启），被压缩的空气在气阀重叠时间内从进气阀逸出，从而减少其在进气行程中膨胀所做的功。

在采用泄气型发动机缓速器的车辆上，为提高制动功率，一般多配合排气蝶阀由控制机构统一控制使用。对于单独使用排气蝶阀的车辆，为使车轮制动器的磨损减至最小，排气蝶阀多与制动踏板和加速踏板联动，在踏下制动踏板或松开加速踏板时，排气蝶阀即自动起作用。排气蝶阀的效能与发动机产生的制动力（取决于排气阀开启前的排气总管压力、气阀重叠度和排气系统泄流量等）、排量和转速成正比。

4. 发动机缓速器的控制

发动机缓速器的工作由电磁阀控制,电磁阀接通缓速器开始工作,电磁阀关闭缓速器停止工作。而电磁阀的通断则受发动机缓速器电源开关、加速踏板(节气门开关)和离合器踏板(离合器开关)的控制,当缓速器电源开关处于打开位置时,只要踩下离合器踏板或者踩下加速踏板,电磁阀不通电,缓速器不会工作。因此,在需要提速时,只需踩下加速踏板,缓速器会自动停止工作;当需要换挡时,踩下离合器踏板,制动作用也会解除,以免速度过低而影响换挡;而当制动踏板(制动)被踩下时,主制动系统和发动机缓速器同时提供制动功率。

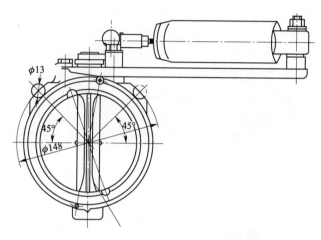

图 15-72　排气碟阀的结构示意图(带控制缸)

在装有 ABS、定速巡航系统和自动变速系统的车辆上,发动机缓速器的工作也会受此系统控制。如果 ABS 检测到车轮滑转时,系统将立即停止缓速器的工作;而当警报解除后,缓速器又将开始起作用。对于装有定速巡航系统的车辆,缓速器的控制模块取决于发动机和汽车制造商提供的功能选项,因为部分定速巡航系统是经过特殊设计的,以便于和发动机缓速器连接操作。在定速巡航操作中可以激活发动机缓速器的控制程序,当车速超过巡航系统设定的速度时,系统起动发动机缓速器。对装有电子控制自动变速器的车辆,即使缓速器处于停止工作状态,也可以通过变速器控制模块来起动缓速器,使发动机缓速器帮助变速器到达高挡位。此外,当缓速器起作用的时候,如果发动机转速低于缓速器的额定转速时,自动变速器可以通过控制系统提高发动机的转速,从而达到更好的制动功率。

三、发动机缓速器的制动功率

发动机缓速器按其工作原理及结构的不同其制动功率也不同,图 15-73 所示为四种发动机缓速装置的制动功率比较情况。

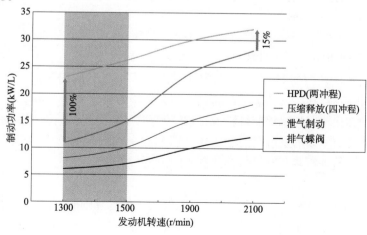

图 15-73　不同类型发动机缓速器的制动功率比较

由图 15-73 可见,四冲程式压缩释放制动的制动功率在全转速范围内明显高于泄气制动或排气蝶阀,而两冲程式 HPD 制动在中低转速大大提升了制动性能。因此,仅从制动功率和转速范围来看,压缩释放式制动能够提供非常宽泛的发动机制动功率需求。

第七节 轮胎气压自动监测系统

轮胎的正常工作是汽车行驶安全必不可少的因素之一。据调查统计,汽车抛锚故障的 26% 是由于轮胎异常所致,位列汽车故障的第二位。这其中由于突然爆胎占 15%,其余 85% 是因为轮胎的缓慢漏气而驾驶人不知道的情况下继续行车造成的后果。为此,大部分国家的交通管理部门都颁布了标准法规,要求车辆安装使用轮胎气压自动监测系统(简称"胎压监测系统")。

轮胎气压自动监测系统(Tire Pressure Monitoring System,TPMS)属于汽车主动安全设备的范畴,它可以在轮胎出现危险征兆时及时报警,提醒驾驶人采取相应措施,从而避免严重事故的发生。有了胎压监测系统,就可以随时使轮胎保持在规定的压力、温度范围内工作,从而减少车胎损毁,延长使用寿命。相关数据显示,在轮胎气压不足时行驶,若车轮气压比正常值下降 10%,轮胎寿命就减少 15%;当胎内的气压过低时,就会增加轮胎与地面的接触面积,从而增大摩擦阻力;若轮胎气压低于标准气压值 30%,则油耗将上升 10%。

在轮压监测系统的发展过程中,先后出现了直接和间接两种结构,由于后者的成本较低、准确度也较差,主要用于早期的汽车配置中,随后直接式成为主流。

一、轮胎气压对行驶安全的影响

1. 轮胎气压对承载能力的影响

轮胎是车辆与地面接触的唯一纽带,是承受车辆负荷的最终部件。轮胎负荷是根据轮胎结构、帘布层(胎体)强度以及使用气压和速度等经过精确计算确定的。车辆超载行驶时,轮胎承受的负荷、变形增大,胎体所承受的压力也相应增加,轮胎与路面的接触面增大,相对滑移加剧,磨损加快,特别是胎侧弯曲变形会引起胎肩磨耗、胎温升高、轮胎帘布层脱落。表 15-12 所示为部分规格轮胎充气压力对照表。

部分规格轮胎充气压力对照表　　　　表 15-12

轮 胎 规 格	充气压力(kPa)	轮 胎 规 格	充气压力(kPa)
7.00R16LT	770	10.00R20	830
7.50R16LT	740	11.00R20	820
7.50R20	830	11.00R20	930
8.25R16LT	700	12.00R20	830
9.00R20	790		

2. 轮胎气压对制动性能的影响

与标准气压相比,气压提高 25%,轮胎寿命将会降低 25%;气压降低 25%,寿命大约降低 30%;而保持标准轮胎气压对于降低油耗有十分明显的作用。根据固特异(Goodyear)公司的数据,充气不足状态下胎压每下降 1 个 Psi 将使油耗增加 1%。胎压过高不仅会引发高速行驶时爆胎,而且平时正常的驾驶也会受到干扰。首先是轮胎噪声变大;其次是在通过一些起伏路面时会令车身跳动频率过大,舒适感下降;此外,过高的气压也许会让转向的感觉变得轻盈,但在转弯时车轮的侧向抓地力则会明显降低,更早地产生转向不足而引发危险;最重要的是过高的胎压还会影响到车辆的制动效果,其原因是轮胎的接地面积变小后,在低附着力的路面进行紧急制动时会使制动距离变得更长。

3. 轮胎气压对高速性能的影响

车辆主要是轮胎与地面接触,在匀速运行下,轮胎的磨损是有规则的。高速公路路面平整,单向行驶的长途车较多,速度快使轮胎与地面形成不规则的磨损,当轮胎内部的磨损深度超过标准胎面花纹时,将出现胎面剥离现象,从而容易产生滑移,发生交通事故。

轮胎寿命受车辆行驶速度影响很大。随着车辆行驶速度的增加,轮胎寿命不断降低。据统计,国内高速公路70%的意外交通事故是由爆胎引起的;当行驶速度达到70km/h,轮胎寿命下降30%左右;而速度在160km/h以上发生爆胎死亡率接近100%。速度过快会加速轮胎劣化过程,造成胎圈损伤或轮胎与轮辋脱离,胎面中心快速磨耗,一旦受到外力冲击时,就很容易产生外伤甚至爆破胎面。

轮胎在行驶过程中,与地面的接触部分因为荷重而使周边产生弯曲,旋转离开地面时,弯曲部分随着胎内压力恢复原状;但如果胎压不足或速度太快,弯曲部分来不及恢复原状,这时轮胎就会产生波状变形,表现在轮胎与接地部位的后半圆附近,俗称"驻波";"驻波"发生时,轮胎的滚动阻力急剧上升,轮胎在短时间内吸收驻波能量,致使温度急剧上升。此时,如果继续高速行驶,就会发生胎面胶被甩掉,进而引起轮胎爆裂的事故。

4. 轮胎气压对侧偏特性的影响

随着气压的增大,轮胎的侧向力也增大,这是因为提高轮胎气压使其横向刚性增大。一般来说在此情况下侧偏力也增大,但气压提高将使轮胎接地面积减少;受轮胎负荷的影响,侧向力有可能减小。相反轮胎气压低,则横向刚性变小,侧偏可能性越大。轮胎负荷大,即使压力增大,轮胎接地面积几乎没变化,而侧偏力则随横向刚性增大而增大。但在轮胎负荷小的情况下,与轮胎气压增加带来的横向刚性增大的作用相比,轮胎接地面积的减少使得侧向力降低的作用更大。因此,为了保证汽车的可操纵性和安全性,保持合适的轮胎气压非常重要。

此外,在正常装载情况下,当胎压过高时,会减小轮胎与地面的接触面积,而此时轮胎所承受的压力也会相对提高,将影响轮胎的抓地力;当车辆经过沟坎或颠簸路面时,胎内没有足够空间吸收振动,除了影响行驶稳定性和乘坐舒适性外,还会加大对悬架系统的冲击力度,影响底盘及整车零部件的使用寿命;同时,在高温时爆胎的隐患也会相应增加。

二、轮胎气压自动监测系统的分类与工作原理

1. 分类

目前,轮胎气压自动监测系统主要有间接式、直接式和复合式三种类型。

2. 工作原理

1) 间接式轮胎气压自动监测系统

所谓间接式(Wheel-Speed Based TPMS,WSB),是通过汽车ABS的轮速传感器来比较轮胎之间的转速差别,以达到监测胎压的目的。ABS一般通过轮速传感器来确定车轮是否抱死,从而决定是否启动防抱死系统。

间接式胎压监测系统的工作原理是:当轮胎压力降低时,车辆的质量会使轮胎直径变小,导致其转速比其他车轮快,通过比较轮胎之间的转速差别,以达到监视胎压的目的。

间接式胎压监测系统实际上是依靠计算轮胎滚动半径来对气压进行监测的。这种变化可用于触发警报系统向驾驶人发出警告。WSB属于事后被动型,只需要在传统ABS上增加软件检测功能,即可提醒可能存在的轮胎气压异常。目前,这一技术还没有在客车上采用。

2) 直接式轮胎气压自动监测系统

直接式胎压监测系统(Pressure-Sensor Based TPMS,PSB)是利用安装在每一个轮胎里的压力传感器来直接测量轮胎的气压,利用无线发射器将压力信息从轮胎内部发送到中央接收器模块,通过显示终端(显示器)对各轮胎气压数据进行显示。当轮胎气压太低或漏气时,系统会自动报警。可见,PSB属于事前主动防御型。

PSB胎压监测传感器的安装位置如图15-74所示。

图15-74　胎压监测传感器安装位置

3) 复合式轮胎气压自动监测系统

复合式轮胎气压自动监测系统(TPMS)兼有间接式和直接式的优点,它在两个互相成对角的轮胎内装备直接传感器,并装备一个4轮间接系统。与全部使用直接系统相比,这种复合式系统可以降低成本,克服间接系统不能检测出多个轮胎同时出现气压过低的缺点。其监测系统原理如图15-75所示。

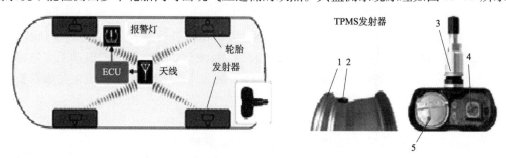

图15-75 复合式胎压监测系统原理图
1-轮毂;2-胎压传感器;3-气门嘴;4-发射感应器;5-电池

3. 轮胎气压自动监测系统的组成

直接式轮胎气压自动监测系统主要由胎压传感器、无线接收器和显示器三部分组成,如图15-76所示。也有把无线接收器与显示器整合在一起的结构。

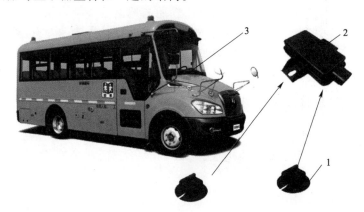

图15-76 直接式TPMS系统的组成
1-胎压传感器;2-无线接收器;3-显示器

复合式轮胎气压自动监测系统由胎压传感器、发射感应器、天线、报警灯和显示器等组成(图15-75)。

1) 胎压传感器

胎压传感器是在轮胎的轮毂上安装的一个内置传感器,传感器中包括感应气压的电桥式电子气压感应装置,它将气压信号转换为电信号,通过无线发射装置将信号发射出来。图15-77和图15-78所示分别为胎压传感器和胎压传感器在轮毂上的装配。

TPMS通过在每一个轮胎上安装高灵敏度的传感器,在行车或静止状态下,实时监视轮胎的压力、温度等数据,通过无线方式发射到接收器,在显示器上显示各种数据变化或以蜂鸣等形式提醒驾车者;并在轮胎漏气和压力变化超过安全门限(该门限值可通过显示器设定)时进行报警,以保障行车安全。

图15-77 胎压传感器

图15-78 胎压传感器在轮毂上的装配

2)接收器

接收器也根据供电方式分为两种。一种是通过点烟器或者接汽车电源线的方式供电,大部分的接收器都是这种形式;另一种是通过车载自动诊断系统(On Board Diagnostics,OBD)接口供电,即插即用,而接收器则是抬头显示器(Head Up Display,HUD,亦称"平视显示器")。

驾驶人可以根据显示数据及报警信息,及时发现轮胎的异常情况,如压力过低、温度过高等,及时对轮胎进行充气、放气或维修,发现渗漏也可以及时处理。图15-79所示为一种胎压显示器。

4.优缺点对比

图15-79 一种胎压显示器(含无线接收器)

无论是WSB还是PSB,都有各自的优点。其中,PSB提供更高级的功能,随时测定每个轮胎内部的实际瞬压,很容易确定故障轮胎。而WSB在造价上比PSB相对较低,只需在四轮ABS上进行软件升级即可完成。但是WSB没有PSB的准确率高,且不能确定故障轮胎的真实情况。

复合式TPMS与直接系统相比,可以降低成本,同时克服间接式TPMS不能检测出多个轮胎同时出现气压过低的缺点;但是还不能像PSB那样提供所有轮胎的实际压力实时数据显示。

直接式轮胎压力监测系统为传感器供电的电池寿命,一般有3年、5年和10年等多种类型。

图15-80为某型客车上采用的TPMS,由接收器、发射器及其他附件等组成。由于发射器安装在轮胎的气门嘴上(图15-81),安装较为方便。表15-13所示为其组成和拆装工具。

图15-80 TPMS的组成　　　　图15-81 发射器在轮辋上的装配

某型TPMS的组成和拆装工具　　　　表15-13

项　目	接 收 器	发 射 器	拆装工具	电 源 线
照片				

三、轮胎气压自动监测系统的特点及发展

1.轮胎气压自动监测系统的主要特点

(1)主动防御。TPMS与ABS、EDS和EPS等均属于"事前主动"型安保装置,可在轮胎出现危险征兆时及时报警(无论温度过高、压力过高还是压力过低等),提醒驾驶人采取措施,将事故消灭在萌芽状态,确保车辆最佳操控性能。

(2)延长轮胎使用寿命。使用该系统可确保轮胎在一个安全的压力、温度范围内工作,从而减少车胎的损毁,延长使用寿命。

(3)降低油耗。使用TPMS,可减少燃油消耗,利于环保,使行车更为经济。实验数据显示,若轮胎气压低于标准气压值30%,油耗将上升10%。

(4)可避免车辆部件的不正常磨损。若汽车在轮胎气压过高的状态下行驶,日积月累对发动机、底盘及悬架系统将造成很大的伤害;如果轮胎气压不均匀,则会造成制动跑偏,从而增加悬架系统的磨损。因此,采用 TPMS 即可有效避免上述现象的发生。

2. 未来轮胎气压自动监测系统的发展

随着科技的发展,TPMS 将向结构最小化、性能最优化、价格低廉化和安装方便化等方向发展。据报道,米其林和固特异轮胎橡胶公司已开发出在轮胎制造时的成形工序中,将压力、温度监测和信号发射装置埋入轮胎胎壁内的技术,其可在轮胎的整个寿命期间(一般为 1~7 年)发挥作用;作为信号接收装置,将做成如手机式的手握式解码读出器,以方便驾驶人出车时插装在车上,下车后随身携带。

以射频识别(Radio Frequency Identification,RFID)技术作为研发智能轮胎的基础,美国固特异轮胎橡胶公司和大陆集团旗下的 VDO 汽车电子产品公司(原属西门子)合作,成功研发出一种纽扣电池般大小的带 RFID 卡传感器。该传感器除了能够感知轮胎内气压、胎体温度变化并发射反映这种变化的信号外,还具有标识轮胎的功能,也就是说它既可用于轮胎气压监测,还可以用于轮胎里程的可追溯性记录。

国内方面,上海交通大学已开始基于声表波技术的 TPMS 开发研究,这种能同时测量轮胎内压力、温度和发射数据的声表面波温度传感器(Surface Acoustic Wave,SAW),不仅可实现智能轮胎信息的无源测量和无线发送,而且将拥有自主知识产权。

与车联网系统相结合,通过车联网终端、卫星定位系统和 3G/4G 通信网络等,把车辆的实时信息发送到云端服务器上,让管理者可以随时查看车辆的运行状态(参见图 15-82)。通过该系统可实现:

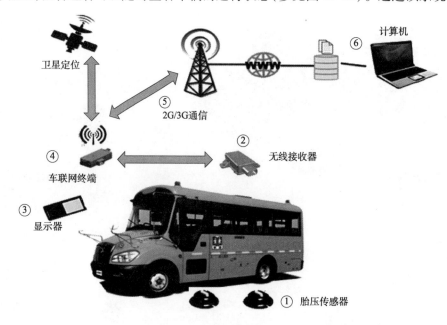

图 15-82 与车联网系统相结合扩展应用功能

(1)对胎压数据进行记录,方便事故分析。
(2)可以人为对驾驶行为进行干预,并及时提醒驾驶人。

第八节 轮胎辅助充气装置

汽车的正常行驶(尤其是在凹凸不平的路面或驶上路缘时)、渗透作用和温度的季节性变化等都会导致轮胎泄气。这种现象仅凭目测,无法判断轮胎的充气状况,必须使用压力测量仪。充气不足不仅会对轮胎造成损害,而且会增加油耗,影响汽车的行驶方式并带来安全隐患。

轮胎辅助充气装置(亦称"轮胎气压调节系统"、"轮胎的应急充气装置")是在汽车制动系统的基础上安装的轮胎充气装置,主要用于行驶途中因汽车轮胎缺气或缺乏充气设施而急需充气的情况下,通过自动或者半自动方式,随时为轮胎提供应急充气,以使气压始终能够保持在标定的范围内,减小因气压不足而引起的地面滚动阻力,降低轮胎磨损,保证汽车正常行驶。

轮胎辅助充气装置是汽车不可缺少的节能和防止爆胎的随车安全保障部件之一。最早用于经常行驶于非道路条件下的全轮驱动载货汽车,近年来开始在全轮驱动的小型客车和商用车上采用。目前,用于小客车类的轮胎辅助(应急)充气装置的产品种类较多,技术也相对较为成熟;而用于大客车的车载轮胎辅助(应急)充气装置尚处在研发设计与试用阶段。随着安全性要求的不断提高和标准法规的完善,轮胎辅助(应急)充气装置将会很快在客车上得到广泛使用。

一、轮胎辅助充气装置的分类与特点

1. 分类与特点

轮胎充气装置按照充气方式的不同,分为传统机械式轮胎充气装置和车载轮胎辅助充气装置两类,其中后者有车载轮胎手动辅助充气装置和全自动轮胎辅助充气装置两种类型。

传统机械式轮胎充气装置是在固定场所(如专业汽车修理厂或汽车轮胎维修店)通过专用的充气设备为轮胎充气的装置;车载手动轮胎辅助充气装置是指通过车载的手动辅助充气系统为轮胎充气的装置,即驾驶人可以根据胎压报警装置反馈的信息随时通过该装置手动为轮胎充气;全自动轮胎辅助充气装置是指通过电控系统随时自动为轮胎充气,不需要驾驶人手动操作。

传统的轮胎充气作业只能在固定场所进行,而在山区或高速公路等缺乏充气设施而急需充气的情况下却很难找到充气源。汽车装备轮胎辅助充气装置后,在行驶过程中(或停驶时)可通过轮胎速度传感器及压力传感器随时检测轮胎气压信息并反馈给驾驶人,通过车载轮胎充气装置或全自动电控装置随时为轮胎充气,以有效解决在特殊情况下为汽车轮胎充气的问题。

车载汽车轮胎辅助充气装置与全自动汽车轮胎辅助充气装置的不同之处在于,前者不直接控制车轮气门嘴,只是将轮胎的气压信息反馈给驾驶人,由驾驶人根据气压反馈信息通过车载轮胎充气装置手动给轮胎充气;而后者则根据驾驶人事先设置的特定气压,自动控制充气时间、充气量和充气过程。

2. 保持胎压正常的功用

1)提高行驶安全性

据统计,在高速公路上的交通事故中,爆胎占70%以上,而轮胎缺气行驶则是爆胎的祸根。当车辆在轮胎气压低于标准气压行驶时,随着胎压的下降,轮胎与地面的摩擦成倍增加,胎温迅速升高,轮胎变软,强度急剧下降。在这种情况下,如果车辆高速行驶,就可能导致爆胎事故发生。

2)增加道路通行能力

运输车辆经常行驶在各种路况,由于各地地理和气候的不同,需要采用不同的轮胎压力来保证车辆正常行驶。如在雨雪天气、沙石路面和戈壁沙漠等环境下,采用中央充放气系统一键式操作,即可轻松迅速地在行驶中满足胎压要求,避免了驾驶人操作疲劳和交通事故。

3)提高燃油经济性

轮胎的气压范围是根据不同环境和不同道路设计的,为了使车辆更安全、经济地行驶,应将轮胎气压保持在标准的范围。通过辅助充气系统随时调整轮胎气压,可提高燃油经济性。图15-83所示为轮胎充气不足与燃油消耗的关系曲线。由图中可见,如果轮胎气压不足(与标准压力比较)将导致燃油消耗近似成正比增加。

4)降低轮胎损耗

轮胎是易损件,车辆行驶中如果充气不足,将加速其胎面磨损。根据固特异公司的研究,轮胎气压不足率每上升20%,寿命里程数就会下降15%。与充气状况正常的轮胎相比,充气不足的轮胎会更快地产生过热现象,从而更容易造成损坏。图15-84为轮胎充气不足与早期磨损示意图,图中颜色较淡的区域就是胎面上被过度磨损的部分。

燃油消耗 以下按行驶里程15万km/年，百分里油耗35L计算

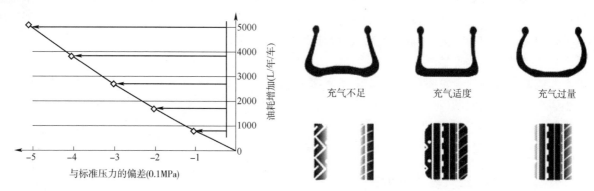

图15-83 轮胎充气不足与燃油消耗关系统计图　　　图15-84 轮胎充气不足与早期磨损示意图

二、轮胎辅助充气装置的组成与工作原理

1．全自动轮胎辅助充气装置

1）组成

根据使用功能的设计要求，全自动轮胎辅助充气装置主要由空气压缩机、干燥装置、储气筒、压力保护阀、调压机构、控制器总成、报警器和充气连接装置等几部分组成，如图15-85所示。

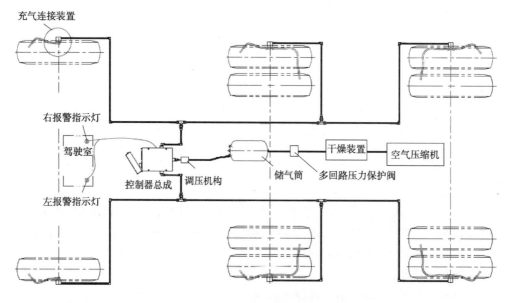

图15-85 全自动轮胎辅助充气装置的组成

(1)空气压缩机。

空气压缩机(简称"空压机")是为整车提供气源的总成，其主要作用是将大气中的空气转化为高压气体，供车上的用气设备使用。

空压机的工作原理是：工作时，曲轴做旋转运动，带动连杆使活塞在缸内作往复运动。活塞自上向下运行时，缸内容积增大，形成一定的真空度，在大气压力的作用下进气阀开启，外界空气依次经过空气滤清器、进气道、进气阀而被送入气缸；活塞自下向上运行时，气缸容积减小，缸内空气不断被压缩，压力逐渐升高，直至气体压力升高到足以克服排气阀弹簧的张力与排气室内压缩空气的压力之和时，排气阀开启，被压缩气体经排气口、排气阀和相应管路被输送至干燥装置。

空压机的传动部件安装在喷油泵主轴颈上，当发动机处于正常工作状态时，发动机曲轴通过正时齿轮与喷油泵正时齿轮啮合，带动喷油泵的主轴颈转动，再由主轴颈带动空压机工作，被压缩的外界空气经干燥装置干燥调压后，由输气管道输送到储气筒内储存。

(2) 干燥装置。

干燥装置安装在空压机之后，是对来自空压机的气体进行干燥并调压的一种空气处理系统。

干燥装置主要有两个功能，一是对来自空压机的气体进行干燥，排除气体中的油水，对整车管路的气源做净化；装置内的颗粒状干燥剂具有很强的吸附水分子和油分子的能力，其通过冷却再生吸附对压缩空气的水分进行干燥、对空气中的油分进行吸附。

另一个作用是调压，即通过内置调压机构将来自空压机的高压气体调整到适合整车制动系统所需的气体压力，以保证制动系气路在合适的气压下工作。内置调压机构主要由卸荷阀和调压阀组成，其作用是调节供气管路中被压缩的气体压力，使之保持在规定的压力范围内。当储气筒内的气压达到规定值（有气压表测量气压值）时，调压机构工作，卸荷阀和调压器同时开启，使空压机与大气相通，空压机不再泵气而处于空转状态，以降低发动机燃油消耗，减少发动机输出功率损失。

(3) 多回路压力保护阀。

多回路压力保护阀安装在干燥器之后，其基本功用是将来自干燥装置的压缩空气分别向各回路的储气筒充气。当某一回路损坏漏气时，该阀能保证其余完好回路继续充气。多回路压力保护阀有一个进气口，多个出气口，且多个出气回路并联连接，气压可同时充入多个出气回路。在所有的回路中有一个旁通孔，以确保如果一条回路失效，其他出气回路的空气从失效回路中泄漏，直至达到动态关闭压力；如果其他回路中空气泄漏，将再一次被充入，直至达到失效回路的设置开启压力；如果其他回路失效，完好回路的压力保护过程以同样方法进行。多回路保护阀可以确保制动系统优先使用空气，并能防止储气筒在未满足制动所需气压之前就向轮胎充气。

(4) 储气筒。

储气筒安装在多回路保护阀之后，主要用来储存被空气压缩机压缩后经干燥装置干燥过滤并调压后的外界空气，以便在汽车制动和轮胎充气时使用。

随着储气筒内压缩空气的不断增多，筒内气压也逐渐升高。当筒内气压升高到规定值时，膜片在其下方气压作用力下，克服调压弹簧的预紧力而向上拱起，空心管和排气阀也随之向上移动，直至排气阀压靠阀座而关闭，切断卸荷室与大气通路，从而使得压缩空气经气管充入卸荷室，迫使进气阀门开启。这时气缸与大气相通，空压机卸荷空转；当储气筒内压缩空气不断消耗时，调压膜片下腔室气压降低，膜片和空心管在调压弹簧的作用下向下移动；当储气筒内气压下降到一定值（由气压表测量气压值）时，卸荷室和储气筒与大气相通的通路被切断，卸荷室内的压缩空气即排入大气，卸荷阀在自身弹簧弹力的作用下复位，进气阀恢复正常，空压机恢复对储气筒正常供气。

从使用和安全出发，储气筒及储气筒安装应满足以下要求：

①储气筒上必须设置安全阀。即当储气筒内部气压高于预先设定的最大气压值时，安全阀自动开启，将多余气体放出，防止压力过高导致储气筒胀裂，造成安全事故。

②储气筒材料应具有足够的刚度和强度，并能承受保证安全的气体压力。

③应有足够的容积，以保证发动机停止运转后，储气筒中的压缩空气处于最大压力值时能够实现 6~10 次全制动。

(5) 调压机构。

调压机构主要由调压阀、止回阀及空气滤清器等组成。调压阀的作用是调节供气管路中被压缩的气体压力，使调压机构后面管路中的气体压力能够保持在规定的压力范围内，以保证轮胎及轮胎辅助充气系统的气路在合适气压下工作；止回阀的作用是保证气路不回流；空气滤清器的主要作用是过滤空气，阻止水分和污物进入。

(6) 控制器总成。

控制器总成是轮胎辅助充气装置的核心，由电子控制单元（ECU）、充放气组合控制阀和控制面板等组成。其中，ECU 处理驾驶人指令，监控系统内的所有信号，并控制系统每隔几分钟就对轮胎压力进行一次检查，以确保将压力维持在预先设定的水平。此外，ECU 还将指令传送到充放气组合控制阀，该阀通过轮胎充气连接装置直接控制车轮气门嘴。

控制面板安装在仪表台上,可显示当前的轮胎压力、选择的模式和系统状态,驾驶人可以通过操作控制面板选择与当前路况匹配的轮胎压力模式。当驾驶人选择某个胎压设置时,信号将由控制面板传输到控制器总成,然后到达充气连接装置,最后到达车轮气门嘴。

(7)报警器。

报警器的主要作用是当轮胎当前气压比设定轮胎压力低10%时,通过车上的激活报警指示灯通知驾驶人并执行系统诊断。当大量气体充入轮胎(说明轮胎可能已经穿孔)时,气压传感器也将激活报警指示灯,以通知驾驶人。

(8)充气连接装置。

充气连接装置主要由锁闭阀、充气软管、旋转接头、安装支架、轮胎阀及各种传感器(轮胎气压传感器、速度传感器等)等组成。锁闭阀仅允许气体进入轮胎,而不允许流出,从而可确保在对一个轮胎进行充气时,其他轮胎的气压不会降低。充气软管的一端直接与锁闭阀连接,另一端与控制器总成连接。旋转接头由气封、油封和轴承等组成,用于将空气软管从非旋转轴连接到旋转毂盖;其气封可防止漏气,而油封可阻止污物;旋转接头采用动态密封机制,既允许转动,又可防止高压气体从轴管进入轮毂时出现压力损失;旋转接头是整个系统最核心的部位,也是系统中唯一旋转的部件。轮胎阀借助轮胎气压传感器自动检测胎内的气压,将经调压装置调解过的气体充入轮胎气门嘴;当胎内的气压达到预先设定的标准气压值,轮胎阀起作用,切断轮胎与气门夹具气体通路,充气结束。安装支架固定在轮毂上,其主要作用是固定轮胎阀。转毂上还有一个排气口,用于释放毂盖中的压力。

车轮气门嘴在车轮的顶端。如果是双轮并装,气门嘴一般只与外车轮连接,以使两轮胎间的气压平衡。车轮气门嘴的一个作用是在轮胎未被使用时,将其与整个系统隔离,以减轻密封件承受的压力,从而延长其使用寿命。通过车轮气门嘴还可以按照需要对轮胎进行充气和放气。

图15-86和图15-87所示分别为单胎轮胎和双胎轮胎的充气连接装置示意图。

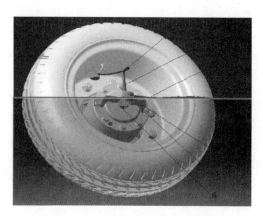

图15-86 单胎充气连接装置示意图

1-气管;2-锁闭阀;3-气管;4-安装支架;5-旋转接头;6-轮胎阀

图15-87 双胎充气连接装置示意图

2)工作原理

全自动轮胎辅助充气装置和整车制动系统共用来自于空压机的气源。空压机送出的压缩空气经过干燥装置进行干燥、过滤和调压(将来自空压机的高压气体调整至与制动系统适用的气压)后通过多回路保护阀输送至储气筒;储气筒内的气压通过调压机构调压(将来自制动系统的气体调整至轮胎适用的气压)、过滤后送至轮胎充气连接装置。

行车前,驾驶人通过仪表台上的操作控制面板选择与当前路况匹配的轮胎压力模式,当驾驶人选择某个轮胎设置时,信号即将设置的模式传输到控制器总成;控制器总成将指令传送到轮胎充气连接装置,由后者直接控制车轮气门嘴;当行驶中的轮胎当前气压比设定值低10%时,控制器总成通过激活报警指示灯通知驾驶人并执行系统诊断,同时将指令传送到轮胎充气连接装置,以实现对轮胎进行自动充气,直至胎内气压达到设定值时,充气过程结束。充气连接装置中的传感器将轮胎压力的读数传输给控制器总成,并在控制面板上显示。

由此可见,轮胎的充气过程是通过轮胎压力传感器、轮胎速度传感器监控胎内气压,并将信号反馈给控制器总成,由控制器总成的 ECU 与驾驶人选择并设定的轮胎压力模式相比较,若低于设定值的 10% 时,控制充气连接装置自动充气;当胎内气压达到设定值时,充气结束。当车辆加速行驶时(例如在高速公路上),为防止轮胎损坏,轮胎的气压将升高;轮胎充气连接装置中的速度传感器将车速信息传送给控制器总成,如果车辆继续加速行驶一段时间,系统会自动对轮胎充气,以使气压与速度相适应。

2. 车载轮胎辅助充气装置

1) 组成

车载轮胎辅助充气装置的组成及结构原理与全自动轮胎辅助充气装置基本相同,其主要区别在于控制器总成和充气连接装置不同。

(1) 控制器总成。车载轮胎辅助充气装置的控制器总成不直接控制车轮气门嘴,只是将轮胎的气压信息通过控制面板反馈给驾驶人,由驾驶人根据轮胎的气压信息通过车载轮胎充气装置给轮胎充气。

(2) 充气连接装置。充气连接装置主要由充气软管、气压表、排气阀、气门夹具等组成。充气软管的一端直接与储气筒上的取气阀连接,另一端与调压阀、气压表连接,气门夹具安装在气压表总成的一端。需要特别指出的是,该气门夹具是一种特殊的夹具,其可以借助气压表自动检测轮胎内的气压,同时根据轮胎所需气压通过调压阀调节输气管路中的气压,将调节的气压通过气门夹具总成充入轮胎;当轮胎内的气压达到预先设定的标准气压值时,气门夹具总成的止回阀起作用,切断轮胎与气门夹具气体通路,充气结束。

2) 工作原理

车载轮胎辅助充气装置与全自动轮胎辅助充气装置的气体来源、取气方式和干燥、调压过程及原理基本相同,不同之处在于轮胎的充气过程及执行机构不同。

需要充气时,应先打开储气筒上的取气阀,调定轮胎充气所需要的气压值(由气压表指示气压读数),然后取出连接在储气筒上的充气软管,使充气夹具与汽车轮胎气门嘴连接进行充气,直至轮胎内部的气压值达到标准值范围时,充气过程结束。

第十六章　客车被动安全装置

被动安全性是指在事故发生时和发生后,车辆的相关安全设计、设备和设施能够对车内乘员及外部行人提供避免或降低伤害的保护能力,其决定了事故发生时和发生后乘员的伤亡及损失严重程度。

客车载客量大,一旦发生恶性交通事故,极容易造成群死、群伤,对群众生命财产带来严重影响。因此,客车对被动安全性的要求要远高于其他车辆,应针对碰撞、倾翻、火灾等主要事故形态,从设计、制造等方面采取相应的安全技术措施,配备完善安全设施和设备,以达到提高客车被动安全性的目的。

第一节　概　　述

按照功能的不同,目前客车被动安全技术和装置可以分为四大类:即乘员约束类,包括安全带、座椅约束隔板等;逃生类,包括应急门、应急窗、撤离舱口等安全出口和其他逃生装置;吸能类,包括转向吸能装置、安全气囊、吸能保险杠、防撞梁和车身结构安全等;灭火(阻燃)和爆胎应急安全装置等。

一、乘员约束类被动安全装置

1. 安全带

一般来说,解决客车恶性交通事故的被动安全性问题,使用座椅安全带是最为简单、方便、经济有效的办法。为此,世界主要国家的车辆安全法规都规定了安全带的生产、设计和试验等标准。

客车发生碰撞或紧急制动时,车厢内将产生很大的减速度,其结果是在极短的时间内车辆停止运动。在此瞬间,乘员将以撞车或紧急制动前的速度向前方运动,碰撞到仪表板、转向盘或前方座椅等,从而受到很大的撞击(二次碰撞)。座椅安全带的作用是使乘员的向前移动停止在乘员和前方障碍物中间的减速距离范围内,以防止二次碰撞所造成的伤害。此外,当客车发生碰撞或翻车时,安全带是最有效防止乘客摔出的装备。

目前,出于经济和使用方便考虑,客车上一般只在驾驶人座椅设三点式安全带(肩腰连续带),乘客座椅则设两点式安全带(腰带)。从使用效果看基本能满足安全性要求,但条件允许的话,装三点式安全带对乘员的保护更为有利。由于客车座椅相对较高,加上横向布置4～5个座位,因此大部分乘客座椅安全带不便固定车身骨架上,而要安装在座椅框架上,就需要安全带的安装部分和座椅框架必须有足够的强度。一般来说,两点式安全带的固定点应接近坐垫支架和靠背骨架的交点处。

在发生撞车等事故时,安全带不仅必须将乘员控制在座席上,而且还能靠织带(肩带或腰带)的适当延伸和缓冲作用来减轻和免除人体受到的伤害和加速度影响。因此,织带不但应具有足够的性能强度,而且特别要具有延伸性和吸能性。

2. 座椅约束隔板

座椅约束隔板是安装在车身结构上,用于在前方碰撞事故或紧急制动过程中约束和保护位于其后方乘员的专用装置,这种装置基本上都由客车配套件厂专业生产。GB 24406—2012《专用校车学生座椅系统及其车辆固定件的强度》和 GB 24407—2012《专用校车安全技术条件》,提出了专用校车座椅约束隔板的应用问题,而修订后的 GB 13057—2014《客车座椅及其车辆固定件的强度》也提出了客车座椅约束隔板的使用要求和动态试验要求,以确保专用校车上学生和客车上乘客的乘坐安全性。

为贯彻落实 GB 24406—2012、GB 24407—2012 和 GB 13057—2014 对座椅约束隔板提出的有关技术要求，江苏省制定了地方标准 DB 32/T 2698—2014《客车座椅约束隔板结构强度及安全要求》，提出了约束隔板背部吸能特性的试验方法和技术要求。这对于统一国内客车座椅的约束隔板产品结构强度及安全性能，方便产品出厂检验，提高座椅约束隔板的制造质量和安全技术水平有着十分重要的作用。图 16-1 所示为校车约束隔板抗前倾性能动态试验情况。

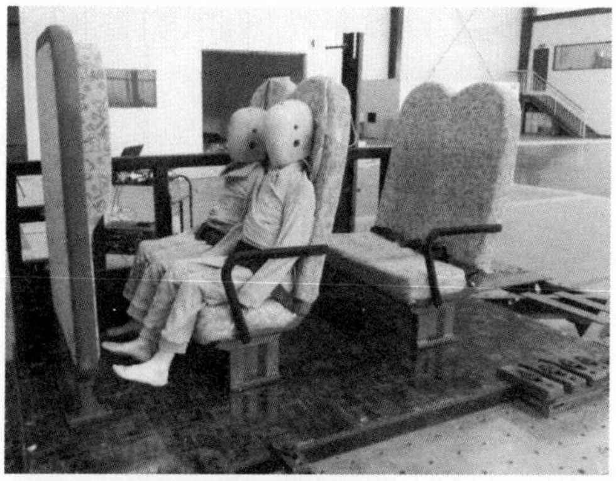

图 16-1　校车约束隔板抗前倾性能动态试验情况

二、逃生类被动安全装置

1. 安全出口

客车安全出口（Emergency exit）是指从乘客区通往客车车外且仅在紧急情况下供乘客离开客车的出口。在国家标准 GB 13094《客车结构安全要求》和 GB24404—2012《专用校车技术条件》中，安全出口被定义为应急出口，与乘客门一起称为客车的出口。本章节中，除特殊说明外应急出口等同于安全出口。

安全出口在紧急情况下对乘客逃生有着特殊的意义，因此受到客车设计者和使用者的特别关注。设置安全出口时需要考虑保证在车身的多个方向上均应设置，避免集中在一侧而影响紧急情况下的乘客逃生。

对于出口车辆，安全出口的设置还需要考虑当地的法律、法规以及使用习惯等。

2. 逃生装置

当车辆发生意外灾难时，车内乘员如何快速转移到车外，是保证乘员生命安全的一项重要手段。当前，客车车内逃生主要通过乘客门、安全出口（应急门、应急窗和撤离舱口等）逃到车外。其中，乘客门、应急门和撤离舱口可以通过启动开关开启；而应急窗尤其是封闭式，则主要通过常见的安全锤击破应急窗玻璃后，从车内逃出。

除了常见的在车内侧窗立柱上安装的安全锤外，目前还出现了另外一种自动破玻器。这种自动破玻器在紧急情况下能够通过破玻开关的控制，一键迅速击破多个应急窗玻璃，快速实现应急窗的逃生功能。

三、吸能类安全装置（技术）

1. 转向吸能装置

国内外通过对大量事故的调查分析发现，在正面碰撞发生时，客车前部变形往往会影响到转向系统，使转向柱和转向盘向驾驶人方向移动。为了减少或消除转向柱的危险运动，目前主要采用安全转向柱来减轻正面碰撞发生时，转向柱移动对驾驶人造成的伤害。即靠正面碰撞发生时安全转向柱结构产生的轴向压缩变形，减小对驾驶人的冲击。

世界各国的新型安全转向柱以小球式转向柱的出现为标志，并作为一种较成熟的技术一直沿用至今。

2. 正面碰撞吸能装置（结构）

除转向吸能装置外，为减少正面碰撞发生时的伤亡，必须尽可能保证驾驶人的最小生存空间。为此，部分客车开始在车身前围结构设计时采用了正面碰撞缓冲吸能装置或吸能结构设计。计算机仿真和实验证明，这些装置或结构的采用对减少正面碰撞的车身变形具有较好的效果，所吸收的能量可达总碰撞能量的 10% 以上。图 16-2 所示为正面碰撞缓冲吸能装置和吸能结构的仿真模型。

3. 车身结构安全技术

相对于其他碰撞形式，侧翻是最容易造成严重伤亡的事故类型。保证客车侧翻过程中乘员的最小生存空间，对减少伤亡十分重要。国内外实践证明，客车采用全承载整体式框架结构具有较高侧翻安全性

（即车身具有较大的强度和刚度，既能吸收一定的碰撞能量，又使变形受到一定的限制）。目前，我国大中型客车基本上都采用的是骨架式车身，很容易实现全承载整体式框架结构。为此，GB 7258—2012 明确要求客车上部结构应具有足够的强度和刚度，专用校车、公路客车、旅游客车和未设置乘客站立区的公共汽车的上部结构强度应符合 GB/T 17578 的规定，"车长大于 11m 的公路客车和旅游客车及所有卧铺客车，车身应为全承载整体式框架结构。"并根据 GB 17578 的试验方法进行检测。试验中生存空间以外的车身任何部分的位移都不许侵入生存空间，生存空间内的任何部分都不能突出至变形的车身结构外，以考核客车/校车的上部结构强度，评价其侧翻结构安全。图 16-3 所示为 GB 17578 定义的生存空间，其等效于 ECE R66/02。

图 16-2 正面碰撞缓冲吸能装置和吸能结构的仿真模型

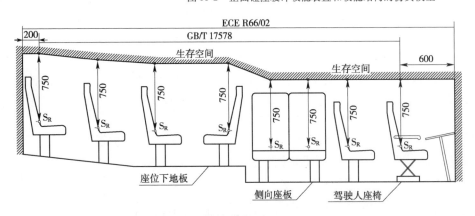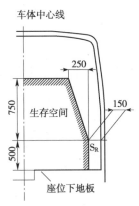

图 16-3 GB 17578 定义的客车生存空间示意图

交通部自 2004 年开始，在对营运客车的等级评定标准中规定了高三级客车必须采用全承载式车身结构（JT/T 325—2004），并在具体实施的实际评定中根据车身结构特点、车身结构强度有限元分析报告等采用现场认定方式，按照业内公认的方法进行评定。针对近年来重、特大客车交通事故不断发生的现状，为加强管理，工业和信息化部强化了大型客车的安全准入，规定从 2011 年 1 月 1 日起，新上公告的大中型客车必须按照 GB/T 17578 的要求进行侧翻试验；自 2012 年 3 月 1 日开始，车长大于 11m 的客车必须采用全承载式车身结构。

为配合 GB 7258—2012 的实施，工业和信息化部批准全国汽车标准化委员会组织制定了 QC/T 997—2015《客车全承载整体框架式车身结构要求》，规范了全承载式车身的术语、定义和结构特征（包括材料和工艺要求等）；以与 GB 7258 配套，供理解和实施参考。

四、灭（防）火装置及其他被动安全装置

客车撞车和倾翻时，很容易发生火灾。一旦火灾事故发生，燃烧高温和烟雾会使乘员很快失去知觉，而安全带锁死、车门锁死、车门变形卡死、车身变形溃缩、外物侵入和座椅移位等因素都会阻碍乘员的快速逃生。由于使用频率高、承载人数多，如何防止客车火灾和减少火灾二次伤害的发生就变得非常重要，他决定着乘员的生存机会。

阻止火灾发生的主要技术途径有防止电气线路短路、安全油箱和燃油切断技术等措施,而减少火灾发生后二次伤害的主要技术途径有车内灭火器的使用,以及配置发动机舱自动灭火装置等。

1. 灭火装置

客车上容易着火的部位有发动机舱、缓速器周围、蓄电池舱及轮胎(制动器高温下引燃)等部位。为阻止火灾发生,一般在发动机舱、缓速器和蓄电池舱等处安装自动灭火装置,在驾驶人附近及其他容易发现的地方放置 2~3 个灭火器,以便在火灾发生的初期自动扑灭火灾,或供乘员使用灭火。

2. 电气火灾防止

客车火灾的发生大多与导线老化短路有关,因此对导线的选用十分重要。目前,我国客车企业普遍采用的是聚氯乙烯绝缘导线(一般称为 PVC 导线),其耐高温为 105℃以下,离 SAE 等国际先进标准要求相距甚远。由于聚氯乙烯为热塑性材料,这种材料的特点就决定了导线不耐高温、易老化开裂。当线路发生短路或过载时,PVC 绝缘层将熔化并极易引燃其他车体材料。此外,在车辆使用过程中导线经常会产生漏电、串电现象,而发动机区域的机油温度传感器、冷却液温度传感器、车速和转速传感器等信号不稳和丢失现象,也大多是因导线受热老化、绝缘程度降低所致。因此,选用耐高低温、高阻燃、耐老化、抗过载性强的导线对预防火灾具有重要意义。

随着汽车控制功能的不断增加,导线及线束的结构越来越复杂。为此,国内外已经开发出了新型汽车导线和线束,主要是通过多路数、多附件的导线辐射交联来实现各种复杂的功能要求。这种导线的耐热耐温等级大为提高,即使燃烧也不会熔融滴落,也不溶解于一般的油和有机溶剂;其抗张强度、耐磨性、抗压性、抗冲击、抗撕裂和抗剪切等力学性能显著提高后,耐温等级达到 C 级(125℃以上)。这对于减少漏电、串电等现象具有重要意义。

整车线束必须采用耐高温和阻燃耐磨波纹管包裹。线束在布置过程中必须远离热源和运动件,并不与油管和气管捆扎在一起。线束要分段固定可靠,穿过孔眼时有橡胶护圈保护;碰擦刃边铁口时有耐磨材料隔离;经过潮湿和高温区域时要有相应的防水、隔热等防护措施。发电机、起动机、缓速器及空调的电源线因持续通过大电流,需特别加强绝缘隔离防护。此外,发电机、发动机搭铁线要连接良好,线路总搭铁与车体也须连接有效可靠,避免因连接不当而造成线束的损伤和留下故障隐患。

合理使用和布置熔断丝及断电器对于及时切断短路或过载电流、防止电火花的产生和蔓延具有重要作用。因此,大、中型客车的每一个用电设备都设计有单独和适当的熔断丝和断路器等线路保护装置。

3. 阻燃内饰

车身附件及内装饰采用环保阻燃材料,可减少火灾发生时各种有毒、有害物质与烟雾的产生,防止由于内饰燃烧导致的灾难性事故。因此,在进行客车被动安全性设计时,必须考虑其附件和内饰等的防火阻燃性能。地板、地毯、内饰板、座椅泡沫和面料等车身附件及内装饰的材料应使用阻燃防火性能好的环保材料,防止一旦发生火灾事故时,有毒、有害物质的产生。

GB 8410—2006《汽车内饰材料的燃烧特性》,规定了客车内饰材料的燃烧性能。GB 24407—2012《专用校车安全技术条件》,除了规定内饰材料的燃烧特性外,还对专用校车内饰材料的氧指数和烟密度也提出了相应技术要求。

4. 爆胎应急安全装置

轮胎是车辆与地面之间接触的唯一部件,车辆行驶时几乎所有的纵向力及侧向力都来自于轮胎与地面的接触和摩擦,正是轮胎与地面之间的作用力,才保证了车辆的正常行驶。但当爆胎情况发生时,爆破的车轮瞬间失去与地面间的切向力,原有的平衡被打破,使车辆处于一种极不稳定,甚至失控的状态。

近年来,由于我国汽车保有量与高速公路里程的增加,由爆胎而引发的交通事故一直居高不下。"爆胎"与"疲劳驾驶"和"超速"并列为道路交通的三大杀手,但由于爆胎不可预见和难以控制,因此又被称为"头号杀手"和"隐形杀手"。

目前,各客车制造厂家对车辆发生爆胎后的行车安全投入了更大的重视和更多关注,对大、中型客车和校车及特种车辆标配或选配了爆胎应急安全装置。其目的就是在发生爆胎后避免轮胎脱出轮辋,保证轮胎与轮辋的同步运行,基本消除爆胎对行驶安全的影响。

第二节 安 全 带

安全带装置属于汽车的乘员保护装置,其作用是在汽车发生碰撞和翻车事故时及时把乘员束缚在座位上,最大限度地防止乘员前冲、免受大的减速度,同时约束乘员避免和车内的坚硬物碰撞(二次冲撞),且冲击过后,安全带应适当放松,防止乘员受到二次伤害。从保护乘员的安全出发,理想的安全带要求有预紧装置,发生事故时第一时间把乘员束缚到座位上,冲击力过后,安全带可以适当放松,进一步降低乘员的伤害指数。

从1963年开始,美国、欧洲、日本等国家和地区相继开始制定汽车安全带的标准和法规。如美国联邦汽车安全标准FMVSS 209、欧洲汽车安全法规ECE R16、日本安保基准11-4-11和澳大利亚汽车设计规范ADR 4D等,均对座椅安全带性能及检测方法做出了规定。我国1993年颁布了强制性安全标准GB 14166—1993《汽车安全带性能要求和试验方法》、GB 14167—1993《汽车安全带安装固定点》,1997年制定了QC 244—1997《汽车安全带动态性能要求和试验方法》,1998年发布了《汽车安全带产品鉴定程序和规则》,并规定统一使用汽车安全带产品鉴定合格标志。从提高汽车产品安全性能出发,1999年又发布了与ECE R94规则相对应的CMVDR 294规则《关于正面碰撞乘员保护的设计规则》,其中对新定型的基本车型和现生产车型分别做出了规定。

一、汽车安全带的分类与特点

安全带是由软织带、皮带扣、长度调节装置、安装部分和卷带装置等构成,按其作用于身体上的部位可分为腰带、肩带和腰肩连续带;按其固定点的数量可分为二点式、三点式和四点式几种类型,如图16-4所示。安全带的惯性式锁紧装置只要拉伸速度超过设计速度就可以把安全带拉紧。腰部固定点承载能力不应低于22.7kN,肩部固定点则应高于22.9kN。在正常行驶时,安全带可以任意伸长而不妨碍驾驶人的操作和乘员的基本活动。

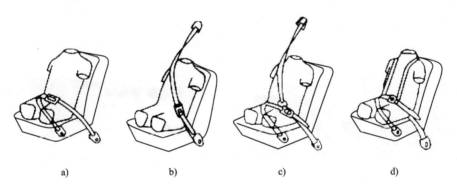

图16-4 安全带种类
a)两点式腰带;b)两点式肩带;c)三点式安全带;d)四点式安全带

1. 两点式安全带

两点式安全带有腰带式和肩带式两种,可细分为简易二点式、卷收二点式和紧急锁止二点式三种,是应用最广的基本形式。目前,客车上乘客座椅大多配置的是简易腰带二点式。

两点式腰带是最简易的汽车安全带,其特点是结构简单,直接靠横跨乘员腰部的织带限制下躯体向前移动,但无法限制乘员上躯体特别是头部的向前移动,多用于大、中、轻型客车的中、后排座椅,如图16-4a)所示。

肩带式也称"斜挂式",是指从臀部斜跨前胸到另侧肩部的安全带,用于限制乘员上躯体向前移动。这种安全带在欧洲采用较多,一般客车上应用较少,如图16-4b)所示。

卷收两点式安全带和紧急锁止两点式安全带基本与简易二点式类似,只不过增加了织带的自动卷收和紧急锁止功能。

2. 三点式安全带

三点式安全带由腰带和肩带组合而成,用以约束乘员的腹部和上躯体。由于在撞车时具有良好的乘员保护性能,三点式安全带已成为标准的座椅安全带。

按腰带和肩带结合方式的不同,三点式安全带可分为 A 型 B 型两种。其中,三点式 A 型安全带是将肩带下端的金属连接体嵌合于腰带带扣榫舌中,三点式 B 型安全带是将肩带通过滑移导向杆与腰带成为一体,如图 16-4c)所示。

三点式安全带一般为卷收式,使用时可以根据需要拉出扣上;不用时,解除带扣榫舌,织带在卷收器作用下自动卷收(收回)。

3. 四点式安全带

如图 16-4d)所示,四点式安全带也称"全背式安全带",是在两点式安全带上连接两根肩带而构成的类型。这种安全带保护性能最好,目前多用于赛车上。

肩带式和四点式安全带在客车上使用较少,前者一般适用于学生座椅,四点式安全带有时孕妇会用到;还有一些特殊安全带,如儿童座椅使用的安全带等。

二、汽车安全带的组成与工作原理

客车座椅最常用的安全带是两点式安全带(有简易两点式和两点卷收式)和三点式安全带(卷收式)两种。

1. 两点式安全带

1)简易两点安全带

简易两点式安全带如图 16-5 所示,其结构较为简单,由锁扣、锁舌、织带和带头等四部分组成。其佩戴方式如图 16-6 所示,使用时把锁舌插入锁扣中并保持松紧度适当即可。在车辆发生事故时,织带可以限制乘员身体移动,有效地保护乘客。

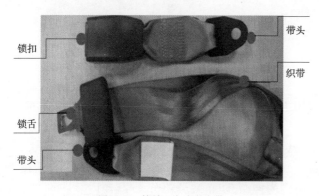

图 16-5 简易两点式安全带

图 16-6 两点式安全带佩戴方式

2)两点卷收式安全带

两点卷收式安全带由锁扣、锁舌、卷收盒和织带四部分组成,如图 16-7 所示。

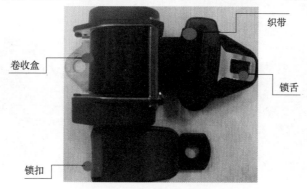

图 16-7 两点卷收式安全带

两点式安全带连接件为带扣和锁舌,有刚性连接带锁扣和柔性连接带锁扣两种。在车辆正常行驶、发生交通事故时约束乘员,在事故发生后解除锁止帮助乘员逃离。

刚性带锁扣与刚性连接杆铆接,适用于客车前排驾驶人座及乘客座,如图16-8所示。

柔性连接带锁扣用于车辆后排座位,如图16-9所示。

两点式安全带不能保护乘员上身的安全,但能有效防止乘员被抛出车外。

图16-8　刚性带锁扣　　　　　　　　图16-9　柔性带锁扣

2. 三点卷收式安全带

三点式卷收安全带一般由锁扣、锁舌、卷收盒、卷收器、织带和吊环等组成(比两点卷收式增加一个吊环),如图16-10所示。

三点卷收式安全带的使用方法可参考图16-11。织带从肩部拉出,把锁舌插入锁扣即可。由于三点卷收安全带一般都有预紧装置,因此和两点式安全带相比,更能有效地保护乘客。

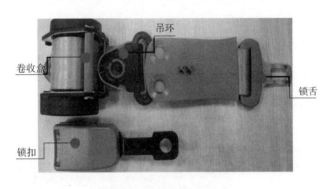 

图16-10　三点式安全带　　　　　　　图16-11　三点卷收安全带的佩戴方式

1) 卷收器

卷收器是三点卷收式安全带的关键部件,主要用于用于卷收、存储部分或者全部织带,并且在增加一些机构后可以具有特定的功能,如预紧、报警功能等。

当车速瞬间变化时,卷收器预紧机构开始预紧,其内部的锁止机构锁止,把乘员束缚到座椅上,保护并防止乘员移动。卷收器内设有惯性敏感元件、棘轮棘爪机构或者中心锁止机构,当车辆瞬间速度变化达到设定范围时,卷收器的卷簧可使安全带在一定范围内伸缩,防止乘员勒伤,即既允许乘员的身体在一定范围内移动,而织带又不会松弛;紧接着惯性敏感元件驱动锁止机构锁止卷轴,使织带伸出一定长度后锁止,等惯性力峰值过后,安全带织带适当放松,防止乘员二次受伤。

一种复合敏感型紧急锁止式卷收器如图16-12所示,其由预紧器、限荷器等组成,图16-13为结构分解图。

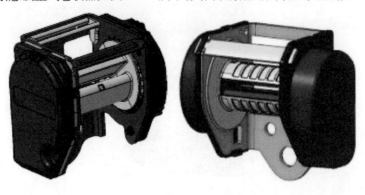

图16-12　紧急锁止式卷收器

卷收器是安全带总成中用于收卷、储存部分或全部织带并在增加某些机构后能起特定作用的装置。按其作用可分为无锁式卷收器（MLR）、自锁式卷收器（ALR）和紧急锁止式卷收器（ELR）三种。其中，自锁式卷收器是一种在任意位置停止拉出织带动作时，其锁止机构能在停止位置附近自动锁止并保持锁紧力的卷收器，常用于两点卷收式腰带；紧急锁止式卷收器是一种应用最为广泛的卷收器，在汽车正常行驶时允许织带自由伸缩，但当汽车速度急剧变化时，其锁止机构锁止并保持安全带束紧力约束乘员。紧急锁止式卷收器中装有惯性敏感机构和锁止机构，当紧急制动、碰撞或车辆行驶状态变化时，敏感机构将驱动锁止机构锁住卷轴或锁住织带，并保持约束力，使织带固定在某一位置上。卷收器一般可通过各类功能组件按需要组合设计而成。

图 16-13　紧急锁止式卷收器结构分解图

预紧器主要是在发交通生事故时允许安全带织带伸出一定的长度，起到缓冲作用，防止乘员勒伤。

限荷器用于限制安全带作用载荷的装置，可以改善安全带能量吸收特性，对乘员施加比较均匀的约束力，减少使用安全带带来的不适感。

卷收器张力减小装置：主要作用是增加乘员使用安全带的舒适感。

长度调节装置：用来调节安全带上端有效固定点的调节装置，提高乘员使用安全带的舒适感，在乘用车上使用，客车上较少使用。

2）织带

织带是安全带总成中约束乘员并将力传递到安全带固定点的柔性带状物，是通过聚酯纤维纱线经、纬交织而成不同花型、不同锁边的无梭织带，宽度一般为 46~50mm，厚度为 1.08~1.22mm。

织带的主要性能指标有抗拉强度、伸长率、能量吸收性、耐磨性、耐光性、耐高低温性、抗水性、耐磨色牢度、耐光色牢度、纵横向刚度和阻燃性等。其中，首先要求具有足够的强度，同时具有耐热、耐湿、耐磨、阻燃等特性，除此以外还应具有一定的伸长率，便于发生事故时吸收能量。

3）带扣锁

带扣锁简称"带扣"，是安全带总成中既能把乘员约束在安全带内，又能快速释放的连接装置。按按钮位置不同，可分为侧按式和顶按式；按连接形式，可分为刚性锁架连接和柔性钢丝杆连接。

带扣锁的锁头、锁舌要求结构简单，强度高，开启性能稳定，锁止和解锁方便，不易造成误操作，且在锁体内容易实现安装安全开关或警告灯开关等。

4）带头

带头亦称"导向杆"，是安全带总成中用于改变织带方向的零件。其作用是便于卷收器的布置，使安全带能贴紧身体，有效约束身体各部位，提高乘员佩戴安全带的舒适性。

对带头的要求是表面光滑、摩擦系数小、圆弧面曲率适中和滑动时的变形及阻力小。

三、座椅安全带对乘员的保护性能

高速行驶的汽车一旦发生交通事故（碰撞、意外紧急制动、翻车等），将产生巨大的惯性力，这个惯性力可能超过驾驶人或者乘客体重的若干倍（根据行车速度及撞击程度有所不同），使驾驶人及乘客与车内的转向盘、风窗玻璃、座椅靠背、车身、顶篷、挡板和扶手等物体发生碰撞，极易造成对驾乘人员的伤害，甚至将驾乘者抛离座位或抛出车外。

安全带的主要作用就是防止在发生交通事故时,驾乘人员受到二次伤害。如果驾乘人员正确使用了安全带,一旦发生交通事故,安全带会把驾乘人员束缚在座位上,约束驾乘人员的移动,从而有效地避免发生二次伤害,如图16-14所示。

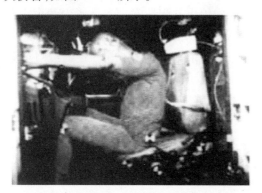

a)系上安全带,驾驶人获得更大的生存空间　　　　b)不系安全带,驾驶人被甩出,易受更大伤害

图16-14　客车座椅安全带的作用

汽车事故调查表明,在发生正面撞车时,如果系了安全带,可使死亡率减少57%,侧面撞车时可减少44%,翻车时可减少80%。

客车载客量大,为了提高对乘员的保护,最好使用具有预紧功能的卷收安全带,这样在遇到安全事故时,可以有效减小乘客受到的伤害。

客车安全带相对独立,一般安装在座椅底架上,因此对座椅的强度要求较高。由于两点式安全带结构简单,价格低廉,目前在客车上使用较多。但这种两点式安全带在发生交通事故时,仅仅只能约束乘员的下身移动,而上半身还是能自由移动,因此头部很容易碰到车身或者靠背,受到二次伤害。有的即使采用了三点式安全带,但由于缺少预紧装置,一旦发生交通事故,在巨大的惯性力作用下,安全带也会伤害乘客尤其是肩部和颈部。

目前,客车安全带的发展趋势是由两点式到三点式,而预紧式安全带也会在客车上得到更加广泛的应用。随着人们安全意识的提高,三点式安全带会迅速得到普及,各种技术要求和安全标准也将与国际接轨。

第三节　安全出口

一、客车安全出口的分类与要求

1. 分类

根据有关标准,客车安全出口有应急门、应急窗和撤离舱口三种类型。

1)应急门

应急门(emergency door)是指仅在异常、紧急情况下作为乘客出口的车门,通常也被称作安全门。为方便紧急情况下逃生,应急门不应与乘客门同在车身的一侧。

2)应急窗

应急窗(emergency window)是指仅在紧急情况下作为乘员出口的车窗,该车窗可以不装玻璃,通常也被称作安全窗。

3)撤离舱口

撤离舱口(escape hatch)是指仅在紧急情况下供乘客作为应急出口的车顶或地板上的开口,即安全顶窗和地板出口等。

安全出口在紧急情况下对乘员逃生有着特殊的意义,对此客车的设计者和使用者需要严格注意。

2. 对安全出口的要求

作为客车安全设施（设备）的一部分，国内外的有关标准法规都对其提出了严格的要求。以我国的 GB 7258—2012《机动车运行安全技术条件》、GB 13094—2007《客车结构安全要求》和 GB 24407—2012《专用校车安全技术条件》等强制性标准为例，每项标准都有专门章节对安全出口的数量、种类、安装位置，应急门、应急窗洞口尺寸和通向安全出口的通（引）道宽度，以及每个分隔舱出口的最少数量等提出了明确的要求，所有客车安全出口必须满足。

对于专用车辆如机场摆渡车等，需满足相关法规、标准以及对应管理部门（如民航总局）管理规定中相应的要求。

上述要求只是对安全出口的最低要求，在客车设计中应尽可能增加安全出口数量，方便乘客逃生。但需要注意的是安全出口的设置也是客车设计的一部分，并不是安全出口数量越多或者洞口越大就越安全。更大的安全出口尺寸就意味着更大的骨架洞口，将使整车骨架强度相对降低，需要设计师很好地平衡两者之间的关系。

除标准法规要求外，安全出口的设置还需要考虑保证多个方向上均设置有安全出口，避免集中在某一侧而影响乘客逃生。

对于出口车辆，安全出口的设置需要考虑当地的法律、法规以及使用习惯。

二、客车安全出口的结构与组成

1. 应急门

应急门是乘客逃生的有效手段之一，通常由应急门骨架、蒙皮、止口、铰链、门锁、玻璃、密封胶条、使用说明和警示装置等组成。图 16-15 所示为常见应急门结构，图 16-16 所示为校车后围应急门照片。

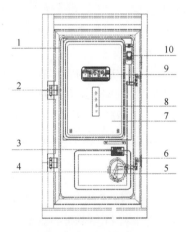

图 16-15　应急门结构

1-应急门止口及密封胶条；2-应急门铰链；3-应急门使用说明（外部）；4-应急门手柄盖板；5-车外应急门手柄；6-应急门锁；7-应急门玻璃；8-安全出口标识；9-车内应急门使用说明；10-车内安全门开关

图 16-16　校车后围应急门

常见的应急门门体有铝型材骨架结构、全冲压钣金结构和型钢骨架结构等。在同等尺寸下这三种结构的质量依次上升，成本依次降低，但从外观上看则无明显区别。对于主流专用校车，由于法规强制要求安装应急门，安装量较大，通常采用全冲压钣金结构；其他客车则根据不同的市场定位和销量等，选用不同结构的应急门。

从美观性出发，应急门铰链多采用内藏式合页铰链，也有部分采用外置铰链。

应急门锁一般采用多点固定方式，且车内、外均能方便打开。为此，应急门锁在车外常设置有玻璃盖板，紧急状态下击碎盖板转动手柄，即可迅速从外部打开，以方便救援人员施救；车内手柄一般设在门体上部，用红色罩壳盖住，在紧急情况下车内人员取下罩壳，转动手柄，即可打开应急门逃生。

从保证强度出发，应急门手柄多采用钢结构，外部包裹醒目或能吸引人注意的红色塑料或皮革防护套。外部手柄安装于应急门外侧开口内,外面罩有玻璃盖板,方便紧急状态下使用。

应急门玻璃采用与普通侧窗玻璃相同的钢化玻璃,用以提高车辆外观整体性和车内乘客视野,并可用来粘贴各种警示或提示标识。

应急门警示装置多采用声音信号,以保证在即将开启或打开状态下能够有效地提醒司乘人员。警示装置多位于车内应急门上转动手柄处,一打开罩壳即开始报警。为防止误报,对罩壳和警报触头采取了特别措施。

在我国,由于应急门并非强制要求安装,且增加应急门后对整车的外观、结构强度、密封等都会带来一定的负面的影响,因此应急门并不是公路客车和公交客车的标配,只有专用校车要求强制安装。专用校车的应急门一般安装在车辆后围处,而其他客车的应急门常安装在驾驶人侧的中部或者后部。安装在侧围的应急门需注意开启方向,以保证车辆运行时有利于应急门关闭。

为实现紧急逃生,应急门处要求保留一定的通道宽度;为了不影响车内座椅,应急门处的座椅多采用自动翻转或者折叠结构,以方便紧急状态下乘客迅速逃离。

2. 应急窗

按照结构形式的不同,应急窗可分为全封闭应急窗、推拉式应急窗和外推式应急窗。

1) 全封闭应急窗

全封闭应急窗多为采用了安全玻璃并满足应急窗尺寸要求的侧窗或者后风窗。按照标准法规的要求,应急窗通常位于车身两侧,每侧数量由一个至数个不等,部分车型在车辆后风窗玻璃处也设置一个应急窗。

全封闭应急窗在非公交客车上应用较多。每个应急窗处配备有红色安全锤并贴有应急出口标识,以方便紧急状态下使用。图 16-17 所示是一种常见的以全封闭侧窗作为应急窗的结构,通常包括应急窗玻璃、应急出口标识和安全锤(或自动破玻器)等。这种全封闭应急窗与普通全封闭侧窗并无较大区别,所用材质等均相同。对于现代客车而言,部分侧窗虽然没有粘贴应急出口标识,但在紧急情况下,也可通过安全锤击碎并从此处逃生。图中虽然仅中间位置侧窗粘贴了应急出口标识,但是实际上其他侧窗均可用作逃生用途。图 16-25 所示为常见的安装了全封闭应急窗的长途(旅游)客车。

随着对客运安全的日益重视,部分车辆配备了自动破玻器。采用自动破玻器的客车在紧急状态下可实现自动迅速击碎玻璃,方便乘客逃生。自动破玻器有多种形式,常见的有电磁式和机械式两种。虽然结构不同,但原理一致,都是通过各种形式存储的能量,在紧急状态下迅速释放,击碎安全侧窗,以此解决紧急状态下部分乘客不能正确使用安全锤击碎玻璃而无法逃生的问题。相对于安全锤,自动破玻器成本较高,目前虽然安装量不大,但可以预见会有很大市场。

2) 推拉式应急窗

所谓推拉式应急窗,就是采用了安全玻璃并满足应急窗尺寸要求的推拉式侧窗,有铝合金框架式推拉窗和内嵌式推拉窗等多种类型。其中,铝合金框架式推拉窗又可分为上推拉和下推拉式。

图 16-18 所示为常见的铝合金框架式推拉窗结构,通常由窗框铝型材、玻璃导轨、密封胶条、限位块、推拉窗玻璃、窗锁和固定螺钉等组成,而上推拉和下推拉窗只是推拉部分所在位置不同,其他结构均相同。

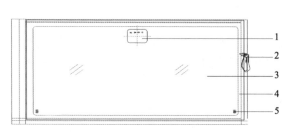

图 16-17 常见的全封闭应急窗结构示意图
1-安全出口标识;2-应急锤;3-安全玻璃;4-应急窗立柱;
5-安全玻璃3C标识

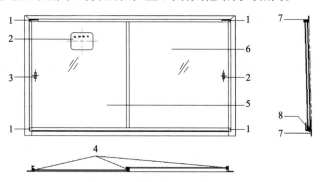

图 16-18 铝合金框架式推拉应急窗结构
1-限位块;2-安全出口标识;3-窗锁;4-密封条;5-推拉前玻璃;6-推拉后玻璃;7-推拉窗铝框;8-滑道

图 16-19 所示为常见的内嵌式推拉应急窗结构,通常由挖洞玻璃、推拉玻璃、加固型材、玻璃滑槽、玻璃滑道、窗锁和应急出口标识等组成。

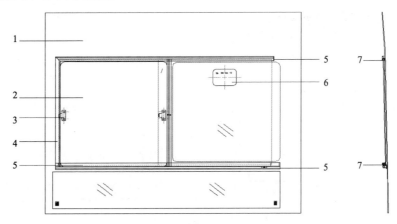

图 16-19 内嵌式推拉应急窗结构
1-推拉窗固定玻璃;2-推拉窗活动玻璃;3-窗锁;4-推拉窗铝框;5-推拉窗滑道;6-安全出口标识;7-密封条

推拉式应急窗在公交客车上较为常见。GB 7258—2012《机动车运行安全技术条件》中强制要求公交客车两侧的车窗如面积能达到设置为应急窗的要求时,均应设置为推拉式应急窗或外推式应急窗。

图 16-27 所示为常见的安装了推拉式应急窗的公交客车。

3)外推式应急窗

外推式应急窗是近年来出现的一种新式应急窗,由气弹簧、锁止机构、应急手柄、应急手柄罩、侧窗玻璃、标识和铰链等机构组成。相对传统应急窗,其具有方便使用和逃生迅速的特点,如图 16-20 和图 16-21 所示。这种应急窗在紧急状态下拉动应急手柄,通过窗两侧的气弹簧即可以较为方便从内向外开启,供乘客逃生,不需要将玻璃击碎,使用起来更安全。

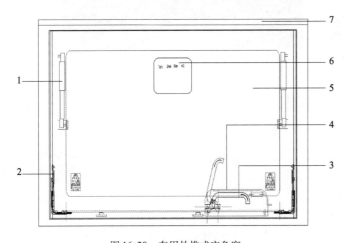

图 16-20 车用外推式应急窗
1-气弹簧;2-锁止机构;3-应急手柄;4-应急手柄罩;
5-应急窗玻璃;6-安全出口标识;7-外推窗铰链

图 16-21 车用外推式应急窗

相对于全封闭应急窗,外推式应急窗结构复杂、密封性相对较差,影响乘车感受;相对于推拉式应急窗,其无法在常规状态下实现换气功能,实用性较差。这些缺陷影响了外推式应急窗的推广,因此目前在主流公交客车还采用较少。

3. 撤离舱口

客车撤离舱口有车顶安全顶窗和地板出口两种类型。

1)安全顶窗

按照标准要求,安全顶窗应为弹射式、铰接式或采用易击碎的安全玻璃结构。目前,在客车上应用较多的是铰接式安全顶窗,其通常由外盖、内盖、翻转铰链和应急开关等组成。外盖和内盖之间安装有功能件,如带换气功能的安全顶窗安装有电动机、风扇等内部结构;在面向乘客的内盖上,通常还贴有应急标识及安全顶窗使用说明,以供乘员在紧急状态下使用,如图 16-22 和图 16-23 所示。

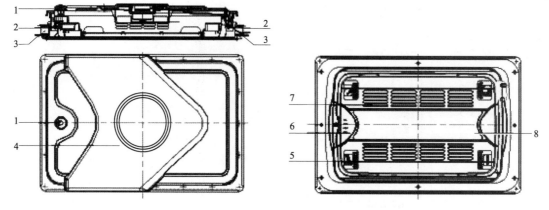

图 16-22　铰接式安全顶窗结构

1-车外紧急开关;2-铰链;3-固定型材;4-安全顶窗外盖;5-使用说明;6-车内紧急开关;7-换气格栅;8-内盖

也有部分客车采用安全玻璃结构的安全顶窗。配备这种安全顶窗的客车,在窗附近配有安全锤,以供紧急状态使用,如图 16-24 所示。

图 16-23　带换气功能安全顶窗

图 16-24　玻璃安全顶窗

2）地板出口

地板出口有铰接式和弹射式两种,并装有声响报警装置,在其未完全关闭时提醒驾驶人。目前,地板出口仅在法规中有所体现,由于要求太高且难以实现而采用较少,即使在欧洲和国内主流客车上,地板出口的配置也极为罕见。

三、常见的客车安全出口示例

1. 长途、旅游客车安全出口

图 16-25 所示为常见带应急门的长途(旅游)客车。这类客车一般左侧设置 2 个应急窗,1 个应急门;车辆后围设置 1 个应急窗;车辆顶部设置 1 个安全顶窗;车身右侧设置 2 个应急窗。

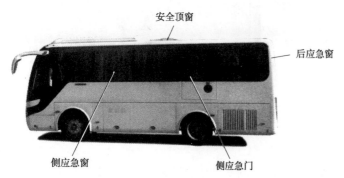

图 16-25　常见的长途(旅游)客车安全出口

2. 专用校车安全出口

图 16-26 所示为常见的专用校车。其车身左侧设置 2 个应急窗,后围设置 1 个应急门,车身顶部设置 1 个安全顶窗,车身右侧设置 2 个应急窗。

3. 城市客车安全出口

图 16-27 所示为常见的城市客车安全出口。其车身左侧设置 3 个推拉式应急窗,后风窗玻璃处设置 1 个应急窗,车顶设置 2 个安全

顶窗,车身右侧设置3个推拉式应急窗。

图16-26 常见专用校车安全出口　　　　图16-27 城市客车常见的安全出口

4. 安全出口的开启方式

1) 使用安全锤开启

安全锤通常放置于应急窗附近的侧窗立柱上(图16-71、图16-72),使用时需要从安装底座上取下安全锤,迅速敲击安全玻璃的角落区域,击碎后即可从应急窗处逃出车厢。

2) 安全顶窗的开启

客车安全顶窗多位于车辆顶部中间位置。若在车内使用时,先将安全顶窗向上双侧推开(处于自然换气位置),然后拉开紧急开关塑料防护罩,旋转紧急开关,向上翻开安全顶窗,即可从开口处逃生。图16-28所示为已打开的安全顶窗。

在车外使用时,旋转安全顶窗紧急开关后,可直接翻开安全顶窗,方便从车外实施救助。

3) 应急门的开启

紧急状态下,在车内揭开应急门手柄(开关)罩壳(若采用玻璃盖板,则击碎应急开关盖板),旋转应急门手柄,即可从车内打开应急门。也可从车外击碎外部应急门手柄(开关)盖板,旋转应急门手柄,即可从车外打开应急门。图16-29所示为开启状态的应急门。

图16-28 紧急状态下的安全顶窗开启　　　　图16-29 开启状态的应急门

第四节　转向吸能装置

一、概述

在车辆发生的严重正面碰撞事故中,前部车身若有较大的压溃变形,则刚性转向机构必然被迫后移,压缩驾驶区的生存空间,对驾驶人产生伤害。而采用吸能式转向装置能够有效吸收碰撞能量,防止或减少碰撞对驾驶人的伤害。

国外制定的有关安全标准中规定:"在汽车以 48km/h 的速度,正面同其他物体碰撞试验中,转向管柱和转向轴的后移量不得大于 127mm;在台架试验中,用人体模型躯干以 6.7m/s 的速度碰撞转向盘时,其轴向力不得超过 11350N。"为此,采用转向吸能装置,并与安全带和安全气囊相配合,已开始成为防止或减轻正面碰撞时驾驶人伤害的现代中、高级客车的标准装备。

我国虽然尚未制定颁布有关大、中型客车配置转向吸能装置和转向机构对驾驶人伤害的标准,但针对小客车(轿车)的标准 GB 11557《防止汽车转向机构对驾驶员伤害的规定》已于 1989 颁布实施,至今已修订到第三版(2011 版)。面对汽车正面碰撞事故的时有发生,仅采用安全带已不能满足需要,开发研制客车用吸能转向机构并作为标准配置已势在必行。

国内外有关转向吸能装置的部分标准及试验要求,见表 16-1。

吸能转向装置的相关标准及试验要求　　　　　　　　　　　　　　　　　表 16-1

国家/地区	中　国	日　本	欧　洲	美　国
标准	GB 11557—2011《防止汽车转向机构对驾驶员伤害的规定》	TRIAS27·吸收冲击式转向机构技术标准	91/662/EEC/附件 2 碰撞时转向机构吸能性试验	FMVSS203·防止汽车转向机构对驾驶人的冲击伤害
冲击载荷	水平力≤11123N	约 11123N	≥11110N	碰撞力超过约 11120N 的累计时间不超过 3ms
胸块发射速度	24.1～25.3km/h	(24±1)km/h	24～25.2km/h	(24.1±0.4)km/h
冲击部位	转向盘的最大刚度和最小刚度处	产生最大冲击载荷的位置	转向盘的最大刚度和最小刚度处	适当的位置

正常情况下当汽车发生正面碰撞时,首先是碰撞产生的能量使汽车前部发生塑性变形。假设转向传动装置与座椅等部件为刚性设计,不可压溃变形,则驾驶人将被前围骨架及转向装置因碰撞变形压溃和后移而困在狭小的空间中,甚至威胁生命。客车正面碰撞变形和驾驶人受转向盘挤压的模拟仿真如图 16-30 和图 16-31 所示。

图 16-30　正面碰撞驾驶区变形仿真示意图

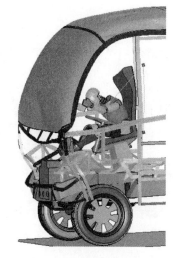

图 16-31　驾驶人腹部和胸部发生挤压

此外,在发生正面碰撞时,驾驶人受惯性影响有冲向转向盘的运动,其运动能量的一部分由约束装置如安全带、气囊等加以吸收,另一部分则传递给转向盘和转向柱系统。而这部分能量也需要通过转向盘及转向柱系统予以吸收,以防止超出人体承受能力的碰撞力伤害驾驶人。

发生碰撞时,碰撞能量使汽车前部发生塑性变形,安装在前部的转向管柱随转向管柱支架后移,管柱上的运动滑道在碰撞能量的影响下使转向管柱向前运动,首次提高驾驶人的生存空间;碰撞继续发展,驾驶人在其本身的惯性作用下冲向转向盘。尽管驾驶人本身有约束装置如安全带、气囊的约束，但仍有一部分能量要传递给转向柱管系统。因此，吸收二次碰撞能量和驾驶人的部分惯性能量是吸能式转向柱设计的目的。

二、转向吸能装置的功能与分类

转向吸能装置是汽车转向系统上连接转向盘与转向机的部件，它除了具有普通转向传动装置的功能外，当汽车发生正面强烈碰撞时，还可通过内部结构吸收因碰撞而产生的能量，最大限度地减少碰撞对驾驶人造成的伤害，从而有效的保护驾驶人的人身安全。其采取的基本措施是，在车辆发生碰撞时，使转向系的有关零部件产生塑性变形、弹性变形、某些零件相互分开并不能传递运动和力，或者利用零部件之间的摩擦来实现吸收冲击能量。

目前，可在客车上使用的转向吸能装置分为万向节式和转向柱及转向柱管吸能式两大类。其中，转向柱及转向柱管吸能式有转向轴轴向位移式、滑轨式、塑料销钉式、挤压式、钢球滚压变形式、网状管柱变形式和波纹管变形式等多种，它们的主要区别仅在于吸能装置的具体结构不同而已。

三、转向吸能装置的结构与工作原理

1. 万向节式转向吸能装置

图 16-32 所示为万向节式转向吸能装置结构及布置简图，其转向器安装在客车底架（或底盘的车架上），转向柱管固定在仪表台支架上。这种转向吸能装置虽然结构简单，但只要合理布置，且十字轴万向节连接的两轴之间存在有夹角，当发生正面撞车后，在冲击力的作用下底架前端产生溃缩变形，转向器后移，和转向传动轴一起处于图中点画线位置，就能在车辆发生正面碰撞时减少或防止转向盘、转向轴向驾驶人一则移动。

2. 转向轴和转向柱管式吸能装置

转向轴是连接转向盘和转向器的传动件，并传递它们之间的转矩。转向柱管安装在车身上，支撑着转向盘。转向轴从转向柱管中穿过，支撑在柱管内的轴承和衬套上。转向轴多用无缝钢管制成，它的上部用轴承或衬套支撑在转向柱管内，下端与转向万向节相连。转向柱管的下端压装在下固定支架的孔内，下固定支架用两个螺栓固定在驾

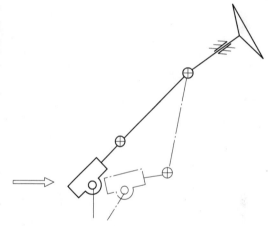

图 16-32　万向节式转向吸能装置结构及布置简图

驶室底板上，转向柱管上端通过上支架固定在驾驶室前围仪表板上。

1）转向轴产生轴向位移吸能装置

转向柱管分为上、下两段，中间用柔性联轴器连接。联轴器的上、下凸缘盘靠两个销子与销孔扣合在一起。销子通过衬套与销孔配合，当发生撞车时，上下两段相互分离或相互滑动，从而有效地防止转向盘对驾驶人的伤害，但转向操纵机构本身不包含有吸能装置。工作原理是：当发生猛烈撞车时，将引起车身、车架产生严重变形，导致转向轴、转向盘等部件后移。与此同时，在惯性作用下驾驶人人体向前冲，致使转向轴上的上、下凸缘盘的销子与销孔脱开，从而缓和了冲击，吸收了冲击能量，有效减轻了驾驶人受伤的程度。可伸缩转向柱管的结构如图 16-33 所示。

由于在发生车祸时，对驾驶人造成主要威胁的是转向盘及转向柱管等，所以在设计转向操纵机构时，增加了安全措施。如采用安全转向柱、安全联轴器及能量吸收装置等。转向轴和转向柱管的吸能装置有多种类型。其基本结构原理是使转向轴产生轴向位移或使支架或某些支撑件产生塑性变形，从而吸收冲击能量。

2）滑轨式转向吸能装置

如图 16-34 所示，滑轨式转向吸能装置主要由转向柱管总成和转向传动轴总成两大部分组成。其

中,转向柱管总成主要由输入轴、转向柱管壳体、转向柱管前后、上下滑轨,上、下支座和套管,防撞衬垫、转向柱调整手柄和轴承等零部件组成;转向传动轴总成主要由转向轴、套、锁套和万向节叉等组成。

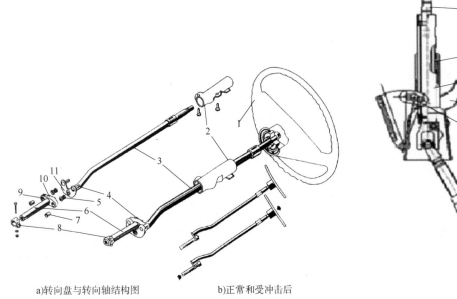

a)转向盘与转向轴结构图　　b)正常和受冲击后

图 16-33　可伸缩转向柱管

1-转向盘组件;2-转向柱管;3-上转向轴;4-柱销;5-减振橡胶套;6-下转向轴;7-塑料衬套;8-夹子;9-销孔;10-下凸缘盘;11-上凸缘

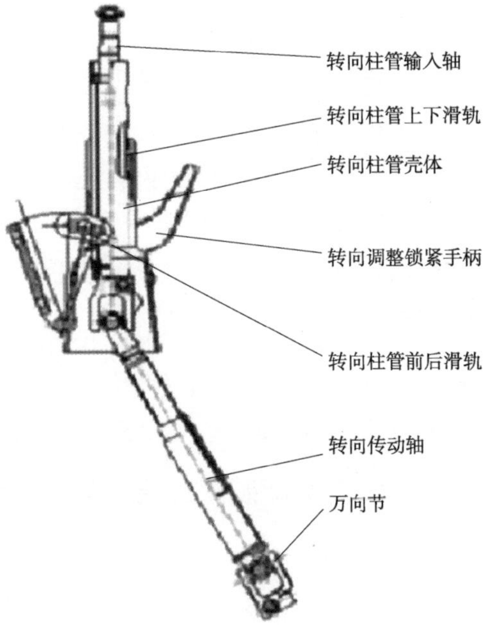

图 16-34　滑轨式转向吸能装置结构示意图

转向传动轴总成上采用伸缩式转向轴,中间通过防撞销和防撞衬垫连接。当车辆发生正面碰撞时,转向传动轴和转向柱管在冲击力及驾驶人惯性力的作用下,防撞销断裂,防撞衬垫脱落,通过轴、套和滑轨的相对滑动来减少或消除碰撞力产生的转向传动轴总成后移量,达到减少首次碰撞所产生的能量的目的。

3)塑料销钉式转向吸能装置

图 16-35 所示为塑料销钉式转向吸能装置的安全联轴套管结构示意图。该吸能机构(转向传动轴)位于两十字轴万向节之间,由套管和轴组成,套管经过挤压处理后形成的内孔形状与两侧经铣削加工后所形成的轴断面形状与尺寸完全一致,装配后从两侧的孔中注入塑料,形成销钉而使套管与轴连接为一体。车辆与其他物体发生正面碰撞时,作用在套管与轴之间的轴向力使塑料销钉受剪切作用,达到一定值后剪短销钉,随后套管与轴相对移动,而存在于其间的塑料能增大摩擦阻力并吸收冲击能量。同时,套管与轴相互压缩,长度缩短,可以减少转向盘向驾驶人一侧的位移量,起到保护驾驶人的作用。

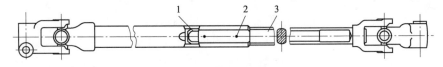

图 16-35　安全联轴套管结构示意图

1-套管;2-塑料销钉;3-轴

塑料销钉式转向吸能装置结构较为简单,制造容易,只要合理选取销钉数量与直径尺寸,便能保证可靠地工作和吸收冲击能量。撞车后因套管与轴仍处在连接状态,所以车辆仍有可能转向行驶到不妨碍交通的安全地带。

4)挤压式转向吸能装置

图 16-36 所示为挤压式转向吸能装置的吸能转向柱管结构示意图。其结构特点是:转向柱管分上、下两段 1 和 2,并压入两端各有两排凹坑的套管 3 内。当车辆发生撞车事故时,依靠柱管与管套的挤压作用吸收冲击能量。为了满足所要求的压紧力,柱管与管套之间的过盈量是相当重要的,转向轴此时应断开,并用花键或其他方式连接。

同上述几种转向吸能装置比较,挤压式转向吸能装置工作可靠,但结构复杂,制造精度要求高。

5) 钢球滚压变形式转向吸能装置

也有将转向柱管分为内管与外管,内管外径小于外管内径,并且内管伸进外管,在两者之间的间隙处放入钢球,而钢球的直径要大于内外管之间的间隙,即使它们之间形成过盈配合。在车辆发生碰撞事故瞬间,能导致转向柱管的内、外管相对移动时,通过钢球与管壁的摩擦挤压作用或套筒的塑性变形吸收冲击能量。这种结构较为简单,容易制造,尺寸精度也容易控制,如图16-37所示。

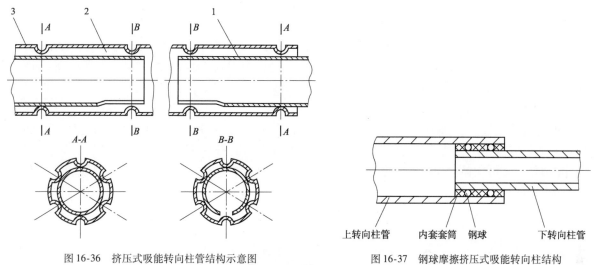

图16-36 挤压式吸能转向柱管结构示意图
1-上转向柱管;2-下转向柱管;3-套管

图16-37 钢球摩擦挤压式吸能转向柱结构

钢球摩擦挤压式转向吸能装置作为一种较成熟的技术目前在汽车上应用较广。不仅适用于不同车型,而且整个转向系统的外形几乎无须做任何调整。通过小球位置的排列,可以加强转向柱纵向抗弯刚性,避免"弯曲"的出现。

另一种钢球滚压变形吸能式的结构图如图16-38所示,当汽车发生碰撞时,转向器对转向轴施加激烈的轴向冲击力,冲击(一次冲击)将转向轴上的塑料销钉12、17剪断,下转向轴向上滑套上上转向轴,以防止转向盘移动伤害驾驶人。一次冲击后,如果驾驶人的身体撞击转向盘(二次冲击)时,断开式套管固定架脱离封壳,将封壳的塑料销切断,转向盘柱下陷;当转向盘柱下陷时,钢球便会滚动;由于下转向柱管的内径较小,限制钢球自由滚动,钢球受滚压将柱管部件向外推出,从而吸收碰撞能量。

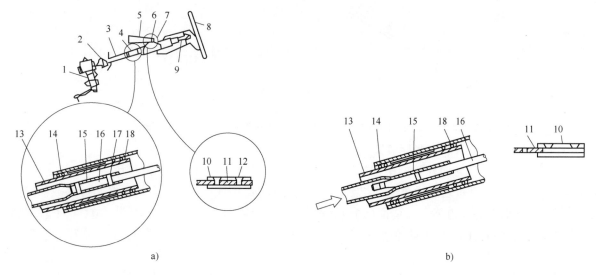

图16-38 钢球滚压变形吸能式
1-转向器总成;2-挠性联轴器;3、13-下转向柱管;4、14-上转向柱管;5-车身;6、10-橡胶垫;7、11-转向柱管托架;8-转向盘;9、16-上转向轴;12、17-塑料销钉;15-下转向轴;18-钢球

6)网状柱管变形吸能式转向吸能装置

网状柱管变形吸能式如图16-39a)所示,上转向轴2套装在下转向轴3(管)的内孔中,两者通过塑料销1接合在一起(也有采用细齿花键接合的)并传递转向力矩。塑料销的传力能力受严格限制,它既能可靠地传递转向力矩,又能在受到冲击时被剪断,因此,它起安全销的作用。

这种转向操纵装置的转向柱管6的部分管壁制成网格状,而网格状柱管在受到压缩时很容易产生轴向变形,并消耗一定的变性能量。此外,车身上固定管柱的上托架8也是通过两个塑料安全销7与柱管连接的,当这两个安全销被剪断后,整个柱管就能前后自由移动。

当汽车发生撞车时,转向器对转向轴产生一个向上的推力,转向轴在受到这个推力(第一次冲击力)的作用时,连接上下转向轴之间的塑料销1被剪断,上转向轴2将沿下转向轴3的内孔滑动伸缩;与此同时,转向柱管上的网格部分也被轴向压缩而变形。在此过程中,塑料销被剪断和转向柱管上的网格被压缩变形都会消耗一部分冲击能量,从而阻止了转向柱管整体向上移动,避免了转向盘对驾驶人的挤压伤害,为驾驶人保持一定的生存空间。

在第一次冲击过后,驾驶人会在惯性力的作用下向前冲(第二次冲击)并压在转向盘上,这时固定转向柱管的塑料安全销7会被剪断,并使转向柱管和转向轴上端能自由移动;同时,当转向柱管受到来自上端的冲击力后,会再次被轴向压缩变形并消耗冲击能量。这样,由转向系引起的对驾驶人的冲击和伤害将被大大降低,如图16-39b)所示。

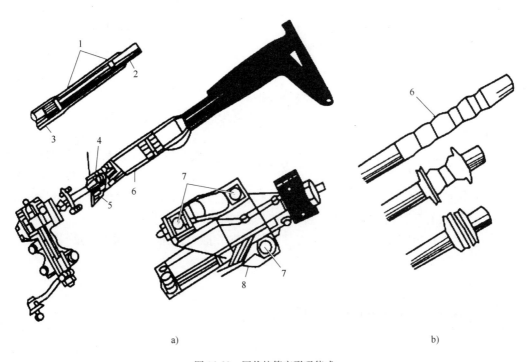

图16-39 网状柱管变形吸能式
1-塑料销;2-上转向轴;3-下转向轴;4-凸缘盘;5-下托架;6-转向柱管;7-塑料安全销;8-上托架

7)波纹管变形吸能式转向吸能装置

波纹管变形吸能式转向柱管的结构如图16-40所示。由图中可见,转向轴和转向柱管都分成两段,上转向轴3和下转向轴1之间通过细齿花键5接合并传递转向力矩,同时它们两者之间可以做轴向伸缩滑动;在下转向轴1的外边装有波纹管6,它在受到冲击时能轴向收缩变形并消耗冲击能量;下转向柱管7的上端套在上转向柱管4里面,但两者不直接连接,而是通过柱管压圈和限位块2分别对它们进行定位。

当汽车发生碰撞时,下转向柱管7向上移动,在第一次冲击力的作用下,限位块2首先被剪断并消耗能量,与此同时转向柱管和转向轴都产生轴向收缩。当受到第二次冲击时,上转向轴3下移,压缩波纹管6使之收缩变形并消耗冲击能量。

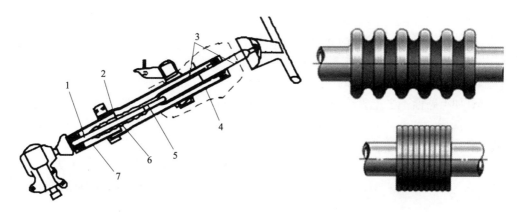

图16-40 波纹管变形吸能式
1-下转向轴；2-限位块；3-上转向轴；4-上转向柱管；5-细齿花键；6-波纹管；7-下转向柱管

第五节 爆胎应急安全装置

轮胎是车辆与地面接触的唯一部件，车辆行驶时几乎所有的纵向力及侧向力都来自于轮胎与地面的摩擦，正是因为有了轮胎与地面之间的作用力，才保证了车辆的正常行驶。

轮胎最不安全的故障是爆胎。正常行驶的车辆若发生爆胎，轻则必须停驶维修，重则车毁人亡。特别是前轮爆胎，很可能导致车辆跑偏甚至侧翻等，从而造成重大交通事故。据交管部门统计，在高速公路上40%的交通事故来自轮胎故障，其中70%因爆胎引起，由此导致的人员死亡占高速公路意外事故死亡人数的49.8%。因此，爆胎被公认为是高速安全行车的头号杀手。

爆胎情况发生时，被爆胎的车轮瞬间失去与地面间的切向力，使车辆处于一种极不稳定、甚至失控的状态。为此，爆胎应急安全装置的开发和推广使用，就显得极为重要。

所谓爆胎应急安全装置（tyre failure emergency safty device），是指一种当转向车轮轮胎破裂失压后能够使车辆可继续行驶一段距离的装在轮胎内部的装置。它能及时释放车辆转向轮轮胎破裂失压后剧增的运动阻力，使车辆的行驶方向继续可控、制动性能有效，是继安全带、ABS和安全气囊后出现的第四代汽车"应急"安全保护装置。

一、爆胎原因及其危害

1. 爆胎成因

车辆行驶中发生爆胎的原因很多，归纳起来主要由有漏气、胎压过高或过低、超载和超速、路面状况不好、严重磨损未及时更换、制造缺陷以及其他因素等。

1）漏气

轮胎因被铁钉或其他尖锐物刺扎，虽暂时没被扎破，但刺扎处因行驶中的反复挤压、拉伸，会出现漏气现象，进而引起爆胎。

2）气压过高或气压不足（气压不合安全要求）

在高速客运中，轮胎气压过高或过低都容易导致行驶中的客车爆胎。

行驶速度高，轮胎温度升高很快，气压也随之升高，致使轮胎变形、胎体弹性降低，导致车辆所受到的动负荷也随之增大，如果遇到瞬间高强度冲击会产生内裂或爆胎。这也是爆胎事故会在夏季集中爆发的原因。

当汽车行驶速度超过120km/h时，气压不足容易造成胎体"谐振动"从而引发巨大的谐振作用力，此时如果轮胎不够结实或者已经有"伤痕"，就很容易爆胎。此外，气压不足将使轮胎的垂直变形量增大，在急转弯时容易造成胎壁着地；而胎壁是轮胎最薄弱的部分，胎壁着地同样会导致爆胎。

轮胎气压过低时，与地面的接触面变大，行驶的滚动阻力也变大。当车辆高速行驶时，轮胎升温快，更容易出现如前所述的轮胎本身膨胀而抗压性变差；而轮胎与地面接触面的前后两端反复高频率地被弯曲和拉伸，对于气压偏低的轮胎来说，由于其弯曲和拉伸的幅度比正常气压下大得多，因此将很快达到疲劳而折断爆胎；此外，气压过低还会使高速运行的轮胎外胎和内胎之间发生相对位移，这种位移对内胎有一定的磨损作用，当磨损超过允许值后，也容易引起爆胎。

为了增加车轮承载能力而充过高的胎压也是一种极易导致爆胎的原因。这种情况将使轮胎长时间处于超负荷状态，加上路面不平造成的冲击载荷，以及路面异物等因素对轮胎局部造成的超负荷，都很容易造成爆胎。

3）"带病工作"

轮胎长时间使用后磨损严重，冠上已无花纹（或花纹过低）、胎壁变薄，即变成了人们常说的"光头胎"或已出现了高低不平得"薄弱环节"，它将会因为承受不了高速行驶的高压、高温而爆胎。

4）超载

当前，国内生产和使用的客运汽车普遍采用高压轮胎，承载力大的后轮一般采用双轮胎。在正常情况下，当车轮上的载荷为最大允许值的时候，高压轮胎的内压力为 $0.6 \sim 0.9 MPa$；当客运汽车的实际载重量超过车轮的最大允许载荷时，轮胎内压就会增大；当轮胎内压超过轮胎气门的密封压力时，就会引起漏气；如果承载力大的后双轮中有一个轮胎漏气而驾驶人未能及时发现，就会导致后双轮中的另一轮胎因负荷过大而爆胎。此外，山区行驶的客运汽车长时间使用制动器后，制动鼓会逐渐产生高温，由于轮胎气门贴近轮辋内侧中间位置，距制动鼓很近，制动鼓产生的高温会使气门底部的胶皮膨胀变质而密封性变差，因此爆胎的概率更高。

5）超速

就长途营运大客车而言，在长时间高速行驶的情况下，轮胎与地面剧烈摩擦会产生大量热量，当热量积聚到一定程度会导致轮胎自身高温。高温对轮胎的不良影响有两个方面：一是使轮胎本身膨胀而抗压性变差；二是使胎内的气体膨胀导致内压升高。此外，在客车长时间保持高速运行状态时，轮胎与地面的接触面也长时间保持相对稳定的状态，其劳损面难以得到调节，这种状态保持较长时间后，往往会使内压超过轮胎劳损面负荷强度而爆胎。

6）制造缺陷

轮胎制造时留下的内伤或帘布层气泡等都属于制造缺陷和轮胎本身的质量问题。所谓内伤，是指内胎曾经因锐器穿孔或气门漏气而修补过。修补过的轮胎密封性与负荷能力与未修补的轮胎相比，相差很大。其原因在于内胎修补处一般都垫有橡胶垫片，这种垫片的作用是修补外胎穿孔，避免穿孔处"冒泡"，继而爆胎。但这种突出外胎内表面的垫片在受载情况下又对内胎修补处有磨损作用，若经常超负荷行驶或遇路面冲击颠簸，很容易出现爆胎。

帘布层内的气泡一般是在轮胎生产过程中形成的。对于帘布层有气泡的轮胎来说，在受载情况下气泡会因承载的负荷而移动，气泡所占据的空间体积也会随着气泡的移动而逐渐增大，最终会导致帘布层穿孔，继而内胎会从帘布层穿孔处"冒泡"而引发爆胎。

7）轮胎表面过度磨损或受油类腐蚀

轮胎表面过度磨损是客车较容易出现的问题，有的客车轮胎花纹已被磨平还在照常行驶。这样的轮胎其负荷能力及抗压强度已远远低于正常轮胎，加上高温、超速以及路面颠簸等，很容易发生爆胎。

此外，轮胎受油类腐蚀也容易造成爆胎。其原因是轮胎的化学成分为有机物质，这种有机物易溶于汽油、机油等有机溶剂而被腐蚀，继而裂缝开裂。受油类腐蚀的轮胎不能承受正常气压，也没有正常的负荷能力，若上路行驶极容易发生爆胎。

除了上述原因外，气温高、路面不平、更换的备胎是否进行动平衡，以及更换前轮轮胎时，对前轮是否进行准确定位等也是造成爆胎的不可忽视的因素。气温偏高的夏季是爆胎事故多发期，高速公路的塌陷路段和路面损毁严重的坑洼路段也往往是爆胎事故的多发路段。

2. 爆胎造成的风险

爆胎后，轮辋直接触地，致使该车轮与地面间失去作用力。如果前轮发生爆胎，左右平衡的车轮纵向力变得不再平衡，由此产生的巨大不平衡力驱使驾驶人向未爆胎侧猛打转向盘；同时，外侧爆胎车轮失去抓地力,瞬间发生跑偏或者飘摆,严重时将造成车辆侧翻,如图16-41所示。如果是后轮爆胎,车辆将会失去转向力,出现"转向过度"的情况,严重时车辆会发生360°旋转。

发生爆胎后车辆在惯性作用下仍继续行驶,失压的爆胎轮胎在载荷作用下轮辋把轮胎紧压在地面上(图16-42),胎面不能与轮辋同步滚动,但破损轮胎随着车轮转动在轮辋上堆积缠绕而造成的车轮滚动阻力会迅速增大。据吉林大学汽车动态模拟国家重点实验室在低速平板式轮胎试验台上的试验结果显示,完全泄气的轮胎滚动变形变大,迟滞损失增加,在滚动过程中会产生波状变形,使轮辋发生上下跳动,由此产生的滚动阻力是正常胎压时的20多倍。图16-43所示为在试验平台上测试轮胎完全泄气状态下的滚动阻力,此时轮胎发生折叠变形。

图16-41 客车左前轮爆胎失控导致的侧翻事故

图16-42 爆胎后在载荷的作用下轮辋把轮胎紧压在地面上

图16-43 在试验台上测试轮胎完全泄气状态下的滚动阻力,轮胎发生折叠变形

爆胎后如果进行制动,因车辆左右侧的地面制动力不一致,将造成车辆跑偏乃至失控。

对于前二后四的客车而言,前轮发生爆胎较后轮爆胎更容易造成严重事故。因为客车前轮为单胎,一侧爆胎后则完全失去前轴该侧的附着力;如果后轮某条轮胎爆胎,由于后轮多为双胎结构,在一条轮胎爆胎后一般不会引起该侧另一条轮胎也发生爆裂,所以不会瞬间失去一侧附着力,引起车辆姿态的剧烈变化。

二、爆胎应急安全装置的分类及特点

为了提高轮胎的安全性能,有效防止爆胎发生或保证爆胎时的车辆安全,就必须实现爆胎后轮胎能够维持车辆继续行驶。为此,人们提出了各种提高轮胎安全性的技术措施,包括自密封型、自体支撑型、垫带型和内支撑型等。国际上把具备这些安全技术措施的轮胎称之为"失压续跑胎"(Runflat)或"防爆轮胎"、"低压安全胎"(Run-Flat Tire),而国内业界则多称之为安全轮胎,有的也称泄气保用轮胎、续跑轮胎、防漏轮胎和防扎轮胎等。这种轮胎在遭遇爆胎或泄气后依然能够以较低车速(不超过80km/h)行驶一段里程(一般是80~200km)。

1. 自密封型安全轮胎

自密封型安全轮胎的结构特点是在普通标准轮胎结构基础上增加一层特别的内衬层,该内衬层与轮胎内表面形成一个副腔,副腔内充满特殊密封剂。当轮胎被刺穿时,这些密封剂第一时间到达穿孔周围,待目标移动时密封剂已填满出现的穿孔。由于密封过程是与穿孔发生几乎同时完成的,所以驾驶人不易察觉轮胎刚刚经历刺穿的反应,直至损坏到必须人工修理时才被发现。这种轮胎需要特殊加工工艺制造,价格较高,失压后一般行驶距离较短,目前已逐渐被淘汰。其密封原理示意图如图16-44所示。

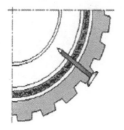
a)钉子扎入轮胎

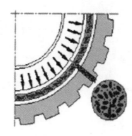
b)钉子拔出之后

图16-44 自密封型技术的密封原理示意图

2. 自体支撑型安全轮胎

自体支撑型安全轮胎是在轮胎侧面的散热带束层

之间夹入特殊橡胶,故又称之为胎侧补强型安全轮胎。当轮胎漏气失压时,胎侧补强结构能防止胎侧折叠,并使胎唇紧箍轮辋,依靠胶料弹性保证基本行驶功能。这种轮胎有配套特制轮辋和标准轮辋两种类型。如日本普利司通(BridgeStone)的 Expedia 轮胎/轮辋总成,由胎侧补强轮胎、特制楔形轮辋和轮胎气压监视装置三部分组成。法国米其林的 MXV4 轮胎也是配套特制轮辋。其增强的胎侧有 3 层人造丝,几乎垂直于地面,高度仅为同规格标准轮胎的一半左右。由于非标准轮辋需要特殊加工,胎侧补强结构也需要特殊工艺处理,因此比普通轮胎重 20%~40%,价格也偏高。图 16-45 所示为自体支撑型安全轮胎断面示意图。

  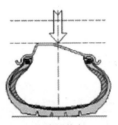

a)胎侧补强结构　　　b)正常气压状态　　　c)失压状态

图 16-45　自体支撑型安全轮胎断面结构示意图

德国大陆的 SSR(Self Supporting Runflat)和日本普利司通的 Hawk 轮胎是与标准轮辋配套的自体支撑型轮胎。其胎侧采用独特的带束层设计,质量较轻。日本住友橡胶工业公司推出 CCT 轮胎也配套标准轮辋,胎侧是多曲率轮廓线,具有良好的自支撑能力。意大利倍耐力(Pirelli)公司的 Eufori@ 子午线安全轮胎,可配套轿车和商用车,由于安装在普通轮辋上,使用简便,但因其加厚的胎侧刚性大而影响乘坐舒适性。

3. 垫带型安全轮胎

垫带型安全轮胎是在轮圈凹槽内安装一环形垫带,如图 16-46 所示。这种轮胎在行驶中若突发爆胎或漏气后,可以防止轮胎胎唇进入凹槽后脱离轮圈使轮圈外环表面与地面接触,造成车辆失去平衡无法控制而引发的交通事故。但其最大缺点是,当车辆高速行驶在山区或路况差的道路上发生爆胎后,由于垫带型安全轮胎的外径小于轮圈外径,轮胎被轮圈紧压于地面行驶,车辆离地间隙急剧减小,促使车身的裙边、底盘部件等与路面凸起障碍物发生碰撞,将导致车辆进一步损伤而增加危险和维修成本。同时,车辆爆胎后行驶时,轮胎被轮圈碾压后折叠变形,产生巨大的滚动阻力,并在反复碾压过程中会产生大量的热量而使胎体迅速升温,当温度超过轮胎材料熔化和自燃温度时,轮胎会产生软化、破裂甚至有失火的危险。

4. 内支撑型安全轮胎

内支撑型安全轮胎由标准轮辋或非标轮辋、内支撑体和轮胎等组成,其结构如图 16-47 所示。由图中可见,这种轮胎已经不是常规意义上的"一条轮胎",而是一套组合系统。附加的内支撑体在正常气压下不参与支撑作用,因此不影响车辆的乘坐舒适性和行驶平顺性。当发生爆胎时,不仅能减小车轮有效滚动半径变化量,平衡车轮之间的行驶速度和车辆侧倾角,还可防止爆胎车轮轮辋急剧下沉紧压轮胎行驶时所产生的巨大滚动阻力,确保车辆在爆胎瞬间仍能安全运行。这种轮胎也是典型的零压续跑轮胎,轮胎在失压状态下的续跑能力比其他类型的安全轮胎更好,续驶里程更长(可保证较长时间远距离行驶)。

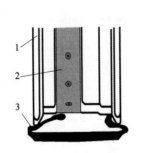 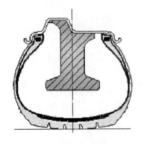 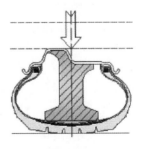

　　　　　　　　　　　　　　　　　　　　a)正常气压状态　　　b)零气压状态

图 16-46　垫带型安全轮胎　　　　　　图 16-47　内支撑型安全轮胎

1-轮圈;2-环形垫带;3-瘪气轮胎

三、爆胎应急安全装置的结构和工作原理

目前,国产客车上使用较多爆胎应急安全装置有两种,即内支撑型和垫带型。

1. 内支撑型爆胎应急安全装置的结构和工作原理

内支撑型爆胎应急安全装置由广东省佛山市骏达经济实业有限公司研究和开发,为了适应不同车型和使用条件,目前已开发出单环、双环、三环等多种结构产品(图16-48),以及随车专用拆装辅助工具,并从1998年开始在公安、武警特种车和运钞车及部分商用车上推广使用。

a) 一代产品·双环　　　　b) 二代产品·三环　　　　c) 三代产品·单环

图16-48　骏达公司研究开发的三代内支撑型爆胎应急安全装置产品

该装置的主体由特种工程塑料注塑加工而成,采取三瓣式单环结构设计,是用三组连接机构按规定力矩连接紧抱在真空胎轮辋凹形槽上的环形装置。安装后其与轮胎的内壁留有适当距离(净空),正常行驶时该装置与轮胎轮辋同步转动,不影响车轮的正常工作,也不影响汽车的使用性能和安全性能。一旦轮胎漏气或爆胎,保险装置的外圆表面与轮胎胎冠内壁接触支撑起车轮载荷;由于保险装置的外径大于轮辋的轮缘外径,因此减少了轮胎半径变化量;在车轮滚动推力的作用下,保险装置与轮辋之间相互转动形成差速,从而弥补爆胎一侧周长差(速度差)的变化,及时释放失压轮胎剧增的运动阻力,可有效避免车辆因爆胎失控产生的侧滑、掉头、翻车等车毁人亡的交通事故发生,使汽车仍能受控安全行驶一段距离。

图16-49和图16-50所示分别为"骏达"爆胎应急安全装置的结构和在轮辋上的安装示意图,图16-51所示为工作原理示意图。

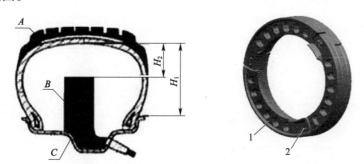

图16-49　"骏达"爆胎应急安全装置结构示意图

H_1-轮胎弹性变形的高度;H_2-净空;A-轮胎;B-轮胎保险装置;C-轮辋;1-单环;2-连接机构

图16-50　"骏达"爆胎应急安全装置在轮辋的安装示意图

1-轮辋;2-轮胎;3-爆胎应急安全装置

按照交通运输行业标准 JT/T 325—2013《营运客车类型划分及等级评定》的规定,骏达公司研发了与轮胎爆胎应急安全装置配套、具有自动匹配识别、胎压异常报警等多项功能,并安装在仪表台上的自动显示系统。该显示器自动显示前轮的胎压变化及爆胎应急安全装置工作情况,对车辆轮胎起到"主动"与"应急"相结合的双重安全保护作用,如图16-52所示。

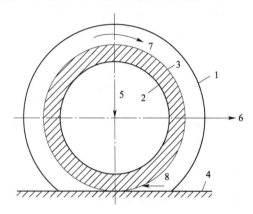

图16-51 内支撑型爆胎应急安全装置工作原理示意图
1-轮胎;2-轮辋;3-安全装置;4-路面;5-车轮载荷;6-车辆行驶方向;7-车轮转动方向;8-阻力方向

图16-52 显示器安装效果

显示器外形为单个 JK966 系列翘板开关大小,嵌入在翘板开关安装孔内;上面的指示灯代表左前轮胎内的爆胎应急安全装置,显示"左前轮 ATSD";下面的指示灯代表右前轮胎内的爆胎应急安全装置,显示"右前轮 ATSD";轮胎正常时指示灯显示绿色/蓝色,异常时显示红色。其最大特点是无须事先匹配轮胎位置,能批量混装,几秒内即可自动完成匹配与识别工作,避免了车辆在使用过程中轮胎修补、车轮换位等所带来的不必要错误判断和麻烦。

2. 垫带型爆胎应急安全装置的结构和工作原理

由英国蒂龙汽车集团公司(Tyron Automotive Group Ltd)生产的垫带型"蒂龙"爆胎应急安全装置(亦称"蒂龙"轮胎保险装置)已进入中国市场,目前应用于大、中型客车的主要是 22.5in 轮辋所使用的一片式和两片式,其结构如图16-53所示,图16-54所示为实物安装图。

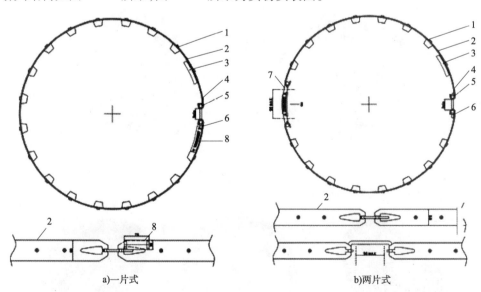

图16-53 "蒂龙"TYRON-R22.5/W6 防爆胎安全装置结构示意图
1-间隔咬合垫珠;2-环形支撑垫带;3-爆胎应急显示识别系统发射装置;4、5、6-防松螺母及锁紧螺栓;7-TPMS 挂钩;8-TPMS 发射器

该装置是一种环绕轮辋安装的组件,由具有一定延展性的特殊合金材料制成的环形支撑垫带,耐高温、可压缩性材料制成的间隔咬合垫珠(26 粒),爆胎应急显示识别系统发射装置,尼龙防松螺母及锁紧螺栓,汽车轮胎压力监测系统(Tire Pressure Monitoring System, TPMS)挂钩和 TPMS 发射器等组成。安装

在轮毂凹槽部位,锁紧螺栓位置对准充气阀口。

图 16-54 "蒂龙"爆胎保险装置实物安装图
1-钢带;2-垫块;3-连接机构

当汽车爆胎时,蒂龙产品使轮胎固定在轮毂上,防止轮胎脱落后轮毂直接接触地面,以此减少轮胎爆裂前后的车轮半径变化量,使车辆仍具有高度的控制能力。即使在汽车爆胎时,应急安全装置也能使车辆正常继续行驶一段安全距离,脱离危险。

如果轮胎缺气,在高速旋转下出现与轮辋分离,造成轮胎与轮辋转速不同步时,蒂龙爆胎应急安全装置则可通过其自身的机械物理结构,使轮胎与轮辋在高速行驶状态下继续保持转速同步,并实现安全的转弯和制动。这样就可以把车辆停在一个安全的地方再更换轮胎,避免了缺气后失去控制造成的危险。

爆胎之所以会对交通安全造成如此巨大的威胁,主要是因为在正常状态下,轮胎与轮辋依靠轮胎内的高气压以及轮胎与轮辋的紧密配合,使轮胎与轮辋固连为一个整体,地面对轮胎的各项作用力可以通过轮辋传递至车桥悬架,进而保证车辆的正常行驶。但是在爆胎之后,轮胎失去了内压,无法紧贴在车轮上,在高速行驶的情况下,泄气的轮胎很容易脱离轮辋而直接由轮辋与地面接触。而轮辋多为钢或铝合金材质,与地面的摩擦系数较轮胎低很多,因此车轮会完全失去抓地力,发生危险。

所以,爆胎应急安全装置的基本原理就是在发生爆胎后,避免轮胎脱出轮辋,并保证轮胎与轮辋的同步运行。图 16-55a)所示为未安装爆胎应急安全装置的车轮,爆胎后轮胎脱离轮辋;图 16-55b)所示为安装了应急安全装置的车轮,该装置使轮胎固定在轮辋上,防止轮胎脱落后轮辋直接接触地面,减少轮胎爆裂前后车轮半径变化量,使车辆仍具有高度的控制能力。即在汽车爆胎时能使车辆正常继续行驶一段安全距离,脱离危险。同时,该装置也保证了轮胎与轮辋转速的同步,从而可以进行转向以及制动操作。

爆胎应急安全装置如果是后期加装,则在加装完成后还应重新调整车轮的动平衡。

目前,各大客车企业已对车辆发生爆胎后的行车安全投入了更大的重视和更多关注,均为其生产的大、中型客车、校车以及特种车辆标配或选配了爆胎应急安全装置。图 16-56 所示为宇通客车正在进行高速爆胎应急安全装置测试(图为用雷管引爆轮胎的瞬间)。

图 16-55 爆胎应急安全装置工作原理对比图　　图 16-56 宇通客车进行爆胎应急安全装置测试

四、爆胎应急安全装置的发展前景

（1）集成化。目前，几乎所有的爆胎应急安全装置均在轮辋上加装，需要增加独立的设备保证安全装置的紧固。因此，与轮辋的集成化将是爆胎应急安全装置的发展方向。采用集成化的爆胎应急安全装置，既实现爆胎后车轮不脱离轮辋，又能够使结构更加紧凑。

（2）轻量化。爆胎应急安全装置具有自身的质量和转动惯量，加装在轮辋上后会增加汽车的非簧载质量和车轮的转动惯量，进而对车辆平顺性和操纵稳定性带来一定影响。为此，需要对结构进行进一步优化，做到质量更轻，对车辆其他性能影响更小。

（3）简化安装工序。加装爆胎应急安全装置后会对车轮的动平衡产生一定影响，一般需要重新进行动平衡。为节省工序，提高使用便利性，应对装置的结构和布置进行优化，使其安装不会影响车轮的动平衡。

（4）降低成本。目前，一套爆胎应急安全装置（仅考虑前轮）价格不菲，限制了普及应用。因此，选用成本更加低廉的材料来实现同样的功用，进而保障更多车辆的行车安全是爆胎应急安全技术发展必须考虑问题。

第六节　其他被动安全装置

除以上介绍的被动安全装置外，为进一步减轻事故发生后的伤害，客车上还配置有其他延缓事故蔓延、帮助乘员逃生的设备和设施，主要包括：防/灭火安全系统（如阻燃材料、火灾报警和自动或手动灭火装置等）、逃生设施（如破玻器、逃生舱等）及医药急救箱等。

一、防/灭火安全系统

客车上发生火灾的情况一般来说相对较少，但当客车使用年限较长或者维护不当，留下一些火灾隐患时在特定条件下会引起火灾，诸如：导线束短路、供油系故障、排气尾管着火、轮胎过热着火和空调系统泄漏等。客车防火主要是从三个阶段着手，即控制易发火源、阻止火势蔓延和采取措施灭火。要防止客车火灾，除设计因素外，使用中需首先从日常维护着手，对易发火源做定期检查，同时还要定期检查灭火设施是否有效。

1. 客车上常用的防/灭火安全措施

1）内饰件阻燃和与环保

内饰件是客车为乘客提供服务的重要零部件，好的内饰可使乘员感到舒适、愉悦、整洁。客车内饰件很多，所用材料一般为单一材料或层积复合材料，包括坐垫、靠背及填层、安全带、遮阳帘、天花板、扶手、侧壁及所有装饰性衬板（包括门内护板、侧围护板、后围护板、车顶篷衬里等）、仪表台、杂物箱、室内行李架或后窗台板、地板及地板覆盖层，轮罩覆盖物、发动机罩覆盖物和其他任何室内有机材料，以及撞车时吸收碰撞能量的填料、缓冲装置等材料和其他塑料件或非金属件等。这些内饰件一般为可燃物，且材料多为化工复合材料。一旦发生火灾，火势不仅会很快蔓延，有的可燃物在燃烧时还会生成有毒的物质和有害烟雾，对乘客造成额外的伤害，如呼吸缺氧、呼吸道遭受有毒烟雾侵害等。因此，在选用内饰件材料时，不仅要考虑材料的可燃程度还要考虑到燃烧生成了哪些毒物及其程度的高低等，如氧指数、烟密度、毒性烟雾和有害物质限量等。

GB 8410—2006《汽车内饰材料的燃烧特性》，规定内饰材料的燃烧速度不得超过100mm/min。

GB 24407—2012《专用校车安全技术条件》，除规定了内饰材料的燃烧特性外，还对校车内饰材料的氧指数和烟密度也提出了要求。即内饰材料的氧指数 OI≥22%，塑料类内饰材料的烟密度等级（SDR）≤75。

GB/T 30512—2014《汽车禁用物质要求》已将限量物质改为禁用物质，所规定的挥发物质（禁用物质）释放限值指标见表16-2。

汽车材料的挥发物质限值   表16-2

气体种类	甲醛散发（mg/kg）	总碳挥发（μg/g）	苯（μg/g）	甲苯（μg/g）	二甲苯（μg/g）	雾化（mg）	气味,级		
							(23±2)℃ (24±1)h	(40±2)℃ (24±1)h	(80±2)℃ 2h±10min
限值	<10	<50	<5	<5	<15	<5	≤3.0	≤3.0	≤3.5

2）灭火器

按照GB 13094《客车结构安全要求》的规定,驾驶人座椅附近应提供一处不小于600mm×200mm×200mm的空间,或者提供两处不小于400mm×100mm×100mm的空间,用来安装两个灭火器,其中一个靠近驾驶人座椅。灭火器的安装位置要清晰易见或清楚标识,在紧急情况易于取用。因此,在客车上至少要摆放一个或多个灭火器,其安装如图16-57所示。

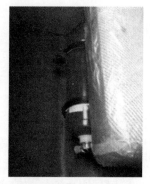

图16-57 灭火器安装示意图

根据灭火器配置场所的火灾种类,可判断出应该选用哪一种类型的灭火器,如果选择了不合适的灭火器,不仅灭不了火,而且还有可能引起灭火剂对燃烧的逆化学反应,甚至会发生爆炸伤人事故。

客车灭火装备应能同时扑灭A类火（固体有机物质燃烧的火）、B类火（液体或可溶化固体燃烧的火）、C类火（气体燃烧的火）和E类火（燃烧时物质带电的火）;客车用手提式灭火器应符合GB 4351.1的规定,自动灭火装置应是经国家鉴定、检验合格的产品;如果选用不同类型的灭火器,灭火剂应相容。乘员舱内应配置手提式灭火器,一辆客车上所配置的手提式灭火器的操作方法应相同。

灭火器的安装位置应该明显、醒目。这是为了在发生火灾时,能让乘客一目了然地知道去何处取灭火器,减少因寻找灭火器所花费的时间,及时有效地将火灾扑灭在初起阶段。一般在驾驶人区域、导游员区域、乘客门区域及中间过道区域设置灭火器,可保证及时发现并方便取用,但设置的位置和设置方式均不得影响乘员乘坐和正常通行。灭火器的设置位置要便于取用,即当发现火情后,车内人员能在没有任何障碍的情况下及时、方便地取用,这在某种程度上决定了使用灭火器灭火的成败。如果取用不便,即使灭火器设置点离着火点再近,也有可能因时间的拖延致使火势蔓延而造成大火,从而失去了扑救初起火灾的最佳时机。

3）灭火弹

灭火弹是在发动机舱、电器舱等容易着火燃烧的部位固定使用的一种灭火装置,可自动启动也可手动启动,具有在短时间内达到扑灭明火的作用。

目前,车用自动灭火装置主要有非储压超细干粉式、微型储压式和固气转换式三种类型,以及0.3、0.4、0.6、2.0、3.0和4.0kg等多种规格,启动方式一般为直喷温控、直喷电控、侧喷温控、侧喷电控、双喷温控、双喷电控、感温元件和固气转换等,也有手动模式。该类装置安装在发动机舱内和车上容易着火燃烧的部位,从发现火情到灭火全自动完成,安全高效,无须人员操作,安装使用方便。

（1）FZXK400/1.2-CX型手动/自动灭火弹。

①结构。FZXK400/1.2-CX型手动/自动灭火弹（亦称储压式灯笼状灭火弹、FZXK400/1.2-CX型手动/自动灭火装置）安装在发动机舱等易着火部位的顶部,由灭火弹储罐、超细干粉灭火剂、全方位喷头、进口温感开关、压力显示器、易熔件或温感元件、全天候自动检测系统、热引发装置和手动启动装置等组

成,能在车辆发动机舱或缓速器等高温部位着火时,自动启动完成灭火。这种灭火弹一般可扑灭 A、B、C、E 类火灾,其结构和外形尺寸如图 16-58 所示。

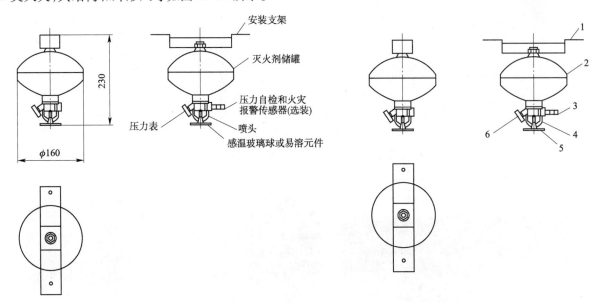

图 16-58　FZXK400/1.2-CX 型手动/自动灭火弹结构及外形示意图
1-安装支架;2-灭火剂储罐;3-压力自检和火灾报警传感器;4-喷头;5-感温玻璃球或易融元件;6-压力表

②工作原理及主要性能指标。当机舱内或周围环境发生火情时,灭火弹上的压力自检和火灾报警传感器检测到信号后,立即迅速将火情信号传送到驾驶舱启动火灾报警,同时感温玻璃球或易融元件动作,启动装置瞬间产生大量高压气体而冲破底部膜片,释放超细干粉灭火剂灭火。灭火时,喷射时间≤5s,且在喷口处有一个溅粉盘,能使粉剂很快向四周扩散,在喷射区域形成雾状效果;遇到阻隔面时所产生的反射扩散曲线很大,且溅粉盘会形成一道向上反射的扩散曲线;由于有一定的持续喷射时间,所以产生的反射扩散曲线会以较大角度很快扩散,以形成一个淹没效果(单个储压式灭火装置喷射后若遇到阻隔面反弹,可充满 $3m^3$ 的相对封闭空间,且在 $3m^3$ 的体积内灭火剂密度可以满足灭火要求)。

图 16-59 和图 16-60 所示分别为灭火弹的喷射范围和全淹没喷射扩散示意图,图 16-61 所示为储压式灯笼状灭火弹安装示意图。

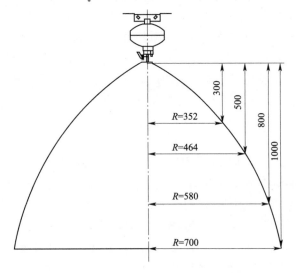

图 16-59　FZXK400/1.2-CX 型超细干粉自动灭火弹喷射范围示意图(单位:mm)

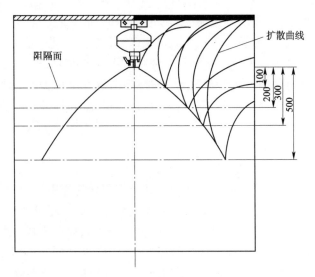

图 16-60　FZXK400/1.2-CX 型超细干粉自动灭火弹全淹没喷射扩散示意图(单位:mm)

(2)FZXK300-CX 型手动/自动灭火弹。

①结构。FZXK300-CX 型手动/自动灭火弹即非储压式碗状灭火弹,一般安装在发动机舱等易着火

图 16-61 储压式灯笼状灭火弹安装示意图

部位的顶部,由超细干粉灭火剂、驱动介质、储罐、火焰检测装置和手动启动装置等部件组成,能在车辆发动机舱或缓速器起火时,自动启动完成灭火,可扑灭 A、B、C、E 类火灾。其结构组成如图 16-62 所示。

②工作原理及主要性能指标。当机舱内或缓速器发生火情时,灭火弹上的火焰检测装置检测到信号后,自动或人工启动驱动介质,储罐中的超细干粉灭火剂瞬间冲破底部膜片,释放超细干粉灭火剂灭火。

非储压式碗状灭火弹喷射时间≤1s。由于结构限制,且多数粉剂受喷射力的作用会朝向一个既定的方向喷射过去,扩散范围有限,遇到阻隔面时所产生的反射扩散曲

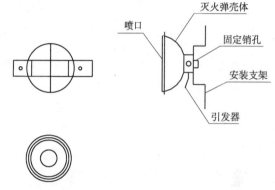

图 16-62 FZXK300-CX 型手动/自动灭火弹的结构组成

线很小;因喷射时间很短,所以粉剂没有持续作用力向外扩散,产生的扩散曲线距离较储压式装置要短(在灭火装置与被保护物喷射距离为 500mm 时,单个非储压式灭火装置喷射后遇到阻隔面反弹后可扩散 $0.6m^2$ 的面积,且灭火剂在 $0.6m^2$ 的面积内可以满足灭火要求)。喷射范围示意图如图 16-63 所示,全淹没喷射扩散示意图如图 16-64 所示。由于该型灭火弹结构简单,储罐中的超细干粉灭火剂有限,因此喷射时间短,仅适用于较小范围的火情。图 16-65 所示为灭火弹在发动机舱内的安装情况。

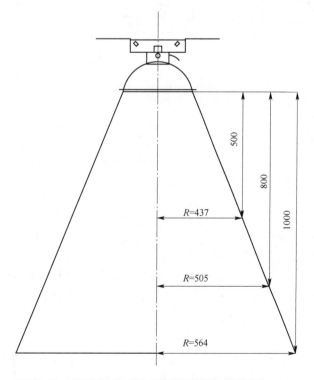

图 16-63 FZXK300-CX 型灭火弹喷射范围示意图(单位:mm)

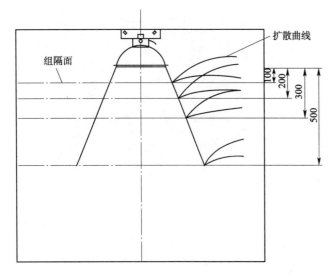

图16-64 FZXK300-CX型灭火弹全淹没喷射扩散示意图(单位:mm)

图16-65 非储压式碗状灭火弹安装在发动机舱等易着火部位的顶部

(3)FZXA0.3/MCX和FZXA0.5/MCX储压式自动灭火弹。

①结构。FZXA0.3/MCX和FZXA0.5/MCX储压式自动灭火弹(亦称"脉冲超细干粉自动灭火装置")安装在发动机舱等易着火部位的顶部,由壳体、超细干粉灭火剂、起动器和灭火按钮(手动起动装置)、灭火器储罐、全方位喷头、进口温感开关、压力显示器、易熔件或温感元件、全天候自动检测系统和热引发装置等组成,能在车辆发动机舱或缓速器等高温部位起火时,自动启动完成灭火,可扑灭A、B、C、E类火灾。

②工作原理及主要性能指标。FZXA0.3/MCX和FZXA0.5/MCX型脉冲超细干粉自动灭火装置与其他自动灭火装置一样,用安装支架固定在发动机舱的顶部,火灾发生时自动(或人工)启动,瞬时高速喷射出超细干粉灭火剂灭火。其主要技术参数和外形尺寸见表16-3。

FZXA0.3/MCX和FZXA0.5/MCX储压式自动灭火弹主要技术参数和外形尺寸　　表16-3

型号	FZXA0.3/MCX	FZXA0.5/MCX
外形尺寸(mm)	直径φ164mm,高度82.5mm	直径φ92mm,高度184mm
质量(kg)	0.8	1.2
灭火剂装填量(kg)	0.3	0.5
喷射时间(s)	<1	<1
灭火时间(s)	<30	<30
最大保护容积(m³)	2.4	3.6

4)水雾自动灭火系统

城市客车与长途、旅游客车相比,一般不存在高速道路路况与疲劳驾驶等引发事故的因素,但由于复杂的城市道路条件,车辆载运乘客多,因此应急安全问题尤为突出。当乘客舱内发生火灾事故时,局部温度可高达500℃以上,同时带有大量浓烟及有毒气体。而在相对密闭、拥挤的空间内,乘员极易因火灾造成高温烧伤、缺氧窒息和能见度低不易逃生等现象。

目前,城市客车采用的客舱强化水雾自动灭火系统,主要针对车内火势较大的火灾,也可用于中期或后期火情抑制,对防止火势蔓延和减少火灾的燃烧面积较为有效。此外,在喷洒强化水雾灭火时,水雾与火焰表面接触能快速有效降低燃烧释放的热量,缓解空气质量,增加所需氧气,降解空气中因燃烧所产生的浓烟及有毒气体,提高能见度,为乘员撤离逃生创造有利条件和争取宝贵时间,最大限度减少火灾事故所造成的损失。

(1)功能与特点。水雾自动灭火系统可扑灭 A、B、C、D(金属燃烧时的表面火及冷却)、E 五类火源。

火灾发生时,视火势情况 5~10s 内自动探测启动自动灭火。对 A 类火灾:1~5s 内抑制火情,10~30s 内扑灭火灾;B 类火灾:1~5s 内抑制火情,10~20s 内扑灭火灾;C 类火灾:1~5s 内抑制火情,10~20s 内扑灭火灾;D 类火灾:1~5s 内扑灭火情,且可从高温 500℃ 急速降温至空间温度 30℃;E 类火灾:1~5s 内抑制火情,10~30s 内扑灭火灾。

启动装置可同时与发动机舱等其他需要防火部位的超细干粉自动灭火装置联动控制,共同启动扑灭火灾。

(2)结构组成与工作原理。水雾自动灭火系统一般采用外置式结构,将灭火剂储罐和起动装置整体安装在车身舱体内或者固定在底盘车架上;输送管路和强化水雾喷头安装在车室顶盖的夹层内,或者安装在车身两侧空调风道内,灭火剂输送管路采用中、高压防爆阻燃软管或金属铜管;喷头安装可采用顶部均衡分布或在车身两侧交叉对喷,以确保喷射时可均衡覆盖整个车室;喷头采用半隐藏式,外加装饰外罩保护;烟雾探测器均布在车室顶部,确保可以捕捉到车室内任何部位的火灾烟雾,及时传递火源类别;起动控制装置安装在驾驶区内,确保驾驶人可在紧急时方便操作。水雾灭火系统的结构和工作原理示意图如图 16-66 和图 16-67 所示。

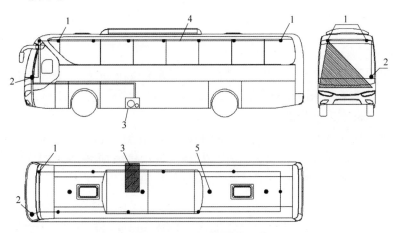

图 16-66 水雾灭火系统的结构和工作原理示意图(一)

1-喷头;2-起动控制装置;3-灭火剂储罐和起动装置;4-灭火剂输送管;5-烟雾探测器

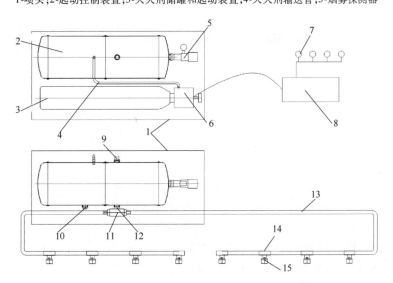

图 16-67 水雾灭火系统的结构和工作原理图(二)

1-外箱体;2-水筒;3-氮气瓶;4-高压驱动管;5-安全阀和压力表;6-储压瓶起动阀;7-烟雾探测器;8-起动控制装置;9-加水口;10-排水阀;11-出水三通阀;12-安全膜片;13-灭火剂输送管;14-三通;15-喷头

火灾发生时,烟雾会蔓延至车室顶部,烟雾探测器一旦捕捉到火灾信号,即迅速将信号传递至驾驶人和乘客,由驾驶人手动或通过烟雾浓度信号自动启动水雾灭火系统。起动控制器接到指令后,打开高压储气瓶,高压氮气进入灭火剂储罐,通过输送管将灭火剂输送至各个喷头,对车室内进行喷射。

起动方式有自动探测起动和人工强制起动两种。

①自动探测起动。采用两组探测方式,感烟探测器分段布置安装在车室内顶部;感温探测器设置安装在车室内左右两侧;火灾报警系统和自动起动控制主机安装在驾驶人左侧;驱动系统和灭火剂储罐安装在客车底盘上。当探测器探测到火灾信息达到需要起动灭火装置时,即自动起动控制主机,驱动系统起动灭火装置灭火。

②人工强制起动。在驾驶人左侧或前方设置安装有一个带保险装置的强制起动开关,当乘客舱内发生火灾燃烧事件时,由驾乘人员发现并判定火情,或由探测器探测到火灾信号触发火灾报警器,驾驶人可在第一时间手动开启保险装置,强制按下起动开关,起动灭火装置灭火。

2. 客车灭火装置的安装要求

1) 前置发动机客车机舱灭火装置

采用前置发动机的客车,其机舱灭火装置安装后的喷口应朝向发动机设备易着火部位或斜置面向发动机罩,保证灭火装置的热敏线朝上,并避开排气管等过热部件;同时,灭火装置的安装不得影响发动机等设备的维护。

发动机舱内装有多个灭火装置时,应相互连接,以满足组合起动、迅速强制灭火的需要。

连接线路的导线应采用汽车专用导线,截面积不小于 $0.35mm^2$;灭火按钮应安装在驾驶舱内容易发现和操作的部位。

灭火装置及连线应严格按照先连接灭火装置,再连灭火按钮,最后连接汽车电源的安全程序进行,接好后灭火按钮指示灯变亮,如图16-68所示。

2) 后置发动机客车机舱灭火装置

后置客车的发动机舱空间大,一般除发动机及附属总成外,还有配电箱和空调压缩机及其传动机构等部件。为保证灭火范围和不留死角,灭火装置都安装在发动机舱顶部,采用支架使喷口朝向发动机设备易着火部位和配电箱,喷口距保护面的垂直距离不小于0.3m,且避开排气管等过热部件,同时不影响发动机设备的维护。

按照图16-69所示,采用接触式连接灭火装置与热敏线,搭接长度不得小于70mm,并伸入玻璃丝管中,搭接部分一般用尼龙扎带在玻璃丝管外捆扎牢固。

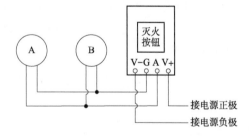

图16-68 前置发动机客车机舱灭火装置的安装

V-、G、A、V+:灭火按钮内接线端子;A、B:脉冲超细干粉自动灭火装置

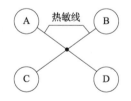

图16-69 后置发动机客车机舱灭火装置的安装

A、B、C、D:脉冲超细干粉自动灭火装置

热敏线布置在发动机舱内易发生火情部位的上方,且与舱内发热部位(如涡轮增压器,排气管等)的距离不小于20cm。热敏线与灭火装置连接后不允许再剪断,如需修剪,应在连接灭火装置前进行。热敏线的安装严禁使用电动扳手,每隔 $0.2\sim0.3m$ 应设置吊点固定。

为保证灭火迅速有效,一般舱内配有多个灭火装置。对此,各灭火装置应采用相互连接,以满足组合起动的需要。连接线路的导线采用QVR-105型汽车导线,截面积不小于 $0.35mm^2$。

灭火装置及连线要严格按照先连接灭火装置,后接热敏线,再连灭火按钮,最后连接汽车电源的安全程序进行,接好后灭火按钮指示灯变亮,如图16-70所示。

灭火按钮及报警信号装置安装在驾驶舱内容易发现和操作的部位,当车辆发动机舱或缓速器等高温部位发生火情时,灭火弹能自动启动完成灭火。

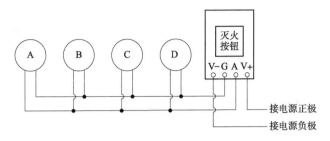

图 16-70 灭火装置及连线
V-、G、A、V+:灭火按钮内接线端子;A、B、C、D:脉冲超细干粉自动灭火装置

二、车窗玻璃破碎装置

客车上的应急窗一般与侧窗兼顾,其在正常情况下作为侧窗使用,在紧急情况下可作为应急逃生窗使用。由于侧窗玻璃一般为钢化玻璃,若被尖硬物体撞击,钢化玻璃将被破碎,清除破碎的玻璃即可作为逃生口使用。对于全封闭应急窗,为保证紧急情况下能迅速击碎车窗玻璃,在应急窗破窗位置或附近窗立柱上都设置有破窗器。目前,客车用破窗器主要有安全锤和自动破玻器(亦称"击窗器")两种类型。

1. 安全锤

1) 结构

客车破窗用安全锤一般由锤体、尖锤头、搭扣、手柄和锤座等组成,其结构及安装照片如图 16-71 所示。

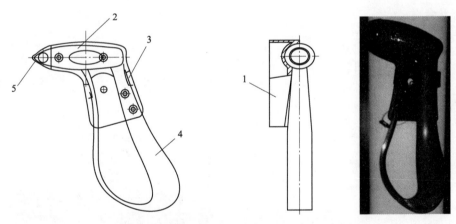

图 16-71 安全锤结构及安装照片
1-锤座;2-锤体;3-搭扣;4-手柄;5-尖锤头

安全锤的设计质量一般为 300~500g,其中锤头质量应不小于总质量的 70%;敲击端部的硬度不低于 62HRC;敲击端部至手柄轴线的距离不小于 50mm;外部形状符合人的手握形状并便于用力敲击。随着市场需求和技术进步,安全锤设计对功能实现和使用方便性的要求越来越高,各种形式的安全玻璃击碎装置已在国内外客车上使用。

2) 种类

目前,客车上常用的安全锤有普通安全锤、带铅封安全锤、防盗报警安全锤和带拉绳防盗安全锤等多种。由于使用中经常出现安全锤丢失现象,给紧急情况下的安全逃生留下隐患,一旦发生事故,将使乘客一时无法找到安全锤击破应急窗而影响逃生时间,因此普通型安全锤已被淘汰,现在最常用的是防盗报警安全锤。所谓防盗报警安全锤,就是在锤体上设置有报警装置,当锤体和锤座分离时,压紧开关会被开启,发出警报声,这一方面可以有效防止被盗,另一方面在紧急时可以提醒其他乘客采取自救。防盗报警安全锤的结构及安装照片如图 16-72 所示。

3) 安装位置

安全锤的安装位置既要醒目,又要靠近应急窗,同时还要不影响乘坐空间。此外,还必须能固定在摆放位置,不能让乘客轻易取走。

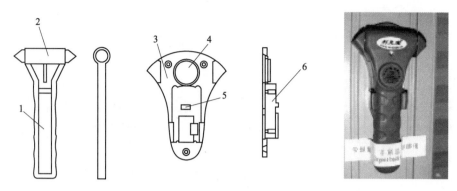

图 16-72 防盗报警安全锤结构示意图及安装照片
1-手柄;2-锤体;3-锤座;4-报警扬声器;5-电源起动开关;6-电源

2. 自动破玻器

1)结构

自动破玻器由安装座、电磁阀、尖锥冲击头、报警装置、开关控制阀和控制线束等组成。击破装置安装在应急窗玻璃的边缘,通过导线将其和开关连接;控制开关安装在驾驶人附近,也可设在导游或监护人附近;可以设置一个开关控制,也可设置多个开关控制。当客车出现突发事件时,迅速打开破玻开关外盖,按下破玻开关按钮,电源与作用电路接通,破玻合件动作,产生的冲击力使高强度钢化玻璃整体碎裂。其结构和安装示意图分别如图 16-73 ~ 图 16-75 所示。

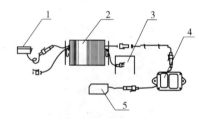 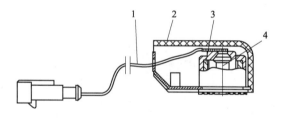

图 16-73 自动破玻器的结构示意图(一)
1-控制开关;2-控制器;3-电源;4-报警器;
5-玻璃破碎装置(击破装置)

图 16-74 自动破玻器的结构示意图(二)
1-线束;2-外罩;3-电磁阀;4-冲击头

 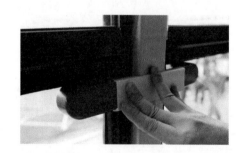

图 16-75 自动破玻器安装示意图

2)工作原理

自动破玻器利用电磁感应原理,由功能电路控制破玻器的敲击次数并使感应线圈得电产生磁力,推动钨钢冲击头撞击玻璃,以便在封闭式车室内发生紧急情况时供乘员及时顺利逃生。即当出现突发事件时,迅速打开控制开关外盖,按下开启按钮,电源与电磁阀接通,破玻合件动作,电磁力将冲击头快速弹出,其产生的冲击力即可使钢化玻璃整体碎裂。

为降低成本,目前市场上也有手电一体和手动破玻器产品,供用户选用。

第五篇

客车车身和车身附件

第十七章 客车车身和车身附件概述

客车车身是指乘坐乘员、装载行李,以及覆盖发动机、传动系、行驶系、转向和制动系等总成(对于非承载式车身即指底盘)的结构。在传统的客车结构中,车身是与底盘、电器并列的三大组成部分之一,对于新能源客车除了上述三大系统外又增加了新能源系统。

客车车架是承载的基体,支撑着发动机、离合器、变速器、转向器和非承载式(或半承载式)车身等所有簧上质量的有关总成及零部件,承受着传给它的各种力和力矩,并在很大程度上决定了客车总体结构的布置形式。现代客车大部分都有作为整车支撑基体的车架,且绝大多数关键零部件和总成都是通过车架来固定其位置,如发动机、传动系、悬架、转向系和操纵机构等。

客车车身除提供最基本的乘用空间外,还需要为驾驶人提供舒适、方便的工作条件,为乘客提供适宜的温度、清新的空气、合适的光线、舒适的座椅、安静舒心的环境和安全防护等。车身附件就是提供上述功能和条件的零部件的统称,即凡在车身中具有独立功能并成为一个总成的机构都可以称为车身附件。车身附件功能各异,种类繁多,在调节和使用方法上有手动、电动和自动控制之分。随着人们对于出行品质要求的不断提高和科技的进步,车身附件的品种及功能将会不断增加和完善。

一、客车车身

1.客车车身的组成与分类

1)组成

客车车身主要由骨架总成(包括前后围、左右侧围和顶盖骨架)、外蒙皮、内装饰件、地板、车身附件(乘客门、侧窗、舱门、外后视镜、地板、仪表台、内行李架、护栏、空气调节系统等)组成。作为车身结构,主要是指骨架结构、底架结构(或半承载和非承载式车身的车架)及有关连接件。图17-1所示为某型客车的承载式车身结构。

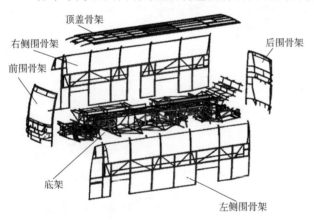

图17-1 某型客车的承载式车身结构

2)分类

(1)按车身结构分类。

①骨架式车身。这种车身的主要结构件是由一些抗扭刚度很高的薄壁型钢组焊而成,目前大中型客车基本上都采用骨架式车身。图17-2所示为一种骨架式车身的结构示意图。

②薄壳式车身。这是一种将飞机机身的薄壳结构运用到客车上的结构,20世纪80年代以前这种结构应用较为广泛。其优点在于质量较轻、易于改型;缺点是加工工艺复杂、窗立柱较粗、侧窗开口不能太大,车身外表面裸露铆钉,既易锈蚀,又影响美观,且表面不易平整光滑,刚性也较差。图17-3所示为一种薄壳式车身的结构。

③复合式车身。一种将薄壳式和骨架式结构的优点融为一体的车身结构。这种结构一般前、后围为薄壳结构,第二立柱与最后立柱之间为框架结构,以此解决单纯采用薄壳结构外蒙皮上铆钉多的问题。与薄壳结构相比,复合式结构的弯曲刚度可以提高一倍,质量约减轻5%,生产效率也较单纯采用薄壳式结构高。图17-4所示为一种复合式车身的结构示意图。

④单元式结构车身。一种利用纵向构件将若干个环箍单元(由地板横梁、立柱、顶横梁等构成)连接起来的独特结构。这种结构一般由5~6个长度约为1.5m、可以互换的单元和前后两个单元体构成,每个单元体用贯通的矩形材封闭,横向构件均为压制件,在焊接架上组焊成独立的单元体后再送到流水线

上进行组装,组装成的车身如图 17-5 所示。

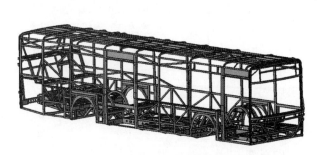

图 17-2　骨架式车身的结构示意图

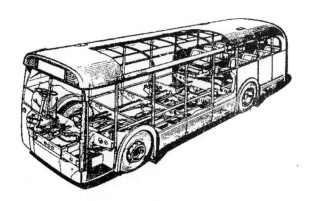

图 17-3　薄壳式车身的结构示意图

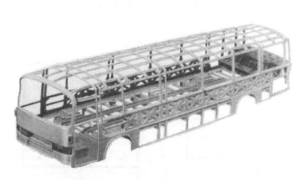

图 17-4　一种复合式车身的结构示意图

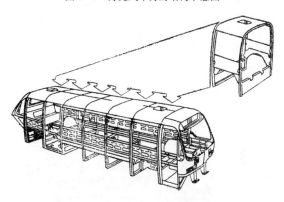

图 17-5　美国 GMC 公司生产的单元式结构车身

⑤嵌合式结构车身。图 17-6 所示为美国格拉曼国际公司(Grumman International Inc)生产的 870 型客车车身组装示意图,这种结构的车身侧围由铝合金挤压型材嵌合而成,如图 17-7 所示。铝合金构件和铝合金构件之间靠挤入连接处的环氧树脂黏结剂硬化后将铝型材牢固地黏结在一起(Rohr lok 连接法),铝型材上有纵向整体式加强筋,可用铆钉铆接到钢质的竖架上,因而这种车身强度高、质量轻、不易损坏,且易于清洗和维护。

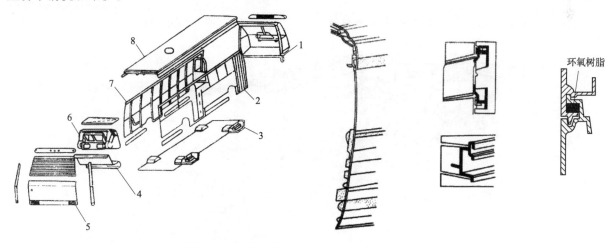

图 17-6　Grumman Flxible 870 型客车车身组装示意图
1-前围;2-侧围下边缘(挤压成型铝型材);3-乘客区地板组件
(氨基甲酸乙酯泡沫);4-后部高地板;5-后围;6-空调装置;
7-侧围(挤压成型铝型材);8-顶盖(氨基甲酸乙酯泡沫)

图 17-7　嵌合式客车车身侧围结构及 Rohrlok 连接法

(2)按受力情况分类。

①非承载式车身。非承载式车身结构是一种历史非常悠久的结构形式,在早期几乎所有汽车都采用这种结构。这种车身的特点是汽车有刚性车架(又称底盘大梁),车身通过橡胶衬垫沿车身总长安装在

车架上,由于橡胶衬垫的挠性作用,可以吸收及缓和来自路面的冲击和振动;车架是支撑全车的基础,承载着其上所安装的各个总成的各种载荷。严格说来这种车身并不是不承载,起码它要承受所装载的人员和货物的质量及惯性力,只不过在车架设计时不考虑车身对车架承载所起的辅助作用而已。另外,由于粗壮的大梁纵贯全车,影响整车布置和空间利用率;大梁的横截面高度使车厢离地距离加大,影响乘客上下车的方便性;而遇到危险(如翻车)的时候,厚重的底盘也会对相对薄弱的车身产生致命威胁。目前,国内客车厂家除了少数还采用这种结构外,大部分都不采用这种车身结构。一种非承载式客车的车身示意图如图 17-8 所示。

②半承载式车身。车身通过焊接、铆接或螺栓与车架刚性连接,车架是承受各个总成载荷的主要构件,车身在一定程度上起到加固车架、分担车架所承受的部分载荷的作用,以达到较合理利用材料的目的。对于半承载式车身的详细结构,将在后面章节中介绍。

③承载式车身。这种车身的结构特点是客车没有独立的车架,以车身作为发动机和底盘各总成的安装基体,车身兼有车架的作用并承受全部载荷。

根据车身上部与下部受力程度的不同,承载式客车车身可分为基础承载式和全承载式(亦称整体承载式)两种,图 17-9 所示为其受力原则简图。

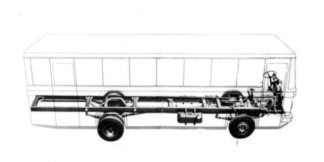
图 17-8 一种非承载式客车的车身示意图

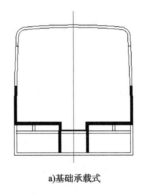
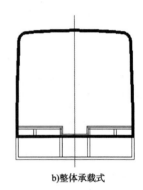
a)基础承载式　　b)整体承载式

图 17-9 大客车承载式车身受力原则示意图

所谓基础承载式是将车身侧围腰线以下部分(包括窗下沿梁以下到地板围梁的侧围骨架和底部结构)设计成车身的主要承载件,车顶则考虑为非承载件(只承载少量载荷),因此窗立柱截面可适当减小。20 世纪 70~80 年代的日野牌大客车、匈牙利 Ikarus 200 和瑞典 Scania K112 等大客车就采用了这种结构,但近年已应用较少。图 17-10 所示为一种基础承载式大客车的车身结构示意图。

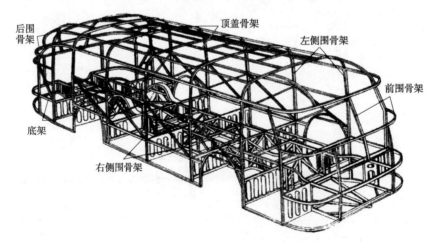

图 17-10 一种基础承载式大客车的车身结构示意图

全承载式车身结构的特点是整个车身的全部构件形成一个整体,共同参与承载。由于车身上下部形成了一个统一的整体,在承受载荷时"牵一发而动全身",其本身就可以根据自然法则,自动调节、以强济弱,使整个车身结构达到稳定平衡状态。此外,这种车身结构一般由异形薄壁构件组焊而成,有利于通过理论分析和优化设计,最大限度发挥材料的最大潜力,设计出轻量化的等强度空间结构。图 17-11 所示为一种全承载式大客车的车身结构示意图。

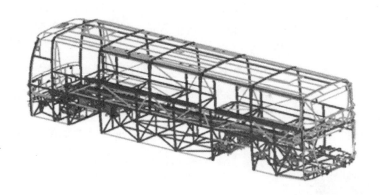

图 17-11　一种全承载式大客车的车身结构示意图

（3）按车头形式分类。

①长头式车身。这种车身结构的特点是车头突出车身，其优点在于发动机维修方便、正面的碰撞安全性较好，但车身内部的面积利用率较低。目前，我国的专用校车大多采用这种结构，如图 17-12 所示。

②平头式车身。平头式车身的主要优点是车身内部的面积利用率高、驾驶人视野好等，但正面碰撞的安全性较长头式车身差。目前，除了专用校车外，大部分客车均采用平头式车身结构。如图 17-13 所示。

图 17-12　采用长头式车身的客车

③短头式车身。这种结构的车身是介于长头式车身和平头式车身之间的一种车身形式。其类似于长头式车身，但又有别于长头式车身，是因为短头式车身的车头较长头式车身的车头短，但相对于平头式车身其车头又突出车身一截。我国的部分微型客车和轻型客车采用了的这种车身结构，如图 17-14 所示。

图 17-13　采用平头式车身的客车

图 17-14　采用短头式车身的客车

（4）按车身骨架材质分类。

①钢骨架车身。目前，我国制造的大部分客车的车身骨架材料均采用钢质材料，其材质主要为低碳钢、合金钢、高强度的马氏体钢等。

②铝合金骨架车身。除了采用钢质材料外，为降低车身质量、节能减排，部分厂家也逐渐开始研究和生产铝合金材料的客车车身。以宇通 2008 年推出的一款 ZK6126HGE 全铝车身城市客车为例，其车身质量相对于原来的钢骨架车身降低了约 46%。

③复合材料车身。车身骨架及蒙皮采用非金属复合材料代替，这种结构车身的整备质量会大大降低。随着轻量化要求越来越高，相信未来客车车身会逐渐增大非金属材料的应用比例。一种采用复合材料车身的客车如图 17-15 所示。

2. 客车车身的基本结构

骨架式客车车身主要包括车身骨架、外蒙皮、内装饰、地板和车身附件等，因车身内装饰、乘客门、侧窗、舱门等内容在本书的其他章节的已有专门介绍，这里着重介绍车身骨架和车身外蒙皮的基本结构。

1) 车身骨架

车身骨架通常是指由纵梁、横梁和立柱等主要承力元件组成的刚性空间结构，是所有车身部件安装的基体，车身外蒙皮、内蒙皮、车窗、车门、舱门、车内装饰件、座椅、仪表台、内行李架、空调装置等车身附件都通过多种安装方式装配在车身骨架上。车身骨架主要包括前围骨架、左右侧围骨架、顶盖骨架、后围骨架、地板骨架（底盘车架）以及连接件等，一种半承载式客车的车身骨架如图 17-16 所示。

图 17-15 采用复合材料车身的客车示意图

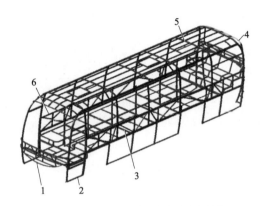

图 17-16 一种半承载式客车的车身骨架

1-前围骨架；2-左侧围骨架；3-地板骨架；4-后围骨架；5-顶盖骨架；6-右侧围骨架

2) 车身外蒙皮

客车车身外蒙皮是覆盖在车身外表面的薄板件，除了具有防护和增强车身强度的作用外，还起着装饰客车、表现整车外部形状特征的作用。车身外蒙皮主要包括前围蒙皮、侧围蒙皮、顶盖蒙皮和后围蒙皮等。

（1）前围蒙皮。前围蒙皮由多种复杂的空间曲面构成，是车身的重要组成部分，主要由前帽檐蒙皮、前风窗框、前围中蒙皮、前照灯框、前保险杠和前中间装饰件等组成，结构形式如图 17-17 所示。前围蒙皮一般采用 1mm 厚的冷轧钢板或 2~3mm 厚的玻璃钢成形，其中钢制蒙皮由多块成形件组焊而成，玻璃钢蒙皮可一次成形。对于钢制蒙皮采用焊接方式与车身骨架连接，而玻璃钢蒙皮则采用黏结或铆接方式与车身骨架连接。

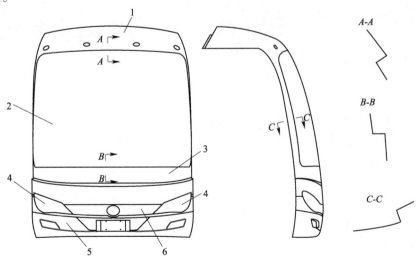

图 17-17 前围蒙皮结构示意图

1-前帽檐蒙皮；2-前风窗玻璃；3-前围中蒙皮；4-前照灯框；5-前保险杠；6-前中间装饰件

(2)后围蒙皮。后围蒙皮同样由多种复杂的空间曲面构成,一般由后帽檐、后围拐角蒙皮、后围中蒙皮、后舱门框、后尾灯框、后保险杠和后窗框等组成,其结构形式如图 17-18 所示。后围蒙皮同前围蒙皮一样,一般采用 1mm 厚的冷轧钢板或 2～3mm 厚的玻璃钢成形,其中钢制蒙皮由多块成形件组焊而成,玻璃钢蒙皮可一次成形。对于钢制后围蒙皮,主要采用焊接方式与车身骨架连接,而玻璃钢后围蒙皮,则采用黏结或铆接方式与车身骨架连接。

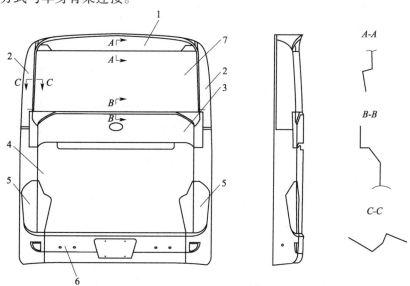

图 17-18 后围蒙皮结构示意图

1-后帽檐;2-后围拐角蒙皮;3-后围中蒙皮;4-后舱门框;5-后尾灯;6-后保险杠;7-后窗框

(3)侧围蒙皮。侧围蒙皮是覆盖于侧围骨架外表面的薄板件,常用材料为厚度 1mm 左右的冷轧钢板、镀锌钢板或 2mm 左右的玻璃钢。侧围蒙皮包括侧围中蒙皮及舱门立柱、侧窗立柱和乘客门立柱盖板等,侧围中蒙皮主要采用焊接、黏结等方式和车身骨架连接,图 17-19 所示为一种胀拉的侧围中蒙皮结构示意图。

(4)顶盖蒙皮。顶盖蒙皮是覆盖于顶盖骨架外表面的薄板件,常用材料为厚度 1mm 或 0.8mm 的冷轧钢板或者 2mm 左右的玻璃钢,结构形式如图 17-20 所示。顶盖蒙皮主要包括左右对称的两侧瓦楞蒙皮和顶盖中蒙皮,主要采用焊接(钢质材料)或黏结(玻璃钢材料)等方式和车身骨架连接。

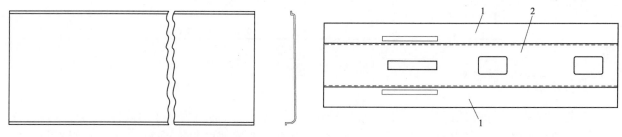

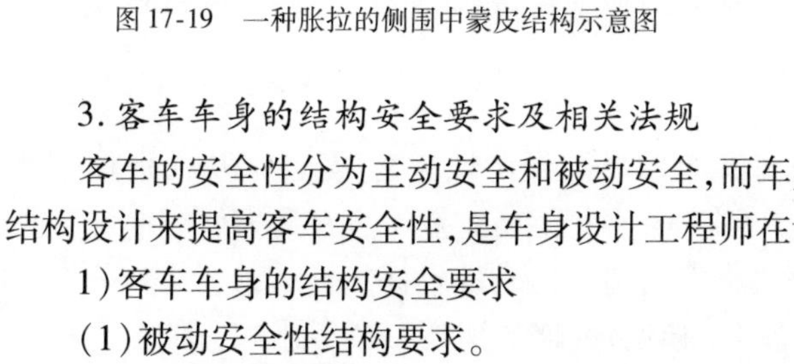

图 17-19 一种胀拉的侧围中蒙皮结构示意图

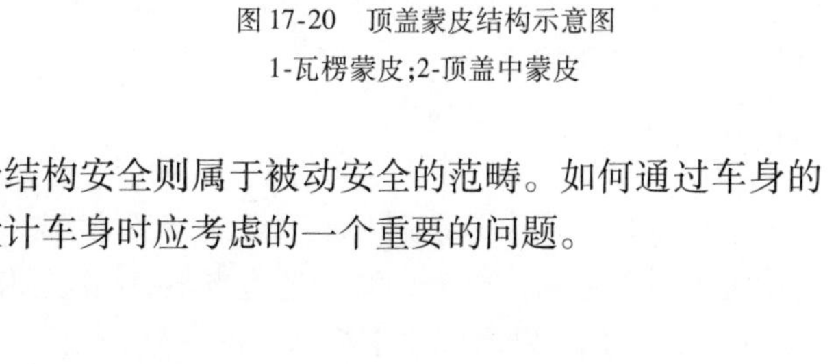

图 17-20 顶盖蒙皮结构示意图

1-瓦楞蒙皮;2-顶盖中蒙皮

3. 客车车身的结构安全要求及相关法规

客车的安全性分为主动安全和被动安全,而车身结构安全则属于被动安全的范畴。如何通过车身的结构设计来提高客车安全性,是车身设计工程师在设计车身时应考虑的一个重要的问题。

1)客车车身的结构安全要求

(1)被动安全性结构要求。

①车内所有可能与乘员接触的部位不能有尖角、毛刺,以避免乘员在车内移动或紧急情况时造成伤害。为此,通常采用圆角或软化装饰件。

②发生正面碰撞和翻滚事故时,车身变形应受到一定限制,并吸收一定的冲击能量,保证驾驶人和乘客的最小"生存空间"。

③侧窗玻璃应采用钢化玻璃,避免在紧急情况下敲碎玻璃时划伤乘员。
④前风窗玻璃应采用夹胶玻璃,以避免其破碎时划伤驾驶人,从而影响行车安全。
⑤乘客门要求从车内和车外均能打开,并要有防夹功能。
⑥车辆顶部的顶风窗在紧急状态下从车内外均能打开。
⑦车内座椅、过道和上下车门处必须配备紧急情况下防止乘员被甩出去或跌倒的安全设施,如安全带和护栏、扶手等。
⑧车身内饰材料应满足 GB 8410—2006《汽车内饰材料燃烧特性》的阻燃性要求,当发生火灾时应延缓火势蔓延,为乘客争取更多的逃生时间等。

(2)主动安全性结构要求。
①驾驶区各种操纵件的布置应符合人机工程学要求,尽可能降低操作疲劳,提高行车安全性。
②良好的驾驶视野。如采用大视野的全景前风窗玻璃和无盲区的外后视镜等,提高行车安全性。

2)涉及客车车身安全性要求的相关法规

为保证乘车安全,国家制定了一系列标准法规来保证和提高客车车身的安全性。涉及客车车身结构安全要求的有关标准法规见表17-1。

涉及客车车身结构安全的标准法规　　　　　表17-1

标 准 号	标准名称	涉及客车车身结构安全要求的章节条款
GB 7258—2012	机动车运行安全技术条件	详见标准第 11.2、11.5～11.7、12.1、12.2、12.4、12.9 条款的内容
GB 13094—2007	客车结构安全要求	详见标准第 4.2、4.4.1.1、4.4.1.3、4.4.6～4.4.7、4.5、4.6、4.10～4.12 条款的内容
GB 18986—2003	轻型客车结构安全要求	详见标准第 4.2、4.3.1、4.3.3.4～4.3.3.5、4.3.6～4.3.7、4.4、4.5、4.7~4.8 条款的内容
GB 17578—2013	客车上部结构强度要求及试验方法	详见标准第 4.1.1、4.1.3、条款的内容
GB 8410—2006	汽车内饰材料燃烧特性	详见标准第 3 条款的内容
GB 13057—2014	客车座椅及其车辆固定件的强度	详见标准第(4.1.2.2～4.1.2.4、4.1.3)4.1.2.3、4.2 条款的内容
GB/T 19260—2003	低地板及低入口城市客车结构要求	详见标准第 4.1、4.3、4.4 条款的内容
GB/T 19751—2005	混合动力电动汽车安全要求	详见标准第 4.1.4.2、4.1.4.2 条款的内容
GB/T 19950—2005	双层客车结构安全要求	详见标准第 4.5.1、4.5.5、4.5.8、4.6、4.7、4.10～4.13 条款的内容

4.客车车身的技术发展

1)轻量化

随着国家对汽车节能减排要求的越来越高,轻量化是大势所趋,而作为客车组成部分的车身则是轻量化的主要对象之一。要实现轻量化,除优化结构外采用新型高强度材料、轻质材料、非金属材料和复合材料也是重要途径。

2)造型

(1)气动最优化。伴随燃料价格的不断上涨,用户对客车的燃油经济性越来越敏感,从而促使生产厂家也越来越重视车身造型对车辆燃油经济性的影响。近年来,客车生产企业一直在努力研究能够减小气动阻力且气动稳定性好的车身造型方案,这将是未来客车车身造型追求的目标。

(2)人性化。随着物质生活水平的提升,人们对精神上的追求也越来越高。客车作为一种生产和生活资料,也与人们的衣食住行息息相关。车身设计必须以人为本,体现人机协调,使用操作方便、舒适,适应人的各种生理和心理要求,从而提高工作效率、保障安全、维护健康。未来的车身造型将在外观设计、人机工程以及车内环境等方面更加注意人性化的发展需求。

(3)个性化。前几年我国的客车车身外形基本上相互抄袭,从外观上很难判断是哪一家企业的产品。但随着客车技术和客车工业的不断发展,各客车厂家都开始追求艺术性和时代感,注重归纳总结,突出品牌和符合各自企业特点的客车车身造型。

3) 承载技术

由于全承载式客车的车身轻量化效果越来越明显,且车身结构的受力和翻滚安全性相对比半承载式车身结构和非承载式车身结构要好,因此越来越多的厂家开始重视和发展全承载式客车车身技术。

4) 工艺

(1) 焊接。随着客车车身技术的发展,车身焊接工艺由原先的手工电弧焊逐渐发展为现在的二氧化碳气体保护焊和电阻焊,未来可能会采用激光焊接;车身焊接由人工焊接向人工焊接+智能机器人焊接过渡已成为必然趋势;而在大型企业,大量采用智能机器人焊接将成为可能。

(2) 防腐。相对于单件涂装工艺、型材内腔喷蜡工艺和车身磷化工艺,整车(骨架+蒙皮)电泳工艺因其防腐效果好,目前已在国内几家大型客车企业得到采用。但因其成本高、环保要求高而在中、小企业推广受到限制。为此,采用新型质优价廉的防腐工艺,已是未来各客车企业需要解决的主要问题之一。

5) 材料

为适应高强度、轻量化、安全性和环保的要求,各种新材料将在客车上得到大量采用。未来的客车车身材料除无须防腐处理的高强度金属材料外,非金属材料、复合材料和纳米材料(要求阻燃、环保、高温下对人体无伤害等)也将在车身上得到广泛采用。

6) 结构安全

随着社会对客车安全性的重视和关注,一些涉及客车安全性的法规已相继颁布并强制实施,同时对客车安全性的要求也会越来越细化和完善。此外,有关客车车身安全性的正面碰撞、侧面碰撞以及动态翻滚对人体保护的研究也开始进行,相关法规将会陆续制定并颁布实施。

二、车架/底架

1. 组成与分类

在客车行业的发展初期,其底盘主要由不带货厢的载货汽车改装而来(这类载货汽车俗称二类底盘),形成了所谓的长头客车。随着时间的推移和使用要求的提高,出现了采用不带驾驶室和货厢的载货汽车底盘(俗称三类底盘)进行改装的结构,并进一步形成了客车专用底盘。而客车技术的进步和使用环境的变化,推动了车架结构的改变和发展,出现了诸如整体式、分段式等多种车架结构的专用客车底盘,以满足降低城市客车地板高度,增大长途、旅游客车行李舱、提高车身结构强度的要求。随着全承载式车身技术的出现,又形成了适应承载式车身的无整体式底盘的客车车身结构,这种客车没有独立的底盘和车架,底架一般采用桁架式结构,由于其所具有的独特优点,现代大型客车正逐步向这种承载式车身结构的形式发展。

目前,客车车架一般采用整体式(包含整体对称式和整体非对称式)和三段式结构,分别与车身骨架构成非承载式和半承载式车身。根据其不同的用途和工艺特点,车架与车身大都采用刚性连接,以便使车架与车身共同承载,整车受力趋于合理化,从而提高车辆的可靠性和安全性。

对于采用承载式车身的客车,其车身的特点是根据结构和受力需要,采用不同断面的矩形钢管组焊而成,骨架和底架形成一个整体,没有独立的车架,以车身作为发动机和底盘各总成的安装基体,车身兼有车架的作用并承受全部载荷。

图17-21和图17-22分别为一种前置发动机客车用整体对称式车架和一种后置发动机城市客车用三段式车架。图17-23所示为一种承载式车身的底架结构。

2. 功用

车架的结构形式应首先满足总布置需要。汽车在复杂多变的道路上行驶时,固定在车架上的各总成和部件之间不应发生干涉;当汽车在崎岖不平的道路上行驶时,车架在载荷的作用下可产生扭转变形以及在纵向平面内的弯曲变形;当一边车轮遇到障碍时,还可能使整个车架扭曲成菱形。这些变形将会改变安装在车架上的各部件之间的相对位置,从而影响其正常工作。因此,车架应具有足够的强度和适当的刚度。为了使整车轻量化,要求车架质量应尽可能小。此外,降低车架高度以使得整车质心位置降低,有利于提高汽车的行驶稳定性,这一点对客车来说尤为重要。

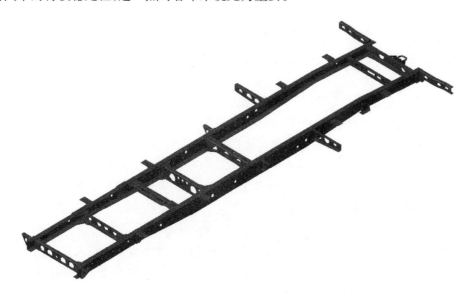

图 17-21　一种前置发动机客车用整体对称式车架

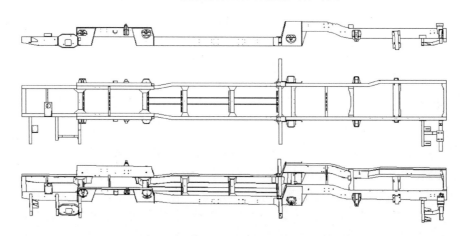

图 17-22　一种后置发动机城市客车用三段式车架

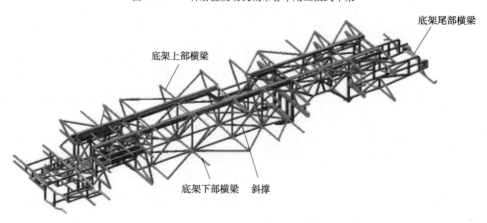

图 17-23　一种承载式车身的底架结构

三、车身附件

1. 车身附件的组成

客车车身附件由空调制冷装置、采暖除霜及通风换气装置和车身其他附件等组成。

1）空调制冷装置

目前，客车空调制冷装置多采用蒸气压缩式制冷方式。其空调制冷系统由压缩机、冷凝器及蒸发器、储液干燥器（或集液干燥器）、膨胀阀（或孔管）、鼓风机、进风罩、车内风道和制冷管道等组成。

2）采暖除霜及通风换气装置

（1）采暖装置。客车的采暖装置是指冬季运行时，用于升高车厢内温度的暖风装置及配套设备的总称。

采暖装置根据热源的不同，分为余热式采暖装置和独立式采暖装置。其介质为空气或液体，常用介质为水。

常用的水暖余热式采暖装置包括：散热器、水管、水阀和取水口等。

常用的水暖独立式采暖装置包括：独立燃烧加热器、油箱、散热器、水管、水阀和取水口等。

（2）除霜装置。除霜装置是用于清除客车风窗玻璃上积霜、结雾或结冰的装置及配套设备的总称。

客车除霜装置最基本的配置包含除霜机、除霜风管和除霜风口等。

（3）通风换气装置。自然通风换气装置包括：车窗、安全顶窗等。

强制通风换气装置包括：空调、换气扇、带换气扇顶窗和空气净化装置等。

3）车身其他附件

车身其他附件的种类和功能很多，见表17-2。部分车内、外附件在车上的安装位置及效果，如图17-24和图17-25所示。

除空调制冷、采暖除霜和通风换气装置外的车身其他附件 表17-2

车身其他附件	车门	乘客门、驾驶人门、应急门	
		舱门	侧舱门	行李舱门
				检修舱门
			发动机舱门	
	上车辅助装置	电动升降装置	电动伸缩式轮椅升降装置
			电动举升式轮椅升降装置
		手动升降装置	手动翻转式轮椅装置
			手动伸缩式轮椅装置
		伸缩式活动踏步	
	车窗及车窗玻璃	前风窗、后风窗、驾驶人窗、侧窗、乘客门窗、应急门窗等	
	风窗清洁装置	刮水器、洗涤器等	
	客车座椅、卧铺	客车座椅	驾驶座椅、乘客座椅、导游座椅、学生座椅等
		卧铺	平躺铺、半躺铺
	客车内饰件及行李架	车内装饰件	前后内顶装饰件、中顶装饰件、侧围装饰件、地板、地板革、地板检修盖、压条等
		车内附件	仪表台、风道及行李架、遮阳帘、窗帘等
	车外装饰件	车外装饰板、流水槽、进气格栅等	
	车用饮水设备及卫生间	车用卫生间、冰箱、饮水机	
	客车监视装置	车外后视镜、车内后视镜、车外监视器、车内监视器等	
	锁具	乘客门锁、行李舱门锁、检修舱门锁、驾驶人门锁、应急门锁等	
	公交客车的特殊附件	报站器（含嵌入式自动报站系统）、电子路牌、读卡器、投币机、驾驶人后围板、吊环、车内轮椅区结构及售票台等	
	安全设备	座椅安全带、约束隔板、扶手、护栏、安全锤、灭火器	
	标志、标识	型号牌、商标牌、铭牌、设备使用标识、出口标识、警告（警示）标识、座椅使用标识等	
	客车其他附件及材料	阻尼片、隔声片、隔热棉、吸声泡沫（片）、发泡盒等各种隔声降噪、隔热材料	

图 17-24 车内附件示意图

图 17-25 车外附件示意图

2. 车身附件的分类

按照功能的不同车身附件可按如下形式进行分类：

(1) 保障行驶安全的车身附件。客车上保障行驶安全的车身附件很多，如车门和驱动及锁止机构（包括乘客门、行李舱门、发动机舱门及门锁等）、车窗及车窗玻璃、风窗玻璃清洁装置（刮水器和洗涤器等）、除霜器、后视装置（包括后视镜、倒车雷达和倒车监视器等）、GPS定位及导航系统、车载运行管理系统、玻璃升降器和各种安全装置（如各种安全出口、安全带、安全气囊、安全锤、灭火器、扶手拉手、栏杆和车内监视器等）。

(2) 提供舒适性的车身附件。如空调装置（包括制冷、采暖、通风换气和空气净化装置）、座椅（包括驾驶座椅和乘客座椅)、卧铺、地毯和上下车辅助装置(踏蹬、伸缩踏步、轮椅升降机等)、隔声降噪和隔热材料等。

(3)装饰性附件。车内装饰件和车外装饰件等。

(4)提供方便性的车身附件。如车载电话、内行李架、车载冰箱、饮水机、车用卫生间及公交客车的特殊附属装置(报站器、电子路牌、读卡器、投币机和售票台)等。

3. 车身附件的基本结构和安全要求

车身附件的种类很多,功能各不相同,每种附件都有其自身独有的基本结构和安全要求,详见第二十章—第二十二章的相关内容。

4. 客车车身附件的技术发展

客车上的很多部件,最初仅作为附件出现,而今天大部分已成为客车的必备品。按国家法规要求,有关安全及环保方面的附属设备是必须配备的,如座椅安全带、约束隔板等。另有些附件则是按客户要求选装或特殊准备的。

国外成熟客车市场的做法是提供一个裸车,什么附件配置都没有,购买者根据自己需求,在长长的配置清单中勾选出自己需要的配置,同时提供很多配置选装。这样既方便了消费者选择,也体现了客车厂的人性化服务理念。

作为体现客车技术水平重要标志的车身附件,近30年来其技术发展日新月异,不仅品种增多、功能完善,而且为满足乘客需求的新型附件不断涌现,以此推动了整车技术水平的提高。

操作简单方便、乘坐更加舒适安全永远是客车设计师追求的目标。而现阶段客车附件的配置主要还是以安全、舒适和实用性为主,且调节方法多为手动式。

客车附件的技术发展主要体现在以下几个方面。

1)品种不断增加

随着客车技术的发展和对乘坐舒适性、安全性要求的提高,新的车身附件不断出现,如逃生窗、空气净化器、安全保护装置和车载灭火装置等。

2)功能更加完善

客车的舒适性、娱乐性、方便性越来越受到消费者的重视,因此附件的本体结构就应更加合理、性能不断完善,以满足人们不断增加的需求。

(1)全自动区域空调。由于车辆内部空间的原因,空调往往难以达到理想的制冷效果。全自动区域空调有别于传统手动空调,智能地将车室分为多个区域,并根据需要起动高温区送冷、低温区送风的功能,以保证整个车室内部的制冷制热效果。

(2)前照灯自动清洗。前照灯对夜间行车安全十分重要,是夜间照明道路的主要设备。前照灯自动清洗功能就是在前照灯的下方设有一个高压喷水器,以随时清洗前照灯的灰尘及污垢,保证夜间行车视野的清晰。

(3)多功能通风窗。在现有单一功能通风窗或换气扇基础上,增加净化功能和紧急情况下自动开启功能,使室内通风换气更加洁净,逃生更加方便。

(4)多功能座椅。多功能化是乘客座椅的发展方向,坐垫倾角调整、背部支撑与按摩和USB接口等,将使乘客乘车更加舒适。

3)电子化和智能化水平不断提高

电子控制技术的不断发展,使得汽车电子附件所占的比例和耗电量大幅度提高,如城市公交客车的电子路牌、报站器、电动举升式轮椅升降装置和车载收费读卡器等。

汽车电子化被认为是汽车技术发展进程中的一次革命,汽车电子化的程度被看作是衡量现代汽车水平的重要标志,是开发新车型,改进汽车性能最重要的技术措施。汽车企业认为,增加汽车电子设备的数量、促进汽车电子化是夺取未来汽车市场的重要而有效的手段。

4)标准化程度不断提高

为配合国家对产品质量的专项整治、提高行政效率和专业化监管水平、促进汽车附件行业健康有序运行,附件通用化和标准化程度的进一步提高已成为必然趋势。

汽车附件按照统一的标准生产,其明显的好处是:有利于提高工效,保证产品质量,降低生产成本,减少配件品种,方便维修。特别是易损件的标准化更是如此。

5) 轻量化

当节能和环保成为主旋律时,客车轻量化的压力也越来越大,作为整车重要组成部分的附件轻量化也成为当务之急。

目前,减轻车重的措施主要两种:

(1) 优化布置,如有人提出采用 14V/42V 双电压方案:将汽车电器与电控装置根据耗电大小分为两组,中小功率电气装置为一组用 14V 电压供电,较大功率电气装置采用 42V 电压供电。提高电压值,可以减少电气装置本身的体积、质量和功耗,也有利于控制装置的小型化,提高集成度。

(2) 应用轻量化材料,如铝合金、镁合金、工程塑料和复合材料等。

6) 操纵更加方便可靠

现代客车的附件种类越来越多、结构越来越复杂、功能越来越完善,面对众多操纵机构,保证行车安全和操纵更加方便可靠是客车车身附件的发展趋势之一。按人机工程设计操纵机构(手柄、按钮等)和安装位置,操纵机构设计的人性化,面板上图形标志、文字的可视化、标准化和色彩、照明灯光设计的科学性和合理性等,都将是车身附件设计的重点。

7) 外形设计更人性化

客车车身附件一般由不同企业生产,客车厂只是根据需要选用。作为每一种附件,它本身虽然是一件工业品,但对使用者和乘坐着来说,其外形(有的是使用者和乘坐者接触或所看见的部分)则应是一件艺术品。因此,附件设计在首先满足功能的前提下,外形设计要充分考虑人性化,应以优美的形体、装饰、色彩和照明等使人获得美的享受,反映时代风貌、民族传统和独特的企业形象。只有这样,才能得到使用者的认可和欢迎。

第十八章 客车车身结构

在客车结构中,车身既是承载单元,又是功能单元。作为承载单元,由车身骨架与底架或车架(小型客车车身壳体与车架)组成的车身结构在行驶中要承受多种载荷的作用。作为功能单元,车身应为驾驶人提供良好的操作条件和舒适的工作场所,为乘员提供舒适的乘坐环境,保护他们免受行驶中的振动、噪声和废气等的侵袭以及外界恶劣气候的影响;保证完好无损地运载货物且装卸方便;在交通事故发生时,可靠的车身结构和乘员保护系统有助于减轻对乘员和行人造成的伤害;车身合理的外部形状,可以在行驶时有效引导周围的气流,提高客车的动力性、燃料经济性和行驶稳定性,改善发动机冷却条件和车厢内的通风。此外,车身结构也是车身和底盘零部件装配的基础件。因此,车身的结构形式对客车制造技术和工艺过程有着十分重要的影响。

第一节 全承载式车身

应用在客车上的全承载车身技术由德国凯斯鲍尔公司于20世纪50年代首创,其特点是将飞机制造的整体框架结构技术应用于客车生产。我国的全承载结构客车始于20世纪90年代,是由当时的合肥淝河汽车制造厂(现更名为安徽安凯汽车股份有限公司)和德国凯斯鲍尔公司合作,引进的全承载客车技术。近年来,随着用户对客车燃油经济性越来越高的关注,以及标准法规对客车结构的安全性要求,使得全承载式客车的发展十分迅速。

关于全承载式车身,在汽车行业标准QC/T 997—2015《客车全承载整体框架式车身结构要求》中定义为,"一种由格栅底架和车身骨架组成的框架结构,车辆载荷全部由车身承担"。即这种车身是由前围骨架、后围骨架、侧围骨架、顶盖骨架及底架组成的六面体空间框架结构并由该结构承受全部载荷,是一种无独立车架的整体式车身结构形式。

一、全承载式车身的特征

1. 结构特征

全承载式车身的主要结构特征是没有独立的车架,车身由矩形或异形薄壁构件组焊成空间框架结构。即这种车身是全部由小断面矩形或异形薄壁构件构成的格栅式结构组成,被形象地称为"鸟笼结构"。该结构形式最早应用于飞机制造业的整体化机身框架,20世纪50年代初由德国凯斯鲍尔公司首创应用于赛特拉(SETRA)客车,其整体结构由底架、前围、后围、左右侧围及车顶骨架组成,如图18-1所示。此外,封闭环结构也是其显著特征之一,即底架格栅横梁、侧围立柱、侧窗立柱和车顶横梁处于同一横向平面内。尤其是第一立柱、车门立柱及后悬立柱处的封闭环结构,对提高整车刚度、滚翻安全性和减少开口变形等起着至关重要的作用。

图18-1 可由六名工人轻轻抬起的赛特拉(SETRA)全承载式客车车身

因这种结构具有性能优越、安全舒适、轻量化效果明显等优点,已逐步在奔驰、曼、尼奥普兰、博发、伊卡露斯等世界著名客车企业的中、高档大客车上得到了采用。

2. 工艺特征

全承载车身与传统车身结构在制作工艺上有明显的区别。虽然各客车制造企业对车身设计已形成

各自的设计准则,但基本要求是一致的:

(1)根据结构设计受力情况,选用不同规格、材质的矩形或异形薄壁构件进行组焊。一般情况下底架部分常用材料为低合金高强度结构钢,其他部分常用材料为碳素结构钢或优质碳素结构钢。选材时尽量减少材料的尺寸规格,以简化工艺过程。

(2)基本上全部采用矩形钢管(个别地方少量采用异形方管或其他形状连接件)型材杆件组焊成形。

(3)因是薄壁管件焊接,对焊接和防锈工艺要求很高。

(4)同一平台产品,底架、前围、后围、左右侧围和车顶除尺寸有所不同外,结构基本相同。因此,在制作工艺上可以实现单一车型和多种车型的批量生产。

3.优缺点

全承载式车身由底架、前围、后围、左右侧围和顶盖六大片组成,其车身大多采用封闭环结构。由于没有车架,对于城市客车可降低地板和整车高度;对于长途、旅游客车,可在地板下形成较大的行李舱。采用这种结构的客车,车身上下部结构形成一个整体,共同承担载荷,达到稳定平衡状态;在具有较大抗扭刚度的格栅底架上,配置安装发动机、前后桥和悬架等总成,可以保证各总成正确的相对位置关系;利用优化设计方法,可使整车各部分受力均匀,结构安全可靠,实现轻量化和节能减排的目标。其主要优点是:

(1)车身整备质量低,结构强度与刚度大。

(2)结构尺寸灵活,便于合理布置各总成和零部件,并能最大限度地增大行李舱容积。

(3)整车质心低,高速行驶稳定性较好。

(4)加工不需要大型冲压设备,便于产品改型和系列化,容易实现多品种系列化生产。

(5)被动安全性好。承载式客车所采用的格栅式结构,能使整车在受力时将力迅速分解到全车各处;按照欧洲的客车被动安全法规测试,这种结构能够在翻滚及碰撞时,保证乘客的安全空间。

但采用承载式车身也存在一些不足和现实问题需要解决。首先,由于取消了车架,来自道路的负载会通过悬架装置直接传给车身本体,而车厢本身又是易于形成引起空腔共鸣的共振箱,因此噪声和振动较大,恶化了乘坐舒适性,需要对隔振降噪提出更高的要求,使得成本和质量都会有所增加;其次,底架的零部件多,技术工艺要求严格,生产成本高。

二、全承载式车身的基本结构

客车全承载式车身由前后围骨架、左右侧围骨架、顶盖骨架和底架六大总成组成,图18-2所示为某型全承载式客车的车身骨架分解图。

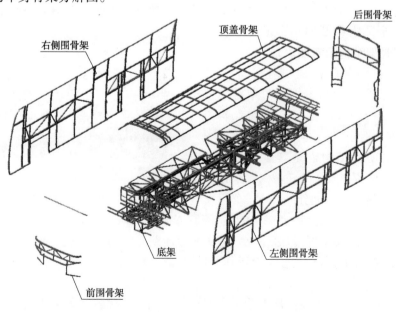

图18-2 某全承载式客车车身骨架分解图

1. 前围骨架

前围骨架是位于客车前部的车身骨架,主要由前风窗框上横梁、前围搁梁和前风窗框下横梁等部件构成(有的车型左、右侧围第一立柱在前围骨架上),主要用于安装前围蒙皮、外后视镜、前风窗玻璃、刮水器、前照灯、前保险杠等部件,并与左右侧围骨架、顶盖骨架和底架通过焊接形式连接,组成客车的六面体空间框架结构。图 18-3 所示为某型全承载式车身客车的前围骨架结构示意图。

2. 后围骨架

后围骨架是位于客车车身后端的骨架,主要由后风窗框上横梁、顶部横梁、后围搁梁、后风窗框下横梁和后围立柱(部分车型该立柱在左、右侧围上)等部件构成,用于安装后围蒙皮、后风窗玻璃、后舱门、后尾灯、后保险杠等部件,并与左右侧围骨架、顶盖骨架和底架通过焊接形式连接,组成客车的空间框架结构。图 18-4 所示为某型全承载式车身客车的后围骨架结构示意图。

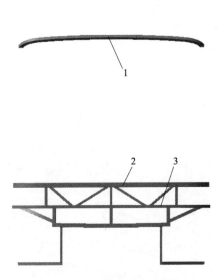

图 18-3 前围骨架结构示意图
1-前风窗框上横梁;2-前风窗框下横梁;3-前围搁梁

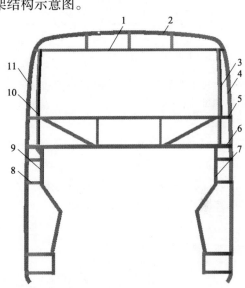

图 18-4 后围骨架结构示意图
1-后风窗框上横梁;2-顶部横梁;3-后风窗框右立柱;4-后围右立柱;5-后风窗框下横梁;6-后围搁梁;7-后舱门右立柱;8-连接梁;9-后舱门左立柱;10-后风窗框左立柱;11-后围左立柱

3. 左侧围骨架

左侧围骨架是位于客车车身左侧的骨架,主要由侧围上边纵梁(有些车型无此部件)、侧围立柱(有的车型侧围第一立柱和侧围末立柱分别在前、后围骨架上)、腰梁、侧窗立柱、侧围搁梁、裙立柱、斜撑和侧围裙边梁等部件构成,用于安装驾驶人门、应急门、侧窗玻璃、侧围蒙皮、侧舱门等部件,并与前围骨架、后围骨架、顶盖骨架和底架通过焊接形式连接,组成客车的空间框架结构。如图 18-5 所示为某型全承载式车身客车的左侧围骨架结构示意图。

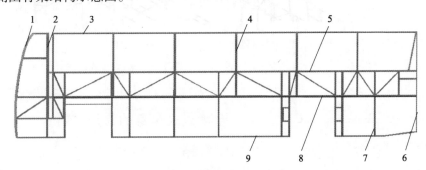

图 18-5 左侧围骨架结构示意图
1-左侧围第一立柱;2-驾驶人窗后立柱;3-侧围上边纵梁;4-侧窗立柱;5-腰梁;6-左侧围末立柱;7-裙部立柱;8-地板搁梁;9-裙边梁

4. 右侧围骨架

右侧围骨架是位于客车车身右侧的骨架,主要由右侧围上边纵梁(有些车型无此部件)、侧围立柱

(有的车型侧围第一立柱和侧围末立柱分别在前、后围骨架上)、乘客门立柱、腰梁、侧窗立柱、侧围搁梁、裙立柱、斜撑和侧围裙边梁等部件构成,用于安装乘客门、侧窗玻璃、侧围蒙皮和侧舱门等部件,并与前围骨架、左侧围骨架、后围骨架、顶盖骨架和底架通过焊接形式连接,组成客车的空间框架结构。图18-6所示为某型全承载式车身客车的右侧围骨架结构示意图。

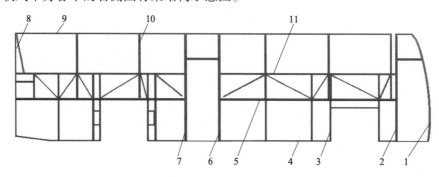

图18-6 右侧围骨架结构示意图

1-右侧围第一立柱;2-前乘客门后立柱;3-裙部立柱;4-裙边梁;5-地板搁梁;6-中乘客门前立柱;7-中乘客门后立柱;8-右侧围末立柱;9-侧围上边纵梁;10-侧窗立柱;11-腰梁

5. 顶盖骨架

顶盖骨架是位于客车车身顶部的骨架,主要由顶盖横梁、顶盖纵梁和顶盖边纵梁(部分车型无此部件)等部件构成,用于安装顶盖蒙皮、顶置空调、内顶灯、顶风窗、顶扶手、内行李架和风道等部件,与前围骨架、后围骨架、左右侧围骨架通过焊接形式连接,组成客车的空间框架结构。图18-7所示为某型全承载式车身客车的顶盖骨架结构示意图。

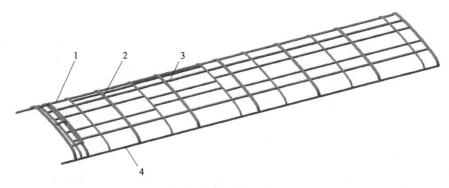

图18-7 顶盖骨架结构示意图

1-右侧顶边纵梁;2-顶盖横梁;3-顶盖纵梁;4-左侧顶边纵梁

6. 底架

底架是位于客车车身底部的构架,主要由底架横梁、底架纵梁和斜撑等部件构成,用于安装地板、座椅、护栏、发动机、变速器、悬架、车桥、中冷器和转向机等部件,并与前围骨架、左右侧围骨架和后围骨架通过焊接形式连接,组成客车的空间框架结构。某型全承载式车身客车的底架结构如图17-23所示,图18-8所示为左右侧围骨架和底架的连接示意图。

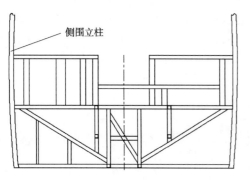

图18-8 左右则围骨架和底架的连接示意图

三、全承载式车身的常用材料

目前,国内全承载车身常用的金属材料有Q235B、Q345C、20、510L、HC700、DC01、DX51D+Z和DX54D+Z等多种,其化学成分见表18-1,力学性能参数见表18-2。其中,HC700为高强度钢,是最近几年才开始在部分客车企业大量采用的新材料,也是未来客车轻量化会普遍使用的一种材料。此外,预计将来客车车身上除高强度钢外还将会大量用到铝合金、镁合金、钛合金等轻金属材料。

客车车身上常用金属材料的化学成分　　　　　　　　　　　　　　　　　　表 18-1

牌号	化学成分(%)				
	C	Mn	Si	S	P
Q235B	0.12~0.2	0.3~0.7	≤0.3	≤0.045	≤0.045
Q345C	≤0.2	1~1.6	≤0.55	≤0.035	≤0.035
510L	≤0.2	≤1.6	≤1	≤0.03	≤0.03
20	0.17~0.24	0.17~0.37	0.35~0.65	≤0.035	≤0.035
HC700	≤0.3	≤3	≤2.2	≤0.025	≤0.02
DC01	≤0.12	—	≤0.5	≤0.045	≤0.045
DX51D+Z	≤0.12	≤0.6	≤0.5	≤0.1	≤0.045
DX54D+Z	≤0.12	≤0.6	≤0.5	≤0.1	≤0.045

客车车身常用金属材料的性能参数　　　　　　　　　　　　　　　　　　表 18-2

牌号	抗拉强度(MPa)	屈服极限(MPa)	弹性模量(GPa)	泊松比	伸长率(%)
Q235B	375~500	≥235	206	0.3	≥26
Q345C	470~630	≥345	206	0.3	≥22
510L	510~630	≥355	206	0.3	≥24
20	≥410	≥245	206	0.3	≥25
HC700	700~1000	≥980	206	0.3	≥2
DC01	270~410	140~280	206	0.3	≥26
DX51D+Z	270~500	—	206	0.3	≥22
DX54D+Z	260~350	120~220	206	0.3	≥36

除金属材料外,从成本、工艺等出发,客车车身上还将大量采用非金属材料,如 ABS、聚氨酯泡沫塑料、PU、PP 蜂窝板、PVC、钢化玻璃、DCPD 和玻璃钢等,这些材料主要用于车身内饰以及外装饰件。

四、全承载式车身技术的应用现状及发展

全承载式车身制造技术促进了中国客车制造方式的改变,即由以底盘制造为中心转到以整车制造为中心,并实现了选购国内外先进、成熟总成件匹配客车。目前,国内主要客车制造企业已实施采用全承载式车身制造技术的生产方式,如安凯、宇通、青年、金龙和中通等。全承载结构的车身已被广泛应用到公交客车、旅游客车、公路客车和机场摆渡车等相关车型上,而 GB 7258—2012 则明确要求卧铺客车及 11m 以上的公路客车必须采用全承载式车身结构。随着节能减排要求的不断提高,客车轻量化也越来越重要,因此全承载车身由于其明显的优势,已成为客车车身未来的发展趋势。但对于采用全承载车身结构的客车来讲,前围处由于相对于非承载式和半承载式没有了槽形车架大梁,正面碰撞的安全性相对于前两种车身结构来讲要弱一些,因此如何提高全承载式车身结构客车的正面碰撞安全性将是需要研究的一个重要课题。

目前,最常见的提高全承载式车身正面碰撞安全性的结构措施是:
(1)在底架最前端增加吸能装置。
(2)通过合理设计正面碰撞力的传递路径,提高其正面碰撞的被动安全性。
(3)考虑将驾驶人座椅固定底座和底架相连接,在碰撞发生时驾驶人座椅可以迅速后移,以增大驾驶人的生存空间等。

图 18-9 和图 18-10 分别是国外某款城市客车和公路客车的前围安全结构。

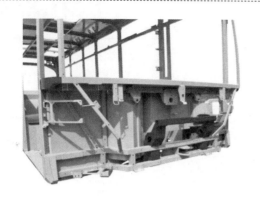 

图 18-9　某款国外城市客车的前围安全结构　　　图 18-10　某款国外公路客车的前围安全结构

第二节　半承载式车身

半承载式车身是介于非承载式车身和承载式车身之间的一种车身结构。由于这种车身结构形式还保留有车架,且制造简单、成本低,因此仍为目前我国客车车身的主流结构。其特点在于车身采用焊接、铆接或者螺栓连接方式与底盘车架刚性连接,是除车架承担载荷外,车身也参与承担部分载荷的一种车身结构形式。

一、半承载车身的结构特征和优缺点

1. 结构特征

半承载式车身的主要结构特征是具有单独的底盘,车身下部与底盘车架纵梁两侧的外伸横梁刚性连接,从而形成整体架构,这样车身也能承担部分弯曲和扭转载荷。

2. 优缺点

半承载式车身的主要优点是结构简单、车辆改装方便;与非承载式车身相比,可以适当降低地板高度;车身制造工艺简单;可以分别制造和装配车身及底盘,然后将二者进行合装。

缺点是由于大部分载荷由底盘车架承担,车身轻量化受到较大限制;底盘大梁等零部件制造需要大型装备和模具,投资较高、生产周期较长;对于长途客车,要保证所要求的行李舱容积,整车质心较高;对于城市客车,地板高度降低困难;车身隔声效果不如非承载式等。

二、半承载式车身的分类

半承载式车身根据车架的结构形式不同,可分为直大梁式半承载车身和三段式半承载车身两大类。

1. 直大梁式半承载车身

直大梁亦称整体直通大梁和梯形车架纵梁。采用直大梁式半承载车身的车架纵梁为前后贯通的结构,纵梁断面多为槽型或者矩形;纵梁可以为相同宽度和高度或不同宽度、不同高度的前后贯通结构。图18-11 所示为一种车架为直大梁结构的半承载式车身结构示意图,图 18-12 所示为直大梁车架结构示意图。有些城市客车为了降低地板高度,将直大梁在前、后后桥处设计成"Ω"形,或仅在后桥处设计成"Ω"形(俗称"弯纵梁")。图 18-13 所示为采用整体贯通式弯纵梁的江淮 HFC6605KYZL　6m 级轻型客车底盘,图 18-14 为采用整体贯通式弯纵梁的车架结构示意图。对于发动机后置车型,也有将纵梁在后桥后设计成"Z"形的结构。这种形式结构简单、工艺性好,但受力不均,不方便维修,不方便车型的变型设计,中段行李舱容积较小,普遍用于发动机前置的客车,以及部分发动机后置的团体客车。

近年来,直大梁式车架也出现了将直大梁分段变化以适应不同车型的结构要求。这种车架的断开位置一般在车架的前悬架后或后悬架前和后悬架后(图 19-2、图 19-2 和图 19-5)。

2. 三段式半承载车身

三段式半承载车身的车架由前中后三段组成,前段和后端多为槽型结构,中段为桁架结构。前后段车架通过焊接、铆接或螺栓和中段车架进行连接。三段式车架不仅结构复杂,生产工艺也相对复杂,但方

便维修,容易设计和变型,同时中段可设计出较大的行李舱容积。采用这种结构的车身普遍用于发动机后置或中置的旅游客车、长途客车。图 18-15 所示为一种采用三段式车架的半承载式车身结构,图 18-16 和图 18-17 所示为三段式车架结构示意图。

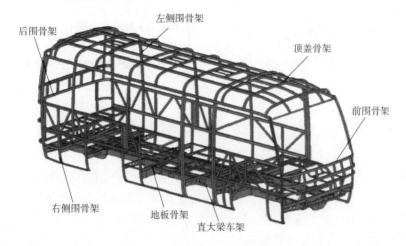

图 18-11　半承载式车身结构示意图

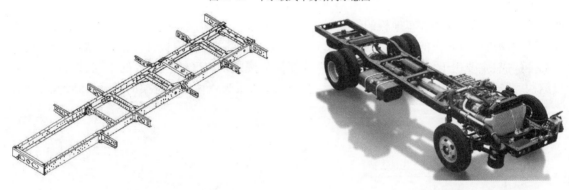

图 18-12　直大梁车架结构示意图　　　　　图 18-13　采用整体贯通式弯纵梁的江淮
　　　　　　　　　　　　　　　　　　　　　　　　HFC6605KYZL 6m 级轻型客车底盘

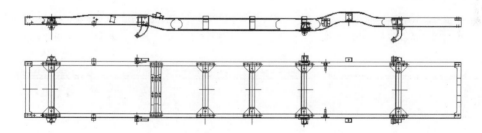

图 18-14　整体贯通式弯纵梁的车架结构示意图

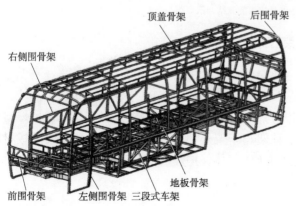
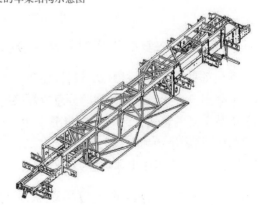

图 18-15　一种采用三段式车架的半承载式车身结构　　　图 18-16　三段式车架结构示意图(一)

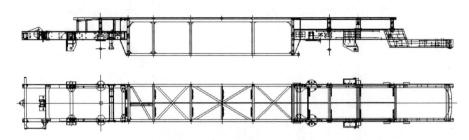

图 18-17　三段式车架结构示意图(二)

三、半承载式车身结构

1. 车身骨架

半承载式车身的骨架与全承载式车身骨架的结构形式基本相同,主要不同之处在于因前者有车架,需单独设计行李舱支架及蓄电池舱等结构;而后者的行李舱和蓄电池舱等结构则与格栅底架和车身骨架等统一考虑和设计;此外,半承载式车身的侧围骨架和车架的外伸梁(俗称"牛腿")或外伸格栅连接,如图 18-18 所示;而全承载式客车车身的骨架则与格栅底架的主横梁及横截面上的各外伸梁连接。

2. 地板骨架

地板骨架是支撑和安装客车地板的骨架,位于车身底部,一般通过焊接固定在车架上平面。图 18-19 所示为一种发动机后置客车的地板骨架结构示意图。地板骨架主要由地板骨架横梁、地板骨架纵梁和立柱等零部件构成,主要用于安装地板、座椅、护栏等部件。按照乘客区结构形式的不同,地板骨架可分为平地板结构、凹地板结构和偏凹地板结构三种。图 18-20 所示为三种地板骨架的横截面结构示意图。

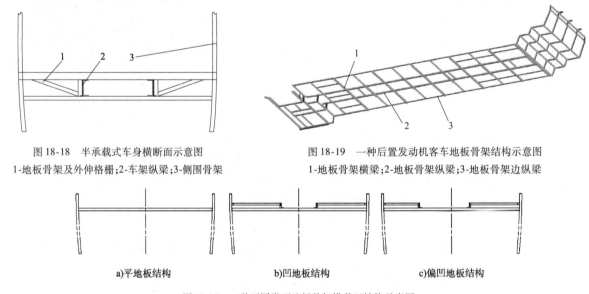

图 18-18　半承载式车身横断面示意图
1-地板骨架及外伸格栅;2-车架纵梁;3-侧围骨架

图 18-19　一种后置发动机客车地板骨架结构示意图
1-地板骨架横梁;2-地板骨架纵梁;3-地板骨架边纵梁

a)平地板结构　　b)凹地板结构　　c)偏凹地板结构

图 18-20　三种不同类型地板骨架横截面结构示意图

四、半承载式车身的常用材料及焊接与合装工艺

半承载车身的常用的材料及材料性能和全承载式车身的材料及性能基本相同。

半承载车身骨架和地板骨架的分总成焊接(前、后围,左、右侧围和顶盖)主要采用 CO_2 保护焊。

半承载车身的合装工艺是先将前围、后围、左侧围、右侧围、顶盖和地板骨架用 CO_2 气体保护焊组焊成框架结构,然后吊装到底盘上与车架焊接在一起。骨架和车架外伸梁的连接因车架外伸梁的板材较厚,一般通过连接板采用电弧焊(与外伸梁、地板骨架)和 CO_2 气体保护焊(与骨架)连接。

五、半承载式车身结构的应用现状及发展

半承载式客车车身的生产工艺简单,生产周期相对全承载式客车的车身短。加上半承载车身技术和

生产工艺的不断成熟和完善,以及成本相对全承载式车身低,是目前我国绝大多数客车生产企业在11m以下的中低端客车产品上广泛采的车身结构形式。

由于现阶段大部分国产客车仍采用半承载式车身结构,因此需要重点改进半承载客车车身骨架和底盘车架连接处的连接结构,避免出现在发生车辆侧翻或翻滚时车身和底盘分离的情况,从而减少对车内乘客造成的更大伤害。

随着用户对客车燃油经济性的要求越来越高,对客车轻量化的呼声也越来越高,加上 GB 7258—2012 中明确要求 11m 以上公路客车必须采用全承载车身的规定等因素,促使各客车生产企业越来越重视全承载客车产品的开发。相信未来半承载式车身在大中型客车上将逐渐被全承载式车身所代替,但在小型客车和校车上仍将得到广泛应用。

第三节　铝合金车身

据统计,车身质量约占汽车总质量的30%。世界铝业协会的研究报告指出:汽车所用燃料的60%消耗于汽车的整备质量,整车每减轻10%的质量,可降低油耗10%~15%。因此,越来越多的轻质或高强度材料在汽车上得到采用,如高强度钢板、铝合金和复合材料等。而采用铝合金车身,对降低车身质量、提高整车燃料经济性至关重要,是未来汽车车身技术发展的方向之一。

早期,铝合金在客车上多应用于舱门、内饰压条、风道、窗框、车内封板及扶手等零部件。而采用铝合金框架(骨架)的客车则相对较少,大多用于城市客车和部分行驶于道路条件较好的旅游客车。目前,国外生产厂家主要有英国丹尼斯、瑞典沃尔沃,以及东南亚一些国家和地区(如马来西亚、新加坡、澳大利亚及中国香港等)的小规模改装企业,其主要原因是防腐。因北欧等国雨雪天气较多,为防滑多在道路上撒盐及融雪剂;而海洋岛国的大气中盐分较高,容易造成车辆腐蚀。铝合金相对于钢铁具有良好的耐腐蚀性,采用铝合金制造车身可以达到提高车身寿命的目的。由于使用了铝车身的城市客车寿命一般都能达到15~17年,为提高国产客车的使用寿命和实现轻量化,近年来国内也开始了铝合金客车车身的研究。图18-21 所示为宇通客车联合美国美铝于2008 年开发的国内首款采用铝合金车身的 ZK6126HGE 城市公交客车。

一、铝合金车身的结构与组成

铝合金车身和前面章节介绍的其他车身的组成相似,由骨架、外蒙皮、内装饰件、地板、车身附件(座椅、乘客门、内行李架、车内扶手、舱门、仪表台、护栏和空气调节系统等)组成。图18-22 所示为采用铝合金车身的城市客车车身骨架及部分蒙皮结构。

图 18-21　ZK6126HGE 铝合金车身城市客车

图 18-22　采用铝合金车身的城市客车车身骨架及部分蒙皮结构

1. 铝合金车身骨架

铝合金车身的骨架由前围骨架、后围骨架及左、右侧围骨架和顶盖骨架等组成。对于采用焊接结构的骨架,铝型材之间用焊接的方式进行连接,型材断面多为矩形结构。图18-23 所示为焊接结构的铝车身骨架五大片结构示意图,其各总成之间通过焊接连接成空间框架。

对于采用螺栓连接结构的骨架(简称"栓接结构骨架"),其型材使用异型铝型材,断面多为带沟槽或矩形带边的结构。图18-24所示为栓接结构铝车身的五大片骨架结构示意图,其各总成之间通过铝制连接件或不锈钢连接件用螺栓或高强度铆钉连接成空间框架。

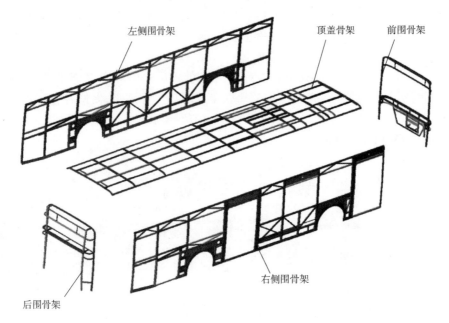

图18-23　焊接结构铝合金车身骨架五大片结构示意图

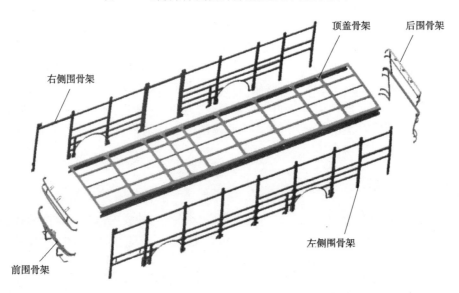

图18-24　栓接结构铝合金车身骨架五大片结构示意图

1)前围骨架

前围骨架因其曲线复杂,加上铝合金异形型材成形困难,一般不采用铝合金材料而采用钢制材料,其结构如图18-25所示。前围骨架主要由前风窗框上横梁、前风窗框下横梁、前围中横梁、斜撑和车灯、刮水器固定件、斜撑和连接件等部件构成,前围与左、右侧围骨架、顶盖骨架和地板骨架(或底盘车架)通过连接件采用铆钉铆接形式连接,组成客车车身的空间框架结构,而前围骨架各部件之间则采用焊接方式进行连接。

2)后围骨架

后围骨架同前围骨架一样,因其曲线复杂,加上铝合金异形型材成形困难,一般不采用铝合金材料,而采用钢制材料,其结构如图18-26所示。后围骨架主要由后风窗框上横梁、后风窗框下横梁、连接梁和后风窗框右、右立柱及后舱门左、右立柱等部件构成,后围与左、右侧围骨架、顶盖骨架和地板骨架(或底盘车架)通过连接件采用铆钉铆接形式连接,组成客车的空间框架结构,而后围骨架各部件之间则采用焊接方式进行连接。

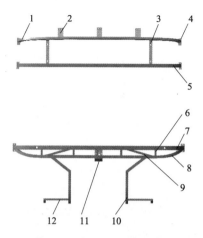

图 18-25 前围骨架结构示意图

1-前风窗框上横梁;2-连接件;3-前路牌固定件;4-连接件;5-前内顶固定梁;6-短立柱;7-前风窗框下横梁;8-前围中横梁;9-斜撑;10-前照灯框固定件;11-刮水器电动机固定件;12-前照灯框固定件

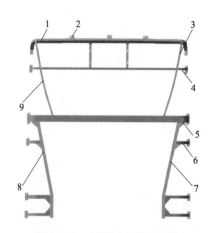

图 18-26 后围骨架结构示意图

1-后风窗框上横梁;2-连接件;3-后风窗框右立柱;4-后内顶固定梁;5-后风窗框下横梁;6-连接梁;7-后舱门右立柱;8-后舱门左立柱;9-后风窗框左立柱

3）左侧围骨架

铝合金车身的左侧围骨架结构如图 18-27 所示，主要由侧围上、下横梁，侧围立柱、侧窗下横梁和连接件等部件构成，与前围骨架、后围骨架、顶盖骨架和地板骨架（底盘车架）之间通过螺栓连接，组成客车的六面体空间框架结构。左侧围骨架各部件之间通过连接件用螺栓进行连接，其零部件之间的连接结构及局部放大示意图如图 18-28 和图 18-29 所示。

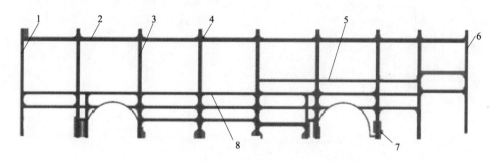

图 18-27 铝合金车身左侧围骨架结构示意图

1-左侧围第一立柱;2-侧窗上横梁;3-侧围立柱;4-连接件;5-侧窗下横梁;6-左侧围末立柱;7-连接件;8-侧窗下横梁

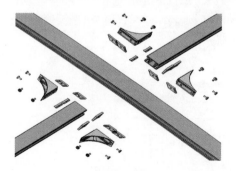

图 18-28 铝合金车身骨架零部件之间连接结构示意图

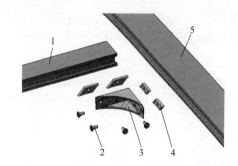

图 18-29 铝合金车身骨架各零部件之间连接结构局部放大示意图

1-铝型材;2-螺栓;3-四孔连接角;4-铝型材内连接件;5-铝型材

4）右侧围骨架

铝合金车身的右侧围骨架结构如图 18-30 所示，主要由侧围立柱、连接件、侧窗上横梁、乘客门立柱、裙边梁和裙部立柱等部件构成，与前围骨架、后围骨架、顶盖骨架和地板骨架（底盘车架）之间通过螺栓连接，组成客车的六面体空间框架结构。右侧围骨架各部件之间则通过连接件用螺栓进行连接，连接方式如图 18-28 和图 18-29 所示。

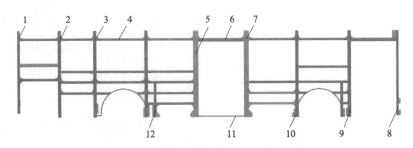

图 18-30 铝合金车身右侧围骨架结构示意图

1-右侧围末立柱;2-侧围立柱;3-连接件;4-侧窗上横梁;5-中乘客门后立柱;6-中乘客门上横梁;7-中乘客门前立柱;8-右侧围第一立柱;9-前乘客门后立柱;10-连接件;11-裙边梁;12-裙部立柱

图 18-31 所示为侧围立柱和横梁的连接结构,通常用内六角螺栓 4 和钢制带螺纹的连接板垫片 5,通过插入槽内的铝制 L 形连接板 3,将立柱 1 和横梁 2 牢固地连接起来。

图 18-32 所示为侧围立柱和底架横梁的连接结构。铝制 L 形连接板 2 用螺栓 3、螺母 4 固定在底架横梁端头的三角铁 1 上,然后将 L 形连接板插入铝型材立柱 8 的槽中,并用螺栓 5 和带螺纹的连接板垫片 6,将 L 形连接板 2 与立柱 8 紧固在一起,完成了立柱与底架横梁的连接,从而实现了车身与底架的合装。为了防止螺栓旋紧时立柱 8 的变形,在另一槽中插入连接板垫片 7。

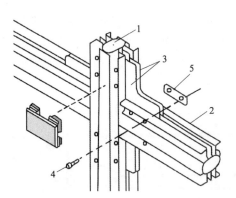

图 18-31 侧围立柱和横梁的连接结构

1-立柱;2.横梁;3-L 形连接板;4-内六角螺栓;5-连接板垫片

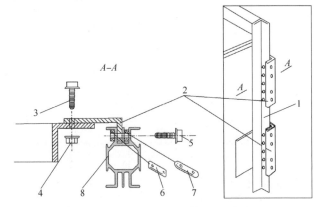

图 18-32 侧围立柱和底架横梁的连接结构

1-三角铁;2-L 形连接板;3、5-螺栓;4-螺母;6、7-连接板垫片;8-立柱

5) 顶盖骨架

铝合金车身的顶盖骨架结构如图 18-33 所示,主要由顶盖横梁、顶盖纵梁和连接件等部件构成,与前围骨架、后围骨架和左、右侧围之间通过螺栓连接,组成客车的空间框架结构。而顶盖骨架各部件之间则通过连接件用螺栓进行连接,连接方式如图 18-28 和图 18-29 所示。

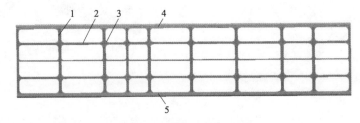

图 18-33 顶盖骨架结构示意图

1-顶盖横梁;2-顶盖纵梁;3-连接件;4-右侧顶边纵梁;5-左侧顶边纵梁

6) 地板骨架(底盘车架)

铝合金车身的地板骨架(底盘车架)因承担载荷较大,现阶段铝合金材料还无法满足其强度和刚度要求,因此目前国内客车厂家基本上都采用钢制材料,其结构和第十七章第三节的介绍的钢制骨架的地板骨架结构类似,在此不再赘述。

2. 铝合金车身外蒙皮

铝合金车身的外蒙皮由前围蒙皮、后围蒙皮、左侧围蒙皮、右侧围蒙皮和顶盖蒙皮等组成,对于焊接结构的铝合金外蒙皮,其结构基本上和钢车身外蒙皮类似。在此,重点介绍栓接结构的铝合金车身外蒙皮结构。

1) 顶盖蒙皮

顶盖瓦楞蒙皮可以和车身骨架做成一体式结构,这样既可省掉单独的瓦楞,同时还可有效地避免瓦楞开裂的情况出现,如图 18-34 所示。

顶盖中蒙皮采用 5000 系列厚度为 1.2~1.5mm 的铝合金板,与顶盖骨架的连接可采用黏结+铆接的结构,在铆接前胀拉,可有效保证顶蒙皮的平整度。顶盖瓦楞蒙皮和顶盖骨架以及侧围骨架之间通过连接件连接,如图 18-35 所示。

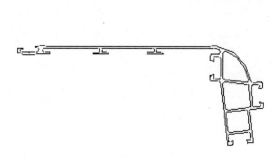

图 18-34 栓接结构铝车身顶盖瓦楞断面

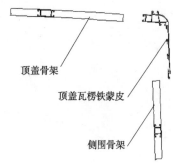

图 18-35 顶盖瓦楞蒙皮与侧围骨架、顶盖骨架连接示意图

2) 侧围蒙皮

侧围中蒙皮多采用挤压成形的铝型材(图 18-36)和骨架铆接在一起;侧围裙部蒙皮多采用 3000 或 5000 系列厚 2.0~3.0mm 的铝合金板,与骨架采用黏结或螺栓连接;侧围中蒙皮和侧围骨架之间通过铆钉进行连接。

图 18-36 栓接结构的铝车身侧围中蒙皮断面

3) 前后围蒙皮

由于铝板的延伸率比钢板低得多,在冲压过程中容易出现裂纹,特别是对于深拉伸件和复杂拉伸件,在蒙皮的压制过程中容易开裂。因此,对于结构复杂,拉伸量较大的前、后围蒙皮一般不采用铝制件而采用玻璃钢件,其原因在于玻璃钢本身具有防腐性能好、易成形的特点。对于浅拉伸和结构不太复杂的前后围蒙皮,多采用 5000 系列深冲铝板来冲压成形。

二、铝合金车身的常用材料

铝合金车身的框架用铝型材多为 6000 系列铝材,常用规格有 6005A、6061 和 6063 等,蒙皮采用 3000 或 5000 系列的铝合金板。客车铝车身用铝材和铝板的化学成分及物理性能参数分别见表 18-3 和表 18-4。

铝车身所用铝材的化学成分 表 18-3

牌号	化学成分(%)												
	Si	Fe	Cu	Mn	Mg	Cr	Ni	Zn	Ti	Zr	其他		Al
											单个	合计	
3004	0.3	0.7	0.25	1~1.5	0.8~1.3	—	—	0.25	—	—	0.05	0.15	余量
5052	0.25	0.4	0.1	0.1	2.2~2.8	0.15~0.35	—	0.1	—	—	0.05	0.15	余量

续上表

牌号	化学成分(%)											
	Si	Fe	Cu	Mn	Mg	Cr	Ni	Zn	Ti	Zr	其他		Al
											单个	合计	
5182	0.2	0.35	0.15	0.2~0.5	4~5	0.1	—	0.25	0.1	—	0.05	0.15	余量
6005A	0.5~0.9	0.35	0.3	0.5	0.4~0.7	0.3		0.2	0.1		0.05	0.15	余量
6061	0.4~0.8	0.7	0.15~0.4	0.15	0.8~1.2	0.04~0.35		0.25	0.15		0.05	0.15	余量
6063	0.2~0.6	0.35	0.1	0.1	0.45~0.9	0.1	—	0.1	0.1		0.05	0.15	余量

铝车身所用铝材的物理性能参数　　　　　　　　　　　表18-4

牌号	极限抗拉强度(MPa)	屈服强度 $\sigma_{0.2}$(MPa)	伸长率(%)	T6状态布氏硬度 HB
3004	140~200	≥115	≥12	35~45
5052	≥170	≥120	≥12	45~75
5182	≥170	≥120	≥12	45~75
6005A	≥310	≥276	≥11	90~110
6061	≥310	≥276	≥11	90~110
6063	≥310	≥276	≥11	90~110

三、铝合金车身的特点及发展前景

1.特点

(1)轻量化。根据经验和实际制造的结果,采用铝合金车身后,车身质量相对于钢车身减重40%左右。

(2)节能。通过减轻车身质量可降低燃油消耗。试验数据表明,质量降低1000kg,长途客车百公里油耗可降低0.5L,城市客车可降低1.7L左右。

(3)可持续回收性好。铝合金是一种循环利用率非常高的材料,铝车身所用的铝材及铝板回收利用率可达到80%以上。

(4)吸能吸振性好。铝合金车身以其特殊的材料性能及结构特点能够吸收更多的撞击能量,吸振性超过钢车身。

图18-37　钢质材料和铝合金结合部位防腐

(5)耐腐蚀性。铝合金表面易自然产生一层致密牢固的 Al_2O_3 保护膜,能很好地保护基体不受腐蚀。通过人工阳极氧化和着色,可获得具有良好铸造性能的铸造铝合金或加工塑性好的变形铝合金。但应注意钢和铝的结合部位,需采用特殊防腐措施进行防腐处理(图18-37),以避免发生电化学反应。

(6)成本高。制约铝合金在汽车上大量应用的主要原因之一是其价格比钢材高(为钢材价格的4~5倍),因此造成采用铝合金车身的车辆购买成本较高。但车辆在整个生命周期内的营利性较好,且随着铝材回收技术的提升,成本会进一步降低。

(7)成形差。铝材应用在客车车身上会碰到许多技术难题,加工难度也比钢材大很多。主要原因是铝材延伸率较差,造成型材的成形和拉延存在一定的问题,且铝合金板深冲压性能较差易出现裂缝和褶皱。为防止断裂,应尽量减少集中拉伸,深拉时要进行良好的润滑并采用异形坯料,以促使金属顺利流进模具。

(8)强度低。铝合金的抗拉强度和抗压强度低于普通型钢。以常用的综合力学性能最好的6061-T6铝型材为例,其抗拉强度(δ_b)为260MPa,屈服强度(δ_s)为180MPa;而钢车身上使用最普遍的Q235型钢,其抗拉强度(δ_b)为375~460MPa,屈服强度(δ_s)为235MPa。因此,在铝合金车身框架设计时需注意相对于钢车身的型钢,应适当加大铝型材的规格和壁厚,整车强度需要通过有限元分析及必要的试验来保证。

铝型材的生产工艺为挤压成形,在成形上较钢材有较大优势,不同规格的异型铝型材和单截面多腔体铝型材均可轻易制作出来。因此,在设计过程中应发挥这种加工优势,通过改变型材截面形状来提高强度、减少焊接量、降低施工难度。如侧围和顶盖骨架交界处结构,可采用多腔体异型型材;侧围座椅固定件、风道固定件和顶盖内饰固定件等均可采用异型型材将固定件直接带出,既可保证强度,同时还可降低顶横梁加工难度,简化工艺。如图18-38所示。

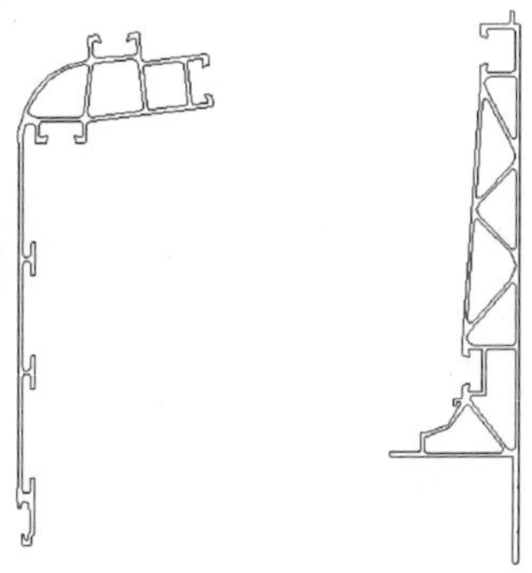

a) 顶盖两侧蒙皮　　b) 侧围座椅固定铝型材

图18-38　铝合金车身用单截面多腔体铝型材断面示意图

2. 发展前景

随着油价的不断攀升和国家对节能减排要求的提高,采用铝合金车身的车辆市场前景广阔,是客车新材料应用的主要发展方向和实现轻量化的重要途径。特别是纯电动车辆等新能源客车的发展,由于电池本身质量较大,造成整车整备质量远远大于传统柴油客车,因此车辆轻量化势在必行。此外,从产品的整个生命周期来计算,采用铝合金材料的成本显然要比采用钢制材料的成本要低,这也为铝合金车身的发展提供了更为广阔的市场前景。

第十九章 车 架

车架的结构形式应首先满足总布置的需要。汽车在复杂多变的道路上行驶时,固定在车架上的各总成和部件之间不应发生干涉;当汽车在崎岖不平的道路上行驶时,车架在载荷的作用下可产生扭转变形以及在纵向平面内的弯曲变形;当一边车轮遇到障碍时,还可能使整个车架扭曲成菱形。这些变形将会改变安装在车架上的各部件之间的相对位置,从而影响其正常工作。因此,车架应具有足够的强度和适当的刚度。为了使整车轻量化,要求车架质量应尽可能小。此外,降低车架高度以使得整车质心位置降低,有利于提高汽车的行驶稳定性,这一点对客车来说尤为重要。

第一节 整体式车架

一、客车整体式车架的分类与特点

客车的整体式车架是由传统载货汽车的"边梁式"车架结构传承而来,包括整体对称式车架(两根纵梁左右对称)和整体非对称式车架两类。

在客车发展的早期,由于可以尽可能地利用载货汽车底盘的成熟结构和布置形式,改装制造成本低,大部分客车都采用了发动机前置和传统货车的整体对称式车架结构(图17-21)。早期的直纵梁式整体车架结构前置发动机底盘,其车架纵梁一般采用槽型断面,特点是弯曲强度好,且便于安装底盘部件,目前仍在部分城郊公共汽车和短途公路客车上有所应用(图7-1)。

由于采用直纵梁式整体纵梁结构车架(亦称"整体贯通式车架")的客车大多为发动机前置布置,使用中存在发动机舱难以密封、噪声和废气容易串入车内造成污染,前轴容易超载,且发动机罩限制了驾驶人的操纵空间;作为城市客车,受前悬长度限制,若前悬开门,因发动机罩和前轮罩的存在使乘客上下车通道变得狭小,且地板较高、乘降困难。为此,在前置发动机底盘的基础上发展了后置发动机底盘,如图19-1所示。采用直纵梁式车架结构的后置发动机底盘,其车架结构与前置发动机底盘一样,纵梁多为槽型断面,以保证弯曲强度和安装底盘总成部件,且左右两根纵梁之间采用横梁连接,具有一定的抗扭转性能。目前,这种车架结构的后置发动机底盘在中、长途公路客车和部分城市客车上仍有应用。

图19-1 直纵梁式车架结构的后置发动机底盘

随着客车技术的发展和对客车实用性、安全性、舒适性等要求的提高,在保证悬架等底盘零部件安装空间的同时,为使整车质心高度降低,地板高度下降,进一步提高行驶稳定性和安全性,在原直纵梁式整体纵梁结构的基础上,出现了弯纵梁、变截面或分两段搭接的多种纵梁结构形式;根据整车布置和各总成的安装要求,同一车架同时采用多种形式的组合和不同的纵、横梁截面,车架总成设计成前后等宽或不等宽,甚至不等高的多种结构。这类结构形式的车架即为整体非对称式车架。

目前,整体非对称式车架和搭接式车架的结构形式在城市公交和长途客运车辆等车型上得到较广泛的应用。其主要缺点是纵梁结构复杂,需要投入较多的加工和模具费用,且加工精度要求较高,质量不易保证。

几种典型的整体非对称式车架和搭接式车架的结构如图 19-2 ~ 图 19-5 所示,主要应用于前置发动机城市客车和后置发动机城市客车及部分长途客车等车型。但因其结构不符合模块化、通用化、轻量化的发展趋势,所以采用这类车架的车型市场占有率呈逐渐降低的趋势。

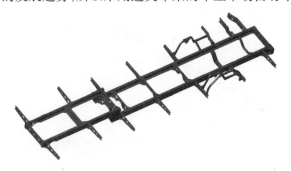

图 19-2 前置发动机城市公交客车用搭接纵梁结构车架

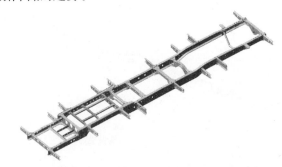

图 19-3 后置发动机长途客车用搭接纵梁和弯纵梁组合结构车架

图 19-4 后置发动机城市客车用变截面非对称纵梁结构车架

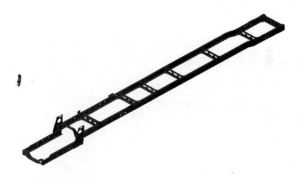

图 19-5 后置发动机长途客车用搭接纵梁和弯纵梁组合结构车架

二、客车整体式车架的结构与组成

目前,虽然整体式车架为适应客车发展的需要其结构已发展了多种形式,但各组成部分依然保持不变,一般由纵梁、横梁、外伸梁(亦称下横梁支架,俗称"牛腿")和相关连接件共同组成,如图 19-6 所示。

1. 纵梁结构与组成

早期在载货汽车底盘基础上改装的前置发动机客车及后来发展的后置发动机客车,其纵梁结构形式较为简单,普遍采用等截面直纵梁结构(图 19-7)。这种典型的等截面车架纵梁结构,纵梁加工较为简单,不需要投入复杂的模具,且加工精度较易保证,目前在部分前置发动机客车和后置发动机客车上仍有应用。但由于车架纵梁为左右对称的整体式直纵梁,纵梁与横梁的连接均为铆接或螺栓连接,无法做到根据用途来实现更低的地板高度和更少的踏步级数,也无法满足后来出现的贯通式大行李舱的要求,因此目前在客车上的应用已经越来越少,在新车型上面临淘汰的趋势。

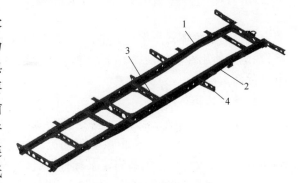

图 19-6 整体式车架的组成
1-左纵梁;2-右纵梁;3-横梁;4-外伸梁

为了降低地板高度,并在保证悬架等底盘总成安装空间的同时,提高客车的行驶稳定性和安全性,在整体直通槽型纵梁结构的基础上,出现了采用弯纵梁形式或者变截面纵梁形式的车架。即在前轴和后桥相对应的部位,车架纵梁呈弯曲或者变截面结构,从而使前轴和后桥不仅有了较大的跳动空间,而且整个车身地板的高度特别是通道地板高度可以适当降低,但却增加了前轴和后桥处的车内轮罩高度。

图 19-8 所示为一种典型的变截面纵梁。由于这种纵梁的中部受弯曲力矩最大,多采用抗弯能力较强的槽型截面,即中部腹板高度大、由中部至两端腹板高度逐渐减少的变截面结构,因此就形成了力学上的等强度梁。目前,这种纵梁结构在城郊客车和校车等前置发动机车型上仍得到较多应用。

图 19-7　等截面车架纵梁结构　　　　　　　　图 19-8　一种变截面车架的纵梁结构

图 19-9 所示为一种变截面、弯纵梁结构。这种变截面槽型纵梁在后轮前向上拱起,在后轮后又适当降低,既保证了悬架安装及跳动空间,同时又有效降低了地板高度,在一定程度上提高了客车的舒适性和稳定性。

由于变截面纵梁加工复杂,需要投入较高的设备和模具费用,为此在原先等截面直纵梁的基础上,出现了采用分段搭接的纵梁形式。较常见的是两段直大梁搭接,即通过螺栓、铆接或者焊接等形式将两段直大梁连接到一起,以实现变截面、变高度纵梁的功能,如图 19-10 所示。这种结构的车架,目前主要应用在部分城市公交客车上。

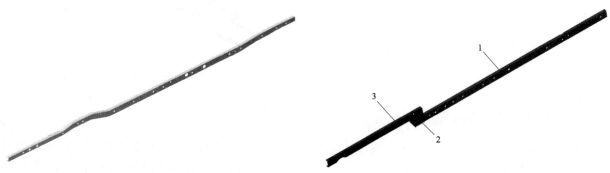

图 19-9　一种变截面、弯纵梁车架的纵梁结构　　　　图 19-10　两段纵梁搭接的车架纵梁结构
　　　　　　　　　　　　　　　　　　　　　　　　1—前段纵梁；2—纵梁连接板；3—后段纵梁

在目前的整体式车架总成中,一般并不局限于某一种纵梁结构,通常根据整车布置和总成的安装要求,在满足使用性能的前提下,同一整体式车架总成中也可同时采用多种纵梁形式的组合和不同形式的纵梁截面。

2. 横梁结构与组成

整体式车架的横梁主要起连接左右纵梁、保证车架扭转刚度和抗弯强度,同时和纵梁一起提供安装、固定(支撑)某些总成及零部件(如发动机、变速器、传动轴、冷却水箱和备胎等)的作用,中型客车通常有 5~6 根横梁,大型客车因结构要求有时会更多。横梁的结构、形状以及在纵梁上的位置,除满足有关总成的安装需要外,其断面形状、数量和与纵梁的连接方式等,对车架的扭转刚度有很大影响。一般根据受力情况及安装位置,可采用槽形、帽形、管形和箱形等多种断面结构。

槽形横梁扭转刚度大,加工简单,对于增加车架扭转刚度较为有益,因此在整体式车架上得到广泛应用。图 19-11 所示为一种典型的槽形横梁结构,具有结构简单、易加工和通用性好等特点。

在车架安装前、后悬架支架处的位置,因受力较大,通常采用带大连接板的槽形横梁,如图 19-12 所示。这种横梁具有结构可靠、不需要复杂模具、加工相对简单和成本低等优点。由图中可见,该横梁的本体部分采用两根槽形梁以背靠背形式构成工字梁结构,其两端采用槽形加强板与纵梁连接,从而增加了悬架安装位置的纵梁强度和车架整体的抗扭转性能。

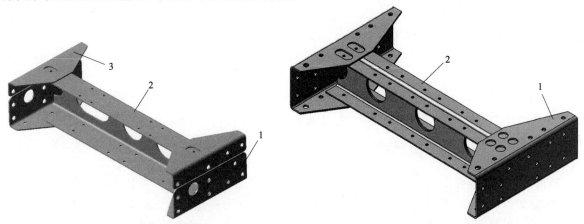

图19-11　一种典型的槽形横梁结构　　　　　图19-12　悬架安装位置处的槽形横梁结构
1-下连接板;2-横梁本体;3-上连接板　　　　　　　1-连接板;2-横梁本体

在整体式车架的某一部分,为保证某些总成(部件)或控制件的安装和工作需要,多采用变截面的槽形横梁。这种横梁一般在图19-11和图19-12所示的横梁基础上适当变化,采用变截面或者弯曲横梁本体的形式构成,如图19-13和图19-14所示。由图中可见,横梁本体变截面且向上弯曲的结构可满足部分底盘零部件(如传动轴等)通过和跳动空间的要求,在目前的整体式客车车架上也得到广泛应用。但其加工较复杂,需要投入模具费用,成本较高。

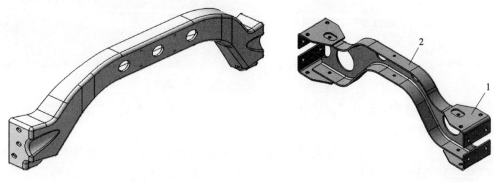

图19-13　槽形弯曲冲压横梁结构　　　　　图19-14　槽形冲压变截面弯曲横梁结构
　　　　　　　　　　　　　　　　　　　　　　　1-连接板;2-横梁本体

在整体式车架中,为保证发动机、散热器、变速器和传动轴的安装布置,通常需要采用向下弯度较大的帽形横梁来满足安装空间的要求,以及一些空间位置受限的情况。目前,应用较多的是由帽形横梁制成的元宝梁、鳄鱼梁等结构。这种横梁由于受纵梁断面高度变化的影响较小,通用性较高。图19-15和图19-16所示为在整体式上车架上应用较多的两种典型帽形横梁结构。

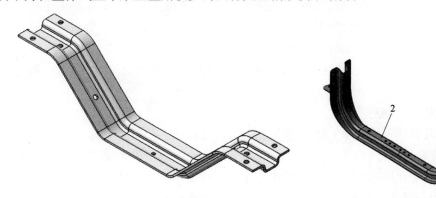

图19-15　帽形鳄鱼梁结构　　　　　图19-16　帽形元宝梁结构
　　　　　　　　　　　　　　　　　1-加强件;2-横梁本体

根据整车布置和总成的安装要求,同一车架可同时采用多种形式的横梁组合和不同的横梁截面,但在满足性能的前提下,应尽可能使横梁通用化,以减少模具数量和生产成本,利于生产组织。

3. 客车整体式车架的制造工艺

1) 纵、横梁及下横梁支架的连接

整体式车架的纵梁、横梁、下横梁支架及相关连接件的连接方式,目前主要有焊接、铆接、螺栓连接和混合连接四种。

(1) 焊接。焊接易于实施,在各种车架形式中均可采用,应用较多的是二氧化碳气体保护焊或电子束焊。焊接结构的车架具有较高的弯曲刚度,且连接牢固可靠;但容易引起焊接变形或者局部应力集中,对焊接质量要求很高。目前,在大型客车生产企业,整体式车架的连接已较少采用全部焊接的形式,而中小客车企业则使用普遍。

(2) 铆接。铆接在客车底盘的车架上应用广泛,横梁、下横梁支架、钢板弹簧支架、减振器支架和横向稳定杆支架等均可通过铆接同纵梁连接,搭接纵梁的连接也可通过过渡连接板铆接,而采用铆接工艺的铆钉数量和布置则决定了横梁的弯曲刚度。在图 19-17 中,纵梁和横梁之间的连接即采用了铆接方式,图中右边为铆接处的局部放大。

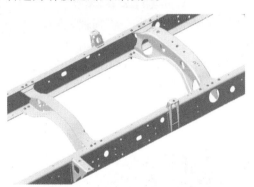
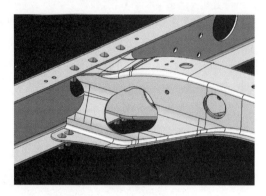

图 19-17 纵梁和横梁的铆接连接结构

铆接连接质量可靠、成本低,比较适合于大批量生产,但工艺不如焊接方便,必须使用专用设备,同时对零部件的加工精度要求较高。

(3) 螺栓连接。客车车架的纵梁与横梁、纵梁与下横梁支架及各连接件之间均可采用螺栓连接,前置发动机车架的第一横梁、后置发动机客车车架的尾横梁一般都采用螺栓连接,以便于拆装、维修发动机。螺栓连接结构简单、易操作、便于维修和更换,减少了车架的应力集中,且连接部位具有客车所要求的柔性抗扭车架需要的较大的弹性。但长期使用后螺栓拧紧力矩下降,易出现螺母松动,可靠性降低的现象。目前,螺栓连接的车架一般采用等级较高、具有防松功能的螺栓和螺母。

图 19-18 所示为采用螺栓连接的局部车架结构,其纵梁与横梁的连接和支架与纵梁的连接均采用螺栓连接的方式。

(4) 混合连接。由于客车车架的特殊性,其结构必须充分考虑工艺性、维修方便性和可靠性等综合因素,因此国内外客车车架大多采用焊接+螺栓连接或焊接+铆接+螺栓连接等组合的混合连接方式。

图 19-19 所示为焊接+铆接+螺栓连接的局部车架结构,其在需要拆卸和涉及维修方便性的结构处,采用螺栓连接的方式;对不需拆卸的横梁采用铆接连接;而部分横梁、支架类零部件,则直接与纵梁焊接到一起。

2) 车架纵、横梁的加工制造

车架纵梁、横梁及其他零件的加工制造,多采用钢板的冷冲压工艺在大型压力机上成形及冲孔;也有采用槽钢、工字钢、管料等型材加工制造。车架材料应具有足够高的屈服极限和疲劳极限、低应力集中敏感性、较好的冷冲压性能和焊接性能。一般,低碳和中碳低合金钢均能满足这些要求。

车架材料的选用与制造工艺密切相关。对拉伸尺寸较大或形状复杂的冲压件,需采用冲压性能好的低碳钢或低碳合金钢板(如 08、09MnL、09MnREL 等)制造;对拉伸尺寸不大、形状又不复杂的冲压件,常采用强度稍高的钢板(如 20、25、16Mn、09SiVL、10TiL、510L 等)制造。通常强度更高的钢板在冷冲压时易开裂,且冲压回弹较大,故不宜采用。若采用冷冲压工艺,钢板成形后其疲劳强度要降低,其中静强度高、延伸率小的材料的降低幅度更大。

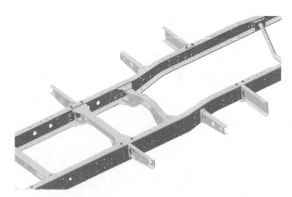

图 19-18 采用螺栓连接的局部车架结构

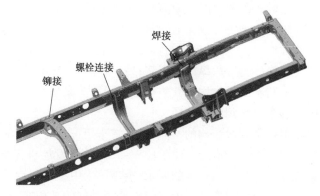

图 19-19 采用混合连接的车架结构

为保证车架的装配尺寸,组装必时必须有可靠的定位和夹紧,特别应保证有关总成在车架上的定位尺寸及支撑点的相对位置精度。若采用焊接工艺,无论是二氧化碳保护焊、塞焊和点焊,都要明确对焊接规范、焊缝布置及焊接顺序的要求,以保证加工质量。目前,在采用混合连接形式时,铆接多为冷铆工艺,部分局部连接采用特制的防松螺栓连接,以提高连接的可靠性。

在大型企业,车架的防腐主要采用整体组装后的电泳防腐工艺,分为酸性、磷化、水洗、电泳、烘干等几个关键工序。一般情况下,车架经过电泳处理后,可实现较高的防腐性能,在整车生命周期内均能满足使用要求。

三、客车整体式车架的发展

随着客车技术的发展以及对使用性能要求的提高,整体式车架作为一种在载货汽车车架基础上发展而来的车架结构,因难以做到根据用途来实现更低的地板高度和更少的踏步,也无法满足后来出现的贯通式大行李舱的要求;此外,由于具有自身质量大、总成布置困难、受力不均匀、损坏后难以修复等固有缺陷,目前在客车上的应用已经越来越少,大部分已被三段式车架所取代。

但由于传统的整体式车架具有结构简单、工艺性好等突出优点,以及生产上的继承性和工艺简单等原因,目前仍在中小型城市公交和普通短途客运车辆(10m 以下客车)上有所应用。随着技术的发展以及新材料、新工艺和新设计方法的应用,整体式车架的质量将进一步降低,功能进一步完善,适应性不断提高,其在客车上的应用仍具有不可完全替代的优势。

第二节 三段式车架

为了满足实用性、安全性和舒适性等要求,现代客车在结构功能上的分化日趋明显。城市公交车客车通常需要低地板、大通道,以使上下车和车内通行方便,减少停靠站时间,提高营运效率,同时整车质心降低,稳定性好;而长途客车和旅游客车则需要有大容积的行李舱。早期在整体式车架基础上生产的前置发动机后轮驱动长途客车,为放置行李而设置的顶置行李架不仅有整车质心高、行李放取不便等问题,同时也存在极大的安全隐患(国家客车等级评定中已经规定大中型中高级别的营运客车不得设置顶置行李架),为此车底行李舱式长途客车已成为公路客运的主流;而城市客车为提高乘降方便性和运输效率,必须降低地板高度,减少踏步级数。在这种情况下,适应长途和城市公交车客车的三段式车架应运而生。采用这种车架结构的优点是,对于长途客车,有利于在地板下形成大容积的行李舱;对于城市公交车客车,有利于降低地板高度和整车质心高度,提高乘降方便性、行驶稳定性和安全性,并能更好地适应不同功能和细分市场的需求。

一、三段式车架的分类与特点

1. 分类

三段式车架一般分为前段、中段和后段三部分(也有前段再分为两段的结构)。前段部分和后段部分采用类似于传统意义上的整体式车架结构,可以是平直的纵梁,也可能是弯曲的纵梁。中间部分主要有两种形式:一种是传统的直梁式车架的一部分,有中间段纵梁搭接在前后段纵梁下部和上部两种结构,这类车架称为三段纵梁式车架;另一种的中间部分则采用空间桁架结构拼焊而成,称为三段桁架式车架。分段式车架最早应用在欧美等发达国家的豪华客车上,我国则在20世纪90年代末开始发展,现已在大、中型客车上得到广泛使用。

根据中间段结构的不同,三段式车架可分为三段纵梁式和三段桁架式两大类。

图19-20所示为一种车长9～10m前置发动机客车的三段纵梁式车架结构。这种车架结构能够在一定程度上满足两级踏步的要求,突破了大中型二级踏步城市客车必须采用后置发动机布置的瓶颈,较好地适应了市场需要。但由于仅降低了轴间的地板高度,对提高乘降方便性并不明显,目前在中小城市的公交客车市场上有一定的应用。

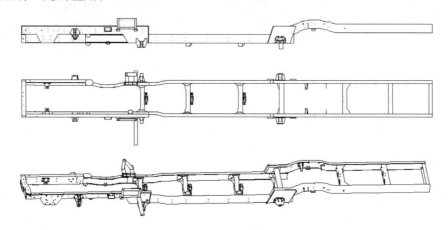

图19-20 前置发动机城市客车用三段式车架

通常,9～10m的后置发动机城市客车三段纵梁式车架结构的中间段纵梁搭接在前后段纵梁的下部,而前段又再分为两段,目的是进一步降低前悬地板高度,实现前门上车、后门下车。目前,这种车架主要应用于后置发动机两级踏步的城市公交客车上(图17-22)。

图19-21所示为一种9～10m前置发动机城市客车的三段非对称式搭接纵梁结构车架。由图中可见,其后段左、右纵梁的结构和形状因功能需要而不完全相同。

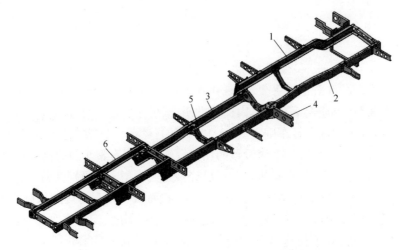

图19-21 采用非对称式搭接纵梁结构的前置发动机城市客车车架
1-前左纵梁;2-前右纵梁;3-中间纵梁;4-下横梁支架;5-横梁;6-后段纵梁

国产后置发动机长途客车普遍采用三段桁架式车架结构。这种结构一般是在传统整体式车架基础上将纵梁从前悬架后支座和后悬架前支座处截断,保留车架前、后部分,中间部分用矩形钢管组焊而成的桁架式结构代替,以满足长途客运或旅游客车需要贯通式大行李舱及安装卫生间等设备的要求。

根据悬架形式的不同,三段桁架式车架可细分为适用于钢板弹簧悬架(图19-22、图19-23)和适用空气弹簧悬架两种(图19-24、图19-25),主要区别在于为适应悬架结构形式的需要,其车架前段和后段部分存在一定差异,而中间桁架部分结构则基本一致。目前,三段桁架式车架在大、中型长途客车和旅游客车上已得到广泛应用。

2. 特点

1)三段纵梁式车架

三段纵梁式车架目前主要应用于城市公交客车,可以实现两级踏步的布置要求,既方便乘客上下车、提高了舒适性,又节约了运营时间。一般后置发动机城市客车三段纵梁式车架的前悬架部分采用"Z"形梁,提高了整车前轮处的通道空间,增加了客容量;中段采用传统车架的直通式槽形梁,后段部分采用一次冲压成形的槽形梁结构,通过铆接、螺栓连接和焊接等方式将各段车架连接在一起,实现了降低地板高度的要求(图17-22)。

前置发动机三段纵梁式车架结构能够满足9m和10m级车型二级踏步的要求,既解决了大、中型二级踏步城市客车必须采用后置发动机布置的瓶颈,又可以降低整车生产成本,更好满足不同的市场需求(图19-21)。

2)三段桁架式车架

在图19-22~图19-25所示的几种典型三段桁架式车架结构中,其车架前段、后段部分与传统整体式车架结构基本一致采用槽形纵梁,中段为根据不同车型和承载情况,采用不同规格的矩形钢管焊接成的桁架结构,再通过焊接或铆接与前、后段车架连接在一起。

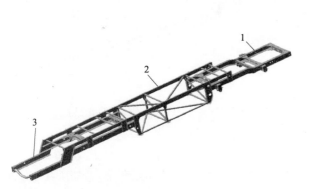

图19-22 后置发动机长途客车(9~10m)用三段桁架式车架(钢板弹簧悬架)

1-车架前段部分;2-车架中段桁架部分;3-车架后段部分

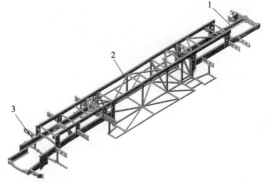

图19-23 后置发动机长途客车(11~12m)用三段桁架式车架(钢板弹簧悬架)

1-车架前段部分;2-车架中段桁架部分;3-车架后段部分

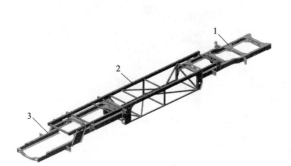

图19-24 后置发动机长途客车(9~10m)用三段桁架式车架(空气弹簧悬架)

1-车架前段部分;2-车架中段桁架部分;3-车架后段部分

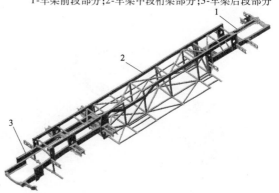

图19-25 后置发动机长途客车(11~12m)用三段桁架式车架(空气弹簧悬架)

1-车架前段部分;2-车架中段桁架部分;3-车架后段部分

对于钢板弹簧悬架,中间桁架一般不超过悬架安装区域;对于空气弹簧悬架,为增加行李舱容积,有些底盘的中间桁架超过悬架安装区,只有前部操纵机构区域和后部发动机安装区域用较短的槽形梁。为提高车架的抗弯曲刚度以承受更大载荷,在车架的前、中、后三段搭接处都焊接有连接板。一般连接板厚度不大于纵梁厚度,且材质相同。连接处面积较大时,多采用塞焊、铆接或者螺栓连接加周边断续焊等连接方式。

采用三段桁架式车架的车型,可以使整车质心高度尽可能降低,有利于提高行驶稳定性及空间利用率,并满足安装卫生间等设备的要求;其大容积贯通式行李舱可满足长途客运和旅游出行的行李存放需要;通过改变中段部分的长度可实现改变轴距和车长的目的;通过改变中段的结构,可以形成不同的地板高度,从而满足不同客车用途的需求。此外,这种车架的前后段车架可以按标准化、模块化进行设计,仅中段车架的结构、尺寸因不同的车型而有较大变化。

二、三段式车架的结构与组成

对于纵梁搭接的三段式车架,其主要零部件的结构和连接方式,与整体式车架基本一致,仅为满足整车布置和特定市场(城市公交)的需要,整体上采用三段纵梁搭接的形式组成车架总成。这种车架结构主要由各段纵梁、横梁以及纵梁搭接所需要的连接件和与车身骨架部分连接所需要的下横梁支架等共同组成,其纵梁、横梁的结构均与整体式车架一致。根据布置需要和使用要求,可设计成不同的截面形状;各段纵梁之间的连接,也基本上采用图19-26和图19-27所示的连接形式,通过过渡连接件,采用铆接、焊接、螺栓连接或者混合连接的形式连接在一起。

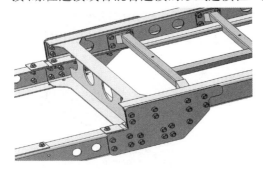

图19-26 三段式纵梁搭接的局部示意图

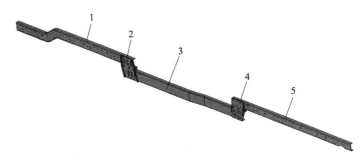

图19-27 三段纵梁搭接的车架纵梁结构

1-前段纵梁;2-连接板;3-中间纵梁(横向折弯);4-连接板;5-后段纵梁

对于中段部分为空间桁架式的三段式车架,其前段部分、后段部分的结构与整体式车架结构基本相同,主要由纵梁、横梁及连接件组成,如图19-28和图19-29所示。相对于整体式车架,增加了与中段桁架部分连接所需的连接件,而其余部分的设计和加工制造,可完全按照整体式车架的要求进行。

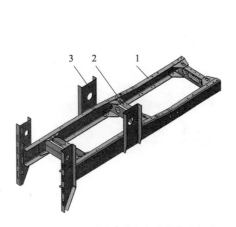

图19-28 三段式车架前段部分结构示意图

1-纵梁;2-横梁;3-连接件

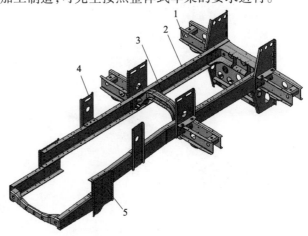

图19-29 三段式车架后段部分结构示意图

1-空气悬架气囊安装支座;2-纵梁;3-横梁;4-连接件;5-纵梁连接板

三段桁架式车架的中间桁架部分,主体结构均采用矩形钢管拼焊而成,一般由上层桁架、下层桁架、左右两侧下桁架及中间立柱等组成,如图19-30所示。其中,上层桁架主要起到构成车架上平面整体和整车地板骨架的作用;下层桁架和左右两侧下桁架共同组成车架中段部分的下层桁架,并与车身骨架的裙边部分连接到一起,共同形成行李舱的下部支撑平面,供乘客放置随身携带行李物品;中间的立柱及斜撑,将中段部分的上下层桁架通过焊接的方式连接到一起,形成一个可以构成贯通式行李舱的整体桁架结构。

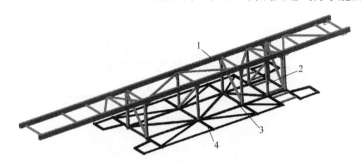

图19-30　三段桁架式车架中段部分结构
1-上层桁架;2-立柱;3-下层桁架;4-左右两侧下桁架

车架中段桁架的连接主要通过焊接的方式进行。如图19-31所示,在局部区域,可通过增加加强板的形式,对连接结构进行加强处理。

中段桁架与车架前、后段部分主要通过连接件用焊接的方式连接在一起,如图19-32和图19-33所示。连接件与车架前段、后段的连接,依然通过螺栓、铆接和焊接等连接方式组合在一起;而车架前段、后段部分则通过连接件与中间桁架部分共同构成一个整体的三段式车架结构。不同车型的三段式车架,其连接结构基本相同。此外,由于连接处的结构存在突变,一般采用图19-34的形式在该位置增加过渡件,以有效减少应力,提高连接可靠性。

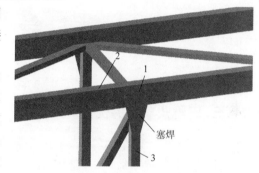

图19-31　桁架结构的连接形式
1-加强板;2-上层桁架;3-立柱

三段式车架前、后段部分加工制造的材质和工艺,与整体式车架相同;中间桁架部分的材料,多采用焊接性能较好的低碳合金钢。随着对整车经济性、动力性要求的提高,高强度钢板和矩形型

钢开始在三段式车架上得到应用,这对提高结构可靠性、降低整车整备质量和保证性能要求具有重要的作用。

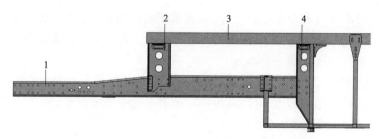

图19-32　三段桁架式车架中段部分与前段部分的连接
1-车架前段部分;2-连接件;3-车架中段部分;4-连接件

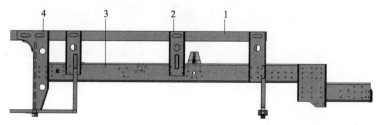

图19-33　三段桁架式车架中段部分与后段部分的连接
1-车架中段部分;2-连接件;3-车架后段部分;4-连接件

三段桁架式车架的前、后段部分加工完成后,再与中段桁架部分组焊成整体。由于连接结构复杂,工艺性要求较高,为保证装配尺寸,必须有精度相对较高的胎具,并采取一定的抗变形措施。

三段式车架主要应用于大、中型客车,在国内主流客车企业,已经实现了与整体式车架相同的整体电泳工艺。

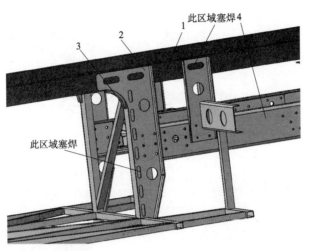

图 19-34　三段桁架式车架中段部分与后段部分连接处的局部结构
1-车架中段桁架;2-连接板;3-过渡件;4-车架后段

三、三段式车架的优势

根据客车生产的车型多、批量小、变化大等特点,采用三段式车架具有以下显著优势:

(1) 费用省、成本低。一般整体式车架,其纵梁必须用千吨级压力机加工,而三段式车架由于纵梁尺寸较小,结构相对简单,普通折弯机即可满足加工要求,减少了必须使用大型冲压设备和模具等费用,以及设备利用率低而造成的浪费,从而降低了生产成本。

(2) 制造工艺简单。整体式车架的制造一般需要大型组装、组焊胎具,且由于其体积大、质量大,生产不易组织。而三段式车架由于分成几段,只需要适合各段生产的小型胎具即可满足生产需要,且各段的组焊可在组焊生产线上完成,因此制造工艺相对简单,适合于中小批量生产。

(3) 模块化、系列化。整体式车架为了满足不同轴距、不同车辆结构的需要,其纵梁规格不能完全统一,从而造成加工模具不统一,生产重复投入,成本加大。而三段式车架可通过改变中段部分的长度实现改变轴距和车长的目的,即通过改变中段的结构,形成不同的地板高度,以此满足不同车型的用途需求。这种车架的前、后部分可以按标准化、模块化的设计思路设计,仅中段车架的结构、尺寸因不同的车型会有较大变化。因此,可以有效降低制造成本。

(4) 可以满足不同车型的用途需求。采用高地板三段式车架的客车,可以满足旅游和客运车辆的使用要求;采用低地板三段式车架的客车,可以满足特定城市客运市场的需要,使之尽可能降低踏步高度和数量,方便乘客的上下,提高运行效率。

随着 GB 7258—2012《机动车运行安全技术条件》的全面实施,按照"车长大于 11m 的公路客车、旅游客车及所有卧铺客车,车身应为全承载整体式框架结构"的要求,虽然三段式车架在 11m 以上的公路客车、旅游客车上已基本不再使用,但在 11m 以下的长途客车、旅游客车上,仍将是主流结构形式。

第二十章　客车空调制冷装置

客车空调制冷装置(在国内习惯直接称之为"客车空调")是指在封闭的客车车厢空间内,对温度、湿度及空气的清洁度进行制冷调节控制的设备。其基本功能是对车厢内空气进行冷却、洗涤或过滤、除湿、循环流动或不循环流动等处理,即对空气温度、湿度以及流量和质量加以控制,以实现在炎热气候和任何行驶条件下,改善驾驶人的工作条件和提高乘客的乘坐舒适性。

第一节　概　　述

一、客车空调制冷装置与其他空调制冷装置的区别

客车空调制冷装置与其他空调制冷装置的主要区别是:

(1)制冷量要求大。由于现代客车空调的制冷装置大都采用被动式,即压缩机由客车发动机带动,压缩机转速与发动机转速成正比,车速(发动机转速)对空调制冷装置的制冷量有很大的影响。特别是公交客车,车速低且乘员多,加上乘客上下车门开关频繁、车窗玻璃面积大,车身顶盖和侧围受太阳辐射面积大,热负荷大,因此客车空调的制冷功率要比同样空间民用建筑使用的空调功率大得多。一般,城市公交客车所配置的空调制冷功率至少要比长途客车和旅游客车大20%以上。

(2)可靠性要求高。制冷设备装在车上后长期随车颠簸,承受振动和环境影响大,对很多零部件都有耐振性要求,且对管路连接处的密封要求也更高。

(3)对气流组织要求高。客车车厢空间狭小、乘员多,空调安装位置受诸多因素限制,有的偏前,有的偏后,导致车内前后温差较大;受结构限制,部分出风口离回风口较近,而采集车内温度的传感器就设在回风口,若出风直接被回风短路,当此处温度达到设定温度,压缩机将会被离合器断开,停止运行,但此时其他地方的温度可能还很高,就很容易出现车内温度达不到设定空调温度的情况。

二、客车空调制冷技术的发展

1. 发展历程

客车空调制冷技术的发展历程主要包括制冷剂、压缩机和热交换器等几个方面。

1)制冷剂

从历史上看,制冷剂的发展经历了三个阶段:

第一阶段,1830~1930年,主要采用NH_3、HC、SO_2、CO_2和空气等作为制冷剂。这些制冷剂经长期使用,发现有的有毒,有的可燃,有的效率很低,迫切需要新的制冷剂予以代替。

第二阶段,1930~1990年,CFC和HCFC等新型制冷剂的出现,迅速代替了原来使用近百年的NH_3、HC、SO_2、CO_2等制冷剂。但是使用证明,这些制冷剂虽然效果好、价格便宜,但对人类的生存环境有害。出于环保需要,人类开始不断寻找新的替代品。

第三阶段,从1990年至今,进入以环保型制冷剂HFC为主的时期。

2)压缩机

第一代压缩机的典型代表是往复式压缩机,这种压缩机结构复杂,工艺成熟可靠。

第二代压缩机的典型代表是回转式压缩机,这种压缩机结构简单,主要用于小排量压缩机。

第三代压缩机的典型代表是涡转式压缩机,这种压缩机结构简单、质量轻、振动小、体积小、效率高,是未来的发展趋势。目前,主要是工艺精度上还存在一定差距。

3) 热交换器

最早的蒸发器和冷凝器均采用管片式,后来随着技术的进步,改用管带式。现在,冷凝器逐步采用平行流等高效全铝结构,蒸发器采用层叠式结构。

2. 客车空调制冷技术的发展趋势

目前,客车空调技术的发展主要围绕着环保、高效、节能节材、轻量化、小型化、低振动与低噪声、操作维修简便、安全可靠、全自动型和智能化等几个方面展开,并总是与客车开发同步进行。

1) 压缩机

主要朝着节能、小型化,提高转速、降低噪声和振动,提高自动化控制程度、实现能量控制等方面发展。其中,变排量压缩机的电动控制可使控制点根据系统的不同运行工况相应调节压缩机排量,适应各部件的匹配运行。

2) 换热器(蒸发器、冷凝器)

强化传热、降低热阻、提高换热效率、缩小体积、减轻质量、提高单位体积传热面积是换热器的发展方向。其中,蒸发器和冷凝器将分别向层叠结构和平行流动式结构方向发展。

3) 节流膨胀机构(热力膨胀阀和膨胀管)

主要朝着结构简单、工作可靠、控制灵敏等方面发展。随着传感器技术、微电子技术和控制技术的发展,车用空调系统的节流膨胀和流量控制,将由电子膨胀阀等电子控制器控制等替代。

4) 制冷工质

新型环保制冷工质的应用及减少现有制冷工质泄漏。

由于 Rl34a 排放会导致地球温室效应,因此各国都致力于研制新型环保制冷工质。目前,采用 CO_2 制冷剂的汽车空调系统正在装车试运行中。CO_2 制冷剂是很有应用前景的一种环保工质,但 CO_2 制冷系统与目前的常规系统有很大不同,替换工作量和难度很大。

此外,碳氢化合物作为制冷剂也在试运行,正在进行工程试验和测试。目前可供选择的还有二甲醚、三氟甲醚等。

虽然现用使用的制冷剂相对以前的制冷剂来说对环境的破坏已经小很多,但它的泄漏和排放多少还是会导致地球的温室效应,因此有必要采取措施进一步减少制冷剂的泄漏和排放。主要方法有:减少橡胶软管的使用和接头数量,改变压缩机轴封形式等,以减少制冷剂的泄漏;当车辆报废和维修空调系统时,对制冷剂进行回收等。

5) 车用空调系统的改进

主要是改进空调系统各组成部件的匹配。随着新型制冷剂的出现和应用,零部件需要改进才能与之匹配,特别是密封件与制冷剂的相溶性,直接影响着空调系统的密封性能。

6) 逐步实现智能化、自动化

以前大部分客车空调采用的是独立式制冷系统,控制上也没有达到精确的量化水平,只能手动控制,凭人的感觉来调节开关。因而温度、湿度及风量难以精确控制。

随着计算机技术、自动控制技术和各种先进控制方法越来越多地在客车空调上的应用,使得客车空调的控制效果日趋完善。现代客车的智能化自动空调可控制和利用多个传感装置感知车内及外界的状态,将信息传递给中央芯片进行处理,得出系统最佳运行模式,并控制运行。使得无论何种气候条件,车内温度、湿度和空气新鲜度等都可始终保持在最佳舒适状况。

自动空调控制的智能化措施将直接导致诸如空气质量传感器、湿度传感器、CO_2 传感器、神经网络控制(光照,车速反应等)等的应用,车内气候环境将更加舒适。

第二节 客车驾驶区空调装置

目前,大、中型客车空调均采用风道送风,但对处于客舱前端的驾驶区,由于前风窗玻璃等因素的影响,冷热负荷相对较大,仅靠风道送风远远满足不了要求;此外,驾驶区回风不畅,空调制冷制热效果相对较差。时间一长,将对驾驶人的工作舒适性和行车安全造成影响。

为了解决驾驶区制冷制热效果差的问题,出现了客车驾驶区空调装置。该装置可以对驾驶区进行制冷或制热,保持驾驶区内的空气洁净度和湿度,提高驾驶区的舒适性。同时,还可起到对风窗玻璃除霜除雾的作用。安装具有制冷、采暖和新风功能的驾驶区空调装置,是保证客车行驶安全的一种必然的趋势。

一、驾驶区空调装置的分类与组成

客车驾驶区空调装置主要有前置冷暖器和单冷空调装置两种类型。

1. 前置冷暖器

前置冷暖器包含制冷装置和采暖除霜装置。

1) 制冷装置

客车驾驶区空调制冷装置的组成示意图如图 20-1 所示。

制冷空调装置一般由热交换器(含前置蒸发器)、膨胀阀、风机、电磁阀(或截止阀)和分液器等组成。制冷剂从主空调的冷凝器出口管引入,经电磁阀、膨胀阀、分液器、换热器,然后汇集到主空调的蒸发器出口管(或压缩机回气管),制冷剂经过换热器时由液态蒸发为气态,吸收并带走周围空气的热量,冷却周围空气;风机将该区域冷却后的空气吹入驾驶区和前风窗玻璃,从而完成制冷循环,达到对驾驶区进行制冷和前风窗玻璃除雾的效果。

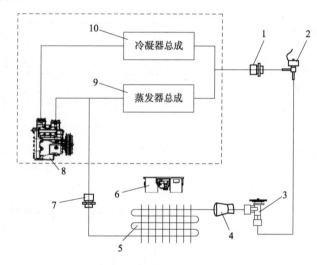

图 20-1 客车驾驶区空调制冷装置组成示意图(图中虚线框内为主空调部分)

1—进液管接头;2—供液电磁阀;3—膨胀阀;4—分液器;5—换热器;6—风机;7—出口管接头;8—压缩机;9—蒸发器总成;10—冷凝器总成

2) 采暖除霜暖置

冬季使用采暖时,起动驾驶区采暖开关,热水阀打开,发动机或经加热器加热后的热水被送入换热器,与空气进行热交换后由风机将加热的空气通过出风口送入驾驶区,驾驶区的内冷空气由回风口进入外壳中,再通过换热器加热由风机将热空气通过出风口吹入驾驶区和前风窗玻璃,如此循环,达到驾驶区采暖和前风窗玻璃除霜的目的。

2. 单冷空调装置

单冷空调装置的结构与冷暖除霜装置的主要区别是少一套制热系统。其结构与工作原理和制冷管路连接方式与前置冷暖器的制冷装置相同。

二、驾驶区空调装置的功能和特点

驾驶区空调装置主要应用于豪华型客车,为驾驶人提供单独的环境控制,提高舒适度。其中,前置冷暖器还能可靠地为前风窗玻璃进行除雾和除霜,使行车安全更有保障。前置冷暖器主要有以下功能特点:

(1)制冷和采暖、除霜可控。驾驶人在冬季使用采暖、除霜功能时,关闭供液电磁阀(常闭型);在夏季使用制冷功能时,可以关闭整个水循环通路,保证制冷效果。

(2)内外进风切换。驾驶人可以根据环境情况,选择采用室内循环模式或室外循环模式,从而保障最佳的环境效果及除霜效果。

(3)出风方向调节。驾驶人可以根据冬季除霜、夏季制冷的具体使用情况,通过风门电动机控制器调节出风方向,实现吹风窗玻璃和吹驾驶人的头、脚等不同部位,使驾驶环境更加舒适,安全性更高。

(4)出风量可调。除霜器主电动机采用两挡或多挡控制,驾驶人可根据需要选择采用强风或弱风。

三、驾驶区空调装置的结构

1. 前置冷暖器结构

驾驶区前置冷暖器的结构如图20-2所示。

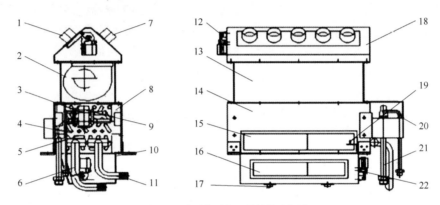

图20-2 冷暖除霜装置的结构示意图

1-出风口A;2-风机;3-管路连接板;4-除霜湿度传感器;5-热交换器;6-进水管;7-出风口B;8-密封条;9-膨胀阀;10-新风罩;11-出水管;12-风门执行机构总成A;13-风机固定罩;14-固定板;15-车内回风口;16-新风口;17-滴水管;18-出风罩;19-回风温度传感器;20-制冷剂进液管;21-制冷剂出气管;22-风门执行机构总成B

前置冷暖器由安装壳体、风机、热交换器、风门执行机构总成和温度传感器等五部分组成。其中,安装壳体包括出风罩、风机固定罩、固定板、管路连接板和新风罩等。

在出风罩上设有吹向前风窗玻璃的出风口A以及吹向驾驶人和导游的出风口B,风门执行机构总成通过控制其风门来实现开启和关闭出风口。

热交换器安装在内表面贴有密封条和装有车内回风口的固定板上,在热交换器的热盘管上焊接有进水管和出水管,流入进水管的热水通过热交换器的热盘管与风机从车内回风口吸入的空气进行热交换后由出水管排出。

在车内回风口处装有用于探测车内回风温度的传感器,该传感器和插入热交换器冷盘管上的除霜温度传感器一起将温度信号传给控制系统,确保冷暖除霜机在预先设置的温度范围内正常工作。

H型膨胀阀一端与热交换器的冷盘管连接,另一端通过管路连接板与制冷剂进液管和制冷剂出气管连接。

高温高压液体制冷剂从制冷剂进液管经过H型膨胀阀节流降压后,成为雾状进入热交换器总成的冷盘管内,吸收风机吸入的空气热量,最后变成低温低压的蒸气从制冷剂出气管排出。

新风罩上设有用于补充外界新鲜空气的新风口,新风口的开启和关闭通过风门执行机构总成控制风门来实现。新风罩上还设有滴水管,用来排出制冷时热交换器的冷盘管外表面生成的冷凝水。

2. 单冷除霜装置结构

单冷除霜装置是在冷暖除霜装置基础上减少制热系统,因此其结构与冷暖除霜装置相比,仅少了有关制热的一套零部件,工作原理和制冷管路连接方式与冷暖除霜装置的制冷部分相同。

四、前置冷暖器的工作原理

1. 制冷原理

制冷时打开选择开关制冷挡,电源指示灯亮。根据需要选择风机工作挡位和通过温控旋钮设定温度(30~15℃),当回风温度传感器探测回风温度大于设定温度2℃以上时,制冷指示灯亮,前置冷暖除霜器进入制冷工作状态。

控制系统打开空调顶机处供液电磁阀,经冷凝后的高温、高压液态制冷剂由制冷剂进液管经过H型膨胀阀节流降压后,成为雾状进入热交换器总成的冷盘管吸收风机吸入的空气的热量,最后变成低温低压的蒸气从制冷剂出气管排出。

风机从车内回风口吸入车内空气经冷盘管冷却后从出风口将其排出,冷却后的空气经由仪表台出风口送到驾驶区。

当车内需要补充新鲜外界空气时可打开新风开关,随即风门执行机构总成打开风门,新风即可从新风口由风机吸入。当回风温度达到设定温度或除霜温度传感器探测冷盘管表面温度低于4℃时,制冷停止,指示灯熄灭并切断供液电磁阀。图20-3所示为前置冷暖器单独控制面板,图20-4所示为冷暖除霜机的与整车空气调节系统集成的冷暖一体化空调控制器。

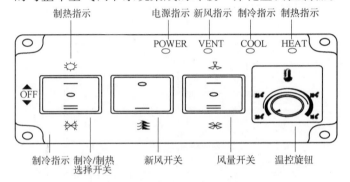
图20-3 前置冷暖器单独控制面板

图20-4 冷暖一体化空调控制器

2. 制热原理

制热时打开选择开关制热挡,电源指示灯亮。选择风机工作挡位并设定温度高于回风温度2℃以上时,制热指示灯亮,前置冷暖器进入制热工作状态。

控制系统开启水路系统的热水电磁阀和水泵,来自发动机或经加热器加热后的防冻液经进水管进入热交换器的热盘管,加热风机吸入的车内空气和新鲜外界空气后从出水管排出。

制热时控制系统打开出风口可用于前风窗玻璃的除霜。另一出风口则可供驾驶人和导游取暖。

当回风口的温度达到设定温度时制热停止,指示灯熄灭并切断热水电磁阀和水泵。当温控旋钮在强制挡时,制热工作不受回风温度传感器的控制。

五、前置冷暖器的应用

客车前置冷暖除霜装置的实施原理如图20-5所示。

在客车上安装前置冷暖器需对原空调系统做如下改进:高温高压制冷剂在原空调系统的干燥瓶和膨胀阀中间管路中取液,并由供液电磁阀控制。

当操作控制面板输入制冷控制信号时,系统将打开制冷剂供液电磁阀;当操作控制面板或温度传感器切断制冷控制信号时,系统关闭制冷剂供液电磁阀。制冷剂从前置冷暖器制冷剂出气管排出后与原空调系统的低温低压蒸气汇合后进入压缩机形成新一轮循环。

制热时需增加一个热水电磁阀,并与原水暖系统水泵采取同步控制。操作控制面板输入制热控制信号时,系统打开水泵和热水电磁阀;操作控制面板或温度传感器切断制热控制信号时,系统关闭水泵和热水电磁阀。图 20-6 所示为前置冷暖器电器外接线路图。

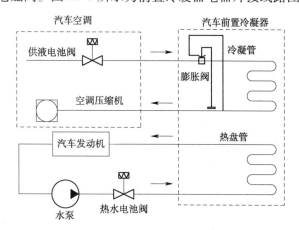

图 20-5 冷暖除霜装置在客车上的实施原理图

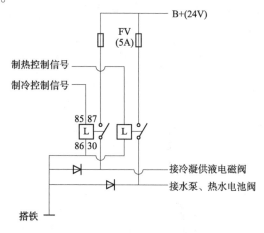

图 20-6 冷暖除霜装置电器外接线路图

图 20-7 所示为前置冷暖器在客车空气调节系统的一个应用实例。

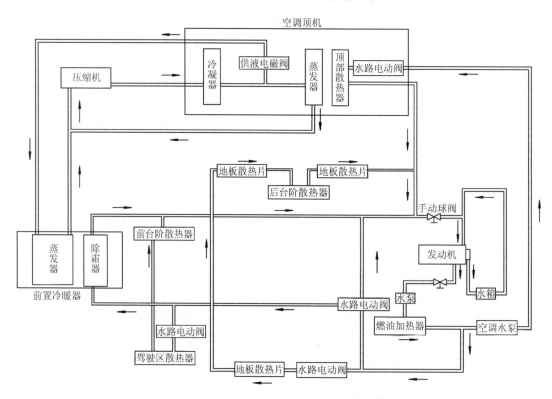

图 20-7 前置冷暖器在客车上的应用实例

第三节 客车空调制冷装置

一、客车空调制冷装置的分类及特点

客车空调制冷装置有多种分类方法,目前常用的有以下几种。

1. 按驱动形式分类

按驱动形式,客车空调制冷装置可分为独立式、非独立式和电驱动空调三大类。

1)独立式空调

独立式空调一般有独立整体式和独立分置式两种类型。

独立式空调最明显的特征是配置有一台专用的发动机驱动整个空调系统运行,构成独立的空调系统。从外形上看,独立整体式是把辅助发动机、压缩机、蒸发器和冷凝器等全部装配到一个机架上。其最大特点是空调系统运转平稳,制冷效果不受汽车主发动机载荷的影响,空气调节量大。但存在体积大、安装位置不灵活,对于现代城市客车来说因多采用中低地板结构,布置困难;对于长途、旅游客车,占用了轴间行李舱位置;由于增加了一台辅助发动机,燃油消耗高,购置和使用成本高,体积大、质量大、振动噪声大等缺点。

独立分置式则主要解决了独立整体式体积大、占用空间大、安装位置不灵活的缺点,发动机和压缩机组与蒸发器和冷凝器可分开布置。

独立式空调在20世纪70~80年代因受大型客车发动机比功率普遍较小的影响,而在长途、旅游客车上得到了采用。此后随着道路条件的改善、客车和车用空调技术的进步,以及发动机技术和比功率的提高,这种空调除在特种客车上有所应用外,其他客车已采用较少。

图20-8和图20-9分别为20世纪80年代日本柴油机器(DIESEL KIKI)生产的独立式空调机组(制冷量25586W)和日本日野客车采用独立式空调机组的安装示意图,图20-10为日本日野客车采用独立分置式空调机组的安装示意图,图20-11~图20-13分别是一种供特种客车使用的小型独立空调外形及安装示意图。

图20-8 独立式空调机组

图20-9 独立式空调机组在前置发动机客车上的安装示意图

图20-10 独立分置式空调机组在后置发动机客车上的安装示意图

图20-11 特种客车使用的小型独立式空调外形

图20-12 小型独立式空调外形图

图20-13 小型独立式空调安装(车厢内部分)

2) 非独立式空调

非独立式空调的压缩机由客车发动机带动,基本克服了独立式空调的主要缺点,但空调系统的制冷性能受发动机工况影响较大,工作稳定性较差,尤其是低速时制冷量不足。为此,发动机均采用了怠速增速装置;为了避免影响发动机的怠速稳定性和汽车加速性能,其压缩机均采用电磁离合器,这样不仅遇到紧急情况时会自动分离,还能调节冷气供给,达到控制车厢内温度的目的。

非独立式空调的优点是结构简单、便于安装布置、噪声小;缺点是制冷量受客车行驶速度影响,如果停止运行,其空调系统也停止运行;由于需要消耗主发动机10%~15%的动力,因此直接影响客车的加速性能和爬坡能力。

非独立式空调由于成本较低(相对独立式空调),且品质可靠,目前已成为客车市场的主导产品。

3) 电驱动式空调

电动客车空调以车载电源为动力,利用电能驱动整个空调系统运行,如图20-14所示。

由于电动客车没有发动机,不能像传统客车那样通过机械传动驱动压缩机,所以必须采用电驱动的压缩机,而电驱动压缩机结构与现行客车上使用的压缩机并不完全相同,如图20-15所示。

图20-14 电动客车空调

图20-15 电驱动的变频压缩机

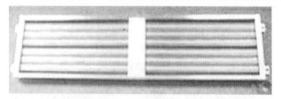

图20-16 PTC加热器

电动客车的电池容量有限,空调系统能耗对电动客车充电一次后的行程有很大影响,因此电动客车对空调系统的能耗提出了更高的要求。为了充分降低空调能耗,需采用容积效率高的制冷剂。而有些电动空调冷凝风机变频器可以和压缩机变频器一起进行同段位频率调节,保证了产品节能性。

此外,冬季采暖时无法像传统空调那样利用发动机余热,故要求空调必须具有制热功能(即PTC加热器,图20-16)。目前,电动客车空调主要应用在城市客车和旅游客车上。

2. 按安装位置分类

按空调安装位置的不同,可分为顶置式空调(含铰接客车空调)、内藏式空调和背藏式空调等。

1) 顶置式空调

顶置式空调的主要特征是将空调系统的蒸发器和冷凝器总成集成在一起并安装在客车顶部,如图20-17和图20-18所示。

图20-17 典型的顶置式空调蒸发器冷凝器总成

图20-18 装配顶置式空调的客车

顶置式空调一般安装在客车顶部的中部靠前位置。经过压缩机压缩的制冷剂在冷凝器散热后,流入蒸发器膨胀吸热,这时从布置在客车车厢中部的回风格栅吸入的车内空气被抽到顶置空调蒸发器处进行冷却后,再从风道吹出。空调出风道布置在客车车厢内两侧的乘客座位上方,冷风通过风道被输送到客车车厢内。由于空调系统的作用,车厢内部的空气不断被循环冷却,从而为乘员营造了舒适的车内环境。

顶置式空调有效节约了客车的车内空间,而且其配套的送风管道平直,冷风流量损失小,车内气流分布较均匀;冷凝器处于车顶,远离尘土灰石,冷凝效果好。但由于蒸发器、冷凝器凸出外露于车顶,使整车的高度增加。空调顶置是目前应用最广泛的一种安装方式,其主要不足是对外观造型和整车质心高度有一定影响。

顶置式空调按蒸发器和冷凝器总成的结构特点,可分为基本型、迎风式和并列式三种。

(1)基本型。壳体采用高强度玻璃钢或铝合金材料,质量轻,强度高,有效减轻了车身负担,降低了油耗,是目前客车空调的基础系列。

基本型又可以分为两器一体式和两器分体式。两器一体式是指蒸发器与冷凝器纵向排列,且安装在同一个壳体中。其主要特点是结构紧凑,主要适用于 6~8m 的轻型客车。两器分体式的蒸发器总成和冷凝器总成自成一体,其壳体安装空间较大,容易维修,一般用于大中型客车。

(2)迎风式。迎风式空调机组(图20-19)采用冷凝器迎风式结构,即冷凝器安装在前部,蒸发器在后部。这种结构对减少热空气回流,降低压缩机排气压力、功耗及车内噪声,提高乘坐舒适性和节能十分有利。由于蒸发器芯体采用外倾交叉排管的形式,增加了翅片间距,提高了换热效率,因此相比小管径、小片距产品,具有制冷性能稳定和排水、耐尘性好,整机质量轻(最大比同类产品减少80kg)等优点。

图20-19　迎风式顶置空调

迎风式顶置空调采用铝质平行流冷凝换热器或管片式变截面冷凝换热器,具有更高的散热效率。

(3)并列式。并列式空调机组的主要特点是两器平行排布,使空调的整体长度得以大大缩短,不仅实现了产品轻量化,降低了燃油消耗,而且能够满足顶置天然气气瓶的城市客车安装空间小的需求,其外形和内部结构如图20-20所示。

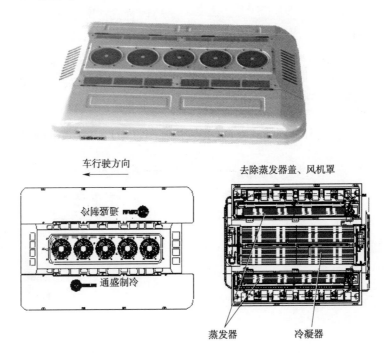

图20-20　并列式顶置式空调

顶置空调的安装位置对制冷性能有一定的影响。一般客车前部上下客流多，且经常开前门和中门、冷气损耗大；而后部空间较小、空气流动少（发动机后置车型更是如此），因此客车前部比后部热负荷大。一般情况下，将空调的冷凝、蒸发器中心位置布置在车辆前后中心偏前15%～20%的车身长度范围内，这样空调工作时车厢内的温度分布将比较均匀。

若将空调的冷凝、蒸发器安装于车辆最前部，则前面较冷，后面较热，制冷均匀度稍差，一般顶置天然气瓶的客车很多采用这种布置方式。为减少车内温差，需要在风道内加导风罩，尽量均匀分配由蒸发器出来的冷风。

若将空调蒸发器安装于车辆最后部，则后面很冷，前面很热，制冷均匀程度很差，一般不采用这种布置形式。

2）铰接客车空调

为与铰接客车的两节车身配套，铰接客车空调一般有两套顶置蒸发器及冷凝器总成，分别安装在前、后节车厢的顶部。

铰接客车空调的设计布置难点是前、后车厢的温差问题。一般采用电磁阀控制前后空调系统进入膨胀阀的流量，以此有效控制温差。空调操纵器可采用手动和自动一体化的形式，实现车内温度的自动控制。此外，两套空调分别采用四路泄水，以保证在车辆上坡和下坡时能及时把冷凝水排出。

车内两侧的乘客座位上方是出风风道，空调就是通过风道将冷风输送到客车的每个部位。回风口布置在客车前、后车厢的走廊中部车顶，这样通过空调系统的作用使车内空气不断循环，将热风抽到前、后顶置的蒸发器进行冷却，再将冷却后的冷风通过风道送到客车的各个部位，为乘员营造舒适的乘坐环境。

图20-21 装配铰接空调的城市大型快速公交客车

铰接客车（图20-21）通常为城市大型快速公交（BRT），这类车型的空调制冷系统一般匹配单压缩机，双两器总成，即制冷剂经过压缩机排出后分为两条管路，各自分别进入两器总成，经过冷凝和蒸发后再合为一条管路，回到压缩机。从装配位置来看，铰盘前后车厢分别装备一套蒸发器冷凝器总成，压缩机装在发动机旁。其结构示意图如图20-22所示。

3）内置式空调

内置式空调一般是将蒸发器（图20-23）安装在客车车厢内部车顶的前部或后部（图20-24）或左右两侧的风道内；而冷凝器（图20-25）则安装在客车的裙部（图20-26）或客车车顶。这类空调一般也是通过车内两侧乘客座位上方的出风道将冷风送到客车的每个部位；回风位置一般随蒸发器的安装位置而定，有的在前部或后部，也有的在两侧。

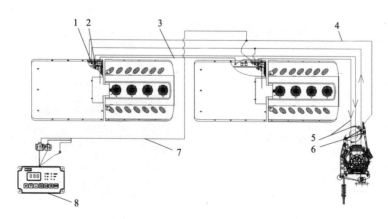

图20-22 铰接客车空调结构示意图

1-高压管接口；2-低压管接口；3-压力平衡管；4-电源线；5-低压管；6-高压管；7-空调控制线速；8-空调控制面板

采用内置式空调制冷系统的特点是不影响客车外观造型（图20-27）；车顶无须开孔、洞，防雨密封性好;可有效解决车顶高度受限客车的空调布置问题。但内置蒸发器需要占用较大的车内空间,限制了其在城市客车上的使用。

图 20-23　内置式蒸发器

图 20-24　安装在后顶的内置蒸发器

图 20-25　冷凝器

图 20-26　裙置冷凝器

4）背藏式空调

背藏式空调是将两器组合在一起(图 20-28),整体安装在车身后背部发动机上方的一种客车制冷装置,亦称"背负式空调"。主要用于双层客车(图 20-29)、低驾驶区客车(图 2-6)和敞篷观光客车等车型。

图 20-27　安装内置空调的中型客车

图 20-28　背藏式空调的两器总成

图 20-29　安装背藏式空调的双层客车(一)

为适应双层客车、低驾驶区客车、敞篷观光客车对空间的最大化利用,防止车身超高,背藏式空调制冷机组采用两器上下垂直布置(图20-30、图20-31),利用后排座椅后面的空间,紧凑安装于车尾发动机上方。这种布置形式在安装和大修时,可以整体铲进铲出,有效节约安装和维修时间。

图20-30　安装背藏式空调的双层客车(二)

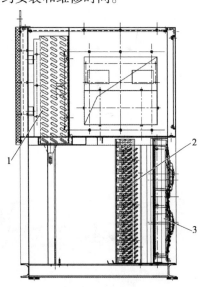

图20-31　背藏式空调机组结构示意图(一)
1-蒸发器芯体;2-冷凝器芯体;3-冷凝风机

背藏式空调至车内风道采用过渡风道连接,充分利用流体力学原理,让过渡风道阻力降到最低,确保过渡风道风速、车内风道风速及上层、下层单侧风道风量符合空调运行要求,如图20-32所示。

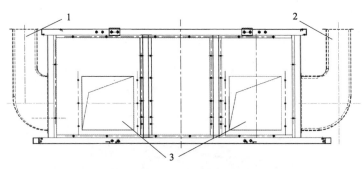

图20-32　背藏式空调机组结构示意图(二)
1-过渡风道1;2-过渡风道2;3-上层过渡风道

由于背藏式空调机组采用后置,压缩机离两器距离很近,因此连接管路短,制冷剂运行的压力损失小;压缩机功耗减少,在相同冷量下更节能。

背藏式空调一般采用手动或自动一体化控制,由驾驶人自主选择合适的控制模式,既尊重驾驶人的优先选择权,又可减少工作量,并得到最经济的运行效果。

3. 按功能分类

按功能,可分为单功能空调(如单冷或单暖)和多功能空调(如冷暖一体空调)。

4. 按制冷工质分类

按制冷工质不同,可分为常用的R134a系统空调、R407C系统空调和CO_2系统空调等。

5. 按压缩机(制冷工质的循环量)分类

按压缩机(制冷工质的循环量),可分为定排量空调和变排量空调。

所谓定排量空调系统亦称循环离合器系统。当系统的蒸发器温度下降到一定水平时,截断离合器电路,使压缩机停转即停止制冷;当系统的蒸发器温度上升到一定值时再接通离合器,让压缩机运转,开始制冷,如此往复循环。也就是说,定排量空调系统是通过离合器的循环工作来调节温度。因为压缩机排量是固定的,所以在制冷系统中加了许多保护装置(如减压安全阀和易熔塞等)。

变排量空调系统也称非循环离合器系统。该系统采用的是可变排量压缩机,它依靠可变排量压缩机的自身调节来控制温度。当系统的环境温度(蒸发器温度)高时,压缩机增加活塞行程来增加制冷剂量,以达到增加吸热和降温的作用。反之,压缩机则减小活塞行程从而减少通过蒸发器的制冷剂量,使蒸发器的温度得到回升。

6. 按操作控制方式分类

按操作控制方式,可分为手动空调和自动空调。

手动空调一般用于中小型客车,凭驾驶人的感觉来调节和控制空调开关,温度、湿度及风量难以精确控制。

自动空调则是根据车内外的气候情况,自动、高速地调整和控制各执行部件,使车内空气保持在一定的舒适度范围,达到自动调节车室内的温度、湿度和通风工况的目的。自动空调通过控制面板,可以随时显示当前的设置温度、车内温度、车外温度、送风速度、回风和送风口状态以及空调系统运行方式等信息,使驾驶人能够及时全面地了解空调系统的工作状态。目前,大部分中、高级客车都配装了自动空调。

全自动空调还具备自检诊断功能,可以随时对系统电路的状态进行检测,并把出现的情况记存起来,以利于维修人员对系统故障情况进行判断和对电控元件及线路故障的检修。当系统出现故障时,能使系统进入相应的故障安全状态,防止故障进一步扩大。

二、客车空调制冷装置的结构和工作原理

1. 结构

无论何种类型的客车空调制冷装置,其结构组成基本相同,都是由压缩机、冷凝器、蒸发器、储液干燥器(或集液干燥器)、膨胀阀(或孔管)、鼓风机、进风罩、车内风道及制冷管道和制冷剂等组成,主要区别在于因安装位置和制冷量的不同,其形状、大小、组合方式和安装结构不同。

2. 工作原理

目前,常用的制冷方法有压缩制冷法、真空制冷法、吸收式制冷法和旋流制冷法等。客车空调制冷装置除电动客车及极少数特殊情况外,大都采用蒸气压缩式制冷,即利用工质的热力过程(液体汽化、固体溶化与升华的相变过程要吸收汽化热、溶化热与升华热的特性)以获得冷效应,其结构和工作原理图如图20-33所示。

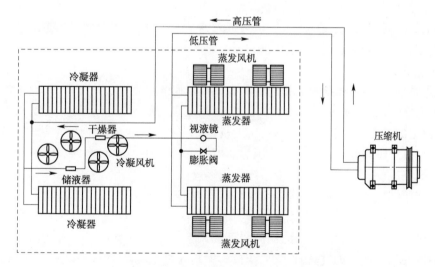

图 20-33 客车空调制冷装置的结构及工作原理图

由图20-33可见,工作时制冷剂在蒸发器中不断吸收车厢内热空气的热量而蒸发变成气体,压缩机吸入由蒸发器出来的气态制冷剂,并将其压缩成为高温高压气体排入冷凝器冷却液化,同时向车外空气放热。

液化的制冷剂流入储液干燥器,除去水分和杂质,气液分离后再流经膨胀阀,在进行自动节流的同时,压力和温度急剧下降,迅速变成低温、低压的雾状制冷剂,喷入蒸发器。

蒸发器上的离心式风机将车厢内热空气送到蒸发器进行冷却后再送回车厢内,从而使车内的空气温度下降,达到制冷效果。

此时,制冷剂吸热蒸发成低温、低压气体,又重新被压缩机吸入进行下一轮制冷循环。

由于蒸发器表面温度低于空气的露点温度,空气中的部分水蒸气被凝结成冷凝水排出车外,使车内保持一定的湿度和温度,达到使人舒适的环境状态。

三、客车空调制冷装置的主要部件

1. 压缩机

压缩机是客车空调制冷装置的核心部件,其作用是将蒸发器出口的低温低压蒸气加压后送到冷凝器中冷凝。一般情况下,压缩机通过带轮由发动机驱动(图20-34)或电动机驱动(图20-35所示为电动客车空调用的三洋电动涡旋式压缩机),负责将低压的气态制冷剂吸入,加压为高压的气态制冷剂排出,同时为制冷剂的循环流动提供动力。在循环流动过程中,制冷剂在冷凝器内由气态变为液态,并放出热量;而在蒸发器中,制冷剂则由液态变为气态,吸收车内热量,从而降低车内的温度。

图20-34　客车上由传动带驱动压缩机

图20-35　电动涡旋式压缩机

1)压缩机的分类

汽车空调制冷系统一般采用蒸气压缩式制冷装置,其使用的压缩机分为两种类型:一类为速度型,如离心式;另一类为容积型。目前,在客车空调制冷装置中,使用的都是容积式压缩机,如常用的曲柄连杆式和斜盘式压缩机等都属于容积式压缩机。压缩机的分类方法很多,用得最多的是以下两种。

(1)按压缩机排量是否可变分类。按压缩机排量是否可变(工作原理的不同),制冷压缩机可分为定排量压缩机和变排量压缩机。

①定排量压缩机。定排量压缩机的排气量随发动机转速的提高而成比例提高,它不能根据制冷的需求而自动改变功率输出,因此对发动机油耗的影响较大。其控制一般通过采集蒸发器出风口的温度信号,当温度达到设定的温度,电磁离合器松开,压缩机停止工作;当温度升高后,电磁离合器结合,压缩机开始工作。定排量压缩机同时还受空调系统压力的控制,当管路内压力过高时,压缩机停止工作。目前,定排量制冷压缩机在大、中型客车空调制冷系统中应用较广。

②变排量空调压缩机。变排量压缩机可以根据设定的温度自动调节功率输出。空调控制系统不采集蒸发器出风口的温度信号,而是根据管路内压力的变化信号控制压缩机的压缩比来自动调节出风口温度。在制冷的全过程中,压缩机始终工作,制冷强度的调节完全依赖装在压缩机内部的压力调节阀来控制。当空调管路内高压端的压力过高时,压力调节阀缩短压缩机内活塞行程以减小压缩比,这样就会降低制冷强度;当高压端压力下降到一定程度,低压端压力上升到一定程度时,压力调节阀则增大活塞行程以提高制冷强度。变排量压缩机在中、高档轿车和中、小型客车上应用较多,其外形照片如图20-36所示。

(2)按工作方式的不同分类。按工作方式的不同,制冷压缩机一般可以分为往复式和旋转式。

①往复式压缩机。常见的往复式压缩机有曲轴连杆式和轴向活塞式。其中,曲轴连杆式压缩机是第1代压缩机,因出现最早、运用最广,有单缸、双缸等多种类型,如图20-37所示。由于制造技术成熟、结构

简单、对材料和加工工艺要求不高、造价低、能适应较广的压力范围和制冷量要求及可维修性强,目前在大、中型客车和载货汽车的大排量空调系统中应用较多。这种压缩机最明显的缺点是无法实现较高转速,体积大而重,不易实现轻量化;且排气不连续,气流容易出现波动;工作时有的振动较大。由于这些特点的存在,很少有小排量压缩机采用这种结构形式。

图 20-36 变排量式压缩机

图 20-37 曲轴连杆式压缩机(双缸)

轴向活塞式压缩机(图 20-38)可称为第 2 代压缩机,常见的有摇板式或斜板式(亦称"斜盘式"),多用于轿车和小型客车,目前是汽车空调压缩机中的主流产品。斜板式压缩机比较容易实现小型化和轻量化,而且可以实现高转速工作。由于结构紧凑、效率高、性能可靠,在实现了可变排量控制之后,目前广泛应用于汽车空调。

②旋转式压缩机。常见的有旋转叶片式和涡旋式。

旋转叶片式压缩机(图 20-39)的气缸形状有圆形和椭圆形两种。作为第 3 代压缩机,由于旋转叶片式压缩机的体积和质量可以做到很小,易于在狭小的发动机舱内进行布置,加之噪声和振动小以及容积效率高等优点,在轿车和小型客车空调系统中也得到了一定的应用。但旋转叶片对加工精度要求很高,制造成本较高。

图 20-38 轴向活塞式压缩机

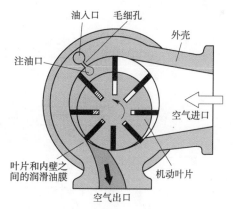

图 20-39 旋转叶片式压缩机

涡旋式压缩机(图 20-40)是由一个固定的渐开线涡旋盘和一个呈偏心回旋平动的渐开线运动涡旋盘组成的可压缩容积式压缩机。由于取消了排气装置,因而吸排气连续、效率高、振动小、质量轻、结构简单、体积小、噪声低、能耗低,在高速旋转时,气流脉动小,运转平稳,是今后客车空调压缩机发展的主流方向。

③螺杆式压缩机。20 世纪 50 年代,喷油螺杆式压缩机就开始应用在制冷装置上。由于其具有结构简单、易损件少、能在大的压力差或压力比的工况下工作、排气温度低、对制冷剂中含有大量的润滑油(常称为湿行程)不敏感和良好的输气量调节性等优点,很快占据了大容量往复式压缩机的使用范围,且不断地向中等容量范围延伸,已广泛应用在冷冻、冷藏、空调和化工工艺等制冷装置上。此外,以它为主机的

螺杆式热泵从20世纪70年代初便开始用于采暖空调方面,但目前在汽车上还应用较少。

螺杆式压缩机属于容积式压缩机,有单螺杆和双螺杆两种,其中双螺杆压缩机由两个转子组成,单螺杆压缩机由一个转子和两个星轮组成(图20-41),其制冷和制热的输入功率范围已发展到10~1000kW。

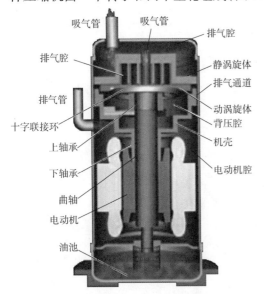

图20-40 全封闭涡旋式压缩机

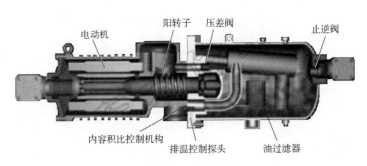

图20-41 螺杆式压缩机(单螺杆式)

2)客车常用压缩机的特点及工作原理

(1)曲柄连杆式压缩机。曲柄连杆式压缩机是在大中型客车空调制冷系统中应用较为普遍的一种机型,其主要特点是技术成熟,对材料的要求低,造价低廉,能适应较广泛的压力范围和制冷量范围,热效率高。缺点是动力平衡性能差,限制了转速的提高;结构复杂,维护工作量大。

如图20-42所示,压缩机工作时通过曲柄连杆机构将旋转运动转换成活塞的上、下往复运动,即曲轴旋转带动连杆,连杆又推动活塞在气缸内上下运动,使气缸容积周期性地扩大和缩小,完成对制冷剂的吸气、压缩和排气等过程。

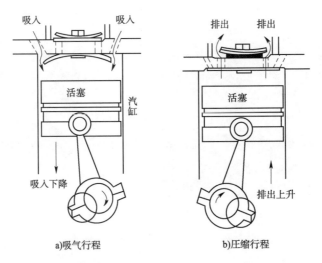

图20-42 曲柄连杆式压缩机的工作原理

(2)斜盘式压缩机。斜盘式压缩机(图20-43)也称为双向活塞式压缩机,主要由主轴、斜盘、活塞、进排气阀片等部件组成。回转斜盘固定在主轴上,双向作用活塞夹嵌在斜盘周围,通过钢球和滑履将斜板和活塞联系在一起;当主轴带动斜盘旋转时,滑履在斜盘上滑动,随着滑动在斜盘上的位置的改变,通过钢球推动活塞作往复运动;当主轴驱动斜板旋转时,活塞槽与斜板边缘通过钢球轴承支撑,斜盘的旋转带动活塞做轴向移动,活塞前后两端与壳体组成两个空腔;活塞轴向移动时,一个空腔容积增大,可以吸入低压的制冷剂;相反,活塞另一头的空腔容积减小,制冷剂被高压排出。

斜盘式压缩机比较容易实现小型化和轻量化,而且可以实现高转速工作。由于结构紧凑、效率高、性能可靠,在实现了可变排量控制之后,目前广泛应用于汽车空调。

斜盘式压缩机动力平衡性能好,运转平稳、振动小,在其适宜的工作范围内具有较高的效率;且结构简单,体积小、质量轻、零件少、可靠性高。缺点是排量较小,一般用于制冷量较小的双系统空调系统。而用于制冷量大的空调系统,则需要装两台斜盘式压缩机。

与斜板式压缩机类似的是摇板式压缩机(图 20-44),其主要区别在于是单向活塞式压缩机,摇板在压缩机内也是斜向布置,故也有人称之为斜盘,但活塞是单向的,有斜盘式和摇板式两种结构。其气缸均匀布置在同一侧,主轴旋转带动传动板,传动板又推动摇板摆动,摇板的摆动又通过连杆牵动活塞在气缸内作往复运动。

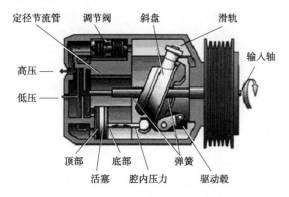

图 20-43　斜盘式压缩机结构示意图

图 20-44　摇板式空调压缩机剖开结构图(红色部分为摇板)

(3)螺杆式压缩机。螺杆式压缩机和活塞式制冷压缩机在气体压缩方式上相同,都属于容积型压缩机,也就是说它们都是靠容积的变化而使气体压缩的。不同点在于是这两种压缩机实现工作容积变化的方式不同。

螺杆式制冷压缩机(图 20-45)主要由机壳、转子、轴承、轴封、平衡活塞及能量调节装置等组成,工作时,利用置于机体内的两个具有螺旋状齿槽的螺杆相啮合旋转及其与机体内壁和吸、排气端座内壁的配合,造成齿间容积的变化,从而完成气体的吸入、压缩及排出过程,如图 20-46 所示。

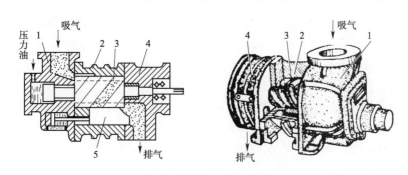

图 20-45　螺杆式制冷压缩机结构示意图
1-吸气端座;2-机体;3-螺杆;4-排气端座;5-能量调节阀

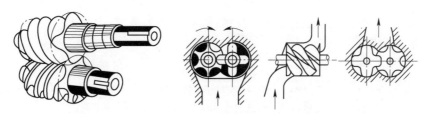

图 20-46　螺杆式制冷压缩机转子工作过程示意图

(4)涡旋式压缩机。涡旋式压缩机主要分为动静式和双公转式两种,其中动静式应用最为普遍。

动静式的工作部件主要由动涡轮与静涡轮组成,动、静涡轮的结构十分相似,都是由端板和由端板上伸出的渐开线型涡旋齿组成,两者偏心配置且相差180°,静涡轮静止不动,而动涡轮则在专门的防转机构的约束下,由曲柄轴带动作偏心回转平动,即无自转,只有公转。

旋涡式压缩机的结构和工作原理分别如图20-47和图20-48所示。相互错开180°的涡旋叶片圈组合一对啮合,动圈2以回旋半径的圆作不旋转的回转运动。在吸气完了时,一对涡旋圈共形成两对月牙形容积。最大的月牙容积11即将开始压缩。动圈涡旋中心绕定圈涡旋中心连续公转,原最大的月牙容积实现a-b-c的压缩,达到预定压力,由排气口9排出。在月牙11压缩的同时,在动圈和定圈的外周形成吸气容积4、8,连续回转运动过程中,也实现了相同的压缩,如此周而复始完成吸气、压缩、排气过程。

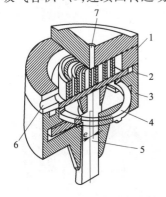

图20-47 旋涡式压缩机结构简图
1-动盘;2-静盘;3-机体;4-防转机构;5-偏心轴;6-进气门;7-排气门

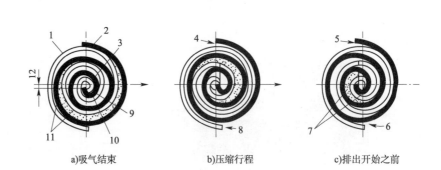

a)吸气结束　　b)压缩行程　　c)排出开始之前

图20-48 旋涡式压缩机工作原理
1-定圈;2-动圈;3-动圈涡旋中心;4、5、6、8-制冷剂气体;7-最小压缩容积;9-排气口;10-动圈涡旋中心;11-开始压缩容积(最大压缩容积);12-回旋半径

涡旋式压缩机具有体积小、质量轻,驱动动涡轮运动的偏心轴可以高速旋转;由于没有了吸气阀和排气阀,因此运转可靠,容易实现变转速运动和变排量技术;多个压缩腔同时工作,相邻压缩腔之间的气体压差小,气体泄漏量少,容积效率高等优点。

(5)旋转叶片式压缩机。如图21-39所示,旋转叶片式压缩机由叶片、转子和气缸等组成。是一种通过转动叶片来实现气体压缩,最终将实现机械能转化成风能的一种压缩机。在圆形气缸中,转子的主轴与气缸的圆心有一个偏心距,使转子紧贴在气缸内表面的吸、排气孔之间;在椭圆形气缸中,转子的主轴和椭圆中心重合。叶片将气缸分成几个空间,当主轴带动转子旋转一周时,移动的叶片被离心力抛出并与外壳内壁之间形成压缩腔室。这些空间的容积不断发生变化,制冷剂蒸气在这些空间内也发生体积和温度变化。旋转叶式压缩机没有吸气阀,因为叶片能完成吸入和压缩制冷剂的任务。如果有2个叶片,则主轴旋转一周有2次排气过程。叶片越多,压缩机的排气波动就越小。

3)压缩机的主要性能指标

制冷压缩机的性能指标主要有排量、转速、制冷量、能耗比、运行转矩和静转矩等,即包括输入、输出功率,性能系数,制冷量,启动电流、运转电流、额定电压、电气强度、泄漏电流,频率,气缸容积和噪声等。一般,衡量一种压缩机的性能,主要从质量、效率和噪声三个方面比较。

4)对客车压缩机的特殊要求

(1)具有良好的低速性能。要求压缩机在客车发动机低速和空载时有较大的制冷能力和较高效率。

(2)高速行驶时输入功率低。这样不仅节省油耗,而且能降低发动机用于空调制冷方面的功率消耗,提高客车自身的动力性能。

(3)小型化、轻量化。这样不仅安装方便、占用空间小,而且节省材料和燃料。

(4)能承受恶劣运行条件的考验,有较高的可靠性和耐久性。夏季在急速时,客车发动机舱内温度有时高达80℃,冷凝压力高,这就要求压缩机能承受高温、高压和有限的过载。此外,由于客车行驶道路的颠簸和振动,也要求压缩机具备良好的抗振性能,并把制冷剂的泄漏减小到最低程度。

(5)压缩机工作不能对客车产生不利的影响。为此,要求压缩机运转平稳,振动小、噪声低,启停对发动机转速的影响小,起动力矩小。

5)电磁离合器

电磁离合器是汽车发动机和空调制冷压缩机之间的一个动力传递装置,压缩机的工作大多是通过电磁离合器驱动的。电磁离合器一般由线圈总成、带轮总成和驱动盘总成三部分组成,利用电磁线圈在通电时产生的强大磁场,将离合器驱动盘吸住,通过安装在离合器上的皮带轮将发动机的动力传递给压缩机主轴,使压缩机工作;电源断开后磁力消失,离合器吸盘脱开,压缩机停止工作。电磁离合器的实体照片和结构示意图如图20-49所示。

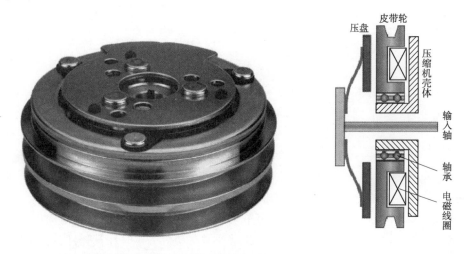

图20-49 电磁离合器外形及结构示意图

6)压缩机的安装与传动

由于各客车制造企业生产的客车其发动机型号、安装布置和车体结构均不相同,因此不可能对压缩机的安装采用统一规范,只能根据不同情况采取与之相适应的安装结构。

(1)驱动分类。按压缩机驱动方式的不同,有发动机通过皮带直接驱动(亦称"直接驱动",如图20-50所示)和由发动机驱动一个中间过渡轮,再由过渡轮来驱动压缩机(亦称"间接驱动",如图20-51所示)两种形式。

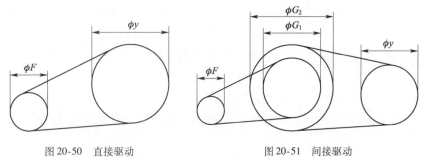

图20-50 直接驱动　　　　图20-51 间接驱动

(2)传动比。客车空调制冷装置的传动比是指发动机同压缩机之间的转速比,即发动机皮带轮和压缩机皮带轮的角速度之比。对于直接驱动的空调制冷装置,其传动比为:

$$n_b = \frac{\phi F}{\phi y}$$

对于间接驱动的空调制冷装置,其传动比

$$n_b = \frac{\phi F \phi G_2}{\phi y \phi G_1}$$

式中:ϕF——发动机皮带轮直径;
　　ϕy——压缩机皮带轮直径;
　　ϕG——中间过渡轮直径;
　　ϕG_1——接发动机皮带轮直径;
　　ϕG_2——接压缩机皮带轮直径。

一般情况下,城市客车的传动比为 1.25～1.35;旅游客车的传动比为 1.10～1.25。

在计算传动比时,应考虑皮带的传输效率,一般可将传动效率定为 0.96～0.98。

(3)压缩机安装。压缩机有两种安装方式:一是直接安装在发动机上,二是安装在底盘上。要求压缩机环境温度小于 80℃;压缩机皮带轮、过渡轮和发动机皮带轮对应轮槽的平面应重合,最大偏差不超过 20′,如图 20-52 所示;对于压缩机允许的倾角,不同品牌压缩机有不同的要求。

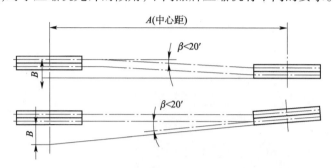

图 20-52 压缩机皮带安装平面度要求

前置发动机客车大都采用压缩机直接(或间接)安装在发动机上的结构形式。一般将皮带张紧和对正,采用由压缩机的上下、左右移动来调整皮带的松紧度,也可增加其他的张紧机构来实现调整。

大多数后置发动机客车和少数前置发动机客车采用压缩机安装在底盘上的结构形式。这种结构需要采用压缩机支架,同时压缩机支架必须柔性安装,以补偿发动机工作时在其弹性支撑上的移动。

压缩机支架一般采用两种缓冲机构。一种是减振垫,可以补偿上下左右的部分移动,也可部分减轻对 V 形带及压缩机轴的冲击力。这种结构的优点是稳定性较好,简单。另一种是采用带有压缩弹簧的摇臂结构,该结构已被证明能较好地补偿发动机在其弹性支撑上的移动。

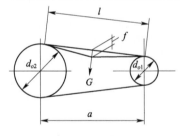

图 20-53 压缩机皮带预紧力的测定

(4)带传动。压缩机的传动方式均为带传动,其带型与电磁离合器带轮的结构有关。目前,客车空调上常用的大多为 B 型带轮。

皮带的张紧预紧力对使用寿命和空调制冷系统的工作(尤其是传动机构)可靠性有着极其重要的影响。预紧力不足,皮带传输载荷能力下降、效率降低,尤其容易使小带轮急剧发热,导致皮带磨损;预紧力过大,会降低皮带寿命,增加轴和轴承上的载荷,导致轴承发热和磨损,严重时还会增加发动机和压缩机的磨损。

为了测定皮带所需的预紧力,通常在皮带的切边中间施加规定载荷,使切边边长每 1000mm 产生 16mm 的挠度,如图 20-53 所示(图中 f)。

对于新皮带,使用 3～5 天后应将皮带重新涨紧;更换皮带时,一定要使用同种型号的皮带,不同品牌的皮带不可混用。

2.蒸发器和冷凝器

蒸发器和冷凝器都属于客车空调制冷系统的换热器,其功能是实现两种不同流体之间的热量交换。制冷剂在蒸发器中不断吸收车厢内热空气的热量而蒸发变成气体,压缩机吸入由蒸发器出来的气态制冷剂,并将其压缩成为高温高压气体排入冷凝器冷却液化,同时向车外空气放热。

冷凝器和蒸发器的工作状态直接关系到系统的制冷量大小、压缩机功耗以及整个系统的经济性。因此,对冷凝器和蒸发器的要求是传热性能好,适应于系统匹配、结构紧凑,便于在客车上安装和维修,以及安全可靠等。

1)冷凝器

冷凝器是一种将压缩机排出的高压过热制冷剂蒸气通过它放出热量后,凝结成液体或过冷液体的换热设备,如图 20-54 所示。

在客车空调制冷系统中,冷凝器均采用空气冷却方式(亦称"风冷方式"),这种冷凝器的特点是使用、安装方便。常见的冷凝器结构主要有三种形式:

(1)管片式。其结构特点是铝翅片胀紧在铜管上。

(2) 管带式。其结构特点是铝翅片焊接在扁平蛇形管间。

(3) 平流式。这种结构的冷凝器由管带式演变而来，按照制冷剂从气态到液态会发生体积缩小的规律，将两条集流管间用多根平行的扁平管在两端与集流管汇合。多元平流式的集流管是分段的，每段管子数不等，将几根扁平管隔成一组，进入处管道多，随着其比容逐渐变小，每组管子数也逐渐减少，以进一步提高热交换率。这种结构设计使得冷凝器的有效容积得到最合理利用，是最有发展前途的冷凝器结构形式。

客车空调制冷系统的冷凝器大都采用管片式和平流式。其中，传统管片式冷凝器的优点是结构可靠，使用寿命长；缺点是质量大、成本高。平流式冷凝器的优点是换热效率高、质量轻、成本低；缺点是容易被腐蚀，使用寿命没有管片式长。

2) 蒸发器

蒸发器的作用是将经膨胀阀节流降压后含有少量气体的制冷剂与车内空气进行热交换，使制冷剂吸收空气的热量而完全汽化，达到使车内空气降温除湿的目的，如图 20-55 所示。

图 20-54 冷凝器

图 20-55 蒸发器

蒸发器的结构形式主要有三种，即管片式、管带式和层叠式。其中，管片式和管带式与冷凝器相似，层叠式蒸发器由两片冲压成复杂形状的铝板叠焊在一起，组成制冷剂通道，每两组通道之间夹有蛇形（波浪形）散热铝带。这种形式结构最紧凑，散热效率最高，但加工难度较大。层叠式经历了由双储液室向单储液室的变化，使换热效率进一步提高，结构更加紧凑。

管翅蒸发器的进口管路分成四小路，然后再和翅片中的四根粗管依次一一接通，便于控制膨胀中的制冷剂。

板翅蒸发器的制冷剂通路中的各区段由两块板拼装而成，各区段之间加上翅片，再堆叠固定在一起。和汽车散热器类似，上下均形成空腔，即顶腔和底腔，进口管和底腔相通。液态制冷剂经进口管进入底腔，膨胀而上，经各板式通路进入顶腔。和顶腔相连的叫尾管，用以承接蒸发器来的制冷剂蒸气。

目前，客车空调制冷系统的蒸发器大都采用管片式，为直接风冷式结构。工作时蒸发器表面温度较低，当低于周围空气的露点时，空气中的水分就会凝露出来，在蒸发器表面形成冷凝水；如蒸发器表面温度很低，当低于水的冰点时，就会结霜。

3. 蒸发器风机

客车空调制冷用蒸发器风机一般采用离心式风机，由电动机、蜗壳、叶轮和底盘等组成，其结构如图 20-56 所示。蒸发器风机可以强化制冷剂在蒸发器中的蒸发过程，并将经蒸发器冷却降温的空气或经加热升温的空气送入车内。它除了对噪声、可靠性有要求外，还要求在一定的范围内风量要大。

4. 冷凝器风机

冷凝器风机一般采用轴流风机，风机叶轮安装在立式电动机上。电动机采用防水结构，要求低噪声、长寿命、大风量，其结构如图 20-57 所示。冷凝风机用于强化制冷剂在冷凝器中的凝结放热过程，将从室内吸收的热量吹送到外界大气中。

5. 热力膨胀阀

热力膨胀阀是组成制冷装置的重要部件，其外形及结构如图 20-58 所示。膨胀阀在空调系统中起节流和降压的作用,使从冷凝器过来的高压液态制冷剂经过膨胀阀后压力下降,使进入蒸发器的制冷剂在低温低压下汽化。此外,膨胀阀还可根据热负荷的大小调节进入蒸发器的制冷剂流量,使蒸发器在最佳状态下工作,因此膨胀阀的可靠性直接影响空调的制冷效果,其工作好坏,直接决定了整个系统的运行性能。

图 20-56 蒸发风机

图 20-57 冷凝风机

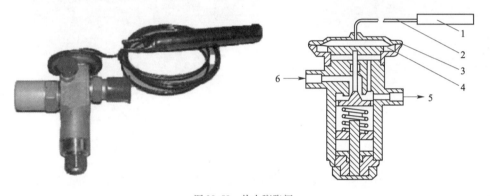
图 20-58 热力膨胀阀
1-感温包;2-毛细管;3-气室盖;4-薄膜;5-制冷剂出口;6-制冷剂入口

1)工作原理

热力膨胀阀通过感受蒸发器出口气态制冷剂的过热度来控制进入蒸发器的制冷剂流量。按照平衡方式的不同,热力膨胀阀可分为外平衡式和内平衡式两种,客车空调制冷装置一般采用外平衡式热力膨胀阀。

热力膨胀阀由感应机构、执行机构、调整机构和阀体等组成。感应机构中充注制冷剂,感温包设置在蒸发器出口处,其出口处温度与蒸发温度之间存在温差,通常称为过热度。制冷系统是由热力膨胀阀通过控制过热度来实现自我调整的。

2)膨胀阀的过热度

要使热力膨胀阀工作在最佳匹配点,就必须保证热力膨胀阀有合适的过热度。只有过热度在合适的范围内,制冷系统才既能达到最大制冷量,又不会引起液击。

3)检查调整热力膨胀阀

制冷设备投入运行初期,热力膨胀阀不需要调整,但连续使用几年后,由于阀针的磨损、系统有杂质、阀孔部分有堵塞及弹簧弹力减弱等原因,会影响热力膨胀阀的开启度,从而使之偏离工作点,表现为热力膨胀阀开启度偏小或过大。

若热力膨胀阀开启度太小,将造成供液不足,制冷剂在蒸发管内流动的途中就已经蒸发完,继而出现没有足够的制冷剂在蒸发器内蒸发,只有蒸气被过热。因此,相当一部分制冷剂未能充分发挥其效能,造成制冷量不足,制冷效果下降;同时,蒸气过热度过大,对压缩机冷却作用减小,排气温度会增高,润滑油变稀,润滑质量降低,压缩机的工作环境恶化,将严重影响压缩机的工作寿命甚至烧毁压缩机。

若热力膨胀阀开启过大,即热力膨胀阀向蒸发器的供液量大于蒸发器负荷,会造成部分制冷剂来不及在蒸发器内蒸发,同气态制冷剂一起进入压缩机,从而引起液击,损坏压缩机。同时,热力膨胀阀开启过大,会使蒸发温度升高,制冷量下降,压缩机功耗增加,耗电量增大。

6. 储液干燥器

储液干燥器(亦称"储液器"、"储液罐")是保证压缩机和制冷系统正常运行的必要设备,如图20-59所示。其作用如下:

(1)储存液体。储存和供应制冷系统的液体制冷剂,以便工况变动时能及时补偿和调剂液体制冷剂的盈亏。一般情况下,制冷系统开始工作时负荷量大,要求制冷剂的循环量也大;当工作一段时间后,负荷将逐渐减小,这时所需的制冷剂量也相应减少。因此,负荷大时,需储液干燥器中的液体制冷剂补充,而负荷小时又需要将液体制冷剂储存起来。同时,由于系统连接道管长、接头多,总会出现一定的制冷剂泄漏,故储液干燥器还可弥补系统中制冷剂的微量渗漏。

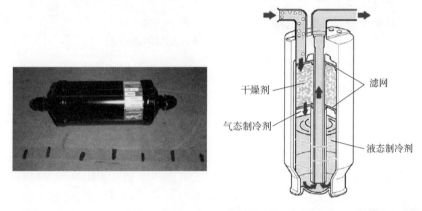

图 20-59　储液干燥器

(2)过滤作用。制冷系统中的各个部件在出厂前都进行了严格的清洗和干燥,但是在安装管路时,还有可能将污物带入,而管道中也可能生产污物(如氧化皮之类),且制冷剂本身也不可能没有杂质(压缩机运行时产生的粉末磨屑等),因此必须通过过滤清除掉这些机械杂质和污物,以保证制冷剂顺利流通,不致因堵塞影响正常工作。

(3)干燥作用。吸收制冷剂中的水分。如果系统抽真空操作不好时,会有空气、水分进入,水分的存在有可能造成"冰堵"。

7. 装车管路

客车制冷系统的各连接管一般采用大管径连接铜/铝管和全不锈钢波纹软管,以减小系统阻力,彻底解决连接管路的老化与微泄漏问题。

连接管路分为两种,一种是硬管(图20-60),一般采用铜管或铝管外包保温层;另一种是软管(图20-61),即橡胶管。这些管路的主要作用是传输制冷剂。

图 20-60　空调的连接管路

图 20-61　空调的高低压软管

8. 压缩机总成安装支架

压缩机总成和发电机组一般通过专用支架安装到底盘车架上,用V形皮带经过渡轮和发动机曲轴皮带轮连接。安装时应按要求调整好皮带轮的平面度和张紧度。

常用的压缩机支架为限制5个自由度且带减振设计的结构,其既可减少发电机振动,也可使压缩机离合器寿命大大提高。图20-62所示为安装完成的空调制冷压缩机、发电机及支架总成,图20-63所示为安装后必须保证的压缩机皮带与大梁之间的距离。

图20-62 空调压缩机及支架总成

图20-63 皮带与大梁之间的距离

9. 回风格栅

采用顶置空调制冷系统的回风格栅一般安装在客车车顶蒸发器处,其回风面积应与蒸发器要求相匹配,色彩、造型应与车室内的色彩和造型协调,如图20-64所示。

10. 发电机

为保证夏季空调系统正常、稳定工作,有的客车配有空调制冷系统专用发电机,这种发电机一般为无蓄电池发电机,其性能可靠,可为空调系统提供充足稳定的电源,如图20-65所示。

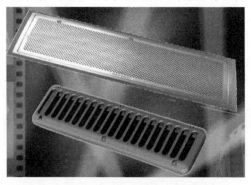

图20-64 顶置空调的回风格栅

图20-65 空调发电机

四、客车空调制冷系统的节能装置

1. 车载冷凝水雾化泵工作原理

目前,客车空调制冷系统采用的节能装置主要是"空调冷凝水雾化泵"。该泵是一种慢速运行的柱塞泵,采用吸冲交替方式抽取空调制冷时产生的冷凝水,以脉冲的方式通过特殊喷嘴喷洒在空调冷凝器上,使之在风力的带动下完全汽化,加速冷凝器降温,强化散热,从而提高制冷效率、减小压缩机负载,达到节省空调用电量的效果。其工作原理如图20-66所示。

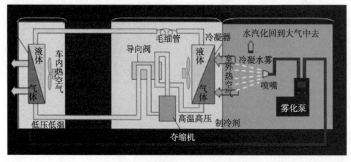

图20-66 冷凝水雾化泵工作原理

2. 采用雾化泵的优点

(1)冷凝水被蒸发,潜热回收利用,保持能量守恒,车载空调制冷系统运行时不再向外排(滴)冷凝水。

(2)由于采用雾化水和强制循环风对高温高压的制冷剂进行冷却,冷凝速度快,制冷效果好,车内降温速度快。

(3)据试验测试,采用冷凝水雾化泵的客车在夏天开空调时可节约燃油4.5%~8%。

第二十一章　客车采暖、除霜及通风换气装置

客车的采暖装置是指一种将新鲜空气或液体介质送入热交换器,吸收其中某种热源的热量,从而提高空气或液体介质的温度并将热空气或被加热的液体介质送入车内,直接或通过热交换器与室内空气进行热量交换,以提高车内温度的装置和配套设备。

客车的除霜装置用于消除冬季行车因车内外温差和湿度不同,前风窗玻璃出现的结霜结雾现象,以改善驾驶人视野,确保行车安全。有的除霜装置还可兼顾客车通风换气及驾驶区的温度调节。

通风换气装置用于将外部新鲜空气引入车内,更新污浊空气,起到换气和调湿作用,同时造成车内空气流动,提高乘员舒适感。有些通风换气装置还具有空气净化功能,可以实现除尘、除臭、消毒杀菌,保持车厢内空气的清新洁净。

第一节　概　　述

一、客车采暖装置

1. 组成

采暖装置一般包括供热热源(加热器或利用发动机余热)、散热器、管路及接头、新鲜空气或液体介质(防冻液)、水泵(风机)、水阀和控制部分等部件。

2. 分类

一般非电动客车的采暖装置根据热源的不同,可分为余热式采暖装置和独立式采暖装置两大类。

1)余热式采暖装置

图21-1　二合一尾气加热器总成

余热式采暖装置的特点是利用发动机冷却系统的热量或以发动机排出的高温废气为热源对车厢内供暖。根据加热介质的不同,又分为水暖式采暖装置和废气(尾气)采暖装置。图21-1 所示为二合一尾气加热器总成。

2)独立式采暖装置

独立式采暖装置的核心部件是独立燃烧式加热器,根据加热介质的方式不同,可分为独立燃烧式采暖装置和综合式采暖装置。其中,前者有独立空气燃烧式采暖装置(俗称"空气加热器")和独立液体燃烧式采暖装置(俗称"液体加热器")两种。图21-2 所示为独立式水暖采暖装置示意图。

随着国家对新能源客车的重视,天然气客车和电动客车的产量不断增加,这不仅加快了天然气加热器的普及与发展,也促进了适用电动客车的高压电加热器开发。

3. 采暖装置的技术发展

最早的采暖设备是利用汽车发动机冷却水释放的热量以供冬季车室取暖的一种装置。在大客车上,随后出现了余热加热器、送风机和空气滤清器等较为完善的供暖系统。而后利用发动机排气管废气余热也成为一种采暖手段。

1952 年,德国韦巴斯托(Webasto)公司生产出首台适用于大客车的独立式燃油加热器;1986 年,可遥

控的燃油加热器问世。由于燃油加热器不受汽车发动机限制,且加热量大并可预热发动机,因而获得了广泛应用,尤其是在大客车及载货汽车领域应用较多。近年来天然气客车越来越多,燃气加热器也逐步普及。客车采暖装置也从单纯的手动控制逐步发展到利用加热器循环水温传感器,进而控制加热器是否工作及散热器风机是否运转来控制车内温度,最后发展为以车厢内某一温度为参照的自动温控系统。

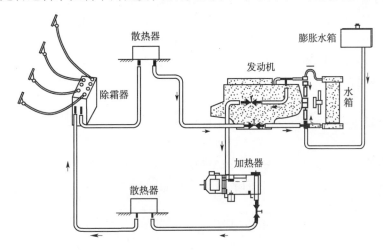

图 21-2 独立式水暖采暖装置示意图

二、客车除霜装置

1. 组成

客车除霜装置最基本的配置包括除霜机、除霜风管和仪表台(含除霜出风口,有的带风腔)。对于水暖除霜装置,还包括与发动机连接的水暖管、水阀和取水口;有的除霜装置还和暖风系统(加热器)连接在一起;而冷暖除霜系统则必须和空调制冷装置相连。图 21-3 所示为水暖除霜器总成。

2. 分类

现代客车上都设有除霜装置,以改善冬季驾驶人的视野,确保行车安全。常用的除霜装置有以下几种分类形式:

(1)按参与工作的介质不同,可分为自然风除霜、电加热除霜、风暖除霜、水暖除霜和冷暖除霜装置等。其中,水暖除霜效果明显、可靠性好。

(2)根据热交换器结构的不同,可分为管片式、管带式和全铝式。

(3)按取气方式的不同,可分为内进风除霜器、内外循环除霜器和纯外循环除霜器。

(4)按进风方式的不同,可分为鼓风式和吸风式。

图 21-3 水暖除霜器总成

3. 客车除霜装置的技术发展

最早的除霜系统仅是为了消除客车前风窗玻璃出现的结霜、结雾现象,近年出现了纯外循环除霜器和冷暖除霜器,不但能除霜除雾,还兼顾了客车的通风换气和舒适性。目前,国外大型高档客车开始采用风暖除霜器,这种除霜装置的除霜除雾效果最好,但对车身及暖风通道的隔热密封工艺要求较高。

三、通风与换气装置

1. 客车采用通风与换气装置的必要性

为了健康和舒适,车内空气应符合一定的卫生标准。由于乘客多、空间狭小,需要尽量提高车内空气中的氧含量和降低 CO_2、CO、灰尘及烟气等有害气体的浓度。衡量空气清洁度有两个指标:

(1)空气中的含氧量是否正常。

(2) 空气中的气溶胶和有害气体是否超标。这主要以车内 CO_2 浓度为依据,见表21-1。

空气中 CO_2 浓度对人体的影响　　　　表21-1

CO_2 浓度(%)	对人体的影响	CO_2 浓度(%)	对人体的影响
1.5~2	呼吸急促、轻度头痛	4	精神沮丧、思维知觉减退
2~3	头痛加剧、呼吸困难、气喘,不能体力劳动	5	危险含量、有昏迷危险

为此,在客车运行中,需要利用通风换气装置将外部新鲜空气引入车内。而将新鲜空气引入车内更新污浊空气的过程,即称为通风换气。通风换气不仅起到洁净空气和调湿作用,而且还能造成车内空气流动,对防止风窗玻璃起雾也起着良好作用。如果通风口阻塞,车窗玻璃就可能出现雾气。

2. 通风与换气装置的分类

客车通风换气装置按通风方式可分为以下几种类型。

1) 动压通风

动压通风也称自然通风,即利用客车行驶时,车身表面风压的不同,在适当地方开设进风口和出风口来实现自然通风换气。客车行驶中车身表面的风压分布如图21-4所示。

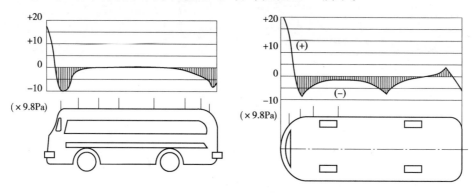

图21-4　客车行驶中车身表面的风压分布示意图

2) 强制通风

强制通风是利用鼓风机将车外空气送入车内进行通风换气的,它可克服动压通风系统在车速低或停车时车内空气流速太低或不流动,使人感觉不舒服的缺点。目前,客车主要是利用安装在车顶的换气扇或专用抽风机或专用新风装置来实现强制通风的。

3) 综合通风

综合通风是指在一辆客车上同时采用动压通风和强制通风。采用综合通风系统的客车比单独采用强制通风或动压通风的客车结构要复杂得多,一般是在动压通风的基础上,安装强制通风扇,根据需要可单独使用或同时使用。

综合通风系统虽然结构复杂,但经济性好。特别是在春、秋季节,用动压通风导入凉爽的车外新鲜空气,以部分取代制冷系统的工作,可保证一定的舒适性要求。

3. 客车通风与换气装置的发展

清洁空气是空气调节的重要内容之一,客车的空气清洁主要通过通风换气装置来实现。随着舒适性要求的提高,仅有通风功能已不能满足客车用户的要求,因此出现了除尘、除臭去毒、加装负离子发生器和臭氧发生器的空气净化系统,它一般由鼓风机、空气过滤器、杀菌器、负氧离子发生器和进、出风口等组成,其作用是使车内空气保持清新洁净。

四、空气净化装置

1. 组成

空气净化装置的功能是除尘、消毒、除臭,一般由电离、集尘和活性炭吸附三部分组成,有的还有负氧离子发生器、催化器和光触媒空气清新器等。负氧离子发生器的主要作用是制造活性氧、杀菌和清新空气;光触媒在光线作用下,可发挥强烈的催化降解功能,有效降解空气中的有毒有害气体,并可杀灭多种细菌,抗菌率高达99.99%;同时,还能将细菌或真菌释放出的毒素分解及无害化处理,具备除臭、抗污等功能。

2. 现状和发展趋势

现代客车的空气净化装置一般都具有除尘、消毒、除臭等基本功能,也有的仅有强制通风功能。高档客车的空气净化装置除这些功能外,还带有光触媒空气清新器、负离子发生器和臭氧发生器等。近年,日本松下公司推出了一种自动客车空气净化装置,可根据空气污染程度自动工作。因此,自动化、智能化是未来客车空气净化装置的发展趋势。

第二节 客车采暖装置

目前,大、中型客车的采暖系统主要是水暖式。

一、水暖式采暖系统的分类与特点

1. 分类

水暖式采暖系统可分为串联、并联及混联三种基本布置形式。各种布置形式的优缺点见表21-2。

水暖式采暖系统三种布置形式的优缺点　　　　　　表21-2

布置方式	优　点	缺　点
串联式	管路简单,安装方便,成本低,管接头较少,管路不易渗漏	随着从加热器出来的热水所经过的散热器数量的增多,水温逐级下降,越到末端散热器的散热量越小。同时,由于水阻力逐步变大,在管路较长、散热器较多的采暖系统中,串联式的管路过长,水流阻力增大,最终会造成整个暖风系统散热量不足,车内温度不均等现象
并联式	通过各散热器的水温及流量基本一致,各散热器的发热量均匀,采暖效果好	管路较长,接头多,安装不方便,易造成水管渗漏、曲瘪等;费用较高、调试困难;易出现某支路散热器不工作,或产生气阻
混联式	管路较简单,各散热器发热量相对较为均匀,采暖效果与费用介于全并联式与全串联式之间	调试困难;易出现某支路散热器不工作或气阻现象

1)串联式

串联系统的连接方式如图21-5所示。从经济实用性方面来考虑,整个系统中散热器的连接全部采用了串联方式,这种连接一般用于短轴距的客车。但由于管路长、弯道多、水流阻力大,在实际应用中有些车型采取了在串联系统水路中部加水泵的方法,以加快水流流速,改善散热量不足、车内温度不均等现象。

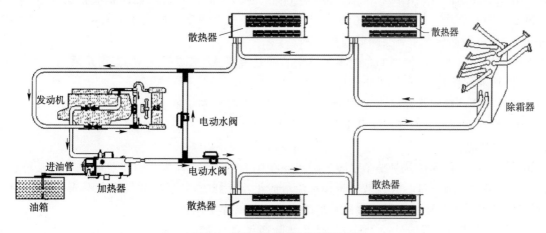

图21-5　串联式水暖系统的连接示意图

在满足车内温度的情况下,温度场是否均匀是衡量车载暖气系统好坏的指标之一,因此采用串联的水暖系统要注意散热器交叉排布。

在温带地区,轴距长的客车可以采用串联式加水泵,来加大水压,从而提高水流速度,提高单位时间的总散热量。由于串联式水暖系统进水端出来的防冻液温度最高,到回水端处防冻液温度最低,所以寒带及高寒地区的长轴距客车一般不推荐采用串联式水暖系统。

2)并联式

这种连接方式由于管路复杂,受实际安装位置和空间的限制,采用较少。

3)混联式

混联式采暖系统的布置如图21-6所示。这种布置经济性好,既可满足采暖需要,又解决了冬季发动机的起动预热问题,因此是目前大中型客车普遍采用的布置形式。对于并联和混联式水暖系统,最重要的调试工作是排净管路中的空气,这样才能保证系统工作正常,否则,其采暖效果还远不如串联式水暖系统。

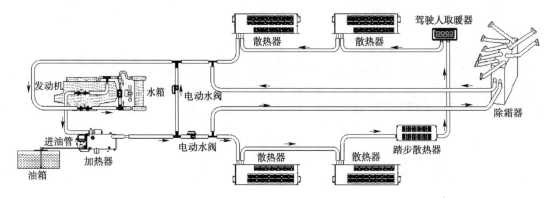

图21-6 混联式水暖系统的连接示意图

采暖系统的散热器应设排气口或在管路中增加水汽分离器,以供系统使用时放尽管路内空气,减少气阻使水路畅通,使散热器有效发挥作用。

2.管路的管径和有效通径

1)管径

一般情况下,串联系统的管路应全部采用同一内径水管,无须调整。非高寒地区的并联及混联水暖系统由于散热器较少,分水路只有2~3路,各分水管路水流阻力大小差异不大,可以采用同一管径,也可以采用主管路和分管路不同管径。

高寒地区的并联及混联式水暖系统由于散热器较多,分水管路甚至多达3~5路,且各分水管路水阻差异较大,因此不采用同一管径。一般,并联、混联系统的主管路(包括总进水管和总回水管)内径稍大,并联系统的支管路内径稍小,从而实现各支路回水压力大于总回水压力而保证畅通并正常工作。

暖风散热量和水流量成正比。在压力相同情况下,因为水流量和管路截面积成正比,所以暖风散热量和管路截面积成正比。各支路的通径基本可以根据暖风机散热功率的大小来分配,即主管路(指分成支路时的主管路)截面积等于各支路截面积之和。

我国多批出口国外高寒地区的金旅客车采用的就是混联式,水暖系统主、支管路采用不同管径的水管,各分水路均能保持畅通,系统工作良好。

如并联或混联系统的管路全部采用同一内径水管,则需在系统的支管路采用流量调整球阀。调试时,根据实际情况调整流量调整球阀开度并固定下来(取下手柄)。

2)有效通径

水暖管路中最小的通径就是整个水暖式暖风系统的有效通径,其大小直接影响到整个系统的水阻,进而影响防冻液流速及流量。暖风散热量和水流量成正比,因此有效通径的大小会影响单位时间的暖风散热量。在实际应用中,增加水暖式暖风系统的有效通径有以下两种方法:

(1)增大球阀通径。普通外径25mm的球阀实际通径只有15mm,采用通径19mm的大通径球阀,因流量比等于半径平方比,可增大60%。

(2)发动机取水口管路直径及有效通径一般都较小,可以通过采用两个或两个以上取水口来加大系统的有效通径。

3. 水暖系统的其他事项

(1) 正常情况下水暖系统从发动机小循环取水,这有利于预热发动机和充分利用发动机余热。但国外有些车型则是采用从液力缓速器冷却水管取水。

(2) 暖风散热器总功率是除霜机和所有散热器及驾驶区冷暖空调散热功率的总和,总功率一般根据国家标准选择。

(3) 暖风水管通常用铜管、不锈钢管、三元乙丙胶管、硅胶管及铝塑管。采用铜管和不锈钢管时,其外层必须套覆隔热保温套以减少热量损失,一般优先选用铜管或不锈钢管与胶管。由于水暖式暖风系统的内部工作压力较大,且水管工作与不工作时温差高达120℃,而不同材质水管的膨胀系数不一样,为了保证不渗漏,对管接头处的配合公差多采用大过盈配合。虽然装配困难,但可以保证在高寒地区不渗漏。如果整车采用金属管,钎焊是最好的连接方法。

二、水暖式采暖系统的主要部件

水暖式采暖系统的主要部件是加热器和散热器(除霜机另行介绍)。

1. 各种加热器的结构特点和工作原理

加热器主要为发动机低温起动、风窗玻璃除霜和车室内取暖提供热源。它以燃油加热发动机冷却循环介质,将热量直接传给车内散热器,然后再通过散热器将热量散发到室内;或以空气为介质,将空气加热后直接通过管道送入车内。根据传热介质的不同,有液体燃油加热器和空气燃油加热器两类。根据燃油供应或雾化方式的不同,加热器又可分为燃油喷射雾化式、离心式和蒸发汽化式三种,目前,用得较多的是与发动机冷却循环系统连接在一起的液体燃油加热器。以下介绍几种常用的客车加热器。

1) 离心式液体加热器

(1) 特点。离心式液体加热器如图21-7所示。其主要特点是:采用脉冲点火,主电动机降压起动、点火所需时间短、排放标准高和对燃油品质要求不高等。

(2) 结构和工作原理。图21-8所示为我国北京京威汽车设备有限公司生产的一款离心式液体加热器结构示意图。其中,加热器由燃烧系统、热交换器、管道泵和控制系统四部分组成;燃烧系统由燃烧器、燃烧室组成;燃烧器由直流电动机、助燃风轮、雾化器、油泵等组成。油泵在电动机带动下,吸入的燃油经输油管送到雾化器,依靠离心力作用被高速飞散后,与助燃风轮吸入的空气在燃烧室内混合,形成雾状,雾状燃油被点

图21-7 离心式燃油液体加热器

火塞点燃,在燃烧室内充分燃烧;燃烧后的高温废气流经热交换器内壁的热传导片,通过热传导片将热量传递给热交换器夹层中的液体介质。液体在管路中靠管道泵强制循环,经管道进入车内布置的自然散热片或强制散热器水箱,再与车内空气进行热交换,达到加热取暖的目的。燃烧废气由排烟管排出。

2) 电喷燃油加热器

(1) 特点。图21-9所示为北京京威汽车设备有限公司生产的YJP-Q系列电喷燃油加热器(亦称"喷射式燃油加热器")的外形图照片。其主要特点是:

① 采用喷油泵提高喷油压力,高压燃油液体经小孔高速喷出而雾化;采用具有较大雾化角的空心喷嘴,增大了油雾颗粒与空气的接触面积(直径主要集中在40μm左右);大容量双管路油泵即使在电压很低、转速不高的情况下,也能保持雾化效果一致;具有一流水平的高性能喷油泵和H型喷油嘴,保证了供油压力的稳定性和雾化效果。

② 对燃烧室采用了二次配风设计,即利用配风器将助燃空气按一定的比例分两次供给,其中一次风减少了炭黑产生,保持气流稳定;二次风保持火焰形状并使其充分燃烧。

③重新设计了热交换器的传热导片,采取改变内插物形状与间隙的办法使其分割流体,强化传热。对比试验表明,改进后的加热器在其他条件不变的情况下,排气温度下降了60℃。

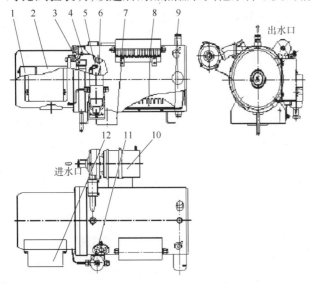

图21-8 离心式燃油液体加热器结构示意图
1-油泵;2-主电动机;3-助燃风轮;4-燃烧室;5-雾化器;6-点火塞;7-排烟口;8-热传导片;9-热交换器;10-管道泵;11-电磁阀;12-控制器

图21-9 电喷燃油液体加热器

④采用全自动智能化控制。除按产品程序自动操作外,还具有工作状态实时监测、故障码指示和记忆功能,以及超温和故障(停电、缺水等)自动停机功能。

⑤点火电流小、燃烧效率高、能够在-45℃一次点火成功、尾气中污染物排放少。

目前,电喷燃油加热器有空气式和液体式两种,使用最多的是喷射式燃油液体加热器。

(2)结构和工作原理。喷射式燃油液体加热器由燃烧系统、热交换器、管道泵和控制系统四部分组成。其中,燃烧系统由燃烧器、燃烧室组成;燃烧器由直流电动机、助燃风轮、喷油嘴和高压油泵等组成。如图21-10所示。

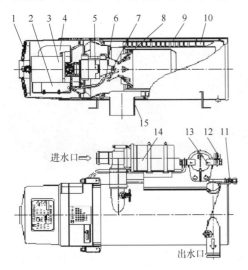

图21-10 喷射式液体加热器结构示意图
1-助燃风轮;2-控制器;3-主电动机;4-点火线圈;5-高压油泵;6-点火电极;7-喷油嘴;8-燃烧室;9-热交换器;10-热传导片;11-回油接口;12-截止阀;13-燃油滤清器;14-管道泵;15-排烟口

工作时,高压油泵在电动机带动下,吸入燃油经输油管送到喷油嘴,靠压力作用从喷油嘴喷出,喷出的高压油雾与助燃风扇吸入的空气在燃烧室内混合,被点火电极点燃,在燃烧室内充分燃烧后,高温燃气流经热交换器内壁的热传导片,通过热传导片将热量传递给热交换器夹层中的液体介质;液体在管路中靠管道泵强制排出,经管道进入车内布置的自然散热片或强制散热器水箱,再与车内空气进行热交换,达到加热器取暖的目的。燃烧废气由排烟管排出,没有参与燃烧的燃油经回油接口回到燃油箱。

3)燃气液体加热器

(1)特点。目前,燃气液体加热器主要有两大类,即以CNG和LPG为燃料,以防冻液为传热介质,分别用于采用CNG和LPG为燃料的燃气客车上,供冬季乘员采暖和风窗玻璃除霜及发动机低温起动等。图21-11所示为燃气液体加热器的外形照片。

燃气液体加热器的特点是:

①可与现有天然气客车配套使用,并且共用高压气瓶、减压阀等供气部件。减压阀能根据发动机和加热器的负荷情况,自动调节供气量而不互相影响。

②燃气通过喷头喷射,与助燃空气的混合均匀,燃烧充分,热效率高。

③独有的流量控制阀可根据车室及介质温度调节加热强度,既经济又能保证加热需求。

④采用电子点火,克服了传统加热器由于点火能量不足、点火不可靠等造成的故障,大大提高了初次点火的成功率,缩短了开机过程,减小了操作复杂性,并极大减轻了开机过程中的废气排放。

⑤单片机控制,程序模块化,结构简单,操作方便,使用安全、可靠。具有开机检测、实时监测(冷却液温度及燃烧室温度、泄漏气体浓度等)、故障停机及故障排除后重复起动等功能。

⑥点火电流小、尾气排放低、燃烧噪声低(<60dB)、耗气量适中(CNG:1.9~3.4kg/h;LNG:2.6~4.4m³/h)。

(2)结构和工作原理。燃气液体加热器主要由减压阀、燃烧器、燃烧室、水套体、水泵和控制器等部件组成,其结构和工作原理如图21-12和图21-13所示。

图21-11 燃气液体加热器

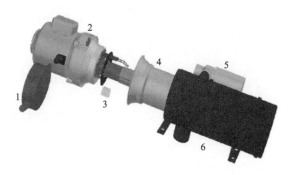

图21-12 燃气液体加热器结构示意图
1-减压阀;2-燃烧器;3-燃气泄漏探测器;4-燃烧室;5-冷却泵;6-水套体

燃气加热器采用燃气负压供气方式,主电动机带动风扇高速旋转,在混合器处形成一个负压区,将燃气(图中黄箭头)及助燃空气(图中紫箭头)一起吸入混合器内,经充分混合后送入喷嘴处;在点火线圈作用下混合气被点火电极点燃,在燃烧室内充分燃烧后折返;高温气体经过水套内壁的散热片,将热量传给水套夹层中的冷却液介质;被加热的冷却液介质(图中绿箭头)在强制循环泵的作用下,在整个系统中循环,达到为车室供暖及除霜等目的;燃烧产生的废气(图中红箭头)由排烟口排出。

4)余热式加热器

装配天然气发动机及柴油机、汽油机的客车都可采用余热式加热器,即利用发动机的燃烧排放废气余热加热冷却液介质,其中天然气发动机客车可利用的热值最高。余热式加热器多用于大中型公交客车,其外形照片如图21-14所示。

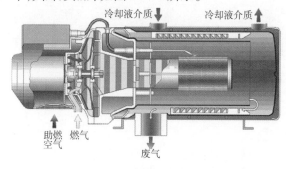

图21-13 燃气液体加热器工作原理示意图

图21-14 尾气余热式加热器

(1)特点。采用余热式加热器的客车具有以下特点:

①可使用三元催化、消声、采暖三合一结构,节省安装空间,便于装配。

②能充分吸收利用客车发动机尾气余热,不消耗燃料、节省能源,不增加车辆排放污染、减少车辆噪声、环保性好。

③可以实现三段式标准化设计,充分与发动机厂家的催化器配合使用,发挥其最大效益。

④结构简单,价格相对较低。

余热式加热器适用于柴油、汽油客车。缺点是使用中需要经常维护,清除积炭;对发动机动力有一定影响。

(2)结构和工作原理。余热式加热器一般有两种类型,一种为组合结构,加热器和消声器做成一个整体,靠专用阀门控制加热器工作,如图21-15所示;另一种为独立结构,即加热器是独立整体,安装在消声器前端,高温废气首先经过加热器与防冻液进行热交换,再进入消声器排出到大气,如图21-16所示。其中,后者占用空间大,管道接头多;前者结构紧凑,安装方便。

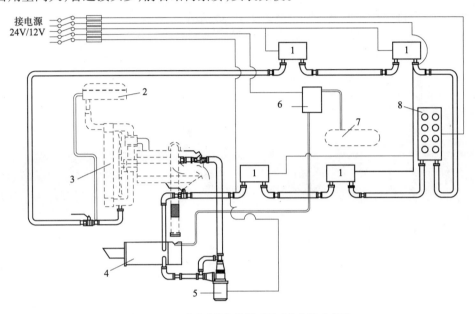

图21-15　组合式余热加热器暖风系统安装示意图

1-车内热交换器;2-膨胀水箱;3-发动机散热器;4-组合式余热加热器;5-水泵;6-除炭盒;7-非制动气瓶;8-除霜器

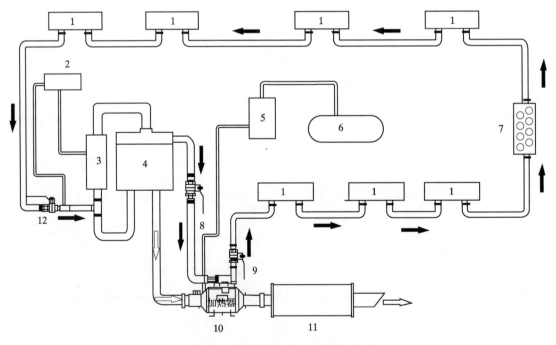

图21-16　独立式余热加热器暖风系统安装示意图

1-车内热交换器;2-膨胀水箱;3-发动机散热器;4-发动机;5-除炭盒;6-门泵气瓶;7-除霜器;8、9-3/4球阀;10-独立式余热加热器;11-消声器;12-安全阀

由图22-16可见,独立式余热加热器暖风系统主要由独立式余热加热器、除炭盒、车内热交换器、安全阀、球阀、循环水泵、管道和管接头等部件组成。

工作时,在循环水泵作用下防冻液从发动机取水口(膨胀水箱)进入余热式加热器,利用发动机排出的高温废气加热流经余热式加热器的防冻液,再将加热的防冻液通过水泵输送到采暖系统的车内热交换器和除霜器,与车室内空气进行热交换,加热后的空气供乘员取暖和风窗玻璃除霜;防冻液从车内热交换器出来后再进入发动机散热器;而经过加热器的废气则进入消声器,然后排出到大气。由此可见,这里的余热式尾气式加热器相当于独立水暖系统中的燃油(气)加热器。

当不需要加热器工作,只需发动机余热参与水暖系统工作时,关闭加热器进出水管两端的两个球阀,打开与尾气加热器并联的水管上的球阀,旁通尾气加热器使它不参与水暖系统工作;同时打开尾气加热器的放水阀门,这样可以防止爆管。夏天无须水暖系统工作时,关闭进出水管上的所有球阀,同时打开尾气加热器通大气的放水阀门,将烟门指针手动调至对应"关"的位置即可。

图 21-17 所示为一种组合式余热加热器的结构及工作原理示意图。加热器工作时,烟门关闭 1 挡,废气经消声装置 1 进入加热器给导热管加热,再经消声装置 2 排出到大气;加热器不工作时,烟门打开 2 挡,废气经消声装置 1 和直通管,再经消声装置 2 排出到大气。

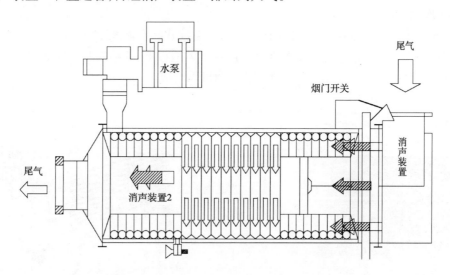

图 21-17 组合式余热加热器的结构及工作原理示意图

图 21-18 所示为一种余热式加热器介质不与发动机散热器防冻液组合循环的自循环采暖系统安装示意图。由图中可见,自循环采暖系统配有未与发动机散热器连接的独立膨胀水箱。这种采暖系统虽然不受发动机散热系统影响,但因没有充分利用冷却液热量,且无法为发动机预热,应用较少。

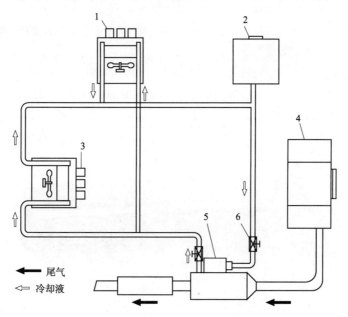

图 21-18 自循环式采暖系统安装示意图

1-车内热交换器;2-膨胀水箱;3-除霜器;4-发动机;5-独立式余热加热器及水泵;6-球阀

2. 车内热交换器（散热器）

1）功能与特点

采用水暖式采暖系统的客车需配置车内散热器（亦称"散热器"），这种散热器一般有自然散热器和强制散热器两种，主要安装在车室内，其功能是将加热器产生的热量与室内空气进行热交换，从而提升车内的环境温度，保持冬季乘员的乘坐舒适性。而电动客车则采用单独的电散热器。

自然散热器依靠对流循环加热空气，具有本身无电动机风扇，不耗电、无噪声、寿命长、不会吹起尘土及柔和舒适等特点。但取暖速度慢，安装件数多，管道长。自然散热器适用于平直地板的长途、团体和旅游客车，由于无噪声、无强风，所以在欧洲国家的客车上应用很多。

强制散热器散热速度快、体积小、安装个数少，风速大。但由于电动机工作有噪声，安装在地板上影响后面乘客伸腿和车内清扫，并存在寿命和耗电等问题。

电散热器是一种主要利用高效PTC加热元件为发热材料的暖风装置，主要应用在电动客车上。

2）结构与工作原理

车内散热器根据结构的不同，可分为方箱（落地）式、壁挂式和自然式。

（1）方箱式散热器。方箱式散热器安装在乘客座椅下的地板上，其结构及外形如图21-19和图21-20所示，主要由外壳、散热片、管路、进出水口、风轮和电动机等组成。

图21-19　方箱式强制散热器结构　　　　　　　图21-20　方箱式强制散热器外形

1-外壳；2-散热片；3-水箱管路；4-进出水口；5-风轮；6-电动机；7-风轮

散热器通过管道与采暖系统的加热器相连，将来自采暖系统的高温冷却液通过换热水箱的散热片，由电动机风扇使之与周围空气进行热交换，所加热的空气被吹到所需要热源的空间。电动机的作用则是加快热交换过程，故称之为"强制散热"。

（2）壁挂式强制散热器。壁挂式强制散热器安装在车内两侧壁的下部，一般其下端离地板高度100～150mm，以不影响乘客乘坐为原则，其结构及外形如图21-21和图21-22所示，主要由进出水口、散热片、外壳、水箱管路、风扇和线束等组成。

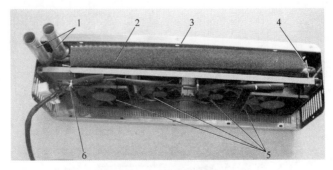

图21-21　壁挂式强制散热器结构

1-进出水口；2-散热片；3-外壳；4-水箱管路；5-风扇；6-线束

壁挂式强制散热器的工作原理及优缺点和方箱式散热器基本相似,不同之处在于因安装位置不同,其形状和尺寸不同,方箱式为方形体,壁挂式为长方体。

(3)自然散热器。客车上使用的自然散热器和壁挂式强制散热器一样,安装在车内两侧壁的下部,以不影响乘客乘坐为原则,如图21-23所示。

图21-22　壁挂式强制散热器外形　　　　　　图21-23　安装在车内两侧侧围下部的自然散热器

自然散热器的金属散热片安装在铜管上,被加热的高温冷却液通过散热器的散热片与车内空气进行自然热交换,使温度升高供车室采暖。为保护散热片并使外形美观,通常散热器外有一金属保护罩,罩上顶面开有通风格栅,供气流流通。

(4)高压电散热器。目前,在新能源客车上使用的采暖装置是高压电散热器(亦称"高压电加热器"),如图21-24所示。这种电散热器直接使用客车上的电源,利用PTC发热体(Positive Temperature Coefficient,PTC)加热。高压电加热器有两种,一种是用PTC发热元件加热空气,主要用于取暖和除霜;一种是用PTC发热元件加热防冻液,主要用于给电池保温。其特点是:

①加热效率高、安全节能、加热速度快和温度适中,适用于各种电动客车。

②可操作性强,拆装极为方便。

③全自动程序控制,内含加热管防干烧保护、漏电保护及冷却液温度检测(对加热防冻液为电池保温的产品)等一系列检测模块。

④使用安全快捷、外形美观、一致性好。

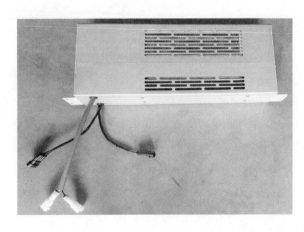

图21-24　两款高压电散热器照片

适用于新能源客车的高压电散热器虽然有多种品牌,但结构和功能基本相同。图21-24所示为两款高压电散热器照片,图21-25所示为采用高压电散热的某款新能源城市客车的采暖、除霜系统布置图。由图中可见,其在车内两侧各布置了两个高压电散热器,在驾驶区仪表台下布置了一台电除霜器,基本可以满足该新能源客车的冬季采暖和除霜要求。两款高压电散热器的主要技术参数见表21-3。

总之,不管何种散热器,其风机外壳、出风口、橡胶件等非金属件均应采用阻燃件,阻燃等级应达到V0级。

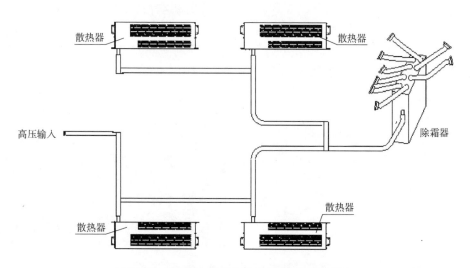

图 21-25　高压电加热器采暖、除霜系统布置示意图

两款高压电散热器的主要技术参数　　　　表 21-3

空气高压电散热器型号		PFJ-2.5C/600YX	PFJ-5C/600JL
电动机	额定电压(V)	DC24	DC24
	功率(W)	15	100
发热体	额定电压(V)	600	DC600
	额定电功率(kW)	1.0	5.0
额定热流量(kW)		2.5	5.0
外形尺寸(mm)(长×宽×高)		500×99×200	418×263.5×348.5
质量(kg)		4.4	6.5

第三节　客车除霜及通风、换气装置

一、客车除霜装置

客车除霜装置是用于清除客车风窗玻璃上积霜、结雾或结冰的除霜器及配套设备的总称,一般客车上都设有除霜装置,以改善驾驶人的视野,确保行车安全。客车除霜装置的基本配置包括除霜器、除霜管、仪表台和控制系统等。

1. 除霜器

客车除霜装置中最常用的是水暖除霜器和冷暖除霜器,而电动客车则一般采用电除霜。

1)水暖除霜器

(1)结构及工作原理。水暖除霜器的结构及外形如图 21-26 和图 21-27 所示。其进水口与发动机冷却循环系统相连,将来自该系统的高温冷却液通过换热水箱变成热风,再经除霜管路均匀地吹到风窗玻璃内侧,供全景除霜、除雾,或取暖。

(2)常用水暖除霜器的规格及安装。国产客车常用水暖除霜器的规格、主要特点、技术参数及适用车型见表 21-4 和表 21-5。

水暖除霜器一般安装在仪表台下方或前方,有外循环的除霜器应把外循环进风口置于车外。水暖除霜器的安装注意事项同散热器。

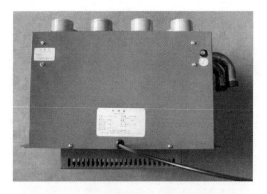

图 21-26 带有外循环的水暖除霜器外形

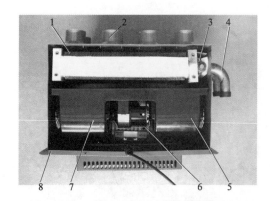

图 21-27 带有外循环的水暖除霜器结构
1-散热片；2-外壳；3-出风口；4-水箱管路；
5-进出水口；6-风轮；7-电动机；8-风轮

客车常用除霜器的主要特点、技术参数及适用车型　　表 21-4

序号	名称	代号	主要特点、技术参数	适用客车
1	除霜器	CS-990H/2XM	电动机功率：180W；放热量：7kW；排风量：990m³/h	普通客车
2	除霜器	CS-990N/2HF.XM	电动机功率：180W；放热量：7kW；排风量：990m³/h	普通客车
3	除霜器	CS-1200M/2HFXM3	电动机功率：380W；放热量：10kW；排风量：1200m³/h	普通客车
4	除霜器	CS-1200/2M.DHF	电动机功率：250W；放热量：10kW；排风量：1200m³/h	普通客车
5	电除霜	PFJ-5C/380	发热体额定电压：DC380V；发热体功率：5kW	电动客车
6	电除霜	PFJ-5C/600	发热体额定电压：DC600V；发热体功率：5kW	电动客车

客车常用除霜器的型号及主要技术参数　　表 21-5

型号	CS-360	CS-380	CS-500	CS-900	CS-1000	CS-1100	DCS-500
放热量(kW)	4.7	4.7	4.7	7.0	9.5	9.5	
电压(V)	DC12/24	DC12/24	DC12/24	DC12/24	DC24	DC24	DC24
耗电量(W)	60	80	100	130	240	240	700
排风量(m³/h)	360	380	500	900	1000	1100	500
外形尺寸(mm)	265×150×275	265×150×275	340×150×300	395×185×370	520×295×510	380×175×300	370×150×250

2）冷暖除霜器

冷暖除霜器内同时安装有水箱与空调系统的蒸发器芯体，散热器与发动机缸体水套连接在一起。蒸发器芯体与整车的空调管道连接，既可以利用发动机内防冻液的热量也可以利用空调系统的制冷效果除去客车风窗玻璃上的霜、雾。

（1）外形及适用车型。客车用冷暖除霜器的外形如图 21-28 所示。由于这类除霜器是高性能、高档次的除霜器，因此主要应用于豪华型客车，为驾驶人提供单独的环境控制，提高舒适度，并能可靠地为车辆进行冬季除霜，使行车安全更有保障。

（2）特点。冷暖除霜器的特点见第二十章第二节。

（3）结构及工作原理。冷暖除霜器的结构如图 21-29 和图 21-30 所示，主要由风机、高低压制冷剂管接口、进出水口、控制出风口风门的步进电机、温度传感器、湿度传感器、控制器和内、外进风口等组成。

图 21-28 客车用冷暖除霜器

需要取暖和除霜时，控制器打开水路系统的热水电磁阀和水泵，来自发动机或经加热器加热后的防冻液经进水管进入热交换器的热盘管，加热风机吸入的车内空气和新鲜外界空气后从出水管排出。打开出风阀门，一部分被加热的车内和外界新鲜空气从一个出风口喷出，用于前风窗玻璃除霜；另一出风口出来的热风则可供驾驶人和导游取暖。

当回风口的温度达到设定温度时制热停止,指示灯熄灭并切断热水电磁阀和水泵。若温控旋钮在强制挡时,制热工作不受回风温度传感器的控制。

图 21-29　冷暖除霜器的内外风口
1-控制风门的步进电机;2-内进风口;3-外进风口

图 21-30　冷暖除霜器的管路接口及步进电机
1-高压制冷剂管接口;2-低压制冷剂管接口;3、4-暖风进出水口;5-控制出风口风门的步进电机

(4)主要技术参数。两款冷暖除霜器的主要技术参数见表21-6。

两款冷暖除霜器的规格及参数　　　　　　　　　　　表21-6

技术参数 型号	额定电压 (V)	额定电机功率 (W)	标称制热量 (kW)	标称制冷量 (kW)	适用车型	外形尺寸 (mm)
CS-800LN/2FT	DC24	180	7.0	3.0	大型客车	544×346×439
CS-1000LN/2FT	DC24	200	9.0	3.0	大型客车	525×200×415

3)高压电除霜器

(1)适用车型。电动客车由于没有燃油或燃气发动机,和冬季取暖一样要解决除霜问题必须另外采用专门的除霜装置。而电动客车上的能源主要是电能,因此在一般情况下,PTC高压电除霜器就成为首选。这种高压电除霜器适用于无轨电车、电动客车等纯电动汽车的风窗玻璃除霜。

(2)结构及工作原理。目前,供国产新能源客车使用的高压电除霜器多应用PTC发热组件,最大发热量可达6kW,其结构如图21-31所示,由出风口、PTC发热体、PTC发热体固定架、风机、外壳、温度继电器、高压输入插接器和控制开关等组成。

电动客车用PTC高压电除霜器一般安装、固定在仪表台下,接入高低压电源,利用低压风机使吸入的冷空气流经PTC发热元件加热,再把加热的空气经风道及喷口送出,为风窗玻璃除霜和车室内取暖提供热源。其安装示意图如图21-32所示。

图 21-31　PTC 高压电除霜器
1-出风口;2-PTC发热体;3-PTC发热体固定架;4-风机;5-外壳;6-温度继电器;7-高压输入插接器

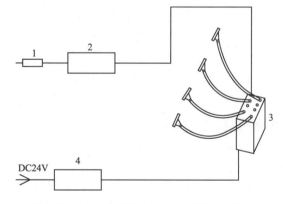

图 21-32　电动客车用PTC高压电除霜器安装示意图
1-PU熔断器;2-蓄电池(400~600V);3-PTC加热器;4-控制开关

(3)特点。PTC高压电除霜器具有以下特点:
①以电为能源,以热阻小、热转换率高的PTC为发热材料,绿色环保。

②采用专用出风温度超温保险装置,自动将出风温度控制在安全范围内。
③可根据环境温度自动调节温度,达到恒温、节能的目的。
④具有温度保护和过热报警的功能。
⑤结构紧凑,安装简便,使用寿命长。

4)除霜器的排风量及散热功率

除霜排风量及散热功率是非常重要的指标。排风温度太低、风速小,达不到满意的除霜效果,影响行车安全;除霜排风温度高、风速大,除霜固然效果好,但会加大能量消耗。根据试验结果及专业厂家推荐,温带及寒带、高寒地区7m客车的除霜器散热量一般为7kW·h,排风量一般为900~1000m³/h;8~12m客车的除霜器散热量一般为8~10kW·h,排风量一般是1100~1200m³/h。为了增强除霜雾效果,寒带、高寒地区的水暖系统内要加独立燃烧加热器或尾气加热器,纯外循环除霜器的散热量及排风量要适当加大。

5)除霜器挡位

除霜器一般采用两挡,也有的采用更多挡位或无级调速,供驾驶人使用时根据不同天气情况,选用相应的挡位调节除霜风口的风速及风温。

2. 除霜器出风管及仪表台上的除霜风口位置

1)除霜器出风管

根据金旅公司冬季在东北高寒地区的对比测试,TPU除霜出风管的保温性能较好、通气阻力低。此外,这种风管的阻燃性能及无异味的要求符合国家标准,带有非金属骨架的管子折弯性能好,不易被压扁,且价格适中。而在其他非高寒地区,使用除霜器供应商配套的普通出风管即可。

2)仪表台上的除霜风口位置

除霜风口(喷口)的位置对除霜效果有很大影响。要使除霜气流在风窗玻璃表面形成风幕,把车内热湿空气与玻璃隔开,就需要仪表台上的出风口位置合理、角度正确。

从保证冬季行车的驾驶人视野出发,按照人机工程学要求,客车仪表台上除霜风口的位置如图21-33所示。

(1)距风窗玻璃80~100mm。

(2)在图21-33中,离地板1050~1100mm的前风窗玻璃位置是一般驾驶人正常行驶时视力所及位置,圆形喷口或长条形喷口喷出的干热气体,必须在该高度之下200~250mm位置形成完整风幕,以保证前风窗玻璃的除霜(雾)效果。

据测试,气流喷出的夹角一般在20°左右(图21-34)。以喷出气流形成完整风幕为原则,可通过作图方法得出喷口布置形式及位置。一般,长条形喷口的总长度不小于前风窗玻璃横向全长的2/3。

(3)长条形喷口的宽度L_3应在3~5mm,长度L_4在180~230mm(图21-34)。

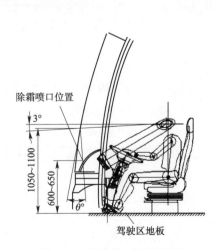

图21-33 除霜喷口布置示意图

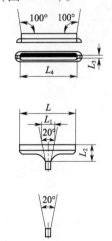

图21-34 长条形除霜喷口的出风角度

(4)喷口角度应可调节,喷口与风窗玻璃的夹角θ一般在3°~20°(图21-33),且应根据前风窗玻璃的倾斜角度增大而增大。

(5)喷口上端面离地板高度 600～650mm 时,除霜效果最好;低于 600mm 时,除霜效果很差;而大于 650mm,则不易形成完整风幕,导致除霜不干净。

3)除霜喷口及其接管

除霜喷口主要有圆形喷口或长条形喷口两种。

(1)圆形喷口。对于圆形喷口,一般只能直接采用波纹管连接除霜器。原因是:

①直径 φ50mm 圆形喷口的截面积比长条形喷口(220mm×4.5mm)大一倍左右,风压、风速下降快,不易吹到需要的位置。

②从除霜器出来的气流通过仪表台的风道后压力已经下降较大,再经过圆形喷口喷出,风速大大下降,难以对较高的地方除霜。

③圆形喷口形成的风幕宽度较窄,无法形成较完整的风幕。

因此,客车上一般不采用圆形除霜喷口。

(2)长条形喷口。长条形喷口喷出的风压、风速高,风流呈扇形,在除霜器出来的气流流量符合要求的情况下,仪表台上采用 4～5 个风口即可使喷出的气流所形成的风幕基本吹散风窗玻璃上的霜雾。

正常情况下可直接通过波纹管连接除霜器。

3. 水暖系统除霜管路

为保证除霜效果,现代客车的水暖系统一般都采用了如下措施:

(1)将加热器出水或发动机取水(无加热器)直接与除霜器连接,以保证进入除霜器的水温最高。

(2)给加热器提供足够的水流量和流速,使其单位时间内可以提供更多的热量。

(3)水暖系统采用内外循环或纯外循环除霜器时,应为驾驶区专门设置一个强制散热器。

(4)散热器和除霜器风机分别控制,仅除霜时可以关闭散热器风机开关,使水暖系统热量可以大部分用于除霜。

二、通风及换气装置

1. 通风及换气设备

中、高档客车常用的通风换气设备有驾驶人窗及后排乘客窗、天窗(含带风扇的天窗,如图 21-35 所示)、独立新风装置和空调自带的新风装置,以及有外循环功能的除霜器等。

图 21-35 带风扇的天窗

1)天窗

不用空调且车速很高时,打开天窗,车外新风便可进入车内;车速低或停车时,起动天窗风扇电动机,即可把车外新风吸入车内,满足乘员需要。

2)空调

使用空调时,起动新风电动机,使车内回风和按需要数量进入车内的新风混合,经冷(或热)处理后再送入车内,达到空调的目的。

3)独立新风装置及带外循环功能的除霜机

起动独立新风装置或除霜机外循环电动机,使车外新风按需要的数量进入车内。

4)其他常用的通风装置

除上述通风换气装置外,部分客车上还采用了其他一些单独的通风装置,如浙江余姚欣铁汽车附件有限公司生产的 KC、XF 系列独立新风系统等。这类通风装置适用于 8～12m 客车,由进气系统和负压排气系统等组成。其中,进气系统包括风机、开启装置、迷宫风道和车内风道等,排气系统由排气孔、防雨罩口框和装饰罩等组成。有关进气系统的技术参数见表 21-7,外形尺寸如图 21-36 所示。

进气系统的有关技术参数 表 21-7

参数名称	参数值	参数名称	参数值
输入电压(V)	DC 24/27	新风量(m³/h)	900
电动机功率(W)	170~190		

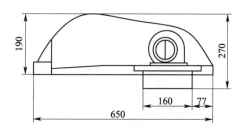
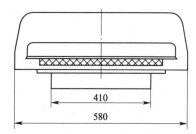

图 21-36 进气系统外形尺寸

当气压大于 101325Pa 时,车厢内气体由排气系统自动排出。排气系统的外形尺寸如图 21-37 所示,新风装置的安装示意图如 21-38 所示。

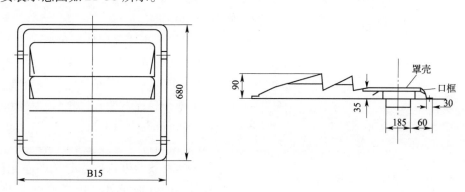

图 21-37 排气系统外形尺寸

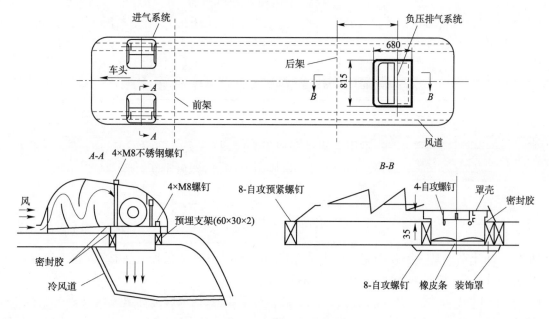

图 21-38 新风装置安装示意图

2. 空气净化装置

当客车车厢内空气受到污染时,对乘员身体健康会造成不利影响,使人精神疲倦,极大地降低了乘坐舒适性。因此,必须对车厢内的空气进行净化处理。

我国的长途客车专用空气净化装置的主体研究开发始于 2004 年。由交通部立项(长途客车内空气净化及病毒病菌技术和评价标准的研究),其研究内容主要涉及:

(1) 长途客车车内空气质量监测。
(2) 长途客车车内乘客的人体生理心理功能监测。
(3) 研究车用型纳米光触媒与等离子复合空气净化及灭菌消毒装置。
(4) 运用空气洁净及灭菌装置后在相同的行驶时间及相同的乘客数量条件下，测定车内空气质量及人体生理功能障碍。

通过该项目研究，开发了适用于我国客车空气净化的专用客车空气净化装置，目前已批量装车使用。

空气净化装置一般配合通风及换气设备使用，由鼓风机、空气过滤器、杀菌器、负氧离子发生器和进、出风口等组成，其作用是使车厢内空气保持清新洁净。此外，负离子发生器和臭氧发生器也作为空气净化装置在客车上单独或配合空调装置使用，均取得了较好的效果。

1) "培根牌" PG 系列客车空气净化器

"培根牌" PG 系列客车用空气净化器由上海超先空气净化器科技有限公司利用交通部立项课题研究生产，目前主要有两种型号，即 PG-2007(B)型(行李舱式)和 PG-2012(C)型(吸顶式)。

(1) PG-2007(B)型(行李舱式)客车空气净化器。

PG-2007(B)型(行李舱式)客车用空气净化器，如图 21-39 所示。

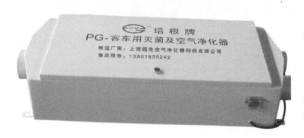

图 21-39　PG-2007(B)型客车空气净化器(行李舱式)

该空气净化器采用低温等离子集群模块＋高能纳米光催化的复合型空气净化技术，充分应用低温等离子体超高压、超强能的电子集群模块作用，在对甲醛、甲苯和总挥发性有机化合物(Total Volatile Organic Compounds，TVOC)等有机性有毒有害分子进行有效撞击、有效击断、反复冲击的强能处理工艺状态下，迅速有效地进行污染分子的净化；然后再复加一道广谱紫外，使空气在极强照度下的纳米级二氧化钛电子跃迁作用中得到进一步的净化。因此，净化功效好，特别是对甲醛、甲苯、TVOC 等具有明显的降解消除效果，对空气传播性细菌也具有明显的杀灭作用；同时，还具有清除微小颗粒物如 PM2.5，以及消除空气中的臭味、异味和香烟味等多功能空气净化效果。对有效改善车内环境空气质量，降低污染物对驾、乘人员的身体伤害具有十分重要的作用。其主要技术参数见表 21-8。

PG-2007(B)型客车空气净化器的主要技术参数　　表 21-8

参数名称	参 数 值	参数名称	参 数 值
现场细菌消亡率	99.00%	噪声	52dB
甲醛净化率	≥85.59%	功率	180W
负离子浓度	≥3×10^6/cm^3	电源	DC 24V
臭氧浓度	≤0.1mg/m^3	质量	42kg
风量	550m^3	外形尺寸	1450mm×450mm×225mm

客车空气净化系统是一个独立完整的组合系统，由进风管道、净化器、送风管道和出风口等部件组成。为方便操作，开关控制、显示面板等安装在仪表板上。

净化器(长 1450mm，宽 450mm，高 225mm)安装在行李舱内；送风管道和出风口分装在车厢内两侧的侧窗下沿，紧贴车身至前后排座椅；每两排座椅中间有一组出风口；中间走廊一侧中部的高低地板侧壁上设有两个风口，抽吸车内污浊空气并送入净化器的进风口，供净化器净化。如图 21-40 所示。

(2) PG-2012(C)型(吸顶式)客车空气净化器。

PG-2012(C)型(吸顶式)客车用空气净化器如图 21-41 所示。这种空气净化器安装在客车车厢内顶前/后部，不但保持了原有产品的净化性能，而且简化了系统结构、安装方便，同时充分考虑了车厢内的装饰需求，造型美观大方，可与内饰融为一体。图 21-42 所示为安装示意图，主要技术参数见表 21-9。

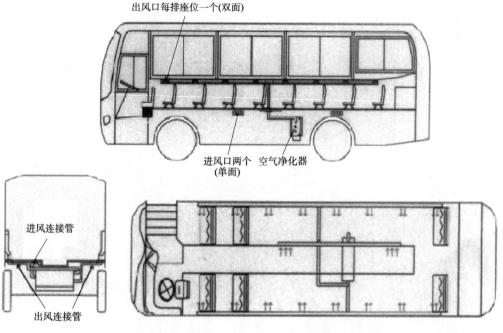

图 21-40　PG-2007(B)型客车空气净化器(行李舱式)安装示意图

图 21-41　PG-2012(C)型空气净化器(吸顶式)

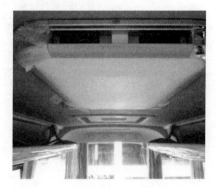

图 21-42　吸顶式客车空气净化器车内安装示意图

PG-2012(C)型客车空气净化器主要技术参数(吸顶式)　　　　　表 21-9

参数名称	参 数 值	参数名称	参 数 值
现场细菌消亡率	99.00%	功率	150W±15W
甲醛净化率	≥85.59%	噪声	52.5dB
负离子浓度	≥3×10^6/cm^3	风量	450m^3/h
臭氧浓度	≤0.1mg/m^3	外形尺寸	652mm×414mm×120mm
额定电压	DC 24V		

(3)PG 系列客车空气净化器的主要技术特点。

①具有独立的循环系统,与整车配套,互不干扰。

②采用低温等离子体替代活性炭和过滤材料,不产生堵塞,性能稳定。

③采用低温等离子体+纳米光催化复合空气净化技术,可以在一定空间范围内降低二氧化碳浓度,稳定氧气,使设定的空间范围内保持21%左右的含氧指标,对人体健康十分有益。其纳米级二氧化钛反应屏以镍网基材为载体,浸涂二氧化钛后经600℃高温转晶格烘干,因此净化性能优良,实用性好。

④结合车载特点,采用直流高压(25000V)但耗电仅10W 左右的高性能等离子发射装置和直流20WH 型紫外灯管,照度达到7000uW。

采用 PG 系列客车用空气净化器的车内空气净化过程示意如图21-43~图21-45所示。

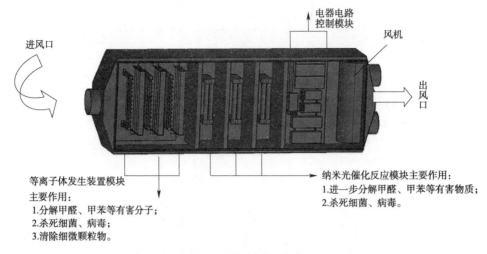

图 21-43　PG 系列客车空气净化器净化过程示意图（一）

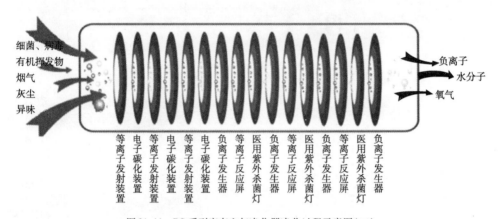

图 21-44　PG 系列客车空气净化器净化过程示意图（二）

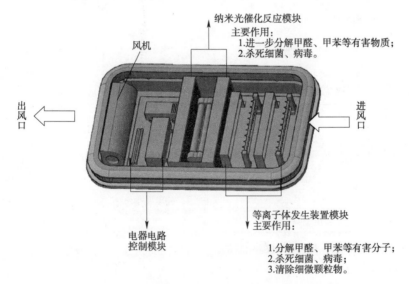

图 21-45　PG 系列客车空气净化器净化过程示意图（三）

2）美时美克生产的空气净化装置

(1) 主要功能。厦门美时美克空气净化有限公司生产的车载空气净化器主要具有初效过滤、活性炭强效吸附、HEPA 高效精滤、ESP 静电集尘、纳米 TiO2 光触媒、紫光灯杀菌、等离子杀菌除味和负离子空气清新等功能。

所谓光触媒是一种纳米级二氧化钛活性材料,它涂布于基材表面,干燥后形成薄膜,在光线的作用下,产生强烈催化降解作用,能有效降解空气中有毒有害气体;有效杀灭多种细菌,抗菌率高达 99.99%,

并能将细菌或真菌释放出的毒素分解及无害化处理;同时还能除臭、抗污等。

光触媒在特定波长(388nm)的光照射下,会产生类似植物中叶绿素光合作用的一系列能量转化过程,把光能转化为化学能而赋予光触媒表面很强的氧化能力,可氧化分解各种有机化合物和矿化部分无机物,并具有抗菌的作用。

(2)产品特点。美时美克 B23-BUS 200 型空气净化装置的主要特点是嵌入式安装,不改变原车结构;无须布置风道,节省材料和安装费用;可量身定制,与客车内饰完全融合;操作简便,只需打开外盖,便可更换滤材;净化功能全面高效、性价比高。

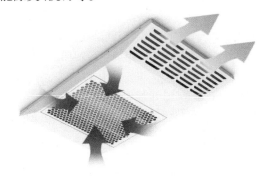

图 21-46　B23 型车载空气净化器

目前,美时美克空气净化装置主要有 BUS100、BUS200、B21 和 B23 四种规格型号,其中 BUS100 适用于中型客车,其余三种适用于大型客车。B23 型空气净化器的外形如图 21-46 所示,主要技术参数见表 21-10。

B23 型车载空气净化器的主要技术参数　　表 21-10

参 数 名 称	参 数 值
电源电压(V)	DC 24
功率(W)	60
尺寸($L \times W \times H$)(mm)	$650 \times 420 \times 100$
风量(m^3/h)	>280
噪声[dB(A)]	<65
除 TVOC 效率(%)	>60
杀菌效率(%)	>95
安装说明	使用螺钉将空气净化器产品与车顶进行固定(嵌入45mm,凸起55mm)

(3)B23-BUS 200 车载空气净化器采用的技术。B23-BUS 200 型车载空气净化器主要采用了 HEPA 高效精滤技术,具有高效过滤 $0.5\mu m$ 以上悬浮粉尘颗粒物;活性炭及化学滤料技术,具有对甲醛、甲苯等多种挥发性有害物质的吸附、分解等净化作用;恒量等离子技术,可高效杀菌除异味,提高空气清新度。

图 21-47 和图 21-48 分别为 BUS200 型车载空气净化器外形及其在车上的安装照片。

图 21-47　BUS 200 型车载空气净化器

图 21-48　BUS200 型车载空气净化器在车上的安装

3)客车空调采用的负离子发生器和臭氧发生器

为保证空调工况下的车内空气洁净度,近年客车空调生产厂家开始在空调装置中采用负离子发生器和臭氧发生器。以上海松芝汽车空调股份有限公司的客车空调产品为例,其所采用的 CJ110401 负离子发生器是利用高压变压器将工频电压升压到所需电压的方法产生负离子,释放到周围空气中,以此净化空气,改善车内生活环境。即通过负离子发生器利用脉冲、振荡电器将低电压升至直流负高压;利用炭毛刷尖端直流高压产生高电晕,高速地放出大量的电子(e-),而电子无法长久存在于空气中(存在的电子寿命只有 μm 级),就会立刻被空气中的氧分子(O_2)捕捉,形成负离子,它的工作原理与自然现象"打雷闪电"时产生负离子的现象相一致。空气中的负离子对人体健康有益,对人的精神有镇静作用,能降低血压、抑制哮喘,以及其他良好的生理调节作用。但空气在经冷、热处理时容易失去一些负离子,为此需要利用负离子发生器,向空调环境输送含有一定浓度的负离子空气,以增加空调环境的空气清新度。

上海松芝空调采用的 CJ110401 负离子发生器和 TY-SZ-02 臭氧发生器,可根据空调型号不同采用不同的数量安装在空调装置中,以满足空气净化装置的要求。CJ110401 负离子发生器的主要技术参数见表 21-11,外形尺寸如图 21-49 所示。

CJ110401 负离子发生器的主要技术参数 表 21-11

参数名称	参 数 值	参数名称	参 数 值
输入电压	DC24V	工作频率	15k
最大工作电流	<30mA	负离子量	$1\sim6\times10 pcs/cm^3$
功率	1W	残余臭氧浓度	$20\sim50 mg/m^3$
最高输出电压	$-3\sim-8kV$		

注:pcs/cm^3 为负离子量含量的单位,表示每 cm^3 有多少个负离子。

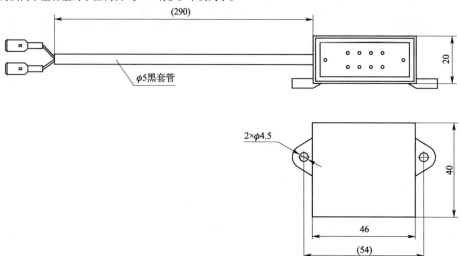

图 21-49 CJ110401 负离子发生器的外形尺寸

TY-SZ-02 臭氧发生器的主要技术参数见表 21-12,外观照片和外形尺寸如图 21-50 所示。

TY-SZ-02 臭氧发生器的主要技术参数 表 21-12

参数名称	参 数 值	参数名称	参 数 值
最大工作电流(mA)	<30	臭氧发生量(mg/h)	150~250
白色葡萄球菌 8032 杀菌率(%)	≥99.90		

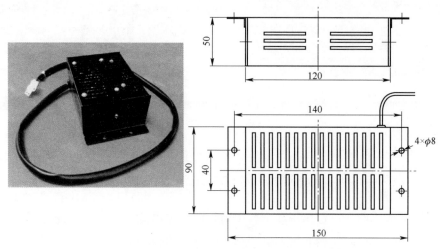

图 21-50 TY-SZ-02 臭氧发生器的实物照片和外形尺寸示意图

第二十二章　车身其他附件

除前面章节所介绍的车身附件外,客车车身上还安装使用了很多其他附件,如车门及上车辅助装置、车窗及车窗玻璃、风窗清洁装置、座椅及卧铺、内饰件及行李架、车用卫生间、后视装置、各种锁具以及城市公交客车的特殊附件等。

第一节　车门及上车辅助装置

对于客车车门及上车辅助装置,本节主要介绍乘客门、侧舱门、轮椅升降装置以及伸缩式活动踏步。

乘客门是乘客上下车的通道,按形式可分为折叠式(主要用于普通中、小型客车,特别是前置发动机客车)、外摆式(主要用于中高档长途、旅游客车)和内摆式(主要用于城市公交客车)。

侧舱门是用于安装及检修布置在车身两侧的相关总成和附件以及行李舱存取行李,按结构形式主要可分为上翻式舱门(主要用于客车检修舱门及普通行李舱门)和平移式舱门(主要用于中高档客车行李舱门)。

轮椅升降装置是用于轮椅使用者上下车的装置,按形式可分为电动升降装置(主要用于中高档城市公交客车)和手动升降装置(中普档城市公交客车)。

伸缩式活动踏步是用来在不改变车辆通过性能前提下降低一级踏步的高度,以提高上车方便性的装置,一般用于长途、旅游客车。

一、乘客门

乘客门是客车的重要组成部分,是乘员上下车的通道,对客车的整体造型起着重要的协调作用,而车身外形则是影响客车性能的一个重要因素。乘客门形状是车身外形的组成部分,它不仅与整车的动力性、经济性密切相关,而且直接影响客车外形的美观与动感。乘客门的形式很多,有折叠式、外摆式和内摆式等。

1. 折叠式乘客门

常见的折叠门为双扇折叠门,可以手动或电控控制开启。图22-1所示为某双扇电控折叠式乘客门结构。

折叠门因结构简单,装配精度要求低,门扇为平面制作,通用性强,结构可靠性高,且可以手动控制门的开启和关闭,制造和维护成本低,在各种客车上都有过广泛应用。但因其密封、隔声、隔热性能较差,且外观曲线无法与整车侧围曲线保持一致(一般内陷于车身),增加了空气阻力,且影响整车美观性,目前已逐步淘汰,一般只在普通的小型公交客车及城乡营运或非营运的中、小型客车上使用。

2. 外摆式乘客门

外摆式乘客门可分为单外摆和双外摆两种,长途、旅游客车通常使用单外摆式乘客门,城际公交客车多使用双外摆式乘客门,以便有足够的空间安装轮椅升降装置。本节只重点介绍单外摆式乘客门。

1)结构

单外摆式乘客门一般由门体、上支座、下摆杆、上/下转臂、驱动机构、锁止机构和密封胶条等组成,如图22-2所示。

(1)门体。外摆式乘客门门体的外侧弧线与车身弧线相同,其门体由外蒙皮、内蒙皮(内、外蒙皮亦称内、外护板)和门体骨架等组成,内、外蒙皮一般采用1.0~2.5mm铝板制作,骨架采用铝型材焊接而成。由于门体周边需安装密封胶条,因此周边骨架采用带止口的异型材。外蒙皮与门体骨架采用黏结剂黏接或沿骨架止口包边制作成形。

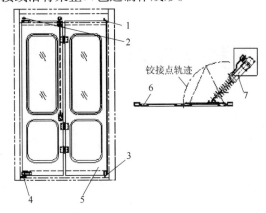

图 22-1 双扇电控折叠式乘客门结构
1、3-门轴；2、4-导向轮；5-主动门扇；6-从动门扇；7-门泵

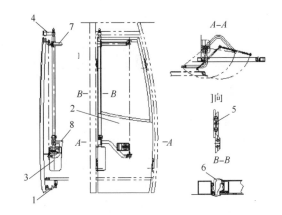

图 22-2 单外摆式乘客门的结构
1-下摆杆；2-门体；3-门泵总成（驱动机构）；4-上支座；
5-锁止块；6-密封胶条；7-上转臂；8-下转臂

（2）驱动机构。根据动力源的不同，驱动机构（亦称门泵）有电动、液压和气动三种结构，其中以气动最为普遍。表 22-1 列出了气动门泵的主要技术参数。

气动门泵的主要技术参数　　　　表 22-1

工作气压（MPa）	当前气压为 0.45MPa		门轴旋转角度（°）	乘客门提升量（mm）	乘客门轴弹簧力（N）
	转矩（N·m）	提升力（N）			
0.4～0.8	78	2500	>130	10～15	600～700

气动门泵一般由弹簧、门轴、螺旋套、丝杠、螺母、气缸活塞和活塞杆等零部件组成，如图 22-3 所示。

（3）下摆杆。下摆杆又称平衡杆，它的作用是与转臂一起组成使门体具有一定运动轨迹的四连杆机构，从而使门体保持平行移动。下摆杆一般装在踏步下方（也有的车型装在踏步上方），形成内藏摆杆式结构，避免影响车辆的接近角。

（4）锁止机构。为保证行车和使用安全，外摆式乘客门一般都设有一套锁止装置，即在每扇乘客门的两边各设有一机械锁止装置，气动门泵关闭车门后，靠门泵的提升动作将门体自动提升，使门上的限位锁块Ⅰ和门框上的限位锁块Ⅱ啮合形成锁止，从而防止车辆高速行驶时旅客往外推门或受到其他向外的作用力时发生意外开启，造成人员伤害，或行驶中的车门振响，如图 22-4 所示。同时，还设置了门锁，能从车外用钥匙将车门锁上或打开，以便在停车或压缩空气压力不足的情况下车门仍可安全地锁住。门锁在客车行驶过程中一般不起作用，此时门体无上升行程；一旦用机械方法将乘客门锁住，就不可再操纵电启动装置；要保证门锁开启自如，不允许有卡死现象。

停车开门时，驾驶人操纵开门按钮，在门泵的带动下车门先自动下移解锁，再靠门泵旋转开启车门。

（5）密封结构。客车外摆式乘客门的密封结构主要以橡胶密封条为密封元件，并根据密封结构的不同配合以相应的铝合金型材。胶条密封结构种类很多，目前常用的有两种结构：外密封和内密封，密封胶条外露的称之为外密封，反之称之为内密封。图 22-5 所示为两种较典型的客车外摆门密封结构。

2）工作原理

外摆式乘客门是利用平行四连杆的原理，在驱动机构的作用下，整体作平行移动。即利用门泵的大导程丝杠 4 不自锁特性，将丝杠 4 与驱动气缸活塞杆 6 直接相连，把活塞直线运动转变为螺母 3 的旋转运动，从而带动门轴、转臂旋转，使乘客门关闭。当门关闭时，螺母 3 受阻无法继续旋转，此时丝杠 4、螺母 3 和门轴 2 受活塞推力作用，克服门轴上方弹簧 1 的压力而上升，使门上的限位锁块与门框上的限位锁扣相互啮合，形成乘客门锁止功能（图 22-3）。门泵气缸活塞的上升速度和车门摆动的旋转速度是利用安装在门泵气缸上的可调螺钉来调节（开门之前用网纹螺钉，关门之前用网头螺钉调节门的速度）。

关闭后外摆门和客车侧围曲线一致，开启后平稳停在车身外侧。驱动四连杆的动力来源于门泵，通过活塞的往复运动，带滚珠的螺旋装置使转动机构完成门体的旋转运动和使车门关闭后锁止的垂直运动。上、下转臂连接驱动部分并与门扇、拉杆共同完成规定的运动轨迹。驱动机构由上、下转臂、转轴、拉杆及门柱支座等组成,锁止机构在车门关闭后,将车门锁止和定位。

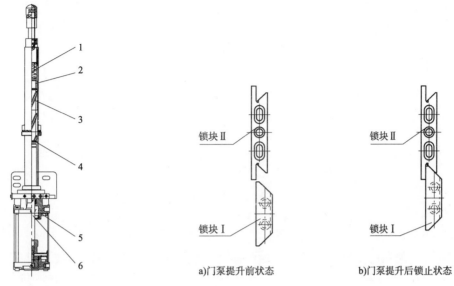

图22-3 门泵结构图
1-弹簧;2-门轴;3-螺旋套;4-丝杠;5-气缸;6-活塞

图22-4 外摆式乘客门锁止结构

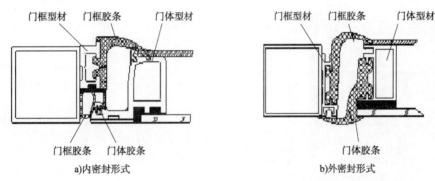

图22-5 两种典型的密封结构

图22-6所示为外摆式乘客门的电器原理图。当自复位翘板开关与a位接通时,电磁阀下端线圈通电,压缩空气经电磁阀向气缸3下腔充气,气缸上腔残留的空气经电磁阀的排气口排出,压缩空气推动活塞向上运动,门泵转动,乘客门关闭,车门提升锁止;自复位翘板开关与b点接通时,电磁阀上端线圈通电,压缩空气经电磁阀向气缸上腔充气,气缸下腔残留的空气经电磁阀的排气口排出,压缩空气推动活塞向下运动,车门下降解锁,门泵反向转动,乘客门打开;若关门过程中发生夹人或随身行李时,门泵转动受阻,当达到一定阻力时,防夹行程开关关闭,电磁阀上端线圈通电,门泵执行开门动作,3~5s后再重新关闭。气路、电路出现故障时,将应急阀置于关的位置,气缸上、下腔的压缩空气通过电磁阀的排气口及手拨开关的排气口排出,实现乘客门的手动开启和关闭。

3) 工作特点

和折叠式乘客门相比,外摆式乘客门的断面形状可与车身侧围完全吻合,从而使客车外形美观大方,空气阻力和风流噪声小,密封性能好;车门开启幅度大,占用空间小;在驱动机构和锁止机构控制下,实现车门自动开启和锁止定位;开启过程中,通过门泵驱动机构可实现防夹功能且开门速度可调整。目前,外摆式乘客门已广泛应用于大、中型公路与旅游客车。

3. 内摆式乘客门

内摆式乘客门可分为单扇和双扇两种。其摆动机构和外摆式一样。当门关闭时,门和车身外部侧围曲线一致;开启后,门向内滑动,最后垂直于侧围面。图22-7所示为一款城市客车使用的典型单内摆式乘客门。

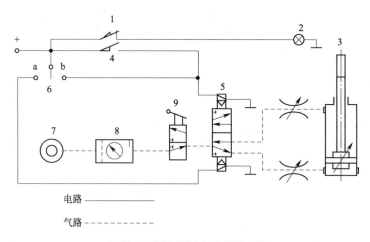

图 22-6 外摆式乘客门电器原理图

1-踏步行程开关;2-信号灯;3-门泵;4-防夹行程开关;5-二位五通电磁阀;6-自复位翘板开关;7-气源;8-气源处理器;9-应急阀

1)结构

内摆式乘客门的结构如图22-8所示,由门体、转轴、气缸转臂、下摆臂、门泵和上滑道等组成。其主轴不在门体上,通过气缸转臂、下摆臂与门体连接,依靠电控或气控来实现门的启闭,而门体的关闭锁紧,则是依靠气缸内的压缩空气控制门的运动件来实现的。

图 22-7 一款典型的单内摆式乘客门

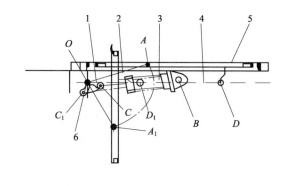

图 22-8 内摆式乘客门的结构和工作原理示意图
1-气缸转臂;2-下摆臂;3-气缸;4-上滑道中心线;
5-门体;6-转轴

2)工作原理

开门时,气缸右腔充气,压缩空气推动活塞向左运动,活塞杆末端由 C 点转至 C_1 点,气缸转臂带动转轴6顺时针转动,转轴通过下摆臂2带动门体运动;门体 A 点移至 A_1 点,同时门体上的滚轮在门体上方的滑槽4内向左滑动,移至 D_1 点,车门打开。关门过程与开门过程相反。

图22-9所示为气动内摆式乘客门最基本的电路、气路工作原理图。在正常状态下,应急阀处于开启状态,压缩空气由气源经过手拨开关通向二位五通电磁阀1,当双向开关4的a点接通时,电磁阀右端线圈通电,压缩空气经电磁阀向气缸3右腔充气。气缸左腔残留的空气经电磁阀的排气口排出,压缩空气推动活塞向左运动,乘客门打开;当双向开关4的b点接通时,电磁阀左端线圈通电,压缩空气经电磁阀向气缸左腔充气,气缸右腔残留的空气经电磁阀的排气口排出,压缩空气推动活塞向右运动,乘客门关闭。当气路、电路出现故障时,将应急阀置于关的位置,气缸左、右腔的压缩空气都能通过电磁阀的排气口及手拨开关的排气口排出,从而实现乘客门的手动开启和关闭。

3) 工作特点

内摆式乘客门开启宽度较大,很容易设计成双通道门,可两扇同时启闭或单独启闭,具有有效通道宽,乘客上下车方便、快捷,驾驶人控制方便等优点;双扇内摆门前后两扇门上都能安装上下车扶手,便于乘客上下车时抓扶,可有效防止上下车时发生意外伤害;内摆式乘客门的外形可以实现和侧围外形一致兼有外摆式乘客门特点,不仅外形美观,还能避免客车行驶时由于乘客门内凹而形成空气涡流,减小风阻、降低油耗和噪声。内摆式乘客门大多用在城市公交客车上。

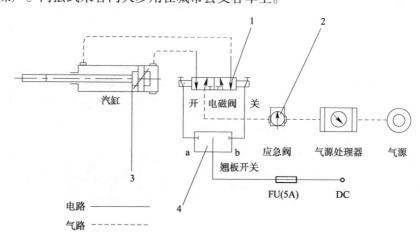

图 22-9 内摆式乘客门电器原理图
1-两位五通电磁阀;2-应急阀;3-汽缸;4-双向开关

二、侧舱门

侧舱门是客车必不可少的总成之一。客车地板下的裙部一般需布置蓄电池、油箱和行李舱等,同时配备舱门以方便更换电池、加油和存放行李,并保证安全。侧舱门不仅是客车的主要功能件,也是车身上重要的外饰和覆盖件。

1. 特点及基本要求

作为车身的组成部分之一,侧舱门应满足以下要求。

(1) 外表与整车侧围表面平整协调,周边间隙均匀。

(2) 启闭灵活可靠,开度适当,支撑简单、方便和安全可靠。

(3) 锁止有效。

(4) 行驶时无异响,振动小。

(5) 对于行李舱门,应有良好的密封性,防尘防水。

2. 分类

按门体材料的不同,可分为铁舱门(钢板材质)、铝合金舱门和玻璃钢舱门等。

按铰链机构结构形式的不同,可分为上翻式舱门和平移式舱门。

3. 结构及工作原理

1) 上翻式侧舱门

所谓上翻式舱门是指采用铰链结构实现向上翻转开启的行李舱门。几种常见的上翻式铰链结构舱门的结构和工作原理如下。

(1) 橡胶铰链结构舱门。橡胶铰链由铰链上下型材及铰链橡胶胶条组成,其翻转主要靠铰链胶条的变形来实现,图 22-10 所示为一种典型橡胶铰链的安装结构及照片。由于铰链橡胶胶条承受着侧舱门自身质量及开启支撑作用力,因此对其材质要求较高。

橡胶铰链的主要优点是结构简单、安装精度要求较低,尤其是密封性好。主要缺点是铰链胶条易老化,影响其使用寿命;从外观上看由于存在上下两条型材,对整车造型的美观性有一定影响。

(2) 四连杆铰链结构舱门。四连杆铰链是一种常用的车用铰链,由于其机构可简化为四连杆机构,因此称之为"四连杆铰链"。这种铰链的运动特点是有一个外摆再上翻的运动轨迹。图 22-11 所示为典型的安装结构及照片。

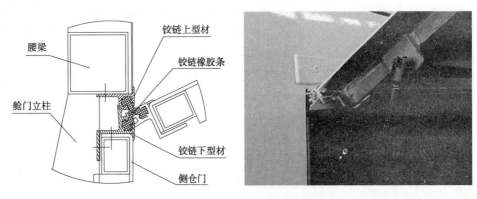

图 22-10 橡胶铰链的安装结构及照片

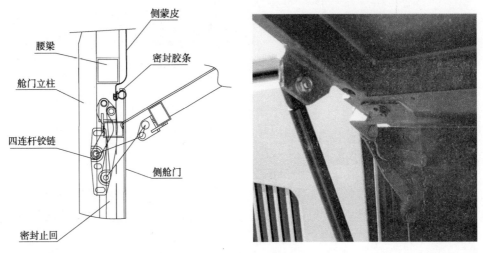

图 22-11 四连杆铰链的安装结构及照片

四连杆铰链舱门的优点是结构简单、安装方便、成本低廉，但最大的缺点是密封性不佳，这主要是因为它由关闭到刚开启的过程中有一段外摆的轨迹造成的。在关闭过程中受到门框密封胶条的反向冲击而向外摆，从而使舱门上沿的密封性下降。正是因为该缺陷，四连杆铰链结构一般只用于对密封性要求不高的舱门，如油箱、散热器舱等位置的舱门。而行李舱门因密封要求较高则一般不采用这种结构的舱门。

（3）六连杆铰链结构舱门。六连杆铰链是一种被广泛应用的铰链，其结构和性能比四连杆铰链更优化，铰链自身刚度及调节性均好于四连杆铰链，其运动特点是有一个先下移再上翻的动作。图 22-12 所示为典型的安装结构及照片。

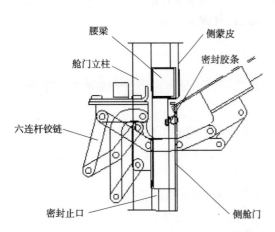 

图 22-12 六连杆铰链的安装结构及照片

六连杆铰链的运动特点及铰链本身刚度可保证舱门具有良好的密封性,使其成为客车行李舱门的首选。但由于铰链本身尺寸较大,需要占有一定的安装空间,因此对于一些铰链安装空间有限的侧舱门(如散热器舱门等),则不适合采用这种结构。

2)平移式侧舱门

平移式侧舱门有手动和气动平移机构两种,其中气动结构采用气压动力实现舱门开关,两者运动机构的布置方式及尺寸校核相同,区别仅在于动力形式。

平移式侧舱门的最大优点是舱门开启为平行向上移动,相对于翻转式铰链开启所占用的空间小,特别是现代客车的大行李舱门以及日益紧张的停车空间,使平移式舱门越来越显示出它的优势。但也存在结构较复杂,安装较困难,成本较高,铰链机构尺寸较大,从而减少了行李舱的有效利用空间等缺点,使得其只能作为选装配置或在部分高档客车上使用。

(1)手动平移式行李舱门。

①结构。图22-13所示为一手动平移式行李舱门的结构及照片,由门体、气弹簧、主动臂、从动杆、转轴和支座等组成。为便于安装,主动臂、从动杆和转轴均设计有丝牙可供调整;转轴支座、主动臂支座、从动杆支座和转轴支座则均设计成长孔以供调节;而从动杆两端、主动臂与门体连接处则采用球头铰链以消除装配误差并减少运动过程中的阻力。

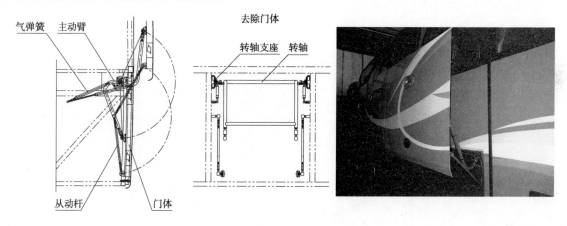

图22-13 手动平移式行李舱门的结构及图片

②工作原理。舱门关闭时,气弹簧的作用力产生负力矩,使舱门处于自锁状态,舱门紧压在密封条上,并通过门锁锁定;开启舱门时,打开舱门门锁后,用手将舱门拉出,当主动臂转过一角度,气弹簧产生的力矩由负力矩变为正力矩,并随转动臂的转动而逐渐变大,当气弹簧产生的力矩大于门的重力矩后,舱门自行上摆,直至完全开启。在整个运动过程中,从动杆主要起门体开关过程中姿态控制作用。手动平移式行李舱门在设计中需注意主动臂长度、自锁力矩和扣手位置的选择,以达到合理的开门高度、适当的自锁力矩及轻便的开关门力矩。开门高度由主动臂长度和转动角度决定,自锁力矩由气弹簧产生的力矩决定;开关轻便性的影响因素主要有气弹簧的公称力、气弹簧支撑臂长度、主动臂长度、门体质量和扣手位置等。

(2)气动平移式行李舱门。

①结构。气动平移式行李舱门是在手动平移式行李舱门基础上增加气动门泵,以实现舱门的自动开启与关闭。气动行李舱门由门体、气弹簧、主动臂、从动杆、转轴、气缸、齿条、齿轮、开锁气缸和应急阀支座等组成,其结构示意图如图22-14所示。

②工作原理。舱门开启时,开锁气缸充气打开门锁;开门气缸充气,推动齿条运动,齿条带动主动轴顺时针转动,打开舱门。舱门关闭时,开门气缸反向充气,齿条带动主动轴作逆时针转动,关闭舱门。舱门关闭过程中若夹到人或其他物品,压力传感器感应压力降低,立即给电磁阀反馈信号,实现舱门重新开启;若正常关门到位,行程开关切断,灯灭,防夹断开。当电气系统发生故障时,打开应急阀,将系统内气体放掉,即可手动开关舱门。图22-15所示为气动平移式行李舱门电气原理图。

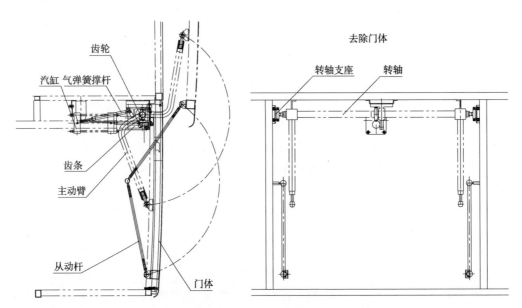

图 22-14 气动平移式行李舱门的结构及工作原理

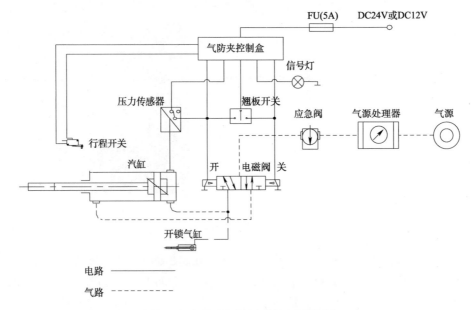

图 22-15 气动平移式行李舱门电气原理图

4. 门体材料

客车侧舱门门体目前所用的材料主要有钢板、铝合金以及玻璃钢等。

由于侧舱门位于客车裙部,经常处于受雨水、砂石侵袭等容易使舱门锈蚀的环境中,因此必须十分重视其耐蚀性。随着客车工业的发展,现代大、中型客车侧舱门已基本不再使用普通钢板材料制作。主要原因在于易锈蚀,且蒙皮和骨架焊接后,表面平整度较差,与客车的发展要求背道而驰。玻璃钢材料凭借其易加工成形和成本较低的特点,仅在普通型客车或某些形状较复杂的部分使用,但易老化变形的缺点势必影响客车外观及质量。

铝合金材料虽然成本较高,但其具有高耐蚀性,且质量轻、蒙皮和骨架之间通过黏结能很好地保证舱门表面平整度和强度等优点,使得它在越来越重视轻量化设计和高档化发展的客车企业深受青睐,目前在客车侧舱门上应用最为广泛。

(1)铝合金门板材料厚度及牌号。目前,铝合金侧舱门门板通常采用的牌号为 3005 或 5052 合金板,厚度一般为 2.5~3mm。

(2)舱门结构。舱门由门板和内衬骨架通过黏结而成,其中内衬骨架由矩形铝型材及铝合金锁盒拼焊成形。

三、上车辅助装置

上车辅助装置是指通过电力或人力驱动方式,在停车时可以从固定踏步伸出或翻出车外便于轮椅使用者上车的装置。

随着"无障碍城市"在部分大、中型城市的推行,除在公共场所设立无障碍设施外,还在城市公共交通特别是公交客车上安装了辅助上车装置,以此给轮椅使用者出行提供方便。目前,辅助上车装置的形式和结构正向着多样性、多功能方向发展。

1. 分类

上车辅助装置按驱动形式的不同,可分为电动举升式轮椅升降装置、电动伸缩式轮椅导板和手动轮椅导板翻启装置三类。

2. 组成与工作原理

1) 电动举升式轮椅升降装置

电动举升式轮椅升降装置是一种通过电控和液压系统,对举升平台进行升降、平移等操作,自动完成地面(或路肩)和乘客区地板之间轮椅通道的铺设,从而实现轮椅无障碍上下车的装置。图 22-16 所示为一款典型的电动举升式轮椅升降装置。

(1) 工作原理。电动举升式轮椅升降装置通常用于车门踏步距离地面较高或二级以上踏步的客车上。举升装置设置有防止轮椅滚落的机构,且在举升平台升降之前,该机构要能自动工作。在动力举升装置控制升降过程中,松开操作控制器,运动应能立即停止,并能再次移动。举升装置设有安全

图 22-16　一款典型的电动举升式轮椅升降装置

机构,当运动受到限制或碰撞到其他物体时,安全机构起作用。任一安全机构开始工作时,举升装置应能立即停止,并随即开始向反方向运动。举升装置在升降机断电或系统出现故障的情况下,可以通过手动操纵装置来实现升降机的各种功能。轮椅升降平台在整个升降过程中,始终与地面保持水平,且速度平缓、安全可靠。

(2) 安装。电动举升式轮椅升降装置通常安装在车门踏步立面位置,一般根据踏步高度来选择相应举升高度的升降装置。踏步两级之间的立面高度应满足升降装置的安装高度要求,踏步立面要与升降装置配开长方形开口,供升降平台从开口处伸出。升降装置安装于预埋在车架上的固定支架上,如图 22-17 所示。

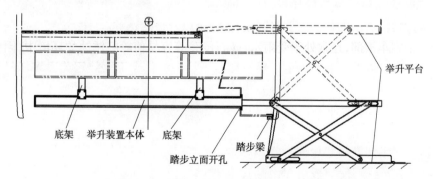

图 22-17　电动举升式轮椅升降装置安装示意图

(3) 工作特点。驾驶人开启举升装置的控制总开关,打开车门;在安装举升装置的车门处,操作控制器,使举升装置伸出车外,降落至地面;轮椅上至举升平台后,操作控制器使举升平台升至与车内平面平齐,如地板平面与举升平台间还有距离,则操作控制器使举升平台做横向位移,或用翻板搭到车内地板上;轮椅上车后,再控制举升装置返回至收起状态。当轮椅乘坐者需下车时,重复以上相反的操作即可。

图22-18 一款典型的电动伸缩式轮椅导板

2)电动伸缩式轮椅导板

电动伸缩式轮椅导板是一种以客车电源驱动电动机,通过减速装置,驱动导板实现平稳伸缩,使导板在地面(或路肩)与乘客区地板之间搭桥,实现轮椅无障碍上下车的装置。图22-18所示为一款典型的电动伸缩式轮椅导板。

(1)工作原理。电动伸缩式轮椅导板应与相应的乘客门或应急门同时工作,并具有与车门启闭互锁的功能。当导板处于伸出位置时,车辆不能靠自身动力起步。即当车门处于关闭状态时,导板应不能工作;当车门处于开启状态时,如导板处于工作状态,车门应不能关闭。电动伸缩式轮椅导板设置有手动功能,在电驱动机构失效等异常情况下,可通过手动操作使导板回到收缩位置,且不能妨碍相应车门的工作;在紧急情况下,导板应能迅速从车门入口处移开;导板伸出时,如遇到阻力或障碍应能自动缩回;在导板动作过程中,应有警示黄灯不停闪烁并伴有声讯信号。

(2)安装。电动伸缩式轮椅导板固定在车门踏步下面,安装时必须首先校核地板骨架与车架纵梁,以保证安装空间,并在门踏步下预埋吊架,用螺栓将导板固定在预埋吊架上,如图22-19所示。

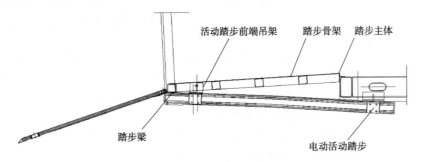

图22-19 电动伸缩式轮椅导板安装示意图

(3)工作特点。使用电动伸缩式轮椅导板时,驾驶人打开车门并开启仪表板上的电源控制总开关,按下操纵开关后导板从活动踏步主体中伸出;当导板伸出到最大行程时,其后端支架将导板抬起消除踏步梁与导板的高度差;轮椅上车后,驾驶人再次按下操纵开关,使导板回到完全收缩状态。最后,驾驶人回驾驶区关闭控制开关,关上车门,车辆即可起动。当轮椅使用者需下车时,重复以上操作。

3)手动轮椅升降装置

手动轮椅升降装置亦称手动轮椅导板,是一种完全借助于人工的力量来完成轮椅通道的铺设过程,从而实现轮椅在地面(或路肩)和乘客区之间无障碍进出的装置。图22-20为一款典型的手动轮椅升降装置。

手动轮椅升降装置可分为伸缩式和翻转式两种类型。

(1)手动翻转式。手动翻转式轮椅升降装置是一种通过人工翻转轮椅导板,使导板由车内翻转至地面(或路肩),供轮椅无障碍上下车的装置。

图22-20 一款典型的手动轮椅升降装置

①工作原理。该轮椅导升降装置适用低地板城市客车,安装在乘客门和中门踏步上平面,闭合时与乘客区地板平齐;不使用时有锁止装置,可保证在车辆行驶中锁止可靠。

手动翻转式轮椅升降装置操作简单、轻便,其正面采用铝花纹板,端头采用嵌黄色警示条的压条,防止在使用时出现意外情况。

②安装。将翻转装置端头处螺钉固定在踏步骨架与外侧踏步梁上,调整踏板位置直至踏板闭合后与乘客区地板平齐即可,如图22-21所示。

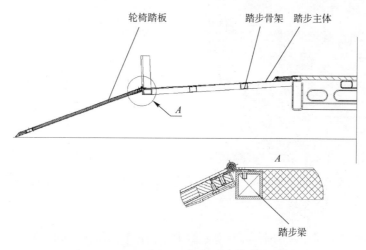

图22-21 手动翻转式轮椅升降装置安装示意图

安装手动翻转式轮椅导板的客车,车门踏步梁在设计时应低于车内地板骨架平面,使导板装置向门口方向倾斜,以保证雨天在导板内不会存水。导板的厚度应与车内地板厚度一致,以保证装配后地板平面与导板高度平齐。

③工作特点。手动翻转式轮椅导板使用时只需打开锁止装置,拉动把手,翻转导板落地,轮椅上或下车后,合上翻转导板,即可完成轮椅上下车的操作。

(2)手动伸缩式轮椅导板。手动伸缩式轮椅导板是一种通过用手推拉导板,使导板在地面(或路肩)与乘客区地板之间搭桥,实现轮椅无障碍上下车的装置。

①工作原理。该装置适用于低地板和低入口城市客车,安装在乘客门踏步下部,其升降装置的机械部分结构与电动导板升降装置相同。要求锁止可靠,操作简单轻便。

②工作特点。车辆停稳后打开车门和踏板锁止装置,在车外将伸缩导板拉出后将导板后端向上旋转抬起,与门踏步梁对接并且高度一致,进行锁止后即可供轮椅上下车;完成上下车过程后解开锁止机构,将导板推回活动踏步主体内部并开启锁止装置,如图22-22所示。

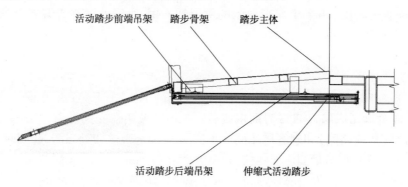

图22-22 手动伸缩式轮椅导板展开示意图

四、伸缩式活动踏步

伸缩式活动踏步一般安装在长途客车和旅游客车上,用以在不改变车辆通过性能前提下降低一级踏步的高度,提高上车方便性。图22-23所示为一款典型的伸缩式活动踏步。

1. 结构

伸缩式活动踏步以气缸、电动泵为动力源,是在停车状态时可以从固定踏步下表面伸出车外并在行车状态时缩进车身的一种踏步装置,由踏板、支架、连杆、气缸或电动泵等控制元件及其连接件组成。目前,在客车上较常用的是气动伸缩式活动踏步,图22-24所示为其结构及安装示意图。

图 22-23　一款典型的伸缩式活动踏步

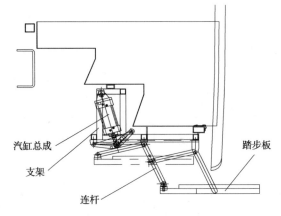

图 22-24　气动伸缩式活动踏步的结构及安装示意图

2. 工作原理

气动伸缩式活动踏步应与相应的乘客门或应急门同时工作。即在驾驶人开启车门开关的同时，踏步气缸推动连杆机构，踏步与车门同时动作，伸出车外。踏步处于伸出位置时，车辆应不能靠自身动力起步；车辆行驶时，踏步不能伸出；若操纵装置失效，踏步应缩回并保持在收起位置；操纵装置失效或踏步损坏时，不应妨碍相应车门工作；当车门开启时，踏步应可靠地保持在伸出位置，其面积应达到一级踏步的要求；若有一名乘客站在踏步上，相应车门应不能关闭；踏步的运动不应对车内外人员身体造成伤害，且表面应有黄黑相间的警示标识。

3. 工作特点

当驾驶人按下乘客门开启按钮后，乘客门与活动踏步同时开始运动；当乘客门完全开启，活动踏步伸展到最大行程；当驾驶人按下乘客门关闭开关后，活动踏步与乘客门同时关闭。

第二节　车窗及车窗玻璃

在大、中型客车上，车窗及车窗玻璃占据了前围、后围和侧围约30%的面积，可以说车窗玻璃是客车最重要的车身覆盖件和装饰件。根据客车玻璃的使用情况统计，其质量和价格成本均占到汽车总质量和成本的3%左右。随着玻璃技术和新的车窗技术的发展和应用，车窗玻璃对提升客车安全、节能和环保性能的作用也越来越突出。

一、客车车窗

客车车窗一般分为前后风窗、侧窗和天窗。玻璃是车窗的主体，由于受到客车安全法规的限制，前风窗玻璃必须为夹层玻璃，其余车窗玻璃多为钢化玻璃。前风窗玻璃在受到外力作用破碎时，其碎片仍黏附在夹层玻璃中间的胶片上，维持一定的驾驶视线，同时不会引起玻璃四处飞溅，起到对人体较好的保护作用。各型客车为了达到出口数量的最低要求，侧窗玻璃和后风窗玻璃通常都做成钢化玻璃，再配备可以轻易击碎钢化玻璃的安全锤或自动破玻器，对应的侧窗和后风窗就可以作为全车的出口。天窗若是不可移动的固定玻璃，要使之成为出口之一，则要求材质也必须为钢化玻璃。

1. 前风窗

前风窗是客车前围（俗称"前脸"）部分的主体构成元素，其形状、构造、尺寸及所占前围的比例都直接或间接决定了客车的整体造型。前风窗是客车上最重要的视窗，是驾驶人获取外界路况信息最重要的窗口，驾驶人主要要通过它看清前方交通情况；而有些车辆车外后视镜获取的信息也是通过前风窗透射传递的，因此前风窗必须保证应至少有70%的透光率。现代客车随车空气动力学性能的逐步提高，前部造型日趋圆润光滑，前风窗已经基本不采用平面玻璃。双曲面玻璃和拓扑派生曲面玻璃能较好地满足空气动力学要求，大大减小客车的风阻系数，从而减小空气阻力和降低油耗。合理选取玻璃的曲率，前风窗玻璃表面就不会有明显的曲率畸变，不易产生光畸变等光学缺陷，可使得驾驶人眼椭圆内的视野良好，更好地保证行车安全。

前风窗玻璃在驾驶人前方的局部区域,需要考虑一定程度的偏光性能,避免正前方强烈光线直射进车内。尤其是夜间行车,若前风窗玻璃没有偏振效果,对面来车前照灯的强烈光线就会导致驾驶人的眼睛出现短暂视觉盲区,从而造成严重的安全隐患。

早期的前风窗通常是左右两片玻璃,这是由于受到当时的玻璃制作工艺和安装工艺的限制。现代客车前风窗通常只有一块玻璃,其好处是视野开阔,玻璃安装方便。但也有一部分客车仍然坚持采用前风窗玻璃分成左右两块的结构,并在左右 A 柱(第一立柱)之间增加了一根刚性弧杆,使得前围的强度大增,虽然牺牲了一部分视野,但是会大幅提升客车的被动碰撞安全性能。还有些车型采用上下两块玻璃,其上层玻璃通常向后倾斜,这样的好处是视野开阔,可有效地降低风阻系数。图 22-25 所示为采用三种前风窗玻璃的实车对比照片,中间客车为整块玻璃前风窗,左边客车的前风窗玻璃为左右两块,右边为上下两块。

图 22-25　三种前风窗玻璃的实车对比

由于客车前风窗面积较大,且有较大曲率,因此其玻璃止口几乎没有整体冲压的结构,一般都采用手工制作。为了抵消制作误差,通常在前风窗止口周边加一圈龙骨胶条作为缓冲层,使得前风窗玻璃不会直接接触到金属或者玻璃钢止口,以避免风窗框架发生较大变形时玻璃不会发生炸裂。

2. 后风窗

后风窗的功能性要求远远小于前风窗,因此其结构相对于前风窗来说要简单得多。后风窗在设计时并不会刻意塑造既定的造型,通常是根据客车车体后围的结构,灵活布置车窗玻璃,但需要满足工艺简便性原则和安全法规的要求。客车安全法规要求若在后围上留有安全出口,则长×宽的尺寸不小于 1550mm×500mm,其四周圆角半径不超过 250mm,此时后风窗玻璃必须是可击碎的钢化玻璃。但也有很多客车,比如混合动力、燃气客车、纯电动客车和一些特种客车等,因在车辆后部布置了设备舱,故其后围并没有设置后风窗。对于这种情况只要在客车其他部位布置相应的撤离窗口,也是可以满足法规要求的。

一般不建议在客车后围设置曲率较大的后风窗,因为曲率较大的钢化玻璃成品率低,若为了提高成品率而改用夹层玻璃,则会导致成本大幅增加,且夹层玻璃后围不能作为撤离窗口。

3. 侧窗

侧窗是客车左右侧围上的车窗,其大致可以分为三种:驾驶人侧窗、乘客侧窗和乘客门侧窗。图 22-26 是一款客车的黏结式侧窗总体布置图。根据侧窗的固定和开启情况,又可以分为全活动侧窗、全封闭侧窗和混合式侧窗(一部分全固定,一部分可开启)。全封闭侧窗的好处是,外形美观,方便中空玻璃布置,整车密封好,但行车途中必须始终开启空调或通风设施;全活动侧窗的好处是便于车内外空气的流通和乘客调整车窗开度,节约能源,但会一定程度上影响整体外观;而混合式侧窗则既可满足部分乘客调整车窗开度,又可保证一定的密封性。

对于活动侧窗,可以分为以下几种类型。

1)铝框式推拉窗

铝框式推拉窗是一种较早出现的推拉窗,早期的安装方式通常是胶条安装或螺钉固定,随着黏结技术的发展，铝框式推拉窗的安装方式基本都变成了黏结式。图 22-27 是一般铝框式推拉窗的结构和安装方式。需要注意的是，铝合金型材的断面结构多种多样，图示仅为其中一种，可以根据实际需要选择合适的铝型材。

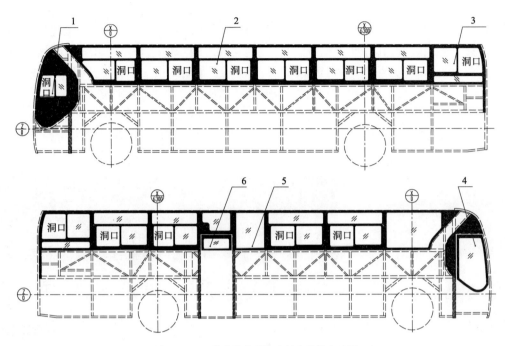

图 22-26　一款客车的黏结式侧窗总体布置图
1-驾驶人窗；2-中部推拉；3-侧围尾窗；4-前乘客门玻璃窗；5-中部封闭窗；6-中乘客门玻璃窗

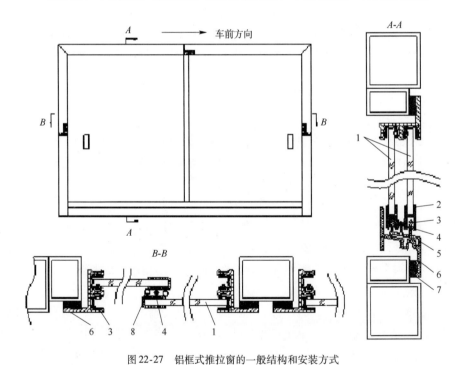

图 22-27　铝框式推拉窗的一般结构和安装方式
1-活动玻璃；2-滑道型材；3-植绒胶条；4-毛刷；5-导轨型材；6-铝框；7-黏结剂；8-密封胶条

2）内置式推拉窗

内置式推拉窗是黏结技术应用的一个非常成功的例子，是近几十年来车身附件中最成功的应用发明。它很好地解决了封闭式侧窗加装推拉窗的问题：不需要改变客车车身的骨架和内饰，只需要换装带推拉窗的侧窗玻璃就可以了；另一方面，铝框式推拉窗比较难解决中空玻璃的问题，而在内置式推拉窗上则很容易得到了解决。图 22-28 所示为一般内置式推拉窗的结构形式。

3) 外翻式侧窗

外翻式侧窗即向外开启的侧窗,通常也叫上悬窗,在建筑行业应用较早,客车领域近几年才开始得到应用。图 22-29 所示为一种客车外翻式应急推拉窗结构。

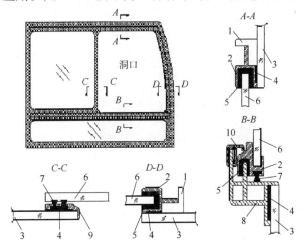

图 22-28　内置式推拉窗的结构形式
1-滑道装饰条;2-铝合金滑道;3-固定玻璃;4-胶层;5-植绒胶条;
6-活动玻璃;7-毛刷;8-铝合金轨道;9-毛刷固定型材;10-滑轨装饰条

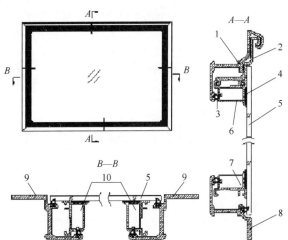

图 22-29　一种外翻式应急推拉窗的结构
1-上底框;2-上铰链;3-密封胶条;4-胶层;5-玻璃;6-上内框;
7-下内框;8-下底框;9-侧底框;10-两侧内框

外翻式侧窗由外框和内框构成,外框为铝型材,可通过黏结方式安装贴合到侧窗止口上。内框为带整片玻璃的铝型框,通过上铰链与内框相连,再在内框周边镶嵌胶条,形成可靠的密封结构。由于不占用车内区域,在保证整体强度及刚度情况下侧窗可适当加大,可用于紧急情况的安全逃生窗。图 22-30 所示为外翻式侧窗的实车照片。

4) 内翻式侧窗

内翻式侧窗是仅能往车内开启一个小角度的供车内通风换气使用的侧窗。内翻窗的结构与外推

图 22-30　外翻式应急推拉窗实车照片

窗较为类似,不同之处在于内翻窗铰链在下侧,活动玻璃朝车内方向翻转开启。当全封闭式侧窗需要开设通风口时,可采用此种结构的内翻式小窗结构,其明显的优点是活动玻璃关闭时与固定玻璃保持在同一平面内,不会破坏整体的外观效果。如图 22-31 所示,左侧为一款公交客车的内翻式侧窗实车照片。

图 22-31　内翻式侧窗的实车照片

5) 上下提升式侧窗

所谓上下提升式侧窗,是指镶框的活动玻璃在铝框内可以上下提升,亦即是把普通的铝框式推拉窗在垂直平面内旋转了 90°。当客车侧窗立柱布置较多,侧窗洞口的高度远大于洞口宽度时,可以采用上下提升式侧窗。这种提升窗以前多用于火车车厢的侧窗,在早期的大、中型客车上也有使用,目前仅在校车

上使用较多,如图22-32所示。采用这种侧窗的好处是,有利于提高整车的上部结构强度。

图22-32 上下提升式侧窗的实车照片

4. 驾驶人窗

驾驶人窗作为驾驶人与车外交互的最主要窗口,必须设置活动窗,开启的方式可以是手动也可以是电动。图22-33所示为一款客车的电动驾驶人窗结构示意图,图22-34为一款客车的电动驾驶人窗实物照片。

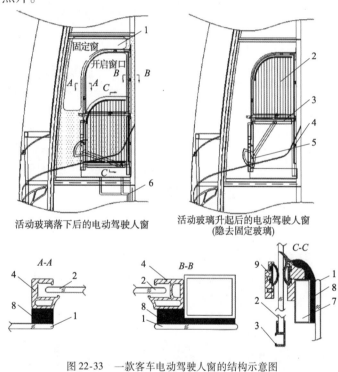

图22-33 一款客车电动驾驶人窗的结构示意图

1-固定玻璃;2-升降玻璃;3-活动玻璃托架;4-滑轨;5-升降机构齿扇;6-排水管;7-加强横梁;8-黏结剂;9-密封止口

图22-34 一款客车电动驾驶人窗的实物照片

手动窗是最常见的驾驶人窗形式,可以为铝框推拉式或内置推拉式。需要注意的是,内置推拉式手动驾驶人窗的洞口通常在靠后的位置(即驾驶人窗是向前打开),如果洞口在前(如图22-26中的1),内置推拉式驾驶人窗在使用一段时候后会有往车内渗水的隐患。手动驾驶人窗结构简单,开启和关闭可靠,可方便地布置中空玻璃,在客车中应用最为广泛。图22-35所示为一款内置推拉式驾驶人侧窗的结构示意图。

电动驾驶人窗通常应用在高档客车上(图22-34),其结构好比是将内置推拉窗在垂直平面内旋转90°,活动玻璃的开闭通过电动机驱动。即活动玻璃贴合在滑板架上,通过电动机驱动活动玻璃托槽沿着滑道升降,以此实现驾驶人窗的开启和关闭。根据驾驶人门的有无,电动驾驶人窗的驱动方式通常为拉索软轴驱动和摆臂滑轨驱动。电动驾驶人窗较难实现中空玻璃状态,通常会在活动玻璃内侧粘贴电热膜,以实现除霜功能。

— 644 —

5. 天窗

客车上的安全天窗应用较多,但玻璃天窗却鲜有应用。在客车车顶增加玻璃天窗,可以大大改善车内的采光效果,使车厢内更加明亮通透。目前,国外部分高档客车已采用玻璃天窗,有的甚至是全景式天窗,如图 22-36 所示。由于成本和客车顶部结构强度的限制,玻璃天窗的应用一直受到制约。此外,由于顶置式空调占据了客车车顶的大部分面积,这也是制约玻璃天窗在客车上广泛应用的一个很重要的因素。

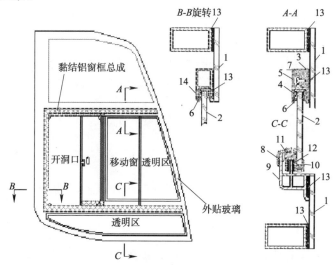

图 22-35 一款内置推拉式驾驶人侧窗结构示意图
1-外贴钢化玻璃;2-移窗钢化玻璃;3-上部固定底条;4-可卸式滑动轨;5-盖胶条;6-三元乙丙胶条;7-调节螺钉;8-滑动底槽盖板;9-滑动底槽;10-移窗滑动槽;11-盖板毛条;12-耐磨尼龙条;13-结构胶;14-侧面移窗嵌槽

图 22-36 客车全景天窗的实车照片

二、客车玻璃的类型及特点

1. 钢化玻璃

普通玻璃是一种无规则结构的非晶态固体,从微观角度看,普通玻璃态物质的原子结构没有形成规则的结晶,具有较高的内能而属于亚稳态,力学性能较差。钢化玻璃则是一种预应力玻璃,通常用物理或者化学的方法,在玻璃表层形成压应力,内层形成张应力,当承受外力时首先抵消表层压应力,使力学结构重新达到平衡,从而提高其力学性能。同等厚度的钢化玻璃抗冲击强度和抗弯强度是普通玻璃的 3~5 倍;耐急冷急热性能比普通玻璃也有 2~3 倍的提高,一般可承受 150℃ 左右的急剧温差变化,对防止热炸裂有显著效果;破碎时呈现无尖锐棱角的小碎片,对人体伤害程度明显降低。因此,是一种较安全的玻璃。

一般,玻璃的钢化方法有物理钢化法和化学钢化法。

1) 物理钢化法

物理钢化法是将熔软的玻璃急速冷却,由于热胀冷缩的原理,急冷导致玻璃表层冷却速度要大于里层,固化后里层形成张应力而表层形成压应力,内部力学结构达到平衡状态。这样就导致物理钢化玻璃的一个致命缺陷,若其内在力学平衡状态在某一个局部缺陷点发生失效,那整个玻璃就会瓦解,从而分散重构成一个个细小的近圆形颗粒。物理钢化会导致玻璃厚度因冷缩而减薄,一般会根据厚度不同相应减薄比例为 5%~10%。

2) 化学钢化法

化学钢化方法是将含有碱金属离子的硅酸盐玻璃浸入到熔融的锂盐中,熔融状态锂盐中的锂离子和玻璃中的钠和钾离子发生交换,从而在玻璃表层形成锂盐交换层,而锂盐的膨胀系数小于钠盐和钾盐,冷却过程中造成内层收缩较大而表层收缩较小;当冷却到常温后,玻璃便同样处于内层受拉外层受压的状态,其效果类似于物理钢化。由于化学钢化玻璃成本高昂,因此只在航空航天领域有所应用。

2. 夹层玻璃

法规规定最大速度大于40km/h的机动车辆,其前风窗玻璃必须为夹层玻璃(亦称"夹胶玻璃")。夹层玻璃是一种由两片或多片玻璃,之间夹了一层或者多层高分子有机聚合物中间膜,经过特殊的高温预压(或抽真空)及高温高压工艺处理后,使玻璃和中间膜永久黏合为一体的复合玻璃产品。夹层玻璃的原片可以是钢化玻璃、区域钢化玻璃及镀膜玻璃等。中间层有机材料最常用的是PVB(聚乙烯醇缩丁醛),也有SGB(环氧树脂)、EVA(乙烯-醋酸乙烯共聚物)和PU(聚氨酯)等。

夹层玻璃具有以下特性:

(1)较高的可见度。即使受外力的冲击后破碎,碎片与富有弹性的PVB结合,仍能保持可见度。

(2)极高的安全性。产品抗振、耐冲击力强,PVB黏结力强,当遭受外力而破坏后玻璃碎片不会到处飞溅而伤人。

目前,客车风窗玻璃以夹层钢化玻璃和夹层区域钢化玻璃为主,能承受较强的冲击力,具有良好的安全性。

3. 中空玻璃

中空玻璃由美国人于1865年发明,是一种良好的隔热和隔声材料。这种由两片或多片玻璃组合而成,玻璃片之间四周粘夹充填了干燥剂的铝合金隔框,用高强高气密性复合黏结剂将两片或多片玻璃之间用丁基胶黏结密封后,再用聚硫胶或结构胶密封,中间充入干燥气体,框内充以干燥剂,以保证玻璃片间空气的干燥度。由于中空玻璃的玻璃与玻璃之间,留有一定的空腔,因此中空玻璃具有良好的保温、隔热、隔声等性能;同时,因中空玻璃的湿气渗透率很低,在冬季内外温差较大的情况下具有良好的防结露性能。一般,普通玻璃的导热系数是0.77W/(m·k),而空气的导热系数只有0.028W/(m·k)。由此可见,玻璃的热传导率是空气的27倍,因此中空玻璃是一种极佳的保温材料。中空玻璃夹层内空气的水分含量需要严格控制,因为水和水蒸气是一种热传导率极高的物质,需要保证中空玻璃与外界的气密性,同时还需要在夹层中加入干燥剂以吸收其中的水分,才能长久保持中空玻璃的保温效果。

4. 树脂玻璃

树脂玻璃通常有PMMA(聚甲基丙烯酸甲酯)、PC(聚碳酸酯)和环氧树脂等,前两者较为常用,后者主要用在航空航天等高性能领域。PMMA通常也称为有机玻璃,俗称亚克力,是一种最常见的树脂玻璃,有极好的透光性,可透过92%以上的可见光;机械强度较高,有一定的耐寒耐热性,耐腐蚀性、绝缘性能良好;尺寸稳定,易于成型;质地较脆,易溶于有机溶剂;表面硬度不够,容易擦毛,一般多用在室内装饰、室外广告灯箱和家具用品等领域。PC玻璃较PMMA玻璃的透光性略低,但也可达到86%;耐热耐寒性能更好,热变形温度达到135℃,冷变形温度达到-45℃;抗冲击强度更大,阻燃性更好,可以达到BI级,有很好的阻燃效果。PC树脂玻璃的相对密度约为1.2,只有钢化玻璃的一半,热传导系数为0.19W/(m·k),只有玻璃的1/4,隔热效果比钢化玻璃好得多,再加上其较好的热稳定性和超高的抗冲击强度,因此PC树脂玻璃将是汽车玻璃的一个发展方向。但PC玻璃毕竟属于有机玻璃范畴,它的耐候性、耐溶剂性和表面硬度等与钢化玻璃比起来差距明显,这些特性限制了其在汽车玻璃领域的应用。随着玻璃涂层技术的发展,通过在PC树脂玻璃表面增加硅涂层,可以使其耐候性、耐溶剂性和耐擦伤性达到钢化玻璃水平,完全可以替代钢化玻璃。

表22-2是几种不同玻璃的性能对比,可以根据实际需要选择使用。

几种车用玻璃的性能对比 表22-2

性能指标	透光度	隔热性	耐候性	表面硬度	抗冲击强度	单位面积质量
钢化玻璃	高	一般	极好	高	较小	较重
夹层玻璃	较高	一般	极好	高	较大	重
中空玻璃	较高	极好	极好	高	较小	重
树脂玻璃	一般	较好	一般	一般	大	轻

三、客车玻璃的安装方式

客车玻璃的安装方式通常有两种,即镶嵌式和黏结式。目前,镶嵌式安装方式已几乎被淘汰,而黏结式安装方式则得到了普遍应用。

1. 镶嵌式

镶嵌式玻璃是一种较古老的玻璃安装方式,安装时除玻璃外还需要玻璃胶条、嵌条等部件。如图22-37所示,先将玻璃(序号1)与玻璃胶条(序号2)配合面进行清洁和去油污,再将玻璃胶条卡在玻璃周圈,然后将装配好胶条的玻璃放入止口骨架安装位置,最后嵌入玻璃嵌条(序号3)。采用这种安装方式的玻璃拆卸非常方便,但其装配精度不易保证,需要较高的玻璃止口精度,且安装后整体美观性不好,因此在客车上已趋于不用。

2. 黏结式

玻璃的黏结技术对客车来说是一项重要发明。如图22-38所示,所谓黏结式是将玻璃与玻璃止口之间用黏结剂黏结在一起的一种玻璃安装方式。安装过程如下:先将玻璃黏结面进行清洗,洗去油污,再在黏结面1打玻璃胶后安装玻璃,最后再用玻璃胶填满玻璃与黏结面2间的缝隙。为了避免玻璃周圈与安装部位被玻璃胶污染,可事先在间隙缝两边贴胶带纸,打完胶刮平后拆除即可。这种玻璃安装方式施工方便,整体美观性好,目前已在客车企业广泛使用。

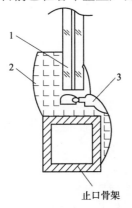

图 22-37 镶嵌玻璃安装方式
1-玻璃;2-胶条;3-嵌条

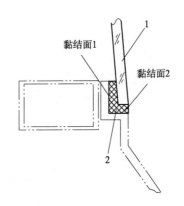

图 22-38 黏结玻璃安装方式
1-玻璃;2-黏结剂

四、客车玻璃技术及其发展

1. 热反射镀膜玻璃

热反射镀膜玻璃又称阳光控制膜玻璃,是在优质浮法玻璃表面用真空磁控溅射或者化学热分解的方法镀一层或多层金属化合物薄膜而成。薄膜的主要功能是按需要的比例控制太阳直接辐射的反射、透过和吸收,并产生需要的反色。对来自太阳的红外线,其反射率可达到30%~40%,甚至可以达到50%~60%。这种玻璃对太阳光有较高的反射能力,但仍有良好的透光性,具有良好的节能和装饰效果。预计在客车的前后风窗玻璃、侧窗和天窗上都可以得到应用,以此实现优化车内乘客的视觉和视线,提高安全性和舒适性目的。

2. 防弹玻璃

防弹玻璃是由钢化玻璃(或有机玻璃)与优质工程塑料经过特殊加工得到的一种复合型材料,复合后仍为透明状态,具有普通玻璃的外观和良好的透光性,其强度及整体抗冲击抗穿透能力更优于普通的双层夹胶玻璃,因此可以抵御常规子弹及子弹击碎的玻璃碎片的穿透,使其成为防弹玻璃。这种玻璃的防弹性能很大程度上取决于它的总厚度和子弹能量,在客车上主要用于高档商务车、指挥车等特殊车辆。

3. 憎水玻璃

憎水玻璃是在普通玻璃外表面涂一层硅有机化合物憎水膜,这层憎水膜具有良好的疏水性,它与水分子之间的分子力非常小,水分子无法在其表面凝聚,水滴在上面就像荷叶上的水珠一样,会形成圆形点滴迅速溜去,因此也有人形象地称之为荷叶效应。使用憎水玻璃的车辆在下雨时,雨水会迅速从上方滑出风窗玻璃的范围,改善驾驶人视野,减少发生事故的可能性。憎水特性在普通驾驶条件下可以持续数月,但目前这一技术还无法替代刮水器,但它可以和刮水器配合使用来达到最佳的驾驶视野,增强行驶安全性。

4. 自洁玻璃

自洁玻璃采用在线高温热解喷镀工艺在浮法玻璃表面喷镀一层具有光催化活性的超亲水纳米薄膜,镀膜的主要材料是二氧化钛。由于二氧化钛在光能的作用下,能够产生良好的光催化特性而具有超亲水性,它使得很小的水滴会聚成大的水滴,在重力的作用下自动脱落,从而使得镀膜表面非常易于清洁。该产品具有亲水、防霉、除臭、降解有机污染物、分解有害气体和净化空气等作用,能在较低的紫外光强度下实现上述功能,且具有持久性。

5. HUD 前风窗玻璃

HUD 前风窗玻璃即抬头数字显示玻璃(head-up display,HUD,亦可翻译为抬头数字显示仪),即驾驶人不需要低头就能够看到他需要的重要资讯。该项技术最初用于军事领域,特别是用于歼击机上,从20世纪80年代末开始在汽车产品上应用。其原理是:在前风窗玻璃的局部区域设置一个弱反射区,通过放置在仪表台上的发射器,将汽车的一些运行信息投射到前风窗玻璃的弱反射区上,通过反射区的反射光,驾驶人不用低头就可以获取车辆的各种运行信息。HUD 前风窗玻璃对于提高客车的驾驶安全性有着很好的作用,预计在客车上会有很大的应用前景。

6. 电加热玻璃

电加热玻璃亦称"电加温玻璃",是一种通电后能发热升温的夹层玻璃制品。电加热玻璃主要有两种加热方式:一种是将两片或多片钢化玻璃用 PVB 或专用胶片粘在一起,在夹层玻璃中间膜一侧嵌入极细的钨丝或康铜丝等金属电热丝;另一种是在玻璃内表面粘贴透明导电膜,通电后使玻璃受热。这种玻璃具有以下功能:通电后表面温度升高并保持在空气的露点以上,使玻璃表面不会产生水汽或霜雾,消除了事故隐患。目前,这类玻璃在客车的前风窗玻璃和驾驶窗玻璃上均有使用。

7. 日光控制玻璃

日光控制玻璃(SPD-Smart Glass,SPD)亦称"SPD 智能玻璃",是指一种利用日光控制技术(SPD-Smart)的玻璃。这种玻璃采用了美国研究先锋公司(RFI)发明的一种能感应日光并随着日光灵活改变颜色区域的薄膜,可以让用户通过手动或自动方式随时、准确地控制玻璃或塑料薄膜的遮蔽区域,从而使玻璃窗具有遮阳帘和百叶窗的效果,且不需要额外的其他活动部件。一般用于包括车顶遮阳窗或其他顶篷玻璃系统在内的各种汽车玻璃产品上,可以自由变换明暗。玻璃变深色后能阻挡95%的热量和99%以上的紫外线,并且不消耗额外能量;如果采用 SPD 智能玻璃,当玻璃被调至完全变黑的状态时,根据英国剑桥大学的研究统计,它能降低90%以上的太阳能照射量,且不用任何电能;在夏天烈日下停车时,使用这一功能,基本能阻隔热量,保持恒温;冬天需要阳光照射时,又可以把玻璃调至透明状态,让阳光照射车内。

8. 天线玻璃

所谓天线玻璃,是指在玻璃上增加一定形状规格的导体,起到接收天线的作用。与普通鞭式天线相比,由于天线隐藏在玻璃上,因此也叫隐藏式天线。通常将某一面积较小的玻璃如三角窗等作为天线玻璃,这样既方便了玻璃的更换,也降低了天线玻璃损坏后造成的损失。

9. PC 树脂玻璃

PC 树脂玻璃的质量只有同等钢化玻璃的一半,导热性能只有钢化玻璃的1/4,抗冲击强度是钢化玻璃的10倍甚至几十倍以上,同时还具有很好的阻燃性。只要结合外推窗和推拉窗技术,PC 树脂玻璃就会广泛应用于客车的侧窗、后风窗和天窗,对减轻整备质量和减少行车及空调能耗都有着显著的效果,同时也可以大大提高客车的被动安全性能。

上述各类玻璃在实际应用中,许多均被复合使用,也有些类型的玻璃暂时还没在客车领域应用,但其也是客车玻璃的一个发展方向。随着人们对客车的节能、安全、环保和舒适性的要求的不断提高,以上玻璃的应用会越来越多。

10. 隔热玻璃

隔热玻璃可分为 XRB1、XRB3 和镀膜隔热玻璃三种，是一种略带蓝绿色接近于无色的玻璃。其中，XRB1 采用磷酸盐吸收热量，XRB3 采用硅酸盐吸收热量，而镀膜隔热玻璃则采用隔热纳米粉体阻隔热量。这种玻璃虽然吸收的可见光线不显著，但能大量吸收产生热量的近红外光线。XRB1 和 XRB3 玻璃主要应用在既需要光线强度高又需要隔热条件的冷光灯源产品上，如手术室冷光灯、幻灯机和投影仪灯等。而镀膜隔热玻璃在客车上使用，可直接隔离车外热源降低车内温度，温差一般在 3~6℃。

第三节　风窗清洁装置

风窗清洁装置是客车前风窗玻璃的一个重要部件，其主要作用是用来清扫前风窗玻璃的雨雾及其外来物，以保证驾驶人前方视野清晰。风窗清洁装置包括刮水器和洗涤器，其中刮水器依据前风窗玻璃的结构和尺寸大小不同，有多种形式。

一、刮水器的类型

国产客车基本采用了三种类型的刮水器，即顺刮式刮水器、卧式对刮刮水器和立式对刮刮水器。这三种刮水器的工作原理和结构组成基本相同，都采用永磁直流减速电动机带动连动杆作往复运动，从而带动刮臂和刮片运动。一般由电动机、连动杆、刮臂和刮片等组成。

1. 顺刮式刮水器

这种刮水器主要用于玻璃面积较小的客车和车长 6m 以下的小型客车，如图 22-39 所示。其优点是结构简单、成本低、便于维修、消耗功率小和所需安装空间小；缺点是刮刷面积有限，特别是副驾驶一侧的刮刷盲区较大，刮片的长度一般不能超过 700mm。

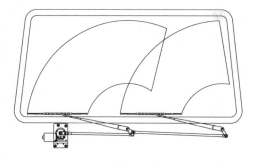

图 22-39　顺刮式刮水器

2. 卧式对刮刮水器

这种刮水器主要用于车长 6m 以上的客车，其刮扫的前风窗玻璃面积较大，如图 22-40 所示。这种刮水器的优点是电动机转矩大、噪声低、刮片的刮刷范围大和刮刷平衡；缺点是成本高、消耗功率大、自重较重，安装所需要的空间大。

3. 立式对刮刮水器

这类刮水器主要用于由左右两块玻璃组成的前风窗玻璃的客车上。由于国产客车所用的前风窗玻璃基本都是整块玻璃，因此很少使用，大部分用在特种车型上，如图 22-41 所示。其优点是连动杆结构简单、维修方便、刮刷面积大；缺点是刮片垂直放在玻璃中间影响驾驶人视野。

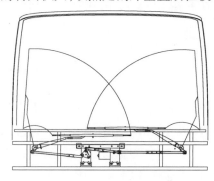

图 22-40　卧式对刮刮水器

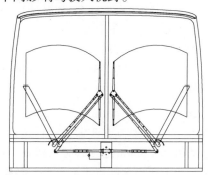

图 22-41　立式对刮刮水器

无论是哪种结构形式的刮水器，其组成部件都一样。整个刮水器系统由刮水电动机、连动杆、刮臂、刮片和洗涤器总成等五大部件组成。其工作原理是通过刮水电动机连续圆周运动，带动连动杆、刮臂和刮片作往复运动。由于客车所用的刮片和刮臂都较长,大型客车刮水器的刮刷频率要比轿车和小型客车的刮刷频率低,低速一般在 25~30r/min,高速一般在 35~40r/min,两速差大于 10r/min。

二、刮水器电动机

国内客车所用的刮水器电动机基本上都是永磁直流减速电动机,其输出功率在 80~180W,电压 24V,12V 的电压也可用在顺刮式刮水器上。100W 以上的电动机基本不采用 12V,因为工作电流大会对安全造成隐患。刮水器电动机的结构如图 22-42 所示,有关主要技术参数见表 22-3。

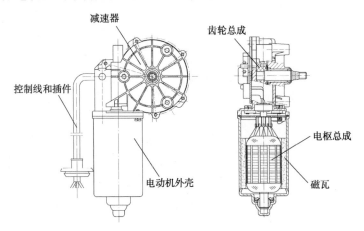

图 22-42 刮水器电动机结构

刮水器电动机的主要技术参数 表 22-3

功率(W)	电压(V)		空载电流(A)		空载转速(r/min)		工作电流(A)		工作转速(r/min)		额定转矩(N·m)		制动电流(A)
	标称	试验	低速	高速	低速	高速	低速	高速	低速	高速	工作	制动	
180	24	27	≤2	≤3.0	26±5	40±5	≤6.5	≤9	24±5	38±5	≥20	≥120	<30
150	24	27.5	≤2	≤3.0	26±5	35±5	≤6.5	≤8.5	24±5	38±5	≥17	≥110	<28
120	24	27	≤1.8	≤2.5	30±5	40±5	≤5	≤7	25±5	38±5	≥14	≥85	<26
100	24	27	≤1.4	≤2.0	35±5	48±5	≤5.0	≤7.0	33±5	45±5	≥11	≥75	<25
80	24	27	≤1.2	≤2.0	34±5	48±5	≤4.5	≤6	30±5	45±5	≥9	≥55	<25
80	12	13.5	≤1.8	≤3.0	34±5	48±5	≤6.5	≤8.5	30±5	45±5			<35

三、刮水器总成选配

1. 总成及电动机

6m 以下客车采用的顺刮式刮水器,其电动机标称功率在 100W 或 100W 以下,刮水臂和刮水片长度在 700mm 以下,洗涤器的容量在 2L 以下。

6m 以上客车采用卧式对刮刮水器和立式对刮刮水器,其选用的电动机标称功率为 120W、150W 或 180W,选用刮水臂的长度为 700~850mm,选用刮水片的长度为 800mm、900mm 或 1000mm,选用的连动杆中心长度为 1500~2100mm,洗涤器容量在 3L 以上。

2. 连动杆

目前,国产客车的卧式对刮刮水器连动杆主要有两种形式,一种是用厚度为 2.5mm 钢板冲压成形的连杆(图 22-43),一种是用圆钢焊接而成的连杆(图 22-44),一般根据玻璃的宽度选择合适长度的连动杆。对于刮水臂和刮水片较长的刮水器,基本采用圆钢焊接连杆,以提高使用寿命。

3. 刮水臂和刮水片

主要根据客车风窗玻璃大小以及驾驶人的前方视野点来选择。刮水臂的常用形式有单管、双管、单扁铁和双扁铁四种,长度为 700、750、800 和 850mm。其中,800、900 和 1000mm 为常用长度。

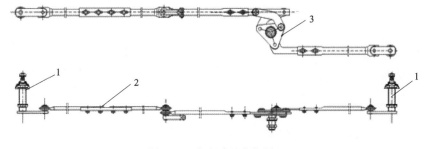

图 22-43　钢板冲压成形连杆
1-刮水臂心轴；2-连动杆系；3-驱动杆铰链

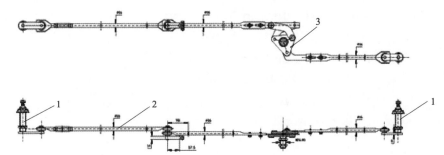

图 22-44　圆钢焊接连杆
1-刮水臂心轴；2-连动杆系；3-驱动杆铰链

现代客车的前风窗玻璃两侧弧度较大，为了能看到后视镜，有些车型在卧式对刮刮水臂驾驶人一侧的主刮水片上加装了一个小刮水片，以增加驾驶人视野，如图 22-45 所示。

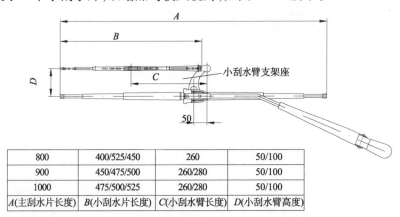

800	400/525/450	260	50/100
900	450/475/500	260/280	50/100
1000	475/500/525	260/280	50/100
A(主刮水片长度)	*B*(小刮水片长度)	*C*(小刮水臂长度)	*D*(小刮水臂高度)

图 22-45　刮水器小刮水片

四、洗涤器系统的结构组成和工作原理

客车洗涤器系统由洗涤水箱、洗涤电动机、水箱支架、水管、三通及喷嘴等组成。如图 22-46 所示。

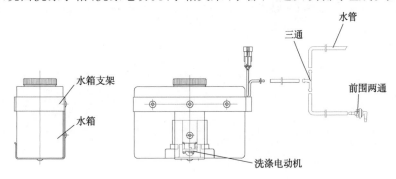

图 22-46　洗涤器系统的结构组成

工作时，通过永磁直流洗涤电动机的高转速，带动叶轮片快速运转将水箱的水抽出，通过水管和喷嘴

将水喷洒到前风窗玻璃上。由于洗涤电动机为高速电动机,不能长时间工作,其正常要求是工作时间不能超过6s,停机15s。

国内洗涤水箱常用的容积有1、1.5、1.8、3、5、8、10、11、13和14L等多种形式。

顺刮的喷嘴一般安装在前围蒙皮上,卧式和立式对刮的喷嘴安装在刮臂的前端。

五、刮水器的控制方式

目前,国产客车的刮水器控制基本有两种形式,一种是继电器控制,一种是模块总线控制,而对电动机的控制则有正极控制或负极控制。对洗涤器的控制通过组合开关上刮水器开关旁边的按钮来实现。国产大部分客车对刮水器的控制设有低速、高速、间隙和回位四个工作挡位。其中,刮水器电动机本身不带间隙功能,这一功能需通过中央控制盒中的间隙继电器或模块设置得以实现。由于客车所用的刮水电动机功率都较大,其起动电流和工作电流也很大,采用继电器控制若选用的继电器不合适,组合开关在换挡时容易使继电器触点拉弧,瞬间形成短路烧坏继电器和熔断丝。由于控制受电器盒的空间位置限制,继电器外形不能太大,对此可以采用外接的形式,即再外接两只大功率高低速继电器,以免烧坏原电器盒中的继电器。而原电器盒的继电器只作为控制电路,工作的大电流由外接的大功率继电器控制。这将有效避免出现频繁烧继电器或熔断丝的情况发生。

六、刮水器总成的电气工作原理

刮水器共有低速、高速、间歇和回位四个工作挡位,洗涤器电动机由洗涤器控制开关控制。

1. 低速挡

拨动刮水器开关到低速挡时,低速继电器常开点闭合,电路通路为:刮水器熔断丝→低速继电器常开脚→低速继电器公共脚→高速继电器公共脚→高速继电器常闭脚→刮水电动机低速绕组→负极,此时刮水器以25～30r/min的低转速运转,如图22-47所示。

2. 高速挡

拨动刮水器开关到高速挡时,低速继电器常开点闭合,高速继电器常开点闭合,电路通路为:刮水器熔断丝→低速继电器常开脚→低速继电器公共脚→高速继电器公共脚→高速继电器常开脚→刮水电动机高速绕组→负极,此时刮水器以45～55r/min的高速转速运转,如图22-48所示。

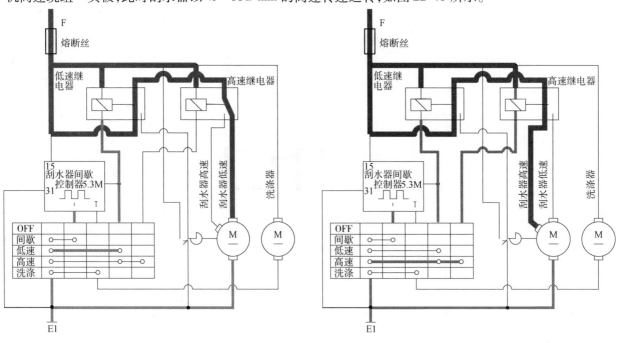

图22-47 刮水器低速挡工作原理图　　　图22-48 刮水器高速挡工作原理图

3. 间歇挡

拨动刮水器开关到间歇挡时,间歇控制器I管脚通过手拨开关搭铁,此时间隙控制器5.3M管脚输出负脉冲给刮水器低速继电器线圈负极,使低速继电器按一定的周期频率通断工作。从而实现刮水器的间歇工作,如图 22-49 所示。

4. 洗涤器

按下洗涤器开关时,间歇控制器 T 管脚通过手拨开关搭铁,此时间隙控制器 5.3M 管脚输出负信号给刮水器低速继电器线圈负极,使低速继电器工作,从而实现刮水器的喷淋和运转。如图 22-50 所示。

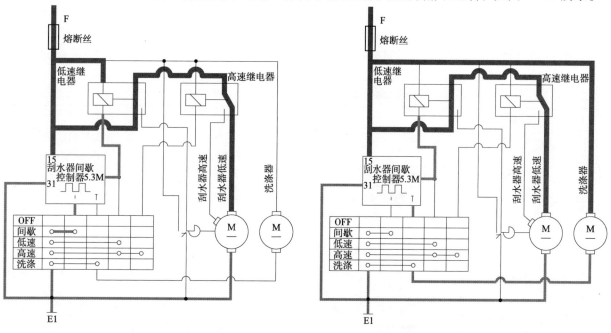

图 22-49 刮水器间歇挡工作原理图　　　　　图 22-50 刮水器洗涤器工作原理图

5. 回位控制

在刮水器运转过程中,当开关拨回 OFF 挡时,刮水器低速继电器和高速继电器均复位。若此时刮片不在正常位置,刮水器电动机的凸轮会将刮水器主电源接通到低速继电器的常闭脚,从而使刮水器电动机继续低速运转,直至刮片恢复到起始位置时才停止,如图 22-51 所示。

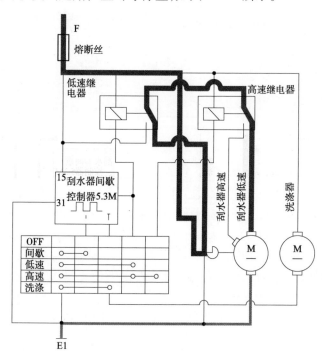

图 22-51 刮水器回位控制原理图

近年来,客车电子技术产品的飞速发展为先进大功率输出总线模块逐步替代刮水器间歇继电器和刮水器继电器创造了条件,从而简化了刮水器的控制。

第四节 客车座椅及卧铺

座椅及卧铺作为客车车身的一个重要组成部分,已不是单纯满足乘坐和睡卧需要的内饰部件,而是关系到整车的乘驾舒适性、安全性、人机工程和机械结构,并集材料、标准及法规、生产与装配等为一体的系统工程产品。现有的机动车座椅、卧铺及其乘员约束系统的国家标准见表22-4,其设计、安装、选用、生产等必须满足相关国家标准的要求。

机动车座椅及其乘员约束系统国家标准汇总　　表22-4

序号	标准编号	标准名称	标准内容
1	GB 7258—2012	机动车运行安全技术条件	规定了座椅(卧铺)的布置形式及其空间的基本要求
2	GB 13057—2014	客车座椅及其车辆固定件的强度	规定了座椅及其车辆固定件的强度要求
3	GB 13094—2007	客车结构安全要求	规定了乘客座椅的有效空间要求
4	GB 14166—2013	机动车乘员用安全带、约束系统、儿童约束系统和ISOFIX儿童约束系统	规定了汽车安全带、约束系统、儿童约束系统和ISOFIX儿童约束系统技术要求
5	GB 14167—2013	汽车安全带安装固定点、ISOFIX固定点系统及上拉带固定点	规定了汽车安全带安装固定点、ISOFIX固定点系统及上拉带固定点技术要求
6	GB 15083—2006	汽车座椅、座椅固定装置及头枕强度要求和试验方法	规定了汽车座椅、座椅固定件及头枕的强度要求和试验方法
7	GB/T 1688—2008	卧铺客车结构安全要求	规定了卧铺客车结构、空间尺寸、通道尺寸等安全要求
8	GB 18565—2001	营运车辆综合性能要求和检验方法	规定了座椅间距不得采用沿滑道纵向调整的结构
9	GB 24406—2012	专用校车学生座椅系统及其车辆固定件的强度	规定了学生座椅系统及其车辆固定件的强度要求
10	GB 24407—2012	专用校车安全技术条件	规定了专用校车结构空间尺寸、通道尺寸等安全要求
11	JT/T 325—2013	营运客车类型划分及等级评定	规定了营运客车在不同等级时,对相应座椅的要求
12	QC/T 633—2009	客车座椅	规定了座椅的尺寸规格、技术要求、试验方法及检验规则等

一、客车座椅

1. 功能及要求

客车是高速运动体,行驶中乘员处在前冲、后仰、左右摇摆和上下颠簸的环境中,而长途乘坐往往几个小时无法自由活动。因此,座椅极大地影响着乘员的乘坐舒适性、疲劳程度和安全性,同时又是车内数量最多且与乘员接触最密切的功能件和装饰件。

对客车座椅的功能和基本要求如下:

(1)能为乘客提供舒适、安全的乘坐条件,为驾驶人提供便于操纵、舒适、安全和不易疲劳的工作条件。

(2)具有良好的静态特性。座椅尺寸和形状应保证人体具有合适的坐姿、良好的体压分布和触感,并能调节尺寸和位置。

(3)良好的减振等动态特性。

(4)足够的强度和耐久性,保证有关强制性标准的要求。

(5)外形美观。

客车座椅应有多种调节功能,以满足不同身材、性别和年龄的人员乘坐(或工作)的舒适性要求。

2. 分类、结构及材料

客车座椅按用途可分为:驾驶座椅、乘客座椅和导游座椅。

1)驾驶座椅

(1)驾驶座椅在客车安全系统中属于主动安全性部件,除了满足舒适的驾驶姿态要求外,还应有符合人机工程需要的操作方便性。通过对座椅的前后、上下、靠背倾斜角度、坐垫倾角、横向支撑、腰椎支撑、坐垫刚度(局部硬度)和头枕的前后、上下等位置的有限调节等,使大部分驾驶人能够处于合理的驾驶位置,保持良好的驾驶视野,减轻操作疲劳,确保行车安全。

(2)根据减振功能的不同,驾驶座椅主要有机械连杆型、机械液压减振型、空气悬浮减振型和附加腰部调节及按摩加热功能等多种类型。

机械连杆型座椅具备高度和前后方向、坐垫倾角及靠背倾角等调节功能。其中,驾驶人升降功能的调节主要靠拉动连杆手柄来实现。

机械液压减振型座椅不仅具有高度和前后方向、坐垫倾角及靠背倾角等调节功能,还具有垂直方向的振动衰减功能。座椅的减振系统一般由液压阻尼减振器、机械弹簧和调节机构等组成,根据驾驶人自身质量和路况条件,适当调节弹簧刚度,以达到合适的阻尼效果。

空气悬浮减振型座椅的减振系统及高度调节方式由空气悬浮技术控制,其控制系统主要有两大类,一种是气控系统,一种是电控系统。图 22-52 所示为一款空气悬浮减振型驾驶座椅总成。

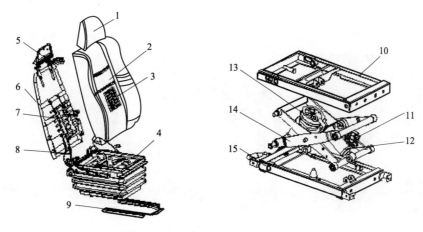

图 22-52 一款空气悬浮减振型驾驶椅总成

1-靠背头枕;2-靠背海绵;3-加热垫;4-底架总成;5-头枕骨架;6-靠背骨架;7-腰托机构;8-调节机构;9-滑轨;10-底架上框架;11-高度调节阀;12-减振器;13-减振气囊;14-升降架;15-升降限位手柄

(3)驾驶座椅的调节系统可分为三部分,即靠背角度、高度方向和前后方向。

靠背角度调节机构有气弹簧式和齿轮式两种,气弹簧式的调节原理见乘客座椅,两者调节方式相同,齿轮式调节机构通常采用电动机驱动和手动调节。

高度方向调节机构有机械式和气囊式两种,机械式调节机构主要采用手动和电动两种驱动方式,气囊式调节机构则是通过调节驾驶座椅坐垫下的气囊高度来实现整个座椅高度的可调。

前后方向的调节机构是由座椅本体和安装在车体上的座椅固定支架之间的滑道来实现的,通常有手动和电动机驱动两种。滑道由调节机构、锁止机构和限位机构等组成,调节时可保证座椅在任一位置自动锁止。图 22-53 所示为一款安装在车体上的空气悬浮减振型驾驶座椅。

图 22-53 一款安装在车体上的空气悬浮减振型驾驶座椅

2）乘客座椅

（1）分类。乘客座椅是指在客车上为乘客出行提供乘坐的座椅。按照车型类别，可分为长途/旅游客车乘客座椅、城市公交客车乘客座椅和专用校车学生座椅等；按照乘坐人数，可分为单人椅、双人椅、三人椅和多人座椅；按照乘坐位置，可分为前排座椅、中排座椅和后排座椅；按照座椅的表面材料，可分为真皮座椅、仿皮座椅和绒布座椅；按照功能性划分，可分为调节型座椅、固定式座椅、折叠座椅、翻转座椅和旋转座椅等。乘客座椅应有靠背角度、坐垫角度、座椅宽度、头枕高度和脚蹬调节功能。

目前，国内长途、旅游及团体客车的乘客座椅尺寸规格可参见 QC/T 633—2006《客车座椅》、JT/T 325—2013《营运客车类型划分及等级评定》，以及即将发布的 QC/T《城市客车塑料座椅》标准。一般，团体客车上的座椅在结构及形式上更接近长途/旅游客车的乘客座椅，只是尺寸略有变化或根本就没有差异，但后者对乘坐的舒适性有较高的要求。图 22-54 所示为典型长途/旅游客车乘客座椅、城市公交客车乘客座椅及专用校车学生座椅。

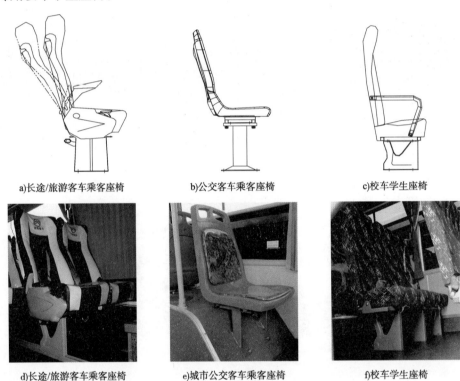

图 22-54　典型的长途/旅游客车、城市公交客车和专用校车座椅示意图及安装方式

（2）长途/旅游客车乘客座椅。长途/旅游客车的乘客座椅主要是由骨架、固定件支架、弹性材料、调节机构、面料和附件等组成，如图 22-55 所示。

图 22-55　旅游客车乘客座椅的典型结构
1-固定件支架；2-附件；3-弹性材料；4-骨架；5-面料；6-调节机构

①固定件支架。固定件支架是座椅固定于车体上的连接件。由于车身结构的限制，不同位置的乘客座椅其固定方式不同，但不管是何种固定形式，其固定件都必须具有足够的强度，即必须满足 GB 15083—2006（驾驶座椅）和 GB 13057—2014（乘客座椅）标准的要求。最常见的固定件支架材料有钢结构、铝合金结构和钢铝混合结构。

图 22-55 所示乘客座椅的固定形式如下：

a. 侧墙固定点：通过图 22-55 中的骨架固定于车身侧围预留件上。

b. 中间固定点：通过图 22-55 中的安装固定支架将座椅固定到地板骨架上。如图 22-56 所示。

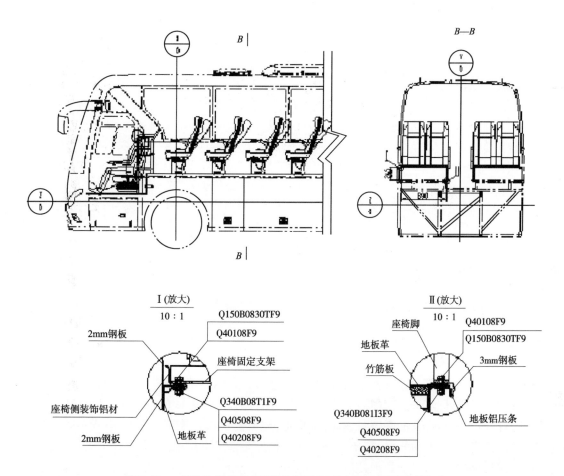

图 22-56 一款长途/旅游客车座椅的典型固定件支架与车身的连接方式

②座椅附件。座椅附件指的是拉手、扶手、安全带、杂物袋、茶杯架、腿托和脚踏等,它们的位置及安装都必须符合相关法规要求,这部分内容将在本章第十节中介绍。

③弹性材料。为达到乘坐的舒适性,在座椅靠背和坐垫上常采用 PU 发泡件来缓和车体的振动和冲击。PU 发泡又称聚氨酯泡沫,根据座椅的性能及特点,主要采用高回弹软质聚氨酯泡沫塑料作为座椅的弹性材料。浇注座椅的弹性材料时,一般采用冷硫化工艺,在模具中相应部位放入高密度泡沫塑料嵌件,然后在周围浇注低密度泡沫塑料,根据不同配方及模具形状,制造出所需要的硬度及不同形状的座椅软垫。

对于客车座椅的弹性材料,主要关注三个方面的性能:

a. 弹性材料的硬度和密度。即坐垫和靠背的软硬度,弹性材料太软和太硬,人会感到不舒适。测量硬度的方式通常用"压陷载荷"来衡量,即座椅 PU 发泡厚度压缩到自由厚度的 50% 时所需要的载荷,压陷载荷越大,则 PU 发泡硬度越大。软硬度是由原材料配方和发泡工艺决定的。

b. 弹性材料的形状,即椅型。由人机工程决定,需保证均匀的压力分布,坐垫及靠背中间部分的宽度距离不得小于 340mm;人体到座椅内骨架的厚度不得小于 35~50mm;靠背和坐垫的中间及两翼的几何开形状与人机工程关系;坐垫前端与大腿的人机工程关系;调节器及附件的人机工程关系;腰托的位置和突出量的人机工程关系等。任何部位处理不当,都会直接影响座椅的舒适性能。

c. 阻燃性能。燃烧性能必须满足 GB 8410—2006《汽车内饰材料的燃烧性能》的要求。

④座椅骨架。座椅骨架是承载座椅本身及乘客质量的受力结构件,骨架的选材原则是在保证体积及轻量化的前提下,应具有足够的强度和刚度。必须满足 GB 13057—2014(乘客座椅)标准和 GB 15083—2006(驾驶座椅)标准的要求。最常见的材料有钢结构、铝合金结构和钢铝混合结构。座椅的骨架通常由靠背骨架和底座骨架两部分组成。图 22-57 所示为一款长途/旅游客车座椅的靠背骨架总成,图 22-58 所示为一款旅游客车乘客座椅的底座骨架总成。

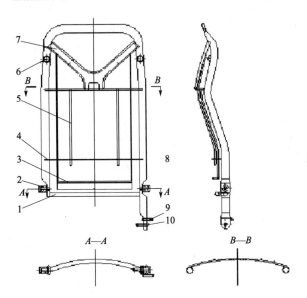

图 22-57 一款长途/旅游客车座椅的靠背骨架总成
1-圆管 $\phi16mm$；2-靠背锥形转轴套；3-圆钢 $\phi5mm$；4-圆钢 $\phi5mm$；
5-圆钢 $\phi5mm$；6-拉手固定座；7-靠背上加强板；8-圆管 $\phi25mm$；
9-靠背角限位销；10-气弹簧后支座

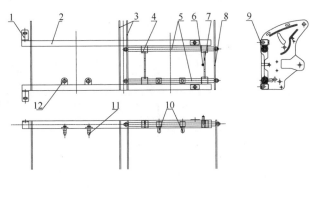

图 22-58 一款旅游客车乘客座椅的底座骨架总成
1-侧墙连接板；2-底座横梁；3-靠背连接板；4-滑动杆固定座；
5-横移滑动杆；6-横移限位销；7-横移限位板；8-扶手支柱；
9-尼龙套圈；10-活动球头；11-锥形螺栓；12-内球头固定座

⑤座椅面料。座椅面料即座椅表面的包覆层，其材质有真皮、人造皮革和纺织绒布等。

客车座椅护面材料目前采用较多的是纺织材料护面，部分采用人造革材料或真皮材料加工的护面座套等。纺织类材料一般具有大的摩擦系数，防滑稳定性和透气性好，乘坐柔软舒适。人造革和真皮材料的座套档次高、易清洁，但表面光滑，需要依靠坐垫形状控制乘坐下滑现象，也可在加工座套过程中，对人体接触的中间部分皮革进行打皱处理，以增加摩擦力。

对座椅护面材料的基本要求是：在 $-30 \sim 50$℃ 的环境温度下，应能满足抗压、强度、耐磨、耐光、抗静电等方面的使用要求；应具有阻燃性能，其燃烧特性必须满足 GB 8410 的有关规定；座椅与人体接触部分的护面材料应具有较好的透气性和透湿性；座椅护面材料要满足抗拉和抗撕裂强度要求；护面中甲醛、苯等有害物质的含量不能超标。

⑥调节机构。客车的乘客座椅具有靠背角度可调和横向侧移可调两种功能，图 22-59 所示为一款旅游客车乘客座椅调节机构组件总成。

图 22-59 一款旅游客车乘客座椅调节机构组件总成
1-座椅靠背；2-多挡可调脚蹬；3-侧移滑轨；4-下压式扶手；5-杆式靠背角度调节器；6-靠背角度调节按钮；7-侧移调节按钮；8-腿托按钮；9-可调腿托；10-坐垫固定锥

a. 靠背角度调节由自锁型气弹簧（图中5）来实现。这种气弹簧借助一种释放机构（图中6），可在行程中的任意位置停止，并在停止后具有较大的锁紧力，同时在座椅上设置了限位孔，通过靠背骨架上的限位销来限制靠背的调节角度。一般乘客座椅的调节角度不大于 20°。

如图 22-59 所示，按下靠背角度调节按钮6，靠背角度调角器（气弹簧）5 的开关打开，气弹簧可伸长或缩短。当向后推压靠背1时，气弹簧被压缩，长度变短，靠背与坐垫夹角增大；反之，气弹簧恢复原状态，长度变大，靠背与坐垫夹角减小。

b. 侧移调节。靠近过道的乘客座椅可横向移动，其结构是使该座椅在滑轨上能移动。由骨架上的限位孔，通过限位销来决定座椅的侧移量，一般乘客座椅的最大侧移量为 60 ~ 70mm。

图 22-59 中3 为滑轨式侧移结构。按下侧移调节按钮7，座位位置锁止机构打开，座位即可沿侧移滑轨移动；移动到合适的位置后松开调节按钮7，侧移机构自动锁止。

c. 其他调节装置。如扶手调节、脚蹬调节和腿托调节等。

(3) 城市客车乘客座椅。城市客车的乘客座椅主要是塑料座椅。根据在车厢中的不同位置,塑料座椅的安装布置有正向、侧向、后向等多种形式。塑料座椅一般由座椅塑料件和座椅骨架结构件等组成。座椅塑料件的材料有 PP、PE 或 PVC,通过注塑或吹塑成型工艺制造。采用这些材料的座椅具有制造成本低、生产效率高等特点。为改善乘坐舒适性,可在塑料座椅的靠背和坐垫上增加发泡软垫。图 22-60 所示为一款带有软垫的城市公交客车乘客座椅总成。

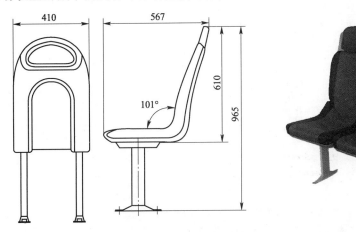

图 22-60　一款带有软垫的城市公交客车乘客座椅总成

(4) 校车学生座椅。所谓学生专用座椅是指专门为幼儿和中小学生设计的专用校车学生座椅。校车座椅可分为中、小学生专用校车座椅和幼儿专用校车座椅。根据学生特点及安全性要求,校车座椅的外形尺寸和结构强度要求有所不同,但其安装及强度需满足 GB 24406—2012《专用校车学生座椅系统及其车辆固定件强度》的要求。幼儿及学生座椅的尺寸见表 22-5。

表 22-5　幼儿及学生座椅的尺寸

车　　型	幼儿专用校车	小学生专用校车	中小学生专用校车
每人坐垫宽(mm)	≥330	≥350	≥380
坐垫深(mm)	≥300	≥350	≥350
坐垫高(mm)	220～300	280～380	300～450
靠背厚度(mm)	≥40	≥40	≥40
靠背高度(H)(mm)	600≤H≤710	710≤H≤860	710≤H≤860

摘自:GB 24407—2012《专用校车安全技术条件》。

3) 导游座椅

导游座椅主要配置在旅游客车和长途客车上,一般安装在前门通道处,为减少占用车内空间,多采用折叠形式。

导游座椅主要是为车组服务人员提供乘坐使用的座椅。按其安装方式可分为壁挂式和座式两种,图 22-61 所示为安装在车体上的壁挂式和座式导游座椅。

a)壁挂式导游座椅　　　　　　b)座式导游座椅

图 22-61　安装在车上的壁挂式和座式导游座椅照片

导游座椅的结构紧凑,坐垫可自动翻转折叠,折叠后占用空间尺寸较少。图 22-62 所示为一款底座式导游椅的整体结构及外形示意图。

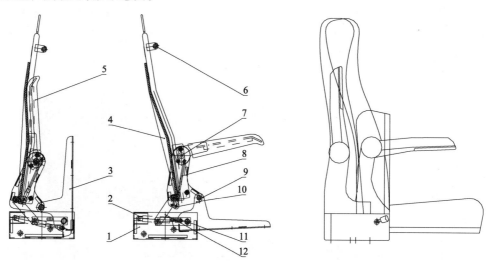

图 22-62　一款底座式导游椅整体结构及外形示意图

1-底座总成;2-支撑弹簧;3-坐垫底座总成;4-靠背骨架总成;5-导游扶手总成;6-安全带固定支架;7-扶手固定介子;8-扶手活动连杆机构;9-座靠连接轴销;10-靠背活动侧板总成;11-座架活动轴销;12-座靠连接机构

3. 客车座椅安全带及其约束系统

客车座椅安全带是重要的安全装置之一,在客车发生不可避免的交通事故后,能对车内乘客进行有效保护,起到将乘客束缚在座位上,防止发生二次碰撞的作用。同时,由于安全带的缓冲作用,在碰撞中吸收大量撞击能量,可以有效减轻乘客受到伤害的程度。

1) 座椅安全带的固定点

安全带通常由专业生产厂家制造,在客车上应用时主要是带型选择及固定点设计。客车的安全带结构及固定点需满足 GB 14166—2013《机动车乘员用安全带、约束系统、儿童约束系统和 ISOFIX 儿童约束系统》及 GB 14167—2013《汽车安全带安装固定点、ISOFIX 固定点系统及上拉带固定点》的要求。图 22-63 所示为座椅上二点式安全带有效固定点,图 22-64 所示为座椅上三点式安全带有效固定点。

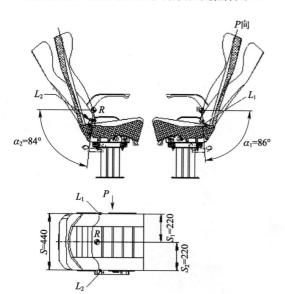

图 22-63　座椅上二点式安全带有效固定点

L_1-安全带固定点一;L_2-安全带固定点二

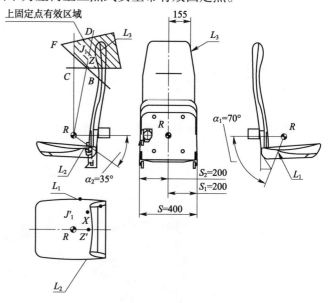

图 22-64　座椅上三点式安全带有效固定点

L_1-安全带固定点一;L_2-安全带固定点二;L_3-安全带固定点三

安全带固定点的位置设置应遵循以下原则:

(1) 固定点可设置在车辆的其他部位,但按照结构上的简单性,大部分安全带都设置在座椅本身的骨架上。

(2) 固定点可以共用,但强度需满足标准规定的要求。

(3) 标准所规定的安全带固定点位置都是有效的。

(4) 座椅上的安全带只有二点式和三点式。

2) 客车座椅固定件强度及其安装

(1) 对座椅固定件的要求

对座椅固定件的要求是保证座椅安装强度。座椅固定件的强度要求分为座椅支架及固定车身部件的强度要求和安全带固定点的强度要求两部分。对此 GB 13057—2014、QC/T 964—2006、GB 14166—2013 及 GB 14167—2013 中有明确规定。从这些标准中可知,以相同的座椅模型来比较座椅的安装强度和安全带固定点的强度对于固定座椅的底脚所产生的拉力值,见表 22-6。由表中可见,安全带固定点的强度要求要比座椅的安装强度要求大得多。在实际生产中,可以用安全带固定点的强度覆盖座椅的安装强度。

座椅地脚螺栓所产生的拉力值　　　　　表 22-6

计算椅脚固定螺栓拉力值的标准	GB 13057	GB 14167	
		两点式安全带	三点式安全带
椅脚固定螺栓拉力值(T)(N)	19230	23437	33150

(2) 座椅的安装要求及固定方式

座椅的安装要求是座椅在空间布局上的要求和强度要求等。由于车身结构的限制,不同位置的乘客座椅其固定方式是不同的,但不管采用何种固定形式,其连接件必须具有足够的强度,且必须满足 GB 13057 和 QC/T 964 标准中相关内容的规定。而影响座椅安装强度因素较多,通常通过试验来认证其强度。

二、客车卧铺

客车卧铺是卧铺客车内专门设计和制造供全体乘客卧睡的装置,作为车内一种有别于座椅的乘卧装置,在结构、形态和布置方式上均与座椅有所不同,是我国特殊地域和人文环境下的产物。为方便描述,表 22-7 列出了现有客车卧铺的常见术语。

客车卧铺的常见术语汇总表　　　　　表 22-7

序号	术语	定义	备注
1	安全脚蹬	置于卧铺垫前端,用于限制乘客乘卧时前蹿的装置	如图 22—67 所示
2	R''点	以安全脚蹬面和卧铺垫上表面纵向中线的交点为圆心,半径为 900mm 的圆弧与卧铺垫上表面纵向中心线的交点	如图 22—67 所示
3	卧铺长度	从卧铺安全脚蹬面到卧铺垫另一端之间的卧铺垫上表面纵向中心线的长度(头枕处取直线段)	GB/T 16887—2008
4	卧铺宽	在卧铺上表面的纵向中心线上距离 R'' 点前后各 100mm 范围内测得的卧铺框架宽度的最小值	GB/T 16887—2008
5	卧铺纵向间距	前后相邻卧铺的相同位置点之间的距离	GB/T 16887—2008
6	铺间高	双层卧铺中,下层卧铺的 R'' 点垂直向上至障碍物的距离	见图 22-67 中 H_1
7	上铺高	双层卧铺中,上层卧铺的 R'' 点垂直向上至障碍物的距离	见图 22-67 中 H_2
8	安全脚蹬高	安全脚蹬面与卧铺垫上表面纵向中心线的交点,至安全脚蹬垂直面上缘的距离	见图 22-67 中 H_3

1. 分类及要求

客车卧铺的安装强度需满足 GB/T 16887—2008《卧铺客车结构安全要求》标准及法规的要求。

客车卧铺按形态可划分为平铺和半躺铺两类,平铺舒适性较好,半躺铺的空间利用率高。平铺和半躺铺的外形如图 22-65 所示。

图 22-65 常见的平铺和半躺铺形状

2. 结构

客车卧铺主要由卧铺支座、卧铺垫、卧铺扶手、安全脚蹬、卧铺支架、安全带及引风装置等部件组成，如图 22-66 和图 22-67 所示。

图 22-66 一款安装在卧铺客车上的卧铺总成
1-卧铺垫；2-卧铺支座；3-卧铺扶手；4-卧铺支架；5-安全脚蹬；6-安全带及固定点；7-引风装置

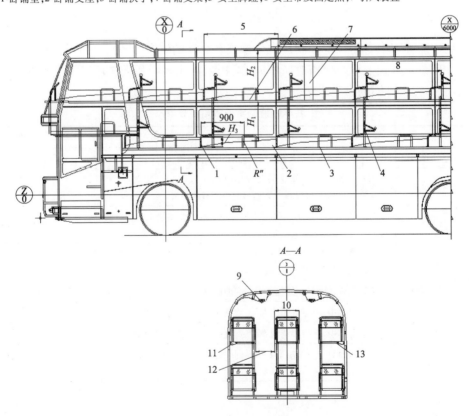

图 22-67 卧铺安装方式及结构总成
1-安全脚蹬；2-卧铺垫；3-卧铺扶手；4-卧铺支架；5-卧铺纵向间距；6-安全带及固定点；7-引风装置；8-卧铺长度；9-上卧冷风道；10-卧铺宽度；11-下卧冷气风道；12-过道宽度；13-卧铺支座

1) 卧铺支座

卧铺支座(框架)是安装客车卧铺各部件的基础,客车卧铺的各个主要部件均需要通过卧铺支座进行连接固定,从而达到满足乘客使用的状态。卧铺支座的材料可以根据需要合理选用,常用材质有方钢和钢管,表面根据产品配置进行美化防锈处理,提升外观效果。卧铺支座的结构必须可靠,确保乘客安全。

2) 卧铺垫

卧铺垫是供乘客乘卧用的软性支撑物。正常情况下,乘客直接躺卧在铺垫上,铺垫的造型和材质直接影响到乘客的乘卧舒适性。铺垫的造型设计考虑了人体躺卧时状态、铺垫与人体接触部分的形状及人体工程学要求,在人体腰部、颈部和头部位置增加了一定的支撑,以提升舒适性。但支撑高度不易过高,否则影响侧卧的舒适性。铺垫材料多为海绵外包面料或皮革,海绵为高弹海绵,面料或皮革具有环保性和一定的透气性。

3) 卧铺扶手

卧铺扶手是安装在卧铺边缘,保护乘客安全的装置。一般分为靠过道侧的铺位护栏和靠边窗侧的侧窗护栏,其目的都是保护乘客安全。护栏的安装结构,要求固定可靠;侧窗护栏还要易于拆卸。护栏材料多选用钢管或不锈钢管,钢管表面进行美化和防锈处理;为提升档次和舒适性,宜采用表面软化包覆处理。

4) 安全脚蹬

脚蹬是安装在卧铺前端,用于限制乘客乘卧时前窜的装置。平铺安全脚蹬多为挡板结构,置于前后相邻铺位之间,将铺位分隔开;半躺铺安全脚蹬为靠背结构,安装位置同平铺挡板,但半躺铺靠背将铺位空间合理分隔,上面部分前排铺位可以枕卧,下面部分后排铺位可以放脚,增大了空间利用率。安全脚蹬的安装结构要求固定可靠,同时半躺铺靠背需特别注意靠背上表面的造型设计,既要考虑前排铺位乘客背部的乘卧舒适性,也要注意满足后排乘客脚部的舒适性。顶部不封闭的安全脚蹬,高度应不小于170mm;顶部封闭的安全脚蹬,垂直面和顶面采用圆弧过渡时,和垂直面相交(或相切)的圆弧最低点的高度(H_3)不小于170mm,和顶面相交(或相切)的过渡圆弧最高点的高度应不小于250mm。安全脚蹬材质可选用型钢和钢管等,表面进行防锈美化处理,也可以进行软化包覆处理,提升档次和舒适性。

5) 卧铺支架

卧铺支架是用于支撑卧铺主体,保证其安装稳定性的装置。卧铺支架结构形式较多,但不管采用何种形式,其功能都是用于支撑卧铺主体。支架上需设置供上层铺位乘客上下卧铺所用的扶梯,要求结构牢靠、方便使用。支架的结构设计要保证主体强度、与卧铺框架的连接强度和固定底座与地板的连接强度。支架材质可选用型钢和钢管等,表面进行防锈美化处理,也可以进行软化包覆处理,提升档次和舒适性。

6) 安全带

安全带为两点式,要求系在乘员卧姿状态的腰部位置,与卧铺扶手一道防止乘客跌落。一般在以安全脚蹬面和卧铺垫上表面纵向中心线的交点为圆心,半径为900mm的圆弧与铺垫上表面纵向中心线的交点(R''点)附近安装。

7) 引风装置

引风装置是卧铺客车内为满足乘客降温需要而设置的空调管道及相关部件。设计时需考虑与空调风道的配合,满足通风量的要求并尽量不占用铺位空间,避免影响乘客舒适性。管道材质一般选用钢板、玻璃钢和 ABS 等,表面大多采用黏结纺织或 PVC 皮革面料来提升表面效果。

3. 客车卧铺的布置形式

客车卧铺的布置形式必须符合 GB 7258—2012《机动车运行安全技术条件》的要求,即:卧铺客车的卧铺应纵向单铺布置(与机动车前进方向相同),卧铺长度应不小于1800mm,宽度应大于或等于450mm,纵向间距应大于或等于1600mm,相邻卧铺的横向间距应大于或等于350mm;卧铺不得布置为三层或三层以上;双层布置时上铺高应大于或等于780mm,铺间高应大于或等于750mm。图 22-68 所示为一款安装在卧铺客车上的卧铺总成。

图 22-68　安装在卧铺客车上的一款卧铺总成

对于有等级要求的卧铺客车,卧铺布置除上述要求外,还必须满足以下要求:同一卧铺客车的卧铺类型应相同,且不得设置折叠铺;在驾驶区、踏步间及其他服务设施(卫生间等)上方空间不得设置卧铺(低驾驶区上方有顶板车型除外);卧铺的支撑杆件、扶梯及护栏等金属表面应采用软性材料包覆。有等级要求的卧铺布置要求见表 22-8。

有等级要求的卧铺布置要求(单位:mm)　　　表 22-8

代号	类　型	等　级					
		高三	高二		高一		中级及普通级	
A	排列形式	1+1	1+1 或 1+1+1		1+1 或 1+1+1		1+1+1	
B	卧铺类型	平铺	平铺	半躺	平铺	半躺	平铺	半躺
C	靠背调节	—	—	不可调	—	不可调	—	不可调
D	卧铺全长	≥1900	≥1900	≥1900	≥1900	≥1900	≥1800	≥1800
E	卧铺宽度	≥700	≥500(700c)	≥500	≥500	≥500	≥450	≥450
F	铺纵向间距	≥1950	≥1950	≥1600	≥1950	≥1600	≥1850	≥1600
G	铺横向间距	≥700	≥350(700c)	≥350	≥350	≥350	≥350	≥350
H	上铺空间高度	≥800	≥800	≥800	≥800	≥800	≥780	≥780
I	铺间高度	≥850	≥850	≥850	≥850	≥850	≥800	≥800
J	重叠脚窝高度	—	—	≥250	—	≥250	—	≥250
K	下铺面距地高度①	≥250	≥250	≥250	≥250	≥250	≥250	≥250
L	护栏高度	≥150	≥150	≥150	≥150	≥150	≥150	≥150
M	铺垫厚②	≥70	≥70	≥70	≥70	≥70	≥70	≥70

注:①当上下铺分别设置空调管道时,下铺面距地高允许不小于 150mm。
②从铺垫头部端向脚方向 900mm 处测量铺垫厚应达到标准。

第五节　客车内饰件及行李架

客车内饰件主要包括仪表台、顶盖内饰和侧围内饰等,其设计水平与制造质量是评价车身水平的重要指标。现代客车的内饰已逐渐朝着人性化、高档化和舒适化方向发展,表现在内饰整体上注重型面设计,可靠的结构与功能,讲究车内的颜色搭配,质感触觉和灯光氛围;而制造装配工艺则也逐步实现检具化、工装化、模具化,更加促进了内饰整体技术水平的提升。

一、仪表台

1. 特点与要求

仪表台的作用是承载大部分的电气控制开关和信息交互,以方便驾驶人操作;与转向盘、驾驶座椅等匹配,形成一个相对独立的驾驶空间;通过材质、颜色、造型和结构的有机结合,在满足功能性的基础上使整个车厢内部高度统一成一个和谐的整体。仪表台作为客车的操纵和监控中心,是整个内饰艺术设计的重要环节,其结构、风格及品质好坏也在一定程度上体现了客车的档次与制造水平。仪表台的造型和结构与多种因素相关,内容非常丰富,但又受到严格制约。

一款好的仪表台必须是驾驶人员操作方便舒适、设备布置合理、内部检修方便、除霜效果良好以及必不可少的时尚美观。随着人们对客车安全与舒适性要求的不断提高,以及电子设备越来越多的使用,用户对仪表台的功能与美观有着越来越高的要求。

2.分类

1)按用途不同分类

按用途的不同,客车仪表台可分为长途/旅游客车仪表台、城市公交客车仪表台和特种客车仪表台等。

(1)长途/旅游客车仪表台。长途/旅游客车仪表台就是装备在长途、旅游和团体等营运客车上的仪表台,如图22-69所示。这类仪表台造型精致、美观,功能及配置齐全,充分考虑了长途和旅游行驶时的各种控制和信息显示,以及人机功效的需要。

(2)城市公交客车仪表台。城市公交客车仪表台是专门为城市公交客车设计和配置的仪表台。其特点是造型和配置以满足城市公交为原则,充分考虑驾驶人频繁对报站器、开关车门等控制器的操作,以及驾驶区独立空间、前门乘客通行方便和安装于仪表台附近的投币箱、公交刷卡机等辅助设备之间的相互关系,如图22-70所示。

图22-69　某长途/旅游客车仪表台

图22-70　城市公交客车仪表台

(3)特种客车仪表台。特种客车仪表台就是专门为某些特殊客车设计、制造的仪表台。如房车、体检车和长头校车等。图22-71所示即专门为在专用车道行驶的BRT城市快速公交客车设计的仪表台。

2)按工艺和材料不同分类

按工艺和材料的不同,可分为注塑仪表台、玻璃钢仪表台和发泡仪表台等。

(1)注塑仪表台。注塑仪表台使用ABS或PP材料注塑成型,其表面硬、壁厚较薄,内部需要钢结构支架支撑固定。这种仪表台的优点是产品质量稳定、表面质量好、生产效率高,缺点是模具费用高、变化改型困难、结构复杂且成本较高。图22-72所示为注塑仪表台的断面结构。

图22-71　BRT城市快速公交客车仪表台

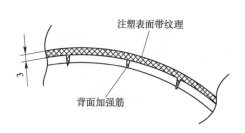

图22-72　注塑仪表台断面结构

注塑仪表台主要使用在产量大、车身尺寸与电器配置较为稳定的中小型客车上。如图22-73所示的考斯特仪表台和图22-74所示的海狮车仪表台等。

图22-73　考斯特注塑仪表台

图22-74　海狮注塑仪表台

（2）玻璃钢仪表台。玻璃钢仪表台的本体是以手糊玻璃钢工艺制成的玻璃钢仪表台，表面再吸覆PVC皮革，断面结构如图22-75所示。因其具有工艺简单、投资低等优势而被广泛应用于仪表台开发的前期样件中，或在产量不高的车型上使用。

（3）发泡仪表台。发泡仪表台是目前客车仪表台的主要形式，有半硬发泡与硬发泡两种。其中，半硬发泡仪表台的使用最为普遍。

①半硬发泡仪表台。主要由PVC（聚氯乙烯）覆皮层、聚氨酯发泡层和玻璃钢骨架等组成，其断面结构如图22-76所示，在车上的安装如图22-77所示。

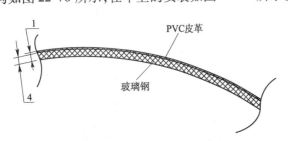

图22-75　玻璃钢仪表台断面示意图

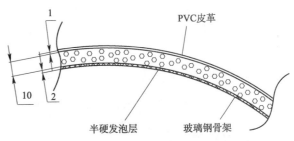

图22-76　半硬发泡仪表台断面图

②硬发泡仪表台。硬发泡与半硬发泡仪表台结构的不同之处在于发泡层。前者使用聚氨酯加玻璃纤维的混合料采用更高的压力在模具内发泡成型，发泡层强度和硬度都高于半硬发泡，因此取消了玻璃钢骨架层，图22-78所示为其断面结构。与半硬发泡相比，硬发泡少了玻璃钢骨架这道工序，因此效率更高、更环保；另一优点是因成型压力大，硬度也更高，且表面的成型质量效果也优于半硬发泡。硬发泡工艺在大型载货汽车仪表台的制造中早已被普遍使用，而作为客车仪表台则在近年来才刚开始采用。

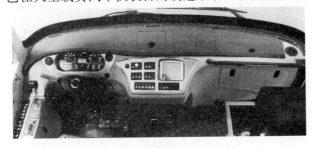

图22-77　半硬发泡仪表台

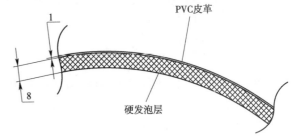

图22-78　硬发泡仪表台断面

3. 仪表台布置

仪表台在客车上的布置十分重要，常见的做法是按照总体设计要求先从造型设计入手。其原因在于仪表台的空间有限，表面与内部需要安装许多设备，且还会有因车型变化很多设备需要选装的情况。这些设备的布置将直接影响到驾驶人的操作舒适与行车安全。因此，作为客车制造企业，必须充分考虑作为某一基本车型的仪表台上各系统需安装的标配件、选装件以及可预测的变动等情况，以及制造工艺和成本，从人机工程出发进行造型和结构设计。而作为用户，则关心的是否布置合理、功能齐全、可视性好、操作维修方便和造型美观。

图22-79和图22-80所示分别为在仪表台设计和布置中必须考虑的驾驶人视野区域和舒适操作区域。

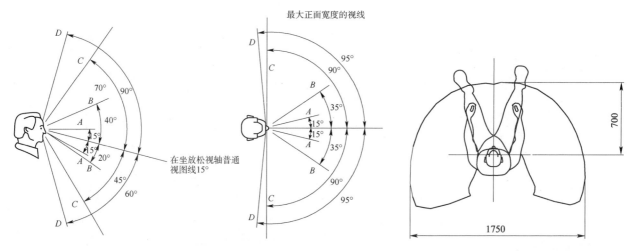

图 22-79 驾驶人视野区域　　　　　　　　　　　图 22-80 95%人体驾驶人手指舒适操作区域

$\widehat{AA}$-最佳视野区域;$\widehat{BB}$-舒适视野区域;$\widehat{CC}$-最大视线区域;$\widehat{DD}$-最大可视区域

1) 仪表板

仪表板亦称"仪表盘",是安装在仪表台上直接反映车辆行驶过程中各种信息的显示设备。仪表板必须方便驾驶人观察,不能有任何遮挡;仪表板的位置不能影响驾驶人前方视野;仪表板纵向下视野最佳的 B 区内不能被转向盘所遮挡(图 22-81);仪表板的水平最佳视野在 A 区内(左右 15°),如图 22-82 所示。

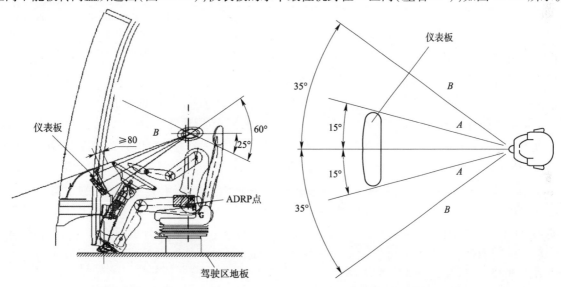

图 22-81 驾驶人仪表板下视野　　　　　　　　　图 22-82 驾驶人仪表板水平视野

2) 开关与控制器

现代客车的电子设备使用越来越多,需安装在仪表台上的开关与控制器也非常多。由于驾驶人的舒适操作区域有限无法使所有开关与控制器都方便操作,这就需要将所有开关与控制器按照操作频率、操作时间等相关特点进行分类,并根据各自的特性与操作习惯进行合理布置。通常将这些开关与控制器的操作和使用频率等制成类似表 22-9 的表格,以便设计师与造型师沟通与设计。

仪表台开关与控制器布置分析表　　　　　　　　　　　　　　　表 22-9

开关与控制器名称	车辆行驶中是否操作	操作频率 高、中、低	视野区域要求 A、B、C	其他要求
乘客门开关	否	高	B	
除霜开关	是	中	B	
雾灯开关	是	中	B	

续上表

开关与控制器名称	车辆行驶中是否操作	操作频率 高、中、低	视野区域要求 A、B、C	其他要求
电源应急断开开关	否	低	B	
报站器	是	高	B	紧急情况方便使用
USB 电源接口	否	低	C	在杂物盒附近
电动后视镜调节器	否	低	C	左侧，驾驶坐姿可调节
LNG 液位显示器	否	否	B	

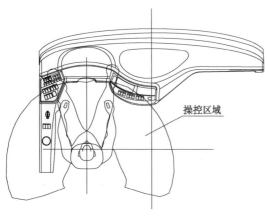

图 22-83　仪表台操作校核图 1

（1）常用的开关与控制器。在车辆行驶中需经常操作的开关与控制器要布置在驾驶人舒适观察与操作区域，如图 22-81 与图 22-83 所示区域内。这些都将直接影响行车安全，如驻车制动、除霜、雾灯和喇叭开关等。

（2）操作频率很高的开关及按键。车门开关按键、车内灯开关及公交客车报站器等驾驶人操作频率较高的开关按键，都必须安装布置在舒适操作区域内。

这样，根据重要度与其特点逐步在仪表板两边进行布置，一般将开关尽可能集中在仪表板的两侧，并按人体操作范围进行校核。其基本原则是，从驾驶人的操作角度出发，方便辨识和操纵。图 22-84 和图 22-85 所示为通过人机工程软件对仪表台进行人机操作校核。

4. 仪表台结构

仪表台必须要有一定的刚性以支撑其上所安装设备及仪表，并保证能在高速和振动状态下正常工作。同时，又要有较好的吸能性使其在发生意外时减少外力对驾驶人的冲击。仪表台主要由主仪表台、副台、功能面板和功能附件等组成，在功能上由操纵指挥系统、信息反馈系统、服务设施和环境改善系统等组成。下面以某车型的仪表台为例，简要介绍仪表台拼接组合结构、功能面板安装结构和功能附件安装结构（包括除霜风道和出风口结构、检修门件、储物箱及影音系统安装结构等），如图 22-86 所示。

图 22-86 所示的仪表台面板材质为 ABS 注塑，仪表板及暖风出风口安装在仪表面板上。监视器面板的材质为 ABS 注塑，功能按键及倒车监视器安装在监视器面板上。中控面板的材质为 ABS 注塑，音响等设备安装在中控面板上。副台、主仪表台、中控台本体、前弧都是半硬发泡件，仪表台的前弧曲线由车型前围的外弧曲线确定，仪表台本体的安装固定点在前弧梁上。

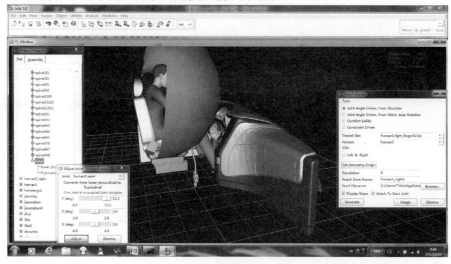

图 22-84　仪表台操作校核图 2

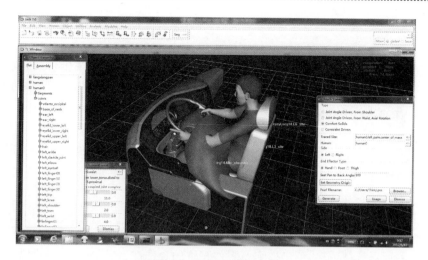

图 22-85　仪表台操作校核图 3

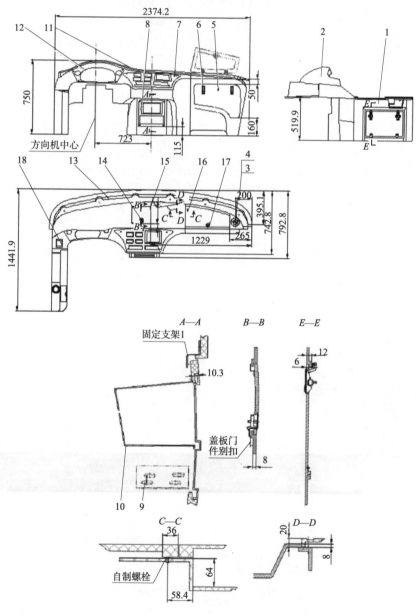

图 22-86　仪表台结构示意图

1-副台;2-主仪表台;3-油壶盖;4-油壶支架;5-下挂门件;6-黑色翘板锁;7-监视器面板;8-中控面板;9-碟合支架;10-收放机支架;11-中控台本体;12-仪表面板;13-前弧;14-小圆搭扣;15-表头小门件;16-表头大门件;17-锁;18-驻车制动盖板

二、内装饰件

内装饰件的功能主要是美化装饰车内空间,为乘客提供便利与舒适的乘坐环境,同时也要有一定的安全防护作用。近年来,客车的内装饰件发展很快,从材料、色彩、型面、结构、环保和功能等各方面都有了很大提升,在整车中的地位和重要性越来越高;而内饰感观质量的高低更直接反映了厂家在设计、工艺及品质管理方面的综合能力。内装饰件按安装位置可以分为顶盖内饰和侧围内饰,其中顶盖内饰包括前后顶内饰件、中顶内饰件、风道与行李架等;侧围内饰件则包括驾驶人窗周围、乘客门周围和侧后围装饰板,以及门内饰板和侧围包层柱等。

1. 顶盖内饰

1)前后顶装饰件

前后顶主要起装饰作用,同时又要能安装遮阳帘、电子钟、后视镜和风口等附件,是客车车厢内十分重要的内饰部分。前后顶造型风格、色彩搭配及附件布置的合理性,是影响客车内饰观感的重要因素。

(1)前后顶的分类。前后顶装饰件按结构不同,有公交客车型及长途/旅游车型两种类型;按材料不同,有铝板包皮革式、皮纹 ABS 板式、ABS 包 PVC 皮革式、亚麻板式和硬发泡等类型。

铝板包皮革材质的前后顶装饰件的型面较为简单平直,讲究规整合理,常用于小批量要求不高的订制客车上。

带皮纹 ABS 板材质的前后顶装饰件使用吸塑模具真空成型,价格较为便宜,缺点是产品表面质感较差,一般用于公交客车及低端长途、旅游客车上。

ABS 包 PVC 皮革板材质的前后顶装饰件价格较贵,同样使用吸塑模具真空成型,产品韧性和表面触感较好,但价格较贵。采用这种材质的前后顶装饰件广泛应用于中高档长途客车和旅游客车上。

亚麻板材质的前后顶装饰件使用上下模加热后压制成型,耐寒性较好。缺点是受工艺限制,无法制作出造型较为复杂的产品,而且产品也较易吸覆湿气,容易受潮。

硬发泡则是采用钢模进行 PU 覆面料发泡成型,不仅产品造型丰富,刚性强度较好,而且质感效果较佳,是高端车型采用的结构。

受板材大小的限制及安装方便的需求,前后顶装饰件又可分为整体式及分体式。

(2)前后顶装饰件的结构。前后顶装饰上一般有出风口、内后视镜、电子钟、电子显示屏和遮阳帘等车内服务设施。因此为了方便在前后顶装饰件安装这些设施,装饰件上设计有相应的造型结构,其周边也有固定安装用的折边,与内顶板的交界处通过铝型材压条进行装饰。

前后顶装饰件一般应与车内行李架或车内风道配合,连成一体,在形式上具有美观的特点。二者常见的配合方式一般有以下两种:

①直接对接式。前后顶与行李架对接处的端面为一个竖直立面,造型一般比行李架断面外圈会大 10mm 左右。前顶与行李架的直接对接如图 22-87 所示。

②端头式。采用这种结构的行李架两端自带一个端头,一般是玻璃钢、注塑件或者吹塑件。上面可以装出风口、阅读灯和药箱等,端头与前后顶装饰件没有直接配合,如图 22-88 所示。

图 22-87　前顶与行李架直接对接

2)中顶装饰件

中顶装饰件可分为成型中顶和非成型中顶,成型中顶的特点是造型效果好,材料采用亚麻板或 PU 玻纤发泡,需要大型成型模具,安装精度也较高,图 22-89 所示为成型中顶板。国外高端豪华客车也有采用内衬可拆装骨架式安装顶篷的结构。

非成型中顶采用板材做装饰,安装一般采用内行李架压边、黏结或扣钉紧固等方式,板材通常选用三合板贴面料,或宝丽板、防火板、PVC 发泡板和亚麻板等。

图 22-88　端头式对接

图 22-89　成型中顶板

3）风道行李架

风道行李架是现代客车乘客区主要的内饰组成部分。作为大客流的道路交通工具,乘坐舒适性的基本思路之一就是保证空调系统的风流能通畅有效地送达到驾驶人及每个乘客区域,并保证每个位置能够自由调节各自的风量,形成相对独立的温控及空气流通区域。而行李架则应保证乘客随身携带的较小件行李存取方便。美观、实用、可靠、安全和方便是乘员对风道行李架的基本要求。

(1) 类型。按结构形式,客车风道行李架一般可分为整体式和分体式两种。所谓整体式,是指风道和行李架为整体构造不可分离,一般适用于长途和旅游等车型采用;有些较高端的车型,行李架也带有舱门,具有航空式行李舱的效果。分体式是指风道与行李架可各自独立安装,一般为经济型客车和城际短途通勤客车采用,而城市公交客车则只设置风道。

① 整体式风道行李架。这种行李架带有功能较为全面的乘客控制面板,其上集成的主要功能一般有供乘员使用的空调风量调节、个人照明、呼叫帮助和扬声器按键等。一种客车整体式风道行李架如图22-90所示。

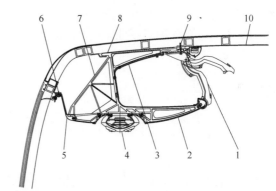

图 22-90　整体式风道行李架
1-舱盖;2-行李架下面板;3-行李架内衬;4-风口面板;5-侧面板;6、8、9-固定点;7-吊架;10-中顶板

② 分体式风道行李架。这种行李架的风道与行李架可各自独立安装,即风道形式和结构不变,用户可根据需要选装不同形式的行李架。分体式风道行李架如图22-91所示。

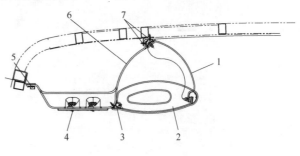

图 22-91　分体式风道行李架
1-行李架吊架;2-行李架;3-LED装饰灯;4-风口面板;5-侧固定点;6-风道;7-固定点

③城市公交客车风道。由于车内没有行李架,因此这种风道结构简单,只需考虑外形和色彩与整车内饰协调,保证空调风量即可,如图22-92所示。

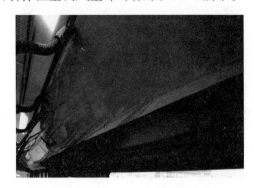
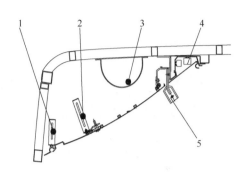

图22-92 城市公交客车风道
1、2-固定支架;3-导风槽;4-LED灯带;5-扶手固定座

(2)常用材料及工艺。风道行李架的常用材料及工艺主要有钢板滚压成型、PU发泡、PVC挤出成型和铝型材等。

滚压成型行李架采用滚压一体成型,表面平整度好,但存在钢板件质量较大,滚压模具成本较高等问题。

PU发泡行李架利用钢模成型,其优点是耐候性好、成本适中和环保性好等,适合制作各型产品,主要适用于大型后置、高档客车等。但也存在成型性一般、制作周期长、模具成本高等缺点。近年来,随着国内客车轻量化与环保要求的不断提高,这种材料和工艺已广泛受到各大客车制造商的青睐。

PVC行李架属于挤塑成型,其优点是耐候性好、成本适中和环保性好等,适合制作各型产品。缺点是高温易变形、冷热收缩、制作周期长和模具成本高。近年来随着技术水平的提高,变形问题已经有了较大改善。

2. 侧围内饰件

侧围内饰件主要是车内侧立面的装饰件,因位置和要求不同,各自的结构和材料工艺都有所不同。

1)驾驶人窗内饰件、乘客门框内饰板和后包角

这几种内饰件通常可以采用ABS板材吸塑成型或亚麻压制成型。图22-93所示为某型客车的驾驶人窗内饰件。

2)侧墙、后墙装饰板和后墙板等侧围内护面

侧墙、后墙装饰板和后墙板等侧围内护面一般使用与中顶板相同的板材,采用压条安装固定工艺,其色彩和花纹等与整车协调。

3)侧围包层柱

侧围包层柱是指侧窗上沿内饰件、侧窗立柱内饰件和窗下沿内饰件等。其中,侧窗上沿一般采用包皮革,或者用较宽的窗帘型材也能起到装饰作用;而立柱和下沿内饰件常用的结构方式有钣金包皮革、铝型材加扣饰条、发泡软化包层柱和PVC型材等。如图22-94所示。

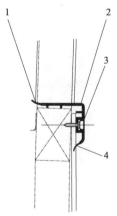

图22-93 驾驶人窗吸塑装饰件　　图22-94 PVC型材的下横包柱
1-软边;2-PVC挤出件;3-装饰件;4-软边

第六节 车用卫生间

车用卫生间是客车上的重要服务设施之一，JT/T 325—2013《营运客车类型划分及等级评定》中已将是否装配车用卫生间作为评定大型、特大型高二级、高三级客车的必备条件。同时，QC/T 768—2006《客车冲水式卫生间》对客车冲水式卫生间的分类、术语和定义、要求、检验规则等内容做出了规定。

为了避免对公路环境的污染，世界各国都在积极研制和发展新型的车用卫生间。美国研制车用卫生间的时间较早、形式较多，目前主要形式有化学式、焚烧式、生物处理式、过滤消毒式、电极杀菌消毒排出式及化学处理循环式等。德国车用卫生间的主要形式有压力水冲洗式、循环水冲洗式以及真空式，其中真空式又分为真空吸出式和集便箱有生物作用的真空式两种。由于技术和成本原因，比较先进的车用卫生间在我国尚未得到开发和利用。目前，国产客车上使用的都是冲水式间接直排式卫生间，运行过程中将粪便冲入污水箱内，到检修站再将污物排入检修站排污系统。

图 22-95　一款卫生间的外形及内部效果图

冲水式卫生间虽然结构简单，但是技术落后，水资源浪费较严重，加上客车本身的空间限制，所携带的污水箱和清水箱容积有限，因此大大限制了乘客对卫生间的使用需求。

图 22-95 所示为一款卫生间的外形及内部效果图。

一、车用卫生间的分类和主要结构

1. 分类

按卫生间在客车上安装的位置，车用卫生间可分为中置式和后置式；按自身结构，可分为座式和蹲式；按功能划分，有标准型、复合饮水机型和淋浴型。其中，复合饮水机型是指卫生间本体带饮水机，图 22-96 所示是一款复合饮水机型卫生间装车照片。所谓淋浴型，是指车用卫生间带淋浴功能，这种卫生间一般在豪华房车上应用较多。

2. 结构

车用卫生间一般由本体、清水箱、污水箱、气路、水路和电路等五大部分组成。其基本配置包括：

(1) 座（蹲）便器。
(2) 排污装置：排污阀、污水箱、废弃物容器、排污按钮或踏板。
(3) 净水装置：净水箱、水泵、上水管、水龙头及其他开关。
(4) 洗手装置：洗手池和皂液容器。
(5) 卫生纸存放架（盒）。
(6) 强制性排风和除臭装置。
(7) 照明装置：灯具、线路、开关和熔断器等。
(8) 报警装置：安全报警和净水箱水位报警等。
(9) 安全扶手。
(10) 门锁。
(11) 使用状态标识。

图 22-96　一款复合饮水机型车用卫生间的装车照片

(12) 镜子（注：玻璃镜子应使用安全玻璃）等。

图 22-97 所示为一款车用卫生间的整体结构示意图。

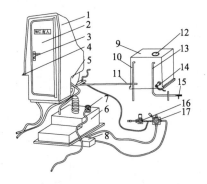

图 22-97 一款车用中置、标准型卫生间整体结构示意图

1-卫生间本体；2-卫生间门；3-门锁；4-安装边；5-座（蹲）便器；6-污水箱；7-风机；8-排污阀；9-清水箱；10-溢流管；11-出水管；12-清水箱检修口；13-上水管；14-水位传感器；15-上水球阀；16-减压阀；17-手转阀

二、工作原理

一款车用卫生间的气路、水路和电路原理图分别如图 22-98～图 22-100 所示。

车用卫生间内部采用自动控制系统。当乘客进入卫生间时，控制系统将自动检测到有人使用卫生间，指示灯显示有人使用状态，内部照明、高速换气系统开始工作；当乘客离开卫生间时，控制系统自动排污，照明灯自动关闭，换气系统进入低风排气状态；当污水箱到达上限水位或清水箱内缺水时，车内 WC 应急报警器和缺水蜂鸣器会发出警告提醒。考虑到自动控制系统的可靠性与安全性，一般仍然会保留手动控制系统，以确保在自动控制系统失效的情况下，卫生间仍然能正常工作。

表 22-10 所示为几款典型车用卫生间的性能及主要技术参数，表 22-11 是推荐使用的卫生间外部尺寸参数，具体可参考 QC/T 768—2006《客车冲水式卫生间》标准。

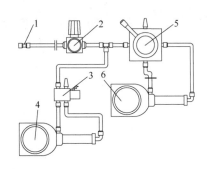

图 22-98 一款车用卫生间的气路原理图

1-气路接入口；2-调节阀、压力表；3-电磁阀；4-座（蹲）便器下排污阀；5-手动转阀；6-污水箱下排污阀

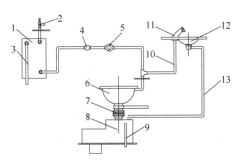

图 22-99 一款车用卫生间的水路原理图

1-净水箱；2-上水球阀；3-清水箱溢流管；4-过滤器；5-水泵；6-座（蹲）便器；7-波纹管；8-污水箱；9-污水箱溢流管；10-面盆水管；11-水龙头；12-面盆；13-下水管

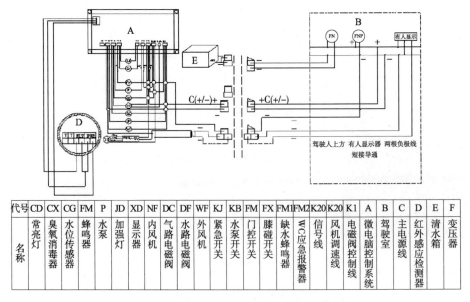

代号	CD	CX	CG	FM	P	JD	XD	NF	DC	DF	WF	KJ	KB	FM	FX	FM1	FM2	K20	K20	K1	A	B	C	D	E	F
名称	常亮灯	臭氧消毒器	水位传感器	蜂鸣器	水泵	加强灯	显示灯	内风机	气路电磁阀	水路电磁阀	外风机	紧急开关	水泵开关	门控开关	膝碰开关	缺水蜂鸣器	WC应急报警器	信号线	风机调速线	电磁阀控制线	微电脑控制系统	驾驶室	主电源线	红外感应检测器	清水箱	变压器

图 22-100 一款车用卫生间的电路原理图

从表 22-10 中可以看出，净水箱容积要小于污水箱容积。而污水箱和净水箱的大小，应能满足客车运行期间的乘客如厕要求。一般：

净水箱容积(L)≥额定乘员人数×乘客如厕系数×1.5(L)

污水箱容积(L)≥额定乘员人数×乘客如厕系数×2.1(L)

说明：

(1)当客车行程为1000km时,乘员如厕系数为"1",主要行程每增加或者减少100km,该系数增加或减少0.1。

(2)式中1.5(L)为人均如厕一次净手和冲厕的用水量。下式中2.1(L)为上式中1.5(L)加上人均每次排便量。

车用卫生间的性能及主要技术参数 表22-10

性能参数	车用卫生间规格		
	标准型	复合饮水机型	淋浴型
方便功能	大小便	大小便	大小便
洗手功能	手动洗手	感应洗手	感应洗手
梳妆功能	有	有	有
卫生间箱体材料	玻璃钢	玻璃钢	玻璃钢
净水箱容积(L)	120	120	200
净水箱材料	玻璃钢/PE注塑	玻璃钢/PE注塑	玻璃钢/PE注塑
污水箱容积(L)	160	160	280
污水箱材料	玻璃钢/PE注塑	玻璃钢/PE注塑	玻璃钢/PE注塑
额定电压(V)	24	24	24
正常使用功率(W)	160	160	160
丝熔断电流(A)	10	10	10
进气压力(atm)	8	8	8
进气使用压力(atm)	4.5~6.0	4.5~6.0	4.5~6.0
水龙头出水时间(s)	3	3	3
单次冲水量(L)	0.5	0.5	0.5
正常工作温度(℃)	0~60	0~60	0~60

注：1atm=101.325kPa。

由于安装位置不同,中置卫生间和后置式卫生间的高度尺寸(站立区地板中心至顶板之间的垂直距离)要求也有所不同,一般中置式≥1750mm,后置式≥1650mm。

三、安装实例

车用卫生间选用的突出问题是其周边与内饰的协调。选用时应注意以下几点：

(1)服从于整体的总布置尺寸。

(2)上车门口前必须有上车扶手——中置卫生间。

(3)卫生间内应有冷气和排风扇。

(4)如果空间允许,应尽量加大内部空间尺寸(可参考表22-11)。

(5)卫生间与车身骨架安装时的工艺间隙。

(6)卫生间门开启的通过性。

卫生间外部尺寸表(推荐) 表22-11

方　向	推荐使用尺寸
纵向尺寸(mm)	850、950、980、1030、1050、1080
横向尺寸(mm)	810、830、860、890、950、970
高度尺寸(mm)	1750、1800、1850、1900、2000

注：纵向尺寸为门内壁板至后壁板件水平距离。

横向尺寸为左右壁板间水平距离。

1. 中置式车用卫生间

图 22-101 为一款典型的车用中置、座式、标准型卫生间,其最大特点是有效利用了车内空间。

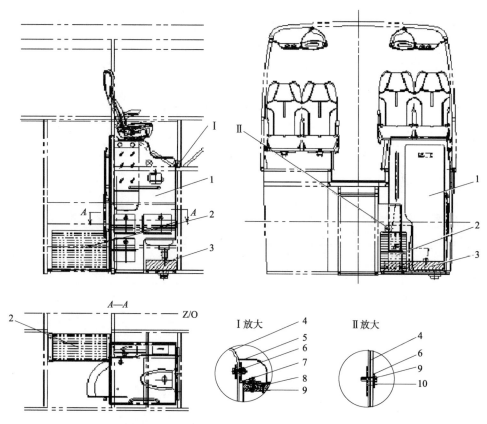

图 22-101　一款车用中置、座式、标准型卫生间的安装

1-卫生间本体;2-清水箱;3-污水箱;4-卫生间壁;5-不锈钢装饰件;6-卫生间内壁预埋厚 4mm 钢板;7-厚 5mm 折弯件开竖向条形孔;8-地板、地板革;9-M8 螺栓攻螺纹固定;10-车身 5mm 埋板

(1)卫生间顶盖制成高低造型,车内不会因为加装卫生间而减少座椅布置。

(2)清水箱固定在中门踏步下方,有效利用踏步后方空间,增加行李舱容积。

(3)污水箱直接固定在座便器下方,可有效排除因排污管过长或者折弯带来的卫生间堵塞问题。

(4)卫生间本体整体下沉 40mm,增加了座椅上方净空间。

该款卫生间本体的安装固定点有两处:

①前边安装点固定在乘客区地板上(见图Ⅰ放大)。该处用 3 个 M8 的螺栓固定,固定点裸露在外面,为了美观,一般会在外面加装一个不锈钢的罩子来遮挡螺栓。

②左边固定点在车身行李舱封板上(见图Ⅱ放大)。该固定点位于卫生间内部面盆下检修门内,安装位置隐蔽,整体感好。

2. 后置式车用卫生间

图 22-102 为一款典型的车用后置、蹲式、标准型卫生间。这款卫生间具有三个设计特色:

(1)安装好后的卫生间门与车身有一角度,即斜对门前座位上的乘客,从而增加了卫生间的私密性。卫生间门的开启,正对过道乘客的腿部空间。

(2)蹲式便器高度与卫生间地面平行,增加了卫生间空间,提高了乘客如厕的舒适及安全性。

(3)净水箱位于车身内部、卫生间后部的空闲位置,布局合理,安装操作方便。净水箱一侧直接固定在卫生间本体上(见图中Ⅱ放大处),另一侧直接固定在后台阶地板上。

一般后置式卫生间相对于中置式空间更紧凑,对车身内部空间的要求更严格,尤其是污水箱的位置,要充分考虑与车身踏步、底盘消声器或水箱之间的相互配合,其尺寸可参考 QC/T 768—2006《客车冲水式卫生间》标准。

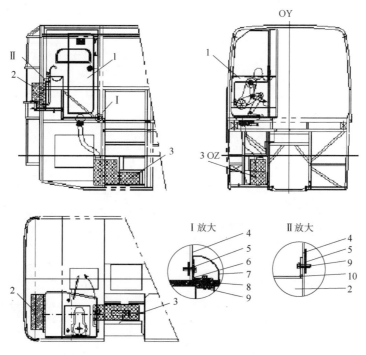

图 22-102　一款车用后置、蹲式、标准型卫生间的安装

1-卫生间本体；2-清水箱；3-污水箱；4-卫生间壁；5-卫生间内壁预埋厚 4mm 钢板；6-厚 5mm 折弯件开竖向条形孔；7-不锈钢装饰件；8-地板、地板革；9-M8 螺栓攻螺纹固定；10-清水箱固定卡箍

第七节　客车后视装置

所谓客车后视装置，是指通过专用镜片反射面或监视器使驾驶人能够看清车辆后方、侧方、车厢内和前部保险杠前端的动态信息（图像）的一套间接视野装置。

客车后视装置是辅助视野装置，属于主动安全装备。通过它可以扩展驾驶人视野，减小盲区，有效保证客车起停、乘员上下车及行车过程的安全。因此，后视装置已成为各类客车必不可少的安全设施之一。

一、客车后视装置的组成和适用范围

1. 组成

客车的后视装置一般由外后视镜、内后视镜、监视器、倒车雷达和后视摄像装置，以及最新出现的环视系统等组成。

对于各种视镜，按照其功能的不同，可分为Ⅰ类：内视镜；Ⅱ、Ⅲ类：主外视镜；Ⅳ类：广角外视镜；Ⅴ类：补盲外视镜；Ⅵ类：前视镜等几种类型。

2. 适用范围

依据 GB 15084—2013《机动车辆间接视野装置性能和安装要求》，对于各类客车，外后视镜为必装，监视器为选装。对于 M_2 和 M_3 类客车，因车辆过长，座椅安装和发动机后置等结构性原因，已不能通过内后视镜获取车辆后方信息（图像），故此类车型的内后视镜为选装。内、外后视装置的适用范围见表 22-12 和表 22-13，表中必装项为强制安装视镜的最少数量。

内后视镜和监视器的适用范围　　　　　　　　　表 22-12

车 辆 类 型	内视镜（Ⅰ类）	监 视 器
M_1	必装	选装
M_2	选装（对于视野无要求）	选装
M_3	选装（对于视野无要求）	选装

外后视镜的适用范围　　　　　　　　　　　表 22-13

车辆类型	外视镜				
	主外后视镜		广角外视镜	补盲外视镜	前视镜
	Ⅱ类(大)	Ⅲ类(小)	Ⅳ类	Ⅴ类	Ⅵ类
M_1	选装	必装 驾驶人和乘员侧各1个;也可安装Ⅱ类视镜作为替代	选装 驾驶人侧1个和/或乘员侧1个	选装 驾驶人侧和乘员侧各1个	选装
M_2	必装 驾驶人侧和乘员侧各1个	不允许安装	选装 驾驶人侧和乘员侧各1个	选装 驾驶人和乘员侧各1个 (两个视镜的安装位置至少应高于地面1800mm)	选装 (前视镜的安装位置至少应高于地面1800mm)
M_3	必装 驾驶人侧和乘员侧各1个	不允许安装	选装 驾驶人侧1个和/或乘员侧1个	驾驶人和乘员侧各1个 (两个视镜的安装位置至少应高于地面1800mm)	选装 (前视镜的安装位置至少应高于地面1800mm)

二、客车后视装置的结构

1. 外后视镜

外后视镜是指装在车辆外部的视镜。

图 22-103　M_1 类小型客车上的Ⅲ类主外视镜

1)结构与组成

外后视镜的基本结构由保持件、连接件和镜片等组成。保持件的材料一般为 ABS 工程塑料或玻璃钢树脂,连接件一般为 45 钢管或压铸铝件或铸钢件,镜片为浮法玻璃。

广角外视镜、补盲外视镜和前视镜为辅助镜,该类镜的反射面外廓形状简单,不做单独介绍。

Ⅲ类主外视镜应用于座位数≤9 的 M_1 类小型客车上,驾驶人通过驾驶窗观察左外视镜,通过副驾驶窗观察右外视镜。Ⅲ类主外视镜的形式及安装位置如图 22-103 所示。

Ⅱ类主外视镜应用于座位数>9 的 M_2、M_3 客车。通过前风窗或驾驶窗观察左外视镜,通过前风窗观察右外视镜。由于适用的车型较广,种类很多,结构相对复杂。

2)Ⅱ类主外视镜的类型

从外观分,有杆式和整体式(兔耳式),如图 22-104 ~ 图 22-107 所示。

从功能分,有手动调节式和电动调节带除霜式。

从镜臂形式分,有双长镜臂式和一长一短镜臂式等,如图 22-106 和图 22-107 所示。

从造型和成本的角度考虑,中、高档旅游客车大部分采用整体式后视镜,部分普通型旅游车采用杆式后视镜。城市公交客车多采用杆式后视镜,但随着豪华程度的提高,越来越多的城市公交客车也开始采用整体式后视镜。但 Coaster 车型则仍然采用的是杆式后视镜。

图 22-104 双长臂整体式后视镜

图 22-105 一长一短整体式后视镜

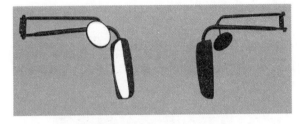

图 22-106 双长臂杆式后视镜

图 22-107 双短臂杆式后视镜

3) Ⅱ类主外视镜的结构

图 22-108 所示为一款典型 Ⅱ 类主外电动后视镜的结构分解图。

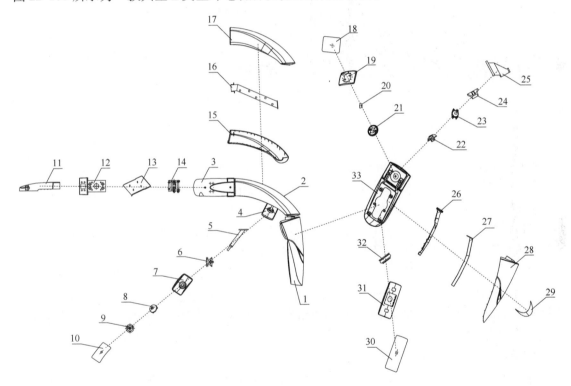

图 22-108 Ⅱ类主外电动后视镜结构分解图

1-主镜头总成;2-镜臂总成;3-镜座总成;4-广角镜总成;5-广角镜骨架;6-广角镜连接座三;7-广角镜托;8-广角镜连接座二;9-广角镜连接座一;10-广角镜片;11-后支座盖;12-后支座;13-后支座底板;14-铸钢镜座;15-主外壳;16-镜臂骨架;17-主臂内壳;18-下视镜片;19-下视镜托;20-下视镜机芯二;21-下视镜机芯一;22-主镜连接座一;23-主镜连接座二;24-主镜连接座三;25-主镜连接座四;26-主镜固定支架;27-加强骨架;28-主镜后盖;29-主镜后盖装饰件;30-主镜片;31-主镜托;32-转向器;33-主镜中框

2. 内后视镜

所谓内后视镜,是指安装在车辆内部的视镜。对于 M_1 类汽车,内后视镜是必须安装的视镜之一,其主要为驾驶人提供车辆后方的视野。对于 M_2、M_3 类汽车,仅为驾驶人提供车厢内部的视野,不是必装件。对于旅游客车,一般仅装一个内后视镜;而公交客车有时会装多个内后视镜,用以观察整个车厢及上、下车门处的情况。一款常见的内后视镜如图 22-109 所示。

图 22-109 一款常见的内后视镜

3. 监视器

监视器是一种装在车辆外部或内部的辅助后视装置,用以扩展驾驶人对于车辆后方、乘客门内外和乘客区等部位的视野。包括具有提供黑白、彩色图像,以及带有红外功能的各类探头。按探头的位置,可分为以下两种类型。

1)车后探头

车后探头一般安装在 M_2、M_3 类客车的后围上,为驾驶人提供车辆的后方图像。如图 22-110 所示,此类探头有的带有红外功能。

2)车内探头

车内探头在 M_2、M_3 类客车上与车内后视镜起相同作用,且更容易实现局部观察,并可记录存档。除前风窗位置的内后视镜外,车内其他后视镜均可用探头取代,如图 22-111 所示。

图 22-110　车后探头

图 22-111　车内探头

三、对客车后视装置的要求

1. 安装和位置要求

(1)当车辆以不超过最高设计车速的 80%(但不超过 150km/h)的车速行驶时,视镜的固定方式应使它不致移动而明显改变其视野,或因振动而使驾驶人对图像产生错觉。

(2)视镜的位置应保证驾驶人在正常驾驶状态下,能看清汽车后方和两侧道路上的路况。

(3)主外视镜应能从车辆侧窗或前风窗玻璃刮水器刮刷到的区域中看到。

(4)满载质量状态下,且外视镜的最低边缘距地面高度小于 1800mm 时,其单侧视镜外伸尺寸比未装视镜时车辆的最大宽度不应超出 250mm。

(5)满载质量状态下,Ⅴ类补盲外视镜和Ⅵ类前视镜的最低边缘距地面高度不应小于 1800mm。

(6)满载质量状态下,当外视镜的最低边缘距地面高度小于 1800mm 时,需做撞击试验。

2. 视野要求

对视镜的视野要求是驾驶人借助各类视镜应能在水平路面上看见图 22-112~图 22-118 中的相应阴影内的视野区域。

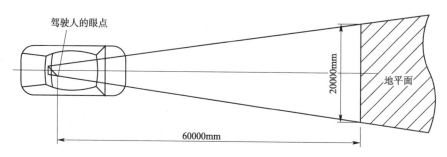

图 22-112　Ⅰ类视镜的视野

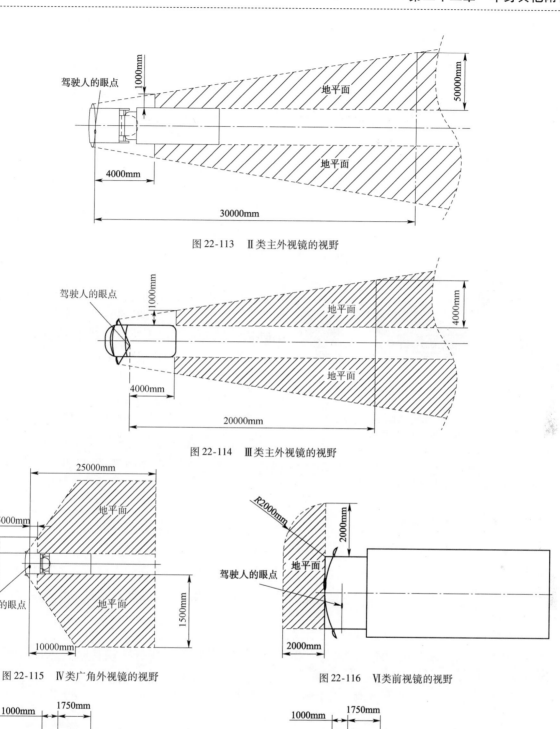

图 22-113　Ⅱ类主外视镜的视野

图 22-114　Ⅲ类主外视镜的视野

图 22-115　Ⅳ类广角外视镜的视野

图 22-116　Ⅵ类前视镜的视野

图 22-117　Ⅴ类前视镜的视野（A）

图 22-118　Ⅴ类前视镜的视野（B）

四、客车后视装置的调节方式及其他性能要求

1. 客车后视装置的调节

主外后视镜的调节方式主要有两种：手动调节和电动调节。

其他后视镜的常用调节方式是手动。

监视器的调节方式一般为电动。

2. 客车后视装置的其他性能

1）主外后视镜的电除霜

采用电除霜的主外后视镜在镜片背面设置有电加热丝,通过电流加热来除去雾或霜。当镜片温度达到一定值时,热传感器可自动断开电源。

2）其他性能要求

由于后视装置尤其是外后视镜的应用环境较为复杂,因此对其耐候性、抗振性、耐高低温性能和耐湿性能均有一定要求。

第八节 锁 具

图 22-119 一般锁具的结构示意图
1-锁体；2-锁扣或挡块；3-操纵机构；4-锁止机构

锁具是客车车身的重要附件之一,其性能直接关系到客车行驶的安全性和车主的财产安全。锁止车门的机构称之为锁具,其中主要包括锁体、锁扣（或挡块）、内外操纵机构和内外锁止机构,如图 22-119 所示。

安装在车门上,与门柱上的锁扣（或挡块）啮合,以保持车门处于锁紧位置的部件称为锁体；装在车门立柱上,与锁体啮合,以保持车门处于锁紧位置的部件称为锁扣或挡块；将操纵动作传递到锁体的部件称为操作机构；在车内外将车门锁止的部件,也可理解为开启或者限制操纵机构运动的部件称为锁止机构。

一、锁具的分类和要求

1. 分类

客车锁具按用途分类,可分为乘客门锁、行李舱门锁、检修舱门锁和驾驶人门锁等。其中,乘客门锁、行李舱门锁和驾驶人门锁一般带拉杆操纵机构,检修舱门锁多为非拉杆式简易锁。

2. 对锁具的要求

(1) 应能防止车门意外打开,当门锁处于锁止位置时,操纵内外手柄不能开启车门。

(2) 锁体和锁扣（或挡块）在半锁紧位置和全锁位置时,均应能承受有关锁具标准要求的相应载荷,不得脱开。

(3) 锁止机构处于未锁止状态时,当门锁（包括其操纵机构）在纵向和横向或正交方向（仅后门锁）受到 $30g$ 的加速度时,门锁必须保持在全锁紧位置,且均不得脱开。

(4) 门锁的锁体和锁扣（或挡块）啮合开闭次数（以门锁一个完全开闭循环为一次）应能保证 1×10^5 次正常工作；对于后门的门锁,应能保证不少于 1×10^4 次正常工作。

二、锁具的结构和工作原理

1. 乘客门锁

乘客门锁一般都是通过乘客门手柄的内外把手转动或者翻转,带动连杆,实现锁止杆的向内伸出进行锁止,或缩回实现解锁。客车乘客门可分为外摆门、内摆门和折叠门等几种类型,根据乘客门种类的不同,其门锁结构也会有所不同。图 22-120 所示为一种外摆式乘客门锁具的结构原理示意图。

一般的乘客门锁只带有锁止和开启车门的功能。但也可以增加一些其他辅助功能的新型门锁结构。例如,增加乘客门应急开启装置和利用遥控信号开启乘客门装置等。

1）带有应急开启装置的乘客门锁

在客车结构安全要求中,对于乘客门的要求之一是必须增加一种应急控制器,以保证在紧急情况下,当车辆静止时,每扇动力控制乘客门无论是否有动力供应,都应能通过车门应急控制器从车内打开;当车门未锁止时,也能从车外打开。客车上的乘客门动力装置主要采用气动装置,一般做法是在乘客门内部和乘客门外部的附近区域单独加装一个应急断气阀,也可以把应急断气阀集成在乘客门锁上,如图22-121所示。

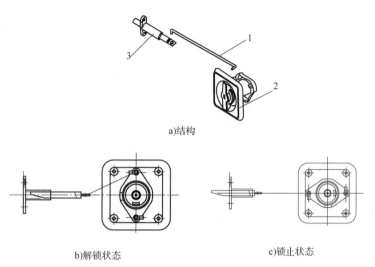

图22-120 一种外摆式乘客门锁具结构示意图

1-连杆;2-乘客门手柄;3-锁止杆

图22-121所示乘客门锁的工作原理与一般的乘客门锁基本一致。其优点是带有应急断气功能,应急阀集成于锁上比较醒目,需要应急开启时方便相关人员开启;缺点是需要需增加气路和电路布置,管线路装饰处理比较困难。

2)带有遥控按钮开启装置的乘客门锁

客车对乘客门锁除了关于安全性能方面的要求较高外,在使用上的操作便捷性同样越来越重要。所以,在目前的乘客门锁上还有另外一种集成装置,即增加了一个或者两个控制按钮,该按钮能够替代遥控器控制乘客门的开启和关闭,如图22-122所示。其主要优点是,门的开启可直接在门锁上操作,无须通过遥控器,方便乘客使用。

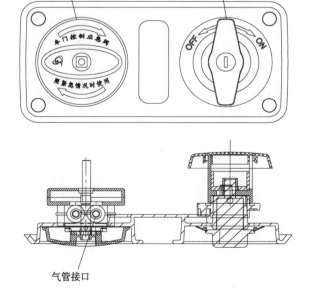

图22-121 加装应急阀的乘客门锁示意图

图22-122 带有遥控按钮的乘客门锁示意图

这种乘客门锁的工作原理是,通过连接在门锁上的遥控按钮来控制门泵上的电磁阀,继而实现门的开启和关闭功能。乘客门锁上的按钮通过插接器,发送电控信号到门泵电磁阀上。该型乘客门锁如果在锁止状态下,车外的开关控制器(包括遥控器)无效。图 22-123 所示为这种乘客门锁的电器线束插件定义。

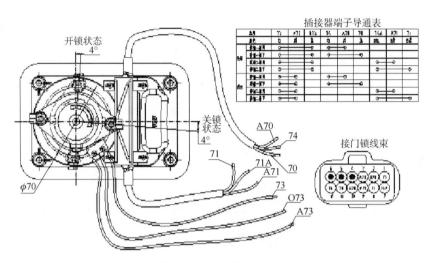

图 22-123　带有遥控按钮的乘客门锁电器线束插件定义示意图

2. 行李舱门锁

行李舱门锁常用的结构形式有两点锁和四点锁两种。上翻式侧舱门一般采用两点锁,手动平移式舱门一般采四点锁。图 22-124 所示为四点锁结构及安装示意图,若取消中间拉杆以上部分则成为两点锁结构。其主要工作原理是:

(1)当锁止机构处于解锁状态时,拉动外开把手,带动舱门锁盒中的连杆,打开锁体,锁体与锁挡块脱离,行李舱门即可开启。

(2)当锁止机构处于闭锁状态时,拉动外开把手,不能带动舱门中的连杆,锁体无法打开,锁体与挡块无法脱离,行李舱门无法开启。

图 22-125 所示为行李舱门锁主要部件——锁把手(手柄)的结构示意图,该锁把手常与回复反射器做成整体。

3. 检修舱门锁

油箱、蓄电池、加热器、尿素罐和发动机舱门一般都可统一划归为检修舱门,这类舱门所用的门锁一般为非拉杆式的简易锁。如图 22-126 所示,其工作原理是:

(1)当锁芯 1 处于图示锁止位置,按钮 2 无法沿旋转中心 1 转动,则按钮也无法与安装座 6 脱离。由于锁止臂 5 与安装座 6 属于刚性连接,则锁止臂 5 也无法绕旋转中心 2 旋转,即实现与车身焊接挡板的锁止。

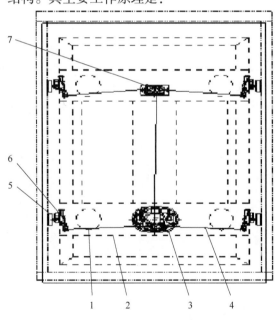

图 22-124　行李舱门四点锁结构及安装示意图
1-锁盒检修孔;2-锁盒;3-锁手柄;4-连杆;5-锁挡块;6-锁体;7-中转机构

(2)当钥匙插入锁芯 1 并旋转 90°后,则按钮 2 与锁芯 1 就有了转动间隙;当按动按钮 2,按钮 2 绕旋转中心 1 旋转后与安装座 6 脱离,在扭簧 3 的扭力作用下,盖板 4 带动锁止臂 5 绕旋转中心 2 旋转到底,即实现与车身焊接挡板的脱离。

4. 驾驶人门锁

驾驶人门锁一般多用于中、小型客车,最典型的就是丰田考斯特中型客车的驾驶人门锁。这类驾驶人门锁一般为拉杆式结构,锁具的主要结构如图 22-127 所示。驾驶人门锁的工作原理是:

（1）当锁止机构钥匙处于解锁状态时，拉动外手柄或者内手柄，带动外开拉杆或者内开拉杆，打开锁体，锁体与锁挡块脱离，驾驶门即可开启。

（2）当锁止机构钥匙或者内锁止按钮处于闭锁状态时，通过锁芯拉杆和内锁止拉杆分别限制外开拉杆和内开拉杆联动，锁体不能打开，锁体与挡块无法脱离，驾驶门无法开启。

 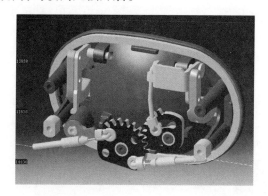

图 22-125　行李舱门锁把手结构示意图

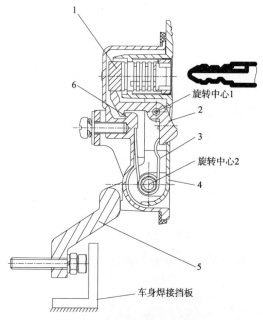 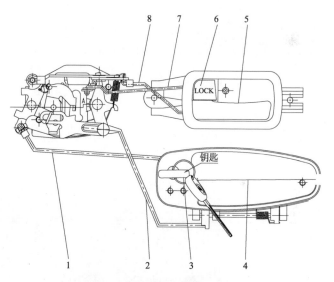

图 22-126　简易舱门锁结构示意图
1-锁芯；2-按钮；3-扭簧；4-盖板；5-锁止臂；6-安装座

图 22-127　驾驶人门锁结构示意图
1-锁芯拉杆；2-外开拉杆；3-钥匙；4-外手柄；5-内手柄；
6-内锁止按钮；7-内锁止拉杆；8-内开拉杆

第九节　城市客车的特殊附件

近年来，我国城市客车上增加了许多辅助设施，以此改善乘客的乘车需求。这些辅助设施主要有报站器与显示系统（包括报站器、车内滚动屏和车外电子路牌等）、车载收费系统（读卡器、投币机和售票台等）和车内轮椅区等。

一、报站器和车内滚动屏

报站器的主要用途是到站及下一站的语音播报，而车内滚动屏则与报站器联动，显示到站信息。电脑自动报站器是在数字技术与网络技术等高新技术基础上开发的产品，其利用计算机语音处理技术实现了语音的高质量制作和修改，可以满足公交企业为减轻电脑报站器管理人员的工作强度、节约工作时间、提高工作效率和降低维修成本的要求。

普通报站器接入GPS或门控技术即可升级为自动报站器,报站语音一般采用国家广播电台标准,播音清晰,可满足各地乘客的需要。

1. 报站器

所谓报站器即城市公交客车的报站系统。该系统采用GPS卫星定位技术,提供全自动报站功能,不需要驾驶人进行人工干预,就能实现自动报站,极大减轻了驾驶人的工作负担,避免了人工干预的错误,提高了公交的服务质量。

1)自动语音报站系统

该系统有效借助GPS终端资源,在不增加成本的情况下,简便了公交车辆报站操作,不仅报站位置精确,驾驶人更不必分心操作报站器,提高了行车安全,而且以技术革新的手段,提升了城市文明和科技的形象;同时,在自动报站器上设置有手动报站辅助功能,当GPS天线故障或被遮挡导致定位不精确时,乘务员亦可手动按操作按钮进行人工报站及播报相关提示用语。

2)报站器与电子路牌结合

在使用报站器的同时,可为车辆安装配套的LED电子路牌,由报站器控制路牌的显示内容。这种结合除了能显示当前车辆的线路名、起讫站外,还可以动态预告即将到站和下站信息。同时,LED路牌上还可以插播动态广告。

报站器额定电压为DC24V和12V。部分报站器的外形如图22-128~图22-130所示。其中,图22-128为台式报站器,图22-129为嵌入式报站器(单DIN嵌入式),图22-129为非标的嵌入式报站器。

图22-128 台式报站器

2. 车内滚动屏

车内LED电子滚动显示屏是与电脑报站器配套的产品,主要用于显示报站站名、公交服务用语及广告宣传语等。

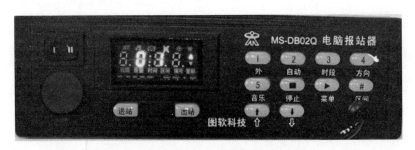

图22-129 嵌入式报站器(单DIN嵌入式)

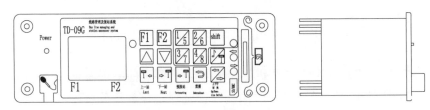

图22-130 嵌入式报站器(非标)

(1)显示屏采用高亮度LED点阵模块,具有亮度高、寿命长的特点。其模块有红、绿、黄等多种颜色可供选择,而LED发光模块的特点则是高亮度、色彩鲜艳、视角宽、无拉丝闪烁现象。

(2)可采用标准或非标准化模块显示单元或箱体,根据用户要求任意组装成所需的尺寸,便于安装、维护。显示长度为3字到12字不等。

(3)报站器与显示屏可单独连接RS485或RS232通信,无须对显示屏进行编程;显示方式多样,可循环显示、滚动显示和固定显示等,并支持中文、英文等特殊符号信息显示。

(4) 实时显示报站器所报内容,并可根据电脑报站器内存预存公交线路站名和服务、广告用语。

(5) 用于版面显示信息下载更新。显示屏至少可下载十条线路的信息连接电脑报站器。报站器、显示屏可播报和实时显示任何内容、信息或自动选择显示信息。

车内滚动屏外形及显示效果如图 22-131 所示。

图 22-131　车内滚动屏外形及显示效果

二、电子路牌

城市公交客车的路牌主要显示运行区间站信息。一般电子点阵路牌与报站器联动,自动更新上行、下行运行区间起止站名。电子路牌安装在车厢外部,是向车外乘客指示线路名、起始和终点站名等信息的指示牌。目前,电子路牌主要有灯箱式路牌、888 式路牌、LED 点阵 888 电子路牌、LED 电子路牌及混合式路牌等多种形式。

1. 灯箱式路牌

图 22-132 所示为一款灯箱式路牌示意图。其灯箱内装荧光灯管或者 LED 光源,路牌显示内容固定;更改显示内容时,可通过改变透光面不干胶的文字内容来实现,额定电压:DC24V、12V。具有背光采用荧光灯灯管或者 LED 光源,文字采用不干胶粘贴;如果更换线路号,需要重新粘贴等特点。

图 22-132　灯箱式路牌

2. 888 式路牌

图 22-133 所示为 888 式路牌。该路牌为翻板式路牌,通过翻转每个 8 的单根灯管来调节所需的显示线路,可选择 8~888 数字;额定电压:DC24V、12V。具有正面可现实 888 三个数字,且数字可调,调整线路的过程通过手动调整灯管的方向来实现等特点。

3. LED 点阵 888 电子路牌

图 22-134 所示为 LED 点阵 888 路牌。该路牌采用高亮度 LED 发光二极管,通过遥控器或拨动开关来调节所需的显示线路;可选择 8~888 数字,额定电压:DC24V、12V。具有正面可现实 888 三个数字,数字可调,调整线路的过程通过遥控器、报站器联动或拨动开关来实现等特点。

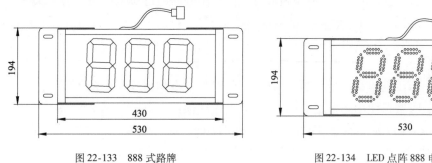

图 22-133　888 式路牌　　　　　图 22-134　LED 点阵 888 电子路牌

4. LED 点阵电子路牌

图 22-135 所示为点阵电子路牌。该路牌采用高亮度 LED 发光二极管,既可滚动显示,又可通过电脑

编辑来更改显示内容,实现多语种内容的编辑、显示,显示内容可与报站器连接。具有全 LED 显示,路牌控制器或报站器联动,可以存储多个线路,通过操作路牌控制器调整线路号,显示内容可以随意更改,以及动态滚动、静态显示等特点。

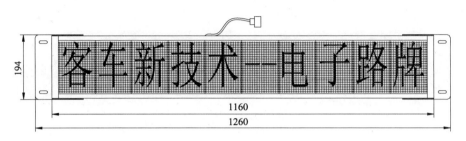

图 22-135　LED 点阵电子路牌

5. 混合式电子路牌

图 22-136 所示为 888 灯箱混合式电子路牌。该路牌中间显示 8~888 数字,两侧是灯箱,显示起止位置;不同的路牌内容可通过改变透光面不干胶的文字内容来实现;额定电压:DC24V、12V。具有正面可现实 888 三个数字,数字可调;背光采用荧光灯灯管或者 LED 光源;文字采用不干胶粘贴,如果需要更换线路号,需要重新粘贴等特点。

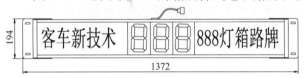

图 22-136　888 灯箱混合式电子路牌

三、车载收费机读卡器

车载收费机是安装在公交客车上的电子收费设备,按预先设置的票价或次数,扣减各类乘客卡内余额或次数。一般乘客卡在车上刷卡的数据,暂时保存在车载机内,随后再通过数据采集盒将采集到的数据送到分公司管理工作站,由工作站传送到 IC 卡管理中心汇总。

乘客刷卡的记录内容包括:卡类、乘坐线路号、车号、驾驶人号、车载机号、乘车时间、收费金额、卡内余额或次数等信息。

1. 特点

工作电压,9~42V(±5%),对 12V/24V 电源自动适应,瞬间电压低落的情况下(如汽车起动),正在进行的交易不会出错;供电恢复正常后,可接续完成正在进行的交易;在汽车电力系统发生故障产生高压大于 43V(+5%)时(如蓄电池接线瞬间断开、蓄电池熔断丝熔断、发电机异常、调节器损坏等),收费机电源自动保护停止工作;在电压恢复正常时,收费机电源自动恢复工作,恢复时间不大于 1s。

具有过电压、过电流自动保护、反接保护和自恢复等功能。高可靠性的稳压电源内置于主机内,具有反极性连接保护,适用各类汽油或柴油公交客车(DC 12/24V),并有过电压/欠电压保护装置,过电压/欠电压时能自动保护和自动恢复。当由于各种原因造成电源电压升高超过 60V 时电源自动关断,当电压恢复至 36V 左右时自动恢复正常工作。稳压电源具有防护瞬变高压脉冲能力,可防止高频脉冲高压的冲击。稳压电源留有充分的功率余量,以备将来扩充功能时仍可满足扩充部件的需要。

2. 组成

车载收费机由主机、稳压电源和托架三部分组成。其中,稳压电源可将车上的 12V 或 24V 电源经滤波、稳压变换成可供车载收费机使用的稳定电压;后托架支撑和锁定主机。

车载收费机正面(乘客面)显示部分为 8 个汉字×4 行 LCD 带背光液晶显示器;有 3 个操作状态指示灯(红——禁止,绿——通行,橙——通信)、1 个蜂鸣器,1 个语音喇叭和刷卡感应天线。图 22-137 所示为 2003N 型车载机和 FJZ-091C35 车载机正面照片。

车载收费机背面(司机面)显示部分为一组 3 个红色数码管,显示刷卡人次或带人刷卡次数;其左侧按钮可翻查乘客刷卡记录,右侧按钮用于设置参数、翻查车载机设置情况和解除报警等。图 22-138 所示为 2003N 型车载机背面照片。

3. 用户界面

1）液晶显示屏及指示灯

用户界面主要是液晶显示屏（带背光）和红、绿、橙 3 个工作状态指示灯，以及 4 行 × 8 个汉字的 LCD。背面有便于驾驶人观察显示车载收费机是否正常工作的 3 个红色数码管。

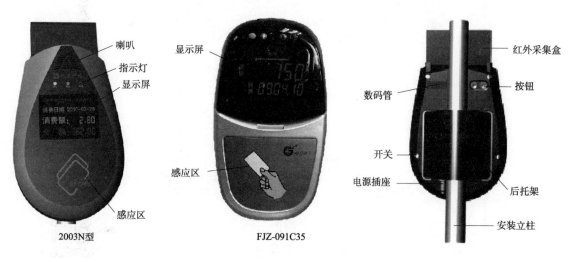

图 22-137　车载收费机正面　　　　图 22-138　车载收费机背面

2）提示音响

设置有蜂鸣、喇叭两种音响提示。蜂鸣器音调适中，声音清脆；喇叭语音在嘈杂环境下仍可听到，音质清晰。

3）功能按钮

设有两个功能按钮，用于设置和查询操作。

4）刷卡标志

在刷卡位置有明显的刷卡标志，并带有夜间刷卡背光显示功能。

5）用户界面

车载收费机用户界面友好，所有操作都有相应的汉字提示，易于操作。

四、投币机

投币机是无人售票公交客车上为乘客提供上车投币售票的设施，它主要由投币口、观察窗、储钱袋和门锁等基本部件组成，还可以根据用户需求加装智能鉴伪、硬币识别、电子门锁、双班或多个投币口等。其中。有些配置可以提高安全性，有些配置可以提高操作的快捷性，不同配置极大地满足了不同客户的选择。投币机的主要选装配置如下。

1. 硬币识别器

对进入硬币口的硬币进行实时检测，真币直接进入投币机钱箱，假硬币声光提示并退出。该识别器鉴伪准确率高，产品抗干扰能力强，采用了硬币口与纸币口分层组合的结构。常规投币机如图 22-139 所示，带硬币识别（智能鉴伪）的投币机如图 22-140 所示，图 22-141 所示为硬币识别器。

2. 感应内胆

所谓感应内胆即钱箱内胆锁识别器。当感应器放在内胆正确位置时，钱箱内胆锁即可自动打开。相比常规机械式内胆锁，感应内胆开启更迅速、安全，如图 22-142 所示。

3. 电子门锁

当电子 IC 卡放在投币机正确位置时，投币机门即可自动打开。相比常规机械锁，电子 IC 卡打开投币机更迅速、安全。常用的电子门锁如图 22-143 所示。

图 22-139 常规投币机

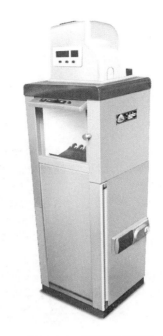

图 22-140 智能鉴伪投币机

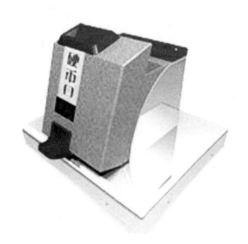

图 22-141 硬币识别器

图 22-142 感应内胆

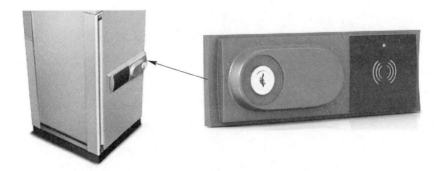

图 22-143 电子门锁

五、车内轮椅区

车内轮椅区是指在公交客车的乘客舱内专门为轮椅使用者提供的乘车特殊空间,该区域应位于车内一边靠侧壁处,并有一定的轮椅适用性,且需设置轮椅约束系统、通信装置、标志和轮椅空间座椅等,如图22-144所示。

1. 轮椅适用性

所谓轮椅适用性是指应为轮椅使用者在乘客舱内提供一个至少宽 750mm、长 1300mm 的特殊空间，其长边应是前后方向，地板表面应防滑。

2. 轮椅约束系统

轮椅约束系统的作用是保证车辆行驶中轮椅的稳定性。目前，常用的轮椅约束系统如图 22-145 所示。对轮椅约束系统的要求是：

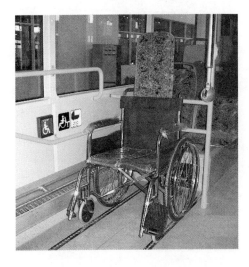

图 22-144　位于车内右侧的轮椅区

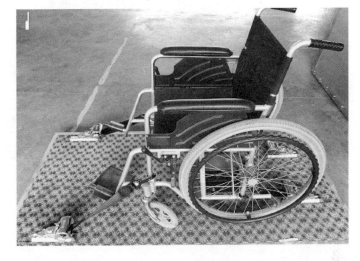

图 22-145　轮椅约束系统

（1）应有一个支撑件或靠背供轮椅依靠，支撑件或靠背应位于轮椅区的前端；支撑件或靠背应能承受 2500N ± 200N 的力，该力应水平向前施加在支撑件或靠背中部，并保持不少于 1.5s。

（2）在轮椅区的纵向边或内壁上应安装轮椅使用者易于把握的扶手或把手。

（3）在轮椅区的后横向边上，应安装轮椅使用者易于抓握的可伸缩的扶手或相当的装置，以避免轮椅翻倒。

（4）每个轮椅区应提供能约束轮椅及其乘员的约束系统，可采用轮椅与使用者分开的约束系统形式，也可采用轮椅与使用者组合的约束系统形式。但不管采用何种约束系统，都必须在紧急情况下易于解开。

3. 通信装置

轮椅区内应设有通信装置，其中心高度应在距地板 700~1200mm 范围内，且控制应能用手掌操作、并通过两种有对比的颜色（或多种颜色）和音调显示，以供识别和使用。

4. 标志

车内轮椅区处应设有标志，该标志应符合 GB/T 10001.1—2012《公共信息图形符号第 1 部分：通用符号》的有关规定。

5. 轮椅空间的座椅

为了在无轮椅时该区域能被有效利用，可在该区域安装折叠座椅。所安装的折叠座椅不使用时不应侵入轮椅区。此外，该区域也可安装供驾驶人或车组乘员使用、易拆卸的可折式座椅，如图 22-146 所示。

六、售票台

售票台是为有人售票车的售票员提供的工作台，其大多布置在后门附近，如图 22-147 所示。通常售票台上设有售票员所需的喊话器、乘客门控制开关、票务箱及其他一些人性化设施，如水杯架和储物箱等。

图22-146 折叠座椅的安装　　图22-147 售票台

第十节　车身其他附件及材料

除前面已介绍的车身附件外，为满足安全性、舒适性和环保性要求，客车车身上还应用了很多其他的新型附件及材料，主要有安全性附件（如扶手、拉手、吊环、挡板等）、舒适性和环保性附件（如地板、地板革等）。

一、扶手

1. 形式和要求

1）形式

扶手（包括护栏）是客车上供乘客抓扶的结构。现代客车上的扶手种类很多，特别是城市公交客车，为保证乘车安全，采用了各种各样的扶手形式和结构。主要有上下车扶手（乘客门处扶手及护栏）、站立乘客扶手、座椅扶手及护栏、仪表台护栏和驾驶人侧护栏等。其中，有些是供乘客上下车时抓扶的、有些是站立和靠门边座位乘客的安全护栏、有些是专供站立或车内行走乘客抓握的，不同地方的扶手（护栏）虽然形状、大小不同，但功能相同。

2）要求

扶手（护栏）既是客车的一种特殊附件，同时也是一种非常重要和较难设计的结构，它的设计和安装既要考虑人机工效的要求和结构的可靠性，还要考虑布局的合理性及美观性。一个好的扶手设计，首先从外观上就能给人一种可靠和赏心悦目的感觉；而在细节上，当你需要抓握扶手来方便行走、安全防护和保持稳定时，则更能体现扶手的重要性。

扶手应有足够的强度，管外径一般为32mm，弯曲处要过渡圆滑，不能有急剧弯折；为方便乘客抓扶，每个扶手应有至少100mm的长度以容纳手掌握拳，且与车身相邻部件的间隙不小于40mm；对于站立区域的每个位置，都应有足够数量的扶手，其高度一般布置在800～1900mm之间。由于客车形式的不同，旅游或公路客车同城市公交客车对比，扶手的结构也有会所区别。

2. 结构和安装布置

以城市客车为例，某型城市客车的扶手布置如图22-148和图22-149所示。按主要功能划分，扶手可以分为以下四大类。

1）为方便乘客移动而设计的扶手

这类扶手主要是指为方便乘客上下车和在移动而设置的扶手，有乘客门处扶手（包括车门、踏步两侧和仪表台上的扶手）、车内立柱（也供站立使用）等。城市公交客车一般为内摆门，上下车扶手直接固定在乘客门内侧，如图22-150所示；采用外摆门的城市公交客车，其上、下车扶手一般安装在乘客门踏步后方的护栏上，如图22-151所示；为适应公路（旅游）客车和校车等高地板、外摆门（或外开式旋转门）结构,上、下车扶手一般安装布置在踏步两侧壁的骨架或仪表台上,如图22-152～图22-154所示。

2)为站立乘客而设计的扶手

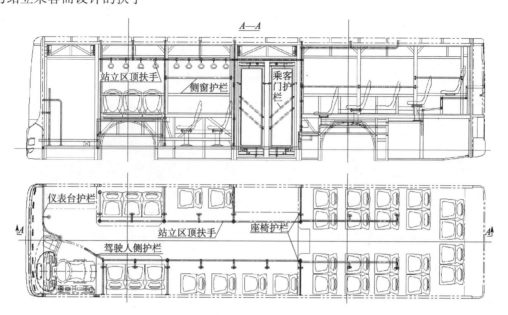

图22-148 城市公交客车的扶手布置

图22-149 铰接式公交客车全车扶手实车安装图

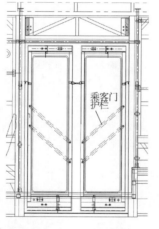

图22-150 公交客车乘客门扶手

图22-151 某外摆式乘客门扶手

图22-152 美国纳威司达(Navistar)校车的学童上车扶手

图22-153 一头安装在踏步侧壁一头安装在仪表台上的乘客上车扶手

这种扶手为城市公共交通工具的特有结构,主要有站立区顶扶手、站立区侧窗扶手和横杆、立柱等多种形式,高度适合乘客抓扶即可,且形状多种多样。除站立乘客外,也方便车内行走使用。如图22-155所示。

图22-154 安装在踏步侧壁和仪表台上的乘客上车扶手

图22-155 站立区乘客扶手

3)座位乘客扶手

城市公交客车一般不设安全带,为防止行车途中因紧急制动而给乘客造成伤害,通常给站立乘客和座位乘客设置了座椅扶手。这种扶手形式多样,有的安装在自身的座椅上,有的在前方座椅上,有的在车身的侧壁上,以方便乘客抓握为准,如图22-156左图所示。对于长途、旅游客车,为方便乘客抓握和车内行走,一般也设置有座椅扶手,如图22-156右图所示。

图22-156 安装在侧壁和靠背上的乘客扶手

图22-157 公交客车上的几种护栏
1-驾驶人后护栏;2-驾驶人侧护栏;3-仪表台护栏;
4-踏步后方最前排座椅前护栏

4)安全护栏

安全护栏主要包括客车上下车踏步后方最前排座椅的前护栏、驾驶人侧护栏和后护栏(挡板),以及仪表台护栏等。

城市公交客车的护栏一般为钢管框架,中间用板夹抱紧挡板。挡板可根据需求,选用金属、塑料和有机玻璃等,其主要特点是结构简单,实用,成本低,符合公交客车整体风格。而公路(旅游)客车座椅护栏主要考虑舒适性、适用性,挡板表面为软性材料。护栏安装效果如图22-157所示,某些豪华大客车护栏还采用塑料成型件,有的在结构上还含有储物盒(袋)和杯架等。

3. 扶手材料

目前,客车上的扶手所用材料主要有钢管喷塑、不锈钢管、铝合金管、钢管包塑料和塑料成型件等,各种材料的加工工艺及特点见表22-14。

客车扶手的加工工艺及特点 表22-14

材料	加工工艺	优点	缺点
钢管喷塑	钢管表面滚花防滑→折弯或焊接→喷塑→连接件拼装	成本低、可焊接、易加工，现场拼装工作量小、强度高	容易掉漆生锈、冬天表面冰冷
不锈钢管	不锈钢管折弯或焊接→打磨光滑→连接件拼装	可焊接、易加工，现场拼装工作量小、强度高、不生锈、表面光亮，档次高	成本高、现场拼装不易打孔，质量重、冬天表面冰冷
钢管包塑料	钢管穿包塑管→折弯→连接件拼装	不生锈、档次高、冬天表面手感好	不能焊接，现场拼装工作量大、成本较高
铝合金管	折弯→氧化时效处理→连接件拼装	不生锈、档次高、质量轻	不能焊接，现场拼装工作量大、成本高、冬天表面冰冷
塑料成形件	注塑成形→连接件拼装	形状可设计性高	成本高

其中，钢管喷塑综合优势明显，是目前使用最广泛的材料；不锈钢和铝合金管在配置高的车型上使用较多；包塑管由于外表面包覆了一层塑料管，在冬天表面也能有较高的温度，严寒地区使用较多。塑料成型件需要开模具，只有在特殊的结构才应用，不作为整车扶手的选用材料。常用的包塑管和铝合金管如图22-158所示，塑料成形扶手如图22-159所示。

图22-158 包塑管和铝合金管

图22-159 塑料成形扶手

二、吊环

吊环一般安装在城市公交客车的车内纵、横向扶手杆上，主要供站立乘客抓扶，是保持行车途中身体稳定的一种客车附件。吊环的结构既要可靠，又要实用，并应有足够的强度和数量。吊环的结构形式较多，固定方式一般为拉绳穿过扶手杆，再用扣帽锁住防止滑动。有普通三角式、旋转式、带广告框及橡胶拉环等多种样式，如图22-160和图22-161所示。其中，橡胶拉环是一种新型吊环，由于拉手全部采用软性材料，可防止撞伤乘客头部，体现了设计的人性化。

a) 普通吊环

b) 旋转吊环

c) 广告吊环

d) 吊带式吊环

图22-160 常见的几种吊环形式

图 22-161 吊环的安装效果

三、车内地板

1. 连续纤维增强热塑性板

连续纤维增强热塑性板是通过特有工艺技术使得高强度的连续纤维与热塑性树脂相互间"完全浸渍"制成的,是纤维含量大于 60% 的新型复合材料,被称之为连续纤维增强热塑性复合材料,简称 CFP,如图 22-162 所示。

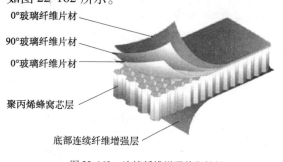

图 22-162 连续纤维增强热塑性板

1)特点

与传统的热固性树脂(或环氧树脂)复合材料相比,连续纤维增强热塑性板具有以下特点:

(1)比强度、比刚度高,具有优良的抗弯抗压性能,即轻质高强。

(2)良好的抗冲击性、密封性和不透气性,隔声隔热及吸能减振性好。特别是密封空气达到优良的隔声隔热性能,蜂窝结构芯层抗冲击能力好。

(3)耐酸碱,绿色环保、无 VOC/甲醛排放,可 100% 回收循环使用。

(4)可按照使用要求灵活设计,产品开发周期短。

(5)适合多种加工制造工艺,包括热冲压、热复合和真空吸塑等。

(6)板材可采用切割、打钉、黏结和热焊接等加工方法,使得产品制造工艺流程与装备大为简化,且破损后容易修补(可使用常规工具修补复原)。

(7)耐候性和抗腐蚀性好,防水、防潮。

2)主要技术参数

(1)板材厚度 15mm,单位面积质量为 4320g/㎡;抗弯能力大于 1200N QYQBCFP-001;抗压强度大于 3.5MPa ASTM D3410。

(2)产品使用温度:-40~90℃。

(3)导热系数:<0.11W/(m·K)。

(4)阻燃等级:A0 级汽车内饰件阻燃要求。

(5)抗冲击能力:>200kJ/㎡ ASTM D256。

(6)生产尺寸:宽度<1.2m;长度方向无限制。

(7)热加工软化温度:>165℃。

(8)吸水率:<2%。

3)经济性对比

据统计,车辆每减少 100kg 质量行驶 100km,将减耗 1.6MJ 的热量,折合柴油 0.058L。普通城市公交客车平均地板面积 30㎡,每天行驶里程约 600km;而长途客车平均地板面积 45㎡(含行李舱地板);若每天行驶约 1000km,每升柴油以 7.5 元/L 计算,则按照同厚度地板测算燃油经济性的结果见表 22-15。其中,复合地板价格按照 200 元/㎡折算,单车按照 8 年正常使用寿命折算。

复合地板与普通竹胶地板经济性对比 表22-15

车　　型	城市公交客车		长途大客车	
地板类型	竹胶地板	复合地板	竹胶地板	复合地板
使用面积(m^2)	30	30	45	45
地板厚度(mm)	15	15	15	15
地板价格(元)	80	200	80	200
更换成本增加(元)		3600		5400
面积质量(kg/m^2)	12.8	4.5	12.8	4.5
整车地板质量(kg)	384	135	576	202.5
整车减重(kg)	249		373.5	
年行驶里程数(km)	219000		365000	
年燃油节约(L)	316		790	
年节约费用(元)	2372		5930	
8年投资回报	15377		42042	

由以上对比计算可知,虽复合地板在单价上较贵,但仅因减重后带来的燃油节约收益一年即可收回投资成本,第二年即可形成可观的投资回报。如按照一座中等城市1500辆公交客车保有量计算,出车率60%,每年可节约燃油费用约215万元;保有量200辆客车的运输公司,按出车率60%计算,每年也可节约燃油开支72万元。同时,复合地板还具有更加优秀的耐腐蚀、保温和隔声性,可减少车内空调温度散失,大幅度提高车内舒适度。由此可见,复合地板具有极大的市场价值和竞争优势。

2. PVC地板

PVC地板是指采用聚氯乙烯材料生产的地板。这种地板以聚氯乙烯及其共聚树脂为主要原料,加入填料、增塑剂、稳定剂和着色剂等辅料,在片状连续基材上,经涂敷工艺或经压延、挤出,或挤压工艺生产而成。其主要特点如下。

1) 装饰性强

PVC地板花色品种多,如地毯纹、石材纹、木地板纹和草地纹等,且纹路逼真美观,色彩丰富绚丽,裁剪拼接简单容易,可充分发挥创意和想象,完全能满足设计师和不同用户、不同装饰风格的个性化需求。且无色差,耐光照、无辐射,长久使用不褪色。

2) 安装施工快捷、维护方便

安装施工采用热熔焊接处理,快捷,易清洁,免维修,不怕水浸、油污、稀酸和碱等化学物质的侵蚀,省时省力。可起到很好的防潮防尘和清洁卫生效果,且接缝非常小(几乎看不见接缝)。

3) 环保安全

地板的主要原料是PVC材料和碳酸钙,这两种材料都是环保、无毒、无辐射的可再生资源,已大量在人们的日常生活中使用。

4) 吸声、吸振、抗冲击、舒适性好

结构致密的表层和高弹发泡垫层经无缝处理后,承托力强,质地较软,吸声、吸振,弹性好脚感舒适度接近于地毯。有普通地板材料无法相比的吸声效果,可充分起到吸声、隔声的功能,能隔绝15~19dB的噪声。

5) 防滑、耐磨、耐刮擦

PVC地板表面有一层特殊的经高科技加工的透明耐磨层,防滑性好、抗冲击、不变形、可重复使用,使用寿命可达20~30年。

6) 防火、防水、抗菌

防火性能可达到地板材料最高标准B1级。其本身不会燃烧并能阻止燃烧,在被动点燃时所产生的烟雾不会对人体产生伤害,不会产生窒息性的有毒有害气体。

由于主要成分是塑胶和碳酸钙,高级玻璃纤维层保证了尺寸的稳定性,因此不怕水,也不会因为湿度大而发生霉变,或者受温度和潮湿影响而变形。

地板表面经过特殊的抗菌处理,增加了抗菌剂,对多数细菌都有较强的杀灭能力和抑制细菌繁殖的能力。

7)超轻超薄

PVC地板的厚度一般只有2～3mm,质量仅为2～3kg/m²。

四、地板革

客车用地板革采用聚氯乙烯塑料,是未发泡的软质PVC材料。几种花纹的地板革如图22-163所示。

a)印花地板革

b)黄色石英砂地板革

c)行李舱地板革

d)木纹印花地板革

图22-163 四种花纹的地板革

1. 客车用地板革的定性指标

(1)耐磨性:取决于耐磨层的厚度。

(2)防滑性:表面做防滑花纹,最好是采用石英砂或特殊防滑树脂来解决防滑问题。

(3)耐久性:取决于基材PVC的耐久性。其他如UV处理、防碘酒处理等也能增强地板革的耐久性。

(4)尺寸稳定性:采用增加玻璃纤维层、底面复合无纺布层等方法,可增强地板革强度并保持尺寸稳定。

(5)防火性:添加阻燃剂等。

2. 客车用地板革的定量指标

1)厚度

客车地板革的厚度一般为2～3mm。

2)外观质量(一级)

(1)气泡:气泡大小不得超过1.5mm²,且1m²内不得多于5处。

(2)疤痕及凹凸点:不得超过0.3mm。

(3)两侧胶与布的脱层:脱层长度不得超过5mm,且总长度不得超过卷长的1/20。

(4)接头缺陷:高低不平度不大于0.5mm,不得有松软和海绵现象。

(5)颜色:同批次颜色一致,批次间的颜色无明显差别。

3)理化指标

(1)邵氏硬度(A):80±5。

(2)扯断强度(N):纵向≥450,横向≥350。

(3)扯断伸长率(%):纵向≥8,横向≥13。

(4)燃烧特性(mm/min):<100且在60s内火焰自行熄灭,燃烧长度不大于50mm。

(5)磨耗率(g/cm²):小于0.002。

(6)热老化性能(70℃、72h):不老化。

(7)耐酸(20%硫酸、25℃、24h)增量(%):小于1.2。

(8)耐碱(20%NaOH、25℃、24h)增量(%):小于0.5。

(9)耐寒性(-30℃、3h变化):无皱纹、裂纹现象。

(10)面颜色牢度(级):≥4。

4)适用标准

GB 8410—2006《汽车内饰材料的燃烧特性》、GB/T 8948—2008《聚氯乙烯人造革》等标准。

第六篇

客车电气、车载网络及智能终端

第二十三章 客车仪表、照明、娱乐及信号装置

客车仪表是驾驶人与车辆进行信息交互的窗口,承担着向驾驶人实时提供车辆运行工况、保证行车安全的重任。通过仪表,驾驶人能够集中、直观、迅速地掌握客车行驶中的各项动态指标,包括速度、行驶里程、发动机转速、冷却液温度、油量、蓄电池电压、制动系储气瓶压力以及其他各种指示报警信息等,以便及时发现可能出现的故障。因此,仪表对车辆安全、经济行驶有着非常重要作用,同时也能对客车驾驶区造型起到美化的效果。

在客车的发展历程中,伴随着制造水平的提升以及光学、电子和计算机等技术的广泛使用,客车仪表的技术水平也处于不断发展和创新的过程中。

为了保证行车安全和工作可靠,客车上装有各种照明和信号装置,用以照明道路,表示车辆轮廓和行驶方向;照明车室内部,指示仪表以及夜间车辆检修等。此外,在转弯、制动、会车、停车和倒车等工况,还应发出光亮及声响信号,以警示行人和其他车辆。

近年来,随着汽车电子技术的发展和文化、娱乐内容的丰富,客车影音娱乐系统发展很快,形式不断增多,水平不断提高,已成为提升舒适性、减轻旅途疲劳、增加乘车娱乐性必不可少的装备。

第一节 客车仪表

一、客车仪表的分类与发展

总体上看,客车仪表按其实现方式可大致分为机械式、电气式以及电子式三类。

按照工作原理的技术创新程度,客车仪表主要可以分为四个发展阶段。

第一阶段:表现为基于机械作用力而工作的机械式仪表,又称为机械机芯表和第一代客车仪表,如图23-1所示。

第二阶段:表现为基于电测原理,通过各种类型的传感器元件将被测的非电量变换为电信号加以测量,称为电气式仪表和第二代客车仪表,如图23-2所示。

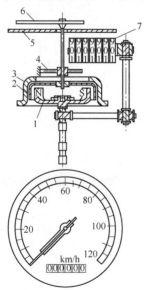

图 23-1 机械式车速里程表
1-永久磁铁;2-铝罩;3-罩壳;4-游丝;
5-刻度盘;6-指针;7-十进制里程表

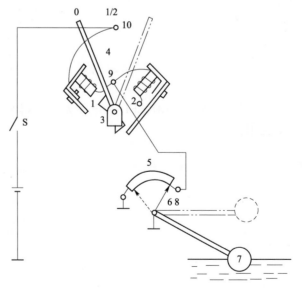

图 23-2 电磁式燃油表
1-左线圈;2-右线圈;3-转子;4-指针;5-可变电阻;
6-滑片;7-浮子;8、9、10-接线柱

第三阶段：运用模拟电子技术，通过指针形式显示测量结果，称为模拟电路电子式仪表和第三代客车仪表或第三代电子仪表。

第四阶段：基本原理是通过将模拟量转换成数字信号加以测量，其结果以数字形式显示，称为数字化仪表和第四代客车仪表。第四代客车仪表诞生的技术基础是数字显示技术、信号传输技术、传感技术和CAN总线技术等。具体发展历程见表23-1。

客车仪表技术的发展历程　　　　　　　　　　　　　　　　　　　表23-1

类　　别	发展阶段	指示器类型	传感器类型
电子式	第四代	数字式	可变电阻式/霍尔式
	第三代	模拟式	电子式/磁感应式
电气式	第二代	电磁式	可变电阻式
		动磁式	
		双金属式	双金属式
			可变电阻式
机械式	第一代	磁感应式	—
		弹簧管式	—

图23-3　模拟显示仪表

第三代电子式仪表（图23-3）出现的时间大致在20世纪50~60年代，其工作原理和电气式仪表基本相同，区别在于采用电子器件取代原来的电气器件。经过多年的改进创新，机械零件由以金属件为主发展到以塑料件为主，电子器件也由分立器件发展成专用集成电路。同时，为使指示精度和指针平稳性得到有效提高，仪表结构形式从动圈式机芯（线圈连同指针一起转动）发展为动磁式机芯（磁钢连同指针一起转动）。历次技术改进后仪表的整体性能、性价比都有所提高，但受其工作原理的限制，仪表线特性、精度、重复性和响应速度等性能指标难以得到根本性的突破。

第四代全数字式客车仪表的概念首先在20世纪80年代提出，从其应用技术手段上看仍属于电子式仪表，只是信号处理方式从模拟变成数字。早期的全数字仪表仅是"数字显示"形式的客车仪表，虽然其技术水平和性能远超第三代仪表，但这种仪表只能显示一组无动感的孤立数字，在被测物理量发生变化时，只能看见数字的翻动而没有直观的指针或图形显示，加上读数时间较长，容易分散驾驶人的注意力，或者造成视觉疲劳，所以这种形式的客车仪表很难被市场接受，导致国内外都没有得到普及和推广。为了克服这些缺陷，后来出现了使用光点、光条或光带模拟动态显示被测物理量的全数字仪表，显示器件主要有LCD、LED和电子发光材料等。目前，基于步进电机的全数字仪表在客车上得到了广泛应用。

二、全数字仪表

全数字式客车仪表（图23-4），尤其是步进电机式客车仪表显示装置（组合式全数字仪表），克服了传统仪表（通常是机械和电磁式模拟仪表），显示信息少、精度不高，已无法满足现代客车要求功能全面、更高精度和灵敏度的需要等缺陷，在当今乃至未来一段时间内将成为客车仪表显示装置的主导技术和发展方向。

图23-4　客车上采用的CAN总线全数字仪表

1. 总体结构

CAN 总线全数字式客车仪表解决了目前广泛使用的模拟电子式客车仪表存在的不足,彻底放弃了"动圈式"和"动磁式"模拟电子式客车仪表通过线包与磁钢间产生电磁转矩驱动指针的工作方式,基于步进电机和 CAN 总线控制技术,以微控制器为核心,通过 CAN 总线实现整车网络的实时数据通信,完成车辆运行工况的数据采集,经运算处理后由步进电机驱动指针,在仪表板内以指针方式和 LCD/LED 数字显示被测物理量,其硬件结构如图 23-5 所示,电路结构图如图 23-6 所示。

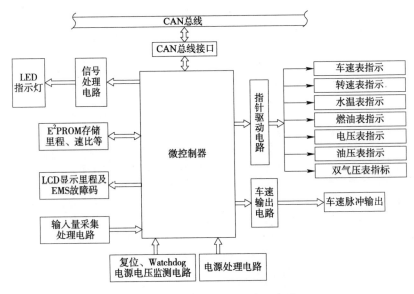

图 23-5 全数字仪表硬件结构示意图

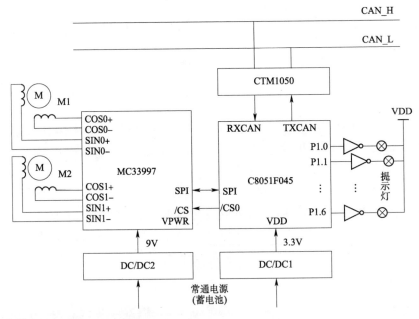

图 23-6 步进电机仪表板的电路结构示意图

在指示显示方式上,全数字仪表保留了第三代仪表指示直观、有动感、符合驾驶人习惯等特点,其软件控制流程图如图 23-7 所示。

2. 功能特点

1) 数据传输可靠性高

CAN 总线具有通信速率高、保密性好、实时性和抗电磁干扰能力强等诸多特点。由于 CAN 总线采用非破坏性逐位仲裁机制,具有完善的错误检测功能,能够检测出通信过程中产生的错误信息,可以保证数据准确、可靠传输。

2）信息共享，功能扩展能力强

通过 CAN 总线，仪表可方便地与整车中的其他网络节点进行数据交换，从而达到信息共享的目的。同时，整车系统中的 CAN 网络节点通过 CAN 总线传送的信息，可以方便地进行功能扩展。

3）实时故障诊断

通过 CAN 总线，可实时接收发动机管理系统（EMS）等发送的故障诊断信息，并将故障码显示在仪表的 LCD 显示屏上，方便驾驶人随时查看和维修。

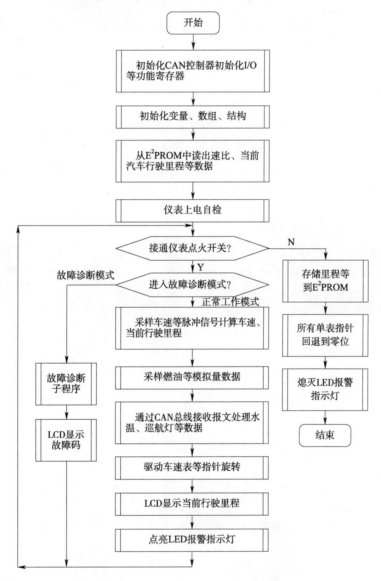

图 23-7　全数字仪表软件控制流程图

4）数据采集精确

由于仪表使用了高效、可靠的采样电路采集车辆信息，如利用输入捕捉计算脉冲输入信号的周期和脉宽，利用 A/D 转换计算传感器的输入电阻值等，使采集到的信息更加精确、可靠。

5）单表驱动技术先进可靠

各单表指针采用汽车专用步进电机进行驱动，且步进电机在设计上使用高级铁磁材料和特种耐磨塑料，寿命长，可实现长期无故障运转。

6）指示精度高

采用全数字方式（输入信号完全数字化），通过嵌入式软件的主控制芯片对数据进行处理，配合指示精度高、一致性好的步进电机，仪表可达到很高的指示精度。

基于以上特点，目前 CAN 总线全数字仪表在客车上得到了普遍应用，如图 23-8 所示。

图 23-8　客车使用的一款全数字仪表

3. 显示屏及主要显示内容

1）显示屏

显示屏为仪表的主要显示界面，可用于显示报警及指示符号片、里程、气压、尿素液位和时间等信息，如图 23-9 所示。通过触摸操作，进入菜单设置页面（图 23-10），驾驶人可方便地进行时间设置（设置仪表实时时钟）、参数设置（设置仪表相关参数）、诊断（显示仪表管脚状态）及信息查看（显示油耗、发动机舱温度、发动机故障码等）。

图 23-9　显示屏主页面

图 23-10　菜单设置界面

2）机油压力表

机油压力表显示发动机润滑油的压力值。如图 23-11 所示，机油压力表的指示范围为 0~1000kPa，当机油压力值小于 70kPa 时发出报警信号，指示灯显示红色，其余情况显示绿色。

3）电压表

电压表用于显示整车的电压。如图 23-12 所示，显示范围在 DC16~32V 之间，车辆正常行驶时，电压值应显示为 24~28V。电池电压滚动条可以显示红绿两色，当电池电压大于 30V 或小于 22V 时滚动条显示红色，电压在正常范围内显示绿色。

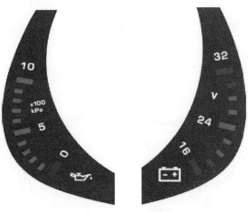

图 23-11　机油压力表　　图 23-12　电压表

4）发动机转速表、冷却液温度表

发动机转速表用于显示发动机每分钟的转速，指示范围为 0~3500r/min。转速表刻度绿色区域为经济转速区域,黄色区域为较经济转速区域。冷却液温度表指示发动机冷却液温度,在点火开关打开后开始工作。为避免损坏发动机,当冷却液温度表指针位于红色区域内或冷却液温度高报警符号点亮,则表示冷却液温度过高,应及时停车冷却,如图23-13所示。

5)车速表、燃油表

车速表指示车辆瞬时行驶速度,指示范围为0~140km/h。当车速大于100km/h仪表会提示超速并发出提示音报警。燃油表显示燃油箱内燃油的存储量,该表分为八个刻度,分别表示储油量为油箱容量的0、1/8、1/4、3/8、1/2、5/8、3/4、7/8、1,如图23-14所示。

图23-13 发动机转速表和冷却液温度表

图23-14 车速表和燃油表

三、全彩屏仪表

全彩屏仪表采用高分辨率显示屏,是一种全面可配置的仪表板。它不使用机械式指针,克服了传统仪表的许多不足之处,直接从CAN总线上获取信息,通过图形处理后由智能点阵式液晶显示屏进行多次分屏显示,通过明确直观的各类图标、动态变化曲线、历史记录再现和能量流动指示线等方式,清晰地显示参数变化和客车运行状态,把复杂参数具体生动化,有利于用户直观认识和理解。仪表板显示内容及方式完全由软件设定,可根据实际使用需要灵活调整。采用液晶显示屏来显示里程、时间等数字信息,实现了客车仪表的一次重大跨越。

全彩屏仪表硬件电路是整个数字仪表的控制核心,其性能高低直接决定整个仪表工作的好坏。硬件电路设计主要以实现控制器高性能、高可靠性为目标,采用微处理器和大量接口模块,可实现客车不同种类的I/O操作。主要输入信号有脉冲量、模拟量以及开关量,仪表控制器主要包括电源模块、TPU模块、A/D模块、I/O接口模块和CAN总线通信模块等,仪表控制器与其他ECU之间的控制信号通信通过CAN总线实现。全彩屏仪表硬件电路结构如图23-15所示。

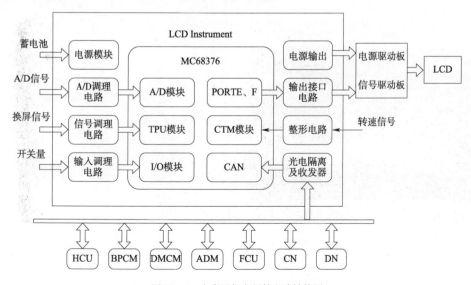
图23-15 全彩屏仪表硬件电路结构图

全彩屏仪表模拟真实仪表的外观,除了可显示常规仪表显示的所有内容外,还可显示时间、汉字说明等,如图 23-16 所示。这种仪表其内部可设置多套显示界面,用户可根据个人喜好选择,比常规汽车仪表更加人性化和个性化。全彩屏仪表的出现,缩短了客车厂家开发仪表显示界面的周期,减少了重复开发费用,特别是适应了客车定制化、配置差异化的发展需要,具有很好的应用前景。

新能源客车相比传统客车有更多的车辆信息和数据需要显示,而不同的新能源系统对于数据的显示也有不同的个性化需求。由于全彩屏仪表显示界面可以通过软件灵活设计,且开发时间短,目前已在新能源车型上得到应用,如图 23-17 所示。

图 23-16　一款客车全彩屏仪表

图 23-17　全彩屏仪表在新能源客车上的应用实例

四、抬头显示系统

安全是当今消费者出行最关心的问题,采用飞速发展的科学技术解决安全问题,是客车技术发展的方向。在高速行驶,尤其是夜间行驶时,当驾驶人低头观看仪表或导航等显示信息时,若前方遇到紧急情况,往往因来不及采取必要措施而造成交通事故。国外一项统计调查显示,45% 的交通事故是因驾驶人视线不足,导致车辆与前方物体发生碰撞引起的。因此,如何减少驾驶人视线离开前方道路的次数和有效扩大驾驶人视野,已成为客车行业关注的重点。对此,人们从飞机虚拟抬头显示系统所具备的使飞行员不必低头观看仪表,就可在风窗上看到所需信息,及时了解机外突发状况的技术得到启发。将这种有利于驾驶安全的高技术移植到汽车甚至于客车上,必将大大提高客车的行驶安全性。而抬头显示系统也许会在将来成为中控台液晶显示屏的终结者,如图 23-18 所示。

抬头显示系统(Head Up Display,HUD),又称"风窗玻璃仪表显示"或"平视显示系统"。该技术通过将车辆重要信息投射到前风窗玻璃上,使驾驶人不必移动视线就能了解车辆的行驶工况,避免因低头观看仪表分散注意力;同时,还可避免驾驶人眼睛在道路与仪表之间的调整产生视觉疲劳,有效起到辅助驾驶人安全驾驶、提高驾驶舒适性、减少事故发生概率的作用。抬头显示系统一般由发射光源、PCB 主板(Printed circuit board,PCB,即印制电路板)、控制器、显像器、反射器和组合器等组成,如图 23-19 所示。

图 23-18　抬头显示系统显示效果

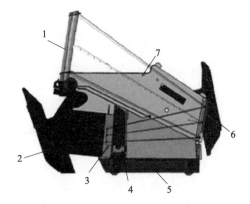

图 23-19　抬头显示系统结构示意图
1-组合器;2-发射光源;3-显像器;4-控制器;5-PCB 主板;6-反射器;7-主体框架

抬头显示系统采用车载电源接入,由专用辅助电源 ACC(Accessory,ACC)钥匙与外部开关按钮联合控制。当外部开关处于关闭状态时,不管车辆起动与否,抬头显示系统均处于不工作状态,即睡眠状态;

当外部开关处于打开状态时,存在两种情况:在车辆熄火钥匙拔出状态下,系统进入休眠;当发动机点火后,系统进入工作状态,控制器读取仪表板中的车辆信息,并显示在显像器上,发射光源发出光线将显像器上的信息投射到反射器上,再反射到组合器,通过虚拟成像驾驶人就可以在前风窗玻璃上观看到实时车辆状态信息。

抬头显示系统主要有直接投射式、间接集成式和风窗玻璃集成式三种实现方式,其最大不同之处在于图像源到形成虚像经过的反射次数,直接投射式是一次反射,间接集成式是二次反射,风窗玻璃集成式是三次反射,多次反射可增加虚像到驾驶人眼睛的视距,形成较好的图像效果。

1. 直接投射式

直接投射式是最为简化的抬头显示系统实现方式,其特点是把显像器上的反向图像反射一次成像得到正向虚像。这种方式视距至多0.5m,如图23-20所示。具有安全可靠、成本低且安装方便等优点;缺点是显示色彩较单一,功能较少且视距很短,清晰度一般。

2. 间接集成式

间接集成式的最大特点是采用一块辅助玻璃显示屏作为组合器,通过两次反射,可将视距提高至1.8~2.15m,如图23-21所示。其优点是具有独立的显示单元、配置柔性较强、光学标定工作较简单、模块化开发周期短且成本相对较低;缺点是显示结构受制于组合器大小,不能够大范围显示,且显示内容有局限性

图23-20 直接投射式抬头显示系统

3. 风窗玻璃集成式

风窗玻璃集成式采用光学系统将车辆信息反射到前风窗玻璃上,其显示原理是将从仪表接收到的信号经过处理后,通过投射光源投射在显示器上,反射器把显示器的图像一次反射至弧面反射器,再二次反射到前风窗玻璃,最后通过前风窗玻璃第三次反射进入人眼,如图23-22所示。其优点是显示内容多样化,且能自动调节显示亮度,人眼与虚像距离较远,能够缩短视线移动与焦点调节所需时间,方便驾驶人读取车辆信息;缺点是成本太高,对制作工艺要求较为严苛。

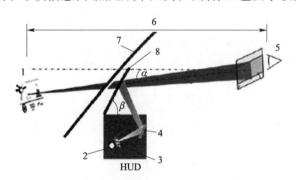

图23-21 间接集成式抬头显示系统结构及工作原理示意图
1-虚像;2-投射光源;3-显示器;4-反射器;
5-驾驶人;6-视距;7-风窗玻璃;8-组合器

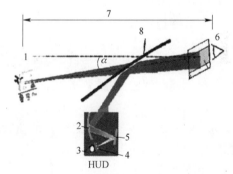

图23-22 风窗玻璃集成式抬头显示系统结构及工作原理示意图
1-虚像;2-弧面反射镜;3-投射光源;4-显示器;
5-反射镜;6-驾驶人;7-视距;8-风窗玻璃

五、客车仪表的发展趋势

随着电子半导体技术的发展,多功能、高精度、高灵敏度、读数直观的电子数字显示及图像显示仪表已不断应用于客车行业。在充分应用光技术、机电一体化技术、现代信息技术和网络技术的基础上,未来客车仪表的功能将极大拓宽,指示形式也将演变成计算机终端显示器,且具有测试反应速度快、指示准确、图形设计灵活、数字清晰、可视性能好、集成化程度高、可靠性强和功耗低等优点。通过将显示屏和GPS定位相结合,可准确获知车辆行驶状态、行驶路线以及周边停车场、加油站等信息,甚至行驶中与邻车的车距,与行人需保持的安全距离等,都可显示在仪表上。客车仪表的发展趋势可归纳成以下几方面。

1. 网络通信

未来的客车仪表将不只是一个从属节点,而是一个自己也可以"说话"的节点。如提出说话请求,由发动机控制单元判断,然后给予"说话"权利。网络的使用可以减少线束,同时具有很高的网络安全性、通信可靠性和实时性,而且简单实用、成本低。

2. 更大的记忆容量

多信息显示仪表将成为客车仪表的主流,除记录、显示常规的车速、里程等信息外,同时还要记录其他信息,如发动机的信息状态、驾驶人不同的舒适性要求、客车运行状态、空调调节状态和周围交通状态等,这就需要增加带电可擦可编程只读存储器(Electrically Erasable Programmable Read-Only Memory,EEPROM,一种掉电后数据不丢失的存储芯片)的容量,或者要求主芯片整合的 EEPROM 容量足够大。

3. 低功耗及高整合度

低功耗和节能是客车仪表技术发展的又一方向。为此,电源模式可能变成 DC-DC,在静态条件下,要求关闭所有的外部器件甚至是主芯片电源,从而要求有可靠的复位电路。而仪表的功能也将更加全面和复杂化,对整合度、安全及可靠性的要求也会越来越高。

4. 高性能传感器运用

抗干扰能力强、对环境要求较高的传感器,有可能会安装在客车仪表内,从而方便信号的处理和传输。

5. 个性化设置

仪表整体背光色彩可变化,采用三原色的 LED 做背光,驾驶人可根据个人喜好调节颜色。此外,个性化还体现在不同的面板和不同的造型方面。即客车内饰件可根据用户的不同喜好选择,而仪表作为客车内饰件之一,在面板上也能体现个性。

6. 触屏操作

触屏操作是电子数字及图像显示仪表的必然功能,通过触屏操作进入菜单设置页面,驾驶人可方便地进行各种设置,如时钟、参数设置、诊断及信息查看等,实现人—车—运营管理者—车辆制造者的互动和信息交流。

7. 可指示安全系统运行状态

客车上的各种安全系统运行状态,如轮胎气压、制动装置、安全气囊、防火安全系统和安全带等的运行状态均可在仪表上显示。信号的传输形式将不再仅限于简单的开关接通或断开,还包含反映安全系统状态的调制信号(主要为方波脉宽调制信号),可供 ECU 读取,以便综合判断安全装置的工作状态,并给出故障显示提醒驾驶人,或者指导维修人员排除故障。

8. 防盗系统

将防盗系统纳入客车仪表 ECU 的监管下,如设置车门、行李舱等处的防盗锁指纹识别开启系统、防撬振动报警装置和防盗点火起动装置等。

9. 冷光源发光器

选用高效冷光源发光器件作为显示和内照明器件,如 LED、电子发光器件等。

10. CCD 摄像全视系统

取消后视光学反光镜而改用电子摄像显示全视系统,全面拓宽驾驶人的视野范围,进一步提高行车安全。

11. 导航和定位系统

自动导航和定位系统也将是未来客车仪表上不可缺少的组成部分,包括全球卫星定位系统和电子地图等。

12. 低成本

客车是大众交通工具,特别是城市客车还具有社会公益性,因此对价格十分敏感。未来的客车仪表在保证功能全面、性能先进的条件下,如何降低成本将是一项十分重要的工作。只有性能先进、价格适中,才有可能得到应用和推广。

第二节　照明及信号装置

一、照明及信号装置的分类与要求

1. 照明装置

客车照明装置(亦称"照明灯具")以照明为主要目的。按其安装位置的不同,可分为车外照明装置和车内照明装置两种。对于不同的照明装置(灯具),因功能不同安装位置及要求也不同。以车外照明装置为例,其总体功能是保证汽车在夜间、隧道或雨天、雾天行驶安全,因此要求照明效果好(亮度高,照度均匀明亮),不应使对面来车和后车的驾驶人引起炫目。如前照灯,由于照明效果对夜间交通安全影响很大,因此各国都以法规形式规定了前照灯的照明标准,对其基本性能要求是:

(1)应保证在汽车前方100m以内的路面上进行明亮而均匀的照明,使驾驶人能清楚辨明路面上的任何障碍物。对于现代高速客车,照明距离应达到200~250m。

(2)应具有防炫目功能,以防止夜间会车时使对方驾驶人因炫目而造成交通事故。

有关前照灯的技术要求、配光性能、类型及主要尺寸和使用及光束调整等,分别见GB 4785—2007、GB 4599—2007、GB/T 4659—1984和GB 7454—1987。

前雾灯是在雾、雪、雨或尘埃弥漫等有碍可见度的情况下,为改善车辆前部道路照明和使迎面来车易于发现的灯具。要求灯泡的功率要大,光线穿透力要强,因此光色应为白色或黄色。现代汽车一般采用黄色配光镜或黄色灯泡,其原因是黄色光波较长,有良好的透雾性能,在雾中能照较远距离。此外,前雾灯还应具有垂直面光通量散射角度小、水平散射角度大的防雾光束。

前雾灯的数量、位置和光色要求见GB 4785—2007,配光性能见GB 4660—2007。

2. 信号装置

和照明装置一样,客车的信号装置按其安装位置的不同,也分为车外信号装置和车内信号装置两种。对于不同的信号装置,因功能不同安装位置及要求也不同。车外信号装置的总体作用是向外界表示本车的行驶和位置状态,方便其他驾驶人或行人发现自己、给周围的行人和车辆提供本车驾驶人的操作意图、显示车辆的工作状态等。因此,车外信号装置的照度应明亮、醒目,光线的穿透力要强,光色应符合国家有关标准的要求;而车内信号装置的作用是向驾驶人传递整车及主要总成的工作信息,向乘员传递车辆的行驶信息和提示信息,以及驾驶人和乘客的交流信息等,因此光线则要柔和,不会使驾驶人和乘客感到刺眼及视觉疲劳。

无论是照明还是信号装置,其作用都是为了保证车辆正常行驶,协助驾驶人传递信息,提高乘员的主动安全和其他交通参与者的被动安全等,因此在汽车部件中起着至关重要的作用。

客车照明和信号装置的分类如图23-23所示。

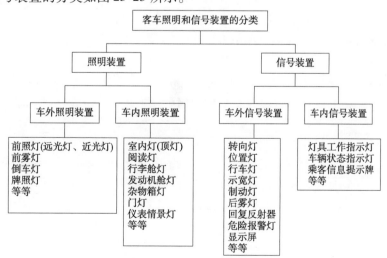

图23-23　客车照明和信号装置的分类

二、客车照明装置

在客车的车外照明装置和车内照明装置中,车外照明装置主要包括前照灯、前雾灯、倒车灯及牌照灯等,车内照明装置主要包括顶灯、仪表灯、门灯、踏步灯、夜灯、阅读灯、行李舱灯和发动机舱灯等。不同的照明装置有不同的功能和要求,以及较固定的安装位置。典型的客车前照灯及前雾灯组合及车内照明灯具如图23-24和图23-25所示,图23-26所示为前照灯实物模型。

图23-24 典型的客车前照灯示例

图23-25 典型的客车车内照明灯具示例

图23-26 前照灯实物模型

目前,客车上使用的前照灯一般有白炽灯、卤素灯、氙气灯和LED灯等类型,其中卤素灯(亦称"卤钨灯")因灯泡尺寸小、灯丝寿命长、发光率高、灯泡不会发黑,比传统白炽前照灯寿命更长、亮度更大而被现代汽车普遍采用。近年来,随着科技进步和成本的降低,氙气灯已成为前照灯的主流,而LED灯在中、高档轿车上使用后已开始在高档客车的前照灯和车内照明装置中采用。

1. 氙气前照灯

氙气灯(High Intensity Discharge,HID,亦称"高压气体放电灯")所发出的光照亮度是普通卤素灯的2倍,而能耗仅为其2/3,使用寿命可达普通卤素灯的10倍。因此,不仅大大增加了驾驶的安全性和舒适性,还有助于缓解夜间行驶的紧张与疲劳。

1)组成

HID一般由镇流器、启辉器、光源、配光和平衡系统组成,如图23-27所示。各组成部件的功能如下:

(1)镇流器。HID汽车前照灯系统均有一个镇流器,其功能是保持HID系统的电压稳定,也是HID系统与汽车电气系统之间的桥梁和界面,既维护HID系统的相对独立,又保持它与汽车电气系统间的联系。

(2)启辉器。由于HID车灯的工作类似荧光灯原理,即通过两电极间的弧发光,因此需要启辉器。目前,有的车灯启辉器与镇流器制成一体,有的则单独分开。

(3)光源。HID 车灯的光不是来自钨丝,而是通过电离作用而发光。其灯泡(图 23-28)由水晶玻璃制成,内有两个电极,当两电极上电压足够时,就产生弧光,并由镇流器保持光源。

(4)配光系统。配光系统决定了发出光的距离和宽度。一般是多块特殊的棱镜和透镜的组合体,反射镜反射出的平行光束经配光系统射出后,由于棱镜和透镜的折射左右作用,其中的一部分光线被折射,射向车前的路面,使汽车前方的路面和路缘有良好而均匀的照明。

(5)平衡系统。在高档车上使用的 HID 车灯,设计了一种平衡系统,该系统能自动根据外界光线及前方目标调整光亮,消除炫目现象。

图 23-27　HID 前照灯套件　　　　图 23-28　氙气灯泡

2)工作原理

HID 的原理是在 UV-cut 抗紫外线水晶石英玻璃管内以多种化学气体充填,其中大部分为氙气(Xenon)与碘化物等惰性气体,然后再透过增压器(Ballast)将车辆上 24V 的直流电压瞬间增压至 23000V 的电压,经过高压振幅激发石英管内的氙气电子游离,在两电极之间产生光源,即所谓的气体放电。

由氙气所产生的白色超强电弧光可提高光线色温度,类似白昼的太阳光芒。HID 工作时所需的电流仅为 3.5A,但亮度是传统卤素灯泡的 3 倍[可以输出高达 3200Lumen(光强度和亮度的单位)的亮度,而一般卤素灯泡最多也只能产生 1000Lumen 左右亮度],使用寿命比传统卤素灯泡长 6 倍以上(据研究显示,品质再高的卤素灯泡最多也只能连续使用400h,而氙气灯泡最少都有 2500h 的使用寿命,也就是说在正常用车条件下,一组 HID 足够用上 6 年多)。

对于采用双氙气系统的 HID,只用一套氙气发光源,通过机械快门机构的切换,实现远近光同时照明的效果(图 23-29),即只通过反射体和自身遮光机构来调节,光型相对不那么整齐、锐利,但因为少了透镜的过滤损耗,而使光的照射强度更强;而采用双氙气透镜系统的 HID,则通过反射体和透镜的共同作用,使发出的光均匀、柔和,光型更整齐锐利。

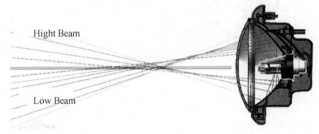

图 23-29　远近光同时照明的效果

与即将广泛使用的 LED 灯相比,HID 的散热性能更好。

2. LED 照明灯

1)结构、发光原理及封装技术

LED 即发光二极管,是将电能直接转化为光能的半导体器件,如图 23-30 所示。LED 由 Ⅲ-Ⅳ 族化合物,如 GaAs(砷化镓)、GaP(磷化镓)、GaAsP(磷砷化镓)等半导体材料制成,这些半导体材料先通过掺杂等工艺产生 P-N 结。在 P-N 结两端加载正向电压时,电流从 LED 的阳极流向阴极,空穴和电子发生复合,电子会跌落到较低的能级,同时以光子的形式释放出能量,发出从紫外线到红外线不同颜色的光线,光的强弱与电流大小有关,如图 23-31 所示。

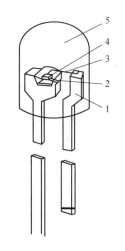

图 23-30　LED 结构示意图
1-支架；2-银胶；3-金线；4-晶片；5-环氧树脂封装

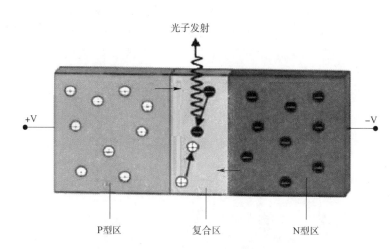

图 23-31　LED 发光原理图

在图 23-30 中，晶片 4 的一端附在一个支架 1 上，一端是负极，另一端连接电源的正极，使整个晶片被环氧树脂 5 封装起来。半导体晶片由两部分组成，一部分是 P 型半导体，在它里面空穴占主导地位；另一端是 N 型半导体，其中主要是电子。这两种半导体连接起来时，它们之间就形成一个 P-N 结，当电流通过导线作用于这个晶片的时候，电子就会被推向 P 区，在 P 区里电子跟空穴复合，然后就会以光子的形式发出能量，这就是 LED 发光的原理。而光的波长也就是光的颜色，由形成 P-N 结的材料决定。

LED 芯片只是一块很小的半导体固体，在两个电极加上电压，通过一定电流后才会发光。在封装制作工艺上，首先要对 LED 芯片的正负两个电极进行引线焊接，同时还需要封装结构对 LED 芯片和两个电极进行保护，并起到提高光输出效率的作用。

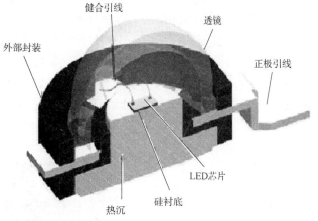

图 23-32　大功率 LED 封装结构

LED 封装技术主要是从半导体分离器件封装技术的基础上发展而来。普通二极管管芯的封装目的是保护芯片和完成电气互连，而 LED 的封装目的除此之外，还有输出可见光的功能。从大功率 LED 照明应用来看，开发低热阻、高可靠性和光学特性优良的封装技术是实现 LED 照明产业化的必经之路。常用的大功率 LED 封装结构如图 23-32 所示。

2）LED 灯具的特点

LED 作为近年来新出现的光源，其灯具的结构布置、光学特性和造型设计与传统灯具相比有着显著的区别，主要体现如下：

（1）从结构布置角度来看，由于 LED 可以采用多个光源实现一种功能，这将完全改变车辆前照灯的形状和布置方式。与传统的卤素光源和氙气光源相比，可以使用多颗光源，多只反射镜或透镜进行光学设计，而且可使灯具做得更加紧凑。此外，使用 LED 光源更容易实现模块化，为不同的光学单元（远光灯、近光灯、昼行灯）提供更多的造型选择。

（2）从设计角度来看，由于 LED 是冷光源，工作过程产生的辐射热量很低，这一特性可以使车灯材料产生变革。即前照灯中常用的 HTPC、PBT、PEI、PAR 等昂贵耐热材料均可以使用 ABS + PC 替代，而一些金属材料也可以被树脂材料取代，不仅降低了材料成本，而且避免了金属材料常用的防锈、防腐等对环保不利的工艺。此外，普通光源通常采用真空镀铝来实现对光线的反射，而使用 LED 光源将更多地采用 PMMA 材料制成的全反射反射镜，无须镀铝，仅利用光线在介质中的全反射特性就能实现灯具的光学要求。因此，LED灯具整体质量轻、受振动冲击影响小、加工成形方便，可以满足车身造型对灯具外形的各种需要，但对材料的化学稳定性等要求较高。

（3）采用LED元件便于整车布置和造型设计。由于LED元件体积小，结构紧凑，可以充分满足客车厂商车型开发和产品改型换代的需要，摆脱了过去灯光系统对造型创新的束缚。

（4）寿命长。LED元件寿命很长，基本都能达到50000h的平均水平，部分甚至可以达到100000h，考虑到灯光的使用频率，因此在整车的设计寿命中LED元件都不需要更换。相比之下，氙气灯的寿命仅为3000h，而卤钨灯的寿命则在300～500h。此外，LED在闪烁状态下亦可保持其寿命，而其他光源在闪烁状态下则会降低寿命。

（5）响应快。LED灯具的响应时间极短，大约只有250μs。统计资料表明，当车辆以120km/h行驶时，装有LED制动灯的车辆比没装LED制动灯的车辆反应的制动距离将减少7m。因此，LED灯具的高反应速度大大提高了车辆的主动安全性能。

（6）节能环保。LED的发光效率达100lm/W以上，接近并超过氙气灯的水平，如果用日常节能灯来对比，节能灯比白炽灯节能4/5，而LED比节能灯还节能1/4。此外，同样的日间行车灯，LED元件的能耗仅为卤钨灯的1/20。

（7）光线质量高、辐射小。LED的色温和日光相当（接近6000K），这说明可以为驾驶人提供更接近日光效果的照明，有利于驾驶人在夜间行车时看清楚道路情况，不仅使夜间行车更加安全，也能使驾驶人的眼睛更加舒适。此外，根据LED的发光原理，其色温是可以调节的，因此LED厂商甚至可以根据客户的需求来定制色温。

（8）工作电压范围宽、体积小。可在6～12V（24V）之间正常工作，且占用空间小，设计者可随意变换灯具模式，使汽车造型多样化。

3）LED灯具的应用

LED在汽车领域的应用始于20世纪90年代末，至今轿车上的应用已十分广泛。客车上的应用虽然较晚，但也发展迅速。目前，客车的车内照明和制动灯、应急灯、昼行灯等采用LED已非常普遍，而部分高三级车型的整车内、外部照明光源的应用比重已超过80%。国产车用LED灯具市场紧随国际形势的变化，已经取得很大成效。

（1）车外照明灯具的应用。图23-33所示是LED灯具在客车外部信号灯的实际应用。

（2）车内氛围灯具的应用。图23-34所示是LED灯具在客车车内氛围灯的实际应用。

图23-33　客车车外大功率LED照明灯

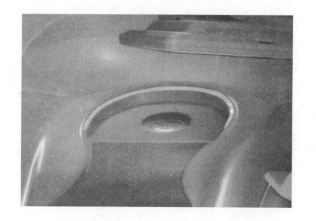

图23-34　LED车内氛围灯

（3）车内照明灯具的应用。图 23-35 所示是 LED 灯具在客车车内照明灯的实际应用。

a) 踏步灯

b) 夜间通道灯

c) 车门处顶灯

d) 阅读灯

图 23-35　LED 车内照明灯

三、客车信号装置

客车信号装置的作用是方便其他驾驶人或行人发现自己、给周围车辆提供本车驾驶人的操作意图和显示车辆的工作状态，以及为本车驾、乘人员提供有关信息等。按其安装位置的不同，可分为车外信号装置和车内信号装置两种。其中，车内信号装置主要是车辆工作状态指示灯（在本书客车仪表相关章节已有介绍）和乘客信息提示牌等。

1. 车外信号装置

客车的车外信号装置有转向灯、示廓灯、警告提示灯（行车灯、制动灯、倒车灯、雾灯、双闪警示灯等）和外显示屏等。图 23-36～图 23-38 所示为几种典型的车外信号装置。

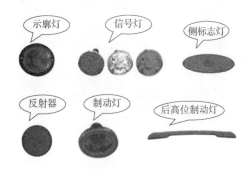
图 23-36　典型的车外信号装置示例

图 23-37　组合式尾灯

图 23-38　示廓灯

2. 车内信号装置

客车车内信号装置包括工作指示灯、车辆状态指示灯和乘客信息提示牌（灯）等。

图 23-39 和图 23-40 分别是几款车内及车外信号装置示例。

图 23-39　典型的车内信号装置示例

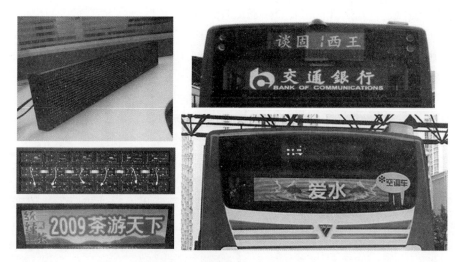

图 23-40　部分车外 LED 车载显示屏

随着城市公共交通系统的快速发展,城市公交客车车载 LED 显示屏的应用已十分广泛,平均每辆车上至少都会安装有 2 块以上的车载 LED 显示屏。而厦门金龙联合汽车工业有限公司新推出的小龙威公路旅游客车更是在车体侧面安装了连片的全彩 LED 显示屏,可以播放文字、图片、动画等,效果绚烂,创意十足。如图 23-41 所示。

图 23-41　小龙威侧围显示屏

四、客车照明及信号装置的发展

1. 灯具光源技术的发展

1885 年,德国人卡尔·本茨(Karl Benz)发明了世界上第一辆汽车,标志着汽车从此诞生,随后汽车工业发展迅速,直到今天仍属于最活跃的领域之一。车灯作为汽车夜间行驶的眼睛,与汽车技术一起经历了以下几个发展阶段:

第一代——乙炔气灯。在 1925 年以前使用的汽车前照灯几乎全是乙炔前照灯,具有较高的轮廓亮度,但照射距离太近。

第二代——白炽灯。白炽灯泡于 1925 年发明,由于高亮度而得到广泛的应用,在车速 40km/h 情况下照射距离可达到 100m。

第三代——卤钨灯(H1、H3、H4、H7)。法国"斯贝"公司在 1964 年生产出第一批装有卤钨灯泡的汽车前照灯,其光效比白炽灯增加约 50%,寿命也增加一倍,其中 H4 的最大照射距离达 300m 以上,适用于高速行驶。此后卤钨前照灯得到广泛使用,到目前为止仍是应用最广泛的汽车照明灯具。

第四代——高强度气体放电灯泡(High Intensity Discharge,HID)。是指内部充满包括氙气在内的惰性气体混合体,通过起动器和电子镇流器,在两个电极之间形成电弧并发光,亮度可达到 3200Lumen 以上,色温在 4000~6000K 之间,能够很好地改善汽车夜间照明条件。

第五代——发光二极管(Light-Emitting Diode,LED)车灯。尤其是LED前照灯的应用,将是下一代车灯的主流技术。LED是一种能发光的半导体电子元件,出现于20世纪60年代,初期LED亮度很低,无法应用于汽车领域。但时至今日,其能发出的光亮度已经有了明显提升,将彻底改变汽车照明装置(照明灯具、信号灯具、氛围灯具等)。

客车照明及信号装置的发展已经逐步赶上并超过乘用车的步伐,朝着更加安全、节能和智能方向发展,其中LED灯具的广泛应用及自适应前照灯系统的发展和应用就是典型的例子。

2. 自适应前照灯系统

传统前照灯的近光灯只能工作在一种固定模式下,但实际的天气条件(下雨、下雪、干燥、潮湿、雾天等)、道路条件(高速公路、乡村道路、城市道路等)、环境照明(公共照明、夜晚、黎明等)、车辆自身状态(加减速引起的俯仰、载荷引起的倾斜、转向、车速和离地高度等),以及交通指示牌的识别等情况非常复杂,使车辆在夜间行驶比白天存在更大的交通隐患,且驾驶人也更容易造成心理恐慌。为此,改变汽车前照灯的传统固定模式,研究新型前照灯系统已成为世界各国提高汽车行驶安全性和舒适性的主要途径之一。

所谓自适应前照灯系统(Adaptive Front-light System,AFS),是指汽车的前照灯可根据车辆行驶环境和不同道路路况,主动改变光线射向,减少弯道内侧的照明盲区,增大弯道内侧照明,以适应车辆行驶条件的变化,达到最佳照明效果的一种汽车前照灯系统,也是一种和行车安全息息相关的智能照明系统,代表了未来汽车照明系统的主要发展方向。

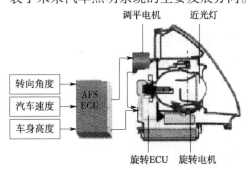

图23-42 AFS结构示意图

1) 组成

AFS是一个由传感器、电子控制器和执行机构组成的自动控制系统,其结构如图23-42所示。

该系统主要利用车速传感器、转向盘转角传感器、车轴高度传感器、悬架压缩传感器和光检测传感器等来检测车辆的行驶状况,并将检测到的信号转换为电信号,发送至电子控制器进行处理判断;电子控制器根据相应的控制策略,驱动旋转电机或调高/调平电机等执行机构,使车灯实现左右/水平偏转或高度调整,从而实现车灯的自适应控制。

AFS的执行机构由四个步进电机和减速机构组成,旋转电机通过齿轮减速机构与近光灯连接,其作用是调整灯具左右转动;调平电机通过螺纹螺杆机构将旋转运动转化为直线运动后带动近光灯上下转动,如图23-43所示,对应的理论实物如图23-44所示。选用步进电机的主要原因是它具有良好的启停特性和反转特性,且旋转角度和所施加的脉冲数成正比,没有累计误差,有很好的位置精度和运动的反复性。由于AFS的控制系统需要对汽车复杂的行驶状态作出综合判断,且所控制的对象不唯一,所以AFS是一个多输入、多输出的较为复杂的控制系统。

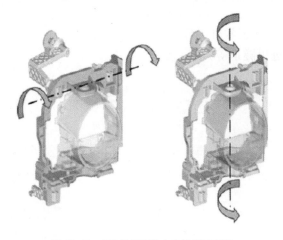

图23-43 AFS前照灯转向和调平示意图

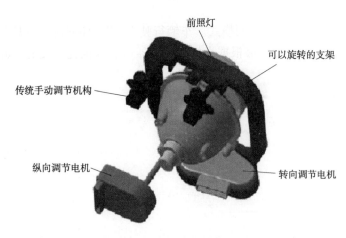

图23-44 AFS前照灯调整示意图

2) 工作原理

AFS 的基本控制原理如图 23-45 所示,其具体控制过程可分为转弯模式的左右转角调节和车灯俯仰角调节。

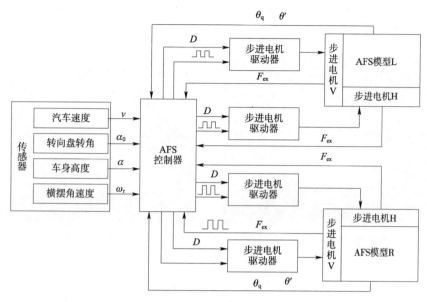

图 23-45　AFS 基本控制原理图

(1) 左右调节。夜晚行车转弯时,控制器根据采集到的转向盘转角 α_0、汽车行驶速度 v 和横摆角速度 ω_r,计算出此时车灯所需要的转角 θ_q;根据步进电机当前的运行频率 F_{ex},通过控制算法计算步进电机的运行频率 f 和方向 D,在将 f 转换为相应频率的脉冲信号后,输出到步进电机的驱动器,驱动步进电机 H 转动,通过减速机构减速增扭后带动近光灯转动;而近光灯转过的角度 θ 则实时反馈给步进电机,以便进行下一时刻的控制;直到近光灯的转角 θ 与所期望的转角 θ_q 相等时,步进电机停止转动。以此来加强弯道内侧的照明,增加夜晚汽车照明的有效距离。

(2) 俯仰调节。汽车行驶过程中,车辆加、减速或道路倾斜等都可能造成车身俯仰角 α 的变化。AFS 控制器通过采集车身高度传感器的信号,计算出车身俯仰角 α,再由此算出车灯所需要的俯仰角 θ_q;根据步进电机当前的运行频率 F_{ex},通过调平控制算法计算出调平电机的运行频率 f 和方向 D,再将 f 转换为相应频率的脉冲信号后,输出到调平步进电机的驱动器,驱动步进电机 V 转动;通过螺纹螺杆机构将步进电机的旋转运动转化为直线运动后,带动近光灯向上或向下转动;近光灯转过的角度 θ' 实时地反馈给步进电机,以便进行下一时刻的控制;直到近光灯的转角 θ' 与所期望的转角 θ_q 相等时,步进电机停止转动。以此防止车身因前倾时造成的前照灯照明距离缩短和车身后仰时因照明高度增加而对来车驾驶人造成炫目。

3) 照明模式

(1) 基础照明模式。车辆行驶中,当道路状况及环境气候均正常时,AFS 处于基础照明模式,其计算功能体现在能够根据光检测传感器所感知的光线变化(如进出隧道等)而自动打开或关闭前照灯,以提供最佳的照明光束。

当车辆由于载重或加速度变化等原因产生纵向倾斜时,势必会造成前照灯俯仰角变化。在这种情况下,AFS 利用前后轴高度传感器获取前轴和后轴高度差的变化量,然后根据轴距计算出整车纵向角的变化量,从而自动调整前照灯垂直方向输出的俯仰角度,尽可能使前照灯光轴恢复到原先设定的水平位置,达到最好的照明效果,以确保驾驶人能够准确及时地了解前方路况及车辆/行人信息,避免事故发生。

(2) 高速公路照明模式。当车辆行驶在高速公路时,相对一般道路具有速度快、行车密度低和侧向干扰少等特点。由于制动距离不论是驾驶人反应时间还是制动踏板的动作时间均与行驶速度有关,因此在高速模式下,要求车辆前照灯的照明光线窄而长,照明距离足够远,以保证在有效制动距离内能够获得足够的视野来作出适时而准确的判断。如果 AFS 利用车速传感器检测到行驶速度大于 70km/h,并根据

GPS 位置判断为高速行驶模式时,即根据需求调节车灯输出角度,使其光型呈高速公路所需的窄而长的照明模式,提供具有足够的照明深度及视线距离的照明光线,以增强驾驶人对前方路况或障碍物的预判力,提高驾驶安全系数,避免交通事故的发生。图 23-46 所示为车辆行驶在高速公路时的照明光线,与普通照明系统相比,AFS 为驾驶人提供的照明光线窄而长,照明距离较远,照明效果明显强于普通照明系统。

a)传统前照灯高速公路照明模式　　　　　　　　b) AFS高速公路照明模式

图 23-46　高速公路照明模式对比效果示意图

(3)乡村公路照明模式。当车辆行驶在乡村公路时,路况复杂多变,路口、岔道较多,且路面普遍狭窄,容易出现凹凸不平、起伏不定的路况。这些乡村道路的特点使得传统前照灯的照明显得尤为不足,不能够及时发现前方路况及周围障碍物。AFS 根据车速传感器、光检测传感器及 GPS 位置信息确定其行驶实际路况时,将控制左右近光灯的驱动功率,使其输出足够照明亮度及视线宽度的照明光线,以确保光线能够照射到足够宽广的边缘路面,提高驾驶安全系数,尽可能避免交通事故的发生。其照明光线示意如图 23-47 所示。

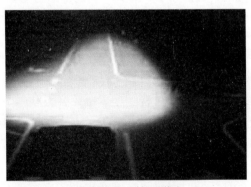 

a)传统前照灯乡村照明模式　　　　　　　　b) AFS乡村照明模式

图 23-47　乡村公路照明模式对比效果示意图

4)城市照明模式

当车辆行驶在城市街道时,相对其他道路,其路况特点是路面较好、十字路口多,但行车密度大、人流也较多,这就要求照明系统应尽可能减少产生直接炫光,不对行人及对向车辆造成行车障碍。当 AFS 处于城市照明模式时,在光检测传感器探测的光强度达到一定值,且车速不超过 60km/h 的情况下,将控制左右近光灯的驱动功率,使其降低照明亮度,并驱动高度调节电机使得前照灯在垂直方向上向下偏转,从而进一步降低直接炫光强度,防止对迎面行车驾驶人造成炫目困扰。

5)弯道照明模式

当车辆在弯道内行驶时,由于传统前照灯的光线同车辆前进方向一致,所以在转弯处照明不足,形成照明暗区,使得驾驶人不能及时发现弯道处的路况特点及障碍物,存在很大安全隐患。AFS 根据转向盘转角传感器、车速传感器或者 GPS 信息判断其行驶实际路况,当转向盘转角超过 12°、车速超过 30km/h 时,电子控制单元内置控制模块可计算出车灯所需的偏转角度(左右两侧车灯最大调节角度存在差异),从而驱动左右偏转步进电机控制车灯偏转一定的角度,使得车辆在转弯时提高外侧照明亮度、照明范围更宽广,而内侧车灯相对暗些,防止造成对面驾驶人炫目,如图23-48所示。同时,若车轴高度传感器检测到车身侧倾角较大时,AFS将驱动车灯垂直方向调节电机对左右两侧前照灯进行垂直角度的偏转。

a)传统前照灯弯道照明模式

b) AFS弯道照明模式

图23-48 弯道照明模式对比效果示意图

6)恶劣天气照明模式

当车辆行驶中遭遇恶劣天气,如阴雨天、能见度较低的雾天或沙尘暴时,传统的前照灯无法满足驾驶人对光线的需求,会产生各种不良的视觉及心理反应。在阴雨天气下行驶的车辆,根据检测路面湿度、轮胎滑移率以及雨量传感器判断系统状态为雨天模式时,AFS驱动垂直调节电机降低前照灯垂直输出角,并调整其照射强度,避免反射炫光在60m范围内对迎面行车驾驶人造成炫目,提高驾驶人行车舒适性;当车辆行驶在雾天或是沙尘暴天气时,相应的AFS根据感知雾、风速传感器、颗粒物传感器以及光检测传感器对外界环境进行判断,从而驱动垂直调节电机增大前照灯垂直输出角,使得照明光线有所提升,同时开启车灯清醒装置,尽可能使驾驶人获得较好的视觉,保证在能见度较低的恶劣天气下行驶安全。

第三节 客车影音娱乐系统

一、客车影音娱乐系统的组成

常规客车影音娱乐系统的组成模块主要包括:主机、功放、扬声器(喇叭)、显示器和操作部件等,根据不同的系统架构方式,模块存在方式可能会采用分布式或集成式。其中,分布式系统结构复杂、成本较高,虽占用空间较大,但各方面性能表现会更加突出;而集成式系统则占用空间较小,成本相对低,性能一般在中档水平。

1. 主机

主机最基本的功能是提供音、视频源,通常包含收音机、CD/DVD播放器、硬盘播放器、SD卡播放器中的一个或几个功能。随着技术发展和使用要求的提高,在主机上集成导航、倒车影像等基本功能已成为发展趋势。对于集成式系统,主机也常以集成功放、卡拉OK混响、触摸屏和无线网络分享等功能模块为主。某一体式主机外观面板如图23-49所示。

2. 功放

最简单的集成系统其主机多集成功放,以满足

图23-49 国内某客车一体式主机面板

一般的播放需求。对于没有集成功放或者对播放品质要求较高、有特殊需求的车辆,通常会外加功放系统,以达到更好的音响效果。功能较强的功放经常会含有效果较好的卡拉OK混响和更强的输出能力,甚至有不同的音域驱动通道以及驾驶区和乘客区独立驱动等功能。

3. 扬声器(喇叭)

根据车辆长度和对音质的要求，一辆客车常配置 4～16 个扬声器(喇叭)，并配有独立功放。而对音质要求较高的车辆还配有高音域的高音喇叭，中低音域的中低音喇叭，以及重低音用的重低音喇叭或低音炮等辅助系统。

4. 显示器

显示器一般包含驾驶区的驾驶人显示器(图 23-50)、乘客区共用显示器(图 23-51)和乘客区座椅显示器(图 23-52)等。驾驶人显示器常用来显示影音、导航、倒车显示、驾驶人和车辆其他互动(如诊断)等功能，有集成于主机或独立两种

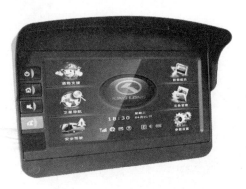

图 23-50 驾驶人触摸显示屏

模式。乘客区共用显示器常有高清、标准两种，有液晶模式或投影模式等多种形式。早期的 VOD 系统也有采用座椅显示器的方式。

图 23-51 乘客区显示屏和显示器

图 23-52 乘客区座椅视频点播系统

5. 操作部件

客车影音娱乐系统常见的操作部件有：遥控器、多功能转向盘、触摸屏和主机集成操作按键板等。一般一个系统至少有一种形式。其中，触摸屏和多功能转向盘已成为一种趋势。

多功能转向盘在国产商用车上的批量应用，使得驾驶人在驾驶过程中可方便操作/调节播放系统。图 23-53 所示多功能转向盘包含的操作按钮有：上一首、下一首、音量 +、音量 -、一键导航、拨打电话、挂断电话和门开关控制等功能。

播放系统的操作由传统按键或遥控器转变为触摸屏，使得操作更直接，使用也更简便，如图 23-54 所示。

图 23-53 客车上批量应用的多功能转向盘

图 23-54 播放器触控操作界面

二、综合信息娱乐平台

随着 3G/4G 和无线 WLAN 的发展，客车上逐步形成小型车内局域网，影音播放系统已演变升级为综

合信息娱乐平台。其不止简单提供影音、导航功能,还为驾乘人员提供 WLAN 无线点播、网络收音机、3G/4G 无线上网通道和资讯游戏等个性化内容。驾乘人员借助自己随身携带的手机、平板电脑等终端设备,就可以接入车内局域网,享受综合信息娱乐平台提供的资讯和各种服务。

综合信息娱乐平台不只是一个硬件产品的升级,更是可以带来无限商业模式的升级。通过这一平台,可以形成新型局域网的应用,为更多资讯、应用提供入口平台,产生新的商业推广模式。

综合信息娱乐平台的系统架构如图 23-55 所示,其核心组成为综合信息娱乐主机。该主机除了有常规的播放器功能和驾驶人触摸屏外,还集成有 GPS 信息、3G/4G 转 WLAN(一些系统独立于主机外),以及丰富的通信接口(可与车内外广告屏连接)等。

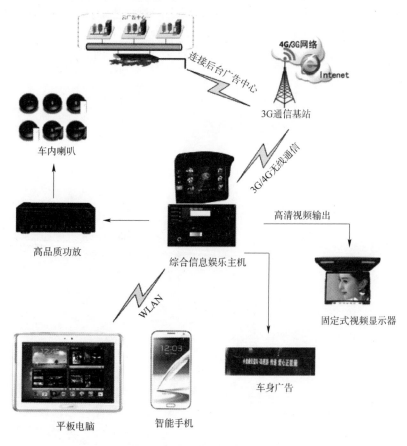

图 23-55　综合信息娱乐系统架构

三、客车影音娱乐系统的发展

近年来,随着汽车电子技术的发展,客车影音娱乐系统也发展很快。其发展历程大致可以分为五个阶段,如图 23-56 所示。

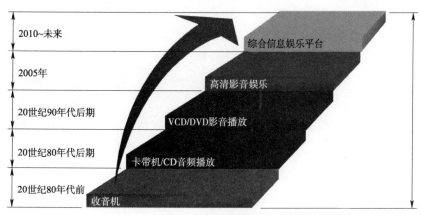

图 23-56　客车影音娱乐系统的五个发展阶段

第一阶段:矿石收音机、半导体收音机,主要以接收电台广播节目为主。

第二阶段:卡带机、CD 播放系统应用。驾乘人员可以根据自己需要播放声音文件。

第三阶段:VCD、DVD 影音播放。除播放声音文件外,驾乘人员还可以根据自己需要播放影音视频源。

第四阶段:高清影音娱乐系统。该阶段播放节目源品质大幅提升,包括支持 720P、1080P 的视频源,支持以硬盘为存储介质的硬盘播放系统等,播放设备常带有高清播放接口,支持高清电视播放。

第五阶段:综合信息娱乐平台。随着 3G、4G 和 WIFI 技术的普及应用,车载影音系统逐步演化升级为高度集成的综合平台,除了提供公共电视影音节目播放外,还可以提供上网、游戏等娱乐内容,乘客可根据自己需求选择不同的服务。系统的另一特点是可拓展性很强,特别是软件应用的可拓展性。以导航为例,驾乘人员甚至会根据需要自己安装多个厂家的导航系统。

目前,国产主流车型的影音娱乐系统配置均处于第四、第五阶段,即以高清影音娱乐系统为主,逐步向综合信息娱乐平台发展。

第二十四章　蓄电池、线束与接插件

蓄电池、线束和接插件是客车供/用电系统的一部分,其主要作用是和供/用电系统其他部件一道,保证车辆用电装置在各种使用条件下的正常工作。随着科技的发展,客车用蓄电池、线束和接插件也发展很快,在改善电气性能和扩大使用领域等方面取得了很大进步。尤其是随着新材料和新工艺的出现,使蓄电池、线束和接插件的经济指标和电气特性大大提高,如免维护蓄电池、新型线束(薄壁导线束、双绞线、屏蔽线和同轴电缆等)及各种专用接插件等。

第一节　蓄　电　池

客车电源由蓄电池及发电机两个电源并联而成,其作用是向车载各用电设备提供电能。当发动机工作时,由发电机向车载设备提供电能,同时对蓄电池进行充电;而蓄电池除在起动发动机时向起动机及点火系统(汽油发动机)提供电能外,还具有以下功能:

(1)发电机不工作或供电不足(发动机怠速)时,向所有车载用电设备供电。

(2)在发电机短时间超负荷时(如同时起动的用电设备超过发电机的额定功率时)协助发电机一起向用电设备供电。

此外,蓄电池还相当于一个大电容,在整车电气系统中起着平峰填谷的功能,既可以吸收客车电路网中随时可能出现的瞬间过电压,以保护用电设备尤其是电子元器件不被破坏,这一点对装有大量电子系统的现代客车非常重要;当多种用电设备同时起用时,又能够补充发电机的不足,为车载设备供电,从而保证系统的平稳运行。

由于此类蓄电池主要用于发动机的起动和辅助车辆用电,能够为起动机提供强大的短时电流(一般可达 200~800A),因此常称为起动型蓄电池。目前,客车上使用的这类蓄电池多为新型铅酸蓄电池。

一、新型铅酸蓄电池的分类与特点

目前,新型铅酸蓄电池主要有干式荷电型、湿式荷电型、免维护型和胶体电解质型等四种类型。

1. 干式荷电型蓄电池

干式荷电型铅蓄电池亦称"干式荷电蓄电池"和"干荷电蓄电池",其与普通铅蓄电池的区别(主要特点)是极板组在干燥状态的条件下能够较长时期地保存制造过程中所得到的电荷。因此,干荷电蓄电池在规定的保存期内(两年)如要使用,只需注入符合密度要求的电解液,静置 20~30min,调整液面高度至规定标准后,不需要进行初充电即可投入使用,且其荷电量可达到蓄电池额定容量的80%以上。可见,干荷电蓄电池是较理想的应急电源,方便了用户和应急使用。对于存放超过两年的电池,因极板会有部分氧化,使用前应补充充电 5~10h。

干荷电蓄电池主要是对极板采取了能提高活性物质化学稳定性的工艺措施,从而提高了极板的荷电性。目前,干荷电蓄电池已基本取代了普通车用蓄电池。

2. 湿式荷电型蓄电池

湿式荷电型蓄电池(亦称"湿荷电蓄电池")是一种极板处于荷电状态,带有少量电解液,大部分电解液被吸入极板和隔板中的一种铅酸蓄电池。即这种电池可在极板呈湿润状态下保持其荷电性。通常是在电池制成后,部分排放出电解液,经防氧化处理和密封而制成的,使用前需注入电解液至规定的高度即可,首次放电量可达到额定容量的80%。存放期在一年左右的湿荷电蓄电池加注电解液后立即放电,可放出额定容量的50%。因此,湿荷电蓄电池使用前只需对其补充充电,就可以达到额定容量,适用于无须长期存放的场合。

3. 免维护蓄电池

免维护蓄电池(Maintenance-Free, MF)是在传统蓄电池基础上发展起来的一种新型蓄电池,也是指在有效使用期内无须进行添加蒸馏水等维护工作的蓄电池。

免维护蓄电池的使用特点主要体现在以下方面:

(1)使用过程中不需补加蒸馏水。所谓免维护,主要就是指在使用中不需补加或很少补加蒸馏水。而普通蓄电池使用中由于蒸发(约占10%)和水的电解(约占90%)两个原因,使得水很容易被消耗掉。实践证明,在同样的使用条件下每行车1000km,普通蓄电池耗水为16～32g,而免维护蓄电池仅耗水1.6～3.2g。

(2)自放电少,可作较长时间的湿式储存,一般可储存两年以上。

(3)耐过充电性能好。在相同的充电电压和温度下,免维护蓄电池的过充电电流很小,且充足电时接近零。其过充电阶段的电能主要用来电解水,所以水耗量很小。

(4)使用寿命长。大量使用证明,免维护蓄电池的使用寿命至少两年以上。

(5)耐振、耐高温、体积小、安全防爆,无溢液不腐蚀极柱与车体。

目前,汽车上使用的免维护蓄电池尚未达到真正的无须维护,一般在每年或行驶30000km后应对电池进行一次检查和维护。

对于全封闭式免维护蓄电池,由于无加液孔,不能用常规的方法来检验蓄电池电解液的液面和密度,但这种蓄电池一般在其内部装有一个小密度级计,从其顶部检视孔通过观察其颜色来判断蓄电池的技术状况。

4. 胶体蓄电池

胶体蓄电池是对液态电解质的普通铅酸蓄电池的改进,即用胶体电解液代替硫酸电解液,在安全性、蓄电量、放电性能和使用性能等方面较普通电池都有所改善。

胶体电解质和普通电解质相比,具有如下优点:

(1)可以明显延长蓄电池的使用寿命。据有关文献资料介绍,可延长蓄电池的使用寿命2～3倍。

(2)胶体铅酸蓄电池的自放电性能得到明显改善,在同样的硫酸纯度和水质条件下,蓄电池的存放时间可延长2倍以上。

(3)在严重缺电的情况下,抗氧化性能较强;在严重放电情况下的恢复能力强。

(4)抗过充能力强,后期放电性能得到明显改善。

(5)不会出现渗漏液、渗酸等现象,逸气量小,对环境危害很小。

胶体蓄电池的主要不足是胶体电解液配制、灌装方法、极板生产和充电工艺要求高,需要一套完善的工艺流程,才能保证其性能得到更好发挥。

近年来,随着起动用蓄电池的不断改进和完善,新型起动用蓄电池与传统蓄电池相比,其不仅可以在-30～+60℃的环境温度下工作,同时还具有快速充电、大电流放电、内阻低、循环寿命达10万次以上的超长寿命等优势。

新型起动用蓄电池的特点:

(1)超快速充电:充电10s～10min可达到其额定容量的95%以上。

(2)超大电流放电:大电流放电能力超强,能量转换效率高,过程损失小,大电流能量循环效率≥90%。

(3)超低内阻。

(4)工作温度范围宽:工作温度范围-40～+70℃,超低温特性好。

(5)超长寿命:深度充放电循环使用次数可达1万～50万次,没有"记忆效应"。

二、免维护蓄电池的结构

以博世(BOSCH)12V 起动型免维护铅蓄电池为例,其结构如图 24-1 所示,一般由六个单格电池(12V)串联而成。主要由蓄电池盖、正负极板、单格电池联条、极板连接条、电解液、外壳、端极和底部安装轨等组成。

免维护铅蓄电池与普通铅酸蓄电池相比,工作原理基本相同,仅在结构、工艺和材料方面进行了改进,使蓄电池的使用性能得到了提高。主要改进措施如下:

(1)加液盖通气孔采用安全通气装置,即在其内部设置了一个氧化铝过滤器,它既可以使氢气和氧气顺利逸出,又可以阻止水蒸气和硫酸气体排出,以减少电解液的消耗,并可避免气体与外部火花接触而产生爆炸,也减小了极桩的腐蚀。有的免维护铅蓄电池在通气塞中装有催化剂钯,可帮助水解的氢氧离子结合成水后再回到蓄电池中去,以进一步减少电解液的消耗。

(2)采用袋式微孔塑料隔板将正极板包住,避免了活性物质的脱落,因而可以去掉容器底部的凸筋,从而降低了极板组的高度,使极板上部的容积增大33%左右,增加了电解液的储存量,延长了补充电解液的期限。

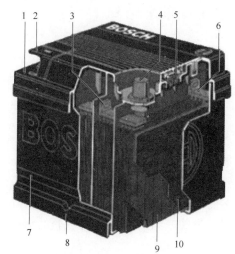

图 24-1 免维护蓄电池的基本结构
1-蓄电池盖;2-端极盖;3-单格电池联条;4-端极;5-蓄电池盖下面的堵塞;6-极板连接条;7-电池槽;8-底部安装轨;9-正极板(装在薄膜隔离套内);10-负极板

(3)极板栅架采用铅—钙—锡合金或低锑、无锑合金,可减少析气量,使电解液中水的消耗降低,并使自放电也大为减少。

1. 极板

极板是蓄电池的核心部件,蓄电池充放电过程中电能和化学能的相互转换就是通过极板上的活性物质与电解液发生电化学反应来实现的。极板分为正极板和负极板两种,均由栅架和填充在其上的活性物质构成,其形状如图 24-2 所示。

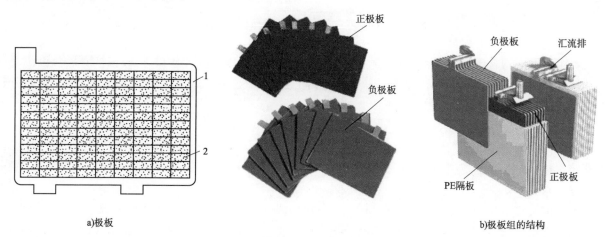

图 24-2 极板及极板组
1-栅架;2-活性物质

免维护铅蓄电池的栅架多由铅—锑合金制成,锑的含量一般为5%~7%,加锑的主要目的是为提高栅架的机械强度和改善浇铸性能,但会加速氢的析出,产生自放电,加速电解液的消耗,缩短蓄电池的使用寿命。用钙替代锑,由于钙的电化学纯性,在铅蓄电池居优势的电位比下,就不会发生负极板的"中毒",从而阻止极板间的自放电。为此,极板被一种材料为抗氧化和耐酸的聚乙烯薄膜以套装的形式将极板块的正极板或负极板包起来,如图 24-3 所示。

正负极板上的活性物质是不同的,正极板为二氧化铅(PbO_2),呈深棕色;负极板为海绵状纯铅(Pb),呈青灰色。两者都是由铅膏(铅粉、稀硫酸及少量添加剂的混合物)涂在栅架上,经化成工艺(在蓄电池的生产工艺中,对极板进行充电的过程称为"化成",一般充电18~20h)处理而成。

将一片正极板和一片负极板浸入电解液中,便可得到2V左右的电压。为了增大蓄电池容量,将多片正极板和负极板各自用横板焊接并连起来,组成正极板组和负极板组;将正负极板相互嵌合(中间用隔板隔开)的极板组(图24-2)置于存有电解液的容器中,就构成了单格电池,其标称电压为2V。因此,一个12V的蓄电池由6个单格电池串联而成,24V电系则选用两只12V的蓄电池电池。

目前,国内外都已采用1.1~1.5mm厚的薄型极板(正极板比负极板稍厚)。薄型极板对提高蓄电池的比能量(单位质量所提供的容量)和起动性能都十分有利。

2. 隔板

隔板的作用是将正、负极板隔离,防止互相接触而造成短路。制作隔板的材料必须具有多孔、细孔、渗透性好、有一定机械强度、耐酸和不含对极板有害物质等特点。常用的有烧结式聚氯乙烯隔板、软质聚氯乙烯隔板、微孔橡胶隔板、木质隔板和玻璃纤维隔板等,目前使用较多的是耐酸、耐高温性能好,寿命长、成本低的微孔橡胶和微孔塑料隔板[图24-4a)],其厚度不超过1mm。隔板的一面有特制的沟槽,组装时,沟槽应垂直并朝向正极板,这样可使正极板在电化学反应时得到较多的电解液。同时,能使在充电时产生的气泡沿沟槽上升,脱落的活性物质沿沟槽下沉。

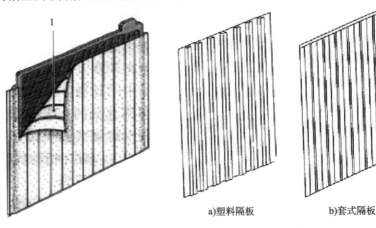

图24-3 带薄膜隔离套的极板　　　　　　图24-4 隔板结构
1-剖开的隔离套

免维护蓄电池普遍采用聚氯乙烯袋式隔板,结构如图24-4b)所示。使用时正极板被隔板套包住,脱落的活性物质保留在袋内,不仅可以防止极板短路,而且可以取消壳体底部凸起的肋条,使极板上部容积增大,从而增大电解液的储存量。

3. 电解液

电解液是蓄电池内部发生化学反应(使极板上的活性物质发生溶解和电离)的主要物质,由纯硫酸和蒸馏水按一定的比例配制而成,其密度一般为$1.24\sim1.30g/cm^3$(15℃),具体应根据地区、气候条件和制造商要求而定。

电解液纯度是影响蓄电池电气性能和使用寿命的重要因素,必须符合专业标准要求。工业用硫酸和普通水中含有铜、铁等杂质,会加速蓄电池自放电,不能使用。

4. 外壳

外壳是用于盛放极板组和电解液的容器,由电池槽和电池盖两部分组成,要求能够耐酸、耐热和耐振动。免维护蓄电池多采用聚丙烯塑料外壳,其不但耐酸、耐热、耐振,而且强度高、壁较薄(一般为3.5mm)、质量轻、外形美观、透明。

电池槽底部带有安装轨,用于安装固定。间壁把壳体分为互不相通的单格,电池槽将各单格电池密封。为了充灌电解液和维护,每个单格电池上有一开口,并用一个可旋转的、带有放气孔的塞子堵上。电池槽与电池盖之间采用热压工艺黏结为整体结构。

5. 联条及极桩

1) 联条

联条的作用是将单格电池串联起来,提高蓄电池的端电压。为减小蓄电池的内阻和质量,现代蓄电池采用单格电池直接联条。起动铅蓄电池的联条用铅锑合金制成,免维护蓄电池一般采用穿壁式或跨越式连接方式。所有联条均布置在整体盖的下面。

2) 极桩

极桩(亦称"端极"、"极柱")是蓄电池对外的接线柱,它分为正极接线柱和负极接线柱。正极接线柱用"+"符号表示,其周围涂红色;负极接线柱用"-"符号表示,一般不涂颜色。极桩用铅锑合金浇铸,其形状及规格如图 24-5 所示。

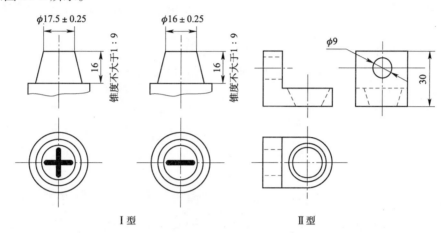

图 24-5 接线极桩形状及规格

6. 蓄电池指示器

蓄电池指示器是免维护蓄电池的特有结构之一。由于免维护蓄电池盖上没有加液孔,不能采用普通的密度计测量电解液密度,因此在免维护蓄电池盖上设有蓄电池的技术状态指示器来指示蓄电池情况。从指示器顶部进行观察时,若呈现绿色,表示蓄电池技术状态良好;当显示深绿色或黑色时,表示电解液密度偏低,需补充电解液;当显示浅黄色或是无色时,表示蓄电池电量不足,需对蓄电池充电。

三、蓄电池的工作原理

铅酸蓄电池(简称"蓄电池")属于二次电池,其充电过程和放电过程是一种可逆的化学反应。充电时,电能转化为化学能,放电时化学能又转化为电能。

蓄电池的核心部分是极板和电解液,通过极板上的活性物质(正极板为二氧化铅 PbO_2,负极板为纯铅 Pb)与电解液的电化学反应建立电动势、进行放电和充电过程。放电时,正极板上的 PbO_2 和负极板上的 Pb 都变成 $PbSO_4$,电解液中的 H_2SO_4 减少,密度减小。充电时按相反的方向变化,正负极板上的 $PbSO_4$ 分别变成原来的 PbO_2 和 Pb,电解液中的硫酸增加,密度增大。

1. 电势建立

正极板处 PbO_2 溶入电解液,与水生成 $Pb(OH)_4$,再分离成 Pb^{4+} 和 OH^-,Pb^{4+} 沉附于极板的倾向大于溶解的倾向,当溶解电离与其逆过程的速率达到动态平衡时,沉附在正极板上的 Pb^{4+} 使极板相对于电解液有约 +2.0V 的电位差。负极板处金属铅 Pb 溶解后生成 Pb^{2+},在极板上留下两个电子 e,同理当达到平衡时,负极板相对于电解液有约 -0.1V 的电位差。正负极板的电位差使得充足电的蓄电池在静止状态下的电动势约为 2.1V。

2. 充放电过程

充放电过程中,正负极板的化学反应式表示为:

正极板:$PbO_2 + 4H^+ + SO_4^{2-} + 2e^- \Longleftrightarrow PbSO_4 + 2H_2O$

负极板:$Pb + SO_4^{2-} \Longleftrightarrow PbSO_4 + 2e^-$

其中,自左至右为放电过程,自右至左为充电过程。

放电时,负极板上铅原子 Pb 放出 2 个电子 e 经外电路移向正极板,负极板上剩下的 Pb^{2+} 离子和电解液中的 SO_4^{2-} 离子结合生成 $PbSO_4$。正极板上 PbO_2 和 H_2O 作用生成可离解的 $Pb(OH)_4$(不稳定),其中 Pb^{4+} 离子获得 2 个电子 e 后恢复为 Pb^{2+} 离子,Pb^{2+} 离子再和电解液中的 SO_4^{2-} 离子结合成 $PbSO_4$ 附着在正极板,而 OH^- 离子和 H^+ 离子化合成 H_2O。

充电时,在外加直流电源的作用下,负极板上有过剩的电子 e,电解液中的 H^+ 离子移向负极板,在负极板和 $PbSO_4$ 中的 SO_4^{2-} 离子还原为 H_2SO_4,Pb^{2+} 离子在负极板取得两个电子 e 后还原为纯铅 Pb。在正极板,$PbSO_4$ 中的 Pb^{2+} 离子在外加电源的作用下,氧化为 Pb^{4+} 离子,并和电解液中的 OH^- 离子化合生成 $Pb(OH)_4$,$Pb(OH)_4$ 不稳定,很快分解为 PbO_2 和 H_2O,正极的 SO_4^{2-} 离子与电解液中的 H^+ 离子还原为 H_2SO_4。

合并上述两式,即得蓄电池的充电/放电过程的化学反应式:

$$PbO_2 + Pb + 2H_2SO_4 \rightleftharpoons 2PbSO_4 + 2H_2O$$

四、蓄电池工作特性

蓄电池的工作特性是指其电动势和内阻的变分关系,以及充放、电时的电动势与端电压随时间变化的规律。蓄电池的工作特性主要包括静止电动势、内阻、充放电特性和容量等。

1. 静止电动势

静止电动势是指蓄电池在静止状态下(不充电也不放电),正负板之间的电位差(即开路电压),用 E_0 表示。E_0 的大小与电解液密度和温度有关。在密度为 $1.050 \sim 1.300 g/cm^3$ 的范围内,可由下述公式计算其近似值:

$$E_0 = 0.85 + \rho_{25℃}$$
$$\rho_{25℃} = \rho_t + 0.00075(t - 25)$$

式中:$\rho_{25℃}$——25℃时电解液密度,g/cm^3;

ρ_t——实测电解液密度,g/cm^3;

t——实测电解液温度,℃。

2. 内阻

电流通过蓄电池时所受到的阻力称为蓄电池的内阻,内阻大小反映了蓄电池带负载的能力,在相同条件下,内阻越小,输出电流越大,带负载能力越强。蓄电池内阻包括极板、隔板、电解液及串联单格电池连条的电阻等。

正常情况下,蓄电池内阻很小,所以能够供给几百安培甚至上千安培的启动电流。但随着蓄电池放电程度的增加,因产生的硫酸铅($PbSO_4$)覆盖在极板表面,极板的电阻会显著增大;电解液的电阻与密度及温度有关,当电解液密度为 $1.2g/cm^3$(25℃)时,电阻最小;免维护蓄电池多采用穿壁式联条,由于联条短,故阻值较小。

3. 放电特性

蓄电池的放电特性是指以恒定电流 I_f 放电时,蓄电池端电压 U_f、电动势 E 和电解液密度 ρ(25℃)随放电时间变化的规律。完全充足电的蓄电池以 20h 放电率($I_f = 0.05C_{20}$,C_{20} 指蓄电池额定容量)恒流放电的特性曲线,如图 24-6 所示。

从放电特性曲线可知,蓄电池放电终了可以通过以下两个参数判断:

(1)单格电池电压下降至放电终止电压(以 20h 放电率放电,单格终止电压为 1.75V)。

(2)电解液密度下降至最小的许可值(约为 $1.11g/cm^3$)。

终止电压与放电电流的大小密切相关,放电电流越大,放电时间就越短,允许放电的终止电压也越低。

4. 充电特性

蓄电池的充电特性是指以恒流 I_c 充电时,蓄电池充电电压 U_c、电动势 E 和电解液密度 ρ(25℃)等随充电时间变化的规律。蓄电池以 20h 充电率恒电流充电时的特性曲线如图 24-7 所示。

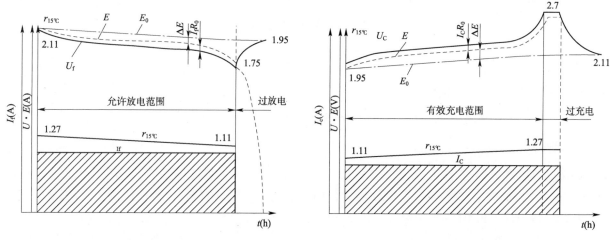

图 24-6 蓄电池放电特性曲线　　　　图 24-7 蓄电池充电特性曲线

蓄电池充足电的特征是:

(1) 蓄电池的端电压上升至最大值(单格电池电压为 2.7V),且 2h 内不再变化。

(2) 电解液密度上升至最大值,且 2h 内不再变化。

(3) 电解液大量冒气泡,呈现"沸腾"。

对于免维护蓄电池,由于采用的是迷宫式排气方式,需采用恒压充电。

5. 容量

蓄电池的容量是指在规定的放电条件下,蓄电池能够输出的电量。其既反映了蓄电池的对外供电能力,也是选用蓄电池的重要指标和主要性能参数。所谓容量,一般为标称容量,是指在一定条件下的恒定放电电流 I_f 与放电时间 T_f 的乘积,可用下式表达:

$$C = I_f \cdot T_f$$

式中: C——蓄电池的容量,A·h;

I_f——放电电流,A;

T_f——放电时间,h。

根据使用情况不同,蓄电池容量大体可分为:20h 率额定容量、额定储备容量和起动容量。

1) 额定容量 C_{20}

额定容量 C_{20} 是指完全充足电的蓄电池,在电解液温度为 25℃ 时,以 20h 放电率($I_f = 0.05C$)连续放电到单格电池电压降至 1.75V 时所输出的电量,单位为安培小时(A·h)。额定容量是检验蓄电池质量的重要指标之一。新蓄电池达不到额定容量为不合格产品,旧蓄电池的实际容量与其额定容量之差超过某一限值时,则应报废。

2) 额定储备容量 C_m

额定储备容量是国际上通用的另一种表示蓄电池容量的方法。指完全充足电的 12V 蓄电池在电解液温度为 25℃ 条件下,以 25A 电流放电到单格终止电压为 1.75V 时所能维持的时间,单位为分钟(min)。额定储备容量表达了在汽车充电系统失效的情况下,蓄电池能为照明、发动机和电子控制系统等用电设备提供 25A 恒定电流的能力。

3) 起动容量

对于汽车起动用蓄电池来说,起动容量表示了蓄电池在发动机起动时的供电能力,有常温和低温两种起动容量。

(1) 常温起动容量。蓄电池在电解液初始温度为 25℃ 时,以 5min 放电率的电流放电 5min 至单格电压降低至 1.5V 时,所输出的电量称为常温起动容量。5min 放电率的电流在数值上约为其额定容量的

3倍。

(2) 低温起动容量。即电解液初始温度为 -18℃时，蓄电池以3倍额定容量的电流连续放电至规定终止电压(12V 电池为6V)时所输出的电量，其放电持续时间应在25min以上。

第二节　线束与接插件

现代客车的配电器件一般由电路连接器件、控制器件、保护装置和中央配电盒等组成，其中电路控制器件包括开关和继电器，电路保护装置包括易熔线、熔断丝和电路短路保护器等。作为电路连接器件的电缆、接插件和线束，是客车电气系统的主要配电器件之一。

一、线束

线束是连接客车照明、仪表、开关、起动机、发电机、蓄电池、点火装置、搭铁以及辅助电气设备和各种控制系统(装置)的桥梁，在整车中负责对电气系统的电源信号或数据信号进行传递或交换，实现电气系统的功能。线束主要由电缆、绝缘护套、接插件以及相关辅料等组成。

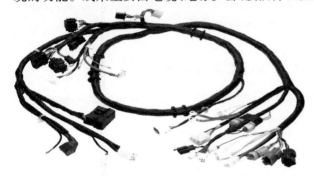

图 24-8　客车线束示意图

所谓线束，是为了使车上的线路(除高压线外)布置整齐、安装方便和保护导线的绝缘，将同路且不同规格的导线用棉纱编织或用薄聚氯乙烯带半叠缠绕包扎成束的电缆。一般情况下，在一辆车上有多条线束，如图24-8所示。

线束在客车电气中占有十分重要的地位。客车电路的正常工作，除了需要各电气设备的良好性能和质量外，还与线束质量和敷设质量密切相关。特别是近年来随着客车电器与电子设备的增多，线束的结构与电路也越来越复杂，因此对线束结构、功能、实用性和可靠性都提出了更高的要求。一旦线束发生故障，不仅使客车电气设备不能正常工作，更为严重的是，线束短路往往将引发火灾，造成车毁人亡的重大事故。

客车的线束通常可分为底盘线束、空调线束、加热器线束、缓速器线束、ABS线束、发动机线束、变速器控制线束、仪表台线束和前、后围线束及顶盖线束等。现代客车线束一般由低压导线、高压导线、插接件、接线柱、编织带和套管等组成。

客车线束主要采用低压电线，JB/T 8139—1999《公路车辆用低压电缆(电线)》和 QC/T 730—2005《汽车用薄壁绝缘低压电线》分别规定了几种常用的导线代号(表24-1)，其中 QVR、QFR、QVR-105 和 QVVR 导线的绝缘皮厚，较为柔软且延展性好；QB、QCB 导线绝缘皮薄，柔韧性较好。

JB/T 8139—1999 及 QC/T 730—2005 标准规定的导线代号　　　表24-1

导线代号	导线名称
QVR	公路车辆用铜芯聚氯乙烯绝缘低压导线
QFR	公路车辆用铜芯绝缘聚氯乙烯—丁腈复合物绝缘低压导线
QVR-105	公路车辆用铜芯耐热105℃聚氯乙烯绝缘低压导线
QVVR	公路车辆用铜芯聚氯乙烯绝缘聚氯乙烯护套低压导线
QB	汽车用薄壁绝缘低压导线
QCB	汽车用超薄壁绝缘低压导线

随着客车配置的不断提升，对需要提供的车内布线空间越来越大，为了有效解决乘用空间和布线空间之间日益增长的矛盾，客车设计者和部件开发商纷纷采取各种办法，新型导线不断被开发和应用到客车上。客车导线除向细线径、轻量化发展外，已由传统的厚壁导线向薄壁甚至超薄壁发展，薄壁导线已经成为当今客车线束导线的主流。

1. 线束导线分类

客车线束导线除使用单根导线(低压导线和高压导线)外,还常用屏蔽线(图24-9)、双绞线(图24-10)和同轴电缆(图24-11)。

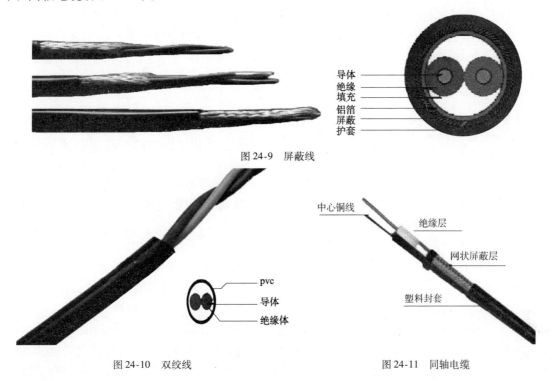

图24-9 屏蔽线

图24-10 双绞线　　　　图24-11 同轴电缆

1) 低压导线

客车上使用最多的是低压导线,这类导线有普通导线、起动电缆线和蓄电池搭铁线三种,一般根据电路的额定电压、工作电流和绝缘要求等选取导线截面及绝缘层类型。不同规格或用途的导线可通过导线颜色加以区分。

常见的导线由多股细铜丝绞制而成,外层为绝缘层。绝缘层一般采用聚氯乙烯绝缘包层或聚氯乙烯—丁腈复合绝缘包层。导线标称截面是经过换算的线芯截面积,而不是实际的几何面积。

起动电缆用于连接蓄电池与起动机开关的主接线柱,其导线截面大,允许通过的电流达500~1000A,电缆每通过100A电流,电压降不得超过0.1~0.15V。

蓄电池的搭铁电缆通常采用由铜丝制成的扁形软铜线,有300、450、600和760mm等四种。

在电路图中,一般将导线标称截面和颜色同时标出。

2) 高压导线

高压导线用于传送高电压,如点火系的高压线。由于工作电压很高(一般在1.5kV以上)、电流较小,因此高压导线的绝缘层很厚,耐压性能好,线芯截面积较小。

国产客车采用的高压导线一般有铜芯线和阻尼线两种。为了衰减火花塞产生的电磁波干扰,目前已广泛使用了高压阻尼点火线,其制造方法和结构也有多种。常用的有金属阻丝式和塑料芯导线式,而金属阻丝式又有金属阻丝线芯式和金属阻丝线绕电阻式两种。

金属阻丝式是由金属电阻丝绕在绝缘线束上或绕在耐高温的绝缘体上,外包绝缘体制成。塑料芯导线式是由塑料和橡胶制成直径为2mm的电阻线芯,在其外面紧紧地编织着玻璃纤维,外面再包上高压PVC塑料或橡胶等绝缘,电阻值一般为6~25kΩ/m。这种结构形式的制造过程易于自动化,成本低且可制成高阻值线芯,具有低电磁辐射的特点,可减小点火系统的电磁波辐射。

3) 屏蔽导线

屏蔽是避免电磁干扰的一个有效措施。电磁干扰主要以电磁波的方式传播造成干扰,电磁波在传播过程中,若遇到金属材料不仅不会穿过,而且会被迫改变方向沿着金属材料行进。若将金属材料包敷在所要屏蔽的设备或导线外面进行屏蔽,并通过搭铁线与大地相连接,可能产生干扰的电磁波则将通过搭铁线流向大地,被屏蔽的设备或导线中的信号就能够正常传送,从而避免了电磁干扰,这就是信号屏蔽导线的原理。

屏蔽导线亦称"铠装电缆",主要用于客车上各种传感器和电子控制装置的信号线等,如主被动安全装置、发动机、自动变速器、舒适性和平顺性控制装置的信号线。这种导线内只有电压很低的微弱电流通过,为了不受外界的电磁感应干扰(或火花塞点火时、电器开关启闭时产生的干扰),在其线芯外除了有一层绝缘材料外,还覆有一层屏蔽用的导体,最外层为保护用外皮。

4) 双绞线

双绞线是由两根相互绝缘的铜导线按照一定的规则互相缠绕在一起而组成的网络传输介质。它的原理是:如果外界电磁信号在两条导线上产生的干扰大小相等而相位相反,那么这个干扰信号就会相互抵消。

对于一般的电源信号和比较强、不易受干扰的信号,选用普通导线就能满足信号品质的要求。但对于某些弱信号电路和易受干扰的信号电路,则应选用双绞线或屏蔽线,这两种导线都可以有效避免信号干扰,保证信号传输的及时准确。

5) 同轴电缆

同轴电缆是指有两个同心导体,而导体和屏蔽层又共用同一轴心的电缆。最常见的同轴电缆由绝缘材料隔离的铜线导体组成,在里层绝缘材料的外部是另一层环形导体及其绝缘体,然后整个电缆由聚氯乙烯或特氟纶材料的护套包住。

从用途上,同轴电缆分可分为基带同轴电缆和宽带同轴电缆(即网络同轴电缆和视频同轴电缆),有 50Ω 基带电缆和 75Ω 宽带电缆两类。基带电缆又分细同轴电缆和粗同轴电缆,前者仅用于数字传输,数据率可达 10Mbit/s。客车上的电视视频线和车载网络线就采用的是同轴电缆。

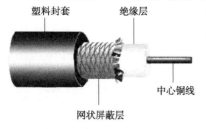

图 24-12 同轴电缆结构示意图

同轴电缆由里到外分为四层,即中心铜线(单股的实心线或多股绞合线)、塑料绝缘体、网状导电层和电线外皮,其中心铜线和网状导电层形成电流回路。由于中心铜线和网状导电层为同轴关系,故称之为同轴电缆,如图 24-12 所示。

同轴电缆传导交流电而非直流电,也就是说每秒会有好几次的电流方向发生逆转。

如果使用一般电线传输高频率电流,这种电线就会相当于一根向外发射无线电的天线,这种效应损耗了信号功率,使得接收到的信号强度减小。

同轴电缆的设计正是为了解决这个问题。中心电线发射出来的无线电被网状导电层所隔离,网状导电层可以通过搭铁的方式来控制发射出来的无线电。

同轴电缆存在的一个主要问题是,如果电缆某一段发生比较大的挤压或者扭曲变形,那么中心导线和网状导电层之间的距离就不是始终一致的,这将造成内部的无线电波会被反射回信号发送源。这种效应减低了可接收的信号功率。为了克服这个问题,中心电线和网状导电层之间被加入一层塑料绝缘体来保证它们之间的距离始终一致,由此也就造成这种电缆比较僵直而不容易弯曲的特性。

2. 常用导电材料

纯金属材料的电导率高,但机械强度与抗蚀性较差;合金材料包含两种以上金属成分,虽然降低了导电性,但可大幅提升材料的力学性能,或提升耐蚀性。

银(Ag):具有最高电导率,室温下的电阻系数为 $1.62\mathrm{u}\Omega\mathrm{cm}$。利用电解法可制造高纯度银,易于加工,且耐蚀性与抗氧化性俱佳,但由于价格昂贵,故仅在特殊用途使用。

铜(Cu):电导率仅次于银,但价格较银便宜,加工容易,因此成为最常用的电线材料。纯铜依其加工程度与热处理的不同,可分为软铜与硬铜。硬抽铜线是将软铜抽制成不同粗细的铜线,抽拉过程相当于施以冷拉加工处理,可增加材料强度,同时也提高了电阻值。

镀锡铜:是指表面镀有一薄层金属锡的铜。锡在空气中易形成二氧化锡薄膜,可防止进一步氧化。锡与卤素也能形成类似作用的薄膜,从而既具有良好的抗腐蚀性能,又有一定的强度和硬度,且成形性好又易焊接。但镀锡铜线成本相对于普通车用线材,有显著提高。

铝(Al):电导率仅次于银、铜与金,居第四位。由于质量轻,价格便宜,以铝代铜将成为电缆行业发展的新趋势。但以铝代铜仍面临几个问题:由于铝材料本身的性质容易被氧化,又较柔软,所以压接之后的力学性能和电气性能较低;此外,铝的电导率比铜低,要达到相同的截流量,铝导线的线径就会比铜导线的线径粗,而线径增粗后将为布线带来困难,以及线束制作工艺、压接和端子设计等问题。

3. 导线颜色

为便于汽车电系的识别、连接和维修,汽车用低压导线的颜色必须符合国家有关标准。单色线的颜色由表24-2规定的颜色系组成。双色线的颜色由表24-3规定的两种颜色配合组成。双色线的标注第一色为主色,第二色为辅助色。双色线的主色占比例大,辅助色占比例小。

导线单线颜色表 表24-2

电线绝缘颜色	黑	白	红	绿	黄	棕	蓝	灰	紫	橙
代号	B	W	R	G	Y	Br	BL	Gr	V	O

导线颜色配合表及选用程序 表24-3

选用顺序	1	2	3	4	5	6
导线颜色	B	BW	BY	BR		
	W	WR	WB	WBL	WY	WG
	R	RW	RB	RY	RG	RBL
	G	GW	GR	GY	YBL	GBL
	Y	YR	YB	YG	BrB	YW
	Br	BrW	BrR	BrY	BLB	
	BL	BLW	BLY	BLY	GB	BLO
	Gr	GrR	GrY	GrBL	GrB	BrB

4. 导线结构与阻值

导线的阻值是影响整车线径选用的主要标准,通过电流大小核算压降,最终确定控制部件的工作电压是否满足要求、信号的衰减能否满足使用要求的重要依据,尤其是起动机线径的选择。此外,导线的结构包括绝缘层厚度也决定着线束的耐老化情况,具体导线的结构与阻值见表24-4。

导线结构与阻值表 表24-4

导体标称截面积 (mm²)	根数/单根标称直径 (mm)	绝缘标称厚度 (mm)	平均外径上限 (mm)	20℃时的导体电阻不大于 (Ω/km)	
				铜芯	镀锡铜
0.2	12/0.15	0.3	1.3	92.3	95.0
0.3	16/0.15	0.3	1.4	69.2	71.2
0.4	23/0.15	0.3	1.6	48.2	49.6
0.5	16/0.20	0.6	2.4	39.0	40.1
0.75	24/0.20	0.6	2.6	26.0	26.7
1.0	32/0.20	0.6	2.8	19.5	20.0
1.5	30/0.25	0.6	3.1	13.3	13.7
2.5	49/0.25	0.7	3.7	7.98	8.21
4.0	56/0.30	0.8	4.5	4.95	5.09
6.0	84/0.30	0.8	5.1	3.30	3.39
10.0	84/0.40	1.0	6.7	1.91	1.95

续上表

导体标称截面积 （mm²）	根数/单根标称直径 （mm）	绝缘标称厚度 （mm）	平均外径上限 （mm）	20℃时的导体电阻不大于 （Ω/km）	
				铜芯	镀锡铜
16.0	126/0.40	1.0	8.5	1.21	1.24
25.0	196/0.40	1.3	10.6	0.78	0.795
35.0	276/0.40	1.3	11.8	0.554	0.565
50.0	396/0.40	1.5	13.7	0.386	0.393
70.0	360/0.50	1.5	15.7	0.272	0.277
95.0	475/0.50	1.6	18.2	0.206	0.210
120.0	608/0.50	1.6	19.9	0.161	0.164

5. 承载电流

客车用低压导线承载电流的能力主要与线径有关，常用规格有标称截面积0.5、0.75、1.0、1.5、2.5、4.0、6.0mm²等的导线，它们各自都有允许负载电流值，配用不同功率用电设备的导线。国家标准中对导线的这一性能并没有作严格规定，而不同资料对最大承载电流的描述也不一致。一般，长时间工作的电气设备可选择实际载流量60%的导线，短时间工作的用电设备可选用实际载流量的60%～100%之间的导线；同时，还应考虑电路中的电压降和导体发热等情况，以免影响用电设备的电气性能和超过导线的允许温度。表24-5提供了参考标称截面积和允许电流的对应关系。

标称截面积和允许电流的对应关系 表24-5

标称截面积（mm²）	0.5	0.75	1.0	1.5	2.5	4	6	10	16	25	35	50	70
100%允许电流（A）	12.5	16	19	24	32	42	55	75	105	138	170	215	280
60%允许电流（A）	7.5	9.6	11.4	14.4	19.2	25.5	33	45	63	82.8	102	129	165

6. 力学性能

根据生产、运输和使用的要求，电线电缆应具有一定的力学性能。通常，电缆抵抗外力作用而不被破坏的能力称为机械强度，而伸长率和抗拉强度则是导线的两个重要力学性能指标。其中：

拉断力：指试样在均匀增加的拉力作用下，逐渐变形直至拉断时所需要的最大负荷，用F_m表示。

抗拉强度：拉断力与试样受力方向垂直截面积（S）的比值，用δ表示，即$\delta = F_m/S$。

断裂伸长率：试样受到拉力后直至拉断时所伸长的长度和原有长度之比，用γ表示，即$\gamma = (L_1 - L_0)/L_0 \times 100\%$（式中：$L_0$为试样原来长度，$L_1$为试样断裂时长度）。伸长率反映了导线的柔韧性，一般情况下，伸长率大线材的质量就好；导线越软，弯折就不容易断。

7. 线束布置的基本要求

（1）线束布置应避开热源、运动部件、油气管路，应采用各种线卡、扎带、护套等紧固件进行固定安装和保护，禁止在同一处用扎带层层捆扎。

（2）线束过线孔处必须采用橡胶圈、钢丝卡箍等保护措施。

（3）在制作过程中，每个车间在车辆流转到下道工序前，均须做好线束的保护工作，避免损坏；

（4）线束采用"横平竖直"的走线方式，在保证安全、牢固、美观的基础上，应考虑走线的合理性，方便维修人员检修。

（5）线束紧固最大间隔300mm，主干线安装不得低于底盘大梁的下平面；分支线安装不能太紧，避免与其连接的器件产生预应力。

二、接插件

接插件亦称"插接器"和"连接器"，用于线束之间的连接，以便于线束的布置、拆装和线路维修。目前，因插接式接插件连接可靠、检修电路方便而被广泛使用，特别是高档客车的线束总成中，几乎全部使用了接插件。

1. 组成与结构形式

接插件主要由护套(图24-13)、端子(图24-14,亦称"接头"、"插头")、密封塞(图24-15)和插座等零件组成,如图24-16所示。

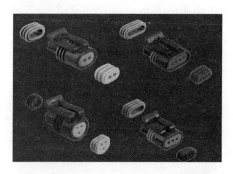 

图24-13 护套示意图

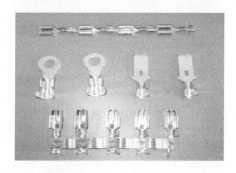 

图24-14 端子示意图

图24-15 密封塞示意图

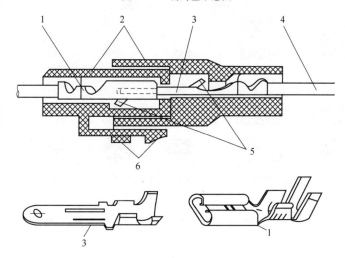

图24-16 接插件结构示意图
1-插座;2-护套;3-插头;4-导线;5-倒刺;6-锁止机构

接插件的种类很多,可供连接几条到数十条线路,有圆柱体、长方体和正方体等不同形体。

1) 低压导线接头

为了便于连接,导线的端头焊有接头。接头一般有叉形和圆形两种,如图24-17所示。通常导线与片式接头连接处用塑料或橡胶绝缘套套住,这样做既保护了连接处,又可在套管上打上符号,以便于接线。经常拆卸处的片式接头做成叉形,而拆卸较少的片式接头可采用有圆孔的圆形,也有横置叉形接头。

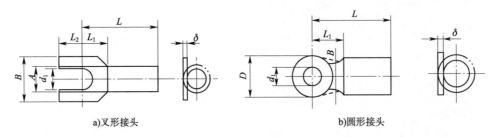

a) 叉形接头　　　　　　　　b) 圆形接头

图24-17　导线接头形式

QC/T 417.1~417.5-2001《车用电线束插接器》标准规定了片式插接件的基本尺寸、外观质量、插拔力和电压降等技术要求。

2) 插头与插座

插头与插座一般为片式接插件的两个组成部分。片式插头和片式插座的规格如图24-18和图24-19所示。

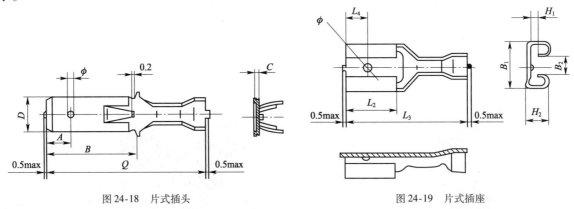

图24-18　片式插头　　　　　　图24-19　片式插座

3) 接插件

近年来,在国内外新型客车上,采用了一种更加方便的接插件。这种接插件的使用,使接线和维修线路更加简单、方便,如图24-20所示。

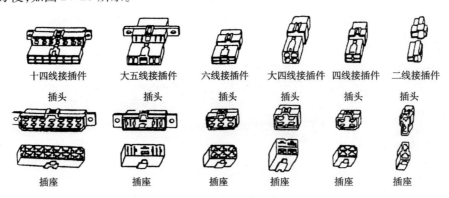

十四线接插件　大五线接插件　六线接插件　大四线接插件　四线接插件　二线接插件
插头　插头　插头　插头　插头　插头

插座　插座　插座　插座　插座　插座

图24-20　接插件的几种形式

接插件由插头和插座两部分组成,按使用场合的实际需要,其脚数多少不等。接插件接合时,应将其导向槽重叠在一起,使插头与插孔对准且稍用力即可插入,从而使两个器件十分牢固地连接在一起。所谓接插件的导向槽,是指接插件连接时,为了使其正确定位而设置的凸凹轨。由于导向槽的作用,一般来说一对插头、插座不可能插错;非成对的插头与插座因其脚数及外形不同,因此也不可能插上。插头与插座所对应导线的粗细、颜色、符号一般来说也完全对称。

为防止车辆行驶过程中接插件脱开,绝大部分接插件均在结构上设计有闭锁装置。如图 24-21 所示,当需要分开接插件时,应先按下闭锁,使锁扣脱开,然后将其拉开。拆装接插件时要避免猛拉导线,以防拉坏锁止扣或导线。

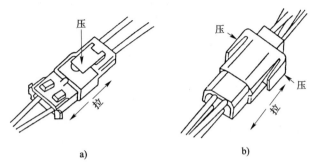

图 24-21 接插件的闭锁装置

2. 接插件的作用

接插件有两个作用,一是连接电器零件与线束;二是连接分段的线束,方便线束的安装和拆卸。不同型号接插件的组成结构也有很大差异,基于客车行业订单化生产的行情,整车线束用到的接插件多种多样,有些接插件受到电器零部件配套商的制约,很难统一固化。但为了保证线束设计与制作的效率,应尽可能对整车使用的接插件进行统一和规范,特别是对线束与线束内部对接部分做到模块化、通用化。选用接插件时,应充分考虑使用环境和配套端子的承载电流,如与发动机舱内的电器件对接的接插件,应选择带有防水密封塞且外壳耐高温、耐腐蚀的产品;而仪表板线路对接的接插件,则没有必要选择带有密封塞的结构。此外,还可根据实际情况在塑料中添加阻燃或增强材料,以达到增强或阻燃的目的,如添加玻璃纤维增强等。

接插件使用的铜主要是黄铜和青铜(黄铜的硬度比青铜的硬度稍低),其中黄铜占的比重较大。另外,可根据不同的需求选择不同的镀层。

3. 基本编号

1) 护套基本编号

目前,对于护套的基本编号,行业内主要参照河南天海电器有限公司的企标"接插件护套基本编号说明"进行,如图 24-22 所示。

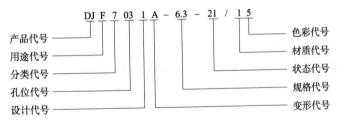

图 24-22 护套编号说明

图中,产品代号:国家标准规定为 DJ。

用途代号:常用用途代号使用规范见表 24-6。

表 24-6 护套用途代号使用规范

分类	仪表	继电器	灯	熔断器	开关	发电机
代号	Y	J	D	B	K	F

分类代号:3 代表圆柱式插接护套,7 代表片式插接护套。

孔位代号:接插件的孔数。

设计序号:出现同孔数、同规格时,为了区别接插件型号,将此号升级。

变形代号:产品的主要电气参数和基本结构不改变的情况下,以大写字母 A、B、C 表示。

规格代号:表示接插件的规格系列,一般指插头宽度。

状态代号:常用状态代号使用规范见表24-7。
材质代号:材质代号使用规范见表24-8。
色彩代号:色彩代号使用规范见表24-9。

护套状态代号使用规范　　　表24-7

状态	插头护套	插座护套	复合插头	复合插座
代号	11	21	10	20

护套材质代号使用规范　　　表24-8

材质（塑料类）	ABS	尼龙	热缩型聚酯	聚碳酸酯	聚乙烯	丙醛树脂	聚烯烃	聚丙烯	聚氯乙烯
缩写	ABS	PA	PBT	PC	PE	PF	POF	PP	PVC
代号	1	2	3	4	5	6	7	8	9
材质（橡胶类）	丁腈橡胶	硅矽橡胶	氟素橡胶	氯丁橡胶					
缩写	NBR	SI	VITON	CR					
代号	10	11	12	13					

护套色彩代号使用规范　　　表24-9

色彩	棕	红	橙	黄	绿	蓝	紫	灰	白	黑
代号	1	2	3	4	5	6	7	8	9	0

2)端子基本编号说明

接插件端子的基本编号说明如图24-23所示。

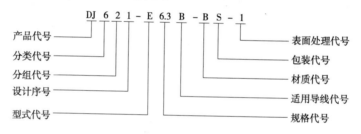

图24-23　端子编号说明

图中,产品代号:国家标准规定为DJ。
　　　分类代号:2代表圆柱形端子,4代表电线插头,6代表片型端子。
　　　分组代号:端子分组代号使用规范见表24-10。
　　　设计序号:出现同规格时,为了区别端子型号,将此号升级。
　　　形式代号:表示端子的结构外形。
　　　规格代号:表示端子的规格系列,一般指插头宽度。
　　　适应导线代号:端子适应线径代号使用规范见表24-11。
　　　材质代号:端子材质代号使用规范见表24-12。
　　　端子分组代号包装代号:S表示连续包装,L表示单粒包装。
　　　表面处理代号:端子表面处理代号使用规范见表24-13。

端子分组代号使用规范　　　表24-10

分组	插头	插座	孔式	叉式	U型	方型	旗型
代号	1	2	3	4	5	6	7

端子适应线径代号使用规范　　　表24-11

线规(mm^2)	0.3	0.3~0.85	1~1.5	2~2.5	3~4	5~6	>8
代号	T	A	B	C	D	E	F

端子材质代号使用规范　　　　　　　　　　　　　　　　表 24-12

材质	铝	黄铜	磷青铜	纯铜	铜合金	铁	钢材	锌合金	铅合金	钢丝
代号	A	B	P	C	K	F	S	Z	Q	G

端子表面处理代号使用规范　　　　　　　　　　　　　　表 24-13

处理	素材	酸洗	镀锡	镀银	镀镍	镀金	镀锌	发黑
代号	0	1	2	3	4	5	6	7

4. 接插件的选取原则

(1) 为保证与电器件的良好接触,使接触电阻降为最低,提高可靠性。一般,应优先选用双弹簧式压紧结构的接插件。

(2) 根据导线截面积和通过电流的大小,合理选择护套尺寸。

(3) 在发动机舱、底盘等较恶劣环境下对接的护套,由于温度、湿度偏大且存在很多腐蚀性气体和液体,一定要选择防水性护套,其空位需用防水堵密封。同时,还应注意护套材质的选择,如阻燃性能等。

(4) 避免在同一对接区域使用同一种护套,若无法避免,则需通过不同颜色加以区分。

(5) 基于外观的整体协调性,在发动机舱中应优先选用黑色或深色护套。

(6) 为减少线束对接用护套的种类和数量,应优先选用混合型件,使装配固定方便。

(7) 对于要求性能较高的安全气囊、ABS 和 ECU 等用的端子接插件,应优先选用镀金件以保证安全可靠性。

(8) 离高温部位较近的接插件,应选用耐高温材料的护套。

(9) 根据不同需求选择不同材质的护套。可根据实际情况在塑料中添加阻燃或增强材料,以达到增强或阻燃的目的,如添加玻璃纤维增强等。

不同系列(即规格代号)接插件可承载的电流见表 24-14。

不同系列(即规格代号)接插件可承载的电流　　　　　　　表 24-14

规　　格	1 系列	2.2 系列	3 系列	4.8 系列	6.3 系列	7.8 系列	9.5 系列
可承载电流(A)	10 左右	20 左右	30 左右	45 左右	60 左右		

第二十五章 车载网络及智能终端

自 20 世纪 80 年代以来,为满足安全、舒适、节能、环保和多种功能的需求,以集成电路和单片机为基础的电子控制单元逐步在客车上得到广泛应用,如电子燃油喷射、变速控制、各种防滑控制(ABS、EBD、ASR 等)、轮胎气压自动监测、自动空调,以及多种智能安全系统等,甚至还有近年来客车领域非常热门的智能车载终端。据统计,一辆高档客车的用线长度已达 20km,电气节点高达 2000 个,质量在 100kg 左右。预计未来 5 年内,汽车电子控制系统在整车中的比例将由目前的 20% 上升到 30% 以上。面对日益增多的电子系统及其越来越多的电子控制单元与传感器,如果仍采用常规的布线方式(即点对点的单一布线方式),将导致客车上的电线数目急剧增加,连线可达到数百条,使得电线的质量将占到整车质量的 4% 左右。复杂的电路不仅给布线带来巨大困难,而且还增加了车身自重、安全隐患和维修难度,更重要的是降低了车辆使用的可靠性,增加了制造成本。为适应汽车电子设备迅速增加的需求,满足电控单元之间能够有效、快速传递信息的需要,汽车电子网络及智能终端应运而生。

第一节 概 述

一、车载网络及控制技术

车载网络及控制系统是指汽车上多个处理器之间相互连接、协调工作并共享信息所构成的汽车车载计算机网络控制系统。

目前,客车内部已基本形成了从低速到高速、从电缆到光纤、从有线到无线、从离散 ECU 的数据通信到中央智能控制的复杂网络系统,以及从集中控制到分布系统控制,典型的车载网络结构有 CAN、LIN 等。

所谓数据总线,是指在一条数据线上传递的信息可以被多个系统共享,从而最大限度地提高系统整体效益,充分利用有限的资源(即一辆客车上无论有多少个 ECU,每个 ECU 都只需引出两条线共同接在两个节点上,这两条导线就是总线,也称网线)。采用车载网络技术可以通过不同的编码信号来表示不同的开关动作,信号解码后,根据指令接通或断开对应的负荷(如灯光、空气调节等),从而将过去一线一用的专线制改为一线多用制,大大减少了车上的电线数目,缩小了线束尺寸和质量,减少了接插件的数量,降低了成本。

CAN(Controller Area Network,CAN)现场总线是德国博世公司于 1983 年为解决现代汽车中众多的控制与测试仪器之间的数据交换而开发的一种串行数据通信协议,具有开放、可靠、高效和低价等特点。LIN(Local Interconnect Network)总线是从 1998 年开始,由宝马、奥迪、戴姆勒—克莱斯勒、摩托罗拉和 VCT(Volcano Communications Technologies 是一家集电信、电话、互联网、电视、媒体等相关互联互通解决方案提供商的瑞典通信公司,目前已经被 Mentor Graphics 收购)等 7 家汽车和 IC 公司(半导体元件、集成电路产品生产企业,Integrated Circuit,IC)共同开发,于 2000 年 2 月完成的能满足车身电子要求的低成本串行总线技术。该技术既是针对低成本应用而开发的汽车串行协议,也是对 CAN 网络的补充,支持车内的分层式网络。该协议是简单的主/从配置,主要流程在主节点上完成;使用单线通信,减少了大量线束的质量和费用。为了减少成本,从节点应当尽量简单。其目标应用是不需要 CAN 网络的性能、带宽及复杂性的低速系统,如开关类负载或位置型系统,包括汽车后视镜、车锁、汽车座椅、车窗等的控制。

目前,客车上的电子控制系统主要通过 CAN 总线实施通信互联,只在局部区域采用 LIN 总线进行通信,如总线式组合开关等。

二、车载网络及控制技术的种类及应用范围

1. 类型划分

目前,汽车车载网络存在有多种网络标准,SAE 车辆网络委员会将汽车数据传输网的类型划分为 A、B、C、D 四类。

1) A 类网络

A 类网络是面向传感器/执行器控制的低速网络,数据传输位速率通常只有 1～10kbit/s,主要应用于车内分布式电控系统,尤其是面向智能传感器或执行器的数字化通信,如电动门窗、座椅调节及灯光照明等控制。在 A 类网络中存有多种协议标准,其中 LIN 总线是面向低端通信的一种协议,主要应用在通信速率要求不高的场合,通过单总线的方式来实现。

2) B 类网络

B 类网络是面向独立模块间数据共享的中速网络,位速率一般为 10～100kbit/s。主要应用于车辆电子的舒适性模块、故障诊断、仪表显示和安全气囊(SRS)等系统,以减少冗余的传感器和其他电子部件。

B 类网络系统标准主要包括控制器局域网(CAN)协议、车辆局域网(Vehicle Area Network,VAN)协议,以及汽车工程师协会(Society of Automotive Engineers,SAE)的 SAE J1850:2001《OBD 通信协议》等。在容错性能和故障诊断方面,CAN 具有明显的优势,因此在汽车内部的动力电子系统等对实时性和可靠性要求较高的领域占有不可替代的地位;考虑到成本因素,VAN 也在汽车网络中占有一席之地,特别适用于车身电子系统等对实时性和可靠性要求相对较低,网络上的某些节点功能比较简单的场合;而 SAE J1850 由于其通信速率上的限制已逐渐被淘汰。

3) C 类网络

C 类网络是面向高速、实时闭环控制的多路传输网,最高位速率可达 1Mbit/s,主要用于悬架控制、牵引控制、先进发动机控制和 ABS、ASR 等系统控制,以简化分布式控制和进一步减少车身线束。

在 C 类标准中,欧洲的汽车制造商从 1992 年以来,基本上采用的都是高速通信的 CAN 总线标准 ISO 11898-1:2003《道路车辆 控制器局域网络 第 1 部分:数据链层和物理信令》,它可支持高达 1Mb/s 的各种通信速率;但从 1994 年以来,SAE J1939 则广泛用于货车、大客车、建筑设备、农业机械等工业领域的高速通信,其通信速率为 250kbit/s。目前,网络协议种类主要有 ISO 11898-1(高速 CAN)、TTP/C 和 FlexRay 等。随着汽车网络技术的发展,将会使用具有高速实时传输特性的一些总线标准和协议,包括采用时间触发通信的 X-by-Wire 系统总线标准和用于安全控制和诊断的总线标准、协议。

4) D 类网络

D 类网络称之为智能数据总线(intelligent Data Base,IDB),是主要面向信息和多媒体系统、高速数据流传输的高性能网络,采用 D2B、MOST 光纤传输和 IDB-Wireless 无线通信技术,速率一般在 250kbit/s～400Mbit/s,主要用于实时的音频和视频通信。而 800Mbit/s 的网络标准也在研究使用。这类网络系统主要连接汽车内部用于多媒体功能的电子设备,包括语音系统、车载电话、音响、电视、车载计算机和 GPS 等系统。

目前,世界上多媒体网络系统标准主要是智能数据总线(Intelligent Data Bus—CAN,IDB-C)、光芯片协会(Optical Chip Consortium)的共用数据总线(Domestic Digital Bus,D2B)、绿洲硅系统(Oasis Silicon System)的多媒体定向系统传输(Media Orientated System Transport,MOST)协议,以及电气和电子工程师学会(Institute for Electrical and Electronic Engineers,IEEE)的 IEEE 1394—1995《高性能串行总线》标准等。

D 类网络近期才被采纳入 SAE 对总线的分类范畴之中。其带宽范畴相当大,用到的传输介质也有好几种,被分为低速(IDB-C 为代表)、高速(IDB-M 为代表)和无线(Bluetooth 蓝牙为代表)三大范畴。

B 类网支撑 A 类网的功能,C 类网能同时实现 A 类和 B 类网功能。从发展趋势看,C 类网将占主导地位。

2. 应用范围

考虑到功能分布和位传输速率等因素,现有客车通信网络的应用大致可分为五类,即动力与传动系

统控制、安全控制、车身控制、行驶控制、故障诊断、信息处理和多媒体娱乐系统等(亦称"五类网络"),如图 25-1 所示。客车上这五类网络一般使用相似的总线结构和通信协议,通过网关连接在一起共享信息。

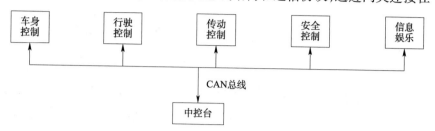

图 25-1　客车网络的组成

除以上系统外,还有面向日益严格的安全、排放控制系统和智能控制系统及主干网络等。为此,将会有不同的网络并存,网络之间可以相互连接,也可以断开。为了实现即插即用,将每个局域网与总线连接,再根据客车平台选择并建立所需要的网络。

图 25-2 是目前汽车设计中的网络结构,采用两条 CAN 网络,一条是用于动力系统的高速 CAN,速率为 250kbit/s～1Mbit/s;另一条应用于车身系统的低速 CAN,速率为 10～125kbit/s。高速 CAN 主要连接对象是发动机控制器、变速器、ABS 控制器、助力转向和安全气囊控制器等;低速 CAN 主要连接和控制车内外照明、灯光信号、空调和组合仪表等其他低速电子控制单元。由于 CAN 总线的实现成本较高,在一些对速度要求不高的车身电子单元,如传感器输入、车窗控制、门锁控制和座椅控制等,可采用成本相对较低的 LIN 总线来替代。

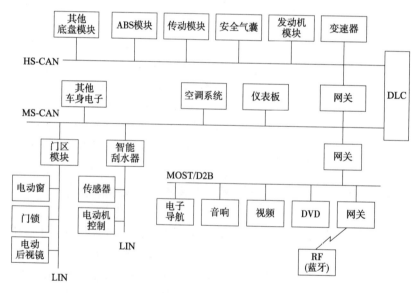

图 25-2　汽车网络结构

三、车载网络及控制系统的发展趋势

在车载网络使用方面,从目前的情况来看,世界各大汽车公司的车身网络控制和动力系统网络控制的技术平台均已基本建立,在新推出的车型中,全面采用网络控制技术已成为可能。因此,可以断言,近几年内,网络技术在汽车中的应用将会迅速普及。

目前,汽车行业存在很多网络通信协议,由于缺乏全世界的统一标准,实际上增加了汽车制造成本。虽然建立一个统一的汽车网络协议体系是一件十分复杂和困难的工作,但汽车制造商和供应商之间已逐渐对这一问题达成共识。我国标准化部门也正在组织编制相关的标准。

在汽车电子系统的网络化进程中,随着技术进步,不断有新的总线技术被研发出来。虽然由于各种原因目前还未被 SAE 收录,但是其重要性不言而喻,已暂被称为专用总线,如故障诊断总线、安全总线和电子线控(X-by-wire)总线等。此外,还有高速容错网络协议 FlexRay、时间触发网络协议 TTP(Time-Triggered Protocol)、用于汽车多媒体和导航的 MOST,以及与计算机网络兼容的蓝牙、无线局域网等无线网络技术等。

未来汽车电子技术将向集中综合控制方向发展,采用现场总线将各种汽车电子控制模块连接起来,与其他控制装置共享数据资源。即将车上各个控制模块工作时所产生的实时数据在总线上传输,如输入输出数据、特性参数、控制参数等,使得汽车各个控制模块之间能够达到最佳的匹配。

迄今为止,还没有一个车载网络协议可以完全满足未来汽车所有成本和性能的要求,因此在较长的一段时间内汽车上将是多种层次网络的互联网结构,国外许多汽车制造商倾向于采用多个协议子网混合使用的方案。也就是说,在计算机网络和现场总线技术的基础上,开发各种应用于汽车环境的网络技术和设备,组建汽车内部的通信网络,是现代汽车发展的重要趋势。

近年来,随着物联网的快速发展,另一个新型概念——车联网应运而生。车联网的产生实现了车载网络与城市交通信息网络、智能电网以及社区信息网络的全部连接,车联网技术将彻底改变未来的出行模式;通过"车辆网",汽车具备了高度智能的车载信息系统,智慧交通已不再遥远。目前,在国家相关政策的推动下,国内三大电信运营商、网络运营商和主要汽车制造商等各个产业都在积极参与和推动车联网的应用发展。在客车行业,随着苏州金龙G-BOS、宇通客车"安节通"、厦门金龙"龙翼"、少林客车"EMS"、青年客车"行车宝"、桂林大宇"E管家"和汉纳森"安智捷"等的出现,使客车用户和广大乘员体会到了更智能的操控性能、更周到的客户体验、更全面的信息服务,必将推动我国客车车载网络、控制技术和智能终端技术的进一步飞速发展。

第二节 客车总线与网络技术

一、CAN 总线概述

CAN 即控制器局域网总线,由德国博世公司于 1986 年提出。1991 年 9 月,飞利浦公司制定并发布了 CAN 技术规范 V2.0,包括 A、B 两部分,其中 2.0A 给出了 CAN 报文标准格式,2.0B 给出了标准和扩展两种格式。后经修改,在 1993 年成为国际标准(ISO 11898)。CAN 总线具有良好的功能特性和极高的可靠性,广泛应用在交通工具、工业自动化、航空航天及医疗器械等领域。CAN 2.0B 协议数据传输速率可达 1Mbit/s,相当于 SAE 的 C 级高级数据通信协议,目前汽车中采用的 SAE J 1939《网络通信协议》的核心就是 CAN2.0B。CAN 主要具有以下特点:

(1)通信方式灵活。由于采用多主方式工作,不分主从,通过报文标志符通信,无须站地址等节点信息。即网络上任意一个节点均可主动地向其他节点发送信息,且可以以点对点、一点对多点或全局广播的方式进行通信。

(2)采用非破坏性、基于优先级的仲裁方式。当有多个节点同时向总线发送数据时,低优先级的节点主动停止数据发送,高优先级的节点可不受影响地完成数据发送,从而大大节省了总线冲突仲裁时间。因而就算是在网络负载很重的情况下,也不会出现网络瘫痪的情况。

(3)帧信息中包含循环冗余校验码(Cyclic Redundancy Check,CRC)校验等信息,可有效降低通信错误率。

(4)对发送失败的报文,将在总线空闲时自动重新传输,提高了通信的可靠性。

(5)采用短帧格式,传输时间短,受干扰概率低,具有良好的捡错效果。每帧信息都有 CRC 及其他检错措施,降低了数据出错概率。网络节点具有在错误严重情况下自动关闭输出的功能,以使总线上其他节点的操作不受影响。

(6)每帧报文最多可发送 8 个字节数据,既可满足工控领域中命令控制及状态查询的一般要求,也不会过长地占用总线,保证了通信的实时性。

(7)通信介质可为双绞线、同轴电缆或者光纤,选择灵活。

(8)直接通信距离最远可达 10km。

二、CAN 技术规范

CAN 总线是计算机网络与控制系统结合的产物,其本质上就是一种计算机控制网络。在国际标准化组织(ISO)提出的"开放系统互联(OSI)"参考模型中,网络系统划分为七层模式,即应用层、表示层、会话层、传输层、网络层、数据链路层和物理层。CAN 2.0 技术规范规定了物理层和数据链路层,并且分为 CAN 2.0A 和 CAN 2.0B 两部分,其中 CAN 2.0B 给出了标准帧和扩展帧两种 CAN 报文格式。1994 年美国汽车工程协会 SAE 以 CAN 2.0B 协议为基础,制定了面向客车和载货汽车的 CAN 网络通信协议 SAE J1939,对客车中应用到的各类参数都进行了规定。OSI、CAN 2.0B 和 J1939 这三者之间的关系如图 25-3 所示。

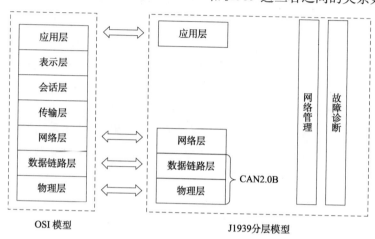

图 25-3　车载网络通信模型示意图

1. 物理层

CAN 2.0B 物理层定义了 CAN 总线的电气接口和物理介质,规定了使用的接插件形状、尺寸等机械特性,总线线缆上各条线的电压范围及电平的逻辑含义,实现网络中电控单元(ECU)之间的电气连接。物理层分为用于实现与位表示、定时和同步关系功能的物理层信号(PLS),以及用于耦合节点至发送媒体的物理层的功能部分的媒体访问单元(MAU)。其中,MAU 由物理层媒体附属装置(PMA)和媒体从属接口(MDI)构成。PMA 层实现总线发送/接收的功能电路并可提供总成故障检测方法,MDI 实现物理媒体和 MAU 之间的机械和电气接口。

CAN 总线采用差分信号,差分电压 $V_{\text{diff}} = V_{\text{CAN\_H}} - V_{\text{CAN\_L}}$。总线空闲时,CAN_H 和 CAN_L 的电平都是 2.5V;数据传输时,显性电平(CAN_H 为 3.5V,CAN_L 为 1.5V)代表逻辑 0,隐性电平(CAN_H 为 2.5V,CAN_L 为 2.5V)代表逻辑 1,如图 25-4 所示。

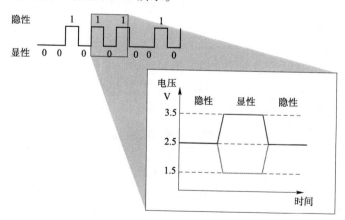

图 25-4　CAN 总线差分信号示意图

当总线上节点 A 发送显性电平,而另一个节点 B 发送隐性电平时,总线的电平状态呈显性;从逻辑电平的角度来看,就是节点 A 发送"0",节点 B 发送"1"时,总线上的逻辑状态为"0",这种机制称为"线与"。

2. 数据链路层

1) CAN 总线通信机制

当节点要往 CAN 总线上发送数据时，先检测总线的状态，只有当总线处于空闲时，节点才能往总线上发送数据；并且，在发送过程中要进行总线"回读"，判断是否与其他节点发送的数据有冲突；若有冲突发送，则进行总线仲裁。总线仲裁根据 CAN 报文 ID 进行，ID 值越小，报文的优先级越高，发生仲裁时优先级高的报文正常发送，优先级低的报文会停止发送，但在总线空闲时会自动重发。

如图 25-5 所示，CAN 总线上有节点 A 和节点 B，某一时刻节点 A 欲发送 ID 为 20 的报文，节点 B 欲发送 ID 为 30 的报文。这时出现总线仲裁，优先级最高的 ID＝20 的报文成功完成，ID＝30 的报文停止发送；ID＝20 的报文发送完成后，总线进入空闲状态，节点 B 自动重新尝试发送报文 30，此时总线若没有优先级更高的报文，则报文 30 成功发送。

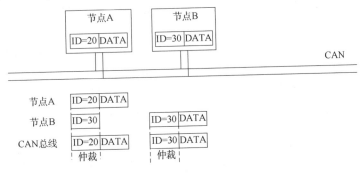

图 25-5　CAN 总线仲裁示意图

2) 帧格式

在 CAN 2.0B 的版本协议中有两种不同的帧格式，即标准帧和扩展帧。两者不同之处为标志符域的长度不同，含有 11 位标志符的帧称为标准帧；含有 29 位标志符的帧称为扩展帧，是 CAN 2.0B 协议新增加的特性。为使控制器设计相对简单，并不要求执行完全的扩展格式；对于新型控制器而言，必须不加任何限制地支持标准格式。但无论是哪种帧格式，在报文传输时都有以下四种不同类型的帧：

(1) 数据帧 (Data)。存放所要查询的状态或控制命令，将数据由发送器传输到接收器。

(2) 远程帧 (Remote)。远程帧由总线单元 (节点) 发送，用于向其他节点请求发送具有同一 ID (相同标识符) 的数据帧。

(3) 错误帧 (Error)。又称"出错帧"，任何单元检测到总线错误时就发出错误帧，以检验总线错误。

(4) 过载帧 (Overload)。又称"超载帧"，用于接收节点告知发送节点接收准备尚未完成，即用于提供先前和后续数据帧或远程帧之间的附加延时。

3) 协议数据单元 (PDU)

J1939 使用扩展帧格式定义了标准化通信策略，即为每个节点规定了唯一的源地址，并将源地址映射到 CAN 标识符中。此外，J1939 通过协议数据单元 (PDU) 定义了一个框架，用来组织 J1939 协议中定义的相关信息。PDU 由 CAN 扩展帧中的 ID 和数据场组成，并将其分为七个部分，分别是优先级、保留位、数据页、PDU 格式、PDU 特定域 (可作为目标地址、组扩展或专用)、源地址和数据域。PDU 被封装在一个或多个 CAN 数据帧中，而每个 CAN 数据帧只能有一个 PDU。PDU 的组成格式如图 25-6 所示。

PDU						
PGN					源地址	数据域
优先级	扩展数据页	数据页	PDU格式	PDU特定域	源地址	数据域
P	EDP	DP	PF	PS	SA	DATA
3	1	1	8	8	8	64
29bit/sCANID						

图 25-6　协议数据单元组成格式

图中,优先级用来优化总线传输中的报文延迟,控制报文的默认优先级是3,其余报文的默认优先级为6;EDP 目前为保留位,SAE 将来用此扩展数据页;DP 为数据页位,用来将所有参数组分页,目前所有已分配的参数组均在数据页0;PF 用来确认 PDU 的格式,PDU 分为 PDU1 和 PDU2 两种格式,前者用来向特定地址或全局地址(PS=255 时)发送报文,后者用来向全局地址发送报文;PF 值为 0～239 时,PDU 为 PDU1,PF 值为 240～255 时,PDU 为 PDU2;PS 值的含义由 PDU 格式决定,PDU1 中 PS 表示报文要发送的目的地址,PDU2 中 PS 与 PF 最低 4 个有效位共同确定 4096 个 PDU2 格式的参数组;SA 表示报文源地址,网络中的一个源地址只能匹配一个设备,其中 0xFE 表示空地址,0xFF 表示全局地址。数据域包含参数组中的数据内容。

4) 多帧传输机制

长度大于 8 字节的报文无法用单个 CAN 数据帧来装载。因此,它们必须被拆分为若干个小的数据包,然后使用单个的数据帧对其逐一传送。而接收方必须能够接收这些单个的数据帧,然后解析各个数据包并重组成原始的信息。

CAN 数据帧包含一个 8 字节的数据域。由于组成长信息的单个数据包必须能被识别出来以便正确重组,因此把数据域的首字节定义为数据包的序列编号。每个数据包都会被分配到一个从 1 到 255 的序列编号,然后通过网络传送给接收方。接收方接收后,利用这些编号把数据包重组成原始信息。由此可知,多帧传输最大的数据长度是 255 包 × 7 字节/包 = 1785 个字节。

3. 网络层

网络层定义了网段之间的连接协议,当同时存在不同传输速度或使用不同传输介质的多个网段时,必须有至少一个网络互连电控单元提供从一个网段到另一个网段的报文传递功能,具体包括报文转发、报文过滤、波特率转换、地址翻译和协议转换等。典型的客车网络连接如图 25-7 所示。

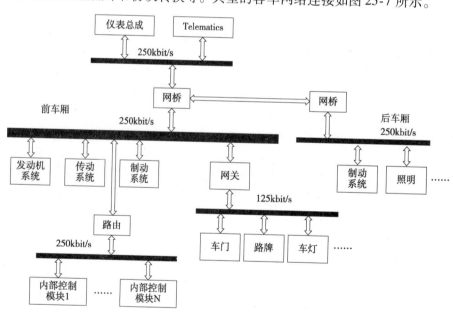

图 25-7 典型 J1939 网络层示意图

图 25-7 中,网桥(Bridge)主要用于数据的转发和过滤。它可以把网络拆解成网络分支、分割网络数据流、隔离分支中发生的故障,这样就可以减少每个网络分支的数据信息流量而使每个网络更有效,提高整个网络效率;网段间可以是不同的数据传输率和媒介;路由器(Router)不仅有网桥的全部功能,还可使它连接的不同网段具有独立的地址空间;网关(Gateway)则可以在不同协议或报文集的网段之间传送数据。

4. 应用层

SAE J1939 针对车辆应用定义了一系列信号(参数)和报文(参数组),并用可疑参数 SPN 来描述信号,将相关的参数组合成可疑参数组 PGN。协议中规定了每个 SPN 的名称、功能描述、类型、数据长度、分辨率、偏移值和有效数值范围,以及在 CAN 数据场中的起始位置及所属的 PGN。参数字节序采用 Intel

型,即当某个参数长度超过1个字节时,传输时先传输低字节。每个参数至少采用2bit/s来表示,当参数的每bit为1时为无效值。

三、CAN的基本组成和数据传输原理

1. 基本组成

CAN由每个ECU内部的CAN控制器和收发器、每个ECU外部连接的两条CAN总线和整个系统中的两个终端组成,如图25-8所示。中央ECU(CEM)的CAN控制器具有双通道的CAN接口,接到两个不同的CAN总线(CAN-H和CAN-L)上。各ECU通过收发器与CAN总线相连,相互交换数据。CAN控制器根据两根线的电位差判断其总线的电平。总线的电平分显性电平与隐性电平两种,两者必居其一。发送节点通过改变总线电平,将报文发送到接收节点。与总线相连的所有节点都可以发送报文,在两个以上的节点同时开始发送报文的情况下,具有优先级报文的节点获得发送权,其他所有节点转为接收状态。

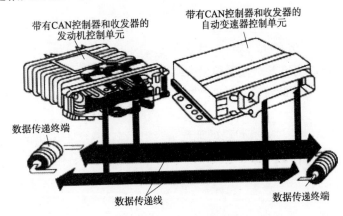

图25-8 CAN的基本组成

1) ECU

CAN控制器接收来自传感器的信号,将其处理后再控制执行元件工作,同时根据需要将传感器信息通过CAN总线发送给其他ECU。ECU的主要构件有CPU、CAN控制器和CAN发射器,此外还有输入/输出存储器和程序存储器。

ECU接收到的传感器信号被定期按顺序存入输入存储器,并按存储的程序处理输入值,处理结果存入相应的输出存储器,然后控制各执行元件工作。为了能够处理数据传输总线信息,各ECU内还有一个数据传输总线存储区,用于容纳接收和发送的信息。

由于ECU通过CAN控制器实现网络传输,因此CAN网络成为ECU输入的信息来源,同时也是ECU的信息输出对象。

2) CAN控制器

CAN控制器由一块可编程芯片上的逻辑电路组成,实现通信模型中物理层和数据链路层的功能,并对外提供与ECU的物理接口。通过对CAN控制器编程,可设置其工作方式,控制其工作状态,进行数据发送和接收,以它为基础建立应用层。

目前,CAN控制器可分为CAN独立控制器和CAN集成ECU两种。CAN独立控制器使用灵活,可与多种类型的单片机、微型计算机的各类标准总线进行接口组合;而CAN集成ECU在许多特定情况下,可使电路设计简化和紧凑,可靠性提高。

3) CAN接收器

CAN收发器提供了CAN控制器与物理总线之间的接口,是一个发送/接收放大器。其中,发送器将数据传输总线构件连续的比特流(逻辑电平)转换成电压值(线路传输电平),以适合铜导线上的数据传输;接收器将电压信号转换成连续的比特流,以适合CPU处理。

收发器通过TX线(发送导线)或RX线(接收导线)与数据传输总线构件相连,RX线通过一个放大器直接与数据传输总线相连。

4）数据传递终端

数据传递终端是一个电阻器,可避免数据传输终了反射回来,产生反射波而使数据遭到破坏。不论何种情况,不同终端的等效电阻应小于500Ω。双向总线的传输延迟时间与总线的时间常数有关,时间常数等于整个网络的电容值与等效放电电阻的乘积。

5）CAN 总线

CAN 总线上的数据没有指定接收器,数据通过数据总线发送给各 ECU,各 ECU 接收后进行计算。为了防止外界电磁波干扰和向外辐射,CAN 总线采用两条线缠绕在一起,两条线上的电位相反,若一条线的电压为5V,另一条线则为0V,两条线的电压和总等于常值,如图25-9所示。通过此办法,CAN 总线将免受外界电磁场干扰,同时 CAN 总线向外辐射也保持中性,即无辐射。

图 25-9　CAN 数据传输线

2. 数据传输原理

现代客车和轿车及其他商用车辆一样,一般装有多个 ECU,ECU 之间数据传输的主要差别在于数据传输频率。如发动机高速运转时,进行的是高频数据传输,每隔几毫秒就传输一次;而在低转速运转时,进行的是低频数据传输,每隔几十毫秒甚至几百毫秒才传输一次。

CAN 总线上的每个节点(ECU)都有自己的地址,连续监视着总线上发出的各种数据,当所收到的数据地址值与自身地址吻合时,该节点就获得令牌(一种通信规约,只允许唯一获得令牌的一个节点有权发送数据,以防止两个或两个以上的节点同时传输数据引起混乱),每一个节点都有机会获得令牌,完成数据传输。

以发动机为例,其电控单元向某电控单元的 CAN 收发器发送数据,该电控单元的 CAN 收发器接收到由发动机电控单元传来的数据,转换信号并发给本电控单元的控制器。CAN 数据传输系统的其他电控单元收发器均接收到此数据,但是要检查判断此数据是否为所需要的数据,如果不是,将被忽略掉。

四、客车 CAN 网络架构及其特点

客车的 CAN 网络架构一般有单路和多路两种网络架构形式。不管哪种架构,都主要由动力和传动控制系统、底盘和安全控制系统、车身和舒适控制系统、通信和信息娱乐系统以及诊断系统等组成,并随着客车 CAN 网的发展而扩展。

1. 总线架构

客车的 CAN 网络拓扑架构如图 25-10 所示。

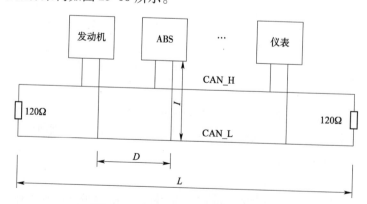

图 25-10　某型客车的 CAN 网络拓扑架构

按照 SAE J1939 的要求,CAN 线缆可以采用屏蔽双绞线,干线长度 L 应不超过40m,在干线的两端各有一个120Ω 的终端电阻;节点支线的长度 l 应尽可能短,允许的最大长度为1m;两个节点间的距离 D 应该大于0.1m,且节点在网络中的布置不能相同,即 D 和 l 的值应不同,以减小信号传输过程中的驻波。

而对于 CAN 线缆的屏蔽层应使用低阻抗导线,在电磁干扰最小的地方单点搭铁。如果屏蔽层多点搭铁的话,由于搭铁点间的电压差,将导致屏蔽层形成电流回路,该回路容易耦合电磁干扰。因此,多点搭铁的屏蔽层反而起不到屏蔽作用,甚至比没有屏蔽层的线缆更不适合于 CAN 信号传输。

CAN 网络的容量有限,网络中的节点数目最多 30 个。同时,为了保证 CAN 通信的及时性和可靠性,对 CAN 网络的负载率和错误帧率应作出规定,即通常负载率在 40% 以下是较为良好的情况,最好不超过 60%,且错误帧率应在 15% 以下。

2. 客车 CAN 网络的组成

客车 CAN 总线网络架构按功能区分由基本 CAN 总线系统和网关组成。基本 CAN 总线系统如下。

1) 动力和传动控制系统

常见的动力和传动控制系统包括:发动机控制系统(EMS)、自动变速控制系统(TCU)、防抱死制动系统(ABS)、缓速器控制系统(Retarder);新能源客车包括整车控制系统(VCU/HCU)、电机控制系统(MCU)和电池管理系统(BMS)等。

对于燃油发动机客车,动力与传动控制系统利用 CAN 数据总线将发动机、ABS 及自动变速器的 ECU 连接起来,实现诸如车辆行驶、停车及转弯等功能。由于动力与传动系统 ECU 的固定位置比较集中,节点数量也有限制。总线可同时传递 10 组数据,即发动机 ECU5 组、ABS ECU 3 组和自动变速器 ECU2 组,以 500kbit/s 的速率传递数据,每一组数据传递大约需要 0.25ms,每个 ECU 7~20ms 发送一次数据。其顺序为 ABS ECU、发动机 ECU 和自动变速器 ECU。CAN 数据总线连接点通常置于 ECU 外部的线束中,在特殊情况下连接点也可能设在发动机 ECU 内部。

2) 底盘和安全控制系统

常见的客车底盘和智能主动安全控制系统有电子控制制动系统(EBS)、电子稳定控制系统(ESC/ESP)、空气悬架电子控制系统(ECAS)、车道偏离预警系统(LDWS)、360°全景影像环视系统(360°环视)、夜视系统(NVS)、前向防撞预警系统(FCWS)、胎压测监测系统(TPMS)、电动助力转向系统(EPS)、仪表(Cluster)和行驶记录仪等。

这些控制系统根据多个传感器的信息进行工作,因此使用的节点数多,要求系统通信速度快、可靠性高,且成本低。

3) 车身和舒适控制系统

客车的车身和舒适控制系统包括刮水器系统(Wiper)、自适应前照灯系统(AFS)、遥控钥匙(RKE)、车身控制模块(BCM)和空调控制系统(ACS)等。

车身和舒适控制系统的线束较长,易受干扰,应尽量降低通信速度,以提高抗干扰能力。与性能(通信速度)相比,一般更看重成本,目前多采用直连总线及辅助总线。

舒适 CAN 数据总线连接中央 CAN 和空调、照明开关和自动诊断等控制功能。ECU 的各条传输线以星状形式汇集一点,若某个 ECU 发生故障,其他 ECU 仍可发送各自的数据。

数据总线以 62.5kbit/s 的速率传递数据,每一组数据传递约需 0.25ms,每个 ECU 20ms 发送一次数据。由于舒适系统中的数据可以用较低的速率传递,所以发送器性能比动力与传动系统发送器的性能要求低。

4) 通信和信息娱乐系统

通信和信息娱乐系统包括智能导航系统(NAV)、车联网车载终端、汽车影音系统、实时交通信息咨询系统、车辆定位系统和信息化服务系统等。

信息(娱乐)系统通信总线具有容量大、通信速度高等特点。因此,通信媒体已采用光纤取代以往使用的铜线。

5) 诊断系统

诊断系统指车载诊断设备 VDU、外部诊断设备及 OBD-Ⅱ车载诊断接口。其中,OBD-Ⅱ车载诊断接口是内部总线与外部诊断设备通信的接口。

通常情况下,厂商会根据实际车型对上述基本 CAN 总线系统进行取舍、组合,网关可以集成在其他

ECU 中或作为独立模块存在,以此形成最终的客车 CAN 总线网络架构。

3. CAN 节点规范

由于每个节点都会对网络造成影响,可能导致网络中的其他节点通信异常。因此,对于接入整车 CAN 网络的每个节点,都应规范节点的 CAN 物理层和数据链路层的相关参数。CAN 节点的测试框图如图 25-11 所示。

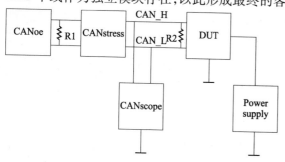

图 25-11 CAN 节点测试框图

图 25-11 中,DUT 为待测节点,CANoe 用来模拟网络中其他节点的发送/接收功能,CANstress 用来模拟待测节点受到的 CAN 干扰,CANscope 为总线示波器,能够检测 CAN 报文对应的波形等。物理层的常见测试项见表 25-1,数据链路层常见测试项见表 25-2。

物理层常见测试项目 表 25-1

测 试 项		最小值	额定值	最大值	备 注
欠电压测试(V)		—	18	—	24V 系统
过电压测试(V)		—	32	—	24V 系统
显性位输出电压(V)	V_{CAN_H}	3.0	3.5	5.0	
	V_{CAN_L}	0.0	1.5	2.0	
	V_{diff}	1.5	2.0	3.0	
隐性位输出电压(V)	V_{CAN_H}	2.0	2.5	3.0	
	V_{CAN_L}	2.0	2.5	3.0	
	V_{diff}	-0.12	0.0	0.05	
跳变沿时间(ns)	t_R	200		500	
	t_F	200		500	
总线短/断路故障测试		—		—	故障时,报文发送停止;故障移除时,报文发送恢复
终端电阻测试		$R \times 0.95$	R	$R \times 1.05$	R 为规定值

数据链路层常见测试项目 表 25-2

测 试 项	评判准则	备 注
报文 DLC 测试	所有报文 DLC 应符合通信矩阵表中定义	
位元时间测试	$3998\text{ns} \leq T_{bit} \leq 4002\text{ns}$	波特率 250kbit/s
采样点测试	75% ≤ 采样点 ≤ 87.5%	
预期帧接收遍历	DUT 发送的所有 CAN 报文类型全部为扩展帧格式,接收到 ID 为 0x00000000 ~ 0x1FFFFFFF 之间的报文都能够正常通信,无错误帧产生	J1939 网络
非预期帧接收遍历	DUT 接收到 ID 为标准帧和远程帧的报文都能够正常通信,无错误帧产生	J1939 网络

4. 几种常见的客车网络架构

1)单路网络架构

单路网络架构是指客车上只有一路 CAN 总线系统的网络架构,由仪表直接连入动力和传动 CAN 总线形成。一款典型的单路网络架构形式如图 25-12 所示。

2)多路网络架构

多路网络架构是实现全车负载由 ECU 控制的一种网络架构。根据应用不同,有多种形式。

(1)基本多路网络架构。在单路网络架构中接入车身和舒适总线系统就形成基本多路网络系统,如

图 25-13 所示。图中各设备的名称除标注的外,其他与图 25-12 相同。

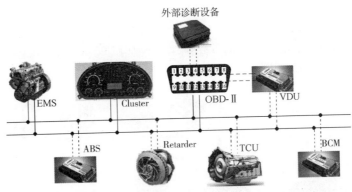

图 25-12 单路网络架构

EMS-发动机管理系统;Cluster-客车仪表;OBD-Ⅱ-车载自动诊断系统;VDU-视频显示器;ABS-防抱死制动系统;Retarder-缓速器;
TCU-自动变速器控制单元;BCM-车身控制模块
(图中的设备仅用于示例,受功能和成本等限制和各厂商使用模块情况的不同,采用虚线连接的模块不一定在实际架构中存在)

在图 25-13 的例子中,网关模块采用独立存在的形式,但在实际架构中网关模块也可能集成在仪表或其他控制模块,这样的架构如图 25-14 所示。图中各设备的名称与图 25-12 和图 25-13 相同。

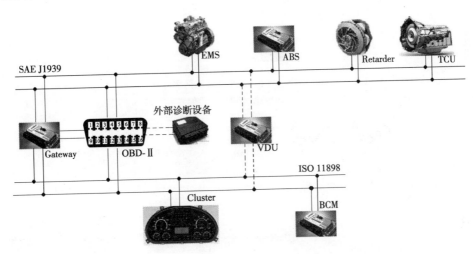

图 25-13 独立网关的基本多路网络架构

SAE J1939-目前在大型汽车中应用最广泛的应用层协定;Gateway-网关;ISO11898-符合国际标准 ISO 11898 的 CAN 控制器局域网
(图中的设备仅用于示例,受功能和成本等限制,各个厂商使用模块的情况不同,以上采用虚线连接的模块不一定在实际架构中存在)

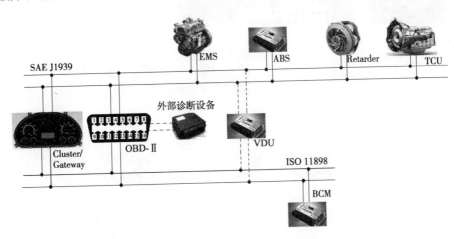

图 25-14 集成网关的基本多路网络架构

(2)基于车联网的多路网络架构。基于车联网的多路网络架构是在基本多路网络架构基础上增加了车联网终端,从而使车辆具备远程通信、远程运营管理和远程诊断等功能,如图 25-15 所示。图中各设备的名称与图 26-12 和图 26-13 相同。

3)新能源客车的多路网络架构

适用于新能源混合动力或纯电动客车的多路网络架构如图 25-16 所示。图中各设备的名称除标注的外,其他与图 25-12 和图 25-13 相同。

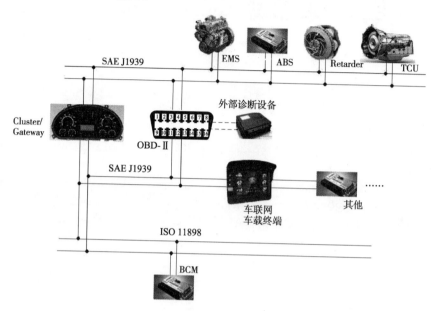

图 25-15 基于车联网的多路网络架构
(图中的设备仅用于示例)

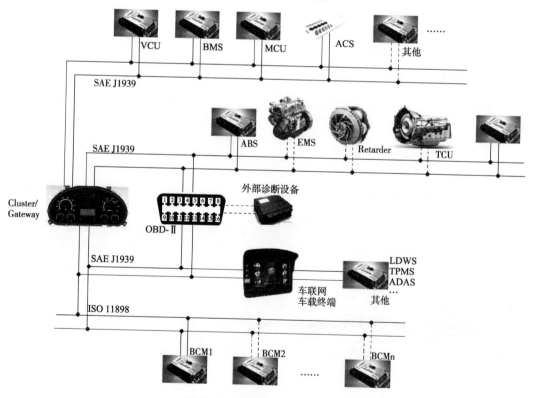

图 25-16 新能源车多路网络架构

BMS-车身用控制模块;ACS-安全访问控制服务器;Cluster/Gateway-仪表/网关集成模块;LDWS、TPMS、ADAS……偏离车道警报、轮胎压力监测、汽车主动安全预警等控制系统

4)集成客运管理系统的多路网络架构

集成客运管理系统的多路网络架构增加了与客运管理的相关功能,如图 25-17 所示。该架构中增加

了新的网络通信,如以太网及 RS 485 通信等。

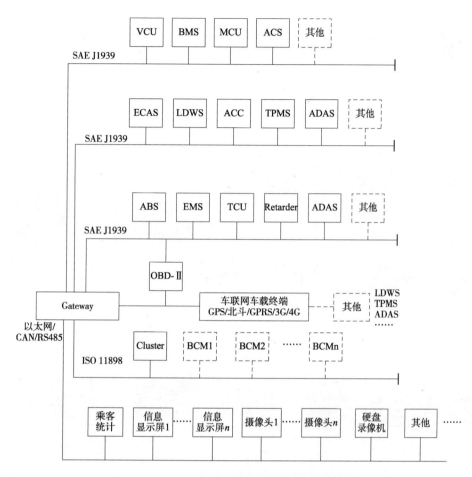

图 25-17　集成客运管理系统的多路网络架构

5. 典型客车的 CAN 网络拓扑结构

依据网络节点控制的目标、范围,以及各网络节点的特点、重要性、容错性和实时性,客车厂通常将整车网络划分为动力 CAN 和车身 CAN;而部分品牌的车型还会根据某个网络上节点数量及零部件生产厂家的不同,进一步将车身 CAN 拆分成一些子网络。其中,动力 CAN 主要负责发动机、变速器等底盘动力系统,车身 CAN 主要负责车身电气、舒适性总成(如悬架等)和仪表等系统,动力 CAN 和车身 CAN 通过网关进行通信。网关一般采用独立网关,或在仪表或某个节点内集成网关功能。

图 25-18 所示为某国产典型中高档客车的 CAN 网络拓扑结构。该 CAN 网络根据各个节点的特点、数据关联关系和总线负载情况,将整车网络分为动力 CAN 和车身 CAN 两大网络。其中,底盘动力 CAN 网络包括:发动机 ECU、后处理 ECU,变速器、ABS/ASR、缓速器、限速控制器和发动机智能驱动控制模块、客车电子控制的空气悬架系统(ECAS)、电子风扇控制系统、轮胎压力监测系统(TPMS)、仪表动力 CAN 和信息服务系统动力 CAN 等;车身 CAN 网络包括:车身前控模块、中控模块、后控模块、空调控制器、总电源管理模块、车道偏离报警系统、自动前照灯控制系统、全景环视系统、多功能转向盘、仪表车身 CAN 和信息服务系统车身 CAN 等。对于仪表系统和信息服务系统,还常常带有两路 CAN,可分别接入整车 CAN 和车身 CAN,以实现两路 CAN 数据的显示和远程诊断等功能。

6. 客车网络系统的结构特点

在客车产品中,CAN 总线技术的应用由于受成本因素和配置要求的影响,其结构和组成会有很大不同。以中型客车为例,为追求最低成本和功能的集约化,总线上仅仅接入发动机、变速器及组合仪表,如图 25-19 所示;而对于高档车型,其多功能和高性能是整车的主要特点,因此总线上会增加各种控制模块,如前控模块、后控模块、中控模块、顶控模块、灯控模块和行驶记录仪等。一般来说,CAN 总线的各个组成部分都可以根据需求自由增减配置。

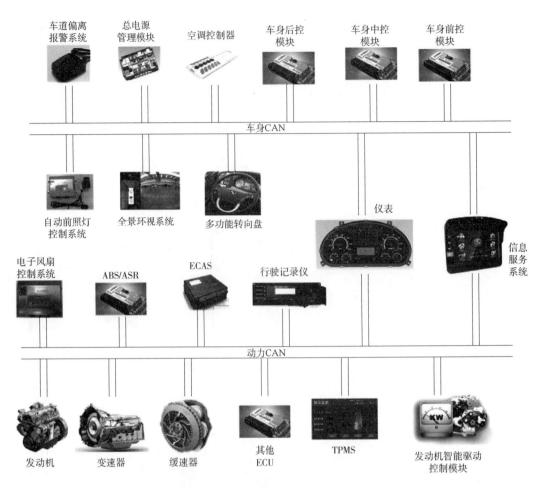

图 25-18 典型客车 CAN 总线拓扑示意图

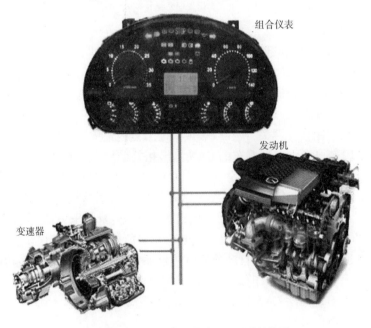

图 25-19 某中型客车的简单 CAN 总线结构图

图 25-20 为某国产大型客车的 CAN 总线结构图。其全车总线由组合仪表、前控模块、后控模块、灯控模块、顶控模块、发动机和自动变速器构成功能完备的总线系统。该车的电器完全由总线控制,主要控制项目包括灯光、刮水器、缓速器、空气悬架、车门、发动机点火和电视翻转等,是一款利用通用总线模块构建全车总线的方案,旨在为用户提供一种高效、灵活、安全、可靠、易维护和低成本的总线设计方案。该

总线结构具有以下特点：

(1) 转速、冷却液温度、油压等数据直接取自发动机，可省去转速、冷却液温度、油压3只传感器。此外，在装备自动变速器时，还可省掉车速传感器。

(2) 提供欧Ⅳ排放标准的发动机需要的电子时钟。

(3) 提供欧Ⅳ排放标准的发动机需要的尿素显示。

(4) 替代蜂鸣器的语音报警，便于分辨报警源，不仅更加人性化，而且省去了一些冗余蜂鸣器。

(5) 仪表记录有燃油消耗曲线，可有效发现盗油事件。

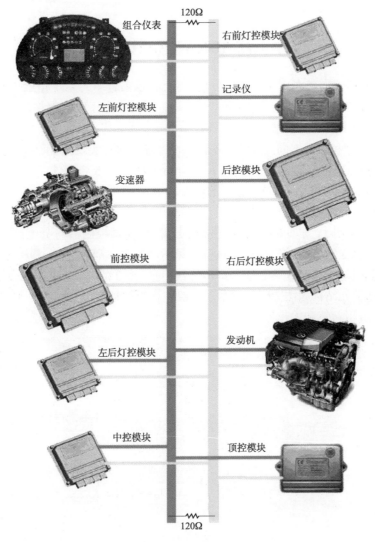

图 25-20　某国产大型客车的 CAN 总线结构图

(6) 可实时显示发动机的瞬时油耗，使驾驶人能有效监督车辆的燃油经济性。

(7) 实现了智能电磁离合风扇控制，每年可为车辆节省燃油费 3 万元。

(8) 作为目前国内唯一能检测 LED 型灯光故障的总线产品，转向灯和制动灯故障检测适应了欧美等对保证行车安全需具备的强制功能要求。

(9) 以文字形式实时显示发动机、变速器、ABS 和车身控制模块等的故障信息，告别了必须依靠专家和专用诊断设备才能解释故障码的时代。

(10) 提高模块集成度。模块总数减少，但功能不减，减少了安装麻烦。

(11) 仪表具有除国家标准要求之外的众多数据记录功能，所记录的数据包括车速、转速、燃油、冷却液温度、气压、油压和尿素液位等 8 个模拟量，以及制动、离合器、节气门、转向灯、冷却液温度报警和气压报警等 12 个开关量，数据记录容量高达 16Mbit。此外，用户也可以根据需要选装其他国家标准记录仪而不失车况数据的全面记录。

（12）管脚通用化且可重新定义，便于用户增删、改变信号。

（13）采用专业化的接口及软件处理，避免了诸如盐水路面（冬季因撒盐融雪）引起的开关误报警。

（14）所有输出都有电流测量功能，便于随时掌握电器功率消耗情况，同时为精确过电流保护提供依据。

（15）采用成熟的过电压、过电流、过载、过热、短路和防浪涌保护措施。

（16）采用开放的SAEJ1939协议，实现了无须所谓"桥"、"关"转换，可直接与国际主流发动机、变速器和ABS等交换数据。

（17）与传统控制方式相比，总线模块耗电少、自热小，更加安全。

（18）可以对发动机进行控制。

第三节　客车CAN总线控制单元

目前，车载CAN网络正向整车网络化方向发展，将会有越来越多的系统拓展成CAN总线单元，加入到整车CAN网络中。这对客车的驾乘体验、舒适性、安全性和节能环保等都将起到重要作用，同时也对整车CAN网络设计提出了更高的要求。

国产客车因生产厂家和车型不同，CAN网络系统的覆盖范围及实现功能都不尽相同，这也直接导致各厂家和不同车型的CAN网络架构及控制单元会有所不同。一般将整车网络分为动力CAN和车身CAN两个网络，分别连接相应网络上CAN总线的各控制单元。

控制单元简称电控单元，亦称汽车电控单元、多路控制装置（英文缩写有ECU、ECM等）。不同的零部件、整车厂叫法也不尽相同。早期的电控单元常根据需要，通过控制器自身电路采集不同传感器和开关量等信号，综合一定算法运算后输出给控制执行器和指示器等。随着CAN、LIN等总线技术的发展，实现了不同控制器之间通过CAN、LIN等总线共享传感器信息、计算结果和输出状态等。

常见的CAN控制单元结构如图25-21所示。一般包含模拟信号、数字信号、脉冲信号的输入采集及处理、总线数据通信、逻辑运算和输出控制等。

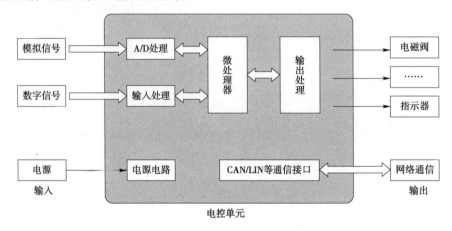

图25-21　典型的电控单元结构示意图

一、动力CAN网络单元

1. 发动机ECU

大中型客车的发动机都以柴油发动机为主，汽油发动机主要装备在部分轻型客车上。对于柴油电控发动机，一般由传感器、电控单元（ECU）、电控燃油系统（电控单体泵/高压共轨系统）和线束组成。其中，发动机电控单元（ECU）主要负责传感器数据采集、发动机功能（如起动、怠速、驾驶性控制、转矩限制、喷油定时调整、燃油温度补偿、各缸均匀性及冷起动辅助控制等）、发动机保护功能和整车功能（如发动机排气制动、最大车速限制、巡航功能及空调怠速提升等），其常用的通信接口有ISO 9141接口（K线）、CAN接口（采用SAE J1939标准）。CAN接口主要用于不同电控单元之间的通信，包括数据交互、读出测量参数值和计算值、喷射限制、发动机制动操作、降低性能操作、输入默认值或性能特征量等功能。

2. 后处理ECU

随着环保法规的升级,对排放控制要求越来越严格。特别是国四法规实施后,很多车型都会配置专门的后处理ECU控制排放。有的系统在发动机ECU单元集成后处理ECU功能,有的则采用独立后处理ECU。后处理ECU一般通过CAN总线获取发动机转速、负荷百分比、进气压力、进气温度和出水温度等参数,同时采集各种传感器测量参数,进而按照标定好的算法,进行各种排放控制。目前,常用的后处理系统主要有以下几种:

(1)氧化催化器(Diesel Oxidation Catalytic,DCO):主要用于处理HC、CO排放,气体发动机使用较多。
(2)部分颗粒物氧化催化器(Partial Oxidation Catalyst,POC):主要用来处理PM排放。
(3)柴油机颗粒捕捉器(Diesel Particle Filter,DPF):主要用来处理PM排放。
(4)废气再循环系统(Exhaust Gas Recircle,EGR):主要用来处理NO_x排放。
(5)选择性催化还原(Selected Catalytic Reduction,SCR):主要用于处理NO_x排放。

3. 电子风扇控制系统(智能冷却控制系统)

电子风扇控制系统亦称"智能冷却控制系统",是在对大型客车发动机温度精确控制方面进行大量研究工作的基础上,结合发动机热平衡、散热器热传递等关键特性,通过驱动电子风扇等部件实现对发动机冷却液温度及中冷后气温的精准控制,从而确保发动机能够工作在高效节能的温度范围内。该系统通过CAN总线获取发动机工作状态,并可通过CAN总线接收远程信息服务系统的优化控制指令,同时将控制状态通过CAN总线回传给远程监控系统,以达到系统整体状态最优化运行。电子风扇控制系统的采用,对车辆节能、减排、降噪等都有显著效果。该系统一般包括冷却水箱、中冷器、电子风扇和控制器,有的系统还会接入车联网,根据管理需要进行远程控制调节。图25-22所示为典型电子风扇控制系统的原理示意图,图25-23所为电子风扇控制系统的主要组成。

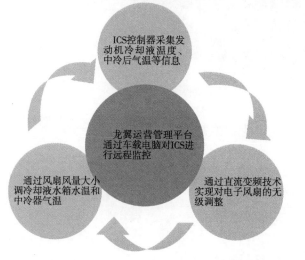

图25-22 电子风扇控制系统原理图　　图25-23 电子风扇控制系统主要组成

4. 发动机智能驱动控制模块

图25-24所示为厦门金龙联合汽车工业有限公司推出的"金龙智慧驱动控制系统"的工作原理示意图。该系统是一款较典型的智能驱动控制系统,能够根据车辆运行线路的特点自动调整控制发动机喷油参数,实现动态车线匹配,并最终实现节油的目标。其工作原理是:通过CAN总线收集车辆运行数据并回传给后台计算中心,计算中心结合车辆的运行线路特点,下发调节控制发动机参数给智能控制驱动模块,而智能驱动控制模块则通过CAN总线控制发动机的运行状态。

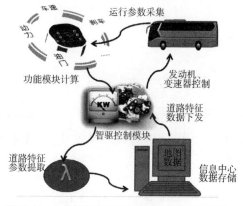

图25-24 金龙智慧驱动控制系统工作原理示意图

5. 变速器电控单元

客车上常用的变速器有机械变速器(Manual Transmissions,MT,亦称手动变速器)、机械式自动变速器(Automated Manual Transmissions,AMT)和自动变速器(Automatic Transmissions,AT)。其中,前者没有电控单元,无相应通信接口;而机械式自动变速器和自动变速器则有电控单元,其电控单元通过 CAN 总线与发动机等的电控单元通信,根据车辆行驶工况(车速、发动机转速、发动机转矩等)和驾驶人的驾驶意图(加速踏板、换挡杆操作等),按照设定的换挡规律,选择合适的挡位和换挡时机,控制换挡执行机构的换挡动作。

6. 客车电子控制空气悬架系统(ECAS)

客车电子控制空气悬架系统(ECAS)由电控单元、电磁阀、高度传感器和气囊等部件组成。采用 ECAS 具有如下优点:

(1)由于具有较小的弹簧刚度和较低的固有频率,增加了驾驶和乘坐的舒适性。
(2)可保持路面和车身间的距离恒定。
(3)具有车身高度下降功能,提高了乘客上下车方便性。
(4)减少了车辆行驶中的空气消耗。

ECAS 的基本工作原理是:高度传感器负责检测车辆高度(车架和车桥间的距离)变化,并把这一信息传递给 ECU;除高度信息外,ECU 还接受其他输入信息,如车速、制动、车门和供气压力等信息;然后综合所有的输入信息,判断当前车辆状态并按照其内部的控制逻辑,激发电磁阀工作,由电磁阀实现对各个气囊的充、放气调节。图 25-25 和图 25-26 所示分别为 ECAS 的实物照片和基本系统组成原理示意图。

图 25-25　ECAS 实物照片

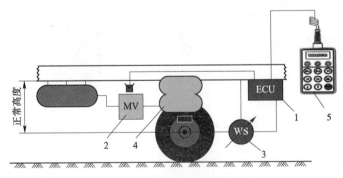

图 25-26　ECAS 基本系统组成示意图
1-电子控制器(ECU);2-电磁阀;3-高度传感器;4-气囊;5-遥控器

二、车身 CAN 网络节点

1. 新型车身控制模块

不同厂家针对不同的功能和成本,常有不同的车身 CAN 控制系统解决方案。采用较多的车身控制系统有"单仪表"和"仪表+一个或多控制模块"等多种方式。新型车身控制模块同最早出现的控制模块在形式上有较大差异。早期的车身控制模块采用的是固化了控制接口,这样会导致系统需要增加新的功能时常常需要重新设计控制模块;而新型的车身控制模块则设计了更多通用的输入/输出接口,可根据不同车型应用需要进行映射,按照需求功能多少增加控制模块的数量。典型的新型车身控制系统方案由仪表、主控模块(主站)、前从控模块(前从站)、顶从控模块(顶从站)和后从控模块(后从站)等组成,在车上的布置如图25-27所示。其中,仪表主要负责信息显示,包括转速、车速和冷却液温度等;主控模块主要负责各从控制模块的逻辑功能分配与管理;前从控模块主要驱动车辆前部的灯光、车门和开关采集等;顶从控模块主要驱动客车顶部灯光、换气扇、显示器等,以及车门开关信息的采集;后从控模块主要驱动客车后部灯光、电磁阀、起动、后面开关及传感器等信号的采集。

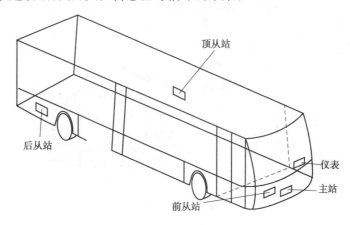

图25-27 新型车身控制模块布置示意图

2. 带CAN总线的空调控制系统

客车空调系统增加CAN总线功能是一大进步。相比非CAN总线空调,具有CAN总线的空调系统可以与发动机运行状态和车上供电状态相结合,更加合理地控制空调系统运行,在一定程度上可保护空调系统相关部件,提高空调运行效率。同时,CAN空调系统可以将车内空气环境状况、空调系统工作状态及故障信息通过CAN总线发送给远程信息服务系统,并接受远程信息服务系统的管理控制,实现对空调及整车空气环境的管理需求。CAN空调系统的控制器一般包括两部分,即驾驶区操作面板和空调控制执行控制器(不同厂家的系统方案可能会有所不同),如图25-28所示。

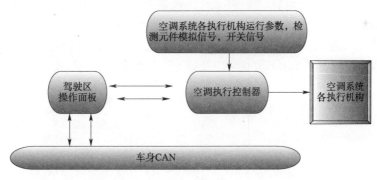

图25-28 CAN总线空调控制系统组成示意图

3. 总电源智能管理模块

开关电器盒在整车电气系统中处于关键地位。传统的开关电器盒由继电器、熔断器及一些简单的控制逻辑输入输出组成,当车辆发生蓄电池馈电、发电机充电故障和动力链严重故障等情况时,传统电源管理系统无法真正、全方位的起到连接、控制和保护上述关键设备的作用。面对这样的问题,金龙客车率先批量使用了带CAN总线的智能电源管理模块,在该系统中引入带CAN的智能ECU,实现了能更好地将整车电源系统状态通过CAN总线共享到整车网络,使得不同系统可以根据需要做出调节和优化整车电源使用的功能。总电源智能管理模块的功能示意如图25-29所示。

4. 多功能转向盘控制模块

多功能转向盘在常规转向盘基础上增加了智能CAN节点模块,即在其上设置了多个按键及转向盘振动等功能,同时增加了CAN通信。客车厂可以将驾驶人常用的功能按键,如车门开关、公交车报站等集成在转向盘上面。多功能转向盘控制模块可以将转向盘上集成的按键状态发送给影音控制系统等,让相应系统响应控制。同时,还可以通过 CAN 总线接受转向盘振动等控制命令来起动转向盘振动,以达到提醒驾驶人的目的。增加了该模块后,客车驾驶人能更直接感受到现代客车在细节设计上的人性化。

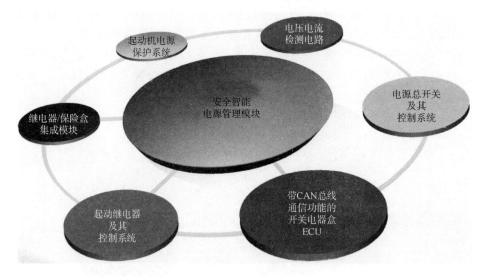

图 25-29　总电源智能管理模块功能示意图

5. 信息服务系统(车联网系统)

得益于客车 CAN 网络的发展,信息服务系统可以发挥更大优势。信息服务系统主要收集客车 CAN 网络上的信息,并传送给后台管理中心,同时可以接收后台管理中心的命令,转发给相应 CAN 网络节点,从而使得车身网络功能得以进一步延伸,为乘员提供更多增值服务。

6. 全景环视系统

带 CAN 的全景环视系统通常会从 CAN 总线上获取转向信号,根据转向切换放大不同画面,使得有限的屏幕内能够更清楚地显示出车辆周围的重要信息。

7. 车道偏离报警系统(LDWS)

金龙车道偏离报警系统通过安装在车辆前风窗玻璃内侧的摄像头实时检测道路环境,实现对前方可见道路交通标线的准确识别。同时,车内 LDWS 控制器结合 CAN 总线上获取的车辆运行数据,预估出车辆前轮与道路交通标线间的距离、偏离速度并做出车道偏离决策,当偏离量接近危险值时,报警信息将通过视觉(翘板开关)、听觉(喇叭)及触觉(振动靠垫)等形式告知驾驶人。系统组成如图 25-30 所示。

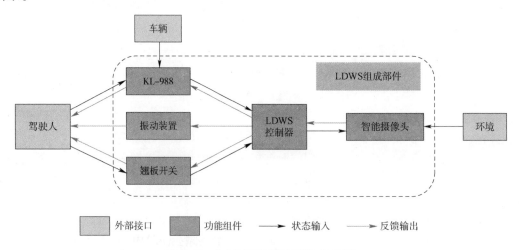

图 25-30　金龙客车道偏离系统组成示意图

8. 自动前照灯控制系统

金龙自动前照灯控制系统通过在风窗玻璃位置安装的感光传感器,感知光线强弱,实时判断外界环境的明暗变化,自动开启或者关闭前照灯。采用该控制系统降低了驾驶强度,提高了行车安全。系统由光感应探头、切换开关和控制器等组成,其控制原理和组成框图如图 25-31 和图 25-32 所示。

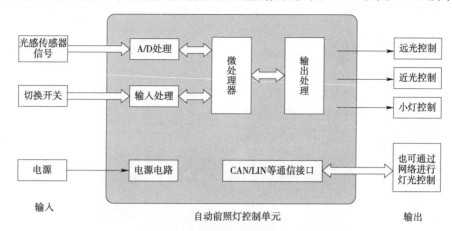

图 25-31　金龙客车自动前照灯控制系统原理框图

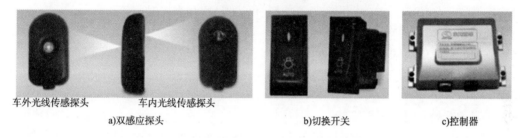

图 25-32　金龙客车自动前照灯控制系统组成

第四节　车载智能终端

一、概述

车载智能终端是基于道路动态信息数据采集技术、智能交互技术以及高精度位置服务,在智能交通系统的基础上,实现高精度导航、远程车辆感知、交通安全预警和基于位置的服务等功能。而车联网则是以车内网、车际网和车载移动互联网为基础,按照约定的通信协议和数据交互标准,在车-X(X:车、路、行人及互联网等)之间,进行无线通信和信息交换,以实现智能交通管理、智能动态信息服务和车辆智能化控制的一体化网络,是在智能交通系统领域的典型应用。为此,国家有关部门制定了 JT/T 794—2011《道路运输车辆卫星定位系统车载终端技术要求》、JT/T 796—2011《道路运输车辆卫星定位系统平台技术要求》和 JT/T 808—2011《道路运输车辆卫星定位系统终端通信协议及数据格式》等标准,对道路车辆提出了新的技术要求。建立车载智能终端设备与系统平台符合性认证管理体系,从而建立营运车辆的联网联控体系,是规范整个行业技术进步并推动快速发展的需要。

所谓车内网,是指应用成熟的总线技术建立一个标准化的整车网络;车际网是指基于专用短程通信技术(Dedicated Short Range Communications, DSRC)和 IEEE 802.11(国际电工电子工程学会为无线局域网络制定的标准)系统无线局域网协议的动态网络;车载移动互联网是指车载终端通过 3G/4G 等通信技术与互联网进行无线连接。

车载智能终端是车联网的重要组成部分,是车内网的人机交互、车内网与车外网互联的设备。目前,国内外的终端产品都是基于嵌入式系统开发模式开发的,研发内容包括硬件设计、驱动软件、通信软件及软件应用等多个方面。

随着信息技术的发展,特别是全球定位系统(Global Positioning System, GPS)/北斗卫星定位系统(BeiDou Navigation Satellite System, BDS)、全球移动通信系统(Global System for Mobile Communication, GSM)/通用分组无线通信技术(General Packet Radio Service, GPRS)、地理信息系统(Geographic Information System 或 Geo-Information system,GIS)技术的成熟和 CAN 总线技术在客车上的广泛应用,使客车的智能化信息管理系统成为可能。

二、车载终端的组成及功能

1. 车载终端的组成

客车车载终端主要由终端主机及外围设备等组成,其中终端主机主要包括微处理器、数据存储器、卫星定位模块、车辆状态信息采集模块、无线通信传输模块、实时时钟、数据通信接口、显示器、打印机和读卡器等;外围设备主要包括卫星定位天线、无线通信天线、应急报警按钮和语音报读装置,也可包括通话装置、操作键、车辆营运状态信息显示和信息发布等设备,以及胎压监测、空调管理、图像、视频、音频、驾驶人身份、电子运单、物流、营运、收费结算和服务评价等信息的采集设备等。

2. 车载终端的主要功能

1)自检

车载终端具备开机自检功能,开机后能通过点阵 LCD 显示屏显示车载终端当前主要状态,包括:卫星定位及通信模块工作状态、主电源状态、紧急按钮、仪表 CAN 和当前时间等信息。

2)位置监控和查询

根据服务中心设置的时间或区域,实时间隔上报当前车辆的位置信息(包括时间、经纬度、速度、方向和高程等),从而提供需求服务功能。

3)报警

具备人工紧急报警和自动报警功能。

(1)人工报警。按住防劫报警开关按钮 3s 以上,车载终端即视为抢劫报警发生,并立即向服务中心发送抢劫报警信息。

(2)自动报警。

①断电报警。如主电源被切断时间持续 15s 以上,则视为断电报警,并向服务中心发送断电报警信息。

②在规定的时间段外行驶报警。服务中心可根据配置车辆规定的行驶时间段和车台上传的行驶数据,判断车辆是否在规定时间段外被发动行驶。

③非法发动车辆报警。如果在插入车辆起动钥匙后未能在规定时间内输入合法的驾驶人身份或 IC 身份识别卡,则车台将其当作非法发动车辆报警,并往服务中心发送非法发动车辆报警信息。

④路段超速报警。服务中心配置路段超速阈值,然后通过车台上传的行驶数据,每隔 1min 判断一次是否超速,当发现车辆超速时,中心发送超速报警信息给车台,车台收到信息后语音播报。

⑤越过设定区域报警。终端中存储有不少于 24 个的多边形或圆形区域,当车辆驶入禁入区域或驶出禁出区域时触发报警,监控区域可由监控中心远程设置更改。

⑥偏移设定路线报警。终端中存储有不少于 24 条路线,每条路线应是 16 个或以上点构成的折线。当车辆驶离设定的路线时触发报警,监控路线可由监控中心远程设置更改。

⑦疲劳行驶报警。车辆或者驾驶人连续驾驶时间超过疲劳驾驶时间阈值时触发报警,疲劳驾驶时间阈值可由监控中心远程设置。

⑧超时停车报警。停车时间超过系统预设时间触发报警。

⑨欠电压报警。当主电源供电电压低于设定的欠电压阈值,且持续 30s 时,车台启动欠电压报警,并向服务中心发送欠电压报警信息。

4)远程监听

在有必要进行远程监听时,服务中心可以启动对车辆的监听。此外,如果激活了紧急报警按钮,车载终端也会主动向服务中心发起监听请求。监听时扬声器须处于关闭状态,同时启动图像和音频采集功能。在监听时将需要上传的数据保存,监听结束后上传。

5)远程遥控

需要时,服务中心可以发起对车辆的远程遥控,例如对车辆行驶的车速范围作限制操作等。

6)调度功能

收到来自监控中心的调度或广播信息后,可以自动通过语音播报出来;也可以通过 LCD 屏查阅、删除接收到的调度或广播信息;还可以通过 LCD 屏编辑或发送预先设置好的调度信息。

7)呼叫限制

监控中心下载最多 30 组的电话号码及相应的呼入呼出权限到车台上,并可设置每次通话的最长时间,超过最长时间,则车台自动挂机;每组电话号码包括:姓名、电话号码、最长通话时间,呼入呼出权限等信息;电话本与呼叫限制关联,用户无法对电话本进行增加、删除、修改等编辑操作;支持常用的特服号码无限制呼出。

8)参数配置

通过红外遥控器可在调度屏上配置本机号码、IP 地址(互联网协议地址,Internet Protocol Address,IP)、TCP(传输控制协议,Transmission Control Protocol,TCP)端口号、UDP(用户数据报协议,User Datagram Protocol,UDP,)端口,以及 APN(Access Point Name,APN。一种网络接入技术,决定了手机通过哪种接入方式来访问网络)等;也可通过无线通道(如平台中心)配置本机号码、IP 地址、TCP 端口号、UDP 端口以及 APN 等。

9)GPRS 通信

可按要求设置 APN 名称,支持 TCP、UDP 数据传输方式,支持通用分组无线服务技术(General Packet Radio Service,GPRS)和短消息备份功能,根据车载终端的运行环境和监控中心的要求,选择当前的传输方式。

10)车载电话

具有通话功能和通话管理功能,包括通话限制、语音存储、电话簿管理、电话回拨、音量调节和来电自动摘机等。通话时将需要上传的数据保存,通话结束后上传。

电话簿具有不少于 20 名联系人的存储容量,可由监控中心设定只允许呼入号码和只允许呼出号码。

11)短消息功能

支持收发短消息,并可通过 LCD 屏查看接收的短消息。

12)通信方式

可根据客户需要,通过更换通信模块和相应的硬件升级,支持 GSM、CDMA(码分多址,Code Division Multiple Access,CDMA。一种在扩频通信技术基础上发展起来的无线通信技术)、TD-SCDMA(时分同步码分多址,Time Division-Synchronous Code Division Multiple Access,TD-SCDMA。中国提出的第三代移动通信标准)、WCDMA(宽带码分多址,Wideband Code Division Multiple Access,W-CDMA。一种 3G 蜂窝网络)、CDMA2000(Code Division Multiple Access 2000,CDMA2000。一种 3G 移动通信标准)等无线通信网络中的一种或多种。

13)RFID

可通过射频识别技术(Radio Frequency Identification,RFID。亦称"无线射频识别"),实现驾驶人身份信息的采集与识别,通过 LCD 屏显示,并能够将驾驶人身份信息上传至监控平台。

14)蓝牙来电转接与数据传输

支持驾驶人手机来电通过蓝牙转接至车台,同时实现手机通过蓝牙与车台进行数据交互。

15)驾驶人身份记录

支持通过接触式 IC 卡方式实现驾驶人身份信息的采集与识别,通过 LCD 屏显示,并能够将驾驶人身份信息上传至监控平台。由服务中心根据需要对每个车台设置一组驾驶人身份。当车辆起动钥匙插上后,车台语音提醒驾驶人输入驾驶人身份代码,如超过 2min 未输入合法的驾驶人身份代码,则车台视为非法起动车辆,并将该信息作为报警传往中心。如果中心未对车台设置驾驶人身份,则表示无须车台对驾驶人的身份进行确认和记录。

16)行驶记录

满足 GB/T 19056—2012《汽车行驶记录仪》所要求的汽车行驶记录功能。能以不大于 1s 的时间间隔持续记录并存储停车前20s时间内对应的行驶数据及状态信号,包括日期、时间、经纬度、行驶速度、方向、平均行驶速度、车辆行驶里程、GPS模块定位状态、ACC(高级音频编码,Advanced Audio Coding,AAC)状态、报警状态,以及行车制动、倒车、前车门、后车门、前照灯、左转向灯、右转向灯和电子喇叭信号、驾驶人身份识别码等,并按照中心平台设置的时间间隔压缩上传,车台和中心应保证定时上传的行驶数据可靠传输到中心平台。

17)实时时钟、日期及驾驶时间的采集、记录、存储

能够提供北京时间的日期和时钟,该日期和时钟被用于终端实现所有功能(记录、输出、显示、数据通信等)标注的日期和时间;能以年、月、日或yyyy/mm/dd的方式记录实时日期;能以时、分、秒或hh:mm:s的方式记录实时时钟。

当无按键操作时,7in LCD屏可以显示以下信息:通信传输模块(如GPRS/CDMA)的信号强度、指示是否已登录中心平台状态、卫星定位状态,以及实时时钟、车辆的实时行驶速度、行驶方向、运营商名称或驾驶人代码等。

18)打印信息输出

行驶记录模块可点击打印记录数据按钮,向微型打印机设备发送命令打印输出车牌号码、车牌分类、驾驶人代码、驾驶证号码、打印实时时间、停车时刻前15min内每分钟的平均车速和疲劳驾驶记录(一次连续驾驶时间超过设定时间的所有记录)等。

19)图像抓拍

提供多种抓拍图片参数。车载终端能够支持176×144、352×288和720×576三种分辨率和三种图片质量(高、中、低)参数,每次拍照最大可支持10张图片连续抓拍;抓拍间隔最小为3s,支持四路摄像头不同角度抓拍。

用户可根据实际情况,在车辆的不同位置安装摄像头。在抓拍中,四路摄像头能够轮流拍照一张或者多张图片;支持远程遥控实时抓拍;支持中心系统不同的监控终端遥控抓拍,以及根据需要任意时刻远程遥控抓拍;支持用户根据不同的事件类型触发车载终端抓拍。这样极大方便了各个分控中心的监控。

车载终端目前还可提供两种触发事件抓拍,分别是抢劫报警和车辆着火。为了满足用户后续需求,预留了信号传感线束,提供需要的其他事件触发抓拍。

20)录音

具有音频信息采集及存储功能。根据监控中心控制和事件触发方式,实现音频信息的采集、压缩、存储、上传及检索上传;支持通过USB(通用串行总线,Universal Serial Bus,USB)、SD(安全数码卡,Secure Digital Memory Card,SD,亦称"手机存储卡")、TF卡(Trans-flash Card,TF卡;现更名为Micro SD Card,即Micro SD卡)等接口对音频数据的导出;支持1路音频输入采集。

21)语音提示

终端可通过TTS(从文本到语音,Text To Speech,TTS)语音播报短消息、调度信息,以及终端某些特殊状态的提示,如故障报警提示、驾驶人登录/登出提示和来电提示等。

22)CAN总线接口

具有CAN接口,供接入车辆的CAN总线读取车内网总线信息。如:车速、发动机转矩、发动机转速、制动、冷却液温度、前后门状态、发动机累计油耗和变速器挡位等。

23)数据导出

可以使用U盘或USB从车载设备中导出黑匣子、事故疑点数据和照片数据、音频数据等,供进一步的分析处理。

24)本地升级

支持通过USB、SD卡移动存储设备和LCD屏进行交互操作来升级软件版本,包括应用软件升级和系统软件升级两种方式。

25)远程无线升级

支持中心平台从通信网络升级车载终端的应用程序,通过中心配置挂载升级程序包文件,待车台登

陆升级中心后会自动下载更新,更新完毕系统自动重启。

三、卫星定位系统

目前,全球卫星定位系统主要有四个,分别是美国的全球定位系统(Global Positioning System,GPS)、俄罗斯的格洛纳斯(GLONASS)全球卫星导航系统、欧盟的伽利略(Galileo)卫星定位系统和中国的北斗卫星导航系统(BeiDou Navigation Satellite System,BDS)。

GPS 全球定位系统是 20 世纪 70 年代由美国陆海空三军联合研制的新一代空间卫星导航定位系统。经过 20 余年的研究实验,耗资 300 亿美元,到 1994 年 3 月,其全球覆盖率高达 98% 的 24 颗 GPS 卫星星座已布设完成。

GLONASS 系统最早开发于苏联时期,后由俄罗斯继续该计划,于 2007 年开始运营,初期只开放俄罗斯境内的卫星定位及导航服务。到 2009 年,其服务范围已拓展到全球,主要服务内容包括确定陆地、海上及空中目标的坐标及运动速度信息等。

Galileo 系统是由欧盟研制和建立的全球卫星导航定位系统,其计划于 1999 年 2 月由欧洲委员会公布,欧洲委员会和欧空局共同负责。系统由轨道高度为 23616km 的 30 颗卫星组成,其中 27 颗工作星,3 颗备份星。卫星轨道高度约 2.4 万 km,位于 3 个倾角为 56°的轨道平面内。2014 年 8 月,Galileo 全球卫星导航系统第二批第一颗卫星成功发射升空,现在太空中已有 6 颗正式的伽利略系统卫星可以组成网络,初步发挥地面精确定位的功能。

BDS 系统是中国自行研制的全球卫星导航定位系统。计划 2000 年首先建成北斗导航试验系统,使我国成为继美、俄之后世界上第三个拥有自主卫星导航系统的国家;2012 年左右系统将首先具备覆盖亚太地区的定位、导航和授时以及短报文通信服务能力;2020 年左右,建成覆盖全球的北斗卫星导航系统。目前,已基本完成建设计划,成功应用于测绘、电信、水利、渔业、交通运输、森林防火、减灾救灾和公共安全等诸多领域。2014 年 11 月 23 日,国际海事组织海上安全委员会审议通过了对北斗卫星导航系统认可的航行安全通函,标志着 BDS 系统正式成为全球无线电导航系统的组成部分,取得面向海事应用的国际合法地位。

以下介绍 GPS 和 BDS 两大系统的主要构成、工作原理、主要功能及其应用。

1. 卫星定位系统的主要构成

1)GPS 定位系统的主要构成

GPS 全球定位系统是一种具有全方位、全天候、全时段、高精度的卫星导航系统,能为全球用户提供低成本、高精度的三维位置、速度和精确定时等导航信息,是卫星通信技术在导航领域的应用典范,极大提高了地球社会的信息化水平,有力地推动了数字经济的发展。

GPS 卫星定位系统主要由空间卫星星座、地面监控站及用户设备三部分构成,如图 25-33 和图 25-34 所示。

图 25-33 GPS 卫星定位系统

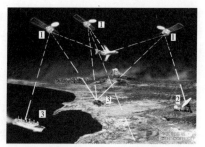

图 25-34 GPS 卫星定位系统的组成
1-空间卫星;2-地面监控站;3-用户设备

(1)空间卫星星座。GPS 空间卫星星座由 21 颗工作卫星和 3 颗在轨备用卫星组成。24 颗卫星均匀分布在 6 个轨道平面内,用 L 波段的两个无线电载波向广大用户连续不断地发送导航定位信号,导航定位信号中含有卫星的位置信息,使卫星成为一个动态的已知点。在地球的任何地点、任何时刻,在高度角

15°以上,平均可同时观测到6颗卫星,最多可达到9颗。

(2)地面监控站。地面控制部分由一个主控站、5个全球监测站和3个地面控制站组成。监测站配装有精密的时钟和能够连续测量到所有可见卫星的接收机;监测站将取得的卫星观测数据(包括电离层和气象数据等)经过初步处理后,传送到主控站;主控站从各监测站收集跟踪数据,计算出卫星的轨道和时钟参数,然后将结果送到3个地面控制站;地面控制站在每颗卫星运行至上空时,把这些导航数据及主控站指令注入卫星。这种注入对每颗GPS卫星每天一次,并在卫星离开注入站作用范围之前进行最后的注入。如果某地面站发生故障,那么在卫星中预存的导航信息还可用一段时间,但导航精度会逐渐降低。

(3)用户设备。GPS用户设备由GPS接收机、数据处理软件及其终端设备(如计算机)等组成。接收机可捕获到按一定卫星高度截止角所选择的待测卫星信号,跟踪卫星的运行,并对信号进行交换、放大和处理,再通过计算机和相应软件,经基线解算、网平差,求出GPS接收机中心(测站点)的三维坐标。GPS接收机的结构分为天线单元和接收单元两部分。目前,各种类型的接收机体积越来越小,质量越来越轻,便于野外观测使用。

对于行驶中的汽车,可通过车载终端的GPS接收模块,接收卫星信号确定经度和纬度,从而可精确计算出车辆位置来实现定位,同时配合地图信息还可实现导航。

2)BDS定位系统的主要构成

(1)系统构成。BDS由空间段、地面段和用户段三部分构成,可在全球范围内全天候、全天时为各类用户提供高精度、高可靠定位、导航和授时服务,并具有短报文通信功能。定位精度10m,测速精度0.2m/s,授时精度10nm。

(2)空间段。BDS卫星定位系统的空间段由35颗卫星组成,包括5颗静止轨道卫星、30颗非静止轨道卫星(其中27颗中地球轨道卫星、3颗倾斜同步轨道卫星)。5颗静止轨道卫星定点位置为东经58.75°、80°、110.5°、140°、160°;中地球轨道卫星运行在3个轨道面上,轨道面之间为相隔120°均匀分布。

BDS定位系统的组成和定位示意图如图25-35和图25-36所示,其地面监控和用户设备与GPS基本相同。

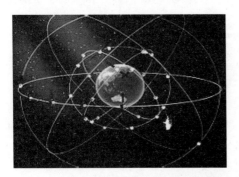
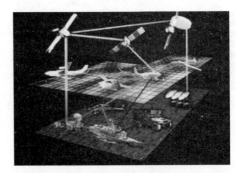

图25-35 BDS卫星定位系统的组成

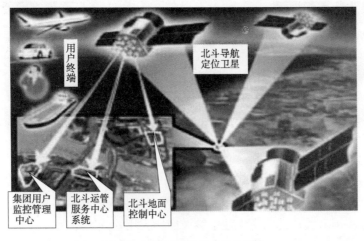

图25-36 BDS卫星定位系统示意图

2. 卫星定位系统的工作原理

1) GPS定位系统工作原理

GPS定位系统的工作原理是：由地面主控站收集各监测站的观测资料和气象信息，计算各卫星的星历表及卫星钟改正数，按规定的格式编辑导航电文，通过地面上的注入站向GPS卫星注入这些信息。测量定位时，用户可以利用接收机的储存星历得到各个卫星的粗略位置；根据这些数据和自身位置，由计算机选择卫星与用户连线之间张角较大的四颗卫星作为观测对象；观测时，接收机利用码发生器生成的信息与卫星接收的信号进行相关处理，并根据导航电文的时间标和子帧计数测量用户和卫星之间的伪距；将修正后的伪距和输入的初始数据及四颗卫星的观测值列出3个观测方程式，即可解出接收机的位置，并转换所需要的坐标系统，以达到定位目的。

2) BDS定位系统工作原理

BDS系统的定位原理是：35颗卫星在离地面2万多km的高空上，以固定的周期环绕地球运行，使得在任意时刻，在地面上的任意一点都可以同时观测到4颗以上的卫星。由于卫星的位置精确可知，在接收机对卫星的观测中，可得到卫星到接收机的距离，利用三维坐标中的距离公式，由3颗卫星就可以组成3个方程式，解出观测点的位置($X/Y/Z$)。考虑到卫星的时钟与接收机时钟之间的误差，实际上有4个未知数，即X、Y、Z和钟差，因而需要引入第4颗卫星，形成4个方程式进行求解，从而得到观测点的经纬度和高程。事实上，接收机往往可以锁住4颗以上的卫星，这时接收机可按卫星的星座分布分成若干组，每组4颗，然后通过算法挑选出误差最小的一组用作定位，从而提高精度。

卫星定位实施的是"到达时间差"(时延)的概念：利用每一颗卫星的精确位置和连续发送的星上原子钟生成的导航信息，获得从卫星至接收机的到达时间差。卫星在空中连续发送带有时间和位置信息的无线电信号，供接收机接收。由于传输的距离因素，接收机接收到信号的时刻要比卫星发送信号的时刻延迟，通常称之为时延，因此也可以通过时延来确定距离。卫星和接收机同时产生同样的伪随机码，一旦两个码实现时间同步，接收机便能测定时延；将时延乘上光速，就能得到距离。

由于卫星运行轨道、卫星时钟存在误差，以及大气对流层、电离层等对信号的影响，使得民用的定位精度只有数十米量级。为提高定位精度，普遍采用差分定位技术(如DGPS、DGNSS)，建立地面基准站(差分台)进行卫星观测，利用已知的基准站精确坐标，与观测值进行比较，从而得出一修正数，并对外发布。接收机收到该修正数后，与自身的观测值进行比较，消去大部分误差，得到一个比较准确的位置。实验表明，利用差分定位技术，定位精度可提高到米级。

3. 卫星定位系统的主要功能

1) GPS定位系统的主要功能

(1) 车辆跟踪。利用GPS和电子地图可以实时显示车辆的实际位置，并可任意放大、缩小、还原、换图；也可以随着目标移动，使目标始终保持在屏幕上；还可实现多窗口、多车辆、多屏幕同时跟踪。利用该功能可对重要的车辆和货物进行跟踪运输。

(2) 提供出行路线规划和导航。提供出行路线规划是汽车导航系统的一项重要辅助功能，其包括自动线路规划和人工线路设计。所谓自动线路规划，是由驾驶人确定起点和目的地，由计算机软件按要求自动设计最佳行驶路线，包括最快路线、最简单路线以及通过高速公路路段次数最少的路线等。人工线路设计是由驾驶人根据自己的目的地设计起点、终点和途经点等，系统自动建立路线库。线路规划完毕后，显示器能够在电子地图上显示设计路线，并显示车辆运行路径和运行方法。

(3) 信息查询。为用户提供主要物标(如旅游景点、宾馆、医院等)数据库，用户能够在电子地图上显示其位置。同时，监测中心可以利用监测控制台对区域内的任意目标所在位置进行查询，车辆信息将以数字形式在控制中心的电子地图上显示出来。

(4) 话务指挥。指挥中心可以监测区域内车辆运行状况，对被监控车辆进行合理调度。同时，也可随时与被跟踪目标通话，实施管理。

(5) 紧急援助。通过GPS定位和监控管理系统，可以对遇有险情或发生事故的车辆进行紧急援助。监控台的电子地图显示求助信息和报警目标，规划最优援助方案，并以报警声光提醒值班人员实施应急处理等各种人性化服务。

2）BDS定位系统的主要功能

（1）个人位置服务。当进入不熟悉的地方时，可以使用装有北斗卫星导航接收芯片的手机或车载卫星导航装置找到你需要走的路线。

（2）气象应用。在气象应用领域，可以促进天气分析和数值天气预报、气候变化监测和预测，也可以提高空间天气预警业务水平，提升气象防灾减灾的能力。

（3）道路交通管理。采用BDS卫星导航，将有利于减缓交通阻塞，提升道路交通管理水平。通过在车辆上安装卫星导航接收机和数据发射机，车辆的位置信息就能在几秒内自动转发到中心站，这些位置信息可用于道路交通管理。

（4）铁路智能交通。卫星导航将促进传统运输方式实现升级与转型。在铁路运输领域，通过安装卫星导航终端设备，获得高可靠、高精度的定位、测速和授时服务，从而极大缩短列车行驶间隔时间，降低运输成本，有效提高运输效率，实现传统调度向智能交通管理的转型。

（5）海运和水运。海运和水运是全世界最普及的运输方式之一，也是卫星导航最早应用的领域之一。目前，在世界各大洋和江河湖泊行驶的各类船舶基本都安装了卫星导航终端设备，使海运和水运更为高效和安全。BDS可在任何天气条件下，为水上航行船舶提供导航定位和安全保障，同时其特有的短报文通信功能将支持各种新型服务的开发。

（6）航空运输。当飞机在机场跑道着陆时，最基本的要求是确保飞机相互间的安全距离。利用卫星导航精确定位与测速的优势，可实时确定飞机的瞬时位置，有效减小飞机之间的安全距离，甚至在大雾天气情况下，也可实现自动盲降，极大提高飞行安全和机场运营效率。此外，通过将BDS与其他系统的有效结合，可为航空运输提供更多的安全保障。

（7）应急救援。卫星导航已广泛用于沙漠、山区、海洋等人烟稀少地区的搜索救援。在发生地震、洪灾等重大灾害时，救援成功的关键在于及时了解灾情并迅速到达救援地点。BDS除导航定位外，还具备短报文通信功能，通过终端设备可及时报告所处位置和受灾情况，有效缩短救援搜寻时间，提高抢险救灾时效。

（8）指导放牧。2014年10月，北斗系统开始在青海省牧区试点建设北斗卫星放牧信息化指导系统，主要依靠牧区放牧智能指导系统管理平台、牧民专用北斗智能终端和牧场数据采集自动站，实现数据信息传输，并通过北斗地面站及北斗星群中转、中继处理，实现草场牧草、牛羊的动态监控。

4. 卫星定位系统的应用

卫星定位系统主要是为船舶、汽车、飞机等运动物体进行定位导航。其中，汽车导航系统由GPS/BDS导航、自律导航、微处理机、车速传感器、陀螺传感器、CD-ROM（只读光盘，Compact Disc Read-Only Memory，CD-ROM）驱动器和LCD显示器等组成。导航系统与电子地图、无线电通信网络、计算机车辆管理信息系统相结合，可以实现车辆跟踪和交通管理等许多功能。

目前，与GPS不同的是中国BDS的应用已扩展到众多领域，除交通运输外已在资源和环境监督、后期管理、统一调度、提高工作效率和降低成本等方面发挥着越来越重要的作用。

四、GPRS通信系统

1. 通信平台

车载终端的主要功能就是利用GPS卫星导航定位系统所接收到的定位数据，提取其中有用的信息，然后通过无线模块将信息发送到通信网络上。

在目前的多种无线通信方式（GSM、GPRS和CDMA等）中，我国主要用的是GSM通信。但是，GSM存在的时延问题，特别是在GSM出现严重阻塞、负荷过重等问题时，对车辆的实时监控不能得到保证；在综合传输速率和频率的利用率、信息时延和覆盖范围大小等方面均存在一定的不足；作为通信手段存在大量的通信盲区等。而CDMA网虽然传输速度快，但其建网范围相对较小。综合传输速率、频率利用率、网络时延和覆盖范围等多方面的考虑，车载终端选用了GPRS网络作为通信平台。

GPRS 即通用分组无线通信技术,被认为是 2G 向 3G 演进的重要一步,它不仅能提供 PTP(点对点)和 PTM(点对多点)数据业务,还能支持补充业务和短消息业务,并具有传输速率高、实时性好等优点,支持 IP 协议和 X.25 协议。由于车载终端只在启动之后和监控管理系统保持相连,需要随时进行数据传输才能实时监控车辆,因此其和监控管理系统之间必须保持良好的通信。而车辆监控系统正是充分利用了 GPRS 支持 IP 协议和能访问外部数据网的特点。此外,GPRS 以营运商传输的数据量而不是连接时间为基准来计费,从而使每个用户的服务成本更低;和 GSM 相比,其实时性、突发性和性价比都要高很多。

2. GPRS 的主要特点

目前,GPRS 网络在全国所开通的信号覆盖率高,且信号稳定,因此给车辆监控的数据传输提供了一个简单易行的渠道。用户既能够实现一机对一机的点对点通信,也可实现一点对多点的通信服务,这为组合监控与调度的可靠性创造了条件。

GPRS 通信是建立在蜂窝数据通信上的,而 SIM(Subscriber Identity Module,SIM)卡就是手机接入蜂窝数据通信网络的载体。SIM 卡亦称"用户身份识别模块",是一张内含大规模集成电路的智能卡,用来登记用户身份识别数据和信息。一张 SIM 卡是唯一标识一个客户,可以插入任何一部 GSM 手机中,而使用手机所产生的通信费用则自动记录在该 SIM 卡所唯一标识的客户账户上。SIM 卡的使用,有效防止了信息的窃听和泄漏,使用户的正常通信得到了可靠保障。GPRS 主要具有以下特点:

(1)资源利用率高。采用分组交换技术,能高效传输高速或低速数据和信令,优化了对网络资源和无线资源的利用。

(2)定义了新的 GPRS 无线信道,且分配方式十分灵活。

(3)支持中、高速率数据传输。

(4)网络接入速度快,提供了与现有数据网的无缝连接。

(5)支持基于标准数据通信协议的应用,可以和 IP 网、X.25 网互联互通;支持特定的点到点和点到多点服务,以实现一些特殊应用(如远程信息处理);允许短消息业务(SMS)经 GPRS 无线信道传输。

(6)既能支持间歇的爆发式数据传输,又能支持偶尔的大量数据传输;计费一般以数据传输量为依据。

(7)实现安全功能和接入控制。

(8)与现有的 GSM 安全功能一样,每个用户都需要使用唯一的 SIM 卡来接入无线网络,其认证和加密功能均由 SGSN(服务支持节点,Serving GPRS Support Node,SGSN)来执行。

(9)可以实现实时在线的数据流量和多种业务和服务等级的功能,每个连接到 GPRS 的终端都连接到中心服务器。

五、故障诊断系统

现代汽车越复杂,电子控制系统数量就越多,出现故障时对实际情况的记录也就越困难。为了达到必要的检测点,需要大量的连接电缆和适配器。一个系统的具体故障诊断需要大量的不同子系统及工作数据,由带自诊断功能的电子仪器检测出实际数据与标准数据比较,存储其故障码,以便于维修人员进行故障诊断。事实上每次打开电子控制单元时,其内部功能都会进行一次自检。车载终端可对 CAN 总线上有关电器,以及发动机、底盘、变速器、空调和 TPMS 胎压等信息的故障报文进行诊断和分类解析。

维修人员借助一个合适的适配器可以和电子控制单元进行交流,获得所测数据和故障存储器内的信息,并向执行器发送信号。为了尽可能使用自诊断功能,各生产厂家的接口已标准化,并确定了合适的数据交换方式。由于现代故障诊断的多种需要,目前借助于有关协议、连接器、工具和辅助设备等相关国际标准,已逐步使故障诊断过程标准化,实现了节约诊断时间和维修成本。

六、车路协同系统

专用短程通信(Dedicated Short Range Communication,DSRC)技术是智能交通系统(Intelligent Transport System,ITS)的基础之一。该技术的特点是能提供高速的数据传输,保证通信链路的低延时和系统可靠性,是专门用于车辆通信的技术;能够在车—车、车—路之间传送实时信息和数据,有利于高速移动车辆的通信效率提升;在物理层协议上,采用较高的频率(5.8GHz)和较窄的信道(以10MHz为单位切分信道),可以有效减少车辆高速移动时带来的多路径效应和多普勒效应带来的通信效率下降,更适合于高速移动中的车辆通信。

车路协同系统基于无线通信、传感探测等技术进行车辆和道路信息的获取,通过车—车、车—路信息交互和共享技术,实现车辆和基础设施之间的智能协同与配合,达到优化利用系统资源、提高道路交通安全、缓解道路拥堵的目标。

七、车载信息管理系统

车载信息管理系统是一个基于GSM/GPRS移动通信网络(或CDMA通信网络)、GPS/BDS全球卫星定位网络和Internet网络等技术的高科技综合系统。该系统以GSM/GPRS移动通信网(或CDMA通信网络)为信息的通信媒介,应用GPS/BDS卫星定位技术、CAN总线技术、高频无线技术、传感器技术、计算机软硬件技术及相关电子显示技术为手段,将车辆状态信息(包括位置、速度、方向、客流量和车辆状态等)实时传回管理中心,结合GIS矢量化地理信息系统软件平台、数据调度管理及internet网络通信等,实现对车辆全程实时监控与记录、智能调度和管理、自动语音报站、IC卡信息和视频信号无线传输、求助报警处理、实时通话等功能,以及远程故障诊断、发动机油耗管理和驾驶人不良驾驶行为记录与纠正。

该系统能从根本上为车辆运营数据采集提供先进的手段,同时将以往由人工进行的各级、各类繁杂的统计工作改由计算机完成,不仅节省了大量人力物力,降低了运营成本,而且还可根据公司领导及各职能部门需要,方便地输出各种不同种类、不同时间段的统计报表,为公司决策和管理提供及时、真实的第一手资料。同时,政府有关部门还可实时监控车辆状态,防止违规行为的发生。

车载信息系统主要由车载终端和后台管理系统两大部分组成。车载终端主要是信息采集、信息存储记录和数据传输。信息采集的主要内容有,通过GPS卫星定位系统采集车辆的位置信息、实时的时间、经度、纬度、速度、高程和方向等定位状态信息;通过车身CAN采集车速、转向、油耗、制动及和行车安全有关的信息;通过视频采集车内外的状态信息等。这些信息及时通过GPRS/3G无线通信传送到后台信息管理系统进行分析处理,或生成相应的图片和报表等。车联网运营平台如图25-37所示。

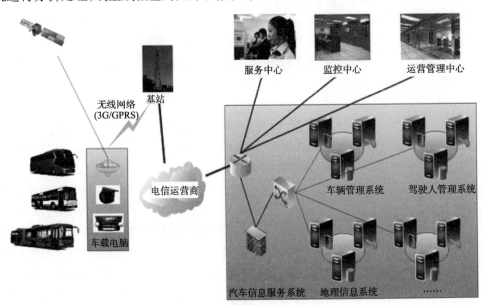

图25-37 车联网运营平台示意图

后台信息管理系统以GPRS/3G无线网络为手段,智能远程监控车身状态信息和发动机底盘信息,分析记录车辆状态和报警信息、驾驶人的不良驾驶行为;实现车辆定位、监控、地图搜索、运营调度、信息管理等功能;实现人、车、线的智能运营管理,为驾驶人提供行驶过程中的各种动态指标和各系统的工作情况,保证车辆安全可靠行驶。后台中心平台的组成及其功能如下。

1. 位置管理系统

通过 GPS/BDS 定位信息,对车辆点名和追踪;根据运行轨迹进行车速、里程、油耗、转矩、转速等的统计和分析,实现智能监控和管理。

2. 不良行为管理系统

通过采集发动机网络信息和车身网络 CAN 报文信息并解析后,组帧存储和发送给中心平台,经数据整理分析,对超速行车、空挡滑行、急加速、急减速、超转速、ABS 制动次数、车辆疲劳驾驶、拖挡和超长怠速开空调等信息进行日报表、月报表、年报表统计和驾驶人不良驾驶行为分析,同时实施监控车辆的状态是否正常,以此督促提高驾驶人的驾驶行为和职业素养。系统考核评分功能如图 25-38 所示。

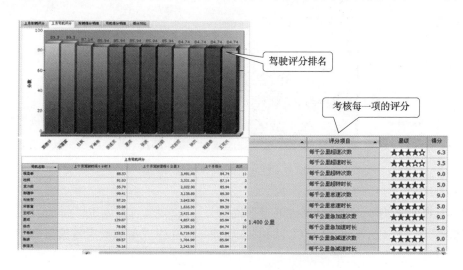

图 25-38 不良驾驶行为考核评分

3. 油耗管理系统

油耗管理系统的主要功能是完成对驾驶行为影响油耗增大的报表,同时增加了统计驾驶人行为操作值得肯定的报表,即形成对不同车台进行统计后的考核结果报表;同时,还可对报表实现多种形式(如百公里油耗、超转速、空挡滑行等)的名次排队。油耗管理系统报表如图 25-39 所示。

图 25-39 油耗管理系统报表

4. 视频监控系统

视频监控系统实现视频实时监控、视频实时记录存储和视频回放等功能,同时存储于本地 SD 卡,也可通过 3G 无线网络实时传输视频数据;可根据需要将视频文件进行快速/慢速回放,或视条件对视频进行检索;也可对车台的存储视频进行远程回放。视频监控系统的远程视频监控画面可以是多方位的,如图 25-40 所示。

图 25-40 远程视频监控画面

5. 行驶记录系统

终端平台具有查询驾驶人身份的功能。通过设置疲劳驾驶时限,可查询 360h 的历史数据;查询的疲劳驾驶内容包括:驾驶人代码、驾驶的起始时间和结束时间等,并生成事故疑点数据报表和停车前 15min 的平均车速。

6. 远程监听

管理中心借助终端平台可远程监听车内情况。即通过输入中心监听电话号码发出指令,车台收到指令后向中心拨号,接通电话后即可监听到车内的情况,而此时车内则听不到中心电话的声音。

7. 车辆运营调度系统

车辆运营调度系统包含营运调度、设置排班间隔、增加发车计划、指令发送和线路管理等。营运调度系统主要向调度员提供发车调度操作,允许调度向驾驶人下发指令或信息。车辆运营调度系统界面如图 25-41 所示。

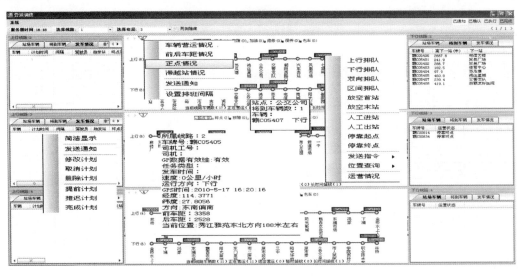

图 25-41 车辆运营调度系统界面

8. 轨迹回放

轨迹回放是车辆监控功能的一部分,通过轨迹回放可查看运行线路是否偏离等。线路监控界面如图 25-42 所示。

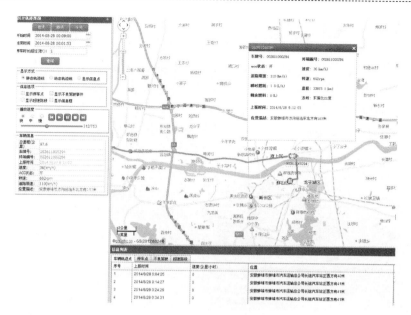

图 25-42 轨迹回放路线

八、车载智能终端的应用

1. 功能需求

目前,客运市场的客户群主要分为城市公交客运、旅游客运、长途客运和校车,各类客户群体对产品的主要功能需求见表 25-3。

城市客车、旅游客车、长途客车和校车的产品功能需求　　　　　表 25-3

功能需求	公交客车	旅游客车	长途客车	校 车
GPS 卫星定位	√	√	√	√
车辆行驶记录		√	√	√
GPS 报站	√			
GPS 导航		△	△	
旅游景点介绍		√		
视频播放及收音功能	√	√	√	√
音视频监控与记录	√	√	√	√
营运调度	√	△	△	△
存储记录	√	△	△	△
运行轨迹回放	√			√
驾驶人行为监控 (疲劳驾驶,超速,空挡滑行,车速,制动时间等)	√	√	√	√
油耗管理	√	√	√	√
加油管理	√	√	√	√
驾驶人身份确认及管理	√	√	√	√
车辆安全监控管理(发动机、车身、底盘、舱温)	√	√	√	√
维护管理及记录	√	√	√	√
无线通信	3G/GPRS/WIFI	GPS/3G	GPS/3G	GPS/3G
远程更新线路文件	√			
电子路牌通信	√			
学生上下车记录				√

备注:表中"√"表示必选,"△"表示可选。

2. 城市公交客车的车载终端

目前,国内已有多家企业研制开发了针对城市公交客车、长途客车、旅游客车和校车的车载终端,其中厦门汉纳森汽车电子有限公司自主研发的车载终端主要针对城市公交客车。由于城市公交车辆行驶线路点多面广、流动分散,且运营时间长、人员多、车辆管理难度较大,需要远程监控和集中管理;而管理者也需要借助车载终端对车辆营运中的乘客投诉、交通事故、驾驶行为、乘务员行为、车辆运行情况和位置等进行有效监控和分析,以提高服务水平、运营效率和降低运营成本。

1)外形及安装方式

厦门汉纳森汽车电子有限公司研发的城市客车 HNS-CZ201 车载终端、HNS-DP201 调度屏的外观照片及界面如图 25-43 和图 25-44 所示。

安装方式有支架式和嵌入式两种,供不同车型选用。

(1)支架式安装。对于不方便采用嵌入式安装或客户有特殊需求的车型,可采用支架式安装,其独立式显示屏的安装位置以便于驾驶人观测、操作,同时不遮挡前方路面为原则,具体位置

图 25-43 HNS-CZ201 车载终端主机实物照片

可因不同车型而异,如图 25-45 所示。而主机的安装除支架外还需要另增加一防护罩,如图 25-46 所示。

(2)嵌入式安装。所谓嵌入式安装,就是将车载终端的显示屏嵌入在仪表台上方便驾驶人观测、操作的位置,一般在驾驶人右手边的翘板开关附近,如图 25-47 所示;而车载终端的主机则可嵌入安装在其他方便驾驶人操作的位置,如图 25-48 所示。

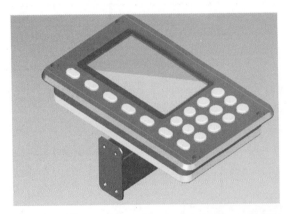

图 25-44 HNS-DP201 调度屏的外观照片及界面

图 25-45 独立显示屏安装示意图

图 25-46 独立式车载终端主机的支架式安装

图 25-47 嵌入式显示屏安装示意图　　　　　图 25-48 嵌入式车载终端主机的安装示意图

2) 主要性能指标

(1) 工作电压(18~32V),工作温度(-20~65℃)(增加电热膜保温;利用外壳散热),工作功耗 < 60W(带 4 路摄像头和功放),待机电流≤200mA。

(2) 定位精度:≤15m。

(3) 抗静电放电,电磁兼容性。

(4) 符合 ISO 10605(端口抗静电,±6K,B 级;空气放电,±15K,B 级)、ISO 7637-2/3 2004(试验脉冲中 P1 波形试验至少为 C 类,其他脉冲至少为 B 类)和 GB/T 17619—1998、GB/T 18655(均达到 B 级)的要求。

(5) CAN 总线符合 ISO11898 和 SAE J1939 的要求。

(6) CAN 端口电压范围 -32~40V。

3) 主要功能

HNS-CZ201 车载终端可实现的主要功能包括:报站、多线路文件存储、多线路切换、语音通话及监听、信息上报、文字信息调度(TTS 语音播报)、里程统计、报警功能、驾驶人考勤、实时视频流传输、无线通信 GPRS/3G/WIFI、GPS 定位、行车记录、音视频存储及回放、远程设置更新及升级和本地升级与更新等。

4) 工作原理

HNS-CZ201 车载终端的工作原理框图如图 25-49 所示。图中,微处理器采用高性能低功耗的 32 位处理器,能高速有效地处理数据;采用对 HI 3515 Nor Flash 和 Nand Flash 块设备划分,分为基本文件系统、应用程序、配置文件、录像存储和线路文件,其中包含了无线通信、GPS/BDS 定位、语音处理和图像处理等多种技术,通过车辆 CAN 总线对车身 BDM 控制系统、发动机、胎压和空调等整车 ECU 节点进行数据采集、分析,传输给微处理器;同时,对于车速、制动、驾驶人驾驶操作行为及能耗数据等进行存储和记录。利用 3G 无线数字通信技术,将无线数据传输、GPS 定位、短信调度信息、自动报站、手动辅助报站、多线路切换、驾驶人刷卡考勤、LED 同步显示到站信息、定时回传、SOS 一键报警、温馨用语提示、图像抓拍、门未关报警、超速报警、远程参数设置和远程更新程序等功能通过串口 RS 232、CAN 总线、USB、CVBS 等通信接口与微处理器通信,从而将人、车、线有机地融合为整体,构建了一个符合客户需求、具有营运管理、生产调度、驾驶人行为管理、油耗管理和行车记录等功能的 GPS/BDS 车载终端。

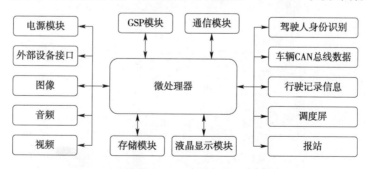

图 25-49 HNS-CZ201 车载终端工作原理框图

3. 长途、旅游客车的车载终端

JT/T 794—2011《道路运输车辆卫星定位系统车载终端技术要求》标准,规定了长途、旅游客车车载终端的功能和技术要求,即长途、旅游客车的车载终端必须具备卫星定位、行驶记录、影音娱乐、故障诊断、倒车监视和智能导航等功能,以满足运营时间长、载客多、线路分散、驾驶人易疲劳驾驶、易突发交通事故、车辆管理难度大、需要远程监控和集中管理的需要。而管理者也需要借助车载终端对车辆营运中的乘客投诉、交通事故、驾驶行为、车辆运行情况和位置等进行有效监控和分析,以进一步提高服务水平、运营效率和降低运营成本。

1)组成

图 25-50 所示为厦门金龙联合汽车工业有限公司(简称"大金龙")自主研发、其性能及技术参数符合 JT/T 794—2011 标准的 KL-988 龙翼车载终端(亦称"车载电脑")。KL-988 由集成了带 GPS//BDS 的行驶记录仪(模块 A)、多媒体盒(模块 B)和触控显示屏(模块 C)等组成,是一款融合车辆定位、监控、管理、娱乐、资讯服务、售后服务、电子地图、无线通信等功能和技术的产品,可以满足整车制造厂、客车用户、乘客及政府监管部门等不同方面的需求。目前,龙翼车载终端已成为大金龙为客户提供各类增值服务的平台,包括企业全新自主研发的车道偏离报警、智能防撞报警、夜视成像报警等主动安全技术等都可以方便地移植到车载终端上。此外,除长途和旅游客运外,为团体、租赁、公交等提供的个性化系统解决方案也可以通过预设的 CAN 总线实现功能拓展,进而为用户提供更多的增值应用,实现运营效益的最大化。

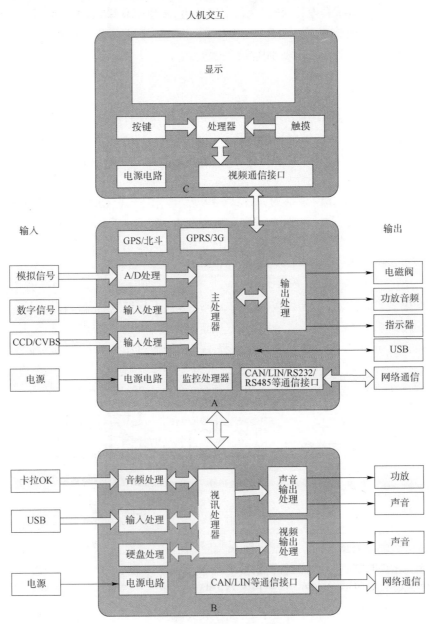

图 25-50　龙翼车载终端原理框图

整个系统主要由三大模块组成:车辆交互及车联网主机模块(A模块)、影音娱乐系统模块(B模块)、人机交互模块(C模块)。A模块作为系统的核心,主要负责与车辆及后台中心交互,响应协调驾乘人员的人机交互需求,集成管理影音系统;B模块主要负责影音娱乐管理;C模块主要负责人机交互。

图25-51所示为KL-988龙翼车载终端的实物效果照片。

图25-51 龙翼车载终端的实物照片

2) 主要功能

KL-988龙翼车载终端具有自动收集分析GPS/BDS位置、车速、发动机转速、发动机负荷和ECU油耗等数据,为用户呈报定制化报表,找出高油耗、高维修率的根本原因;为运营路线提供匹配的整车配置,以及发动机、驱动系统总成配置和乘员数的最佳建议,帮助用户实现运营效益的最大化。

在主动安全方面,可实时监控车辆行驶状态,避免因车道偏离引起的交通事故;可随时与前方车辆保持安全距离;能进行360°环视全景,排除驾驶盲区,预防侧撞事故。

故障诊断功能主要用于发动机、自动变速器、ABS和ECAS等电控系统的诊断,该功能除帮助售后服务部门准确找到故障点,提升工作效率外,还可使用户直观透明了解车辆故障点,降低维修成本。在故障诊断时,不仅显示故障码、故障内容,还显示故障处理方法,因此对驾驶和维修人员具有十分重要的维修指导意义。

车载终端提供移动影院服务,乘客可以听广播、音乐和看电影,享受优质的乘坐体验;集成的GPS/BDS和硬盘播放,可以方便地实现景点信息的自动关联播放以及广告信息的精准播报,对于提高客运车辆的乘坐舒适性和运输企业的经营效益具有重大价值。

设置有独特的一键导航功能,驾驶人只需一键拨打服务中心电话,无须亲自输入地址,覆盖全国的服务中心便可将行车线路发送至车载终端;同时,可启动实时路况导航,直观显示城市道路状况,并自动规划最优的行驶线路。导航软件还具备电子狗功能,包括拍照、禁行和限速等提醒,并可做到分路段限速提醒。

KL-988龙翼车载终端的工作原理与汉纳森城市客车HNS-CZ201车载终端的工作原理基本相同。

参 考 文 献

[1] 史文库,姚为民.汽车构造[M].6 版.北京:人民交通出版社,2013.
[2] 陈礼璠,杜爱民.汽车构造发动机分册[M].北京:人民交通出版社,2010.
[3] 中国公路学会,江苏省交通科学研究院.客车制造工艺技术[M].2 版.北京:人民交通出版社, 2008.
[4] 裴志浩.国内外客车标准现状及完善国内客车安全标准的探讨[A].申福林.中国客车行业发展论坛2009 年中国客车学术年会论文集[C].西安:陕西科学技术出版社,2009.
[5] 朱毅.EC 汽车技术指令体系和 ECE 汽车技术法规体系之间差别与关联[J].汽车标准化,2004(2).
[6] 朱毅.美国现行的汽车技术法规[J].汽车标准化,2008(11).
[7] 赵侃.国内外营运车辆市场准入与退出机制及安全技术标准现状研究[R].北京:交通运输部公路科学研究所,2009.
[8] 车胜新.汽车制造企业必须关注的汽车强制性标准与法规琐谈[J].汽车情报,2009,(33):8-13.
[9] 赵韩,姜建满.国内外电动汽车标准现状与发展[J].合肥工业大学学报(自然科学版),2011(7).
[10] 刘伏萍,陈燕涛,苏茂辉,等.我国电动汽车标准的现状和发展[J].上海汽车,2006(4).
[11] 中华人民共和国国家标准.GB 13016—2009 标准体系表编制原则和要求[S].北京:中国标准出版社,2009.
[12] 钱江帆.技术标准化与技术创新的关系[J].航空标准化与质量,2010(4).
[13] 王健.中国客车的测评标准与技术创新[J].客车技术与研究,2006,28(6).
[14] Ernest H,Wakefield.电动汽车发展史[M].叶云屏,孙逢春,译.北京:北京理工大学出版社,1998.
[15] 宋慧,胡骅.电动汽车的现状及发展[J].汽车电器,2000(1).
[16] 万沛林.电动汽车的关键技术[M].北京:北京理工大学出版社,1998.
[17] 陈家瑞.汽车构造[M].5 版.北京:人民交通出版社,2006.
[18] 麻友良,程全世.混合动力电动汽车的发展[J].公路交通科技,2001,18(1).
[19] 陈清泉.现代电动汽车技术[M].北京:北京理工大学出版社,2002.
[20] 李晓英,于秀敏.串联混合动力汽车控制策略.[J].吉林大学学报(工学版),2005,35(2).
[21] 杨宏亮,陈全世.混联式混合动力汽车控制策略研究综述[J].公路交通科技,2002,19(1).
[22] 李兴虎.电动汽车概论[M].北京:北京理工大学出版社,2005.
[23] 李兴虎.混合动力汽车结构与原理[M].北京:人民交通出版社,2009.
[24] Kashima S. The present condition and the future of EV-sharing in Japan[J]. IEEE Vehicle Electronics Conference,2001,9:149.
[25] 广獭久士,丹下昭二.电动车及混合动力车的现状与展望[J].汽车工程,2003,25(2).
[26] RAHMAN Z, BUTLER K L, EHSANI M. A comparison study between two Parallel hybrid control concepts[G]//SAEPaPer2000-01-0994,2000.
[27] 麻友良,严运兵.电动汽车概论[M].北京:机械工业出版社,2012,1.
[28] 陈全世.先进电动汽车技术(第二版)[M].北京:化学工业出版社,2013,1.
[29] 王文伟,毕荣华.电动汽车技术基础[M].北京:机械工业出版社,2010.
[30] 李相哲,苏荣,林道勇.电动汽车动力电源系统[M].北京:化学工业出版社,2011.
[31] 章桐,贾永轩.电动汽车技术革命[M].北京:机械工业出版社,2010.
[32] 林成涛,陈全世.燃料电池客车动力系统结构分析[J].公路交通科技, 2003 ,20 (5).
[33] 林成涛,谢起成,陈全世,等.氢能源在 863 燃料电池城市客车上的应用(上),中国科技成果,2004(5).
[34] 林成涛,谢起成,陈全世,等.氢能源在 863 燃料电池城市客车上的应用(下),中国科技成果,2004(6).

[35] 崔胜民.新能源汽车技术[M].北京:北京大学出版社,2009.
[36] 崔胜民,韩家军.新能源汽车概论[M].北京:北京大学出版社,2011.
[37] 崔胜民.现代汽车系统控制技术[M].北京:北京大学出版社,2008.
[38] 殷承良,张建龙.新能源汽车整车设计:典型车型与结构[M].上海:上海科学技术出版社,2013.
[39] 石川宪二.新能源汽车技术及其未来(电动汽车混合动力汽车新燃料汽车)[M].北京:科学出版社,2012.
[40] 孙逢春,张承宁,祝嘉光.电动汽车—21世纪的重要交通工具[M].北京:北京理工大学出版社,1997.
[41] 周磊,罗禹贡,等.混联式混合动力车多能源动力控制系统的开发[J].机械工程学报.2007(4).
[42] 何洪文.混合动力汽车动力传动系合理匹配的研究[D].长春:吉林工业大学车辆工程学院,2000.
[43] 胡骅,宋慧.电动汽车[M].北京:人民交通出版社,2003.
[44] 彭涛,陈全世,田光宇,等.并联混合动力电动汽车动力系统的参数匹配[J].机械工程学报,2003 (2).
[45] Tate E D, Michael O Harpster, Peter J Savagian. The Electrification of the Automobile:From Conventional Hybrid, to Plug—in Hybrids, to Extended-Range Electric Vehicles, SAE 2008-01-0458.
[46] David J Gelman, Thomas L Perrot. Advanced heat engines for range extender hybrid vehicles. SAE 930041.
[47] Kromer M. Electric Power Trains:Opportunities and Challenges in the US Light-duty Vehicle Fleet. Sloan Automotive Laboratory, Massachusetts Institute of Technology;May2007. Publication No. LFEE 2007-03 RP.
[48] 陈清泉,孙逢春,祝嘉光.现代电动汽车技术[M].北京:北京理工大学出版社.2002.
[49] 何洪文.混合动力电动技术发展与现状[J].车辆与动力技术,2004(2).
[50] 孙逢春.混合动力车辆的归类方法研究[J].北京理工大学学报,2002,22(1).
[51] 中华人民共和国汽车行业标准.QC/T 741—2006 超级电容器[S].北京:中国计划出版社,2006.
[52] 陈全世,信继欣,等.中国电动车辆研究与开发[M].北京:北京理工大学出版社,2005.
[53] 康云龙.新能源汽车与电力电子技术[M].北京:机械工业出版社,2009.
[54] 上海奥威科技发展有限公司.车用超级电容器使用说明书.
[55] 胡家常.Fuller双中间轴变速器结构特点分析[J].湖南大学学报,1989,16(1).
[56] 丁祥军,刘茂康,陈华.多气门设计对柴油机性能的影响[J].机械制造与研究,2007,36(5).
[57] 郭建,苏铁,熊王军.发动机可变配气机构的研究进展[J].内燃机与配件.2011(12).
[58] M. Astarita, A. Caraceni, V. Cioffi et. al. Virtual Testing and Design of Experiments for Functional Validation of Cam Phaser Control. SAE Paper No. 2004-01-0785.
[59] 陆家详.柴油机涡轮增压技术[M].北京:机械工业出版社,1999.
[60] 袁春明.新型涡轮增压器VGT[J].客车技术与研究,2006(6).
[61] Allen DJ, Lasecki M P. Thermal Management Evolution and Controlled Coolant Flow. SAE Paper 2001-01-1732.
[62] Ngy-Srun Ap, Philippe Jouanny, Michel Potier, et al. UltimateCooling™ System for New Generation of Vehicle [J]. SAE Paper, 2005 – 01 – 2005.
[63] 孟庆双.汽车发动机新结构[M].北京:高等教育出版社,2006.
[64] Scott McNeil, et al.. Bosch Motronic MED9.6.1 EMS Applied on a 3.6L DOHC 4V V6 Direct Injection Engine, SAE2008-01-0133[R]. SAE,2008.
[65] Axel Heinstein, et al.. High-Pressure Direct Injection Systems for Gasoline Engines[J]. MTZ,2013,31:28 – 32.
[66] Hermann Beritbach, et al.. Lean-Burn Stratified Combustion at Gasoline Engines[J]. MTZ,2013,51:10 – 16.
[67] Joseph Kazour,et al.. Innovation Sprays and Particulate Reduction with GDi Injectors, SAE2014-01-1441

[R]. SAE,2014.
[68] 朱大鑫.涡轮增压与涡轮增压器[R].兵器工业第七〇研究所.
[69] 张俊红.汽车发动机构造[M].天津:天津大学出版社,2006(2008.1重印).
[70] 蒋德明.内燃机原理[M].北京:机械工业出版社,1992.
[71] 张俊智,王丽芳.不同混合动力电动轿车方案的比较与分析[J].汽车工程,2002,24(4).
[72] 童毅,张俊智,欧阳明高.混合动力汽车扭矩管理策略[J].清华大学学报(自然科学版),2003,43(8).
[73] 张俊智,王丽芳,葛安林.自动换挡规律的研究[J].机械工程学报,1999,35(4).
[74] 余志生.汽车理论(第二版)[M].北京:机械工业出版社,1997.
[75] 田晋跃.车辆自动变速器构造原理与设计方法[M].北京:北京大学出版社,2009.
[76] 张洪欣.汽车设计[M].北京:机械工业出版社,1995.
[77] 李亮,宋健,于良耀.低附路面汽车动力学稳定性控制系统控制策略[J].机械工程学报,2008,44(11).
[78] 郑军.基于CAN总线的牵引力控制系统的开发[D].北京:清华大学汽车工程系,2005.
[79] Marshaus, Ramnarine, et al. , "Development of the University of Wisconsin's Parallel Hybrid-Electric Sport Utility Vehicle," SAE Special Publications March 2000, SAE.
[80] Wiegman, H. , Vandenput, A. . BatteryState Control Techniques for Charge Sustaining Applications. SAE Publ. 981129, SP-1331, 1998, pp 65-75 , and 1999 SAE Transactions.
[81] 张周云,贡俊.新能源汽车电机技术与应用[M].上海:上海科学技术出版社,2013.
[82] 俞海涛.通道式铰接客车[J].客车技术与研究,1996(2).
[83] 姜勇,那景新,王明剑.某城市客车铰盘结构强度分析[J].客车技术与研究,2010(3).
[84] 张伟.大型后驱铰接式系列客车底盘的研究与开发[J].汽车实用技术,2012(6).
[85] 汤望.主被动安全技术在大客车上的应用分析[R].郑州宇通客车股份有限公司,2013.
[86] 周娟英.汽车电子驻车制动系统(EPB)的研发与应用[J].研发与应用,2014(4).
[87] 王延宁.电控机械式驻车制动系统EPB[J].科技传播,2012(10).
[88] 程伟涛,陈丰超.EBS电子制动控制系统[J].汽车与配件,2010(43).
[89] 杨欣.零压续跑轮胎内支撑虚拟设计与性能分析[D].长春:吉林大学,2007.
[90] 叶俊杰,虞焕金,周焕成.试论汽车行驶爆胎危象与应急安全技术[A].申福林.中国客车行业发展论坛2009年中国客车学术年会论文集[C].西安:陕西科学技术出版社, 2009.
[91] 姜立标,赵守月,叶俊杰等.商用车爆胎应急安全装置的研究[A]. Proceedings of the 8~(th) International Forum of Automotive Traffic Safety 2010.
[92] 庄继德.汽车轮胎学[M].北京:北京理工大学出版社,1997.
[93] 赵冬章,韩清水.车辆自动集中润滑新技术[J].客车技术与研究,2007(1).
[94] 韩清水.AR60车辆自动集中润滑系统的技术特点[J].城市公共交通,2007(4).
[95] 潘斌,金鑫等.车辆集中润滑应用现状之问题分析[J].客车技术与研究,2008(3).
[96] 赵冬章.车辆集中润滑技术在高寒地区应用的突破[J].城市公共交通,2007(12).
[97] 赵民章.高吸油性能润滑齿轮泵[P].中华人民共和国国家知识产权局2006 2 0030107.1.
[98] 崔胜民,余群.汽车轮胎行驶性能与测试[M].机械工业出版社,1995.
[99] 林礼贵,胡福浩.轮胎使用和保养[M].化学工业出版社, 2000.
[100] 刘惟信.汽车设计.清华大学出版社,2001.
[101] 黄天泽.大客车车身[M].长沙:湖南大学出版社,1988.
[102] 黄天泽,黄金陵.汽车车身结构与设计[M].北京:机械工业出版社,1997.
[103] 羊拯民,高玉华.汽车车身设计[M].北京:机械工业出版社,2008.
[104] 汽车工程手册编辑委员会.汽车工程手册-设计篇[M].北京:人民交通出版社,2001.
[105] 刘开春.客车车身设计[M].北京:机械工业出版社,2012.
[106] 李兆凯.营运客车多形态正面碰撞安全性及评价方法研究[D].西安:长安大学,2012.6.

[107] 刘成虎等. 形变铝合金在客车车身上的应用[J],汽车工艺与材料,2012(10).

[108] 机械设计手册编委会. 机械设计手册(新版第一卷)[M],北京:机械工业出版社,2004.

[109] P. K. Mallick el al.. Materials,Design and Manufacturing for Lightweight Vehicles. US:Woodhead Publishing Ltd.,2010.

[110] 王霄峰. 汽车底盘设计[M]. 北京:清华大学出版社,2010.

[111] 申福林,冯还红. 客车空调制冷负荷的非稳态计算方法[J]. 长安大学学报(自然科学版),2005,25(3).

[112] 冯还红. CFD辅助客车空调风道送风口布置设计[A]. 申福林. 中国客车行业发展论坛2007年中国客车学术年会论文集[C]. 西安:陕西科学技术出版社,2007.

[113] 赵重文,方志刚,郭金刚. 一种新型车用加热器—CNG液体加热器[A]. 申福林. 中国客车行业发展论坛2004年中国客车学术年会论文集[C]. 西安:陕西科学技术出版社,2004.

[114] 檀荣科. 新型喷射式燃油加热器[A]. 申福林. 中国客车行业发展论坛2004年中国客车学术年会论文集[C]. 西安:陕西科学技术出版社,2004.

[115] 檀荣科. 一种小型燃油液体加热器[A]. 申福林. 中国客车行业发展论坛2007年中国客车学术年会论文集[C]. 西安:陕西科学技术出版社,2007.

[116] 黄连丽. D310汽车组合仪表综合检测系统的研究与开发[D]. 武汉科技大学,2006.

[117] 陈新,张桂香,肖奇云. 电动汽车液晶数字仪表的设计[J]. 汽车工程,2013(3).

[118] 杨飞,林绍华,吴春建. 抬头显示系统在汽车上的应用[J]. 轻型汽车技术,2013(11).

[119] 姜学俭. 汽车仪表未来发展动向[J]. 黑龙江科技信息,2007(22).

[120] 柴国生,杨正名. 汽车前灯光源的性能要求和发展[J]. 中国照明电器,2007(9).

[121] 杨红桥. LED前照灯的发展前景:安全与艺术的完美结合[J]. 半导体照明,2010(11).

[122] 海拉贸易(上海)有限公司. LED在汽车前照灯中的应用[J]. 汽车与配件,2006,15(7).

[123] 张献军,任德志. 汽车自适应前照灯系统的设计分析[J]. 汽车电器,2012(4).

[124] 刘强生. 客车运行数据全息记录与再现分析系统的设计[J]. 客车技术与研究,2014(6).

[125] 李波,李伟. 汽车仪表信息系统[J]. 电子质量,2005(1).

[126] 薛娜. 谈电线和电缆的分类应用[J]. 山西建筑,2012(36).

[127] 谷孝卫. 汽车线束设计及线束用原材料[J]. 汽车电器,2006(10).

[128] 李洪湖,刘培杰,孙咸江. 浅谈汽车电线束的导线五要素[J]. 汽车电器,2008(11).

[129] 李白. 线束系统的轻量化发展趋势[J]. 汽车与配件,2012(14).

[130] 赵佳. 客车线束设计流程与绘图方法[J]. 汽车电器,2011(8).

[131] 孙仁云,付百学. 汽车电器与电子技术[M]. 北京:机械工业出版社,2011.

[132] 麻友良. 汽车电器与电子控制系统[M]. 北京:机械工业出版社,2007.

[133] 德国BOSCH. BOSCH汽车电气与电子[M]. 魏春源等译. 北京:北京理工大学工业出版社,2008.

[134] 吕红明,吴钟鸣. 汽车电器与电子技术[M]. 北京:国防工业出版社,2012.

[135] French R L. ITS Architecture:The Blueprint for U. S. Surface Transportation[C]. GPS World,1996.

[136] 韦东山. 嵌入式开发完全手册[M]. 北京:人民邮电出版社,2008.

[137] 邹益慧. 基于GPS/GPRS汽车行驶记录仪的研制[D]. 上海交通大学,2007.

[138] 侯书朋. 智能汽车行驶记录仪的研究与实现[D]. 南京航空航天大学,2008.

[139] Hipp E,Jung C,Morizur P. On Board Diagnosis as the Central Interface for Modern Vehicle Electronics[J]. International Symposium Vehicle Electronics Integration ATA-EL 91,1991.

[140] Ronald K. Jurgen. 汽车电子手册[M]. 2版. 北京:电子工业出版社,2010.

[141] 申健. 车载网络技术的应用与发展[A]. 申福林. 中国客车行业发展论坛2009年中国客车学术年会论文集[C]. 西安:陕西科学技术出版社,2009.

[142] 孙仁云,付百学. 汽车电器与电子技术[M]. 2版. 北京:机械工业出版社,2011.

[143] 任金东. 汽车人机工程学[M]. 北京:北京大学出版社,2010.